T5-AQA-905

lonely planet

Costa este de EE UU

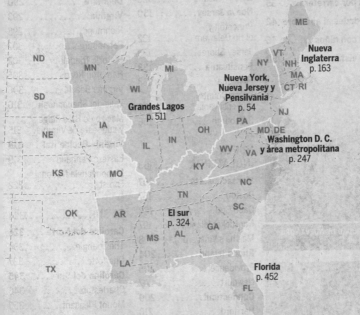

ND

MN

SD

Grandes Lagos
p. 511

WI

MI

IA

NE

IL

IN

OH

KS

MO

KY

OK

AR

TN

El sur
p. 324

MS

AL

GA

SC

NC

LA

TX

FL

Florida
p. 452

ME

VT

NY

NH

MA

Nueva
Inglaterra
p. 163

Nueva York,
Nueva Jersey y
Pensilvania
p. 54

CT

RI

NJ

PA

MD

DE

WV

VA

Washington D. C.
y área metropolitana
p. 247

EDICIÓN ESCRITA Y DOCUMENTADA POR

Karla Zimmerman,
Amy C Balfour, Adam Karlin, Zora O'Neill,
Kevin Raub, Regis St Louis, Mara Vorhees

CIUDAD DE NUEVA YORK
P. 55

BAXTER STATE PARK,
MAINE P. 246

Sumario

Bienvenidos a la costa este de EE UU

Grandes urbes, largas playas de dunas, montañas nubladas, pantanos llenos de caimanes, una extensa historia musical..., la costa este ofrece numerosos encantos.

Grandes metrópolis

Con sus 8,4 millones de habitantes, la megalópolis de Nueva York cautivará al viajero con su oferta abrumadora de cultura, gastronomía y ocio. Los rascacielos de Chicago, el poder de Washington y el ímpetu latino de Miami ofrecen otros espectáculos urbanos. No hay que perderse el cautivador casco antiguo de Nueva Orleans, reconstruido tras varias inundaciones, y Detroit, una ciudad abandonada que se está llenando de gente con ganas de transformarla.

Playas y carreteras secundarias

En la costa este se encuentran algunas de las mejores playas de EE UU, desde las dunas salvajes y las aguas habitadas por ballenas del cabo Cod hasta los paseos marítimos con tiendas de caramelos de Ocean City, pasando por los arrecifes de coral de los cayos de Florida. En el interior aguardan los pantanosos Everglades de Florida, lobos que aúllan en Boundary Waters, los brumosos montes Apalaches y los bosques coloridos de Nueva Inglaterra. El viajero disfrutará pausadamente de todos estos paisajes mientras visita campos de batalla de la Guerra de Secesión y los puntos de interés más singulares.

Festival gastronómico

Aquí la gastronomía alcanza proporciones épicas: enormes langostas al vapor con mantequilla en los puestos de marisco de Maine, *bagels* y salmón ahumado en las charcuterías de Manhattan, jugosas costillas asadas en las carreteras de Memphis, galletas de mantequilla en los restaurantes de Carolina del Norte, *gumbo* picante en las cafeterías de Nueva Orleans... y, de postre, una porción de tarta de bayas en los *supper clubs* del Medio Oeste. Y si entra sed, se pueden probar los vinos blancos dulces de la región, las cervezas artesanas o un buen *bourbon* casero.

Hervidero cultural

Museos como el Smithsonian, el Metropolitan Museum of Art o el Art Institute of Chicago son algunos de los mayores atractivos de la zona. Se pueden explorar las raíces del *blues,* el *jazz* y el *rock and roll* en mecas musicales como el Sun Studio de Memphis, donde se hizo famoso Elvis, el Rock and Roll Hall of Fame de Cleveland (donde se guarda la Stratocaster de Jimi Hendrix) o los *juke joints* de Clarksdale, donde empezaron a sonar los *slides* de guitarras. En cuanto a rascacielos, Chicago y Nueva York son muestrarios magníficos de los mejores arquitectos de la modernidad.

Por qué me encanta la costa este
Por Karla Zimmerman, autora

Me encanta la mezcla entre vida urbana y rural en la costa este. Uno puede desayunar rodeado de rascacielos en Chicago, y 2 h más tarde, conducir entre calesas tiradas por caballos en el territorio amish de Indiana. Se podría comer en el epicentro del poder en Washington D. C. y, 90 min después, subir a una montaña en el magnífico Shenandoah National Park de Virginia. Por toda la región suena buena música, se beben cervezas excelentes y es posible degustar manjares irresistibles en restaurantes de carretera, barbacoas o puestos de marisco. Y de postre, tarta.

Para saber más sobre los autores, véase p. 679

Arriba: centro de Chicago (p. 515).

Costa este de EE UU

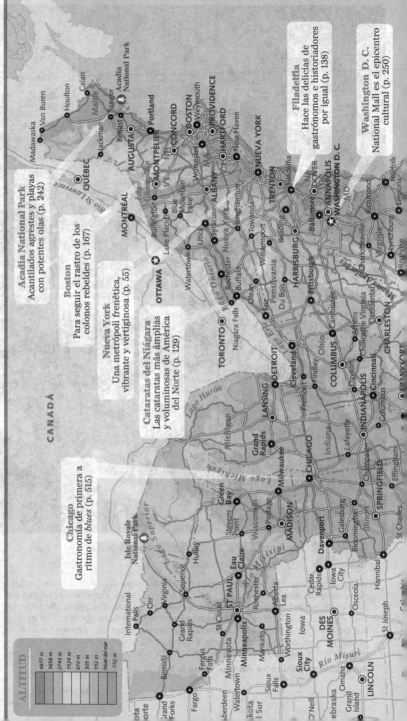

500 km

CANADÁ

Chicago
Gastronomía de primera a ritmo de *blues* (p. 515)

Cataratas del Niágara
Las cataratas más amplias y voluminosas de América del Norte (p. 129)

Nueva York
Una metrópoli frenética, vibrante y vertiginosa (p. 55)

Boston
Para seguir el rastro de los colonos rebeldes (p. 167)

Acadia National Park
Acantilados agrestes y playas con potentes olas (p. 242)

Filadelfia
Hace las delicias de gastrónomos e historiadores por igual (p. 138)

Washington D. C.
National Mall es el epicentro cultural (p. 250)

ALTITUD
4877 m
3658 m
2743 m
1524 m
610 m
305 m
152 m
Nivel del mar
-152 m

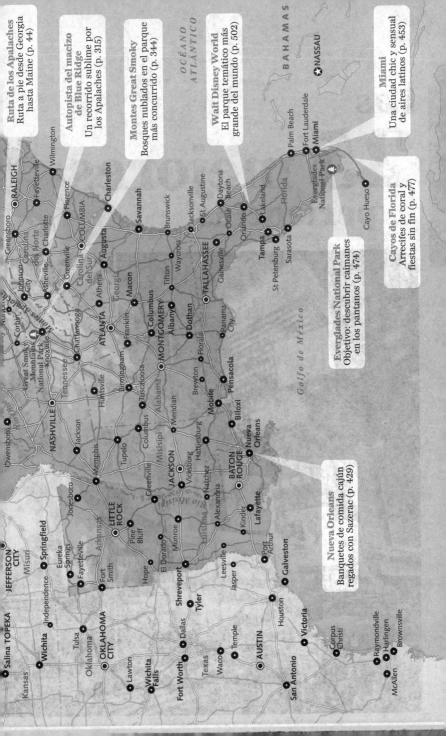

Ruta de los Apalaches
Ruta a pie desde Georgia hasta Maine (p. 44)

Autopista del macizo de Blue Ridge
Un recorrido sublime por los Apalaches (p. 315)

Montes Great Smoky
Bosques nublados en el parque más concurrido (p. 344)

Walt Disney World
El parque temático más grande del mundo (p. 502)

Miami
Una ciudad chic y sensual de aires latinos (p. 453)

Everglades National Park
Objetivo: descubrir caimanes en los pantanos (p. 474)

Cayos de Florida
Arrecifes de coral y fiestas sin fin (p. 477)

Nueva Orleans
Banquetes de comida cajún regados con Sazerac (p. 429)

OCÉANO ATLÁNTICO

BAHAMAS

NASSAU

Golfo de México

Las 25 mejores experiencias

Nueva York

1 Artistas emergentes, magnates de las finanzas e inmigrantes de todos los rincones del mundo se codean en Nueva York (p. 55), una ciudad que se reinventa constantemente. Sigue siendo uno de los mayores centros mundiales de moda, teatro, comida, música, edición, publicidad y finanzas. Museos, parques y barrios étnicos conviven en los cinco distritos. Y la mejor forma de vivirlo es callejear como los neoyorquinos. Cada manzana refleja la personalidad y la historia de este vertiginoso caleidoscopio, en el que un breve paseo permite cruzar de un continente a otro. Times Square (p. 69).

National Mall

2 Este espacio abierto de casi 3 km de largo, con destacados monumentos y edificios de mármol, es el epicentro de la vida política y cultural de Washington. En verano, en la "Explanada Nacional" (p. 251) se celebran festivales musicales y gastronómicos multitudinarios, y durante todo el año sus museos se llenan de visitantes. No hay lugar mejor para descubrir la historia de EE UU, ya sea recorriendo el monumento a la Guerra de Vietnam o subiendo los escalones del monumento a Lincoln, donde Martin Luther King dio su famoso discurso "Tengo un sueño". Monumento a Lincoln (p. 252).

TESTA IMAGES / GETTY IMAGES ©

Walt Disney World

3 Llamarse "El lugar más feliz del mundo" es poner el listón muy alto, pero el Walt Disney World (p. 502) se esfuerza por darle al visitante la estimulante sensación de que es el personaje más importante del espectáculo. A pesar de todas las atracciones frenéticas, el ocio y la nostalgia, la verdadera magia es ver que los hijos entran en un mundo en el que hacen reír a Goofy, reciben una reverencia de la Cenicienta, protegen la galaxia con Buzz Lightyear y luchan contra Darth Maul como si fueran caballeros Jedi. Vista de la atracción Expedition Everest.

Chicago

4 La Ciudad del Viento (p. 515) no deja a nadie indiferente: arquitectura, playas lacustres y excelentes museos; pero su verdadero atractivo es esa mezcla de elevada cultura y placeres terrenales. ¿Qué otra metrópoli puede vestir su escultura de Picasso con la camiseta del equipo deportivo local? ¿En qué otra ciudad se ve a la gente hacer cola para comer perritos calientes en los mejores restaurantes de Norteamérica? El invierno es inclemente, pero al llegar el verano Chicago disfruta del calor con festivales que se celebran en el paseo del lago.

Nueva Inglaterra en otoño

5 Ver llegar el otoño, con el cambio de color de las hojas, se convierte en un verdadero espectáculo en Nueva Inglaterra (p. 163). Desde los Berkshires en Massachusetts a los montes Litchfield en Connecticut, pasando por las Green Mountains de Vermont, colinas y montañas se tiñen de tonos amarillos, naranjas y carmesíes. Los puentes cubiertos y las iglesias de torre blanca rodeadas de arces hacen que Vermont y New Hampshire sean paraísos otoñales.

Ruta 66

6 Conocida también como la Mother Road (carretera madre), se construyó en 1926 para cruzar el país entero. Empieza en Chicago y durante 480 km cruza el estado de Illinois (p. 541). Se puede parar en restaurantes de carretera para degustar tartas, fotografiar elementos singulares como el *Gemini Giant* y ver pasar carteles de neón, autocines y otros hitos clásicos americanos. Desde aquí hay casi 3500 km más hasta el final en Los Ángeles. Charlie Parker's Diner, Springfield (p. 542), Illinois.

Nueva Orleans

7 Tras las destrucción del huracán Katrina, Nueva Orleans (p. 429) ha renacido. La arquitectura colonial caribeña, la cocina criolla y las celebraciones, el carnaval Mardi Gras, el Jazz Fest o la 'Big Easy', son más seductoras que nunca. Las noches se pasan escuchando *Dixieland jazz*, *blues* y *rock* en locales. "Nola" también celebra sus variadísimas influencias culinarias. Se puede comer deliciosa *jambalaya*, cangrejo o *cochon* de Luisiana, y descubrir los bares de Frenchman St. Preservation Hall (p. 442), barrio francés.

Blue Ridge Parkway

8 En los Apalaches meridionales de Virginia y Carolina del Norte, es posible ver puestas de sol sublimes y perder la noción del tiempo en la inmensidad que rodea esta carretera de 755 km (p. 315) donde se pueden hacer excursiones: desde sencillos paseos por lagos hasta desafiantes ascensos a las alturas donde moran las águilas. Se acampa o se duerme en refugios del bosque. Y no hay que perderse el *bluegrass* o la música montañesa en poblaciones como Asheville (Carolina del Norte) o Floyd y Galax (Virginia).

Cataratas del Niágara

9 Abarrotadas, típicas y, además, no muy altas (apenas están entre las 500 más altas del mundo), cuando esas amplias franjas de agua se abalanzan hacia el precipicio como cristal líquido, rugiendo en el vacío, y cuando el viajero se acerca en una barca, las cataratas del Niágara (p. 129) son impresionantes. En cuanto a volumen, no hay otras comparables en Norteamérica, pues cae más de un millón de bañeras de agua cada segundo.

EVGESHAG / GETTY IMAGES ©

DE AGOSTINI / W. BUSS / GETTY IMAGES ©

Enclaves de la guerra

10 Están desperdigados por toda la zona, desde Pensilvania a Luisiana: Antietam, en Maryland (p. 289), donde se vivió el día más sangriento de la historia nacional (con 23 000 soldados muertos); Gettysburg (p. 154), en Pensilvania (el campo de batalla y el cementerio donde el presidente Lincoln lanzó su famoso discurso) y Vicksburg (p. 417), en Misisipi (con un circuito de 25 km por la zona que el general Grant asedió durante 47 días). En verano, en muchos lugares recrean las batallas. Campo de batalla de Antietam.

Boston

11 Desde calles coloniales adoquinadas hasta frenesí deportivo, Boston (p. 166) ofrece varios atractivos. Es la cuna del Boston Tea Party y de Paul Revere y escenario de la primera batalla de la Guerra de Independencia. Se pueden recorrer todos estos hitos históricos siguiendo los 4 km de ladrillo rojo de la Freedom Trail (ruta de la Libertad), disfrutar de clubes musicales atrevidos en el campus de la Universidad de Harvard y nutrirse en las ostrerías, cafeterías y *trattorias* (especialmente en el italianófilo North End). Memorial Hall, Universidad de Harvard (p. 174).

El Sur anterior a la guerra

12 El Sur está cargado de historia y orgullo nacional. Posee casas majestuosas y plantaciones de algodón, árboles cubiertos de musgo y jardines de azaleas. Es posible empaparse del ambiente de Charleston (p. 346) admirando la arquitectura o cenando en un porche. O dejarse fascinar por los robles, los bulevares sombreados, el marisco y las húmedas noches de Savannah, o las mansiones con escalinatas de la refinada Natchez (p. 420), la población más antigua del río Misisipi. Casa de estilo colonial, Natchez, Misisipi.

Cayos de Florida

13 A esta cadena de islas (p. 477) que se extiende por el extremo sur de EE UU, hay quien acude en busca de fiesta; el resto, a pescar, bucear, hacer submarinismo, remar, caminar o pedalear. Los mejores arrecifes de coral de Norteamérica se encuentran debajo de estas aguas verde jade. Luego está Cayo Hueso, ese pueblo desenfadado y singular que parece el punto del signo de exclamación. Cuando cae la noche, se genera una atmósfera carnavalesca con *hippies*, malabaristas, artistas y demás espíritus libres.

Raíces musicales

14 Más de un género tiene sus orígenes aquí. El delta del Misisipi (p. 415) vio nacer el *blues*, Nueva Orleans abrió la puerta al *jazz*, el *rock and roll* llegó el día en que Elvis Presley pisó el Sun Studio (p. 360) de Memphis y el *country* surgió cuando los violines y los banyos de las aldeas de los Apalaches se escucharon en el Grand Ole Opry de Nashville (p. 375). El río Misisipi llevó la música al norte, donde Chicago y Detroit improvisaron el *blues* eléctrico y el sonido Motown respectivamente.

KRAIG LIEB / GETTY IMAGES ©

JOHN COLETTI / GETTY IMAGES ©

Miami

15 Miami (p. 453) parece tener todos los puntos de interés imaginables. Aparte de magníficas playas y el Distrito Art Déco, hay cultura en cada esquina. En las salas de baile, los expatriados de La Habana esparcen el humo de sus puros a ritmo de son y boleros; en exclusivas discotecas, las modelos con tacones de aguja mueven el esqueleto con *hip-hop* latino; y en el parque, los ancianos hacen repiquetear las fichas del dominó. Vendedores callejeros y restaurantes sirven platos con sabores del Caribe, Cuba, Argentina y España.

Boardwalk Empire

16 Recorrer los paseos marítimos de tablones de la costa este es todo un ritual, ya sea en Rehoboth Beach (Delaware, p. 291), en Ocean City (Maryland), en Virginia Beach (Virginia) o en Atlantic City (Nueva Jersey) y disfrutar de un gran repertorio de atractivos veraniegos, otro: *funnel cakes, karts,* puestos de *pizza,* minigolfs que brillan en la oscuridad y tiendas de caramelos. Los padres empujan carritos, los niños toman helados... ¡No hay que olvidarse de las vistas marítimas! Rehoboth Beach.

Río Misisipi

17 También conocido como Old Man River (p. 592), atraviesa el este del país de arriba abajo. Desde su nacimiento en Northwoods, Minnesota, hasta desembocar entre palmeras enanas en Luisiana, va serpenteando entre montañas, cantinas, pinares y plantaciones. Recorre más de 3200 km y cruza ciudades como Memphis (p. 358), Minneapolis o Nueva Orleans. Todavía hay barcos que lo surcan, como en tiempos de Mark Twain, aunque hoy son casinos flotantes o cruceros turísticos. Los conductores van por la mítica Great River Road, que recorre todo el río.

KENNAN HARVEY / GETTY IMAGES ©

Ruta de los Apalaches

18 El sendero más largo del país (Appalachian Trail, p. 44) tiene una longitud de casi 3400 km y atraviesa 6 parques nacionales y 14 estados, desde Georgia a Maine. Bosques densos, picos alpinos, granjas de vacas y hasta osos forman parte del paisaje. Se calcula que cada año lo recorren de 2 a 3 millones de personas aunque menos de 600 senderistas lo hacen entero. Para quien tenga seis meses libres y esté en forma, la recompensa es sublime. Y también vale la pena hacer trayectos más cortos.

Everglades National Park

19 Los Everglades (p. 474) son desconcertantes. No tienen una altura majestuosa ni poseen la belleza de un valle glacial. Son llanos y acuosos, un lecho de hierba salpicado de cipreses de los pantanos y manglares. No se pueden recorrer a pie, y para explorarlos y conocer a algunos de sus moradores prehistóricos, como los cocodrilos, hay que alejarse de la orilla y recorrer los canales de los Everglades en una canoa. Será una experiencia inolvidable.

Playas de Nueva Inglaterra

20 El verano de Nueva Inglaterra puede ser muy húmedo, así que la población suele emigrar a la costa. En Massachusetts, las grandes playas rodean Martha's Vineyard (p. 198). Cerca está la zona protegida de Cape Cod National Seashore, con sus marismas salinas y sus dunas salvajes y ballenas jorobadas en el mar. La isla de Block ofrece granjas rodeadas de prados, playas vacías y caminos tranquilos. Todo ello muy cerca en barco de Rhode Island. Acantilados de Aquinnah (Gay Head; p. 199), Martha's Vineyard.

Acadia National Park

21 En el Acadia National Park (p. 242), las montañas llegan hasta el mar. Kilómetros de costa rocosa y una red extensísima de senderos lo convierten en el destino más popular de Maine. El punto más alto es el monte Cadillac (466 m), accesible a pie, en bicicleta o en coche. Levantándose temprano, el viajero podrá ver la primera salida del sol del país desde su cima, y cuando tenga apetito, después de tantos senderos y playas, podrá tomar té con bollos en el estanque Jordan. Monte Cadillac (p. 242).

MARK DAFFEY / GETTY IMAGES ©

Montes Great Smoky

22 Los Smokies (p. 344), que reciben este nombre a causa de las neblinas que rodean los picos, forman parte del parque nacional más visitado del país. Esta extensión boscosa de los Apalaches abarca Tennessee y Carolina del Norte, y en sus tupidas crestas viven osos negros, venados de cola blanca, alces, pavos salvajes y más de 1600 especies de flores. Cada año acuden casi 10 millones de personas para caminar, acampar, montar a caballo, pedalear, hacer *rafting* o pescar. Little River, Great Smoky Mountains National Park.

Filadelfia

23 La ciudad de "Fily" (p. 138) es preciosa, con plazas encantadoras y callejones adoquinados. Es la cuna del gobierno estadounidense, ya que aquí, en 1776, los padres fundadores de la patria firmaron la Declaración de Independencia. Aunque la historia está por todas partes (la Campana de la Libertad, el despacho de Ben Franklin...), no todo se centra en el pasado. La oferta gastronómica va mucho más allá que el famoso bocadillo *cheesesteak* y hay buenos restaurantes, la mayoría a precios razonables. Elfreth's Alley (p. 139), casco antiguo.

24

25

Grandes Lagos

24 Los cinco Grandes Lagos (p. 511) que se extienden por el norte de la región (Superior, Míchigan, Hurón, Ontario y Erie) contienen el 20% del agua dulce de la tierra, y el 95% de la de EE UU. Comprenden kilómetros de playas, dunas, resorts y paisajes con faros. Si se le añaden acantilados azotados por las olas, numerosas islas y cargueros que entran y salen de los puertos, se entiende por qué a la región se la conoce como la Tercera Costa. Los amantes de la pesca, el kayak o el surf encontrarán algo que hacer. Faro a orillas del lago Hurón.

Territorio amish

25 El noreste de Ohio, el sureste de Pensilvania y el norte de Indiana son los tres grandes centros amish de EE UU. Niños con sombreros de paja conducen calesas, hombres de larga barba labran a mano, y mujeres y chicas van al mercado con *shoofly pies*. Los amish, conocidos como "la gente sencilla", son un grupo religioso centenario que vive una vida austera sin electricidad, teléfonos o vehículos de motor. Se "viajará en el tiempo" si se va a Lancaster, (p. 153), en Pensilvania, Berlín, en Ohio o Middlebury, en Indiana. Comunidad amish de Lancaster.

Lo esencial

Para más información, véase 'Guía práctica' (p. 645)

Moneda
Dólar estadounidense
(US$)

Idioma
Inglés

Visados
La mayoría de los países
de la UE no necesitan
visado para estancias de
hasta 90 días, con apro-
bación del ESTA. Para
otras nacionalidades,
véase travel.state.gov.

Dinero
Hay cajeros por todas
partes. Se acepta tarjeta
de crédito en casi todos
los hoteles, restaurantes
y tiendas.

Teléfono móvil
Funcionan los teléfonos
extranjeros que operen
en frecuencias tribanda
o cuatribanda. Se puede
comprar un móvil barato
con tarjeta.

Horario
Hora del este (GMT me-
nos 5 h) en NY, Nueva
Inglaterra, Florida; Hora
del centro (GMT menos
6 h) en Chicago, Nashvi-
lle y Nueva Orleans.

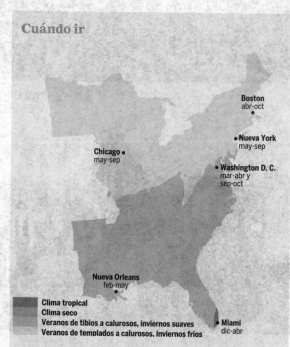

Cuándo ir

Boston abr-oct

Nueva York may-sep

Chicago may-sep

Washington D. C. mar-abr y sep-oct

Nueva Orleans feb-may

Miami dic-abr

Clima tropical
Clima seco
Veranos de tibios a calurosos, inviernos suaves
Veranos de templados a calurosos, inviernos fríos

Temporada alta (jun-ago)
➡ Días cálidos y
soleados por toda
la región.

➡ Suben los precios
del alojamiento (30%
aprox.).

➡ Grandes
festivales al aire
libre: Summerfest
de Milwaukee, Folk
Fest de Newport,
Lollapalooza de
Chicago, etc.

Temporada media
(abr-may, sep-oct)
➡ Temperaturas
más moderadas;
puede llover.

➡ Floración
silvestre, sobre todo
en mayo.

➡ Se llenan zonas
como Nueva
Inglaterra o la
autopista del Blue
Ridge.

Temporada baja (nov-mar)
➡ Días oscuros y
grises, con nevadas
en el norte.

➡ Se abarata el
alojamiento (excepto
en estaciones de
esquí y destinos
cálidos).

➡ Muchas
atracciones tienen
horario reducido o
cierran.

Webs

Lonely Planet (www.lonelypla net.es) Información sobre el país y foro de viajeros.

National Park Service (www.nps.gov) Portal de los mayores tesoros naturales de América: sus parques nacionales.

Eater (www.eater.com) Información gastronómica de más de 20 ciudades, que se puede leer en español.

Visit the USA (www.visittheusa.com) Información práctica y consejos para viajar.

Teléfonos útiles

Para llamar desde EE UU, hay que marcar el 1, seguido del prefijo de zona y el número de siete dígitos.

Prefijo nacional de EE UU	☑1
Prefijo internacional	☑011
Urgencias	☑911
Información telefónica	☑411
Información internacional	☑00

Tipos de cambio

Argentina	10 ARS	0,72 US$
Chile	100 CLP	0,14 US$
Colombia	100 COP	0,03 US$
México	10 MXN	0,54 US$
Perú	1 PEN	0,29 US$
Zona euro	1 €	1,09 US$

Tipos de cambio actualizados en www.xe.com.

Presupuesto diario

Menos de 100 US$

➡ Cama en dormitorio compartido: 20-40 US$;

camping: 15-30 US$; motel económico: 60-80 US$

➡ Almuerzo en cafetería o puesto ambulante: 5-9 US$

➡ Trayecto en transporte público: 2-3 US$

150-250 US$

➡ Habitación doble en hotel medio: 100-250 US$

➡ Cena en restaurante, por persona: 25-40 US$

➡ Alquiler de coche por día: desde 30 US$

Más de 250 US$

➡ Habitación en resort/hotel de categoría: desde 250 US$

➡ Cena en buen restaurante, por persona: 60-100 US$

➡ Salir por la noche (teatro, concierto, discoteca): 60-200 US$

Horario

Los horarios varían según la época del año. Aquí se proporcionan los de temporada alta; disminuyen en temporadas baja y media.

Bancos 8.30-16.30 lu-vi

Bares 17.00-24.00 do-ju, hasta 2.00 vi y sa

Discotecas 22.00-3.00 ju-sa

Centros comerciales 9.00-21.00

Tiendas 9.00-18.00 lu-sa, 12.00-17.00 do

Supermercados 8.00-20.00, algunos abren 24 h

Cómo llegar

Aeropuerto int. John F. Kennedy (Nueva York; p. 110) Se toma el AirTrain a la estación Jamaica y allí el LIRR a la estación Penn (12-15 US$;

45 min). Un taxi a Manhattan cuesta 52 US$, más peaje y propina (45-90 min).

Aeropuerto int. O'Hare (Chicago; p. 539) El tren CTA Blue Line (5 US$) circula 24 h/7 días. Salen cada 10 min aprox. (40 min hasta el centro). Las lanzaderas Airport Express cuestan 32 US$ (60 min aprox.); y un taxi, unos 50 US$ (aprox. 30 min).

Aeropuerto int. de Miami (p. 469) La SuperShuttle a South Beach cuesta 21 US$ (50-90 min); un taxi a Miami Beach, 35 US$ (40-60 min); y el Metrorail al centro (Government Center) sale por 2,25 US$ (15 min).

Cómo desplazarse

Automóvil Es la mejor forma de moverse excepto en las grandes ciudades, por los atascos y los precios del aparcamiento (hasta 40 US$/día). Se pueden alquilar en todas las urbes.

Tren Excepto la línea Boston-Washington, el tren es más bien para hacer recorridos paisajísticos. **Amtrak** (www.amtrak.com) es la compañía ferroviaria nacional.

Autobús Las empresas de corta distancia, como Megabus (www.megabus.com/us) o Bolt Bus (www.boltbus.com), se utilizan para moverse entre las principales ciudades. Suele ser el medio de transporte más barato. Hay que comprar los billetes con antelación por internet.

Para más información sobre **cómo desplazarse**, véase p. 658.

En busca de...

Grandes ciudades

Nueva York Con 8,4 millones de habitantes, es la ciudad más grande del país, una metrópoli rápida, vibrante y enérgica en constante evolución (p. 55).

Chicago La urbe del Medio Oeste es un caldo de cultivo cultural, con rascacielos, arte público, museos enormes, discotecas y una oferta gastronómica delirante (p. 515).

Baltimore Cruda ciudad portuaria convertida en belleza moderna, con museos de primer orden, tiendas a la moda y hoteles-boutique (p. 277).

Filadelfia La naturaleza urbana de la primera capital de EE UU se hace evidente en la comida, la música y las artes (p. 138).

Detroit Un caso práctico del auge y la caída de una ciudad..., y quizá de su posterior renacimiento (p. 565).

Los clásicos

Wellfleet Drive-In Viajar a los años cincuenta en este cine del cabo Cod (p. 194).

Arcade Probar las generosas creps del clásico diner de Memphis al que solía ir Elvis (p. 163).

Ruta 66 Moteles regentados por ancianos, tiendas de tartas y las atracciones más excéntricas en los 480 km que recorren Illinois (p. 551).

Worcester, MA La ciudad que alumbró el concepto de diner (restaurante prefabricado); quedan varios (p. 200).

Naturaleza

Montes Great Smoky Neblinas en las cimas, osos, alces y pavos salvajes en el parque más visitado de EE UU (p. 344).

Acadia Las extensiones de naturaleza virgen de Maine incluyen montañas costeras, acantilados altísimos, playas con olas poderosas y estanques tranquilos (p. 242).

Shenandoah Vistas espectaculares en el Blue Ridge, excursiones y acampada. No hay que perderse la ruta de los Apalaches (p. 310).

Everglades El sur de Florida alberga un paraíso acuático donde viven cocodrilos, panteras, flamencos y manatíes (p. 474).

Isla Royale Una isla en medio del lago Superior, sin carreteras, coches ni multitudes, pero sí mucho espacio libre para los alces y los somormujos (p. 583).

Comida fabulosa

Langostas en Maine, cheesesteaks en Filadelfia, barbacoas en Memphis, queso cheddar en Wisconsin... habrá que tener que aflojarse el cinturón en el este.

Nueva Orleans El picante gumbo, las ostras frescas y el budín de pan con bourbon destacan en el menú criollo de la ciudad más sibarita de Norteamérica (p. 429).

Nueva York Filetes con patatas, sushi, pollo tikka masala, perritos calientes, todo está aquí (p. 55).

Chicago La Ciudad del Viento ofrece una gran variedad gastronómica nacional e internacional. Sus barrios están llenos de restaurantes étnicos (p. 515).

Charleston Ciudad bien educada que huele a gardenias y que ofrece deliciosa comida de campo, como shrimps and grits (gambas con gachas) o sopa de cangrejo (p. 346).

Minneapolis Quizás la próxima gran ciudad gastronómica de América por sus restaurantes creativos y de inspiración escandinava (p. 595).

Arquitectura

Chicago En la cuna del rascacielos hay obras magníficas de los mejores arquitectos del s. xx (p. 515).

Casa de la cascada Esta obra maestra de Frank Lloyd Wright se fusiona con el paisaje circundante (p. 158).

Miami El Distrito Art Déco es como un sueño en tecnicolor hecho realidad (p. 453).

Taliesin Spring Green (Wisconsin, p. 590), no solo era el hogar de Frank Lloyd Wright, sino que también albergaba su influyente escuela.

Columbus Pequeña ciudad de Indiana con una gran arquitectura, gracias a sus empresarios industriales (p. 548).

Savannah Belleza sureña que despierta admiración con sus sorprendentes edificios de antes de la guerra (p. 402).

Museos

Smithsonian Institution Uno de los mayores cofres del tesoro del país, que en realidad es un conjunto de 19 museos, todos gratuitos (p. 259).

Metropolitan Museum of Art La mayor atracción de Nueva York es como una ciudad de la cultura, con dos millones de obras de arte (p. 78).

Art Institute of Chicago El segundo museo de arte más grande del país (después del Met) alberga numerosas obras maestras, especialmente cuadros impresionistas (p. 516).

Rock and Roll Hall of Fame & Museum Aquí se pueden ver la Stratocaster de Jimi Hendrix y el traje de Sargent Pepper de John Lennon, todo ello en Cleveland (p. 552).

National Civil Rights Museum Exposiciones temporales en un museo situado al otro lado de la calle del lugar en el que fue asesinado Martin Luther King, en Memphis (p. 358).

Parques temáticos

Walt Disney World Adentrarse en un mundo de cuentos de hadas en "El lugar más feliz del

Arriba: *gumbo* de gambas y salchichas al estilo criollo.
Abajo: abedules en el Acadia National Park (p. 242).

Atracción de Dollywood (p. 381), Tennessee.

mundo" y dejarse llevar por la nostalgia y las emocionantes atracciones (p. 502).

Dollywood Parque en las colinas de Tennessee (p. 381) dedicado a la adorada cantante de *country* Dolly Parton, con atracciones inspiradas en los Apalaches.

Cedar Point Aquí se encuentran varias de las montañas rusas más altas y rápidas del mundo, como la Top Thrill Dragster, que va a 190 km/h (p. 557).

Universal Orlando Resort Famosa sede de los Universal Studios y el nuevo Wizarding World of Harry Potter (p. 498).

Actividades al aire libre

Ruta de los Apalaches Aunque el viajero no quiera caminar 3400 km, puede hacer excursiones de un día para experimentar estos paisajes sublimes; se accede desde 14 estados (p. 44).

Boundary Waters Recorrer las extensiones naturales del norte de Minnesota en canoa, acampar bajo las estrellas y quizá ver la aurora boreal (p. 609).

New River Gorge National River Aguas bravas míticas en Virginia Occidental por un desfiladero boscoso paradisíaco (p. 322).

Long Island En Nueva York se puede hacer surf: desde las olas de Montauk a Long Beach, en el condado de Nassau (p. 111).

Monte Stowe El *snowboard* se inventó prácticamente en Vermont. No hay que perderse las montañas de este estado (p. 221).

Presidential Range Senderos desafiantes, picos elevados y una excelente red de refugios en las White Mountains de New Hampshire (p. 232).

Historia

El norte conserva varios escenarios de la historia de la Colonización y la Independencia, mientras que en en la costa central y el sur están la mayoría de los campos de batalla de la Guerra de Secesión.

Independence National Historic Park Con la Campana de la Libertad y el Independence Hall, donde los fundadores de EE UU firmaron la Constitución (p. 138).

Freedom Trail (ruta de la Libertad) de Boston Se puede visitar el hogar de Paul Revere, un cementerio del s. XVIII y 14 lugares significativos de la Guerra de Independencia a lo largo de esta ruta de 4 km (p. 175).

Henry Ford Museum/Greenfield Village Estos dos museos contienen elementos significativos de la historia de EE UU, como el autobús en el que iba Rosa Parks, el taller aeronáutico de los hermanos Wright y mucho más (p. 573).

Washington D. C. Se puede ver el lugar en el que fue asesinado Lincoln, donde Martin Luther King pronunció su discurso más famoso o donde terminó la presidencia de Nixon (p. 247).

Vicksburg Los riscos de Misisipi que el general Grant asedió durante 47 días durante la Guerra de Secesión (p. 417).

Williamsburg Población de 1700 muy bien conservada, que es el mayor museo viviente de historia del mundo (p. 302).

Harpers Ferry Un fascinante museo al aire libre de la vida en el s. XIX, rodeado de ríos y montañas (p. 319).

Vida nocturna

Nueva Orleans Aparte de Bourbon St, se recomienda descubrir los barrios donde corre el Sazerac y suena *jazz*, *dixieland* y *zydeco* (p. 429).

Nueva York Como cantaba Sinatra, es la ciudad que nunca duerme. Sus bares y discotecas abren cada noche hasta las 4.00 (p. 55).

Athens, Georgia Ciudad universitaria pequeña y compacta con un circuito musical sólido, de donde salieron los B-52s y REM (p. 400).

Nashville Aquí parece que todo el mundo toca la guitarra. Hay abundantes bares y *honky tonks* (bares musicales) para golpear el suelo con la bota hasta altas horas de la noche (p. 367).

Cayo Hueso En esta ciudad festiva y carnavalesca, el alcohol fluye sin parar (p. 480).

Atractivos alternativos

Foamhenge Magnífico homenaje al *porexpán*. Es una versión de Stonehenge a escala natural, muy tranquilo cuando se acerca la puesta de sol (p. 314).

NashTrash Tours Las divertidas Jugg Sisters de Nashville acompañan a los visitantes en un recorrido deliciosamente hortera por el lado más picante de la ciudad (p. 370).

Spam Museum El visitante podrá intentar enlatar el famoso cerdo precocinado en Austin (Minnesota), cuna de la famosa lata azul (p. 607).

American Visionary Art Museum En esta perla de Baltimore se pueden descubrir las obras de arte más extravagantes, entre ellas piezas creadas por enfermos mentales (p. 279).

Vent Haven Ventriloquist Museum Unos 700 muñecos de ojos saltones observan a los visitantes en una casa, cerca de Cincinnati (p. 563).

La mayor bola de hilo del mundo Bola de hilo gigante de casi 8000 kg, ubicada en una glorieta de Minnesota (p. 605).

Teatro

Nueva York y Chicago son las estrellas, mientras que ciudades más pequeñas, como Minneapolis, dan voz a los talentos emergentes.

Distrito teatral de Broadway Pocas cosas en el mundo son más emblemáticas que las luces de neón y los carteles luminosos de esta calle del centro de Manhattan (p. 69).

Steppenwolf Theatre John Malkovich, Gary Sinise y otros actores famosos hicieron crecer la escena de Chicago hace más de cuatro décadas (p. 536).

Guthrie Theater Minneapolis tiene tantos teatros que se la conoce como la Mini Apple (pequeña manzana). El mejor es el atractivo Guthrie (p. 62).

American Players Theatre Obras de Shakespeare y demás clásicos se escenifican en los bosques de Spring Green, Wisconsin (p. 592).

Grand Ole Opry Los focos iluminan mucho más que conciertos de música *country*; es un verdadero espectáculo de variedades a ritmo frenético (p. 375).

Playas

South Beach Una playa famosa en el mundo; se puede retozar entre las olas y ver pasar el desfile humano en la zona de ocio preferida de Miami (p. 456).

Cape Cod National Seashore Dunas enormes, faros y bosques invitan a explorar en este cabo de Massachusetts (p. 193).

Grayton Beach Impecable parque costero de Florida con impresionantes paisajes marítimos y pueblos (p. 508).

Gold Coast de Míchigan Extensiones eternas de arena, dunas, bodegas, huertos y B&B en la costa oeste del estado (p. 576).

Outer Banks Una serie de islas en Carolina del Norte que poseen desde playas muy populares hasta rincones remotos donde trotan ponis en libertad (p. 328).

Mes a mes

Enero

El Año Nuevo empieza con nieve en el norte. Las pistas de esquí se llenan, y los amantes del sol se refugian en los climas más cálidos.

Mummers Parade

El mayor acontecimiento de Filadelfia es este desfile (www.mummers.com) el día de Año Nuevo, con trajes, bandas de cuerda y payasos.

Año Nuevo chino

A finales de enero o principios de febrero, hay vistosas celebraciones en todas las ciudades donde existe un Chinatown. En Nueva York y Chicago se hacen grandes desfiles.

Carnaval de Invierno en Saint Paul

Hace mucho frío en Minnesota a finales de enero, pero ciudadanos se abrigan para participar en 10 días de esculturas de hielo, patinaje y pesca en el hielo (www.wintercarnival.com).

Febrero

Para los visitantes, esta puede ser la época más barata para viajar, ya que hay grandes descuentos en vuelos y hoteles.

Mardi Gras

A finales de febrero o principios de marzo, el día antes del Miércoles de Ceniza, se celebra el Martes de Carnaval, que marca el final del mismo. Son legendarias las celebraciones de Nueva Orleans (www.mardigrasneworleans.com), caracterizadas por sus desfiles extravagantes, sus bailes de máscaras y sus fiestas.

Marzo

Llegan las primeras flores en el sur. En las montañas de Nueva Inglaterra es temporada de esquí. Son las vacaciones de primavera y la gente baja a Florida.

☆ Entrenamiento primaveral de béisbol

Durante el mes de marzo, en Florida se celebra la temporada de entrenamiento de la MLB (Gran Liga de Béisbol), conocida como "Grapefruit League" (www.floridagrapefruitleague.com): 15 equipos profesionales entrenan y juegan partidos de demostración.

Día de San Patricio

El día 17 se festeja al patrón de Irlanda con bandas de metal y un fluir incesante de pintas de Guinness. Hay desfiles en Nueva York, Boston y Chicago (donde hasta se tiñe de verde el río).

Festival Nacional de los Cerezos en Flor

Se celebra la floración de los cerezos en la Tidal Basin de Washington. Hay conciertos, desfiles, percusión *taiko,* cometas y numerosos acontecimientos durante tres semanas (www.nationalcherryblossomfestival.org).

🍴 Cata de sirope de arce

Los productores de Vermont invitan al público a sus *sugarhouses* (casas de azúcar) para ver el proceso de elaboración del sirope durante el Vermont Maple Open House Weekend (www.vermontmaple.org), a finales de marzo. Los de Maine hacen lo mismo el último domingo del mes.

Abril

El clima sigue siendo imprevisible en el norte. En el sur, es una buena época de visita.

🏃 Maratón de Boston

La maratón más antigua del país (www.baa.org) atrae a miles de espectadores, que acuden a ver a los corredores cruzar la meta de Copley Sq en el Patriots' Day, el tercer lunes de abril.

☆ New Orleans Jazz Fest

El mejor festival de *jazz* del país (www.nojazzfest.com) se celebra en Nueva Orleans durante 10 días a finales de abril. Pianistas y saxofonistas van acompañados con una gastronomía inmejorable: bocadillos *po' boy* de cangrejo, arroz cajún con salchichas de cerdo o budín de pan con chocolate blanco.

☆ Tribeca Film Festival

Robert de Niro es el coorganizador de este ciclo neoyorquino (www.

tribecafilm.com) donde se proyectan documentales y películas narrativas durante 12 días a finales de abril.

Mayo

La primavera es una de las mejores épocas para viajar. Las muchedumbres y los precios altos del verano aún están por llegar.

☆ Derby de Kentucky

El primer sábado del mes, las familias más ricas visten sus mejores galas y sombreros y bajan a Louisville para ver una carrera de caballos (www.kentuckyderby.com), conocida como los mejores dos minutos del mundo del deporte.

☆ Movement Electronic Music Festival

El mayor festival de música electrónica del mundo (www.movement.us) se celebra en el Hart Plaza de Detroit, en el fin de semana del Día de los Caídos, al ritmo que marcan jóvenes promesas o artistas consolidados como Snoop Dog, Skrillex o Felix da Housecat.

Junio

Los estadounidenses pasan más tiempo en las terrazas, y acuden a la costa o a los parques nacionales. Se acaba la escuela, y las autopistas y los resorts se llenan de ve-

raneantes. En consecuencia, los precios suben.

☆ Chicago Blues Festival

El mayor festival gratuito de *blues* del mundo (www.chicagobluesfestival.us) ocupa tres días con el *blues* eléctrico que hizo famoso a Chicago. Más de medio millón de personas despliegan sus mantas delante de los múltiples escenarios repartidos por Grant Park, a principios de junio.

☆ Bonnaroo Music & Arts Fest

Un festival musical que se celebra en una finca de 280 Ha en el corazón de Tennessee (www.bonnaroo.com), con grandes nombres del *rock*, el soul, el *country* y otros estilos, durante cuatro días de mediados de junio.

🧜 Mermaid Parade

En Coney Island (Brooklyn, Nueva York) se celebra la llegada del verano con un desfile de lo más *kitsch* (www.coneyisland.com), donde no faltan sirenas vestidas escuetamente y sirenos que tocan el trombón.

☆ CMA Music Festival

Hordas de fans de la música *country* se ponen sus sombreros vaqueros y van a Nashville para escuchar a más de 400 artistas en el Riverfront Park y el Nissan Stadium (www.cmafest.com).

☆ Summerfest

Milwaukee celebra un gran festival musical (www.summerfest.com) de 11 días a finales de junio/principios de julio. En 10 escenarios junto a un lago actúan cientos de bandas y grandes estrellas de la música *rock*, *blues*, *jazz*, *country* y *rock* alternativo. Todo ello acompañado por cerveza, salchichas y queso.

Julio

En pleno verano, los estadounidenses hacen barbacoas en el patio o se van a la playa. Los precios suben y pueden encontrarse multitudes.

☆ Día de la Independencia

El país celebra su nacimiento con fuegos artificiales el día 4. En Filadelfia, cuna de los firmantes de la Declaración de Independencia, hacen sonar la Campana de la Libertad. Boston, Nueva York y Washington son lugares ideales para disfrutarlo.

☆ National Black Arts Festival

Atlanta se llena de artistas para este festival (www. nbaf.org) dedicado a la música, el teatro, la literatura y el cine afroamericano. Wynton Marsalis, Spike Lee y Youssou N'Dour han actuado en él.

☆ Newport Folk Festival

Newport, en Rhode Island, celebra un enérgico festival musical (www.newportfolk. org) a finales de julio. Los mejores músicos de folk toman un escenario histórico, en el que Bob Dylan empezó a tocar en eléctrico.

Agosto

Las playas se llenan de gente, los precios suben y las ciudades se vacían los fines de semana, cuando la gente se escapa a la costa más cercana.

☆ Lollapalooza

En este festival de *rock* (www.lollapalooza.com) celebrado en Chicago durante el primer fin de semana de agosto, unas 130 bandas, muchas de primera línea, llenan los ocho escenarios de Grant Park.

✕ Maine Lobster Festival

Si al viajero le gusta tanto la langosta como a los habitantes de Maine, no puede perderse este festín (www. mainelobsterfestival.com), celebrado en Rockland a principios de agosto. El Rey Neptuno y la Diosa del Mar presiden una semana llena de eventos, con todos los crustáceos que uno sea capaz de devorar.

Septiembre

Refresca y es una buena época para la visita. Los niños vuelven al colegio y empieza una nueva temporada en salas de conciertos, galerías y teatros.

☆ New York Film Festival

Incluye estrenos mundiales de películas de todo el mundo, además de coloquios con directores, tanto independientes como comerciales, en el Lincoln Center (www.filmlinc.com).

Octubre

Las temperaturas bajan y el otoño llena los estados del norte de colores cálidos. En Nueva Inglaterra, es temporada alta cuando las hojas tienen los colores más intensos; en el resto de la región, los precios bajan y hay menos gente.

☆ Fantasy Fest

En Cayo Hueso celebran su propio Mardi Gras. Más de 100 000 personas acuden a este enclave subtropical para pasarlo bien durante la semana anterior a Halloween. Hay desfiles, carrozas, fiestas de disfraces, la elección de un Rey y una Reina de la fiesta y mucha diversión y alcohol (www. fantasyfest.com).

☆ Halloween

No solo es para niños; los adultos también celebran Halloween en sus fiestas de disfraces. En Nueva York, el viajero podrá disfrazarse y unirse al desfile que sube por Sixth Ave. Chicago hace una versión más cultural celebrando el Día de Muertos en el Museo Nacional de Arte Mexicano.

Noviembre

En todos los estados suele ser temporada baja, ya que los fríos vientos disuaden a los visitantes. Los precios son más bajos (aunque los vuelos suben mucho de precio alrededor de Acción de Gracias). En las principales ciudades hay mucha actividad cultural.

✕ Acción de Gracias

El cuarto jueves de noviembre, los estadounidenses se reúnen con su familia y amigos y disfrutan de festines a base de pavo asado, boniatos, salsa de arándanos, vino, tarta de calabaza, etc. En Nueva York se celebra un gran desfile, y por la televisión se ve fútbol.

Diciembre

Aunque en el este las condiciones para esquiar no son ideales hasta enero, todos los estados cobran vida con las luces y las fiestas de Navidad.

✦ Art Basel

Una multitudinaria feria de arte de cuatro días (www.artbasel.com) dedicada a lo último en arte, cine, arquitectura y diseño. Más de 250 galerías de todo el mundo acuden, con obras de unos 2000 artistas, a Miami Beach.

✦ Víspera de Año Nuevo

Cuando llega Fin de Año, unos salen a la calle a celebrarlo en masa, mientras que otros planean una escapada para huir de las multitudes. Los precios suben bastante (especialmente en Nueva York). Sea cual sea el plan, se recomienda reservar con antelación.

Arriba: Newport Folk Festival, Rhode Island.
Abajo: Mermaid Parade (p. 28), Brooklyn, Nueva York.

Itinerarios

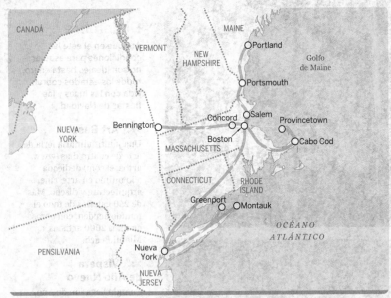

 Lo mejor del noreste

Dejarse fascinar por la ciudad más vibrante que existe y después pasearse por Nueva Inglaterra para gozar de los encantos de las ciudades de provincias.

Nueva York es un gran motor de arte, moda y cultura. Se pueden dedicar tres días a cumplir con los tópicos, como subir al mirador Top of the Rock, visitar los museos de arte del Upper East Side, pasear por Central Park y experimentar la vida nocturna y la gastronomía de toda la ciudad, por ejemplo en el East Village. Conviene recobrar el aliento en las bonitas playas y ante las vistas seductoras de **Greenport** y **Montauk,** en Long Island. De vuelta a Nueva York, se puede tomar el tren a Boston y pasar dos días viendo monumentos históricos, cenando en el North End y visitando los bares de Cambridge. Después se alquila un coche para ir al **cabo Cod,** de dunas idílicas, bosques y preciosa costa. Hay que dejar tiempo para ver **Provincetown,** la población más animada del cabo. Lo siguiente es salir tres días por las carreteras interiores de Nueva Inglaterra, pasando por puentes cubiertos, pueblos pintorescos, paisajes encantadores, y dormir en B&B de época sobre la marcha. Entre los puntos de interés se incluyen **Salem** y **Concord** en Massachusetts, **Bennington** en Vermont y **Portsmouth** en New Hampshire. Si el tiempo lo permite, se recomienda seguir hasta Maine para atracarse de langosta en

Gran circuito oriental

Este circuito por carretera recorre todo el este, pasa por locales de *blues* y tiendas de pasteles, mientras se descubren monumentos relacionados con los derechos civiles.

Se sale de **Nueva York** (aunque se alquilan coches más baratos en Nueva Jersey) hacia **Lancaster** (oeste) para explorar las idílicas carreteras secundarias del Dutch Country de Pensilvania. La siguiente parada es **Pittsburgh,** una ciudad sorprendente con pintorescos puentes y museos de vanguardia. Se entra en Ohio por la interestatal, pero rápidamente se retrocede en el tiempo en el **territorio amish.** Los rascacielos rompen el horizonte de **Chicago,** donde se descubren obras de arte, arquitectura de acero y su famoso panorama gastronómico.

En la segunda semana, se sigue al sur por la vieja Ruta 66, un viaje en el tiempo. El siguiente destino es **Memphis,** una meca para los fans de Elvis, los expertos en barbacoas, los estudiantes de derechos civiles y los amantes del *blues.* Hay que seguir la Great River Road al sur para descubrir los *juke joints* (bares) de **Clarksdale,** los campos de batalla de la Guerra de Secesión en **Vicksburg** y las mansiones de **Natchez.** En **Nueva Orleans,** hay que asistir a actuaciones de *jazz* y probar el espeso y especiado *gumbo.*

En la tercera semana, se inicia el camino de vuelta por el este. Se recorre la costa del Golfo por los bulevares sembrados de azaleas de **Mobile,** adentrándose hacia **Montgomery,** que tiene museos dedicados a pioneros de los derechos civiles como Rosa Parks. El viajero puede dejarse seducir por los robles de **Savannah,** la arquitectura de tonos pastel y la refinada comida de **Charleston,** para luego elegir entre **Durham** o **Chapel Hill,** dos ciudades universitarias vecinas con una animada vida nocturna.

Se empieza la cuarta semana repasando historia en Virginia. Se visita **Jamestown,** donde Pocahontas ayudó a los primeros colonos ingleses, y se vuelve al s. XVIII en el cercano **Williamsburg.** La ruta se completa en **Washington D. C.,** con su abundante oferta de museos gratuitos, y **Filadelfia,** la ciudad de la Campana de la Libertad, Benjamin Franklin y el bocadillo *cheesesteak,* antes de volver a las luces neoyorquinas.

Arriba: cascadas Douglas. Monongahela National Forest (p. 322).

Abajo: Faneuil Hall (p. 168). Boston.

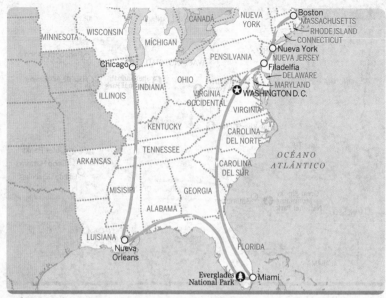

 Luces brillantes, grandes ciudades

El este es la meca de las grandes metrópolis, las ciudades que nunca duermen.

Se empieza pasando unos días en la histórica **Boston.** Se recorre la ruta de la Libertad, que pasa por la casa de Paul Revere. Se exploran las cafeterías y librerías de Harvard Sq y se come en las *trattorias* y ostrerías del North End. Luego se toma el tren a **Nueva York** y se dedican cuatro días a descubrir la emblemática Manhattan y demás: pasear por Central Park, descubrir Wall St, sentirse bohemio en Greenwich Village y tomar un ferri a la Estatua de la Libertad, además de rodearse de neoyorquinos en la High Line, en las tiendas estilosas de NoLita o en las microcervecerías y galerías de Queens.

Lo siguiente es ir en tren a la cercana **Filadelfia;** aquí nació el movimiento de independencia y se puede ver la Campana de la Libertad y otros objetos relacionados con la Declaración de Independencia. Se pasan unos días recorriendo lugares históricos y disfrutando de la gastronomía de barrios como East Passyunk. Conviene dedicar unos días a **Washington D. C.,** accesible rápidamente en autobús o tren. Además de una enorme oferta de monumentos y museos gratuitos (entre ellos el Air and Space Museum o el Lincoln Memorial), la capital de EE UU tiene un amplio panorama gastronómico y nocturno en Logan Circle, Shaw y por U St. ¿Quién sabe qué político estará tomándose un *whiskey* en el taburete de al lado?

Desde aquí se puede saltar a **Miami** (en avión es lo más fácil). Para que salga a cuenta, se recomienda dedicarle unos cuatro días, en los que se explorarán galerías y museos exóticos, el Distrito Art Déco, la Pequeña Habana o la seductora y sofocante South Beach. Para cambiar de ritmo, se puede salir un día a los **Everglades** para ver caimanes. El recorrido por el sur continúa en **Nueva Orleans,** que palpita a ritmo de *jazz, funk* y de las bandas de viento, y cocina comida criolla y cajún. Basta con dedicarle tres días de gastronomía local en Uptown, el Central Business District, Marigny y Bywater.

Por último, se sube hasta **Chicago,** una ciudad vibrante, como todas las del este. Una forma muy amena de llegar es con el tren *City of New Orleans*. Se puede ir en bicicleta a la playa, ver arte moderno en el Millennium Park o empaparse de *blues*.

2 SEMANAS Hacia rutas salvajes

Este circuito es para los amantes de la naturaleza. Aquí encontrarán montañas boscosas, ríos furiosos y pequeñas islas recónditas.

Se empieza por el **Shenandoah National Park,** una preciosa extensión de naturaleza que rodea el macizo de Blue Ridge, que debe su nombre al color azulado que lucen sus montañas al contemplarlas desde lejos, a través de la neblina cerúlea. El viajero disfrutará recorriendo carreteras bellísimas y emprendiendo excursiones inolvidables. Cuenta con 800 km de senderos (incluidos los 160 km de la ruta de los Apalaches) entre flores silvestres, cascadas en verano y mantos de hojas en otoño. Unas horas al oeste se encuentra el **Monongahela National Forest,** donde se podrán escalar las Seneca Rocks o recorrer la ruta del río Greenbrier en bicicleta. Los amantes de los deportes de aventura serán muy felices en el cercano **New River Gorge National River.** Varias empresas ofrecen material y descenso de aguas bravas en los famosos rápidos de clase V.

Lo siguiente es dirigirse al **Great Smoky Mountains National Park.** Es el parque más concurrido de EE UU, pero se pueden evitar las multitudes haciendo rutas a pie o en kayak (¡un estudio ha demostrado que el 95% de los turistas no se alejan más de 100 m de sus coches!). Después de un día al aire libre entre picos cubiertos de brezo, nada mejor que volver a **Gatlinburg,** el pueblo que está rodeado por el parque.

Pasada la primera semana, es hora de prepararse para la sinuosa carretera que atraviesa las montañas hacia la costa. El premio es llegar a las **Outer Banks,** islas de apacibles pueblos de playa, llenas de heladerías y moteles regentados por abuelos. No hay que perderse el **cabo Hatteras,** con sus dunas impecables, sus pantanos y sus bosques. También se puede tomar el ferri hasta la remota **isla de Ocracoke** para ver ponis salvajes. También pueden verse caballos salvajes en la **isla de Assateague,** entre Virginia y Maryland (al norte), poseedora de magníficas playas recónditas y un paisaje ideal para observar aves, remar, pescar o buscar cangrejos.

Si quedan ganas, se puede ir a la **playa de Rehoboth,** muy familiar (y frecuentada por gais), con lindas casas, entretenimientos para niños y un largo paseo marítimo.

Puesta a punto

Rutas por carretera

La mejor forma de descubrir el este del país es en una clásica ruta en coche. El viajero podrá comer en *diners* de la Lincoln Hwy, admirar las mansiones de la Natchez Trace, atravesar los Apalaches por la Blue Ridge Parkway, explorar las playas de la Hwy 1 o descubrir locales de *blues* en la Great River Road.

Blue Ridge Parkway

Serpentea por los Apalaches de Virginia y Carolina del Norte, sumergiendo al viajero en unos paisajes sublimes. Además, hay muchos desvíos para contemplar vistas, hacer excursiones y gozar de la hospitalidad sureña.

Por qué ir

Aunque atraviesa decenas de pequeñas poblaciones y algunas zonas metropolitanas, la autopista del Blue Ridge parece muy alejada de la Norteamérica contemporánea. Aquí todavía se encuentran rústicas cabañas de madera con mecedoras en el porche, carteles junto a la carretera que indican tiendas de artesanía o locales de *bluegrass,* y cafeterías de madera que sirven creps de alforfón con mermelada de mora y jamón del país.

Y para digerir toda esta comida sureña, se puede acceder a los más de 100 senderos que salen de la autopista, que van desde agradables paseos hasta sendas desafiantes por la legendaria ruta de los Apalaches. Hay ríos impetuosos para recorrer en kayak, canoa o *tubing* y pequeños lagos donde se puede pescar tranquilamente desde una barca.

Mejores experiencias

Mejores playas
Ver las deslumbrantes playas de la Hwy 1 de Florida.

Lo más insólito
Descubrir excentricidades al pie de la Ruta 66 y la Lincoln Hwy.

Mejores paisajes
Contemplar espectaculares puestas de sol en los Apalaches al recorrer la autopista del Blue Ridge.

Mejor música
Escuchar *blues* en un local de la Great River Road de Memphis o un estallido de violines en una sala de Galax, en la autopista del Blue Ridge.

Mejor comida
Catar el pollo y las galletas de Nashville en la Natchez Trace o la famosa gastronomía criolla de Nueva Orleans en la Great River Road.

Mejor historia
Explorar un escenario de la Guerra de Secesión en Gettysburg por la Lincoln Hwy o la ciudad de San Agustín, con 450 años de historia, por la Hwy 1 de Florida.

Rutas y carreteras panorámicas

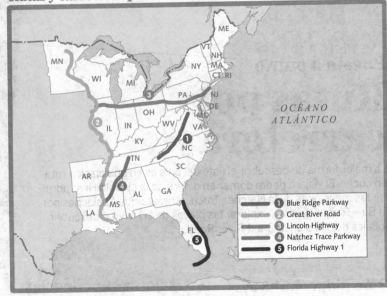

0 ▰▰▰▰▰ 1000 km

OCÉANO
ATLÁNTICO

1. Blue Ridge Parkway
2. Great River Road
3. Lincoln Highway
4. Natchez Trace Parkway
5. Florida Highway 1

Ruta

Esta bucólica carretera conecta el She-nandoah National Park de Virginia con el Great Smoky Mountains National Park, en la frontera entre Carolina del Norte y Ten-nessee. De camino se encuentran poblaciones como Boone o Asheville, en Carolina del Norte, y Galax o Roanoke, en Virginia, y se pasa muy cerca de Charlottesville. En las proximidades hay grandes ciudades como Washington D. C. (225 km) o Rich-mond (Virginia, 150 km).

Muchos viajeros recorren también la **Skyline Drive** (p. 312), una carretera serpenteante de 170 km que se halla en el extremo norte de la ruta, y que permite gozar de vistas impresionantes de las montañas del Shenandoah National Park. Hay que pagar 20 US$ para recorrerla, pero no es un peaje, sino la entrada al parque.

Cuándo ir

La mejor época es de abril a octubre, cuando están abiertos los servicios para visitantes (muchos cierran en invierno). El mes de mayo es ideal para ver flores silvestres. En octubre se puede contemplar todo un espectáculo otoñal. Se encuentra mucha gente en verano y a principios de otoño.

Recursos

Blue Ridge Parkway (www.blueridgeparkway. org) Mapas, actividades y alojamientos en la ruta. También se puede descargar gratuitamente el *Blue Ridge Parkway Travel Planner*.

Hiking the Blue Ridge Parkway (Randy Johnson; 2010) Un libro con extensas descripciones de senderos, mapas topográficos e información esencial para hacer excursiones, cortas o largas.

Skyline Drive (www.visitskylinedrive.org) Información sobre alojamiento, excursiones y naturaleza de esta ruta complementaria.

Duración y distancia

Duración Al menos 2 días, pero se recomiendan 5. Es una carretera empinada y con curvas, que se recorre lentamente. Además, el viajero querrá hacer paradas para caminar, comer y admirar el paisaje.

Distancia 750 km.

Inicio/fin Front Royal, VA/Cherokee, NC.

Great River Road

Esta ruta épica recorre el Misisipi desde su nacimiento en los pinares del norte de

Minnesota hasta su desembocadura en Nueva Orleans. Permite descubrir todas las dualidades culturales del país: norte/sur, ciudad/campo, baptista/bohemio...

Por qué ir

Recorriendo los meandros del río más largo de EE UU se encuentran paisajes absolutamente espectaculares, desde las colinas del norte hasta los soleados campos de algodón del delta del Misisipi. El viajero verá acantilados ventosos, densos bosques, mantos de flores y pantanos sofocantes, además de concentraciones urbanas, chimeneas y casinos fluviales. Son como el bueno, el feo y el malo de la vida en el Misisipi.

Ruta

A pesar del nombre, la Great River Road no es una sola carretera, sino una combinación de varias carreteras federales, estatales y rurales, que siguen el río Misisipi a lo largo de 10 estados. El elemento constante es el distintivo del timón verde.

Los pueblecitos que se encuentran permiten descubrir las diversas facetas de la vida del país: Brainerd, MN, que aparece en la película *Fargo* de los hermanos Coen; La Crosse, WI, cuna de las latas de cerveza más grandes del mundo; y Nauvoo, IL, un lugar de peregrinaje para mormones, con un deslumbrante templo blanco.

La sección sur de la ruta es un viaje por la historia musical del país: el *rock and roll* en Memphis, el *blues* en el delta del Misisipi y el *jazz* en Nueva Orleans. Y nadie se quedará con hambre: los típicos *diners* en el Medio Oeste, restaurantes de barbacoa y locales de ahumados en el sur, y tabernas y salas de baile cajún en Luisiana.

Se puede acceder a esta ruta desde varias ciudades importantes, como Nueva Orleans, Memphis, St Louis o Minneapolis.

Cuándo ir

El mejor momento es de mayo a octubre, cuando ya no nieva en los estados del norte.

Recursos

Mississippi River Travel (www.experiencemississippiriver.com) Buena web de información sobre historia, actividades al aire libre y música en directo en los 10 estados que recorre la River Road.

National Scenic Byways (www.fhwa.dot.gov/byways/byways/2279) Indicaciones paso a paso.

Duración y distancia

Duración 6 días para recorrerla de norte a sur; con 10 se va a un paso más confortable y realista.

Distancia 3200 km aprox.

Inicio/final Itasca State Park, MN/Nueva Orleans, LA.

Lincoln Highway

La primera carretera transcontinental del país se empezó a construir en 1913 y acabó de asfaltarse en 1925. Va de Nueva York a San Francisco. La sección oriental, de 1600

ANTES DE PARTIR

➡ Se recomienda ser socio de un **club automovilístico** (p. 660) que proporcione asistencia en carretera 24 h y descuentos en alojamiento y atracciones.

➡ Algunas asociaciones internacionales de automovilismo tienen acuerdos con los clubes de EE UU, así que hay que informarse y llevar el carné de socio.

➡ Se recomienda revisar las **normas de circulación** de EE UU (p. 661) y los **peligros en carretera** más habituales (p. 661).

➡ Hay que llevar rueda de recambio, herramientas (p. ej.: gato, pinzas para batería, raspador de hielo, manómetro para los neumáticos) y material para emergencias (como triángulo refractante).

➡ Conviene llevar buenos mapas, especialmente para alejarse de las carreteras principales. No hay que fiarse de un solo dispositivo GPS, ya que puede dar algún error o no funcionar en zonas remotas.

➡ Siempre se ha de llevar el **carné de conducir** (p. 660) y la documentación del **seguro** (p. 661).

km, recorre el corazón del país, pasando por estatuas de cafeteras gigantescas, *diners* de pollo frito, murales de gominolas y otros elementos clásicos estadounidenses.

Por qué ir

Es una ruta muy auténtica y no está tan masificada ni comercializada como otras más famosas. Pasa por algunas ciudades importantes del este (entre ellas NY y Filadelfia), pero se aleja de las rutas turísticas y recorre las zonas rurales más genuinas. Se pasa por siete estados: Nueva York, Nueva Jersey, Pensilvania, Virginia Occidental, Ohio, Indiana e Illinois.

Ruta

Entre Nueva York y Fulton, IL, la carretera atraviesa las regiones del Atlántico Medio y el Medio Oeste. Hay que tener en cuenta que la Lincoln Hwy no aparece en muchos mapas, ya que ya no es carretera oficial sino una sucesión de carreteras federales y estatales.

El viaje empieza en Times Sq, donde el viajero se despedirá de las luces luminosas de Broadway. Desde aquí, se va a Nueva Jersey y Princeton, la acicalada ciudad de la universidad de la Ivy League. A continuación aparece Pensilvania, donde el viajero verá la Campana de la Libertad y el Independence Hall de Filadelfia, las mantas tradicionales y los carros de caballos de las comunidades amish, cerca de Lancaster, el escenario de la Guerra de Secesión en Gettysburg, y Pittsburgh, una magnífica ciudad junto al río con mucho *pop art*. En Ohio se ven campos de maíz

y cárceles encantadas. Las paradas de Indiana incluyen más zonas de amish y la ciudad de South Bend, donde se encuentra la Universidad de Notre Dame y su famoso equipo de fútbol. En Illinois, la ruta pasa por la periferia de Chicago y recorre varias comunidades agrícolas que se extienden hacia el horizonte. A continuación, cruza el río Misisipi y sigue hacia el oeste en dirección a San Francisco.

Se puede acceder a esta ruta desde ciudades como Nueva York, Filadelfia, Pittsburgh y Chicago.

Cuándo ir

De abril a octubre deja de nevar y todas las atracciones están abiertas (muchas cierran de noviembre a marzo).

Recursos

'Greetings from the Lincoln Highway: A Road Trip Celebration of America's First Coast-to-Coast Highway' (Brian Butko; 2013) Fotos, mapas e historias para acompañar durante el camino.

Lincoln Highway Association (www.lincol nhighwayassoc.org) Web con mucha información gratuita. También se venden rutas guiadas con indicaciones paso a paso.

'The Lincoln Highway' (Michael Wallis; 2007) Libro ilustrado con fotografías magníficas y descripción de los mejores puntos de la ruta.

Duración y distancia

Duración 2½ días sin hacer muchas paradas; 4 o 5 para empaparse de la esencia de la ruta.

Distancia 1600 km aprox. (sección oriental).

RUTA 66

Es la ruta más emblemática de EE UU, a la que el novelista John Steinbeck bautizó como la Carretera Madre. Consiste en una cadena de avenidas principales de pueblos y carreteras regionales, que en 1926 unió Chicago con las palmeras de la costa de Los Ángeles.

Buena parte de la ruta transcurre por el oeste del país, pero al recorrer los 480 km de Illinois el viajero sentirá que el tiempo se ha detenido. Degustará porciones generosas de tarta en *diners* con luces de neón, fotografiará atracciones junto a la carretera como el *Gemini Giant* (una estatua de un astronauta de fibra de vidrio) y pasará por delante de autocines, moteles familiares y otros elementos típicamente americanos.

Si sobran un par de semanas, se puede seguir hasta el Pacífico. Los 3400 km restantes esconden sorpresas sensacionales, como los puestos de natillas heladas de Misuri, un parque de tótems en Oklahoma, un museo del alambre de espino en Texas, el Gran Cañón en Arizona y el seductor paseo de Santa Mónica en California. Para más información, véanse las web Historic Route 66 (www.historic66.com) y, en español, Viaje Ruta 66 (www.viajeruta66.com).

Arriba: *Gemini Giant* (p. 541), en la Ruta 66. Wilmington, Illinois.

Abajo: paisaje otoñal en Carolina del Norte desde la Blue Ridge Parkway (p. 315).

WALTER BIBIKOW / GETTY IMAGES ©

PUESTA A PUNTO RUTAS POR CARRETERA

Natchez Trace Parkway

Colinas de tonos esmeralda, pantanos color jade, senderos, mansiones opulentas, *saloons* junto al río y lugares de importancia histórica.

Por qué ir

El viajero seguirá los pasos de innumerables figuras históricas, como Andrew Jackson (7º presidente de EE UU, que aparece en los billetes de 20 US$), Jefferson Davis (presidente de la Confederación), James Audubon (naturalista y pintor), Meriwether Lewis (famoso explorador que murió en esta ruta en 1809), Ulysses S. Grant (18º presidente) y un joven Elvis Presley. La ruta serpentea por varios puntos de relevancia histórica y cultural.

Ruta

Nashville es el mejor punto de acceso a la ruta. Para los fans de la música *country*, visitar esta ciudad es como hacer un peregrinaje. Se oye el retumbar de botas en los *honky tonks*, se visita el Country Music Hall of Fame y un atractivo casco antiguo, y se puede comer en las cafeterías, a base de pollo a la barbacoa, pies de cerdo, hojas de nabo y manzanas al horno.

Unos 16 km después de Nashville, la carretera pasa por Franklin, uno de los escenarios más sangrientos de la Guerra de Secesión, donde 20 000 confederados y 17 000 soldados de la unión lucharon el 30 de noviembre de 1864. Más adelante se encuentran las tumbas de soldados confederados desconocidos. Por el camino, también hay túmulos funerarios indígenas centenarios. Uno de los más grandes del país es Emerald Mound, cerca de Natchez.

En Tupelo se puede visitar la humilde casa en la que Elvis creció, aprendió a tocar la guitarra y soñó. También se pasa por el Cypress Swamp, un pantano arbolado de color verde lechoso que está lleno de caimanes. Natchez es un museo viviente anterior a la guerra, con enormes escaleras de caracol, candelabros y casas de gruesas columnas.

Cuándo ir

Lo mejor es de abril a junio y de septiembre a noviembre. El verano puede resultar abrasador.

OTRAS GRANDES RUTAS

RUTA	ESTADO	INICIO/FINAL	PUNTOS DE INTERÉS	MEJOR ÉPOCA	PÁGINA
Rte 28	NY	Stony Hollow/Arkville	Montes Catskills, lagos, ríos; excursiones, admirar el otoño, *tubing*	may-sep	p. 118
Old King's Hwy	MA	Sandwich/Orleans	Barrios históricos, casas de época, paisajes de costa	abr-oct	p. 189
Hwy 13	WI	Bayfield/Superior	Playas lacustres, bosques, granjas; paseos por la naturaleza	may-sep	p. 594
Hwy 61	MN	Duluth/frontera canadiense	Parques estatales, cascadas, pueblos pintorescos; senderismo	may-sep	p. 609
VT 100	VT	Stamford/Newport	Colinas, prados, montes verdes; senderismo, esquí	jun-sep	p. 222
Kancamagus Hwy	VT	Conway/Lincoln	Montañas escarpadas, arroyos, cascadas; acampada, senderismo, natación	may-sep	p. 229
Hwy 12	NC	Corolla/Sealevel	Playas, faros, trayectos en ferri, punto de lanzamiento de los hermanos Wright	abr-oct	p. 331
Overseas Hwy	FL	Cayo Largo/Cayo Hueso	Playas, arrecifes de coral protegidos, frítura de caracoles, tartas de lima	dic-abr	p. 477

Recursos

Natchez Trace Parkway (www.nps.gov/natr)
Web del parque con información sobre carreteras,
actividades y enclaves históricos.

Natchez Trace Compact (www.scenictrace.com)
Las oficinas de turismo estatales de Tennessee,
Alabama y Misisipi colaboran para ofrecer itinera-
rios, mapas e información sobre eventos.

Duración y distancia

Duración 3 días, aunque se podría hacer en 2. La velocidad no es muy alta en esta carretera de dos carriles.

Distancia 715 km.

Inicio/final Nashville, TN/Natchez, MS.

Florida Highway 1

Esta carretera de costa recorre kilómetros
de playas y enclaves históricos, que van
desde la ciudad más antigua de EE UU
hasta exposiciones sobre la esclavitud,
pasando por cohetes de la NASA. La meta
es en la deslumbrante Miami.

Por qué ir

La Hwy 1 permite descubrir el verdadero
carácter de Florida: costa atlántica, mansiones en Palm Beach, yates en Fort Lauderdale
o cubanos en la Pequeña Habana de Miami.
También hay playas impecables donde viven
aves en peligro de extinción y manatíes (en
el Canaveral National Seashore), y otras playas famosas por sus fiestas y por las carreras
de NASCAR (en Daytona).

Ruta

Se empieza en la punta noreste de Florida,
en la isla de Amelia, que desde 1890 es
un célebre centro vacacional. Desde allí,
la carretera va hacia el sur, pasando por
parques culturales y plantaciones donde se
aprecia cómo vivían los esclavos. Se puede
parar en la venerable San Agustín, fundada en 1565, para ver la fuente de la eterna
juventud de Ponce de León y el Pirate Museum. De camino, se suceden faros, playas
inmaculadas y lugares ideales para el surf,
y se llega al Kennedy Space Center, desde
donde se lanzaban cohetes a la estratosfe-
ra. Luego surge una serie de localidades de
élite, como West Palm Beach, con mucha
actividad artística. El final es Miami, una

ciudad sugestiva con muchos atractivos:
barrios decorados con murales, el mayor
barrio *art déco* del mundo y una juventud
que luce palmito en South Beach.

En realidad, la carretera se llama Hwy
A1A (no hay que confundirla con la US 1,
más grande y rápida que transcurre en
paralelo). La A1A no es continua; al llegar
a algunas poblaciones, hay que desviarse y
tomar otras carreteras para volver a ella. Si
se quiere seguir el viaje después de Miami,
se puede tomar la US 1, que se convierte en
la panorámica Overseas Hwy en Cayo Largo
y baja hasta Cayo Hueso.

Cuándo ir

La mejor época es de noviembre a abril,
cuando hace calor pero no demasiado.

Recursos

Florida Scenic Highways (www.floridasce
nichighways.com) Información sobre puntos
concretos, como San Agustín o Fort Lauderdale.

'Highway A1A: Florida at the Edge' (Herbert L
Hiller; 2007) En parte guía de viajes, en parte libro
de historia sobre las ciudades que recorre la ruta.

Duración y distancia

Duración 6 días para verlo todo.

Distancia 765 km.

Inicio/final Isla Amelia /Miami.

DESCUBRIR LA MÚSICA 'BLUEGRASS'

⇒ *Blue Moon of Kentucky*, Bill Monroe and the Blue Grass Boys

⇒ *Foggy Mountain Breakdown*, Earl
Scruggs

⇒ *Orange Blossom Special*, Rouse
Brothers

⇒ *Rocky Top*, Osborne Brothers

⇒ *Windy Mountain*, Lonesome Pine
Fiddlers

⇒ *Flame of Love*, Jim and Jesse

⇒ *I'm a Man of Constant Sorrow*,
Stanley Brothers

⇒ *Every Time You Say Goodbye*,
Alison Krauss and Union Station

⇒ *Like a Hurricane*, The Dillards

Puesta a punto
Actividades al aire libre

Montañas nubladas, playas con olas salvajes, arrecifes de coral, ríos en desfiladeros: el este de EE UU posee paisajes maravillosos para vivir aventuras. Tanto si el viajero es un amante del ciclismo como si le va el senderismo, el kayak, el *rafting*, el surf, el submarinismo o el esquí, aquí encontrará lugares de primera para practicarlo.

Lo mejor al aire libre

Mejores excursiones
Ruta de los Apalaches, Shenandoah National Park (VA), Great Smoky Mountains National Park (NC y TN), montes Adirondack (NY)

Mejor ciclismo
Chequamegon National Forest, WI (todo terreno); Cape Cod Rail Trail, MA (asfaltado); Minneapolis, MN (ciudad)

Mejores actividades acuáticas
Boundary Waters, MN (canoa); New River Gorge National River, VA (aguas bravas); islas del Apóstol, WI (kayak); Pictured Rocks, MI (kayak)

Mejor surf
Cocoa Beach, FL; Long Island, NY; Coast Guard Beach, MA

Mejor submarinismo
Cayos de Florida, FL (jardín de coral); cabo Hatteras, NC (pecios de la Guerra de Secesión); Dry Tortugas, FL (tortugas marinas); Crystal River, FL (manatíes)

Mejor observación de fauna
Baxter State Park, ME (alces); Provincetown, MA (ballenas); Everglades de Florida, FL (caimanes, manatíes, tortugas marinas); Wabasha, MN (águilas)

Senderismo

Se elija el destino que se elija, el entorno permite hacer buenas excursiones. Los parques nacionales son ideales para hacer caminatas, tanto cortas como largas. Por todas partes hay buenos senderos mantenidos por los estados. Se puede explorar todo tipo de terreno, desde caminos entre cerezos silvestres en el **Wild Azalea Trail** (www.townofwoodworth.com/azalea-trail) de Luisiana hasta el **North Country National Scenic Trail** (www.nps.gov/noco), que cruza paisajes escarpados de varios estados desde Nueva York a Minnesota.

Recursos

Survive Outdoors (www.surviveoutdoors.com) Consejos de seguridad y primeros auxilios, además de fotos muy útiles de animales peligrosos.

Wilderness Survival (Gregory Davenport; 2006) Seguramente es el mejor libro sobre supervivencia ante cualquier contingencia.

American Hiking Society (www.americanhiking.org) Enlaces a vacaciones de voluntariado creando senderos.

Backpacker (www.backpacker.com) La mejor revista nacional para mochileros, desde principiantes a expertos.

CONSEJOS PARA VISITAR PARQUES NACIONALES

⇒ El precio de entrada es variable, desde 0 a 30 US$ por vehículo.

⇒ El pase anual America the Beautiful (80 US$; store.usgs.gov/pass) da acceso a cuatro adultos y todos los niños menores de 16 años a todos los parques federales durante 12 meses de calendario. Se vende en la entrada de los parques y en centros de visitantes.

⇒ Hay pases perpetuos para ciudadanos estadounidenses mayores de 62 años (10 US$).

⇒ Los *campings* y *lodges* de los parques se llenan con bastante antelación; en verano, se recomienda reservar hasta seis meses antes.

⇒ Algunos parques tienen *campings* sin reserva; se recomienda llegar entre 10.00 y 12.00, cuando se van los campistas.

⇒ Para acampar y hacer algunas excursiones, se necesita un permiso ecológico; a menudo, su número es limitado, así que hay que solicitarlo con antelación (hasta seis meses antes, dependiendo de las regulaciones del parque).

Rails-to-Trails Conservancy (www.railstotrails. org) Información gratuita actualizada sobre caminos en www.traillink.com.

Kayak y canoa

Para practicar remo, abundan la formación y los alquileres. Los mejores lugares para hacer kayak incluyen la Apostle National Lakeshore de Wisconsin (p. 594), para recorrer arcos de piedra y cuevas acuáticas en el lago Superior; la Pictured Rocks National Lakeshore (p. 582), para remar entre acantilados de colores vivos en el lago Superior; y la bahía de Penobscot de Maine, para recorrer aguas saladas y explorar islotes cubiertos de abetos.

Ir en canoa es una maravilla. Existen 19 000 km de vías acuáticas en las Boundary Waters de Minnesota (p. 609), y en el **Bartram Canoe Trail** de Alabama (lands. dcnr.alabama.gov/Bartram), más de 120 Ha de delta pantanoso, lagos y ríos.

Recursos

American Canoe Association (www.american canoe.org) Tiene una base de datos de rutas acuáticas para ir en canoa y en kayak, además de información sobre asociaciones deportivas locales y cursos (incluido surf de remo).

Ciclismo

Es cada vez más popular, pues cada vez hay más carriles-bici en las ciudades (entre ellas Nueva York y Chicago) y vías verdes en el campo. Varias vías de tren abandonadas se han convertido en caminos asfaltados para bicicletas. Son recorridos tranquilos por pueblos pintorescos, puentes y pastos. El Cape Cod Rail Trail de Massachusetts (p. 192) es muy popular.

Los aficionados a la bicicleta de montaña deben ir al Chequamegon National Forest de Wisconsin (p. 594), conocido por sus caminos desafiantes y por el extenuante **Fat Tire Festival** (www.cheqfattire.com) en septiembre.

Recursos

Bicycling (www.bicycling.com) Revista con información sobre recorridos urbanos, caminos extremos y todo lo que hay entre medias.

Descenso de aguas bravas

Virginia Occidental, al este del Misisipi, cuenta con un arsenal de ríos famosos. Primero está el New River Gorge National River (p. 322), que a pesar del "new" que lleva en el nombre es uno de los ríos más antiguos del mundo. Conecta Carolina del Norte con Virginia Occidental y forma un profundo desfiladero conocido como el Gran Cañón del Este; en los inicios del río hay zonas de potentes rápidos.

Destaca también el río Gauley (p. 322), de los mejores del mundo para hacer *rafting*. Este venerable río de los Apalaches, famoso por sus caídas pronunciadas y turbulentas, es una verdadera montaña rusa acuática. Baja un desnivel de más de 200 m en solo 45 km y tiene más de 100 rápidos. En la zona hay seis ríos más, ideales para que la gente menos experimentada practique.

Recursos

American Whitewater (www.americanwhitewater.org) Trabaja para preservar los ríos de EE UU; tiene enlaces a asociaciones locales de *rafting*.

Surf

En los estados del Atlántico hay lugares magníficos e inesperados para practicar surf, ideales si se buscan olas más bien moderadas. Las aguas más cálidas son las del golfo de Florida. He aquí algunos puntos recomendables:

➡ **Cocoa Beach y Melbourne Beach, FL** Poca gente y olas suaves: un paraíso para principiantes y amantes del *longboard*. Al sur hay una ensenada conocida como el Inlet, con olas consistentes y bastante gente. (p. 484)

➡ **Long Island, NY** En la zona hay más de una docena de lugares para practicar surf, desde las Ditch Plains de Montauk (que suelen llenarse) hasta la Long Beach de Nassau, con su playa de casi 5 km con buenas olas. (p. 111)

LA RUTA DE LOS APALACHES

El sendero más largo del país (3500 km), consolidado en 1937, cruza seis parques nacionales, ocho bosques nacionales y 14 estados, desde Georgia a Maine. Las recompensas son múltiples: montañas nubladas, bosques profundos, pastos floridos y algún que otro oso. Anualmente, unos 2500 valientes afrontan el camino entero; solo uno de cada cuatro llega hasta el final. Pero no hay que desanimarse; cada año, de dos a tres millones de senderistas hacen excursiones accesibles de un día por el Appalachian Trail.

Lo básico

➡ La mayoría de los senderistas que lo recorren empiezan en el monte Springer del norte de Georgia y terminan en el monte Katahdin, en el Baxter State Park de Maine (p. 246).

➡ Empiezan en marzo o abril y terminan seis meses más tarde. El Baxter cierra el 15 de octubre, así que hay que llegar antes.

➡ También es posible hacer la ruta al revés (de Maine a Georgia), pero debido al frío del norte, hay que empezar más tarde (en junio), cuando las moscas negras están famélicas y los senderos están mojados y embarrados. En cualquier caso, se encontrará todo tipo de clima, desde nieve a calor húmedo.

➡ El alojamiento suele ser en *campings*, cobertizos y refugios. Hay que prever unos 1000 US$ al mes para comida, alguna noche en motel o *lodge*, material y recambios.

Excursiones cortas

➡ Si el viajero tiene poco tiempo, hay zonas del sendero preciosas muy accesibles, como en el Shenandoah National Park (p. 310) de Virginia o en Harpers Ferry (p. 319) de Virginia Occidental, que es también la sede central del sendero (muy cerca en tren de Amtrak desde Washington D. C.).

➡ Internet permite obtener mucha información sobre la ruta: hay muchas webs que facilitan mapas, guías, bases de datos en línea, blogs de otros viajeros, enlaces, además de descripciones del terreno, datos prácticos sobre la organización de la aventura e, incluso, viajes organizados al completo. Una buena herramienta puede ser la web de la **Casa de América** (www.casamerica.es), dentro de su blog del viajero.

➡ El libro *Un paseo por el bosque*, de Bill Bryson, es una lectura muy amena sobre esta ruta. Acaba de estrenarse una película con el mismo nombre, dirigida por Ken Kwapis y (2015) protagonizada por Robert Redford, Nick Nolte y Emma Thompson.

➡ **Coast Guard Beach, Eastham, MA** Playa ideal para familias, que forma parte del Cape Cod National Seashore, famosa por sus olas constantes todo el verano, estupendas para el surf de tabla corta o larga. (p. 193)

Recursos

Surfer (www.surfermag.com) Informes de viajes sobre la costa este y prácticamente todas las olas del país.

Manatí de Florida.

STEPHEN FRINK / GETTY IMAGES ©

Submarinismo

En esto, Florida se lleva la palma. Tiene más de 1500 km de costa, subdividida en 20 zonas submarinas únicas. Hay cientos de lugares e incontables empresas, que ofrecen material de submarinismo y salidas guiadas. Al sur de West Palm Beach hay aguas claras para hacer inmersiones fantásticas todo el año, con abundantes arrecifes. En la zona del Panhandle (p. 504) se puede bucear en las aguas tranquilas y templadas del golfo de México; en la costa de Pensacola (p. 509) y **Destin** (www.floridapanhandledivetrail.com) existen pecios para explorar; y cerca de Crystal River se puede bucear entre manatíes.

El culmen son los cayos de Florida (p. 477). Aquí hay una gran variedad de hábitats marítimos, el único jardín de coral viviente de Norteamérica y algún pecio. Cayo Largo alberga el John Pennekamp Coral Reef State Park (p. 477), con unos 300 km de maravillas submarinas. Los arrecifes expansivos que rodean el Dry Tortugas National Park (p. 485) están habitados por barracudas, tortugas marinas y unos 200 barcos hundidos.

Otros lugares solicitados para hacer inmersiones en las aguas del este son el Cape Hatteras National Seashore de Carolina del Norte (p. 330), donde se pueden explorar barcos hundidos en la Guerra de Secesión y observar tiburones toro, y el **lago Ouachita** (www.lakeouachita.org), el más grande de Arkansas, conocido por sus aguas prístinas de montaña y por los 25 km de vías submarinas.

Recursos

Scuba Diving (www.scubadiving.com) Información actualizada sobre destinos de submarinismo en EE UU y el extranjero.

Esquí y deportes de invierno

Las mejores pistas de Vermont son las del monte Stowe (p. 221), donde el viajero se congelará en los telesillas y después se descongelará como un señor tomando una cerveza artesana en un bar de madera. En el lago Placid (Nueva York, p. 123) se puede practicar *luge* o *bobsled* en unas viejas instalaciones olímpicas. Las motonieves corren en el norte de Wisconsin, en Míchigan y en Minnesota; el Voyageurs National Park de Minnesota (p. 610) tiene mucha actividad invernal en sus ríos helados.

Recursos

Ski Resorts Guide (www.skiresortsguide.com) Información sobre alojamiento, mapas de senderos descargables y mucho más.

Puesta a punto
Viajar con niños

De norte a sur, hay atracciones magníficas para todas las edades: cubo y pala en la playa, parques de atracciones, zoológicos, acuarios, museos de historia natural o de la ciencia, acampada, campos de batalla, paseos en bicicleta por el campo y muchas otras actividades para fascinar a los más pequeños.

Mejores regiones para niños

Nueva York, Nueva Jersey y Pensilvania

Nueva York ofrece aventuras como remar en una barca en Central Park y numerosos museos ideales para niños. En la costa de Jersey se pueden divertir en los paseos marítimos, y en Pensilvania, montar en calesas como los amish.

Nueva Inglaterra

El paseo marítimo y los espacios verdes de Boston cuentan con un acuario, un buque de guerra del s. XVIII y barcas a pedales con forma de cisne. La Plimoth Plantation, con su recreación de poblados de los wampanoag y de los primeros colonos, es ideal para familias.

Washington y área metropolitana

Washington tiene un atractivo incomparable para familias: museos gratuitos, un zoológico con pandas e incontables zonas verdes. Williamsburg, en Virginia, es un viaje al s. XVIII, con intérpretes vestidos de época y actividades atractivas.

Florida

El Walt Disney World de Orlando es el destino de muchas vacaciones. Después, se pueden descubrir las bonitas playas de este estado.

El este para niños
Comer con niños

Los restaurantes locales parecen estar pensados para familias: no solo aceptan niños, sino que suele haber menús infantiles especiales (con porciones más pequeñas a precios más baratos). En algunos restaurantes, los menores de cierta edad incluso comen gratis. Los restaurantes suelen proporcionar tronas y elevadores para las sillas. Otros incluso disponen de lápices de colores para pintar o puzles, e incluso de actuaciones en directo con personajes de dibujos animados.

Que un restaurante no tenga menú infantil no quiere decir que no acepte niños, cosa que puede ocurrir en los de categoría. No obstante, incluso en los sitios más selectos se puede comer con niños si se llega temprano (cuando se abre el turno de cena, normalmente de 17.00 a 18.00); seguramente el viajero encontrará a otros comensales con hijos. Se puede solicitar una versión más pequeña de un plato o si es posible partir una ración normal en dos platos para dos niños. Para los más exigentes, los mejores restaurantes suelen ser los chinos, mexicanos e italianos.

Los mercadillos son cada vez más populares y en todas las poblaciones suele haber uno a la semana. Son un buen lugar para preparar un pícnic, probar especialidades locales y, de paso, apoyar a los productores independientes. Después de aprovisionarse, la familia puede buscar el parque o el paseo marítimo más cercano.

Alojamiento

Los moteles y hoteles suelen tener habitaciones con dos camas, ideales para familias. Algunos incluso tienen camas plegables o cunas, que se pueden incluir en la habitación por un pequeño suplemento. Suele tratarse de cunas portátiles, y no todos los niños duermen bien en ellas. Algunos hoteles ofrecen alojamiento gratis para niños menores de 12 años (incluso hasta los 18). En muchos B&B no aceptan niños; hay que preguntar antes de reservar.

Guardería

Los centros vacacionales suelen tener servicio de guardería; si no, se puede preguntar en recepción para que ayuden a buscar una niñera; hay que asegurarse de que tengan licencia y estén aseguradas, y preguntar el precio por hora, si hay precio mínimo y si cobran suplemento por transporte o comidas. Casi todas las oficinas de turismo tienen listados de servicios locales de cuidado y ocio infantil, médicos, etc.

Automóvil y avión

Todas las empresas de alquiler de coches deberían proporcionar sillas infantiles, ya que son obligatorias por ley en todos los estados. Suelen costar 13 US$ al día y hay que pedirla al hacer la reserva.

En los vuelos nacionales, los menores de 2 años no pagan; después, necesitan asiento propio y no suelen tener descuentos. En algunas zonas turísticas (como Disney World) ofrecen una promoción para que los niños vuelen gratis. Amtrak y otras compañías de ferrocarril tienen ofertas parecidas en varias rutas (los menores de 15 años viajan gratis).

Descuentos para niños

A veces hay descuentos para niños en circuitos, entradas y transportes, que llegan hasta el 50%. No obstante, la definición de niño puede variar: desde menos de 12 años hasta los 16. A diferencia de Europa, pocos monumentos tienen precios especiales para familias, pero en muchos monumentos los menores de 2 años no pagan.

Lo más destacado con niños

Aventuras al aire libre

Everglades de Florida Ir en kayak o canoa o hacer excursiones guiadas por los pantanos (p. 474).

➡ *Mujercitas* (1868) Un libro magnífico de Louisa May Alcott sobre cuatro niñas que se hicieron mayores a finales del s. xix en Concord, Massachusetts.

➡ *El canto de Hiawatha* (1855) Un clásico de Henry Wadsworth Longfellow que, bajo la forma de narración poética y con ayuda de ilustraciones, desvela la historia y las tradiciones de los indios de Norteamérica.

➡ *Eloise* (1955) Libro de Kay Thompson sobre Eloise, una niña de 6 años que vive en el Hotel Plaza de NY, un lugar ideal para cometer todo tipo de travesuras.

➡ *El misterio de la Casa Robie* (2007) Un libro de Blue Balliett en el que unos detectives preadolescentes resuelven un misterio de fantasmas y tesoros en la casa Robie de Frank Lloyd Wright, en Chicago.

New River Gorge National River, WV Descender aguas bravas (p. 322).

Provincetown, MA Hacer un circuito de observación de ballenas jorobadas (p. 194).

Mammoth Cave National Park, KY Explorar salas subterráneas (p. 195).

Parques temáticos y zoológicos

Walt Disney World, FL Sumergirse en atracciones fascinantes en cuatro parques que abarcan más de 8000 Ha (p. 502).

Zoológico del Bronx, NY Tomar el metro en Manhattan para ir a uno de los mejores (y más grandes) zoológicos del país (p. 83).

Lion Country Safari, West Palm Beach, FL Conducir entre los 900 animales salvajes que habitan este parque (p. 473).

Wisconsin Dells, WI Chapotear en los más de 20 parques acuáticos y ver espectáculos de esquí acuático (p. 591).

Cedar Point, OH Montarse a las montañas rusas más salvajes del mundo y luego divertirse en un extenso parque acuático junto al mar (p. 557).

Six Flags, Washington D. C. Es la cadena de parques de atracciones más conocida de EE UU,

48

DON KLUMPP / GETTY IMAGES ©

Arriba: formación Niágara de hielo, en el Mammoth Cave National Park (p. 388), Kentucky.

Abajo: Children's Museum of Indianapolis (p. 545), Indiana.

con nueve parques en la costa este, uno de ellos en Washington (p. 265).

Viajar en el tiempo

Williamsburg, Yorktown y Jamestown, VA
Ponerse ropajes del s. XVIII y mezclarse con intérpretes en el histórico triángulo donde se fundaron los EE UU (p. 302).

Fort Mackinac, MI Taparse los oídos mientras los soldados con uniformes del s. XIX disparan mosquetes y cañones (p. 580).

Freedom Trail, Boston, MA Hacer un recorrido a pie con Ben Franklin o, al menos, alguien del s. XXI que se le parece (p. 175).

Lincoln Presidential Library & Museum, Springfield, IL Aprender sobre el presidente favorito de EE UU a través de hologramas, la réplica de una cabaña y otros elementos interactivos (p. 542).

San Agustín, FL Recorrer en coche de caballos las calles de esta ciudad de 450 años (p. 486).

Para días de lluvia

National Air & Space Museum, Washington D. C. Sentirse aviadores y astronautas contemplando cohetes, naves espaciales, antiguos biplanos y simuladores de vuelo (p. 252).

American Museum of Natural History de Nueva York Descubrir un planetario enorme, inmensos esqueletos de dinosaurios y 30 millones de artefactos (p. 75).

Port Discovery, Baltimore, MD Pasearse por tres plantas llenas de aventuras y de elementos pedagógicos (bien disimulados) para aprender sobre tumbas egipcias, mercados agrícolas, trenes, estudios de arte y experimentos físicos (p. 283).

Museum of Science & Industry, Chicago, IL En el mayor centro científico del hemisferio occidental se explora un castillo de fantasía, nacen pollitos y se reproducen tornados (p. 526).

Ben & Jerry's Ice Cream Factory, Waterbury, VT Pueden deleitarse en la central de estos deliciosos helados (p. 221).

Children's Museum of Indianapolis, IN Los niños van sueltos en el mayor museo infantil del mundo, con cinco plantas de diversión y muchos dinosaurios (p. 545).

Planificación

Para encontrar monumentos, actividades, alojamientos, ocio y restaurantes orientados a familias a lo largo de esta guía, basta con buscar el icono de apto para niños (⛹).

Cuándo ir

➡ La temporada alta es de junio a agosto, época de vacaciones escolares y buen tiempo. Los precios suben y hay mucha gente. Esto implica colas en los parques acuáticos y de atracciones, resorts llenos y mucho tráfico; en los destinos más populares hay que reservar con antelación.

➡ De enero a marzo, es temporada alta en los resorts de invierno (en los Catskills y las White Mountains).

Lo esencial

➡ Muchos baños públicos tienen cambiador de pañales (a veces incluso en el baño de hombres), y en los aeropuertos hay aseos familiares de género neutro.

➡ La atención médica en EE UU es de nivel alto.

➡ La comida para bebés, la leche maternizada y los pañales desechables son fáciles de encontrar. También hay opciones ecológicas en supermercados de todo el país.

➡ Todo padre, madre o tutor que viaje solo con menores de 18 años debe llevar documentación de la custodia legal o un acta notarial del padre/madre ausente autorizando el viaje. No es obligatorio, pero puede evitar problemas potenciales al entrar en el país.

Recursos

Para obtener más información o consejos, consúltese la guía de Lonely Planet *Viajar con niños*. Y para que ellos mismos empiecen a emocionarse, tienen a su disposición *Mi primera Lonely Planet: EE UU* y *Mi primera Lonely Planet: Nueva York,* llenas de historias interesantes sobre edificios, astronautas, personajes singulares, animales heroicos y mucho más.

Baby's Away (www.babysaway.com) Alquilan cunas, tronas, sillas para el coche, carritos e incluso juguetes. Tienen sucursales por todo el país.

Viaja con tu famila (www.viajacontufamila.com) Ideas para vacaciones, información sobre destinos y consejos para viajes.

Kids.gov (www.kids.usa.gov) Web estatal amplia y ecléctica; se pueden descargar canciones y actividades. Tiene incluso enlaces a la página infantil de la CIA.

Travel Babees (www.travelbabees.com) Otra empresa fiable de alquiler de material infantil.

De un vistazo

Nueva York, Nueva Jersey y Pensilvania

Arte
Historia
Al aire libre

Nueva York es la ciudad más importante de la costa este. Esta megaciudad de más de 8 millones de habitantes es un verdadero epicentro de moda, gastronomía, arte y finanzas. Los estados vecinos, Nueva Jersey y Pensilvania, tienen menos población y se caracterizan por sus numerosas playas, montañas y pueblecitos donde aún se ven carruajes de caballos. Más al norte se sitúa Nueva Inglaterra, con su costa rocosa, sus pueblos pesqueros con casas de madera y sus universidades de la Ivy League.

Hacia el sur se encuentra Washington, en una región de preciosos valles con numerosos lugares de importancia histórica. Cuando se llega al sur, el ritmo ha descendido, las mesas se llenan de tartas de pacanas y en los bares suenan *blues*. Florida seduce al viajero con sus sirenas, sus manatíes, el imperio de Mickey Mouse y Miami. Por último, en la región de los Grandes Lagos se disfruta de los atractivos naturales con una buena hamburguesa y una cerveza.

Hervidero cultural

En Nueva York se hallan el Met, el MoMA y Broadway. Y en Búfalo, Filadelfia y Pittsburgh también hay célebres instituciones culturales, además de refugios bohemios y salas de conciertos.

Un pasado vivo

Desde mansiones restauradas de la Edad Dorada en el valle del Hudson al Independence National Historic Park de Filadelfia..., son muchos los enclaves históricos vinculados a momentos decisivos de la fundación del país.

Naturaleza salvaje

Las grandes extensiones naturales están cerca de las ciudades. Es posible emprender excursiones por los montes Adirondack o Catskill, hacer *rafting* en el río Delaware o bañarse en la costa de Nueva Jersey o en los Hamptons.

p. 54

Nueva Inglaterra

Marisco
Historia
Al aire libre

Tierra de langostas

Nueva Inglaterra es famosa por el marisco fresco. La costa está llena de restaurantes en los que el comensal podrá tomar ostras o sopa de marisco mientras ve zarpar los barcos que traerán el pescado del día siguiente.

Leyendas del pasado

Desde el lugar donde desembarcaron los peregrinos en Plymouth hasta la caza de brujas en Salem, pasando por el papel de Paul Revere en la Revolución..., Nueva Inglaterra fue decisiva para la historia de EE UU.

Follaje otoñal

En esta región, la luminosidad es legendaria. La caída de las hojas cambia el paisaje de todo el estado, desde los montes Litchfield de Connecticut hasta las White Mountains de New Hampshire y Maine.

p. 163

Washington D. C. y área metropolitana

Arte
Historia
Comida

Museos y música

Washington cuenta con una magnífica oferta de museos y galerías. Se puede escuchar música tradicional en la Crooked Road de Virginia o visitar teatros famosos y museos de arte contemporáneo en Baltimore.

Tiempo pasado

Jamestown, Yorktown y Williamsburg permiten introducirse en la América colonial, mientras que por todo Virginia existen campos de batalla de la Guerra de Secesión. También hay fascinantes fincas presidenciales como Mount Vernon o Monticello, además de encantadoras poblaciones históricas como Annapolis.

Gastronomía local

Se pueden tomar ostras, marisco y cangrejos azules en Maryland, descubrir restaurantes internacionales en Washington o gastronomía "de la granja a la mesa" en Baltimore, Charlottesville, Staunton y Rehoboth.

p. 247

El Sur

Comida
Música
Encanto

Galletas y barbacoas

Barbacoas de cocción lenta, pollo frito, siluro frito, galletitas de mantequilla, pan de maíz, gachas o platos picantes de tradición cajún..., el sur es un lugar magnífico para llenar el plato.

'Country', 'jazz' y 'blues'

Ningún otro lugar del mundo tiene una banda sonora más influyente. Aquí se encontrará más de una meca musical: *country* en Nashville, *blues* en Memphis y *jazz* de *big bands* en Nueva Orleans, con numerosas fusiones y sonidos alternativos por toda la región.

Bellezas sureñas

Poblaciones tan pintorescas como Charleston o Savannah cautivan a los visitantes con sus calles arboladas, su arquitectura anterior a la Guerra de Secesión y una acogida sencilla y calurosa. Otros atractivos son Chapel Hill, Oxford, Chattanooga y Natchez.

p. 324

Florida

Cultura
Al aire libre
Playas

Alma polifacética

Florida tiene un alma compleja: aquí se hallan el Distrito Art Déco de Miami y la Pequeña Habana, además de otros atractivos históricos en St. Augustine, parques temáticos en Orlando y museos y patrimonio insular en Cayo Hueso.

Observación de la naturaleza

Se puede contemplar vida acuática haciendo submarinismo o buceando. Para ver animales más grandes, conviene hacer un crucero de observación de ballenas o intentar avistar caimanes en una excursión por los Everglades, donde también habitan garcillas, águilas, manatíes y otros animales.

De playa en playa

El viajero encontrará todo tipo de playas arenosas, desde la húmeda South Beach a la exclusiva Palm Beach. También le aguardan encantos isleños en Sanibel y Captiva, o en una ciudad que ha cambiado muchas veces de bandera: Pensacola.

p. 452

Grandes Lagos

Comida
Música
En carretera

Centro gastronómico

Desde restaurantes galardonados con el premio James Beard en Chicago y Minneapolis hasta batidos a base leche fresca..., las granjas, huertos y cervecerías del Medio Oeste satisfacen a todos los paladares.

Rock & Roll

En el Medio Oeste saben pasarlo bien. Es la sede del Rock and Roll Hall of Fame y de festivales como el Lollapalooza, pero hay clubes populares en todas las ciudades.

Lo insólito

Una gran bola de cuerda, un museo de la mostaza, una competición de lanzamiento de excrementos de vaca..., en las carreteras del Medio Oeste se pueden encontrar los atractivos más variopintos. Hay gente muy apasionada, imaginativa... y quizá con mucho tiempo libre.

p. 511

En ruta

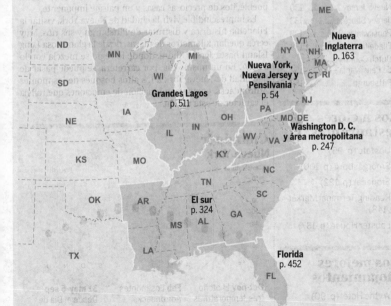

ND

MN

SD

MI

WI

NE

IA

OH

IN

IL

KS

MO

KY

WV

VA

NC

TN

OK

AR

SC

MS

AL

GA

LA

TX

FL

Nueva York, Nueva Jersey y Pensilvania

Incluye »

Por qué ir

¿En qué otro lugar se podría visitar una granja amish, acampar en plena montaña, leer la Declaración de Independencia y cantar *"New York, New York"* desde el piso 86º de una obra maestra del *art déco*, y en unos pocos días? Aunque este rincón es la región más poblada de EE UU, quedan muchos lugares donde escapar de la urbe y adoptar una vida sencilla, donde los artistas se retiran en busca de inspiración, con pueblecitos de preciosas casas y un paisaje imponente.

Es imprescindible vivir la ciudad de Nueva York, visitar la Filadelfia histórica y disfrutar de Pittsburgh y sus ríos. Muy cerca quedan kilómetros de playas, desde la glamurosa Long Island hasta Jersey Shore, donde lo regio se mezcla con lo *kitsch*. En un mismo día, por carretera, se puede pasar de la ciudad de Nueva York a los altos bosques de los montes Adirondacks, en una combinación de emociones que refleja el carácter de esta región.

Los mejores restaurantes

➡ Upstate (p. 95)

➡ Smorgasburg (p. 100)

➡ Stonecat (p. 122)

➡ Reading Terminal Market (p. 148)

➡ Lobster House (p. 137)

Los mejores alojamientos

➡ Wythe Hotel (p. 90)

➡ Roxbury Motel (p. 119)

➡ White Pine Camp (p. 125)

➡ Starlux (p. 137)

➡ General Sutter Inn (p. 154)

Cuándo ir
Nueva York

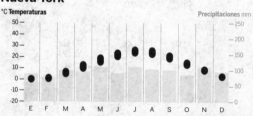

°C Temperaturas — Precipitaciones mm

Oct-nov El otoño trae temperaturas frescas, fiestas, la maratón y la preparación de las Navidades.

Feb Los montes Adirondacks, Catskills y Poconos atraen a los amantes de los deportes de invierno.

31 may-5 sep Desde el Día de los Caídos hasta el Día del Trabajo es temporada de playa.

NUEVA YORK

Ruidosa, rápida y vibrante, Nueva York es una ciudad sinfónica, agotadora y siempre cambiante. Quizá solo un poema de Walt Whitman que ofreciera un catálogo de escenas típicas, desde el rincón más humilde a los majestuosos edificios, podría hacerle justicia mínimamente. Nueva York sigue siendo uno de los centros mundiales de la moda, del teatro, de la gastronomía, de la música, la publicidad y las finanzas.

La primera visita a la ciudad es como meterse en una película, la que cada uno se ha ido formando, quizá de forma inconsciente, con todas las posibilidades imaginables. Desde el centro de Times Square al rincón más oscuro del Bronx, todo son extremos. Desde el barrio ruso de Brighton Beach, en Brooklyn, a la Sudamérica en miniatura que esconde Queens, prácticamente todos los países del mundo tienen una animada representación en la urbe. Se podrá visitar un poco de todo, siempre que se viaje con la mente abierta y flexibilidad en el itinerario.

Historia

En 1609, cuando Henry Hudson reclamó esta tierra para sus patronos de la Compañía Holandesa de las Indias Orientales, declaró que era "la tierra más bella sobre la que se pueda esperar poner el pie". Poco después la llamaron "Manhattan", nombre derivado de la expresión "Isla de Colinas" en el lenguaje de los nativos munsee.

En 1625 se fundó una colonia que muy pronto se llamaría Nueva Ámsterdam, y Peter Minuit le compró la isla a los indios munsee. George Washington juró aquí su cargo como primer presidente de la república en 1789, y cuando estalló la Guerra de Secesión, en 1861, la ciudad aportó un considerable contingente de voluntarios para la defensa de la Unión y fue uno de los centros de organización del movimiento para la liberación de los esclavos.

A lo largo del s. XIX, sucesivas oleadas de inmigrantes –irlandeses, alemanes, ingleses, escandinavos, eslavos, italianos, griegos y judíos centroeuropeos– provocaron un rápido aumento de la población y la posterior construcción de imperios industriales y financieros, y una edad dorada de los rascacielos.

Tras la II Guerra Mundial, Nueva York se convirtió en la capital del mundo, pero sufrió un nuevo fenómeno: la 'huida de los blancos' a los barrios periféricos. En la década de 1970 la red de metro, cubierta de grafitis, se había convertido en un símbolo del declive cívico y económico de la ciudad. Pero Nueva York recuperó su papel protagonista en la década de 1980, encabezada por el extravagante alcalde Ed Koch, que repitió cargo dos veces. La ciudad eligió a su primer alcalde negro, David Dinkins, en 1989, pero solo duró un

NUEVA YORK, NUEVA JERSEY Y PENSILVANIA EN...

Una semana

Se puede empezar en **Filadelfia,** cuna de la independencia de EE UU. Tras un día visitando los lugares con historia y una noche disfrutando en sus grandes bares y restaurantes, se puede ir a Nueva Jersey para pasar una noche bucólica en **Cape May** y quizá visitar alguna otra playa de Jersey Shore, como **Wildwood** o **Asbury Park,** para llegar a **Nueva York** al día siguiente. El resto de la estancia cabe dedicarla a la ciudad, combinando las atracciones imprescindibles –como el **Top of the Rock** o **Central Park**– con su animada vida nocturna y eclécticas aventuras gastronómicas, quizá en el vibrante East Village.

Dos semanas

Tras dedicar varios días a **Nueva York** se puede pasar un par de noches en algún lugar del **valle del Hudson** antes de llegar a los **Catskills.** Después de visitar esta bucólica región, se sigue al norte hasta **Lake Placid** y la zona de **High Peaks,** en los **Adirondacks,** que hará las delicias de los amantes de la naturaleza. Luego se vuelve a bajar por los **lagos Finger,** parando en las bodegas y las cascadas del camino, y se pasa una noche en la universitaria **Ithaca.** Desde aquí se puede ir a **Buffalo** y a las **cataratas del Niágara** o al suroeste, hacia **Pittsburgh.** Luego se puede volver al este pasando por los **Wilds** y pernoctar en el **condado de Lancaster,** quizá en una granja amish. Desde aquí no hay mucho a **Filadelfia,** que merece al menos un par de noches. Para acabar, se puede hacer noche en un B&B pintoresco en **Cape May,** y luego dedicar un día a disfrutar del paseo marítimo de **Wildwood** y sus atracciones.

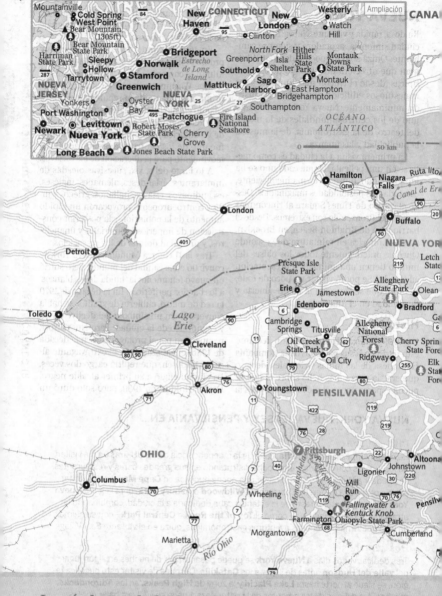

Lo más destacado de Nueva York, Nueva Jersey y Pensilvania

1 Viajar por todo el mundo sin salir del caleidoscopio de barrios y culturas que es **Nueva York** (p. 55).

2 Disfrutar de lo *kitsch* y la calma en **Jersey Shore** (p. 133).

3 Estudiar la historia del nacimiento de la nación en el **Independence National Historic Park** de Filadelfia (p. 138).

4 Pasear por los senderos del bosque de los **Catskills** (p. 118).

5 Explorar la agreste belleza de los **Adirondacks** (p. 123).

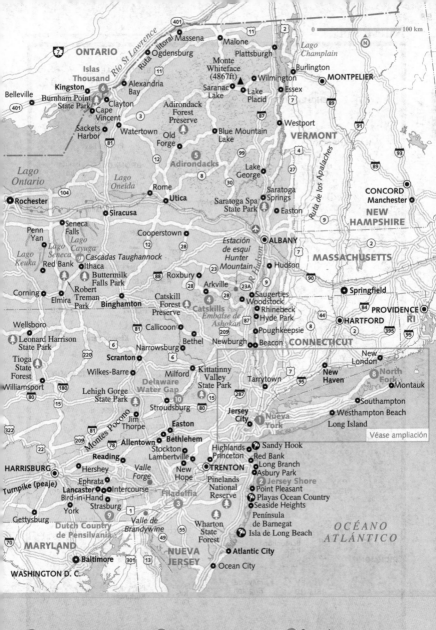

N 0 _____ 10 km

22

9

BRONXVILLE

Cross County Pkwy

Boston Rd

1

87

4

ENGLEWOOD

80

Río Hudson

Broadway

95

Estrecho de Long Island

HACKENSACK

95

Cementerio Woodlawn

Pelham Bay Park

Isla de Hart

Overpeck County Park

Puente George Washington

Closters

INWOOD

Jardín botánico

Belmont

BRONXDALE

17

MetLife Stadium

FAIRVIEW

63

HARLEM

BELMONT

Bronx Wildlife Conservation Park

City Island

KEARNY

Yankee Stadium

Bronx Park

THROGS NECK

GREAT NECK

New Jersey Turnpike

9

Véase "Central Park y Uptown". p. 76

HUNTS POINT

Powells Cove

678

295

BEECHHURST

Bahía Little Neck

MANHATTAN

Central Park

Véase "Times Square, Midtown, Manhattan y Chelsea". p. 70

ASTORIA

Aeropuerto La Guardia

COLLEGE POINT

BAYSIDE

95

Socrates Sculpture Park

CORONA

Citi Field

495

HOBOKEN

1

P.S.1 Contemporary Art Center

Queens Blvd

FLUSHING

Kissena Park

Queens College

HOLLISWOOD

63

Véase "East y West Village". p. 66

N

NUEVA YORK

QUEENS

78

Véase "Chinatown y Lower Manhattan". p. 62

GLENDALE

JAMAICA

Estatua de la Libertad

Staten Island

BUSHWICK

NUEVA YORK ESTE

678

Bahía de Nueva York superior

Ferry

Brooklyn Academy of Music (BAM)

Atlantic Ave

HOWARD BEACH

Brookville Park

27

Prospect Park

Spring Creek Park

Elders Point Marsh

Aeropuerto internacional John F. Kennedy

Richmond County Bank Ballpark

Linden Blvd

BROOKLYN

East High Meadow

Jo Co Marsh

Staten Island

278

Fort Hamilton

Bahía de Nueva York inferior

Ave P.

Gateway National Recreation Area

RICHMOND

Bensonhurst Park

Key Span Park

Brooklyn Marine Park

Gran Canal

CONEY ISLAND

Playa de Brighton

Ría de Rockaway

Jacob Riis Park

Playa de Rockaway

OCÉANO ATLÁNTICO

NUEVA YORK
NUEVA JERSEY

mandato. Le sucedió el republicano Rudolph Giuliani (antes candidato en las primarias a la presidencia del país). Fue durante su mandato cuando ocurrió la catástrofe del 11 de septiembre del 2001, el ataque contra el World Trade Center de dos aviones comerciales secuestrados, que causaron el colapso de las Torres Gemelas, de 110 plantas, y la muerte de 3000 personas.

El milmillonario Michael Bloomberg, elegido alcalde en un ambiente de agitación y dolor, duró tres legislaturas pese a la polémica. Era considerado un pragmático independiente y se ganó reconocimiento y críticas al luchar por la protección del medio ambiente y del desarrollo al mismo tiempo, en una época complicada marcada por la crisis económica global y el huracán Sandy.

En el 2014 alcanzó la alcaldía el demócrata Bill de Blasio, de Brooklyn, gracias a sus propuestas para atajar las desigualdades sociales y económicas de la ciudad. Supervisó la creación de un sistema de guarderías gratuitas para todos, impulsó la creación de viviendas más económicas e intentó reparar la división entre afroamericanos y una fuerza policial que a veces es causa de divisiones.

Puntos de interés

Lower Manhattan

★ Puente de Brooklyn PUENTE
(plano p. 62; [S]4/5/6 hasta Brooklyn Bridge-City Hall, J hasta Chambers St) Ha inspirado a artistas desde siempre y es uno de los monumentos más queridos de Nueva York. Cruzarlo es como un rito iniciático para neoyorquinos y visitantes, ¡aunque no conviene ir en grupos de más de dos para no chocar con corredores y ciclistas a toda velocidad!

Con una arcada de 486 m, es aún hoy un símbolo de los logros del país y una estructura de una gran elegancia, a pesar de que su construcción se viera amenazada por superarse el presupuesto repetidamente y por la muerte de 20 obreros. Entre las bajas se cuenta la de su diseñador, John Roebling, que cayó de un muelle en 1869 mientras buscaba un punto donde levantar la torre oeste del puente y acabó muriendo de tétanos. El puente y la pista peatonal/ciclista, que empiezan junto al ayuntamiento, ofrecen vistas magníficas de Lower Manhattan y Brooklyn; se puede prolongar el paseo por Brooklyn Bridge Park, en constante expansión.

Estatua de la Libertad MONUMENTO
(☎877-523-9849; www.nps.gov/stli; Liberty Island; adultos/niños incl. Ellis Island 18/9 US$, incl. corona 21/12 US$; 🕐8.30-17.30, véase web para cambios estacionales; [S]1 hasta South Ferry, 4/5 hasta Bowling Green) En una ciudad llena de símbolos americanos, quizá la Estatua de la Libertad sea el más famoso. Fue concebida en 1865 por el intelectual francés Edouard Laboulaye como monumento a los principios republicanos compartidos por Francia y EE UU, y aún es considerada por muchos un símbolo de los ideales del progreso personal y la libertad.

El escultor francés Frédéric Auguste Bartholdi viajó a Nueva York en 1871 para escoger su ubicación, y luego pasó más de 10 años en París diseñando y construyendo la figura de la Libertad iluminando el Mundo, de 46 m de altura, erigida en una pequeña isla del puerto e inaugurada en 1886.

Los accesos a la corona y al pedestal están limitados, así que conviene reservar con la máxima antelación. Hay que tener en cuenta que no hay ascensor y que la ascensión desde la base equivale a la de un edificio de 22 plantas. También se puede pasear por el recinto, visitar el pequeño museo y disfrutar de las vistas desde el mirador, en la planta 16 del pedestal. Para sacar el máximo partido a la visita se ofrecen audioguías al llegar a la isla (incluso hay una versión para niños).

El viaje a Liberty Island en ferri suele ir combinado con la visita a la cercana Ellis Island. Los ferris salen de Battery Park y los billetes incluyen la entrada a ambos lugares. Hay que reservar con antelación para evitar las largas colas.

Isla de Ellis PUNTO DE INTERÉS, MUSEO
(☎212-363-3200; www.nps.gov/elis; gratis, ferri incl. Estatua de la Libertad adultos/niños 18/9 US$; 🕐 8.30-17.30, véase web para cambios estacionales; [S]1 hasta South Ferry, 4/5 hasta Bowling Green) Ellis Island es un símbolo de proporciones míticas para los descendientes de los que pasaron por aquí: su enorme edificio sirvió como principal centro de inmigración de Nueva York desde 1892 hasta 1954, y procesó 12 millones de llegadas de inmigrantes de todas partes del mundo. El procedimiento incluía una revisión médica, la asignación de un nuevo nombre si el que se tenía era considerado demasiado difícil de deletrear o pronunciar y, básicamente, el obtener la luz verde para iniciar una vida nueva en EE UU.

Ahora cualquiera que visite la isla entenderá lo que era, gracias al interactivo Immigration Museum, situado en la misma estructura de ladrillo rojo. Se puede visitar la fascinante muestra y ver una grabación que explica la experiencia de los inmigrantes y cómo cambiaron el país.

★National September 11 Memorial MONUMENTO

(plano p. 62; www.911memorial.org; 180 Greenwich St; ⌚7.30-21.00; [S]E hasta World Trade Center, N/R hasta Cortlandt St, 2/3 hasta Park Pl) [GRATIS] Uno de los espacios más solemnes de Nueva York es el monumento nacional llamado *Reflejo de la Ausencia* y compuesto por dos enormes estanques reflectantes que son tanto un símbolo de esperanza y renovación como el tributo a los miles que perdieron la vida el 11 de septiembre del 2001.

National September 11 Memorial Museum MUSEO

(plano p. 62; www.911memorial.org/museum; 180 Greenwich St, junto a Fulton St; adultos/niños 24/15 US$; ⌚9.00-20.00 do-ju, hasta 21.00 vi y sa; [S]E hasta World Trade Center, N/R hasta Cortlandt St, 2/3 hasta Park Pl) Junto a los estanques reflectantes se encontrará un pabellón que recuerda una torre caída. En el interior, una suave rampa lleva a las galerías de la exposición subterránea que recuerdan aquel terrible día del 2001.

One World Observatory MIRADOR

(plano p. 62; ☎844-696-1776; www.oneworldobservatory.com; West St esq. Vesey; adultos/niños 32/26 US$; ⌚9.00-20.00; [S]E hasta World Trade Center, N/R hasta Cortlandt St, 2/3 hasta Park Pl) El edificio más alto del hemisferio occidental, el One World Observatory, inaugurado en el 2015, depara unas vistas imponentes desde su planta 102. No hay otro edificio en la ciudad que ofrezca una panorámica tan imponente del paisaje urbano de Nueva York y sus alrededores.

Aparte del espectáculo visual, la visita también incluye el vídeo "Voices" sobre los que construyeron el One World Trade Center; también hay una proyección secuencial que muestra la evolución del panorama urbano desde la década de 1660 a la actualidad. Los *skypods* llevan a los visitantes a lo alto en menos de 60 segundos con una suavidad sorprendente, teniendo en cuenta que son de los ascensores más rápidos del planeta.

No es de extrañar que el lugar sea inmensamente popular. Conviene comprar los tiques en internet: habrá que escoger la fecha y la hora de la visita.

Governors Island PARQUE

(www.govisland.com; ⌚10.00-18.00 lu-vi, hasta 19.00 sa y do fin may-fin sep; [S]1 hasta South Ferry, más ferri desde Battery Marine Terminal) [GRATIS] La "isla de los Gobernadores" acogió un bastión militar y ha estado cerrada al público 200 años, pero ahora es uno de las zonas lúdicas más populares de la ciudad en verano. De finales de mayo a septiembre, los ferris cubren la distancia desde Lower Manhattan (o el muelle 6 del Brooklyn Bridge Park) en 7 min. Este oasis de 70 Ha cuenta con fortificaciones del s. XIX, prados, enormes árboles, un campo de hamacas y espléndidas vistas de la ciudad. En verano acoge instalaciones de arte, conciertos y puestos ambulantes de comida. Se pueden alquilar bicicletas al llegar.

El **ferri** (plano p. 62; www.govisland.com; ida 2 US$; ⌚10.00-16.00 lu-vi, 10.00-17.30 sa y do; [S]1 hasta South Ferry) sale cada 30-60 min de la Battery Marine Terminal, junto a la de Whit ehall, donde se toma el ferri de Staten Island, en Lower Manhattan.

South Street Seaport BARRIO

(plano p. 62; www.southstreetseaport.com; [S]A/C, J/Z, 2/3, 4/5 hasta Fulton St) Estas 11 manzanas de tiendas, muelles y puntos de interés combinan lo mejor y lo peor en cuanto a conservación histórica. La mayoría de los neoyorquinos no frecuentan la zona, pero a los turistas les atrae la brisa marina, el ambiente náutico, los artistas callejeros y los abigarrados restaurantes.

Los centros comerciales, los altos barcos históricos y el paseo junto al río crean un entorno encantador para quien esté haciendo cola en las taquillas del TKTS para conseguir entradas de Broadway con descuento.

Bowling Green Park PARQUE

(plano p. 62; State St esq. Whitehall; [S]4/5 hasta Bowling Green) En este parque los colonos ingleses disfrutaban de sus tranquilos juegos a finales del s. XVII. Muchos turistas se hacen fotos junto al gran **Toro de Bronce.**

National Museum of the American Indian MUSEO

(plano p. 62; www.nmai.si.edu; 1 Bowling Green; ⌚10.00-17.00 vi-mi, hasta 20.00 ju; [S]4/5 hasta Bowling Green, R hasta Whitehall St) [GRATIS] El Museo de los Indios Americanos ocupa la espectacular Custom House, construida en 1907 por Cass Gilbert. Está afiliado al Smithsonian y presenta exposiciones de arte, indumentaria, cultura, vida y creencias de los nativos.

Wall Street y Distrito Financiero

Wall Street, que es realmente una calle pero también es el centro neurálgico del comercio americano, debe su nombre a la muralla de madera que construyeron los colonos holandeses en 1653 para proteger Nieuw Amsterdam de los nativos y de los británicos.

Battery Park y alrededores BARRIO
La punta suroeste de la isla de Manhattan fue ganando terreno al mar a lo largo de los años para formar el **Battery Park** (plano p. 62; www.nycgovparks.org; Broadway con Battery Pl; ⊙ amanecer-1.00; **S** 1 hasta South Ferry, 4/5 hasta Bowling Green), llamado así por las baterías de artillería que se guardaban en sus muros de contención. **Castle Clinton** (plano p. 62; www.nps.gov/cacl; ⊙8.30-17.00; **S** 1 hasta South Ferry, 4/5 hasta Bowling Green), fortificación construida en 1811 para proteger Manhattan de los británicos, estaba en principio a 275 m de la costa, pero ahora lo que queda de sus muros se halla en el extremo de Battery Park.

Hudson River Park PARQUE
(plano p. 62; www.hudsonriverpark.org; **S** 1 hasta Franklin St, 1 hasta Canal St) Las 222 Ha de este parque se extienden 8 km, desde Battery Park a Hell's Kitchen (59th St), y recorren el extremo oeste de Lower Manhattan. Incluye una pista para recorrerlo a pie, en bici o patinando, jardines comunitarios, zonas de juegos, exposiciones de escultura y unos muelles reinventados como malecones, campos de minigolf, cines al aire libre y escenarios para conciertos.

Skyscraper Museum MUSEO
(plano p. 62; www.skyscraper.org; 39 Battery Pl; entrada 5 US$; ⊙12.00-18.00 mi-do; **S** 4/5 hasta Bowling Green) En la planta baja del hotel Ritz-Carlton está el Museo de los Rascacielos, con exposiciones rotatorias y una colección permanente sobre la historia de estos grandes edificios.

★**Museum of Jewish Heritage** MUSEO
(plano p. 62; www.mjhnyc.org; 36 Battery Pl; adultos/niños 12 US$/gratis, 16.00-20.00 mi gratis; ⊙ 10.00-17.45 do-ma y ju, hasta 20.00 mi, hasta 17.00 vi abr-sep, hasta 15.00 vi oct-mar; **S** 4/5 hasta Bowling Green) El evocador Museo del Legado Judío, junto a la orilla, explora todos los aspectos de la moderna identidad judía, con emotivos objetos personales, fotografías y documentales. En el exterior hay un monumento en recuerdo del Holocausto.

Museum of American Finance MUSEO
(plano p. 62; www.moaf.org; 48 Wall St, entre Pearl y William St; adultos/niños 8 US$/gratis; ⊙10.00-16.00 ma-sa; **S** 2/3, 4/5 hasta Wall St) El dinero es lo que mueve este museo, centrado en los momentos clave de la historia de las finanzas de EE UU.

Federal Reserve Bank of New York EDIFICIO RELEVANTE
(plano p. 62; ☏212-720-6130; www.newyorkfed.org; 33 Liberty St con Nassau St, entrada por 44 Maiden Lane; previa reserva; ⊙circuitos guiados 11.15, 12.00, 12.45, 13.30, 14.15 y 15.00 lu-vi, museo 10.00-15.00; **S** A/C, J/Z, 2/3, 4/5 hasta Fulton St) GRATIS El mejor motivo para visitar el Banco de la Reserva Federal es echar un vistazo a su cámara de alta seguridad, que alberga más de 10 000 toneladas de oro a 24 m de profundidad. Solo se verá una pequeña parte de la fortuna, mediante una visita gratuita (a reservar con meses de antelación).

Tribeca y SoHo

El "triángulo bajo de Canal St" *(TRIangle BElow CAnal St),* cuyos límites aproximados son Broadway por el este y Chambers St al sur, es el barrio más al sur de estos dos, con antiguos almacenes, *lofts* carísimos y restaurantes muy de moda.

El SoHo debe su nombre a su ubicación geográfica: *SOuth of HOuston St* (al sur de Houston St). Está lleno de edificios industriales del período anterior a la Guerra de Secesión, cuando era el principal barrio comercial de la ciudad. Tuvo un período artístico bohemio que acabó en la década de 1980 y ahora es un lugar eminentemente burgués y zona de compras, con tiendas de marca y de cadenas internacionales, y un flujo incesante de consumidores, en especial los fines de semana.

El ambiente del SoHo ha rebasado Houston St y Lafayette St, y dado lugar a dos pequeñas zonas, el **NoHo** (al Norte de Houston) y **NoLita** (al norte de Little Italy), con sus pequeñas *boutiques* independientes y restaurantes con encanto. Combinadas con el SoHo y Tribeca componen un destino estupendo para llenar la tarde paseando, tomando algún café y viendo escaparates.

Chinatown y Little Italy

Muchos momentos exóticos esperan al turista en Chinatown, uno de los barrios más coloristas de Nueva York. Aquí el olor del

Chinatown y Lower Manhattan

SOHO

LITTLE ITALY

Canal St
Sixth Ave (Avenue of the Americas)
Canal St
Canal St
Howard St
Canal St
Canal St

Véase "East y West Village", p. 66

Vestry St
Laight St
Hudson Square
Varick St
Church St
Walker St
Cortlandt Al
New York City & Company

Hubert St
White St
Centre St

Beach St
33
Franklin St
Franklin St
Franklin St
CHINATOWN
20 19

Hudson River Park
16
N Moore St
25
Leonard St
Broadway
Bayard St
30
Columbus Park
24
27

West Side Hwy
Greenwich St
Hudson St
Worth St
Hogan Pl
Mosco St
31
21

Harrison St
8

34
29
Thomas St
Duane St
Thomas Paine Park
Baxter St

Washington Market Community Park
Duane St
Federal Plaza
Pearl St
Foley Square

Nelson A Rockefeller Park
Reade St
TRIBECA
Edificio municipal
Park Row

Chambers St
Chambers St
Chambers St
Elk St
Chambers St/ Brooklyn Bridge- City Hall

Warren St
Murray St
City Hall
City Hall Park
Pearl St

LOWER MANHATTAN
W Broadway
Park Place
Ayuntamiento
Police Plaza
Frankfort St

Murray St
Barclay St
Park Pl
New York City & Company

28
Vesey St
New Jersey PATH STATION
World Trade Center
Vesey St
Fulton St
Beekman St
Pearl St

World Financial Center
13
12
Fulton St
Broadway- Nassau St
Fulton St
Ann St
Gold St
Cliff St
Guilbert Park

National September 11 Memorial
3
35
Cortlandt St
John St
Maiden La
Fletcher St

North Cove
Memorial Plaza
Cortlandt St
Liberty St
Zuccotti Park
7
William St

BATTERY PARK CITY
Albany St
Cedar St
Thames St

Rio Hudson
West Side Hwy
Washington St
Carlisle St
Wall St
Bolsa de Nueva York
10
Pine St
Water St

W Thames St
Rector St
Broadway
Broad St
Wall St
Pearl St
Old Slip
Franklin D Roosevelt Dr

Battery Park City Esplanade
New St
Beaver St
18

Battery Pl
2nd Pl
DISTRITO FINANCIERO
Bowling Green
5
22
32
23
Vietnam Veterans Plaza

Museum of Jewish Heritage
2
14
Bowling Green
11
Whitehall St
Broad St
South St
Muelle 6

Robert F Wagner Jr Park
Battery Park
Whitehall St
Pearl St
State St
Peter Minuit Plaza

6
4
South Ferry
Muelle A
Viaducto de South St
Túnel Hugh L. Carey
17

Ferri a Hoboken (NJ)
Ferri a Jersey City y Liberty State Park (NJ)
Ferri a la isla de Ellis
Ferri a la Estatua de la Libertad
Bahía de Nueva York superior
Ferri a isla Governors
Ferri a Staten Island

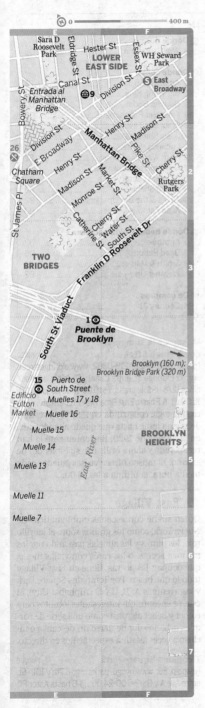

pescado fresco y los caquis maduros flota en el ambiente, se oye el repiqueteo de las fichas de *mahjong* en mesas improvisadas, los turistas ven los patos asarse tras los escaparates y compran artículos del Lejano Oriente, desde farolillos de papel de arroz a té *oolong* a granel.

Little Italy, en su día un auténtico enclave de habitantes, cultura y restaurantes italianos, va perdiendo cada vez más terreno ante Chinatown. Aun así, los italoamericanos fieles a sus raíces, la mayoría de las afueras, siguen acudiendo a comer a un puñado de restaurantes clásicos de Mulberry St que aún usan los típicos manteles de cuadros rojos.

Museum of Chinese in America MUSEO
(plano p. 66; ☏212-619-4785; www.mocanyc.org; 215 Centre St, entre Grand y Howard; adultos/niños 10 US$/gratis, ju gratis; ⏰11.00-18.00 ma, mi, vi-do, hasta 21.00 ju; ⓢN/Q/R, J/Z, 6 hasta Canal St) Muestra interactiva y de diseño vanguardista sobre la historia y el impacto cultural de las comunidades chinas en EE UU. También organiza conferencias, proyecciones y circuitos a pie.

Antigua catedral de San Patricio IGLESIA
(plano p. 66; www.oldsaintpatricks.com; 263 MulberrySt, entrada por Mott St; ⏰8.00-18.00; ⓢN/R hasta Prince St) Aunque la catedral de San Patricio más famosa es la de la Quinta Avenida, en el Midtown, en un principio, la congregación tenía su sede en esta iglesia neogótica de 1809-1815, diseñada por Joseph-François Mangin.

ⓞ Lower East Side

Primero llegaron los judíos, luego los latinoamericanos, después los *hipsters* y jovencitos pretenciosos. Actualmente este barrio, en su día el más denso del mundo, solo piensa en estar en la onda, con localitos de luces tenues, clubes de música en directo y sofisticados bistrós.

Lower East Side Tenement Museum MUSEO
(plano p. 66; ☏212-982-8420; www.tenement.org; 103 Orchard St, entre Broome y Delancey; entrada 25 US$; ⏰10.00-18.30 vi-mi, hasta 20.30 ju; ⓢB/D hasta Grand St, J/M/Z hasta Essex St, F hasta Delancey St) Muestra el conmovedor legado del barrio en tres recreaciones de casas de los ss. XIX-XX. Una es la casa y tienda de ropa de la familia Levine, polaca, de finales del s. XIX, y las otras dos son casas de inmigrantes de las Grandes Depresiones de 1873 y 1929. Solo se puede acceder en visita guiada, con unos guías que

Chinatown y Lower Manhattan

consiguen revivir el pasado. En la web aparece la oferta de visitas diaria; hay que reservar con antelación, ya que los grupos se llenan.

New Museum of Contemporary Art MUSEO
(plano p. 66; ☑212-219-1222; www.newmuseum.org; 235 Bowery, entre Stanton y Rivington; adultos/niños 16 US$/gratis, con donativo 19.00-21.00 ju; ☺11.00-18.00 ma-do, hasta 21.00 ju; ⓢN/R hasta Prince St, F hasta 2nd Ave, J/Z hasta Bowery, 6 hasta Spring St) El único museo de la ciudad dedicado exclusivamente al arte contemporáneo ocupa un edificio de ambiciosa arquitectura en Bowery. No hay colección permanente, pero suele presentar exposiciones excelentes. Los jueves de 19.00 a 21.00 solo se paga la voluntad.

**International Center
of Photography** GALERÍA
(ICP; plano p. 66; www.icp.org; 250 Bowery, entre Houston y Prince St ; adultos/niños 14 US$/gratis, vi 17.00-20.00 con donativo; ☺10.00-18.00 ma-ju, sa y do, hasta 20.00 vi; ⓢF hasta 2nd Ave, J/Z hasta Bowery) El principal escaparate de la ciudad para fotógrafos de renombre, antiguos y modernos, ha presentado obras de figuras como Sebastião Salgado, Henri Cartier-Bresson o Matthew Brady. Hace poco se trasladó de Midtown a este espacio de diseño vanguardista.

**Museo de la sinagoga
de Eldridge Street** MUSEO
(plano p. 62; ☑212-219-0302; www.eldridgestreet.org; 12 Eldridge St, entre Canal y Division; adultos/niños 12/8 US$, lu gratis; ☺10.00-17.00 do-ju, 10.00-15.00 vi; ⓢF hasta East Broadway) La emblemática sinagoga, construida en 1887, fue el centro de la vida judía hasta que quedó abandonada, en la década de 1920. Recientemente la han recuperado y ahora brilla con su esplendor de antaño. El museo ofrece visitas guiadas cada media hora, la última a las 16.00.

◉ East Village

Quien sueñe con escenas emblemáticas de Nueva York, como los grafitis sobre el ladrillo rojo, los punks y las abuelas paseando por las mismas aceras, o los cafés con viejas mesas que ocupan las aceras, tiene en East Village todo lo que busca. Por Tompkins Square Park y las avenidas A, B, C y D (Alphabet City), al este, se encontrarán interesantes localitos para comer y beber algo, así como una serie de parques urbanos donde darse un descanso e incluso a veces asistir a espectáculos en directo.

Tompkins Square Park PARQUE
(plano p. 66; www.nycgovparks.org; E 7th y 10th St, entre Ave A y B; ☺6.00-24.00; ⓢ6 hasta Astor Pl)

Este parque de 4 Ha es como una plaza del barrio, donde los vecinos se reúnen para jugar al ajedrez en mesas de cemento, comer sobre el césped cuando hace calor o formar grupos y tocar la guitarra o los tambores. También tiene pistas de baloncesto, una zona cerrada donde dejar correr sueltos a los perros, frecuentes conciertos en verano y una animada zona de juegos infantiles.

Astor Place PLAZA

(plano p. 66; 8th St entre 3rd y 4th Ave; [S]N/R hasta 8th St-NYU, 6 hasta Astor Pl) Toma el nombre de la familia Astor, que hizo una fortuna en Nueva York con las pieles de castor (véanse los azulejos en la pared del andén de la estación de metro homónima). Vivían en Colonnade Row, al sur de la plaza; cuatro de las nueve casas de estilo griego clásico con fachada de mármol de Lafayette St aún sobreviven.

El gran edificio marrón de la Cooper Union, universidad pública fundada en 1859 por el millonario del pegamento Peter Cooper, domina la plaza. El nuevo edificio no pasa desapercibido: es un bloque futurista de cristal de nueve plantas, envuelto en acero inoxidable perforado (y con el certificado de sostenibilidad) obra del arquitecto Thom Mayne, de Morphosis.

Russian & Turkish Baths CASA DE BAÑOS

(plano p. 66; ☎212-674-9250; www.russianturkishbaths.com; 268 E 10th St, entre 1st Ave y Ave A; visita 35 US$; ⏲12.00-22.00 lu-ma y ju-vi, desde 10.00 mi, desde 9.00 sa, desde 8.00 do; [S]L hasta 1st Ave, 6 hasta Astor Pl) Los antiguos baños rusos y turcos son ideales para aliviar el estrés. Tiene cuatro salas de calor y ofrece masajes tradicionales. Es un lugar auténtico y algo viejo, y es tan fácil compartir una sauna con una pareja del barrio como con un actor conocido que busca desconectar o con un ruso auténtico.

West Village y Greenwich Village

Este barrio popular y con historia es un símbolo de todo lo artístico, bohemio y extravagante. Aquí nació el movimiento por el derecho de los gais, vivieron los poetas *beat* e importantes artistas. Da la impresión de estar a un mundo del ajetreo de Broadway y parece casi europeo. Conocido por la mayoría como Greenwich Village, aunque los neoyorquinos no usan ese término (el West Village comprende Greenwich Village, que es la zona de Washington Square Park), presenta estrechas calles arboladas con atractivas tiendas y preciosas casas de piedra marrón, así como cafés y restaurantes, por lo que es ideal para pasear.

Washington Square Park PARQUE

(plano p. 66; 5th Ave con Washington Sq N; [S]A/C/E, B/D/F/M hasta W 4th St-Washington Sq, N/R hasta 8th St-NYU) Nació como cementerio para pobres y eso lo protegió de la urbanización. Ahora es un parque totalmente renovado y muy bien aprovechado, en especial los fines de semana. Los niños tienen columpios, los estudiantes de la NYU toman el sol y los amigos quedan bajo el arco, renovado símbolo en el extremo norte del parque, diseñado en 1889 por el aristócrata y arquitecto Stanford White.

La Universidad de Nueva York ocupa un terreno enorme en medio del Village: es una de las mayores del país y define la fisionomía del parque y sus alrededores, arquitectónica y demográficamente.

Christopher Street Piers/ Hudson River Park MUELLES, PARQUE

(plano p. 66; Christopher St y West Side Hwy; [S]1 hasta Christopher St-Sheridan Sq) Al igual que tantos otros lugares del Village, el extremo oeste del barrio en su día era una zona abandonada, usada sobre todo para encuentros furtivos. Ahora es un bonito enclave junto al río, atravesado por las pistas ciclista y de *jogging* del Hudson River Park. Sigue siendo un lugar de encuentros furtivos, pero mucho menos peligroso.

Sheridan Square y alrededores BARRIO

En el extremo oeste del Village está **Sheridan Square** (plano p. 66; Christopher St y 7th Ave; [S]1 hasta Christopher St-Sheridan Sq), un pequeño parque triangular donde se levantan unas estatuas blancas de tamaño real, obra de George Segal, en recuerdo a la comunidad gay y el movimiento del orgullo que se inició en la ahora renovada **Stonewall Inn,** enfrente.

Una manzana hacia el este hay una calle que lleva, oficialmente, el nombre de Gay St. Aunque el ambiente gay se ha trasladado en muchos aspectos a Chelsea, al norte, **Christopher Street** sigue siendo el centro de la vida gay en el Village.

Meatpacking District

Entre el extremo del West Village y el sur de Chelsea está este barrio burgués, que aún conserva el nombre de cuando albergaba 250 mataderos y era más conocido por sus pros-

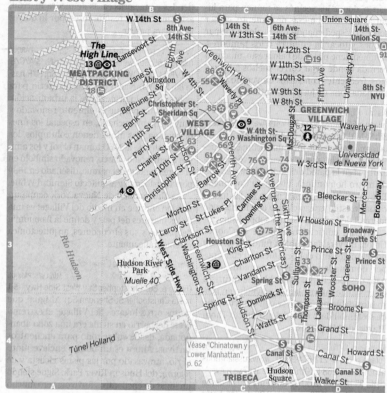

titutas travestidas, sus clubes de sadomaso y, por supuesto, sus carnes. Hoy la popularísima High Line ha intensificado la proliferación de modernas vinaterías, restaurantes, clubes nocturnos, tiendas de marca, hoteles chic y apartamentos caros.

★ **The High Line**   ESPACIO ABIERTO
(plano p. 66; ☏212-500-6035; www.thehighline.org; Gansevoort St; ☺7.00-19.00 oct-mar, hasta 22.00 abr-may, hasta 23.00 jun-sep; ☒M11 hasta Washington St; M11, M14 hasta 9th Ave; M23, M34 hasta 10th Ave; Ⓢ L, A/C/E hasta 14th St-8th Ave; C/E hasta 23rd St-8th Ave) GRATIS Una vez completada la High Line, un tramo de ferrocarril elevado a 9 m del suelo, transformado en una larga franja de parque (desde Gansevoort St a W 34th St, con entradas en Gansevoort, 14th, 16th, 18th, 20th, 30th y 34th St y acceso con ascensor en todas menos en la de 18th St), por fin se ha introducido algo de verde entre el asfalto del barrio.

Esta cuidada mezcla de elementos contemporáneos, industriales y naturales, a tres pisos de altura, es un buen lugar para huir del mundanal ruido. Por encima de 10th Ave hay un anfiteatro con la fachada de cristal y unas gradas donde es posible llevar el almuerzo y unirse a los trabajadores del barrio que se toman un respiro.

Whitney Museum of American Art   MUSEO
(plano p. 66; ☏212-570-3600; www.whitney.org; 99 Gansevoort St; adultos/niños 22 US$/gratis; ☺10.30-18.00 lu, mi y do, hasta 22.00 ju-sa; Ⓢ L hasta 8th Ave) Tras varios años de obras, el nuevo espacio del Whitney en Downtown abrió en el 2015 con grandes fastos. Este edificio imponente junto a la High Line, diseñado por Renzo Piano, es una introducción a la colección del museo. En sus amplias galerías se encontrarán obras de todos los grandes artistas americanos, entre ellos Edward Hopper, Jasper Johns, Georgia O'Keeffeand y Mark Rothko.

Además de las exposiciones temporales acoge los años pares una bienal, ambiciosa muestra de arte contemporáneo casi siempre polémica.

Chelsea

Es un barrio popular por dos motivos principales: uno, por el desfile de gais de aspecto imponente (apodados *Chelsea boys*) que se pasean por 8th Ave, yendo del gimnasio a alguna *happy hour* de moda; y dos, por la concentración de galerías de arte. Hay más de 200 de arte moderno, la mayoría concentradas al oeste de 10th Ave. Véase una práctica lista de galerías y exposiciones en www.chelseagallerymap.com.

Rubin Museum of Art MUSEO
(plano p. 70; ☎212-620-5000; www.rmanyc.org; 150 W 17th St con 7th Ave; adultos/niños 15 US$/gratis, 18.00-22.00 vi gratis; 🕒11.00-17.00 lu y ju, hasta 21.00 mi, hasta 22.00 vi, hasta 18.00 sa y do; [S]1 hasta 18th St) Dedicado al arte del Himalaya y regiones colindantes, presenta una colección impresionante de prendas bordadas de China, esculturas metálicas del Tíbet, elaboradas pinturas de Bután y objetos rituales y máscaras de baile de diversas regiones tibetanas, todo de entre los ss. II y XIX.

Los viernes por la noche la entrada es gratuita y la cafetería se transforma en el K2 Lounge, donde se pueden probar tapas panasiáticas y disfrutar con la música de los DJ, la proyección de películas y otras actividades.

Chelsea Piers Complex DEPORTE
(plano p. 70; ☎212-336-6666; www.chelseapiers.com; río Hudson al final de W 23rd St; [S]C/E hasta 23rd St) Es un centro de deportes junto al río, dotado de un campo para practicar el golf, una pista de hielo cubierta, una bolera, la

East y West Village

Hoop City para jugar al baloncesto, una escuela de navegación para niños, jaulas para batear, un enorme gimnasio, paredes de escalada libre..., de todo.

◎ Flatiron District

El famoso **edificio Flatiron** (plano p. 70; Broadway, 5th Ave esq. 23rd St; Ⓢ N/R, F/M, 6 hasta 23rd

St), de 1902, tiene una característica forma triangular que se adapta a su ubicación. Fue el primer bloque de la ciudad con armazón de hierro, y el edificio más alto del mundo hasta 1909. Está rodeado de *boutiques* de moda, de *lofts* y de un incipiente barrio tecnológico, la respuesta neoyorquina a Silicon Valley. El tranquilo **Madison Square Park**, entre 23rd St y 26th St, la 5ª Avenida y Madison, cuenta con un canódromo en activo, bancos bajo los árboles, esculturas al aire libre y un popular puesto de hamburguesas.

Museum of Sex MUSEO
(plano p. 70; www.museumofsex.com; 233 5th Ave con 27th St; adultos 17,50 US$; ⏲10.00-20.00 do-ju, hasta 21.00 vi y sa; [S]N/R hasta 23rd St) Para saberlo todo, desde los fetiches *online* a la necrofilia homosexual entre ánades reales, en un espacio pequeño y moderno dedicado al morbo.

Union Square

A modo de neoyorquina Arca de Noé, **Union Square** (plano p. 70; www.unionsquarenyc.org; 17th St entre Broadway y Park Ave S; [S]L, N/Q/R, 4/5/6 hasta 14th St-Union Sq) rescata del mar de cemento urbano al menos dos de cada especie. Entre los escalones de piedra y los parterres de plantas, se puede ver gente de todo tipo: ejecutivos trajeados tomando el aire durante la pausa del almuerzo, rastafaris sin prisa marcando el ritmo sobre sus tablas, patinadores haciendo piruetas por las escaleras del extremo sureste, universitarios alborotados engullendo comida barata y multitudes que se manifiestan con enardecidas proclamas por diversas causas.

Gramercy Park PARQUE
(plano p. 70; E 20th St entre Park y 3rd Ave; [S]N/R, F/M, 6 hasta 23rd St) Unos bloques al noreste de Union Square, este barrio toma su nombre de uno de los parques más encantadores de Nueva York, solo para vecinos; se necesita llave para entrar.

★**Greenmarket Farmers Market** MERCADO
(plano p. 70; ☎212-788-7476; www.grownyc.org; 17th St entre Broadway y Park Ave S; ⏲8.00-18.00 lu, mi, vi y sa) 🌿 Muchos días, el extremo norte de Union Square alberga el más popular de los casi 50 mercados de alimentación de toda la ciudad, al que acuden incluso famosos chefs en busca de rarezas, como helechos cabeza de violín, tomates tradicionales u hojas de curri frescas.

Midtown

Es la Nueva York clásica: brillantes rascacielos, cientos de trabajadores yendo de un lado al otro, los escaparates de la 5ª Avenida, taxis… y algunas de las atracciones más populares de la ciudad.

★**Museum of Modern Art** MUSEO
(MoMA; plano p. 70; www.moma.org; 11 W 53rd St, entre 5th y 6th Ave; adultos/niños 25 US$/gratis, 16.00-20.00 vi gratis; ⏲10.30-17.30 sa-ju, hasta 20.00 vi, hasta 20.00 ju jul-ago; [S]E, M hasta 5th Ave-53rd St) El MoMA, gran estrella mundial del arte moderno, hace que otras colecciones queden pequeñas. Aquí se encuentran más nombres célebres que en la fiesta de los Oscars: Van Gogh, Matisse, Picasso, Warhol, Lichtenstein, Rothko, Pollock, Bourgeois… Desde su fundación en 1929, el museo ha acumulado más de 150 000 obras de arte que documentan las ideas creativas emergentes y los movimientos desde fines del s. XIX hasta la actualidad.

Para los amantes del arte es el paraíso. Para los no iniciados, supone una inmersión en lo mejor de un arte que resulta adictivo.

Times Square PUNTO DE INTERÉS
(plano p. 70; www.timessquare.com; Broadway con 7th Ave; [S]N/Q/R, S, 1/2/3, 7 hasta Times Sq-42nd St) El cruce de Broadway con la 7th Ave, más conocido como Times Square, es el corazón hiperactivo de la ciudad; un incesante torrente hipnótico de luces, enormes carteles y energía urbana desbocada. No está a la última ni es tendencia, pero no importa; lo suyo son los tópicos de la ciudad: los taxis amarillos, los McDonalds, los enormes rascacielos y las luces de los teatros de Broadway.

Theater District BARRIO
([S]N/Q/R, S, 1/2/3, 7 hasta Times Sq-42nd St) La zona de Times Square también es el barrio oficial de los teatros de Nueva York, con decenas de teatros de Broadway y *off*-Broadway distribuidos de 41st St a 54th St y entre 6th y 9th Ave. La oficina de turismo de New York City & Company (p. 109) se encuentra en pleno centro de este famoso cruce. Broadway antes era una carretera que llegaba hasta Albany, la capital del estado.

Rockefeller Center EDIFICIO RELEVANTE
(plano p. 70; www.rockefellercenter.com; 5th Ave hasta 6th Ave y 48th hasta 51st St; [S]B/D/F/M hasta 47th-50th St-Rockefeller Center) En plena Gran Depresión, en la década de 1930, la construc-

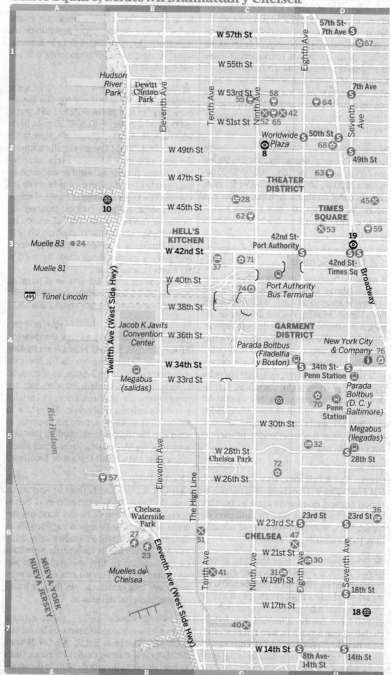

W 57th St

W 55th St

Hudson River Park

Dewitt Clinton Park

W 53rd St   55   58

W 51st St   52 65   42

Worldwide Plaza
8

THEATER DISTRICT

W 49th St

W 47th St

28

W 45th St   62

HELL'S KITCHEN

W 42nd St

37   71

W 40th St

74

Port Authority Bus Terminal

W 38th St

GARMENT DISTRICT

Jacob K Javits Convention Center   W 36th St

Parada Boltbus (Filadelfia y Boston)

New York City & Company   76

W 34th St

Megabus (salidas)   W 33rd St

34th St-Penn Station

70   Penn Station

Parada Boltbus (D. C. y Baltimore)

W 30th St

Megabus (llegadas)

W 28th St
Chelsea Park   32   28th St

72

W 26th St

57

Chelsea Waterside Park

23rd St   36

W 23rd St   23rd St   23rd St

27   CHELSEA   47

23   W 21st St

51   30

Muelles de Chelsea   41   31

W 19th St   18th St

40   W 17th St

18

W 14th St   8th Ave-14th St   14th St

Eighth Ave

57th St-7th Ave   67

7th Ave

64

Ninth Ave   Tenth Ave   Eleventh Ave

Seventh Ave

50th St   68

49th St

63

45

TIMES SQUARE   59

53   19

42nd St-Port Authority

42nd St-Times Sq

Broadway

10

Muelle 83   24

Muelle 81

495   Túnel Lincoln

Twelfth Ave (West Side Hwy)

Río Hudson

NUEVA YORK
NUEVA JERSEY

Eleventh Ave (West Side Hwy)

The High Line

Tenth Ave   Ninth Ave   Eighth Ave   Seventh Ave

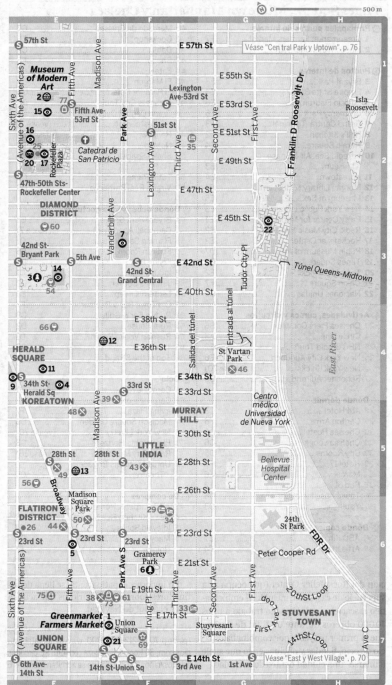

Times Square, Midtown Manhattan y Chelsea

ción del Rockefeller Center (que ocupa una superfície de casi 9 Ha, incluido el emblemático rascacielos *art déco*) dio trabajo a unos 70 000 obreros durante un total de 9 años. Fue el primer proyecto que combinaba espacio de ocio, tiendas y oficinas en lo que suele llamarse "una ciudad dentro de la ciudad".

En invierno, el patio frontal se llena de patinadores sobre hielo y curiosos que acuden a ver el árbol de Navidad.

NBC Studio Tours　　　CIRCUITOS GUIADOS
(plano p. 70; ☑212-664-3700; www.thetouratnbcstudios.com; 30 Rockefeller Plaza con 49th St; circuitos adultos/niños 28/22 US$, no se admiten menores 6

años; S B/D/F/M hasta 47th-50th St-Rockefeller Center) Llevan de excursión a los fans de la tele por los estudios de la NBC, donde se graban programas famosos como el *Saturday Night Live* o el *show* de Jimmy Fallon. La competencia para asistir como público es feroz. Más información en la web.

Top of the Rock · MIRADOR
(plano p. 70; www.topoftherocknyc.com; 30 Rockefeller Plaza con 49th St, entrada por W 50th St entre 5th y 6th Ave; adultos/niños 40/22 US$; 8.00-24.00, último ascensor 23.00; S B/D/F/M hasta 47th-50th St-Rockefeller Center) La panorámica de 360º desde los tres niveles de este mirador, a 70 pisos de altura, es imponente, con excelentes vistas del Empire State y Central Park.

Radio City Music Hall · EDIFICIO RELEVANTE
(plano p. 70; www.radiocity.com; 1260 6th Ave con 51st St; circuitos adultos/niños 27/18 US$; circuitos 10.00-17.00; S B/D/F/M hasta 47th-50th St-Rockefeller Center) Desde 1932, el complejo Rockefeller alberga el Radio City Music Hall, con aforo para 6000 personas. Para echar un vistazo al interior de este antiguo cine *art déco*, ahora lugar emblemático protegido tras la excelente labor de restauración, solo hay que apuntarse a sus frecuentes visitas guiadas, que salen del vestíbulo.

New York Public Library · EDIFICIO
(edif. Stephen A. Schwarzman ; plano p. 70; 917-275-6975; www.nypl.org; 5th Ave con 42nd St; 10.00-18.00 lu y ju-sa, hasta 20.00 ma y mi, 13.00-17.00 do, circuitos guiados 11.00 y 14.00 lu-sa, 14.00 do; S B/D/F/M hasta 42nd St-Bryant Park, 7 hasta 5th Ave) GRATIS La imponente biblioteca de Nueva York, espléndido edificio flanqueado por dos enormes leones de mármol, recuerda el valor del aprendizaje y la cultura en la ciudad, así como la contribución de los filántropos que le dieron vida.

En la 3ª planta hay una magnífica sala de lectura con el techo pintado y mucha luz natural, a cuyas largas mesas se sientan estudiosos que trabajan con sus portátiles. Esta biblioteca, la central de la red municipal, cuenta con salas de manuscritos expuestos al público y fascinantes exposiciones temporales.

Bryant Park · PARQUE
(plano p. 70; www.bryantpark.org; 42nd St entre 5th y 6th Ave; 7.00-24.00 lu-vi, hasta 23.00 sa y do jun-sep, reducido resto del año; S B/D/F/M hasta 42nd St-Bryant Park, 7 hasta 5th Ave) Tras el gran edificio de la biblioteca está el parque Bryant, un lugar estupendo para descansar del bullicio del Midtown, con quioscos de estilo europeo donde tomarse un café, mesas de ajedrez al aire libre, proyecciones de películas en verano y pista de hielo en invierno.

Empire State Building · EDIFICIO RELEVANTE
(plano p. 70; www.esbnyc.com; 350 5th Ave con 34th St; mirador planta 86 adultos/niños 32/26 US$, incl. mirador planta 102 52/46 US$; 8.00-2.00, último ascensor 1.15; S B/D/F/M, N/Q/R hasta 34th St-Herald Sq) Saltó a la fama gracias a Hollywood, como lugar de encuentro de Cary Grant y Deborah Kerr en *Tú y yo*, y por ser el edificio al que trepa King Kong. Este clásico de caliza, uno de los rascacielos más famosos de la ciudad, se construyó en solo 410 días, o 7 millones de horas de trabajo, en plena Depresión, con un coste de 41 millones de US$.

El edificio, de 102 plantas y 449 m (hasta lo alto de la antena) se inauguró en 1931 después de colocar 10 millones de ladrillos, 6400 ventanas y 30 472 m^2 de mármol. Actualmente se puede subir a los miradores de las plantas 86 y 102, pero hay que estar preparado para las aglomeraciones; conviene llegar muy pronto o muy tarde (y comprar las entradas con antelación o desembolsar los 55 US$ de los pases exprés) para disfrutar plenamente de la experiencia.

Grand Central Terminal · EDIFICIO RELEVANTE
(plano p. 70; www.grandcentralterminal.com; 42nd St con Park Ave, Midtown East; 5.30-2.00; S S, 4/5/6, 7 hasta Grand Central-42nd St) Esta gran estación, completada en 1913, es otro imponente edificio *beaux arts*, con galerías elevadas de vidrio a 23 m de altura y un techo abovedado con un mural de las constelaciones. Los balcones que dan al vestíbulo principal ofrecen unas vistas estupendas.

La estación alberga un mercado de lujo y en el nivel inferior hay numerosos puestos de comida.

5ª Avenida y alrededores · BARRIO
(725 5th Ave con 56th St) La Quinta Avenida (Fifth Avenue), inmortalizada en películas y canciones, se convirtió en un lugar de lujo a principios del s. xx, cuando se valoraron su ambiente 'popular' y sus espacios abiertos. En la Millionaire's Row, una serie de mansiones se sucedían hasta 130th St, aunque por encima de 59th St la mayoría de los herederos acabaron vendiéndolas para ser demolidas y después transformadas en las instituciones culturales de la actual "Milla de los Museos".

El tramo de la avenida que cruza Midtown aún alberga tiendas y hoteles de lujo, como la torre Trump o el Plaza (en el cruce con Central Park South). Aunque muchas de las *boutiques* más exclusivas se han trasladado a Madison Ave –dejando en su lugar franquicias como Gap o H&M–, aún quedan varios pesos pesados en la 5ª Avenida por encima de 50th St, como la famosa Tiffany & Co.

Morgan Library & Museum MUSEO

(plano p. 70; www.morganlibrary.org; 29 E 36th St con Madison Ave, Midtown East; adultos/niños 18/12 US$; ⊗10.30-17.00 ma-ju, hasta 21.00 vi, 10.00-18.00 sa, 11.00-18.00 do; 6 hasta 33rd St) La preciosa biblioteca reformada forma parte de la mansión de 45 habitaciones, en su día propiedad del magnate del acero J. P. Morgan. El museo contiene una impresionante variedad de manuscritos, tapices y libros, un estudio lleno de obras del Renacimiento italiano, una rotonda de mármol y la biblioteca principal de tres pisos, en la East Room. Las exposiciones temporales se dedican a la vida de grandes literatos como Cervantes, Poe o Proust.

Naciones Unidas EDIFICIO RELEVANTE

(ONU; plano p. 70; 212-963-4475; http://visit. un.org; visitantes 1st Ave con 46th St, Midtown East; circuitos guiados adultos/niños 20/11 US$, no se admiten menores 5 años, recinto sa y do gratis; ⊗ circuitos 9.30-16.15 lu-vi, centro visitantes también 10.00-16.30 sa y do; S, 4/5/6, 7 hasta Grand Central-42nd St) Técnicamente la ONU ocupa un trozo de territorio internacional a orillas del East River. En la visita guiada de 45 min (en varios idiomas) se podrá ver la Asamblea General (si no hay sesión), donde tiene lugar la reunión anual de los estados miembros en otoño, la Cámara del Congreso de Seguridad, la Cámara del Consejo de Administración Fiduciaria y la Cámara del Consejo Económico y Social.

Al sur del complejo hay un parque con diversas esculturas sobre la paz.

Paley Center for Media EDIFICIO

(plano p. 70; www.paleycenter.org; 25 W 52nd St, entre 5th y 6th Ave; adultos/niños 10/5 US$; ⊗ 12.00-18.00 mi y vi-do, hasta 20.00 ju; E, M hasta 5th Ave-53rd St) Los fanáticos de la tele tienen aquí su "museo", donde podrán buscar un catálogo de más de 100 000 programas y anuncios de televisión y radio y reproducirlos en las pantallas de ordenador de la biblioteca. Una cómoda sala ofrece programas especiales sobre la historia de la tele y la radio, y también hay frecuentes eventos y proyecciones.

Intrepid Sea, Air & Space Museum MUSEO

(plano p. 70; www.intrepidmuseum.org; muelle 86, 12th Ave con 46th St, Midtown West; *Intrepid* y submarino *Growler* adultos/niños 24/19 US$, incl. Space Shuttle Pavilion 31/24 US$; ⊗10.00-17.00 lu-vi, hasta 18.00 sa y do abr-oct, 10.00-17.00 lu-do nov-mar; M42, M50 westbound, A/C/E hasta 42nd St-Port Authority Bus Terminal) El USS *Intrepid,* enorme portaaviones que sobrevivió a una bomba de la II Guerra Mundial y a los ataques de kamikazes, se ha transformado en un museo militar con exposiciones tecnológicas, cazas y helicópteros que se pueden visitar en la cubierta exterior. En el muelle está el submarino *Growler,* con misiles guiados, un Concorde y la lanzadera espacial *Enterprise.*

Herald Square PLAZA

(plano p. 70; Broadway esq. 6th Ave y 34th St; B/D/F/M, N/Q/R hasta 34th St-Herald Sq) Este concurrido cruce entre Broadway, 6th Ave y 34th St es conocido, sobre todo, por los grandes almacenes Macy's (p. 108), donde aún se puede subir a alguno de los ascensores de madera originales y visitar plantas donde se vende desde menaje a ropa interior. Pero la bulliciosa plaza debe su nombre al antiguo periódico *Herald,* y su zona verde se llena de gente en horario comercial.

Koreatown BARRIO

(plano p. 70; 31st hasta 36th St y Broadway hasta 5th Ave; B/D/F/M, N/Q/R hasta 34th St-Herald Sq) Si se busca un buen *kimchi* o un karaoke, nada como Little Korea. Se concentra, sobre todo, en 32nd St y las calles adyacentes al norte y al sur, y congrega restaurantes, tiendas, salones de belleza y baños coreanos.

Hell's Kitchen BARRIO

(Clinton; plano p. 70) Durante años, el extremo oeste de Midtown fue un barrio obrero y de almacenes de comida conocido como Hell's Kitchen ("cocina del infierno"), supuestamente porque así lo llamó un policía como reacción a los disturbios de 1881. El *boom* económico de la década de 1990 cambió las cosas y los urbanistas quisieron reinstaurar el nombre formal que tenía en los años cincuenta, Clinton, aunque los vecinos aún están divididos al respecto.

Por 9th Ave y 10th Ave han surgido nuevos restaurantes étnicos, en su mayoría a buen precio, entre 37th St y 55th St. Los cazadores de antigüedades deberían visitar el Hell's Kitchen Flea Market (212-243-5343; 39th St entre 9th y 10th Ave; ⊗9.00-17.00 sa y do; A/C/E hasta 42nd St), mercadillo con 170 puestos de ropa, joyas, muebles y otras piezas antiguas.

Museum of Arts & Design MUSEO
(MAD; plano p. 76; www.madmuseum.org; 2 Columbus Circle, entre 8th Ave y Broadway; adultos/niños 16 US$/gratis, con donativo 18.00-21.00 ju; ⏲10.00-18.00 ma, mi, sa y do, hasta 21.00 ju y vi; [S]A/C, B/D, 1 hasta 59th St-Columbus Circle) En el lado sur de la rotonda está este museo del arte y el diseño, con una variada colección de piezas modernas y populares, obras de arte y de artesanía. El elegante y sofisticado restaurante **Robert**, en la 9ª planta, depara vistas fantásticas de Central Park.

Upper West Side

Este barrio es sinónimo de la Nueva York liberal, progresista e intelectual –al estilo de las películas de Woody Allen (aunque él vive en Upper East Side) y Seinfeld–, y comprende el lado oeste de Manhattan, desde Central Park al río Hudson, y desde Columbus Circle hasta 110th St. Contiene enormes viviendas elegantes, muchos nuevos ricos (con presencia de actores e intérpretes de música clásica) y algunos espacios verdes encantadores, como el Riverside Park.

★**Central Park** PARQUE
(plano p. 76; www.centralparknyc.org; 59th y 110th St, entre Central Park West y 5th Ave; ⏲6.00-1.00; 👪) Es uno de los parques más famosos del mundo, con 341 Ha de prados, farallones, senderos flanqueados de olmos, cuidados jardines de estilo europeo, un lago y una reserva hídrica, por no mencionar un teatro al aire libre, el monumento a John Lennon, un idílico restaurante junto al lago (llamado **Loeb Boathouse**) y la estatua de *Alicia en el País de las Maravillas*. El desafío es decidir por dónde empezar.

Entre lo más destacado están **Sheep Meadow** (pradera central del parque, entre 66th St y 69th St), donde, cuando hace buen tiempo, acuden a descansar o a jugar miles de personas cada fin de semana; el **Central Park Zoo** (☎212-439-6500; www.centralparkzoo.com; 64th St con 5th Ave; adultos/niños 12/7 US$; ⏲10.00-17.30 abr-oct, hasta 16.30 nov-mar; 👪; [S]N/Q/R hasta 5th Ave-59th St); y el **Ramble**, escala de casi 250 especies de aves migratorias (lo mejor para verlas es ir a primera hora). A los turistas les gusta alquilar un coche de caballos o subirse a un **'pedicab'** (ciclotaxi, 1 h desde 45 US$), que se concentran en la esquina de Central Park West y 72nd St.

★**Lincoln Center** CENTRO CULTURAL
(plano p. 76; ☎212-875-5456; lc.lincolncenter.org; Columbus Ave entre 62nd y 66th St; plazas públicas gratis, circuitos adultos/estudiantes 18/15 US$; 👪; [S]1 hasta 66th St-Lincoln Center) La reforma milmillonaria del mayor centro de las artes escénicas del mundo transformó el **Alice Tully Hall** y otras salas imponentes situadas alrededor de una enorme fuente; los espacios públicos, como el jardín sobre el tejado de la North Plaza (que tiene un elegante restaurante debajo) se han puesto al día. El espléndido **Metropolitan Opera House** (MET), el mayor teatro de la ópera del mundo, posee 3900 butacas.

Cada día, de las 10.30 a las 16.30, parten del vestíbulo del Avery Fisher Hall fascinantes visitas guiadas de 1 h por el complejo; abarcan diversos temas, desde la arquitectura a la actividad entre bastidores. Hay wifi gratis en el recinto, al igual que en el **David Rubenstein Atrium** (Broadway, entre 62nd y 63rd St; [S]1 hasta 66th St-Lincoln Center), moderno espacio público con una zona de descanso, cafetería, mostrador de información y taquillas donde se venden entradas con descuento para los espectáculos del día.

★**American Museum of Natural History** MUSEO
(plano p. 76; ☎212-769-5100; www.amnh.org; Central Park West con 79th St; donativo sugerido adultos/niños 22/12,50 US$; ⏲10.00-17.45, Rose Center hasta 20.45 vi, mariposario oct-may; 👪; [S]B, C hasta 81st St-Museum of Natural History, 1 hasta 79th St) El museo de historia natural, fundado en 1869, alberga más de 30 millones de piezas, exposiciones interactivas y cientos de animales disecados. Es famoso, sobre todo, por sus tres salas de grandes dinosaurios, la enorme ballena azul (falsa) que cuelga del techo de la sala de la Vida Oceánica y por el completo **Rose Center for Earth & Space**, que incluye salas con filmaciones sobre el espacio y el planetario.

Riverside Park ESPACIO ABIERTO
(plano p. 76; ☎212-870-3070; www.riversideparknyc.org; Riverside Dr, entre 68th y 155th St; ⏲6.00-1.00; 👪; [S]1/2/3 hasta cualquier parada entre 66th y 157th St) Este frondoso espacio junto al río, en la orilla de Upper West Side entre 59th St y 158th St, está surcado por pistas ciclistas y es un imán para las familias.

New-York Historical Society MUSEO
(plano p. 76; www.nyhistory.org; 2 W 77th St con Central Park West; adultos/niños 19/6 US$, con donativo

Central Park y Uptown

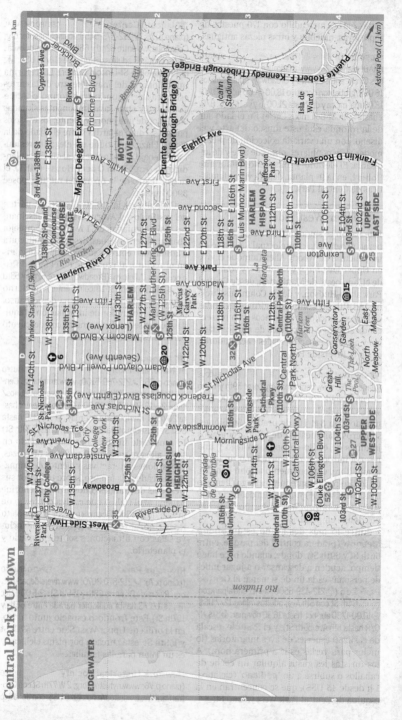

0 — 1 km

EDGEWATER

Río Hudson

Columbia University

Cathedral Pkwy (110th St)

Riverside Dr E

West Side Hwy

Riverside Park

Riverside Dr

W 137th St
City College

W 140th St

W 135th St

Broadway

LaSalle St

116th St–
Columbia University

MORNINGSIDE HEIGHTS

Universidad de Columbia

W 122nd St

W 125th St

W 130th St

Amsterdam Ave

Convent Ave

City College of New York

St Nicholas Terr

St Nicholas Park

St Nicholas Ave

Morningside Park

Morningside Dr

Morningside Ave

116th St

Cathedral Pkwy

W 114th St

W 112th St

W 110th St (Cathedral Pkwy)

W 106th St
(Duke Ellington Blvd)

W 104th St

W 102nd St

W 100th St

103rd St

UPPER WEST SIDE

Frederick Douglass Blvd (Eighth Ave)

Adam Clayton Powell Jr Blvd (Seventh Ave)

Malcolm X Blvd (Lenox Ave)

W 135th St

W 138th St

W 140th St

W 130th St

W 125th St

W 122nd St

W 120th St

W 118th St

W 116th St

W 112th St

Central Park North (110th St)

Park North

Central Park North

HARLEM

W 127th St

W 125th St

Madison Ave

Marcus Garvey Park

Fifth Ave

Park Ave

La Marqueta

E 116th St
(Luis Munoz Marin Blvd)

E 112th St

E 118th St

E 120th St

E 122nd St

E 127th St

135th St

138th St

Fifth Ave

E 116th St

E 110th St

Lexington Ave

Third Ave

Second Ave

First Ave

HARLEM HISPANO

E 106th St

E 104th St

E 103rd St

E 102nd St

UPPER EAST SIDE

110th St

E 112th St

Madison Ave

Yankee Stadium (1.9 km)

Río Harlem

Harlem River Dr

CONCOURSE VILLAGE

138th St–Grand Concourse

138th St

3rd Ave–138th St

3rd Ave

Willis Ave

Major Deegan Expwy

Bruckner Blvd

MOTT HAVEN

E 138th St

Brook Ave

Cypress Ave

Bruckner Blvd

Puente Robert F. Kennedy (Triborough Bridge)

Eighth Ave

Icahn Stadium

Isla de Ward

Franklin D Roosevelt Dr

Jefferson Park

Puente Robert F. Kennedy (Triborough Bridge)

Astoria Pool (1,1 km)

Conservatory Garden

East Meadow

North Meadow

The Loch

Great Hill

The Pool

Harlem Meer

103rd St

104th St

W 106th St

Bronx Kill

6

23

7

26

20

42

32

15

25

10

8

35

18

27

52

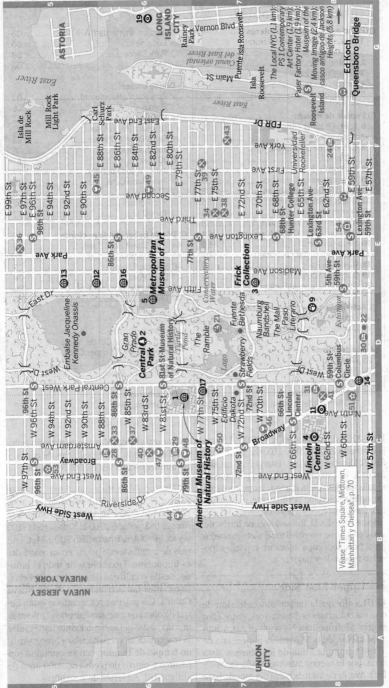

ASTORIA

19 LONG ISLAND CITY

Rainey Park

Vernon Blvd

East River

Isla de Mill Rock

Mill Rock Light Park

Carl Schurz Park

Canal oriental del East River

Puente Isla Roosevelt

Main St

Isla Roosevelt

East River

The Local NYC (1,1 km);
PS 1 Contemporary
Art Center (1,9 km);
Moving Image (2,4 km);
casco antiguo de Jackson
Heights (5,8 km)

Paper Factory Hotel (1,9 km);
Museum of the
Moving Image

Roosevelt
Island

Ed Koch
Queensboro Bridge

E 99th St
E 97th St
E 96th St
E 94th St
E 92nd St
E 90th St

E 88th St
E 86th St
E 84th St
E 82nd St
E 80th St

East End Ave

45

49

Second Ave

E 79th St
E 77th St
E 75th St

FDR Dr

York Ave

39
43

First Ave

E 72nd St

34
38

Lexington Ave

E 70th St
E 68th St
68th St-
Hunter College

Universidad
Rockefeller

E 65th St
E 63rd St

E 62nd St

54

E 59th St
E 57th St

24

Lexington Ave
59th St

36

Park Ave

13
12
16

86th St

77th St

Third Ave

Conservatory
Water

Frick
Collection

Fifth Ave

3

Madison Ave

5th Ave-
59th St

9

Metropolitan
Museum of Art

5

East Dr

Embalse Jacqueline
Kennedy Onassis

Gran Prado

Central Park 2

81st St-Museum
of Natural History

Myrtle
Pond

The Ramble

Lago

21

Fuente
Bethesda

Naumburg
Bandshell

The Mall

Strawberry
Fields

Paso
Literario

Extanque

22

W 96th St
W 94th St
W 92nd St
W 90th St
W 88th St

Central Park West

86th St

W 85th St
W 83rd St
W 81st St

1

American Museum of
W 77th St Natural History 17

West Dr

West Dr

59th St-
Columbus
Circle

30
14

W 97th St

Amsterdam Ave

33
37

W 96th St

28

Broadway

40
47
48

86th St

29

W 79th St

50

W 75th St
Edificio
Dakota

W 72nd St

72nd St

W 70th St

46

Lincoln
Center

W 66th St

Lincoln
Center 4

31

11
A1
51

W 62nd St

West End Ave

Broadway

Riverside Dr

West Side Hwy

West End Ave

West Side Hwy

W 60th St

W 57th St

Columbus Ave

W 96th St
W 94th St

West End Ave

53
44

UNION
CITY

NUEVA YORK
NUEVA JERSEY

UNION CITY

Véase "Times Square, Midtown,
Manhattan y Chelsea", p.70

Central Park y Uptown

18.00-20.00 vi, biblioteca gratis; ◷10.00-18.00 ma-ju y sa, hasta 20.00 vi, 11.00-17.00 do; Ⓢ B, C hasta 81st St-Museum of Natural History) Este museo, fundado en 1804, es considerado por muchos el más antiguo de la ciudad. La pintoresca y variopinta colección permanente, que incluye una férula ortopédica para la pierna del presidente Franklin D. Roosevelt y una hucha del s. XIX en la que un político se mete monedas en el bolsillo, ocupa ahora un espacio expositivo renovado y moderno.

◉ Upper East Side

El UES alberga la mayor concentración de centros culturales de Nueva York, entre ellos el gran Metropolitan Museum of Art, y muchos hablan de la 5ª Avenida por encima de 57th St como la Milla de los Museos. Esta zona, por lo menos 5th Ave, Madison Ave y Park Ave, es de las más caras del mundo para comprar vivienda. Más al este se verán señoras almorzando y universitarios de copas, y un ambiente cada vez menos remilgado.

★ **Metropolitan Museum of Art** MUSEO
(plano p. 76; ☎212-535-7710; www.metmuseum.org; 1000 5th Ave con 82nd St; donativo sugerido adultos/niños 25 US$/gratis; ◷10.00-17.30 do-ju, hasta 21.00 vi y sa; ♿; Ⓢ 4/5/6 hasta 86th St) El Met, con más de 2 millones de piezas en su colección, es imponente. Tiene obras de todo el mundo, desde esculturas de la antigua Grecia a sugerentes tallas tribales de Papúa Nueva Guinea. Las galerías renacentistas están llenas de obras de maestros europeos, mientras que las piezas del antiguo Egipto hacen volar la imaginación, en particular el reconstruido templo de Dendur, con su estanque con papiros y muros de piedra de 2000 años de antigüedad, cubiertos de jeroglíficos.

Cuando se haya visto ya suficiente se puede ir a la azotea (may-oct) a beber algo (un café o un martini) y contemplar Central Park. El donativo sugerido (que realmente es una sugerencia; la norma es que hay que pagar algo, aunque sea un centavo) incluye la entrada a los Cloisters (p. 80) ese mismo día.

★Frick Collection GALERÍA

(plano p. 76; ☎212-288-0700; www.frick.org; 1 E 70th St con 5th Ave; entrada 20 US$, con donativo 11.00-13.00 do, no se admiten menores 10 años; 🕓10.00-18.00 ma-sa, 11.00-17.00 do; [S]6 hasta 68th St-Hunter College) Esta espectacular colección de arte ocupa una mansión construida por Henry Clay Frick en 1914. Las 12 salas elegantemente amuebladas de la planta baja muestran pinturas de Tiziano, Vermeer, El Greco, Goya y otros maestros. Raramente se llena, lo que supone un agradable contraste con las multitudes de museos más grandes, en especial los fines de semana.

Guggenheim Museum MUSEO

(plano p. 76; ☎212-423-3500; www.guggenheim.org; 1071 5th Ave con 89th St; adultos/niños 25 US$/gratis, con donativo 17.45-19.45 sa; 🕓10.00-17.45 do-mi y vi, hasta 19.45 sa; 👪; [S]4/5/6 hasta 86th St) El edificio de Frank Lloyd Wright, que es una escultura en sí mismo, casi eclipsa la colección de arte del s. XX que alberga. La estructura en forma de zigurat invertido se completó en 1959 y recibió críticas, pero otros la consideran un hito arquitectónico. Paseando por su escalera en espiral se podrán ver obras maestras de Picasso, Pollock, Chagall, Kandinsky y otros.

Neue Galerie MUSEO

(plano p. 76; ☎212-628-6200; www.neuegalerie.org; 1048 5th Ave, esq. E 86th St; entrada 20 US$, gratis 18.00-20.00 1er vi de mes, no se admiten menores 12 años; 🕓11.00-18.00 ju-lu; [S]4/5/6 hasta 86th St) La restaurada mansión Carrère and Hastings, de 1914, es un escaparate espléndido para su colección de obras de arte alemán y austríaco, con piezas de Gustav Klimt, Paul Klee y Egon Schiele. En la planta baja está el Café Sabarsky.

Jewish Museum MUSEO

(plano p. 76; ☎212-423-3200; www.jewishmuseum.org; 1109 5th Ave con 92nd St; adultos/niños 15 US$/gratis, sa gratis, con donativo 17.00-20.00 ju; 🕓11.00-18.00 vi-ma, hasta 20.00 ju; 👪; [S]6 hasta 96th St) El Museo Judío es una joya situada en una mansión neogótica francesa de 1908. Contiene unas 30 000 piezas entre esculturas, pinturas y artes decorativas. Acoge excelentes exposiciones temporales, con retrospectivas sobre personajes influyentes como Art Spiegelman, y muestras de primer nivel de artistas como Chagall, Édouard Vuillard o Man Ray.

Museum of the City of New York MUSEO

(plano p. 76; ☎212-534-1672; www.mcny.org; 1220 5th Ave, entre 103rd y 104th St; entrada aconsejada adultos/niños 14 US$/gratis; 🕓10.00-18.00; [S]6 hasta 103rd St) El museo, que ocupa una mansión colonial de estilo inglés, se centra en el pasado, el presente y el futuro de Nueva York. No hay que perderse la filmación de 22 min *Timescapes* (en la 2ª planta), que muestra el crecimiento de la ciudad, de minúsculo puesto comercial a bulliciosa metrópoli. Las exposiciones temporales cubren temas que van del activismo del s. XIX al *hip-hop* de la década de 1970.

Morningside Heights

El barrio más septemtrional de Upper West Side comprende la zona oriental de Broadway hasta 125th St más o menos. El centro lo ocupa la Universidad de Columbia, una de las "ocho antiguas".

Catedral de St John the Divine IGLESIA

(plano p. 76; ☎circuitos 212-932-7347; www.stjohndivine.org; 1047 Amsterdam Ave con W 112th St; donativo sugerido 10 US$, circuito destacado 6 US$, circuito vertical 15 US$; 🕓7.30-18.00; [S]B, C, 1 hasta 110th St-Cathedral Pkwy) La catedral episcopal de San Juan el Divino es el lugar de culto más grande de todo el país, y llama la atención con su elaborada fachada de estilo bizantino, su imponente órgano y su enorme nave –el doble de ancha que la de la abadía de Westminster, en Londres–. La misa del domingo, a las 11.00, suele ir acompañada de sermones de conocidos intelectuales.

Universidad de Columbia UNIVERSIDAD

(plano p. 76; www.columbia.edu; Broadway con 116th St; [S]1 hasta 116th St-Columbia University) La universidad más antigua de Nueva York, fundada en 1754 con el nombre de King's College, es actualmente una de las más importantes del mundo. El mayor punto de interés es el patio principal (situado en el College Walk, a la altura de 116th St), rodeado de estructuras de estilo renacentista italiano.

Harlem

El corazón de la cultura afroamericana late en Harlem desde que nació como enclave negro, en la década de 1920. Este barrio al norte de Central Park ha sido escenario de extraordinarios logros artísticos –en la música y la danza–, en educación y en letras, gracias a personajes como Frederick Douglass, Paul Robeson, James Baldwin, Alvin Ailey, Billie Holiday. Tras una decadencia progresiva, desde la década de 1960 a la de 1990, Harlem vuelve a resurgir con casas millonarias y apartamentos que se ponen a la venta junto a bloques abandonados y tiendas de marcas internacionales por 125th St.

Para ver el Harlem más tradicional conviene visitarlo un domingo por la mañana, cuando los vecinos se visten para acudir a las iglesias; hay que mostrar respeto y tener en cuenta que asisten a un acto religioso, no a un espectáculo para turistas. A menos que se reciba una invitación para asistir a una congregación pequeña, es mejor limitarse a las iglesias más grandes.

Apollo Theater EDIFICIO HISTÓRICO
(plano p. 76; ☎212-531-5300, circuitos 212-531-5337; www.apollotheater.org; 253 W 125th St con Frederick Douglass Blvd; entrada desde 20 US$; ⓢA/C, B/D hasta 125th St) No es solo una leyenda mítica, sino un teatro en activo donde se celebran grandes conciertos y su legendaria noche de aficionados "en la que nacen estrellas y se crean leyendas", los miércoles por la noche.

Iglesia Baptista Abisinia IGLESIA
(plano p. 76; www.abyssinian.org; 132 W 138th St entre Adam Clayton Powell Jr. y Malcolm X Blvd; ⓢ2/3 hasta 135th St) Tiene un coro espléndido y un pastor carismático, Calvin O. Butts, que da la bienvenida a los turistas y reza por ellos. Hay misas dominicales a las 9.00 y a las 11.00, esta con mucho seguimiento.

Studio Museum Harlem MUSEO
(plano p. 76; ☎212-864-4500; www.studiomuseum. org; 144 W 125th St con Adam Clayton Powell Jr Blvd, Harlem; donativo sugerido 7 US$, gratis do; ⊙12.00-21.00 ju y vi, 10.00-18.00 sa, 12.00-18.00 do; ⓢ2/3 hasta 125th St) Es uno de los principales escaparates para los artistas afroamericanos, con exposiciones temporales de pintores, escultores, ilustradores y artistas de otros campos.

Washington Heights

Hacia la punta norte de Manhattan (por encima de 155th St), Washington Heights debe su nombre al primer presidente de EE UU, que levantó aquí un fuerte del Ejército Continental durante la Guerra de Independencia.

Hasta finales del s. XIX era un lugar aislado, pero atrajo mucha sangre nueva cuando los neoyorquinos vieron que los alquileres serían baratos. Aun así, el barrio aún conserva su sabor latino –sobre todo dominicano–, con lo que se ha creado una interesante mezcla entre los recién llegados y los vecinos tradicionales, que han creado una comunidad compacta y cálida.

★ Cloisters MUSEO
(plano p. 58; ☎212-923-3700; www.metmuseum. org/cloisters; Fort Tryon Park con 190th St; donativo sugerido adultos/niños 25 US$/gratis; ⊙10.00-17.15; ⓢA hasta 190th St) Este romántico complejo arquitectónico, construido en la década de 1930 con piedras y fragmentos de diversos monasterios medievales franceses y españoles, alberga frescos, tapices, patios, jardines y pinturas medievales, y brinda unas vistas espléndidas del Hudson, ya durante el paseo desde la parada del metro al museo, a través del Fort Tryon Park. También hay quien acude a este lugar a practicar la escalada en roca.

Brooklyn

Es un mundo en sí mismo; sus habitantes pueden pasar días o semanas sin entrar en Manhattan. Este barrio exterior tiene 2,6 millones de habitantes –y creciendo–, desde parejas jóvenes con dinero instaladas en regias casas de Carroll Gardens a jóvenes pandilleros que buscan alquileres baratos en Bushwick, y para muchos hace tiempo que ha superado a Manhattan en cuanto a modernidad y habitabilidad. Con playas de arena y paseos marítimos en un extremo y restaurantes de moda en el otro, y con una enorme variedad de barrios étnicos, ocio de primera clase, edificios regios e interminables calles comerciales, Brooklyn rivaliza con Manhattan en cuanto a atracciones.

Coney Island BARRIO
La gran playa de arena de Coney Island, a 1 h de metro desde el Midtown, conserva su anticuado entarimado de madera (en parte destruido y restaurado tras el paso del huracán Sandy) y el famoso Cyclone, montaña rusa de 1927, a pesar de la gran reforma que se ha hecho del parque, que incluyó la introducción de un puñado de nuevas y emocionantes atracciones. Para bien o para mal, ese aire decadente que le daba su encanto se va a perder, ya que los urbanistas quieren transformar la zona en un elegante complejo residencial con enormes hoteles.

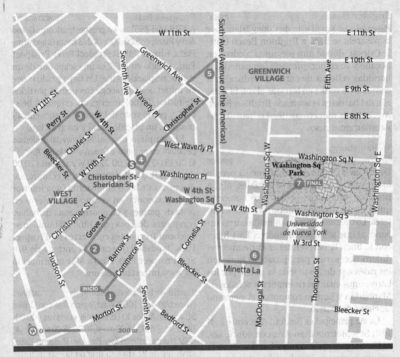

🚶 Circuito a pie
Un paseo por el Village

INICIO COMMERCE ST
FINAL WASHINGTON SQUARE PARK
DISTANCIA 1,6 KM; 1 H

De todos los barrios de Nueva York, Greenwich Village es el más fácil para los peatones, con sus calles adoquinadas que nada tienen que ver con el resto. Se inicia el recorrido en el ❶ **Cherry Lane Theatre,** pequeño teatro fundado en 1924, que atrajo una gran actividad creativa en la década de 1940 y es el escenario *off*-Broadway que más tiempo lleva en activo. Girando a la izquierda por Bedford se llega a ❷ **90 Bedford,** a la derecha, en la esquina con Grove St. Puede que se reconozca este bloque de apartamentos como el hogar ficticio de los amigos de *Friends*. Para llegar a otro referente de la tele, hay que seguir Bleecker St y girar a la derecha por Perry St hasta ❸ **66 Perry St,** tras cuya fachada y escalera de entrada vivía Carrie Bradshaw, de *Sexo en Nueva York*. Girando a la derecha por W 4th St se llega a ❹ **Christopher Park,** con dos estatuas blancas de parejas del mismo sexo a tamaño natural; en el lado norte está el legendario Stonewall Inn, donde un puñado de homosexuales hartos de abusos se alzaron exigiendo sus derechos civiles en 1969, lo que marcó el inicio de lo que sería la revolución gay. Christopher St llega hasta Sixth Ave, donde se alza la ❺ **Jefferson Market Library,** que ocupa un terreno triangular. La aguja "gótica ruskiniana" fue en otro tiempo un mirador para la detección de incendios. Hoy el edificio alberga una biblioteca pública; en la década de 1870 se usó como juzgado. Se sigue Sixth Ave hasta Minetta Lane para pasar por el ❻ **Café Wha?,** toda una institución donde dieron sus primeros pasos muchos músicos y humoristas jóvenes –como Bob Dylan y Richard Pryor–. El paseo se acaba siguiendo MacDougal St hasta ❼ **Washington Square Park,** la plaza mayor oficiosa del Village, poblada por bulliciosos universitarios, artistas callejeros y manifestantes.

Brighton Beach BARRIO

Paseando 1,5 km al este de Coney Island por la pasarela se llega a Brighton Beach (Little Odessa, donde aún juegan al ajedrez en la calle y se comen *pierogis* (empanadillas hervidas rellenas de carne o verdura) con chupitos de vodka en terrazas al sol. El corazón del barrio es la animada Brighton Beach Ave, con sus numerosas tiendas, panaderías y restaurantes rusos.

Williamsburg, Greenpoint y Bushwick BARRIOS

Desde luego Williamsburg tiene su propio *look:* vaqueros ajustados, tatuajes, algún *piercing,* una barba poblada los hombres, quizá algún tipo de sombrero *retro* las mujeres. Los vecinos de este animado barrio urbano, al que se llega cruzando el East River con la línea L, parecen tener el tiempo y el dinero necesarios para pasar las horas en los cafés e ir de fiesta toda la noche por los bares; unos cuantos treintañeros venidos de Manhattan y Europa componen el elemento 'anciano' del barrio.

La vía principal es Bedford Ave, entre la N 10th St y Metropolitan Ave, con *boutiques,* cafés, bares y restaurantes baratos. Pero la escena *hipster* lo invade todo (últimamente la acción se sitúa en Berry St). Los más modernos aún consideran que Williamsburg ya ha pasado de moda y han emprendido la colonización del vecino Greenpoint –barrio tradicionalmente polaco– y los antiguos almacenes de Bushwick, aún más lejos.

Brooklyn Brewery FÁBRICA DE CERVEZA, PUB

(☎718-486-7422; www.brooklynbrewery.com; 79 N 11th St, entre Berry St y Wythe Ave; circuitos gratis sa y do, 10 US$ lu-ju; 🕒circuitos 17.00 lu-ju, 13.00-17.00 sa, 13.00-16.00 do, sala catas 18.00-23.00 vi, 12.00-20.00 sa, 12.00-18.00 do; [S]L hasta Bedford Ave) Hubo un tiempo en que en Nueva York se producía cerveza, y la Brooklyn Brewery no solo fabrica y sirve sabrosas cervezas locales, sino que además ofrece visitas guiadas a sus instalaciones. Para las visitas de los días laborables, en grupos reducidos, conviene reservar con antelación.

Park Slope BARRIO

Es conocido por sus casas clásicas, sus numerosos y excelentes restaurantes y sus parejas de jóvenes liberales con cochecitos que recuerdan las de Upper West Side (aunque estos tienen patio en su casa).

Prospect Park ESPACIO ABIERTO

(☎718-965-8951; www.prospectpark.org; Grand Army Plaza; 🕒5.00-1.00; [S]2/3 hasta Grand Army Plaza, F hasta 15th St-Prospect Park) Prospect Park, creado en 1866, es un escaparate de un verdor resplandeciente. Un largo prado cubre su mitad oeste (y acoge frecuentes partidos de fútbol, fútbol americano, críquet y béisbol), y por el resto del parque se encuentran bosques, un plácido canal y un gran lago.

El complejo **Lakeside** (www.lakesidepros pectpark.com; junto a Ocean y Parkside Ave; 🕒 11.00-18.00 lu-ju, 9.00-22.00 vi y sa, hasta 20.00 do; 👪; [S]B, Q hasta Prospect Park) comprende dos pistas de hielo en invierno (una interior y otra exterior); en verano se convierte en pista de patines y en enorme zona de baños, con juegos de agua para niños, y también se celebran frecuentes conciertos en Prospect Park Bandshell (cerca de la entrada de 9th St y Prospect Park West). Más información en www.bricartsmedia.org.

Jardín botánico de Brooklyn JARDINES

(www.bbg.org; 1000 Washington Ave con Crown St; adultos/niños 10 US$/gratis, gratis ma y 10.00-12.00 sa; 🕒8.00-18.00 ma-vi, 10.00-18.00 sa y do; 👪; [S]2/3 hasta Eastern Pkwy-Brooklyn Museum) Estos jardines de 21 Ha son una de las atracciones más pintorescas de Brooklyn. Contienen miles de plantas y árboles, así como un jardín japonés con tortugas de río que nadan junto a un santuario sintoísta. La mejor época para la visita es a finales de abril o principios de mayo, cuando florecen los cerezos (regalo de Japón) y se celebra el Sakura Matsuri, Festival de los Cerezos en Flor.

Brooklyn Museum MUSEO

(☎718-638-5000; www.brooklynmuseum.org; 200 Eastern Pkwy; donativo sugerido 12 US$; 🕒11.00-18.00 mi y vi-do, hasta 22.00 ju; [S]2/3 hasta Eastern Pkwy-Brooklyn Museum) Enciclopédico museo situado en un edificio *beaux arts* de 5 plantas y 52 000 m², que contiene 1,5 millones de objetos entre piezas antiguas, salas del s. XIX y esculturas y pinturas de diferentes épocas. El primer sábado de mes la entrada es gratuita desde las 17.00.

Brooklyn Heights y Downtown Brooklyn BARRIOS

Cuando los ferris a vapor de Robert Fulton iniciaron el servicio regular por el East River, a principios del s. XIX, los ricos de Manhattan empezaron a construirse lujosas casas –de estilo gótico victoriano, neorrománico, neoclásico griego, italiano, etc.– en Brooklyn Heights. Hoy en día, pasear por las arboladas calles para contemplarlas es una agradable actividad para pasar la tarde.

Para llegar, hay que seguir Montague St, principal vía comercial del barrio, hasta la orilla, donde Brooklyn Heights Promenade pasa por encima de la Brooklyn-Queens Expwy y ofrece unas vistas espléndidas de Lower Manhattan.

★ **Brooklyn Bridge Park** PARQUE
(☎718-222-9939; www.brooklynbridgepark.org; East River Waterfront, entre Atlantic Ave y Adams St; ⊙ 6.00-1.00; ♿; ⑤A/C hasta High St, 2/3 hasta Clark St, F hasta York St) GRATIS Este parque de 34 Ha es una de las nuevas atracciones con más éxito de Brooklyn. Envuelve una curva del East River y recorre 2 km del río desde el extremo del puente de Brooklyn, en Dumbo, hasta el extremo oeste de Atlantic Ave, en Cobble Hill. Ha revitalizado un tramo de río antes abandonado, convirtiendo una serie de muelles sin uso en un parque precioso con unas vistas imponentes de Manhattan.

Aquí hay mucho que ver y hacer, con zonas de juegos, pasarelas y praderas. En verano se celebran eventos al aire libre como proyecciones de películas (muelle 1); tiene canchas de baloncesto, balonmano y bolos, y pista de patinaje (muelle 2); kayaks y *paddleboards* de alquiler (playa del muelle 4). En verano, los ferris a Governors Island zarpan del muelle 6. En el muelle 5 hay pistas de vóley-playa y buenas opciones gastronómicas. En Empire Fulton Ferry, junto al puente de Brooklyn, se halla el precioso tiovivo de 1922 restaurado Jane's Carousel y se obtienen las mejores vistas del puente, con los rascacielos de Lower Manhattan de fondo.

Boerum Hill, Cobble Hill y Carroll Gardens BARRIOS
Estos barrios acogen una mezcla de vecinos de siempre, la mayoría de origen italiano, junto a otros que han abandonado Manhattan en busca de una vida más auténtica. Sus calles arboladas aparecen flanqueadas por atractivas casas restauradas. Smith St y Court St son las dos arterias principales que conectan con el barrio del sur, Carroll Gardens. La primera está llena de restaurantes; en la segunda se encontrarán comercios clásicos, panaderías y restaurantes italoamericanos.

Red Hook BARRIO
Este barrio costero, de calles adoquinadas y enormes edificios industriales, está a un buen paseo del metro, pero ya ha perdido su aspecto turbio y ahora acoge un puñado de bares y restaurantes, además de una enorme sucursal de Fairway, popular tienda de alimentación con unas vistas impresionantes del puerto de Nueva York. Un taxi acuático comunica a diario Red Hook (cerca del Ikea) con Lower Manhattan.

Dumbo BARRIO
Se trata de un acrónimo que indica la ubicación del barrio: "Down Under the Manhattan-Brooklyn Bridge Overpass" (bajo los puentes de Brooklyn y Manhattan), y aunque antes era una zona industrial, ahora está lleno de apartamentos de lujo, tiendas de muebles y galerías de arte. En la orilla está el Empire-Fulton Ferry State Park, con magníficas vistas de Manhattan.

⊙ El Bronx

Este barrio de 109 km², al norte de Manhattan, es famoso por varios motivos: los Yankees, apodados los Bronx Bombers, a los que se puede ver jugar en el Yankee Stadium (plano p. 58; ☎718-293-4300, circuitos 646-977-8687; www.yankees.com; E 161st St con River Ave; circuitos 20 US$; ⑤B/D, 4 hasta 161st St-Yankee Stadium), en primavera y verano; la verdadera Little Italy, el barrio de Belmont (plano p. 58; www.arthuravenuebronx.com), con animados mercados *gourmet* y restaurantes italianos en algunos tramos de Arthur Ave y Belmont Ave; y una megalomanía elevada a mito en películas de Hollywood, desde *El padrino* hasta *Duro de matar*. Pero también esconde agradables sorpresas: una cuarta parte de su superficie es verde, incluida la playa urbana del Pelham Bay Park. Y aquí también está la mágica City Island, un pedacito de Nueva Inglaterra en pleno Bronx.

★ **Jardín botánico de Nueva York** JARDINES
(plano p. 58; www.nybg.org; Bronx River Pkwy y Fordham Rd; solo recinto adultos/niños 13/3 US$, todos los jardines 20/8 US$, mi y 9.00-10.00 sa gratis; ⊙ 10.00-18.00 ma-do; ♿; ⑭Metro-North hasta Botanical Garden) En sus 101 Ha abarca antiguos bosques, un humedal, casi 3000 rosales y miles de azaleas. En primavera es fabuloso.

Zoo del Bronx ZOOLÓGICO
(plano p. 58; ☎718-220-5100; www.bronxzoo.com; Bronx River Pkwy con Fordham Rd; adultos/niños desde 20/13 US$, mi gratis; ⊙10.00-17.00; ☐BxM11, ⑤2 hasta Pelham Pkwy) Es uno de los mejores, mayores y más modernos zoos del mundo.

Cementerio de Woodlawn CEMENTERIO

(plano p. 58; ☎718-920-0500; www.thewoodlawn cemetery.org; Webster Ave con E 233rd St; ◎8.30-16.30; Ⓢ4 hasta Woodlawn) Famoso cementerio histórico de 162 Ha donde reposan muchos estadounidenses famosos, entre ellos Miles Davis y Herman Melville.

◉ Queens

Es el distrito de mayor tamaño, donde habitan más de 2 millones de personas. También es el de mayor diversidad étnica, con más de 100 nacionalidades y 160 idiomas diferentes. Aquí no se ven las calles arboladas de casas unifamiliares que hay en Brooklyn, y en su mayor parte no tienen nada de regio. Aun así, como casi la mitad de sus habitantes son de origen extranjero, hay zonas enteras que se van reinventando constantemente, creando un universo trepidante que ofrece una alternativa a Manhattan. Cuenta con dos grandes aeropuertos, el Mets, un centro de arte moderno, kilómetros de playas excelentes en The Rockaways y senderos en la Gateway National Recreation Area (www.nps.gov/gate), refugio natural en la bahía de Jamaica, a solo unos minutos del aeropuerto JFK. La Queens Historical Society (☎718-939-0647; www.queenshistoricalsociety.org) ofrece circuitos por muchas barriadas de este enorme distrito.

Long Island City BARRIO

(entrada 15 US$; ◎14.00-21.00; ⒼG hasta 21st St) Presenta altos rascacielos junto a la orilla del río, con fantásticas vistas de Mahattan, y concentra numerosos museos de arte.

PS 1 Contemporary Art Center CENTRO ARTÍSTICO

(plano p. 58; ☎718-784-2084; www.momaps1.org; 22-25 Jackson Ave con 46th Ave; donativo sugerido 10 US$; ◎12.00-18.00 ju-lu) Centro dedicado exclusivamente a obras nuevas de vanguardia. Los sábados de finales de junio a principios de septiembre, el patio exterior se transforma en un espacio de instalaciones con DJ que pinchan para un público joven durante las series Warm Up. Las sesiones de los domingos (may-oct) presentan actuaciones en público y otros eventos.

Socrates Sculpture Park ARTE

(plano p. 76; www.socratessculpturepark.org; Broadway con Vernon Blvd, Long Island City; ◎10.00-anochecer; ⒼN/Q hasta Broadway) GRATIS Una serie de bucólicas esculturas salpican este parque de casi 2 Ha junto al East River. Vale la pena hacer coincidir la visita con alguno de los eventos gratuitos, como las sesiones de yoga o taichí (fines de semana med may-fin sep), o con las proyecciones de películas (mi ppios jul-fin ago).

NUEVA YORK PARA NIÑOS

En contra de lo que se suele creer, Nueva York puede ser un destino fácil para ir con niños. Cada vez hay más zonas de juegos modernas, desde Union Square a Battery Park, y abundan en los grandes parques como Central Park (p. 75; zonas de juegos Heckscher, Adventure y Ancient). En Brooklyn, las mejores están en el muelle 6, en Brooklyn Bridge Park (p. 83; incluso hay un pequeño parque acuático en verano).

Los niños pueden participar en el Children's Museum of the Arts (plano p. 66; ☎212-274-0986; www.cmany.org; 103 Charlton St, entre Greenwich y Hudson St; entrada 11 US$, con donativo 16.00-18.00 ju; ◎12.00-17.00 lu y mi, 12.00-18.00 ju y vi, 10.00-17.00 sa y do; ⊛; Ⓢ1 hasta Houston St, C/E hasta Spring St) y en el Brooklyn Children's Museum (www.brooklynkids.org; 145 Brooklyn Ave con St Marks Ave, Crown Heights; entrada 9 US$, gratis 15.00-17.00 ju; ◎10.00-17.00 ma-do; ⊛; ⒮C hasta Kingston-Throop Ave, 3 hasta Kingston Ave). Y pueden tener contacto con los animales en los zoos de Central Park y el Bronx y en el acuario de Coney Island. Las travesías a la Estatua de la Libertad, los cruceros Circle Line o los ferris más baratos (Staten Island o East River) brindan la oportunidad de navegar en la ciudad. Se encontrarán tiovivos a la antigua en Bryant Park, Central Park y Brooklyn Bridge Park. La isla de Governors es un lugar estupendo para un pícnic, para jugar e ir en bici (se alquilan bicicletas con cuatro ruedas).

Para cenar, se puede ir a casi cualquier sitio si se llega pronto: a las 17.00 probablemente se compartirá comedor con otras familias jóvenes. Véase la sección "Arts" del *New York Times* para informarse de eventos y espectáculos para niños.

Astoria BARRIO

Es la mayor comunidad griega fuera de Grecia, y el lugar ideal para encontrar espléndidas panaderías griegas, restaurantes y tiendas *gourmet,* sobre todo por **Broadway.** Con la incorporación de población del este de Europa, de Oriente Próximo –Steinway Ave, conocida como Little Egypt, es el mejor lugar para comer *falafel,* kebabs y fumar en narguile– y América Latina, se ha creado una mezcla rica y diversa. También ha atraído a jóvenes bohemios que han convertido el barrio en el Williamsburg de Queens.

En verano se puede tomar un baño refrescante en **Astoria Pool** (www.nycgovparks.org/parks/astoriapark; Astoria Park, 19th St esq. 23rd Dr; ⏲11.00-19.00 fin jun-ppios sep; [S]N/Q hasta Astoria Blvd), la piscina más grande y antigua de la ciudad.

★ **Museum of the Moving Image** MUSEO

(www.movingimage.us; 36-01 35th Ave con 37th St, Astoria; adultos/niños 12/6 US$, gratis 16.00-20.00 vi; ⏲10.30-17.00 mi y ju, hasta 20.00 vi, 11.30-19.00 sa y do; [S]M/R hasta Steinway St) Este espléndido complejo es uno de los mejores museos del mundo sobre cine, televisión y vídeo. La colección de sus modernas galerías superan las 130 000 piezas.

Flushing y Corona BARRIOS

El cruce de Main St y Roosevelt Ave marca el centro de Flushing y podría parecer la Times Square de una ciudad a años luz de Nueva York. Inmigrantes de toda Asia, sobre todo chinos y coreanos, componen un vecindario lleno de mercados y restaurantes con una oferta gastronómica deliciosa y barata.

El Flushing Meadows Corona Park alberga el Citi Field, el **USTA National Tennis Center** (donde se juega el Open de EE UU cada mes de agosto) y muchos lagos, campos de pelota, pistas ciclistas y praderas, y se usó para las Ferias Internacionales de 1939 y 1964, de las que aún quedan algunos vestigios. Los niños pueden aprender sobre ciencia y tecnología con la divertida muestra interactiva del **New York Hall of Science** (☎718-699-0005; www.nysci.org; 47-01 111th St; adultos/niños 15/12 US$; gratis 14.00-17.00 vi y 10.00-11.00 do; ⏲9.30-17.00 lu-vi, 10.00-18.00 sa y do; [S]7 hasta 111th St). En este enorme parque se encuentra también el **Queens Museum** (QMA; www.queensmuseum.org; donativo sugerido adultos/niños 8 US$/gratis; ⏲12.00-18.00 mi-do; [S]7 hasta 111th St), con un globo enorme enfrente.

Jackson Heights BARRIO

(entre Roosevelt y 34th Ave, desde 70th hasta 90th St; [S]E, F/V, R hasta Jackson Heights-Roosevelt Ave) El centro de Jackson Heights, fascinante mezcla de cultura india y latinoamericana (Roosevelt Ave), es un buen lugar para comprar saris y oro de 22 quilates y cenar *masala dosas* –enormes tortitas de arroz rellenas de una sabrosa mezcla de patata, guisantes, cilantro y otras delicias–, arepas (tortitas de maíz) colombianas o empanadas argentinas.

Staten Island

Aunque muchos neoyorquinos dirán que Staten Island tiene más en común con la vecina Nueva Jersey por su estilo de vida suburbano, hay motivos de peso para incluir este barrio en la ruta del visitante. Sobre todo el **ferri de Staten Island** (plano p. 62; www.siferry.com; terminal de Whitehall con Whitehall y South St; ⏲24 h; [S]1 hasta South Ferry) [GRATIS], usado por muchos para ir al trabajo pero que también ofrece unas vistas impresionantes de la Estatua de la Libertad y del perfil de Manhattan (está programada la construcción de la mayor noria del mundo en un gran complejo comercial próximo a la terminal de ferris). No muy lejos de la estación de ferris de Staten Island está el Richmond County Bank Ballpark (p. 109), donde juegan los Staten Island Yankees, equipo de 2ª división, así como el moderno barrio de St George.

Actividades

Ciclismo

Nueva York cuenta con cientos de kilómetros de carriles-bici, lo que hace que sea muy fácil de recorrer en bicicleta. Para una salida rápida por la ciudad (menos de 30 min) se puede tomar una de **Citi Bike** (www.citibikenyc.com; 24 h/7 días 11/27 US$), el programa de bicicletas compartidas de la Gran Manzana. En Manhattan y Brooklyn hay cientos de estaciones con estas bicis azules, y alquilar una es tan fácil como pasar la tarjeta de crédito. No obstante, salvo para ciclistas urbanos experimentados, pedalear por las calles puede ser arriesgado, ya que los carriles-bici a menudo están bloqueados por camiones, taxis o coches en doble fila. El **Manhattan Waterfront Greenway,** de 45 km, es un mosaico de pistas por parques que atraviesan pocas calles y rodean toda la isla de Manhattan. El tramo casi ininterrumpido de 16 km que va del puente de George Washington a Battery Park, pasando por el **Hudson River Park**, quizá sea el más espectacular. **Central Park y Prospect Park**, en Brooklyn, tienen estupendas pistas ciclistas.

Para alquilar bicicletas también se puede visitar alguna de las numerosas agencias de **Bike and Roll** (www.bikenewyorkcity.com; bicicletas desde 10/30 US$ por hora/medio día). Hay una de alquileres rápidos frente a Central Park, en la esquina de 59th St y Central Park West.

Deportes acuáticos

Como Manhattan es una isla, ofrece numerosas oportunidades para la navegación y el remo. La **Downtown Boathouse** (plano p. 62; www.downtownboathouse.org; muelle 26 junto a N Moore St; ⏲9.00-17.30 sa y do med may-med oct, y 17.00-18.30 lu-vi jul y ago; [S]1 hasta Houston St) ofrece salidas de 20 min en kayak (equipo incl.) en el ambiente protegido de la rada del río Hudson. También se puede hacer en 56th St, 72nd St y en Governors Island.

En **Loeb Boathouse** (plano p. 76; ☎212-517-2233; www.thecentralparkboathouse.com; entre 74th y 75th St; paseo en barco 12 US$/h, alquiler bicicletas 9-15 US$/h; ⏲10.00-18.00 abr-nov; 👪; [S]B, C hasta 72nd St, 6 hasta 77th St), en Central Park, se alquilan botes de remos para dar un paseo romántico, y en verano, hasta góndolas venecianas. Se puede navegar a vela con **Schooner Adirondack** (plano p. 70; ☎212-913-9991; www.sail-nyc.com; Chelsea Piers, muelle 62 con W 22th St; circuitos 48-78 US$; [S]C, E hasta 23rd St), en **Chelsea Piers.**

Los **surfistas** quizá se sorprendan de que haya quien practique el surf en la ciudad, en la **playa de Rockaway** de Queens (90th St), donde se puede cabalgar sobre las olas a solo 75 min de metro del Midtown, tomando la línea A.

☞ Circuitos

Esta es una pequeña muestra de los circuitos disponibles.

Big Onion Walking Tours CIRCUITO A PIE
(☎888-606-9255; www.bigonion.com; circuitos 20 US$) Pintorescos circuitos guiados muy populares, especializados en barrios y etnias concretas.

Circle Line CIRCUITO EN BARCO
(plano p. 70; ☎212-563-3200; www.circleline42.com; muelle 83, W 42nd St; entradas desde 29 US$; [S]A/C/E hasta 42nd St-Port Authority Bus Terminal) Recorridos en barco (desde un semicírculo al giro completo a la isla), con comentarios guiados, así como travesías en la potente motora *Beast*.

Municipal Art Society CIRCUITO A PIE
(plano p. 76; ☎212-935-3960; www.mas.org; 111 W 57th St; circuitos adultos/niños 20/15 US$; [S]F hasta 57th St) Ofrece diversos circuitos programados sobre arquitectura e historia, como el de las 12.30 por la estación Grand Central.

New York City Audubon CIRCUITO A PIE
(plano p. 70; ☎212-691-7483; www.nycaudubon.org; 71 W 23rd St, Ste 1523; circuitos gratis-100 US$; [S]F/M hasta 23rd St) Instructores y guías expertos organizan circuitos a pie desde Central Park al Bronx, y cruceros ecológicos por el Jamaica Bay Wildlife Refuge.

NYC Gangster Tours CIRCUITO A PIE
(www.nycgangstertours.com; circuitos 25-40 US$) Los simpáticos guías están muy bien informados y hacen que estos circuitos a pie sobre las mafias italiana, china y judía resulten interesantes y divertidos.

On Location Tours CIRCUITO EN AUTOBÚS
(☎212-683-2027; www.onlocationtours.com; circuitos 33-59 US$) Entre la oferta de circuitos sobre programas de la tele están los de *Gossip Girl* o *Cómo conocí a vuestra madre,* o los más legendarios que permiten seguir los pasos de Carrie Bradshaw o Tony Soprano.

✨ Fiestas y celebraciones

Desde ferias culturales callejeras a eventos gastronómicos, se puede encontrar algo interesante en cualquier época del año, pero en verano, con la proliferación de acontecimientos al aire libre, la oferta es casi excesiva.

Restaurant Week COMIDA
(☎212-484-1222; www.nycgo.com; ⏲feb y jul) Para cenar en los mejores restaurantes con menús especiales de tres platos por 38 US$ (o 25 US$ a mediodía).

Armory Show CULTURAL
(☎212-645-6440; www.thearmoryshow.com; muelles 92 y 94, West Side Hwy con 52nd y 54th St; ⏲mar) La mayor feria de arte contemporáneo de Nueva York ocupa toda la ciudad para mostrar las nuevas obras de miles de artistas de todo el mundo.

Tribeca Film Festival CINE
(☎212-941-2400; www.tribecafilm.com; ⏲fin abr y ppios may) Robert de Niro es uno de los organizadores de este festival de cine, cada vez más prestigioso.

Fleet Week NAVAL

(☏212-245-0072; www.fleetweeknewyork.com; ☺ may) En la "Semana de la Flota", la ciudad recibe a marineros con sus blancos uniformes, sus barcos y sus equipos de rescate aéreo.

NYC Pride COMUNIDAD HOMOSEXUAL

(☏212-807-7433; www.nycpride.org; ☺jun) El mes del orgullo, con una apretada agenda de fiestas y eventos, culmina con un gran desfile por la Quinta Avenida el último domingo de junio.

Mermaid Parade DESFILE

(www.coneyisland.com; ☺fin jun) Es una especie de carnaval sobre la pasarela, que convierte a Surf Ave de Coney Island, en Brooklyn, en una zona de libre expresión, divertida, alocada y artística.

Village Halloween Parade DESFILE

(www.halloween-nyc.com; 6th Ave desde Spring St hasta 16th St; ☺19.00-23.00, 31 oct) Fabuloso desfile con excéntricos disfraces muy celebrados por el público. Cualquiera se puede apuntar.

🛌 Dónde dormir

Con los impuestos hay que sumar un 14,75% más 3,50 US$ por noche. Una serie de cadenas nacionales como Sheraton, Ramada o Holiday Inn ofrecen habitaciones asequibles en un radio de unas manzanas, en torno a 39th Ave, en Long Island (Queens), a un salto de Manhattan cruzando el East River en metro con las líneas N, Q o R.

🛌 Lower Manhattan y Tribeca

Wall Street Inn HOTEL DE LUJO $$

(plano p. 62; ☏212-747-1500; www.thewallstreetinn. com; 9 S William St; h desde 240 US$; ✹✻; Ⓢ2/3 hasta Wall St) En su día, Lehman Brothers ocupaba este edificio clásico de caliza y el hotel sigue teniendo un aire de banco antiguo. Las habitaciones son clásicas y cálidas, con lujosos baños de mármol y quizá demasiados muebles para su tamaño.

🛌 SoHo

Leon Hotel HOTEL $$

(plano p. 66; ☏212-390-8833; www.leonhotelnyc. com; 125 Canal St, entre Bowery y Christie; h desde 240 US$; ✹✻; ⒮B/D hasta Grand St) Este bloque cuadrado, a la entrada del puente de Manhattan, ofrece habitaciones limpias sin lujos, a un precio correcto para lo cara que es la ciudad. Son cómodas si tienen pocos

muebles, algunas con buenas vistas de Lower Manhattan y el One World Trade Center. El trato es agradable.

Solita SoHo HOTEL $$

(plano p. 66; ☏212-925-3600; www.solitasoho hotel.com; 159 Grand St con Lafayette St; h desde 220 US$; ✹✻; ⒮N/Q/R, J/Z, 6 hasta Canal St) Es una alternativa limpia y funcional, con una decoración de estilo *boutique,* cerca de Chinatown, NoLita, el Soho y Lower East Side. En invierno las tarifas bajan.

Soho Grand Hotel HOTEL-BOUTIQUE $$

(plano p. 66; ☏212-965-3000; www.sohogrand.com; 310 W Broadway; d desde 290 US$; ✹@✻; ⒮6, N/Q/R, J hasta Canal St) El primer hotel-*boutique* del barrio aún triunfa con su imponente vestíbulo de vidrio y hierro forjado y sus 353 habitaciones de líneas frescas y limpias, con ropa de cama Frette, TV de plasma y productos de aseo de CO Bigelow. El Grand Lounge del vestíbulo siempre está animado.

Lower East Side, East Village y NoLita

Bowery House ALBERGUE $$

(plano p. 66; ☏212-837-2373; www.theboweryhouse. com; 220 Bowery entre Prince y Spring St; i/d con baño compartido desde 90/160 US$; ✹✻; ⒮J/Z hasta Bowery) Frente al New Museum está lo que era una pensión de mala muerte en la década de 1920, ahora transformada en elegante albergue, con cubículos decorados con pósteres del Bowery y colchones personalizados (más cortos y estrechos), baños con duchas de efecto lluvia y suelos calefactados. También hay un salón con sofás Chesterfield y lámparas de araña, un bar y terraza en la azotea.

St Mark's Hotel HOTEL $$

(plano p. 66; ☏212-674-0100; www.stmarkshotel. net; 2 St Marks Pl con 3rd Ave; d desde 140 US$; ✹✻; ⒮6 hasta Astor Pl) Esta opción económica en East Village atrae a un público joven y fiestero que disfruta estando tan cerca de la mayor concentración de bares y coctelerías de toda la ciudad. Las habitaciones son minúsculas, pero están limpias y bien equipadas, con TV de pantalla plana y baño propio. La conexión wifi se paga aparte.

Blue Moon Hotel HOTEL-BOUTIQUE $$

(plano p. 66; ☏212-533-9080; www.bluemoon-nyc. com; 100 Orchard St, entre Broome y Delancey; h desde 250 US$, desayuno incl.; ✹✻; ⒮F hasta Delancey St, J/M hasta Essex St) Nadie se creería que este acogedor hotelito tan lleno de color fuera en su día (de 1879) una casa inmunda. Salvo por algunos detalles como las estructuras de las camas, de hierro forjado, o las molduras, las habitaciones son austeras, limpias, muy modernas y cómodas.

Bowery Hotel
HOTEL-BOUTIQUE $$$

(plano p. 66; ☎212-505-9100; www.theboweryhotel. com; 335 Bowery, entre 2nd y 3rd St; h desde 375 US$; ✴@🖘; ⬛F/V hasta Lower East Side-2nd Ave, 6 hasta Bleecker St) Nada más lejos de la tradición de antros del Bowery: este estiloso hotel es pura elegancia del s. XIX. Las habitaciones son muy luminosas y su decoración combina lo moderno con las antigüedades. El bar del vestíbulo, de estilo barroco, tiene un público joven y elegante, y el restaurante Gemma sirve cocina italiana de lujo.

Chelsea, Meatpacking District y West (Greenwich) Village

Chelsea Hostel
ALBERGUE $

(plano p. 70; ☎212-647-0010; www.chelseahostel. com; 251 W 20th St entre 7th y 8th Ave; dc 40-80 US$, i 75-100 US$, d desde 130 US$; ✴@🖘; ⬛A/C/E, 1 hasta 23rd St, 1/2 hasta 18th St) Está a un paseo del Village y del Midtown, pero su práctica ubicación hace que sea algo caro, aunque está limpio y dispone de salas comunitarias y cocinas donde conocer a otros viajeros.

Jane Hotel
HOTEL $

(plano p. 66; ☎212-924-6700; www.thejanenyc.com; 113 Jane St, entre Washington St y West Side Hwy; h con baño compartido/privado desde 105/250 US$; ℗✴🖘; ⬛L hasta 8th Ave, A/C/E hasta 14th St, 1/2 hasta Christopher St-Sheridan Sq) En su día era un hotel de marineros (por eso las habitaciones tienen el tamaño de camarotes) y acogió temporalmente a muchos supervivientes del *Titanic*, luego fue un centro YMCA y escenario de conciertos de *rock and roll*. Sus habitaciones, con literas, cuentan con TV de pantalla plana, y las duchas comunitarias son más que adecuadas.

Chelsea Lodge
HOTEL $

(plano p. 70; ☎212-243-4499; www.chelsealodge. com; 318 W 20th St entre 8th y 9th Ave; i/d desde 130/140 US$; ✴🖘; ⬛A/C/E hasta 14th St, 1 hasta 18th St) Este hotel de 20 habitaciones y estilo europeo, en una casa emblemática de Chelsea, está muy bien de precio. No sobra el espacio, así que las habitaciones no tienen más que la cama y una TV en una vieja có-

moda. Hay ducha y lavabo en la habitación, pero los váteres están en el pasillo. Seis suites tienen baño propio, y dos cuentan con acceso privado al jardín.

Larchmont Hotel
HOTEL $

(plano p. 66; ☎212-989-9333; www.larchmonthotel. com; 27 W 11th St, entre 5th y 6th Ave; i/d con baño compartido desde 110/120 US$; ✴🖘; ⬛4/5/6, N/Q/R hasta 14th St-Union Sq) En un edificio de preguerra integrado con las restantes casas de la manzana, lo mejor es su ubicación. Las habitaciones son sencillas, con moqueta, y necesitarían una puesta al día, al igual que los baños de uso común, pero no está mal por el precio.

Townhouse Inn of Chelsea
B&B $$

(plano p. 70; ☎212-414-2323; www.townhousein nchelsea.com; 131 W 23rd St, entre 6th y 7th Ave; h desde 150 US$, desayuno incl.; ✴🖘; ⬛F/V, 1 hasta 23rd St) Ubicado en una solitaria casa de cinco plantas del s. XIX, es una joya de Chelsea. Las 14 habitaciones son grandes y acogedoras, con paredes de ladrillo, buenas sábanas y bonita decoración. Tiene una elegante biblioteca victoriana que le da aún más encanto. Los dueños son una gran fuente de información sobre el barrio.

Union Square, Flatiron District y Gramercy Park

Carlton Arms
HOTEL $

(plano p. 70; ☎212-679-0680; www.carltonarms. com; 160 E 25th St entre Lexington y 3rd Ave; i/d 142/176 US$, i/d con baño compartido 96/142 US$; ⬛6 hasta 23rd St o 28th St) Pese a su sórdido pasado (como bar clandestino, antro de drogas y prostíbulo), actualmente parece una mezcla de galería de arte y hotel económico. Los murales cubren las paredes de sus cinco pisos de escaleras y se cuelan en las minúsculas habitaciones y los baños compartidos (cada habitación tiene un pequeño lavabo). Atrae a una mezcla ecléctica de viajeros bohemios.

Hotel 17
HOTEL ECONÓMICO $

(plano p. 70; ☎212-475-2845; www.hotel17ny.com; 225 E 17th St, entre 2nd y 3rd Ave; d con baño compartido desde 113 US$; ✴🖘; ⬛N/Q/R, 4/5/6 hasta 14th St-Union Sq, L hasta 3rd Ave) Junto a Stuyvesant Sq, en una manzana de edificios residenciales, se halla esta casa de ocho plantas sin excentricidades y con precios relativamente asequibles. Las habitaciones son pequeñas, con un sencillo mobiliario tradicional y poca luz natural.

The Marcel at Gramercy   HOTEL-BOUTIQUE **$$**

(plano p. 70; ☎212-696-3800; www.themarcelatgramercy.com; 201 E 24th St con 3rd Ave; d desde 180-410 US$; ❄@🛜; ⓢ6 hasta 23rd St) Este establecimiento minimalista de 97 habitaciones y tonos tierra es como un hotel-*boutique* sin lujos. Las modernas habitaciones que dan a la avenida tienen grandes vistas, y el elegante vestíbulo es un lugar espléndido donde relajarse tras un día caminando.

Midtown

Pod 51   HOTEL **$**

(plano p. 70; ☎212-355-0300; www.thepodhotel.com; 230 E 51st St, entre 2nd y 3rd Ave, Midtown East; h desde 147 US$; ❄🛜; ⓢ6 hasta 51st St, E/M hasta Lexington Ave-53rd St) Este hotel económico es un sueño hecho realidad para los que querrían vivir dentro de su iPod –o al menos hacerse un ovillo y dormir con él–, con habitaciones de varios tipos, la mayoría con apenas espacio para la cama. Los "pods" tienen buena ropa de cama, un pequeño escritorio, TV de pantalla plana, conectores para el iPod y duchas de efecto lluvia.

Park Savoy   HOTEL **$**

(plano p. 76; ☎212-245-5755; www.parksavoyny.com; 158 W 58th St entre 7th y 6th Ave; d desde 145 US$; ❄🛜; ⓢN/Q/R hasta 57th St-7th Ave) Lo mejor es su bajo precio y su gran ubicación, cerca de Central Park. En cambio, las alfombras son viejas; la ropa de cama, barata; y las duchas tienen poca presión; por no hablar del personal, nada solícito.

★Yotel   HOTEL **$$**

(plano p. 70; ☎646-449-7700; www.yotel.com; 570 10th Ave con 41st St, Midtown West; h desde 190 US$; ❄🛜; ⓢA/C/E hasta 42nd St-Port Authority Bus Terminal, 1/2/3, N/Q/R, S, 7 hasta Times Sq-42nd St) A medio camino entre una estación espacial y un decorado de Austin Powers, clasifica sus 669 habitaciones por clases de billetes aéreos. Las Premium, pequeñas pero bien organizadas, tienen camas ajustables automáticas, y en todas hay ventanales del suelo al techo con unas vistas espléndidas, modernos baños y conectividad para el iPod.

City Rooms   HOTEL **$$**

(plano p. 70; ☎917-475-1285; www.cityroomsnyc.com; 368 8th Ave entre 28th y 29th St; h con baño compartido desde 150 US$; ❄🛜; ⓢC/E hasta 23rd St, 1 hasta 28th St) Este acogedor hotel es una opción aceptable para quien no busque lujos ni tenga claustrofobia. Las 13 habitaciones

son limpias y sencillas, con colchones cómodos, pero el espacio es mínimo. Los estarcidos de temática neoyorquina le dan algo de personalidad a las paredes blancas. Los baños son todos compartidos (y también justitos).

414 Hotel   HOTEL **$$**

(plano p. 70; ☎212-399-0006; www.414hotel.com; 414 W 46th St, entre 9th y 10th Ave, Midtown West; h desde 285 US$; ❄🛜; ⓢC/E hasta 50th St) Este hotel, acogedor y a buen precio, ofrece 22 habitaciones bien cuidadas y decoradas, un par de manzanas al oeste de Times Square. Las más tranquilas son las que dan al frondoso patio interior, que es un lugar perfecto para disfrutar del desayuno incluido.

Upper West Side

Hostelling International New York   ALBERGUE **$**

(HI; plano p. 76; ☎212-932-2300; www.hinewyork.org; 891 Amsterdam Ave con 103rd St; dc 50-75 US$; ❄🛜; ⓢ1 hasta 103rd St) Albergue de 672 camas en una mansión de ladrillo rojo de la década de 1880. El ambiente es algo industrial, pero cuenta con buenas zonas comunes, un patio trasero, cocina comunitaria y cafetería.

Jazz on Amsterdam Ave   ALBERGUE **$**

(plano p. 76; ☎646-490-7348; www.jazzhostels.com; 201 W 87th St con Amsterdam Ave; dc 50 US$, h 130 US$; ❄🛜; ⓢ1 hasta 86th St) La cadena Jazz cuenta con un albergue, a un paseo de Central Park, con habitaciones limpias, tanto las privadas como los dormitorios de 2 a 6 camas. Hay wifi gratis en el vestíbulo. Tiene otras sucursales en Harlem y Chelsea.

YMCA   ALBERGUE **$$**

(plano p. 76; ☎212-912-2625; www.ymcanyc.org; 5 W 63rd St con Central Park West; d 210 US$, i/d con baño compartido desde 114/160 US$; ❄@; ⓢA/B/C/D hasta 59th St-Columbus Circle) Este magnífico edificio *art déco,* a solo unos pasos de Central Park, dispone de varias plantas –de la 8ª a la 13ª– de habitaciones sencillas pero limpias. Los clientes tienen acceso a un amplio aunque anticuado gimnasio, pistas de *racquet ball,* piscina y sauna. También hay un salón y una cafetería. Existen otros centros en Upper East Side y Harlem.

Lucerne   HOTEL **$$**

(plano p. 76; ☎212-875-1000; www.thelucernehotel.com; 201 W 79th St esq. Amsterdam Ave; d desde 186 US$; ❄🛜🍴; ⓢB, C hasta 81st St) Esta curiosa estructura de 1903 se aparta del *beaux arts* y se acerca al barroco por su elaborada fachada con tallas, y alberga un regio hotel de 197 habitaciones de nueve tipos distintos y un aire victoriano, con colchas floreadas, cabezales torneaados y almohadas de puntillas.

Upper East Side

Bubba & Bean Lodges   B&B **$$**
(plano p. 76; 917-345-7914; www.bblodges.com; 1598 Lexington Ave, entre 101st y 102nd St; h 130-260 US$; ; 6 hasta 103rd St) Jonathan y Clement, los dueños, han convertido una casa con encanto en un acogedor hogar para el viajero. Las cinco habitaciones tienen una decoración sencilla, paredes de un blanco limpio, suelos de madera y sábanas azul marino que le dan al lugar un aire moderno y juvenil. Todas tienen baño y una minicocina equipada.

Bentley Hotel   HOTEL-BOUTIQUE **$$**
(plano p. 76; 212-247-5000; www.bentleyhotelnyc.com; 500 E 62nd St con York Ave; h desde 220 US$; ; N/Q/R hasta Lexington Ave/59th St) Da a FDR Dr y tiene vistas al East River. Antes era un edificio de oficinas, pero se transformó en un encantador hotel-*boutique* con un elegante vestíbulo y modernas habitaciones.

Harlem

Harlem Flophouse   PENSIÓN **$**
(plano p. 76; 212-662-0678; www.harlemflophouse.com; 242 W 123rd St, entre Adam Clayton Powell Jr. y Frederick Douglass Blvd; h con baño compartido 125-150 US$; ; A/B/C/D, 2/3 hasta 124th St) Tiene, aparte de un gato, cuatro habitaciones atractivas con apliques antiguos, suelos de madera brillante y grandes camas, techos clásicos de cinc y postigos de madera.

Allie's Inn   B&B **$$**
(plano p. 76; 212-690-3813; www.alliesinn.com; 313 W 136th St entre Frederick Douglass Blvd y Edgecombe Ave; h 175-325 US$; ; A/C, B hasta 135th St) Encantador B&B con solo tres habitaciones limpias y cómodas, suelos de roble, una decoración sencilla y cocinas auxiliares. La oferta gastronómica y de copas en el barrio es cada vez mayor, y la estación de metro está a la vuelta de la esquina.

Brooklyn

★ **New York Loft Hostel**   ALBERGUE **$**
(718-366-1351; www.nylofthostel.com; 249 Varet St, entre Bogart y White St, Bushwick; dc 40-80 US$, d 140 US$; ; L hasta Morgan Ave) Para vivir como un *hipster* de Williamsburg –o más exactamente de Bushwick– en un edificio de *lofts* renovados. Las paredes de ladrillo, los techos altos, la bonita cocina, el jardín trasero y la terraza en la azotea hacen que los albergues de Manhattan parezcan palomares.

Wythe Hotel   HOTEL-BOUTIQUE **$$**
(718-460-8000; wythehotel.com; 80 Wythe Ave con N 11th St, Williamsburg; h 205-600 US$;) Este hotel de ladrillo rojo, en el animado barrio de Williamsburg, es un refugio con estilo. Sus habitaciones, de estilo chic industrial, lucen un papel de pared personalizado (de Flavor Paper, también en Brooklyn), paredes de ladrillo, suelos de cemento bruñido y techos de madera originales de 4 m de altura. En la planta baja hay una *brasserie* estupenda, y un bar en la azotea con buenas vistas de Manhattan.

Nu Hotel   HOTEL **$$**
(718-852-8585; www.nuhotelbrooklyn.com; 85 Smith St; d 170-300 US$, desayuno incl.; ; F, G hasta Bergen St) La ubicación, cerca de Brooklyn Heights y otros barrios de casas regias, es ideal, salvo porque está frente a la prisión de Brooklyn. Tiene un aire minimalista chic, con habitaciones blancas, limpias y cómodas.

Queens

The Local NYC   ALBERGUE **$$**
(347-738-5251; www.thelocalny.com; 1302 44th Ave entre 12th y 13th St; dc/d desde 45/160 US$; ; E, M hasta Court Sq) Albergue con estilo que ofrece habitaciones limpias, pequeñas y sencillas, con cómodos colchones y mucha luz natural. El diáfano café-bar es un buen lugar para conocer otros viajeros: sirve un buen café de día y vino y cerveza de noche. Programa diversos actos toda la semana (películas, música en directo y concursos).

Paper Factory Hotel   HOTEL **$$**
(718-392-7200; www.thepaperfactoryhotel.com; 37-06 36th St, Long Island; d desde 180 US$; ; M/R hasta 36th St) Esta antigua fábrica y almacén de papel tiene 123 habitaciones de estética industrial, con mucha madera y cemento pulido. Las zonas comunes tienen un diseño artístico y son estupendas para relajarse.

✗ Dónde comer

¿Por dónde empezar, en una ciudad con más de 20 000 restaurantes, en la que cada día se abre alguno nuevo? Desde Little Albania a Little Uzbekistan, solo hay que dar un paseo en metro para probar una comida étnica diferente. También es un lugar de creaciones culinarias y tendencias como los dónuts artesanales, los bocadillos de carne de cerdo o las reinterpretaciones *haute cuisine* del pollo frito, la *pizza* o la hamburguesa con patatas; la oferta gastronómica de Nueva York se reinventa constantemente, como la propia ciudad.

✕ Lower Manhattan y Tribeca

Financier Patisserie PANADERÍA, SÁNDWICHES $
(plano p. 62; ☎212-334-5600; www.financierpas
tries.com; 62 Stone St en Mill Lane; pastas 3-4 US$, sándwiches 8-10 US$; ⊘7.00-19.00 lu-vi, 9.00-17.00 sa y do; ♠; ⓢ2/3, 4/5 hasta Wall St, J/Z hasta Broad St) Actualmente tienen tres puntos de venta en Lower Manhattan, porque la gente no se cansa de sus cruasanes de mantequilla, sus tartas de bayas o sus *éclairs* de chocolate. También hacen sopas caseras, sabrosos bocadillos y cremosas quiches.

Shake Shack HAMBURGUESERÍA $
(plano p. 62; ☎646-545-4600; www.shakeshack. com; 215 Murray St entre West St y North End Ave; hamburguesas 5-10 US$; ⊘11.00-23.00; ⓢA/C, 1/2/3 hasta Chambers St) La cadena de hamburgueserías de Danny Meyer, ya objeto de culto, es comida rápida de lujo: hamburguesas tiernísimas hechas de carne de primera calidad recién picada; perritos calientes al estilo de Chicago, con bollos de pan de patata con semillas de amapola; o unas patatas fritas con queso fundido impresionantes. Para beber algo típicamente neoyorquino, nada como la cerveza Sixpoint, de Brooklyn.

Fraunces Tavern ESTADOUNIDENSE $$
(plano p. 62; ☎212-968-1776; www.frauncestavern. com; 54 Pearl St; principales almuerzo 15-26 US$, cena 20-38 US$; ⊘11.00-22.00; ⓢN/R hasta Whitehall) No se puede pasar por alto la ocasión de comer donde cenó George Washington en 1762. Sirven grandes raciones de pescado rebozado con patatas, tarta de pollo y costillas asadas. El ambiente es estupendo, en especial los domingos, con música tradicional irlandesa (15.30-18.30).

★ Locanda Verde ITALIANA $$$
(plano p. 62; ☎212-925-3797; www.locandaverdenyc. com; 377 Greenwich St con Moore St; almuerzo 19-29 US$, principales cena 22-37 US$; ⊘7.00-23.00 lu-vi, desde 8.00 sa y do; ⓢA/C/E hasta Canal St, 1

hasta Franklin St) Tras las cortinas de terciopelo aparece un panorama de camisas sin corbata, vestidos negros y elegantes camareros tras una larga barra abarrotada. Este popular local sirve platos italianos modernos como *pappardelle* con boloñesa de cordero o lubina al vapor con puré de ajetes. El *brunch* del fin de semana es igual de creativo, con gambas rebozadas o tortitas de ricota al limón y arándanos.

Tiny's & the Bar Upstairs ESTADOUNIDENSE $$$
(plano p. 62; ☎212-374-1135; www.tinysnyc.com; 135 W Broadway entre Duane y Thomas St; principales almuerzo 16-20 US$, cena 22-30 US$; ⊘8.00-24.00 lu-vi, desde 9.00 sa y do; ⓢA/C, 1/2/3 hasta Chambers St) Acogedor y adorable –¡resérvese con antelación!–, tiene la chimenea encendida en el comedor del fondo y un bar íntimo arriba. Los platos, servidos en una vajilla de porcelana antigua, son deliciosos clásicos con algún toque sutil, como la ensalada de col rizada con mostaza al jarabe de arce y esquirlas de gouda, las gambas marinadas con *cavatelli* a la tinta de calamar, o la entraña de buey con puerros salvajes en vinagre.

✕ Chinatown, Little Italy y NoLita

Tacombi MEXICANA $
(plano p. 66; www.tacombi.com; 267 Elizabeth St, entre E. Houston y Prince St; tacos 4-6 US$; ⊘11.00-24.00; ⓢB/D/F/M hasta Broadway-Lafayette St, 6 hasta Bleecker St) Ristras de luces de colores, sillas plegables y mexicanos que preparan tortillas en una vieja VW Kombie; casi como estar en las playas de Yucatán. Este establecimiento informal, alegre y muy popular, sirve deliciosos tacos, un suave ceviche y un guacamole cremoso. Y para beber, jarras de sangría, horchata y margaritas al mezcal.

Ruby's CAFÉ $
(plano p. 66; ☎212-925-5755; www.rubyscafe.com; 219 Mulberry St, entre Spring y Prince St; principales 10-15 US$; ⊘9.30-23.00; ⓢ6 hasta Spring St, N/R hasta Prince St) Café de inspiración australiana que toca todos los palos, con *avo toast* para

> **ⓘ A, B, C**
> Esas letras que se ven en los escaparates de todos los restaurantes de Nueva York son la clasificación del Departamento de Salud tras la inspección del nivel de higiene. A es la mejor y C la peor.

COMER EN NY: CHINATOWN

Con cientos de restaurantes que van desde pequeños antros a salones de banquetes, Chinatown es un lugar magnífico para comer barato y abundante.

Xi'an Famous Foods (plano p. 62; 67 Bayard St; principales 6-9 US$; ⓢJ/Z, N/Q, 6 hasta Canal St) Mostrador de comida para llevar con deliciosos fideos hechos a mano y hamburguesas de cordero al comino picante; se puede comer en Columbus Park.

Amazing 66 (plano p. 62; ☎212-334-0099; www.amazing66.com; 66 Mott St con Canal St; principales 9-16 US$; ☻11.00-23.00; ⓢ6, J, N/Q hasta Canal St) Espléndidos almuerzos cantoneses.

Prosperity Dumpling (plano p. 66; ☎212-343-0683; www.prosperitydumpling.com; 46 Eldridge St entre Hester y Canal St; *dumplings* 1-3 US$; ☻7.30-22.00; ⓢB/D hasta Grand St; F hasta East Broadway; J hasta Bowery) Es de los mejores para comer *dumplings*.

Vanessa's Dumpling House (plano p. 66; ☎212-625-8008; www.vanessasdumplinghouse. com; 118 Eldridge St, entre Grand y Broome St; *dumplings* 1,25-5 US$; ☻11.00-22.00; ⓢB/D hasta Grand St, J hasta Bowery, F hasta Delancey St) Espléndidos *dumplings* y tortitas de sésamo (p. ej., con pollo pequinés).

Bánh Mì Saigon Bakery (plano p. 66; ☎212-941-1541; www.banhmisaigonnyc.com; 198 Grand St, entre Mulberry y Mott St; sándwiches 5-6 US$; ☻8.00-18.00; ⓢN/Q/R, J/Z, 6 hasta Canal St) Sándwiches vietnamitas de los mejores.

Joe's Shanghai (plano p. 62; ☎212-233-8888; www.joeshanghairestaurants.com; 9 Pell St entre Bowery y Doyers St; principales 11-18 US$; ☻11.00-23.00; ⓢN/Q/R, J/Z, 6 hasta Canal St, B/D hasta Grand St) Siempre lleno y nada turístico. Buenos fideos y sopas.

Buddha Bodai (plano p. 62; ☎212-566-8388; 5 Mott St; principales 8-15 US$; ☻10.00-22.00; ⓢ) Exquisita comida vegetariana.

Big Wong King (plano p. 62; ☎212-964-0540; www.bigwongking.com; 67 Mott St con Canal; principales 10-14 US$; ☻8.30-21.00; ⓢ6, J, N/Q hasta Canal St) Su popularidad no decae, como indican los patos asados colgados en el escaparate.

Nom Wah Tea Parlor (plano p. 62; ☎212-962-6047; www.nowah.com; 13 Doyers St; *dim sum* 4-11 US$; ☻10.30-21.00; ⓢ6, J, N/Q hasta Canal St) Parece un *diner* clásico, pero es el local de *dim sum* más antiguo de la ciudad.

Original Chinatown Ice Cream Factory (plano p. 62; ☎212-608-4170; www.chinatowni cecreamfactory.com; 65 Bayard St; helados 4,50-8,25 US$; ☻11.00-22.00; ⓢN/Q/R, J/Z, 6 hasta Canal St) Sirve refrescantes sorbetes de té verde, jengibre, durián y lichi.

desayunar (tostadas de cereales con tomate y aguacate), tortitas con manzana y pera caramelizada, y ensalada de calabaza, pasta y jugosas hamburguesas (acompañadas de patatas fritas a la trufa) para almorzar. La experiencia oceánica se completa con un café *flat white* y cervezas Boag.

Café Gitane MEDITERRÁNEA $
(plano p. 66; ☎212-334-9552; www.cafegitanenyc. com; 242 Mott St con Prince St; principales 14-17 US$; ☻8.30-24.00; ☑; ⓢN/R hasta Prince St, 6 hasta Spring St) Solo falta el humo de los Gauloises para creerse en París. Tras ir de compras por tiendas de marca, muchos se paran en este bistró a tomar un café, negro y aromático, o a comer alguno de sus platos perfectamente ejecutados, como los *friands*

(pastelillos franceses) de arándanos y almendras, la ensalada de trucha ahumada o el cuscús marroquí con pollo ecológico.

La Esquina MEXICANA $$
(plano p. 66; ☎646-613-7100; www.esquinanyc.com; 114 Kenmare St con Petrosino Sq; tacos desde 3,50 US$, principales cafe 15-25 US$, *brasserie* 18-34 US$; ☻12.00-madrugada; ⓢ6 hasta Spring St) Este local megapopular y pintoresco es en realidad tres cosas muy diferentes: un mostrador de tacos (abierto hasta las 2.00), un café mexicano informal (con entrada por Lafayette St) y, en la planta baja, una moderna y oscura *brasserie* para la que es necesario reservar. Destacan sus tacos de cerdo asado y la ensalada de mango y jícama, entre otras opciones auténticas y deliciosas.

Lombardi's

PIZZERÍA $$

(plano p. 66; ☑212-941-7994; www.firstpizza.com; 32 Spring St entre Mulberry y Mott St; *pizza pequeña/grande desde 17/21 US$;* ⏱11.30-23.00; Ⓢ6 hasta Spring St) Fue la primera pizzería de América, inaugurada en 1905, por lo que tiene motivos para mostrarse orgullosa de su estilo neoyorquino: masa fina y una capa de salsa aún más fina.

Da Nico

ITALIANA $$

(plano p. 66; ☑212-343-1212; www.danicoristorante.com; 164 Mulberry St; principales 18-40 US$; ⏱12.00-23.00 do-ju, hasta 24.00 vi y sa; ⒮J/M/Z N/Q/R/W, 6 hasta Canal St) Quien esté decidido a cenar al más puro estilo Little Italy tiene aquí un clásico. Es un lugar familiar y tradicional, con una amplia carta de platos de toda Italia, predecibles pero deliciosos.

✗ Lower East Side

Cheeky Sandwiches

SÁNDWICHES $

(plano p. 66; ☑646-504-8131; www.cheeky-sandwiches.com; 35 Orchard St; principales 7-9 US$; ⏱7.00-21.00 lu-ju, 8.00-24.00 vi y sa, 8.00-21.00 do; Ⓢ F hasta East Broadway) Este descuidado local parece teletransportado desde Nueva Orleans. Los sándwiches *biscuit* son imponentes, sobre todo el de pollo frito, ensalada de col y salsa. Sumándole un café de achicoria y un pudin se obtiene una comida estupenda.

Meatball Shop

ITALIANA $

(plano p. 66; ☑212-982-8895; www.themeatballshop.com; 84 Stanton St, entre Allen y Orchard St; principales desde 11 US$; ⏱12.00-2.00 do-ju, hasta 4.00 vi-sa; Ⓢ2nd Ave; F hasta Delancey St; J/M/Z hasta Essex St) Estos espléndidos bocadillos de albóndigas de pronto se han hecho famosos. Tienen otras tres sucursales en la ciudad.

Doughnut Plant

POSTRES $

(plano p. 66; ☑212-505-3700; www.doughnutplant.com; 379 Grand St con Norfolk; dónuts 4 US$; ⏱6.30-20.00; ⒮J/M/Z hasta Essex St, F hasta Delancey St) Es una leyenda neoyorquina que ofrece deliciosos caprichos dulces en sabores innovadores (pistacho, tres leches, anacardo y agua de azahar), siempre con ingredientes naturales.

Clinton Street Baking Company

ESTADOUNIDENSE $$

(plano p. 66; ☑646-602-6263; www.clintonstreetbaking.com; 4 Clinton St, entre Stanton y Houston St; principales 12-20 US$; ⏱8.00-16.00 y 18.00-23.00 lu-sa, 9.00-18.00 do; ⒮J/M/Z hasta Essex St, F hasta Delancey St, F hasta 2nd Ave) Alcanza la excelencia en numerosas categorías con sus espléndidas tortitas de arándanos, sus sándwiches *biscuit* de mantequilla, sus tacos de pescado y su pollo frito: una comida memorable garantizada, a cualquier hora.

Katz's Delicatessen

DELI $$

(plano p. 66; ☑212-254-2246; www.katzsdelicatessen.com; 205 E Houston St con Ludlow St; sándwiches 13-21 US$; ⏱8.00-22.45 lu-mi y do, hasta 2.45 ju, toda la noche vi y sa; ⒮F hasta 2nd Ave) Es uno de los pocos delicatesen judíos que quedan en la ciudad, y atrae a neoyorquinos, turistas y famosos que dejan sus fotos en las paredes. Su enorme pastrami, la cecina y los bocadillos de ternera y de lengua son un viaje al pasado, igual que el sistema de pago: hay que conservar el tique que se recibe al entrar y pagar en efectivo.

Fung Tu

FUSIÓN $$

(plano p. 66; www.fungtu.com; 22 Orchard St entre Hester y Canal; raciones 13-18 US$, principales 24-32 US$; ⏱18.00-24.00 ma-sa, 16.00-22.00 do; ⒮F hasta East Broadway) El aclamado chef Jonathan Wu combina brillantemente la cocina china con otras influencias en este local pequeño pero elegante, en un extremo de Chinatown. Las complejas raciones para compartir son espléndidas (tortitas de vieira con ensalada de anacardo y pollo ahumado, o rollito de crepe relleno de buey asado, pepinillos y berros), y combinan muy bien con cócteles creativos como el Fung Tu Gibson.

Kuma Inn

PANASIÁTICA $$

(plano p. 66; ☑212-353-8866; www.kumainn.com; 113 Ludlow St, entre Delancey y Rivington; raciones 9-15 US$; ⏱18.00-23.00 do-ju, hasta 24.00 vi y sa; ⒮F, J/M/Z hasta Delancey-Essex St) Es imprescindible reservar para comer en este local escondido en un 2º piso (véase una puertecita roja con "Kuma Inn" escrito en el cemento). Sus tapas de inspiración filipina y tailandesa son muy variadas, desde rollitos vegetarianos (con jícama) a gambas borrachas picantes o vieiras salteadas con beicon y sake. Permiten beber cerveza, vino o sake comprado fuera, pero con un cargo.

✗ SoHo y NoHo

Dominique Ansel Bakery

POSTRES $

(plano p. 66; 189 Spring St; postres 6-7 US$; ⏱8.00-19.00 lu-sa, 9.00-19.00 do; ⒮C/E hasta Spring St) La pastelería más famosa de Nueva York tiene mucho más que ofrecer que sus *cronuts* (medio dónut, medio cruasán, inventados en

2013). El *kouign-amman* (pastel bretón a la mantequilla), los *éclairs* salados al caramelo y las tartas de bayas son algunos de sus grandes éxitos. Por cierto, los *cronuts* vuelan: si se quiere uno, conviene llegar hacia las 7.30 los laborables; aún más temprano en fin de semana.

Mooncake Foods ASIÁTICA, SÁNDWICHES $

(plano p. 66; 212-219-8888; www.mooncakefoods. com; 28 Watts St , entre Sullivan y Thompson; principales desde 11 US$; 11.00-22.00; 1 hasta Canal St) Este restaurante familiar sin pretensiones sirve unos sándwiches que son de lo mejor del barrio: se recomiendan el de pescado blanco con ensalada o el de albóndigas de cerdo vietnamita. Tienen otros locales en el Distrito Financiero, Chelsea y Hell's Kitchen.

Boqueria Soho TAPAS $$

(plano p. 66; 212-343-4255; 171 Spring St, entre West Broadway y Thompson St; tapas 7-19 US$; 12.00-23.00; C/E hasta Spring St) Este amplio local de tapas ofrece clásicos deliciosos, como pulpo a la gallega, gambas al ajillo o tortilla española. Se puede ver a los cocineros en acción mientras se degusta su sangría rosa al pomelo.

★ **Il Buco** ITALIANA $$$

(plano p. 66; 212-533-1932; www.ilbuco.com; 47 Bond St entre Bowery y Lafayette St; principales almuerzo 17-30 US$, cena 24-36 US$; 12.00-24.00 ma-sa, 18.00-24.00 do y lu; B/D/F/V hasta Broadway-Lafayette St; 6 hasta Bleecker St) Localito rústico encantador con cazuelas de cobre colgadas, lámparas de queroseno y muebles antiguos, y una carta impresionante, con una gran oferta de vinos. Entre sus platos de temporada, siempre cambiantes, están la lubina frita con puré de apionabo y el risoto de ortigas silvestres, puerro y queso de cabra fresco.

Dutch ESTADOUNIDENSE MODERNA $$$

(plano p. 66; 212-677-6200; www.thedutchnyc. com; 131 Sullivan St, entre Prince y Houston; principales almuerzo 18-33 US$, cena 30-58 US$; 11.30-15.00 y 17.30-23.00 diario, desde 10.00 sa y do; C/E hasta Spring St, N/R hasta Prince St, 1 hasta Houston St) Las ostras en hielo y las tartas caseras son piezas destacadas de cualquier comida, junto a sus deliciosos platos caseros con ingredientes frescos. Los cócteles artesanales le dan el toque festivo.

Balthazar FRANCESA $$$

(plano p. 66; 212-965-1414; www.balthazarny.com; 80 Spring St, entre Broadway y Crosby St; principales almuerzo 18-29 US$, cena 21-45 US$; 8.00-24.00;

6 hasta Spring St; N/R hasta Prince St) Muy concurrido, sigue siendo el rey de los bistrós, y el público entendido no falla. Su éxito se debe a su ambiente, a medio camino entre París y Nueva York, y su espectacular carta en la que hay algo para cada paladar. Destacan su mostrador de marisco fresco, su rica sopa de cebolla, el bistec con patatas y la ensalada *niçoise*. El delicioso *brunch* del fin de semana tiene mucho éxito.

Para darse un capricho, se puede comprar algo para llevar en la pastelería Balthazar, al lado.

East Village

Aquí están representados todos los tipos de cocina, aunque hasta los mejores locales suelen ser informales. Los alrededores de St Marks Place, entre 2nd Ave y 3rd Ave, se han convertido en un pequeño Tokio, con numerosos puestos de *sushi* y parrillas japonesas. En 6th St, entre 1st Ave y 2nd Ave, se concentran una serie de restaurantes indios cortados por el mismo patrón.

Tacos Morelos MEXICANA $

(plano p. 66; 347-772-5216; 438 E 9th St, entre 1st Ave y Ave A; tacos desde 3 US$; 12.00-24.00 do-ju, hasta 2.00 vi y sa; L hasta 1st Ave) Este famoso puesto de tacos echó raíces en East Village en el 2013, y enseguida se convirtió en uno de los favoritos de Manhattan. Se pueden pedir con pollo, ternera, cerdo asado, lengua o vegetarianos. Vale la pena pagar 50 centavos más por la tortilla casera.

Porchetta BOCADILLOS $

(plano p. 66; 212-777-2151; www.porchetta.com; 110 E 7th St; sándwiches 10-12 US$; 11.30-22.00 do-ju, hasta 23.00 vi y sa; 6 hasta Astor Pl) En este minúsculo local de azulejos blancos se sirve un tierno cerdo asado rodeado de panceta y sazonado con semillas de hinojo, romero, salvia, tomillo y ajo, en versión bocadillo o en un plato.

Veselka UCRANIANA $

(plano p. 66; 212-228-9682; www.veselka.com; 144 2nd Ave con 9th St; principales 10-19 US$; 24 h; L hasta 3rd Ave, 6 hasta Astor Pl) Una institución en East Village que sirve *blintzes* y desayunos a cualquier hora desde hace generaciones.

Cafe Mogador MARROQUÍ $$

(plano p. 66; 212-677-2226; www.cafemogador. com; 101 St Marks Pl; principales almuerzo 8-14 US$, cena 17-21 US$; 9.00-24.00; 6 hasta Astor Pl) Este local familiar es un clásico que sirve esponjoso cuscús, cordero a la brasa y salchichas *merguez* con arroz *basmati*, y sus famosos tajines –guisos de pollo o cordero especiado servidos en cinco formas tradicionales–. Se llena de jóvenes parlanchines que ocupan también la terraza cuando hace calor. Su *brunch* es de primera.

Luzzo's
PIZZERÍA **$$**

(plano p. 66; ☏212-473-7447; www.luzzosgroup. com; 211 1st Ave, entre 12th y 13th St; *pizzas* 18-26 US$; ⏱12.00-23.00 do-ju, hasta 24.00 vi y sa; ⓈL hasta 1st Ave) Estrecho local que cada noche se llena de un público fiel que se da un festín con sus *pizzas* de masa fina aderezadas con tomate maduro y cocidas en un horno de carbón. Solo admiten efectivo.

Angelica Kitchen
VEGETARIANA **$$**

(plano p. 66; ☏212-228-2909; www.angelicakitchen. com; 300 E 12th St, entre 1st y 2nd Ave; principales 17-21 US$; ⏱11.30-22.30; ☏; ⓈL hasta 1st Ave) Este clásico para herbívoros tiene un ambiente tranquilo y una oferta imponente de opciones creativas. Algunos platos tienen nombres altisonantes, pero hacen maravillas con el tofu, el *seitan*, la soja y las especias, y a veces también con diversos ingredientes crudos. No aceptan tarjetas.

★Momofuku Noodle Bar
FIDEOS **$$**

(plano p. 66; ☏212-777-7773; www.momofuku.com; 171 1st Ave entre 10th St y 11th St ; principales 17-28 US$; ⏱12.00-23.00 do-ju, hasta 1.00 vi y sa; ⓈL hasta 1st Ave, 6 hasta Astor Pl) En este creativo restaurante japonés, parte del creciente imperio de David Chang, reinan el *ramen* y los bollitos al vapor. Los comensales se sientan en taburetes, frente a una larga barra o en mesas comunitarias. Se recomiendan los famosos bollitos de cerdo o pollo al vapor.

★Upstate
PESCADO **$$**

(plano p. 66; ☏917-408-3395; www.upstatenyc. com; 95 1st Ave, entre 5th y 6th St; principales 15-30 US$; ⏱ 17.00-23.00; ⓈF hasta 2nd Ave) Este minúsculo local sirve estupendos platos de pescado y marisco y cervezas artesanas. La carta, reducida pero siempre cambiante, puede incluir mejillones a la cerveza, estofado de pescado, vieiras con risoto de setas, cangrejos de concha blanda y deliciosas ostras. No hay congelador: los ingredientes vienen a diario del mercado, así que son siempre fresquísimos.

Chelsea, Meatpacking District y West (Greenwich) Village

Chelsea Market
MERCADO **$**

(plano p. 70; www.chelseamarket.com; 75 9th Ave; ⏱7.00-21.00 lu-sa, 8.00-20.00 do; ⓈA/C/E hasta 14th St) Antigua fábrica de galletas convertida en un centro comercial de 240 m de largo, con panaderías de lujo, heladerías, puestos de comida étnica y *gourmet*.

★Moustache
ORIENTE MEDIO **$**

(plano p. 66; ☏212-229-2220; www.moustachepitza. com; 90 Bedford St entre Grove y Barrow St; principales 8-17 US$; ⏱12.00-24.00; Ⓢ1 hasta Christopher St-Sheridan Sq) Pequeño y encantador, sirve ricos bocadillos llenos de sabor (con pata de cordero, salchicha *merguez* o *falafels*), *pizzas* de masa fina, frescas ensaladas y platos consistentes como el *ouzi* (masa *filo* rellena de pollo, arroz y especias). Se puede empezar con un platillo de cremoso *hummus* o *baba ghanoush* acompañados de esponjosas *pitas* calientes.

Taïm
ISRAELÍ **$**

(plano p. 66; ☏212-691-1287; www.taimfalafel.com; 222 Waverly Pl entre Perry y W 11th St; *sándwiches* 7-8 US$; ⏱11.00-22.00; Ⓢ1/2/3 hasta 14th St) Minúsculo local donde sirven los mejores *falafels* de la ciudad. También hay platos combinados, animadas ensaladas y deliciosos *smoothies* (pruébese el de dátil, lima y plátano). Hay otro en NoLita.

Joe's Pizza
PIZZERÍA **$**

(plano p. 66; ☏212-366-1182; www.joespizzanyc. com; 7 Carmine St entre 6th Ave y Bleecker St; porciones desde 3 US$; ⏱10.00-4.00; ⓈA/C/E, B/D/F/M hasta W 4th St; 1 hasta Christopher St-Sheridan Sq o Houston St) Es la Meryl Streep de las pizzerías, con decenas de premios y elogios recibidos en las últimas cuatro décadas. Estudiantes, turistas y famosos disfrutan con sus grandes porciones.

★Foragers City Table
ESTADOUNIDENSE MODERNA **$$**

(plano p. 70; ☏212-243-8888; www.foragerscity grocer.com; 300 W 22nd St esq. 8th Ave; principales 23-36 US$; ⏱17.30-22.00 diarios y 10.30-14.30 sa y do; ☏; ⓈC/E, 1 hasta 23rd St) Los dueños de este excelente restaurante de Chelsea tienen una granja de 11 Ha en el valle del Hudson, de donde procede la mayoría de sus ingredientes. En su carta figuran platos como sopa de calabaza y pataca con trufa negra, pollo asa-

NUEVA YORK, NUEVA JERSEY Y PENSILVANIA CUÁNDO IR

do con polenta, lomo de cerdo autóctono, y creaciones de temporada con quinua tostada y sabrosas verduras variadas.

Spotted Pig
COMIDA DE PUB **$$**

(plano p. 66; 📞212-620-0393; www.thespottedpig. com; 314 W 11th St con Greenwich St; principales almuerzo 15-26 US$, cena 21-35 US$; ⏱12.00-2.00 lu-vi, desde 11.00 sa y do; 📄🍴; 🚇A/C/E hasta 14th St; L hasta 8th Ave) Este *gastropub* con estrella Michelin es un clásico en el Village. Sirve una elegante combinación de platos italianos y británicos en sus dos plantas decoradas con cachivaches antiguos que le dan un ambiente de relajada elegancia. No aceptan reservas, así que suele haber cola (algo menos los laborables a la hora del almuerzo).

Cookshop
ESTADOUNIDENSE MODERNA **$$**

(plano p. 70; 📞212-924-4440; www.cookshopny. com; 156 10th Ave entre 19th y 20th St; principales 18-36 US$; ⏱8.00-23.30 lu-vi, desde 10.00 sa y do; 🚇L hasta 8th Ave; A/C/E hasta 23rd St) Es un estupendo lugar para tomar un *brunch* antes (o después) de pasear por High Line, enfrente. Sus cócteles animan a cualquiera, el pan está horneado a la perfección y los huevos se presentan en versiones creativas. También es un gran lugar para cenar y, cuando hace calor, dispone de muchas mesas fuera.

Tía Pol
TAPAS **$$**

(plano p. 70; 📞212-675-8805; www.tiapol.com; 205 10th Ave entre 22nd y 23rd St; raciones 4-16 US$; ⏱12.00-23.00 ma-do, desde 17.30 lu; 🚇C/E hasta 23rd St) Sirve tapas españolas en un entorno minúsculo, pero es auténtico, tal como confirman las hordas de neoyorquinos que atestan la entrada. Tiene una gran carta de vinos y una tentadora oferta de tapas, con garbanzos fritos, calamar en su tinta con arroz, berberechos con ajo y vino blanco y trucha a la navarra con jamón serrano.

★RedFarm
FUSIÓN **$$$**

(plano p. 66; 📞212-792-9700; www.redfarmnyc.com; 529 Hudson St entre 10th y Charles St; principales 22-46 US$; ⏱17.00-23.00 diarios y 11.00-14.30 sa y do; 🚇A/C/E, B/D/F/M hasta W 4th St; 1 hasta Christopher St-Sheridan Sq) Pequeño restaurante que transforma la cocina china en puro arte. Entre los muchos platos creativos que combinan a la perfección Oriente con Occidente hay empanadillas de pato crujiente y cangrejo, bacalao salteado con frijoles negros y albahaca tailandesa, y bollitos de huevo con pastrami. Puede haber mucha cola, así que conviene llegar pronto (no aceptan reservas).

🍴 Union Square, Flatiron District y Gramercy Park

Shake Shack
HAMBURGUESERÍA **$**

(plano p. 70; 📞212-989-6600; www.shakeshack. com; Madison Square Park, 23rd St esq. Madison Ave; hamburguesas 5-10 US$; ⏱11.00-23.00; 🚇N/R, F/M, 6 hasta 23rd St) Los turistas acuden en masa, atraídos por las hamburguesas y los batidos de este puesto que es ya una institución.

★Eataly
ITALIANA

(plano p. 70; www.eatalyny.com; 200 5th Ave con 23rd St; ⏱8.00-23.00; 🚇F/M, N/R, 6 hasta 23rd St) Es un mercado *gourmet* que es la tierra prometida para los amantes de la comida italiana, un emporio de 4600 m^2 con una innumerable cantidad de tentadores puestos de comida, que sirven *pizza* al horno de leña, pasta fresca, ensaladas cubiertas de pecorino, ostras, cremoso helado y un café *espresso* perfecto. Brinda numerosas ideas para pícnics, todo ello, dominado desde lo alto por la Birreria, situada en la terraza de la azotea.

ABC Kitchen
ESTADOUNIDENSE MODERNA **$$$**

(plano p. 70; 📞212-475-5829; www.abckitchennyc. com; 35 E 18th St con Broadway; *pizzas* 16-24 US$, principales cena 24-40 US$; ⏱12.00-15.00 y 17.30-22.30 lu-vi, desde 11.00 sa y do; 📄; 🚇L, N/Q/R, 4/5/6 hasta Union Sq) 🌿 Este restaurante sostenible, con aspecto de galería de arte o de granja rústica, es la creación culinaria de los almacenes de menaje del hogar ABC Carpet & Home. Los ingredientes ecológicos encuentran protagonismo en platos como el *sashimi* de atún con jengibre y menta o el *confit* de pato crujiente con puerros salvajes. Quien quiera algo más informal también tiene suculentas *pizzas* integrales.

🍴 Midtown

★Totto Ramen
JAPONESA **$**

(plano p. 70; 📞212-582-0052; www.tottoramen.com; 366 W 52nd St, entre 8th y 9th Ave, Midtown West; *ramen* 10-16 US$; ⏱12.00-24.00 lu-vi, 12.00-23.00 sa, 17.00-23.00 do; 🚇C/E hasta 50th St) Solo hay que escribir el nombre y el número de comensales en el tablero de la entrada y esperar que llegue la revelación en forma de *ramen*. Es mejor pasar del pollo y optar por el cerdo, delicioso en platos como el *miso ramen* (con pasta de soja fermentada, huevo, vieiras, brotes, cebolla y pasta de guindilla casera). Solo efectivo.

El Margon
CUBANA $

(plano p. 70; ☎212-354-5013; www.margonnyc.com; 136 W 46th St, entre 6th y 7th Ave, Midtown West; sándwiches 4-8 US$, principales 10-15 US$; ⏰7.00-17.00 lu-vi, hasta 15.00 sa; ⓢB/D/F/M hasta 47-50th St-Rockefeller Center) En este abarrotado restaurante cubano aún es 1973, y la formica naranja sigue tan vigente como sus sustanciosos platos. Lo mejor, el legendario sándwich cubano (bocadillo prensado de cerdo asado, salami, queso, encurtidos, mojo y mayonesa).

★Danji
COREANA $$

(plano p. 70; ☎212-586-2880; www.danjinyc.com; 346 W 52nd St, entre 8th y 9th Ave, Midtown West; platos compartidos 13-20 US$; ⏰12.00-14.30 y 17.00-23.00 lu-ju, 12.00-14.30 y 17.00-24.00 vi, 17.00-24.00 sa; ⓢC/E hasta 50th St) El joven chef Hooni Kim triunfa con las tapas coreanas que le han elevado al estrellato Michelin, servidas en un local íntimo y elegante. En la carta (dividida en opciones tradicionales y modernas) destacan los *sliders,* un dúo de carne *bulgogi* y panceta de cerdo especiada, servidos en unos bollitos a la mantequilla.

Hangawi
COREANA $$

(plano p. 70; ☎212-213-0077; www.hangawirestaurant.com; 12 E 32nd St, entre 5th y Madison Ave; principales almuerzo 11-24 US$, cena 19-30 US$; ⏰12.00-14.45 y 17.00-22.15 lu-ju, hasta 22.30 vi, 13.00-22.30 sa, 17.00-21.30 do; ⓢB/D/F/M, N/Q/R hasta 34th St-Herald Sq) Su gran baza es su sublime comida coreana sin carne. Tras descalzarse en la entrada, uno se sumerge en un relajante espacio zen con música contemplativa, mullidos asientos bajos y platos de sabores limpios pero complejos, entre los que destacan las tortitas de puerros y el suave guiso de tofu con salsa de jengibre.

Virgil's Real Barbecue
ASADOR AMERICANO $$

(plano p. 70; ☎212-921-9494; www.virgilsbbq.com; 152 W 44th St entre Broadway y 8th Ave; principales 14-25 US$; ⏰11.30-24.00; ⓢN/R, S, W, 1/2/3, 7 hasta Times Sq-42nd St) La carta cubre toda la oferta nacional de especialidades de barbacoa, con perritos empanados de la Oklahoma State Fair, bocadillos de cerdo de Carolina y de jamón ahumado de Maryland, falda de res de Texas y pollo frito de Georgia.

Dhaba
INDIA $$

(plano p. 70; ☎212-679-1284; www.dhabanyc.com; 108 Lexington Ave entre 27th y 28th St; principales 12-24 US$; ⏰12.00-24.00 lu-sa, hasta 22.00 do; ⓢ6 hasta 28th St) En Murray Hill (también conocido como Curry Hill) la oferta de restaurantes indios es amplia, pero este es un local con gancho. Imprescindibles la crujiente e intensa *lasoni gobi* (coliflor frita con tomate y especias) y el *murgh bharta* (carne picada de pollo con berenjena ahumada), sabrosísimo. También tienen un bufé de almuerzo a muy buen precio (11 US$ lu-sa, 13 US$ do).

El Parador Café
MEXICANA $$

(plano p. 70; ☎212-679-6812; www.elparadorcafe.com; 325 E 34th St, entre 1st y 2nd Ave, Midtown East; principales 20-32 US$; ⏰12.00-23.00 lu-sa, 14.00-22.00 do; ⓢ6 hasta 33rd St) Está algo apartado, pero es un mexicano de referencia, con mucho encanto añejo, que abarca desde las palmatorias y los elegantes camareros latinos hasta sus consistentes clásicos, como los mejillones al vino tinto con cilantro y ajo, servidos con pan de maíz al chile verde, o el imprescindible mole poblano (pollo en salsa de chile y chocolate).

Artisanal
FRANCESA $$$

(plano p. 70; ☎212-725-8585; www.artisanalbistro.com; 2 Park Ave S con 32nd St; principales 24-38 US$; ⏰10.00-1.00 lu-vi, desde 8.30 sa y do; ⏰; ⓢ6 hasta 33rd St) Para los apasionados del queso, es de visita obligada este clásico bistró parisino que tiene más de 250 variedades, desde el más dulce al más apestoso. Otras opciones son los mejillones, la pierna de cordero o la sopa de cebolla gratinada, con una mezcla de tres quesos.

NoMad
ESTADOUNIDENSE MODERNA $$$

(plano p. 70; ☎212-796-1500; www.thenomadhotel.com; NoMad Hotel, 1170 Broadway con 28th St; principales 30-45 US$; ⏰12.00-14.00 y 17.30-22.30 lu-ju, hasta 23.00 vi, 11.00-14.00 y 17.30-23.00 sa, 11.00-15.00 y 17.30-22.00 do; ⓢN/R, 6 hasta 28th St; F/M hasta 23rd St) Comparte nombre con el hotel en que se encuentra y se ha convertido en una referencia culinaria en Manhattan. El restaurante, dividido en diferentes espacios –como el Atrium, para ver y ser visto, el elegante Parlour o la Library, solo para picar algo–, sirve delicias como codorniz asada con colmenillas, cochinillo con puerro salvaje o fuagrás marinado con ruibarbo.

Grand Central Oyster Bar & Restaurant
PESCADO $$$

(plano p. 70; ☎212-490-6650; www.oysterbarny.com; Grand Central Terminal, 42nd St con Park Ave; principales 23-38 US$; ⏰11.30-21.30 lu-sa; ⓢ4/5/6 hasta 42nd St) Este animado bar-restaurante, en el interior de la estación Grand Central, brinda ambiente bajo la bóveda de mosaico del ingeniero valenciano Rafael Guastavino. Ofrecen dos docenas de variedades de ostras, pero también sopa de almejas, guisos de marisco, cangrejo frito y mucho pescado fresco.

Upper West Side

Jacob's Pickles
ESTADOUNIDENSE $$

(plano p. 76; 212-470-5566; www.jacobspickles. com; 509 Amsterdam Ave, entre 84th y 85th St; principales 15-24 US$; 10.00-2.00 lu-ju, hasta 4.00 vi, 9.00-4.00 sa, hasta 2.00 do; 1 hasta 86th St) Acogedor y sugerente restaurante en un tramo de Amsterdam Ave donde hay muchos más. Sirve platos sencillos pero elegantes, como tacos de pez gato, muslo de pavo al vino o costillas de St. Louis con salsa barbacoa de café y melaza. Los bollitos y los encurtidos son de primera, y sirven más de 20 cervezas a presión de Nueva York, Maine y más allá.

PJ Clarke's
ESTADOUNIDENSE $$

(plano p. 76; 212-957-9700; www.pjclarkes.com; 44 W 63rd St esq. Broadway; hamburguesas 14-19 US$, principales 19-42 US$; 11.30-2.00; 1 hasta 66th St-Lincoln Center) Este restaurante de manteles de cuadros, frente al Lincoln Center, cuenta con un público arreglado, amables camareros y una carta que no falla. Si se tiene prisa, se puede tomar una hamburguesa Black Angus y una cerveza Brooklyn Lager en la barra. En el mostrador de marisco hay almejas Cherry Stone y Little Neck de Long Island, y enormes cócteles de gambas.

Barney Greengrass
DELI $$

(plano p. 76; 212-724-4707; www.barneygreen grass.com; 541 Amsterdam Ave con 86th St; principales 10-21 US$; 8.30-16.00 ma-do; 1 hasta 86th St) Clásicos de Upper West Side y peregrinos de otros barrios acuden cada fin de semana a este centenario "rey del esturión", que tiene una larga carta –algo cara– de delicias judías: desde *bagels* y salmón ahumado a huevos revueltos con esturión y cebolla.

Peacefood Cafe
VEGANA $$

(plano p. 76; 212-362-2266; www.peacefoodcafe. com; 460 Amsterdam Ave con 82nd St; principales 10-18 US$; 10.00-22.00; ; 1 hasta 79th St) Este paraíso *vegano*, diáfano y luminoso, sirve un popular *panino* de *seitan* frito (en una *focaccia* casera y cubierto de anacardos, rúcula, tomate y pesto), así como *pizzas*, guisos de verduras y una excelente ensalada de quinua. Hay platos a base de crudos, cafés ecológicos y ricos postres. Sabroso y saludable.

Upper East Side

JG Melon
COMIDA DE PUB $

(plano p. 76; 212-744-0585; 1291 3rd Ave con 74th St; principales 11-18 US$; 11.30-4.00; 6 hasta 77th St) *Pub* clásico con mucho ruido, donde se sirven jugosas hamburguesas en platos de té desde 1972. Es un clásico del barrio, tanto para comer como para tomar copas (sus *bloody mary* son excelentes), y se llena cuando la gente sale del trabajo.

Earl's Beer & Cheese
ESTADOUNIDENSE $

(plano p. 76; 212-289-1581; www.earlsny.com; 1259 Park Ave, entre 97th y 98th St; queso plancha 8 US$; 16.00-24.00 lu y ma, 11.00-24.00 mi-ju y do, hasta 2.00 vi y sa; 6 hasta 96th St) El restaurante de la chef Corey Cova tiene un ambiente *hipster* y un ingrediente de referencia: el queso cheddar de Nueva York a la plancha, que se sirve con panceta, huevo frito y *kimchi*. También son populares los macarrones con queso, el taco de espalda de cerdo asado y la sopa de tomate al Sriracha. La oferta de cervezas es excelente.

Candle Cafe
VEGANA $$

(plano p. 76; 212-472-0970; www.candlecafe.com; 1307 3rd Ave, entre 74th y 75th St; principales 15-22 US$; 11.30-22.30 lu-sa, hasta 21.30 do; ; 6 hasta 77th St) Atractivo café *vegano*, popular entre la gente bien que suele asistir a clases de yoga, con una larga carta de bocadillos, ensaladas, comida casera y platos que cambian según la oferta del mercado. La especialidad es el *seitan* de elaboración propia.

Jones Wood Foundry
BRITÁNICA $$

(plano p. 76; 212-249-2700; www.joneswood foundry.com; 401 E 76th St, entre 1st y York Ave; principales almuerzo 12-24 US$, cena 19-26 US$; 11.00-23.00; ; 6 hasta 77th St) *Gastropub* de inspiración británica en un estrecho edificio de ladrillo que antes albergó una fundición. Sirve un *fish and chips* de primera, salchichas con puré de patata, pastel de cordero con romero y otras consistentes tentaciones. Si hace calor, se puede comer en el patio.

Tanoshi
SUSHI $$$

(plano p. 76; 646-727-9056; www.tanoshisushinyc. com; 1372 York Ave, entre 73rd y 74th St; selección del chef 80 US$ aprox.; 18.00-22.30 lu-sa; 6 hasta 77th St) El local será humilde, pero los sabores son magníficos en este pequeño pero popular puesto de *sushi* con vieiras de Hokkaido, sábalo del Atlántico, ventresca de salmón o unos suculentos *uni* (erizos de mar). Solo se sirve *sushi* y es exclusivamente *omakase* –seleccionado por el chef–. La cerveza, el *sake* o lo que se quiera beber se puede traer de fuera. Conviene reservar con tiempo.

🍴 Harlem

★**Red Rooster** ESTADOUNIDENSE MODERNA **$$**
(plano p. 76; ☎212-792-9001; www.redroosterharlem.com; 310 Malcolm X Blvd entre 125th y 126th St, Harlem; principales 18-30 US$; ⏲11.30-22.30 lu-vi, 10.00-23.00 sa y do; [S]2/3 hasta 125th St) El superchef transatlántico Marcus Samuelsson combina una cocina fácil pero elegante con un mundo de sabores, en esta *brasserie* agradable y animada. Pruébense el pez gato con guisantes al curri y mango encurtido, las albóndigas con arándanos rojos y puré de patata a la mantequilla o los macarrones con langosta.

Amy Ruth's Restaurant SUREÑA **$$**
(plano p. 76; ☎212-280-8779; www.amyruthsharlem.com; 113 W 116th St junto a Malcolm X Blvd; principales 12-24 US$; ⏲11.00-23.00 lu, 8.30-23.00 ma-ju, 8.30-5.00 vi, 7.30-5.00 sa, 7.30-23.00 do; [S]B, C, 2/3 hasta 116th St) Este restaurante siempre atestado es el lugar perfecto para probar platos americanos clásicos, como el pez gato, los macarrones con queso o unos esponjosos bollitos. Pero sus gofres son lo más popular, servidos de 14 modos distintos (p. ej., con gambas). Los favoritos de los autores son los "Rev Al Sharpton", con suculento pollo frito.

Dinosaur Bar-B-Que ASADOR **$$**
(plano p. 76; ☎212-694-1777; www.dinosaurbarbque.com; 700 W 125th St con Twelfth Ave; principales 13-25 US$; ⏲11.30-23.00 lu-ju, hasta 24.00 vi y sa, 12.00-22.00 do; 📶; [S]1 hasta 125th St) Para pringarse los dedos con unas deliciosas costillas ahumadas, un jugoso filete o una suculenta hamburguesa. Entre sus escasas opciones vegetarianas figura una fantástica versión de los huevos rellenos con especias criollas. Los fines de semana hay música en directo a partir de las 22.30.

🍴 Brooklyn

Es imposible hacer justicia a la oferta gastronómica de Brooklyn, tan amplia como la de Manhattan. Prácticamente todas las cocinas étnicas están presentes. Fijándose en los barrios más próximos a Manhattan, Williamsburg está lleno de restaurantes, al igual que 5th y 7th Ave, en Park Slope. Smith St, en los barrios de Carroll Gardens y Cobble Hill, es la calle de los restaurantes. Y Atlantic Ave, cerca de Court St, cuenta con numerosos restaurantes y excelentes tiendas con ingredientes de Oriente Próximo.

Mile End DELI **$**
(☎718-852-7510; www.mileendbrooklyn.com; 97A Hoyt St, Boerum Hill; sándwiches 9-15 US$; ⏲8.00-22.00 lu-vi, desde 10.00 sa y do; [S]A/C/G hasta Hoyt Schermerhorn St) Es pequeño, como sus raciones, pero grande en sabor. Pruébese el *beef brisket* ahumado con mostaza sobre pan de centeno: el pan es tierno y mollar, y la carne se deshace en la boca.

Tom's Restaurant DINER **$**
(☎718-636-9738; 782 Washington Ave con Sterling Pl, Prospect Heights; principales 8-12 US$; ⏲7.00-16.00 lu-sa, desde 8.00 do; [S]2/3 hasta Eastern Pkwy-Brooklyn Museum) Este local inspiró a Suzanne Vega la canción homónima. Su especialidad son las tortitas variadas (p. ej., de calabaza y castaña). La gente hace cola, sobre todo las mañanas de los fines de semana, para probar su café y sus galletas.

Chuko JAPONESA **$**
(☎718-576-6701; www.barchuko.com; 552 Vanderbilt Ave esq. Dean St, Prospect Heights; *ramen* 13 US$; ⏲12.00-15.00 y 17.30-22.00 do-ju, hasta 23.00 vi y sa; 🥕; [S]B/Q hasta 7th Ave, 2/3 hasta Bergen St) Acogedor puesto de *ramen*, decorado con madera, donde comer fideos de calidad en Prospect Heights. Sirve humeantes boles de *ramen* al dente, con un suave caldo, excelente cerdo asado o verduras, pero no hay que pasar por alto los entrantes, en particular las aromáticas alitas de pollo con sal y pimienta.

★**Pok Pok** TAILANDESA **$$**
(☎718-923-9322; www.pokpokny.com; 117 Columbia St esq. Kane St; platos compartidos 12-18 US$; ⏲17.30-22.30 lu-vi, desde 10.00 sa y do; [S]F hasta Bergen St) El restaurante neoyorquino de Andy Ricker triunfa con su rica y compleja carta inspirada en la comida callejera del norte de Tailandia, con especialidades como alitas de pollo en salsa picante, ensalada de papaya verde con especias y cangrejo negro salado, o ensalada de berenjena ahumada a la parrilla y panceta de cerdo con jengibre, cúrcuma y tamarindo.

El ambiente es divertido e informal, con un pequeño patio decorado con luces. La espera puede ser larga, pero hay un pequeño bar enfrente (el **Whiskey Soda Lounge**) que sirve imaginativos cócteles (*whisky sour* al

¡SMORGASBURG!

En fin de semana, vale la pena ir pasar el día en el **Smorgasburg** (www.smorgasburg.com; 🕒11.00-18.00 sa y do abr-nov) de Brooklyn. En este inmenso mercado de alimentación se puede dar un paseo gastronómico por más de 100 puestos de comida de todo el mundo. Entre innumerables tentaciones se encontrarán dónuts de caramelo salados **(Dough)**, bocadillos de cerdo con piel **(Porchetta)**, tacos de inspiración japonesa **(Takumi)**, *masala* de boniato **(Dosa Royale)**, comida callejera mexicana **(Cemita's)**, café frío **(Grady's)** o piruletas de fresa al ruibarbo **(People's Pops)**.

Los sábados se instala en **East River State Park** (www.nysparks.com/parks/155; Kent Ave, entre 8th y 9th St; 🕒9.00-anochecer; 👪; [S]L hasta Bedford Ave) y los domingos en el muelle 5 de **Brooklyn Bridge Park** (p. 83). Más información en la web.

tamarindo, café vietnamita con brandi) con algo de picar de la carta del Pok Pok.

Battersby ESTADOUNIDENSE MODERNA **$$**
(☎718-852-8321; www.battersbybrooklyn.com; 255 Smith St, entre Douglass y Degraw St; principales 17-32 US$, menú degustación 75-95 US$; 🕒17.30-23.00 lu-sa, hasta 22.00 do; [S]F, G hasta Bergen St) Es una de las grandes opciones en Brooklyn, con magníficos platos de temporada. La pequeña carta cambia periódicamente, pero puede incluir lechecillas de ternera, *pappardelle* con ragú de pato, bacalao de Chatham con hinojo o un cordero tiernísimo. El ambiente es el clásico de Brooklyn (suelos de tablones, paredes de ladrillo y techo de estaño), pero el espacio es mínimo.

Para no hacer una larga cola conviene planear la visita: llegar a primera hora o hacer una reserva (solo las aceptan para el menú degustación).

Juliana's PIZZERÍA **$$**
(☎718-596-6700; www.julianaspizza.com; 19 Old Fulton St, entre Water y Front St; *pizza* 16-32 US$; 🕒11.30-23.00; [S]A/C hasta High St) La legendaria maestra de la *pizza* Patsy Grimaldi ha vuelto a Brooklyn, con combinaciones clásicas y creativas (como la nº 5, con salmón ahumado, queso de cabra y alcaparras) y una deliciosa masa fina. Está en Dumbo, a la orilla del río.

Marlow & Sons ESTADOUNIDENSE MODERNA **$$**
(☎718-384-1441; www.marlowandsons.com; 81 Broadway, entre Berry St y Wythe Ave; principales almuerzo 14-18 US$, cena 24-28 US$; 🕒8.00-24.00; [S]J/M/Z hasta Marcy Ave, L hasta Bedford Ave) Este espacio en madera y con luces tenues parece un antiguo café rústico, pero de noche se anima con una multitud que quiere probar sus ostras, sus estupendos cócteles y sus platos de calidad hechos con ingredientes de proximidad (lomo de cerdo ahumado, crujientes *pizzas*, nabo caramelizado o una jugosa tortilla española). El *brunch* también es muy popular, pero habrá que hacer cola.

Roberta's PIZZERÍA **$$**
(☎718-417-1118; www.robertaspizza.com; 261 Moore St, junto a Bogart St, Bushwick; *pizzas* 14-18 US$; 🕒11.00-24.00; 🌿; [S]L hasta Morgan Ave) Este antiguo almacén de Bushwick convertido en restaurante para *hipsters* sirve una de las mejores *pizzas* de Nueva York, hechas en horno de ladrillo. El servicio puede ser algo abúlico, y las esperas, largas.

Water Table ESTADOUNIDENSE MODERNA **$$$**
(☎917-499-5727; www.thewatertablenyc.com; Skyport Marina, 23rd St y FDR Drive, Greenpoint; precio fijo 75 US$; 🕒19.00-22.00 ju-sa, 18.00-20.00 do; [S]) Su gran novedad es que ocupa un barco patrullero de la II Guerra Mundial restaurado. La cena de tres platos (últimamente incluía *bisque* de vieira ahumada y langosta, ensalada de col rizada, pollo especiado de Nueva Inglaterra y pescado en salsa) puede parecer algo cara, de no ser por la memorable experiencia de navegar junto a los enormes rascacielos y la Estatua de la Libertad de noche. Se reserva por internet.

🍷 Dónde beber y vida nocturna

En esta ciudad hay locales de todo tipo: elegantes *lounges*, trepidantes discotecas, *pubs* acogedores y antros llenos de alcohol, todos ellos libres de humo, por ley. La mayoría cierra a las 4.00, aunque los horarios varían; casi todos los clubes nocturnos abren a las 22.00. He aquí una selección.

🍷 Lower Manhattan

★**Dead Rabbit** COCTELERÍA
(plano p. 62; ☎646-422-7906; www.deadrabbitnyc.com; 30 Water St; 🕒11.00-4.00; [S]R hasta Whitehall St, 1 hasta South Ferry) ¡De "conejo muerto" nada!: está muy vivo y ha ganado muchos premios por sus magníficos cócteles. De día

se pueden probar cervezas especiales, ponches históricos o una *pop-inn* (cerveza con poco lúpulo, de diferentes sabores). De noche, la acción está en el acogedor Parlour, en la planta superior, donde se sirven 72 cócteles muy estudiados.

Smith & Mills
COCTELERÍA

(plano p. 62; 212-226-2515; www.smithandmills. com; 71 N Moore St entre Hudson y Greenwich St; 11.00-2.00 do-mi, hasta 3.00 ju-sa; 1 hasta Franklin St) Aunque pequeño, tiene mucho a su favor: una fachada sin carteles, una excéntrica decoración industrial y unos cócteles perfectos. El espacio es limitado, así que habrá que llegar pronto si se quiere tomar asiento en sus elegantes bancos. El menú, de temporada, ofrece tentempiés ligeros y unas hamburguesas muy dignas.

Weather Up
COCTELERÍA

(plano p. 62; 212-766-3202; www.weatherupnyc. com; 159 Duane St entre Hudson St y W Broadway; 17.00-24.00 lu-mi, hasta 2.00 ju-do; 1/2/3 hasta Chambers St) Azulejos como los del metro, luces tenues, camareros amables y tentadores cócteles para pasar una noche agradable. Pruébese un Whizz Bang (*whisky* escocés, vermú seco, granadina casera, bíter de naranja y absenta) con algo de picar, como unas ostras aderezadas con *gin*-martini granizado.

Chinatown, SoHo y NoLita

Mulberry Project
COCTELERÍA

(plano p. 66; 646-448-4536; www.mulberrypro ject.com; 149 Mulberry St, entre Hester y Grand St; 17.00-2.00 do-ju, hasta 4.00 vi y sa; N/Q/R, J/Z, 6 hasta Canal St) Tras una puerta anónima se encuentra esta íntima coctelería con patio trasero, uno de los mejores lugares para disfrutar del ambiente de la zona.

Apothéke
COCTELERÍA

(plano p. 62; 212-406-0400; www.apothekenyc. com; 9 Doyers St; 18.30-2.00 lu-sa, 20.00-2.00 do; J hasta Chambers St, 4/5/6 hasta Brooklyn Bridge-City Hall) Cuesta un poco encontrar este antiguo fumadero de opio de Doyers St convertido en bar apotecario. En su interior, los expertos camareros trabajan como meticulosos farmacéuticos, usando productos autóctonos y ecológicos del mercado o del herbario de la azotea en sus sabrosas e intensas "prescripciones". Nada como brindar a la salud de uno mismo con un energético Harvest of Mexico (maíz asado, anís Herbsaint, mezcal, ágave, lima y bíter al habanero).

Spring Lounge
BAR DE COPAS

(plano p. 66; 212-965-1774; www.thespringlounge. com; 48 Spring St con Mulberry St; 8.00-4.00 lu-sa, desde 12.00 do; 6 hasta Spring St, N/R hasta Prince St) Este rebelde de neones rojos siempre ha sabido divertir. Hoy en día es un bar sin pretensiones conocido por sus curiosos tiburones disecados, su clientela tempranera y sus fiestas que no acaban. Para que no decaiga, se sirven tragos baratos y divertidos y comida gratis (perritos calientes los miércoles desde las 17.00 y *bagels* los domingos desde las 12.00, hasta que se acaban).

East Village y Lower East Side

Ten Bells
BAR DE TAPAS

(plano p. 66; 212-228-4450; www.tenbellsnyc.com; 247 Broome St, entre Ludlow y Orchard St; 17.00-2.00 lu-vi, desde 15.00 sa y do; F hasta Delancey St, J/M/Z hasta Essex St) Encantador bar de tapas que parece una gruta, con velas, techos de estaño oscuro, paredes de ladrillo y una barra en U ideal para conversar y hacer amigos. En la pizarra se ofrecen excelentes vinos por copas para acompañar un platillo de boquerones u otras tapas españolas. No hay cartel en la entrada.

Wayland
BAR

(plano p. 66; 212-777-7022; www.thewaylandnyc. com; 700 E 9th St esq. Ave C; 17.00-4.00; L hasta 1st Ave) Las paredes encaladas, el suelo de madera vieja y las lámparas antiguas crean una decoración más propia del Misisipi, lo cual combina con la música en directo (*bluegrass, jazz, folk*) que suena de domingo a miércoles. Los laborables hay buenas copas del día y ostras a 1 US$ de 17.00 a 19.00.

Angel's Share
BAR

(plano p. 66; 212-777-5415; 2º piso, 8 Stuyvesant St, junto a 3rd Ave y E 9th St; 18.00-1.30 do-ju, hasta 2.30 vi y sa; 6 hasta Astor Pl) Hay que llegar pronto para sentarse en esta joya oculta, situada tras un restaurante japonés. Es un local tranquilo y elegante con cócteles creativos, pero no permiten quedarse de pie, y los sitios suelen ocuparse enseguida.

Immigrant
VINO Y CERVEZA

(plano p. 66; 646-308-1724; www.theimmigrant nyc.com; 341 E 9th St, entre 1st y 2nd Ave; 17.00-1.00 do-mi, hasta 2.00 ju-sa; L hasta 1st Ave, 4/6 hasta Astor Pl) Son dos bares gemelos, pequeños y sin pretensiones, que podrían convertirse en los favoritos del barrio para cualquiera que se quede una temporada. A la derecha está la vinatería, y a la izquierda la cervecería, donde sirven cervezas de producción limitada. El diseño es similar en ambos: lámparas de araña, ladrillos vistos y encanto añejo.

West Village y Chelsea

Bell Book & Candle BAR
(plano p. 66; ☎212-414-2355; www.bbandcnyc.com; 141 W 10th St entre Waverley y Greenwich Ave; 🕐17.30-2.00 do-mi, hasta 4.00 ju-sa; [S]A/B/C, B/D/F/M hasta W 4th St; 1 hasta Christopher St-Sheridan Sq) Bajando a este *gastropub* iluminado con velas se podrá disfrutar de creativos cócteles y una consistente comida de *pub*. Un público veinteañero copa la barra (por sus ostras a 1 US$ y su *happy hour* al atardecer), aunque atrás hay mucho más sitio donde sentarse, con espacios para grandes grupos.

Employees Only BAR
(plano p. 66; ☎212-242-3021; www.employeesonlynyc.com; 510 Hudson St junto a Christopher St; 🕐18.00-4.00; [S]1 hasta Christopher St-Sheridan Sq) Tras el neón que dice "Psychic" se encontrará este local escondido que se anima a medida que avanza la noche. Los camareros son expertos en mezclas, con resultados tan alocados y adictivos como su Ginger Smash o su Mata Hari. Es un lugar estupendo para una copa a última hora o para comer algo, puesto que la cocina funciona hasta las 3.30.

Buvette BAR DE VINOS
(plano p. 66; ☎212-255-3590; www.ilovebuvette.com; 42 Grove St entre Bedford y Bleecker St; 🕐9.00-2.00; [S]1 hasta Christopher St-Sheridan Sq; A/C/E, B/D/F/M hasta W 4th St) La decoración rústica y coqueta (con delicados azulejos metálicos y un imponente mostrador de mármol) hace que sea un lugar perfecto para tomar una copa de vino a cualquier hora. Para disfrutar plenamente de esta *gastrotèque*, solo hay que sentarse en una mesita y picar algo con uno de sus vinos europeos (sobre todo franceses e italianos).

Frying Pan BAR
(plano p. 70; ☎212-989-6363; www.fryingpan.com; muelle 66 con W 26th St; 🕐12.00-24.00 may-oct; [S]C/E hasta 23rd St) Este buque-faro y el bar de dos plantas frente al que está son ideales para tomar una copa al final del día. Cuando hace calor, la gente disfruta del aire libre y de las sillas de la cubierta, come hamburguesas recién salidas de la parrilla, bebe cerveza helada y disfruta de las vistas.

Union Square, Flatiron District y Gramercy Park

Old Town Bar & Restaurant BAR
(plano p. 70; ☎212-529-6732; www.oldtownbar.com; 45 E 18th St, entre Broadway y Park Ave S; 🕐11.30-1.30 lu-sa, 13.00-24.00 do; [S]L, N/Q/R, 4/5/6 hasta 14th St-Union Sq) Aún parece estar en 1892, con las baldosas y los suelos de estaño originales; es un clásico de la vieja escuela, y Madonna lo usó para el vídeo de *Bad Girl*, donde se la veía fumando en el bar (cuando aún era legal). Sirven cócteles, pero la mayoría viene a tomarse una cerveza y una hamburguesa (desde 12 US$).

Flatiron Room COCTELERÍA
(plano p. 70; ☎212-725-3860; www.theflatironroom.com; 37 W 26th St entre 6th Ave y Broadway; 🕐17.00-2.00 lu-sa, hasta 24.00 do; [S]N/R hasta 28th St) Este bonito local luce papel antiguo en las paredes, una lámpara de araña, techos encofrados pintados a mano y artísticas vitrinas llenas de *whiskies* únicos. Sus cócteles de calidad combinan bien con sus raciones para compartir (tacos de boniato, torta con setas salvajes, tuétano asado). También hay música en vivo *(jazz, bluegrass)* casi todas las noches. Imprescindible reservar.

Midtown

★**Rum House** COCTELERÍA
(plano p. 70; ☎646-490-6924; www.therumhousenyc.com; 228 W 47th St, entre Broadway y 8th Ave, Midtown West; 🕐13.00-4.00; [S]N/Q/R hasta 49th St) En el interior de esta impecable coctelería se encontrarán tragos bien preparados, banquetas de cuero y un ambiente clásico. Hay música en directo a diario: a veces solo un pianista, otras un trío de *jazz* o una cantante solista.

Campbell Apartment COCTELERÍA
(plano p. 70; ☎212-953-0409; www.hospitalityholdings.com; Grand Central Terminal, 15 Vanderbilt Ave con 43rd St; 🕐12.00-24.00 do-ju, hasta 2.00 vi y sa; [S]S, 4/5/6, 7 hasta Grand Central-42nd St) En la Grand Central se encuentra esta joya sublime, deliciosamente elegante, donde en la década de 1920 tenía su oficina un magnate ferroviario amante de las excentricidades europeas: alfombras florentinas, vigas de madera decorativas y un enorme ventanal emplomado. Está lejos de la muchedumbre; se llega con el ascensor que hay detrás el Oyster Bar o por las escaleras del West Balcony.

Russian Vodka Room BAR
(plano p. 70; ☎212-307-5835; www.russianvodka
room.com; 265 W 52nd St, entre 8th Ave y Broadway;
⏰16.00-2.00 lu-ju, hasta 4.00 vi y sa; ⓈC/E hasta
50th St) No es raro encontrar rusos en este bar
elegante y acogedor. Las luces son tenues y
tiene rincones íntimos, pero lo mejor es que
se puede experimentar con decenas de vod-
kas con sabores: desde arándanos rojos a
rábano picante.

Lantern's Keep COCTELERÍA
(plano p. 70; ☎212-453-4287; www.thelanternskeep.
com; Iroquois Hotel, 49 W 44th St, entre 5th y 6th
Ave; ⏰17.00-24.00 lu-vi, 18.00-1.00 sa; ⓈB/D/F/M
hasta 42nd St-Bryant Park) Cruzando el vestíbulo
del hotel Iroquois se llega a esta coctelería
oscura e íntima. Sus especialidades son los
cócteles preprohibición, agitados o revueltos
por expertos apasionados y simpáticos. Se
recomienda reservar.

Top of the Strand COCTELERÍA
(plano p. 70; www.topofthestrand.com; Strand Hotel,
33 W 37th St, entre 5th y 6th Ave; ⏰17.00-24.00 lu y
do, hasta 1.00 ma-sa; ⓈB/D/F/M hasta 34th St) En
la azotea del hotel Strand, con un martini en la
mano y las imponentes vistas del Empire State, uno siente que tiene Nueva York a sus pies.

Rudy's Bar & Grill BAR DE COPAS
(plano p. 70; ☎646-707-0890; www.rudysbarnyc.
com; 627 9th Ave con 44th St, Midtown West; ⏰
8.00-4.00 lu-sa, 12.00-4.00 do; ⓈA/C/E hasta
42nd St-Port Authority Bus Terminal) El gran
cerdo con chaqueta roja y sin pantalones de
la fachada es la seña de identidad del bar
más social de Hell's Kitchen, con sus cervezas
Rudy a buen precio, sus reservados semicir-
culares remendados con cinta adhesiva roja
y sus perritos calientes gratis. Un público variado acude a flirtear o a ver los partidos de
los Knicks sin voz mientras suena un *rock*
clásico.

Bryant Park Grill BAR, RESTAURANTE
(plano p. 70; ☎212-840-6500; www.arkrestaurants.
com/bryant_park.html; 25 W 40th St entre 5th y
6th Ave; ⏰11.30-23.00; ⓈB/D/F/M hasta 42nd St-
Bryant Park, 7 hasta 5th Ave) Precioso bar-restaurante en el extremo este de Bryant Park. Si el
tiempo lo permite, el patio es perfecto para
tomarse un cóctel al caer la tarde.

Jimmy's Corner BAR DE COPAS
(plano p. 70; ☎212-221-9510; 140 W 44th St, entre
6th y 7th Ave, Midtown West; ⏰10.00-4.00; ⓈN/Q/R,
1/2/3, 7 hasta 42nd St-Times Sq; B/D/F/M hasta
42nd St-Bryant Park) Este acogedor garito sin

pretensiones junto a Times Square es propiedad de un exentrenador de boxeo –como
si no quedara claro con todas las fotos–. La
música va de Stax a Miles Davis.

Upper West Side

79th Street Boat Basin BAR
(plano p. 76; ☎212-496-5542; www.boatbasincafe.
com; W 79th St, en Riverside Park; ⏰12.00-23.00
abr-oct; Ⓢ1 hasta 79th St) Cuando llega la primavera, este espacio cubierto, bajo los antiguos arcos de un paso elevado del parque,
tiene mucho éxito. Con una jarra y algo de
picar, se disfrutará de una estupenda puesta
de sol sobre el río Hudson.

Manhattan Cricket Club COCTELERÍA-LOUNGE
(plano p. 76; ☎646-823-9252; www.mccnewyork.
com; 226 W 79th St, entre Amsterdam Ave y Broadway; ⏰18.00-2.00 ma-sa; Ⓢ1 hasta 79th St) Sobre un bistró australiano se encuentra esta
elegante coctelería, decorada al estilo de los
clubes de críquet angloaustralianos de principios del s. xx. De las paredes cuelgan fotografías de bateadores en sepia, mientras que
las estanterías de caoba y los sofás Chester
crean un agradable entorno para degustar
unos cócteles perfectos, aunque algo caros.

Dead Poet BAR
(plano p. 76; ☎212-595-5670; www.thedeadpoet.
com; 450 Amsterdam Ave, entre 81st y 82nd St; ⏰
12.00-4.00; Ⓢ1 hasta 79th St) Este estrecho *pub*
con paneles de caoba lleva más de una década siendo uno de los favoritos del barrio:
vecinos y estudiantes acuden a tomar pintas
de Guinness y cócteles con nombres de poetas muertos.

Barcibo Enoteca BAR DE VINOS
(plano p. 76; ☎212-595-2805; www.barciboenoteca.
com; 2020 Broadway esq. 69th St; ⏰16.30-11.30 ma-
vi, desde 15.30 sa-lu; Ⓢ1/2/3 hasta 72nd St) Local
de encanto informal, con mesas de mármol,
al norte de Lincoln Center. Es ideal para tomarse un vino: los hay de toda Italia, y 40 de
ellos se sirven por copas.

Upper East Side

Auction House BAR
(plano p. 76; ☎212-427-4458; 300 E 89th St; ⏰
19.00-4.00; Ⓢ4/5/6 hasta 86th St) Unas puertas granates dan paso a un local con velas,
perfecto para una copa tranquila. Los suelos
son de madera, hay sofás de estilo victoriano
y sillas mullidas por todas partes, y las pa-

redes de ladrillo están decoradas con óleos de desnudos.

Penrose BAR

(plano p. 76; ☎212-203-2751; www.penrosebar.com; 1590 2nd Ave, entre 82nd y 83rd St; ⏱15.00-4.00 lu-ju, 12.00-4.00 vi, 10.30-4.00 sa y do; [S]4/5/6 hasta 86th St) Aporta un toque de estilo a Upper East Side, con sus cervezas artesanas, sus espejos antiguos, su papel de flores y sus simpáticos camareros; es un lugar para pasar un buen rato entre amigos.

Brooklyn

★**Maison Premiere** COCTELERÍA

(☎347-335-0446; www.maisonpremiere.com; 298 Bedford Ave, entre 1st y Grand St, Williamsburg; ⏱16.00-2.00 lu-vi, desde 11.00 sa y do; [S]L hasta Bedford Ave) Este local clásico tiene una barra que recuerda un laboratorio químico, con jarabes y esencias, y camareros con tirantes que los combinan a la perfección. La imponente carta de cócteles incluye más de 20 bebidas con absenta y la barra de tentempiés incluye ostras.

Radegast Hall & Biergarten CERVECERÍA

(☎718-963-3973; www.radegasthall.com; 113 N 3rd St con Berry St, Williamsburg; ⏱12.00-2.00; [S]L hasta Bedford Ave) Animada cervecería austrohúngara en Williamsburg, con una enorme selección de cervezas bávaras y estupendas carnes.

Spuyten Duyvil BAR

(☎718-963-4140; www.spuytenduyvilnyc.com; 359 Metropolitan Ave, entre Havemayer y Roebling, Williamsburg; ⏱17.00-madrugada lu-vi, desde 12.00 sa y do; [S]L hasta Lorimer St, G hasta Metropolitan Ave) Techos rojos, mapas antiguos en las paredes y muebles viejos quedan en un segundo plano frente a la impresionante carta de cervezas. Cuando hace buen tiempo, se abre el patio con plantas.

Hotel Delmano COCTELERÍA

(☎718-387-1945; www.hoteldelmano.com; 82 Berry St con N 9th St; ⏱17.00-madrugada lu-vi, desde 14.00 sa y do; [S]L hasta Bedford Ave) Coctelería de luces tenues y aspecto clandestino, con espejos antiguos, suelos de madera sin tratar y lámparas de araña.

Pine Box Rock Shop BAR

(☎718-366-6311; www.pineboxrockshop.com; 12 Grattan St, entre Morgan Ave y Bogart St, Bushwick; ⏱16.00-4.00 lu-vi, desde 14.00 sa y do; [S]L hasta Morgan Ave) El laberíntico Pine Box es una antigua fábrica de ataúdes de Bushwick con 16 cervezas a presión diferentes y unos *bloody mary* enormes y especiados. Lo gestiona una simpática pareja de músicos. Las paredes están llenas de obras de artistas locales y en el escenario de atrás suele haber espectáculos de música en directo.

61 Local BAR

(☎718-875-1150; www.61local.com; 61 Bergen St, entre Smith St y Boerum Pl, Cobble Hill; ⏱7.00-madrugada lu-vi, desde 9.00 sa y do; 📶; [S]F, G hasta Bergen) Amplio salón de Cobble Hill en ladrillo y madera, que consigue dar calidez y estilo, con sus grandes mesas comunitarias, un ambiente tranquilo y una buena selección de cervezas a presión. Sirven unos cuantos embutidos y otros tentempiés.

Sunny's BAR

(☎718-625-8211; www.sunnysredhook.com; 253 Conover St, entre Beard y Reed St, Red Hook; ⏱18.00-madrugada ma-vi, desde 14.00 sa, 16.00-23.00 do; 🚌B61 hasta Coffey y Conover St, [S]F, G hasta Carroll St) Este acogedor bar de estibadores, en Red Hook parece sacado de *La ley del silencio*. Los sábados a las 22.00 acoge una bulliciosa *jam session* de *bluegrass*.

☆ Ocio

Quien tenga energías ilimitadas se puede beneficiar de una oferta de ocio aparentemente infinita: desde obras de Broadway a *performances* en algún salón privado de Brooklyn, pasando por muy diversos géneros. La revista *New York* y las ediciones de fin de semana del *New York Times* son unas guías estupendas para saber qué se puede encontrar.

Música en directo

Joe's Pub MÚSICA EN DIRECTO

(plano p. 66; ☎212-539-8778; www.joespub.com; Public Theater, 425 Lafayette St, entre Astor Pl y 4th St; [S]R/W hasta 8th St-NYU, 6 hasta Astor Pl) Este pequeño y encantador club-restaurante, en parte cabaré y en parte escenario de *rock* y *new-indie*, presenta voces y talentos en una magnífica variedad de estilos.

Rockwood Music Hall MÚSICA EN DIRECTO

(plano p. 66; ☎212-477-4155; www.rockwoodmusichall.com; 196 Allen St, entre Houston y Stanton St; [S]F/V hasta Lower East Side-2nd Ave) Esta sala de conciertos en miniatura cuenta con una agenda de grupos y cantautores que pasan

NUEVA YORK DE AMBIENTE

Pocas ciudades tienen un ambiente como Nueva York, con una oferta repartida entre Hell's Kitchen, Chelsea y el West Village, con cada vez más restaurantes, bares, clubes y tiendas gay y *gay-friendly*. Para salir de noche, estos son algunos locales destacados:

Eastern Bloc (plano p. 66; ☎212-777-2555; www.easternblocnyc.com; 505 E 6th St, entre Ave A y B, East Village; 🕐19.00-4.00; [S]F hasta 2nd Ave) Pese al nombre, que recuerda el telón de acero, aquí las cortinas son más bien de terciopelo y tafetán. Dentro se encontrará un mar de chicos, algunos flirteando con los camareros descamisados, otros fingiendo no mirar las pelis porno *retro* de los setenta en las pantallas.

Industry (plano p. 70; ☎646-476-2747; www.industry-bar.com; 355 W 52nd St, entre 8th y 9th Ave, Midtown West; 🕐16.00-4.00; [S]C/E, 1 hasta 50th St) Es uno de los bares gais más animados de Hell's Kitchen, un moderno local de 370 m² con atractivas zonas para sentarse, una mesa de billar y un escenario para las divas del *drag* más extremadas.

Therapy (plano p. 70; ☎212-397-1700; www.therapy-nyc.com; 348 W 52nd St, entre 8th y 9th Ave, Midtown West; 🕐17.00-2.00 do-ju, hasta 4.00 vi y sa; [S]C/E, 1 hasta 50th St) Espacio en varios niveles que sigue atrayendo a mucho público a Hell's Kitchen con sus espectáculos (desde música a *drag queens*) cada noche.

Flaming Saddles (plano p. 70; ☎212-713-0481; www.flamingsaddles.com; 793 9th Ave, entre 52nd y 53rd St, Midtown West; 🕐15.00-4.00 lu-vi, 12.00-4.00 sa y do; [S]C/E hasta 50th St) Local de Hell's Kitchen a medio camino entre *Coyote Ugly* y *Calamity Jane*, con sus bármanes cachas que bailan en la barra, sus aspirantes a vaquero urbano y su ambiente trepidante.

Marie's Crisis (plano p. 66; ☎212-243-9323; www.manhattan-monster.com; 59 Grove St, entre 7th Ave y Bleecker St, West Village; 🕐16.00-4.00; [S]1 hasta Christopher St-Sheridan Sq) Antiguo local de contactos convertido en piano-bar. Es un clásico, muy divertido, por trillado que pueda parecer.

Stonewall Inn (plano p. 66; ☎212-488-2705; www.thestonewallinnnyc.com; 53 Christopher St, West Village; 🕐14.00-4.00; [S]1 hasta Christopher St-Sheridan Sq) Local histórico donde tuvieron lugar las revueltas de Stonewall en 1969. Atrae a un público variado todas las noches, con fiestas para todos los que tienen cabida bajo la bandera del arco iris.

Henrietta Hudson (plano p. 66; ☎212-924-3347; www.henriettahudson.com; 438 Hudson St, West Village; 🕐17.00-2.00 lu y ma, 16.00-4.00 mi-vi, 14.00-4.00 sa y do; [S]1 hasta Houston St) "Bar & Girl" que se llena de lesbianas de todo tipo, muchas de Nueva Jersey y Long Island. Acoge noches temáticas con animados DJ que pinchan una mezcla de ritmos *hip-hop*, *house* y latinos.

a toda prisa por sus tres escenarios. Muchos conciertos son gratis.

Pianos MÚSICA EN DIRECTO
(plano p. 66; ☎212-505-3733; www.pianosnyc.com; 158 Ludlow St con Stanton St; entrada 8-10 US$; 🕐12.00-4.00; [S]F hasta 2nd Ave) Estandarte del Lower East Side, combina en sus dos plantas diversos géneros y estilos, con cierta tendencia al pop, el punk y el *new wave*, pero introduciendo algo de *hip-hop* e *indie*.

Bowery Ballroom MÚSICA EN DIRECTO
(plano p. 66; ☎212-533-2111; www.boweryballroom.com; 6 Delancey St con Bowery St; [S]J/Z hasta Bowery) Espléndido local de tamaño medio con un sonido perfecto y buen ojo para escoger artistas *indie-rock* (como Interpol, Belle & Sebastian o Morrissey).

Le Poisson Rouge MÚSICA EN DIRECTO
(plano p. 66; ☎212-505-3474; www.lepoissonrouge.com; 158 Bleecker St; [S]A/C/E, B/D/F/M hasta W 4th St-Washington Sq) En un sótano de Bleecker St, es uno de los locales más destacados para la música experimental contemporánea, de clásica a *rock indie* o electroacústica.

Mercury Lounge MÚSICA EN DIRECTO
(plano p. 66; ☎212-260-4700; www.mercuryloungenyc.com; 217 E Houston St entre Essex y Ludlow St; entrada 10-15 US$; 🕐16.00-4.00; [S]F/V hasta

'JAZZ'

Desde *bebop* a *jazz* improvisado en antiguos clubes *art déco* y en íntimas *jam sessions*, Nueva York sigue siendo una de las grandes capitales del *jazz*.

Smalls (plano p. 66; ☎212-252-5091; www.smallsjazzclub.com; 183 W 4th St; 19.00-12.30 entrada 20 US$, después 10 US$; ⏰16.00-4.00; [S]1 hasta Christopher St-Sheridan Sq) es un local subterráneo que rivaliza con el mundialmente famoso **Village Vanguard** (plano p. 66; ☎212-255-4037; www.villagevanguard.com; 178 7th Ave con 11th St; entrada 30 US$ aprox.; ⏰19.00-12.30; [S]1/2/3 hasta 14th St) en cuanto a talento. Por el segundo han pasado los más grandes de los últimos 50 años; hay consumición obligatoria y se prohíbe estrictamente hablar.

En Uptown, **Dizzy's Club Coca-Cola: Jazz at the Lincoln Center** (plano p. 76; ☎entradas Dizzy's Club Coca-Cola 212-258-9595, entradas Rose Theater y Allen Room 212-721-6500; www.jazz.org; Time Warner Center, Broadway con 60th St; [S]A/C, B/D, 1 hasta 59th St-Columbus Circle), uno de los tres locales de *jazz* de Lincoln Center, tiene unas vistas impresionantes de Central Park y presenta grandes formaciones. Más al norte, en Upper West Side, está **Smoke Jazz & Supper Club-Lounge** (plano p. 76; ☎212-864-6662; www.smokejazz.com; 2751 Broadway, entre W 105th y 106th St; ⏰17.30-3.00 lu-sa, 11.00-3.00 do; [S]1 hasta 103rd St), siempre lleno los fines de semana.

Lower East Side-2nd Ave) Siempre presenta bandas nuevas o consagradas con mucho tirón en el Downtown.

Beacon Theatre MÚSICA EN DIRECTO
(plano p. 76; www.beacontheatre.com; 2124 Broadway, entre 74th y 75th St; [S]1/2/3 hasta 72nd St) Sala de Upper West Side que acoge grandes conciertos, pero el ambiente es más íntimo que en un gran pabellón.

Radio City Music Hall SALA DE CONCIERTOS
(plano p. 70; ☎212-247-4777; www.radiocity.com; 6th Ave con W 50th St; [S]B/D, F, M hasta 47-50th St) La majestuosa sala de conciertos de Midtown presenta espectáculos como los de Tony Bennett, Kelly Clarkson o su famoso especial de Navidad.

Irving Plaza MÚSICA EN DIRECTO
(plano p. 70; www.irvingplaza.com; 17 Irving Pl con 15th St; [S]L, N/Q/R/W, 4/5/6 hasta 14th St-Union Sq) Gran sala de 1000 plazas para espectáculos pintorescos pero populares.

Webster Hall CLUB
(plano p. 66; ☎212-353-1600; www.websterhall.com; 125 E 11th St, junto a 3rd Ave; ⏰22.00-4.00 ju-sa; [S]L, N/Q/R/W, 4/5/6 hasta 14th St-Union Sq) Es el patriarca de los clubes de baile.

★**Brooklyn Bowl** MÚSICA EN DIRECTO
(☎718-963-3369; www.brooklynbowl.com; 61 Wythe Ave, entre 11th y 12th St; ⏰18.00-2.00 lu-ju, hasta 4.00 vi, 12.00-4.00 sa, 12.00-2.00 do; [S]L hasta Bedford Ave, G hasta Nassau Ave) Este complejo de 2100 m², en la antigua Hecla Iron Works Company, combina bolera, cervezas artesanas, comida y animada música en directo.

Bell House MÚSICA EN DIRECTO
(www.thebellhouseny.com; 149 7th St, Gowanus; ⏰17.00-4.00; 📶; [S]F, G, R hasta 4th Ave-9th St) Almacén reconvertido en el barrio industrial de Gowanus, con actuaciones en directo, conciertos de *indie rock*, noches de DJ, espectáculos cómicos y de *burlesque*.

Jalopy MÚSICA EN DIRECTO
(www.jalopy.biz; 315 Columbia St con Woodhull St, Red Hook; [S]F, G hasta Carroll St) Curiosa combinación de tienda de banyos y bar en Carroll Gardens/Red Hook, que ofrece actuaciones de *bluegrass*, *country* y ukulele, como el animado Roots 'n' Ruckus Show los miércoles por la noche.

Music Hall of Williamsburg MÚSICA EN DIRECTO
(www.musichallofwilliamsburg.com; 66 N 6th St, entre Wythe y Kent Ave, Williamsburg; espectáculo 15-35 US$; [S]L hasta Bedford Ave) Este popular local de Williamsburg es el lugar de referencia para oír música *indie* en directo en Brooklyn; muchos grupos que pasan por Nueva York hacen aquí su única parada.

Teatro

En general, las producciones de Broadway se representan en los regios teatros de inicios del s. xx que rodean Times Square.

Para escoger qué ver, hay que consultar las carteleras impresas o algún sitio web como **Theater Mania** (☎212-352-3101; www.

theatermania.com). Se pueden comprar entradas en Telecharge (212-239-6200; www.tele-charge.com), Ticketmaster (800-448-7849, 800-745-3000; www.ticketmaster.com) o en las taquillas TKTS (www.tdf.org/tkts; Front esq. John St; 11.00-18.00 lu-sa, hasta 16.00 do; A/C hasta Broadway-Nassau; 2/3, 4/5, J/Z hasta Fulton St), donde ofrecen una selección de musicales de Broadway y *off*-Broadway con descuentos que llegan hasta el 50%.

Algunos teatros destacados son:

★ **Public Theater** TEATRO
(plano p. 66; 212-539-8500; www.publictheater. org; 425 Lafayette St, entre Astor Pl y E 4th St; R/N hasta 8th St, 6 hasta Astor Pl) Excelente escenario que presenta obras de los mejores dramaturgos clásicos y contemporáneos.

★ **St Ann's Warehouse** TEATRO
(718-254-8779; www.stannswarehouse.org; 45 Water St, Dumbo; A/C hasta High St) Los espectáculos de teatro y danza innovadores de esta compañía de vanguardia atraen a los entendidos de Brooklyn.

PS 122 TEATRO
(plano p. 66; 212-477-5288; www.ps122.org; 150 1st Ave con E 9th St) Espectáculos de danza, proyecciones y festivales diversos con nuevos talentos.

Playwrights Horizons TEATRO
(plano p. 70; 212-279-4200; www.playwrights-horizons.org; 416 W 42nd St, entre 9th y 10th Ave, Midtown West; A/C/E hasta 42nd St-Port Authority Bus Terminal) Un lugar excelente para ver lo que podría ser la próxima revelación.

New York Theater Workshop TEATRO
(plano p. 66; 212-460-5475; www.nytw.org; 79 E 4th St, entre 2nd y 3rd Ave; F hasta 2nd Ave) Obras contemporáneas e innovadoras con contenido.

Humor

Comedy Cellar HUMOR
(plano p. 66; 212-254-3480; www.comedycellar. com; 117 MacDougal St entre W 3rd y Minetta Ln; entrada 12-24 US$; A/C/E, B/D/F/M hasta W 4th St-Washington Sq) Este club de larga tradición, en un sótano de Greenwich Village, es uno de los mejores escenarios de Nueva York para ver humor.

Caroline's on Broadway HUMOR
(plano p. 70; 212-757-4100; www.carolines.com; 1626 Broadway con 50th St; N/Q/R hasta 49th St, 1 hasta 50th St) Un escenario de primera para

ver a grandes humoristas y estrellas de las comedias estadounidenses.

★ **Upright Citizens Brigade Theatre** HUMOR
(plano p. 70; 212-366-9176; www.ucbtheatre.com; 307 W 26th St entre 8th y 9th Ave; entrada 5-10 US$; C/E hasta 23rd St) Pequeño sótano donde cada noche actúan conocidos humoristas emergentes –o que ya no emergerán–.

Cines

★ **Film Forum** CINE
(plano p. 66; 212-727-8110; www.filmforum.com; 209 W Houston St entre Varick St y 6th Ave; 1 hasta Houston St) El mejor multisalas no merma al público fiel de esta institución, que ofrece reposiciones, clásicos y documentales.

IFC Center CINE
(plano p. 66; 212-924-7771; www.ifccenter.com; 323 6th Ave con 3rd St; entradas 14 US$; A/C/E, B/D/F/M hasta W 4th St-Washington Sq) Cine de arte y ensayo con tres salas donde se proyecta cine independiente, extranjero y clásicos de culto.

Landmark Sunshine Cinema CINE
(plano p. 66; 212-260-7289; www.landmarkthea tres.com; 143 E Houston St, entre Forsyth y Eldridge St; F/V hasta Lower East Side-2nd Ave) Proyecta estrenos de cine independiente en lo que fue un teatro judío.

Anthology Film Archives CINE
(plano p. 66; 212-505-5181; www.anthologyfilmar chives.org; 32 2nd Ave con 2nd St; F hasta 2nd Ave) La gente del cine acude a este edificio con pinta de escuela para ver cine independiente y de vanguardia.

Artes escénicas

★ **Carnegie Hall** MÚSICA EN DIRECTO
(plano p. 70; 212-247-7800; www.carnegiehall. org; W 57th St con 7th Ave, Midtown West; circuitos 11.30, 12.30, 14.00 y 15.00 lu-vi, 11.30 y 12.30 sa, 12.30 do oct-may; N/Q/R hasta 57th St-7th Ave) Desde 1891, el histórico Carnegie Hall presenta conciertos de Chaikovski, Mahler y Prokofiev, pero también de Stevie Wonder, Sting o João Gilberto. En julio y agosto está casi siempre cerrado.

★ **Brooklyn Academy of Music** ARTES ESCÉNICAS
(BAM; plano p. 58; www.bam.org; 30 Lafayette Ave con Ashland Pl, Fort Greene; ; D, N/R hasta Pa-cific St, B, Q, 2/3, 4/5 hasta Atlantic Ave) Esta espectacular academia es como el Lincoln Center

de Brooklyn, más por su carácter popular que por su ambiente, que es mucho más vanguardista. Acoge desde danza moderna a ópera, teatro contemporáneo y conciertos.

Symphony Space · MÚSICA EN DIRECTO

(plano p. 76; ☎212-864-5400; www.symphonyspace. org; 2537 Broadway, entre 94th y 95th St; ⓢ1/2/3 hasta 96th St) Esta joya de Upper West Side, polifacético espacio con varias instalaciones en una, acoge obras de teatro, cabaré, danza y conciertos de todo el mundo durante toda la semana.

🔒 De compras

Con sus innumerables *boutiques,* mercadillos, librerías, anticuarios, tiendas de discos y de comida *gourmet,* Nueva York es uno de los mejores destinos del planeta para ir de compras.

🔒 Downtown

Lo más *cool* se encuentra en NoLita (al este del SoHo), East Village y Lower East Side. En el SoHo hay tiendas de moda más caras, mientras que en Broadway, de Union Sq a Canal St, se concentran las grandes cadenas como H&M o Urban Outfitters, así como decenas de tiendas de vaqueros y zapaterías.

ABC Carpet & Home · MENAJE, REGALOS

(plano p. 70; ☎212-473-3000; www.abchome.com; 888 Broadway con 19th St; ⓧ10.00-19.00 lu-mi, vi y sa, hasta 20.00 ju, 12.00-18.00 do; ⓢL, N/Q/R, 4/5/6 hasta 14th St-Union Sq) Bonita tienda de seis plantas con menaje, joyas de diseño y regalos de todo tipo para la casa.

★ Strand Book Store · LIBROS

(plano p. 66; ☎212-473-1452; www.strandbooks.com; 828 Broadway con 12th St; ⓧ9.30-22.30 lu-sa, desde 11.00 do; ⓢL, N/Q/R, 4/5/6 hasta 14th St-Union Sq) Es la referencia de los bibliófilos, con libros nuevos y usados.

★ Century 21 · MODA

(plano p. 62; www.c21stores.com; 22 Cortlandt St entre Church St y Broadway; ⓧ7.45-21.00 lu-vi, 10.00-21.00 sa, 11.00-20.00 do; ⓢA/C, J/Z, 2/3, 4/5 hasta Fulton St, N/R hasta Cortlandt St) Populares almacenes de cuatro plantas para todos los presupuestos. Ofrece gangas en objetos de diseño.

Other Music · MÚSICA

(plano p. 66; ☎212-477-8150; www.othermusic.com; 15 E 4th St, entre Lafayette St y Broadway; ⓧ11.00-21.00 lu-vi, 12.00-20.00 sa, 12.00-19.00 do; ⓢ6 hasta Bleecker St) Tienda de CD de vocación inde-

pendiente con un público fiel y una cuidada selección de música psicodélica, electrónica, rock independiente, *lounge*, etc., con discos nuevos y usados, también de vinilo.

Obscura Antiques · ANTIGÜEDADES

(plano p. 66; ☎212-505-9251; 207 Ave A, entre 12th y 13th St; ⓧ12.00-20.00 lu-sa, hasta 19.00 do; ⓢL hasta 1st Ave) Es como entrar en un museo de curiosidades, con animales disecados, minúsculos instrumentos (¿dentales?), antiguos frascos de veneno, ojos de cristal, monederos de sapo, dibujos anatómicos y otras ideas geniales para regalar.

Idlewild Books · LIBROS

(plano p. 70; ☎212-414-8888; www.idlewildbooks. com; 12 W 19th St, entre 5th y 6th Ave; ⓧ12.00-19.30 lu-ju, hasta 18.00 vi y sa, hasta 17.00 do; ⓢL, N/Q/R, 4/5/6 hasta 14th St-Union Sq) Magnífica librería de viajes con libros de ficción, historia, cocina, diarios de viaje, libros en otros idiomas y otras obras estimulantes.

Economy Candy · GOLOSINAS

(plano p. 66; ☎212-254-1531; www.economycandy. com; 108 Rivington St con Essex St; ⓧ9.00-18.00 ma-vi, 10.00-18.00 sa-lu; ⓢF, J/M/Z hasta Delancey St-Essex St) Esta tienda de golosinas endulza el barrio desde 1937. Está abarrotada de delicias envasadas y a granel.

🔒 Midtown y Uptown

La Quinta Avenida, en Midtown, y Madison Ave, en Upper East Side, concentran las tiendas de marca y la moda de los diseñadores internacionales.

Uniqlo · MODA

(plano p. 70; www.uniqlo.com; 666 5th Ave con 53rd St; ⓧ10.00-21.00 lu-sa, 11.00-20.00 do; ⓢE, M hasta 5th Ave-53rd St) Es la respuesta japonesa a H&M y esta es su tienda insignia: 8300 m² de ropa moderna, económica y de calidad, desde camisetas hasta ropa interior, suéteres de cachemira, ropa tejana japonesa y parkas.

Macy's · GRANDES ALMACENES

(plano p. 70; www.macys.com; 151 W 34th St con Broadway; ⓧ9.00-21.30 lu-vi, 10.00-21.30 sa, 11.00-20.30 do; ⓢB/D/F/M, N/Q/R hasta 34th St-Herald Sq) La gran dama de los almacenes de Midtown vende de todo, desde vaqueros a pequeños electrodomésticos.

Bloomingdale's · GRANDES ALMACENES

(plano p. 76; www.bloomingdales.com; 1000 3rd Ave con E 59th St, Midtown East; ⓧ10.00-20.30 lu-sa,

11.00-19.00 do; ☎; Ⓢ4/5/6 hasta 59th St, N/Q/R hasta Lexington Ave-59th St) Es enorme, como un MoMa de las compras.

ℹ Información

ACCESO A INTERNET

Hay conexión wifi gratis en muchos lugares, como Bryant Park, Battery Park, Tompkins Square Park, Union Square Park, Lincoln Center y muchas cafeterías de la ciudad.

New York Public Library (plano p. 72; ☑212-930-0800; www.nypl.org; E 42nd St con 5th Ave; Ⓢ B, D, F o M hasta 42nd St-Bryant Park) La biblioteca ofrece wifi gratis y terminales para acceder.

MEDIOS DE COMUNICACIÓN

WFUV-90.7FM La mejor emisora de música alternativa.

WNYC 820AM o 93.9FM Afiliada a la Radio Pública Nacional.

Daily News (www.nydailynews.com) Tabloide diario, más bien sensacionalista.

New York (www.newyorkmagazine.com) Publicación semanal con noticias sobre la ciudad y cartelera artística y cultural.

New York Post (www.nypost.com) Famoso por sus jugosos titulares, los escándalos de los famosos en la página 6 y su buena sección de deportes.

New York Times (www.nytimes.com) El veterano ostenta el récord de lectores de todo el país.

NY1 (www.ny1.com) Noticias metropolitanas todo el día en el canal 1 de Time Warner Cable.

Village Voice (www.villagevoice.com) Tabloide semanal que sigue siendo un buen recurso para informarse sobre eventos, clubes y conciertos.

ASISTENCIA MÉDICA

New York County Medical Society (☑212-684-4670; www.nycms.org) Atiende por teléfono y deriva a especialistas según el problema y el idioma que se hable.

Tisch Hospital (centro médico de la Universidad de Langone ; ☑212-263-7300; 550 1st Ave; ☺24 h) Asistencia médica en Downtown.

Travel MD (☑212-737-1212; www.travelmd.com) Servicio a domicilio 24 h para viajeros y residentes.

INFORMACIÓN TURÍSTICA

New York City & Company (plano p. 70; ☑212-484-1222; www.nycgo.com; 151 W 34th

---

VER DEPORTES EN NUEVA YORK

Los exitosísimos **New York Yankees** (☎718-293-6000, entradas 877-469-9849; www.yankees.com; entradas 20-300 US$) juegan en el **Yankee Stadium** (plano p. 58; ☎718-293-4300, entradas 212-926-5337; E 161st St esq. River Ave, Bronx; circuitos 20 US$; Ⓢ B/D, 4 hasta 161st St-Yankee Stadium), mientras que los **New York Mets** (☑718-507-8499; www.mets.com; entradas 19-130 US$), que han sufrido más altibajos, juegan en el **Citi Field** (plano p. 58; 126th St con Roosevelt Ave, Flushing, Queens; Ⓢ7 hasta Mets-Willets Pt). Si se busca un entorno menos imponente pero igual de agradable, se puede ir a ver a los **Staten Island Yankees** (☑718-720-9265; www.siyanks.com; entradas 12 US$) en el **Richmond County Bank Ballpark** (75 Richmond Tce, Staten Island ⛴ferri de Staten Island), o a los **Brooklyn Cyclones** (☑718-372-5596; www.brooklyncyclones.com; entradas desde 15 US$, 10 US$ mi) en el **MCU Park** (plano p. 58; 1904 Surf Ave y W 17th St, Coney Island; Ⓢ D/F, N/Q hasta Coney Island-Stillwell Ave).

Los aficionados al baloncesto pueden ver a los **New York Knicks** (www.nyknicks.com; entradas desde 109 US$) en el **Madison Square Garden** (plano p. 70; www.thegarden.com; 7th Ave entre 31st y 33rd St, Midtown West; Ⓢ1/2/3 hasta 34th St-Penn Station), la meca del básquet, donde también juegan las chicas del **New York Liberty** (☑212-564-9622, entradas 212-465-6073; www.nyliberty.com; entradas 10-85 US$), equipo de la WNBA, en un ambiente más tranquilo; mientras que los **Brooklyn Nets** (www.nba.com/nets; entradas desde 15 US$) lo hacen en el **Barclays Center** (www.barclayscenter.com; Flatbush esq. Atlantic Ave, Prospect Heights; Ⓢ B/D, N/Q/R, 2/3, 4/5 hasta Atlantic Ave), cerca de Downtown Brooklyn.

Los equipos profesionales neoyorquinos de fútbol americano, los **Giants** (☑201-935-8222; www.giants.com) y los **Jets** (☑800-469-5387;www.newyorkjets.com), comparten el **MetLife Stadium** (plano p. 58; www.metlifestadium.com; 1 MetLife Stadium Dr; g351 desde Port Authority, dN. J. Transit desde Penn Station hasta Meadowlands), en East Rutherford (Nueva Jersey).

St entre 7th Ave y Broadway con 53rd St; ⊙ 9.00-19.00 lu-vi, 10.00-19.00 sa, 11.00-19.00 do; 1/2/3, A/C/E hasta 34th St-Herald Sq) Servicio oficial de información del Convention & Visitors Bureau, con personal multilingüe. Tiene otras sucursales en Chinatown (plano p. 62; Canal esq. Walker y Baxter St; ⊙10.00-18.00; S6/J/N/Q hasta Canal St) y en Lower Manhattan (plano p. 62; City Hall Park con Broadway; ⊙9.00-18.00 lu-vi, 10.00-17.00 sa y do; S4/5/A/C hasta Fulton St).

❶ Cómo llegar y salir

AVIÓN

Nueva York tiene tres grandes aeropuertos. El mayor es el **aeropuerto internacional John F. Kennedy** (JFK; ☏718-244-4444; www.panynj. gov), en Queens, donde está también el de **La Guardia** (LGA; www.panynj.gov/aviation/ lgaframe). El **aeropuerto internacional Newark Liberty** (EWR; ☏973-961-6000; www.panynj. gov), al otro lado del río Hudson, en Newark (Nueva Jersey) es otra opción.

AUTOBÚS

La enorme y caótica **Port Authority Bus Terminal** (plano p. 70; ☏212-564-8484; www.panynj. gov; 41st St con 8th Ave; SA, C, E, N, Q, R, 1, 2, 3, y 7) es la gran estación de autobuses de Manhattan.

Una serie de compañías de autobuses cómodos y fiables tienen parada en plena calle. Es el caso de **BoltBus** (☏877-265-8287; www. boltbus.com) y **Megabus** (☏877-462-6342; us.megabus.com), con servicios a Filadelfia (9-15 US$, 2 h), Boston (17-36 US$, 4¼ h) y Washington D. C. (16-36 US$, 4½ h); hay wifi a bordo.

❶ METROCARDS

Todos los autobuses y metros se pagan con la MetroCard, amarilla y azul, que se puede comprar o recargar en las máquinas automáticas de fácil uso que hay en las estaciones. Cuesta 1 US$ y se puede usar una tarjeta de crédito o débito. Solo hay que seleccionar "*Get new card*" (obtener nueva tarjeta)" y seguir las instrucciones. Después se selecciona uno de los dos tipos de MetroCard; la *pay-per-ride* cuesta 2,75 US$ por trayecto, aunque si se carga con más de 5,50 US$ se recibe un 11% extra. Cuando la máquina pida el código postal, los extranjeros pueden introducir 99999.

AUTOMÓVIL Y MOTOCICLETA

Alquilar un coche en la ciudad es caro, suele costar un mínimo de 80 US$/día, impuestos incluidos.

FERRI

Seastreak (www.seastreak.com) comunica con Sandy Hook (i/v 45 US$), en Nueva Jersey. Se zarpa del muelle 11, cerca de Wall St, y desde E 35th St. También tienen un servicio de fin de semana, solo en verano, a Martha's Vineyard (ida/ida y vuelta 165/240 US$, 5 h), en Massachusetts, desde E 35th St.

TREN

La **Penn Station** (estación de Pensilvania; 33rd St, entre 7th y 8th Ave; S1/2/3/A/C/E hasta 34th St-Penn Station) es el punto de partida de todos los trenes **Amtrak** (☏800-872-7245; www.amtrak.com), con servicio a Boston (3¾ h) y Washington D. C. (3 h). A la Penn Station, así como a Brooklyn y a Queens, llega el **Long Island Rail Road** (LIRR; ☏718-217-5477; www. mta.info/lirr; última zona ida hora valle/punta 27/34 US$), que transporta a 100 000 personas diarias que trabajan en la ciudad. New Jersey Transit (p. 131) también sale de Penn Station y comunica con la periferia y Jersey Shore. Otra opción para viajar a Nueva Jersey, pero solo a puntos al norte de la ciudad, como Hoboken y Newark, es el **New Jersey PATH** (☏800-234-7284; www.panynj.gov/path), que tiene un sistema tarifario diferente (2,75 US$) y recorre 6th Ave, con paradas en 34th, 23rd, 14th, 9th, Christopher St y el World Trade Center.

La única línea de ferrocarril que sale de la estación Grand Central, en el cruce de Park Ave y 42nd St, es la del **Metro-North Railroad** (☏511; www.mta.info/mnr), que va a los barrios del norte, a Connecticut y a puntos del valle del Hudson.

❶ Cómo desplazarse

A/DESDE EL AEROPUERTO

Los taxis del JFK a Midtown cobran una tarifa plana de 52 US$ (más peaje y propina). Desde La Guardia se paga lo que marque el taxímetro (30 US$ aprox.), igual que desde Newark (unos 55 US$, más peaje y propina).

Una opción más barata pero más lenta a/desde JFK es el AirTrain (5 US$ ida), que conecta con el metro (2,75 US$; desde la ciudad hay que tomar la línea A hacia Far Rockaway). Para ir a Penn Station es más rápido tomar el AirTrain a Jamaica Station (5 US$) y allí el LIRR (10 US$), que llega a Penn Station con pocas paradas intermedias.

A/desde Newark, el AirTrain comunica todas las terminales con una estación de la red New Jersey Transit, que lleva a Penn Station (13 US$ por trayecto combinado N. J. Transit/AirTrain).

Para ir a La Guardia se puede tomar el autobús M60, que sale/llega a Manhattan pasando por 125th St, en Harlem, con paradas en Broadway, en Upper West Side.

También hay autobuses exprés a los tres aeropuertos (16 US$) y furgonetas-lanzadera (desde 20 US$): el **NYC Airporter** (www.nycairporter. com), sale cada media hora y para en las estaciones Grand Central, Port Authority y Penn; y **Super Shuttle Manhattan** (www.supershuttle. com), recoge pasajeros en cualquier dirección, previa reserva.

BICICLETA

Nueva York tiene un programa de bicis compartidas llamado Citi Bike (p. 85).

AUTOMÓVIL Y MOTOCICLETA

El tráfico y el aparcamiento son problemas constantes que alteran los nervios. Si se va a conducir, hay que respetar las normas locales: no se puede girar a la derecha con el semáforo en rojo (a diferencia del resto del estado), y cada dos calles una es de sentido único.

FERRI

El **East River Ferry** (www.eastriverferry.com) (ida 4 US$, cada 20 min) conecta algunos puntos de Brooklyn (Greenpoint, North y South Williamsburg y Dumbo) y de Queens (Long Island City) con Manhattan (muelle 11 de Wall St y E 35th St). **New York Water Taxi** (☎212-742-1969; www.nywatertaxi.com; alquiler 1 día 31 US$) tiene una flota de lanchas amarillas que recorren diversas rutas y ofrece un servicio de 24 h por Manhattan y Brooklyn.

TRANSPORTE PÚBLICO

El metro de Nueva York, gestionado por la **Metropolitan Transport Authority** (MTA; ☎718-330-1234; www.mta.info), es todo un símbolo, barato (2,75 US$ por viaje, independientemente de la distancia), funciona las 24 h y suele ser el medio más rápido y fiable de moverse por la ciudad. También es más seguro y algo más limpio de lo que era.

TAXI

Actualmente los taxis cobran 2,50 US$ por la bajada de bandera (el primer tercio de km), 0,50 US$ por cada tercio de km adicional y por cada 60 seg de atasco, 1 US$ de recargo en horas punta (16.00-20.00 laborables), y 0,50 US$ de recargo nocturno (20.00-8.00 lu-do).

Se espera una propina del 10-15%; en los taxis monovolumen caben cinco pasajeros. Solo se puede parar un taxi cuando lleva la luz del techo encendida.

ESTADO DE NUEVA YORK

La ciudad y el norte del estado de Nueva York –básicamente, cualquier punto fuera de la ciudad– no tienen nada en común, salvo el gobernador y un gobierno disfuncional en la capital, Albany. Esta incongruencia provoca cierta paralización política, pero es una bendición para los que disfrutan tanto subiendo a las montañas como yendo de bares por el Lower East Side. El estado se caracteriza por sus vías fluviales, como el río Hudson, que se convierte en una ruta de escape de la urbe hacia el norte. Desde Albany, el canal Erie recorre 843 km al oeste hacia el lago Erie, junto a las cataratas del Niágara y Buffalo, una ciudad animada a pesar de sus inviernos épicos. El río San Lorenzo traza la frontera con Canadá en la zona de las islas Thousand, de la que aún no se habla mucho. El agua también es protagonista en la región de los lagos Finger y en la ciudad universitaria de Ithaca, famosa por sus vinos. Si a eso se le suma la naturaleza agreste de los montes Adirondack, las exuberantes granjas de los Catskills y las interminables playas de arena de Long Island, es fácil entender por qué mucha gente deja la ciudad y no vuelve.

ℹ Información

511 NY (☑in NY 511, elsewhere 800-465-1169; www.511ny.org) Información del tráfico y previsión meteorológica para todo el estado.

I Love NY (☎800-225-5697; www.iloveny.com) Información turística completa sobre el estado, disponible en español.

New York State Office of Parks, Recreation and Historic Preservation (☎518-474-0456; www.nysparks.com) Información sobre acampada y alojamiento –y otros temas– en los parques estatales. Se pueden hacer reservas hasta con nueve meses de antelación.

Long Island

Técnicamente, los 190 km de Long Island incluyen los barrios de Brooklyn y Queens, en el extremo oeste, pero para el público en general, Long Island empieza donde acaba la ciudad, tras un laberinto de autopistas y barrios periféricos que todo adolescente aspira a abandonar (Levittown, primera población satélite planificada en la década de 1950, se encuentra en el centro del condado de Nasau). Pero dejándolos atrás se llega a las dunas barridas por el viento, los lujosos resorts de playa, granjas, bodegas y los puertos pesqueros y balleneros creados en el s. XVII, y entonces uno entiende por qué sus admiradores la llaman "Strong Island".

ℹ Cómo llegar y desplazarse

Gracias al Long Island Rail Road (p. 110), que tiene tres líneas desde Penn Station hasta el extremo este de la isla, se puede visitar la zona sin coche. Además, los autobuses **Hampton Jitney** (☏212-362-8400; www.hamptonjitney.com; ida 30 US$) y **Hampton Luxury Liner** (☏631-537-5800; www.hamptonluxuryliner.com; ida 45 US$) conectan Manhattan con varios pueblos de los Hamptons y Montauk; el primero también pasa por Brooklyn y llega hasta North Fork. Con un coche es más fácil visitar diferentes puntos de la isla de una sola vez. La I-495 (Long Island Expwy, LIE), recorre la isla por el centro, pero conviene evitarla en hora punta porque se satura.

Orilla norte

La "Gold Coast", relativamente próxima a Nueva York, es donde veraneaban los Vanderbilt, Chrysler y Guggenheim –o Gatsby– en los locos años veinte. Actualmente parece un barrio residencial, pero aún quedan vestigios de la época y algunos reductos naturales bonitos. Cerca del pueblo de Port Washington está la **Sands Point Preserve** (☏516-571-7901; www.sandspointpreserve.org; 127 Middle Neck Rd, Sands Point; aparcamiento 10 US$, circuitos Falaise 10 US$; ☉8.00-17.00, hasta 19.00 jul-ago, circuitos Falaise cada hora 12.00-15.00 ju-do med may-nov), antes finca de los Guggenheim, con bosques y una bonita playa en la bahía; el centro de visitantes está en Castle Gould, construido en el s. XIX por Howard Gould, heredero de un magnate del ferrocarril. También se puede visitar la mansión **Falaise**, de 1923, una de las pocas que quedan intactas y con decoración de la época. Más al este, pasado Oyster Bay, está **Sagamore Hill** (☏516-922-4788; www.nps.gov/sahi; 12 Sagamore Hill Rd, Oyster Bay; museo y jardines gratis; circuitos casa adultos/niños 10 US$/gratis; ☉9.00-17.00 mi-do), donde vivieron el presidente Theodore Roosevelt, su esposa y sus seis hijos. Detrás del museo nace una pista natural que acaba en una pintoresca playa. Esta casa victoriana de 23 habitaciones fue rehabilitada en el 2015; se puede acceder mediante visita guiada, pero en verano suele acudir mucha gente.

Orilla sur

Estas playas, a las que es fácil llegar con transporte público, pueden llenarse, pero son un destino divertido para pasar el día. El tren lleva directamente a **Long Beach**, nada más salir del límite de la metrópoli, y la calle principal está llena de heladerías, bares y restaurantes. Al este se extiende el **Jones Beach State Park** (☏516-785-1600; www.nysparks.com; 1 Ocean Pkwy; aparcamiento 10 US$, tumbonas 10 US$, piscinas adultos/niños 3/1 US$, minigolf 5 US$; ☉10.00-19.00, variable según zona), un microcosmos de 10 km de cultura playera, con surfistas, jubilados, adolescentes de la zona y gais reclamando sus parcelas de arena. Se llega en tren hasta Freeport y desde ahí en autobús; en julio y agosto LIRR vende un billete combinado (i/v 20,50 US$).

El siguiente arenal hacia el este es **Fire Island National Seashore** (☏631-687-4750; www.nps.gov/fiis; acampada en duna 20 US$) GRATIS. Salvo por el extremo oeste, donde hay un puente que cruza la bahía hasta **Robert Moses State Park**, solo se puede acceder a esta isla de arena en **ferri** (☏631-665-3600; www.fireislandferries.com; 99 Maple Ave, Bay Shore; ida adultos/niños 10/5 US$) y no hay coches; los visitantes habituales suelen llevar sus pertenencias en pequeños carritos. La isla cuenta con una docena de pueblos minúsculos, casi todos residenciales. El fiestero Ocean Beach Village u Ocean Bay Park, más tranquilo (ferri desde la estación Bayshore, de LIRR) cuentan con algunos hoteles; Cherry Grove y The Pines (ferri desde Sayville) son enclaves gais, y también tienen hoteles. El alojamiento no es barato; el **Seashore Condo Motel** (☏631-583-5860; www.seashorecondomotel.com; Bayview Ave, Ocean Bay Park; h desde 219 US$; ☎) es un ejemplo típico, sin lujos. En el extremo este (ferri desde Patchogue), hay un *camping* con servicios en **Watch Hill** (☏631-567-6664; www.watchhillfi.com; parcelas tienda 25 US$; ☉ppios may-fin oct), y una zona de acampada libre más allá, en las dunas. Hay que llevar abundante efectivo.

Los Hamptons

Esta serie de pueblos son un destino de veraneo para los más ricos de Manhattan, que viajan a sus mansiones en helicóptero. Los simples mortales se suben al Hampton Jitney y se alojan en casas de alquiler donde

DATOS DE NUEVA YORK

Apodos Empire State, Excelsior State, Knickerbocker State

Población 19 800 000

Superficie 141 300 km², aguas incluidas

Capital Albany (98 400 hab.)

Otras ciudades Nueva York (8 400 000 hab.)

Impuesto sobre ventas 4%, más tasas municipales (total: 8% aprox.)

Hijos célebres Walt Whitman (poeta, 1819-1892), Theodore Roosevelt (presidente de EE UU, 1858-1919), Franklin D. Roosevelt (presidente de EE UU, 1882-1945), Eleanor Roosevelt (primera dama, 1884-1962), Edward Hopper (pintor, 1882-1967), Humphrey Bogart (actor, 1899-1957), Lucille Ball (cómica, 1911-1989), Woody Allen (cineasta, 1935), Tom Cruise (actor, 1962), Michael Jordan (deportista, 1963), Jennifer Lopez (cantante, 1969)

Cuna de la Confederación de las Seis Naciones de los Iroqueses, del primer rancho de EE UU (1747, en Montauk, Long Island), del movimiento por el sufragio de las mujeres en EE UU (1848), del canal de Erie (1825)

Política el gobernador demócrata Andrew Cuomo. La ciudad de Nueva York es eminentemente demócrata, la parte alta del estado es más conservadora

Famoso por las cataratas del Niágara (la mitad), los Hamptons, bodegas, río Hudson

Río singular el Genesee es uno de los pocos ríos del mundo que va de sur a norte, del centro-sur de Nueva York a Rochester, en el lago Ontario

Distancias de Nueva York a Albany 241 km, de Nueva York a Buffalo 603 km

---

montan sus fiestas. Tras los oropeles hay una larga historia cultural, ya que aquí vivieron célebres escritores y otros artistas. La zona es poco extensa y está comunicada por la Montauk Hwy, a menudo atascada por el tráfico. **Southampton,** al oeste, concentra muchos de los clubes nocturnos, así como buenos museos. Sus extensas playas son espléndidas; en verano, los no residentes solo pueden aparcar en la playa de Coopers (40 US$/día) y en la Road D (gratis). **Bridgehampton** tiene *boutiques* y buenos restaurantes; de aquí se puede ir hacia **Sag Harbor,** al norte, antiguo puerto ballenero con bonitas callejas antiguas. **East Hampton** es donde celebran sus fiestas los famosos, y donde a veces actúan, en el escenario del **Guild Hall** (☎631-324-0806; www.guildhall.org; 158 Main St; ☺museo 11.00-17.00 jul-ago, vi-lu solo sep-jun) GRATIS.

⊙ Puntos de interés

Parrish Art Museum MUSEO
(☎631-283-2118; www.parrishart.org; 279 Montauk Hwy, Water Mill; adultos/niños 10 US$/gratis, mi gratis; ☺10.00-17.00 mi-lu, hasta 20.00 vi) Este museo es una institución que ocupa un granero largo y elegante diseñado por Herzog & de Meuron. Presenta la obra de artistas locales como Jackson Pollock, Willem de Kooning o Chuck Close.

Para ver más de Pollock, se puede hacer una reserva y visitar su cercana **casa-estudio** (☎631-324-4929; 830 Springs-Fireplace Rd, East Hampton; adultos/niños 10/5 US$; ☺circuitos cada hora 11.00-16.00 ju-sa may-oct).

Shinnecock Nation Cultural Center & Museum MUSEO
(☎631-287-4923; www.shinnecockmuseum.com; 100 Montauk Hwy, Southampton; adultos/niños 15/8,50 US$; ☺11.00-17.00 ju-do; ⊕) La tribu shinnecock, que tiene 1300 miembros, gestiona este museo y su poblado de historia viva, uno de los pocos vestigios de la vida de los nativos americanos en Long Island.

Southampton Historical Museum MUSEO
(☎631-283-2494; www.southamptonhistoricalmuseum.org; 17 Meeting House Ln, Southampton; adultos/niños 4 US$/gratis; ☺11.00-16.00 mi-do mar-dic) Antes de que los Hamptons fueran lo que son ahora, ya existía este conglomerado de edificios clásicos bien conservados, entre ellos la mansión de un capitán ballenero.

🛏 Dónde dormir y comer

Bridge Inn MOTEL $$
(☎631-537-2900; www.hamptonsbridgeinn.com; 2668 Montauk Hwy, Bridgehampton; h desde 209 US$; ❋◈❋) Para alojarse a las puertas de

los Hamptons, en un hotel limpio y elegante, oculto tras su seto, como todas las mansiones vecinas.

Provisions
CAFÉ **$**

(Bay esq. Division St, Sag Harbor; sándwiches 9-16 US$; ⊙8.00-18.00; 🖋) Mercado de alimentos naturales y comida *gourmet* donde se compran bocadillos para llevar.

Candy Kitchen
DINER **$**

(2391 Montauk Hwy, Bridgehampton; principales 5-12 US$; ⊙7.00-19.00; 🖈) Típico *diner* donde escapar del lujo: lleva sirviendo sopas, helados y otros platos de calidad desde 1925.

Nick & Toni's
MEDITERRÁNEA **$$$**

(☎631-324-3550; 136 North Main St, East Hampton; *pizzas* 17 US$, principales 24-42 US$; ⊙18.00-22.00 mi-lu, hasta 23.00 vi y sa, más 11.30-14.30 do) Una buena apuesta para ver algún famoso. Es toda una institución y sirve comida italiana hecha con ingredientes de las granjas cercanas.

Montauk

Hacia la punta este del extremo sur de Long Island se encuentra el tranquilo pueblo de Montauk, también conocido como "The End", y la famosa playa surfista de Ditch Plains. Con los surfistas han llegado los *hipsters* acaudalados y han aparecido hoteles chic-bohemios como el Surf Lodge o el Ruschmeyer's, pero aún sigue siendo un lugar más tranquilo que los Hamptons, con un vecindario sencillo y restaurantes informales de pescado y marisco.

La carretera se bifurca pasado Napeague State Park; desde allí Montauk Hwy sigue recto y la Old Montauk Hwy se desvía hasta casi tocar la orilla. Ambas convergen al llegar casi al centro de Montauk y al pequeño lago Fort Pond, 3 km al este está el lago Montauk, que en realidad es una gran ensenada con una sucesión de puertos deportivos en la orilla. Y 5 km más allá empieza Montauk Point State Park, que cuenta con el faro de Montauk Point (☎631-668-2544; www.montauklighthouse.com; 2000 Montauk Hwy; adultos/niños 10/4 US$; ⊙10.30-17.30 verano, reducida resto del año), activo desde 1796.

🛏 Dónde dormir

Hither Hills State Park
CAMPING **$**

(☎631-668-2554; www.nysparks.com; 164 Old Montauk Hwy; parcelas laborables/fin de semana 56/64 US$, reserva 9 US$) En estas dunas entre pasarelas de madera hay 168 parcelas para tiendas y autocaravanas; imprescindible reservar por internet.

Ocean Resort Inn
HOTEL **$$**

(☎631-668-2300; www.oceanresortinn.com; 95 S Emerson Ave; h/ste desde 135/185 US$; ❄🐾) Todas las habitaciones de este pequeño hotel en forma de L dan a un gran porche o a un balcón. Está a un paseo de la playa y de la población.

Sunrise Guesthouse
PENSIÓN **$$**

(☎631-668-7286; www.sunrisebnb.com; 681 Old Montauk Hwy; h 130 US$, ste 195 US$; ❄🐾) Una gran opción clásica, unos kilómetros al oeste, con la playa al otro lado de la carretera.

🍴 Dónde comer y beber

Lobster Roll
PESCADO **$$**

(1980 Montauk Hwy, Amagansett; principales 14-28 US$; ⊙11.30-22.00 verano) El cartel de "Lunch" junto a la carretera, al oeste de Montauk, señala el sitio donde se sirven almejas y langostas desde 1965.

Cyril's Fish House
PESCADO **$$**

(2167 Montauk Hwy, Amagansett; principales 15-22 US$; ⊙11.00-19.00 verano) Marisquería que es casi un recinto de fiestas al aire libre en las que triunfan sus bananas coladas de Bailey (o BBC).

★ Westlake Fish House
PESCADO **$$**

(☎631-668-3474; 352 W Lake Dr; principales 21-36 US$; ⊙12.00-21.00 ju-do, hasta 22.00 vi y sa; 🖈) En el puerto deportivo del mismo nombre, es un lugar estupendo para comer pescado y marisco del día.

Montauket
BAR

(88 Firestone Rd; ⊙desde 12.00 ju-do) Los expertos coinciden en que es el mejor lugar para ver la puesta de sol en Long Island.

North Fork e isla de Shelter

La península que se extiende al norte de Long Island, North Fork, es conocida por sus granjas y sus bucólicos viñedos –aunque los fines de semana pueden atraer a ruidosos turistas que van de ruta por las bodegas–. Aun así, la Rte 25, carretera principal que atraviesa Jamesport, Cutchogue y Southold, es bonita y está rodeada de granjas.

La mayor población es Greenport, lugar tranquilo con barcos de pesca, historia ballenera y un viejo tiovivo en Harbor Front Park. Es un lugar recogido y fácil de recorrer a pie desde la estación de LIRR. Si se va en coche, se puede seguir hasta Orient y el Orient Beach State Park (☑631-323-2440; 40000 Main Rd, Orient; automóvil 8 US$; ⊙desde 8.00 todo el año, natación solo jul-ago), península de playas limpias con una plácida bahía para remar.

Entre las dos penínsulas orientales de Long Island, como una pequeña perla entre un par de mandíbulas, se encuentra la isla de Shelter. North Ferry (☑631-749-0139; www.northferry.com; peatón 2 US$, con bicicleta 3 US$, con automóvil ida/ida y vuelta en el día 11/16 US$; ⊙cada 10-20 min 6.00-24.00) la comunica con Greenport, y South Ferry (☑631-749-1200; www.southferry.com; peatón 1 US$, con bicicleta 4 US$, vehículo y conductor ida/ida y vuelta en el día 14/17 US$; ⊙cada 15 min 6.00-1.30 jul-ago, hasta 24.00 sep-jun), con North Haven, cerca de Sag Harbor. La isla es como los Hamptons en versión reducida y más tranquila, pero con un toque de antiguo pueblo de pescadores. No dispone de mucho aparcamiento; en la larga playa de Crescent, por ejemplo, hay que pedir un permiso. Es un bonito lugar para recorrer en bici, si las colinas no son un problema. Al sur se encuentra la Mashomack Nature Preserve (☑631-749-1001; www.nature.org; Rte 114; ⊙9.00-17.00 mar-sep, hasta 16.00 oct-feb), de 810 Ha, estupenda para remar.

🛌 Dónde dormir y comer

Greenporter Hotel　　HOTEL-BOUTIQUE **$$**
(☑631-477-0066; www.greenporterhotel.com; 326 Front St, Greenport; h desde 199 US$; ❋🛜▣) Antiguo motel reformado, con paredes blancas y muebles de Ikea. Para la zona, sale a buen precio. Su restaurante Cuvée es muy bueno.

North Fork Table & Inn　　POSADA **$$$**
(☑631-765-0177; www.nofoti.com; 57225 Main Rd, Southold; h desde 250 US$) Destino predilecto de los sibaritas, con cuatro habitaciones y un excelente restaurante que usa productos frescos (menú 3 platos 75 US$), gestionado por alumnos del cotizado restaurante Gramercy Tavern de Manhattan.

Four & Twenty Blackbirds　　DULCES **$**
(☑347-940-6717; 1010 Village Ln, Orient; porción tarta 5 US$; ⊙8.00-18.00 mi-lu med may-sep) Sucursal de la gran pastelería de Brooklyn, con deliciosas tartas de frutas y chocolate.

Love Lane Kitchen　　ESTADOUNIDENSE MODERNA **$$**
(☑631-298-8989; 240 Love Ln, Mattituck; principales almuerzo 12-15 US$, cena 16-30 US$; ⊙8.00-21.30 ju-lu, 7.00-16.00 ma y mi) Popular restaurante en un calle agradable, con una carta

internacional a base de carnes y verduras de proximidad; se sirven hamburguesas, pero también garbanzos picantes y tajín de pato.

Claudio's　　PESCADO **$$$**
(☑631-477-0627; 111 Main St, Greenport; principales 25-36 US$; ⊙11.30-21.00 do-ju, hasta 22.00 vi y sa) Es una leyenda en Greenport, propiedad de la familia portuguesa Claudio desde 1870. Para picar algo, se recomienda el Claudio's Clam Bar, en el muelle cercano.

Valle del Hudson

Las vistas del río Hudson, al norte de la ciudad, sirvieron de inspiración a una corriente de pintura paisajista, la escuela del río Hudson, pero también atrajeron a muchas familias ricas, que se hicieron grandes fincas. Hoy hay granjas y parques visitados por amantes de la naturaleza y exurbanistas. Las poblaciones más próximas a Nueva York tienen aire suburbano y están más pobladas y comunicadas por el tren Metro-North; cuanto más al norte, más rural (y a veces despoblado) es el ambiente.

ℹ️ Cómo llegar y salir

La red de ferrocarril Metro-North (p. 110) sale de Grand Central, en Nueva York, y llega hasta Poughkeepsie; otra línea atraviesa Nueva Jersey y llega a Harriman. **Amtrak** (www.amtrak.com) también tiene parada en Rhinecliff (para ir a Rhinebeck), Poughkeepsie y Hudson. Para ir a New Paltz hay que tomar los autobuses de **Short Line** (☑212-736-4700; www.shortlinebus.com), que también ofrecen excursiones a Storm King.

Bajo Hudson

En Tarrytown y Sleepy Hollow, al este del Hudson, se encontrarán unas cuantas casas majestuosas, mientras que Beacon, antigua población industrial, se ha convertido en bastión del arte de vanguardia. Para disfrutar de la naturaleza, el pueblo de Cold Spring ofrece buenas excursiones por Bull Hill y otras pistas no lejos de la estación de trenes. Si se va en coche, se puede cruzar a la orilla oeste del Hudson y explorar el Harriman State Park (☑845-947-2444; www.nysparks.com; Seven Lakes Dr, Ramapo; aparcamiento automóvil 8 US$) y el contiguo Bear Mountain State Park (☑845-786-2701; www.nysparks.com; Palisades Pkwy, Bear Mountain; aparcamiento 8 US$ verano; ⊙8.00-anochecer), con vistas hasta Manhattan desde la cumbre, a 397 m.

⊙ Puntos de interés

Sunnyside EDIFICIO HISTÓRICO
(☎914-591-8763, lu-vi 914-631-8200; www.hudson
valley.org; 3 W Sunnyside Ln, Sleepy Hollow; adultos/
niños 12/6 US$; ⊗circuitos 10.30-15.30 mi-do may-
oct; 🅿) Original casa construida por Washington Irving, autor de relatos como *La leyenda
de Sleepy Hollow* y *Cuentos de la Alhambra*.
Los guías, vestidos como en el s. XIX, cuentan
interesantes anécdotas.

Kykuit EDIFICIO HISTÓRICO
(☎914-366-6900; www.hudsonvalley.org; 381 N
Broadway, Sleepy Hollow; circuitos adultos/niños
25/23 US$; ⊗circuitos variable may-ppios nov, ce-
rrado ma) La que fue residencia de verano de
los Rockefeller contiene una notable colección de arte moderno.

West Point EDIFICIO HISTÓRICO
(centro de visitantes Academia Militar; ☎845-938-
2638; www.usma.edu; 2107 N South Post Rd, West
Point; 1 h circuitos adultos/niños 14/11 US$; ⊗9.00-
16.45) Un autobús recorre esta famosa academia militar que forma oficiales desde 1802.
El museo (gratis) es imprescindible para los
apasionados del ejército.

Storm King Art Center GALERÍA
(☎845-534-3115; www.stormking.org; 1 Museum Rd,
New Windsor; adultos/niños 15/8 US$; ⊗10.00-17.30
mi-do abr-oct, hasta 16.30 nov) 🅿 Este parque
escultórico de 200 Ha, fundado en 1960,
contiene obras de Mark di Suvero, Andy
Goldsworthy y otros, todas ellas situadas en

ⓘ RUTA DE LOS APALACHES

La Appalachian Trail es una pista senderista que cubre un total de 628 km entre
Nueva York, Nueva Jersey y Pensilvania.
Se puede llegar a uno de los tramos
más accesibles por el **Harriman State
Park y el Bear Mountain State Park,**
con un terreno variado y no muy agota-
dor. La pista pasa cerca de la estación
Metro-North de Harriman (aunque allí
no hay más servicios). En Nueva Jersey, recorre la orilla este del **Delaware
Water Gap,** y la población homónima
(en Pensilvania) es un agradable lugar
para senderistas. La mayor parte de la
pista (370 km) discurre por Pensilvania,
donde llega a los Apalaches. Pasa al
norte del Dutch Country y unos 32 km al
oeste de **Gettysburg.**

posiciones estratégicas, aprovechando los
recovecos del terreno.

★ Dia Beacon GALERÍA
(Beacon; ☎845-440-0100; www.diaart.org; 3 Beekman St, Beacon; adultos/niños 12 US$/gratis; ⊗
11.00-18.00 ju-lu abr-oct, 11.00-16.00 vi-lu nov-mar)
Antigua fábrica que alberga monumentales
esculturas contemporáneas de artistas como
Richard Serra o Dan Flavin, así como instalaciones siempre diferentes y sorprendentes.

✗ Dónde comer

The Hop ESTADOUNIDENSE MODERNA **$$**
(☎845-440-8676; 554 Main St, Beacon; sándwiches
15 US$, principales 24-36 US$; ⊗12.00-22.00 mi-lu,
hasta 24.00 vi y sa) La cerveza y la sidra arte-
sanas son el principal atractivo de este local,
y las acompañan con quesos autóctonos y
consistentes creaciones como el Huff-n-Puff,
hamburguesa de cerdo con jamón y beicon.

**Blue Hill
at Stone Barns** ESTADOUNIDENSE MODERNA **$$$**
(☎914-366-9600; www.bluehillfarm.com; 630 Bed-
ford Rd, Pocantico Hills; precio fijo 218 US$; ⊗café
y granja 10.00-16.30 mi-do, restaurante 17.00-22.00
mi-sa, desde 13.00 do) 🅿 La granja del chef
Dan Barber le proporciona sus ingredientes
(también para su restaurante de Manhattan).
De día, los visitantes pueden pasear por los
campos; cuenta con una sencilla cafetería.

New Paltz

En la orilla oeste del Hudson, este enclave
hippie alberga un campus de la Universidad
Estatal de Nueva York, así como la histórica
Huguenot St, calle con una serie de casas
de piedra del s. XVIII. También es la puerta de
entrada a la cordillera de Shawangunk (los
Gunks), uno de los mejores lugares para practicar senderismo o escalada en roca al este
de EE UU, en especial en **Mohonk Preserve**
(☎845-255-0919; www.mohonkpreserve.org; 3197
Rte 55, Gardiner; pase diario senderista/escalador y
ciclista 12/17 US$; ⊗9.00-17.00) y **Minnewaska
State Park Preserve** (☎845-255-0752; www.
nysparks.com; 5281 Rte 44-55, Kerhonkson; vehículo
10 US$). Para alquilar equipo de escalada o
contratar monitores, contáctese con **Alpine
Endeavors** (☎877-486-5769; www.alpineendea
vors.com; Rosendale).

Para alojarse con estilo, se recomienda
Mohonk Mountain House (☎845-255-1000;
www.mohonk.com; 1000 Mountain Rest Rd; d todo
incl. desde 558 US$; ❄🛜♿🅿), castillo victoria-
no con una tarifa "todo incluido" que permite

practicar muy diversas actividades. Se puede visitar si se paga la comida (previa reserva) o una entrada (26/21 US$ adultos/niños por día, excepto laborables). En el otro extremo del espectro está el excelente **New Paltz Hostel** (☑845-255-6676; www.newpaltzhostel.com; 145 Main St; dc 30 US$, h desde 70 US$).

Poughkeepsie y Hyde Park

En **Poughkeepsie**, la mayor población del valle del Hudson, se encuentra Vassar, universidad que fue exclusivamente femenina hasta 1969, así como una sede de IBM –en su día la planta central donde se construyeron importantes ordenadores–. La mayoría de los visitantes se dirigen al norte, al bucólico **Hyde Park**, a visitar la residencia de Roosevelt, o "la otra CIA", el Culinary Institute of America, la escuela de cocina más prestigiosa del país. También tiene un **autocine** (☑845-229-4738; www.hydeparkdrivein.com; 4114 Albany Post Rd, Hyde Park; adultos/niños 9/6 US$; ⊙med abr-med sep) y la pista de patinaje **Roller Magic** (☑845-229-6666; www.hydeparkrollermagic.com; 4178 Albany Post Rd, Hyde Park; entrada 7 US$, alquiler patines 2 US$; ⊙19.00-22.30 vi, más 13.00-16.30 sa y do), donde compite el equipo local de *roller derby*.

☉ Puntos de interés

Walkway Over the Hudson PARQUE
(☑845-454-9649; www.walkway.org; 61 Parker Ave, Poughkeepsie; ⊙7.00-anochecer) Antiguo puente ferroviario sobre el Hudson convertido en el mayor puente peatonal del mundo –de 2 km– y en parque estatal.

Casa de Franklin D. Roosevelt EDIFICIO HISTÓRICO
(☑845-486-7770; www.nps.gov/hofr; 4097 Albany Post Rd, Hyde Park; adultos/niños 18 US$/gratis, solo museo 9 US$/gratis; ⊙9.00-17.00) FDR fue presidente durante tres legislaturas e instituyó leyes progresistas de largo alcance; también fue quien tomó la decisión de lanzar la bomba atómica en Japón para poner fin a la II Guerra Mundial. La visita a su casa, relativamente modesta teniendo en cuenta la riqueza de su familia, es interesante, pero en verano puede ser agobiante por la cantidad de gente que atrae.

Si es ese el caso, es mejor centrarse en su excelente museo, construido alrededor de la biblioteca privada del presidente, donde grabó su innovador programa de radio de "charlas junto a la chimenea". También se puede visitar **Val-Kill** (☑845-229-9422; www.nps.gov/elro; 54 Valkill Park Rd, Hyde Park; adultos/niños 10 US$/gratis; ⊙9.00-17.00 diario may-oct, ju-lu nov-abr), casita de campo de Eleanor Roosevelt.

Vanderbilt Mansion EDIFICIO HISTÓRICO
(☑877-444-6777; www.nps.gov/vama; 119 Vanderbilt Park Rd, Hyde Park; jardines gratis, circuitos adultos/niños 10 US$/gratis; ⊙9.00-17.00) La casita de verano de la familia Vanderbilt, magnates del ferrocarril, es un espectáculo *beaux arts* y conserva casi toda la decoración original.

🛏 Dónde dormir y comer

★ **Roosevelt Inn** MOTEL $
(☑845-229-2443; www.rooseveltinnofhydepark.com; 4360 Albany Post Rd, Hyde Park; h 85-115 US$; ⊙cerrado ene y feb) Motel de carretera limpísimo; sus habitaciones rústicas, con paneles de pino, son una ganga.

Journey Inn POSADA $$
(☑845-229-8972; www.journeyinn.com; 1 Sherwood Pl, Hyde Park; h 160-215 US$) Esta casa de campo, al otro lado de la carretera desde la Vanderbilt Mansion, ofrece habitaciones temáticas (Kioto, Toscana, Roosevelt) decoradas con gusto y un desayuno por encima de la media.

Bocuse FRANCESA MODERNA $$$
(☑845-451-1012; www.ciarestaurantgroup.com; 1946 Campus Dr, Hyde Park; principales 26-31 US$; ⊙11.30-13.00 y 18.00-20.30 ma-sa) Es uno de los excelentes restaurantes que gestionan los estudiantes del Culinary Institute of America. Sirve trufas tradicionales y otras cosas más llamativas, como el helado al nitrógeno líquido. El almuerzo sale a buen precio. Par picar algo, el **Apple Pie Cafe** (☑845-905-4500; sándwiches 10-15 US$; ⊙7.30-17.00 lu-vi).

Rhinebeck y Hudson

Subiendo por la orilla este del Hudson se llega a Rhinebeck, con una bonita calle principal. Por los alrededores hay granjas y viñedos, pero también están el **Omega Institute** (☑877-944-2002; www.eomega.org; 150 Lake Dr), centro holístico de salud y de yoga, y el Bard College, universidad de "artes liberales", por lo que los cafés de Rhinebeck suelen acoger interesantes conversaciones. Hudson, la población más septentrional del valle, sigue algo descuidada, pero ha sido parcialmente restaurada por una pequeña comunidad de artistas procedentes de Nueva York. En Warren St se pueden encontrar tiendas de antigüedades, de diseño, galerías y cafés.

◉ Puntos de interés

Old Rhinebeck Aerodrome MUSEO
(☎845-752-3200; www.oldrhinebeck.org; 9 Norton Rd, Red Hook; adultos/niños lu-vi 10/3 US$, exhibiciones adultos/niños 20/5 US$, vuelos 75 US$; ⊘ 10.00-17.00 may-oct, exhibiciones desde 14.00 sa y do) Alberga una colección de aviones antiguos (hasta 1909). Los fines de semana se puede presenciar un espectáculo aéreo o subir a un viejo biplano.

★Olana EDIFICIO HISTÓRICO
(☎518-828-0135; www.olana.org; 5720 Rte 9G, Hudson; circuitos adultos/niños 12 US$/gratis, recinto 5 US$/vehículo; ⊘recinto 8.00-anochecer diario, circuitos 10.00-16.00 ma-do may-oct, circuito autoguiado 14.00-17.00 sa) En cuanto a estética, es de las mejores mansiones del valle del Hudson, ya que el pintor paisajista Frederic Church diseñó hasta el último detalle, inspirándose en sus viajes por Oriente Próximo y las panorámicas del río.

⌂ Dónde dormir y comer

Wm Farmer and Sons PENSIÓN $$
(☎518-828-1635; www.wmfarmerandsons.com; 20 S Front St, Hudson; h desde 149 US$; ✳🐾) Antigua pensión entre rústica y chic, muy cerca de la estación de trenes y a un paseo de Warren St, con muebles toscos y bañeras con patas. El restaurante recibe muy buenas críticas.

Helsinki ESTADOUNIDENSE MODERNA $$
(☎518-828-4800; www.helsinkihudson.com; 405 Columbia St, Hudson; principales 13-25 US$; ⊘ 17.00-22.00 ju-ma) Esta cochera restaurada es una especie de club de encuentro para los artistas del valle. Tiene una sala donde tocan grupos de *rock*, *jazz* e incluso grandes bandas, y en el restaurante se sirven platos con ingredientes locales, como sus ensaladas de col rizada al ajo.

Catskills

Esta región montañosa al oeste del valle del Hudson alberga una mezcla de culturas, naturales y artificiales. La romántica imagen de los desfiladeros cubiertos de musgo y las cimas redondeadas que popularizaron los pintores de la escuela del río Hudson promovieron un movimiento de conservación; en 1894 se reformó la Constitución del estado para que miles de hectáreas quedaran protegidas como terreno boscoso salvaje.

En el s. xx, los Catskills se convirtieron en destino de verano de muchos judíos neoyorquinos de clase media. Todos los hoteles de la época cerraron ya, pero aún quedan comunidades judías en muchos pueblos, y también se ha conservado cierto ambiente *hippie* en numerosas granjitas. En la última década se han abierto establecimientos más sofisticados para los *hipsters* nostálgicos de la ciudad, que acuden a pasar el fin de semana. En otoño, es el lugar más próximo a Nueva York donde se pueden ver los árboles teñidos de espectaculares colores.

ℹ Cómo llegar y desplazarse

El coche es imprescindible; también hay que llevar mapa impreso, ya que en el entorno natural muchas veces no hay cobertura de móvil.

Hay algunos servicios de autobús: el más útil es el de **Trailways** (☎800-858-8555; www.trailways ny.com), que de Nueva York va a Kingston, Woodstock (28 US$, 3 h) y Phoenicia (32,25 US$, 3½ h).

Route 28 y alrededores

Esta carretera parte de la I-87 y pasa por el centro de los Catskills y por algunos de los mejores lugares donde comer y dormir en la zona. Antes de estrecharse, pasa por el refulgente **embalse de Ashokan**, una de las fuentes de agua potable de Nueva York. Entre bosques más densos está **Phoenicia**, pueblo de una sola calle, agradable para comer y darse un chapuzón en el arroyo.

En **Arkville** se puede girar al norte por la Rte 30 y atravesar **Roxbury**, luego girar al este por la Rte 23, que pasa por el colorido **Tannersville**, combinación única de esquiadores del cercano monte Hunter y de domingueros judíos ortodoxos. Unos kilómetros al este está la pista de 1,5 km que lleva a las **cascadas Kaaterskill**, las más altas del estado; la pista empieza junto a una curva cerrada de la Rte 23A.

🏃 Actividades

Town Tinker Tube Rental DEPORTES ACUÁTICOS
(☎845-688-5553; www.towntinker.com; 10 Bridge St, Phoenicia; cámara 15 US$/día, equipo incl. transporte 25 US$; 🚲) Alquilan todo lo necesario para montarse en un neumático y bajar por el agreste –¡y helado!– Esopus Creek.

Belleayre Beach NATACIÓN
(☎845-254-5202; 33 Friendship Manor Rd, Pine Hill; persona/automóvil 3/10 US$; ⊘10.00-18.00 med jun-Día del Trabajo, hasta 19.00 sa y do) A los pies de la estación de esquí de Belleayre está

este popular lago donde darse un baño refrescante.

🛏 Dónde dormir

Phoenicia Lodge
MOTEL $

(☎845-688-7772; www.phoenicialodge.com; 5987 Rte 28, Phoenicia; h desde 90 US$, casita desde 110 US$; ❄@🛜🐕) Clásico motel de carretera con paneles de madera en las habitaciones y una decoración de la década de 1950. Si se va en grupo se puede optar por un chalé o una suite.

★ Roxbury Motel
HOTEL-BOUTIQUE $$

(☎607-326-7200; www.theroxburymotel.com; 2258 County Rd 41, Roxbury; h 158-550 US$; ❄🛜) Cada habitación es una obra de arte: se puede dormir en una versión *glam* de la cueva de los Picapiedra, en la Ciudad Esmeralda de Oz o incluso en una tarta de nata de ensueño (aunque hay un par de habitaciones más normales por 100 US$). El desayuno es continental pero generoso, y hay un *spa*.

🍴 Dónde comer

★ Phoenicia Diner
ESTADOUNIDENSE $

(5681 Rte 28, Phoenicia; principales 9-12 US$; ☺7.00-17.00 ju-lu; 🅿) Este fabuloso restaurante de carretera es ideal para desayunar a cualquier hora o tomarse un contundente sándwich club o una hamburguesa.

Last Chance Cheese
ESTADOUNIDENSE $$

(☎518-589-6424; 6009 Main St, Tannersville; principales 9-20 US$; ☺11.00-24.00 vi y sa, hasta 21.00 do, hasta 16.00 lu) Institución con 40 años de antigüedad que es a un tiempo restaurante de carretera, tienda de golosinas y sala de conciertos. Las comidas son sustanciosas.

Peekamoose
ESTADOUNIDENSE MODERNA $$$

(☎845-254-6500; 8373 Rte 28, Big Indian; principales 20-36 US$; ☺16.00-22.00 ju-lu) Esta granja reformada es el mejor restaurante de los Catskills. Promociona los productos de la región desde hace más de una década. El comedor principal puede parecer algo austero; algunos clientes prefieren el bar, más acogedor.

Woodstock y Saugerties

El festival de música de 1969 en realidad se celebró en Bethel, a 1 h de aquí. No obstante, el pueblo de Woodstock aún conserva el espíritu de aquella época, con camisetas teñidas a mano y un ambiente de comuna por todas partes, desde la radio y el cine al mercado de abastos (en verano lo llaman "farm festival" y se celebra los miércoles). Saugerties,

MERECE LA PENA

EL OTRO WOODSTOCK

El **Bethel Woods Center for the Arts** (☎866-781-2922; www.bethelwoodscenter.org; 200 Hurd Rd; museo adultos/niños 15/6 US$; ☺museo 10.00-19.00 diario may-sep, 10.00-17.00 ju-do oct-abr), que acoge la Feria de Música y Arte de Woodstock –en la granja de Max Yasgur, a las afueras de Bethel–, está a 110 km del pueblo de Woodstock. Tiene un anfiteatro que acoge grandes conciertos en verano y un nostálgico museo sobre el movimiento *hippie* y la década de 1960.

apenas 11 km al este, no es tan pintoresco y, en comparación, recuerda a la gran ciudad, pero el faro, en un saliente sobre el Hudson, merece una visita.

Se puede ir de excursión a **West Saugerties** (para los aficionados al *rock,* lugar donde se encontraba la Big Pink, casa que hicieron famosa Bob Dylan and the Band) y allí tomar Platte Clove Rd (Cty Rd 16) al noroeste. Esos 11 km de curvas ofrecen uno de los panoramas más espectaculares de los Catskills. La carretera lleva cerca de Tannersville.

👁 Puntos de interés

Opus 40
PARQUE ESCULTÓRICO

(☎845-246-3400; www.opus40.org; 50 Fite Rd, Saugerties; adultos/niños 10/3 US$; ☺11.00-17.30 ju-do may-sep) A partir de 1938, el artista Harvey Fite trabajó casi cuatro décadas para convertir una cantera abandonada en una inmensa obra de arte natural, con paisajes, cañones y estanques.

Faro de Saugerties
FARO

(☎845-247-0656; www.saugertieslighthouse.com; 168 Lighthouse Dr, Saugerties; donativo sugerido circuitos adultos/niños 5/3 US$; ☺amanecer-anochecer, circuitos 12.00-15.00 do verano) GRATIS Una pista natural de 800 m lleva hasta esta construcción emblemática de 1869, en el punto en que el Esopus Creek se une al Hudson. También se ofrece alojamiento en el B&B del faro, que tiene dos habitaciones (225 US$), pero hay que reservar al menos con seis meses de antelación.

🛏 Dónde dormir y comer

White Dove Rockotel
POSADA $$

(☎845-306-5419; www.thewhitedoverockotel.com; 148 Tinker St, Woodstock; h 135-169 US$, ste 255-325 US$; 🛜) Un par de fans de Phish dirige esta casa victoriana pintada de violeta. Las cuatro habitaciones, listas para la fiesta, están decoradas con sicodélicos pósteres de conciertos, tocadiscos y antiguos vinilos.

Cucina ITALIANA $$
(☎845-679-9800; 109 Mill Hill Rd, Woodstock; principales 16-26 US$; ☺5.00-madrugada, desde 11.00 sa y do) Sofisticados platos italianos de temporada y *pizzas* finas y crujientes en una granja con una gran mesa comunitaria.

Lagos Finger

En el centro-oeste del estado, las montañas están surcadas por 11 lagos estrechos y largos como dedos. La región de los Finger es un lugar espléndido para disfrutar de la naturaleza, así como la principal zona vinícola del estado, con más de 80 viñedos.

ℹ Cómo llegar y desplazarse

La población principal es Ithaca. **Short Line** (www.coachusa.com; 710 W State St) tiene ocho salidas diarias desde Nueva York (53,50 US$, 5 h). El **aeropuerto regional Tompkins de Ithaca** (ITH; ☎607-257-0456; www.flyithaca.com; 1 Culligan Dr) tiene vuelos directos a Detroit, Newark y Filadelfia. Alquilar un coche puede ser más barato en Rochester o Siracusa.

Ithaca y lago Cayuga

En el extremo sur del lago Cayuga, Ithaca es un lugar idílico para universitarios y *hippie*, y la mayor población de la región. Cuenta con cines de arte y ensayo, buenos restaurantes y permite hacer excursiones por los cañones y cascadas cercanos. Es un buen destino y una práctica escala entre Nueva York y las cataratas del Niágara.

El centro de Ithaca es una calle peatonal llamada The Commons. Por encima, en una escarpada colina, está la Universidad de Cornell, una de las "ocho antiguas", fundada en 1865, con una pequeña calle comercial a la entrada del campus, en Collegetown. El recorrido en coche por la panorámica Rte 89 desde Ithaca hasta Seneca Falls, en el extremo norte del lago Cayuga, lleva 1 h más o menos.

Se consiguen mapas en el **centro de información Visit Ithaca** (☎607-272-1313; www.visitithaca.com; 904 E Shore Dr).

DE PRIMERA MANO

BODEGAS DE LOS LAGOS FINGER

Con su clima fresco y su corta temporada de maduración, la región de los Finger recuerda el valle alemán del Rin y, del mismo modo, su especialidad son los blancos secos como los Riesling. Hay más de 80 bodegas, con lo que es fácil pasar el día de catas. Vale la pena llevarse algo de pícnic, pues no hay muchos sitios donde comer.

Lagos Cayuga y Seneca

Lucas Vineyards (www.lucasvineyards.com; 3862 Cty Rd 150, Interlaken; ☺10.30-18.00 junago, hasta 17.30 lu-sa sep-may) Una de las pioneras de la región.

Sheldrake Point Winery (www.sheldrakepoint.com; 7448 Cty Rd 153, Ovid; ☺10.00-17.30 abr-oct, 11.00-17.00 vi-lu nov-mar) Vistas al lago y varios chardonnay premiados.

Hazlitt 1852 Vineyards (5712 Rte 414, Hector; ☺11.00-17.00) De larga tradición, con un pinot noir que no falla.

Lago Keuka

Keuka Spring Vineyards (www.keukaspringwinery.com; 243 E Lake Rd, Penn Yan; ☺10.00-17.00 abr-nov, solo sa y do dic-mar) Al sur de Penn Yan, muy popular, con un ambiente pastoril.

Dr. Konstantin Frank (www.drfrankwines.com; 9749 Middle Rd, Hammondsport; ☺9.00-17.00 lu-sa, desde 12.00 do) Sobresale el rkatsiteli, un blanco ácido y floral.

Keuka Lake Vineyards (www.klvineyards.com; 8882 Cty Rd 76, Hammondsport; ☺10.00-17.00 may-nov, solo vi-do dic-abr) Hay que probar el vignoles.

⊙ Puntos de interés y actividades

La exploración de las gargantas de Ithaca puede iniciarse en la población, en la **Cascadilla Gorge,** por una pista que empieza a unas manzanas de The Commons y asciende hasta el campus. También se puede ir al norte, hasta **Taughannock Falls State Park** (☎607-387-6739; www.nysparks.com; 1740 Taughannock Blvd, Trumansburg; automóvil 7 US$), y ahí alquilar una canoa para surcar el lago, o a **Buttermilk Falls State Park** (☎607-273-5761; www.nysparks.com; 112 E Buttermilk Falls Rd; automóvil 7 US$) y **Robert H Treman State Park** (☎607-273-3440; www.nysparks.com; 105 Enfield Falls Rd; automóvil 7 US$), ambos al sur. En todos hay imponentes cascadas, zonas de acampada y lugares donde bañarse en verano. Los amantes de los pájaros preferirán **Sapsucker Woods** (☎800-843-2473; www.birds.cornell.edu; 159 Sapsucker Woods Rd; ⊙centro visitantes 8.00-17.00 lu-ju, hasta 16.00 vi, 9.30-16.00 sa, solo 11.00-16.00 do abr-dic) GRATIS, gestionado por el reconocido departamento de ornitología de Cornell.

Herbert F. Johnson Museum of Art MUSEO
(☎607-255-6464; www.museo.cornell.edu; 114 Central Ave; ⊙10.00-17.00 ma- do) GRATIS Este brutal edificio de I. M. Pei contiene una colección ecléctica, abigarrada pero agradablemente dispuesta por las paredes, que incluye desde tallas medievales hasta obras modernas. Desde el balcón hay buenas vistas y, al pie de la colina de atrás, discurre el Fall Creek, con un pintoresco puente.

Sciencenter MUSEO
(☎607-272-0600; www.sciencenter.org; 601 1st St; adultos/niños 8/6 US$; ⊙10.00-17.00 ma-sa, desde 12.00 do; ⊛) Museo para niños en el que el concepto de ciencia abarca desde el compost al minigolf.

Women's Rights National Historical Park MUSEO
(☎315-568-0024; www.nps.gov/wori; 136 Fall St, Seneca Falls; ⊙9.00-17.00 mi-do) GRATIS En la tranquila población posindustrial de Seneca Falls se encuentra la capilla donde Elizabeth Cady Stanton y sus amigas declararon en 1848 que "todos los hombres y las mujeres son creados iguales", en lo que fue el primer paso hacia el sufragio universal. El museo narra la historia.

🛏 Dónde dormir

Quizá debido a la prestigiosa escuela de hostelería de Cornell, los alojamientos de la zona suelen ser excelentes pero, salvo una excepción, nada baratos. Para no gastar, es preferible alojarse en el lago Keuka.

Hillside Inn HOTEL $
(☎607-272-9507; www.hillsideinnithaca.com; 518 Stewart Ave; h desde 69 US$; ⊛🐾) Algo viejo, con una distribución extraña, pero acogedor y muy cerca del campus (aunque desde The Commons hay una buena cuesta).

Frog's Way B&B PENSIÓN $
(☎607-592-8402; www.frogsway-bnb.com; 211 Rachel Carson Way; h 100 US$; 🐾) 🍃 Alojamiento 'verde' en EcoVillage, comunidad planificada al oeste de la población. Hay un baño por cada dos habitaciones; el desayuno es ecológico y los ingredientes, autóctonos.

⭐**William Henry Miller Inn** B&B $$
(☎607-256-4553; www.millerinn.com; 303 N Aurora St; h desde 195 US$; ⊛🐾) Mansión histórica elegante y regia a unos pasos de The Commons, con habitaciones lujosas –tres tienen *jacuzzi*– y un desayuno *gourmet*.

Buttonwood Grove Winery CABAÑA $$
(☎607-869-9760; www.buttonwoodgrove.com; 5986 Rte 89, Romulus; h 140 US$; ⊙abr-nov; 🐾) La bodega alquila cuatro confortables cabañas, todas con vistas al lago. Un lugar apartado y con un toque rústico donde contemplar las estrellas por la noche.

Inn on Columbia POSADA $$
(☎607-272-0204; www.columbiabb.com; 228 Columbia St; h desde 195 US$; ⊛🐾🐾) Conglomerado de varias casas en una tranquila zona residencial, con un estilo fresco y moderno.

🍴 Dónde comer y beber

En North Aurora St, al sur de Seneca St, cerca de The Commons, hay muchos restaurantes con terraza. El **mercado de abastos** (☎607-273-7109; www.ithacamarket.com; 545 3rd St; ⊙abr-dic) de Ithaca es el más destacado de la región; véanse los horarios en la web. Aquí no solo el vino es bueno: se puede tomar café en la minicadena local Gimme! Coffee, un mate argentino en **Mate Factor** (143 E State St; principales 8 US$; ⊙9.00-21.00 lu-ju, hasta 15.00 vi, desde 12.00 do) e incluso algo con un toque polinesio en el **Sacred Root Kava Lounge** (☎607-272-5282; 139 W State St; ⊙16.00-24.00 lu-sa).

Ithaca Bakery DELI $
(☎607-273-7110; 400 N Meadow St; sándwiches 9 US$; ⊙6.00-20.00) Espléndida selección de

MERECE LA PENA

CORNING

Se encuentra 1 h al suroeste de Ithaca en coche y es conocido por la Corning Glass Works, empresa que los estadounidenses asocian con los recios platos Corningware, pero que ahora elabora varios productos industriales de categoría. El **Corning Museum of Glass** (📞800-732-6845; www.cmog.org; 1 Museum Way; adultos/niños 18 US$/gratis; ⏰9.00-17.00, hasta 20.00 Día de los Caídos-Día del Trabajo; 🏫), presenta el vidrio como arte y como ciencia, y lo ilustra con demostraciones de soplado y talleres para hacerse uno mismo objetos de vidrio. Junto al río, en el antiguo ayuntamiento, está el **Rockwell Museum of Western Art** (📞607-937-5386; www.rockwellmuseum.org; 111 Cedar St; adultos/niños 10 US$/gratis; ⏰9.00-17.00, hasta 20.00 verano; 🏫), variada colección que incluye desde cerámica hasta obras de los nativos americanos. Tiene un tamaño asequible, y el billete combinado con el museo del vidrio (25 US$) facilita la visita.

Corning es un pueblo bonito y dinámico, debido a que alberga la sede de la marca. Por Market St, a la altura del Rockwell Museum, se puede tomar café, picar algo o hacer alguna compra.

pastas saladas, *smoothies,* bocadillos y comida preparada para un público muy variado. Ideal para preparar un pícnic.

Glenwood Pines　　　　HAMBURGUESERÍA **$**
(📞607-273-3709; 1213 Taughannock Blvd; hamburguesas 6 US$; ⏰11.00-22.00) Si tras la excursión a las cascadas Taughannock aprieta el hambre, en este restaurante de carretera se encontrarán buenas hamburguesas.

★**Moosewood Restaurant**　　VEGETARIANA **$$**
(📞607-273-9610; www.moosewoodcooks.com; 215 N Cayuga St; principales 8-18 US$; ⏰11.30-21.00; 🖊) Este restaurante casi legendario, fundado en 1973, está gestionado por una cooperativa. Tiene un aire elegante, con una carta global y licencia para vender todo tipo de alcohol.

**Felicia's Atomic
Lounge & Cupcakery**　　　COCTELERÍA
(📞607-273-2219; 508 W State St; ⏰12.00-24.00 ma-ju, hasta 1.00 vi, 10.30-1.00 sa, hasta 23.00 do) Prepara un *brunch* supercreativo con ingredientes locales los fines de semana; por la noche ofrece cócteles, tentempiés y música en directo.

Lagos Seneca y Keuka

Geneva es un pueblo bonito en el extremo norte del lago Seneca, muy animado gracias a la población de estudiantes de las Universidades Hobart y William Smith. En South Main St se encontrarán impresionantes casas de principios de s. xx, y la restaurada **Smith Opera House** (📞315-781-5483; www.thesmith. org; 82 Seneca St), de 1894, teatro con una animada cartelera.

Al oeste está el lago Keuka, con forma de Y, bordeado por dos pequeños parques estatales que hacen que se mantenga bastante limpio; es un gran destino para la pesca de la trucha. El pueblo más bonito para los visitantes es **Hammondsport,** pequeño y encantador, en el extremo suroeste. Por el viejo canal del extremo norte discurre una rústica pista ciclista hasta el lago Seneca.

🛏 Dónde dormir

Keuka Lakeside Inn　　　　MOTEL **$$**
(📞607-569-2600; www.keukalakesideinn.com; 24 Water St, Hammondsport; h 120 US$; ❋🐾) Es un sencillo edificio moderno carente de encanto, pero lo compensa con su ubicación, al borde del agua. Las 17 habitaciones han sido renovadas recientemente y tienen un aire fresco.

Belhurst Castle　　　　　POSADA **$$**
(📞315-781-0201; www.belhurst.com; 4069 West Lake Rd, Geneva; h 160-295 US$; ❋🐾) Impresionante construcción de la década de 1880, a orillas del lago, con un interesante interior y espléndidas vistas. Las mejores habitaciones de la mansión principal tienen vidrieras, muebles antiguos y chimenea. Su restaurante Stonecutter's ofrece música en directo los fines de semana. Celebran muchas bodas, así que hay que reservar con tiempo.

🍴 Dónde comer y beber

★**Stonecat**　　　　ESTADOUNIDENSE **$$$**
(📞607-546-5000; 5315 Rte 414, Hector; principales 23-31 US$; ⏰12.00-15.00 y 17.00-21.00 mi-sa, desde 10.30 do may-oct) Este gran restaurante en el extremo sureste del lago Seneca tiene un aire informal, pero es muy serio en lo importante:

un servicio impecable, buenos ingredientes de la región y excelentes vinos y cócteles. El *brunch* del domingo, con suave música en directo y platos como huevos Benedict con confit de pato, es muy popular, al igual que el menú de picoteo de los miércoles.

Microclimate   BAR DE VINOS
(315-787-0077; 38 Linden St, Geneva; 17.00-22.00 do y lu, 16.30-24.00 mi y ju, hasta 1.00 vi y sa) Agradable vinatería donde se pueden catar y comparar los varietales de la región con sus homólogos internacionales.

Montes Adirondacks

Los Adirondack no serán tan altos y espectaculares como las montañas del oeste del país, pero lo compensan con una gran extensión: 24 280 km², desde el centro del estado hasta la frontera canadiense. Y con 46 picos de más de 1200 m de altura, es una de las regiones más agrestes de la costa este. Al igual que los Catskills, al sur, gran parte del denso bosque de los Adirondacks está protegido, y es un lugar estupendo para ver los colores del otoño, hacer excursiones, practicar el remo, la acampada, la pesca o la navegación en lancha por los lagos más grandes.

ℹ️ Cómo llegar y desplazarse

Greyhound (800-231-2222; www.greyhound.com) y **Trailways** (800-858-8555; www.trailwaysny.com) llevan a varias poblaciones de la zona, aunque para explorarla a fondo es esencial el coche. **Amtrak** (www.amtrak.com) tiene un servicio diario a Ticonderoga (68 US$, 5 h) y Westport (68 US$, 6 h), en el lago Champlain, con una conexión en autobús a Lake Placid (93 US$, 7 h); una vez allí, se puede tomar la lanzadera del pueblo para las diferentes actividades.

Lago George

La puerta de entrada a los Adirondacks es una población turística con pasajes comerciales y patines para surcar las cristalinas aguas del lago, de 51 km de longitud. Por toda la Rte 9, hasta el pueblo de **Bolton Landing,** hay hotelitos y minirresorts; uno agradable y antiguo, a orillas del lago, es **Lake Crest Inn** (518-668-3374; www.lakecrestinn.com; 376 Canada St; h desde 119 US$; ✳️🛜🐾), con habitaciones limpias de aire clásico. En **Saltwater Cowboy** (518-685-3116; 164 Canada St; principales 11-28 US$; ⏰ 11.00-21.00) sirven un pescado frito perfecto y enormes rollitos de langosta.

Una gran atracción en la zona son las magníficas **zonas de acampada** (800-456-2267; www.dec.ny.gov/outdoor; parcelas tienda 28 US$) de las numerosas islas del lago, apartadas de todo. Habrá que reservar con antelación y alquilar una lancha. Si se va en canoa, es mejor acampar al sur de los Narrows, a 1 o 2 h remando desde Bolton Landing, y escoger un día entre semana, cuando el tráfico de las lanchas es menor.

Lake Placid

Este turístico pueblecito es sinónimo de deportes de invierno –albergó las Olimpiadas de Invierno de 1932 y 1980–. Aún hay atletas de élite que entrenan aquí; el resto de los mortales puede subirse a *bobsleigh,* practicar el patinaje de velocidad y mucho más. El lago Mirror (el más importante) crea una capa de hielo suficiente para el patinaje y para el uso de trineos con o sin perros. En verano, Lake Placid es un lugar agradable y la capital oficiosa de la región de los High Peaks (altas cumbres) de los Adirondacks. Hay buenas rutas senderistas por la zona, por ejemplo en la Rte 73 hacia **Keene:** en el Cascade Pass empieza una pista de 3,5 km hasta el Cascade Peak.

🎯 Puntos de interés y actividades

Olympic Center   ESTADIO
(Olympic Museum; taquilla 518-523-3330, museo 518-302-5326; www.whiteface.com; 2634 Main St; museo adultos/niños 7/5 US$, espectáculos patinaje adultos/niños 10/8 US$; 10.00-17.00, espectáculo 16.30 vi, 19.00 sa; 👶) En este estadio de *hockey,* en 1980, el equipo estadounidense ganó por primera vez a los imbatibles soviéticos. El museo cubre este y otros triunfos olímpicos. Los viernes y sábados de todo el año suele haber espectáculos de patinaje sobre hielo.

Whiteface Mountain Toll Road   MONTAÑA
(Veterans Memorial Hwy; www.whiteface.com; Cty Rd 18; automóvil con conductor 11 US$, pasajero 8 US$; 8.45-17.30 jul-med oct, solo sa y do may-jun) El Whiteface es el único pico de los Adirondacks al que se puede llegar en coche. En la cumbre hay un mirador a modo de castillo con una cafetería. Si está rodeado de nubes, la ascensión puede resultar incómoda, pero

INDISPENSABLE

MUSEOS LOCALES

Adirondack Museum (☎518-352-7311; www.adkmuseum.org; 9097 Rte 30, lago Blue Mountain ; adultos/niños 18/6 US$; ☉10.00-17.00 fin may-med oct; ⊞) Este museo, repartido en 12 Ha, presenta creativas exposiciones sobre historias humanas de las montañas, relacionadas con la minería, la tala e insólitos ermitaños y turistas victorianos. Se le podría dedicar media jornada.

Wild Center (☎518-359-7800; www.wildcenter.org; 45 Museum Dr, Tupper Lake; adultos/niños 20/13 US$; ☉10.00-18.00 fin may-ppios sep, hasta 17.00 sep-med oct, hasta 17.00 vi-do may; ⊞) Museo interactivo, dedicado a los ecosistemas de la zona. Tiene desde ranas exóticas a nutrias vivas. En el exterior, un sendero va al río y, desde el 2015, cuenta con el Wild Walk, una serie de plataformas y puentes en las copas de los árboles con estupendas vistas. Las entradas son más baratas en temporada baja; si también se ha visitado el Adirondack Museum, con el recibo se tendrá un descuento de 2 US$.

Great Camp Sagamore (Sagamore Institute; ☎315-354-5311; www.greatcampsagamore.org; Sagamore Rd, Raquette Lake; circuitos adultos/niños 16/8 US$; ☉variable fin may-med oct) Los "Great camps", grandes complejos de cabañas de troncos construidos por familias ricas, eran un sistema de vacaciones popular en los Adirondacks. Muchos se han convertido en campamentos infantiles, pero este, antigua residencia de los Vanderbilt al oeste del macizo montañoso, ofrece visitas guiadas, talleres y fines de semana de temática histórica.

cuando la niebla desaparece la panorámica de 360º es impresionante.

Deportes olímpicos

Una de las grandes atracciones de Lake Placid es poder jugar como un olímpico (o simplemente ver entrenar a los atletas). Casi todas las actividades las gestiona la estación de esquí **Whiteface Mountain** (☎518-946-222; www.whiteface.com; 5021 Rte 86, Wilmington; forfait diario adultos/niños 89/57 US$), donde se celebraban las competiciones olímpicas de esquí, aunque puedan distribuirse por otros puntos. Se puede cubrir media milla en 'bobsleigh' (90 US$) o hacer un biatlón modificado (esquí nórdico y tiro; 55 US$). Un grupo privado alquila equipo y organiza clases de patinaje de velocidad (20 US$) en el Olympic Center. Muchos deportes se adaptan al verano –p. ej., *bobsleigh* sobre ruedas–. A los más deportistas quizá les convenga comprarse el billete combinado Whiteface's Olympic Sites Passport (35 US$), que da acceso a diversas instalaciones (como la torre de saltos de esquí) y descuentos en algunas actividades.

🛏 Dónde dormir y comer

★**Adirondack Loj**   REFUGIO **$**
(☎518-523-3441; www.adk.org; 1002 Adirondack Loj Rd; dc/h 60/169 US$) El Adirondack Mountain Club gestiona este refugio rústico a orillas

del lago Heart. También hay cabañas y cobertizos, y se encontrarán senderos en todas direcciones.

Hotel North Woods   HOTEL HISTÓRICO **$$**
(☎518-523-1818; www.hotelnorthwoods.com; 2520 Main St; h desde 140 US$; ⊞⊠) El hotel más antiguo de Lake Placid sufrió una reforma integral en el 2015. Sus habitaciones, entre modernas y rústicas, son elegantes y tienen vistas al lago o balcones al bosque.

ADK Corner Store   SÁNDWICHES **$**
(☎518-523-1689; 188 Newman Rd; sándwiches desde 4 US$; ☉5.30-21.00) Estupendos bocadillos para desayunar antes de iniciar una excursión.

★**Chair 6**   ESTADOUNIDENSE MODERNA **$$$**
(☎518-523-3630; 5993 Sentinel Rd; desayunos 12 US$, principales cena 26-34 US$, menú 5 platos 60 US$; ☉8.00-21.00 mi-lu) Local muy pequeño pero con mucho sabor: desde empanadillas de venado para cenar a tortitas de boniato al desayuno.

Saranac Lake

Este pueblo, a un paseo en coche desde Lake Placid, no es tan turístico y da una mejor impresión de lo que es la vida en los Adirondacks. **St Regis Canoe Outfitters** (☎518-891-1838; www.canoeoutfitters.com; 73 Dorsey St) ofrece equipo, mapas y consejos para quien quiera explorar los prístinos lagos del norte; incluso se puede hacer una ruta combinada en canoa y tren con el **Adirondack Scenic Railroad** (☎800-819-2291; www.adirondackrr.com; 42 Depot St; ida y vuelta a Lake Placid adultos/niños 19/11 US$). La población nació a principios del s. xx como retiro para tuberculosos y conserva su rústica –aunque algo descuidada– calle principal. El regio **Hotel Saranac** (www.hotelsaranac.com; 100 Main St) puede ser un buen alojamiento, pero en el 2015 estaban reformándolo. Quien prefiera la naturaleza puede reservar plaza en el excelente **White Pine Camp** (☎518-327-3030; www.whitepine camp.com; 432 White Pine Rd, Paul Smiths; h desde 165 US$, bungalós desde 315 US$), 22 km al norte, en el Osgood Pond, uno de los mejores lugares para alojarse en los Adirondacks.

Lago Champlain

Este lago de 201 km separa el estado de Nueva York de Vermont. La hermosa carretera que recorre su orilla este es una gran ruta de camino a Lake George.

Puntos de interés y actividades

Fort Ticonderoga FUERTE
(☎518-585-2821; www.fortticonderoga.org; 100 Fort Ti Rd; adultos/niños 19,50/8 US$; ⊙9.30-17.00 med may-med oct) En 1775, durante la Guerra de Independencia, los Green Mountain Boys arrebataron este fuerte a los británicos. Ahora, gracias a las visitas guiadas con disfraces y representaciones, al museo y a los senderos, se le puede dedicar un día entero.

Crown Point State Historic Site FUERTE
(☎518-597-4666; www.nysparks.com; 21 Grandview Dr, Crown Point; museo adultos/niños 4 US$/gratis; ⊙recinto 9.00-18.00, museo 9.30-17.00 ju-lu may-med oct) En un espectacular promontorio donde se estrecha el lago Champlain, se levantan dos grandes fuertes del s. XVIII.

Ausable Chasm ACCIDENTE NATURAL
(☎518-834-7454; www.ausablechasm.com; 2144 Rte 9, Ausable; adultos/niños senderismo 18/10 US$, rafting 12/10 US$; ⊙9.00-16.00, hasta 17.00 verano, hasta 15.00 dic-mar; 👶) Esta hendidura de 3 km de longitud se puede explorar a pie o haciendo *rafting*, una opción estupenda con niños. Frente al aparcamiento hay un museo gratuito sobre la red de galerías usadas en el pasado por los esclavos para huir a territorios libres.

Dónde dormir y comer

Essex Inn POSADA $$$
(☎518-963-4400; www.essexinnessex.com; 2297 Main St, Essex; h desde 250 US$; 👶🐾) Establecimiento bicentenario con mucho encanto. Las habitaciones tienen muebles de época, hay un amplio porche y jardín trasero. Su restaurante Room 12 es excelente.

Wind-Chill Factory HELADERÍA $
(☎518-585-3044; 794 Rte 9N, Ticonderoga; hamburguesas desde 5 US$, helados desde 3 US$; ⊙11.00-20.00 en temporada) Humilde heladería con sabores frescos que también sirve hamburguesas de carne de la región.

Islas Thousand

Para los neoyorquinos de ciudad, esta región es el lugar de origen de la salsa "mil islas" hecha con kétchup, mayonesa y *relish,* aunque en realidad es un territorio magnífico a orillas del río San Lorenzo, con más de 1800 islas de diferentes tamaños. Aquí eran muy evidentes las diferencias sociales, pero ahora es un lugar más popular. A su favor tiene las bellas puestas de sol, los alojamientos a buen precio y el exótico sonido de la radio canadiense. En su contra, los enormes mosquitos: hay que llevar repelente en abundancia.

Donde el río desemboca en el lago Ontario está el pueblo de **Cape Vincent,** de origen francés, con el **faro de Tibbetts Point,** de 1854. **Clayton,** 24 km al este por la ruta litoral (Rte 12), tiene una bonita calle principal y varios restaurantes agradables. Más al este aún está **Alexandria Bay** (Alex Bay), principal centro turístico de la zona. Clayton es el lugar más atractivo para alojarse, pero si se va con niños es mejor Alex Bay, ya que ofrece atracciones como el minigolf y el **autocine** (☎315-482-3874; www.baydrivein.com; Rte 26; adultos/niños 6/2 US$; ⊙vi-do; 👶). En ambas poblaciones hay operadores que ofrecen salidas en barco similares, entre ellos **Clayton Island Tours** (☎315-686-4820; www.claytonis landtours.com; 39621 Chateau Ln, Clayton; circuito 2 h adultos/niños 22/12 US$) y **Uncle Sam Boat Tours** (☎315-482-2611; www.usboattours.com; 45 James St, Alexandria Bay; circuito 2 h adultos/niños 22/11 US$).

Cómo llegar y desplazarse

JetBlue (☎1-800-538-2583; www.jetblue.com) tiene vuelos de Nueva York al aeropuerto internacional de Hancock (SYR), en Siracusa, donde se puede alquilar un coche.

⊙ Puntos de interés y actividades

★ Boldt Castle   CASTILLO
(☎800-847-5263; www.boldtcastle.com; Heart Island; adultos/niños 8,50/6 US$; ◷10.00-18.30 med may-med oct) Esta joya neogótica fue parcialmente construida por George C. Boldt, inmigrante prusiano que se colocó entre las clases más altas al dirigir el hotel Waldorf-Astoria de Manhattan a finales del s. XIX. Su esposa murió de pronto durante la construcción y el proyecto quedó abandonado. Una planta se completó siguiendo el proyecto de Boldt; el resto es un monumento fantasmagórico. Se accede en barco (precio no incl.) desde Clayton o Alexandria Bay.

Singer Castle   CASTILLO
(☎877-327-5475; www.singercastle.com; Dark Island; adultos/niños 14,25/6,25 US$; ◷10.00-16.00 med may-med oct) Este castillo, lleno de pasajes secretos y puertas ocultas, recibe menos visitas, lo cual es una ventaja en verano, cuando Boldt Castle puede llenarse. Se puede pasar la noche en el dormitorio principal (¡700 US$!). Los barcos de Uncle Sam comunican con Alex Bay; también se puede llegar con Schermerhorn Harbor (☎315-324-5966; www.schermerhornharbor.com; 71 Schermerhorn Landing, Hammond).

Antique Boat Museum   MUSEO
(☎315-686-4104; www.abm.org; 750 Mary St, Clayton; adultos/niños 14 US$/gratis; ◷9.00-17.00 med may-med oct; ⊕) Este museo permite remar en viejos esquifes mientras se aprende algo sobre ellos. También se puede visitar la lujosa casa-barco de George Boldt, de 1903; hay que reservar plaza con antelación.

Wellesley Island State Park   ESPACIO ABIERTO
(☎315-482-2722; www.nysparks.com; 44927 Cross Island Rd, Fineview; playa 7 US$; ◷todo el año; natación 11.00-19.00 jul-ago) GRATIS Se trata básicamente de un poblado flotante de 1052 Ha, unido a la costa por el puente internacional de las islas Thousand (peaje 2,75 US$). El parque está lleno de fauna y flora y cuenta con un centro natural, una bonita playa para nadar y excelentes opciones para acampar a la orilla o alojarse en cabañas y chalés.

⊨ Dónde dormir y comer

★ Wooden Boat Inn   MOTEL $
(☎315-686-5004; www.woodenboatinn.com; 606 Alexandria St, Clayton; h desde 89 US$, barco 175

US$; ✻🖥🛜) Sus seis habitaciones salen muy a cuenta, pero los amantes de la navegación deberían optar por la trainera de 11 m amarrada en la orilla.

HI Tibbetts Point Lighthouse   ALBERGUE $
(☎315-654-3450; www.hihostels.com; 33439 Cty Rte 6, Cape Vincent; dc 30 US$, h desde 65 US$; ◷jul-med sep) La casa del farero es ahora un albergue bien cuidado de solo 18 camas, que debe reservarse con tiempo.

Otter Creek Inn   MOTEL $
(☎315-482-5248; www.ottercreekinnabay.com; 2 Crossmon St Extension, Alexandria Bay; h desde 95 US$; ✻🖥🛜) Este motel, a veces bullicioso, está frente a una tranquila bahía, apartado del centro del pueblo.

Lyric Coffee House   CAFÉ $$
(☎315-686-4700; 246 James St, Clayton; principales 7-20 US$; ◷8.00-17.00, hasta 20.00 vi y sa verano, solo sa-lu invierno; 🛜) Esté café supone una agradable alternativa a las hamburguesas y barbacoas típicas de la zona, con pasteles, bocadillos y platos del día como la terrina de pato; los viernes y sábados a veces hay música en directo.

Oeste de Nueva York

En esta región, la actividad suele concentrarse en Buffalo, la segunda ciudad del estado, con unos 250 000 habitantes. El primer motor de su desarrollo fue la energía hidroeléctrica de las cataratas del Niágara y el canal de Erie, que comunicaba los Grandes Lagos con el océano Atlántico. Las cataratas ahora tienen más éxito como destino turístico, con 12 millones de visitantes al año.

Buffalo

Los inviernos son largos y fríos, y los edificios industriales abandonados salpican el panorama urbano, pero Buffalo mantiene un ambiente cálido con su vibrante comunidad creativa y su orgullosa identidad. Los franceses fundaron la ciudad en 1758 y se cree que el nombre derivó de *beau fleuve* (bello río). A principios del s. XX se enriqueció con la energía de las cercanas cataratas del Niágara; aquí se construían los coches Pierce-Arrow y fue la primera ciudad del país en tener farolas eléctricas. Entre sus elementos más destacados hay obras maestras del *art déco* y un elegante sistema de parques creado por Frederick Law Olmsted, autor del Central

Park de Nueva York. Está a unas 8 h de la metrópoli, pasando por la región de los lagos Finger y solo 30 min al sur de las cataratas del Niágara.

⊙ Puntos de interés

Los amantes de la arquitectura disfrutarán paseando por el centro, donde se encuentra el enorme **ayuntamiento** (☎716-852-3300; www.preservationbuffaloniagara.org; 65 Niagara Sq; ⊙circuitos 12.00 lu-vi) GRATIS, de estilo *art déco*, y el **Theatre District**, concentración de bonitos edificios de finales del s. XIX junto a Main St. Para saber más, se puede contratar una visita guiada con **Explore Buffalo** (☎716-245-3032; www.explorebuffalo.org; 1 Symphony Circle). **Elmwood Ave** es un animado paseo que discurre hacia el norte, hasta el campus de la Universidad Estatal de Nueva York en Buffalo y el **Delaware Park**, obra de Olmsted.

Se trata de una ciudad muy deportiva: los **Buffalo Bills** (www.buffalobills.com) son su equipo de fútbol americano profesional, que juega en un estadio de Orchard Park; los **Buffalo Sabres** (www.sabres.com) juegan al *hockey* sobre hielo en el céntrico HarborCenter; y los **Buffalo Bisons** (www.bisons.com), de la segunda división de béisbol, juegan en un campo entre tradicional y moderno, también en el centro.

★ Martin House ARQUITECTURA

(☎716-856-3858; www.darwinmartinhouse.org; 125 Jewett Pkwy; circuito básico/extenso 17/35 US$; ⊙cada hora 10.00-15.00, cerrado ma y algún ju) Es una obra temprana de Frank Lloyd Wright, de 1400 m². Sigue el estilo Prairie, de líneas horizontales, y ha sido meticulosamente restaurada e incluso reconstruida. Las visitas guiadas permiten ver todos sus detalles; las más largas visitan tres edificios vecinos (vale la pena). Se reserva plaza por internet; existe una entrada combinada para ver también Graycliff, casa de veraneo fuera de la ciudad.

Albright-Knox Art Gallery MUSEO

(☎716-882-8700; www.albrightknox.org; 1285 Elmwood Ave; adultos/niños 12/5 US$; ⊙10.00-17.00, cerrado lu) Este museo de tamaño considerable, famoso por su colección de obras de Ruscha, Rauschenberg y otros expresionistas abstractos, ocupa un edificio neoclásico de la Exposición Panamericana de 1901. Las exposiciones temporales resultan muy creativas y sugerentes.

Burchfield Penney Art Center MUSEO

(☎716-878-6011; www.burchfieldpenney.org; 1300 Elmwood Ave; adultos/niños 10 US$/gratis; ⊙10.00-17.00 ma, mi, vi y sa, hasta 21.00 ju, 13.00-17.00 do) Dedicado a artistas del oeste del estado, pasados y presentes, con obras muy variadas. Las obras de Charles Burchfield reflejan el paisaje del lugar.

Theodore Roosevelt Inaugural National Historic Site MUSEO

(☎716-884-0095; www.nps.gov/thri; 641 Delaware Ave; adultos/niños 10/5 US$; ⊙circuitos cada hora 9.30-15.30 lu-vi, desde 12.30 sa y do) La visita guiada a la casa Ansley-Wilcox cuenta la emocionante historia del juramento del cargo de Teddy Roosevelt en 1901 en este lugar, después de que el presidente William McKinley fuera asesinado mientras asistía a la Exposición Panamericana de Buffalo.

Canalside PARQUE

(☎716-574-1537; www.canalsidebuffalo.com; 44 Prime St) La orilla del canal, antes abandonada, es ahora un parque en verano y una zona de patinaje sobre hielo en invierno. Incluye el **Buffalo & Erie County Naval & Military Park** (☎716-847-1773; www.buffalonavalpark.org; 1 Naval Park Cove; adultos/niños 10/6 US$; ⊙10.00-17.00 abr-oct, sa y do nov), con dos barcos y un submarino de la II Guerra Mundial, y el **BFLO Harbor Kayak** (☎716-288-5309; www.bfloharborkayak.com; 1 Naval Park Cove; circuitos desde 25 US$; ⊙Día de los Caídos-Día del Trabajo).

🛏 Dónde dormir

★ Hostel Buffalo Niagara ALBERGUE $

(☎716-852-5222; www.hostelbuffalo.com; 667 Main St; dc/h 25/65 US$; ❄@🛜) Albergue con una práctica ubicación en el céntrico Theatre District. Ocupa tres plantas de una antigua escuela, con una sala de juegos en el sótano, amplios salones y cocina y unos baños inmaculados. Dispone de lavandería, bicicletas y mucha información sobre música, arte y gastronomía.

Hotel @ The Lafayette HOTEL-BOUTIQUE $$

(☎716-853-1505; www.thehotellafayette.com; 391 Washington St; h 169 US$; ste desde 199 US$; P❄🛜) Este edificio de siete plantas de principios del s. XX ha sido restaurado con elegancia. La ubicación es práctica y tiene un buen *pub*-cervecería, el Pan-American Grill. El cercano **Lofts on Pearl** (☎716-856-0098; www.loftsonpearl.com; 92 Pearl St; ste desde

169 US\$), de los mismos dueños, también es recomendable.

Mansion on Delaware Avenue HOTEL \$\$\$
(☎716-886-3300; www.mansionondelaware.com; 414 Delaware Ave; h/ste desde 195/390 US\$; P✱@☎) Hotel con habitaciones muy especiales y un servicio impecable, en una gran mansión de la década de 1860. La habitación nº 200 tiene chimenea y ventanales hasta el techo. En el salón, cada cual se puede servir algo de beber, y hay servicio de transporte por el centro de Buffalo.

✗ Dónde comer

El barrio de Allentown es un gran centro gastronómico y de vida nocturna, y por Larkin Sq, al este del centro, suele haber puestos de comida ambulante. Los locales de Mighty Taco son la respuesta de Buffalo al Taco Bell, famosos por sus consistentes burritos y sus sabrosísimos Ted's Hot Dogs, en el barrio de Williamsville, al norte, y en otros puntos del oeste del estado.

★Anchor Bar ESTADOUNIDENSE \$
(☎716-886-8920; 1047 Main St; 10/20 alitas 13/20 US\$; ☉11.00-23.00) El local que inventó el tentempié americano definitivo, las alitas estilo Buffalo, no está invadido por los turistas: es un bar de barrio con una amplia carta que va más allá del pollo frito. Ofrece música en directo –a menudo de *jazz*– los jueves, viernes y sábados por la noche.

Sweetness 7 CAFÉ \$
(301 Parkside Ave; creps 10 US\$; ☉8.00-18.00; ✍) Acogedor café de aire *hippie,* donde se toman creps dulces y saladas, buen café y bollería. Tienen otro local en el lado oeste de la ciudad (220 Grant St; ☉7.00-18.00, desde 8.00 sa y do; ✍).

Cantina Loco MEXICANA \$
(☎716-551-0160; 191 Allen St; principales 7 US\$; ☉16.00-22.00 lu-ju, hasta 23.00 vi y sa, 16.00-20.00 do) Animado restaurante con patio trasero en Allentown. Es un lugar animado, siempre lleno, con tacos, burritos y quesadillas, a veces con un toque exótico, como el Koreatown (costillas con *kimchi*). Los postres son excelentes, y el servicio, muy eficiente.

Parkside Candy DULCES \$
(3208 Main St; ☉11.00-18.00 lu-ju, hasta 21.00 vi y sa, 12.00-20.00 do) Es un clásico en la ciudad, con una decoración tan bonita como sus piruletas y sus bombones. Su *sponge candy* (*toffee* esponjoso) tiene mucho éxito.

Ulrich's 1868 Tavern ALEMANA \$\$
(☎716-989-1868; 674 Ellicott St; principales 15 US\$; ☉11.00-21.00 lu y ma, hasta 22.00 mi y ju, hasta 23.00 vi, 15.00-22.00 sa) El bar más antiguo de Buffalo ha sido modernizado en parte y actualmente atrae a una clientela algo más joven. En la carta, el *schnitzel* tradicional alemán comparte espacio con tentempiés neoyorquinos como el *beef on weck,* bocadillo de rosbif en un panecillo con semillas de alcaravea.

Betty's ESTADOUNIDENSE \$\$
(☎716-362-0633; 370 Virginia St; principales 9-22 US\$; ☉8.00-21.00 ma-ju, hasta 22.00 vi, 9.00-22.00 sa, 9.00-14.00 do; ✍) Este local bohemio, en una esquina tranquila de Allentown, hace sabrosas y frescas reinterpretaciones de platos clásicos americanos como el *meatloaf.* Su *brunch* es muy popular.

♀ Dónde beber y ocio

Con un público joven y la mayoría de los bares abiertos hasta las 4.00, en Buffalo no es difícil trasnochar. Los bares de Chippewa St (o Chip Strip) se llenan de universitarios, pero Allentown es más variado. Los excelentes semanarios gratuitos *Artvoice* (www.artvoice.com) y *The Public* (www.dailypublic.com) publican agendas de eventos.

Founding Fathers BAR
(☎716-855-8944; 75 Edward St; ☉11.30-2.00 lu-vi, 16.00-4.00 sa, 16.00-22.00 do) El dueño de este bar de barrio de temática presidencial tiene todas las respuestas sobre la historia de EE UU. Y palomitas gratis, nachos y buenos sándwiches (9 US\$).

Allen Street Hardware Cafe BAR
(☎716-882-8843; 245 Allen St; ☉17.00-4.00, música desde 21.00) Es uno de los locales más sofisticados de Allentown, con un buen restaurante (principales 14-25 US\$) y una ecléctica oferta de música en directo.

Nietzsche's MÚSICA EN DIRECTO
(☎716-886-8539; www.nietzsches.com; 248 Allen St; ☉13.00-2.00 lu y ma, desde 12.00 do y mi, hasta 4.00 ju y vi, 15.00-4.00 sa) Es uno de los locales clásicos de Allentown, con música en directo todas las noches.

ⓘ Información

Visit Buffalo Niagara (☎800-283-3256; www.visitbuffaloniagara.com; 403 Main St; ☉9.00-17.00 lu-vi) Práctica oficina de información con una web estupenda, buenos folletos con circuitos a pie y una pequeña tienda de regalos.

ℹ️ Cómo llegar y desplazarse

El **aeropuerto internacional de Buffalo y Niágara** (BUF; ☎716-630-6000; www.buffaloairport. com; 4200 Genesee St) está unos 25 km al este del centro. JetBlue Airways ofrece buenas tarifas desde Nueva York. El autobús exprés nº 204 de **NFTA** (☎716-855-7300; www.nfta.com) comunica con el céntrico **Buffalo Metropolitan Transportation Center** (☎716-855-7300; www. nfta.com; 181 Ellicott St), donde también paran los autobuses Greyhound. El autobús local nº 40 de NFTA lleva hasta el lado estadounidense de las cataratas del Niágara (2 US$, 1 h), lo mismo que el exprés nº 60, pero este requiere transbordo. Desde la **Exchange Street Station** (☎716-856-2075; www.amtrak.com; 75 Exchange St), en el centro, se puede tomar el tren Amtrak a Nueva York (63 US$, 8 h), Niagara Falls (14 US$, 1 h), Albany (50 US$, 6 h) y Toronto (45 US$, 4 h). De noche, es un lugar inhóspito; quizá se prefiera la **Buffalo-Depew Station** (www.amtrak.com; 55 Dick Rd), 13 km al este.

Cataratas del Niágara

Es la historia de dos ciudades: Niagara Falls, en Nueva York (EE UU), y Niagara Falls, en Ontario (Canadá). Ambas se asoman a una maravilla natural –unos 500 000 l/seg de agua caen más de 300 m–, totalmente enfocada al turismo. La mayoría va al lado canadiense, que tiene unas vistas algo mejores y una población mayor, aunque las vistas desde Nueva York son también impresionantes y la población, mucho más tranquila, incluso algo vieja. El Rainbow Bridge, puente entre ambos países, está a un paseo; no hay que olvidar el pasaporte.

🔘 Puntos de interés y actividades

La zona que rodea las cataratas es el parque estatal más antiguo de Nueva York, diseñado por Frederick Law Olmsted en la década de 1880 (a expensas de Niagara Falls, ya que para ello se demolió gran parte del centro). Desde los senderos se pueden ver dos de los tres saltos de agua, las American Falls, y las Bridal Veil Falls. Desde el mirador de la **Prospect Point Observation Tower** (☎716-278-1796; entrada 1 US$, gratis desde 17.00 y fuera temporada; ⊙ 9.30-19.00) hay mejores vistas, y también desde el centro del ventoso Rainbow Bridge, puente desde donde también se puede ver el lado canadiense de las Horseshoe Falls.

Río arriba se puede cruzar el puentecito que va a Goat Island, barrera entre las American Falls y las Horseshoe Falls. Desde Terrapin Point, en la esquina suroeste, hay buenas vistas de las Horseshoe Falls. Otros puentes peatonales llevan a las islas Three Sisters y sus rápidos.

Cave of the Winds   MIRADOR
(☎716-278-1730; Goat Island Rd; adultos/niños 14/11 US$; ⊙9.00-19.00 med may-oct) En el extremo norte de Goat Island los visitantes se ponen un poncho impermeable y toman un ascensor hasta las pasarelas que pasan a solo 8 m de donde rompe el agua de las Bridal Veil Falls (se pasa por delante de la catarata, no a una cueva).

Wax Museum at Niagara   MUSEO
(☎716-285-1271; Prospect y Old Falls St; adultos/niños 7/5 US$; ⊙10.00-21.00) Este enorme museo de cera es entretenido y está lleno de historias interesantes: de masacres, de los que se tiraron por las cataratas y de cuando se quedaron sin agua. Se puede posar en un barril usado por uno de aquellos valientes.

⭐ **'Maid of the Mist'**   EXCURSIÓN EN BARCO
(☎716-284-8897; www.maidofthemist.com; 1 Prospect Pt; adultos/niños 17/9,90 US$; ⊙9.00-19.00 verano; fuera temporada véase web) El modo tradicional de ver las cataratas es desde este barco, que desde 1846 lleva a los turistas hasta la base del salto de agua. Suele funcionar desde mediados de mayo hasta octubre, y sale de debajo de Prospect Point.

🛏️ Dónde dormir y comer

Hay hoteles de muchas cadenas nacionales, pero la calidad es baja en comparación con el lado canadiense. La mayoría de los restaurantes próximos a las cataratas son indios (atienden a muchos turistas indios) y sus bufés salen a buen precio.

Giacomo   HOTEL-BOUTIQUE **$$$**
(☎716-299-0200; www.thegiacomo.com; 220 1st St; h desde 250 US$; 🅿️❄️🛜) Un toque de clase inesperado junto a las cataratas, que ocupa parte de un espléndido bloque de oficinas *art déco* y tiene habitaciones amplias y elegantes. Aunque no se duerma aquí, se puede tomar una copa en el *lounge* de la planta 19ª (desde las 17.00) para disfrutar de las vistas, y los jueves y viernes, de la música.

Zaika   INDIA **$**
(421 3rd St; bufé 14 US$; ⊙11.30-21.00 do-ju, hasta 22.00 vi y sa; 🅿️❄️) Es algo mejor que los restaurantes indios más próximos a las catara-

ℹ CRUZAR LA FRONTERA: LAS CATARATAS DESDE CANADÁ

El lado canadiense de las cataratas goza de mejores vistas. Las Horseshoe, en la mitad oeste del río, son más anchas que las Bridal Veil, en el lado estadounidense (este), y son muy fotogénicas desde Queen Victoria Park. Journey Behind the Falls (☎905-354-1551; 6650 Niagara Pkwy; adultos/niños abr-dic 16,75/10,95 US$, ene-mar 11,25/7,30 US$; ⊘9.00-22.00) da acceso a un mirador donde uno se empapa (parecido al Cave of the Winds).

La población del lado canadiense también es más animada, aunque muy turística, llena de hoteles y restaurantes. Hay un albergue de HI y algunos moteles más viejos con las clásicas bañeras para novios en forma de corazón. Para obtener más información sobre el lugar, visítese la oficina de turismo Niagara Falls (☎905-356-6061; www.niagarafallstourism.com; 5400 Robinson St; ⊘9.00-17.00), cerca de la base del mirador Skylon Tower.

Cruzar el Rainbow Bridge cuesta 3,25/1 US$ (i/v) por automóvil/peatón. A pie se tarda unos 10 min; en verano puede haber incluso atascos de vehículos. Los visitantes estadounidenses y de otros países deben mostrar un pasaporte o equivalente en la oficina de inmigración de uno y otro lado. Conducir un coche alquilado en EE UU por la frontera no debería ser un problema, pero consúltese en la agencia.

---

tas. Cuando no hay demasiada gente sirven a la carta, pero el bufé es fresco y variado.

Buzzy's PIZZERÍA $
(7617 Niagara Falls Blvd; principales 7-15 US$; ⊘ 11.00-23.00 do-ju, hasta 24.00 vi y sa) Local tradicional con excelente *pizza* al estilo de Nueva York y otros tentempiés, a un paseo en coche al este de las cataratas.

ℹ Información

Niagara Tourism (☎716-282-8992; www.niagara-usa.com; 10 Rainbow Blvd; ⊘9.00-19.00 jun-sep, hasta 17.00 oct-may) Esta oficina, en el puente que lleva a Goat Island, está provista de buenos mapas e información del oeste del estado. Pero el pase combinado que venden no sale muy a cuenta, ya que el museo y el acuario a los que da acceso son bastante pequeños.

ℹ Cómo llegar y desplazarse

El autobús nº 40 de NFTA (p. 129) comunica Buffalo con Niagara Falls (2 US$, 1 h), donde para en el cruce de 1st St y Rainbow Blvd. El exprés nº 60 va a una terminal al este del centro, desde donde hay que tomar el nº 55 hasta el río. La **estación de trenes Amtrak** (☎716-285-4224; 2701 Willard Ave) está unos 3 km al noreste del centro; la estación del lado canadiense está más céntrica, pero si se viene de Nueva York habrá que pasar el control de aduana. Desde Niagara Falls hay trenes diarios a Buffalo (14 US$, 35 min), Toronto (34 US$, 3 h) y Nueva York (63 US$, 9 h). Los autobuses **Greyhound** (www.greyhound.com; 240 1st St) paran en el Quality Inn.

A ambos lados de las cataratas aparcar cuesta 8-10 US$/día. Los hoteles de precio medio ofrecen aparcamiento gratuito a sus clientes, mientras los más caros del lado canadiense suelen cobrar 15-20 US$/día. Para evitar los atascos en verano, se puede aparcar por Niagara Falls Blvd y tomar el autobús nº 55 de NFTA hasta el río. En las cataratas, el autobús turístico Niagara Scenic Trolley hace un circuito por el lado estadounidense.

NUEVA JERSEY

Todo lo que se ha visto en la tele, desde las mansiones al marcado acento de *Los Soprano*, es verdad, al menos en parte. Pero "Jersey" (a secas, como dicen allí) también es famosa por su tecnología punta y sus bancos, y una cuarta parte de su territorio son campos (de ahí su apodo de "estado jardín"). Y por sus 200 km de bonitas playas se encontrarán no solo a los horteras de *Jersey Shore*, sino también multitud de pueblecitos muy diversos.

ℹ Información

Edible Jersey (www.ediblejersey.com) Para saber dónde disfrutar de las delicias del estado jardín; tienen una edición impresa trimestral gratuita.

New Jersey Monthly (www.njmonthly.com) Revista mensual para residentes y visitantes.

NJ.com (www.nj.com) Noticias de todo el estado extraídas de grandes diarios como el *Newark Star-Leger* o el *Jersey Journal* del condado de Hudson.

❶ Cómo llegar y desplazarse

Aunque muchos van a todas partes en coche, hay otras opciones de transporte.

Tren PATH (www.panynj.gov/path) Comunica Lower Manhattan con Hoboken, Jersey City y Newark.

N. J. Transit (☎973-275-5555; www.njtransit. com) Gestiona autobuses y trenes por todo el estado, autobuses a la Port Authority de Nueva York y a Filadelfia, y trenes a la Penn Station de Nueva York.

New York Waterway (☎800-533-3779; www. nywaterway.com) Sus ferris cruzan el río Hudson y comunican la estación de N. J. Transit en Hoboken con el World Financial Center, en Lower Manhattan.

Norte de Nueva Jersey

Al este se experimentará la jungla (sub)urbana de Jersey. Al oeste se encontrará lo contrario, el plácido y refrescante paisaje del Delaware Water Gap.

Hoboken y Jersey City

Con su paisaje urbano que parece salido de una serie de televisión, Hoboken es un pequeño reducto urbano separado de Nueva York por el río Hudson. Los fines de semana los bares cobran vida y por la comercial Washington St hay muchos restaurantes. Aquí se grabó *La ley del silencio,* pero hoy la orilla del río es un lugar verde y lleno de vida, con unas vistas imponentes de Manhattan.

Los altos bloques de pisos y las torres de oficinas han transformado el litoral de Jersey City, que ha pasado de ser una zona obrera a un barrio residencial. **Liberty State Park** (☎201-915-3440; www.libertystatepark.org; Morris Pesin Dr; ⊗6.00-22.00), de 485 Ha, acoge conciertos al aire libre con el perfil de Manhattan como telón de fondo; en un extremo tiene el enorme **Liberty Science Center** (☎201-200-1000; www.lsc.org; 222 Jersey City Blvd; adultos/niños 19,75/15,75 US$, IMAX y exposiciones especiales con suplemento; ⊗9.00-16.00 lu-vi, hasta 17.30 sa y do; ⛐). Ellis Island y la Estatua de la Libertad no están lejos; hay **ferris** (☎877-523-9849; www.statuecruises.com; adultos/niños desde 18/9 US$; ⊗desde 9.00 med feb-Día del Trabajo) desde aquí. Tierra adentro, se puede visitar el **Landmark Loew's Jersey Theatre** (☎201-798-6055; www.loewsjersey.org; 54 Journal Sq; ⊗10.00-18.00 lu-vi, más proyecciones), un cine clásico medio restaurado, con un órgano que aún funciona.

Delaware Water Gap

Antes de que existiera el aire acondicionado, este bonito lugar, donde el río Delaware traza una S cerrada entre los montes Kittatinny, fue un popular destino de vacaciones. En 1965 se creó la **Delaware Water Gap National Recreation Area** (☎570-426-2452; www. nps.gov/dewa), a caballo entre Nueva Jersey y Pensilvania, zona verde solo 110 km al oeste de la ciudad de Nueva York. Los 50 km de carretera en el lado de Pensilvania cuentan con varios puntos donde vale la pena parar, como las pequeñas **cascadas Raymondskill**, el **Pocono Environmental Education Center** (☎570-828-2319; www.peec.org; 538 Emery Rd, Dingmans Ferry; ⊗9.00-17.00; ⛐) ✍ y las **cascadas Bushkill** (☎570-588-6682; www. visitbushkillfalls.com; Bushkill Falls Rd, junto a Rte 209; adultos/niños 13,50/8 US$; ⊗apertura 9.00, cierre variable, cerrado dic-mar), imponentes pese a las construcciones.

En el lado de Nueva Jersey se puede recorrer la Old Mine Rd, carretera sin asfaltar que es una de las vías comerciales más antiguas del país aún en funcionamiento, de donde parten senderos para hacer excursiones de un día, como la ascensión al monte Tammany (480 m), en **Worthington State Forest** (☎908-841-9575; www.njparksandforests. org; Old Mine Rd; ⊗amanecer-anochecer).

Adventure Sports (☎570-223-0505; www. adventuresport.com; Rte 209, Marshalls Creek; canoa/kayak 43/47 US$ diarios; ⊗9.00-18.00 lu-vi, desde 8.00 sa y do may-oct) tiene todo lo necesario para divertirse un día o más en el río. Acampar en ruta, en sitios a los que solo se puede llegar en canoa o kayak, es un modo estupendo de ver la zona.

Más al noreste, **High Point State Park** (☎973-875-4800; www.njparksandforests.org; 1480 Rte 23, Sussex; vehículo 10 US$; ⊗8.00-20.00 abr-oct, hasta 16.30 nov-mar) contiene un monumento, a 550 m de altitud, con magníficas vistas de los lagos, las colinas y los campos de alrededor.

Para comer y alojarse, conviene visitar **Milford** (Pensilvania), en el extremo norte del Gap, con buenos restaurantes; y **Grey Towers** (☎570-296-9630; www.greytowers.org; 122 Old Owego Turnpike; circuitos adultos/niños 8 US$/gratis; ⊗recinto amanecer-anochecer), espléndida mansión de Gifford Pinchot, antiguo gobernador de Pensilvania y fundador del Servicio Forestal de EE UU. En el extremo sur, en la población de Delaware Water Gap, algo más animada, está la **Deer Head Inn**

DATOS DE NUEVA JERSEY

Apodo Garden State

Población 8 900 000

Superficie 22 590 km²

Capital Trenton (84 000 hab.)

Otras ciudades Newark (278 000 hab.)

Impuesto sobre ventas 7%

Hijos célebres Count Basie (cantante, 1904-1984), Frank Sinatra (cantante, 1915-1998), Meryl Streep (actriz, 1949), Bruce Springsteen (músico, 1949), John Travolta (actor, 1954), Jon Bon Jovi (músico, 1962), Queen Latifah (rapera, 1970)

Cuna de la primera película (1889), el primer partido oficial de béisbol (1846), el primer autocine (1933)

Política el gobernador republicano Chris Christie, aunque es tradicionalmente un estado demócrata

Famoso por *Jersey Shore* (la de verdad y el *reality*), los acentos "*joisey*", las autopistas, los *diners* de carretera, los tomates y el maíz dulce, las gasolineras con empleados (no de autoservicio)

Número de bodegas 36

Distancias de Princeton a Nueva York 84 km, de Atlantic City a Nueva York 209 km

(☎570-424-2000; www.deerheadinn.com; 5 Main St, Delaware Water Gap; h desde 90 US$; ❉🏐), con habitaciones victorianas y buen *jazz* en directo los fines de semana.

Princeton y el río Delaware

El pueblecito de Princeton, fundado por un misionero cuáquero inglés, tiene unos edificios preciosos y varios lugares de interés, como la Universidad de Princeton (☎609-258-3000; www.princeton.edu), una de las "ocho antiguas", construida a mediados del s. xviii, que muy pronto se convertiría en una de las mayores construcciones de las colonias. Se puede pasear libremente o apuntarse a una visita guiada por un estudiante. La población es más elegante que universitaria, con cuidadas *boutiques* en la céntrica Palmer Sq.

Unos 32 km al oeste, a orillas del río Delaware está Lambertville y, al otro lado del río, New Hope, en Pensilvania, que tiene un aire entre *hippie* y gótico (¡venden Doc Martens!), mientras que Lambertville es algo más pretenciosa. Son interesantes para hacer una parada durante una excursión en coche, y así visitar los puestos del rastro y mercado de antigüedades Golden Nugget (☎609-397-0811; www.gnmarket.com; 1850 River Rd, Lambert-

ville; ⊙6.00-16.00 mi, sa y do) y dar un tranquilo paseo junto al río. Unos kilómetros al sur está el punto por donde George Washington cruzó el Delaware en diciembre de 1776 (tal como muestra el famoso cuadro de Emanuel Leutze).

Al sur del río, Trenton, la capital del estado, es una ciudad pequeña y de aspecto descuidado. Pese a su pasado como centro manufacturero, ya no fabrica nada, pero tiene varios puntos de importancia histórica, un museo y un mercado.

Puntos de interés y actividades

★ Princeton University Art Museum   MUSEO
(☎609-258-3788; www.princetonartmuseum.org; McCormick Hall; ⊙10.00-17.00 ma-sa, hasta 22.00 ju, 13.00-17.00 do) GRATIS El museo de la universidad tiene una gran colección, con especial presencia de antigüedades, arte asiático y fotografía.

Bucks County River Country   NAVEGACIÓN
(☎215-297-5000; www.rivercountry.net; 2 Walters Lane, Point Pleasant; cámara 22-26 US$, canoa 70 US$; ⊙alquiler 9.00-15.00, retorno 17.00) Esta agencia al norte de Lambertville, en la parte de Pensilvania, alquila barcas, cámaras de neumático y canoas para lanzarse por las

tranquilas aguas del Delaware. Pueden encargarse de los traslados.

🛏 Dónde dormir y comer

El alojamiento escasea durante las reuniones de alumnos y familiares y los días de graduación (del Día de los Caídos al final del mes).

Inn at Glencairn
B&B $$

(☎609-497-1717; www.innatglencairn.com; 3301 Lawrenceville Rd; h desde 199 US$; 🛜) La mejor relación calidad-precio en Princeton: cinco habitaciones tranquilas en una finca georgiana, a 10 min por carretera del campus.

Nassau Inn
POSADA $$$

(☎609-921-7500; www.nassauinn.com; 10 Palmer Sq; h desde 259 US$; ⊛🛜🐾) Sale cara por su ubicación privilegiada, y las habitaciones, cargadas de historia, pueden parecer algo desaliñadas (quizá se prefiera el ala nueva). Conviene visitar el antiguo bar aunque no se sea cliente.

Olives
PANADERÍA, DELI $

(22 Witherspoon St; sándwiches 7 US$; ⊙7.00-20.00 lu-vi, desde 8.00 sa, 9.00-18.00 do) Comida de inspiración griega a precio razonable, sobre todo para llevar.

Swan
ESTADOUNIDENSE $

(☎609-397-1960; 43 S Main St, Lambertville; hamburguesas 11 US$; ⊙17.00-22.00 lu-vi, desde 13.00 sa, 13.00-21.00 do) Este edificio de finales del s. XIX –antes el hotel del pueblo– es recomendable para tomarse una hamburguesa con vistas. De los mismos dueños es el bar Boat House (8 Coryell St, Lambertville; ⊙16.30-23.00), a la orilla del canal, aún con más sabor.

Mistral
MEDITERRÁNEA $$$

(☎609-688-8808; 66 Witherspoon St; platos compartidos 17-28 US$; ⊙17.00-21.00 lu-mi, 11.30-21.00 ju y do, 11.30-22.00 vi y sa) El restaurante más creativo de Princeton, de cocina mediterránea con un toque asiático, tiene una carta cara, pero se puede llevar bebida de fuera.

Jersey Shore

Quizá lo más famoso y admirado de Nueva Jersey sean sus estupendas playas, y para los residentes ir a la "costa" *(shore)* es todo un ritual. El litoral, de Sandy Hook a Cape May, está salpicado de poblaciones turísticas tanto horteras como refinadas. En 2012, gran parte de esta costa quedó devastada por el huracán Sandy –que incluso tiró al mar

la montaña rusa de Seaside Heights–. Aún prosiguen las reparaciones, pero la zona ha recuperado parte de su animación. Los fines de semana de verano está hasta los topes (hay problemas de tráfico, en especial en los puentes a las islas barrera), y encontrar alojamiento a buen precio puede resultar difícil; los *campings* pueden ser alternativas económicas. A principios del otoño es posible disfrutar de la arena en soledad.

Sandy Hook

El extremo norte de Jersey Shore es la Sandy Hook Gateway National Recreation Area (☎718-354-4606; www.nps.gov/gate; aparcamiento 15 US$ verano) GRATIS, isla barrera de 11 km a la entrada del puerto de Nueva York. Desde la arena se puede ver el perfil de Manhattan. Las amplias playas, entre ellas la única playa nudista legal del estado (Gunnison), están bordeadas por un sistema de carriles-bici, mientras que la bahía es estupenda para pescar y observar aves. El faro de Sandy Hook (☎732-872-5970; ⊙centro visitantes 9.00-17.00, circuitos 13.00-16.30) GRATIS es el más antiguo del país. Es recomendable llevar repelente para evitar las picaduras al anochecer.

El ferri rápido 'Seastreak' (☎800-262-8743; www.seastreak.com; 2 1st Ave, Atlantic Highlands; ida/ida y vuelta 26/45 US$, bicicleta 5 US$), comunica Sandy Hook (y las tierras altas) con el muelle 11, en Lower Manhattan.

Asbury Park y Ocean Grove

Durante décadas de estancamiento económico, el único motivo que tenía para presumir el pueblo de Asbury Park era que el cantante Bruce Springsteen, símbolo del estado, hubiera iniciado su carrera en el club Stone Pony (☎732-502-0600; www.storeponyonline.com; 913 Ocean Ave), a mediados de la década de 1970. Pero desde el 2000, manzanas enteras de casas victorianas abandonadas han vivido un renacimiento tal que hay quien llama a Asbury el Brooklyn de Nueva Jersey. En el centro, situado entre Cookman Ave y Bangs Ave, hay tiendas de antigüedades, restaurantes modernos (de *veganos* a bistrós franceses), bares y hasta un cine de arte y ensayo. En el paseo entarimado se encuentra el Silver Ball Museum (☎732-774-4994; www.silverballmuseum.com; 1000 Ocean Ave; hora/medio día 10/15 US$; ⊙11.00-21.00 lu-ju, hasta 1.00 vi y sa, 10.00-22.00 do; 🖗), con decenas de *pinballs* en perfecto estado, todas listas para jugar.

ℹ️ PLAYAS DE PAGO

Muchos municipios de la Jersey Shore cobran unos 5 US$ por acceder a la playa y dan un distintivo (llamado *tag*) para todo el día. Desde la isla de Long Beach hasta Sandy Hook, al norte, todas las playas son de pago; la costa sur es, en su mayor parte, de acceso libre.

Al sur de Asbury Park está Ocean Grove, que es como un viaje al pasado. La "milla cuadrada de Dios en Jersey Shore", como aún es conocida, fue fundada por los metodistas en el s. xix como campamento religioso y aún sigue siendo un pueblo "seco" –en el que no se vende alcohol– que mantiene la playa cerrada los domingos por la mañana. Sus casas victorianas están tan cubiertas de detalles que parecen de cuento. En el centro, alrededor de un auditorio de madera de 6500 plazas en lo que era el campamento religioso, se extiende ahora Tent City, con más de 100 pintorescas tiendas de lona usadas como casas de veraneo. Entre los numerosos y bonitos B&B está Quaker Inn (☎732-775-7525; www.quakerinn.com; 39 Main St, Ocean Grove; h 90-200 US$; 📶), que sale a cuenta, y en Nagle's Fountain (☎732-776-9797; 43 Main Ave; helados 3 US$; ☉8.30-21.00 mi-lu; 📶) hay que tomarse un *sundae* helado.

Península de Barnegat

En la zona llaman a esta extensión de tierra de 35 km "la isla barrera", aunque técnicamente es una península, conectada al continente por el extremo norte, en la playa de Point Pleasant. Los surfistas querrán ir a Inlet Beach, en Manasquan, al norte (si fuera de la península), que tiene buenas olas todo el año.

Al sur de Mantoloking y Lavallette, en el centro de la isla, el puente de Toms River permite que las hordas de turistas accedan a Seaside Heights, famoso por ser donde se grabó el *reality show* de la MTV *Jersey Shore*. Pese a las exageraciones del programa, consiguió reflejar el ambiente deliciosamente hortera de algunos rincones de esta costa. Es un placer comerse un cucurucho de helado y pasear por el paseo marítimo entre turistas bronceados con escasa ropa. Aquí la concentración de bares es mayor. Destaca también el tiovivo de madera de 1932, aún en proceso de restauración tras el paso del Sandy.

Si se busca paz, se puede visitar el residencial Seaside Park, al sur, y disfrutar de la naturaleza en Island Beach State Park.

👁️ Puntos de interés y actividades

Island Beach State Park PARQUE
(☎732-793-0506; www.njparksandforests.org; Seaside Park; laborables/fin de semana verano 12/20 US$; ☉amanecer-anochecer) De los 16 km de playa relativamente virgen, 1,5 km están abiertos al baño; el resto se puede recorrer en bici. En el lado de la bahía, las frondosas marismas son un buen lugar para remar.

Jenkinson's PARQUE DE ATRACCIONES
(☎732-295-4334; www.jenkinsons.com; 300 Ocean Ave, playa Point Pleasant ; aquario adultos/niños 11/7 US$; ☉atracciones 12.00-23.00, aquario 10.00-22.00 jul-ago, variable fuera de temporada; 📶) Para que los niños se diviertan en la pasarela de la playa de Point Pleasant, con pequeñas atracciones, minigolf, un acuario y muchas golosinas.

Casino Pier PARQUE DE ATRACCIONES
(☎732-793-6488; www.casinopiernj.com; 800 Ocean Terrace, Seaside Heights; atracciones desde 5 US$, parque acuático adultos/niños 35/29 US$; ☉ 12.00-madrugada jun-ago, variable resto del año; 📶) El parque de atracciones del extremo norte de la pasarela posee algunas atracciones para los pequeños y otras más animadas para los de más de 122 cm, así como un telesilla sobre el paseo. Cerca está el parque acuático Breakwater Beach, con altos toboganes.

🛏️ Dónde dormir y comer

En verano no es recomendable alojarse en Seaside Heights por el ruido, pero fuera de temporada puede ser un buen recurso.

Surf & Stream Campground CAMPING $
(☎732-349-8919; www.surfnstream.com; 1801 Ridgeway Rd, Toms River; parcelas desde 45 US$; 📶) *Camping* bien cuidado, alternativa a los sencillos moteles de Seaside Heights.

Luna-Mar Motel MOTEL $
(☎732-793-7955; www.lunamarmotel.com; 1201 N Ocean Ave, Seaside Park; h desde 129 US$; ❄️📶🏊) Motel limpio con suelos de baldosa (nada de moqueta llena de arena) frente a la playa. Los clientes reciben pases para la playa.

★ Klee's COMIDA DE PUB $
(www.kleesbarandgrill.com; 101 Blvd, Seaside Heights; *pizza* desde 8 US$, principales 9-20 US$;

⊙10.30-23.00 lu-ju, hasta 24.00 vi y sa) Es curioso que un *pub* irlandés sirva la mejor *pizza* de masa fina de toda la costa, pero así es. Por lo demás la carta es correcta, aunque corriente, y las raciones, colosales.

Music Man HELADERÍA $
(www.njmusicman.com; 2305 Grand Central Ave, Lavallette; helados 3-8 US$; ⊙11.00-24.00, espectáculo desde 17.30; ♿) Para deleitarse con un helado *sundae*. Por la noche los camareros cantan éxitos de Broadway. Solo efectivo.

Isla de Long Beach

Long Beach, a la que solo se puede acceder por un puente (Rte 72) que cruza la bahía de Manahawkin, es una isla barrera de 30 km en el centro de Jersey Shore. LBI, como se la conoce, es una sucesión de pueblos con bonitas playas y mucha tradición surfista (aquí empezó Ron Jon). Al sur del puente se concentra la acción, en Long Beach y la playa de Haven; al norte están Surf City, Harvey Cedars y Barnegat Light, más señoriales.

El emblemático faro de Barnegat (☎609-494-2016; www.njparksandforests.org; junto a Long Beach Blvd; faro adultos/niños verano 3/1 US$; ⊙parque 8.00-18.00, faro 10.00-16.30), en el pequeño parque estatal del extremo norte de la isla, ofrece vistas panorámicas desde lo alto. En el extremo sur hay un excelente motelito, el Jolly Roger (☎609-492-6931; www.jollyrogerlbi.com; 5416 S Long Beach Blvd, Beach Haven; h 150-180 US$; ⊙abr-oct; ❄🐾🛜). Escondido en una calle de viviendas está Hudson House (☎609-492-9616; 19-E 13th St, Beach Haven; ⊙17.00-1.00 verano), agradable garito con máquina de bolas, un juego de *shuffleboard* y mucho sabor. Y en la isla hay siete campos de minigolf.

Atlantic City

Es la ciudad más grande de esta costa, pero eso ya no significa mucho, desde que la imagen de un Las Vegas en la costa este decayó y los casinos entraron en bancarrota. Aunque los hoteles pueden ser una ganga y la preciosa playa es gratuita y suele estar vacía, porque la mayoría de los visitantes están jugando a las tragaperras. Y, en contraste con todos esos pueblos de playa iguales, aquí la población es más diversa.

En cuanto al glamur de la época de la Prohibición, representado en la serie de la HBO *Boardwalk Empire*, queda poco, aunque aún se puede recorrer la pasarela en un clásico carrito de rejilla, y se trata del primer paseo entarimado que se construyó en el país. Además, la versión estadounidense del Monopoly usa los nombres de calles de Atlantic City, y aquí fue donde nació el concurso de Miss América, aunque ahora se celebre en Las Vegas (en su lugar se celebra la elección de Miss América en versión *drag queen*).

⊙ Puntos de interés

Atlantic City Historical Museum MUSEO
(☎609-347-5839; www.atlanticcityexperience.org; Garden Pier, S New Jersey Ave por pasarela; ⊙10.00-17.00 sa-mi) GRATIS Museo pequeño pero informativo sobre la historia de la ciudad, con todos los detalles, como los caballos que saltaban desde una torre de 13 m de altura en el muelle Steel.

El elefante Lucy MONUMENTO
(☎609-823-6473; www.lucytheelephant.org; 9200 Atlantic Ave, Margate; adultos/niños 8/4 US$; ⊙10.00-20.00 lu-sa, 10.00-17.00 do, consúltese horario invierno) Este paquidermo de madera de seis pisos de altura fue construido en 1881 por un promotor inmobiliario como gancho para atraer clientes. Está en Margate (al sur de Atlantic City) y se puede visitar por dentro en una visita guiada (cada 30 min).

🛌 Dónde dormir y comer

Los casinos suelen ofrecer habitaciones muy baratas los días laborables. En Pacific Ave, una manzana hacia el interior desde el paseo, hay un puñado de moteles baratos.

Chelsea HOTEL-BOUTIQUE $
(☎800-548-3030; www.thechelsea-ac.com; 111 S Chelsea Ave; h desde 99 US$; P❄@🛜❄) Hotel con estilo, aunque queda mejor en foto (no llevan muy al día el mantenimiento). Pero el precio es razonable, tanto en la sección Luxe, más tranquila, como en el anexo, algo más animado (y barato).

Kelsey & Kim's Café ASADOR $
(☎609-350-6800; 201 Melrose Ave; principales 9-12 US$; ⊙7.00-22.00) Acogedor café de Uptown, zona bastante residencial, que sirve excelente comida casera del sur, desde *grits* (gachas de maíz) y gofres a bacalao frito o carne asada. Se puede llevar la bebida, lo que reduce la cuenta.

White House Subs SÁNDWICHES $
(☎609-345-8599; 2301 Arctic Ave; sándwiches 7-16 US$; ⊙10.00-20.00 lu-ju, hasta 21.00 vi-do; ♿) Legendarios y deliciosos bocadillos gigantes; con medio basta para dos.

PINARES

Nueva Jersey es el estado más densamente poblado del país, pero nadie lo diría al ver las 400 000 Ha de parques estatales y zonas protegidas que componen la **Pinelands National Reserve** (☎609-894-7300; www.nj.gov/pinelands), a la que la gente de Jersey llama Pine Barrens, un terreno llano arenoso de misteriosas ciénagas con cedros. Y a pesar de las raras coníferas y las orquídeas, también se dice que allí habita el siniestro "diablo de Jersey". Solo hay que preguntar a cualquier lugareño o leer *The Pine Barrens*, de John McPhee.

La **ruta Batona**, de 80 km, atraviesa la reserva de este a oeste, premiando a los senderistas con arándanos en verano. El sendero pasa por la **torre de vigilancia de Apple Pie Hill**, que proporciona una panorámica de este mar de árboles (también se puede llegar a la torre en coche; hay que girar por Ringler Rd, que está asfaltada, en lugar de seguir los caminos de tierra que sugieren algunos GPS).

Batsto Village (☎609-561-0024; www.batstovillage.org; 31 Batsto Rd, Hammonton; circuitos mansión 3 US$; ☺9.00-16.00, mansión vi-do; 🅿) Este pueblo del s. XVIII es un museo al aire libre sobre la industria del hierro extraído de los pantanos, así como un centro de naturaleza. Los fines de semana se ofrecen visitas guiadas por la céntrica mansión Batsto .

Whitesbog Village (☎609-893-4646; www.whitesbog.org; 120-34 Whitesbog Rd, Browns Mills; ☺amanecer-anocher; 🅿) Se visita una de las plantaciones de arándanos rojos más antiguas de Nueva Jersey y el lugar donde se cultivaban los arándanos azules. Hay pistas naturales por toda la finca. Véanse los circuitos y eventos organizados en la web.

Micks Pine Barrens Canoe Rental (☎609-726-1380; www.mickscanoerental.com; 3107 Rte 563; por día kayak/canoa 45/55 US$; ☺9.00-17.00 lu-vi, desde 8.30 sa y do) Para remar por la zona; facilitan mapas e información.

Atsion Campground (☎609-268-0444; www.njparksandforests.org; 744 Hwy 206, Shamong; parcelas 25 US$; ☺abr-oct) Vale la pena acampar a la orilla.

Penza's at the Red Barn (☎609-567-3412; 51 Myrtle St, Hammonton; porción pastel 5 US$; principales 9-12 US$; ☺8.00-17.00) Parece la cocina de la abuela: sirven tartas de fruta y tortillas con verduras frescas de la granja.

Knife and Fork Inn   ESTADOUNIDENSE **$$$**
(☎609-344-1133; www.knifeandforkinn.com; 3600 Atlantic Ave; principales 26-45 US$; ☺16.00-22.00, desde 11.30 vi) Este vestigio de la Prohibición fue restaurado en el 2005. La *happy hour*, de 16.00 a 18.30, es un buen modo de ver los murales interiores y las tallas en caoba.

❶ Información

Atlantic City Weekly (www.acweekly.com) Semanario gratuito con cartelera de eventos, clubes y restaurantes.

DO AC (www.atlanticcitynj.com) La organización de turismo local tiene un puesto en la pasarela (☎609-348-7100; pasarela con Mississippi Ave; ☺9.30-17.30) y otro en la autopista (☎609-449-7130; Atlantic City Expwy; ☺9.00-17.00).

❶ Cómo llegar y desplazarse

El pequeño **aeropuerto internacional de Atlantic City** (ACY; ☎609-645-7895; www.acairport.com) está a 20 min del centro en coche. Si se viene de Florida (de donde proceden casi todos los vuelos) es un buen recurso para visitar el sur del estado o Filadelfia.

En tren solo se puede viajar con N. J. Transit (p. 131), que comunica con Filadelfia (ida 10 US$; 1½ h). La **estación de trenes** (☎973-491-9400; 1 Atlantic City Expwy) está junto al centro de convenciones. Desde la **estación de autobuses** (☎609-345-5403; 1901 Atlantic Ave) N. J. Transit y Greyhound conectan con Nueva York (25 a 36 US$, 2½ h) y Filadelfia (1½ h). Si se toma un autobús que deje en la puerta del casino, como el Lucky Streak de Greyhound, se suele recuperar gran parte de la tarifa (en fichas, monedas o cupones). Al salir de Atlantic City, los autobuses primero paran en los diferentes casinos y solo lo hacen en la estación de autobuses si quedan plazas.

Ocean City, Strathmere y Sea Isle

Al sur de Atlantic City hay varios pueblos de playa más pequeños. Ocean City es un lugar familiar a la antigua, que mantiene su reputación íntegra con su política sin alcohol. Por su animado paseo entarimado hay zonas de juegos infantiles, un pequeño parque acuático, minigolfs y parques temáticos. Se encontrarán muchos hoteles, relativamente baratos y clásicos, y montones de puestos de cangrejos y marisco. En la siguiente isla barrera hacia al sur están las tranquilas Sea Isle City y Strathmere, lo más cerca que se estará de alguna playa recóndita. La de Strathmere es de acceso libre, y en Sea Isle, **DiGenni's Centennial Guest House** (☑609-263-6945; centennialguesthouse@gmail.com; 127 39th St, Sea Isle City; h desde 75 US$; ❊) es una pensión familiar, con baños compartidos, duchas exteriores y ventiladores cenitales.

Wildwoods

Los pueblos de **North Wildwood**, **Wildwood** y **Wildwood Crest** son casi un museo arquitectónico de moteles de la década de 1950 y de rótulos de neón. Este estilo se ha conservado de forma consciente, como demuestra **Doo Wop Experience** (☑609-523-1958; www.doowopusa.org; 4500 Ocean Ave, Wildwood; ⊙16.00-21.00 ma y ju, hasta 20.00 mi y vi, 9.00-21.00 sa y do jun-ago, circuitos en carrito 20.00 ma y ju jun-ago) ᴳᴿᴬᵀᴵˢ que descubre toda la historia, muestra antiguos neones y realiza un recorrido por los lugares más emblemáticos.

El ambiente es relajado, de fiesta controlada. La playa es la más ancha del estado y de acceso gratuito. Por los 3 km de pasarela se encontrarán enormes muelles con montañas rusas y atracciones que parecen sacadas de un centro espacial. Un **tranvía** en miniatura con ruedas de goma (ida 3 US$; ⊙11.00-1.00) recorre todo el paseo.

Con más de 250 motelitos –aquí no hay cadenas hoteleras–, y habitaciones desde 50 a 250 US$, hay mucho donde escoger. Una opción típica es el **Starlux** (☑609-522-7412; www.thestarlux.com; 305 E Rio Grande Ave, Wildwood; h desde 157 US$, caravana 240 US$; ❊), decorado con lámparas de lava y colchas estampadas; incluso alquilan dos clásicas caravanas Airstream plateadas. Para desayunar, el **Key West Cafe** (☑609-522-5006; 4701 Pacific Ave, Wildwood; principales 8-10 US$; ⊙7.00-14.00) hace los mejores huevos con tortitas.

Cape May

Fundado en 1620, es un pueblo con mucha historia y más de 600 espléndidas casas victorianas. Sus amplias playas se llenan en verano, pero su población estable de más de 4000 personas lo convierte en un animado destino fuera de temporada, a diferencia del resto de Jersey Shore. De mayo a diciembre se pueden avistar ballenas, y en primavera y otoño abundan las aves migratorias. Gracias a su ubicación, en el extremo sur de Nueva Jersey (en la salida 0 de la autopista), se puede ver el sol salir desde el mar y ponerse en el mar.

◉ Puntos de interés y actividades

Faro de Cape May FARO
(☑609-884-5404; 215 Lighthouse Ave; adultos/niños 8/3 US$; ⊙9.00-20.00 verano, variable resto del año) Este faro de 1869, en las frondosas marismas del Cape May Point State Park, tiene buenas vistas. También abre las noches de luna llena de abril a septiembre. En la base hay una exposición sobre la fauna y la flora de la zona.

Cape May Bird Observatory OBSERVACIÓN DE AVES
(☑609-884-2736; www.birdcapemay.org; 701 East Lake Dr; ⊙9.00-16.30 abr-oct, cerrado ma nov-mar) ᴳᴿᴬᵀᴵˢ Cape May es uno de los destinos predilectos de los ornitólogos, ya que acoge a más de 400 especies en temporada de migración. Una buena introducción es recorrer la pista de 1,5 km.

Aqua Trails KAYAK
(☑609-884-5600; www.aquatrails.com; 1600 Delaware Ave; i/d 25/35 US$ por hora, circuitos i/d desde 45/75 US$) Alquila equipo y organiza salidas por las marismas al atardecer y las noches de luna llena.

🛏 Dónde dormir y comer

★ **Congress Hall** HOTEL $$$
(☑609-884-8421; www.caperesorts.com; 200 Congress Pl; h desde 259 US$; ❊❈❄) El enorme edificio de 1816 es una referencia en el lugar. Lo han modernizado, pero no ha perdido su historia. La misma empresa gestiona otros hoteles excelentes en la zona.

★ **Lobster House** PESCADO $$
(☑609-884-8296; 906 Schellengers Landing Rd; principales 14-30 US$; ⊙11.30-15.00 y 16.30-22.00 abr-dic, hasta 21.00 resto del año) Es un local clásico en el muelle, como un club privado, donde comer ostras y vieiras pescadas en la zona. Al no aceptar reservas, son habituales las esperas: conviene ir muy pronto o muy tarde.

Mad Batter ESTADOUNIDENSE $$
(19 Jackson St; desayuno 8-11 US$, principales cena 32 US$; ⊗8.00-21.00 verano, variable resto del año) Este restaurante, en una casa victoriana blanca, tiene un *brunch* muy popular, con esponjosas tortitas de avena y una rica crema de almejas. También se cena bien, pero más caro.

❶ Cómo llegar y salir

Los autobuses de N. J. Transit (p. 131) comunican Cape May con Nueva York (directo, 45 US$, 3 h) y Filadelfia (con conexión). Si se quiere seguir ruta en coche, el **ferri de Cape May-Lewes** (☑800-643-3779; www.cmlf.com; 1200 Lincoln Blvd; automóvil/pasajero 45/10 US$; ⊗cada hora verano 7.00-19.00, resto del año véase web) cruza la bahía en 1½ h hasta Lewes (Delaware), cerca de Rehoboth Beach.

PENSILVANIA

Con casi 500 km de anchura, desde la costa este hasta donde empieza el Medio Oeste, Pensilvania tiene de todo. Filadelfia, en su día el corazón del imperio colonial británico, es una ciudad del este, en la ruta entre Boston y Washington. Pero al salir de la ciudad el ambiente es más rural, algo evidente en las poblaciones de "holandeses de Pensilvania" –menonitas, amish y otros–, que trabajan sus granjas a mano, como si aún siguieran en el s. XVIII. Al oeste empiezan los Apalaches y los Wilds, una extensión de bosque denso casi despoblado. En el extremo oeste del estado está Pittsburgh, la otra gran ciudad, en su día riquísimo centro de producción de acero, con una fascinante combinación de decadencia y energía renovada.

Filadelfia

Al tener a la inmensa Nueva York unos 150 km al norte y a Washington al sur, Filadelfia queda en muchos casos excluida de la lista de destinos imprescindibles. Pero en muchos aspectos, la Ciudad del Amor Fraterno puede ser tan interesante como sus vecinos más grandes. Tiene sus propias tradiciones y una oferta gastronómica, musical y artística descomunal; y como los edificios más antiguos de la ciudad están tan bien conservados, a veces es más fácil entrar en contacto con la historia del país y la construcción de la democracia aquí que en la capital. Además,

es una ciudad bonita y fácil de explorar, con elegantes plazas y callejones adoquinados.

En sus inicios, Filadelfia fue la segunda ciudad más grande del Imperio británico, después de Londres. Y luego, con Boston, la que provocó su caída. Desde el inicio de la Guerra de Independencia hasta 1790 (cuando se fundó Washington), fue la capital de la nueva nación. Con el tiempo, Nueva York se iba convirtiendo en gran centro cultural, comercial e industrial, y Filadelfia decaía. Aún hay partes de la ciudad en mal estado, pero el centro, desde los cuidados campus de la Universidad de Pensilvania a los edificios de ladrillo del casco antiguo, se conservan muy bien.

⊙ Puntos de interés y actividades

Los visitantes suelen limitarse al centro urbano, la zona entre los ríos Delaware y Schuylkill. Orientarse es fácil y las distancias son cortas, a pie o como mucho en autobús. Si se va al oeste del Schuylkill se llega a la ciudad universitaria, con varios campus; para esta excursión, el pintoresco tranvía subterráneo resulta muy práctico.

⊙ Casco antiguo

La zona junto al río Delaware, entre Walnut St, Vine St y 6th St, recibe el apodo de "milla cuadrada más histórica de EE UU" por el papel que desempeñó en la Guerra de Independencia y durante los primeros años de la democracia. Un trozo del barrio en forma de L compone el **Independence National Historic Park,** y muchos de sus edificios están gestionados por el Servicio de Parques Nacionales.

Front St solía marcar el extremo del puerto fluvial (ahora una carretera lo separa de los muelles de **Penn's Landing**), y en las proximidades hay casas y almacenes centenarios ahora convertidos en *lofts*, galerías y tiendas. La combinación de historia y modernidad convierte a este barrio en un lugar fascinante para pasear, incluso con la marea de turistas que llegan en verano.

Liberty Bell Center EDIFICIO HISTÓRICO
(plano p. 146; www.nps.gov/inde; 526 Market St; ⊗ 9.00-17.00, hasta 19.00 fin may-ppios sep) GRATIS Un edificio de paredes de cristal protege este emblema de la historia de Filadelfia. Se puede echar un vistazo desde fuera o hacer cola para pasar por delante de la campana

Libertad (Liberty Bell), de 943 kg, y leer su historia por el camino. La cola empieza en el extremo norte del edificio, donde están los cimientos de la casa de George Washington.

La campana se forjó en 1751 para conmemorar el 50º aniversario de la Constitución de Pensilvania. Se instaló en Independence Hall y repicó con la primera lectura pública de la Declaración de Independencia. En el s. xix apareció la grieta y en 1846 fue retirada.

★ **Independence Hall** EDIFICIO HISTÓRICO
(plano p. 146; ☎877-444-6777; www.nps.gov/inde; 520 Chestnut St; ⊗9.00-17.00, hasta 19.00 fin may-ppios sep) GRATIS El "lugar de nacimiento del Gobierno de EE UU", un modesto edificio cuáquero, es donde se reunieron los delegados de las 13 colonias para aprobar la Declaración de Independencia el 4 de julio de 1776. Se entra por la esquina de Chestnut St y 5th St. No hay que comprar entrada para ver el **Salón de Congresos** (☎215-965-2305; S 6th esq. Chestnut St; ⊗9.00-17.00, circuitos cada 20-30 min) GRATIS, donde se reunía el Congreso cuando Filadelfia era capital del país.

★ **Benjamin Franklin Museum** MUSEO
(plano p. 146; www.nps.gov/inde; Market St, entre 3rd y 4th St; adultos/niños 5/2 US$; ⊗9.00-17.00, hasta 19.00 fin may-ppios sep) En un patio al sur de Market St está el museo subterráneo dedicado a la vida del ilustre Benjamin Franklin, impresor (creó el primer periódico del país), inventor (bifocales, pararrayos) y hombre de Estado que firmó la Declaración de Independencia.

En el mismo patio se pueden ver las oficinas del periódico de Franklin: los guardias muestran la imprenta que usaba.

National Constitution Center MUSEO
(plano p. 146; ☎215-409-6600; www.constitution center.org; 525 Arch St; adultos/niños 14,50/8 US$; ⊗9.30-17.00 lu-vi, hasta 18.00 sa, 12.00-17.00 do; ♿) Este ágil museo da protagonismo a la Constitución de EE UU. Empieza con una presentación teatral, luego se pasa a una serie de muestras interactivas, con cubículos para votar y juegos de preguntas. También se puede ver una versión original de la Declaración de Derechos. Conviene ir temprano para evitar las colas y tener la cabeza despejada; hay mucho que ver.

Elfreth's Alley ENCLAVE HISTÓRICO
(plano p. 146; ☎215-627-8680; www.elfrethsalley. org; junto a 2nd St, entre Arch y Race St; circuitos 5 US$; ⊗museo 12.00-17.00 vi-do) Se trata de un

---

ⓘ VISITA AL INDEPENDENCE NATIONAL HISTORIC PARK

Este parque nacional incluye edificios antiguos, museos, elementos emblemáticos como la campana Libertad e incluso el restaurante **City Tavern** (plano p. 146; ☎215-413-1443; www.citytavern.com; 138 S 2nd St; principales 22-30 US$; ⊗11.30-21.00), con camareros que parecen sacados del s. xviii. Casi todas las atracciones abren a diario de 9.00 a 17.00 y la entrada es gratuita. Las entradas al Independence Hall son con hora; se puede reservar en línea (comisión 1,50 US$) o ir por la mañana al centro de visitantes Independence (p. 151) y conseguirlas para el día (y buenos planos).

En pleno verano, el céntrico parque de Independence Mall y las atracciones de los alrededores pueden estar llenos de turistas. Pero en los edificios menos conocidos se estará tranquilo. Solo hay que escoger un punto en el plano: hasta el último rincón tiene una historia interesante.

---

callejón adoquinado que está habitado desde la década de 1720 (se recomienda consideración con los vecinos). Una de sus 32 casas de ladrillo es un museo que muestra el callejón por dentro y por fuera.

National Museum of American Jewish History MUSEO
(plano p. 146; ☎215-923-3811; www.nmajh.org; 101 S Independence Mall E; adultos/niños 12 US$/gratis; ⊗10.00-17.00 ma-vi, hasta 17.30 sa y do) Este museo, con numerosas muestras multimedia, es una buena introducción al papel que la cultura judía ha representado en todos los aspectos del país, desde el mundo del espectáculo a los movimientos por los derechos civiles.

United States Mint EDIFICIO HISTÓRICO
(plano p. 146; ☎215-408-0112; www.usmint.gov; 151 N Independence Mall E; ⊗9.00-16.30 lu-vi, más sa verano) GRATIS La visita autoguiada de 45 min por la casa de la moneda permite ver cómo se acuña y admirar los mosaicos Tiffany del regio edificio.

Dream Garden EDIFICIO HISTÓRICO
(plano p. 142; ☎215-238-6450; 601 Walnut St; ⊗8.00-18.00 lu-vi, 10.00-13.00 sa) GRATIS El vestíbulo este del Curtis Center alberga una gran obra de arte americano: un luminoso mosaico

DATOS DE PENSILVANIA

Apodos Keystone State, Quaker State

Población 12 800 000

Superficie 119 282 km²

Capital Harrisburg (49 500 hab.)

Otras ciudades Filadelfia (1 550 000 hab.), Pittsburgh (306 000 hab.), Erie (101 000 hab.)

Impuesto sobre ventas 6%

Hijos célebres Louisa May Alcott (escritora, 1832-1888), Martha Graham (bailarina, 1894-1991), Margaret Mead (antropóloga, 1901-1978), Andy Warhol (artista, 1928-1987), Grace Kelly (actriz, 1929-1982)

Cuna de la Constitución de EE UU, la campana Libertad, el primer diario (1784), el primer taller mecánico (1913), el primer ordenador (1946)

Política "Estado indeciso": gobernador demócrata, mayoría de congresistas y senadores republicanos

Famoso por Los *pretzels* blandos, los amish, el *cheesesteak* de Filadelfia, el acero de Pittsburgh

Fauna y flora Cuenta con el mayor rebaño de alces salvajes al este el Misisipi

Distancias de Filadelfia a Nueva York 153 km, de Filadelfia a Pittsburgh 492 km

Tiffany, obra de Maxfield Parrish, que ocupa toda una pared. Representa un exuberante paisaje, hecho con más de 100 000 trozos de cristal.

Independence Seaport Museum MUSEO
(plano p. 142; ☎215-413-8655; www.phillyseaport. org; 211 S Columbus Blvd; adultos/niños 15/10 US$; ☉10.00-17.00, hasta 19.00 ju-sa verano; ♿; ☐21, 25, 76) Vale la pena la excursión hasta Penn's Landing para ver este museo sobre los astilleros de Filadelfia, en activo hasta 1995. Se puede pasear por un barco de guerra de acero de 1892 y por un submarino de la II Guerra Mundial.

⊙ Society Hill

Encantador barrio residencial con casas de los ss. XVIII y XIX, entre Front, Walnut, Lombard y 8th St. Es un buen lugar para pasear, contemplar sus casas de ladrillo y sus preciosos callejones. Las anacrónicas torres Society Hill, diseñadas por I. M. Pei, eclipsan un poco la zona norte. Se pueden visitar dos mansiones del s. XVIII: **Physick House** (plano p. 146; ☎215-925-7866; www.philalandmarks. org; 321 S 4th St; entrada 8 US$; ☉12.00-16.00 ju-sa, 13.00-16.00 do, previa cita ene y feb), de un influyente cirujano, y **Powel House** (plano p. 146; ☎215-627-0364; www.philalandmarks.org;

244 S 3rd St; adultos/niños 5 US$/gratis; ☉12.00-16.00 ju-sa, 13.00-16.00 do, previa cita ene y feb), cuya original decoración se ha instalado en el Philadelphia Museum of Art. En el extremo sur está Headhouse Shambles, mercado de principios del s. XIX que aún alberga el mayor **mercado de abastos** (plano p. 142; www.thefoodtrust.org; 2nd St, sur Lombard St; ☉ 10.00-14.00 do may-oct).

⊙ Chinatown y alrededores

La cuarta Chinatown en tamaño de todo el país existe desde la década de 1860, gracias a los inmigrantes chinos que construyeron el ferrocarril transcontinental. Ahora, además de gente de toda China, también viven malayos, tailandeses y vietnamitas. La colorista **puerta china de la Amistad** (plano p. 142; N 10th St, entre Cherry y Arch St), de cuatro alturas, es el elemento más llamativo de todo el barrio.

African American Museum in Philadelphia MUSEO
(plano p. 146; ☎215-574-0380; www.aampmuseum. org; 701 Arch St; adultos/niños 14/10 US$; ☉10.00-17.00 ju-sa, desde 12.00 do; ♿) La planta baja recuerda a afroamericanos notables de la ciudad. Está orientado más bien a los chavales, pero son historias que no se cuentan en otras partes de la ciudad.

Centro y Rittenhouse Square

La zona del ayuntamiento es el motor de Filadelfia, con bloques de oficinas y grandes hoteles, salas de conciertos y restaurantes. Más al oeste, la elegante Rittenhouse Sq, con su estanque y sus estatuas, es el centro de un elegante barrio residencial con unos cuantos cafés.

Ayuntamiento EDIFICIO
(plano p. 142; 215-686-2840; www.phlvisitorcenter.com; Broad esq. Market St; torre 6 US$, circuito y torre 12 US$; 9.00-17.00 lu-vi, más 11.00-16.00 un sa al mes, circuito 12.30, cierre torre 16.15 lu-vi) El ayuntamiento, construido en 1901, ocupa una manzana entera, y con 167 m de altura, sin contar la estatua de bronce de William Penn, de 27 toneladas, es la estructura con armazón de acero más alta del mundo. Desde el mirador, casi en la punta de la torre, se ve casi toda la ciudad (hay que comprar la entrada con antelación). La visita diaria al interior también es muy interesante. En invierno se puede patinar sobre hielo en la plaza que hay al oeste.

Templo masónico EDIFICIO HISTÓRICO
(plano p. 142; 215-988-1917; www.pagrandlodge.org; 1 N Broad St; adultos/niños 13/5 US$; circuitos 10.00, 11.00, 13.00, 14.00 y 15.00 ma-vi, 10.00, 11.00 y 12.00 sa) Para conocer mejor esta sociedad secreta conviene visita esta especie de iglesia con decoración barroca. Cada salón de congregaciones tiene su propio estilo: morisco, egipcio, renacentista y otros.

Mütter Museum MUSEO
(plano p. 142; 215-560-8564; www.muttermuseum.org; 19 S 22nd St; adultos/niños 15/10 US$; 10.00-17.00) Se trata de una colección de rarezas médicas gestionada por el Colegio de Médicos, una de las atracciones únicas de la ciudad.

Fairmount

La Benjamin Franklin Pkwy empieza en JFK Plaza (donde está la emblemática estatua *Love*, del escultor Robert Indiana) y está flanqueada por museos y otros lugares de referencia. Va hacia el noroeste, hasta llegar al Philadelphia Museum of Art, en Fairmount Park.

Philadelphia Museum of Art MUSEO
(plano p. 142; 215-763-8100; www.philamuseum.org; 2600 Benjamin Franklin Pkwy; adultos/niños 20 US$/gratis; 10.00-17.00 ma, ju, sa y do, hasta 20.45 mi y vi) Para muchos, este edificio no es más que la escalinata que Sylvester Stallone subía corriendo en *Rocky*. Pero además es uno de los mejores museos del país, con excelentes colecciones de arte asiático, obras maestras del Renacimiento, posimpresionistas y de pintores modernos como Picasso, Duchamp o Matisse. Tienen especial interés las salas completas (un claustro medieval, un templo chino y una casa de campo austriaca).

Hay tanto que ver que con una entrada se puede acceder dos días al museo y al edificio Perelman, a dos casas antiguas cercanas y al **Museo Rodin** (plano p. 142; www.rodinmuseum.org; 2151 Benjamin Franklin Pkwy; entrada sugerida 10 US$; 10.00-17.00 mi-lu). Los miércoles y viernes por la noche la entrada es por donativo libre (pero el edificio Perelman está cerrado).

Barnes Foundation MUSEO
(plano p. 142; 215-278-7200; www.barnesfoundation.org; 2025 Benjamin Franklin Pkwy; adultos/niños 25/10 US$; 10.00-17.00 mi-lu) Durante la primera mitad del s. XX, el coleccionista y educador Albert C. Barnes acumuló una gran colección de obras de Cézanne, Degas, Matisse, Renoir, Van Gogh y otros maestros europeos. Además, recopiló bonitas obras de arte popular africano y americano (en un acto de segregación artística que resultaba chocante). Actualmente la Barnes Foundation es una moderna cubierta que contiene una reproducción fiel de la mansión original de Barnes, que se conserva en las afueras de la ciudad.

Las piezas están colgadas de acuerdo con su visión, en una cuidadosa yuxtaposición de colores, temas y materiales. En una sala, todos los retratos parecen estar mirando a un punto central. Lo más notable es que son obras que quizá nunca se hayan visto, porque el testamento de Barnes limita la reproducción y el préstamo.

Franklin Institute Science Museum MUSEO
(plano p. 142; 215-448-1200; www.fi.edu; 222 N 20th St; adultos/niños 19,95/15,95 US$; 9.30-17.00; 33, 38, 48) Populares muestras científicas, con piezas de la serie *Bodies* que muestran la anatomía humana, un planetario y el espectáculo homenaje a Ben Franklin.

Academy of Natural Sciences MUSEO
(plano p. 142; 215-299-1000; www.ansp.org; 1900 Benjamin Franklin Pkwy; adultos/niños 15,95/13,95 US$; 10.00-16.30 lu-vi, hasta 17.00 sa y do; 32, 33, 38) A los niños les encantará la sala de las mariposas y la espléndida exposi-

Filadelfia

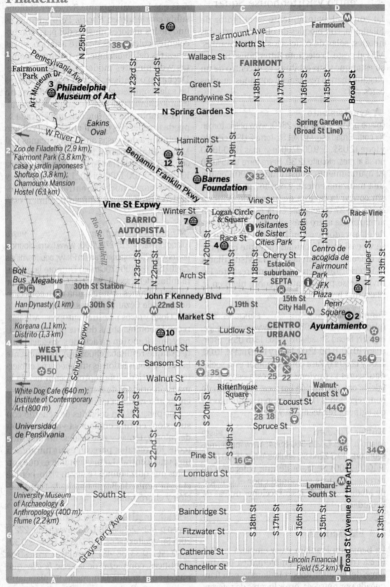

ción de dinosaurios, donde se puede incluso excavar en busca de fósiles y huesos.

Eastern State Penitentiary MUSEO
(plano p. 142; ☎215-236-3300; www.easterns tate.org; 2027 Fairmount Ave; adultos/niños 14/ 10 US$; ☉10.00-17.00) En la que fuera la primera prisión moderna, inaugurada en 1829 y cerrada en 1971, una excelente audioguía permite visitar por cuenta propia los siniestros pabellones. También dispone

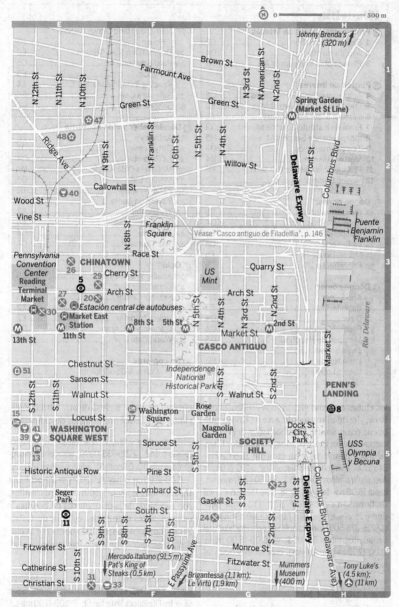

Véase "Casco antiguo de Filadelfia", p. 146

de abundante información sobre el actual sistema nacional de prisiones y fascinantes instalaciones artísticas. Desde mediados de septiembre hasta Halloween, se instala una fantasmagórica casa encantada.

Fairmount Park ESPACIO ABIERTO
(www.phila.gov/parksandrecreation) GRATIS El sinuoso río Schuylkill atraviesa este espacio verde de 3700 Ha, el mayor parque urbano de EE UU. En la orilla este se pueden admirar

Filadelfia

los clubes de remo victorianos en Boathouse Row; desde el museo de arte se divisa una buena panorámica. A ambos lados del río hay campos de juegos y prados, arte al aire libre, edificios históricos y un enorme **zoo** (☎215-243-1100; www.philadelphiazoo.org; 3400 W Girard Ave; adultos/niños 20/18 US$; ⏱9.30-17.00 mar-oct, hasta 16.00 nov-feb; 🅿; 🚌38, trole 15). En época de floración de los cerezos, no hay que perderse la **casa y jardín japoneses Shofuso** (☎215-878-5097; www.shofuso.com; Horticultural Dr; adultos/niños 7/5 US$; ⏱10.00-16.00 mi-vi, 11.00-17.00 sa y do abr-oct), con su estética del s. XVI.

◉ Filadelfia sur

South St, con sus antros y locales de música en directo para un público joven, traza el límite aproximado del sur de Filadelfia, considerado el bastión de la vida obrera en la ciudad, con población italiana, irlandesa y alemana. En la práctica, la mezcla es mucho mayor y hay barrios mexicanos, vietnamitas, afroamericanos e incluso de otra 'etnia' emergente, los *hipster* propietarios de cafeterías.

Philadelphia's Magic Gardens   JARDINES
(plano p. 142; ☎215-733-0390; www.phillymagic-gardens.org; 1020 South St; adultos/niños 7/3 US$; ⏱11.00-18.00 do-ju, hasta 20.00 vi y sa abr-oct, hasta 17.00 nov-mar; 🅿) Este jardín de las maravillas, con mosaicos de espejo, muros de botellas y extravagantes esculturas, es obra de Isaiah Zagar. También ha instalado obras por la ciudad; si se visitan primero sus jardines, será más fácil distinguirlas.

Mercado italiano   MERCADO
(☎215-278-2903; www.italianmarketphilly.org; S 9th St, entre Fitzwater y Wharton St; ⏱9.00-17.00 ma-sa, hasta 14.00 do) Este animado rincón está lleno de puestos de comida fresca, carnicerías, pescaderías y delicatesen. El extremo norte es de predominio italiano; al sur de Washington St se vuelve mexicano, así que se pueden comprar tortillas y *tortellini* en un mismo paseo.

Mummers Museum
MUSEO

(☎215-336-3050; www.mummersmuseum.com; 1100 S 2nd St; entrada con donativo; ☺9.30-16.00 mi-sa; ☒4, 57) El Mummers Parade, deslumbrante desfile de disfraces caseros, es un ritual de Nueva York pero tiene sus raíces en el sur de Filadelfia y, antes de eso, en Alemania y Suiza. En este museo se aprenderá la diferencia entre las Fancy Brigades y las String Bands, e incluso se podrá probar algún disfraz.

◉ Ciudad universitaria

Este barrio, separado del centro por el río Schuylkill, es como una ciudad universitaria, pues alberga la Universidad de Drexel y la de Pensilvania (U Penn), fundada en 1740 y una de las "ocho antiguas". El campus, lleno de árboles y de gente, es un lugar agradable para pasear, con dos museos.

University Museum of Archaeology & Anthropology
MUSEO

(☎215-898-4000; www.penn.museum; 3260 South St; adultos/niños 15/10 US$; ☺10.00-17.00 ma y judo, hasta 20.00 mi; ☒21, 30, 40, Ⓜ36th St Station) Contiene tesoros arqueológicos del antiguo Egipto, Mesopotamia y el mundo maya, entre otros.

Institute of Contemporary Art
GALERÍA

(☎215-898-7108; www.icaphila.org; 118 S 36th St; ☺11.00-20.00 mi, hasta 18.00 ju y vi, hasta 17.00 sa y do) GRATIS Suele presentar dos muestras a la vez, desde retrospectivas a exposiciones colectivas temáticas.

☞ Circuitos

Mural Tours
CIRCUITOS

(☎215-925-3633; www.muralarts.org/circuitos; circuitos gratis-30 US$) GRATIS Circuitos guiados en tranvía, tren y a pie por los numerosos murales al aire libre de la ciudad. En internet se puede conseguir un mapa y seguir un circuito sin guía.

Taste of Philly Food Tour
CIRCUITOS

(☎800-838-3006; www.tasteofphillyfoodtour.com; adultos/niños 17/10 US$; ☺10.00 mi y sa) Para picar algo y aprender sobre la gastronomía local en el Reading Terminal Market con una escritora del lugar. Imprescindible reservar.

✳ Fiestas y celebraciones

Mummers Parade
CARNAVAL

(www.mummers.com; ☺1 ene) Típico de Filadelfia; el equivalente más directo serían las cofradías de Mardi Gras de Nueva Orleans, con sus elaborados disfraces, su música y sus tradiciones, pero con el frío de pleno invierno. Suele alargarse casi 2 km por el centro de la ciudad.

Fringe Festival
ARTES ESCÉNICAS

(www.fringearts.com; ☺sep) Festival de artes escénicas en activo desde 1996. También se celebra el Feastival, un festival gastronómico con la participación de chefs locales.

🛏 Dónde dormir

Como el centro de Filadelfia es tan compacto, es difícil que el alojamiento escogido esté lejos de ningún sitio. La mayoría de los hoteles están en la ajetreada zona de negocios del centro, mientras que los B&B ofrecen alternativas más tranquilas en las calles residenciales próximas a Rittenhouse Sq. La oferta es amplia, en especial con las cadenas nacionales (Loews, Sofitel y Westin son buenas opciones). Para aparcar, en un hotel suelen cobrar de 20 a 45 US$ al día; en el centro es difícil aparcar en la calle.

★ Apple Hostels
ALBERGUE $

(plano p. 146; ☎215-922-0222; www.applehostels.com; 32 Bank St; dc 38 US$, h desde 80 US$; ✳@🛜) Este albergue afiliado a HI es una joya escondida en un callejón del casco antiguo. Se cuidan todos los detalles: hay enchufes en las taquillas, puertos USB y luces de lectura en todas las camas, café gratis y tapones para los oídos. La enorme cocina está impecable, al igual que las lavadoras. Tiene dormitorios masculinos, femeninos y mixtos. El personal es amable y organiza actividades cada noche, como circuitos a pie, noches de pasta o una ruta de bares.

Chamounix Mansion Hostel
ALBERGUE $

(☎215-878-3676; www.philahostel.org; 3250 Chamounix Dr, West Fairmount Park; dc 25 US$; ☺ cerrado med dic-med ene; Ⓟ@; ☒38) En una zona arbolada al norte de la ciudad está este albergue de HI, ideal para quien tenga coche. Las zonas comunes, con muebles del s. xix, parecen más de B&B que de albergue; los dormitorios son sencillos pero limpios.

★ Alexander Inn
HOTEL-BOUTIQUE $$

(plano p. 142; ☎215-923-3535; www.alexanderinn.com; 12th esq. Spruce St; i/d desde 119/129 US$; ✳@🛜) Las fotos en internet no le hacen justicia. Sus habitaciones, impecables, tienen un estilo clásico contenido; algunas cuentan con bañeras antiguas. El desayuno continental no

Casco antiguo de Filadelfia

es nada especial, pero en la zona se puede encontrar algo más interesante.

Morris House Hotel HOTEL-BOUTIQUE **$$**
(plano p. 142; ☎215-922-2446; www.morrishouse hotel.com; 225 S 8th St; h desde 179 US$; ❄️⊛) Situado en un edificio histórico cerca de Washington Sq, combina la elegancia colonial con un ambiente informal. Aparte de sus 15 habitaciones, su mejor activo es el patio ajardinado –con un restaurante muy bien considerado para cenar– que es un verdadero remanso de paz. En invierno, la chimenea aporta calidez.

Hotel Palomar DISEÑO HOTEL **$$**
(plano p. 142; ☎215-563-5006; www.hotelpalomar-philadelphia.com; 117 S 17th St; h desde 229 US$; P❄️⊛⊛) Es uno de los dos hoteles de la excelente cadena Kimpton. El otro está en Monaco, más céntrico, pero este es más económico y su ubicación más tranquila, a unas calles de Rittenhouse Sq. Las habitaciones son elegantes, más bien oscuras pero no formales (con albornoces de leopardo).

Independent HOTEL-BOUTIQUE **$$**
(plano p. 142; ☎215-772-1440; www.theindependenthotel.com; 1234 Locust St; h desde 145 US$;

Casco antiguo de Filadelfia

⊛🛜) Buena opción en el centro, en un elegante edificio neogeorgiano de ladrillo con un vestíbulo de cuatro pisos de altura. Las 24 habitaciones, de suelos de madera, son diáfanas y soleadas, y el pase gratis para el gimnasio más el queso y el vino a última hora lo hacen aún más apetecible.

Penn's View Hotel HOTEL HISTÓRICO $$
(plano p. 146; ☑215-922-7600; www.pennsviewhotel. com; Front esq. Market St; h desde 149 US$; ⊛🛜) Se le nota la edad, pero eso no tiene por qué ser malo. Las habitaciones, algunas con chimenea o balcón, tienen un estilo pintoresco, con alfombras orientales. El mantenimiento a veces falla, y aunque las vistas del río son agradables, con las ventanas abiertas el ruido de la carretera puede ser molesto. Aun así, sale muy a cuenta por su ubicación, en un extremo del casco antiguo.

La Reserve B&B $$
(plano p. 142; ☑215-735-1137; www.lareservebandb. com; 1804 Pine St; h 155 US$, sin baño 120 US$; ⊛🛜) Esta casa adosada de la década de 1850 se encuentra en una calle tranquila al sur de Rittenhouse Sq. Las 12 habitaciones tienen el encanto de lo viejo, con antiguas alfombras orientales, lujosas cortinas, techos altos y (aparentemente) los frágiles muebles de un aristócrata francés del s. XIX. Puede resultar algo recargado, pero el precio es bueno.

Rittenhouse 1715 HOTEL-BOUTIQUE $$$
(plano p. 142; ☑215-546-6500; www.rittenhou se1715.com; 1715 Rittenhouse Square St; h desde 289 US$; ⊛🛜) Esta mansión de 1911, junto a Rittenhouse Sq, es una gran elección para los amantes del lujo contenido. La casa rebosa

sofisticación a la antigua, las 23 habitaciones son más que cómodas, y el personal, agradable y eficiente. Pero en esencia es un B&B; habrá quien prefiera el equipamiento de un hotel más grande.

🍴 Dónde comer

Filadelfia es un gran destino gastronómico, con mucha variedad y precios bastante razonables –aunque también hay donde gastar a lo grande–. Los barrios de restaurantes más animados últimamente son East Passyunk, en el sur, y Northern Liberties y Fishtown, al norte del casco antiguo, junto al río. Stephen Starr y José Garcés son dos restauradores que juntos gestionan más de 25 locales de moda. Allá donde se vaya, no está de más reservar; casi todos los restaurantes están en OpenTable (OpenTable.com). Para comer algo barato, como el famoso *Philly cheesesteak,* lo mejor es ir a South St. Por último, no hay que perderse las heladerías Capogiro, repartidas por la ciudad.

🍴 Casco antiguo

★**Franklin Fountain** HELADERÍA $
(plano p. 146; ☑215-627-1899; 116 Market St; *sundaes* 10 US$; ⏱11.00-24.00 do-ju, hasta 1.00 vi y sa; 🖐) Fantástico vestigio del pasado, pero nada *kitsch,* como muestran las *phosphate sodas,* los helados con sabores de antes (como el *teaberry*), el teléfono antiguo y los vasitos de cartón (solo se admite efectivo). En la misma manzana, los dueños tienen una pastelería igual de clásica, la **Shane Confectionery** (plano p. 146; ☑215-922-1048; 10 Market St; ⏱11.00-22.00, hasta 23.00 vi y sa), donde sirven chocolate.

BYOB

Una ventaja de comer fuera en Filadelfia es que muchos restaurantes aplican la política BYOB *(bring your own bottle)*, que permite llevar el vino de fuera y abarata la cena. En estos casos, la mayoría de los clientes son vecinos, ya que son los que prefieren ir primero a comprar el vino (algo no muy frecuente en un estado con leyes estrictas para la venta de licores). El distribuidor estatal **Fine Wine & Good Spirits** tiene una tienda en el centro urbano (plano p. 146; ☎215-560-4380; 1218 Chestnut St; ☉9.00-21.00 lu-sa, 12.00-17.00 do) y otra en el Reading Terminal Market (abajo).

Wedge + Fig　　　　　　　　SÁNDWICHES $
(plano p. 146; 160 N 3rd St; sándwiches 10 US$; ☉ 11.00-20.00 ma-sa, 10.30-15.30 do) Los amantes del queso a la parrilla no sabrán qué escoger con tantas opciones, aunque también hay ensaladas frescas y platos más consistentes. Permiten traer bebidas y tienen un bonito jardín.

★ Zahav　　　　　　　　ORIENTE MEDIO $$
(plano p. 146; ☎215-625-8800; 237 St James Pl, junto a Dock St; principales 14 US$; ☉17.00-22.00 do-ju, hasta 23.00 vi y sa) Sirve una sofisticada cocina israelí moderna, con influencias persas, norteafricanas y de Oriente Próximo. Se pueden escoger *mezes* y especialidades a la parrilla u optar por el menú Mesibah (Fiesta), a 54 US$. Está en un edificio que nada tiene que ver, en las torres Society Hill.

Han Dynasty　　　　　　　　CHINA $$
(plano p. 146; ☎215-922-1888; 123 Chestnut St; principales 13-21 US$; ☉11.30-22.00 do-ma y ju, hasta 24.00 mi, hasta 22.30 vi y sa) Pertenece a una minicadena de restaurantes de cocina de Sechuán y cuenta con un glamuroso comedor en el edificio de un viejo banco. Hay otro en la **ciudad universitaria** (☎215-222-3711; 3711 Market St; ☉11.30-22.00 do-ma y ju, hasta 24.00 mi, hasta 22.30 vi y sa).

Amada　　　　　　　　ESPAÑOLA $$
(plano p. 146; ☎215-625-2450; 217 Chestnut St; tapas 6-20 US$; ☉11.30-14.30 y 17.00-22.00 lu-vi, desde 10.30 sa y do) Aquí se verá porqué José Garcés llegó al Iron Chef: sus tapas españolas son frescas y sabrosas, y en las largas mesas para compartir hay un gran ambiente.

✖ Chinatown

Banh Mi Cali　　　　　　　　VIETNAMITA $
(plano p. 142; 900 Arch St; sándwiches 5 US$; ☉ 9.30-19.30) Para comer algo rápido y barato después de pasear por el casco antiguo, nada mejor que estos *banh mi* o "bocatas vietnamitas".

Nan Zhou Hand Drawn Noodle House　　　　　　　　CHINA $
(plano p. 142; 1022 Race St; principales 6-10 US$; ☉11.00-22.00, hasta 22.30 vi y sa) Sopas de carne deliciosas y nada caras (algo flojas las de marisco) con unos fideos al dente, los típicos salteados y platos más originales como oreja de cerdo. Solo efectivo.

Rangoon　　　　　　　　BIRMANA $
(plano p. 142; 112 N 9th St; principales 9-17 US$; ☉ 11.30-21.00 do-ju, hasta 22.00 vi y sa) Restaurante birmano con una amplia variedad de platos muy sugerentes, como gambas picantes con judías rojas o el pollo al curri con fideos de huevo con coco y tofu.

Original Dim Sum Garden　　　　　　　　CHINA $
(plano p. 142; 59 N 11th St; principales 6 US$; ☉ 11.00-22.30 do-vi, hasta 23.00 sa) Cerca de la estación de autobuses, no es el local más limpio, pero sirve bollos y sus *soup dumplings* son de los más sabrosos.

✖ Centro y alrededores

★ Reading Terminal Market　　　　　　MERCADO $
(plano p. 142; ☎215-922-2317; www.readingterminal market.org; 51 N 12th St; ☉8.00-18.00 lu-sa, 9.00-17.00 do) En este enorme mercado multiétnico se pueden probar los dónuts de Beiler, los suaves *pretzels* de Miller, el cerdo asado de Dinic y los platos amish del Dutch Eating Place. Los fines de semana hay mucha gente y no es el mejor lugar para ir con niños pequeños o en grupos grandes (aunque en grupo al menos se pueden hacer varias colas a la vez).

Luke's Lobster　　　　　　　　PESCADO $
(plano p. 142; 130 S 17th St; sándwiches 8-15 US$; ☉ 11.00-21.00 do-ju, hasta 22.00 vi y sa) Forma parte de una pequeña cadena de la costa este que sirve pescado y marisco de pesca sostenible. El bocadillo de langosta con mantequilla se puede acompañar con un refresco de arándanos.

Federal Donuts　　　　　　　COMIDA RÁPIDA $
(plano p. 142; ☎215-665-1101; 1632 Sansom St; dónuts 1,50 US$, pollo 9 US$; ☉7.00-19.00) Dónuts recién fritos para cualquier momento: por la

EL SABOR CLÁSICO DE FILADELFIA

En Filadelfia discuten sobre los detalles de un buen *cheesesteak* –bocadillo caliente de carne de buey a la parrilla– como los estudiantes de teología analizando el Deuteronomio. Para el visitante, lo más importante es saber cómo pedirlo: primero hay que decir el tipo de queso –**prov** (provolone), **American** (amarillo graso) o **whiz** (Cheez Whiz naranja rallado), y luego hay que decir **wit** (*with*, "con") o **widdout** (*without*, "sin"), en referencia a la cebolla frita: *"Prov wit"*, por ejemplo, o *"whiz widdout"*.

Pat's King of Steaks (1237 E Passyunk Ave; sándwiches 8 US$; ⊘24 h) El *cheesesteak* se inventó en Pat's, allá por 1930.

Jim's Steaks (plano p. 142; 400 South St; sándwiches 8 US$; ⊘10.00-1.00 lu-ju, hasta 3.00 vi y sa, desde 11.00 do) El *Pizza steak* –con salsa de tomate– es otra opción, así como los *hoagies* fríos. Es más cómodo que la mayoría, con asientos y cerveza.

Tony Luke's (39 E Oregon Ave; sándwiches 7 US$; ⊘6.00-24.00 lu-ju, hasta 2.00 vi y sa, 11.00-20.00 do) Famoso por su bocadillo de cerdo asado con grelos y provolone. Su versión vegetariana también está muy bien.

---

mañana, con café; a partir de las 11.00, el dónut frito coreano con pollo. Hay una sucursal en la **ciudad universitaria** (3428 Sansom St; ⊘ 7.00-19.00), junto al White Dog Cafe.

Abe Fisher   JUDÍA **$$**
(plano p. 142; ☎215-867-0088; 1623 Sansom St; raciones 10-14 US$, menú 4 platos 39 US$; ⊘17.00-22.00 do-ju, hasta 23.00 vi y sa) Comida de la diáspora judía llevada a un nivel superior, con agua de Seltz y remolacha por todas partes. Al lado está el bar **Dizengoff** (1625 Sansom St; *hummus* desde 9 US$; ⊘10.30-19.00;), del mismo dueño, para picar algo (como su *hummus* clásico).

Little Nonna's   ITALIANA **$$**
(plano p. 142; ☎215-546-2100; 1234 Locust St; principales 20-24 US$; ⊘11.45-14.45 y 17.00-22.00 lu-sa, 17.00-22.00 do) En este local hogareño hay *Sunday gravy* (deliciosa salsa de tomate y carne, típica en cualquier mesa italoamericana) cada noche. Se puede traer bebida.

Parc Brasserie   FRANCESA **$$$**
(plano p. 142; ☎215-545-2262; 227 S 18th St; principales desde 23 US$; ⊘7.30-23.00 do-ju, hasta 24.00 vi y sa) Enorme bistró con clase junto al parque, donde empaparse de la elegancia de Rittenhouse Sq. Cenar sale algo caro, pero el *brunch* y el almuerzo tienen buen precio y son estupendos para observar a la gente.

Filadelfia sur

Por el cruce de Washington y 11th St hay numerosos restaurantes vietnamitas, por no hablar del Mercado Italiano (p. 144). También hay puestos clásicos donde probar el *cheese-*

teak, que contrastan con la oferta de restaurantes caseros de E. Passyunk Ave, más al sur.

Sabrina's Cafe   DESAYUNOS **$**
(plano p. 142; 910 Christian St; desayuno 10-14 US$; ⊘8.00-17.00;) Se ha hecho popular por su *brunch:* tostadas rellenas, pringosos bocadillos de cerdo... Todo lo necesario para empezar el día en un ambiente agradable. Tienen otro local en **Fairmount** (plano p. 142; 1804 Callowhill St; ⊘8.00-22.00 ma-sa, hasta 16.00 do y lu), cerca del museo de arte.

★**Le Virtù**   ITALIANA **$$$**
(☎215-271-5626; 1927 E Passyunk Ave; principales 24-28 US$; ⊘17.00-22.00 lu-sa, 16.00-21.30 do) El dueño de este restaurante es un fanático de la cocina de los Abruzos, región al este de Roma donde estudió. También dirige el **Brigantessa** (☎267-318-7341; 1520 E Passyunk Ave; *pizzas* 16 US$, principales 26 US$; ⊘17.00-24.00), más informal, en la misma calle, con una carta algo más amplia que incluye *pizzas*. El martes se permite traer bebida.

Ciudad universitaria

Koreana   COREANA **$**
(3801 Chestnut St; principales 9 US$; ⊘11.00-22.00) Estudiantes y gente de todo tipo acude a disfrutar de su comida coreana a buen precio; se entra desde el aparcamiento, en la parte trasera del centro comercial.

★**White Dog Cafe**   ECOLÓGICA **$$**
(☎215-386-9224; 3420 Sansom St; principales cena 18-29 US$; ⊘11.30-21.30 lu-vi, 10.00-22.00 sa, 10.00-21.00 do) Si el ambiente y la comida

de este local parecen más refinados que en otros restaurantes ecológicos, es porque lleva aquí desde 1983. Recomendables sus puerros salvajes con colmenillas o sus tomates en verano.

Distrito MEXICANA **$$**
(☎215-222-1657; 3945 Chestnut St; principales 9-30 US$; ⊙11.30-22.00; 🍴) Su llamativa decoración crea el ambiente ideal para estos tentempiés mexicanos. A los niños les encanta sentarse en el viejo escarabajo Volkswagen.

🍺 Dónde beber y vida nocturna

Tal como cabría esperar de una ciudad con una fuerte conciencia obrera, hay muchos bares de barrio, pero también refinadas coctelerías, enotecas y *gastropubs* donde probar cervezas autóctonas. De hecho, el casco antiguo ostenta la mayor concentración de licencias para vender alcohol de todo el país después de Nueva Orleans, sobre todo en S 2nd y S 3rd St. También es festiva South St, especialmente su extremo este. Para beber cerveza artesana y escuchar música *rock* independiente hay que ir a Northern Liberties y Fishtown. En el casco antiguo se forman fiestas improvisadas la noche del primer viernes de mes, en especial por N 3rd St, cuando las galerías y las tiendas abren hasta tarde y sirven vino. Los bares de ambiente se concentran en 'The Gayborhood,' entre Chestnut, Pine, Juniper y 11th St; el barrio tiene tanta tradición que los carteles tienen los bordes con el arco iris.

Cafés

La Colombe CAFÉ
(plano p. 142; 130 S 19th St; ⊙7.00-19.00 lu-vi, desde 8.00 sa y do) Muchas cafeterías sirven el café de estos excelentes tostadores (desde 1994), pero esta es la cafetería original, en un tranquilo local cerca de Rittenhouse Sq.

Anthony's CAFÉ
(plano p. 142; 903 S 9th St; helado 3,50 US$; ⊙7.00-19.00, hasta 20.00 sa, hasta 17.00 do) Clásico local en el Mercado Italiano para tomar un *espresso, cannoli* o *panini*.

Bares

★**Monk's Cafe** BAR
(plano p. 142; www.monkscafe.com; 264 S 16th St; ⊙11.30-2.00, cocina hasta 1.00) Los amantes del lúpulo acuden a este bar tranquilo con mucha madera, donde se sirven cervezas artesanas belgas y estadounidenses de barril. También

tienen carta de comidas a precios razonables, con los típicos mejillones con patatas fritas y un plato del día *vegano*.

★**Trestle Inn** BAR
(plano p. 142; ☎267-239-0290; 339 N 11th St; ⊙17.00-2.00 mi-sa) Bar de barrio venido a más en una esquina oscura de 'Eraserhood' (zona semiindustrial donde se inspiró el director David Lynch para su película *Eraserhead*), con cócteles artesanos y *gogós*.

Olde Bar COCTELERÍA
(plano p. 146; ☎215-253-3777; 125 Walnut St; cócteles 10-15 US$; ⊙17.00-24.00, desde 16.00 sa, bar 11.00-2.00) José Garcés reformó esta antigua ostrería (antes Bookbinders) manteniendo el ambiente clásico pero mejorando los cócteles y la carta de platos regionales (15-20 US$), como sopa de pescado o *pepper pot* (callos con verduras).

Tria Cafe BAR DE VINOS
(plano p. 142; 1137 Spruce St; copa vino 9-12 US$; ⊙12.00-madrugada) Vinatería elegante pero informal, con una excelente carta de raciones y sándwiches (tentempiés 4-10 US$). Tienen otro local en **Rittenhouse Sq** (plano p. 142; 123 S 18th St; ⊙12.00-madrugada), y una nueva **cervecería** (plano p. 142; 2005 Walnut St; ⊙12.00-madrugada) que cuida la cerveza tanto como el vino.

Dirty Franks BAR
(plano p. 142; 347 S 13th St; ⊙11.00-2.00) Los parroquianos de este bar lo llaman "institución" con cierto sarcasmo. Al igual que muchos otros, ofrece el *citywide special*, un Jim Beam y una lata de cerveza por 3 US$.

Fiume BAR
(229 S 45th St; ⊙18.00-2.00) No tiene rótulo: la entrada está junto al restaurante Abyssinia, en la ciudad universitaria. *Rock* y *bluegrass* en directo y buenas cervezas de barril.

McGillin's Olde Ale House PUB IRLANDÉS
(plano p. 142; www.mcgillins.com; 1310 Drury St; ⊙11.00-2.00) La taberna de la ciudad con más años de funcionamiento ininterrumpido (desde 1860; en los años de la Prohibición siguió abierta como bar clandestino) es un *pub* irlandés desenfadado, con karaoke las noches de los miércoles y los domingos.

Tavern on Camac DE AMBIENTE
(plano p. 142; www.tavernoncamac.com; 243 S Camac St; ⊙piano bar 16.00-2.00, club 21.00-2.00 ma-do) Es uno de los bares de ambiente más

antiguos de la ciudad, con piano-bar y restaurante en la planta baja. Arriba hay un pequeño club llamado Ascend; el miércoles es noche de chicas; los viernes y sábados hay DJ.

Paris Wine Bar BAR DE VINOS
(plano p. 142; 2301 Fairmount Ave; copa vino 8-11 US$; ⏰17.00-24.00 ju-sa) Este bar afrancesado (con un *pub* a la inglesa al lado) es un buen lugar par tomarse una copa al salir de los museos; sirve vinos de Pensilvania por copas y platos ligeros (11-15 US$), a veces con *jazz* en directo.

☆ Ocio

Filadelfia tiene una escena cultural activa, con talentos autóctonos y conciertos de cantantes en grandes giras. Los espectáculos de música y *ballet* son más baratos que en Nueva York, y es posible ver un gran concierto de *rock* por 10 US$. Y sin pagar ni un dólar se puede asistir al concierto diario de música clásica o pop del espléndido **órgano Wanamaker** (plano p. 142; www.wanamakerorgan. com; 1300 Market St; ⏰conciertos 12.00 lu-sa, más 17.30 lu, ma, ju y sa, 19.00 mi) `GRATIS`, de 1909, en el interior de Macy's.

En cuanto al deporte, los **Philadelphia Eagles** (www.philadelphiaeagles.com) son legendarios, no por el rendimiento (irregular) de este equipo de fútbol americano, sino por sus fervorosos hinchas, que empiezan la fiesta antes del partido a las puertas de **Lincoln Financial Field** (www.lincolnfinancielfield.com; 1 Lincoln Financial Field Way), en Filadelfia sur (los estadios de béisbol y baloncesto profesional están en la misma zona). La temporada va de agosto a enero.

Johnny Brenda's MÚSICA EN DIRECTO
(⏰215-739-9684; www.johnnybrendas.com; 1201 N Frankford Ave; entradas 10-15 US$; ⏰cocina 11.00-1.00, espectáculos variable; Ⓜ Girard) Es el lugar de referencia para los amantes del *rock* independiente en Fishtown/Northern Liberties, pequeño gran local con un anfiteatro, un buen restaurante y un bar con cervezas tan alternativas como la música.

Kimmel Center ARTES ESCÉNICAS
(plano p. 142; 215-790-5800; www.kimmelcenter. org; 300 S Broad St) Esta moderna sala de conciertos es la institución artística más activa y prestigiosa de la ciudad, la sede de la Orquesta de Filadelfia, el Ballet de Pensilvania y otras compañías. También gestiona la espléndida **Academia de Música** (plano p. 142; 240 S Broad St); vale la pena ver un espectáculo en este edificio clásico.

PhilaMOCA ARTES ESCÉNICAS
(Philadelphia Mausoleum of Contemporary Art; plano p. 142; 267-519-9651; www.philamoca.org; 531 N 12th St) Fue primero un almacén de lápidas y luego los estudios del productor Diplo. Ahora es un espacio ecléctico donde asistir a películas, espectáculos, exposiciones y otros eventos.

Union Transfer SALA DE CONCIERTOS
(plano p. 142; 215-232-2100; www.utphilly.com; 1026 Spring Garden St; entradas 15-40 US$) Inaugurada en el 2011, es uno de los mejores espacios para escuchar a grandes bandas, con un singular servicio de reservas y un buen bar.

Chris' Jazz Club JAZZ
(plano p. 142; 215-568-3131; www.chrisjazzcafe. com; 1421 Sansom St; entrada 10-20 US$) Espacio íntimo para oír a talentos locales y grandes nombres del *jazz* nacional. Tiene una *happy hour* con piano de martes a viernes a las 16.00, y grupos en directo de lunes a sábado por la noche.

World Cafe Live MÚSICA EN DIRECTO
(plano p. 142; 215-222-1400; www.worldcafelive. com; 3025 Walnut St; entrada 10-40 US$; ⏰desde 11.00 lu-vi, desde 17.00 sa y do) Antigua fábrica donde ahora tiene sus estudios la WXPN, emisora de la U Penn, con escenarios que acogen conciertos de *jazz*, folk y música comercial. También tiene buena comida.

ℹ Información

Hospital de la Universidad de Pensilvania
(⏰800-789-7366; www.pennmedicine.org; 800 Spruce St; ⏰24 h) Es el mayor hospital de la ciudad.

Centro de visitantes Independence (plano p. 146; 800-537-7676; www.phlvisitorcenter. com; 599 Market St; ⏰8.30-18.00 sep-may, 8.30-19.00 jun-ago) Gestionado por el Ayuntamiento y el Servicio de Parques Nacionales. Cubre el parque nacional y las demás atracciones turísticas de Filadelfia.

Philadelphia Magazine (www.phillymag.com) Revista mensual con excelentes críticas gastronómicas de Jason Sheehan.

Centro de visitantes de Filadelfia (www. phlvisitorcenter.com) El servicio municipal de turismo tiene prácticas sucursales en Logan Sq (plano p. 142; 267-514-4761; www.phlvi sitorcenter.com; 200 N 18th St; ⏰11.00-16.00 may-sep) y la JFK Plaza (plano p. 142; 215-683-0246; 1599 JFK Blvd; ⏰10.00-17.00 lu-sa).

Philadelphia Weekly (www.philadelphiawee kly.com) Semanario alternativo gratuito con distribución por toda la ciudad.

ⓘ Cómo llegar y salir

AVIÓN

El **aeropuerto internacional de Filadelfia** (PHL; ☏215-937-6937; www.phl.org; 8000 Essington Ave; ⒽLínea Aeropuerto), 11 km al suroeste del centro urbano, es un centro de control de American Airlines y tiene muchos vuelos internacionales.

AUTOBÚS

Greyhound (☏215-931-4075; www.greyhound. com), **Peter Pan Bus Lines** (www.peterpanbus. com) y **N. J. Transit** (☏973-275-5555; www. njtransit.com) parten de la **estación central de autobuses** (plano p. 142; 1001 Filbert St), cerca el centro de convenciones; Greyhound viaja a todo el país, Peter Pan al noreste, y N. J. Transit a Nueva Jersey. Las dos primeras son más baratas; ir a Washington con Greyhound, p. ej., puede costar 14,50 US$ (3½ h).

Megabus (plano p. 142; www.us.megabus. com; JFK Blvd y N 30th St) sale de cerca de la estación de 30th St y comunica con las grandes ciudades del noreste y con Toronto. Para ir a Nueva York y Boston, los autobuses de **Bolt Bus** (plano p. 142; ☏877-265-8287; www.boltbus. com; JFK Blvd y N 30th St), subsidiaria de Greyhound, son los más amplios; reservando por internet, el billete a Nueva York (2½ h) puede costar 7 US$.

AUTOMÓVIL Y MOTOCICLETA

La I-95 (Delaware Expwy) recorre el lado este de la ciudad de norte a sur siguiendo el río Delaware y tiene varias salidas al centro urbano. En el norte de la ciudad, la I-276 (Pennsylvania Turnpike) va hacia el este cruzando el río para conectar con la New Jersey Turnpike.

TREN

Al oeste del centro, cruzando el Schuylkill, se encuentra el bonito edificio neoclásico de la **estación de 30th St** (www.amtrak.com; 30th y Market St). La línea Northeast Corridor de Amtrak pasa por aquí y comunica con Nueva York (54 a 196 US$, 1-1½ h), Boston (96 a 386 US$, 5-5¾ h), y Washington (53-242 US$, 2 h), así como con Lancaster (desde 16 US$, 1 h) y Pittsburgh (desde 55 US$, 7½ h).

Un modo más lento pero más barato de llegar a Nueva York es tomar el servicio regional **Septa** (☏215-580-7800; www.septa.org) hasta Tren-

ton (9 US$, 50 min), y allí el N. J. Transit hasta Penn Station (15,50 US$, 1½ h).

ⓘ Cómo desplazarse

Septa (☏215-580-7800; www.septa.org) gestiona la red de transporte urbano, con una línea desde el aeropuerto (8,75 US$, 25 min, cada 30 min) que tiene parada en la ciudad universitaria y el centro. Un taxi al centro cuesta 28,50 US$ (tarifa plana).

En el centro apenas hay 3 km entre el Delaware y el Schuylkill, así que se puede ir a pie a la mayoría de los sitios. Para no cansarse o ir más lejos se puede escoger entre las múltiples líneas de autobús, dos de metro y una de tranvía (2,25 US$). Comprando varias fichas (que desaparecerán en el 2016) o la tarjeta prepago Key Card se pueden conseguir descuentos. Market St es la vía principal: los autobuses que pasan por ella atraviesan el centro, y el tranvía subterráneo lleva a la ciudad universitaria. En temporada alta, el autobús violeta **Phlash** (www.ridephillyphlash. com; trayecto/1 día 2/5 US$; ☉10.00-18.00 diarios may-ago y dic, vi-do solo sep-nov) hace una ruta circular por las principales atracciones; se paga a bordo, pero no dan cambio.

El sistema de bicis compartidas de Filadelfia es el **Indego** (☏844-446-3346; www.rideinde go.com). Por un uso de 30 min se cobran 4 US$; el abono de 30 días es una ganga (15 US$), pero hay que solicitarlo con antelación.

Es fácil parar un taxi, en especial por el centro. La bajada de bandera cuesta 2,70 US$, luego cobran 2,30 US$ por milla (1,6 km) o fracción. Todos los taxis con licencia tienen GPS y la mayoría acepta tarjetas.

Dutch Country de Pensilvania

El condado de Lancaster y la región situada entre Reading y el río Susquehanna es el centro de la llamada "comunidad holandesa de Pensilvania" (aunque ahora se usa la forma corregida "Pennsylvania German"). Son gente de origen alemán, con diferentes culturas y religiones, que se establecieron en el s. XVIII. Los más conocidos son los amish, los menonitas y los baptistas alemanes (Brethren). Un rasgo cultural común es que conservan un modo de vida sencillo, con la mínima tecnología.

Paradójicamente, esta vida sencilla, con sus pintorescas calesas y sus arados con bueyes, atrae a hordas de visitantes y está creando una actividad turística asombrosa. Pero si se llega a algún lugar apartado, se podrá apreciar la paz que han conservado estas comunidades religiosas. Y es innegable que esa imagen de otro tiempo resulta, cuando menos, curiosa.

La ciudad de Lancaster (60 000 hab.) tiene un centro agradable y algunos restaurantes de calidad que usan ingredientes de los campos vecinos. La fiesta del Primer Viernes, en Prince St, atrae a muchos vecinos. La principal zona turística de la región está al este, por la Rte 30 y la Old Philadelphia Pike (Rte 340), entre Ronks, Bird-in-Hand, Intercourse y Paradise. Es zona de campos, con algún que otro centro comercial y atracciones como el parque temático infantil Dutch Wonderland, o la tienda de recuerdos Dutch Haven, en forma de molino, que vende una tarta *shoo-fly* espléndida y buena cerveza de abedul.

Al sur de Lancaster se hallan Strasburg y Christiana, pueblecitos agradables, y Ephrata y Lititz al norte. Lititz cuenta con Wilbur Chocolates, que los lugareños prefieren al gigante Hershey's (más al norte), y Sturgis, la primera fábrica de *pretzels* del país. En Ephrata está la sede de Ten Thousand Villages, enorme tienda de comercio justo gestionada por los menonitas, con sucursales en muchos otros lugares.

◉ Puntos de interés

⭐ **Ferrocarril de Strasburg** TREN
(☎866-725-9666; www.strasburgrailroad.com; 301 Gap Rd, Ronks; clase turista adultos/niños 14/8 US$; ⊙múltiples viajes diarios, variable según temporada; 🚻) Solo hay 45 min de viaje a Paradise, ida y vuelta, pero este tren de vapor es muy divertido, con sus elegantes vagones (con calefacción de leña en invierno) que recorre una línea construida en 1832. Se venden billetes combinados para ver también el Railroad Museum of Pennsylvania (☎717-687-8628; www.rrmuseumpa.org; 300 Gap Rd, Ronks; adultos/niños 10/8 US$; ⊙9.00-17.00 lu-sa, desde 12.00 do, cerrado do y lu invierno; 🚻), museo ferroviario situado enfrente, con muchas maravillas mecánicas en exposición.

Para mantener la temática ferroviaria se puede reservar una habitación en un vagón del Red Caboose (☎717-687-5000; www.redcaboosemotel.com; 312 Paradise Ln, Ronks; i/d desde 95/129 US$; ❄🛜🚻) o simplemente visitar su restaurante (☎717-687-7759; desayuno 8 US$, cena 14 US$; ⊙7.30-15.00 ma y mi, hasta 20.00 ju-sa, hasta 16.00 do).

Landis Valley Museum MUSEO
(☎717-569-0401; www.landisvalleymuseum.org; 2451 Kissel Hill Rd, Lancaster; adultos/niños 12/8 US$; ⊙9.00-17.00, desde 12.00 do, cerrado lu y ma ene-feb) Este museo al aire libre, que reproduce un pueblo del s. XVIII, es el mejor modo de conocer la historia de los primeros holandeses de Pensilvania y de los menonitas en particular. Personal caracterizado demuestra cómo trabajaban los artesanos y hay una bonita exposición de artesanía.

Ephrata Cloister MUSEO
(☎717-733-6600; www.ephratacloister.org; 632 W Main St, Ephrata; adultos/niños 10/6 US$; ⊙9.00-17.00, desde 12.00 do, cerrado lu y ma ene-feb, circuitos cada hora 10.00-15.00) Una de las numerosísimas sectas religiosas de la región fundó esta comunidad en 1732; a pesar de los votos de celibato y las luchas internas, duró hasta 1934. Ahora el lugar tiene un aire casi fantasmagórico. Se puede pasear a solas, pero lo ideal es apuntarse a un circuito para ver el interior de los edificios.

Lancaster Mennonite Historical Society MUSEO
(☎717-393-9745; www.lmhs.org; 2215 Millstream Rd, Lancaster; museo 5 US$; ⊙8.30-16.30 ma-sa) Este pequeño museo muestras bonitas obras de cristal y madera, y explica la historia del asentamiento de los menonitas en la región. También tienen una tienda-librería bien provista.

⑀ Circuitos

Aaron & Jessica's Buggy Rides CIRCUITOS
(☎717-768-8828; www.amishbuggyrides.com; 3121 Old Philadelphia Pike, Bird-in-Hand; adultos/niños circuitos desde 10/6 US$; ⊙9.00-17.00 lu-sa; 🚻) Permite subirse en una de esas calesas negras y hacer un recorrido de 30 min por la zona o una visita de 1 h a una granja. Los conductores son amish, menonitas o baptistas y están abiertos a cualquier pregunta.

🛏 Dónde dormir

⭐ **Quiet Haven** MOTEL $
(☎717-397-6231; www.quiethavenmotel.com; 2556 Siegrist Rd, Ronks; h desde 76 US$) Si la imagen que se quiere recrear es la de una mecedora y campos hasta donde alcanza la vista, interesa alojarse en este motel familiar rodeado de verde. La mayoría de las 15 habitaciones aún recuerda la década de 1960.

A Farm Stay SERVICIO DE RESERVAS $
(www.afarmstay.com; h desde 80 US$; 🚻) Esta web permite reservar en unos 20 alojamien-

GETTYSBURG

Esta población ahora tranquila y pintoresca, 233 km al oeste de Filadelfia, es sinónimo de una de las batallas más sangrientas de la Guerra de Secesión. En julio de 1863 murieron aquí más de 8000 personas en tres días. Poco después, el presidente Abraham Lincoln pronunció el Discurso de Gettysburg ("Hace ocho décadas y siete años..."), recordando que la igualdad era el objetivo de la guerra.

Gettysburg National Military Park (☏717-334-1124; www.nps.gov/gett; 1195 Baltimore Pike; museo adultos/niños 12,50/8,50 US$, circuitos guardabosques por vehículo 65 US$, en autobús adultos/niños 30/18 US$; ☉museo 8.00-18.00 abr-oct, hasta 17.00 nov-mar, recinto 6.00-22.00 abr-oct, hasta 19.00 nov-mar) ocupa 22 km² de terreno con senderos y monumentos. El museo del centro de visitantes es imprescindible por su imponente ciclorama, –pintura de 360° a tamaño natural– de la Carga de Pickett, desastrosa batalla del último día. La obra de 1884 fue restaurada y reinstalada en el 2008, con un espectacular juego de luces y narración. El parque se puede explorar por cuenta propia, en una vista guiada en autobús o, lo mejor, en una visita guiada con un guarda en el coche del propio visitante.

El pueblo de Gettysburg es bonito; vale la pena pasar la noche, pero en verano conviene reservar con tiempo, en especial en julio, pues se llena de gente que acude disfrazada a recrear la batalla. Para alojarse, **Brickhouse Inn** (☏717-338-9337; www.brickhouseinn.com; 452 Baltimore St; h desde 149 US$; ☐❉☎) tiene dos edificios contiguos con un precioso jardín trasero; los dueños se toman el desayuno tan en serio que incluso hay tarta. **Dobbin House** (☏717-334-2100; 89 Steinwehr Ave; sándwiches 10 US$, principales 25 US$; ☉taberna 11.30-21.00, restaurante desde 17.00), construida en 1776, tiene habitaciones y restaurante. La comida es corriente, pero el ambiente, con madera antigua y velas, es espléndido. En la taberna del sótano se pueden comer hamburguesas y sopas gastando menos.

---

tos rurales, típicos B&B algunos, pero otros son granjas donde se puede incluso acariciar las cabras u ordeñar las vacas.

★**General Sutter Inn** POSADA $$
(☏717-626-2115; www.generalsutterinn.com; 14 East Main St, Lititz; i/d/ste desde 70/110/185 US$; ❉☎) Esta posada del s. XVIII tiene 10 habitaciones decoradas con antigüedades elegidas con gusto y, en la última planta, seis suites que siguen una estética *rock*. En el popular Bulls Head Pub de la planta baja sirven huevos a la escocesa y cerveza de barril.

Fulton Steamboat Inn HOTEL $$
(☏717-299-9999; www.fultonsteamboatinn.com; 1 Hartman Bridge Rd, Lancaster; h desde 140 US$; ❉☎☲) Aunque se supiera que el inventor del barco de vapor era de esta región, este hotel de temática náutica llamaría bastante la atención. Con todo, los apliques de latón y el papel floreado se conservan bien, las habitaciones son cómodas y hay incluso una piscina interior.

Cork Factory HOTEL-BOUTIQUE $$
(☏717-735-2075; www.corkfactoryhotel.com; 480 New Holland Ave, Lancaster; h desde 159 US$; ❉☎) Esta mole de ladrillo abandonada alberga ahora un hotel con estilo, a un paseo en coche del centro.

✗ Dónde comer

Los entendidos coinciden en que la mejor cocina del Dutch Country es la de las cenas de la iglesia. Conviene estar atento a las celebraciones especiales.

★**Katie's Kitchen** ESTADOUNIDENSE $
(200 Hartman Bridge Rd, Ronks; principales 8 US$; ☉7.30-19.00) Este *diner* típico holandés sirve su buey con salsa cremosa y sus "huevos nido" a propios y extraños. Todo está recién hecho y también sirven medias raciones.

★**Tomato Pie Cafe** SÁNDWICHES $
(☏717-627-1762; 23 N Broad St, Lititz; principales 8 US$; ☉7.00-21.00 lu-sa; ☎🖬) Los platos frescos y creativos y los elaborados combinados de café no desentonarían en una ciudad, pero el ambiente es rural y cálido.

Mercado central MERCADO $
(☏717-735-6890; www.centralmarketlancaster.com; 23 N Market St, Lancaster; tentempiés desde 2 US$; ☉6.00-16.00 ma y vi, hasta 14.00 sa) Los puestos de productos frescos y de comida de este mercado tienen publico de todo tipo. Se puede encontrar desde salchichas frescas o rábano picante a fideos tailandeses y ensaladas libanesas.

Mercado Bird-in-Hand MERCADO **$**
([☎]717-393-9674; 2710 Old Philadelphia Pike; *pretzels* 2 US$, almuerzo 8 US$; [⊙]8.30-17.30 vi y sa, más mi abr-nov, ju jul-oct) Aquí se encontrará lo más auténtico del Dutch Country y también lo más turístico: mermeladas caseras, pastas, *pretzels, beef jerky*, etc. También hay dos mostradores de comidas.

Dienner's BUFÉ **$**
(2855 Lincoln Hwy, Ronks; cena 11-15 US$; [⊙]7.00-18.00 lu-ju, hasta 20.00 vi y sa) Bufé libre de platos típicos del territorio, con una de sus tres secciones dedicada a los dulces. La comida es más bien suave, pero hay para todos los gustos; platos como el estofado de pollo suelen estar buenos.

★Lancaster Brewing Co COMIDA DE PUB **$$**
(302 N Plum St; principales 16-24 US$; [⊙]11.30-22.00; [🅿]) Popular cervecería inaugurada en 1995 que también sirve platos consistentes pero sofisticados, como las chuletas de cordero con *tzatziki* o las salchichas caseras, aunque sus ofertas del día, como la de alitas de pollo a discreción por 5 US$, son insuperables.

Maison EUROPEA **$$$**
([☎]717-293-5060; 230 N Prince St, Lancaster; principales 26-30 US$; [⊙]17.00-23.00 mi-sa; [🅿]) Un matrimonio gestiona este local casero, pero muy cuidado, en el centro, donde a los ingredientes autóctonos se les da un aire rústico italofrancés: cerdo guisado con leche, flores de calabacín fritas, *gnocchi* artesanos... Depende de la temporada.

❶ Información

Centro de visitantes Discover Lancaster
([☎]800-723-8824; www.padutchcountry.com; 501 Greenfield Rd; [⊙]10.00-16.00, hasta 17.00 verano) Está junto a la Rte 30 y ofrece información de todo el estado, buenos mapas y café gratis para acompañar los bollitos de canela que se venden en el aparcamiento.

❶ Cómo llegar y desplazarse

Lo más práctico es ir en coche; conviene llevar un buen mapa (no hay mucha cobertura de móvil) y tomar carreteras secundarias. Si se tiene tiempo, también se puede ir al estilo amish: desde la **estación de trenes de Lancaster** ([☎]800-872-7245; www.amtrak.com; 53 McGovern Ave, Lancaster) Amtrak tiene un servicio frecuente a Filadelfia (16 US$, 1¼ h), pero solo un tren al día a Pittsburgh (51 US$, 6¼ h). La red de autobuses de Lancaster, **RRTA** (Red Rose Transit Authority;

[☎]717-393-3315; www.redrosetransit.com; 225 North Queen St, Lancaster; billete desde 1,70 US$, transbordo desde 0,05 US$), cubre toda la región. Es posible alquilar bicis, pero el terreno es irregular, y los arcenes, estrechos o inexistentes; **Intercourse Bike Works** ([☎]717-929-0327; www.intercoursebikeworks.com; 3614 Old Philadelphia Pike, Intercourse; [⊙]10.00-17.00 lu-sa) alquila bicicletas y organiza circuitos muchos sábados de verano.

Wilds de Pensilvania

El centro-norte de Pensilvania, conocido como los Wilds, es en su mayoría bosque denso, con algún edificio regio o mansión aquí y allá, vestigios de un tiempo en que la tala de árboles y la extracción de carbón y petróleo aportaron riqueza a esta parte del estado ahora tan poco visitada. Varios museos (en **Titusville, Bradford** y **Galeton**) cuentan la historia de su auge y decadencia. Desde su época dorada, esta franja de 12 condados ha ido volviendo a su estado silvestre; gran parte de la zona es ahora bosque nacional o parque estatal.

La panorámica **Rte 6** atraviesa de este a oeste, con el minúsculo pueblo universitario de **Mansfield** como punto de acceso por el este. Al oeste, el **desfiladero de Pine Creek** corta hacia el sur; su extremo más profundo (442 m) está en Waterville, pero el punto más accesible, con buenas vistas y senderos que bajan al interior del cañón es **Colton Point State Park** ([☎]570-724-3061; www.visitpaparks.com; 4797 Rte 660, Wellsboro) GRATIS, en el extremo norte. Para llegar, síganse las indicaciones desde el bonito pueblo de **Wellsboro**, iluminado con faroles de gas

Más al oeste se puede parar en **Kinzua Bridge Skywalk** ([☎]814-965-2646; www.visitanf.com; 1721 Lindholm Rd, Mt Jewett; [⊙]amanecer-anocher) GRATIS, un viaducto ferroviario de 100 m de altura, semidestruido en el 2003 por un tornado, y ahora convertido en un mirador con un inquietante suelo de cristal y vistas de los restos de los pilares de acero, abajo en el valle.

Más hacia el interior de los Wilds se halla **Cherry Springs State Park** ([☎]814-435-5010; www.visitpaparks.com; 4639 Cherry Springs Rd, Coudersport; acampada desde 17 US$). Por su ubicación en lo alto de una montaña, es uno de los mejores lugares al este del Misisipi para observar las estrellas, y la gente reserva plaza en las zonas de acampada con mucha antelación para ir en julio y agosto, cuando la Vía Láctea queda justo encima.

🛏 Dónde dormir y comer

Mansfield Inn   MOTEL **$**

(☎570-662-2136; www.mansfieldinn.com; 26 S Main St, Mansfield; h desde 60 US$; ❉🐾) Habrá algún B&B con más encanto en el interior de los Wilds, pero este motel bien conservado es insuperable por su relación calidad-precio.

Lodge at Glendorn   REFUGIO **$$$**

(☎800-843-8568; www.glendorn.com; 1000 Glendorn Dr, Bradford; h desde 550 US$) Esta finca de 486 Ha, construida por un magnate del petróleo a principios del s. xx, es testimonio de la antigua riqueza de los Wilds. Su casa grande y las cabañas de troncos (todas con chimenea) componen ahora el resort más elegante del estado. El restaurante es excelente y el precio incluye actividades que van del tiro al plato al *curling*.

Yorkholo Brewing   ESTADOUNIDENSE **$**

(☎570-662-0241; 19 N Main St, Mansfield; principales 11-14 US$; ⏱16.00-22.00 lu y ma, 11.00-22.00 mi-sa, hasta 21.00 do; 🅿) Buena alternativa a la comida típica de *diner* de la región en un *pub* de paredes de ladrillo, que sirve ensaladas frescas, *pizzas* creativas y excelentes cervezas belgas.

Pittsburgh

Durante varias décadas, en la segunda mitad del s. xx, parecía que Pittsburgh iba a convertirse en otro eslabón en el cinturón de ciudades oxidadas de EE UU, una urbe inhóspita donde las forjas y los altos hornos del pasado han cerrado sus puertas. Pero, gracias a su riqueza latente y a una buena dosis de creatividad, ha ido ganándose cierta reputación como una de las ciudades pequeñas más habitables del país. Tiene una topografía característica, con una serie de verdes colinas (el clima es muy lluvioso) a orillas de los ríos Monongahela y Allegheny, que convergen aquí y se unen al Ohio, con pintorescos puentes entre los tres –el Estambul del oeste de Pensilvania–. Es una ciudad con más actividad cultural de lo que cabría esperar con una población de 300 000 habitantes, museos de primera y universidades, mucho espacio verde y varios barrios animados llenos de restaurantes y bares.

Carnegie es el nombre que más suena en Pittsburgh –Andrew Carnegie, escocés de nacimiento, modernizó la producción del acero, y su legado es sinónimo de la ciudad y sus numerosas instituciones culturales y educativas–. El segundo es Heinz, el del kétchup, que montó su empresa aquí en 1869.

⊙ Puntos de interés y actividades

Los puntos de interés de Pittsburgh están repartidos por todos los barrios y, a causa de las colinas, es algo difícil caminar de uno a otro. Se podría ir en coche, pero el autobús llega a todas partes y permite disfrutar de las vistas.

◎ Centro y Strip District

El "Triángulo Dorado" donde convergen el Monongahela y el Allegheny es el centro financiero, de negocios y cultural de Pittsburgh. Cada viernes de mayo a octubre se celebra una mercado de alimentación en **Market Sq**, moderna plaza rodeada de restaurantes. Al sur está PPG Place, conglomerado de torres de oficinas acristaladas de la década de 1980, con **pista de hielo** (www.ppgplace. com; adultos/niños 8/7 US$, alquiler patines 3 US$; ⏱med nov-feb) en invierno. Al noreste del centro, por el Allegheny, están los almacenes del **Strip District**, antiguo centro de venta al por mayor convertido en un animado barrio de cafés y comercios étnicos; está aún más animado los sábados, cuando montan puestos callejeros.

Fort Pitt Museum   MUSEO

(☎412-281-9284; www.heinzhistorycenter.org; 601 Commonwealth Pl; adultos/niños 6/3 US$; ⏱10.00-17.00) Cuenta la historia de la Guerra Franco-India, a mediados del s. xviii, que dio origen a Pittsburgh. La orilla del río, que pertenece a un parque estatal, está preciosa en verano.

Heinz History Center   MUSEO

(☎412-454-6000; www.heinzhistorycenter.org; 1212 Smallman St; adultos/niños incl. Sports Museum 15/6 US$; ⏱10.00-17.00) Aquí la historia y la sabiduría tradicional se muestran con energía y color: incluso hay una muestra sobre Fred Rogers, personaje de la tele infantil nacido en la ciudad. También contiene el **Western Pennsylvania Sports Museum**, centrado en los grandes del deporte de Pittsburgh.

◎ North Side

Esta parte de la ciudad, al otro lado del río Allegheny, se satura cuando juegan los Steelers (fútbol americano, en el **Heinz Field**) o los Pirates (béisbol, en el **PNC Park**) y se corta el paso de vehículos por los puentes al centro. También aglutina los mejores museos de arte de la ciudad y el bonito barrio de **Mexican War Streets** (con calles que toman el nombre de batallas), agradable lugar para pasear entre casas adosadas restauradas, de las que destaca la colorista **Randyland**, en Arch St.

★**Andy Warhol Museum** MUSEO
(☑412-237-8300; www.warhol.org; 117 Sandusky St; adultos/niños 20/10 US$, 17.00-22.00 vi 10/5 US$; ☺10.00-17.00 ma-do, hasta 22.00 vi) Museo de seis plantas dedicado al hijo de Pittsburgh más revolucionario, que se trasladó a Nueva York, se retocó la nariz y se hizo famoso con el *pop art*. La muestra empieza con los primeros dibujos e ilustraciones comerciales de Warhol, e incluye la simulación de un evento en el Velvet Underground, un *screen test* interactivo y piezas de su inmensa colección de curiosidades.

★**Mattress Factory** CENTRO ARTÍSTICO
(☑412-231-3169; www.mattress.org; 500 Sampsonia Way; adultos 20 US$; ☺10.00-17.00 ma-sa, 13.00-17.00 do, café 11.30-15.00 ma-sa) Este espacio expositivo muestra la vanguardia más absoluta desde 1977. Ocupa varios edificios y siempre presenta algo sorprendente. Tiene una buena cafetería, que hay que tener en cuenta, pues en la zona no hay muchos sitios donde comer.

National Aviary ZOOLÓGICO
(☑412-323-7235; www.aviary.org; 700 Arch St; adultos/niños 14/12 US$; ☺10.00-17.00; 🖐) Su proximidad al excelente Science Center y al museo infantil hace que a menudo pase desapercibido, pero el aviario es una fantástica oportunidad para ver aves de todo tipo muy de cerca, en grandes hábitats al aire libre.

Carnegie Science Center MUSEO
(☑412-237-3400; www.carnegiesciencecenter.org; 1 Allegheny Ave; adultos/niños 19/12 US$, IMAX y exposiciones especiales con suplemento; ☺10.00-17.00, hasta 19.00 sa; 🖐) Está un peldaño por encima del museo de ciencias medio, con muestras de temas variados, desde el espacio exterior a los caramelos. A los padres con hijos les encanta.

🔘 South Side y Mt Washington

Al otro lado del río Monongahela está el South Side, que enseguida asciende por una cresta conocida como Mt Washington. El ba-rrio de **South Side Slopes** es una fascinante comunidad de casas sobre la ladera, a la que se accede por escarpadas y sinuosas calles y cientos de escaleras. La mayoría de los visitantes acude para visitar las decenas de bares de la parte llana, por E. Carson St.

★**Monongahela y Duquesne Inclines** TRANVÍA
(www.duquesneincline.org; ida adultos/niños 2,50/1,25 US$; ☺5.30-12.45 lu-sa, desde 7.00 do) Son dos funiculares, construidos a finales del s. XIX, emblemáticos en la ciudad. Ascienden la escarpada ladera de Mt Washington cada 5-10 min. Los usa la gente para ir al trabajo y los visitantes para disfrutar de las vistas, en especial de noche. Se puede hacer un bucle, subiendo con uno, bajando a pie por Grandview Ave (1,5 km, o con el autobús nº 40) y bajando con el otro.

Si hay que elegir uno, que sea el Duquesne. En lo más alto se pueden pagar 0,50 US$ por ver la maquinaria en funcionamiento. Fuera de la estación, el restaurante **Altius** (☑412-904-4442; 1230 Grandview Ave; principales 28-44 US$, tentempiés bar 8-18 US$; ☺17.00-22.00 lu-ju, hasta 23.00 vi y sa, hasta 21.00 do) permite disfrutar de las vistas tomando algo.

🔘 Oakland y alrededores

Aquí se encuentran la Universidad de Pittsburgh y la Carnegie Mellon, y las calles aledañas están llenas de restaurantes baratos, cafeterías, tiendas y casas de estudiantes.

Carnegie Museums MUSEO
(☑412-622-3131; www.carnegiemuseums.org; 4400 Forbes Ave; adultos/niños ambos museos 20/12 US$; ☺10.00-17.00 ma-sa, desde 12.00 do; 🖐) Estas instituciones contiguas, inauguradas en 1895, son pozos de conocimiento. El **Carnegie Museum of Art** alberga tesoros europeos y una excelente colección arquitectónica, mientras que el **Carnegie Museum of Natural History** cuenta con un esqueleto completo de *Tyrannosaurus rex* y bonitos dioramas antiguos.

Cathedral of Learning TORRE
(☑412-624-6001; 4200 5th Ave; circuito audioguiado adultos/niños solo fines de semana 4/2 US$; ☺9.00-16.00 lu-sa, desde 11.00 do) GRATIS Con sus 42 plantas, esta torre gótica en el centro de la Universidad de Pittsburgh es una referencia. Se pueden visitar las Nationality Rooms, aulas temáticas sobre Rusia, Siria o África, entre otras.

FALLINGWATER

Obra maestra de Frank Lloyd Wright, Fallingwater (724-329-8501; www.fallingwater.org; 1491 Mill Run Rd, Mill Run; adultos/niños 25/18 US$, jardines 8 US$; circuitos ju-ma med mar-nov, solo fines semana dic, cerrado ene y feb), al sur de Pittsburgh, es interesante para una excursión de un día a Laurel Highlands. Se construyó en 1939 como residencia de fin de semana de los Kaufmann, dueños de unos grandes almacenes en Pittsburgh, y se integra de forma elegante con el entorno, incluso con el arroyo que la atraviesa. Básicamente conserva la decoración que dejaron los Kaufmann. Solo se puede entrar en una visita guiada; se aconseja reservar. El recinto en que se encuentra, poblado de bosques, abre a las 8.30, y hay una buena cafetería (que cierra antes de que acabe la última visita).

A 20 min por carretera, cruzando el bonito río Youghiogheny, donde se puede practicar *rafting*, se halla Kentuck Knob (724-329-1901; www.kentuckknob.com; 723 Kentuck Rd, Chalk Hill; adultos/niños 22/16 US$; circuitos diarios mar-nov, fines de semana dic, cerrado ene y feb), una casa más pequeña, también de Wright, que la proyectó ya octogenario. No es tan espectacular y recuerda más sus austeros principios usonianos. Aun así, es interesante por el uso que hace de los hexágonos, y no suele llenarse de gente. Las visitas duran 1 h e incluyen un paseo por el jardín escultórico de los dueños actuales.

Se podría incluso pasar la noche en Polymath Park (877-833-7829; www.frankllo ydwrightovernight.net; 187 Evergreen Ln, Acme; casa desde 199 US$;), una especie de minirresort con una casa de Wright y otras tres diseñadas por sus discípulos. No hay demasiados toques Wright –todas las casas son de estilo usoniano y se pueden visitar, pero el mobiliario no es obra de Wright–, sin embargo, es un lugar bonito y una ocasión única para los fans de la arquitectura. Hay un restaurante, aunque también se puede parar a comer un sándwich de pescado excepcional en Johnny L's Sandwich Works (1240 S Main St, Greensburg; sándwiches 7 US$; 11.00-23.00 lu-sa).

Frick Art e Historical Center MUSEO
(412-371-0600; www.thefrickpittsburgh.org; 7227 Reynolds St; circuitos adultos/niños 12/6 US$; 10.00-17.00 ma-do; P1, 71C) GRATIS Henry Clay Frick, famoso por el Frick Museum de Manhattan, hizo su fortuna con el acero en Pittsburgh. Este museo alberga una pequeña colección de arte (bellos iconos medievales), además de sus coches. Si se quiere ver más arte y esplendor, se puede hacer una visita guiada a Clayton, la mansión familiar. Tiene un excelente café; conviene reservar.

Phipps Conservatory JARDINES
(412-622-6914; www.phipps.conservatory.org; 1 Schenley Park; adultos/niños 15/11 US$; 9.30-17.00, hasta 22.00 vi;) Impresionante invernadero de acero y cristal, con unos jardines bonitos y bien cuidados, en la esquina noroeste de Schenley Park.

Squirrel Hill y Shadyside

Estos barrios tradicionalmente ricos tienen un ambiente casi de pueblo, con una calle comercial central flanqueada por *boutiques* y cafés. En Squirrel Hill vive la gran comunidad judía de Pittsburgh y están los mejores restaurantes y carnicerías *kosher* y las tiendas de artículos judíos. La calle más animada de Shadyside es Walnut St. El arbolado campus de la Universidad de Chatham, entre los dos barrios, es agradable para pasear.

Lawrenceville, Bloomfield y East Liberty

Lawrenceville, antes un barrio degradado a orillas del Allegheny, al noreste del Strip District, es ahora uno de los barrios de moda. Butler St, desde 34th St hasta 54th St, concentra tiendas, galerías, estudios, bares y restaurantes con un público *hipster*. Al este del cementerio de Allegheny (que es un tesoro en sí mismo) están los barrios de Garfield y Bloomfield, cada vez más burgueses, que siguen concentrando población de orígenes polaco e italiano. Más al este está la zona de East Liberty, en plena construcción, que alberga una sede de Google.

Center for PostNatural History MUSEO
(412-223-7698; www.postnatural.org; 4913 Penn Ave; entrada con donativo; 18.00-20.00 1er vi de mes, 12.00-16.00 do y previa cita) GRATIS La "historia posnatural", según el artista fundador de este pintoresco museo, es el campo de las plantas y los animales manipulados por el

ser humano: cabras que hacen seda de araña, selección artificial, etc.

👉 Circuitos

Rivers of Steel
CIRCUITO

(☎412-464-4020; www.riversofsteel.com; 623 E 8th Ave, Homestead; circuitos adultos/niños 20/12,50 US$; ⊙museo 10.00-16.00 lu-vi, circuitos Carrie Furnace 10.00 y 11.00 sa may-oct, más 10.00 vi jun-ago) Organizan circuitos por el Carrie Blast Furnace, enorme forja abandonada a la orilla del río. En las oficinas del grupo, en Homestead, hay un buen museo gratuito sobre la historia industrial de la zona. La web aporta mucha información.

Alan Irvine Storyteller Tours
CIRCUITO

(☎412-508-2077; www.alanirvine.com; circuitos 15 US$) Este historiador recrea el pasado de la ciudad en un viaje por varios barrios.

'Burgh Bits & Bites
CIRCUITO

(☎412-901-7150; www.burghfoodtour.com; circuitos 39 US$) Circuitos gastronómicos por varios barrios; un modo divertido de descubrir la particular oferta de cocinas étnicas de la ciudad.

Pittsburgh History & Landmarks Foundation
CIRCUITO

(☎412-471-5808; www.phlf.org; 100 W Station Sq Dr; algunos circuitos gratis, otros desde 5 US$) Este grupo organiza un circuito gratuito a pie desde Market Sq los viernes a mediodía, entre otras excursiones.

🛏 Dónde dormir

Muchos hoteles tienen una clientela de negocios, de modo que los precios bajan los fines de semana. En Pittsburgh no hay albergue, aunque parece que siempre está en proyecto. Está programada la inminente inauguración de un Ace Hotel en East Liberty.

★ Priory
HOSTERÍA $$

(☎412-231-3338; www.thepriory.com; 614 Pressley St; i/d/ste desde 105/170/235 US$; [P][❄][🖾]) Los monjes no vivían mal cuando esto era un monasterio católico de habitaciones amplias, techos altos y chimenea en el salón. El desayuno, con pastas y embutidos, recuerda un hotel europeo. Se encuentra en North Side, en el histórico pero algo desaliñado barrio de Deutschtown.

Friendship Suites
APARTAMENTOS $$

(☎412-392-1935; www.friendshipsuites.com; 301 Stratford Ave; h/ste/apt 129/145/175 US$; [❄][🖾]) Pequeños apartamentos equipados, repartidos por varios edificios contiguos, en un extremo de East Liberty. No derrochan estilo, pero salen a cuenta y están bien comunicados.

Morning Glory Inn
B&B $$

(☎412-721-9174; www.gloryinn.com; 2119 Sarah St; h/ste desde 155/190 US$; [P][❄][🖾]) Casa victoriana de ladrillo con un aire italiano, en el corazón del animado South Side. La decoración podría parecer recargada, pero el patio trasero es encantador, y el desayuno, delicioso.

Parador Inn
B&B $$

(☎412-231-4800; www.theparadorinn.com; 939 Western Ave; h 160 US$; [P][❄][🖾]) Mansión victoriana en el North Side renovada, con colores caribeños y nueve habitaciones muy atractivas.

Mansions on Fifth
B&B $$

(☎412-381-5105; www.mansionsonfifth.com; 5105 5th Ave; h desde 225 US$; [P][❄][🖾]) Estas dos casas de principios del s. xx quedan cerca de la Universidad de Pittsburgh y de los Carnegie Museums. Las habitaciones son amplias y confortables, pero lo mejor son los vitrales, los elaborados suelos de azulejo y otros detalles.

Monaco
DISEÑO HOTEL $$$

(☎412-471-1170; www.monaco-pittsburgh.com; 620 William Penn Pl; h desde 279 US$; [P][❄][🖾]) En el 2015 la moderna cadena Kimpton abrió este hotel de colores llamativos. Con su personal entusiasta y su buen restaurante, ofrece la mejor relación calidad-precio de todo el centro.

Omni William Penn Hotel
HOTEL $$$

(☎412-281-7100; www.omnihotels.com; 530 William Penn Pl; h desde 299 US$; [P][❄][🖾]) El hotel más regio de Pittsburgh, construido por Henry Frick, cuenta con espléndidos espacios comunes, pero las habitaciones parecen ancladas en la década de 1990. Vale la pena si se consigue algún descuento.

🍴 Dónde comer

E. Carson St, en South Side, es donde se concentran más restaurantes, pero el Strip District le sigue los pasos. Como en muchas otras cosas, Lawrenceville ofrece los locales más novedosos. En Pittsburgh hay una importante población católica, por lo que muchos restaurantes sirven pescado los viernes, y los bocadillos de pescado frito son muy populares.

Centro y Strip District

En el Strip hay todo tipo de puestos de comida y comercios únicos, como el supermercado Wholey, la tienda griega Stamoolis Brothers y el imponente mostrador de quesos de Pennsylvania Macaroni (aunque muchos negocios cierran los domingos).

Original Oyster House PESCADO $

(20 Market Sq; principales 9 US$; ☺10.00-22.00 lu-sa, 11.00-19.00 do) Lleva abierto desde 1870 y sus bocadillos de pescado a menudo provocan colas en la puerta. No será el mejor de la zona, pero la barra es una joya histórica. Solo efectivo.

Enrico Biscotti Cafe ITALIANA $

(2022 Penn Ave; principales 10 US$; ☺11.00-15.00 lu-vi, desde 7.00 sa) El pan, la *pizza*, los biscotes y la torta rústica ponen la guinda al menú. El carismático propietario, Larry Laguttata, enseña a hacer pan los domingos (85 US$).

Prantl's PANADERÍA $

(438 Market St; porción tarta 3 US$; ☺7.00-18.00 lu-vi, 9.00-16.00 sa, 10.00-15.00 do) No se puede pasar por Pittsburgh sin probar su clásica tarta de almendras tostadas. Tienen otra tienda en Shadyside (5525 Walnut St; ☺7.30-18.00 ma-sa, 9.00-16.00 do y lu).

Primanti Bros COMIDA RÁPIDA $

(☎412-263-2142; www.primantibros.com; 46 18th St; sándwiches 6 US$; ☺24 h) Estos son los bocadillos que echan de menos los de Pittsburgh cuando se van: calientes, grasientos y siempre llenos de patatas fritas y ensalada de col. Tienen otros puestos en Oakland (3803 Forbes Ave; ☺10.00-24.00, hasta 3.00 ju-sa), Market Sq (2 S Market Sq; ☺10.00-24.00, hasta 2.00 vi y sa) y South Side (1832 E Carson St; ☺11.00-2.00, desde 10.00 sa y do).

Pamela's DINER $

(60 21st St; principales 6-9 US$; ☺7.00-15.00 lu-sa, desde 8.00 do) Tiene varios *diners* por toda la ciudad, locales sin pretensiones, con sus cromados típicos y sus características tortitas finísimas. Solo efectivo.

★ Bar Marco ITALIANA $$

(☎412-471-1900; 2216 Penn Ave; principales 18-26 US$, menú degustación 75 US$; ☺17.00-23.00 mi-do, hasta 22.00 lu, más 10.00-15.00 sa y do; 🖉) Es una de las cocinas más elaboradas de la ciudad y también sirve un *brunch* excelente. Se puede picar algo en el bar o reservar mesa en la Wine Room para probar el menú degustación del chef, que sale muy a cuenta. No se admiten propinas.

North Side

Wilson's Bar-B-Q ASADOR $

(700 N Taylor Ave; principales 8,50 US$; ☺12.00-20.00 lu-sa) Puede que se acabe con olor a campamento en la ropa después de comer en este sencillo local con platos de plástico, pero sus costillas son imbatibles.

South Side

Zenith VEGANA $

(☎412-481-4833; 86 S 26th St; principales 7-10 US$; ☺11.30-20.30 ju-sa, 11.00-14.30 do; 🖉) Es como comer en una tienda de antigüedades, ya que todo está a la venta, incluidas las mesas de fórmica. El bufé del *brunch* de los domingos (11,50 US$) tiene un público fiel.

Dish Osteria Bar ITALIANA $$

(☎412-390-2012; www.dishosteria.com; 128 S 17th St; principales 20-26 US$; ☺17.00-2.00 lu-sa, cocina hasta 24.00) Local íntimo con algunos platos mediterráneos sorprendentes, como *fettuccine* con ragú de cordero.

Oakland

★ Conflict Kitchen COMIDA RÁPIDA $

(☎412-802-8417; 221 Schenley Dr; principales 8-12 US$; ☺11.00-18.00) Puesto de comida para llevar, cerca de la Cathedral of Learning, que se reinventa periódicamente, ofreciendo comida de diferentes países en conflicto con EE UU, como Afganistán, Palestina o Cuba.

Original Hot Dog Shop COMIDA RÁPIDA $

(☎412-621-7388; 3901 Forbes Ave; sándwiches 4-7 US$; ☺10.00-1.30 ma-sa, hasta 21.00 do y lu) Este puesto con luces de neón tiene mucho éxito a última hora del día. Recibe el apodo cariñoso de "The Dirty O" y sirve buenos perritos al chile y montañas de patatas fritas dos veces. No es imprescindible emborracharse, pero sí habitual.

Lawrenceville y East Liberty

★ Smoke BBQ Taqueria MEXICANA $

(☎412-224-2070; 4115 Butler St; tacos 6 US$; ☺11.00-23.00; 🖉) Dos nativos de Austin (Texas) combinan su pericia frente a la barbacoa con un gran uso de las tortillas mexicanas para crear una comida muy sabrosa e incluso buenas opciones vegetarianas. Se puede llevar bebida; al lado hay una tienda estupenda para comprar cerveza.

Coca Cafe CAFÉ **$**
(3811 Butler St; principales 10-14 US$, raciones cena 10-15 US$; ⊙8.00-15.00 lu-mi, hasta 17.00 ju, hasta 21.00 vi, 9.00-21.00 sa, hasta 14.00 do; ✉) Desayunos frescos y creativos (pruébese el *eggplant benedict*) y dos salones agradables a cualquier hora. El café también es bueno.

Franktuary COMIDA RÁPIDA **$**
(3810 Butler St; perritos desde 3,50 US$; ⊙11.30-23.30 ma-ju, hasta 1.00 vi y sa, hasta 15.00 do) La humilde salchicha de Frankfurt recibe aquí un trato digno, con carne de calidad y acompañamientos ("vestimentas", según la carta) como el queso azul o el *kimchi*. Con una buena ensalada y un cóctel se completa la comida.

Cure ESTADOUNIDENSE MODERNA **$$$**
(✆412-252-2595; 5336 Butler St; principales 28-34 US$; ⊙17.00-22.00) Aquí la devoción al cerdo es tal que hasta sirven tocino con ajo y alcaparras con el pan. Su *charcroute* es una presentación de deliciosa charcutería casera.

🍷 Dónde beber y vida nocturna

E. Carson St, en South Side, es donde se concentra la diversión, mientras que en Lawrenceville hay muchos bares modernos. casi todos los bares de ambiente están en un tramo de Liberty Ave, en el centro. Las copas son baratas, pero hay que llevar efectivo. En muchos locales se permite fumar.

★Allegheny Wine Mixer BAR DE VINOS
(5326 Butler St; ⊙17.00-24.00 ma-ju, hasta 1.00 vi-do) Todos los detalles de una vinatería de calidad –una gran carta, personal entendido y sabrosos tentempiés– en un confortable bar de barrio.

Gooski's BAR
(3117 Brereton St; cervezas 3 US$; ⊙11.00-2.00) Sus *pierogi*, la música punk *rock* y un barman casi legendario explican el éxito que tiene este estupendo bar de Polish Hill desde hace décadas.

Park House BAR
(403 E Ohio St; ⊙17.00-2.00 lu-sa) Agradable bar en Deutschtown (North Side), con música, palomitas y cacahuetes. Para acompañar la cerveza se puede pedir *hummus* o *falafel*. El miércoles hay noche *bluegrass*.

Bloomfield Bridge Tavern BAR
(✆412-682-8611; 4412 Liberty Ave; ⊙17.00-2.00 ma-sa) También conocido como "Polish Party Place", es un *pub* con aspecto de sala de grabaciones de la década de 1980. Sirven excelentes *pierogi* y chucrut, y los fines de semana tocan grupos *indie-rock* en directo.

Kelly's COCTELERÍA
(6012 Penn Circle S; bebidas desde 6 US$; ⊙11.30-2.00 lu-sa) Este viejo bar se ha adaptado a la transformación del barrio con un toque de clase y estupendos cócteles, pero sin eliminar los viejos asientos de vinilo.

Brillobox Bar BAR
(www.brillobox.net; 4104 Penn Ave; ⊙17.00-2.00 ma-do) Música en directo y DJ (en la planta superior, con consumición mínima), comida apta para vegetarianos y su "Starving Artist Sunday Dinner", para cenar por 7 US$, en un local popular, subiendo un poco desde Lawrenceville.

Nied's Hotel BAR
(5438 Butler St; cervezas 2 US$; ⊙7.00-24.00 mínimo, cerrado do) Es una referencia en la parte alta de Lawrenceville desde 1941. Sirve los mejores sándwiches de pescado (2 US$), y la banda que toca habitualmente gusta mucho al público. En verano, los grupos tocan en el 'anfiteatro' (el solar de al lado).

Wigle Whiskey Garden at the Barrelhouse BAR
(✆412-224-2827; www.wiglewhiskey.com; 1055 Spring Garden Ave; ⊙17.00-21.00 mi-vi, desde 15.00 sa, 11.00-16.00 do) Esta bodega de *whisky* artesano, en North Side, celebra un bingo y sesiones de música en directo al aire libre. Su **destilería** (2401 Smallman St; ⊙10.00-18.00 ma-sa, hasta 16.00 do), en el Strip District, ofrece visitas guiadas y catas.

☆ Ocio

★Elks Lodge MÚSICA EN DIRECTO
(✆412-321-1834; 400 Cedar Ave; entrada 5 US$; ⊙ *bluegrass* 20.00 mi, *big band* 19.00 1er y 3er ju) En su noche de banyo se descubrirá por qué llaman a Pittsburgh el París de los Apalaches, cuando el escenario se llena de músicos y el público canta a coro todos los clásicos del *bluegrass*. Dos veces al mes acuden *big bands* y antes dan clases de baile. En Deutschtown (North Side).

Pittsburgh Cultural Trust ARTES ESCÉNICAS
(✆412-471-6070; www.pgharts.org; 803 Liberty Ave) Asociación paraguas que engloba to-

das las artes del Cultural District, desde la Pittsburgh Opera al multicultural Pittsburgh Dance Council o el teatro creativo de Bricolage. Agenda de eventos y venta de billetes en la web.

Rex Theater MÚSICA EN DIRECTO
(☑412-381-6811; www.rextheatre.com; 1602 E Carson St) Popular escenario en un antiguo cine del South Side donde ahora se puede oír *jazz, rock* y música independiente.

MCG Jazz MÚSICA EN DIRECTO
(☑412-322-0800; www.mcgjazz.org; 1815 Metropolitan St; ⊙oct-abr) *Jazz* en directo en una sala que dispone de 350 butacas y que forma parte de una escuela comunitaria de arte y artesanía, en el North Side.

Row House Cinema CINE
(☑412-904-3225; www.rowhousecinema.com; 4115 Butler St; entrada 9 US$) Cine de arte y ensayo y de repertorio en Lawrenceville, con semanas temáticas y descuentos a quien vaya disfrazado.

❶ Información

Oficina principal del Greater Pittsburgh Convention & Visitors Bureau (☑412-281-7711; www.visitpittsburgh.com; 120 5th Ave, suite 2800; ⊙10.00-18.00 lu-vi, hasta 16.00 sa, hasta 15.00 do) Publica la *Official Visitors Guide* y proporciona mapas e información turística.

Pittsburgh City Paper (www.pghcitypaper.com) Semanario independiente con una buena cartelera artística.

Pittsburgh Post-Gazette (www.post-gazette.com) Diario importante.

Pop City (www.popcitymedia.com) Semanario electrónico centrado en el arte y la vida vecinal.

Centro Médico de la Universidad de Pittsburgh (☑412-647-2345; www.upmc.com; 200 Lothrop St; ⊙24 h) Principal hospital de Pittsburgh.

❶ Cómo llegar y salir

AVIÓN

El aeropuerto internacional de Pittsburgh (☑412-472-3525; www.pitairport.com; 1000

Airport Blvd), 29 km al oeste del centro, tiene conexiones directas con Europa, Canadá y las principales ciudades del país, con diferentes compañías.

AUTOBÚS

La estación de autobuses Greyhound (Grant Street Transportation Center; ☑412-392-6514; www.greyhound.com; 55 11th St) tiene servicios frecuentes a Filadelfia (desde 33 US$, 6-7 h), Nueva York (desde 31 US$, 8½-11 h) y Chicago (68 US$, 11-14 h).

AUTOMÓVIL Y MOTOCICLETA

Desde el oeste se puede llegar por la I-76 o la I-79, y desde el este, por la I-70. Está a unas 6 h de Nueva York y a unas 3 h de Buffalo.

TREN

Pittsburgh tiene una magnífica estación antigua, y **Amtrak** (☑800-872-7245; www.amtrak.com; 1100 Liberty Ave) para en un deprimente edificio moderno que hay detrás. Hay trenes a Filadelfia (desde 55 US$, 7½ h) y Nueva York (desde 73 US$, 9½ h), Chicago (107 US$, 10 h) y Washington (50 US$, 8 h).

❶ Cómo desplazarse

PortAuthority (www.portauthority.org) gestiona el transporte en la ciudad, incluido el 28X Airport Flyer (3,75 US$, 40 min, cada 30 min, 5.30-0.00), que comunica el aeropuerto con el centro y Oakland. Un taxi al centro cuesta unos 40 US$ (sin propina). Varias lanzaderas llevan al centro por unos 25 US$ por persona y trayecto.

Conducir por Pittsburgh puede ser complicado: hay calles que se cortan sin previo aviso o que de pronto llegan a puentes. En el centro escasea el aparcamiento. Conviene usar la amplia red de autobuses, que incluye rutas exprés (todas empiezan con P). También hay una red de ferrocarril ligero limitada, la T, útil para visitar el South Side. Subir en los T por el centro es gratis; en el resto, el billete cuesta 2,50 US$, y 1 US$ más con transbordo.

Nueva Inglaterra

Los mejores restaurantes

➡ Row 34 (p. 180)

➡ Chatham Fish Pier Market (p. 193)

➡ Fore Street (p. 239)

➡ Nudel (p. 203)

➡ Art Cliff Diner (p. 199)

Los mejores alojamientos

➡ Verb Hotel (p. 178)

➡ Carpe Diem (p. 195)

➡ Inn at Shelburne Farms (p. 224)

➡ The Attwater (p. 208)

Por qué ir

La historia de Nueva Inglaterra es la de EE UU; de los padres peregrinos que desembarcaron en la roca de Plymouth, de los *minutemen* que se hicieron con las tierras de los nativos y luego, lucharon por la independencia de Inglaterra. Durante poco más de 150 años, aquí se fraguó la élite que creó una nueva nación y una nueva cultura. Hoy, Nueva Inglaterra sigue estando a la vanguardia de la cultura, con los mejores museos de arte y festivales de música.

Los amantes de las actividades al aire libre encontrarán en esta región las colinas ondulantes y los picos rocosos de los Apalaches. Además, una costa de 8000 km de largo ofrece posibilidades ilimitadas para pescar, nadar, navegar y hacer surf. Es seguro que se abrirá el apetito, pero en Nueva Inglaterra se puede disfrutar de delicias como creps regadas con sirope de arce, fruta recién recogida, queso cheddar de sabor intenso y, lo más importante, un pescado y marisco fresco y sabroso.

Cuándo ir
Boston

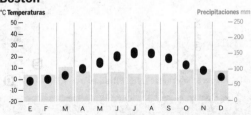

May-jun Escasas aglomeraciones y senderos poco transitados. Empieza la temporada de observación de ballenas.

Jul-ago Temporada alta de turismo, festivales de verano y agua templada en el océano.

Sep-oct El follaje rojizo está en su máximo esplendor de mediados de septiembre a mediados de octubre.

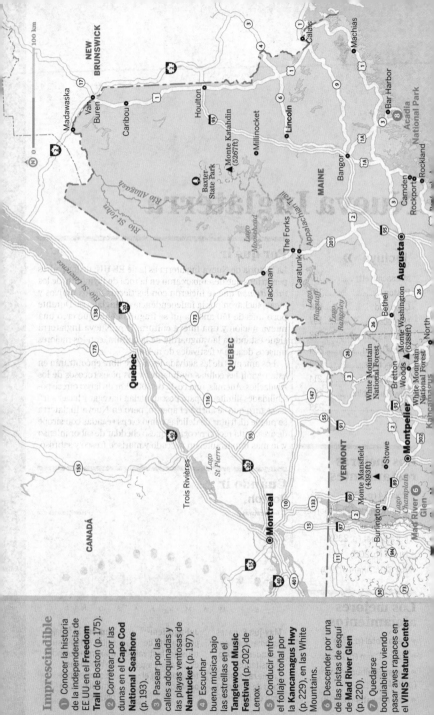

Imprescindible

1 Conocer la historia de la independencia de EE UU en el **Freedom Trail** de Boston (p. 175).

2 Corretear por las dunas en el **Cape Cod National Seashore** (p. 193).

3 Pasear por las calles adoquinadas y las playas ventosas de **Nantucket** (p. 197).

4 Escuchar buena música bajo las estrellas en el **Tanglewood Music Festival** (p. 202) de Lenox.

5 Conducir entre el follaje otoñal por la **Kancamagus Hwy** (p. 229), en las White Mountains.

6 Descender por una de las pistas de esquí de **Mad River Glen** (p. 220).

7 Quedarse boquiabierto viendo pasar aves rapaces en el **VINS Nature Center**

(p. 219), cerca de Woodstock y Quechee.

8 Disfrutar de las vistas y el senderismos en el **Acadia National Park** (p. 242).

9 Comer langosta en el **Lobster Dock** (p. 241) de Boothbay Harbor.

Historia

Cuando llegaron los primeros colonos europeos, Nueva Inglaterra estaba habitada por pequeñas tribus de nativos algonquinos, que cultivaban maíz y judías, cazaban y pescaban en las ricas aguas de la costa.

En 1602, el capitán inglés Bartholomew Gosnold desembarcó en el cabo Cod y viajó al norte, hasta Maine. Pero no fue hasta 1614 cuando se acuñó el término Nueva Inglaterra; el responsable fue el capitán John Smith, que estaba cartografiando la costa de la región para el rey Jaime I. Con la llegada de los padres peregrinos a Plymouth en 1620, empezó realmente la colonización europea. A lo largo del siglo siguiente, las colonias se expandieron a expensas de la población indígena.

A pesar de ser súbditos de la Corona británica, los habitantes de Nueva Inglaterra se gobernaban con sus propios consejos legislativos y empezaron a ver que sus intereses no siempre casaban con los de la lejana metrópoli. En la década de 1770, el rey Jorge III impuso una serie de impuestos para financiar el esfuerzo bélico en el que se hallaba embarcada Inglaterra. Los colonos no tenían representación en el Parlamento británico y protestaron bajo el lema "No taxation without representation". Los intentos de aplacar las protestas desembocaron en las batallas de Lexington y Concord, que desataron la Guerra de Independencia, que dio como resultado el nacimiento de EE UU en 1776.

Tras la independencia, Nueva Inglaterra se convirtió en una potencia económica. Sus puertos eran prósperos centros de construcción naval, pesca y comercio. Sus famosos veleros clípers surcaban los mares desde China a Suramérica. Una próspera industria ballenera generó una riqueza sin precedentes en Nantucket y New Bedford. El primer molino de algodón de EE UU se creó en Rhode Island en 1793.

Evidentemente, ningún *boom* dura para siempre. A principios del s. xx, muchos de los molinos se habían trasladado al sur. Actualmente, los pilares de la economía de la región son la educación, las finanzas, la biotecnología y el turismo.

Cultura local

Los habitantes de Nueva Inglaterra tienden a ser reservados, y la brusquedad yanqui contrasta con la naturaleza extrovertida de otras zonas del país. Pero no hay que confundir este carácter taciturno con la hostilidad; no es más que un estilo más formal.

Mucha gente se enorgullece de su ingenio y su autosuficiencia, especialmente en zonas rurales. Parte de la población de Nueva Inglaterra conserva un carácter independiente, desde los pescadores que se enfrentan a tormentas atlánticas hasta los pequeños granjeros de Vermont que luchan por seguir adelante en el sector de la agroindustria. Por suerte para ambos, por toda la región prosperan los movimientos en pro del consumo local y el cultivo ecológico. Además, los menús son cada vez más verdes, tanto en los bistrós de Boston como en los restaurantes rurales del norte.

Donde no se percibe ese carácter reservado de los yanquis es en el terreno deportivo. Los habitantes de Nueva Inglaterra adoran los deportes. Ir a ver un partido de los Red Sox es lo más cerca que se puede estar actualmente de ver un espectáculo de gladiadores, con una enardecida pasión en las gradas.

NUEVA INGLATERRA EN...

Una semana

Se empieza en **Boston** con un paseo por el **Freedom Trail** y explorando los atractivos de la ciudad. Para cenar hay que ir a **North End.** Se pasa otro día descubriendo las mansiones de **Newport** y luego, se va a las playas del **cabo Cod** o se toma un ferri hasta **Nantucket** o a **Martha's Vineyard.** Se acaba la semana con una excursión por el norte, ya sea por las **White Mountains** de New Hampshire o por la **costa de Maine.**

Dos semanas

La segunda semana se recorre tranquilamente **Litchfield Hills** y los **Berkshires,** y se termina con una visita a las animadas **Providence** y **Burlington.**

Otra opción es planificar una ruta por la costa de Maine, con una parada en **Bar Harbor** y una ruta en kayak en el **Acadia National Park.** Luego se puede visitar el salvaje interior del estado, con un ascenso al monte Katahdin, en el extremo norte del **Appalachian Trail** o *rafting* en el **río Kennebec.**

Tradicionalmente, Nueva Inglaterra está considerada un enclave liberal y está a la vanguardia de temas políticos progresistas, como los derechos de los homosexuales o la reforma de la asistencia médica. De hecho, el seguro médico de Massachusetts se convirtió en el modelo del plan nacional del presidente Obama.

MASSACHUSETTS

Desde las colinas boscosas de los Berkshires hasta las playas arenosas del cabo Cod, Massachusetts ofrece un sinfín de posibilidades para explorar la naturaleza. Desde la roca de Plymouth a la Guerra de Independencia, la zona tiene una larga historia. Y desde las universidades y museos de Boston hasta los teatros de verano de los Berkshires, pasando por Tanglewood, la oferta cultural es de primer orden. Aquí lo difícil será decidir qué Massachusetts se quiere descubrir.

❶ Información

Massachusetts Department of Conservation and Recreation (☏617-626-1250; www.mass.gov/eea) Ofrece acampada en los 29 parques estatales.

Massachusetts Office of Travel & Tourism (☏617-973-8500; www.massvacation.com) Información sobre acontecimientos y actividades por todo el estado. Incluye una excelente guía de ecoturismo y recursos, especialmente para gais y lesbianas.

Boston

A todos los efectos, Boston es considerada la ciudad más antigua de EE UU. No se puede dar un paso por sus calles adoquinadas sin tropezar con algún lugar histórico. Pero la urbe no se ha quedado anclada en el pasado: su actividad artística y musical es fascinante e innovadora, se está remodelando con proyectos urbanísticos vanguardistas y su amplia oferta universitaria garantiza la energía cultural año tras año.

Historia

Cuando los ingleses establecieron la Massachusetts Bay Colony en 1630, Boston se convirtió en su capital. Aquí empezó todo: en 1635 se fundó la Boston Latin School, la primera escuela pública del país. Un año más tarde, la siguió Harvard, la primera universidad. Aquí se comenzó a imprimir en 1704 el primer periódico de las colonias, en 1795 se organizó el primer sindicato de trabajado-

WEBS

Yankee Magazine (www.yankeemagazine.com) Buena información sobre destinos, recetas y acontecimientos.

Appalachain Mountain Club (www.outdoors.org) La mejor web para planificar rutas de senderismos por Nueva Inglaterra.

Maine Lobster Council (www.lobsterfrommaine.com) Instrucciones para pescar, pedir, comprar, preparar y comer langosta.

Yankee Foliage (www.yankeefoliage.com) Una web excelente dedicado al follaje otoñal, con rutas de carretera y mapas actualizados a diario.

res y en 1897 se inauguró la primera red de metro del país.

En los alrededores se libraron las primeras batallas de la Guerra de Independencia. Además, de Boston salió el primer regimiento afroamericano que luchó en la Guerra de Secesión. Varias oleadas de inmigrantes, especialmente irlandeses a mediados del s. XVIII e italianos a principios del s. XX, dotaron de variedad multicultural a la ciudad.

Actualmente, Boston sigue liderando el mundo universitario del país. Sus universidades han dado lugar a notables industrias en campos como la biotecnología, la medicina o las finanzas.

◉ Puntos de interés

Gracias al tamaño reducido de la ciudad, es fácil moverse a pie y difícil en coche. Buena parte de los puntos de interés de Boston se encuentran en el centro o los alrededores. Se puede empezar en el Boston Common, donde se encuentra la oficina de turismo y el punto de partida del Freedom Trail.

Boston Common, Beacon Hill y centro

Por encima del Boston Common se alza Beacon Hill, uno de los barrios más antiguos y acaudalados de la ciudad. Al este se encuentra el centro, con una curiosa mezcla de construcciones coloniales y modernos bloques de oficinas.

★ **Boston Common** PARQUE
(plano p. 176; entre Tremont St, Charles St, Beacon y Park St; ⊙6.00-24.00; ℙ❧; Ⓣ Park St) El Bos-

NUEVA INGLATERRA BOSTON

DATOS DE MASSACHUSETTS

Apodo Estado de la Bahía

Población 6,7 millones

Superficie 12 544 km²

Capital Boston (646 000 hab.)

Otras ciudades Worcester (182 500 hab.), Springfield (153 700 hab.)

Impuesto sobre ventas 6,25%

Hijos célebres Benjamin Franklin (1706-1790), John F. Kennedy (1917-1963), los escritores Jack Kerouac (1922-1969) y Henry David Thoreau (1817-1862)

Cuna de la Universidad de Harvard, la Maratón de Boston, la roca de Plymouth

Política Demócrata

Famoso por el Tea Party de Boston, ser el primer estado en legalizar el matrimonio homosexual

Distancias por carretera Boston-Provincetown, 184 km; Boston-Northampton, 166 km; Boston-Acadia National Park, 448 km

Dulces típicos tarta de nata en Boston, Dunkin' Donuts, Fig Newtons

ton Common ha tenido varias funciones a lo largo de los años: fue el campamento de las tropas británicas durante la Guerra de Independencia y luego, hasta 1830, una zona de pastos. Actualmente, es un lugar de recreo donde tomar el sol, hacer pícnics y ver pasar la gente. En invierno, el **Frog Pond** (plano p. 176; www.bostonfrogpond.com; Boston Common; entrada adultos/niños 5 US$/gratis, alquiler 10/5 US$; ☉10.00-16.00 lu, hasta 21.00 ma-do med nov-med mar; ⛸; ⓣPark St) atrae a patinadores sobre hielo, mientras que en verano se llena de amantes del teatro durante el ciclo **Shakespeare on the Common** (plano p. 176; www.commshakes.org; Boston Common; ☉20.00 ma-sa, 19.00 do jul y ago; ⓣPark St). Además, aquí empieza el Freedom Trail.

Massachusetts State House EDIFICIO RELEVANTE
(plano p. 176; www.sec.state.ma.us; Beacon St esq. Bowdoin St; ☉9.00-17.00, circuitos 10.00-15.30 lu-vi; ⓣPark St) GRATIS En la parta alta de Beacon Hill, aquí es donde se reúnen los parlamentarios de Massachusetts. Para su creación, John Hancock proporcionó el terreno (que era parte de sus pastos de vacas), Charles Bul-

finch diseñó el imponente capitolio y Oliver Wendell Holmes lo bautizó como "the hub of the solar system" (el centro del sistema solar); de ahí viene el apodo de Boston: "the Hub". Hay visitas guiadas de 40 min que versan sobre la historia, arte, arquitectura y las personalidades políticas del edificio.

Granary Burying Ground CEMENTERIO
(plano p. 176; Tremont St; ☉9.00-17.00; ⓣPark St) Este cementerio de 1660 está lleno de lápidas históricas, muchas con tallas evocadoras (o perturbadoras, según el caso). Aquí descansan los principales héroes de la Guerra de Independencia, como Paul Revere, Samuel Adams, John Hancock o James Otis. Benjamin Franklin está enterrado en Filadelfia, pero aquí se encuentran sus padres.

Old South Meeting House EDIFICIO HISTÓRICO
(plano p. 176; www.osmh.org; 310 Washington St; adultos/niños 6/1 US$; ☉9.30-17.00 abr-oct, 10.00-16.00 nov-mar; ⓣDowntown Crossing o State) El 16 de diciembre de 1773, 5000 colonos furiosos se reunieron aquí para protestar contra los impuestos británicos con el lema: "No tax on tea!" (Té sin impuestos), germen del Boston Tea Party. Se puede ver la elegante casa donde se reunían, que incluye una exposición sobre la historia del edificio y una reproducción sonora del histórico encuentro.

Old State House EDIFICIO HISTÓRICO
(plano p. 176; www.revolutionaryboston.org; 206 Washington St; adultos/niños 10 US$/gratis; ☉9.00-18.00 jun-ago, hasta 17.00 sep-may; ⓣState) El antiguo capitolio, de 1713, es el edificio público más antiguo que se conserva en Boston. Aquí se reunía la Asamblea de Massachusetts antes de la emancipación de Inglaterra. El edificio es famoso por su balcón, desde donde se leyó por primera vez la Declaración de Independencia en 1776. En su interior hay un pequeño museo de recuerdos de la época, además de vídeos y presentaciones multimedia sobre la Masacre de Boston, que tuvo lugar justo delante.

Faneuil Hall EDIFICIO HISTÓRICO
(plano p. 176; www.nps.gov/bost; Congress St; ☉9.00-17.00; ⓣHaymarket o Government Center) GRATIS "Los que no soporten la libertad de opinión, es mejor que se vayan a casa", dijo Wendell Phillips, "Faneuil Hall no es lugar para almas esclavistas". Este edificio presenció tantas luchas y debates sociales que se ganó el apodo de "cuna de la libertad". Tras la independencia, fue lugar de debates sobre la abolición, el sufragio femenino y la gue-

BOSTON EN...

Dos días

Se pasa el primer día reviviendo la historia de la independencia en el **Freedom Trail,** dejando algo de tiempo para pasear por el **Boston Common,** visitar la **Old State House** y empaparse de historia en la **Union Oyster House.** Después, se disfruta de una cena italiana en **North End.** En el segundo día se alquila una bicicleta y se recorre el Charles River Bike Path, un carrilbici a orillas del río, con una visita a **Harvard Sq** para ver el campus y las librerías.

Cuatro días

El tercer día se visita la impresionante colección del **Museum of Fine Arts.** Por la noche se ve una actuación de la famosa **Orquesta Sinfónica de Boston** o un partido de los Red Sox en el **Fenway Park.**

Se pasa el último día descubriendo Back Bay, viendo escaparates y galerías en **Newbury St,** subiendo a lo alto del **Prudential Center** y visitando la **Boston Public Library**.

rra. Normalmente está abierto al público, que puede escuchar la historia del edificio contada por agentes del Servicio de Parques Nacionales (NPS).

★ **New England Aquarium** ACUARIO
(plano p. 176; www.neaq.org; Central Wharf; adultos/niños 25/18 US$; ☺9.00-17.00 lu-vi, hasta 18.00 sa y do, 1 h más tarde jul y ago; **P**; **T**Aquarium) ✎ El paseo marítimo de Boston está dominado por este gigantesco acuario, donde viven criaturas marinas de todos los tamaños, formas y colores. El atractivo principal es el renovado Giant Ocean Tank, un acuario de tres plantas de altura donde viven miles de criaturas, como tortugas, tiburones y anguilas. Además, los visitantes aprenderán sobre las vidas y hábitats de otras especies submarinas, entre ellas pingüinos y mamíferos.

◉ North End y Charlestown

North End es un barrio de mayoría ítaloamericana, formado por un laberinto de calles estrechas. Ofrece una mezcla irresistible de edificios de época y apetecibles restaurantes. El pasado colonial se puede ver al otro lado del río, en Charlestown, donde está el barco de guerra más antiguo del país.

Paul Revere House ENCLAVE HISTÓRICO
(plano p. 176; www.paulreverehouse.org; 19 North Sq; adultos/niños 3,50/1 US$; ☺9.30-16.15 med abr-oct, hasta 16.15 nov-med abr, cerrado lu ene-mar; **T**Haymarket) Cuando el orfebre Paul Revere corrió a avisar a los patriotas de que los británicos avanzaban hacia Lexington y Concord, salió de esta casa, su residencia en North Sq. Este pequeño edificio de tablones de madera, construido en 1680, es el más an-

tiguo de Boston. Se puede visitar la casa y el patio, para ver cómo era la vida cotidiana de la familia Revere (que tenía ni más ni menos que 16 niños).

Iglesia de Old North IGLESIA
(plano p. 176; www.oldnorth.com; 193 Salem St; donativo sugerido 3 US$, circuitos adultos/niños 6/4 US$; ☺9.00-17.00 mar-oct, 10.00-16.00 ma-do nov-feb; **T**Haymarket o North Station) "Una si por tierra, dos si por mar...", dice el poema de Longfellow "La cabalgata de Paul Revere", que inmortalizó a esta preciosa iglesia. Aquí fue donde, en la noche del 18 de abril de 1775, el sacristán colgó dos luces del campanario para indicar que los británicos avanzaban sobre Lexington y Concord por mar. También se la conoce como iglesia de Cristo y es la más antigua de Boston (1723).

USS 'Constitution' ENCLAVE HISTÓRICO
(plano p. 170; www.oldironsides.com; Charlestown Navy Yard; ☺14.00-18.00 ma-vi, 10.00-18.00 sa y do; ; ☐93 desde Haymarket, ⛴Inner Harbor Ferry desde Long Wharf, **T**North Station) GRATIS '¡Tiene los lados hechos de hierro!', exclamó un marinero al ver que un cañonazo rebotaba en el grueso casco de madera de roble del USS *Constitution* durante la Guerra de 1812. De ahí el apodo de este barco legendario, *Ironside*, que nunca fue derrotado en batalla. El USS *Constitution* sigue siendo el barco en uso más antiguo de la Armada de EE UU (se botó en de 1797). Normalmente sale al puerto de Boston cada 4 de julio.

Monumento de Bunker Hill MONUMENTO
(plano p. 170; www.nps.gov/bost; Monument Sq; ☺9.00-17.30 jul y ago, hasta 16.15 sep-jun; ; ☐93 desde Haymarket, **T**Community College) GRATIS Este

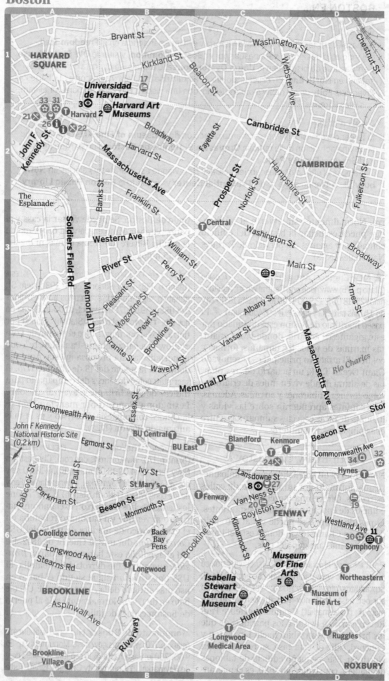

Bryant St

HARVARD
SQUARE

Kirkland St

Washington St

Webster Ave

Chestnut St

Beacon St

17

*Universidad
de Harvard*
3

**Harvard Art
Museums**
2

Harvard

33 31

26

21

22

John F
Kennedy St

Broadway

Fayette St

Cambridge St

CAMBRIDGE

Harvard St

Massachusetts Ave

Banks St

Franklin St

The
Esplanade

Soldiers Field Rd

Western Ave

River St

Memorial Dr

Prospect St

Norfolk St

Hampshire St

Fulkerson St

Central

Washington St

Broadway

William St

Perry St

Main St

9

Ames St

Pleasant St

Magazine St

Pearl St

Brookline St

Granite St

Waverly St

Albany St

Vassar St

Massachusetts Ave

Rio Charles

Memorial Dr

Commonwealth Ave

John F Kennedy
National Historic Site
(0,2 km)

Egmont St

Essex St

BU Central

BU East

Blandford

Kenmore

Beacon St

Stor

Babcock St

St Pauls St

Parkman St

Ivy St

St Mary's

Beacon St

Monmouth St

Commonwealth Ave

34   32

24

Lansdowne St

8   27

Fenway

20

Van Ness St

Boylston St

FENWAY

Hynes

19

Westland Ave

11

30   Symphony

Coolidge Corner

Longwood Ave

Stearns Rd

BROOKLINE

Aspinwall Ave

Back
Bay
Fens

Brookline Ave

Longwood

Isabella
Stewart
Gardner
Museum   4

Kilmarnock St

Jersey St

Museum
of Fine
Arts

5

Huntington Ave

Museum of
Fine Arts

Northeastern

Riverway

Longwood
Medical Area

Brookline
Village

Ruggles

ROXBURY

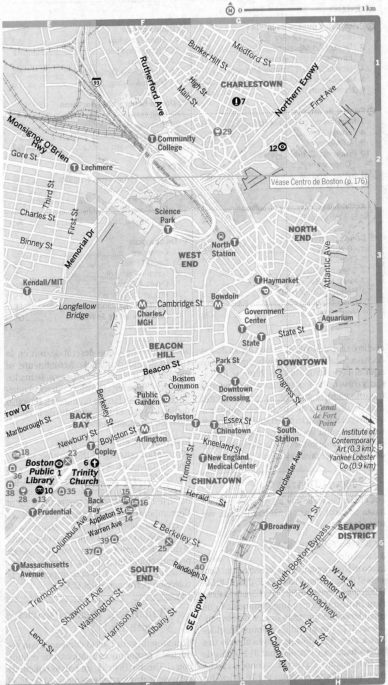

N 0 — 1 km

Bunker Hill St
Medford St
CHARLESTOWN
Rutherford Ave
High St
Main St
Northern Expwy
First Ave
🚇 7
Community College
🚇 29
12 ◉
Monsignor O'Brien Hwy
Gore St
Third St
First St
🚇 Lechmere
Charles St
Binney St
Memorial Dr
Science Park
North Station
WEST END
NORTH END
Atlantic Ave
Kendall/MIT
Longfellow Bridge
Cambridge St
Charles/MGH
Bowdoin
🚇 Haymarket
Government Center
Aquarium
State St
State
Park St
DOWNTOWN
Beacon St
BEACON HILL
Boston Common
Downtown Crossing
Congress St
Public Garden
Boylston
Essex St
Chinatown
South Station
Canal de Fort Point
 row Dr
Marlborough St
BACK BAY
Berkeley St
Newbury St
Boylston St
Arlington
Copley
Kneeland St
New England Medical Center
Tremont St
Institute of Contemporary Art (0,3 km); Yankee Lobster Co (0,9 km)
18
23
Boston Public Library 1 ◉
6 ✚ Trinity Church
CHINATOWN
36
38
28 ● 13
🚇 10 35
Back Bay
15
16
Herald St
🚇 Prudential
Columbus Ave
Appleton St
Warren Ave 14
E Berkeley St
Broadway
SEAPORT DISTRICT
A St
37
39
25
Randolph St
South Boston Bypass
W 1st St
Bolton St
🚇 Massachusetts Avenue
Tremont St
Shawmut Ave
Washington St
Harrison Ave
SOUTH END
Albany St
SE Expwy
W Broadway
D St
Old Colony Ave
E St
Lenox St

Véase Centro de Boston (p. 176)

Boston

obelisco de granito de 67 m está dedicado a la decisiva batalla de igual nombre que se libró aquí el 17 de junio de 1775. Aunque los casacas rojas británicos resultaran vencedores, fue una victoria amarga, ya que perdieron más de un tercio de sus fuerzas, mientras que los colonos sufrieron relativamente pocas bajas. Tras subir los 294 escalones del monumento se puede gozar de vistas panorámicas de la ciudad, el puerto y North Shore.

Seaport District

Por el HarborWalk hay un agradable paseo hasta Seaport District, un barrio cada vez más atractivo.

★ Boston Tea Party Ships & Museum
MUSEO
(plano p. 176; www.bostonteapartyship.com; Congress St Bridge; adultos/niños 25/15 US$; ⊙10.00-17.00, último circuito 16.00; ⊛; T South Station) Para protestar contra unos impuestos que consideraban injustos, a finales de noviembre de 1773, un grupo de colonos rebeldes disfrazados de indios mohawks abordó tres barcos ingleses y lanzó al mar 342 fardos de té, 45 toneladas. La protesta, conocida como Boston Tea Party, el Motín del Té, inició los acontecimientos que desembocaron en la Guerra de Independencia. Actualmente, se pueden ver réplicas de los barcos, llamados Tea Party Ships, en el Griffin's Wharf, el muelle reconstruido, junto a un museo interactivo dedicado a este crucial episodio de la emancipación estadounidense.

Institute of Contemporary Art
MUSEO
(ICA; www.icaboston.org; 100 Northern Ave; adultos/niños 15 US$/gratis; ⊙10.00-17.00 ma, mi, sa y do, hasta 21.00 ju y vi; ⊛; ◻SL1 o SL2, T South Station) Boston se está convirtiendo en un centro del arte contemporáneo, con el Institute of Contemporary Arts a la cabeza. El edificio es ya en sí una obra de arte: una estructura de cristal con un voladizo sobre el acceso, junto al canal. El interior, amplio y luminoso, acoge presentaciones multimedia, programas educativos y estudios. Y lo más importante, la colección permanente del ICA.

Chinatown, Theater District y South End

Chinatown es un barrio compacto con seductores restaurantes asiáticos, que colinda con el Theater District, un barrio repleto de salas de teatro y artes escénicas. Al oeste, el

LA HISTORIA DE KENNEDY

John F. Kennedy Library & Museum (www.jfklibrary.org; Columbia Point; adultos/niños 14/10 US$; ⊘9.00-17.00; ⊤JFK/UMass) El legado de Kennedy es omnipresente en Boston, pero el monumento conmemorativo oficial al 35º presidente es la biblioteca y museo presidencial, un impresionante y moderno edificio de mármol diseñado por IM Pei. El elemento central es el pabellón de cristal, con techos de 35 m de alto y ventanales del suelo al techo que dan al puerto de Boston. El museo está dedicado a la vida y legado de JFK. Unos vídeos cuentan su historia a los visitantes que no recuerden los años sesenta.

John F. Kennedy National Historic Site (www.nps.gov/jofi; 83 Beals St; ⊘9.30-17.00 mi-do may-oct; ⊤Coolidge Corner) Cuatro de los nueve hermanos Kennedy nacieron y crecieron en esta modesta casa; JFK nació en la habitación principal en 1917. La matriarca, Rose Kennedy, supervisó la restauración del edificio a finales de los años sesenta; actualmente su voz narra la vida de la familia Kennedy. Las visitas guiadas permiten a los visitantes ver muebles, fotografías y recuerdos familiares.

extenso South End cuenta con la mayor concentración de casas victorianas del país, una floreciente comunidad artística y restaurantes espectaculares.

⊙ Back Bay

Este es un barrio pulcro y acicalado, al oeste del Boston Common, con elegantes casas de piedra rojiza, edificios suntuosos y fenomenales tiendas en Newbury St.

★**Public Garden**   JARDINES
(plano p. 176; www.friendsofthepublicgarden.org; Arlington St; ⊘6.00-24.00; ⊛; ⊤Arlington) Este jardín de 10 Ha colindante con el Boston Common es un oasis botánico de parterres victorianos, césped y sauces llorones alrededor de una tranquila laguna. Las **barcas en forma de cisne** (plano p. 176; www.swanboats. com; Public Garden; adultos/niños 3/1,50 US$; ⊘ 10.00-17.00 jun-ago, hasta 16.00 med abr-may, 12.00-16.00 sep; ⊤Arlington) a pedales han fascinado a varias generaciones de niños. Hay una adorable estatua llamada *Make Way for Duckling* que representa a Mrs Mallard y sus ocho pequeños ánades, protagonistas de un libro infantil escrito por Robert McCloskey.

★**Boston Public Library**   BIBLIOTECA
(plano p. 170; www.bpl.org; 700 Boylston St; ⊘9.00-21.00 lu-ju, hasta 17.00 vi y sa todo el año, también 10.00-17.00 do oct-may; ⊤Copley) La biblioteca pública de Boston, del año 1852, da crédito a la reputación de Boston como la "Atenas de EE UU". El viejo edificio, obra de Charles Follen McKim, es famoso por su magnífica fachada y por su exquisito interior. Se puede conseguir un folleto gratuito y visitarla por cuenta propia; aunque también hay visitas

guiadas gratuitas que salen desde la entrada (horario variable).

★**Trinity Church**   IGLESIA
(plano p. 170; www.trinitychurchboston.org; 206 Clarendon St; adultos/niños 7 US$/gratis; ⊘9.00-16.30 lu, vi y sa, hasta 17.30 ma-ju, 10.00-17.00 do; ⊤Copley) Esta iglesia es una obra maestra de la arquitectura, además del mejor ejemplo de neorrománico richardsoniano. El exterior de granito, con un pórtico enorme y un claustro lateral, está decorado con patrones vistosos de piedra arenisca. El interior es un espectáculo de murales y vitrales, la mayoría del artista John LaFarge, que cooperó con el arquitecto Henry Hobson Richardson para crear una composición integrada de formas, colores y texturas. Hay visitas gratuitas después de la misa del domingo (11.15).

Prudential Center Skywalk Observatory   MIRADOR
(plano p. 170; www.skywalkboston.com; 800 Boylston St; adultos/niños 16/11 US$; ⊘10.00-22.00 mar-oct, hasta 20.00 nov-feb; ⊡⊛; ⊤Prudential) Este característico edificio, técnicamente llamado The Shops at Prudential Center, no es sino un sofisticado centro comercial. Su atractivo es que ofrece vistas de Boston desde la planta 50º, desde un mirador cerrado de cristal con unas espectaculares panorámicas de 360º que se extienden hasta Cambridge. Ofrece una audioguía muy amena (con una versión especial para niños). Otra opción es disfrutar de las mismas vistas desde el **Top of the Hub** (plano p. 170; ⊡617-536-1775; www.topofthehub.net; 800 Boylston St; ⊘11.30-1.00; ⊛; ⊤Prudential) por el precio de una bebida.

BOSTON SE TIÑE DE VERDE

El punto de acceso al recién reformado paseo marítimo es el **Rose Kennedy Greenway** (plano p. 176; www.rosekenne dygreenway.org; ♿; Ⓣ Aquarium o Haymarket). Donde en su día hubo una enorme autopista elevada, ahora se extienden 10 Ha de fuentes y jardines, con un mercado de arte los sábados y camiones de comida todos los días entre semana al mediodía. Se puede descansar en la caprichosa Rings Fountain, recorrer el sereno laberinto o montar en un carrusel.

⊙ Fenway y Kenmore Square

Kenmore Sq es ideal para tomar una cerveza mientras se ve un partido de béisbol. La zona sur de Fenway, por su parte, ofrece alicientes culturales más sofisticados.

★ Museum of Fine Arts   MUSEO

(MFA; plano p. 170; www.mfa.org; 465 Huntington Ave; adultos/niños 25/10 US$; ⊙10.00-17.00 sa-ma, hasta 22.00 mi-vi; ♿; Ⓣ Museum o Ruggles) Inaugurado en 1876, el Museo de Bellas Artes de Boston es el mejor de la ciudad, con una nutrida muestra de artistas locales, nacionales e internacionales. Los fondos del museo incluyen todas las épocas (desde el mundo antiguo hasta la actualidad) y abarca todo el mundo, de modo que tiene un carácter enciclopédico. Recientemente, el museo ha añadido unas magníficas alas dedicadas al arte del continente americano y al contemporáneo, que han contribuido a la emergencia de Boston como centro de arte del s. XXI.

★ Isabella Stewart Gardner Museum   MUSEO

(plano p. 170; www.gardnermuseum.org; 280 The Fenway; adultos/niños 15 US$/gratis; ⊙11.00-17.00 lu, mi y vi-do, hasta 21.00 ju; ♿; Ⓣ Museum) Este magnífico *palazzo* de estilo veneciano fue en su día el hogar de la filántropa Isabella Stewart Gardner, hasta su muerte en 1924. El museo es como un monumento dedicado al gusto exquisito de esta mujer, y contiene casi 2000 obras de valor inestimable, mayormente europeas, entre ellas tapices espectaculares, pinturas renacentistas italianas y arte holandés del s. XVII. El patio cubierto por un techo de cristal es una obra maestra arquitectónica, además de un remanso de paz. Vale la pena pagar la entrada solo para verlo.

⊙ Cambridge

En el lado norte del río Charles se encuentra la progresista Cambridge, hogar de dos pesos pesados académicos: la Universidad de Harvard y el Instituto Tecnológico de Massachusetts (MIT). **Harvard Square** está llena de cafeterías, librerías y artistas callejeros.

★ Universidad de Harvard   UNIVERSIDAD

(plano p. 170; www.harvard.edu; Massachusetts Ave; ⊙circuitos gratis; ⊙circuitos cada hora 10.00-15.00 lusa; Ⓣ Harvard) Fundada en 1636 para formar al clero, es la universidad más antigua de EE UU, la original de la Ivy League, las ocho universidades más elitistas del país. Ocho de sus graduados han sido presidentes de EE UU, y un par de docenas de ellos, ganadores de algún premio Nobel o del Pulitzer. Cada año pasan por la universidad y sus 10 escuelas profesionales casi 20 000 estudiantes. Su corazón es la clásica Harvard Yard, el campus con edificios de ladrillo rojo y caminos arbolados.

★ Harvard Art Museums   MUSEO

(plano p. 170; www.harvardartmuseums.org; 32 Quincy St; adultos/niños 15 US$/gratis; ⊙10.00-17.00; Ⓣ Harvard) El arquitecto Renzo Piano ha supervisado la renovación y expansión de los Museos de Arte de Harvard. Ahora la extensa colección de la universidad se concentra bajo un mismo techo: 250 000 obras de arte de todo el mundo. Hay colecciones de cultura asiática e islámica (la antigua colección del Arthur M Sackler Museum), escandinava y germánica (la antigua colección del Busch-Reisinger Museum) y de arte occidental, especialmente modernismo europeo (la antigua colección Fogg).

⊂ Circuitos

★ Urban AdvenTours   CIRCUITOS EN BICICLETA

(plano p. 176; ☎617-379-3590; www.urbanadventours.com; 103 Atlantic Ave; circuitos 55 US$; ♿; Ⓣ Aquarium) ⊘ Empresa de circuitos en bicicleta. El City View Ride es ideal para conocer la ciudad sobre dos ruedas. También tienen otros más especializados, como Bikes at Night o Emerald Necklace.

Boston by Foot   CIRCUITOS A PIE

(www.bostonbyfoot.com; adultos/niños 15/10 US$; ♿) Esta fantástica organización sin ánimo de lucro ofrece visitas a pie de 90 min. Hay paseos específicos de barrios y salidas temáticas como Literary Landmarks, Dark Side of

Boston o Boston for Little Feet, una versión para niños del Freedom Trail.

NPS Freedom Trail Tour · CIRCUITOS A PIE

(plano p. 176; www.nps.gov/bost; Faneuil Hall; ☺ 10.00 y 14.00 abr-oct; T State) GRATIS Hay que llegar al menos 30 min antes para conseguir plaza en uno de estos circuitos gratuitos por el Freedom Trail dirigidos por guardas del NPS. Se sale del centro de visitantes del Faneuil Hall y se sigue una parte del Freedom Trail (no incluye Charlestown). Dura 90 min. Los grupos son de un máximo de 30 personas.

Boston Duck Tours · CIRCUITO EN BARCO

(plano p. 170; ☎617-267-3825; www.bostonducktours.com; adultos/niños 36/25 US$; ♿; T Aquarium, Science Park o Prudential) Estos populares circuitos utilizan vehículos anfibios de la II Guerra Mundial que recorren las calles del centro antes de adentrarse en el río Charles. Duran 80 min y salen del Museum of Science, el Prudential Center o el New England Aquarium. Hay que reservar.

🎉 Fiestas y celebraciones

⭐Boston Marathon · DEPORTES

(www.baa.org; ☺3er lu abr) Una de las maratones más prestigiosas del país. Los 42 km terminan en Copley Sq. Se celebra el Día de los Patriotas, festivo en Massachusetts (3er lunes de abril).

Cuatro de Julio · FESTIVO

(www.july4th.org) Boston celebra una de las mayores fiestas del Día de la Independencia, con un concierto gratuito de los Boston Pops en la Esplanade y fuegos artificiales. Se retransmite por televisión a todo el país.

🛏 Dónde dormir

Los precios de los hoteles de Boston son altos, pero pueden encontrarse descuentos por internet incluso para los de categoría. Las ofertas suelen ser para fines de semana. También se recomienda **Bed & Breakfast Associates Bay Colony** (☎888-486-6018, 617-720-0522; www.bnbboston.com), que gestiona B&B, habitaciones y apartamentos.

HI-Boston · ALBERGUE $

(plano p. 176; ☎617-536-9455; www.bostonhostel.org; 19 Stuart St; dc 55-65 US$, d 199 US$; ✳@🛜; T Chinatown o Boylston) 🅿 Este albergue tiene unas instalaciones nuevas y ecológicas en el edificio Dill. Las habitaciones son limpias y confortables, al igual que los baños. Las zonas comunes son espaciosas, desde la completa cocina hasta la moderna cafetería de la planta baja. Ofrecen numerosas actividades. Es muy grande pero se llena, así que mejor reservar.

Friend Street Hostel · ALBERGUE $

(plano p. 176; ☎617-248-8971; www.friendstreethostel.com; 234 Friend St; dc 45-50 US$; @🛜; T North Station) Dicen que es el albergue más agradable de Boston, y quizá sea cierto. Pero hay otros motivos por los que destaca, por ejemplo la impecable cocina o la confortable zona de estar con un enorme TV de pantalla plana. Las habitaciones tienen capacidad para 6-10 personas, paredes de ladrillo, suelos de madera y literas con colchones finos.

40 Berkeley · ALBERGUE $$

(plano p. 170; ☎617-375-2524; www.40berkeley.com; 40 Berkeley St; i/d/tr/c desde 95/103/121/130 US$; 🛜; T Back Bay) Un albergue seguro y agradable en la frontera entre South End y Back Bay. Fue el primer YWCA del país. Aunque ya no se aplica la Y de *young* (joven), sigue ofreciendo 200 habitaciones básicas (algunas con vistas al precioso jardín), tanto para una noche como para estancias largas. Los baños son compartidos, y dispone de teléfono, biblioteca, sala de TV y lavandería.

⭐Newbury Guest House · PENSIÓN $$

(plano p. 170; ☎617-437-7666, 617-437-7668; www.newburyguesthouse.com; 261 Newbury St; d desde 209 US$; 🅿✳🛜; T Hynes o Copley) Tres edificios interconectados de piedra rojiza, que datan de 1882, con una ubicación de primera en el corazón de Newbury St. Los han renovado recientemente, pero conservan elementos encantadores como los medallones del techo o las chimeneas. Las habitaciones tie-

---

TERROR Y HEROÍSMO EN BOSTON

En el Día de los Patriotas del 2013, todo el país (y el mundo entero) centró su atención en Boston: dos bombas explotaron en la línea de llegada de la Maratón de Boston, y causaron tres muertos y cientos de heridos. Varios días más tarde, un agente de policía del MIT fue asesinado, la ciudad entera quedó cerrada y Boston se convirtió en epicentro de la lucha antiterrorista. La tragedia fue devastadora, pero Boston ha demostrado tener muchos héroes, especialmente las víctimas que han inspirado a los demás con su valor y su fortaleza.

Centro de Boston

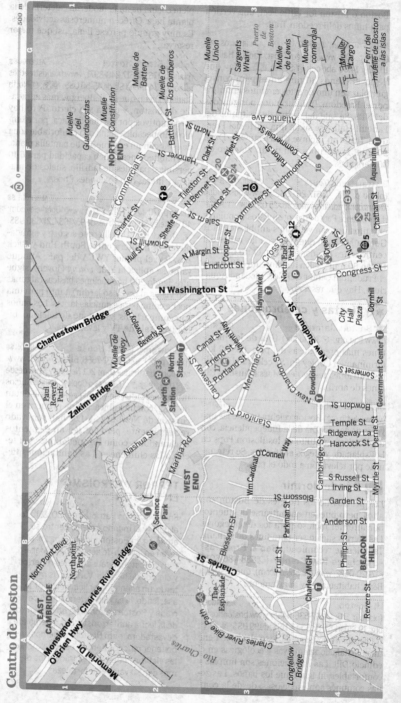

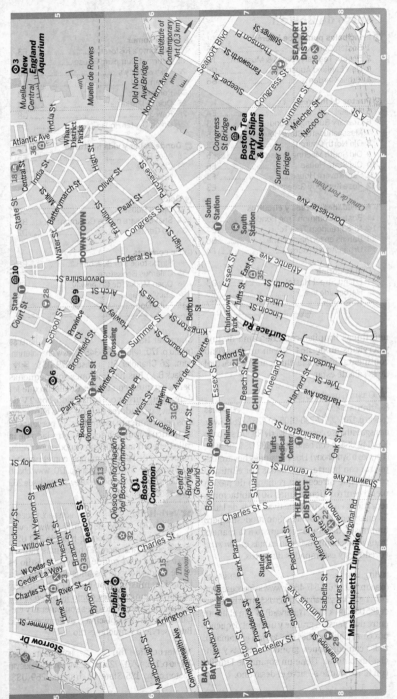

Centro de Boston

nen líneas limpias, ropa de cama de lujo y servicios modernos. Sirven un desayuno continental junto a la chimenea de mármol de la sala de estar.

★**Oasis Guest House & Adams B&B**   PENSIÓN **$$**
(plano p. 170; ☎617-230-0105, 617-267-2262; www. oasisguesthouse.com; 22 Edgerly Rd; i/d sin baño 109/149 US$, h con baño desde 189 US$; P❄🛜; TꞮHynes o Symphony) Dos pensiones hogareñas, puerta con puerta, regentadas por el mismo equipo, que ofrecen un remanso de paz en pleno centro. Tienen unas 30 habitaciones repartidas en cuatro atractivas casas de ladrillo en una calle arbolada. Son modestas pero luminosas, decoradas con gusto a la manera tradicional, la mayoría con camas *queen size*, edredones y estampados discretos.

Irving House   PENSIÓN **$$**
(plano p. 170; ☎617-547-4600; www.irvinghouse.com; 24 Irving St; i/d sin baño 135/165 US$, h con baño desde 185 US$; P❄@🛜; TꞮHarvard) 🛇 En el límite entre una pensión grande y un hotel pequeño, ofrece 44 habitaciones que varían en tamaño, todas con edredones, grande ventanas y mucha luz natural. Tiene un sótano de ladrillo con libros donde se sirve el desayuno.

Chandler Inn   HOTEL **$$**
(plano p. 170; ☎617-482-3450; www.chandlerinn. com; 26 Chandler St; h desde 179 US$; ❄🛜; TꞮBack Bay) Las habitaciones son pequeñas pero elegantes, con toques de diseño que les dan un aire urbano y sofisticado, con TV de plasma y cargadores de iPod, todo ello a precios relativamente asequibles. El personal es simpático y muy servicial. Al otro lado de la calle tienen 11 apartamentos modernos recién renovados de varios tamaños, con el nombre de **Chandler Studios** (plano p. 170; www.chand lerstudiosboston.com; 54 Berkeley St; ste desde 269 US$; ❄🛜; TꞮBack Bay).

★**Verb Hotel**   HOTEL-BOUTIQUE **$$$**
(plano p. 170; ☎855-695-6678; www.thever-bhotel.com; 1271 Boylston St; h desde 250 US$; P❄🛜🏊❄; TꞮKenmore) El hotel más radical, *retro* y *rock and roll* de Boston. El estilo es entre moderno y de los años cincuenta, y la temática, musical. Por todo el edificio hay recuerdos entrañables como la *jukebox* del vestíbulo. Las habitaciones son pulcras y elegantes, y dan a la piscina o al Fenway Park. Buen servicio y mucho estilo.

★**Harborside Inn**   HOTEL-BOUTIQUE **$$$**
(plano p. 176; ☎617-723-7500; www.harborsideinn boston.com; 185 State St; h desde 269 US$;

P ✳ @ 🛜; T Aquarium) Un hotel-*boutique* en un antiguo almacén mercantil del s. XIX restaurado, a unos pasos del Faneuil Hall y del canal. Las 116 habitaciones son más bien pequeñas, pero confortables y con una temática náutica muy apropiada. Las Atrium dan al patio interior y las Cabin no tienen ventanas. Hay que pagar 20 US$ más por tener vistas, pero vale la pena.

🍴 Dónde comer

La cocina de Nueva Inglaterra es célebre por sus mariscadas en verano (llamadas *clambakes*) y por el pavo de Acción de Gracias. Pero la gastronomía de Boston se caracteriza también por las influencias internacionales y las reinterpretaciones modernas. Se puede encontrar comida asiática buena y barata en Chinatown, festines italianos en North End y restaurantes *gourmet* en South End.

Beacon Hill y centro

Quincy Market   ZONA DE RESTAURACIÓN $
(plano p. 176; www.faneuilhallmarketplace.com; Congress St; ⏰10.00-21.00 lu-sa, 12.00-18.00 do; 🛜🍴♿; T Haymarket) Esta zona de restauración, ubicada detrás del Faneuil Hall, cuenta con 20 restaurantes y 40 puestos de comida. Se puede elegir entre crema de marisco, *bagels,* comida india o griega, panaderías y helados, y degustarlo en las mesas de la zona central.

⭐ Paramount   CAFETERÍA $$
(plano p. 176; www.paramountboston.com; 44 Charles St; principales desayuno y almuerzo 6-12 US$; cena 15-23 US$; ⏰7.00-22.00 lu-ju, hasta 23.00 vi, 8.00-23.00 sa, hasta 22.00 do; 🍴♿; T Charles/MGH) Esta cafetería a la antigua es de las más populares del barrio. Sirven comida *diner* de calidad, como creps, patatas fritas caseras, hamburguesas y sándwiches, además de generosas ensaladas. La tostada francesa con plátano y caramelo es ideal para un *brunch.*

Union Oyster House   PESCADO $$$
(plano p. 176; www.unionoysterhouse.com; 41 Union St; principales almuerzo 15-20 US$, cena 22-32 US$; ⏰11.00-21.30; T Haymarket) El restaurante más antiguo de Boston. En este edificio de ladrillo rojo no ha dejado de servirse pescado desde 1826. Por esta barra han pasado incontables personajes históricos, desde Daniel Webster a John F. Kennedy, quien parece ser que siempre pedía la crema de langosta. Es caro pero vale la pena.

ESPECIALIDADES MARÍTIMAS

Langosta El famoso crustáceo normalmente se hace al vapor y se sirve en su propia cáscara.

Bocadillo de langosta La suculenta carne de la cola y las pinzas, mezclada con un poco de mayonesa y servida en pan de *hotdog* tostado.

Crema de almejas El *chowder* (o, como dicen en Boston, *chow-dah*) combina almejas trituradas, patatas y el jugo de las propias almejas.

Ostras Normalmente se sirven abiertas y crudas, con limón y salsa de cóctel.

Almejas al vapor Un cubo de almejas al vapor con su jugo.

North End

⭐ Pomodoro   ITALIANA $$
(plano p. 176; 📞617-367-4348; 351 Hanover St; principales brunch 12 US$, cena 23-24 US$; ⏰17.00-23.00 lu-vi, 12.00-23.00 sa y do; T Haymarket) Hace poco se han trasladado a un nuevo local, un poco más grande, pero sigue siendo uno de los restaurantes italianos más románticos de North End. La comida es sencilla aunque preparada a la perfección: pasta fresca, salsa de tomate especiada, carne y pescado a la parrilla y buen vino. A veces dan tiramisú gratuito de postre. Solo efectivo.

Giacomo's Ristorante   ITALIANA $$
(plano p. 176; www.giacomosblog-boston.blogspot.com; 355 Hanover St; principales 14-19 US$; ⏰16.30-22.30 lu-sa, 16.00-21.30 do; 📞; T Haymarket) Los clientes hacen cola en la puerta antes de que abran para conseguir mesa en este clásico de North End. Con espacio limitado y unos camareros divertidos y entusiastas, sirve cocina sencilla del sur de Italia en grandes raciones. Solo dinero en efectivo.

Seaport District

Yankee Lobster Co   PESCADO $
(www.yankeelobstercompany.com; 300 Northern Ave; principales 11-20 US$; ⏰10.00-21.00 lu-sa, 11.00-18.00 do; 🚌SL1 o SL2, T South Station) La familia Zanti lleva tres generaciones dedicándose a la pesca, así que saben lo que se hacen. Este local de comida para llevar es una incorporación relativamente reciente. También tiene unas pocas mesas por si se quiere

comer, algo recomendable, por ejemplo, si se pide una crema de almejas o un bocadillo de langosta y se acompaña con una cerveza fría. Un plan perfecto.

★ Row 34
PESCADO $$

(plano p. 176; ☑617-553-5900; www.row34.com; 383 Congress St; ostras 2-3 US$, principales almuerzo 13-18 US$, cena 21-28 US$; ☺11.30-22.00 lu-vi, 17.00-22.00 sa y do; ⊤South Station) En el corazón del nuevo Seaport District, esta ostrería es un espacio posindustrial donde se sirve una docena de tipos de ostras y otros moluscos crudos, además de una magnífica selección de cervezas artesanas. También hay un menú completo de platos del día, desde lo más tradicional a lo más moderno.

✗ Chinatown, Theater District y South End

Mike & Patty's
SÁNDWICHES $

(plano p. 176; www.mikeandpattys.com; 12 Church St; sándwiches 7-9 US$; ☺7.30-14.00 mi-do; ☑; ⊤New England Medical Center o Arlington) Esta pequeña joya escondida en Bay Village prepara sándwiches maravillosos. Solo hay ocho opciones,

---

BOSTON PARA GAIS Y LESBIANAS

En Boston y Cambridge hay una gran comunidad gay, especialmente en South End. **Calamus Bookstore** (plano p. 176; www.calamusbooks.com; 92 South St; ☺9.00-19.00 lu-sa, 12.00-18.00 do; ⊤South Station) es una excelente fuente de información sobre acontecimientos y organizaciones. Se recomienda la publicación semanal gratuita *Bay Windows* (www.baywindows.com). Otros lugares de interés son:

Midway Café (www.midwaycafe.com; 3496 Washington St; entrada 5 US$; ☺16.00-2.00; ⊤Green St) Los jueves es la noche de lesbianas, pero otros miembros del colectivo LGTB pueden ir siempre.

Alley Bar (plano p. 176; www.thealleybar.com; 14 Pi Alley; ⊤Downtown Crossing) Un bar agradable que acepta a todo tipo de gente.

Club Café (plano p. 176; www.clubcafe.com; 209 Columbus Ave; ☺11.00-2.00; ⊤Back Bay) La diversión no acaba nunca: cena, baile, karaoke y cabaré gay.

---

pero todas son perfectas. El más popular es el Fancy, con huevo frito, queso, beicon y aguacate en pan de multicereales.

★ Gourmet Dumpling House
CHINA, TAIWANESA $

(plano p. 176; 52 Beach St; *dumplings* 2-8 US$, principales 10-15 US$; ☺11.00-1.00; ☑; ⊤Chinatown) *Xiao long bao*. Eso es lo único que hay de saber decir en chino para gozar de la especialidad de la casa, pequeñas empanadillas al vapor recién hechas y totalmente deliciosas. El menú incluye muchas otras opciones, como creps de cebolleta. Hay que llegar temprano o preparado para esperar.

Myers & Chang
ASIÁTICA $$

(plano p. 170; ☑617-542-5200; www.myersandchang.com; 1145 Washington St; platos pequeños 10-18 US$; ☺11.30-22.00 do-ju, hasta 23.00 vi y sa; ☑; ▣SL4 o SL5, ⊤New England Medical Center) Un popularísimo local asiático que combina gastronomía tailandesa, china y vietnamita: bolas de masa, frituras especiadas, fideos y todo tipo de cosas increíbles al *wok*. Las raciones son pequeñas, así que se pueden probar varios platos. El ambiente es informal y sofisticado, internacional y original.

✗ Back Bay y Fenway

★ Courtyard
ESTADOUNIDENSE MODERNA $$

(plano p. 170; www.thecateredaffair.com; 700 Boylston St; principales 17-22 US$; ☺11.30-16.00 lu-vi; ☑; ⊤Copley) El lugar perfecto para comer con clase disfrutando de platos muy cuidados es, aunque cueste de creer, la Biblioteca Pública de Boston. Este sofisticado restaurante, con vistas al bello patio de estilo italiano, sirve platos de temporada, innovadores y exóticos (además de algunos clásicos). Después de las 14.00, sirven el té de la tarde (32 US$), con sándwiches, dulces y *scones*.

★ Island Creek Oyster Bar
PESCADO $$$

(plano p. 170; ☑617-532-5300; www.islandcreekoysterbar.com; 500 Commonwealth Ave; ostras 2.50-4 US$, principales almuerzo 18-21 US$, cena 25-35 US$; ☺16.00-1.00; ⊤Kenmore) Aquí se sirven las mejores ostras de la región, además de todo tipo de marisco local, en un local etéreo y moderno. La especialidad son los fideos con huevas de langosta acompañados con tira de asado y langosta a la parrilla. Inmejorables.

Circuito a pie
Freedom Trail

INICIO BOSTON COMMON
FINAL MONUMENTO DE BUNKER HILL
DISTANCIA 4 KM; 3 H

El Freedom Trail recorre los albores de la historia estadounidense a su paso por lugares vitales de la Guerra de Independencia. Es una ruta muy transitada, señalizada por dos hileras de ladrillos rojos. Empieza en el ❶ **Boston Common** (p. 167), el parque público más antiguo del país. Sigue al norte hasta la ❷ **State House**, de cúpula dorada (p. 168), diseñada por Charles Bulfinch, el primer arquitecto nacido en EE UU. Pasa luego por Rounding Park St, por la ❸ **iglesia de Park Street**, de época colonial, por el ❹ **Granary Burying Ground** (p. 168), donde están enterradas las víctimas de la Masacre de Boston y por la ❺ **King's Chapel**, presidida por una de las campanas de Paul Revere. Prosigue por School St, pasando por el emplazamiento de la ❻ **primera escuela pública de Boston** y la ❼ **Old Corner Bookstore**, refugio de literatos en el s. XIX.

La cercana ❽ **Old South Meeting House** (p. 168) cuenta la historia del Boston Tea Party, el Motín del Té. Se puede profundizar más sobre el proceso emancipador en la ❾ **Old State House** (p. 168). Un círculo de adoquines marca el lugar donde se produjo la ❿ **Masacre de Boston,** el primer conflicto violento de la Guerra de Independencia. A continuación está el ⓫ **Faneuil Hall** (p. 168), un mercado público ya en tiempos coloniales.

Luego se cruza Greenway hasta Hanover St, la arteria principal de North End. Aquí se puede comer, antes de seguir por North Sq, donde se visita la ⓬ **casa de Paul Revere** (p. 169). Se sigue hasta la ⓭ **iglesia de Old North** (p. 169), en cuyo campanario se encendió la luz para indicar a Revere que se acercaban los británicos y este partió a caballo a medianoche para alertar a los rebeldes.

Se sigue al noroeste por Hull St, donde hay tumbas coloniales en el ⓮ **Copp's Hill Burying Ground.** Se cruza el puente de Charlestown hasta el ⓯ **USS 'Constitution'** (p. 169), el barco de guerra en activo más viejo del mundo. Al norte se encuentra el ⓰ **monumento de Bunker Hill** (p. 169), donde tuvo lugar la primera batalla de la Guerra de Independencia.

ⓘ ENTRADAS BARATAS

Los puestos de **BosTix** (www.bostix. org; ⏰10.00-18.00 ma-sa, 11.00-16.00 do) ofrecen entradas con descuento en obras de teatro de toda la ciudad. Hay descuentos de un 25% si se reserva con antelación por internet, y de hasta el 50% si se compran el mismo día. En la web se puede ver la disponibilidad. Las compras hay que hacerlas en persona y en efectivo en los puestos de Copley Sq o en el mercado de Quincy.

✖ Cambridge

★ Clover Food Lab   VEGETARIANA $

(plano p. 170; www.cloverfoodlab.com; 7 Holyoke St; principales 6-7 US$; ⏰7.00-24.00 lu-sa, hasta 19.00 do; 🖥🍴♿; TﾠHarvard) 🍃 El Clover es un restaurante de vanguardia, con actualizaciones de menú en vivo y sistema electrónico de pedido. Pero lo más importante es su comida vegetariana local y de temporada, con platos baratos, deliciosos y rápidos. Empezó como un camión-restaurante y sigue teniendo varios camiones haciendo rondas por la ciudad.

★ Alden & Harlow   ESTADOUNIDENSE MODERNA $

(plano p. 170; ☎617-864-2100; www.aldenharlow. com; 40 Brattle St; platos pequeños 9-17 US$; ⏰17.00-1.00 do-mi, hasta 2.00 ju-sa; 🍴; TﾠHarvard) En un acogedor espacio subterráneo, ofrece una nueva versión de la cocina estadounidense de toda la vida. Sirven platos pequeños para compartir. Se recomienda la Secret Burger

🍺 Dónde beber y vida nocturna

★ Bleacher Bar   BAR DEPORTIVO

(plano p. 170; www.bleacherbarboston.com; 82a Lansdowne St; ⏰11.00-1.00 do-mi, hasta 2.00 ju-sa; TﾠKenmore) Un elegante bar escondido bajo las gradas del Fenway Park, con vistas al campo. No es el mejor lugar para ver el partido, ya que se llena hasta los topes, pero es una forma divertida de ver el estadio de béisbol más antiguo de EE UU, incluso cuando no están jugando los Sox. Las visas desde el baño de hombres son estupendas.

Para conseguir mesa junto al ventanal hay que apuntarse a la lista de espera 1 o 2 h antes del partido; una vez sentados, los comensales disponen solo de 45 min.

★ Drink   COCTELERÍA

(plano p. 176; www.drinkfortpoint.com; 348 Congress St; ⏰16.00-1.00; 🚇SL1 o SL2, TﾠSouth Station) Aquí no hay carta. Lo que se hace es hablar con el camarero, que servirá una cosa u otra según las especificaciones. Y se toman muy en serio el arte de los combinados. Es un espacio subterráneo con una atmósfera oscura y sensual, ideal para citas.

Beat Hotel   BAR

(plano p. 170; www.beathotel.com; 13 Brattle St; ⏰16.00-24.00 lu-mi, hasta 2.00 ju y vi, 10.00-2.00 sa, hasta 24.00 do; TﾠHarvard) Una gran incorporación de Harvard Sq: un amplio bar-restaurante subterráneo que se llena con una parroquia atractiva, que acude en busca de comida internacional, cócteles y actuaciones de *jazz* y *blues*. Está inspirado en los escritores de la Generación Beat, algo explícito por el nombre. Sin embargo, se trata de un local de moda sin nada en común con esa generación.

Warren Tavern   PUB

(plano p. 170; www.warrentavern.com; 2 Pleasant St; ⏰11.00-1.00 lu-vi, 10.00-1.00 sa y do; TﾠCommunity College) Uno de los *pubs* más antiguos de Boston, donde bebieron en su día George Washington y Paul Revere. Lleva el nombre del general Joseph Warren, un héroe caído en la batalla de Bunker Hill. Abrió sus puertas poco después, en 1780. También se recomienda para comer.

☆ Ocio

Para estar al día de la actualidad se recomienda la publicación gratuita *Boston Phoenix*.

Música en directo

★ Club Passim   MÚSICA EN DIRECTO

(plano p. 170; ☎617-492-7679; www.clubpassim. org; 47 Palmer St; entradas 15-30 US$; TﾠHarvard) La música folk parece una especie en vías de extinción, aparte de los bares irlandeses. No obstante, el legendario Club Passim prácticamente llena este vacío. Es un local íntimo y vistoso, escondido en una calle que sale de Harvard Sq, que sigue igual que cuando abrió en 1969.

★ Red Room @ Café 939   MÚSICA EN DIRECTO

(plano p. 170; www.cafe939.com; 939 Boylston St; ⏰20.00-23.00 mi-do; TﾠHynes) Regentado por estudiantes de Berklee, se ha convertido en uno de los locales musicales más interesantes y originales de la ciudad. El sistema de sonido es excelente y tienen un piano de cola *mignon*. Programan actuaciones de músicos

BOSTON PARA NIÑOS

Boston es como un gigantesco museo de historia, que permite divertidas salidas pedagógicas. Las calles adoquinadas y los guías vestidos de época dan vida a la historia del país. La experimentación y las exposiciones interactivas fusionan educación y diversión.

Suelen haber cambiadores de bebés en los baños públicos y muchos restaurantes tienen menús infantiles y tronas. Se puede tomar el metro sin problemas con un carrito.

Un buen lugar para empezar la exploración en familia es el **Public Garden** (p. 173), con barcas en forma de cisne en el estanque y patos de bronce para que se suban los más pequeños. En el **Boston Common** (p. 167), los pequeños pueden mojarse los pies en el Frog Pond, subirse al carrusel o corretear por el parque infantil. En el nuevo **New England Aquarium** (p. 169), los niños de todas las edades disfrutan viendo las criaturas submarinas de cerca.

Circuitos ideales para niños:

Boston for Little Feet (p. 174) El único circuito por el Freedom Trail diseñado especialmente para niños de 6 a 12 años.

Urban AdvenTours (p. 174) Alquilan bicicletas para niños y remolques para bebés.

Boston Duck Tours (p. 175) Circuitos en vehículo anfibio; un éxito asegurado.

emergentes interesantes y eclécticos. Se recomiendan las locas noches de los miércoles. Las entradas se pueden comprar con anticipación en el Berklee Performance Center.

Sinclair MÚSICA EN DIRECTO
(plano p. 170; www.sinclaircambridge.com; 52 Church St; entradas 15-18 US$; ⊙17.00-1.00 lu, 11.00-1.00 ma-do; TrHarvard) Ideal para escuchar música en directo. La acústica es excelente y el entrepiso permite escapar de la multitud de la sala principal. Atrae a muchas bandas locales y regionales, además de DJ.

Música clásica y teatro

★**Boston Symphony Orchestra**
(BSO; plano p. 170; ✆617-266-1200; www.bso.org; 301 Massachusetts Ave; entradas 30-115 US$; Tr Symphony) Una acústica impecable acompaña la ambiciosa programación de la célebre Orquesta Sinfónica de Boston. De septiembre a abril, la orquesta actúa en el hermoso **Symphony Hall** (plano p. 170; www.bso.org; 301 Massachusetts Ave; ⊙circuitos 16.00 mi y 14.00 sa, imprescindible reservar), que cuenta con un techo ornamental con altorrelieves y atrae a un público de etiqueta. Los meses de verano la orquesta se retira a Tanglewood, en el oeste de Massachusetts.

Opera House ARTES ESCÉNICAS
(plano p. 176; www.bostonoperahouse.com; 539 Washington St; TrDowntown Crossing) Un teatro espléndidamente restaurado que conserva todo su encanto de 1928, con un techo cubierto de murales, molduras doradas y solemnes cortinas de terciopelo. Suele acoger producciones de la serie Broadway Across America y es el escenario habitual del Boston Ballet.

Deportes

★**Fenway Park** BÉISBOL
(plano p. 170; www.redsox.com; 4 Yawkey Way; gradas 12-40 US$, tribuna 29-78 US$, palco 50-75 US$; TrKenmore) De abril a septiembre, se puede ver jugar a los Red Sox en el **Fenway Park** (plano p. 170; www.redsox.com; 4 Yawkey Way; circuitos adultos/niños 18/12 US$; ⊙10.00-17.00; ◙; TrKenmore), el estadio de béisbol con más historia del país. Desgraciadamente es también el más caro, aunque esto no impide a los incondicionales agotar las entradas. A veces se venden entradas el mismo día (90 min antes del inicio).

TD Garden BALONCESTO, 'HOCKEY' SOBRE HIELO
(plano p. 176; ✆información 617-523-3030, entradas 617-931-2000; www.tdgarden.com; 150 Causeway St; TrNorth Station) Aquí juegan los Bruins al *hockey* de septiembre a junio y los Celtics al baloncesto de octubre a abril. Es el estadio más grande de la ciudad y suele acoger grandes conciertos.

🔒 De compras

Las mejores zonas de Boston para ir de compras son Newbury St (Back Bay) y Charles St (Beacon Hill). Harvard Sq es famosa por sus librerías y South End es el distrito de arte emergente. **Copley Place** (plano p. 170; www.simon.com; 100 Huntington Ave; ⊙10.00-20.00

INDISPENSABLE

OPEN MARKETS

Este acontecimiento semanal combina mercadillo y mercado de arte. Es ideal para pasear, comprar y observar a la gente. Hay más de 100 puestos de techos blancos. Cada semana cambia, pero siempre hay mucha y buena artesanía, arte moderno, ropa de época, joyas, frutas y verduras y dulces caseros. En verano se monta los sábados en el Rose Kennedy Greenway (plano p. 176; www.newenglandopenmarkets.com; Rose Kennedy Greenway; ⊙11.00-17.00 sa may-oct; 🔊; TAquarium) y los domingos, en South End (plano p. 170; www.newenglandopenmarkets.com; Thayer St; ⊙10.00-16.00 do may-oct; 🚇SL4 o SL5, TNew England Medical Center).

lu-sa, 12.00-18.00 do; TBack Bay) y Prudential Center (plano p. 170; www.prudentialcenter.com; 800 Boylston St; ⊙10.00-21.00 lu-sa, 11.00-20.00 do; 🔊; TPrudential), ambos en Back Bay, son grandes centros comerciales.

★Ruby Door   JOYERÍA

(plano p. 176; www.therubydoor.com; 15 Charles St; ⊙11.00-18.00 lu-sa; TCharles/MGH) Magníficas joyas hechas a mano, la mayoría con gemas fascinantes. Es propiedad de la joyera Tracy Chareas, que trabaja sobre joyas antiguas y de época transformándolas en obras de arte. También venden piezas más accesibles. Se puede curiosear de forma relajada, sin la presión de tener que comprar.

Blackstone's
of Beacon Hill   REGALOS, ACCESORIOS

(plano p. 176; www.blackstonesbeaconhill.com; 46 Charles St; ⊙10.00-18.30 lu-sa, 11.00-17.00 do; TCharles/MGH) Aquí se encontrará el regalo perfecto. Es una tienda pequeña repleta de artículos elegantes, ingeniosos e inusuales, entre los que destaca el material de oficina personalizado, la artesanía local y curiosos recuerdos de Boston como relojes o posavasos. Y si no, siempre se puede comprar un globo terráqueo activado con energía solar. Todo el mundo debería tener uno.

Lucy's League   ROPA

(plano p. 176; www.rosterstores.com/lucysleague; North Market, Faneuil Hall; ⊙10.00-21.00 lu-sa, hasta 18.00 do; TGovernment Center) En Lucy's League, las fans del deporte pueden comprar camisetas, chaquetas y otras prendas

deportivas de los equipos locales, con diseños femeninos muy favorecedores (menos las gorras rosas). Para animar a los Red Sox con elegancia.

Converse   CALZADO, ROPA

(plano p. 170; www.converse.com; 348 Newbury St; ⊙10.00-19.00 lu-vi, hasta 20.00 sa, 11.00-18.00 do; THynes) Converse empezó a fabricar zapatos en 1908 cerca de aquí, en Malden (Massachusetts). Chuck Taylor se unió al equipo en los años veinte y el resto es historia. En todo el país solo hay otras tres tiendas como esta, donde se venden zapatillas, tejanos y otros artículos. Al margen de ofrecer todos sus modelos de zapatillas, también las hacen personalizadas.

Sault New England   ROPA, REGALOS

(plano p. 170; www.saultne.com; 577 Tremont St; ⊙11.00-19.00 ma-do; TBack Bay) Una pequeña *boutique* en un sótano que logra combinar estética elegante, *hipster,* moderna y rústica. Tienen todo tipo de artículos, desde ropa nueva o de segunda mano a libros ilustrados y terrarios caseros. La estética es igualmente ecléctica, con elementos característicos de Nueva Inglaterra como los Kennedy, *Tiburón* o L.L. Bean.

Olives & Grace   REGALOS

(plano p. 170; www.olivesandgrace.com; 623 Tremont St; ⊙10.00-19.00; TBack Bay) Esta tienda diminuta ofrece una selección muy ecléctica de regalos, muchos de Nueva Inglaterra, todos ellos hechos con amor y dedicación por parte de artesanos. Los más atractivos son los comestibles: chocolatinas, salsas picantes, miel, caramelos y carne deshidratada.

Lunarik Fashions   ACCESORIOS

(plano p. 170; 279 Newbury St; ⊙11.00-19.00 lu-vi, 10.00-20.00 sa, 12.00-18.00 do; THynes) Accesorios útiles, la mayoría de diseñadores locales, entre ellos las extravagantes creaciones con *collages* de Jenn Sherr, las bonitas joyas artesanales de Dasken Designs y los populares bolsos de piel de colores de Saya Cullinan. Irresistibles.

❶ Información

ACCESO A INTERNET

Aparte de los hoteles, suele haber wifi en las cafeterías, los autobuses y en espacios públicos como el Faneuil Hall y el Greenway. Muchas cafeterías cobran por el servicio, aunque algunas ofrecen la primera hora gratis.

Boston Public Library (www.bpl.org; 700 Boylston St; ⊙9.00-21.00 lu-ju, hasta 17.00 vi y sa todo el año, 10.00-17.00 do oct-may; 🕿; Ⓣ Copley) Acceso a internet gratuito a intervalos de 15 min. Si el viajero se hace un carné de visitante en el mostrador de información, puede utilizar gratuitamente el ordenador durante 1 h. A primera hora de la mañana no hay colas.

Wired Puppy (www.wiredpuppy.com; 250 Newbury St; ⊘6.30-19.30; 🕿; Ⓣ Hynes) Acceso inalámbrico gratuito y uso gratuito de ordenador si no se lleva el propio. Un lugar confortable y acogedor para tomar un café.

MEDIOS DE COMUNICACIÓN

'Boston Globe' (www.boston.com) Uno de los dos periódicos principales, con una extensa cartelera cada jueves y la sección diaria "Sidekick", con información sobre ocio.

'Improper Bostonian' (www.improper.com) Publicación quincenal gratuita muy pícara que se puede encontrar en dispensadores en la calle.

INFORMACIÓN TURÍSTICA

Puesto de información para visitantes de Cambridge (plano p. 170; www.cambridge-usa.org; Harvard Sq; ⊘9.00-17.00 lu-vi, 13.00-17.00 sa y do; Ⓣ Harvard) Información detallada sobre acontecimientos culturales en Cambridge y circuitos a pie.

Puesto de información del Boston Common (GBCVB Visitors Center; plano p. 176; www.bostonusa.com; Boston Common; ⊘8.30-17.00; Ⓣ Park St) Punto de inicio del Freedom Trail y muchos otros circuitos a pie.

WEBS

My Secret Boston (www.mysecretboston.com) Restaurantes no tan secretos, vida nocturna, cultura y acontecimientos familiares.

Universal Hub (www.universalhub.com) Noticias locales, con muchos comentarios locales.

City of Boston (www.cityofboston.gov) Web oficial de la ciudad, con enlaces a servicios turísticos.

❶ Cómo llegar y salir

Llegar y salir de Boston es fácil. Las estaciones de trenes y de autobuses están una al lado de la otra, y el aeropuerto está cerca del centro en metro.

AVIÓN

El **aeropuerto internacional Logan** (☎800-235-6426; www.massport.com/logan) está al otro lado del puerto de Boston; alberga las principales compañías nacionales y extranjeras, y cuenta con todos los servicios.

AUTOBÚS

Desde la South Station hay un extenso servicio de autobuses Greyhound de largo recorrido de y compañías de autobuses regionales.

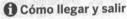

❶ CÓMO LLEGAR A NUEVA YORK

La forma más barata de viajar entre Boston y Nueva York es en autobús, por ejemplo los de **Lucky Star Bus** (www.luckystarbus.com; ida 20 US$; 🕿) o **Megabus** (www.megabus.com; ida 10-30 US$; 🕿), ambos con salida de la South Station. **Go Bus** (www.gobuses.com; Alewife Brook Pkwy; ida 18-34 US$; 🕿; Ⓣ Alewife) sale de la estación de Alewife, en Cambridge.

TREN

Los **trenes interurbanos de MBTA** (☎800-392-6100, 617-222-3200; www.mbta.com) conectan la North Station de Boston con Concord y Salem, y la South Station de Boston con Plymouth y Providence. La terminal de **Amtrak** (☎800-872-7245; www.amtrak.com; South Station) está en la South Station; un billete a Nueva York cuestan 75-125 US$ en el *Northeast Regional* (4¼ h) o 130-170 US$ en el rápido *Acela Express* (3½ h).

❶ Cómo desplazarse

A/DEL AEROPUERTO

El aeropuerto internacional Logan está a pocos kilómetros del centro de Boston: se llega con la línea azul del metro o la plateada de autobús.

AUTOMÓVIL

Conducir por Boston no es para principiantes. Es más fácil moverse en transporte público.

METRO

El **MBTA** (☎617-222-3200; www.mbta.com; billete 2,10-2,65 US$; ⊘5.30-12.30 do-ju, hasta 2.00 vi y sa) opera el metro más antiguo del país (conocido como el T), construido en 1897. Hay cuatro líneas de colores (roja, azul, verde y naranja), que salen desde las céntricas estaciones de Park St, Downtown Crossing y Government Center. Los metros marcados como "inbound" van a una de estas paradas, los marcados como "outbound" se alejan de ellas. La línea plateada es en realidad un servicio rápido de autobús, muy útil para ir al aeropuerto de Logan y a otros destinos.

TAXI

Hay abundantes taxis; se suele pagar 15-25 US$ por una carrera dentro de la ciudad. Se pueden parar por la calle o tomarlos delante de los hoteles principales. Para un taxi al aeropuerto, se puede llamar a **Cabbie's Cab** (☎617-547-2222; www.cabbiescab.com; 35 US$).

EN BICICLETA

El **Hubway** (www.thehubway.com; miembros 24/72 h 6/12 US$, 30/60/90 min gratis/2/4 US$; ⊙24 h) es el sistema de bicicletas compartidas de Boston. Hay 140 puntos en la ciudad, Cambridge, Brookline y Somerville, con un total de 1300 bicicletas disponibles para trayectos cortos. Se puede adquirir la tarjeta de uso temporal en cualquiera de los puntos y pagar por el tiempo que se vaya a usar (en franjas de media hora; gratis los primeros 30 min). Se devuelve la bicicleta en cualquiera de los puntos de estacionamiento. El precio de las Hubway está pensado para que la bicicleta pueda substituir un trayecto en taxi (p. ej. para hacer un recado o un desplazamiento corto). Para pasear o hacer rutas largas es mejor alquilar una bicicleta.

Urban AdvenTours (www.urbanadventours.com; 103 Atlantic Ave; 35 US$ por día; ⊙9.00-18.00 lu-sa; ⊤Aquarium) alquila bicicletas de carretera y de montaña, además de las híbridas estándar. Por un suplemento llevan la bicicleta a donde pida el cliente en un BioBus que funciona con aceite vegetal.

Alrededores de Boston

Boston es la capital del estado, pero no es la única población de Massachusetts con atractivo para los viajeros. Por toda la costa hay destinos con mucha historia, con una oferta cultural muy activa y acontecimientos únicos que se merecen un desvío. Es fácil llegar a ellos desde Boston en automóvil o en tren y son ideales para pasar un día.

Lexington y Concord

Los aficionados a la historia pueden reconstruir el día en que empezó la Guerra de Independencia, el 19 de abril de 1775, siguiendo los pasos de los soldados británicos y los *minutemen* coloniales que se enfrentaron en un prado de Lexington y más adelante, en Concord, en la batalla del Old North Bridge.

Un siglo más tarde, en Concord se formó una activa comunidad literaria, con autores como Nathaniel Hawthorne, Ralph Waldo Emerson, Henry David Thoreau y Louisa May Alcott, cuyos hogares se pueden visitar. La **cámara de comercio de Concord** (www.concordchamberofcommerce.org; 58 Main St; ⊙10.00-16.00 mar-oct) tiene información completa sobre todos estos lugares, y organiza circuitos a pie por la ciudad.

★ **Old North Bridge** ENCLAVE HISTÓRICO
(www.nps.gov/mima; Monument St; ⊙amanecer-anochecer) En este puente de madera sonó "el disparo que se escuchó en el mundo entero", tal como escribió Emerson en su poema *Himno de Concord*. Aquí fue donde los enfurecidos *minutemen* dispararon sobre las fuerzas británicas y las obligaron a retirarse a Boston. Una primera estatua de Daniel Chester French, líder de los *minuteman*, preside el parque que hay al otro lado del puente. Por cierto, a los *minutemen* se le llamaba así porque estaban siempre listos para la batalla (en menos de 1 min). El término tiene su origen en las milicias coloniales que luchaban contra los indios, pero luego se aplicó a los patriotas en la guerra contra Inglaterra.

El puente está menos de 1 km al norte de Memorial Sq, en el centro de Concord).

Battle Green ENCLAVE HISTÓRICO
(Massachusetts Ave) El histórico Battle Green es donde se produjo la escaramuza entre patriotas y tropas británicas que desató la Guerra de Independencia. La **Lexington Minuteman Statue**, creada por Henry Hudson Kitson en 1900, hace guardia desde el extremo sureste del Battle Green en honor a los 77 *minutemen* que se enfrentaron a los británicos en 1775, ocho de los cuales murieron.

Minute Man National Historic Park PARQUE
(www.nps.gov/mima; 250 North Great Rd, Lincoln; ⊙9.00-17.00 abr-oct; 🚗) GRATIS Este parque, ubicado unos 3 km al oeste del centro de Lexington, comprende la ruta que siguieron las tropas británicas hasta Concord. El **centro de visitantes** del extremo este ofrece una presentación multimedia que ilustra el recorrido de Paul Revere y las batallas subsiguientes.

Walden Pond PARQUE ESTATAL
(www.mass.gov/dcr/parks/walden; 915 Walden St; aparcamiento 5 US$; ⊙amanecer-anochecer) GRATIS Thoreau se nutrió de las ideas teóricas naturalistas del transcendentalismo y las puso en práctica, dejando las comodidades de la ciudad y construyendo una cabaña con sus propias manos en Walden Pond. El estanque glacial está rodeado de varias hectáreas de

bosques, que forman parte de un parque estatal. De su cuidado se encarga la organización sin ánimo de lucro Walden Woods. La ubicación de la cabaña de Thoreau está en el lado noreste, marcada con un mojón y varios carteles.

ℹ Cómo llegar y salir

Los autobuses de MBTA nº 62 y 76 circulan entre la estación de metro de Alewife (Cambridge) y el centro de Lexington, excepto los domingos. Para ir a Concord, se puede tomar el **tren interurbano de MBTA** (☎617-222-3200, 800-392-6100; www.mbta.com; Concord Depot, 90 Thoreau St) en la North Station de Boston hasta Concord Depot (8,50 US$, 40 min, 12 diarios).

Salem

Salem es una ciudad con mucha historia. El nombre ya evoca imágenes de brujas diabólicas y mujeres ardiendo en la hoguera. Los famosos juicios por brujería de Salem (1692) forman parte del imaginario colectivo y la ciudad ha aceptado su rol y sabe sacarle partido, con museos sobre el tema, circuitos espeluznantes y una loca celebración de Halloween.

A pesar de los incidentes que han marcado su fama, Salem bien podría haber sido famosa por ser un importante centro de comercio, con clípers que navegaban hasta el Lejano Oriente. La oficina de turismo regional de NPS (www.nps.gov/sama; 2 New Liberty St; ☉9.00-17.00) ofrece completa información sobre el lugar y sus alrededores.

★ Salem Maritime National
Historic Site   ENCLAVE HISTÓRICO
(www.nps.gov/sama; 193 Derby St; ☉9.00-17.00) GRATIS Este lugar comprende la aduana, los muelles y otros edificios que forman los restos de la industria naviera de la ciudad. De los 50 muelles que hubo en el puerto de Salem solo quedan tres. El mayor es el muelle de Derby. Los visitantes pueden pasear hasta el final y echar un vistazo al faro de 1871 o subirse al barco *Friendship*.

★ Peabody Essex Museum   MUSEO DE ARTE
(www.pem.org; 161 Essex St; adultos/niños 18 US$/gratis; ☉10.00-17.00 ma-do; 🅿) Este museo aloja piezas de arte, artefactos y curiosidades que los mercaderes de Salem trajeron del Lejano Oriente. Se fundó en 1799 y es el museo aún en funcionamiento más antiguo del país. El edificio en sí es impresionante, con un patio luminoso y un entorno magnífico. Las extensas colecciones se centran en las artes decorativas de Nueva Inglaterra y en la historia marítima. Evidentemente, también cuenta con mucho arte asiático, entre el que destaca la colección del Japón preindustrial.

ℹ Cómo llegar y salir

El **tren interurbano de MBTA** (www.mbta. com) circula entre la North Station de Boston y la terminal de Salem (7 US$, 30 min). **Boston Harbor Cruises** (Salem Ferry; www. bostonharborcruises.com; 10 Blaney St; ida y vuelta adultos/niños 27/22 US$; ☉may-oct) tiene un ferri que va del Long Wharf de Boston a Salem (ida adultos/niños 25/20 US$, 50 min).

Plymouth

Es conocida como "la ciudad natal de EE UU". Y aquí fue, en efecto, donde se instalaron los llamados "padres peregrinos" en

---

CIUDAD DE BRUJAS

La ciudad de Salem asume su pasado con buen humor, pero la historia da una lección sobre lo que puede ocurrir cuando el miedo y la histeria colectiva sustituyen al sentido común.

Cuando terminó la caza de brujas, en 1692, se había acusado a un total de 156 personas, 55 habían sido declaradas culpables, y 14 mujeres y 5 hombres fueron ahorcados. El Witch Trials Memorial (Charter St) es un monumento sencillo pero conmovedor dedicado a estas víctimas inocentes.

En la ciudad hay más de una veintena de museos de brujas. El más auténtico quizá sea el Witch House (Jonathan Corwin House; www.witchhouse.info; 310 Essex St; adultos/niños 8,25/4,25 US$, circuito 2 US$ adicionales; ☉10.00-17.00 mar-nov), que ocupa el que fuera hogar de Jonathan Corwin, un magistrado local que investigó las acusaciones de brujería.

Para tener una precisa visión de conjunto sobre el pasado de Salem se recomienda una visita con Hocus Pocus Tours (www.hocuspocustours.com; adultos/niños 16/8 US$).

INDISPENSABLE

HELADO DE LANGOSTA

La locura por las langostas alcanza un nuevo nivel en el **Ben & Bill's Chocolate Emporium** (☑508-548-7878; 209 Main St; conos 5 US$; ☺9.00-23.00), donde los crustáceos aparecen incluso en la carta de helados. ¿Quién quiere vainilla cuando puede pedir una bola de helado de langosta? Un sabor que nadie ha probado antes.

el invierno de 1620, buscando un lugar en el que poder practicar su religión libremente. Una sencilla piedra de granito, la famosa roca de Plymouth marca el lugar en el que supuestamente desembarcaron. En las calles adyacentes hay varios museos y casas históricas en las que se explora su historia.

★'Mayflower II'   ENCLAVE HISTÓRICO
(www.plimoth.org; State Pier, Water St; adultos/niños 12/8 US$; ☺9.00-17.00 abr-nov; ♿) El *Mayflower II* es una réplica del pequeño barco en el que los padres peregrinos hicieron su travesía desde el puerto inglés de Southhampton. A bordo suelen haber actores con trajes de época que cuentan historias sobre el viaje.

★Plimoth Plantation   MUSEO
(www.plimoth.org; 137 Warren Ave; adultos/niños 26/15 US$; ☺9.00-17.00 abr-nov; ♿) La exposición más destacada de este museo es una recreación de un asentamiento de los padres peregrinos, llamada 1627 English Village. Todo lo que se ve en el pueblo ha sido investigado y reproducido cuidadosamente, desde

vestidos y complementos a artesanía, recetas, cosechas y vocabulario. Unos actores disfrazados explican los detalles de la vida diaria y responden a las preguntas de los visitantes mientras trabajan o juegan. Está a unos 5 km del centro de Plymouth.

❶ Cómo llegar y salir

Los autobuses de **Plymouth & Brockton** (PyB; www.p-b.com) circulan cada hora entre la South Station de Boston (adultos/niños 15/8 US$, 1 h). Otra opción es el **tren interurbano de MBTA** (☑617-222-3200, 800-392-6100; www.mbta.com) (10,50 US$, 90 min), también desde la South Station.

Cabo Cod

Este cabo, rodeado por 650 km de preciosa costa, tiene playas para todos los gustos. Además de sol, olas y arena, se pueden explorar faros, comer ostras, admirar arte y recorrer senderos a pie o en bicicleta. Toda la información se encuentra en la cámara de comercio del cabo Cod (☑508-362-3225; www.capecodchamber.org; MA 132 at US 6, Hyannis; ☺9.00-17.00 lu-sa, 10.00-14.00 do).

Sandwich

La población más antigua del cabo Cod (fundada en 1637) es ideal para tener una primera impresión al cruzar el canal que separa el cabo del continente. En el centro del pueblo hay iglesias de campanarios blancos, casas de época y un molino de grano aún operativo alrededor de un bonito estanque de cisnes. Antes de irse, hay que dar un paseo por el entablado de Sandwich, que a lo largo de

❶ CABO COD PARA PRESUPUESTOS BAJOS

Es verano y la vida es cara en el cabo Cod. Si el viajero tiene un presupuesto limitado, se recomiendan estos excelentes albergues de HI. Solo abren en verano y se llenan rápidamente, así que hay que reservar. El precio incluye el desayuno.

HI-Hyannis (☑508-775-7990; hiusa.org; 111 Ocean St, Hyannis; dc 35-39 US$, d 79-99 US$, c 129 US$; @❡) Vistas impagables a precio de mochilero en este albergue que da al puerto. Se puede ir a pie hasta Main St, las playas y los ferris.

Hostelling International Eastham (☑508-255-2785; hiusa.org; 75 Goody Hallett Dr; dc 33-36 US$; ❡) Albergue cerca de la playa y el carril-bici, y rodeado de bosque. Unas cabañas básicas hacen de dormitorios compartidos, con capacidad para 5-8 personas.

Hostelling International Truro (☑508-349-3889; hiusa.org; N Pamet Rd; dc 45 US$; @) Hay pocos alojamientos económicos con más ambiente que este antiguo puesto de guardacostas en medio de las dunas, cerca de la playa. Es tan remoto que el único tráfico de la carretera es el de los pavos salvajes.

400 m cruza un pantano y lleva a la playa de Town Neck.

⊙ Puntos de interés

Heritage Museums & Gardens MUSEO
(www.heritagemuseumsandgardens.org; 67 Grove St; adultos/niños 18/8 US$; ⊙10.00-17.00; 🚼) Niños y adultos se divierten por igual en este recinto de 30 Ha, que incluye una fantástica colección de coches de época en un granero redondo de estilo Shaker, un carrusel de 1912 que todavía funciona, colecciones de arte folclórico y una zona de juego para niños. El recinto también contiene uno de los mejores jardines de rododendros del país, que se llena de color a principios de junio.

Además, si la perspectiva de visitar un museo y unos jardines parece aburrida, el **Adventure Center** (www.heritageadventurepark. org; 67 Grove St; adultos/niños 43/38 US$; ⊙9.00-18.00 diarios jun-oct, 9.00-18.00 sa y do solo may y nov) tiene cinco senderos 'aéreos' que ofrecen una perspectiva nueva sobre los bosques y jardines.

Sandwich Glass Museum MUSEO
(www.sandwichglassmuseum.org; 129 Main St; adultos/niños 9/2 US$; ⊙9.30-17.00 abr-dic, hasta 16.00 mi-do feb-mar) Interesante museo dedicado a la fabricación de vidrio durante el pasado del pueblo, en el s. XIX. Se hacen demostraciones cada hora de soplado de vidrio.

Canal del cabo Cod CANAL
(www.capecodcanal.us; 🚼🐾) GRATIS El canal del cabo Cod se construyó en 1914 para evitar que los barcos tuvieran que recorrer 216 km circunnavegándolo. Tiene 11 km de largo; a lado y lado hay carriles-bici pavimentados, ideales para caminar, patinar o pescar. En Sandwich, se puede conseguir información en el **centro de visitantes del canal** (www.capecodcanal.us; 60 Ed Moffitt Dr; ⊙10.00-17.00 may-oct) GRATIS, cerca del puerto deportivo.

🛏 Dónde dormir y comer

Shawme-Crowell State Forest CAMPING $
(☎508-888-0351; www.reserveamerica.com; MA 130; parcelas 17 US$; 🐾) Ofrece 285 parcelas a la sombra en poco más de 3 km², cerca de la MA 6A.

Belfry Inn & Bistro B&B $$$
(☎508-888-8550; www.belfryinn.com; 8 Jarves St; h 179-299 US$, desayuno incl.; ❄🐾) Habitaciones en una antigua iglesia, creativamente restaurada; algunas incluso tienen vitrales. Si no resulta atractiva la idea de dormir vigilado

DE PRIMERA MANO

RUTA PANORÁMICA: BAHÍA DEL CABO COD

La mejor forma de explorar el cabo es la **Old King's Highway (MA 6A)**, que serpentea por la bahía del cabo Cod desde Sandwich hasta Orleans. Es el distrito histórico más extenso del país, con numerosas casas de época, tiendas de antigüedades y galerías de arte, ideales para ir haciendo paradas.

por el arcángel Gabriel, tiene dos pensiones cercanas con habitaciones convencionales. También dispone de un precioso restaurante de techo alto y vitrales.

Seafood Sam's PESCADO $$
(☎508-888-4629; www.seafoodsams.com; 6 Coast Guard Rd; principales 8-20 US$; ⊙11.00-21.00; 🚼) Una buena opción familiar para comer *fish and chips*, almejas fritas o bocadillos de langostas en las mesas de pícnic que dan al canal del cabo Cod, mientras se observan los barcos de pesca.

Falmouth

Playas multitudinarias, un carril-bici fantástico y el precioso pueblo de Woods Hole son los principales puntos de interés de la segunda población más grande del cabo.

⊙ Puntos de interés y actividades

Old Silver Beach PLAYA
(cerca de la MA 28A; 🚼) De los 112 km de costa dentada de Falmouth, los mejores son esta extensión de playa arenosa. A los niños les encanta el rompeolas, los bancos de arena y las pozas mareales. Aparcar cuesta 20 US$.

★Shining Sea Bikeway CICLISMO
De los magníficos carriles-bici del cabo, este quizá sea el mejor. Es una belleza de 17 km a lo largo de la costa oeste de Falmouth, que ofrece vistas impecables de estanques salados, pantanos y el océano. Se pueden alquilar bicicletas en el extremo norte del carril.

🛏 Dónde dormir

Falmouth Heights Motor Lodge MOTEL $$
(☎508-548-3623; www.falmouthheightsresort.com; 146 Falmouth Heights Rd; h 129-259 US$, desayuno

Cabo Cod, Martha's Vineyard y Nantucket

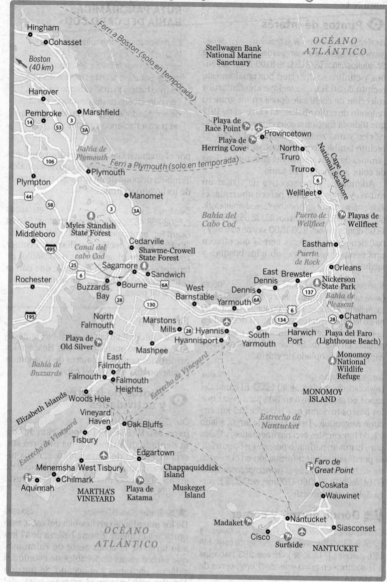

incl.; ❄️📶🏊) Pese al nombre, no es un motel de carretera. Ofrece 28 habitaciones un poco mejores que las de la competencia. La playa y el ferri a Martha's Vineyard quedan a pocos minutos.

Tides Motel of Falmouth MOTEL **$$**
(☎508-548-3126; www.tidesmotelcapecod.com; 267 Clinton Ave; h 180 US$) Un motel con su propia playa privada y una terraza desde la que casi se puede tocar el océano.

✕ Dónde comer

Maison Villatte
CAFÉ **$**

(☎774-255-1855; 267 Main St; tentempiés 3-10 US$; ⊘7.00-19.00 mi-sa, hasta 17.00 do) Un par de panaderos franceses con sus gorros típicos se encargan de hornear crujientes panes artesanos, cruasanes deliciosos y pastas pecaminosas en esta cafetería-panadería. Los sándwiches contundentes y el buen café lo hacen ideal para comer.

Pickle Jar Kitchen
ESTADOUNIDENSE MODERNA **$**

(☎508-540-6760; www.picklejarkitchen.com; 170 Main St; principales 7-14 US$; ⊘7.00-15.00 mi-lu; 🖋) Comida tradicional, sana y generosa, preparada con ingredientes de temporada y mucho amor. Se puede desayunar un plato de *hash* (carne picada), sándwiches para comer y mucha fruta y verdura fresca. No hay que perderse los encurtidos caseros.

Clam Shack
PESCADO **$**

(☎508-540-7758; 227 Clinton Ave; principales 6-15 US$; ⊘11.30-19.30) Un clásico del género, en pleno puerto de Falmouth. Es diminuto, con mesas de pícnic en la terraza trasera y mucho pescado frito.

Hyannis

Ferris, autobuses y aviones convergen en el núcleo comercial del cabo. De Hyannis salen los barcos a Nantucket y Martha's Vineyard. Aquí veraneaban los Kennedy, y aquí murió Ted Kennedy en el 2009.

◉ Puntos de interés

Hyannis tiene un par de playas anchas de aguas templadas ideales para nadar. La playa de Kalmus (Ocean St, Hyannis) atrae a muchos windsurfistas, mientras que la playa de Craigville (Craigville Beach Rd, Centerville) es frecuentada por universitarios; aparcar en ambas cuesta 15-20 US$.

John F Kennedy Hyannis Museum
MUSEO

(www.jfkhyannismuseum.org; 397 Main St, Hyannis; adultos/niños 10/5 US$; ⊘9.00-17.00 lu-sa, 12.00-17.00 do) Museo dedicado al 35º presidente de EE UU, lleno de fotografías, vídeos y recuerdos. Para profundizar más en la vida de Kennedy, se puede conseguir un mapa del Hyannis Kennedy Legacy Trail (www.kennedylegacytrail.org) GRATIS. El museo también alberga el Cape Cod Baseball League Hall of Fame.

🛏 Dónde dormir y comer

SeaCoast Inn
MOTEL **$$**

(☎508-775-3828; www.seacoastcapecod.com; 33 Ocean St, Hyannis; h 129-199 US$, desayuno incl.; ✳@☎) Un motel familiar a 2 min a pie del puerto en una dirección y de los restaurantes de Main St en la otra. No hay ni vistas ni piscina, pero las habitaciones son confortables y el servicio es de primera. Buena relación calidad-precio.

Raw Bar
PESCADO **$$**

(☎508-539-4858; www.therawbar.com; 230 Ocean St, Hyannis; bocadillos de langosta 26 US$; ⊘11.00-20.00 do-ju, hasta 23.00 vi-sa) Lugar ineludible para probar el bocadillo de langosta. Las vistas del puerto de Hyannis también son imponentes.

Tumi
PESCADO **$$**

(☎508-534-9289; www.tumiceviche.com; 592R Main St; ceviche 9-12 US$, principales 19-28 US$; ⊘16.30-22.00; 🖋) Esta joya italo-peruana ofrece 10 tipos diferentes de ceviche (algunos vegetarianos), además de moluscos crudos, pasta con pescado y varias opciones peruanas muy interesantes.

Brewster

Brewster es un pueblo boscoso, ideal para practicar actividades en plena naturaleza. El Cape Cod Rail Trail cruza el pueblo y es excelente para acampar, hacer excursiones y practicar deportes acuáticos.

◉ Puntos de interés y actividades

Nickerson State Park
PARQUE

(3488 MA 6A; por automóvil 5 US$; ⊘amanecer-anochecer; 🚲) Un oasis de 810 Ha con kilómetros de senderos para recorrer a pie o en bicicleta y ocho estanques con playas arenosas. Se pueden alquilar canoas, kayaks, veleros y barcas a pedales en Jack's Boat Rental (☎508-349-9808; www.jacksboatrental.com; alquiler 32-47 US$ por hora; ⊘10.00-18.00). Las bicicletas están disponibles cerca de la entrada del parque, en Barb's Bike Shop (☎508-896-7231; www.barbsbikeshop.com; per medio día/completo 18/24 US$; ⊘9.00-18.00).

Cape Cod Museum of Natural History
MUSEO

(www.ccmnh.org; 869 MA 6A; adultos/niños 10/5 US$; ⊘9.30-16.00 diarios jun-sep, 11.00-15.00 mi-do oct-dic y mar-may; 🚲) Un museo apto para familias, ideal para días de lluvia, dedicado a la flora y la fauna del cabo. Cuando hace

ℹ️ PARAÍSO FRITO

De camino a Hyannis, hay que parar en la Cape Cod Potato Chip Factory (📞508-775-3358; www.capecodchips.com; 100 Breeds Hill Rd, Hyannis; ⏰9.00-17.00 lu-vi) GRATIS para hacer una visita y una cata gratuita. Desde la MA 132 (al oeste del aeropuerto), se toma la Independence Rd en dirección norte; la fábrica está a 0,8 km.

buen tiempo, se puede recorrer un camino de tablones de madera por la marisma hasta una playa remota.

🛏️ Dónde dormir

⭐ **Nickerson State Park** CAMPING $
(📞877-422-6762; www.reserveamerica.com; plazas 22 US$; *yurtas* 45-55 US$; 🐾) El mejor *camping* del cabo tiene 418 parcelas entre los árboles. Hay que reservar en verano.

⭐ **Old Sea Pines Inn** B&B $$
(📞508-896-6114; www.oldseapinesinn.com; 2553 MA 6A; h 120-165 US$, ste 155-190 US$; @🛜) Un antiguo internado de niñas de 1840 que conserva un atractivo aspecto añejo. Es como dormir en casa de la abuela: accesorios de época, fotografías de color sepia y bañeras antiguas. En lugar de TV, hay mecedoras en el porche. Desayuno incluido.

🍴 Dónde comer

⭐ **Brewster Fish House** PESCADO $$
(📞508-896-7867; www.brewsterfish.com; 2208 MA 6A; principales almuerzo 12-18 US$, cena 25-32 US$; ⏰11.30-15.00 y 17.00-21.30) Este sencillo restaurante fue en su día una pescadería, y se ha ganado muchos seguidores incondicionales gracias a sus platos clásicos de pescado con una presentación muy elaborada. Solo tienen 11 mesas, y no reservan.

Cobie's PESCADO $$
(📞508-896-7021; www.cobies.com; 3260 MA 6A; principales 9-23 US$; ⏰11.00-21.00; 🚻) Un puesto de pescado y marisco frito con una ubicación muy práctica en la carretera, cerca del Nickerson State Park. Se puede comer fuera en unas mesas de pícnic.

Chatham

Main St está repleta de pensiones de categoría y tiendas, pero también hay atractivos para todos los gustos. En el muelle de pescadores de Chatham (Shore Rd) los pescadores descargan sus capturas mientras las focas retozan justo al lado. Apenas 1,5 km al sur por Shore Rd se encuentra el faro de Chatham (⏰circuitos de 20 min, 10.0-15.30 mi may-oct) GRATIS, que domina la playa del Faro (Lighthouse Beach), una extensión infinita de mar y bancos de arena.

Las dos islas inhabitadas que hay al sur de Chatham, con una superficie total de 3000 Ha, constituyen el Monomoy National Wildlife Refuge (www.fws.gov/northeast/monomoy) 🍃. Se puede hacer una salida en barco con Beachcomber (📞508-945-5265; www.sealwatch.com; Crowell Rd; taxi acuático de North Beach adultos/niños 20/10 US$; cruceros de observación de focas adultos/niños 29/25 US$; ⏰10.00-17.00) o Monomoy Island Excursions (📞508-430-7772; www.monomoysealcruise.com; 702 MA 28, Harwich Port; 1½h circuitos adultos/niños 36/30 US$) para ver de cerca cientos de focas grises y moteadas y aves limícolas.

🛏️ Dónde dormir

Chatham Highlander MOTEL $$
(📞508-945-9038; www.chathamhighlander.com; 946 Main St; h 119-209 US$; ❄️🛜🏊) Habitaciones sencillas pero grandes y pulcras, a 1,5 km del centro. A diferencia de otros alojamientos de la zona que atraen a un público mayor, este

INDISPENSABLE

CAPE COD RAIL TRAIL

Uno de los mejores carrilesbici de Nueva Inglaterra, el Cape Cod Rail Trail sigue una antigua vía de ferrocarril de 35 km que pasa por pueblos preciosos, campos de arándanos y estanques ideales para bañarse. El camino empieza en Dennis, en la MA 134, y sigue hasta Wellfleet. Si el viajero solo tiene tiempo para hacer una parte, puede empezar en el Nickerson State Park (en Brewster) y dirigirse al Cape Cod National Seashore (en Eastham). Se pueden alquilar bicicletas en el inicio del carril-bici, en el Nickerson State Park y en la oficina de turismo de Salt Pond (p. 193).

motel acoge a muchas familias; a los niños les encantan las dos piscinas climatizadas.

Hawthorne Motel MOTEL **$$$**
(www.thehawthorne.com; 196 Shore Rd; d 225-330 US$; ⊕may-oct; ❋🐾🏊) Aquí el viajero podrá despertarse contemplando la salida del sol sobre los bancos de arena. Es caro para ser un motel, pero las habitaciones están decoradas con gusto, el servicio es encantador y las vistas, inmejorables. El pueblo queda cerca a pie; eso si el viajero logra salir de la playa privada.

✕ Dónde comer

Chatham Cookware Café CAFÉ **$**
(📞508-954-1250; www.chathamcookware.com; 524 Main St; sándwiches 8 US$; ⊕6.30-16.00) El mejor lugar del centro para tomar café, magdalenas caseras y sándwiches.

★**Chatham Fish Pier Market** PESCADO **$$**
(📞508-945-3474; www.chathamfishpiermarket.com; 45 Barcliff Ave; principales 12-25 US$; ⊕10.00-18.00 mi-do) Si se busca pescado fresco local, no hay que perderse este establecimiento de comida para llevar, que sirve pescado del día y tiene su propio chef de *sushi*. La crema de marisco es increíble y el pescado, fresquísimo. Hay unas mesas de pícnic fuera con vistas al puerto.

Cape Cod National Seashore

Cape Cod National Seashore PARQUE
(www.nps.gov/caco; entrada a la playa peatones/automóviles 3/20 US$) Este parque nacional se extiende unos 65 km por el perímetro exterior del cabo, e incluye buena parte de la costa desde Eastham hasta Provincetown. Es un paraíso de playas vírgenes, dunas, marismas y bosques. Gracias a John F. Kennedy, esta zona quedó protegida en los años sesenta, justo antes del *boom* de construcción en el cabo Cod, lugar de origen del presidente.

Se puede empezar en el oficina de turismo de Salt Pond (📞508-255-3421; 50 Doane Rd, US 6 esq. Nauset Rd, Eastham; ⊕9.00-17.00) GRATIS. Aquí se pueden ver exposiciones y películas sobre la ecología de la zona, además de obtener información sobre los numerosos senderos para ciclistas y senderistas del parque; algunos empiezan aquí mismo.

Playa del Guardacostas PLAYA
La Coast Guard Beach, junto a la oficina de turismo de Salt Pond, es sensacional y atrae tanto a bañistas como a surfistas. Las vistas

PRIMER PUERTO DE ESCALA

La biblioteca pública de Provincetown (www.provincetownlibrary.org; 356 Commercial St; ⊕10.00-17.00 lu y vi, hasta 20.00 ma-ju, 13.00-17.00 sa y do; ♿), erigida en 1860 como iglesia, se convirtió en museo un siglo más tarde. Alberga una réplica a mitad de tamaño de la goleta de Provincetown *Rose Dorothea*. Cuando cerró el museo, el ayuntamiento convirtió el edificio en una biblioteca. El barco era demasiado grande para sacarlo, así que sigue ahí, rodeado de anaqueles con libros. Se puede echar un vistazo desde arriba.

del pantano de Nauset desde las dunas son espectaculares.

Nauset Light FARO
(www.nausetlight.org; ⊕10.00-16.00 o 16.30-19.30 do may-oct, 16.30-19.30 mi jul y ago) El fotogénico Nauset Light lleva iluminando el cabo Cod desde 1877. Se alza orgulloso por encima de la playa homónima, al norte de la Coast Guard.

Wellfleet

Wellfleet es una de las joyas escondidas del cabo Cod. Aquí el viajero encontrará playas inmaculadas, docenas de galerías de arte y muchas ocasiones para degustar ostras.

⊙ Puntos de interés

Playas de Wellfleet PLAYAS
La parte de Wellfleet que da al mar pertenece al Cape Cod National Seashore, al igual que las playas impolutas y las dunas ondulantes que las presiden. La playa de Marconi cuenta con un monumento dedicado a Guglielmo Marconi, que envió desde aquí la primera transmisión sin cables al otro lado del Atlántico. La playa de White Crest y la playa de Cahoon Hollow ofrecen surf de primera. Se puede alquilar material en SickDay Surf Shop (📞508-214-4158; www.sickdaysurf.com; 361 Main St; tablas 30 US$ por día; ⊕9.30-17.00 lu-vi).

Wellfleet Bay
Wildlife Sanctuary RESERVA NATURAL
(www.massaudubon.org; West Rd, cerca de la US 6; adultos/niños 5/3 US$; ⊕8.30-anochecer; ♿) 🌿 Los ornitólogos acuden en masa a ver esta reserva de aves de Mass Audubon, de 445 Ha, con senderos por ríos, marismas y playas.

✿ Fiestas y celebraciones

Wellfleet OysterFest COMIDA
(www.wellfleetoysterfest.org; ⊙med oct) Durante un fin de semana, el pueblo acoge un festival gastronómico, con cervecería al aire libre, concurso de comer ostras y grandes cantidades de moluscos.

🛏 Dónde dormir y comer

Even'Tide Motel MOTEL $$
(☎508-349-3410; www.eventidemotel.com; 650 US 6; h 89-187 US$, cabañas 1400-2800 US$ por semana; ⊙may-oct; ❄❀) Motel de 31 habitaciones apartado de la carretera, en un pequeño pinar. También tienen nueve casitas. Es un lugar sencillo y agradable con una gran piscina cubierta, instalaciones para pícnic y un pequeño parque infantil.

PB Boulangerie & Bistro PANADERÍA $
(☎508-349-1600; www.pbboulangeriebistro.com; 15 Lecount Hollow Rd; pasteles desde 3 US$; ⊙7.00-19.00 ma-do) Vitrinas llenas de tartas de fruta y cruasanes de chocolate preparados por el único chef del cabo Cod con estrella Michelin.

Mac's Seafood Market PESCADO $$
(☎508-349-9611; www.macsseafood.com; 265 Commercial St, muelle de Wellfleet Town; principales 7-20 US$; ⊙11.00-15.00 lu-ju, hasta 20.00 vi-do; ✎❀) Aquí se puede consumir pescado fresco a precios de ganga, ya sea frito o unas ostras frescas recién recogidas de los criaderos cercanos. Se pide en una ventana y se come en unas mesas de pícnic que dan al muelle de Wellfleet. En la misma calle está el restaurante el **Mac's Shack** (☎508-349-6333; 91 Commercial St; principales 15-30 US$; ⊙16.30-21.45).

☆ Ocio

★Beachcomber MÚSICA EN DIRECTO
(☎508-349-6055; www.thebeachcomber.com; 1120 Cahoon Hollow Rd; ⊙17.00-1.00 jun-ago) Este bar, restaurante y club nocturno es el mejor lugar del cabo para pasar las noches de verano. Ocupa una antigua casa de salvamento de la playa de Cahoon Hollow. Se puede observar a los surfistas hasta que se pone el sol y luego, ver a bandas en directo en el escenario.

Wellfleet Drive-In CINE
(☎508-349-7176; www.wellfleetcinemas.com; US 6; adultos/niños 9/6 US$; ❀) Un verdadero autocine de los años cincuenta. Lo único que no es de la época son las películas. Se puede comprar algo para comer en el clásico *snack bar*, colgar el altavoz de la ventana del coche y disfrutar de un programa doble.

Provincetown

Provincetown es el extremo norte del cabo. Varios escritores y artistas empezaron a veranear en la zona hace un siglo. Actualmente, esta punta arenosa se ha convertido en el destino para homosexuales más frecuentado del noreste, atraídos por un centro de calles llamativas, fantásticas galerías de arte y una vida nocturna desenfrenada. Más allá de Commercial St, la costa salvaje de Provincetown invita a descubrir sus extensas playas. El viajero podrá observar ballenas, hacer cruceros por la noche, perderse por las dunas... Haga lo que haga, no debe perderse este rincón único de Nueva Inglaterra.

PROVINCETOWN PARA GAIS Y LESBIANAS

En Provincetown abundan los clubes para gais, los espectáculos de *drag queens* y los cabarés. Los heteros también son bienvenidos.

A-House (Atlantic House; www.ahouse.com; 4 Masonic Pl; ⊙pub 12.00-1.00, club 22.00-1.00) Aquí empezó el panorama gay local, y sigue siendo uno de los bares pioneros. Tiene un *pub* íntimo con chimenea, además de discoteca y cabaré por una entrada separada.

Boatslip Resort (www.boatslipresort.com; 161 Commercial St; ⊙16.00-19.00) Organiza fiestas tremendamente populares.

Crown & Anchor (www.onlyatthecrown.com; 247 Commercial St; ⊙variable) Este complejo de varias salas es el rey del panorama gay. Tiene un club nocturno, vídeos, mucho cuero y un cabaré que lleva las cosas al límite.

Pied Bar (www.piedbar.com; 193 Commercial St; ⊙12.00-1.00 may-oct) Un bar del paseo marítimo orientado a las mujeres pero frecuentado por todo tipo de gente. El evento principal es el After Tea T-Dance, que se celebra en el Boatslip. En octubre acoge la Women's Week.

⊙ Puntos de interés y actividades

Provincetown es ideal para acceder al Cape Cod National Seashore (p. 193). En el extremo del cabo se encuentra la **playa de Race Point**, una fantástica extensión de arena, con olas poderosas y dunas sinuosas hasta donde alcanza la vista. La **playa de Herring Cove** es ideal para bañarse y contemplar la puesta de sol. Hay 13 km de **carriles-bici asfaltados** entre bosques y dunas que conducen a ambas playas. Más información y circuitos en la **oficina de turismo de Province Lands** (www. nps.gov/caco; Race Point Rd; automóvil/bicicleta/ peatón 15/3/3 US$; ⊙9.00-17.00; P) ✎.

★ Provincetown Art Association & Museum   MUSEO
(PAAM; www.paam.org; 460 Commercial St; adultos/niños 10 US$/gratis; ⊙11.00-20.00 lu-ju, hasta 22.00 vi, hasta 17.00 sa y do) Un interesante museo, fundado en 1914 por la próspera comunidad artística del pueblo. Se puede ver la obra de pintores que encontraron su inspiración en Provincetown, como Edward Hopper, que tenía casa y galería en las dunas de Truro.

Pilgrim Monument & Provincetown Museum   MUSEO
(www.pilgrim-monument.org; High Pole Rd; adultos/niños 12/4 US$; ⊙9.00-17.00 abr-nov, hasta 19.00 jul y ago) La estructura de granito más alta de todo EE UU (77 m) ofrece amplias vistas del pueblo y la costa. En la base de la torre, construida en 1910, hay un museo muy evocador que ilustra la llegada de los padres peregrinos en el *Mayflower* y otros aspectos de la historia de Provincetown.

Whydah Pirate Museum   MUSEO
(www.whydah.com; MacMillan Wharf; adultos/niños 10/8 US$; ⊙10.00-17.00 may-oct) Museo que contiene el botín recuperado de un barco pirata que se hundió cerca del cabo Cod en 1717.

East End Gallery District   GALERÍAS
(Commercial St) Si se tiene en cuenta todos los artistas que han trabajado aquí, no es de extrañar que Provincetown tenga algunas de las mejores galerías de arte de la región. La mayoría se concentran en el extremo este de Commercial St. Se puede empezar en el PAAM y seguir hacia el suroeste.

★ Dolphin Fleet Whale Watch   OBSERVACIÓN DE BALLENAS
(☎800-826-9300; www.whalewatch.com; MacMillan Wharf; adultos/niños 46/31 US$; ⊙abr-oct;

🚗) ✎ Provincetown es el punto de partida ideal para ver ballenas, ya que es el puerto más cercano al Stellwagen Bank National Marine Sanctuary, donde en verano se alimentan las ballenas jorobadas. Esta flota ofrece 12 salidas al día para verlas. A las ballenas jorobadas les gusta mucho hacer acrobacias y se acercan sorprendentemente a los barcos, brindando momentos muy fotogénicos.

★ Fiestas y celebraciones

Provincetown Carnival   CARNAVAL
(www.ptown.org/carnival; ⊙3ª semana ago) Mardi Gras, *drag queens,* carrozas con flores... La mayor fiesta gay del pueblo atrae a miles de juerguistas.

🛏 Dónde dormir

En Provincetown hay unas 100 casas de huéspedes y ni un solo hotel de cadena. En verano se recomienda reservar, especialmente los fines de semana. Si se llega sin reserva, la cámara de comercio tiene información sobre habitaciones disponibles.

Dunes' Edge Campground   CAMPING $
(☎508-487-9815; www.dunesedge.com; 386 US 6; tienda/parcelas 49/61 US$; ⊙med may-med oct) Ideal para familias. Para acampar en las dunas.

Moffett House   PENSIÓN $$
(☎508-487-6615; www.moffetthouse.com; 296a Commercial St; d sin baño 75-164 US$, d con baño 115-185 US$; ❄🛜🐾) Una pensión en un callejón muy tranquilo con bicicletas gratuitas. Las habitaciones son algo básicas, pero ofrece derecho a cocina y es un buen lugar para conocer a otros viajeros.

Captain's House   B&B $$
(☎508-487-9353; www.captainshouseptown.com; 350A Commercial St; h sin baño 100-175 US$, h con baño 210 US$; P❄🛜) Este B&B pequeño y encantador fue en su día la casa de un capitán. Es una opción asequible en el corazón del pueblo. Las habitaciones son pequeñas pero acogedoras y confortables. Los anfitriones, Peter y Mauricio, son igual de encantadores. El desayuno incluye el delicioso *muesli* que prepara Mauricio.

★ Carpe Diem   HOTEL-BOUTIQUE $$$
(☎508-487-4242; www.carpediemguesthouse. com; 12 Johnson St; h 279-469 US$, desayuno incl.; ❄@🛜) Un hotel sofisticado a la vez que relajado, con una mezcla reconfortante de Budas sonrientes, aromas de orquídea y decoración artística. Cada una de las habitaciones está

inspirada en un genio literario gay distinto; la que está dedicada al poeta Raj Rao, por ejemplo, tiene unos suntuosos bordados y muebles indios tallados a mano. El balneario incluye sauna finlandesa, *jacuzzi* y masajes.

Revere Guesthouse B&B $$$
(☑508-487-2292; www.reverehouse.com; 14 Court St; h 169-359 US$, desayuno incl.; 🅿🔊) Habitaciones con gusto, delicias recién horneadas para desayunar y pequeños toques acogedores para sentirse como en casa. Está en un lugar muy tranquilo, a pocos minutos de toda la acción.

 Dónde comer

Cafe Heaven CAFÉ $
(☑508-487-9639; 199 Commercial St; principales 7-12 US$; ⊙8.00-22.00; 🍴) Una cafetería pequeña, luminosa y ventilada, llena de arte y de clientes. Es un lugar económico para comer. Ofrece un menú cambiante que puede incluir cruasanes tostados y ensaladas sanísimas. No hay que desanimarse por las colas; las mesas se vacían rápidamente.

★ **Mews Restaurant & Cafe** ESTADOUNIDENSE MODERNA $$$
(☑508-487-1500; www.mews.com; 429 Commercial St; principales bistró 13-22 US$, restaurante 27-31 US$; ⊙17.30-22.00) Gastronomía *gourmet* en un restaurante excelente, aunque un poco caro. El bar de arriba tiene vistas fabulosas, martinis fantásticos y comida exquisita.

Lobster Pot PESCADO $$$
(☑508-487-0842; www.ptownlobsterpot.com; 321 Commercial St; principales 22-37 US$; ⊙11.30-21.00) Concurrido local ideal para comer langosta. Eso sí, el servicio puede ser muy

---

INDISPENSABLE

CERVEZA DE NANTUCKET

Se puede disfrutar de una pinta lupulosa de Whale's Tale Pale en Cisco Brewers (☑508-325-5929; www.cisco brewers.com; 5 Bartlett Farm Rd; circuitos 20 US$; ⊙10.00-19.00 lu-sa y 12.00-18.00 do, circuitos 13.00 y 16.00 diario), la fábrica de cerveza más agradable que se pueda imaginar. Organizan visitas guiadas y hay varios escenarios donde se celebran conciertos de banyo a última hora de la tarde. En temporada, tiene un autobús gratuito desde el centro de visitantes.

---

lento. Lo mejor para evitar aglomeraciones es llegar a media tarde.

 Dónde beber

Aqua Bar BAR
(207 Commercial St; ⊙10.00-1.00) Una zona de restauración con opciones como barra de moluscos crudos, *sushi*, helado italiano y otras delicias internacionales, con un bar muy completo con camareros generosos. Por si fuera poco, tiene una ubicación increíble junto al mar, delante de una pequeña playa y un bonito puerto. Solo falta imaginarlo al ponerse el sol.

Ross' Grill BAR
(www.rossgrille.com; 237 Commercial St; ⊙11.30-22.00) Si se busca un local romántico para tomar algo viendo el mar, el bar de este elegante bistró es el lugar adecuado. La comida tiene muy buenas críticas.

Harbor Lounge COCTELERÍA
(www.theharborlounge.com; 359 Commercial St; ⊙12.00-22.00) Esta coctelería sabe aprovechar muy bien su ubicación junto al mar, con grandes ventanales y una pasarela que se adentra en la playa. La decoración se limita a mesas iluminadas con velas y sofás de piel negra. Los cócteles son sorprendentemente accesibles y hay una amplia oferta de combinados a base de martini.

🛈 **Información**

Provincetown Business Guild (www.ptown. org) Orientado a la comunidad gay.

Cámara de comercio de Provincetown (www. ptownchamber.com; 307 Commercial St; ⊙9.00-18.00) La práctica cámara de comercio está en el muelle de MacMillan, donde atracan los ferris.

Provincetown on the Web (www.provincetown. com) Web informativa sobre toda la actividad de ocio.

Wired Puppy (www.wiredpuppy.com; 379 Commercial St; ⊙6.30-22.00; 🔊) Conexión a internet en sus ordenadores por el precio de un café.

🛈 **Cómo llegar y salir**

Los autobuses de **Plymouth & Brockton** (www.p-b.com) conectan Provincetown y Boston (31 US$, 3½ h) y otras poblaciones del cabo. De mediados de mayo a mediados de octubre, **Bay State Cruise Company** (☑877-783-3779; www. boston-ptown.com; 200 Seaport Blvd, Boston; ⊙med may-med oct) tiene un ferri (ida y vuelta 88 US$, 1½ h) entre el muelle de MacMillan y el del World Trade Center de Boston. De finales de junio a principios de septiembre, **Plymouth-to-Provincetown Express Ferry** (www.p-townfe rry.com; State Pier, 77 Water St) hace esa ruta dos veces al día (ida y vuelta 45 US$, 1½ h).

Nantucket Island

La isla de Nantucket es Nueva Inglaterra en estado puro: rosaledas, calles empedradas y encanto fotogénico. El único pueblo es el homónimo Nantucket, donde en su día se encontraba la mayor flota ballenera del mundo. El pueblo está declarado un Lugar Histórico Nacional, con sus calles frondosas llenas de preciosas casas y edificios de época. En la adoquinada Main St hay una hilera de suntuosas mansiones de la era ballenera. Si se necesita información, cerca del muelle de ferris hay un **centro de visitantes** (☏508-228-0925; www.nantucket-ma.gov; 25 Federal St; ☺9.00-17.00).

⊙ Puntos de interés y actividades

★**Nantucket Whaling Museum**   MUSEO
(13 Broad St; adultos/niños 20/5 US$; ☺10.00-17.00 med may-oct, 11.00-16.00 nov-med may) Una antigua fábrica de velas de esperma de ballena alberga este evocador museo, que revive el punto álgido de Nantucket como centro ballenero mundial (s. XIX). Se puede ver un esqueleto de cachalote de 14 m, una barca ballenera y todo tipo de objetos relacionados con la pesca de ballenas,

Playas
En la propia ciudad, la **playa de los Niños (Children's Beach)** tiene someras aguas y un parque infantil. Para algo más salvaje y desierto, se puede pedalear o tomar el autobús hasta la **playa de Surfside**, 3 km al sur. La mejor para ver la puesta de sol es la **playa de Madaket**, 9 km al oeste de la ciudad.

Ciclismo
La bicicleta es el medio ideal para explorar la isla. Hay carriles-bici que conectan Nantucket con las playas principales y con Madaket y Siasconset. La distancia máxima es de 13 km. Se pueden alquilar bicicletas cerca del muelle de Steamboat.

🛏 Dónde dormir

HI Nantucket   ALBERGUE $
(Star of the Sea; ☏508-228-0433; hiusa.org; 31 Western Ave; dc 42-45 US$; ☺med may-med sep; ▣) Este puesto de salvamento de 1873 se

ha convertido en un hotel con mucho estilo y una ubicación inmejorable cerca de la playa de Surfside. Desayuno incluido.

Barnacle Inn   B&B $$
(☏508-228-0332; www.thebarnacleinn.com; 11 Fair St; h sin/con baño desde 115/125 US$; ▣▨) Propietarios campechanos y alojamiento sencillo y bello que recuerda tiempos pasados. Las habitaciones de esta posada de finales del s. XIX ofrecen una excelente relación calidad-precio. Desayuno incluido.

🍴 Dónde comer

Downyflake   CAFETERÍA, PANADERÍA $
(☏508-228-4533; www.thedownyflake.com; 18 Sparks Ave; principales 5-10 US$; ☺18.00-14.00 lu-sa, hasta 13.00 do) Aquí venden rosquillas de calidad de las de toda la vida. Solo tienen tres variedades: normales, con azúcar y de chocolate. También tiene una cafetería con deliciosas creps de arándanos para desayunar y hamburguesas y sándwiches para comer.

Black-Eyed Susan's   CAFÉ $$
(☏508-325-0308; www.black-eyedsusans.com; 10 India St; principales desayuno 8-12 US$, cena 24-26 US$; ☺7.00-13.00 diarios, 18.00-22.00 lu-sa; ▨) No aceptan reservas ni tarjeta de crédito y no sirven alcohol (aunque se puede llevar), pero los isleños hacen cola en la puerta para conseguir una de las 12 mesas de esta discreta joya. Ofrece nueva gastronomía estadounidense en estado puro, con creativas y deliciosas creaciones.

Club Car   AMERICANA, PESCADO $$
(☏508-228-1101; www.theclubcar.com; 1 Main St; principales 12-30 US$; ☺11.30-1.00) Este vagón de ferrocarril reconvertido es un vestigio de un tren que se hundió en las arenas de Nantucket. Es un local animado con música de piano y una comida buenísima, que incluye un excelente bocadillo de langosta.

ℹ Cómo llegar y desplazarse

AVIÓN
Cape Air (www.flycapeair.com) vuela desde Boston, Hyannis y Martha's Vineyard al aeropuerto de Nantucket Memorial (ACK).

BARCO
La **Steamship Authority** (☏508-477-8600; www.steamshipauthority.com) tiene ferris durante todo el día entre Hyannis y Nantucket. El ferri rápido (ida y vuelta adultos/niños 69/35 US$) tarda 1 h; el lento (ida y vuelta adultos/niños 37/19 US$), 2¼ h. También desde Hyannis,

Hy-Line Cruises ([☎]508-778-2600, 888-492-8082; www.hylinecruises.com; Ocean St Dock) fleta un ferri de alta velocidad (adultos/niños 77/51 US$, 1 h, 5-6 diarios) y uno lento (45 US$/gratis, 2 h, 2 diarios).

AUTOBÚS

Moverse por Nantucket es muy fácil. **NRTA Wave** (www.nrtawave.com; viajes 1-2 US$, pase diario 7 US$; [⊙]fin may-sep) tiene autobuses por la ciudad y hasta Siasconset, Madaket y las playas. Tienen soportes para bicicletas, de modo que se puede ir en autobús y volver en bicicleta, o al contrario.

Martha's Vineyard

Una isla de gran belleza que atrae a visitantes que acuden a pasar el día, a famosos que tienen su segunda residencia aquí y a urbanitas en busca de tranquilidad. La isla ha logrado mantenerse un poco apartada del desarrollo desenfrenado del continente; aún se encuentran pensiones acogedoras, restaurantes pequeños, granjas y playas sensacionales.

Vineyard Haven es el núcleo comercial de la isla. Casi todos los ferris llegan a Oak Bluffs, el centro de diversión veraniega. Edgartown posee una rica historia marítima y un aire más aristócrata.

⊙ Puntos de interés y actividades

Campgrounds & Tabernacle   ENCLAVE HISTÓRICO

(Oak Bluffs) El pueblo de Oak Bluffs se creó a mediados del s. XIX como retiro de verano de la Iglesia evangelista, para que los píos creyentes disfrutaran de un día de playa después de misa. Construyeron unas 300 casas de colores brillantes, decoradas con curiosos elementos de madera tallada. Estas casas, conocidas como The Campgrounds, rodean el Trinity Park y el tabernáculo al aire libre (1879), donde se celebran conciertos y festivales.

Para ver una de ellas por dentro se puede ir al **Cottage Museum** (www.mvcma.org; 1 Trinity Park; adultos/niños 2/0,50 US$; [⊙]10.00-16.00 lu-sa y 13.00 -16.00 do may-sep), dedicado a la historia de la Camp Meeting Association.

Flying Horses Carousel   ENCLAVE HISTÓRICO

(www.mvpreservation.org; 15 Lake Ave, Oak Bluffs; paseos 2,50 US$; [⊙]10.00-22.00; [♿]) El carrusel más antiguo del país lleva desde 1876 cautivando a los niños de todas las edades. El viajero podrá darse una vuelta y contemplar los caballos de época, con crines de verdad.

Si se miran sus ojos de cristal, se verá que dentro hay pequeños animales de plata.

Playa de Katama   PLAYA

(Katama Rd; [♿]) La magnífica playa de Katama, con una extensión de casi 5 km, es la mejor de toda la isla. Se encuentra 6,5 km al sur del centro de Edgartown, y se la conoce también como playa Sur (South Beach). En el lado del océano se puede hacer surf con olas muy fuertes, mientras que para nadar son preferibles los estanques salados del interior.

Ciclismo

Un carril-bici panorámico por la costa conecta Oak Bluffs, Vineyard Haven y Edgartown. Casi todo es llano, así que es ideal para pedalear en familia. Se pueden alquilar bicicletas en **Anderson's Bike Rental** ([☎]508-693-9346; www.andersonsbikerentals.com; 1 Circuit Ave Extension; bicicletas por día adultos/niños 20/15 US$; [⊙]9.00-18.00), cerca de la terminal de ferris.

🛏 Dónde dormir

HI Martha's Vineyard   ALBERGUE $

([☎]508-693-2665; http://hiusa.org; 525 Edgartown-West Tisbury Rd; dc 35-39 US$; d/c 99/135 US$; [⊙]med may-med oct; [@][🛜]) Hay que reservar para conseguir cama en este popular albergue en el centro de la isla. Tiene todo lo que puede esperar: una buena cocina, alquiler de bicicletas y horarios sin toque de queda. Se encuentra 1,5 km al este del pueblo de West Tisbury; se puede ir en el autobús nº 3 desde Vineyard Haven.

Nashua House   PENSIÓN $$

([☎]508-693-0043; www.nashuahouse.com; 30 Kennebec Ave, Oak Bluffs; h sin/con baño desde 99/129 US$; [❄][🛜]) Pensión con habitaciones impolutas, confortables y acogedoras, aunque casi todas con baño compartido. No hay desayuno, pero sí café y tentempiés todo el día. El personal es muy solícito.

En la misma avenida hay una pensión hermana, de categoría ligeramente superior, la **Madison Inn** ([☎]508-693-2760; www.madisoninnmv.com; 18 Kennebec Ave; h desde 169 US$, desayuno incl.; [❄][🛜]).

Narragansett House   B&B $$

([☎]508-693-3627; www.narragansetthouse.com; 46 Narragansett Ave, Oak Bluffs; d 150-235 US$; [❄][🛜]) Un B&B repartido en dos casas victorianas con elementos ornamentales de madera en una tranquila calle residencial, a un paseo del centro. El amplio porche y los jardines son ideales para disfrutar del desayuno gratuito.

UP-ISLAND

La rural mitad occidental de Martha's Vineyard, conocida como **Up-Island**, es un mosaico de colinas ondulantes, pequeñas granjas y campos frecuentados por ciervos y pavos salvajes. Al viajero le espera un festín visual y gastronómico en el pintoresco pueblo pesquero de **Menemsha**, lleno de puestos de pescado donde las barcas de pesca descargan sus tesoros. Desde un banco del puerto, se puede ver cómo abren las ostras y preparan las langostas al vapor.

Los **acantilados de Aquinnah**, también conocidos como **acantilados de Gay Head**, son un hito natural. Al atardecer, estos riscos de 45 m de alto se iluminan con una gama fantástica de colores. Debajo está la **playa de Aquinnah** (aparcamiento 15 US$), con una zona nudista 1,5 km al norte.

Buena parte de la región está protegida de una forma u otra. En el **Cedar Tree Neck Sanctuary** (www.sheriffsmeadow.org; Indian Hill Rd, off State Rd; ⊗8.30-17.30) GRATIS hay un atractivo sendero de 4 km por lodazales y bosques hasta un acantilado con vistas del cabo Cod. El **Felix Neck Wildlife Sanctuary** (www.massaudubon.org; Edgartown-Vineyard Haven Rd; adultos/niños 4/3 US$; ⊗amanecer-anochecer; ⚑) es un paraíso para ornitólogos, con 6,5 km de senderos por pantanos y estanques.

Edgartown Inn PENSIÓN $$$
(☎508-627-4794; www.edgartowninn.com; 56 N Water St, Edgartown; h 200-325 US$; ❄🐾) Una casa señorial construida en 1798 para un capitán de barco, que más tarde se convirtió en pensión. Aquí se alojaron personalidades como Nathaniel Hawthorne o Daniel Webster. Actualmente es una pensión preciosa, relativamente asequible con complementos de época y encanto antiguo.

✕ Dónde comer

⭐ **Art Cliff Diner** CAFÉ $
(☎508-693-1224; 39 Beach Rd, Vineyard Haven; principales 8-16 US$; ⊗7.00-14.00 ju-ma) 🍴 Este es el mejor lugar para desayunar y comer. La propietaria es la chef Gina Stanley, que da un toque aromático a todas sus creaciones, desde la tostada francesa con almendras incrustadas a los tacos de pescado fresco. La cocina es moderna, pero el *diner* en sí es totalmente *retro*.

MV Bakery PANADERÍA $
(☎508-693-3688; www.mvbakery.com; 5 Post Office Sq, Oak Bluffs; productos horneados 1-3 US$; ⊗7.00-17.00) Durante todo el día sirven café barato, frituras de manzana y *cannoli*, y de 21.00 a 24.00, rosquillas calientes recién hechas.

Among the Flowers Café CAFÉ $$
(☎508-627-3233; www.amongtheflowersmv.com; 17 Mayhew Lane, Edgartown; principales 8-20 US$; ⊗ 8.00-22.00; 🐾) Un local fantástico escondido entre las flores en un patio ajardinado, junto a la avenida principal. Es un lugar adorable para gozar de buena comida, aunque la sirvan en platos de cartón. Para desayunar sirve

deliciosos rollos de canela, gofres y tortillas. El almuerzo también es recomendable, especialmente el bocadillo de langosta.

Slice of Life CAFÉ $$
(☎508-693-3838; www.sliceoflifemv.com; 50 Circuit Ave, Oak Bluffs; principales 8-24 US$; ⊗8.00-21.00; 🐾) Aspecto informal, comida *gourmet*. En el desayuno hay buen café, tortillas de champiñones y creps de patata. Para cenar, mucha gente pide el bacalao asado con tomates secos. Y a la hora del postre sirven una crema quemada y unas tartas de limón insuperables.

🍺 Dónde beber y vida nocturna

Offshore Ale Co CERVECERÍA
(www.offshoreale.com; 30 Kennebec Ave, Oak Bluffs; ⊗11.30-22.00) Ofrece media docena de cervezas distintas, entre ellas la galardonada Beach Road Nut Brown Ale, además de platos de temporada con ingredientes de la isla, como arándanos o calabaza.

Lampost DISCOTECA
(www.lampostmv.com; 6 Circuit Ave, Oak Bluffs; ⊗ 16.00-1.00) Este bar y club nocturno es el mejor lugar de la isla para bailar. El **Dive Bar** (www.divebarmv.com; 6 Circuit Ave; ⊗12.00-1.30 jun-sep), abajo, tiene 100 marcas de cerveza.

☆ Ocio

⭐ **Flatbread Company** MÚSICA EN DIRECTO
(www.flatbreadcompany.com; 17 Airport Rd; ⊗16.00-fin may-sep) Antiguamente, aquí se encontraba el legendario club Hot Tin Roof de Carly Simon. El Flatbread continúa con la tradición,

INDISPENSABLE

'DINERS' DE WORCESTER

La segunda ciudad más grande del estado es responsable de uno de los iconos nacionales: el *diner*. En esta ciudad venida a menos se encuentran docenas de ellos escondidos detrás de los almacenes, debajo de viejos puentes del ferrocarril o cerca de los bares más recónditos. **Miss Worcester Diner** (☎508-753-5600; 300 Southbridge St; principales 6-10 US$; ☺5.00-14.00 lu-vi, 6.00-14.00 sa y do) es un clásico del género. Fue construido en 1948 como *diner* de muestra de la Worcester Lunch Car Company, que produjo 650 *diners* en su factoría del otro lado de la calle. Hay Harleys aparcadas en la acera y recuerdos de los Red Sox en las paredes. Platos tan seductores como tostadas francesas con pan de plátano compiten con el menú habitual a base de perritos calientes con chile o panecillos con salsa de carne. Es 100% estadounidense.

con los mejores conciertos de la isla. Además, sirven unas *pizzas* ecológicas deliciosas. Está al lado del aeropuerto.

❶ Cómo llegar y desplazarse

BARCO

Hay ferris frecuentes de la Steamship Authority (p. 197) de Woods Hole a Vineyard Haven y Oak Bluffs (ida y vuelta 17 US$, 45 min). Si se va en coche hay que reservar.

Desde el puerto de Falmouth, el ferri de pasajeros **'Island Queen'** (☎508-548-4800; www.islandqueen.com; 75 Falmouth Heights Rd) va a Oak Bluffs varias veces al día en verano (ida y vuelta 20 US$, 40 min).

Desde Hyannis, **Hy-Line Cruises** (☎508-778-2600; www.hylinecruises.com; Ocean St Dock) tiene un ferri lento (45 US$, 1½ h, cada día) y uno de alta velocidad (72 US$, 55 min, varios al día) a Oak Bluffs.

AUTOBÚS

Martha's Vineyard Regional Transit Authority (www.vineyardtransit.com; por viaje 2,50 US$, abono diario 7 US$) tiene un red de autobuses por la isla. El nº 13 circula con frecuencia entre las tres poblaciones principales. Hay otros a destinos más apartados.

Centro de Massachusetts

La franja central de Massachusetts, entre Boston y los elegantes Berkshires, ofrece un panorama menos turístico, pero también tiene sus puntos de interés gracias a las universidades, que insuflan un espíritu joven a toda la región.

El **Central Massachusetts Convention & Visitors Bureau** (☎508-755-7400; www.centralmass.org; 91 Prescott St, Worcester; ☺9.00-17.00 lu-vi) y el **Greater Springfield Convention & Visitors Bureau** (☎413-787-1548; www.valleyvisitor.com; 1441 Main St, Springfield; ☺8.30-17.00 lu-vi) proporcionan información regional para visitantes.

Springfield

En Springfield nacieron dos iconos culturales estadounidenses. Ambos han quedado inmortalizados en su lugar natal.

★**Naismith Memorial Basketball Hall of Fame**   MUSEO
(www.hoophall.com; 1000 W Columbus Ave; adultos/niños 22/15 US$; ☺10.00-17.00; ⓟ💺) Los amantes del baloncesto disfrutarán encestando, sintiendo la emoción de la cancha y aprendiendo sobre la historia y las grandes estrellas del deporte.

Dr. Seuss National Memorial Sculpture Garden   PARQUE
(www.catinthehat.org; 21 Edwards St; ☺amanecer-anochecer; 💺) GRATIS Esculturas de tamaño real contemplan a las transeúntes, con personajes como "El gato en el sombrero". Bienvenidos al universo de Theodor Seuss Geisel, hijo predilecto de Springfield.

Northampton

La mejor gastronomía, vida nocturna y animación urbana de la región se encuentra en esta moderna ciudad, conocida por su política y su abierta comunidad lesbiana. El centro es ecléctico, se puede explorar fácilmente a pie y está repleto de cafeterías, tiendas originales y galerías de arte. Se puede conseguir información en la **cámara de comercio del área metropolitana de Northampton** (☎413-584-1900; www.explorenorthampton.com; 99 Pleasant St; ☺9.00-17.00 lu-vi todo el año, 10.00-14.00 sa y do may-oct).

⊙ Puntos de interés

Smith College CAMPUS UNIVERSITARIO
(www.smith.edu; Elm St; P) Fundada en 1875 para la educación de "damas inteligentes"', el Smith College es una de las universidades para mujeres más grandes del país, con 2600 estudiantes. Las 50 Ha del campus contienen una mezcla arquitectónica ecléctica de casi 100 edificios, además de un bonito estanque.

Smith College Museum of Art MUSEO
(www.smith.edu/artmuseum; Elm St at Bedford Tce; adultos/niños 5/2 US$; ☺10.00-16.00 ma-sa, 12.00-16.00 do; P) El magnífico museo del campus contiene una colección de 25 000 obras, especialmente pinturas holandesas del s. XVII y arte europeo y norteamericano de los ss. XIX-XX, con obras de Degas, Winslow Homer, Picasso y James Abbott McNeill Whistler.

🛏 Dónde dormir

Autumn Inn MOTEL $$
(☏413-584-7660; www.hampshirehospitality.com; 259 Elm St/MA 9; h 119-179 US$, desayuno incl.; P@🛜⊠) Alojamiento de dos plantas cerca del campus, con ambiente agradable y habitaciones grandes y confortables.

Hotel Northampton HOTEL HISTÓRICO $$
(☏413-584-3100; www.hotelnorthampton.com; 36 King St; h 185-275 US$; P🛜) Este hotel de centro es el mejor alojamiento de Northampton desde 1927, con 100 habitaciones bien equipadas y decoración de época.

🍴 Dónde comer

Haymarket Café CAFÉ $
(☏413-586-9969; www.haymarketcafe.com; 185 Main St; productos 5-10 US$; ☺7.00-22.00; 🛜✍) El local más bohemio de Northampton (y uno de los más veteranos) es ideal para amantes de la cafeína. Sirven un *espresso* potente, zumos frescos y un extenso menú vegetariano.

Paul & Elizabeth's PESCADO $$
(☏413-584-4832; www.paulandelizabeths.com; 150 Main St; principales 13-17 US$; ☺11.30-21.15; 🛜✍🍴) ✐ Restaurante espacioso adornado con plantas, conocido localmente como P&E's y ubicado en la planta superior del Thornes Marketplace. Es el mejor de comida natural de la ciudad. Sirven deliciosos platos vegetarianos y de pescado, a menudo con un toque asiático.

Bela VEGETARIANA $$
(☏413-586-8011; www.belaveg.com; 68 Masonic St; principales 9-13 US$; ☺12.00-20.30 ma-sa; ✍🍴) ✐ Un acogedor restaurante vegetariano que

da mucha importancia a los ingredientes frescos. La carta, escrita en la pizarra, cambia a diario en función de lo que se encuentra en los mercados de granjeros locales. Solo efectivo.

🍺 Dónde beber y ocio

Para ser una ciudad tan pequeña, Northampton tiene una buena programación de conciertos de *indie*, folk y *jazz*, usualmente en el restaurado **Calvin Theatre** (☏413-586-8686; www.iheg.com; 19 King St) o en espacios más pequeños.

Northampton Brewery CERVECERÍA
(www.northamptonbrewery.com; 11 Brewster Ct; ☺11.30-1.00; 🛜🍴) ✐ La cervecería más veterana de Nueva Inglaterra recibe a mucha gente en verano, gracias a su espaciosa terraza exterior y a sus bebidas deliciosas.

Diva's LÉSBICO
(www.divasofnoho.com; 492 Pleasant St; ☺22.00-2.00 ma-sa) El principal club homosexual de la ciudad ofrece noches de baile, espectáculos de *drag queens,* noches latinas y otros acontecimientos semanales, a cual más vivaz. Se encuentra 1,5 km al sur de la intersección principal de la Rte 5.

Amherst

Esta ciudad universitaria cercana a Northampton se extiende alrededor de la enorme **Universidad de Massachusetts** (UMass; www.umass.edu) y de otras dos instituciones universitarias más pequeñas; el liberal **Hampshire College** (www.hampshire.edu) y el prestigioso **Amherst College** (www.amherst. edu). En secretaría pueden informar sobre visitas al campus y acontecimientos. Amherst es también un centro literario gracias a sus dos famosos museos.

Emily Dickinson Museum MUSEO
(www.emilydickinsonmuseum.org; 280 Main St; adultos/niños 10/5 US$; ☺11.00-16.00 mi-lu mar-dic) Aquí vivió toda su vida la poeta Emily Dickinson (1830-1886), también conocida como la "Bella de Amherst". Sus versos de amor, naturaleza e inmortalidad la convirtieron en una de las poetas más importantes del país. Hay visitas cada 30 min.

**Eric Carle Museum
of Picture Book Art** MUSEO
(www.carlemuseum.org; 125 W Bay Rd; adultos/niños 9/6 US$; ☺10.00-16.00 ma-vi, hasta 17.00 sa, 12.00-17.00 do; 🍴) Un museo fantástico, cofundado

HANCOCK SHAKER VILLAGE

La **Hancock Shaker Village** (www.
hancockshakervillage.org; US 20; adultos/
jóvenes/niños 20/8 US$/gratis; ◷10.00-
17.00 med abr-oct; 🎡) es un museo fascinante al oeste de la ciudad de Pittsfield,
que ilustra las vidas de los shakers, la
secta religiosa que fundó el pueblo en
1783. Escisión de los cuáqueros, los
shakers creían en la propiedad comunal, en la santidad del trabajo y en el
celibato. Esto último acabó siendo su
perdición. Su artesanía, atractiva por su
sencillez, se puede ver en esta villa, incluidos muebles en los 20 edificios que
la integran, el más famoso de los cuales
es un granero redondo de madera.

por el escritor e ilustrador de *La pequeña
oruga glotona* y dedicado a libros ilustrados
de todo el mundo. Los visitantes (adultos incluidos) pueden expresar su creatividad en el
estudio de arte.

Los Berkshires

Estas serenas colinas verdes acogen pueblos
tranquilos y abundantes atractivos culturales. Durante más de un siglo, los Berkshires
han sido un lugar de retiro de bostonianos
y neoyorquinos pudientes. Y no solo se trata de los Rockefeller; la sinfónica de Boston
al completa pasa aquí los veranos. Se puede
conseguir información sobre toda la región
en el **Berkshire Visitors Bureau** (📞413-743-
4500; www.berkshires.org; 66 Allen St, Pittsfield; ◷
10.00-17.00).

Great Barrington

Diners y ferreterías han dejado paso a galerías de arte, *boutiques* urbanas y restaurantes. El pintoresco río Housatonic atraviesa el
centro de Great Barrington y el **River Walk**
(www.gbriverwalk.org) es ideal para dar un paseo
y admirarlo. Se puede acceder a este camino
desde Main St (detrás de Rite-Aid) o desde
Bridge St. En la intersección de Main St y
Railroad St, se encontrará una atractiva mezcla de galerías y restaurantes.

Gypsy Joynt   CAFÉ **$$**
(📞413-644-8811; www.gypsyjoyntcafe.net; 293 Main
St; principales 10-15 US$; ◷11.00-24.00 mi-sa, has-
ta 21.00 do, hasta 16.00 lu; 🛜🅿) Una cafetería

familiar, que después de tres generaciones
siguen sirviendo *pizzas* innovadoras, sánd-
wiches de carne y ensaladas generosas. Casi
todos los ingredientes son ecológicos y loca-
les. Además, hay buen café, música en directo
y atmósfera bohemia.

Baba Louie's   PIZZERÍA **$$**
(📞413-528-8100; www.babalouiespizza.com; 286
Main St; *pizzas* 12-18 US$; ◷11.30-21.30; 🛜🅿)
Establecimiento conocido por sus *pizzas* al
horno de leña, sus masas ecológicas de masa
fermentada y sus clientes gente con rastas.
Hay *pizzas* para todos los gustos, con opciones *veganas* y sin gluten.

Barrington Brewery   CERVECERÍA
(www.barringtonbrewery.net; 420 Stockbridge Rd;
principales 8-20 US$; ◷11.30-21.30; 🛜) 🍃 Una
cervecería que funciona con energía solar y
terraza las noches de verano. Se encuentra
3,2 km al norte del centro, en la carretera de
Stockbridge.

Stockbridge

Esta población atemporal de Nueva Inglaterra, donde ni siquiera hay un semáforo, parece sacada de un cuadro de Norman Rockwell.
Y no es ninguna coincidencia, pues Rockwell
(1894-1978), el ilustrador más popular del
país, residió en Main St y se inspiró en el pueblo y sus habitantes. Se puede ver de cerca
su arte, además del estudio donde trabajaba,
en el evocador **Norman Rockwell Museum**
(📞413-298-4100; www.nrm.org; 9 Glendale Rd/MA
183; adultos/niños 18/6 US$; ◷10.00-17.00).

Lenox

Este refinado pueblo es el corazón cultural de
los Berkshires, gracias al **Tanglewood Music
Festival** (📞888-266-1200; www.tanglewood.org;
297 West St/MA 183, Lenox; ◷fin jun-ppios sep),
uno de los mejores festivales musicales al
aire libre de todo el país, con actuaciones de
la Orquesta Sinfónica de Boston y artistas
invitados como James Taylor o Yo-Yo Ma. Solo
hay que comprar un *lawn ticket* (entrada de
césped), extender una manta, descorchar una
botella de vino y disfrutar de una experiencia típica de los Berkshires. Otros acontecimientos culturales son el **Shakespeare &
Company** (📞413-637-1199; www.shakespeare.
org; 70 Kemble St; ◷fin jun-ppios sep) y el célebre
Jacob's Pillow Dance Festival (📞413-243-
0745; www.jacobspillow.org; 358 George Carter Rd,
Becket; ◷med jun-ago).

🛏 Dónde dormir

Cornell in Lenox B&B **$$**
(☎413-637-4800; www.cornellbb.com; 203 Main St; h desde 149 US$, desayuno incl.; @🖥) Tres casas antiguas en una finca de 1,6 Ha. Ofrecen una amplia variedad de habitaciones confortables y un servicio muy solícito.

Birchwood Inn PENSIÓN **$$$**
(☎413-637-2600; www.birchwood-inn.com; 7 Hubbard St; h 249-379 US$, desayuno incl.; ❄🖥🐾) La casa más antigua de Lenox (1767) ofrece magníficas habitaciones de época, desayunos exquisitos y mucha hospitalidad.

🍴 Dónde comer

Haven Cafe & Bakery CAFÉ **$**
(☎413-637-8948; www.havencafebakery.com; 8 Franklin St; principales 8-15 US$; 🕗7.30-15.00; 🖥🍴) Parece una cafetería, pero su sofisticada comida evoca una experiencia de más categoría. Se recomiendan las combinaciones creativas de huevo para desayunar o las ensaladas y los sándwiches para comer, todo con ingredientes ecológicos locales.

★Nudel ESTADOUNIDENSE **$$$**
(☎413-551-7183; www.nudelrestaurant.com; 37 Church St; principales 22-26 US$; 🕗5.30-21.30 ma-do) Uno de los pilares del movimiento de gastronomía sostenible de la zona. Todo lo que aparece en su carta es de temporada y de origen local. Los sabores son increíbles. No aceptan reservas, así que hay que llegar temprano para evitar colas.

Williamstown

Un precioso pueblo universitario rodeado por las colinas ondulantes del condado de Berkshire. Es como una postal típica de Nueva Inglaterra alrededor del campus arbolado del **Williams College** (www.williams.edu), con dos magníficos museos de arte a ambos extremos del pueblo. En verano, el **Williamstown Theatre Festival** (☎413-597-3400; www.wtfestival.org; 🎭) programa obras clásicas y contemporáneas de dramaturgos emergentes, con la presencia de actores conocidos.

⊙ Puntos de interés

★Clark Art Institute MUSEO
(www.clarkart.edu; 225 South St, Williamstown; adultos/niños 20 US$/gratis; 🕗10.00-17.00 ma-do) El museo de arte de Sterling y Francine Clark es una pequeña joya, rodeada de 57 Ha de terreno. En la colección destaca la presencia de los impresionistas franceses,

MERECE LA PENA

RUTA PANORÁMICA

Para ver los mejores paisajes otoñales de Massachusetts hay que ir de Greenfield a Williamstown por la MA 2. Se trata de una ruta de 100 km conocida como **Mohawk Trail** (www.mohawktrail.com). Discurre en paralelo al río Deerfield, en cuyas aguas bravas se puede remar en kayak.

pero lo más destacado es la colección de telas de Winslow Homer, George Innes y John Singer Sargent.

Williams College Museum of Art MUSEO
(www.wcma.org; 15 Lawrence Hall Dr, Williamstown; 🕗10.00-17.00, cerrado mi sep-may) GRATIS En el centro, la mitad de sus 13 000 obras comprenden la American Collection, con obras de artistas de renombre como Edward Hopper *(Morning in a City)*, Winslow Homer o Grant Wood.

🛏 Dónde dormir

River Bend Farm B&B B&B **$$**
(☎413-458-3121; www.riverbendfarmbb.com; 643 Simonds Rd/US 7, Williamstown; h 120 US$, desayuno incl.; 🕗abr-oct; ❄🐾) Este B&B de estilo georgiano colonial transporta al s. XVIII. Está decorado con antigüedades y cuenta con cinco chimeneas. Cuatro habitaciones dobles comparten dos baños. Se encuentra 1,6 km al norte del pueblo. Solo acepta efectivo.

Maple Terrace Motel MOTEL **$$**
(☎413-458-9677; www.mapleterrace.com; 555 Main St, Williamstown; d 128-188 US$, desayuno incl.; 🖥🐾) Un motel pequeño pero acogedor, con 15 habitaciones, a las afueras del pueblo, al este.

🍴 Dónde comer y beber

Pappa Charlie's Deli CHARCUTERÍA **$**
(☎413-458-5969; 28 Spring St; principales 5-9 US$; 🕗7.30-20.00) Aquí los sándwiches llevan nombres de famosos. Si se pide un Politician ("político"), se puede poner todo lo que se desee.

★Mezze Bistro & Bar FUSIÓN **$$**
(☎413-458-0123; www.mezzerestaurant.com; 777 Cold Spring Rd/US 7, Williamstown; principales 16-28 US$; 🕗17.00-21.00) Está rodeado de 1,2 Ha de terreno que incluyen un huerto. Casi todo lo que hay en la carta también es de origen local, desde las verduras de temporada a las cervezas, pasando por las carnes ecológicas.

Hops & Vines   CERVECERÍA AL AIRE LIBRE
(www.hopsandvinesma.com; ⊙12.00-22.00 ma-sa, hasta 20.00 do; 🔊) Este bar-restaurante ofrece experiencias para todos los gustos: ambiente informal y excelente selección de cervezas en el Hops y un elegante comedor en el Vines.

North Adams

Este antiguo centro manufacturero estaba dominado por las extensas instalaciones de la Sprague Electric Company. Cuando la empresa cerró en los años ochenta, sus instalaciones se convirtieron en el museo de arte contemporáneo más grande de EE UU. North Adams es también el punto de acceso al monte Greylock, el más alto de todo Massachusetts.

⊙ Puntos de interés

MASS MoCA   MUSEO
(www.massmoca.org; 87 Marshall St, North Adams; adultos/niños 18/8 US$; ⊙10.00-18.00 jul y ago, 11.00-17.00 mi-lu sep-jun; 🚼) Un museo con una superficie de 67 665 m² y más de 25 edificios. Incluye talleres, centros para *performances* y 19 galerías. Una de ellas tiene el tamaño de un campo de fútbol, lo cual permite a los artistas trabajar en una 'dimensión' completamente nueva.

DATOS DE RHODE ISLAND

Apodo Estado Oceánico, Little Rhody

Población 1,05 millones

Superficie 1654 km²

Capital Providence (178 400 hab.)

Otras ciudades Newport (24 000 hab.)

Impuesto sobre ventas 7%

Hijos célebres George M. Cohan (1878-1942), compositor de Broadway y el Señor Patata (creado aquí en 1952)

Cuna del primer campeonato de tenis de EE UU

Política Mayoría de voto demócrata

Famoso por ser el estado más pequeño del país

Ave estatal El pollo (el gallo rojo de Rhode Island revolucionó la industria avícola)

Distancias por carretera Providence-Newport, 60 km; Providence-Boston, 80 km

---

Mt Greylock State Reservation   PARQUE
(📞413-499-4262; www.mass.gov/dcr; aparcamiento 5-6 US$; ⊙cetro de visitantes 9.00-17.00) `GRATIS` El pico más alto del estado puede parecer modesto (1064 m), pero la cima ofrece unas vistas panorámicas que abarcan tres cordilleras y cinco estados. El parque tiene un total de 72 km de senderos, que incluyen varios caminos hasta la cima. Otra opción es subir en coche por carretera (abierta de mayo a octubre). También hay un refugio rústico en la cima (en temporada).

🛏 Dónde dormir y comer

Porches   HOTEL-BOUTIQUE $$
(📞413-664-0400; www.porches.com; 231 River St, North Adams; h 135-225 US$; desayuno incl.; ✳🔊✷🐾) Enfrente del MASS MoCA, con habitaciones artísticas con paletas de color serenas, acabados elegantes y porches privados.

Public Eat & Drink   COMIDA DE PUB $$
(📞413-664-4444; www.publiceatanddrink.com; 34 Holden St, North Adams; principales 10-22 US$; ⊙16.00-22.00 lu-mi, 11.30-22.00 ju-do; 🖉) Este acogedor *pub* sirve una excelente selección de cervezas artesanas y comida de *pub* en versión *gourmet*, como hamburguesas de *brie*, *pizzas* de masa fina y bistecs.

RHODE ISLAND

El estado más pequeño del país compensa la escasez de tierra con 640 km de costa escarpada, estrechas bahías y playas seductoras. En su capital, Providence, el viajero encontrará instituciones artísticas y académicas de primer orden, galerías vanguardistas, alta gastronomía y mucha vida urbana. En la costa, Newport destaca con sus opulentas mansiones, sus yates y festivales de música de primera. Bienvenidos al "Estado Oceánico", donde no faltan playas, barcos y muchas formas de disfrutar del mar.

Historia

En 1636, Roger Williams, un teólogo baptista inglés, defensor de los indígenas y de la separación a ultranza de Iglesia y Estado, fundó Providence tras haber sido expulsado primero de Inglaterra y luego, de Boston. Desde entonces, Providence siempre ha hecho gala de una absoluta libertad de conciencia. De hecho, en su fundación, Williams hizo hincapié en la absoluta libertad de todos sus habitantes y en su igualdad de derechos civiles y políticos, sin importar su religión o raza. La urbe se asentó en tierras de los indios narragansett, con los que Williams siempre intentó tener una relación armónica. Sin embargo, los años siguientes no fueron tan edificantes.

Providence y Newport crecieron y acabaron fundiéndose en una única colonia. La expansión de los colonos chocó inevitablemente con la resistencia de los indios, lo que provocó enfrentamientos con las tribus de la zona que acabaron con la aniquilación completa de los wampanoag, pequot, narragansett y nipmuck. Más tarde, Rhode Island se convirtió en un importante centro de tráfico de esclavos, centralizando gran parte del negocio en los años posteriores a la Guerra de Independencia.

La ciudad de Pawtucket fue unos de los primeros baluartes de la Revolución industrial en EE UU, cuando acogió, en 1790, el molino hidráulico de Slater. La industrialización marcó el carácter de Providence y sus alrededores, especialmente a lo largo del río Blackstone, e hizo aumentar la densidad urbana. Al igual que muchas poblaciones de la costa este, estas zonas empezaron a deteriorarse en los años cuarenta y cincuenta del s. xx, con el declive de la industria textil. En los sesenta, los esfuerzos de conservación salvaguardaron la arquitectura de Providence y Newport. Ambas ciudades han vuelto a emerger con dinamismo; la primera, gracias a la reactivación de la economía, la segunda como ciudad museo.

ℹ️ Información

'Providence Journal' (www.providencejournal.com) El periódico diario más importante del estado.

Rhode Island Parks (www.riparks.com) Ofrece acampada en cinco parques estatales.

Rhode Island Tourism Division (☏800-556-2484; www.visitrhodeisland.com) Información turística de todo el estado.

Providence

La capital de Rhode Island, Providence, ofrece buenos paseos urbanos en las frescas tardes de otoño o las cálidas mañanas de verano. Se puede explorar el campus arbolado de la Universidad de Brown por el barrio de College Hill, del s. xviii, o seguir un paseo junto al río hasta el centro para comer, tomar algo o hacer turismo. Se puede conseguir información en la **oficina de turismo** (☏401-751-1177; www.goprovidence.com; Rhode Island Convention Center, 1 Sabin St; ⊙9.00-17.00 lu-sa).

HOGUERAS NOCTURNAS

En verano, el centro de Providence adquiere una atmósfera carnavalesca cuando 100 braseros llameantes iluminan las aguas en el punto de encuentro de los ríos Providence, Moshassuck y Woonasquatucket. Los peatones pueden contemplar el espectáculo del **WaterFire** (www.waterfire.org) desde los puentes y la orilla del río, y además ver teatro, conciertos y bailes de salón. El WaterFire se celebra una docena de veces al año, entre mayo y octubre, y empieza al atardecer.

👁 Puntos de interés

La salida 22 de la I-95 deja en el centro. La zona universitaria está en el lado este del río Providence.

★ Universidad de Brown UNIVERSIDAD
(www.brown.edu) El campus de la Universidad de Brown ocupa buena parte de College Hill y rebosa encanto de la tradicional Ivy League. Su corazón es el **University Hall,** un edificio de ladrillo de 1770 que fue usado como cuartel durante la Guerra de Independencia. Para explorarlo hay que cruzar las puertas de hierro forjado al final de College St y seguir por la zona arbolada hasta Thayer St.

College Hill BARRIO
College Hill, al este del río Providence, contiene más de 100 casas de estilo colonial, federal y neocolonial del s. xviii. Por **Benefit Street** se pueden ver unas cuantas. No hay que perderse el edificio neocolonial griego del **Providence Athenaeum** (www.providenceathenaeum.org; 251 Benefit St; ⊙9.00-19.00 lu-ju, hasta 17.00 vi y sa, 13.00-17.00 do) GRATIS, diseñado por William Strickland y completado en 1838. La colección está presidida por bustos de yeso de dioses griegos y filósofos.

RISD Museum of Art MUSEO
(www.risdmuseum.org; 224 Benefit St; adultos/niños 12/3 US$; ⊙10.00-17.00 ma-do, hasta 21.00 ju; 🎨) El museo de arte de la Rhode Island School of Design es maravillosamente ecléctico. Hay desde arte clásico griego a pinturas estadounidenses del s. xx y artes decorativas. Entrada gratuita los domingos.

State House EDIFICIO HISTÓRICO
(www.sos.ri.gov; 82 Smith St; ⊙8.30-16.30 lu-vi, circuitos cada hora 9.00-14.00) GRATIS El corazón de

Providence es la casa del estado, diseñada por McKim, Mead y White. Está coronada por una de las cúpulas de mármol independientes más grandes del mundo. Dentro se puede ver una réplica de la Campana de la Libertad, además del famoso retrato de George Washington de Gilbert Stuart (el de los billetes de 1 US$).

Roger Williams Park   PARQUE

(1000 Elmwood Ave) GRATIS Esta zona verde fue donada en 1871 por un descendiente de Roger Williams. Actualmente, sus 175 Ha incluyen lagos y estanques, arboledas, extensiones de césped, zonas de pícnic y un planetario, además de un excelente zoológico (www.rwpzoo. org; adultos/niños 15/10 US$; ⊙10.00-16.00 oct-mar, hasta 17.00 abr-sep; P ⓓ). Se halla 6,5 km al sur del centro de Providence; hay que tomar la salida 17 de la I-95.

🛏 Dónde dormir

Old Court B&B   PENSIÓN HISTÓRICA $$

(☑401-751-2002; www.oldcourt.com; 144 Benefit St; h entre semana 135-185 US$, fines de semana 165-215 US$) Una casa de tres plantas de estilo italianizante de 1863, sita entre los edificios históricos de College Hill. Papel pintado excéntrico, buenas mermeladas en el desayuno y algunos descuentos en invierno.

Christopher Dodge House   B&B $$

(☑401-351-6111; www.providence-hotel.com; 11 W Park St; h 149-189 US$, desayuno incl.; P) Una casa de 1858 de estilo federal, decorada con réplicas de muebles de época y chimeneas de mármol. Es austero por fuera, tiene unas proporciones elegantes, grandes ventanales con contraventanas y suelos de madera.

Providence Biltmore   HOTEL HISTÓRICO $$$

(☑401-421-0700; www.providencebiltmore.com; 11 Dorrance St; h lu-vi/sa y do desde 169/229 US$; P ⓢ) El abuelo de los hoteles de Providence data de los años veinte del s. xx. El vestíbulo, íntimo a la vez que majestuoso, combina madera oscura, escalinatas y candelabros. Varias plantas de habitaciones bien amuebladas se alzan sobre el centro de la ciudad. Desde las superiores hay vistas fantásticas.

🍴 Dónde comer

Tanto la Rhode Island School of Design como la Universidad Johnson & Wales tienen programas culinarios de primera, de donde cada año salen nuevos chefs. La enorme población estudiantil del East Side supone que hay muchos locales económicos por Thayer St, en College Hill. Para comida italiana, se recomienda Federal Hill, al oeste del centro.

East Side Pocket   MEDITERRÁNEA $

(☑401-453-1100; www.eastsidepocket.com; 278 Thayer St; principales 4-7 US$; ⊙10.00-1.00 lu-sa, hasta 22.00 do; ⓓ) *Falafels* fabuloso a precios de estudiantes.

Haven Brothers Diner   DINER $

(Washington St; comidas 5-10 US$; ⊙17.00-3.00) Cuenta la leyenda que esta cafetería empezó como una carreta de venta de comida ambulante, tirada por caballos, en 1893. Hoy ofrece platos básicos de *diner* y una clientela ecléctica, desde políticos a universitarios.

Aspire   ESTADOUNIDENSE MODERNA $$

(☑401-521-3333; www.aspirerestaurant.com; 311 Westminster St; principales 10-20 US$; ⊙6.30-21.00 lu-ju, hasta 23.00 vi-sa, hasta 15.00 do; ⓓ) Aunque el interior es lujoso y atractivo, lo que le da fama es el fantástico patio, conocido como A-Garden, el lugar ideal para gozar de un menú de platos de temporada.

★ birch   ESTADOUNIDENSE MODERNA $$$

(☑401-272-3105; www.birchrestaurant.com; 200 Washington St; cena de 4 platos 49 US$, maridaje de bebidas 35 US$; ⊙17.00-22.00 ju-lu) Dieciocho sillas alrededor de una barra en forma de U, con un ambiente íntimo, cocina creativa, decoración cuidada y mucha atención a los detalles. La gastronomía se centra en los productos estrictamente de temporada y de producción a pequeña escala. Es esencial reservar.

🍷 Dónde beber y vida nocturna

Trinity Brewhouse   CERVECERÍA

(www.trinitybrewhouse.com; 186 Fountain St; ⊙11.30-1.00 do-ju, hasta 2.00 vi-sa) La cervecería del distrito de ocio de Downcity fabrica y sirve sus propias cervezas de estilo británico.

AS220   CLUB

(www.as220.org; 115 Empire St; ⊙comidas 12.00-22.00, bar 17.00-1.00) Un local veterano que acoge bandas experimentales, lecturas literarias y exposiciones de la activa comunidad artística. Se pronuncia 'A-S-two-twenty'.

The Salon   BAR, CLUB

(www.thesalonpvd.com; 57 Eddy St; ⊙17.00-1.00 ma-ju, hasta 2.00 vi-sa) Combina mesas de pimpón y *pinballs*, pop de los ochenta y chupitos de *pickleback* (*whiskey* con líquido de encurtidos). Abajo hay música en directo, DJ y fiestas.

❶ Cómo llegar y salir

En el **aeropuerto TF Green** (PVD; www.pvdairport.com; I-95, salida 13, Warwick), 20 min al sur del centro de Providence, se encuentran las principales compañías aéreas y empresas de alquiler de coches.

Peter Pan Bus Lines (www.peterpanbus.com) conecta Providence con Boston (8 US$, 1 h) y Nueva York (30 US$, 3¾ h). **Amtrak** (www.amtrak.com; 100 Gaspee St) tiene trenes a Providence desde varias ciudades del noreste.

El autobús nº 60 de la **Rhode Island Public Transit Authority** (RIPTA; www.ripta.com; ida 2 US$, abono diario 6 US$) conecta Providence con Newport.

Newport

El Puerto Nuevo, fundado por moderados religiosos que huyeron de la persecución de los puritanos de Massachusetts, floreció y se convirtió en la cuarta ciudad más rica de la colonia de Rhode Island. La arquitectura colonial del centro está muy bien conservada.

Más adelante, gracias al *boom* de la industria naviera, los ricos industriales convirtieron Newport en su lugar de veraneo. Construyeron mansiones opulentas a lo largo de Bellevue Ave, puntuada con farolas antiguas. Estas casas, hechas a imitación de *palazzos* italianos, castillos franceses y mansiones isabelinas, están decoradas con muebles y obras de arte de un valor inestimable. Son la mayor atracción de Newport, junto con sus festivales musicales de verano. Más información en la oficina de turismo (☑401-845-9123; www.discovernewport.com; 23 America's Cup Ave; ☺9.00-17.00).

◉ Puntos de interés

Varias de las mansiones de la ciudad están conservadas por la Preservation Society of Newport County (☑401-847-1000; www.newportmansions.org; 424 Bellevue Ave; bono para 5 visitas adultos/niños 33/11 US$). Para visitar una mansión se necesitan unos 90 min. También se pueden contemplar desde el Cliff Walk, un camino de 5,5 km por la costa que pasa por detrás de ellas. Se puede empezar el paseo en Ruggles Ave, cerca de Breakers.

★**Breakers** MANSIÓN
(www.newportmansions.org; 44 Ochre Point Ave; adultos/niños 21/7 US$; ☺9.00-17.00 abr-med oct, variable med oct-mar; ℗) Si solo hay tiempo para ver una mansión de Newport, que sea este extravagante palacio neorrenacentista italiano de 1895, con 70 habitaciones, construido para Cornelius Vanderbilt II, patriarca de la que entonces era la familia más rica de EE UU.

★**The Elms** MANSIÓN
(www.newportmansions.org; 367 Bellevue Ave; adultos/niños 16/7 US$, circuito Servant Life adultos/niños 15/5 US$; ☺9.00-17.00 abr-med oct, variable med oct-mar; ℗⯇) Mansión de 1901, réplica del Château d'Asnières de los alrededores de París, de 1750. Se puede hacer una visita por las estancias del servicio y hasta la azotea.

★**Rough Point** MANSIÓN
(www.newportrestoration.com; 680 Bellevue Ave; adultos/niños 25 US$/gratis; ☺10.00-14.00 ju-sa med abr-med may, 10.00-15.45 ma-do med may-med nov; ℗) Doris Duke (1912-1993), llamada en su día "la niña más rica del mundo", solo tenía 13 años cuando heredó de su padre esta finca señorial. A Doris le apasionaba viajar y coleccionar arte; Rough Point contiene buena parte de sus posesiones, desde cerámica de la dinastía Ming a cuadros de Renoir.

★**Fort Adams State Park** PARQUE
(www.fortadams.org; Harrison Ave; circuitos guiados/autoguiados adultos 12/6 US$, niños 6/3 US$; ☺amanecer-anochecer) La mayor fortificación costera de Estados Unidos. A su alrededor se extiende un magnífico parque estatal que se adentra en la bahía de Narragansett. Es aquí donde se celebran los festivales de *jazz* y folk de Newport.

Rosecliff MANSIÓN
(548 Bellevue Ave; adultos/niños 16/7 US$; ☺9.00-16.00 abr-med oct, variable med oct-mar; ℗) Una obra maestra de 1902 del arquitecto Stanford White, que recuerda al Gran Trianón de Versalles. Su inmensa sala de baile apareció en la película *El Gran Gatsby*, con Robert Redford.

International Tennis Hall of Fame MUSEO
(www.tennisfame.com; 194 Bellevue Ave; adultos/niños 15 US$/gratis; ☺10.00-17.00) El edificio del casino de Newport (1880) fue el club de veraneo de la élite de la ciudad. Actualmente alberga este museo recién renovado, con muestras interactivas y presentaciones multimedia sobre el mundo del tenis.

Touro Synagogue National Historic Site SINAGOGA
(www.tourosynagogue.org; 85 Touro St; adultos/niños 12 US$/gratis; ☺12.00-13.30 do-vi may-jun, 10.00-16.00 do-vi jul y ago, hasta 13.30 do-vi sep-oct, 12.00-13.30 do nov-abr) La sinagoga más antigua del país, de hacia 1763, es una joya arquitectónica entre austera y espléndida. Se puede visitar.

🏃 Actividades

⭐ **America's Cup Charters** TRAVESÍAS EN YATE
(☎401-846-9886; www.americacupcharters.com;
49 America's Cup Ave, Newport Harbor Hotel Marina;
circuitos adultos/niños 75/40 US$; ☺may-sep; 🏠)
Una travesía en un yate de 12 m ganador de la
Copa América. Cada día hay salidas a la puesta
de sol (2 h) y recorridos privados, todo ello
en temporada. Es una experiencia fantástica.

⭐ **Sail Newport** NAVEGACIÓN A VELA
(☎401-846-1983; www.sailnewport.org; 60 Fort
Adams Dr; curso de 6 h 150-179 US$, alquiler de
velero 73-138 US$ por 3 h; ☺9.00-19.00; 🏠) La
ciudad natal de la Copa América, la ventosa
Newport, tiene una amplia oferta pata navegar a vela.

🎆 Fiestas y celebraciones

Newport Folk Festival MÚSICA
(www.newportfolk.org; Fort Adams State Park; pase
de 1/3 días 49/120 US$, aparcamiento 18 US$; ☺fin
jul) Grandes nombres y artistas emergentes
actúan en el Fort Adams State Park.

DATOS DE CONNECTICUT

Apodo Estado de la Constitución, Estado de la Nuez Moscada

Población 3,6 millones

Superficie 7752 km²

Capital Hartford (124 700 hab.)

Otras ciudades New Haven (130 280
hab.)

Impuesto sobre ventas 6,35%

Hijos célebres El abolicionista John
Brown (1800-1859), el artista de circo P.
T. Barnum (1810-1891), la actriz Katha-
rine Hepburn (1907-2003)

Cuna de la primera Constitución escrita
de EE UU; el primer chupa-chup, el *fris-
bee* y el helicóptero

Política Inclinación demócrata

Famoso por iniciar el negocio de los
seguros en EE UU y albergar el primer
submarino nuclear

Letra de canción más curiosa "Yankee
Doodle", un himno patriótico con caca-
reos, plumas y macarrones

Distancias por carretera Hartford-New
Haven, 64 km; Hartford-Providence
120 km

Newport Jazz Festival MÚSICA
(www.newportjazzfest.org; Fort Adams State Park;
entradas 40-85 US$, pase de 3 días 155 US$; ☺ppios
ago) Las mejores estrellas del mundo del *jazz*.

Newport Music Festival MÚSICA
(www.newportmusic.org; entradas 30-45 US$; ☺
med jul) Un festival con fama mundial, con
conciertos de música clásica en muchas de
las mansiones.

🛏 Dónde dormir

⭐ **Newport International Hostel** ALBERGUE $
(William Gyles Guesthouse; ☎401-369-0243; www.
newporthostel.com; 16 Howard St; dc 35-65 US$;
☺abr-dic; 🏠) El único albergue de Rhode
Island. Es pequeño, con un dormitorio colectivo sobrio y limpio, desayuno sencillo e
instalaciones de lavandería. También tienen
habitaciones privadas.

Sea Whale Motel MOTEL $$
(☎888-257-4096; www.seawhale.com; 150 Aquid-
neck Ave, Middletown; d 109-229 US$; 🅿🏠) Un
motel atractivo con habitaciones que dan al
estanque de Easton y flores por todas partes.
Las habitaciones tienen poca personalidad,
pero son confortables y cuentan con nevera
y microondas. Se encuentra a unos 3 km de la
ciudad, a menos de 400 m de la playa.

⭐ **The Attwater** HOTEL-BOUTIQUE $$$
(☎401-846-7444; www.theattwater.com; 22 Liber-
ty St; h desde 259 US$; 🅿🌸🏠) Un hotel rela-
tivamente nuevo con aspecto veraniego y
festivo, con estampados de color turquesa,
lima y coral, cabezales de *ikat* y alfombras
con vistosos patrones geométricos. Ventanales y porches iluminan las habitaciones,
que incluyen detalles como iPads, Apple TV
y bolsas de playa.

🍴 Dónde comer

⭐ **Rosemary & Thyme Cafe** PANADERÍA, CAFÉ $
(☎401-619-3338; www.rosemaryandthymecafe.
com; 382 Spring St; productos horneados 2-5
US$, sándwiches y *pizzas* 6-8 US$; ☺7.30-15.00
ma-sa, hasta 11.30 do; 🏠) Montañas de cruasanes de mantequilla, tartas de manzana y
cereza y sólidas magdalenas. A la hora de
comer se sirven ensaladas y sándwiches
gourmet, además de un queso a la parrilla
galardonado.

Salvation Café CAFÉ $$
(☎401-847-2620; www.salvationcafe.com; 140
Broadway; principales 12-25 US$; ☺17.00-24.00
diarios, más 11.00-15.00 do) Decoración eclécti-
ca y original y comida magnífica en una ca-

BLOCK ISLAND

Separada del resto de Rhode Island por 20 km de océano abierto, esta isla ofrece placeres sencillos: granjas en prados ondulantes, playas con poca gente y kilómetros de senderos para caminar o ir en bicicleta.

Los ferris amarran en la población principal de la isla, Old Harbor, que poco ha cambiado desde que sus casas ornamentadas fueron construidas a finales del s. XIX. Una playa fantástica se extiende varios kilómetros al norte. A unos 3 km de ella, el Clay Head Nature Trail (cerca de Corn Neck Rd) recorre los riscos por encima de la playa, con buenas oportunidades para ver aves.

Con una longitud máxima de 11 km, la bicicleta es el medio de transporte ideal para explorar la isla; se pueden alquilar cerca del muelle de ferris. La cámara de comercio de Block Island (☑800-383-2474; www.blockislandchamber.com), en el muelle, puede ayudar a encontrar alojamiento. Las posadas de la isla suelen llenarse en verano; muchas de ellas exigen una estancia mínima.

El Block Island Ferry (☑401-783-4613; www.blockislandferry.com) ofrece varias opciones para llegar a la isla. Desde el cabo Judith de Narragansett hay un ferri de alta velocidad (ida y vuelta adultos/niños 36/20 US$, 30 min) y un ferri tradicional (adultos/niños 28/14 US$, 1 h). El segundo es el único para coches y es esencial reservar. También hay un ferri rápido adicional desde Newport (adultos/niños 50/26 US$, 1 h).

fetería bohemia con un menú que siempre acierta, desde *pad thai* a cordero marroquí especiado.

The Mooring PESCADO $$$
(☑401-846-2260; www.mooringrestaurant.com; muelle de Sayer's; sándwiches 12-16 US$, principales 19-38 US$; ☺11.30-22.00) Restaurante junto al puerto con un menú repleto de pescado fresco, inmejorable para comer junto al mar. Si está lleno, se puede ir al bar, sentarse en un taburete y pedir una sustanciosa crema de almejas y *bag of doughnuts* (fritura de langosta).

 Dónde beber y ocio

Coffee ers CAFETERÍA
(www.coffeegrindernewport.com; 33 Bannister's Wharf; ☺8.00-17.00, hasta más tarde en verano) Un pequeño local al final del muelle de Bannister, para sentarse en los bancos y disfrutar de un *espresso* y unas pastas. Tiene buenas vistas del mar, los yates y los crustáceos que se descargan en la Aquidneck Lobster Company.

Newport Blues Café CLUB
(www.newportblues.com; 286 Thames St; ☺19.00-1.00 ma-sa, espectáculo 22.00) Un popular restaurante y bar de *rhythm and blues* en una antigua casa de piedra rojiza, que atrae a grandes músicos. Es un espacio íntimo en el que degustar almejas, costillas ahumadas o lomo de cerdo.

ⓘ Cómo llegar y salir

Peter Pan (www.peterpanbus.com) tiene varios autobuses diarios a Boston (22 US$, 2 h), mientras que los de **RIPTA** (www.ripta.com) conectan con frecuencia el centro de visitantes con las mansiones, las playas y Providence (ida 2 US$, billete de un día 6 US$).

Playas de Rhode Island

Basta con conducir por la Rte 1A hasta las playas de South County (☑800-548-4662; www.southcountyri.com) para saber por qué a Rhode Island se le llama el "Estado Oceánico". Los surfistas acuden a la playa de Narragansett, de 1,6 km. La cercana playa de Scarborough State, es de las mejores de Rhode Island, con una amplia orilla arenosa, un pabellón clásico y seductores paseos. En el extremo suroeste está Watch Hill, un lugar maravilloso con el carrusel Flying Horse y mansiones victorianas.

CONNECTICUT

Entre la deslumbrante Nueva York y la belleza del norte de Nueva Inglaterra, Connecticut tiene pocos alicientes para los viajeros. Pero el llamado "Estado de la Constitución" atrae desde hace tiempo a artistas, famosos y neoyorquinos adinerados, que aprecian su paisaje rural con viñedos y refinados pueblos coloniales.

Historia

El nombre "Connecticut" proviene del que le daban los indios mohegan al gran río que secciona el estado en dos. Numerosas tribus como los mohegan o los pequot vivían aquí cuando llegaron los primeros exploradores europeos, básicamente holandeses, a principios del s. XVII. La primera población inglesa fue Old Saybrook, fundada en 1635, seguida un año más tarde por Connecticut Colony, construida por puritanos de Massachusetts enviados por Thomas Hooker. En 1638 se fundó una tercera colonia en New Haven. Durante la guerra contra los pequot (1637) los indios fueron exterminados y dejaron de ser un problema para la expansión colonial; la población de Connecticut fue creciendo y, en 1686, se integró en la colonia de Nueva Inglaterra.

La Guerra de Independencia arrasó Connecticut, dejando cicatrices con las batallas de Stonington (1775), Danbury (1777), New Haven (1779) y Groton (1781). Connecticut se convirtió en el quinto estado de la Unión en 1788. Comenzó entonces un período de prosperidad gracias a la industria ballenera, naviera, agrícola y manufacturera (desde armas de fuego a bicicletas, pasando por complementos del hogar), que duró hasta el s. XIX.

El s. XX trajo guerras y depresión, pero el estado logró resistir, en parte gracias a su industria armamentística, que producía desde aviones a submarinos. Cuando esta empezó a decaer en los años noventa, el auge de otros negocios (como los seguros) ayudó a recuperar el ritmo.

ℹ️ Información

Hay centros de información en el aeropuerto de Hartford y en las entradas a la ciudad por las carreteras I-95 e I-84.

Connecticut Tourism Division (www.ctvisit.com) Información turística de todo el estado.

'Hartford Courant' (www.courant.com) El mayor periódico estatal.

Hartford

Capital de Connecticut, esta ciudad poco apreciada es una de las más antiguas de Nueva Inglaterra y tiene un rico patrimonio cultural. Aparte de ser la 'capital extraofical de los seguros' de todo EE UU, también es un activo centro editorial. Aquí vivieron algunos de los escritores más célebres del país. El **centro de bienvenida del área metropolitana** (☎860-244-0253; www.letsgoarts.org/welcomecenter; 100 Pearl St; ☺9.00-17.00 lu-vi) ofrece información turística.

Los alojamientos se limitan a varias cadenas hoteleras.

◉ Puntos de interés

★**Mark Twain House & Museum** MUSEO (www.marktwainhouse.org; 351 Farmington Ave; adultos/niños 19/11 US$; ☺9.30-17.30, cerrado ma mar) Esta fue la casa de Samuel Langhorne Clemens, alias Mark Twain. Aquí fue donde este legendario autor escribió sus mayores obras, como *Las aventuras de Huckleberry Finn* o *Tom Sawyer*. Es una casa neogótica victoriana, con torretas y gabletes caprichosos, que reflejan el estrafalario carácter de Twain.

★**Wadsworth Atheneum** MUSEO (www.thewadsworth.org; 600 Main St; adultos/niños 10/5 US$; ☺11.00-17.00 mi-vi, 10.00-17.00 sa y do) El museo de arte más antiguo del país, con una colección de casi 50 000 obras. Se pueden ver telas de la Hudson River School, grandes maestros europeos, impresionistas del s. XIX, esculturas de Alexander Calder y una pequeña colección de destacadas piezas surrealistas.

Harriet Beecher Stowe House MUSEO (www.harrietbeecherstowe.org; 77 Forest St; adultos/niños 10/7 US$; ☺9.30-17.00 ma-sa, 12.00-17.00 do) Justo al lado del hogar de Mark Twain, se encuentra la casa de la mujer que escribió *La cabaña del tío Tom*. Aunque hoy resulte condescendiente y sea muy criticado por la comunidad afroamericana, en su día convenció a tanta gente en contra de la esclavitud, que Abraham Lincoln le atribuyó una vez el haber iniciado la Guerra de Secesión.

Old State House EDIFICIO HISTÓRICO (www.ctoldstatehouse.org; 800 Main St; adultos/niños 6/3 US$; ☺10.00-17.00 ma-sa jul-med oct, lu-vi med oct-jul; 🚹) El capitolio original de Connecticut, diseñado por Charles Bulfinch, acogió el juicio de los esclavos amotinados en la goleta *Amistad,* historia que llevó al cine Steven Spielberg. El famoso retrato de George Washington que hizo Gilbert Stuart en 1801 se encuentra en la cámara del Senado. El museo tiene una parte interactiva para niños, además de un **Museum of Curiosities** que incluye rarezas como un becerro de dos cabezas, un cuerno de narval y diversos artilugios mecánicos.

✕ Dónde comer y beber

Salute ITALIANA $$
(☏860-899-1350; www.salutect.com; 100 Trumbull
St; principales almuerzo 9-13 US$, cena 12-20 US$;
⏰11.30-23.00 lu-ju, hasta 24.00 vi-sa, 15.00-22.00
do; ☏) Una joya con un servicio genial, que
sirve platos contemporáneos con aromas ita-
lianos. Los habituales hablan muy bien del
pan de ajo, pero hay platos más sofisticados.
El agradable patio da al Bushnell Park.

Bin 228 BAR DE VINOS $$
(☏860-244-9463; www.bin228winebar.com; 228
Pearl St; *paninis* y platos pequeños 8-15 US$; ⏰
11.30-22.00 lu-ju, hasta 24.00 vi, 16.00-24.00 sa)
Bar de vinos con comida italiana (*paninis,*
tablas de quesos y ensaladas), además de una
extensa carta de vinos italianos. Los fines de
semana la cocina está abierta hasta medianoche (la barra, hasta más tarde).

City Steam Brewery Café CERVECERÍA
(citysteam.biz; 942 Main St; ⏰11.30-1.00 lu-sa,
16.00-22.00 do) Un local grande y bullicioso
con cervezas de elaboración propia. La más
popular es la Naughty Nurse Pale Ale, pero
también vale la pena probar las de temporada. El sótano alberga el **Brew Ha Ha Comedy
Club** (entradas 10-15 US$; ⏰vi y sa), donde se
puede tomar algo viendo a cómicos de Nueva
York y Boston.

ℹ Cómo llegar y salir

La céntrica **Union Station** (www.amtrak.com; 1
Union Pl) conecta Hartford con ciudades de todo
el noreste, como New Haven (desde 14 US$, 1 h)
y Nueva York (42-60 US$, 3 h).

Litchfield Hills

Las ondulantes colinas del noroeste de Connecticut están cubiertas de lagos y bosques.
El núcleo de la región es Litchfield, aunque
hay pueblos menos conocidos e igual de fotogénicos, como Bethlehem, Kent, Lakeville o
Norfolk. El **Western Connecticut Convention & Visitors Bureau** (☏800-663-1273; www.
litchfieldhills.com) ofrece información.

Litchfield

Esta población fundada en 1719 prosperó con
el comercio de las diligencias en ruta entre
Hartford y Albany. Sus numerosos edificios
antiguos son un bello testimonio de aquellos
días. De hecho, el centro es una hilera de tiendas, restaurantes y edificios de época rodeada
de naturaleza. Paseando por North St y South

MERECE LA PENA

GILLETTE CASTLE

La colina que se alza sobre East Haddam
está rematada por el **Gillette Castle**
(☏860-526-2336; www.ct.gov/dep/gillette-
castle; 67 River Rd; adultos/niños 6/2 US$;
⏰castillo 10.00-16.30 fin may-med oct,
jardines 8.00-anochecer todo el año; P),
una mansión con torretas construida en
1919. El excéntrico actor William Gillette
hizo fortuna con su papel de Sherlock
Holmes. Su fascinante morada está
inspirada en los castillos medievales
alemanes. Las 50 Ha circundantes están
declaradas parque estatal y albergan
muchos senderos y zonas de pícnic.

En verano se puede cruzar el río Connecticut con **Chester-Hadlyme Ferry**
(automóvil/peatones 5/2 US$; ⏰7.00-18.45
lu-vi, 10.30-17.00 sa y do abr-nov). Se tardan 5 min en cruzar el río en el *Selden
III*, el segundo ferri más antiguo de
EE UU (desde 1769). El trayecto ofrece
grandes vistas del río y el castillo. El ferri
deja a los pasajeros a los pies de este,
en East Haddam.

St se pueden ver las mejores casas, como la
Tapping Reeve House & Law School de
1773 (www.litchfieldhistoricalsociety.org; 82 South
St; adultos/niños 5 US$/gratis; ⏰11.00-17.00 ma-sa,
13.00-17.00 do med abr-nov), la primera facultad
de derecho del país.

La reserva natural más grande de Connecticut es el **White Memorial Conservation Center** (www.whitememorialcc.org; US 202;
parque gratis, museo adultos/niños 6/3 US$; ⏰
parque amanecer anochecer, museo 9.00-17.00 lu-
sa y 12.00-17.00 do), unos 3 km al oeste de la
ciudad. Tiene 56 km de senderos y es ideal
para observar aves.

Lago Waramaug

De las docenas de lagos y estanques de Litchfield Hills, el más bonito es el lago Wara-
maug. Al avanzar por North Shore Rd, se
puede parar a hacer una cata de vinos en
Hopkins Vineyard (☏860-868-7954; www.ho-
pkinsvineyard.com; 25 Hopkins Rd; ⏰10.00-17.00
lu-sa y 11.00-17.00 do mar-dic, 10.00-17.00 vi-do solo
ene-mar). La vista desde el bar hace que valga la pena, especialmente cuando el follaje
cambia de color en otoño. Al otro lado de la
calle está la **Hopkins Inn**, del s. XIX (☏860-
868-7295; www.thehopkinsinn.com; 22 Hopkins Rd,

Warren; h sin/con baño desde 125/135 US$, apt 150 US$; P❄❀), alojamiento con vistas al lago y un restaurante recomendable.

Costa de Connecticut

Connecticut tiene una costa sorprendentemente atractiva y variada. En el extremo oriental del estado está Mystic, que alberga un pueblo ballenero del s. XIX magníficamente recreado en una superficie de 7 Ha. A orillas del poderoso río Connecticut hay pueblos históricos muy bien conservados. El oeste es una zona dormitorio conectada con Nueva York por trenes de cercanías. La ciudad más artística y académica es New Haven.

Mystic

Desde sus sencillos orígenes en el s. XVII, el pueblo de Mystic creció hasta convertirse en un próspero centro ballenero y en uno de los puntos de construcción naval más importantes de la costa este. A mediados del s. XIX, los astilleros de Mystic construían clípers, cañoneros y transportes navales, muchos de ellos obra de George Greenman & Co, que actualmente es la mayor atracción turística del estado. El centro es encantador, con veleros meciéndose y un puente levadizo, y atrae a muchos veraneantes. La **cámara de comercio del área metropolitana de Mystic** (☎860-572-9578; www.mysticchamber.org; 12 Roosevelt Ave; ⊙9.00-16.30), junto a la estación de trenes, ofrece información turística.

Puntos de interés y actividades

En Mystic hay una amplia oferta de aventuras acuáticas. Se puede zarpar en la goleta **'Argia'** (☎860-536-0416; www.argiamystic.com; 15 Holmes St; adultos/niños 44/35 US$) o hacer una visita histórica por el puerto en el **'Mystic Express'** (1 Holmes St; adultos/niños 20/10 US$; ⊙11.00 sa-do may-jun, diarios jun-oct). También hay cruceros y alquiler de embarcaciones en el Seaport Museum.

★ **Mystic Seaport Museum**　　MUSEO
(www.mysticseaport.org; 75 Greenmanville Ave/CT 27; adultos/niños 25/16 US$; ⊙9.00-17.00 med feb-oct, hasta 16.00 nov-dic; P🚻) La historia marítima estadounidense cobra vida gracias a unos actores vestidos de época que llevan a cabo sus tareas en este pueblo ballenero recreado del s. XIX. Se pueden explorar diversas

embarcaciones históricas, como el *Charles W Morgan* (construido en 1841), el último ballenero de madera que queda en el mundo.

Mystic Aquarium & Institute for Exploration　　ACUARIO
(www.mysticaquarium.org; 55 Coogan Blvd; adultos/niños 35/25 US$; ⊙9.00-16.00 mar-nov, hasta 17.00 abr-ago, desde 10.00 dic-feb; 🚻) Este acuario de última generación alberga más de 6000 especies de criaturas marinas, además de un pabellón de pingüinos y un mirador exterior para ver focas y leones marinos bajo el agua. Los tres residentes más famosos (y los más controvertidos) del acuario son las tres belugas del Ártico.

🛏 Dónde dormir

★ **Steamboat Inn**　　PENSIÓN $$$
(☎860-536-8300; www.steamboatinnmystic.com; 73 Steamboat Wharf; d 160-280 US$, desayuno incl.; P❄🛜) Una pensión histórica de 11 habitaciones en pleno centro de Mystic, con vistas marítimas envolventes y servicios de lujo como un *jacuzzis* de dos plazas. Las antigüedades le dan un ambiente muy romántico y ofrece bicicletas gratuitas.

✗ Dónde comer y beber

★ **Captain Daniel Packer Inne**　　ESTADOUNIDENSE $$
(☎860-536-3555; www.danielpacker.com; 32 Water St; principales 14-24 US$; ⊙11.00-22.00) Una casa de 1754 con techo con vigas de madera, suelo de tablones chirriantes y un *pub* informal y bullicioso abajo. Arriba está el comedor, con vistas del río y un imaginativo menú.

Engine Room　　HAMBURGUESERÍA $$
(860-415-8117; 14 Holmes St; principales 12-20 US$; ⊙12.00-22.00 ju-lu, 16.00-22.00 ma-mi; ✈🚻) Muchas cervezas de barril, hamburguesas deliciosas y *bourbon*. Tiene una ubicación seductora en el viejo edificio de la Lathrup Marine Engine. Es un lugar excelente para comer y beber, incluso para vegetarianos.

Oyster Club　　PESCADO $$$
(☎860-415-9266; www.oysterclubct.com; 13 Water St; ostras 2 US$, principales almuerzo 12-18 US$, cena 18-34 US$; ⊙16.00-21.00 lu-ju, 12.00-22.00 vi-do) Algo apartado de la avenida principal, se especializa en ostras, como deja bien claro su nombre. La terraza trasera, conocida como Treehouse, tiene vistas inmejorables.

Valle del cauce bajo del río Connecticut

A orillas del río Connecticut hay varios pueblos preciosos de la época colonial. **River Valley Tourism District** (☎860-787-9640; www.visitctriver.com) proporciona información sobre la región.

OLD LYME

Este pueblo cercano a la desembocadura del río Connecticut albergó la Lyme Art Colony, que cultivó el movimiento impresionista estadounidense a principios del s. XX. Todo empezó cuando la mecenas Florence Griswold abrió las puertas de su finca a los artistas, muchos de los cuales ofrecían sus pinturas en lugar de pagar por el alojamiento. Su mansión georgiana, que actualmente alberga el **Florence Griswold Museum** (www.flogris.org; 96 Lyme St; adultos/niños 10 US$/gratis; ☺10.00-17.00 ma-sa, 13.00-17.00 do; [P]), contiene una buena selección de pinturas impresionistas y de la escuela de Barbizon.

ESSEX

La principal población del río Connecticut es Essex, fundada en 1635. Ofrece calles arboladas y casas de época federal bien conservadas en Main St, herencia de la época de bonanza con el comercio de ron y tabaco en el s. XIX. La característica **Griswold Inn** (☎860-767-1776; www.griswoldinn.com; 36 Main St; h 115-205 US$, ste 190-324 US$, desayuno incl.; [P]🛜) ha sido el centro físico y social de Essex desde 1776.

Connecticut River Museum MUSEO
(www.ctrivermuseum.org; 67 Main St; adultos/niños 9/6 US$; ☺10.00-17.00 ma-do; [P]🛜) Este museo, ubicado junto al muelle de barcos de vapor, reproduce meticulosamente la historia de la región. Tiene una reproducción del primer submarino del mundo, el *Turtle*, una embarcación accionada a mano, construida por un estudiante de Yale en 1776.

En verano, el museo organiza **cruceros en goleta** (adultos/niños 30/18 US$; ☺1.33 y 15.30 diario, jun-oct) y **circuitos de observación de águilas** los fines de semana (40 US$ por persona, 11.00 y 13.00 vi-do, ene-mar).

Essex Steam Train & Riverboat Ride TREN DE VAPOR
(☎860-767-0103; www.essexsteamtrain.com; 1 Railroad Ave; adultos/niños 19/10 US$, con crucero 29/19 US$; 🛜) la forma tradicional de ver el valle del río es a bordo de este tren de vapor, que recorre unos 10 km hasta el río Deep. Allí se puede conectar con un crucero clásico al estilo Misisipi, y volver luego en tren. También hay una excursión al Gillette Castle.

New Haven

Nada más llegar se puede ir directamente al New Haven Green, con bonitas iglesias coloniales y hiedra que trepa por las paredes de la Universidad de Yale. New Haven es la ciudad planificada más antigua de EE UU (1638); se extiende ordenadamente siguiendo una cuadrícula alrededor del Green, de modo que es muy fácil orientarse. Delante del parque está el **INFO New Haven** (☎203-773-9494; www.infonewhaven.com; 1000 Chapel St; ☺10.00-21.00 lu-sa, 12.00-17.00 do), la práctica oficina de turismo de la ciudad.

⦿ Puntos de interés

★**Unversidad de Yale** UNIVERSIDAD
(www.yale.edu) Cada año, miles de universitarios llegan en peregrinaje hasta Yale soñando con estudiar en la tercera universidad más antigua del país. Por aquí pasaron alumnos notables como Noah Webster, Eli Whitney, Samuel Morse y los presidentes William H. Taft, George H. W. Bush, Bill Clinton y George W. Bush. Y aunque esta última lista tampoco es que impresione mucho, sí que es muy recomendable disfrutar de un paseo por el campus.

Se puede conseguir un mapa en el **centro de visitantes** (☎203-432-2300; www.yale.edu/visitor; 149 Elm St; circuitos a pie gratis; ☺9.00-16.30 lu-vi, 11.00-16.00 sa y do, circuitos a pie 10.30 y 14.00 lu-vi, 13.30 sa) o unirse a una visita guiada gratuita (1 h).

★**Yale University Art Gallery** MUSEO
(artgallery.yale.edu; 1111 Chapel St; ☺10.00-17.00 ma-vi, hasta 20.00 ju, 11.00-17.00 sa y do) GRATIS El museo universitario de arte más antiguo de EE UU. Contiene obras maestras de Edward Hopper y Jackson Pollock, además de una magnífica colección europea que incluye *Terraza de café por la noche* de Vincent van Gogh.

Peabody Museum of Natural History MUSEO
(www.peabody.yale.edu; 170 Whitney Ave; adultos/niños 9/5 US$; ☺10.00-17.00 lu-sa, 12.00-17.00 do; [P]🛜) Los aspirantes a paleontólogos se lo pasarán en grande con los dinosaurios y hay excelentes muestras arqueológicas, como la réplica de una tumba egipcia.

Yale Center for British Art MUSEO
(www.ycba.yale.edu; 1080 Chapel St; ☺10.00-17.00 ma-sa, 12.00-17.00 do) GRATIS La colección de

arte británica más completa fuera del Reino Unido. Estaba cerrado por reformas cuando el autor de esta guía estuvo allí. Se espera su reapertura a lo largo del 2016.

🛏 Dónde dormir

Hotel Duncan
HOTEL HISTÓRICO $

(☎203-787-1273; www.hotelduncan.net; 1151 Chapel St; i/d 65/85 US$; ❄️🐾🛜) Aunque esta pequeña joya ha perdido un poco de esplendor, vale la pena alojarse en ella para admirar el fantástico vestíbulo o el ascensor.

Study at Yale
HOTEL $$$

(☎203-503-3900; www.studyatyale.com; 1157 Chapel St; h 199-259 US$; 🅿️🛜) Este hotel logra evocar sofisticación de mediados de siglo sin ser exagerado ni intimidatorio. Los toques contemporáneos incluyen bases de carga para iPod y máquinas de cardio con TV incorporado.

🍴 Dónde comer

★ Frank Pepe
PIZZERÍA $

(☎203-865-5762; www.pepespizzeria.com; 157 Wooster St; pizza 10-20 US$; ⏱11.30-22.00; 🅿️🛗) Sirve pizzas deliciosas y crujientes de masa fina, hechas al horno de carbón, desde 1925. Se recomienda la Frank Pepe's Original o una especialidad de New Haven: la pizza de moluscos. No aceptan tarjeta de crédito.

Booktrader Cafe
CAFÉ $

(☎203-787-8147; www.booktraderatyale.com; 1140 Chapel St; sándwiches 7-10 US$; ⏱7.30-21.00 lu-vi, 9.00-21.00 sa, hasta 19.00 do; 🛜🅿️) Esta cafetería luminosa y llena de libros es un lugar encantador para devorar sándwiches. Cuando hace buen tiempo, hay un patio a la sombra.

Caseus Fromagerie Bistro
QUESERÍA $$

(☎203-624-3373; www.caseusnewhaven.com; 93 Whitney Ave; principales 12-25 US$; ⏱11.30-14.30 lu-sa y 17.30-21.00 mi-sa; 🅿️) Quesería selecta llena de etiquetas locales y un menú dedicado a le grand fromage. También sirven unos mac 'n' cheese perfectos o un poutine peligrosamente adictivo (patatas fritas, queso y velouté).

☆ Ocio

New Haven tiene una oferta teatral de primera. La publicación semanal gratuita New Haven Advocate (www.ctnow.com) incluye la programación.

Toad's Place
MÚSICA

(☎203-624-8623; www.toadsplace.com; 300 York St) Una de las mejores salas de conciertos de Nueva Inglaterra, que se ha ganado su repu-

tación recibiendo a nombres como los Rolling Stones, U2 y Bob Dylan.

Shubert Theater
TEATRO

(☎203-562-5666; www.shubert.com; 247 College St) Teatro de 1914 que acoge ballet y musicales de Broadway, que se prueban aquí antes de ir a Nueva York.

Yale Repertory Theatre
TEATRO

(☎203-432-1234; www.yalerep.org; 1120 Chapel St) Clásicos y obras nuevas en una iglesia reconvertida.

ℹ Cómo llegar y salir

Para ir en tren desde Nueva York, se puede evitar el Amtrak y tomar el **Metro North** (www.mta.info; ida 10-16 US$), que tiene servicios casi cada hora a precios más bajos. Para ir al norte, se puede tomar el tren de Amtrak a Hartford (14 US$, 1 h) o Boston (desde 54 US$, 2 ½ h). **Greyhound Bus Lines** (www.greyhound.com) también conecta New Haven con ciudades como Hartford (15 US$, 1 h) o Boston (23-27 US$, 4 h).

VERMONT

Estado verde, animado y un poco estrafalario, Vermont asume su gran belleza natural con respeto y joie de vivre. Y su gastronomía es excelente, desde los quesos artesanales a los helados Ben & Jerry's, pasando por grandes cucharadas de sirope de arce. Afortunadamente, hay muchas posibilidades para quemar las calorías de más: esquí o excursiones por las Green Mountains o kayak por el lago Champlain.

Vermont logra redefinir la palabra rural. Su capital apenas es poco más que un pueblo, e incluso su ciudad más grande (Burlington), tiene tan solo 42 200 habitantes. Por doquier abundan las colinas ondulantes, un 80% del estado está cubierto de bosques y el resto está ocupado por granjas de una belleza insuperable. El estado también cuenta con más de 100 puentes cubiertos. Es un lugar para recorrer con calma, parando en sus pueblos pintorescos y disfrutando de la buena vida.

Historia

El francés Samuel de Champlain, que exploró lo que hoy es Vermont en 1609, fue el primer europeo en visitar estas tierras, tradicionalmente habitadas por los indios abenaki.

Vermont desempeñó un papel decisivo en la Guerra de Independencia; en 1775, Ethan Allen lideró una milicia local, los Green

Mountain Boys, hasta el fuerte de Ticonderoga, y se lo arrebató a los británicos. En 1777, declaró su independencia y se convirtió en la República de Vermont. Su Constitución fue la primera del Nuevo Mundo en abolir la esclavitud y establecer un sistema educativo público. En 1791, Vermont fue admitida en la Unión como 14º estado.

El carácter independiente es tan propio de este estado como el famoso mármol de Vermont. En el pasado fue conocida por sus granjas productoras de lácteos, y sigue siendo principalmente agrícola. Es el estado de Nueva Inglaterra con menos población.

ℹ Información

Departamento de Turismo de Vermont (www. vermontvacation.com) Información en línea muy práctica.

Vermont Public Radio (VPR; www.vpr.net) Excelente radio pública estatal. La frecuencia varía a lo largo del estado: Burlington (noroeste de Vermont, 107.9); Brattleboro (sureste, 88.9); Manchester (suroeste, 106.9); St Johnsbury (noreste, 88.5).

Vermont State Parks (☎888-409-7579; www. vtstateparks.com) Completa información sobre parques y acampada.

Sur de Vermont

En el sur de Vermont es donde están los pueblos más antiguos del estado, además de las carreteras secundarias pintorescas.

Brattleboro

Si el viajero se pregunta de dónde salió la contracultura de los sesenta, obtendrá respuestas en este bonito pueblo junto al río. Hay más artistas y camisetas teñidas per cápita que en cualquier otro lugar de Nueva Inglaterra.

◉ Puntos de interés

Main St discurre paralela al río Connecticut y está llena de edificios de época como el **Latchis Building**, de estilo *art déco*. En los alrededores hay varios **puentes cubiertos;** se puede conseguir un mapa en la cámara de comercio.

Brattleboro Museum & Art Center MUSEO (www.brattleboromuseum.org; 10 Vernon St; adultos/estudiantes/niños 8/4 US$/gratis; ◷11.00-17.00 mi-lu) Museo ubicado en una estación de ferrocarril de 1915, con exposiciones temporales de arte contemporáneo, que incluyen obras multimedia de artistas locales.

DATOS DE VERMONT

Apodo Estado de las Green Mountains

Población 626 500

Superficie 14 747 km²

Capital Montpelier (7755 hab.)

Otras ciudades Burlington (42 200 hab.)

Impuesto sobre ventas 6%

Hijos célebres El líder mormón Brigham Young (1801-1877), el presidente Calvin Coolidge (1872-1933)

Cuna de más de 100 puentes cubiertos

Política Independiente, de inclinación demócrata

Famoso por el helado Ben & Jerry's

Estado espumoso Alberga la mayor concentración de cerveceras per cápita del país

Distancias por carretera Burlington-Brattleboro, 242 km; Burlington-Boston, 346 km

⌷ Dónde dormir

Si se busca algo barato hay muchos moteles en Putney Rd, al norte. Hay que tomar la salida 3 de la I-91.

Latchis Hotel HOTEL $$ (☎802-254-6300, 800-798-6301; www.latchis.com; 50 Main St; h 115-170 US$, ste 185 US$, desayuno incl.; 🛜) La decoración es *retro* y la vista desde las habitaciones interiores puede ser una pared de ladrillo rojo, pero este hotel *art déco* tiene encanto. La ubicación céntrica es inmejorable y al lado hay un teatro histórico.

Forty Putney Road B&B B&B $$$ (☎800-941-2413, 802-254-6268; www.fortyputne yroad.com; 192 Putney Rd; h 159-329 US$, desayuno incl.; @🛜) Un B&B de 1930 con una fantástica ubicación junto al río, al norte del pueblo. Incluye un animado *pub*, mesa de billar, *jacuzzi*, un patio fantástico, cuatro habitaciones y una casa independiente. Hay caminos para pasear junto al río.

✗ Dónde comer

Brattleboro Food Co-op ALIMENTACIÓN $ (☎802-257-0236; www.brattleborofoodcoop.com; 2 Main St; sándwiches 7-9 US$; ◷7.00-21.00 lu-sa, 9.00-21.00 do) ◢ En este próspero mercado comunitario del centro se puede comprar comida

RUTA PANORÁMICA: PUENTES CUBIERTOS DE BENNINGTON

Al norte de Bennington, un desvío de 30 min permite cruzar tres puentes cubiertos muy fotogénicos sobre el río Wallomsac. Hay que ir al oeste por la VT 67A, al norte de la oficina de turismo de Bennington, y seguir durante 5,6 km; luego se gira a la izquierda por Murphy Rd hasta el **Burt Henry Covered Bridge** (1840; 36 m). Tras una curva a la izquierda, Murphy Rd pasa por el **Paper Mill Bridge**, que recibe el nombre de un molino de 1790 cuyos engranajes todavía se pueden ver sobre el río. A continuación, se gira a la derecha por la VT 67A y, al cabo de 800 m, se gira a la derecha por Silk Rd. Pronto se cruza el **Silk Road Bridge** (1840 aprox.). Si se siguen otros 3 km más, girando a la izquierda en las dos bifurcaciones siguientes, se llega al **monumento de la batalla de Bennington**.

integral, productos ecológicos, quesos locales, zumos frescos y comida saludable para llevar.

Whetstone Station COMIDA DE PUB $$
(☑802-490-2354; www.whetstonestation.com; 36 Bridge St; principales 10-22 US$; ⏱11.30-22.00 do-ju, hasta 23.00 vi y sa) Se puede cenar en la terraza con vistas incomparables del río Connecticut. Además, tienen unas 20 cervezas artesanas de barril y una amplia selección en lata y botella. Para comer algo ligero pero sustancioso, se recomiendan las puntas de solomillo a la parrilla con salsa. El servicio es muy agradable.

TJ Buckley's ESTADOUNIDENSE $$$
(☑802-257-4922; www.tjbuckleys.com; 132 Elliot St; principales 40 US$; ⏱17.30-21.00 ju-do) 🍴 Excepcional restaurante de solo 18 plazas, fundado hace más de 30 años por el chef Michael Fuller en un auténtico *diner* de 1927. El menú está formado por cuatro platos que cambian cada noche, con ingredientes ecológicos locales. Hay que reservar.

❶ Información

Cámara de comercio de Brattleboro (☑877-254-4565, 802-254-4565; www.brattleborochamber.org; 180 Main St; ⏱9.00-17.00 lu-vi) Distribuye un mapa gratuito con paseos históricos.

Bennington

Bennington es la población más grande del sur de Vermont (15 000 habitantes). En Main St se encuentra una interesante mezcla de cafeterías y tiendas, mientras que en el barrio histórico de Old Bennington hay casas coloniales, tres puentes cubiertos y la **iglesia de Old First**, de principios del s. XIX, donde está enterrado el poeta Robert Frost. Todo ello dominado por un obelisco de granito que conmemora la batalla de Bennington (1777).

◉ Puntos de interés

Bennington Battle Monument ENCLAVE HISTÓRICO
(www.benningtonbattlemonument.com; 15 Monument Circle; adultos/niños 6-14 años 5/1 US$; ⏱9.00-17.00 med abr-oct) Un monumento sorprendente de más de 90 m de alto, que ofrece vistas de 360º de los campos circundantes. Se puede subir fácilmente en ascensor.

Bennington Museum MUSEO
(☑802-447-1571; www.benningtonmuseum.org; 75 Main St; adultos/menores 18 años 10 US$/gratis; ⏱10.00-17.00 diarios, cerrado ene, cerrado mi nov-jun) Museo ubicado entre el centro y Old Bennington, que contiene una colección histórica que incluye cerámica de Bennington y la bandera de Bennington, una de las más antiguas de las que sobrevivieron de la Guerra de Independencia. También hay obras de la artista folclórica estadounidense Grandma Moses.

🛏 Dónde dormir y comer

Greenwood Lodge & Campsites ALBERGUE, CAMPING $
(☑802-442-2547; www.campvermont.com/greenwood; VT 9, Prospect Mountain; tienda para 2 personas/plazas 35/29 US$, dc 30-36 US$, h 1/2 personas 72/75 US$; ⏱med may-fin oct; 🛜) Se trata de una extensión de 48 Ha en las Green Mountains, 13 km al este de la ciudad, con tres estanques incluidos. Es el mejor situado de los albergues y *campings* de Vermont.

Henry House B&B $$
(☑802-442-7045; www.thehenryhouseinn.com; 1338 Murphy Rd, North Bennington; h 100-155 US$, desayuno incl.; 🛜) Los huéspedes pueden sentarse en una mecedora y ver cómo el tráfico entra y sale de un puente cubierto desde esta casa colonial, en una finca de 10 Ha, construida en 1769 por William Henry, héroe de la Guerra de Independencia.

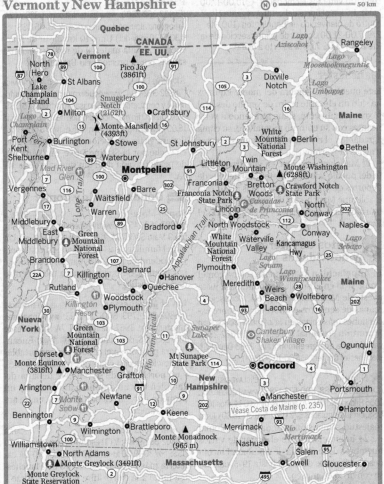

Blue Benn Diner   DINER **$**

(☎802-442-5140; 314 North St; principales 7-16 US$; ☺6.00-16.45 lu-vi, 7.00-15.45 sa y do; 🖉) Este *diner* clásico de los años cincuenta sirve desayunos todo el día, además de una saludable mezcla de comida estadounidense e internacional. Para una experiencia *retro* más completa, hay pequeños *jukeboxes* de sobremesa donde se puede poner "Moonlight in Vermont" de Willie Nelson hasta que los vecinos protesten. Solo efectivo.

Pangaea   INTERNACIONAL **$$$**

(☎802-442-7171; www.vermontfinedining.com; 1 Prospect St, North Bennington; principales *lounge*

desde 10-23 US$, principales restaurante 30 US$; ☺*lounge* desde 17.00 diario, restaurante 17.00-21.00 ma-sa) Restaurante de calidad de North Bennington, con una amplia gama de precios. Los comensales pueden comer hamburguesas *gourmet* en la terraza trasera junto al río o sentarse en un comedor más íntimo e informal, para degustar especialidades internacionales como *filet mignon* sobre *risotto*, aderezado con panceta y queso taleggio.

ℹ Información

La **cámara de comercio de la región de Bennington** (☎802-447-331; www.bennington.

com; 100 Veterans Memorial Dr; ⊙10.00-17.00 lu-vi), 1,6 km al norte del centro, regenta el centro de bienvenida de Bennington (100 Rte 279, 7.00-21.00), cerca de la intersección de la Rte 279 y la US 7. Está abierto a diario.

Manchester

Este pueblo a la sombra del monte Equinox ha sido un elegante retiro de verano desde el s. XIX. Actualmente, sigue atrayendo a veraneantes con su entorno montañoso, su clima agradable y el río Batten Kill (con las mejores truchas de Vermont).

El Manchester Center, en el extremo norte del pueblo, alberga cafeterías y tiendas de deportes de grandes marcas. Más al sur está el solemne Manchester Village, con aceras de mármol, casas señoriales y el elegante Hotel Equinox.

⊙ Puntos de interés y actividades

El **Appalachian Trail,** que se solapa con el **Long Trail** en el sur de Vermont, pasa justo al este de Manchester. Se pueden conseguir mapas de senderos e información sobre excursiones más cortas en la **oficina del Green Mountain National Forest** (☎802-362-2307; www.fs.usda.gov/greenmountain; 2538 Depot St, Manchester Center; ⊙8.00-16.30 lu-vi).

★ **Hildene**   ENCLAVE HISTÓRICO
(☎802-362-1788, 800-578-1788; www.hildene.org; 1005 Hildene Rd/VT 7A; adultos/niños 6-14 años 16/5 US$, circuitos guiados 5/2 US$; ⊙9.30-16.30) Esta majestuosa mansión georgiana neocolonial de 24 habitaciones fue el hogar de varios miembros de la familia de Abraham Lincoln desde principios del s. XIX hasta 1975, cuando se convirtió en museo.

La colección de reliquias de familia incluye el sombrero que probablemente llevaba Lincoln mientras dio el discurso de Gettysburg, uno de los tres sombreros que se han conservado. Es un recinto fantástico con casi 20 km de senderos y pistas de esquí de fondo.

American Museum of Fly Fishing & Orvis   MUSEO
(www.amff.com; 4070 Main St; adultos/niños 5-14 años 5/3 US$; ⊙10.00-16.00 ma-do jun-oct, ma-sa nov-may) Pequeño museo de pesca que contiene el material que en su día utilizaron hombres famosos como Ernest Hemingway, Babe Ruth, Zane Grey o el presidente George Bush. Una exposición narra la historia de la pesca de la trucha y de la pesca con mosca.

BattenKill Canoe   BARCAS
(☎802-362-2800; www.battenkill.com; 6328 VT 7A, Arlington; alquiler de canoa/kayak 73/45 US$; ⊙9.30-17.30 may-oct) Unos 10 km al sur de Manchester, alquila material de remo y organiza salidas por el precioso río Battenkill.

Skyline Drive   RUTA PANORÁMICA
(☎802-362-1114; www.equinixmountain.com; automóvil y conductor 15 US$, pasajero adicional 5 US$; ⊙9.00-17.00 fin may-oct, admisión de vehículos hasta 16.00) La cima del **monte Equinox** (1163 m) depara vistas excepcionales. Se puede subir en coche por la Skyline Drive, una carretera de peaje privada de 8 km que sale de la VT 7A.

🛏 Dónde dormir y comer

Aspen Motel   MOTEL $
(☎802-362-2450; www.theaspenatmanchester.com; 5669 Main St/VT 7A; h 85-150 US$; ❄@🛜🐾) Un motel familiar de 24 habitaciones, con flores y rododendros por todas partes, apartado de la carretera. Se puede llegar a pie al centro de Manchester.

Inn at Manchester   PENSIÓN $$
(☎802-362-1793, 800-273-1793; www.innatmanchester.com; 3967 Main St/VT 7A; h/ste desde 165/255 US$, desayuno incl.; ❄@🛜🐾) Encantadora pensión en el centro, con confortables habitaciones con colchas y muebles rurales, y un porche donde sirven el té de la tarde. También hay un amplio patio trasero y un pequeño *pub,* el Celebration Barn, en un antiguo granero.

Spiral Press Café   CAFÉ $
(☎802-362-9944; VT 11 esq. VT 7A; principales 8-10 US$; ⊙7.30-19.00 lu-sa, 8.30-19.00 do; 🛜) La cafetería más popular del centro de Manchester, junto a la Northshire Bookstore, atrae a lugareños y turistas por igual con su buen café, sus galletas, cruasanes crujientes y sándwiches deliciosos.

Ye Olde Tavern   ESTADOUNIDENSE $$$
(☎802-362-0611; www.yeoldetavern.net; 5183 Main St; principales 18-35 US$; ⊙17.00-21.00) En esta refinada pensión de carretera de la década de 1790 se come con velas junto al hogar. Sirven un menú extenso de clásicos yanquis, como la tradicional carne a la olla (cocinada con la propia cerveza de la taberna) o el venado local (los viernes por la noche).

ℹ Información

Cámara de comercio regional de Manchester (☎802-362-6313; www.visitmanchestervt.com;

MERECE LA PENA

MONTSHIRE MUSEUM OF SCIENCE

Existe un lugar donde se puede tocar una valla musical, ver hormigas podadoras en acción, pasear por un camino junto al río y ver imágenes en tiempo real del telescopio Hubble. Es el **Montshire** (☎802-649-2200; www.montshire.org; 1 Montshire Rd; adultos/niños 2-12 años 14/11 US$; ⏲10.00-17.00; 👪), un museo interactivo ideal para familias, mucho más interesante y atractivo que otros museos infantiles al uso. Aquí el interés principal es la ciencia, en especial la ecología, la tecnología, la física y las ciencias naturales. Los adultos también aprenderán.

El museo se encuentra en un recinto panorámico de 44 Ha junto al río Connecticut, 32 km al este de Woodstock. También se puede llegar desde el centro de Hanover. Basta con cruzar el río.

39 Bonnet St, Manchester; ⏲9.00-17.00 lu-vi, 10.00-15.00 sa, 11.00-15.00 do; 📶) Oficina elegante con wifi gratis.

Centro de Vermont

El centro de Vermont, rodeado por las Green Mountains, ofrece el típico paisaje rural de Nueva Inglaterra, con pueblos pintorescos y pistas de esquí.

Woodstock y Quechee

Woodstock es el típico pueblo de Vermont, con calles llenas de casas de estilo federal y georgiano. El río Ottauquechee, que salva un puente cubierto, serpentea por el centro del pueblo. Quechee, 11 km al noreste, es famoso por un desfiladero espectacular apodado "el Pequeño Gran Cañón de Vermont".

👁 Puntos de interés

★Desfiladero de Quechee DESFILADERO
(⏲centro de visitantes 9.00-17.00) GRATIS Este impresionante desfiladero de 52 m de profundidad y 900 m de largo, formado por el río Ottauquechee, se puede ver desde arriba o a través de los senderos cercanos. La **oficina de turismo** adyacente (5966 Woodstock Rd; ⏲9.00-17.00) tiene mapas e información.

★VINS Nature Center CENTRO DE CETRERÍA
(☎802-359-5000; www.vinsweb.org; 6565 Woodstock Rd; adultos/niños 4-17 años 13,50/11,50 US$; ⏲10.00-17.00 med abr-oct, hasta 16.00 nov-med-abr; 👪) 🌿 Espectáculo en el que varias aves rapaces muestran sus habilidades de vuelo. En este centro de naturaleza, 1,6 km al oeste del desfiladero de Quechee, se pueden ver de cerca águilas calvas, búhos nivales y gavilanes colirrojos. Aquí viven más de 40 aves rehabilitadas.

Marsh-Billings-Rockefeller National Historical Park PARQUE
(☎802-457-3368; www.nps.gov/mabi; 53 Elm St, Woodstock; mansión circuitos adultos/niños menores 16 años 8 US$/gratis, senderos gratis; ⏲centro de visitantes 10.00-17.00 fin may-oct, circuitos 10.00-16.00) El único parque nacional de Vermont comprende el antiguo hogar y la finca del conservacionista George Perkins Marsh. Hay visitas a su mansión cada hora, además de unos 30 km de senderos y caminos de carro para recorrer a pie, con esquís de fondo o raquetas. Si se va en grupo, se recomienda reservar. Algunos días hay circuitos especializados en lugar de visitas a la mansión, así que se recomienda llamar antes.

Billings Farm & Museum GRANJA
(☎802-457-2355; www.billingsfarm.org; 69 Old River Rd, Woodstock; adultos/niños 5-15 años/niños 3-4 años 14/8/4 US$; ⏲10.00-17.00 diarios may-oct, hasta 16.00 sa y do nov-feb; 👪) 🌿 Una granja con mucha historia, ubicada 1,6 km al norte del parque. A los niños les encantan las bonitas vacas de Jersey y las demostraciones prácticas de la vida en una granja tradicional. Hay eventos ideales para familias (según temporada), que incluyen paseos en carro o en trineo, un festival dedicado a la manzana y la calabaza y celebraciones tradicionales de Halloween, Acción de Gracias y Navidad.

🛏 Dónde dormir

Quechee State Park CAMPING $
(☎802-295-2990; www.vtstateparks.com/htm/quechee.htm; 5800 Woodstocck Rd/US 4, Quechee; tienda y parcelas/cobertizos desde 20/25 US$; ⏲med may-med oct) Un *camping* de 247 Ha en un extremo del desfiladero de Quechee, con 45 parcelas a la sombra de los pinos y siete cobertizos.

Ardmore Inn
B&B $$

(☎802-457-3887; www.ardmoreinn.com; 23 Pleasant St, Woodstock; h 219-259 US$, desayuno incl.; ❉☎) Unos propietarios muy simpáticos y unos desayunos generosos realzan el encanto de esta céntrica pensión victoriana de estilo neocolonial de 1867, que ofrece cinco habitaciones cargadas de antigüedades.

Shire Riverview Motel
MOTEL $$

(☎802-457-2211; www.shiremotel.com; 46 Pleasant St/US 4, Woodstock; h 149-209 US$; ❉☎) Por unos dólares más se obtienen vistas al río en este motel de 42 habitaciones, que cuenta con un amplio porche que da al Ottauquechee. Decoración clásica sin grandes aspavientos y estampados rurales.

✖ Dónde comer

Mon Vert Cafe
CAFÉ $

(☎802-457-7143; www.monvertcafe.com; 67 Central St; desayuno 6-13 US$, almuerzo 9-11 US$; ☯ 7.30-17.00 lu-ju, hasta 18.00 vi y sa) Una cafetería luminosa y espaciosa donde se desayuna a base de cruasanes, *scones* y sándwiches de huevo. A la hora de comer, sirven ensaladas y *paninis*. Se recomienda probar el *maple latte* (café con leche y sirope de arce). Todos los ingredientes son locales y en la pared hay una lista de granjas y proveedores locales.

Melaza Caribbean Bistro
PORTORRIQUEÑA $$

(☎802-457-7110; www.melazabistro.com; 71 Central St; platos pequeños 5-12 US$, principales 16-25 US$; ☯17.30-20.30 do, mi y ju, hasta 21.00 vi y sa) El servicio es muy informal, pero todo se olvida con el primer bocado del sofrito especiado de arroz con pollo, servido con aguacates y salsa brava. Ideal para descansar tras un par de días de exploración, con una copa de vino y una mezcla fantástica de entrantes y tapas portorriqueñas y tropicales.

★ Simon Pearce Restaurant
ESTADOUNIDENSE MODERNA $$$

(☎802-295-1470; www.simonpearce.com; 1760 Main St, Quechee; almuerzo 13-19 US$, cena 22-38 US$; ☯11.30-14.45 y 17.30-21.00 lu-sa, 10.3-14.45 y 17.30-21.00 do) Reservando con antelación, se puede conseguir mesa junto a la ventana suspendida sobre el río en este molino de ladrillo reconvertido, donde se utilizan ingredientes de granjas locales de la forma más inventiva. Las bonitas copas del restaurante se hacen a mano en los talleres de Simon Pearce Glass, justo al lado. La sopa de cheddar de Vermont siempre es una buena opción

ℹ Información

El **centro de bienvenida de la cámara de comercio de la región de Woodstock** (☎802-432-1100; www.woodstockvt.com; Mechanic St, Woodstock; ☯9.00-17.00) se encuentra en un callejón junto al río, a dos manzanas del parque.

Killington

Colorado tiene Vail y Nueva Inglaterra, el **Killington Resort** (☎802-422-6200; www.killington.com; adultos/séniors/niños 7-18 años telesilla fin de semana 92/78/71 US$, entre semana 84/71/65 US$), 30 min en coche al oeste de Woodstock. Hay más de 200 pistas en siete montañas distintas, un desnivel de 960 m y 29 telesillas. Gracias al sistema de generación de nieve más extenso del mundo, goza de una de las temporadas de esquí más largas del este del país. Cuando llega el verano, las laderas se llenan de ciclistas y senderistas.

En Killington abundan los alojamientos, desde acogedores refugios de esquí hasta cadenas hoteleras. La mayoría se concentra en Killington Rd, la carretera de 10 km que sube a la montaña desde la US 4. La **cámara de comercio de Killington** (☎802-773-4181; www.killingtonchamber.com; 2319 US 4, Killington; ☯10.00-17.00 lu-vi, hasta 14.00 sa) tiene toda la información.

Valle del río Mad

El valle del río Mad, que se extiende alrededor de Warren y Waitsfield, tienes dos zonas de esquí principales: **Sugarbush** (☎802-583-6300, 800-537-8427; www.sugarbush.com; 1840 Sugarbush Access Rd, Warren; telesilla fin de semana/entre semana 91/84 US$; disponibles descuentos en línea) y **Mad River Glen** (☎802-496-3551; www.madriverglen.com; VT 17; adultos telesilla fin de semana/entre semana 75/60 US$), en las montañas al oeste de la VT 100. Hay muchas opciones para ir en bicicleta, en canoa o en kayak, montar a caballo o hacer ala delta. Toda la información en la **cámara de comercio del valle del río Mad** (☎802-496-3409, 800-828-4748; www.madrivervalley.com; 4061 Main St, Waitsfield; ☯9.00-17.00 lu-vi).

Norte de Vermont

El norte del estado tiene algunos de los paisajes más exuberantes de Nueva Inglaterra. Aquí se encuentra la cautivadora Montpelier, la capital estatal; una meca del esquí, Stowe;

una atractiva ciudad universitaria, Burlington; y las montañas más altas del estado.

Montpelier

Todos son bienvenidos a la capital más pequeña de EE UU. Montpelier es un pueblo encantador rodeado de colinas verdes, lleno de edificios de época y coronado por la cúpula dorada de la State House, del s. XIX (www.vtstatehouse.org; 115 State St; ⊙circuitos 10.00-15.30 lu-vi, 11.00-14.30 sa jul-oct) GRATIS. Cada media hora en punto salen circuitos que recorren el capitolio. Al otro lado de la calle está el centro de visitantes del Capitolio (☎802-828-5981; 134 State St; ⊙ 6.00-17.00 lu-vi, 9.00-17.00 sa y do), que ofrece información turística.

Las dos calles principales paralelas, State St y Main St, están repletas de librerías, tiendas y restaurantes. Aquí hay que olvidarse de la comida basura. Montpelier se enorgullece de ser la única capital de estado del país que no tiene McDonald's. La panadería y cafetería La Brioche (www.neci.edu/labrioche; 89 Main St; pasteles 1-5 US$; sándwiches 5-8 US$; ⊙7.00-18.00 lu-vi, hasta 15.00 sa), regentada por estudiantes del Instituto Culinario de Nueva Inglaterra de Montpelier, saca buenas notas con sus sándwiches innovadores y crujientes sus pastas francesas.

Stowe y alrededores

Dominado por el pico más alto de Vermont, el monte Mansfield (1339 m), Stowe se ha convertido en el destino de esquí con más clase del estado. Ofrece toda la oferta de esquí que puede llegarse a desear, tanto alpino como de fondo, con pistas fáciles para principiantes y desafiantes para profesionales. En verano hay ciclismo, senderismo y kayak. Los alojamientos y restaurantes se concentran en la VT 108 (Mountain Rd), que sigue al noroeste desde el pueblo de Stowe y hasta las pistas de esquí.

◉ Puntos de interés y actividades

Cuando hace buen tiempo, se recomienda recorrer en coche el Smugglers Notch, al noroeste de Stowe por la VT 108 (cerrado por las nevadas en invierno). Es un estrecho puerto de montaña con riscos de 300 m a cada lado. Junto a la carretera hay senderos que se adentran en las montañas.

★ **Ben & Jerry's**
Ice Cream Factory FÁBRICA
(☎802-882-1240; www.benjerrys.com; 1281 VT 100, Waterbury; adultos/niños menores 13 años 4 US$/ gratis; ⊙9.00-21.00 jul-med ago, hasta 19.00 med ago-oct, 10.00-18.00 nov-jun; ⊕) Esta fábrica legendaria está a años luz de la gasolinera abandonada de Burlington donde los heladeros Ben Cohen y Jerry Greenfield se instalaron allá por 1978. Está al norte de la I-89, en Waterbury. La gente acude en masa a hacer la visita guiada, que incluye un vídeo y una cata de los últimos sabores.

Detrás de la fábrica hay un falso cementerio con las 'tumbas' del Holy Cannoli y otros sabores olvidados.

Long Trail EXCURSIONISMO
Esta ruta de senderismo de 480 km pasa al oeste de Stowe, siguiendo la cresta de las Green Mountains, y recorre todo Vermont, con cabañas rústicas, cobertizos y *campings* a lo largo del camino. Del mantenimiento se encarga el Green Mountain Club (☎802-244-7037; www.greenmountainclub.org; 4711 Waterbury-Stowe Rd/VT 100) ⚐, que tiene información completa sobre la ruta y otras excursiones de un día alrededor de Stowe.

★ **Stowe**
Recreation Path ACTIVIDADES AL AIRE LIBRE
(www.stowerec.org/paths; ⊕⊞) ⚐ Este camino de 8,5 km, que recorre terrenos llanos y ondulantes, es ideal para todas las edades y durante todo el año. Atraviesa bosques, prados y jardines de esculturas por el ramal oeste del río Little, con amplias vistas del monte Mansfield a lo lejos. Se puede ir en bicicleta, caminar, patinar, esquiar y nadar en una de las pozas que hay a lo largo del camino. Si se viaja con perro, se recomienda la extensión Quiet Path, de casi 3 km, abierta a corredores y senderistas con canes.

Stowe Mountain Resort ESQUÍ
(☎888-253-4849, 802-253-3000; www.stowe.com; 5781 Mountain Rd) Estas pistas de esquí se extienden por los montes Mansfield (desnivel de 720 m) y Spruce (472 m). Ofrecen 48 pistas fantásticas, el 16% para principiantes, el 55% para nivel medio y el 29% para profesionales y amantes del esquí fuera de pista.

Umiak Outdoor
Outfitters ACTIVIDADES AL AIRE LIBRE
(☎802-253-2317; www.umiak.com; 849 S Main St; ⊙9.00-18.00) Alquilan kayaks, raquetas y esquís Telemark, ofrecen clases de navegación

RUTA PANORÁMICA: LA GREEN MOUNTAIN BYWAY DE VERMONT

La carretera **VT 100** recorre el corazón rural de Vermont, pasando por pastos llenos de vacas, aldeas con viejas tiendas e iglesias de campanario blanco y montañas verdes sembradas de senderos y pistas de esquí. Es un viaje de carretera ideal para relajarse y empaparse de la esencia bucólica de Vermont. La carretera une Massachusetts con Canadá. Aunque el viajero tenga poco tiempo, no debe perderse el precioso tramo de 72 km entre Waterbury y Stockbridge, un desvío de la I-89. Para más detalles sobre lo que ofrece esta ruta, véase www.vermont-byways.us.

fluvial y organizan circuitos por el río y salidas nocturnas con raquetas.

AJ's Ski & Sports ACTIVIDADES AL AIRE LIBRE
(☑802-253-4593, 800-226-6257; www.stowesports. com; 350 Mountain Rd; ☉9.00-18.00) Alquilan bicicletas y material de esquí y *snowboard*. En el centro.

🛏 Dónde dormir

Smugglers Notch State Park CAMPING $
(☑888-409-7579, 802-253-4014; www.vtstateparks. com/htm/smugglers.htm; 6443 Mountain Rd; parcelas para tiendas y caravanas/cobertizos desde 20/27 US$; ☉med may-med oct) Este *camping* de montaña de 14 Ha, 13 km al noroeste de Stowe, ofrece 20 parcelas para tiendas y caravanas, además de 14 cobertizos.

Stowe Motel
& Snowdrift MOTEL, APARTAMENTOS $$
(☑802-253-7629, 800-829-7629; www.stowemotel. com; 2043 Mountain Rd; h 108-188 US$, ste 192-208 US$, apt 172-240 US$; @🛜🏊) Rodeado de 6 Ha de terreno, este motel cuenta con pistas de tenis, *jacuzzis*, jardín y uso gratuito de bicicletas y raquetas en el adyacente Stowe Recreation Path. Habitaciones estándar o de lujo.

Trapp Family Lodge HOTEL $$$
(☑802-253-8511, 800-826-7000; www.trappfamily. com; 700 Trapp Hill Rd; h desde 295 US$; @🛜🏊🐾) Este imponente hotel de montaña es una casa de estilo austríaco rodeada de prados y montañas. Fue construida por Maria Augusta Trapp, cuya vida inspiró la película *Sonrisas y lágrimas,* y tiene la mejor ubicación de Stowe. Ofrece habitaciones tradicionales y

pequeñas casas repartidas por una propiedad de 1090 Ha. Una red de senderos permite hacer magníficas excursiones a pie, con raquetas o de esquí de fondo. Admiten animales (50 US$/noche).

🍴 Dónde comer

Harvest Market MERCADO $
(☑802-253-3800; www.harvestatstowe.com; 1031 Mountain Rd; ☉7.00-17.30) Antes de dirigirse a las montañas, se puede parar aquí para comprar café, pastas, quesos de Vermont, sándwiches, charcutería *gourmet,* vinos y cervezas locales.

Pie-casso PIZZERÍA $$
(☑802-253-4411; www.piecasso.com; 1899 Mountain Rd; sándwiches 9-13 US$, *pizza* 11-22 US$; ☉11.00-22.00 do-ju, hasta 23.00 vi y sa) La ensalada ecológica de pollo y rúcula y el *panini* de champiñones complementan una oferta excelente de *pizzas*. También hay bar y música en directo.

Gracie's Restaurant HAMBURGUESERÍA $$
(☑802-253-8741; www.gracies.com; 18 Edson Hill Rd; principales 12-44 US$; ☉17.00-madrugada). Es un animado restaurante de temática canina a medio camino entre el pueblo y la montaña. Sirven grandes hamburguesas, filetes, ensalada Waldorf y *scampi* con mucho ajo.

★**Hen of the Wood** ESTADOUNIDENSE $$$
(☑802-244-7300; www.henofthewood.com; 92 Stowe St, Waterbury; principales 22-29 US$; ☉17.00-21.00 ma-sa) 🌿 Uno de los mejores restaurantes del norte de Vermont, cuyo chef recibe muy buenas críticas por su cocina innovadora. Ocupa un antiguo molino, con un ambiente a la altura de la comida, platos sabrosísimos como lomo de conejo envuelto en jamón y *gnocchi* con leche de oveja.

ℹ Información

Stowe Area Association (☑802-253-7321; www.gostowe.com; 51 Main St; ☉9.00-17.00 lu-sa, hasta 20.00 jun-oct y ene-mar) En el corazón del pueblo.

Burlington

Esta moderna ciudad universitaria a orillas del precioso lago Champlain es uno de esos lugares que invitan a quedarse. La oferta de cafeterías y clubes nocturnos parece propia de una ciudad mucho más grande, mientras que el ritmo de vida es lento y agradable, todo ello rodeado de naturaleza.

⊙ Puntos de interés

Las tiendas, cafeterías y *pubs* de Burlington se concentran alrededor de Church St, una bulliciosa zona comercial peatonal que se extiende entre la Universidad de Vermont y el lago Champlain.

★ **Shelburne Museum** MUSEO
(☎802-985-3346; www.shelburnemuseum.org; 6300 Shelburne Rd/US 7, Shelburne; adultos/niños 13-17 años/5-12 años 24/14/12 US$; ⊙10.00-17.00 med may-oct; ▣) Extraordinario museo de 18 Ha con una colección de 150 000 objetos, a la altura del mismísimo Smithsonian. Se puede ver artesanía, artes decorativas y otras muchas cosas repartidas en 39 edificios; buena parte de la colección ha sido trasladada aquí desde otras partes de Nueva Inglaterra para asegurar su conservación. Se encuentra unos 15 km al sur de Burlington.

Shelburne Farms GRANJA
(☎802-985-8686; www.shelburnefarms.org; 1611 Harbor Rd, Shelburne; adultos/niños 3-17 años 8/5 US$; ⊙9.00-17.30 med may-med oct, 10.00-17.00 med oct-med may; ▣) ◢ Esta finca de 566 Ha, diseñada por el paisajista Frederick Law Olmsted, que también ideó el Central Park de Nueva York, era la casa de campo de la aristócrata familia Webb, con fantásticas vistas al lago. Ahora es una granja abierta a los visitantes, quienes pueden ordeñar una vaca en el corral (11.00, 14.00), probar un fantástico queso cheddar, visitar los graneros o recorrer una red de senderos. También dispone de una galardonada pensión y de un restaurante donde sirven carne y verduras de la propia granja.

Echo Lake Aquarium & Science Center MUSEO
(☎802-864-1848; www.echovermont.org; 1 College St; adultos/niños 3-17 años 13,50/10,50 US$; ⊙10.00-17.00; ▣) Este museo junto al lago Champlain explora el pasado, el presente y el futuro de la cuenca lacustre. Contiene numerosos acuarios y exposiciones temporales de ciencia, con muchas actividades prácticas, ideales para niños. No hay que perderse la exposición *Into the lake*, en la que aparece Champ, el monstruo que supuestamente vive en el lago.

Magic Hat Brewery FÁBRICA DE CERVEZA
(☎802-658-2739; www.magichat.net; 5 Bartlett Bay Rd, South Burlington; ⊙10.00-19.00 lu-sa jun-med oct, hasta 18.00 lu-ju, hasta 19.00 vi y sa med oct-may, 12.00-17.00 do todo el año) Una de las cerveceras más dinámicas de Vermont. Tras la visita se

---

DE PRIMERA MANO

EL JARDÍN SECRETO DE BURLINGTON

Escondido entre los meandros del río Winooski, a menos de 3 km del centro de Burlington, se encuentra uno de los espacios verdes más idílicos de Vermont. El **Intervale Center** (www.intervale.org; 180 Intervale Rd) GRATIS incluye una docena de granjas ecológicas y una fantástica red de senderos, abierta al público 365 días al año para hacer excursiones, ciclismo, esquí, recolección de bayas y otras muchas actividades; más detalles en la web.

---

pueden catar algunas de sus ocho cervezas de barril en el Growler Bar, como la Peppercorn Pilsner, hecha con pimienta rosada, o la Electric Peel, con pomelo.

🏃 Actividades

Se puede remar en una barca por el **lago Champlain** o recorrer en bicicleta, patines o a pie los 12 km del **Burlington Bike Path**, que circunvala la orilla. Varias tiendas de Main St, cerca del lago, alquilan material.

Local Motion ALQUILER DE BICICLETAS
(☎802-652-2453; www.localmotion.org; 1 Steele St; bicicletas 32 US$ por día; ⊙9.00-18.00 jul y ago, 10.00-18.00 may y jun, sep y oct; ▣) ◢ Alquilan bicicletas de calidad junto al Burlington Bike Path, entre Main St y King St.

Whistling Man Schooner Company NAVEGACIÓN A VELA
(☎802-598-6504; www.whistlingman.com; Boathouse, 1 College St, lago Champlain; crucero de 2 h adultos/niños menores 13 años 40/25 US$; ⊙3 diarios, fin may-ppios oct) Travesías por el lago Champlain en el *Friend Ship*, un velero de 13 m con capacidad para 17 pasajeros.

🛌 Dónde dormir

Los moteles económicos y de precio medio de Burlington están a las afueras, a lo largo de Shelburne Rd (US 7) en South Burlington, Williston Rd (US 2) al este de I-89 (salida 14), y en la US 7 al norte de Burlington, en Colchester (I-89, salida 16).

North Beach Campground CAMPING $
(☎802-862-0942; www.enjoyburlington.com; 60 Institute Rd; plaza para tienda/caravana 36/41 US$; ⊙may-med oct; 🛜) Un lugar fabuloso a orillas del lago, 3 km al norte de la ciudad.

Ofrece 137 parcelas con 18 Ha de bosque, mesas de pícnic, círculos para hogueras, duchas de agua caliente, zona de juegos, playa y carril-bici.

Burlington Hostel
ALBERGUE $

(☎802-540-3043; www.theburlingtonhostel.com; 53 Main St; dc 40 US$, desayuno incl.; ✴@🛜) A 5 min de Church St y el lago Champlain. Dormitorios compartidos de ocho camas, mixtos o unisex.

Lang House
B&B $$

(☎802-652-2500; www.langhouse.com; 360 Main St; h 199-259 US$, desayuno incl.; ✴@🛜) El B&B más elegante de Burlington, una casa victoriana del s. xix, bellamente restaurada, con una ubicación bastante céntrica. Hay que reservar para conseguir las habitaciones de la 3ª planta, con vistas al lago.

Hilton Garden Inn Burlington Downtown
HOTEL $$

(☎802-951-0099; www.hiltongardeninn3.hilton.com; 101 Main St; h desde 229 US$; P✴@🛜🏊) Un hotel histórico con las últimas innovaciones, inaugurado en el 2015 en un antiguo arsenal. Está cerca a pie de la zona comercial de Church St y del lago Champlain. El espacioso vestíbulo destaca con sus colores brillantes y su fina decoración. Las habitaciones son un poco menos exuberantes, pero incluyen camas Serta, pequeñas neveras y microondas. Se recomienda reservar los fines de semana. Aparcamiento, 16 US$/noche.

★ Inn at Shelburne Farms
PENSIÓN $$$

(☎802-985-8498; www.shelburnefarms.org/staydi ne; 1611 Harbor Rd, Shelburne; h con/sin baño desde 210/165 US$, cabañas desde 320 US$, casas desde 450 US$; ⏰may-oct; 🛜) Una antigua finca de 566 Ha (p. 223) a orillas del lago, 11 km al sur de Burlington. Ofrece habitaciones en una casa de campo señorial muy acogedora, en cuatro cabañas independientes con cocina y en varias casas de la propiedad. El restaurante es espléndido y las puestas de sol sobre el lago, indescriptibles.

✖ Dónde comer

Los sábados por la mañana se celebra en el City Hall Park el mercado de productores de Burlington (www.burlingtonfarmersmarket.org).

Penny Cluse Cafe
CAFÉ $

(☎802-651-8834; www.pennycluse.com; 169 Cherry St; principales 6-12,25 US$; ⏰6.45-15.00 lu-vi, 8.00-15.00 sa y do) 🍴 Uno de los restaurantes más populares del centro de Burlington, que ofrece creps, panecillos con *gravy*, tortillas y huevos revueltos con tofu, además de sándwiches, tacos de pescado, ensaladas y un excelente chile. Hay colas los fines de semana.

City Market
MERCADO $

(☎802-861-9700; www.citymarket.coop; 82 S Winooski Ave; sándwiches 8-10 US$; ⏰7.00-23.00) 🍴 Mercado cooperativa en el centro, repleto de verduras y productos locales y un gran puesto de comida para llevar. Están representados más de 1000 productores de Vermont.

Stone Soup
VEGETARIANA $

(☎802-862-7616; www.stonesoupvt.com; 211 College St; bufé 10,75 US$, por libra [450 gr], sándwiches menos de 10 US$; ⏰7.00-21.00 lu-vi, 9.00-21.00 sa; 🛜🍴) Un veterano bufé local, pequeño pero excelente para vegetarianos y *veganos*. Se recomiendan las sopas caseras, los sándwiches, el surtido de ensaladas y las pastas.

★ Pizzeria Verita
PIZZERÍA $$

(☎802-489-5644; www.pizzeriaverita.com; 156 Paul St; *pizza* 8-18 US$; ⏰17.00-22.00 do-ju, hasta 23.00 vi y sa) La nueva pizzería del pueblo sirve perfectas *pizzas* de masa fina. Se recomienda la *quatro formaggi*, la *funghi rustico* o la *ring of fire*, con chile. El bar sirve cócteles y cervezas artesanas de Vermont.

Daily Planet
INTERNACIONAL $$

(☎802-862-9647; www.dailyplanet15.com; 15 Center St; principales 11-24 US$; ⏰16.00-21.00 do-ju, hasta 21.30 vi y sa; 🛜🍴) En este elegante refugio del centro se sirve de todo, como *poutine* con confit de pato, hamburguesas con sabrosas guarniciones, cordero frito o vieiras caramelizadas. El bar está abierto cada noche hasta las 2.00.

Leunig's Bistro
FRANCESA $$$

(☎802-863-3759; www.leunigsbistro.com; 115 Church St; almuerzo 12-22 US$, cena 18-34 US$; ⏰11.00-22.00 lu-ju, hasta 23.00 vi, 9.00-23.00 sa, hasta 22.00 do) Un agradable restaurante de estilo parisino, con mesas en la acera y un elegante comedor con techo de estaño, todo un clásico de Burlington. Tan recomendable para ver pasar el mundo por las ventanas (que dan al bullicioso mercado de Church St) como por la comida y la excelente carta de vinos.

🍺 Dónde beber y vida nocturna

La publicación semanal gratuita *Seven Days* (www.7dvt.com) es una completa guía del ocio.

Radio Bean
BAR

(www.radiobean.com; 8 N Winooski Ave; ⏰8.00-2.00 lu-sa, 10.00-2.00 do; 🛜) Un original bar-cafetería que tiene su propia emisora de radio, un moderno restaurante adjunto que sirve comida internacional y programa conciertos cada noche de *jazz* y música acústica, y lecturas de poesía.

Vermont Pub & Brewery CERVECERÍA
(www.vermontbrewery.com; 144 College St; principales 5-18 US$; ⊙11.30-1.00 do-mi, hasta 2.00 ju-sa) Cervezas especializadas y de temporada, que incluyen una edición limitada semanal, de producción propia. Se acompañan de comida de *pub* estilo británico.

Splash at the Boathouse BAR
(☑802-658-2244; www.splashattheboathouse. com; 0 College St; ⊙10.00-2.00 med may-sep) Bar-restaurante en un antiguo cobertizo de barcas, con vistas al lago Champlain, ideal para ver la puesta de sol tomando un cóctel o una cerveza.

☆ **Ocio**

Nectar's MÚSICA EN DIRECTO
(www.liveatnectars.com; 188 Main St; ⊙19.00-2.00 do-ma, 17.00-2.00 mi-sa) El Nectar's celebró su 40º aniversario en el 2015 y sigue al pie del cañón con sus conciertos y noches temáticas. Aquí empezó la mítica banda Phish.

🔒 **De compras**

Hay tiendas de artesanía y *boutiques* en la zona comercial de Church St. No hay que perderse el Frog Hollow Craft Center (www. froghollow.org; 85 Church St; ⊙10.00-18.00 lu-mi, hasta 20.00 ju-sa, 11.00-19.00 do med abr-nov, reducido resto del año) GRATIS, un colectivo que agrupa a algunos de los mejores artesanos de Burlington.

ⓘ **Información**

Centro médico de la Universidad de Vermont (☑802-847-0000; www.uvmhealth.org; 111 Colchester Ave; ⊙24 h) El mayor hospital de Vermont, con urgencias 24 h.
Cámara de comercio regional del lago Champlain (☑802-863-3489, 877-686-5253; www. vermont.org; 60 Main St; ⊙8.00-17.00 lu-vi) Oficina de turismo, en el centro.

ⓘ **Cómo llegar y salir**

Greyhound (☑800-231-2222, 802-864-6811; www.greyhound.com; 1200 Aeropuerto Dr) tiene autobuses del aeropuerto internacional de Burlington a Boston y Montreal. **Megabus** (☑877-462-6342; www.megabus.com; 116 University Pl) circula entre el campus de la Universidad de Vermont en Burlington, Amherst

(Massachusetts) y Nueva York. El tren **'Vermonter de Amtrak'** (☑800-872-7245; www.amtrak. com/vermonter-train) va cada día a Brattleboro, Nueva York y Washington D. C. **Lake Champlain Ferries** (☑802-864-9804; www.ferries.com; King St Dock; adultos/niños 6-12 años/automóvil 8/3,10/30 US$) tiene ferris que cruzan el lago de mediados de junio a septiembre hasta Port Kent, Nueva York (1 h y 20 min).

NEW HAMPSHIRE

New Hampshire debería trabajar algo su campaña de *marketing*: eslóganes como "el Estado del Granito" no resultan muy sugerentes. Sin embargo, el estado goza de poblaciones pequeñas y apacibles, y de escarpadas y majestuosas montañas. El corazón de New Hampshire se encuentra en los picos graníticos del White Mountain National Forest. Los amantes de la montaña no deben perderse el cota más alta de Nueva Inglaterra, los 1916 m del monte Washington, donde es posible esquiar en invierno, hacer excursiones en verano y admirar el follaje en otoño. Tampoco hay que prestar mucha atención a su fama de lugar conservador: en muchas matrículas se verá el lema "Vive libre o muere" y la gente valora más el espíritu independiente que la política.

Historia

La colonia de New Hampshire, creada en 1629 y bautizada en honor al condado inglés de Hampshire, fue una de las primeras en declarar su independencia de Inglaterra, en 1776. Durante el *boom* industrial del s. XIX, la principal ciudad del estado, Manchester, se convirtió en un gran centro de producción textil; sus molinos eran los mayores del mundo.

New Hampshire también desempeñó un destacado papel en la economía de la segunda mitad del s. XX. El año 1944 el presidente Franklin D. Roosevelt reunió a los líderes de 44 países en un lugar remoto del que entonces casi nadie había oído hablar, Bretton Woods. De la famosa conferencia homónima saldrían el Banco Mundial y el Fondo Monetario Internacional.

En 1963 el estado, famoso por su aversión a los impuestos, encontró una nueva forma de obtener ingresos: se convirtió en el primero del país en tener una lotería oficial.

DATOS DE NEW HAMPSHIRE

Apodo Estado del Granito, Estado de las White Mountains

Población 1,3 millones de habitantes

Superficie 14 348 km²

Capital Concord (42 400 hab.)

Otras ciudades Manchester (110 300 hab.), Portsmouth (21 400 hab.)

Impuesto sobre venta 0%

Hijos célebres Alan Shepard (1923-1998), primer astronauta de EE UU; Dan Brown (nacido en 1964), autor de *El código Da Vinci*.

Cuna de las montañas más altas del noreste del país

Política El estado más republicano de Nueva Inglaterra

Famoso por ser el primer estado en votar en las primarias presidenciales, lo que le da una enorme influencia política en relación a su tamaño

Lema de estado Vive libre o muere

Distancias por carretera Boston-Portsmouth, 96 km; Portsmouth-Hanover 189 km

🛈 Información

Hay puntos de información en la mayoría de los accesos al estado.

New Hampshire Division of Parks & Recreation (☎603-271-3556; www.nhstateparks. org) Información sobre senderismo, ciclismo, acampada y otras actividades al aire libre.

New Hampshire Division of Travel & Tourism Development (☎603-271-2665; www.visitnh. gov) Distribuyen una guía con circuitos de aventura.

Portsmouth

La tercera ciudad más antigua de EE UU (1623) está llena de historia. Se trata de la única urbe costera de New Hampshire y, tiempo atrás, tuvo unos importantes astilleros. Hoy, los antiguos almacenes del puerto albergan cafeterías y tiendas, y las elegantes casas de época de los magnates navieros se han convertido en magníficos B&B.

⊙ Puntos de interés y actividades

Strawbery Banke Museum MUSEO
(☎603-433-1100; www.strawberybanke.org; Hancock St esq. Marcy St; adultos/niños 5-17 años 20/10 US$; ⊙10.00-17.00 may-oct) En un recinto de 4 Ha, es una ecléctica mezcla de 40 casas de la década de 1690, 10 de ellas amuebladas. Guías vestidos de época narran la historia de la ciudad. Destaca la **Pitt Tavern** (1766), hervidero de sentimiento independentista; la **mansión Goodwin**, casa señorial del s. xix de la época más próspera de Portsmouth; y la **Abbott's Little Corner Store**, de 1943. La entrada sirve para dos días consecutivos.

USS 'Albacore' MUSEO
(☎603-436-3680; http://ussalbacore.org; 600 Market St; adultos/niños 7-13 años 7/3 US$; ⊙9.30-17.00 jun-med oct, hasta 16.00 ju-lu med oct-may) Como un pez fuera del agua, este submarino de 62 m es ahora un museo sobre tierra firme. Unas grabaciones sonoras narran su historia mientras los visitantes avanzan por el claustrofóbico espacio en el que se apiñaba una tripulación de 55 personas. El *Albacore* fue fabricado en el Portsmouth Naval Shipyard en 1953 y en su día fue el submarino más rápido del mundo.

Isles of Shoals Steamship Co CRUCEROS
(☎603-431-5500; www.islesofshoals.com; 315 Market St; adultos/niños 4-12 años 28/18 US$; 🖰) De mediados de junio a septiembre, esta empresa organiza un excelente circuito por el puerto y las islas Shoals en la réplica de un ferri de principios del s. xix. También ofrecen cruceros a la puesta de sol, de música *country*, de *reggae* y con cena.

🛏 Dónde dormir

Ale House Inn PENSIÓN $$
(☎603-431-7760; www.alehouseinn.com; 121 Bow St; h 209-359 US$; 🅿🖥) Este antiguo almacén de paredes de ladrillo de la Portsmouth Brewing Company es el alojamiento más elegante de Portsmouth. Fusiona confort y diseño contemporáneo. Las habitaciones son modernas, con líneas limpias y paredes blancas, y las suites cuentan con TV de pantalla plana y elegantes sofás negros; las de lujo incluyen iPad. Los huéspedes pueden utilizar las bicicletas de época y tienen derecho a dos cervezas gratuitas.

Port Inn MOTEL $$
(☎603-436-4378; www.choicehotels.com; 505 Rte 1 Bypass; h/ste 127/178 US$; desayuno incl.;

✱@🛜🛏✱) Un motel acogedor alrededor de un pequeño patio, con una ubicación muy práctica junto a la I-95, unos 2,5 km al suroeste del centro. Las almohadas monocromáticas le dan un toque de color al mobiliario clásico de las habitaciones. Admiten animales (20 US$/noche).

✗ Dónde comer y beber

En la intersección de Market St y Congress St abundan los restaurantes y cafeterías.

Friendly Toast DINER $
(✆603-430-2154; www.thefriendlytoast.com; 113 Congress St; desayuno 8-14 US$, almuerzo 11-19 US$; ⊙7.00-21.00 do-ju, hasta 22.00 ju, 2.00 vi y sa; 🛜🐾) Un *diner* divertido y añejo, que sirve potentes sándwiches, tortillas, comida *tex-mex* y opciones vegetarianas. El menú de desayuno es muy amplio, y se sirve a todas horas. Los fines de semanas las esperas suelen ser largas.

Surf PESCADO $$
(✆603-334-9855; www.surfseafood.com; 99 Bow St; almuerzo 9-18 US$, cena 12-38 US$; ⊙16.00-21.00 do-ju, hasta 22.00 vi y sa) No queda claro si las vistas del río Pisquataqua complementan la comida o la comida complementa las vistas, sobre todo al ponerse el sol. Lo que sí está claro es que ambas son ideales para cerrar el día en este restaurante. Sirven platos de pescado como quesadillas de gambas y aguacate, creps de merluza y *vindaloo* de gambas al curri.

Black Trumpet Bistro INTERNACIONAL $$$
(✆603-431-0887; www.blacktrumpetbistro.com; 29 Ceres St; principales 19-31 US$; ⊙17.30-21.00) Un bistró con paredes de ladrillo y ambiente sofisticado que sirve combinaciones únicas, como solomillo de cerdo con col o codorniz rellena de salchicha. La extensa carta también se sirve arriba, en el bar de vinos, que también prepara cócteles.

Thirsty Moose Taphouse PUB
(www.thirstymoosetaphouse.com; 21 Congress St; bar tentempiés 5-13 US$, principales 10-14 US$; ⊙11.00-13.00) En este agradable *pub* se sirven más de 100 cervezas de barril, con marcas como Abita, Widmer Bros o Clown Shoesbeers y muchas de Nueva Inglaterra. El personal puede aconsejar sobre todas ellas. También sirven *poutine* (patatas fritas con queso y salsa de carne), sándwiches y hamburguesas.

❶ Información

Cámara de comercio del área metropolitana de Portsmouth (✆603-436-3988; www.portsmouthchamber.org; 500 Market St; ⊙8.30-17.00 lu-ju, hasta 19.00 vi, 10.00-17.00 sa y do jun-med oct, 8.30-17.00 lu-vi med oct-may) Información turística.

Monadnock State Park y alrededores

El ascenso al monte Monadnock (965 m; www.nhstateparks.org; 116 Poole Rd, Jaffrey, NH 124; adultos/niños 6-11 años 4/2 US$) es empinado y rocoso, pero las vistas desde la cima valen la pena. Es una excursión muy popular en toda Nueva Inglaterra. En algonquino, Monadnock significa "montaña que se alza sola", y efectivamente está bastante aislada. Esto significa que durante la ruta (ida y vuelta 8 km) se goza de dilatadas vistas de tres estados. Si no se tiene mucha experiencia en estas lides se recomienda ir por el White Dot Trail y volver por el White Cross Trail.

Después del esfuerzo, la mejor recompensa es tomar un enorme helado en la Kimball Farm (www.kimballfarm.com; 158 Turnpike Rd; bola pequeña 5 US$; ⊙10.00-22.00), en la carretera. Hay más de 50 sabores a elegir, como chocolate con frambuesa, nuez con sirope de arce y café con galletas Oreo. Para tomar algo o pasar la noche cerca de la montaña, se recomienda el encanto clásico del Monadnock Inn (✆603-532-7800; www.monadnockinn.com; 379 Main St; h 110-190 US$), que tiene un bar acogedor y algunas habitaciones.

Lago Winnipesaukee

El lago más grande de New Hampshire siempre ha sido un popular lugar de veraneo familiar. Con sus 45 km y sus 274 islas, ofrece muchas oportunidades para bañarse, remar y pescar.

Weirs Beach

Junto al lago, este pueblo cuenta con atractivos típicamente estadounidenses: salones recreativos, minigolf y karts. La cámara de comercio de Lakes Region (✆603-524-5531; www.lakesregionchamber.org; 383 S Main St, Laconia; ⊙9.00-15.00 lu-vi, 10.00-17.00 sa) proporciona información sobre la zona.

Mount Washington Cruises (✆603-366-5531; www.cruisenh.com; 211 Lakeside Ave; cruceros 30-47 US$) ofrece magníficos cruceros

NUEVA INGLATERRA LAGO WINNIPESAUKEE

por el lago. Los más caros incluyen *brunch* con champán y música en directo en el clásico MS *Mount Washington*. Se sale de Weirs Beach.

El **Winnipesaukee Scenic Railroad** (☎603-745-2135; www.hoborr.com; 211 Lakeside Ave, Weirs Beach; adultos/niños 3-11 años 1 h 12/14 US$, 2 h 14/18 US$) recorre en tren la orilla del lago.

Wolfeboro

Al otro lado del lago Winnipesaukee, y a un mundo de distancia del turístico Weirs Beach, está el bonito pueblo de Wolfeboro, autodeclarado "el centro vacacional de verano más antiguo de EE UU". Aquí abundan los edificios de época, y varios de ellos están abiertos al público. La **cámara de comercio** (☎603-569-2200; www.wolfeborochamber. com; 32 Central Ave; ⊙10.00-15.00 lu-vi, hasta 12.00 sa), en la antigua estación de trenes, informa sobre alquiler de barcas y playas del lago.

El **Great Waters Music Festival** (☎603-569-7710; www.greatwaters.org; ⊙jun-ago) congrega a músicos de folk, *jazz* y *blues* en distintos escenarios del pueblo.

Por la NH 28, unos 6,5 km al norte de la ciudad, junto al lago, se encuentra el **Wolfeboro Campground** (☎603-569-9881; www.wolfeborocampground.com; 61 Haines Hill Rd; parcelas para tiendas y caravanas 32 US$; ⊙med may-med oct), con 50 parcelas en el bosque.

Para desayunar, comer o tomar un café con vistas al lago, se puede parar en el **Downtown Grille Cafe** (www.downtowngrillecafe.com; 33 S Main St; desayuno 3,25-7 US$, almuerzo 8-12 US$; ⊙7.00-15.00), que sirve una deliciosa selección de tortillas, sándwiches y hamburguesas. La acogedora **Wolfe's Tavern** (www.wolfestavern.com; Wolfeboro Inn, 90 N Main St; aperitivos 5-12 US$, sándwiches 11-13 US$; ⊙8.00-22.00) ofrece numerosas cervezas regionales y comida a base de tacos de panceta, calamares y sándwiches. Siempre es una buena idea tomarse un helado de **Bailey's Bubble** (☎603-569-3612; www.baileysbubble.com; 5 Railroad Ave; bola pequeña 2,75 US$; ⊙11.00-22.00 may-med oct, reducido en primavera y otoño).

White Mountains

Si Colorado tiene las Rocosas, New Hampshire tiene las White Mountains. La cordillera más alta de Nueva Inglaterra es un imán para aventureros, ya que ofrece infinitas posibilidades para caminar, esquiar y navegar en kayak. Los menos activos podrán conducir por carreteras panorámicas entre cascadas, paredes de roca y desfiladeros.

Se puede encontrar información en las oficinas de los guardabosques del **White Mountain National Forest** (www.fs.usda.gov/whitemountain) y en las cámaras de comercio de las poblaciones.

Valle del monte Washington

Al norte del extremo oriental de la Kancamagus Hwy se extiende el valle del monte Washington, que alberga los pueblos de Conway, North Conway, Intervale, Glen, Jackson y Bartlett. Aquí se pueden realizar todas las actividades al aire libre imaginables. El epicentro de la zona es North Conway, donde se encuentran numerosas tiendas, como LL Bean.

⊙ Puntos de interés y actividades

★**Conway Scenic Railroad** TREN
(☎603-356-5251; www.conwayscenic.com; 38 Norcross Circle; *Notch Train* adultos/niños 4-12 años/1-3 años desde 55/39/11 US$, *Valley Train* desde 16,50/11,50 US$; ⊙med jun-oct; 🎫) El **'Notch Train'**, construido en 1874 y restaurado en 1974, hace un espectacular recorrido de 5 h que pasa por el Crawford Notch. Hay explicaciones en directo sobre la historia y el folclore de la zona. Es imprescindible reservar.

La misma empresa tiene un antiguo tren de vapor, el **'Valley Train'**, que hace un recorrido más corto por el sur del valle, con parada en Conway y Bartlett. También hay otras salidas de temporada, como la del *Pumpkin Patch Express* en octubre y la del *Polar Bear Express* en noviembre y diciembre.

★**Mount Washington Observatory Weather Discovery Center** MUSEO
(☎603-356-2137; www.mountwashington.org; 2779 White Mountain Hwy; adultos/niños 7-17 años 2/1 US$; ⊙10.00-17.00) Si el viajero no tiene tiempo de subir a la cima del monte Washington, puede dedicar un rato a este fascinante museo meteorológico. Aquí podrá disparar un cañón de aire, interrumpir un pequeño tornado o aprender por qué las temperaturas son tan extremadamente bajas en la cima del monte. ¿Qué ocurre al pulsar el botón rojo de la réplica del puesto de observación? Solo una pista: mejor agarrarse fuerte.

RUTA PANORÁMICA: WHITE MOUNTAIN NATIONAL FOREST

La Kancamagus Hwy (NH 112) es una de las mejores rutas de Nueva Inglaterra. Esta carretera de 56 km atraviesa el White Mountain National Forest (p. 228) entre Conway y Lincoln. Conecta con senderos excelentes, miradores fantásticos y ríos aptos para el baño. Es naturaleza en estado puro, sin prácticamente servicios en toda la autopista, que alcanza su punto más alto en el puerto de Kancamagus (874 m).

Se pueden conseguir folletos y mapas de senderismo en la oficina de guardabosques de Saco (☎603-447-5448; 33 Kancamagus Hwy; ⏰8.00-16.30), en el extremo este de la carretera, cerca de Conway. En el extremo oeste, se recomienda parar en la oficina de turismo de las White Mountains, en North Woodstock.

Desde Conway, 610 km al oeste de la oficina de guardabosques de Saco, al norte de la carretera se encuentran las cascadas Lower; se recomienda parar a nadar y admirar las vistas. No hay que irse sin caminar 20 min hasta las impresionantes cascadas de Sabbaday; el camino empieza en la milla 15, en el lado sur de la carretera. El mejor lugar para ver alces es la orilla del estanque de Lily; hay un mirador en la milla 18. En la oficina de guardabosques de Lincoln Woods, cerca del mojón de la milla 29 hay un puente colgante sobre el río que lleva, tras 5 km, a las cascadas de Franconia, con la mejor poza para nadar de todo el parque, además de un tobogán natural de piedra. Aparcar en la carretera cuesta 3 US$/día o 5 US$/semana; no hay personal que cobre; simplemente se debe rellenar un formulario y dejarlo en un sobre. Se confía en la honestidad del visitante.

El White Mountain National Forest es ideal para campistas. Hay varios *campings*; la mayoría acepta huéspedes por orden de llegada; se puede conseguir una lista en la oficina de guardabosques de Saco.

Echo Lake State Park
PARQUE

(www.nhstateparks.org; River Rd; adultos/niños 6-11 años 4/2 US$) Un plácido lago a los pies de la roca vertical del White Horse Ledge, 3 km al oeste de North Conway por River Rd, un camino precioso que rodea el lago, con una pequeña playa.

También hay una carretera (1,6 km) y un sendero que suben al Cathedral Ledge (213 m), que ofrece vistas panorámicas de las montañas. El Cathedral Ledge y el White Horse Ledge son excelentes para escalar. Es también un buen lugar para bañarse y hacer un pícnic.

Saco Bound
PIRAGÜISMO

(☎603-447-2177; www.sacobound.com; 2561 E Main/US 302, Conway; alquiler 26-45 US$ por día; ⏰ fin abr-med oct) Organizan salidas en canoa con servicio de lanzadera incluido (12-15 US$ por canoa/kayak). También ofrecen excursiones con acampada y alquilan neumáticos para chapotear en el río (adultos/niños menores de 12 años 20/10 US$).

🛏 Dónde dormir

North Conway dispone de mucha oferta de alojamiento, desde resorts a acogedoras pensiones.

White Mountains Hostel
ALBERGUE $

(☎603-447-1001; www.whitemountainshostel.com; 36 Washington St, Conway; dc/h 20/20-30 US$; 🛜) 🍃 Esta alegre granja de principios del s. xx acoge un albergue con dormitorios compartidos con literas y cinco habitaciones privadas, zona común y cocina. Cerca hay opciones excelentes para hacer excursiones a pie, en bicicleta o en kayak. El único inconveniente es que queda lejos de North Conway (8 km al sur). No es un albergue festivo; es una opción ideal para explorar la naturaleza.

Saco River Camping Area
CAMPING $

(☎603-356-3360; www.sacorivercampingarea.com; 1550 White Mountain Hwy/NH 16; parcela para tienda/caravana desde 33/43 US$, cabañas 47 US$; ⏰ may-med oct; 🛜🏊) *Camping* junto al río, lejos de la autopista, con 140 parcelas abiertas o rodeadas de árboles. También hay cabañas rústicas (sin electricidad ni cocina). Alquilan canoas y kayaks.

Cranmore Inn
B&B $$

(☎603-356-5502; www.cranmoreinn.com; 80 Kearsarge St; h 149-369 US$, desayuno incl.; 🛜🏊) Recién renovado y con nuevos dueños, ofrece habitaciones de estilo fresco y moderno.

Además de las estándar, hay varias suites de dos habitaciones y un apartamento con cocina. La pensión abrió en 1863. Tiene un *jacuzzi* ideal para relajar los músculos tras una excursión.

Hampton Inn North Conway   HOTEL $$$
(☏603-356-7736; www.hamptoninn3.hilton. com; 1788 White Mountain Hwy; h desde 279 US$; ✳@🐾🐕🐾) Si se viaja con niños, se puede visitar este parque acuático interior de 1500 m², con dos toboganes y una ubicación magnífica.

✖ Dónde comer

Peach's   CAFETERÍA $
(☏603-356-5860; www.peachesnorthconway.com; 2506 White Mountain Hwy; desayuno 6-10 US$, almuerzo 8-9 US$; ⏰7.00-14.30) Un lugar encantador, lejos del ajetreo, ideal para desayunar o comer sopas y sándwiches. Gofres cubiertos de fruta, creps y café recién hecho servidos en una sala de estar particular.

Moat Mountain Smoke House & Brewing Co   COMIDA DE PUB $$
(☏603-356-6381; www.moatmountain.com; 3378 White Mountain Hwy; principales 10-23 US$; ⏰11.30-24.00) Buena comida, servicio eficiente y deliciosas cervezas artesanas. Además, sirve una amplia variedad de gastronomía nacional, con algunos toques sureños: sándwiches de barbacoa, chile de ternera, jugosas hamburguesas, *pizzas* al horno de leña y una deliciosa crema de cangrejo y maíz al curri. El *pub* es lugar de encuentro habitual de muchos lugareños.

❶ Información

Cámara de comercio del valle del monte Washington (☏603-356-5701; www.mtwas hingtonvalley.org; 2617 White Mountain Hwy; ⏰9.00-17.00) Información turística; al sur del centro. El horario es poco fiable.

North Woodstock y Lincoln

Estos dos pueblos gemelos son un buen lugar para parar a comer o a dormir de camino entre la Kancamagus Hwy y el Franconia Notch State Park. Cada uno se encuentra a un lado del río Pemigewasset, en la intersección de la NH 112 y la US 3. Se puede descargar adrenalina saltando por una tirolina de 600 m entre los árboles con **Alpine Adventure** (☏603-745-9911; www.alpinezipline.com; 41 Main St, Lincoln; desde 64 US$; ⏰11.00-16.00).

🛏 Dónde dormir y comer

Woodstock Inn   PENSIÓN $$
(☏603-745-3951; www.woodstockinnnh.com; US 3; h con/sin baño desde 147/178 US$, desayuno incl.; ✳🐕) Una pensión rural de estilo victoriano en el centro de North Woodstock, con 34 habitaciones decoradas individualmente en cinco edificios separados (tres juntos, dos al otro lado de la calle). Estilo antiguo y servicios modernos. Para cenar se puede elegir entre su restaurante y la cervecería (Woodstock Station & Microbrewery).

Woodstock Inn Station & Brewery   COMIDA DE PUB $$
(☏603-745-3951; www.woodstockinnnh.com; US 3; principales 12-24 US$; ⏰11.30-22.00) Cuando hace bueno, su soleado patio es un lugar ideal para comer, beber y ver pasar el mundo. Esta antigua estación de ferrocarril tiene comida para todos los gustos, con más de 150 platos en el menú. Los mejores son la pasta, los sándwiches y las hamburguesas. La taberna trasera es uno de los lugares más concurridos de la zona.

❶ Información

Cámara de comercio de Lincoln/Woodstock (☏603-745-6621; www.lincolnwoodstock.com; 126 Main St/NH 112, Lincoln; ⏰9.00-17.00 lu-vi) Información de la zona.

Oficina de turismo de las White Mountains (☏603-745-8720, National Forest 603-745-3816; www.visitwhitemountains.com; 200 Kancamagus Hwy; ⏰centro de visitantes 8.30-17.00, mostrador de National Forest 9.00-15.00 diario med may-oct, vi, sa y do solo nov-med may) Folletos y mapas de senderos. Se puede comprar el White Mountain National Forest Pass (día/semana 3/5 US$), necesario para acceder a los senderos del parque nacional.

Franconia Notch State Park

El Franconia Notch es el desfiladero más célebre de Nueva Inglaterra, un paso estrecho modelado a lo largo de eones por el río en su discurrir por un lecho de granito. La I-93 atraviesa el parque estatal y a veces parece una carretera regional más que una autopista. La **oficina de turismo del Franconia Notch State Park** (☏603-745-8391; www.nhs tateparks.org; I-93, salida 34A; ⏰9.00-17.00 med may-oct), 6,5 km al norte de North Woodstock, ofrece información sobre excursiones por el parque, desde pequeños paseos por la naturaleza hasta rutas de todo un día.

Hay un **sendero** de 14 km, para recorrer a pie o en bicicleta, que transcurre paralelo al río Pemigewasset y conecta el desfiladero de Flume y el monte Cannon. Alquilan bicicletas en la estación del teleférico (medio día/un día 25/40 US$).

⊙ Puntos de interés y actividades

Cannon Mountain Aerial Tramway TELEFÉRICO
(☑603-823-8800; www.cannonmt.com; I-93, salida 34B; ida y vuelta adultos/niños 6-12 años 17/14 US$; ⊙9.00-17.00 fin may-med oct; 🖥) Es un teleférico que recorre la ladera del monte Cannon y ofrece vistas fabulosas del Franconia Notch. Fue el primer teleférico de pasajeros de Norteamérica, de 1938, aunque fue sustituido en 1980 por el actual, con capacidad para 80 pasajeros y que llega a la cima en 5 min (1,6 km, desnivel de 616 m). También se puede subir a pie y bajar en el teleférico.

Desfiladero de Flume EXCURSIONISMO
(www.nhstateparks.org; adultos/niños 6-12 años 16/13 US$; ⊙9.00-17.00 may-oct) Para ver esta maravilla natural hay que tomar un sendero de 3 km, que incluye una pasarela de 244 m que avanza por esta grieta en el lecho de granito, con una anchura que va de 3,5 a 6 m. Las paredes tienen una altura de 21-28 m, con musgo y plantas que crecen en todas las grietas y hendiduras. Unos carteles informativos explican cómo se formó. Cerca hay un puente cubierto, uno de los más antiguos del estado (aprox. 1820).

Lago Echo PLAYA
(☑603-823-8800; I-93, salida 34C; adultos/niños 6-11 años 4/2 US$; ⊙10.00-17.00 med jun-ago) A pesar de la proximidad de la autopista, este pequeño lago a los pies del monte Cannon es un lugar agradable para pasar una tarde nadando o recurriendo sus aguas cristalinas en kayak o en canoa (alquiler 20 US$/h). La pequeña playa suele llenarse, especialmente los fines de semana.

🛏 Dónde dormir

Lafayette Place Campground CAMPING **$**
(☑877-647-2757; www.reserveamerica.com; plazas 25 US$; ⊙med may-ppios oct) Un *camping* muy popular, con 97 parcelas arboladas muy solicitadas en verano. Aceptan reservas para 89 de ellas. Para el resto, hay que llegar temprano y cruzar los dedos. Muchos de los senderos del parque estatal empiezan aquí.

REFUGIOS EN LAS WHITE MOUNTAINS

El Appalachian Mountain Club gestiona ocho refugios a lo largo de la Appalachian Trail, en la Presidential Range. En verano y principios de otoño, los *croos* (guardianes) de los refugios dan la bienvenida a los alpinistas, preparan comida y comparten información sobre conservación y ciencias naturales. Estos refugios llevan más de 125 años activos. Si al viajero le gusta caminar pero no está seguro sobre la idea de acometer una ruta larga, hacer una excursión de un día es la forma ideal de comprobarlo. Solo tiene que llevar una muda de ropa, neceser, comida, agua y una linterna. El *croo* se encargará del resto. Se duerme en literas en dormitorios compartidos, con baños rústicos. Las vistas y la camaradería son fantásticas. Hay que reservar (www.outdoors.org/lodging/huts).

Bretton Woods y Crawford Notch

Antes de 1944, Bretton Woods era un discreto centro vacacional para visitantes acaudalados, que se alojaban en el majestuoso Mt Washington Hotel. Cuando el presidente Roosevelt eligió el hotel para la histórica conferencia que estableció un nuevo orden económico tras la II Guerra Mundial, el pueblo se hizo famoso. Lo que no ha cambiado es la belleza de los campos de los alrededores, dominados por el monte Washington. La **cámara de comercio de Twin Mountain-Bretton Woods** (☑800-245-8946; www.twinmountain.org; US 302 esq. US 3; ⊙9.00-17.00 jul y ago, 9.00-17.00 vi-do otoño, cerrado resto del año) ofrece información sobre la zona.

Bretton Woods (☑603-278-3320; www.brettonwoods.com; US 302; sa, do y festivos telesilla adultos/niños 13-17 años/6-12 años y sénior 85/65/49 US$, lu-vi 75/58/43 US$) es la tercera zona de esquí más grande del estado. Ofrece pistas alpinas y de fondo, así como una tirolina de mayo a septiembre.

La US 302 va al sur desde Bretton Woods hasta el Crawford Notch (540 m) a través de unos imponentes paisajes de montaña, donde abundan las cascadas. El **Crawford Notch State Park** (☑603-374-2272; www.nhstateparks.org; 1464 US Rte 302; adultos/niños 6-11 años 4/2 US$) cuenta con una extensa red de senderos, entre ellos, excursiones cortas hasta una cascada y una ruta más larga de ascenso al monte Washington.

🛏 Dónde dormir

AMC Highland Center REFUGIO **$$**
(☑información 603-278-4453, reservas 603-466-2727; www.outdoors.org/lodging/whitemountains/highland; NH 302, Bretton Woods; dc adultos/niños 106/55 US$, i/d 153/89 US$, media pensión incl.) Este acogedor refugio del Appalachian Mountain Club (AMC), en el Crawford Notch es ideal para hacer excursiones por los senderos que recorren la Presidential Range. El entorno es excepcional; las habitaciones, básicas pero confortables; las comidas, generosas y los anfitriones, amantes de la montaña. Hay descuentos para miembros del AMC. El centro de información, abierto al público, ofrece datos sobre senderismo en la región.

**★Omni Mt Washington
Hotel & Resort** HOTEL **$$$**
(☑603-278-1000; www.omnihotels.com; 310 Mt Washington Hotel Rd, Bretton Woods; h desde 339 US$, ste 869 US$; ❄@🅿🛜🏊) Un gran hotel en activo desde 1902, con una cabeza de alce dominando el vestíbulo y fotografías de flores locales en muchas habitaciones. También ofrece un campo de golf de 27 hoyos, pistas de tenis de tierra batida, centro ecuestre y balneario. El porche trasero es perfecto para tomar un cóctel al atardecer contemplando las montañas. Hay una tarifa de resort de 27,25 US$ al día.

Monte Washington

Desde el Pinkham Notch (619 m), 18 km al norte de North Conway por la NH 16, se accede a una red de senderos que recorren la preciosa **Presidential Range,** la cordillera del monte Washington (1916 m), el más alto al este del Misisipí y al norte de las Smoky Mountains.

El clima del monte Washington es muy severo y puede cambiar abruptamente. En la cima se registran las temperaturas más frías de Nueva Inglaterra; en verano, la media es de 7°C y los vientos implacables hacen que la sensación térmica sea aún más baja. De hecho, el monte Washington tiene el récord de viento más rápido del país: 370 km/h.

La **oficina de turismo del Pinkham Notch** (☑603-278-4453; www.outdoors.org; NH 16; ⏰6.30-22.00 may-oct, hasta 21.00 nov-abr), gestionada por el Appalachian Mountain

Club (AMC), es el centro informativo de la zona, además de un buen lugar para comprar mapas topográficos de senderos y la práctica *AMC White Mountain Guide.*

Uno de los caminos más populares que suben al monte Washington empieza en la propia oficina (6,7 km; 4-5 h ida, algo menos la vuelta).

Si no se desea caminar, la **Mt Washington Auto Road** (☑603-466-3988; www.mountwashingtonautoroad.com; 1 Mt Washington Auto Rd, cerca de la NH 16; automóvil y conductor 28 US$, adultos/niños 5-12 años adicionales 8/6 US$; ⏰7.30-18.00 ppios jun-ago, reducidor med may-ppios jun, sep-med oct), 4 km al norte del Pinkham Notch Camp, llega hasta la cima (si el tiempo lo permite).

Con todo, la forma más bonita de subir a la cima es el **tren de cremallera** (☑603-278-5404; www.thecog.com; 3168 Bass Station Rd; adultos/niños 4-12 años 68/39 US$; ⏰may-oct), que con su locomotora de vapor recorre desde 1869 5,5 km de empinada vía en un trayecto impresionante.

El **Dolly Copp Campground** (☑603-466-2713, reservas 877-444-6777; www.fs.usda.gov; NH 16; parcelas para tiendas/caravanas 22 US$; ⏰med may-med oct) es un *camping* de USFS con 176 sencillas parcelas, 10 km al norte de las instalaciones del Pinkham Notch del AMC.

Hanover

Típica población universitaria de Nueva Inglaterra, con un parque rodeado por los bonitos edificios de ladrillo del Dartmouth College. Prácticamente todo el pueblo está consagrado a esta universidad de la Ivy League fundada en 1769, la novena más antigua del país.

Main St empieza en el parque y está llena de alegres *pubs,* tiendas y cafeterías enfocadas al público universitario. El Appalachian Trail recorre todo el centro por la calle principal.

◉ Puntos de interés

Dartmege UNIVERSIDAD
(☑603-646-1110; www.dartmouth.edu) Todo Hanover está dedicado al Dartmouth College. En el campus, el viajero puede unirse a una **visita gratuita** guiada por un estudiante (☑603-646-2875; https://admissions.dartmouth.edu; 6016 McNutt Hall) o conseguir un plano en secretaría, en McNutt Hall, o en la web. No hay que perderse la **Baker-Berry Library,** con el monumental mural *Epopeya de la civilización americana,* obra del mexicano

José Clemente Orozco (1883-1949), que fue profesor aquí en la década de 1930.

Hood Museum of Art — MUSEO

(☎603-646-2808; http://hoodmuseum.dartmouth. edu/; E Wheelock St; ☺10.00-17.00 ma, ju-sa, hasta 21.00 mi, 12.00-17.00 do) GRATIS Poco después de la fundación de la universidad en 1769, Dartmouth empezó a adquirir objetos de importancia artística o histórica. Desde entonces, la colección ha ido creciendo hasta tener casi 65 000 piezas, que se encuentran en el Hood Museum of Art. La colección se basa principalmente en obras estadounidenses, incluido arte amerindio. Destaca una serie de relieves asirios del palacio de Ashurnasirpal, del s. IX a.C. También organiza exposiciones temporales, a menudo dedicadas al arte contemporáneo.

🛏 Dónde dormir y comer

Storrs Pond Recreation Area — CAMPING $

(☎603-643-2134; www.storrspond.com; 59 Oak Hill DR/NH 10; parcela tienda/caravana 32/40 US$; ☺jun-ppios oct; 🐾) Parcelas arboladas junto a un estanque de 6 Ha, con pistas de tenis y dos playas arenosas para nadar. Hay 18 parcelas para autocaravanas y 12 para tiendas. Desde la salida 13 de la I-89, hay que tomar la NH 10 al norte y buscar las indicaciones.

Hanover Inn — PENSIÓN $$$

(☎603-643-4300, 800-443-7024; www.hanoverinn. com; 2 E Wheelock St, esq. W Wheelock St y S Main St; h desde 249 US$; @🐾🖥🏊) Una mesa de granito de 1200 kg hecha a mano ocupa el vestíbulo de la recién reformada Hanover Inn, la pensión más encantadora de Hanover. Es propiedad del Dartmouth College y ofrece habitaciones bien decoradas, con obras de arte y elegantes muebles de madera. Dispone de restaurante y admite animales de compañía (50 US$/noche).

Lou's — DINER $

(☎603-643-3321; www.lousrestaurant.net; 30 S Main St; desayuno 8-12 US$, almuerzo 9-12 US$; ☺6.00-15.00 lu-vi, 7.00-15.00 sa y do) Una institución en Dartmouth desde 1947, el establecimiento más antiguo de Hanover, siempre lleno de estudiantes. Sobre las mesas *retro* o en la barra de formica se puede degustar comida típica de *diner,* como huevos, sándwiches y hamburguesas. También se recomiendan las pastas, como las deliciosas galletas de jengibre y melaza.

Canoe Club Bistro — CAFÉ $$

(☎603-643-9660; www.canoeclub.us; 27 S Main St; almuerzo 12-24 US$, cena 10-23 US$; ☺11.30-23.30) 🍴 Esta elegante cafetería sirven buena comida a la parrilla (no solo hamburguesas y filetes), además de una amplia oferta de comida con toques globales, como un crujiente *schnitzel* de cerdo o curri malayo de gambas. Todas las noches hay algo, desde música acústica o *jazz* a magia (los lunes).

🍷 Dónde beber y ocio

Murphy's on the Green — 'PUB'

(☎603-643-4075; wwwmurphysonthegreen.com; 11 S Main St; principales 12-24 US$; ☺16.00-0.30 lu-ju, 11.00-0.30 vi-do) Una clásica taberna universitaria donde estudiantes y profesores toman pintas (tiene más de 10 cervezas de barril, entre ellas creaciones locales como la Long Trail Ale) y comida de *pub* (principales 12-24 US$). El ambiente es muy especial, con estanterías llenas de libros, vitrales y bancos de iglesia.

Hopkins Center for the Arts — ARTES ESCÉNICAS

(☎603-646-2422; www.hop.dartmouth.edu; 4 E Wheelock St) Dartmouth goza de este espectacular espacio de artes escénicas que programa un poco de todo, desde cine a actuaciones de compañías internacionales.

❶ Información

La **cámara de comercio de Hanover** (☎603-643-3115; www.hanoverchamber.org; 53 S Main St, suite 208; ☺9.00-16.00 lu-vi) ofrece información turística. Está en el edificio Nugget, pero tiene un **puesto de información** (☺9.30-15.00 lu-mi, hasta 18.00 ju y vi, 10.00-15.00 sa y do) en el parque, que abre a diario de finales de junio a principios de septiembre.

MAINE

Maine es la frontera de Nueva Inglaterra, una tierra vasta, con una costa en las que se extienden kilómetros y kilómetros de playas de arena, acantilados escarpados y abrigados puertos. El estado es famoso por sus antiguos pueblos pesqueros y los puestos de langostas junto al mar, pero su interior también esconde muchas recompensas: ríos poderosos, densos bosques y altas montañas esperan a ser explorados. En el "estado del pino" las posibilidades son tan variadas como los paisajes. Se puede navegar por la costa en una goleta o desafiar rápidos y aguas bravas en una balsa, pasar la noche en una antigua casa de capitán de barco convertida en B&B o

DATOS DE MAINE

Apodo Estado del Pino

Población 1,3 millones

Superficie 56 619 km²

Capital Augusta (18 700 hab.)

Otras ciudades Portland (66 300 hab.)

Impuesto sobre ventas 5,5%

Hijos célebres Henry Wadsworth Longfellow (1807-1882), poeta

Cuna del autor de novelas de terror Stephen King

Política Dividido entre demócratas y republicanos

Famoso por las langostas, los alces, los arándanos, LL Bean

Bebida estatal Aquí nació Moxie, el primer refresco de EE UU (1884)

Distancias por carretera Portland-Acadia National Park, 256 km, Portland-Boston, 240 km

acampar junto a los alces en un bosque junto a un lago.

Historia

Se supone que unos 20 000 amerindios, de un grupo étnico conocido colectivamente como wabanaki, o "gente del amanecer", habitaban en Maine cuando llegaron los primeros europeos. Franceses e ingleses compitieron para establecer colonias en la región a principios del s. XVII, pero no prosperaron a causa de los duros inviernos.

En 1652 Massachusetts se anexionó el territorio de Maine como línea de defensa contra posibles ataques durante la Guerra Franco-India, lo que convirtió la zona en un campo de batalla entre los colonos ingleses de Nueva Inglaterra y las fuerzas francesas de Canadá. Tras aquello la región se mantuvo al margen de casi todo. Tanto que, a principios del s. XIX, en un intento por colonizar el despoblado Maine, el Gobierno ofreció 40 Ha de terreno a los colonos dispuestos a asentarse allí y cultivar la tierra. En 1820 Maine se separó de Massachusetts y entró en la Unión como estado independiente.

En 1851 se convirtió en el primer estado en prohibir la venta de bebidas alcohólicas; fue el inicio de un movimiento que acabó apode-

rándose de todo el país. La prohibición no se levantó hasta 1934.

Información

Si se entra en el estado por la I-95 en dirección norte, se recomienda parar en la oficina de información turística de la autopista.

Maine Bureau of Parks and Land (☑800-332-1501; www.campwithme.com) Acampada en 12 parques estatales.

Turismo de Maine (☑888-624-6345; www.visitmaine.com; 59 State House Station, Augusta) Tiene centros de información en los principales puntos del estado: Calais, Fryeburg, Hampden, Houlton, Yarmouth y Kittery. Las oficinas abren de 9.00 a 17.30, horario ampliado en verano. Muchas ofrecen wifi.

Costa sur de Maine

Esta es la zona más visitada del estado, con playas de arena, pueblos de veraneantes y tiendas baratas. Para ir de compras, el mejor lugar es Kittery, lleno de *outlets*.

Ogunquit

En lengua abenaki Ogunquit significa "lugar bello junto al mar", algo muy apropiado. Su playa de 5 km atrae a veraneantes desde hace mucho tiempo. Su arenal separa el río Ogunquit del Atlántico, lo que permite elegir entre las olas del océano o las aguas más cálidas y tranquilas del interior.

Como destino de playa de Nueva Inglaterra, solo Provincetown le hace competencia, y en ambos el número de visitantes gais es notable. Buena parte del pueblo se extiende a lo largo de Main St (US 1), llena de restaurantes, tiendas y moteles. Los restaurantes junto al mar y las empresas de actividades marítimas se encuentran en Perkins Cove, al sur.

Puntos de interés y actividades

Se recomienda recorrer los 2,5 km del Marginal Way, un sendero que sigue la costa desde Shore Rd, cerca del centro, hasta Perkins Cove. La sublime playa de Ogunquit, también llamada Main Beach (playa principal), es ideal para familias; empieza en el centro, al final de Beach St. Para algo más tranquilo, se puede ir a la playa del Footbridge, al norte, al final de Ocean St.

Costa de Maine

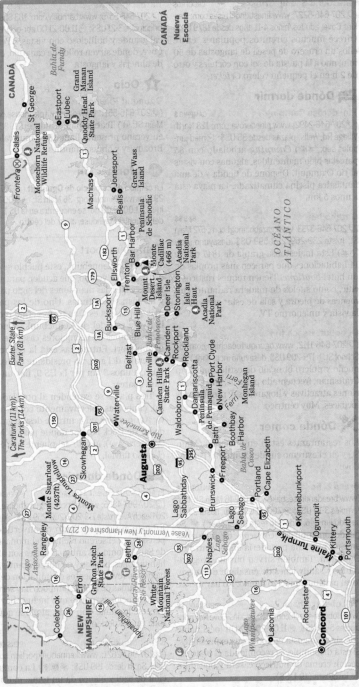

Finestkind Scenic Cruises
CRUCEROS

(☎207-646-5227; www.finestkindcruises.com; Perkins Cove; adultos/niños 4-11 años desde 18/9 US$) Ofrece muchos circuitos populares, entre ellos un crucero de pesca de langostas de 50 min, uno a la puesta de sol con cócteles y otro de 2 h en el pequeño velero *Cricket*.

🛏 Dónde dormir

Pinederosa Camping
CAMPING $

(☎207-646-2492; www.pinederosa.com; 128 North Village Rd, Wells; plazas desde 35 US$; ⊙med junppios sep; 🐾🐶) *Camping* arbolado con 85 parcelas bien mantenidas, algunas con vistas al río Ogunquit. Dispone de tienda y de una fantástica piscina climatizada. La playa está a unos 5 km.

Gazebo Inn
B&B $$

(☎207-646-3733; www.gazeboinnogt.com; 572 Main St; h/ste 239-269/299-599 US$; desayuno incl.; 🛜🐾) Esta majestuosa granja de 1847 ofrece 14 habitaciones que parecen más propias de un hotel-*boutique*. Tienen toques rústicos y chic, como suelos de madera radiante, chimeneas de piedra y sala de estar con vigas a la vista y un enorme TV.

Ogunquit Beach Inn
B&B $$

(☎207-646-1112; www.ogunquitbeachinn.com; 67 School St; h 179-209 US$; desayuno incl.; @🛜) Pequeño y pulcro bungaló de estilo American Craftsman, frecuentado por gais, con habitaciones atractivas y hogareñas, y propietarios locuaces. Muy céntrico.

🍴 Dónde comer

Los restaurantes están en el centro (Main St) y en el extremo sur de Ogunquit (Perkins Cove).

Bread & Roses
PANADERÍA $

(www.breadandrosesbakery.com; 246 Main St; tentempiés 3-10 US$; ⊙7.00-21.00 do-ju, hasta 23.00 sa y do jun-ago, reducido resto del año; 🍴) 🌿 Se puede tomar un café con *scone* de arándanos en esta pequeña panadería en el centro de Ogunquit. También sirven burritos vegetarianos y sándwiches de ensalada de huevo, ideal para un almuerzo rápido. No hay mesas.

★ Lobster Shack
PESCADO $$

(www.lobster-shack.com; 110 Perkins Cove Rd; principales 5-29 US$; ⊙11.00-20.00) Un local fiable que sirve langosta en todas sus expresiones. Si está disponible, se recomienda el plato especial: crema de marisco casera y bocadillo de langosta (19 US$).

Barnacle Billy's
PESCADO $$$

(☎207-646-5575; www.barnbilly.com; 183 Shore Rd; principales 3-21 US$; ⊙11.00-21.00 abr-oct) Un local grande y bullicioso con vistas a Perkins Cove, donde sirven rollos de cangrejo, crema de almejas y langosta.

☆ Ocio

Ogunquit Playhouse
TEATRO

(☎207-646-5511; www.ogunquitplayhouse.org; 10 Main St; 🔊) Teatro inaugurado en 1933 que en verano presenta llamativos musicales de Broadway y obras infantiles.

ℹ Información

La **cámara de comercio de Ogunquit** (☎207-646-2939; www.ogunquit.org; 36 Main St; ⊙ 9.00-17.00 lu-sa, 11.00-16.00 do) se encuentra en la US 1, cerca del Ogunquit Playhouse, al sur del centro.

Kennebunkport

Junto al río Kennebunk, este pueblo se llena de turistas en verano, que acuden para admirar las calles, las mansiones del siglo pasado y las vistas marítimas. Uno de los paseos más populares es Ocean Ave, que recorre la rivera este del río Kennebunk, donde se alzan algunas de las mejores casas de Kennebunkport. Entre ellas está la residencia de verano del antiguo presidente George W. Bush, a unos 3 km por la US 9; hay un sitio para aparcar.

Tres playas se extienden al otro lado del río, conocidas colectivamente como playa de Kennebunk. El centro se despliega alrededor de Dock Sq, por donde pasa la ME 9 (Western Ave), al este del puente que cruza el curso fluvial.

🛏 Dónde dormir

Franciscan Guest House
PENSIÓN $$

(☎207-967-4865; www.franciscanguesthouse.com; 26 Beach Ave; h/ste 119-209/200-259 US$; 🐾🛜🐶) En este antiguo instituto reconvertido en pensión, en el sereno recinto del monasterio de San Antonio, las antiguas clases son ahora habitaciones, básicas y no muy elegantes, con baldosas, revestimientos de imitación de madera y camas de motel. Tampoco hay servicio de habitaciones, por lo que incluso hay que hacerse la cama. Con todo, alojarse aquí es toda una experiencia.

Kennebunkport Inn
PENSIÓN $$$

(☎207-967-2621; www.kennebunkportinn.com; 1 Dock Sq; h desde 199 US$; 🐾@🛜) La combinación de azul y blanco da un toque náutico a esta espectacular pensión de Dock Square, con habitaciones elegantes, fogatas en la terraza y bar-restaurante. Los huéspedes pueden utilizar las bicicletas gratis para pasear por la cercana Ocean Ave y sus mansiones.

✖ Dónde comer

Clam Shack
PESCADO $$

(☎207-967-3321; www.theclamshack.net; 2 Western Ave; principales 4-30 US$; ⏱11.00 hasta el cierre may-med oct) Esta pequeña casita gris que se alza junto al río es toda una institución en Kennebunkport. Lo más típico es pedir unas suculentas almejas fritas o un bocadillo de langosta de 400 gr, servido con mayonesa o mantequilla fundida. Solo hay mesas fuera. En junio a veces puede verse a Barbara Bush celebrando aquí su cumpleaños. Solo efectivo. La hora de cierre depende de la gente que haya, entre 18.00 y 21.30.

★ Bandaloop
BISTRÓ $$

(☎207-967-4994; www.bandaloop.biz; 2 Ocean Ave; platos pequeños 8-12 US$, principales 18-31 US$; ⏱17.00-21.30; ⍩) ⌔ Se especializa en mejillones con ajo, realmente insuperables, que pueden acompañarse de una cerveza ecológica Peak's. El resto del menú es local, ecológico e innovador: solomillo a la parrilla con romero, *mac-and-cheese* con cheddar de Vermont o ensalada de col rizada con semillas de cáñamo, remolacha y nueces.

Portland

El poeta del s. xviii Henry Wadsworth Longfellow se refería a su ciudad natal como la "joya junto al mar". Ahora, gracias a muchos esfuerzos de revitalización, Portland vuelve a brillar. Su animado paseo marítimo, su oferta creciente de galerías y su pequeño tamaño la hacen muy atractiva. Además, su oferta gastronómica es la mejor al norte de Boston.

Portland se extiende entre las colinas de una península rodeada por la cala de Back, la bahía de Casco y el río Fore. Es fácil orientarse. Commercial St (US 1A) recorre el viejo puerto, mientras que la paralela Congress St es la avenida principal del centro.

⊙ Puntos de interés

Old Port
BARRIO

En las calles del puerto viejo se pueden ver bonitas casas de ladrillo del s. xix. En este pequeño barrio se encuentran las tiendas, *pubs* y restaurantes más atractivos de la ciudad. De noche, las farolas de gas le dan mucho ambiente. Aquí se puede comer pescado fresco,

tomar una cerveza, ir de compras y explorar las pequeñas galerías de arte.

Portland Museum of Art
MUSEO

(☎207-775-6148; www.portlandmuseum.org; 7 Congress Sq; adultos/niños 12/6 US$, 17.00-21.00 vi gratis; ⏱10.00-17.00 sa-ju, hasta 21.00 vi, cerrado lu med oct-may) Este respetado museo, fundado en 1882, alberga una excelente colección de artistas estadounidenses, con una buena representación de pintores de Maine como Winslow Homer, Edward Hopper, Louise Nevelson y Andrew Wyeth. También hay obras de maestros europeos como Degas, Picasso y Renoir. La mayoría de las obras se encuentra en el moderno edificio Charles Shipman Payson, diseñado por el estudio del famoso arquitecto I. M. Pei.

Fort Williams Park
FARO

(⏰amanecer-anochecer) ⌔ GRATIS Vale la pena visitar este parque de 36 Ha, ubicado 6,5 km al sureste de Portland, en el cabo Elizabeth, para gozar de las vistas y hacer un pícnic. Se puede pasear por las ruinas de un fuerte del s. xix, que luego fue cuartel de artillería del Ejército, ver búnkeres y nidos de ametralladoras de la II Guerra Mundial (en el año 1942 se avistó un *U-boot* alemán en la bahía de Casco). Por muy extraño que parezca, el fuerte fue la principal defensa de la bahía de Casco hasta 1964.

Junto al fuerte se encuentra el Portland Head Light, el más antiguo de los 52 faros aún operativos de Maine. Fue un encargo de George Washington en 1791 y tuvo personal hasta 1989, cuando se automatizó. La casa del guarda alberga ahora el Museum at Portland Head Light (☎207-799-2661; www.portlandheadlight.com; 1000 Shore Rd; adultos/niños 6-18 años 2/1 US$; ⏱10.00-16.00 jun-oct), que ilustra la historia marítima y militar de la región.

Longfellow House
EDIFICIO HISTÓRICO

(☎207-879-0427; www.mainehistory.org; 489 Congress St; circuito guiado adultos/niños 7-17 años 15/3 US$; ⏱10.00-17.00 lu-sa, 12.00-17.00 do may-oct, cerrado do y lu nov-abr) El hogar del venerado poeta Henry Wadsworth Longfellow lleva 110 años abierto al público. Longfellow creció en esta casa de estilo federal construida en 1788 por su abuelo, un héroe de la Guerra de Independencia. La casa ha sido restaurada impecablemente y conserva su aspecto del s. xix, con muebles y objetos originales. Las visitas guiadas duran 1 h.

🏃 Actividades

Se pueden ver Portland y la bahía de Casco de forma distinta en uno de los cruceros que salen del puerto.

Casco Bay Lines CRUCEROS
(📞207-774-7871; www.cascobaylines.com; 56 Commercial St; adultos 13-24 US$, niños 7-11 US$) Esta empresa recorre las islas de la bahía de Casco. También ofrece cruceros a la Bailey Island (adultos/niños 5-9 años 26/12 US$).

Maine Island Kayak Company KAYAK
(📞207-766-2373; www.maineislandkayak.com; 70 Luther St, Peak Island; circuitos 65 US$; ⊙may-nov) En la Peak Island, a 15 min en barco del centro con Casco Bay Lines, esta empresa ofrece circuitos de un día o haciendo noche por las islas de la bahía de Casco.

Maine Brew Bus CIRCUITO
(📞207-200-9111; www.themainebrewbus.com; circuitos 50-75 US$; ⊙variable) Circuitos y catas en autobús por las cervecerías de Portland, desde Allagash a Sebago. El circuito Casco Fiasco incluye almuerzo.

Portland Schooner Company CRUCEROS
(📞207-766-2500; www.portlandschooner.com; 56 Commercial St; adultos/niños menores 13 años 42/21 US$; ⊙may-oct) Circuitos en una elegante goleta de principios del s. xx. Hay salidas de 2 h y con pernoctación (250 US$/persona, incluida cena y desayuno).

🛏 Dónde dormir

En Portland hay una buena selección de B&B de precio medio y alto, aunque poca oferta económica. Los mejores alojamientos están en las casas del centro y en las mansiones victorianas de West End.

Inn at St John PENSIÓN $$
(📞207-773-6481; www.innatstjohn.com; 939 Congress St; h 125-275 US$, desayuno incl.; 🅿🛜) Este hotel de finales del s. xix, al oeste del centro, es como un viaje en el tiempo, con sus buzones en el vestíbulo y sus estrechas y floreadas habitaciones. Se recomienda pedir una apartada de la ruidosa Congress St. Algunas tienen grandes baños; otras, compartidos. Hay que reservar para los fines de semana.

Morrill Mansión B&B $$
(📞207-774-6900; www.morrillmansion.com; 249 Vaughan St; h 169-239 US$, desayuno incl.; 🛜) Charles Morrill, el propietario original de esta casa del s. xix de West End, hizo fortuna fundando la empresa de *baked beans* B&M,

un clásico de las despensas de Maine. Su hogar se ha transformado en un bonito B&B con ocho habitaciones de decoración clásica y suelos de madera. Algunas son un poco justas; si se necesita espacio, mejor reservar la Morrill Suite, de dos habitaciones.

Portland Harbor Hotel HOTEL $$$
(📞207-775-9090; www.portlandharborhotel.com; 468 Fore St; h desde 339 US$; 🅿🛜❄) Un hotel con una sala de decoración clásica donde los huéspedes se relajan en sillas tapizadas de cuero alrededor de la chimenea. El clasicismo sigue en las habitaciones, que tienen paredes doradas y colchas de *toile* azul, con vistas a la bahía, al jardín interior o a la calle; las del jardín son las más tranquilas. El aparcamiento cuesta 18 US$. Admite animales (25 US$/noche).

🍴 Dónde comer

Two Fat Cats Bakery PANADERÍA $
(📞207-347-5144; www.twofatcatsbakery.com; 47 India St; pastas 3-7 US$; ⊙8.00-18.00 lu-vi, hasta 17.00 sa, hasta 16.00 do, cerrado lu ene y feb) Una pequeña panadería que vende pastas, tartas, galletas de chocolate y fabulosos *whoopies*.

DuckFat SÁNDWICHES $
(📞207-774-8080; www.duckfat.com; 43 Middle St; patatas fritas pequeñas 5 US$, sándwiches 10-14 US$; ⊙11.00-22.00) Las mejores patatas de la zona, fritas en grasa de pato, crujientes por fuera y suaves por dentro. Las salsas de acompañamiento, como kétchup de trufa, son buenas pero innecesarias. Los *paninis* también son excelentes.

⭐ **Green Elephant** VEGETARIANA $$
(📞207-347-3111; www.greenelephantmaine.com; 608 Congress St; principales 10-15 US$; ⊙11.30-14.30, 17.00-21.30 lu-sa, hasta 21.00 do; 🌿) Cafetería tailandesa sobria y espaciosa de aires *zen*, que sirve magníficos platos vegetarianos con el punto de picante que se desee: crujientes *wontons* de espinacas, tofu con ajo y jengibre o sabroso curri *panang* de coco con verduras.

Susan's Fish & Chips PESCADO $$
(📞207-878-3240; www.susansfishnchips.com; 1135 Forest Ave/US 302; principales 9-22 US$; ⊙11.00-20.00) Buenas cremas de marisco y *fish and chips* en un local acogedor y sin florituras de la US 302. Ocupa un antiguo garaje.

J's Oyster PESCADO $$
(📞207-772-4828; www.jsoyster.com; 5 Portland Pier; sándwiches 5-18 US$, principales 25-31 US$; ⊙11.30-

23.00) Quizá no sea el lugar más agradable del planeta, pero sirve ostras a precios insuperables. Se pueden comer en la terraza con vistas al muelle. Además, preparan sándwiches y platos de pescado.

★**Fore Street** ESTADOUNIDENSE **$$$**
(☎207-775-2717; www.forestreet.biz; 288 Fore St; platos pequeños 13-22 US$, principales 28-40 US$; ⏰17.30-22.00 do-ju, hasta 22.30 vi y sa) Los asados son una forma de arte en el Fore Street, uno de los restaurantes más celebrados de Maine. Se toman muy en serio la cocina y el menú cambia a diario en función de los productos de temporada. El comedor es grande y bullicioso, y las paredes de ladrillo con revestimientos de madera recuerdan que en su día fue un almacén.

Algunas de sus especialidades son ensalada de guisantes frescos, *periwinkles* (caracolillos) con crema de hierbas y anjova con panceta. También son recomendables las tablas de pescado fresco y ahumado. Hay que reservar, pero se puede conseguir mesa en la barra de 17.30 a 18.00.

 Dónde beber y ocio

Gritty McDuff's Brew Pub CERVECERÍA
(www.grittys.com; 396 Fore St; ⏰11.00-1.00) Un *pub* bullicioso y festivo del puerto viejo, donde la parroquia bebe excelentes cervezas que se producen allí mismo, en la planta baja.

Port City Music Hall SALA DE CONCIERTOS
(☎207-956-6000; www.portcitymusichall.com; 504 Congress St) Sala de conciertos de tres plantas que acoge a grandes estrellas y a bandas menos conocidas.

 De compras

Se pueden encontrar *boutiques,* galerías y tiendas de artesanía en el centro, en Exchange St y Fore St, por la zona del puerto.

Portland Farmers Market MERCADO DE ALIMENTOS
(http://portlandmainefarmersmarket.org; ⏰7.00-12.00 sa, hasta 13.00 lu y mi may-nov) Aquí se vende de todo, desde arándanos de Maine a encurtidos caseros. Se celebra los sábados de verano y otoño en el céntrico Deering Oaks Park (Park Ave esq. Forest Ave). Los lunes y miércoles se monta en la esquina de Monument Sq con Congress St. En invierno se celebra solo los sábados en el 200 de Anderson St.

'WHOOPIE'

Las *whoopies* son galletas o panecillos de chocolate rellenas de crema, una especie de Oreos a las que se le han inyectado esteroides. Son un clásico de las panaderías y de las cartas de postres en todo el estado, muy populares en Maine y en la zona amish de Pensilvania. Se dice que el origen del nombre es una expresión de sorpresa: cuando los granjeros Amish encontraban una exclamaban: "¡Woopie!". No hay que irse del estado sin probarlas. Se recomienda la panadería Two Fat Cats, en Portland.

Harbor Fish Market MERCADO DE PESCADO
(☎207-775-0251; www.harborfish.com; 9 Custom House Wharf; ⏰8.30-17.30 lu-sa, 9.00-12.00 do) En el muelle de Custom House, vende langostas y pescado. Hacen envíos a todo el país.

Maine Potters Market CERÁMICA
(www.mainepottersmarket.com; 376 Fore St; ⏰10.00-21.00 diario) Una galería cooperativa que muestra la obra de una docena de ceramistas de Maine.

ℹ **Información**

Greater Portland Convention & Visitors Bureau (www.visitportland.com; Ocean Gateway Bldg, 14 Ocean Gateway Pier; ⏰9.00-17.00 lu-vi, hasta 16.00 sa y do jun-oct, variable resto del año) Ofrecen folletos y planos.

ℹ **Cómo llegar y desplazarse**

El **aeropuerto internacional de Portland** (PWM; ☎207-874-8877; www.portlandjetport. org) tiene vuelos frecuentes a ciudades del este del país.

Los autobuses de **Greyhound** (www.greyhound.com; 950 Congress St) y los trenes de **Amtrak** (☎800-872-7245; www.amtrak.com; 100 Thompson's Point Rd) conectan Portland y Boston; ambos tardan unas 2½ h y cuestan 14-34 US$ por trayecto.

El autobús local de **Metro** (www.gpmetrobus. com; tarifa 1,50 US$), que recorre toda la ciudad, tiene la parada principal en Monument Sq, en la intersección de Elm St y Congress St.

Costa central de Maine

En esta franja de costa las montañas llegan hasta el mar, formando penínsulas escarpadas que se adentran en el Atlántico. El viajero encontrará seductores pueblos costeros y muchas oportunidades para hacer excursiones y navegar.

Freeport y alrededores

La fortuna de Freeport, 25 km al noreste de Portland, llegó hace un siglo, cuando Leon Leonwood Bean abrió una tienda para vender material a los cazadores y pescadores que se adentraban en el salvaje norte de Maine. La calidad de sus productos le aseguró una clientela fiel y con el paso de los años la LL Bean Store se expandió.

⊙ Puntos de interés

LL Bean Flagship Store   MATERIAL DEPORTIVO
(www.llbean.com; 95 Main St; ⊘24 h) Una bota de 3 m de alto marca la entrada de la tienda LL Bean, que además de material de pesca y caza ahora vende ropa deportiva. Aunque

---

FUERA DE RUTA

PENÍNSULA DE PEMAQUID

El cabo Pemaquid, que domina el extremo sur de la península de Pemaquid, es uno de los rincones naturales más bellos de Maine. Se caracteriza por sus tortuosas formaciones de roca ígnea modeladas por un mar traicionero. El recinto de 3 Ha del Lighthouse Park (☎207-677-2494; www.bristolparks.org; Pemaquid Point; adultos/niños menor 12 años 2 US$/gratis; ⊘amanecer-anochecer diario, instalaciones ppios may-oct, faro 10.30-17.00) está dominado por el Pemaquid Light, un faro de 1827 con una potencia lumínica de 11 000 candelas. Subir hasta arriba tiene como premio vistas impresionantes de la costa. Es la estrella de los 61 faros que sobreviven en la costa de Maine, la imagen que aparece en las monedas de 25 céntimos del estado. La casa del guarda ahora alberga el Fishermen's Museum (⊘9.00-17.00 ppios-may-oct), con fotos de época, viejo material de pesca y del faro. La visita está incluida con la entrada del parque. La península de Pemaquid está 24 km al sur de la US 1 por la ME 130.

---

han aparecido numerosas otras tiendas en Freeport, la popular LL Bean sigue siendo el epicentro del pueblo, así como uno de los mayores atractivos turísticos de Maine. Además de la tienda hay una galería de tiro al arco, un estanque para pescar truchas y una cafetería.

DeLorme Mapping Company   TIENDA
(☎207-846-7100; www.delorme.com; 2 DeLorme Dr; ⊘9.30-18.00 lu-sa, hasta 17.00 do) No hay que dejar de visitar esta tienda de mapas y material de orientación, con un globo terráqueo de 1600 m². Está llegando a Yarmouth, en la salida 17 de la I-95. Publica el esencial *Maine Atlas and Gazetteer,* además de planos y *software* GPS para todo el territorio de EE UU, y vende guías y mapas de senderismo por la región.

✗ Dónde comer y beber

★ **Harraseeket Lunch & Lobster Co**   PESCADO $$
(☎207-865-4888; www.harraseeketlunchandlobster. com; 36 Main St, South Freeport; principales 5-29 US$; ⊘11.00-19.45, hasta 20.45 jul y ago; ⛟) En el puerto deportivo, se pueden devorar langostas en este puesto de color rojo y de postre, tarta de arándanos. Cuando hace buen tiempo, lo mejor es sentarse en una mesa de pícnic o hacer como los lugareños: en el techo del coche. Hay que llegar temprano para evitar las colas. No vende bebidas; hay que llevarla. Solo efectivo.

Gritty McDuff's Brew Pub   COMIDA DE PUB $$
(www.grittys.com; 187 Lower Main St; principales 10-14 US$) Si los niños empiezan a estar cansados y los padres necesitan una cerveza, este es el lugar ideal. Los pequeños pueden correr por el patio trasero mientras los padres toman una IPA y comen una hamburguesa con queso en la terraza. Es una sucursal del popular Gritty's de Portland; está 3 km al sur de LL Bean.

Bath

Bath ya era célebre en la época colonial como centro de construcción de barcos, y lo sigue siendo en la actualidad. Los Bath Iron Works son uno de los astilleros más grandes del país. Aquí se construyen fragatas de acero y otros buques para la Marina. El interesante Maine Maritime Museum (☎207-443-1316; www.mainemaritimemuseum.org; 243 Washington St; adultos/niños menores 17 años 15/10 US$; ⊘9.30-17.00), al sur de la planta siderúrgica del río Kennebec, está dedicado a la centenaria historia naval del pueblo, que incluye la construcción de la goleta de seis mástiles *Wyoming*, el navío de madera más grande jamás construido en EE UU.

Boothbay Harbor

Pintoresco pueblo pesquero situado en una especie de fiordo, cuyas calles estrechas y serpenteantes se llenan de turistas en verano. Aparte de comer langostas, la actividad principal es navegar. **Balmy Days Cruises** (☎20 7-633-2284; www.balmydayscruises.com; muelle 8; circuitos por el puerto adultos/niños 3-11 años 18/9 US$ [mar-nov], crucero de un día hasta Monhegan adultos/niños 3-11 años 39/19 US$ [jun-ppios oct], circuito de pesca adultos/niños menores 12 años 26/18 US$ [med jun-med sep]) ofrece cruceros por el puerto de 1 h, salidas de un día a la Monhegan Island y circuitos de 1½ h por las islas cercanas. La **cámara de comercio de la región de Boothbay Harbor** (☎207-633-2353; www.boothbayharbor.com; 192 Townsend Ave; ◷8.00-17.00 lu-vi, 10.00-16.00 sa y do jun-med oct, cerrado fin de semana med oct-may) proporciona información turística.

Dónde dormir y comer

Topside Inn　　　　　　　　　　B&B $$
(☎207-633-5404; www.topsideinn.com; 60 McKown St; h 199-360 US$, desayuno incl.; ☞) Una gran mansión gris en lo alto de la colina de Mc-Kown, con las mejores vistas del puerto. Las habitaciones son elegantes, con estampados náuticos y tonos salvia, hierba y caqui. Las de la casa principal tienen más encanto añejo, pero las modernas de las dos casas adyacentes son luminosas y totalmente encantadoras. Nada mejor que disfrutar de la puesta de sol desde una silla Adirondack en el cuidadísimo césped del patio.

Lobster Dock　　　　　　　　PESCADO $$
(www.thelobsterdock.com; 49 Atlantic Ave; principales 6-25 US$; ◷11.30-20.30) De todos los locales de langosta de Boothbay Harbor, este puesto de madera del paseo es de los mejores; además, tiene servicio de mesas. Sirven las tradicionales bandejas de pescado frito, sándwiches y marisco, además de pastas con aires marinos. Pero lo mejor es sin duda la langosta con mantequilla.

Rockland, Camden y alrededores

Rockland, Rockport y Camden son tres bonitos pueblos de costa. Rockland es un próspero puerto comercial con un centro lleno de restaurantes y tiendas independientes. Camden es una pequeña joya rodeada de colinas, con veleros en el puerto. En ambos pueblos se encuentra la famosa flota de *windjammers* de Maine, que atraen a los amantes de los veleros. Rockport tiene una ubicación bonita entre las otras dos localidades.

Los incondicionales de las langostas no pueden perderse el **Maine Lobster Festival** (www.mainelobsterfestival.com; ◷ppios ago), el mejor homenaje al crustáceo de toda Nueva Inglaterra. Se celebra en Rockland.

La **cámara de comercio de Camden-Rockport-Lincolnville** (☎207-236-4404; www.camdenme.org; 2 Public Landing; ◷9.00-17.00), cerca del puerto, proporciona información turística sobre la región.

Puntos de interés y actividades

★**Rockland Breakwater Lighthouse** FARO (www.rocklandharborlights.org) Al final de un rompeolas de granito de 1310 m se alza el faro, adosado a una casa blanca con ladrillos rojos. Desde el final del espigón, que se tardó 18 años en construir, hay buenas vistas del pueblo y del océano.

Camden Hills State Park　　　　PARQUE (☎207-236-3109; wwwmmaine.gov; 280 Belfast Rd/US 1; adultos/niños 3-11 años 4,50/1 US$; ◷ 9.00-anochecer) Una de las excursiones preferidas por este boscoso parque es el ascenso de 45 min al monte Battie (0,8 km), que ofrece vistas exquisitas de la bahía de Penobscot. Se pueden encontrar sencillos planos en la entrada del parque, 2,5 km al noreste del centro de Camden por la US 1. Hay caminos cortos desde la zona de pícnic hasta la orilla del mar. También se puede subir a la cima en coche.

Maine Media Workshops　CLASES DE ARTE (www.mainemedia.edu; 70 Camden St, Rockport) Este instituto es uno de los principales centros formativos del mundo en fotografía, cine y medios digitales. Ofrece más de 450 talleres para principiantes y profesionales durante todo el año, impartidos por destacados profesionales de cada campo. Se montan exposiciones temporales de la obra de alumnos y profesores en una galería de Rockport (18 Central St).

Dónde dormir y comer

Island View Inn　　　　　　MOTEL $$
(☎207-596-0040; www.islandviewinnmaine.com; 908 Commercial St, Rockport; h/ste 119/189-259

US$; ✱🅰🛜🅰) Un motel tentador con prismáticos en las habitaciones para observar la fauna de la bahía de Penobscot desde el balcón, una forma magnífica de empezar el día. Las habitaciones son luminosas, pulcras y espaciosas, con una decoración moderna y agradable. Está en la Rte 1, entre Rockland y Rockport. Una opción fantástica a buen precio.

Boynton-McKay Food Co   DESAYUNOS, CAFÉ **$**
(📞207-236-2465; www.boynton-mckay.com; principales 6,25-10 US$; ⏱7.00-15.00 ma-sa, 8.00-15.00 do) Se puede ver pasar el mundo mientras se toma café y se desayunan unos huevos con chorizo y queso Monterey Jack en esta luminosa cafetería del centro de Camden, que ocupa una antigua botica. Es pequeña y se llena rápidamente, así que hay que llegar temprano. El almuerzo incluye ensaladas y sándwiches, preparados con ingredientes frescos.

Clan MacLaren   SÁNDWICHES **$**
(📞207-593-7778; www.clanmaclaren.net; 395 Main St, Rockland; principales 7-10 US$; ⏱10.00-16.30 lu-sa) Los sándwiches y *paninis* sencillos y deliciosos son el atractivo del Clan MacClaren, un lugar acogedor para comer en el centro de Rockland. En la web se explica que los propietarios son descendientes del clan escocés MacLaren. Se puede practicar el acento pidiendo un Erin MacLaren (salami y provolone, una combinación muy poco escocesa).

Cappy's   PESCADO **$$**
(📞207-236-2254; www.cappyschowder.com; 1 Main St, Camden; principales 10-26 US$; ⏱11.00-23.00; 🅰) Un clásico popular, renovado en el 2015, que atrae a lugareños y turistas por igual. Es conocido por su bar y por su agradable ambiente. Sirven excelentes raciones de crema de marisco y otros platos típicos de Nueva Inglaterra.

Acadia National Park

El Acadia (www.nps.gov/acad) es el único parque nacional de Nueva Inglaterra. Abarca una extensión natural virgen de ondulantes montañas costeras, altos acantilados, playas golpeadas por las olas y tranquilos estanques. Un paisaje espectacular que ofrece numerosas opciones para senderistas y amantes de los deportes extremos.

El parque, que celebra su centenario en el 2016 (www.acadiacentennial2016.org), abarca un territorio cedido por John D. Rockefeller a la red de parques nacionales para proteger-lo de los intereses de la industria maderera. Actualmente se puede caminar o pedalear por los mismos caminos de carros que en su día recorría Rockefeller con su carreta. Tiene una superficie de más de 100 km², incluida la Mt Desert Island, mayormente montañosa, y algunas franjas de la península de Schoodic y de la Au Haut Island. La fauna es muy diversa, e incluye alces, frailecillos y águilas calvas.

◉ Puntos de interés y actividades

◉ Park Loop Road

Esta carretera panorámica de 43 km es la vía principal para ver el parque (de mediados de abril a noviembre). Si el viajero quiere nadar o pasear, puede parar en la playa de arena (Sand Beach), la más grande de Arcadia. Aproximadamente 1,6 km después de esta, se llega al Thunder Hole, donde las potentes olas del Atlántico golpean una estrecha oquedad entre las rocas con tanta fuerza que producen un estallido estruendoso, aún más fuerte con marea alta. Al sur se ven los acantilados de Otter, un popular pared de escalada que se alza en vertical desde el mar. El estanque de Jordan invita a caminar; hay un camino circular de 1,5 km por su lado sur y otro de 5 km que lo circunvala. Si entra apetito, nada mejor que tomar un té con pastas en el jardín de la Jordan Pond House (p. 243). Hacia el final de la Park Loop Rd una carretera secundaria lleva hasta el monte Cadillac.

◉ Monte Cadillac

La majestuosa montaña que domina el Acadia National Park es el monte Cadillac (466 m), el pico más alto de la costa este. Se llega por una carretera de 5,5 km que sale de la Park Loop Rd. Hay cuatro caminos para subir a pie hasta la cima por cuatro direcciones distintas. Arriba, hay unas vistas fabulosas de 360º del océano, las islas y las montañas, especialmente mágicas al atardecer, cuando el sol se pone sobre la bahía de Frenchman.

◉ Otras actividades

Casi 200 km de senderos recorren el Acadia National Park, desde simples caminos de 1 km sin desnivel a ascensos por terreno empinado y rocoso. Destaca el Ocean Trail (ida y vuelta 5 km), que conecta la Sand Beach con los acantilados de Otter, y pasa por los paisajes más interesantes del parque. En la web se describen los diversos caminos. La práctica guía *Walk in the Park: Acadia's Hiking Guide* de Tom St Germain (14 US$) se vende en la oficina de turismo de Hull.

Los 72 km de caminos de carros del parque son ideales para ir en bicicleta. Se pueden alquilar bicis de montaña de calidad, que renuevan al principio de cada temporada, en Acadia Bike (☎207-288-9605; www.acadiabike. com; 48 Cottage St; 23 US$ por día; ☺8.00-18.00 jul y ago, 9.00-18.00 may y jun, sep y oct).

La escalada en los acantilados y montañas del parque es espectacular. Se recomienda Acadia Mountain Guides (☎207-288-8186; www.acadiamountainguides.com; 228 Main St, Bar Harbor; salidas de medio día 75-140 US$; ☺may-oct); el precio incluye guía, formación y material.

Los guardabosques del parque ofrecen diversas actividades: caminatas, charlas sobre ornitología y excursiones infantiles. No hay que perderse las estrellas desde la playa en el programa Stars over Sand Beach. Se puede consultar la programación en línea o en la oficina de turismo de Hulls Cove.

🛏 Dónde dormir y comer

En el parque hay dos *campings* rodeados de bosques y con agua corriente, duchas y barbacoas. A finales del 2015 estaba prevista la apertura de un tercero.

Hay numerosos restaurantes, pensiones y hoteles en Bar Harbor, a 1,6 km del parque.

'Campings' del Acadia National Park   CAMPING $
(☎877-444-6777; www.nps.gov/acad; plazas 22-30 US$) Unos 7 km al sur del puerto de Southwest, el Seawall acepta campistas con y sin reserva. El Blackwoods, abierto todo el año, se llena rápidamente en verano y hay que reservar; está 8 km al sur de Bar Harbor por la ME 3. Ambos tienen baños y duchas de pago, están rodeados de bosque y se hallan a solo unos minutos a pie del mar. A finales del 2015 estaba prevista la inauguración de un tercer *camping* con 92 plazas en la península de Schoodic, el Schoodic Woods.

Jordan Pond House   ESTADOUNIDENSE $$
(☎207-276-3316; www.thejordanpondhouse.com; té de la tarde 10,50 US$, principales 9-24 US$; ☺11.00-20.00 med may-oct) Tomar el té de la tarde en esta casa de campo es toda una tradición de Acadia desde finales del s. XIX. Las teteras humeantes de Earl Grey se sirven con *popovers* calientes (bollos de huevo batido) y mermelada de fresa. Hay que tomarlo en las mesas de fuera, con vistas al lago. Este es el único restaurante del parque, y también sirve almuerzos y cenas, aunque no es nada del otro mundo.

❶ Información

Las Granite Mountains y la espectacular costa dan la bienvenida al Acadia National Park. El parque está abierto todo el año, aunque la Park Loop Rd y la mayoría de los servicios cierran en invierno. Se cobra entrada del 1 de mayo al 31 de octubre; sirve para siete días consecutivos y cuesta 25 US$ por vehículo, 20 US$ por motocicleta y 12 US$ en bicicleta o a pie de mediados de junio a principios de octubre (el resto del año no se paga en esta última modalidad).

Se puede empezar en la **oficina de turismo de Hulls Cove** (☎207-288-3338; ME 3; ☺8.30-16.30 med abr-jun, sep y oct, 8.00-18.00 jul y ago), desde donde la Park Loop Rd recorre la parte este del parque (43 km).

❶ Cómo llegar y desplazarse

Island Explorer (www.exploreacadia.com; ☺fin jun-ppios oct) tiene ocho autobuses muy prácticos desde el Acadia National Park hasta Bar Harbor, que conectan los *campings* y los inicios de los senderos.

Bar Harbor

Atractivo pueblo de costa a las puertas del Acadia National Park. En su día rivalizaba con Newport (Rhode Island) como destino de veraneantes acaudalados. Actualmente, muchas de sus viejas mansiones se han convertido en seductoras pensiones y el pueblo se ha transformado en un imán para los amantes de la naturaleza. La cámara de comercio de Bar Harbor (☎207-288-5103; www.barhar borinfo.com; 1201 Bar Harbor Rd/ME 3, Trenton; ☺9.00-17.00 lu-vi may-ago, variable en otoño, cerrado nov-abr) tiene un práctico punto de información justo antes del puente que lleva a la Mt Desert Island.

🏃 Actividades

Bar Harbor Whale Watch Co   CRUCEROS
(☎207-288-2386; www.barharborwhales.com; 1 West St; adultos 29-63 US$, niños 6-14 años 18-35 US$, menores 6 años gratis-9 US$; ☺med may-oct) Cruceros de observación de ballenas y frailecillos (4 h), entre otras opciones.

¡ICEN LAS VELAS!

Se puede gozar del viento en la cara y el encanto de la historia navegando en un *wind-jammer*, un elegante velero de varios mástiles. Los veleros de época y las réplicas que se concentran en los puertos de Camden y Rockland hacen travesías de un día (a veces, con noche incluida).

Recorren la bahía de Penobscot de junio a octubre (2 h; 40 US$ aprox.). Normalmente se puede reservar plaza el mismo día. En el paseo marítimo de Camden se puede ver un velero de madera de 26 m, el 'Appledore' (☎207-236-8353; www.appledore2.com), y la goleta de dos mástiles 'Olad' (☎207-236-2323; www.maineschooners.com).

Hay otras goletas que hacen cruceros de 2-6 días que permiten ver fauna como focas, ballenas y frailecillos. Normalmente paran en el Acadia National Park, en pequeños pueblos de la costa y en las islas de la zona para hacer pícnics a base de langosta.

Se puede conseguir más información sobre las opciones disponibles en la Maine Windjammer Association (☎800-807-9463; www.sailmainecoast.com), que agrupa ocho veleros tradicionales. Varios de ellos han sido declarados hitos históricos nacionales. Entre ellos se encuentra el *Lewis R French*, el *windjammer* más antiguo de EE UU (1871). Un crucero de dos días cuesta unos 400 US$; uno de 6 días, en torno a 1100 US$, incluidos comida y alojamiento. Es esencial reservar para las salidas de varios días. Los precios más altos son a mediados de verano.

Downeast Windjammer Cruises CRUCEROS
(☎207-288-4585; www.downeastwindjammer.com; 19 Cottage St; adultos/niños 6-11 años/2-5 años 38/30/5 US$) Ofrece cruceros de 2 h en la majestuosa goleta *Margaret Todd,* de cuatro mástiles y 46 m.

Acadian Nature Cruises CRUCEROS
(☎207-801-2300; www.acadiannaturecruises.com; 119 Eden St; adultos/niños 6-14 años/menores 6 años 30/18/5 US$; ☺med may-oct) Cruceros de 2 h para ver ballenas, marsopas, águilas calvas, focas y otras especies.

🛏 Dónde dormir

En verano, no faltan opciones de alojamiento en Bar Harbor, desde B&B de época a las habituales cadenas hoteleras. Muchas pensiones y B&B cierran de finales de otoño a principios de primavera.

Holland Inn B&B $$
(☎207-288-4804; www.hollandinn.com; 35 Holland Ave; h 145-185 US$, desayuno incl.; ☺fin abr-oct; ❋🐾) Ocupa una casa restaurada de 1895 en un barrio residencial muy cerca a pie del centro. Tiene dos edificios adyacentes con 13 habitaciones, sin lujos pero atractivas. El ambiente es sencillo (da la sensación de alojarse en casa de un amigo) y los desayunos, *gourmet*. Lo regenta Evin Carson, que tiene toda la información necesaria para que los huéspedes se lo pasen bien en Bar Harbor.

Bar Harbor Grand Hotel HOTEL $$
(☎207-288-5226; 207-288-5226; 269 Main St; h 239 US$, desayuno incl.; ☺abr-ppios nov; ❋🐾) Este hotel de cuatro plantas es una réplica del Rodick House Hotel de Bar Harbor, del s. XIX. Ofrece vistas del pueblo, decoración clásica (poco inspirada) y un personal muy servicial. Abre durante más tiempo que el resto de los alojamientos locales.

🍴 Dónde comer

Cafe This Way ESTADOUNIDENSE $$
(☎207-288-4483; www.cafethisway.com; 14½ Mount Desert St; principales desayuno 6-17 US$, cena 18-28 US$; ☺7.00-11.30 lu-sa, 8.00-13.00 do, 17.30-21.00 diario may-oct; 🐾) Este restaurante amplio y muy atractivo es el lugar definitivo para desayunar a base de generosas creps con arándanos de Maine y huevos Benedict con salmón ahumado. También sirven cenas eclécticas y sofisticadas, como pato asado con arándanos, calabaza al estilo marroquí y *tempura* de atún. Hay mesas en el jardín.

2 Cats CAFÉ $$
(☎207-288-2808; www.2catsbarharbor.com; 130 Cottage St; principales 7-20 US$; ☺7.00-13.00; 🐾) Los fines de semana, la gente hace cola para conseguir las tortillas de trucha ahumada y las magdalenas caseras de esta pequeña cafetería. Para comer sirven burritos y platos de pescado.

Mâche Bistro FRANCESA $$$
(☎207-288-0447; www.machebistro.com; 321 Main Street; principales 18-29 US$; ☺17.30 hasta cierre lu-sa ppios may-oct) Este es probablemente el mejor restaurante de precio medio de Bar Harbor. Sirve comida moderna de influencia francesa

en una casa renovada con gusto. El cambiante menú hace relucir los ingredientes locales: vieiras con semillas de calabaza, pan de langosta y *brie* o bizcocho de arándanos, además de cócteles especiales. Es esencial reservar.

Nordeste de Maine

Los más de 1400 km de costa que se extienden al noreste de Bar Harbor están poco poblados y tienen un ritmo vital más lento que el sur y el oeste de Maine. Destaca la península de Schoodic, cuya punta forma parte del Acadia National Park; los pueblos pesqueros de Jonesport y Beals; y la Great Wass Island, una reserva natural con caminos y muchas aves, entre ellas, frailecillos.

Machias tiene una sucursal de la Universidad de Maine y es el principal centro comercial de esta parte de la costa. Lubec es el punto más oriental de EE UU; a todo el mundo le encanta observar la salida del sol en el Quoddy Head State Park para poder decir que son los primeros del país en ver amanecer.

Interior de Maine

El norte y el oeste de Maine son las zonas más accidentadas. Los más aventureros pueden practicar *rafting*, ascensos a la montaña más alta del estado y esquí en Bethel.

Lago Sabbathday

La única comunidad shaker activa del país se encuentra en las orillas del lago Sabbathday, 40 km al norte de Portland. Se fundó a principios del s. XVIII y unos cuantos devotos aún mantienen la tradición de estos disidentes cuáqueros que llegaron procedentes de Inglaterra. Los shaker viven de forma sencilla, trabajan duro y crean una bella artesanía. Se pueden ver varias de sus casas en el Shaker Museum (☎207-926-4597; www.maineshakers. com; adultos/niños 6-12 años 10/2 US$; ⊙10.00-16.30 lu-sa fin may-med oct). Para llegar hay que tomar la salida 63 de la Maine Turnpike y continuar hacia el norte durante 13 km por la ME 26.

Bethel

La comunidad rural de Bethel se extiende entre colinas boscosas, 20 km al este de New Hampshire por la ME 26. Ofrece una atractiva combinación de paisajes de montaña, escapadas al aire libre y buenos

alojamientos. La cámara de comercio de la región de Bethel (☎207-824-2282; www. bethelmaine.com; 8 Station Pl; ⊙9.00-17.00 jun-med oct, cerrado sa y do med oct-may) proporciona información.

🏃 Actividades

Bethel Outdoor Adventure KAYAK
(☎207-824-4224; www.betheloutdooradventure. com; 121 Mayville Rd/US 2; kayak/canoa 46/67 US$ por día; ⊙8.00-18.00 med may-med oct) Esta empresa del centro alquila canoas, kayaks y bicicletas, y ofrece clases, circuitos guiados y transporte a/desde el río Androscoggin.

Grafton Notch State Park EXCURSIONISMO
(☎207-824-2912; www.maine.gov; ME 26; adultos/ niños 5-11 años 3/1 US$; ⊙9.00-anochecer 15 may-15 oct) Este parque al norte de Bethel ofrece bonitos paisajes de montaña, cascadas y muchos senderos de varias longitudes. Los caminos se pueden recorrer también fuera de temporada.

Sunday River Ski Resort ESQUÍ
(☎800-543-2754; www.sundayriver.com; ME 26; telesilla adultos/niños 13-18 años/6-12 años y sénior 89/69/57 US$; 🚣) Este centro de esquí, sito 10 km al sur de Bethel por la ME 5/26, tiene 135 pistas y 15 telesillas en ocho laderas. Es uno de los mejores destinos de esquí familiar de la región. Las actividades de verano incluyen ascensos en telesilla, tirolinas, senderos, golf y bicicleta de montaña. Hay dos grandes refugios con más de 400 habitaciones.

🛏 Dónde dormir

Chapman Inn B&B $
(☎207-824-2657; www.chapmaninn.com; 2 Church St; dc/h/ste 35/89-129/139 US$, desayuno incl.; 🖵🐾🛜) Espacioso alojamiento en el centro con mucha personalidad. Ofrece nueve habitaciones privadas con decoración floral y antigüedades. Los suelos ligeramente inclinados atestiguan la edad de la casa. En invierno, los esquiadores duermen en el cómodo dormitorio compartido, y hay una sala de juegos con revestimiento de madera presidida por una enorme cabeza de alce. El desayuno es un espléndido bufé de pastas caseras y tortillas recién hechas.

Sudbury Inn & Suds Pub PENSIÓN $$
(☎207-824-2174; www.sudburyinn.com; 151 Main St; h/ste 119-139/189-199 US$, desayuno incl.; ⊙*pub* desde 11.30 diario, restaurante 17.30-21.00 ju-sa; 🖵) El mejor lugar para dormir en el centro de Bethel es esta pensión histórica con 17 habi-

taciones y un *pub* con 29 cervezas de barril, *pizzas* y entretenimiento en directo los fines de semana. También tiene un excelente restaurante que sirve cenas típicas de Maine (principales 20-34 US$).

Caratunk y The Forks

Para practicar *rafting* en aguas bravas hay que ir al río Kennebec, por debajo de la presa Harris, cuyo curso atraviesa un espectacular desfiladero de 20 km. Los rápidos tienen nombres como Whitewasher y Magic Falls, lo que vaticina una buena descarga de adrenalina.

Los pueblos cercanos de Caratunk y The Forks, en la US 201, al sur de Jackman, son el centro de operaciones de las empresas de *rafting*. Además de rápidos y caídas vertiginosas, también hay aguas más calmas aptas para niños a partir de siete años. Los precios oscilan entre 99-120 US$/persona por una salida de un día. También pueden organizar salidas de varios días, con acampada o durmiendo en cabañas.

Se recomiendan las empresas Crab Apple Whitewater (☎800-553-7238; www. crabapplewhitewater.com) y Three Rivers Whitewater (☎877-846-7238; www.threeriverswhitewater.com).

Baxter State Park

El Baxter State Park (☎207-723-5140; www. baxterstateparkauthority.com; 14 US$ por automóvil) abarca los bosques remotos del norte de Maine y el monte Katahdin (1605 m), el más alto del estado. Aquí se encuentra el extremo norte de los 3480 km de la Ruta de los Apalaches (www.nps.gov/appa). Es un parque de 84 781 Ha en estado salvaje, sin electricidad ni agua corriente (hay que llevarla o, si no, algo para purificar la del río). Es fácil ver alces, ciervos y osos negros. De los muchos senderos disponibles, varios ascienden al monte Katahdin; se puede subir y bajar en un día si se está en buena forma y se empieza temprano.

En Millinocket, al sur del Baxter State Park, hay moteles, *campings*, restaurantes y empresas de *rafting* y kayak por el río Penobscot. Más información en la cámara de comercio de la región de Katahdin (☎20 7-723-4443; www.katahdinmaine.com; 1029 Central St, Millinocket; ☺9.00-14.00 lu-vi).

Washington D. C. y área metropolitana

Incluye »

Los mejores restaurantes

→ Rose's Luxury (p. 268)

→ Woodberry Kitchen (p. 282)

→ Mama J's (p. 300)

→ Blue Pete's (p. 307)

→ Oakhart Social (p. 308)

Los mejores alojamientos

→ Hotel Lombardy (p. 265)

→ The Georges (p. 315)

→ Peaks of Otter (p. 316)

→ HI Richmond (p. 300)

→ Colonial Williamsburg Historic Lodging (p. 303)

Por qué ir

Dejando a un lado cuestiones políticas, es difícil no enamorarse de la capital de EE UU. Monumentos emblemáticos, museos enormes (y gratuitos) y restaurantes de prestigio con cocinas internacionales son solo el principio de lo que espera al viajero en Washington D. C. Hay mucho que descubrir: barrios adoquinados, mercados extensos, zonas de ocio nocturno multiculturales y parques exuberantes, sin olvidar los centros de poder, por donde deambulan visionarios y demagogos.

Más allá de la ciudad, los variados paisajes de Maryland, Virginia, Virginia Occidental y Delaware son potentes incentivos para proseguir el viaje. Montañas escarpadas, ríos impetuosos, extensas reservas naturales (incluidas islas con caballos salvajes), playas deslumbrantes, poblaciones históricas y la espléndida bahía de Chesapeake serán escenario de aventuras memorables: vela, excursionismo, *rafting* o el simple hecho de admirar un precioso tramo de costa. Esta es una región de profundas tradiciones, cuna de la nación y sede del pujante mundo del *bluegrass*.

Cuándo ir
Washington D. C.

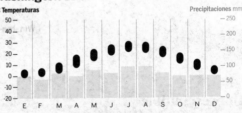

May-abr Los cerezos en flor atraen a mucha gente durante el festival más famoso del D. C.

Jun-ago Playas y resorts bullen; los precios son altos y el alojamiento, escaso.

Sep-oct Menos gente, precios más bajos, temperaturas agradables y magníficos paisajes otoñales.

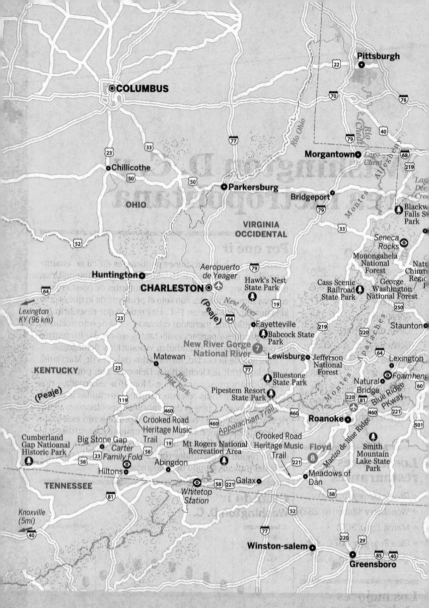

Imprescindible

1 Visitar los **museos de la Smithsonian Institution** (p. 259) de Washington y ver la puesta de sol en el **Lincoln Memorial** (p. 252).

2 Rastrear las raíces de EE UU en el museo de historia viva de la **Colonial Williamsburg** (p. 302).

3 Descubrir el pasado naval de la región paseando por las calles adoquinadas del barrio portuario de **Fell's Point,** en Baltimore (p. 279).

4 Salir de excursión por el **Skyline Drive** (p. 312), hacer senderismo y acampar bajo las estrellas en el **Shenandoah National Park** (p. 310).

Maravillarse con las obras maestras de Thomas Jefferson en **Monticello** (p. 310) y la **Universidad de Virginia** (p. 307), en la histórica Charlottesville.

Recorrer el paseo marítimo de la turística ciudad de **Rehoboth Beach** (p. 291).

Enfrentarse a los rápidos del **New River Gorge National River** (p. 322) en Fayetteville.

Sentir el ritmo de una fiesta en **Floyd** (p. 317).

Historia

Los indígenas americanos ya habitaban esta zona mucho antes de que llegaran los europeos. Casi todos sus parajes naturales emblemáticos aún se conocen por sus nombres nativos, como Chesapeake, Shenandoah, Apalaches o Potomac. En 1607 un grupo de 108 colonos ingleses fundó el primer asentamiento permanente europeo en lo que hoy es EE UU: Jamestown. En sus primeros años, los colonos tuvieron que enfrentarse a los duros inviernos, al hambre, las enfermedades y, en ocasiones, a unos indígenas hostiles.

Pero Jamestown sobrevivió, y en 1624 se convirtió en colonia real. Diez años más tarde, en la época previa a la Primera Guerra Civil inglesa, que tendría importantes consecuencias en los albores de la colonia, George Calvert, barón de Baltimore, fundó la colonia católica de Maryland y la ciudad de Saint Mary. Pese a la confesionalidad de la fundación, de los 200 colonos originales, más de la mitad eran protestantes, además de gentes tan variopintas como un médico sefardí, un navegante portugués negro y Margaret Brent, la primera mujer en pedir el derecho al voto femenino en la política norteamericana. Delaware, que se había fundado en 1631 como colonia ballenera holandesa, fue casi arrasado por los indígenas y más tarde repoblado por los británicos. Los colonos de origen irlandés desplazados de Gran Bretaña se internaron en los Apalaches, donde su cultura extremadamente independiente todavía perdura. Los conflictos fronterizos entre Maryland, Delaware y Pensilvania motivaron la creación de la línea Mason-Dixon, que acabó separando el norte industrial del sur agrícola y esclavista.

La Guerra de Independencia terminó con la rendición británica en Yorktown en 1781. Para disipar las tensiones en la región, se nombró capital de la nueva nación a la central y pantanosa Washington D. C. (Distrito de Columbia). Sin embargo, las fuertes divisiones de clase y raza en la zona provocaron su desmembración durante la Guerra de Secesión (1861-1865): Virginia se separó de la Unión y sus empobrecidos granjeros del oeste, resentidos con los elegantes propietarios de las plantaciones, se segregaron de ella a su vez. Aunque Maryland permaneció en la Unión, los propietarios de esclavos se amotinaron contra el ejército nordista y miles de negros de Maryland se unieron al ejército de la Confederación.

Cultura local

Las tensiones entre el norte y el sur determinaron durante mucho tiempo el devenir de la región, pero este también ha oscilado entre las diferentes mentalidades de Virginia, representadas por aristócratas, mineros, gente de mar, inmigrantes y los efímeros gobernantes de Washington D. C. A partir de la Guerra de Secesión, la economía local pasó de la agricultura y la manufactura a la alta tecnología y al sector servicios promovido por el Gobierno federal.

Muchos afroamericanos se establecieron en esta región fronteriza, ya fuera como esclavos o como meros fugitivos en pos de la libertad del norte. Hoy día todavía constituyen el estrato social más bajo de sus principales ciudades, donde compiten con los inmigrantes latinos, principalmente de Centroamérica, en el duro entorno de la marginalidad.

En el otro extremo del espectro, algunas de las universidades más selectas del mundo y centros de investigación como el National Institute of Health atraen a cerebros de todo el mundo. Los colegios universitarios suelen estar llenos de hijos de científicos o prestigiosos consultores.

Todo ello ha dado lugar a una cultura muy sofisticada, pero también vinculada a la tierra, como demuestra el tradicional *bluegrass* de Virginia, y tan conectada con el alma afroamericana como para ver nacer a Tupac Shakur y géneros musicales como el *Bmore club* o el *hardcore* del D. C. Y, por supuesto, siempre está la política.

WASHINGTON D. C.

La capital de EE UU está repleta de símbolos monumentales y museos gigantescos, y es la sede del mayor poder planetario, con todo lo que ello conlleva. También posee tranquilos barrios residenciales, estupendos mercados, restaurantes internacionales, numerosos inmigrantes y un enorme dinamismo. En la capital siempre circulan rumores y no es de extrañar, porque el Distrito de Columbia, el D. C., congrega a más individuos brillantes y talentosos que cualquier otra ciudad de su tamaño.

Los viajeros suelen dedicar todo el día a visitar los incontables museos de la ciudad (muchos de ellos gratuitos) y, por la noche, se unen a los lugareños para tomar una cerveza y comer en animados barrios como U St o Logan Circle.

Historia

Tras la Guerra de Independencia hubo que alcanzar un pacto entre los políticos del norte y del sur, que deseaban situar la capital federal en su ámbito de influencia. Algunas candidatas como Boston, Filadelfia o Baltimore fueron rechazadas por los propietarios de las plantaciones sureñas por ser demasiado industriales y urbanas, de modo que, para contentar a todos, se decidió partir de cero y crear una nueva ciudad en el centro de las Trece Colonias, a orillas del río Potomac. Maryland y Virginia donaron las tierras.

Washington fue incendiada por los británicos durante la guerra de 1812, y cedió Alexandria, el puerto de comercio de esclavos de su orilla sur, a Virginia en 1846 (cuando en la capital ya se proponía la abolición). Con los años, el D. C. siguió dos trayectorias divergentes: por una parte fue un santuario del Gobierno federal; por otra, un gueto urbano poblado por afroamericanos e inmigrantes extranjeros.

En 1973 la ciudad finalmente tuvo alcalde propio: Walter Washington, uno de los primeros regidores afroamericanos de una ciudad importante de EE UU; hasta entonces había sido gobernada por el Congreso. Hoy, los habitantes del D. C. pagan sus impuestos al igual que los demás ciudadanos del país, pero carecen de representación legislativa.

El D. C. ha sufrido un gran aburguesamiento desde finales de la década de 1990. Con la elección de Barack Obama en el 2008, la ciudad ganó algo de atractivo: hoy son los neoyorquinos los que van a la capital y no al revés. Por desgracia, ello ha provocado un aumento del coste de la vida, que ahora es uno de los más altos del país. Y mientras la economía de la ciudad siga en expansión, no parece que las cosas vayan a cambiar.

⊙ Puntos de interés

Hay que estar preparado para las aglomeraciones de finales de marzo a julio, y para los días bochornosos en junio y agosto.

◉ National Mall

Cuando se piensa en Washington D. C. suele imaginarse esta explanada de césped de 3 km de longitud, rematada por el Lincoln Memorial en un extremo y Capitol Hill en el otro, atravesada por la Reflecting Pool y el WWII Memorial, y con el Washington Monument en medio. Es el centro de la ciudad y, en cierta forma, de la propia nación estadounidense.

Tal vez ningún otro lugar haya personificado mejor el ideal del sueño americano. Aquí tuvieron lugar desde el discurso "I Have a Dream" de Martin Luther King Jr. o las manifestaciones contra la Guerra de Vietnam de los años sesenta, hasta las marchas por el matrimonio gay en la década del 2000. Enmarcada por grandes monumentos y museos, y abarrotada de turistas y personajes

---

WASHINGTON D. C. EN...

Dos días

La visita empieza en los interesantes **National Air and Space Museum** y **National Museum of Natural History,** y prosigue por el Mall hasta el **Washington Monument,** el **Lincoln Memorial** y el **Vietnam Veterans Memorial.** Se puede almorzar en **Founding Farmers** o en otro sitio del **centro.** El día siguiente comienza en el **Capitolio** y sus salas llenas de estatuas. Al otro lado de la calle se visitan la **Supreme Court** y la **Library of Congress.** Si hay hambre, se puede tomar un tentempié en el **Eastern Market.** Luego se pueden ver los **National Archives** y la **Casa Blanca,** y por la noche se recomienda ir a **U Street,** donde hay jazz, rock y discotecas.

Cuatro días

El tercer día se puede ir a **Georgetown** y pasear por el Potomac, ver escaparates y almorzar en la **Martin's Tavern.** Luego se visitan los jardines de **Dumbarton Oaks** y, al atardecer, se puede asistir a un espectáculo en el **Kennedy Center.** El cuarto día empieza en **Dupont Circle** y las impresionantes mansiones de **Embassy Row.** Después, pueden verse la **Phillips Collection,** la **National Gallery of Art,** el **Newseum** o cualquier otro museo que falte por visitar. Para cenar, hay que ir a **Logan Circle.**

DATOS DE WASHINGTON D. C.

Apodo D. C., el Distrito, Ciudad de Chocolate

Población 659 000

Superficie 177 km²

Capital Washington D. C.

Impuesto sobre ventas 5,75 %

Hijos famosos Duke Ellington (1899-1974), Marvin Gaye (1939-1984) y Dave Chappelle (1973)

Cuna de Los Redskins y los tres poderes del Gobierno de EE UU

Política Aplastantemente demócrata

Famoso por los símbolos nacionales, los becarios juerguistas y el Congreso

Lema extraoficial y eslogan de las matrículas "Taxation Without Representation" ("impuestos sin representación")

Distancias por carretera A Baltimore, 64 km; a Virginia Beach, 338 km

de variada laya, la zona acoge miles de manifestaciones cada año; es un lugar simbólico para hacerse oír.

★ **Lincoln Memorial** MONUMENTO
(www.nps.gov/linc; 2 Lincoln Memorial Circle NW; ⊙24 h; 🚌Circulator, MFoggy Bottom-GWU) GRATIS El extremo occidental del Mall está presidido por el pagano templo neoclásico a Abraham Lincoln, cuya estatua contempla serenamente las aguas del estanque tras la columnata dórica. A la izquierda de Lincoln pueden leerse las palabras del discurso de Gettysburg y en la sala inferior, otras grandes frases del presidente; en sus escaleras, Martin Luther King Jr. pronunció su famoso discurso "I Have a Dream".

★ **Vietnam Veterans Memorial** MONUMENTO
(www.nps.gov/vive; 5 Henry Bacon Dr NW; ⊙24 h; 🚌Circulator, MFoggy Bottom-GWU) GRATIS La antítesis al reluciente mármol blanco del D. C. es esta construcción negra, en forma de uve y de escasa altura, una expresión de la cicatriz psicológica dejada por la Guerra de Vietnam. El monumento desciende en una pendiente que penetra en la tierra y exhibe, grabados en el negro muro, los nombres de los 58 272 soldados en el orden en que murieron. Es un monumento sobrio, pero intenso; lo más sorprendente es que fue diseñado en

1981 por Maya Lin, una estudiante universitaria de 21 años.

★ **Washington Monument** MONUMENTO
(www.nps.gov/wamo; 2 15th St NW; ⊙9.00-17.00, hasta 22.00 jun-ago; 🚌Circulator, MSmithsonian) GRATIS Con una altura de casi 170 m, el monumento a Washington es la construcción más alta de la ciudad. Tuvo que realizarse en dos fases (lo que queda de manifiesto en los diferentes tonos de piedra). El ascensor sube en 70 segundos a la plataforma-mirador, que ofrece las mejores vistas de la ciudad. En el **quiosco** (15th St, entre Madison Dr NW y Jefferson Dr SW; ⊙desde 8.30), junto al monumento, pueden comprarse las entradas, que sirven para el mismo día y para una hora determinada. Hay que llegar temprano.

★ **National Air & Space Museum** MUSEO
(📞202-633-1000; www.airandspace.si.edu; 6th St esq. Independence Ave SW; ⊙10.00-17.30, hasta 19.30 med mar-ppios sep; 🚻; 🚌Circulator, ML'Enfant Plaza) GRATIS Este museo de la aviación y el espacio es uno de los más visitados de la Smithsonian Institution. En él se puede ver el avión de los hermanos Wright, el *Bell X-1* de Chuck Yeager (el primero en superar la velocidad del sonido), el *Spirit of St Louis* de Charles Lindbergh, el avión de la pionera Amelia Earhart y el módulo lunar del Apolo XII. También hay una sala IMAX, un planetario y simuladores de vuelo (7-9 US$ cada uno). En Virginia hay un anexo del museo, el Steven F. Udvar-Hazy Center, donde pueden verse más aviones de la colección.

★ **United States Holocaust Memorial Museum** MUSEO
(📞202-488-0400; www.ushmm.org; 100 Raoul Wallenberg Pl SW; ⊙10.00-17.20, hasta 18.20 lu-vi abr y may; MSmithsonian) GRATIS Este desgarrador museo es esencial para conocer el Holocausto, sus víctimas, criminales y testigos. En la exposición principal se da a cada visitante el carné de identidad de una víctima del Holocausto, cuya historia se va revelando a medida que se avanza por un recorrido infernal marcado por guetos, vagones de tren y campos de exterminio. También se muestra la otra cara de la naturaleza humana y se documentan los riesgos que corrieron muchos ciudadanos para ayudar a los perseguidos.

National Gallery of Art MUSEO
(📞202-737-4215; www.nga.gov; Constitution Ave NW, entre 3er St y 7th St; ⊙10.00-17.00 lu-sa, 11.00-18.00 do; 🚌Circulator, MArchives) GRATIS Esta

asombrosa colección abarca desde la Edad Media hasta la actualidad. El edificio oeste, de estilo neoclásico, acoge la colección de arte europeo hasta principios del s. xx, en la que destacan un cuadro de Leonardo da Vinci y numerosas obras impresionistas y posimpresionistas. El edificio este, diseñado por I. M. Pei, exhibe arte moderno, con obras de Picasso, Matisse, Pollock y un enorme móvil de Calder en el vestíbulo de entrada. Exceptuando el vestíbulo, el museo estaba cerrado por reformas, pero probablemente habrá reabierto sus puertas cuando se lea esto, pues la finalización estaba prevista para el 2016. Un alucinante túnel conecta ambos edificios.

National Sculpture Garden JARDINES
(Constitution Ave NW esq. 7th St NW; ⊙10.00-19.00 lu-ju y sa, 10.00-21.30 vi, 11.00-19.00 do; ⬛Circulator, ⓂArchives) GRATIS Las 2,4 Ha de jardines del National Gallery of Art están salpicados de caprichosas esculturas como la *Casa* de Roy Lichtenstein, una gigantesca goma de borrar para máquina de escribir de Claes Oldenburg y la patilarga *Araña* de Louise Bourgeois. Están distribuidas alrededor de una fuente, un buen sitio para remojarse los pies en verano. De noviembre a marzo, la fuente se convierte en pista de hielo (adultos/niños 8/7 US$, alquiler de patines 3 US$).

En verano, los jardines acogen conciertos gratuitos de *jazz* los viernes de 17.00 a 20.30.

National Museum of Natural History MUSEO
(www.mnh.si.edu; 10th St esq. Constitution Ave NW; ⊙10.00-17.30, hasta 19.30 jun-ago; ♿; ⬛Circulator, ⓂSmithsonian) GRATIS Es el museo más famoso de la Smithsonian, por lo que casi siempre está lleno. Tras saludar a Henry, el elefante que preside la rotonda, hay que subir a la 2ª planta para ver el diamante Hope. Se dice que sobre los dueños de esta bagatela de 45,52 quilates, incluida María Antonieta, pesa una maldición. La sala de los dinosaurios está cerrada por reformas hasta el 2019, pero el calamar gigante (1ª planta, Ocean Hall) y la alimentación de las tarántulas (2ª planta, Insect Zoo) añaden emoción a este lugar favorito de los niños.

National Museum of American History MUSEO
(www.americanhistory.si.edu; 14th St esq. Constitution Ave NW; ⊙10.00-17.30, hasta 19,30 jun-ago; ♿; ⬛Circulator, ⓂSmithsonian) GRATIS Este museo recopila todo tipo de objetos del universo americano. La pieza estelar es la bandera que ondeó en el fuerte McHenry de Baltimore durante la guerra de 1812, la misma en que Francis Scott Key se inspiró para escribir la letra del himno nacional. Otras piezas destacadas son la cocina de Julia Child (1ª planta), los zapatos rojos de Dorothy en *El mago de Oz* y un trozo de la roca de Plymouth (ambas en la 2ª planta).

National Museum of African American History and Culture MUSEO
(www.nmaahc.si.edu; 1400 Constitution Ave NW; ⊙10.00-17.30; ⬛Circulator, ⓂSmithsonian, Federal Triangle) GRATIS La última incorporación a la Smithsonian narra la cultura afroamericana y el modo en que ha contribuido a forjar la nación. La colección incluye desde los himnos de Harriet Tubman hasta el ataúd de Emmett Till o la trompeta de Louis Armstrong. El instituto está construyendo un nuevo y flamante edificio para el museo, cuya inauguración estaba prevista para el 2016. Si aún no ha abierto, pueden verse las exposiciones de la colección en la 2ª planta del adyacente National Museum of American History.

National WWII Memorial MONUMENTO
(www.nps.gov/wwii; 17th St; ⊙24 h; ⬛Circulator, ⓂSmithsonian) GRATIS Inaugurado en el año 2004, este monumento es un homenaje a los 400 000 estadounidenses que perdieron la vida en la II Guerra Mundial y a los 16 millones de soldados de EE UU que sirvieron entre 1941 y 1945. Los arcos dobles de la plaza simbolizan la victoria en los frentes del Atlántico y el Pacífico; las 56 columnas, los estados y territorios de EE UU. Repartidos por todo el monumento pueden leerse conmovedoras inscripciones. A menudo es visitado por grupos de veteranos, que acuden a presentar sus respetos.

Hirshhorn Museum MUSEO
(www.hirshhorn.si.edu; 7th St esq. Independence Ave SW; ⊙10.00-17.30; ♿; ⬛Circulator, ⓂL'Enfant Plaza) GRATIS El museo de arte de la Smithsonian ocupa un edificio cilíndrico con un arsenal de esculturas y pinturas que comprenden desde los inicios del modernismo hasta el arte contemporáneo, pasando por el *pop art*. La 2ª planta se dedica a exposiciones especiales. La 3ª planta alberga más piezas de la colección permanente y una estupenda zona con asientos, ventanales panorámicos y una terraza con vistas del Mall.

Smithsonian Castle EDIFICIO RELEVANTE
(☎202-633-1000; www.si.edu; 1000 Jefferson Dr SW; ⊙8.30-17.30; ⬛Circulator, ⓂSmithsonian) James

WASHINGTON D. C. Y ÁREA METROPOLITANA CUÁNDO IR

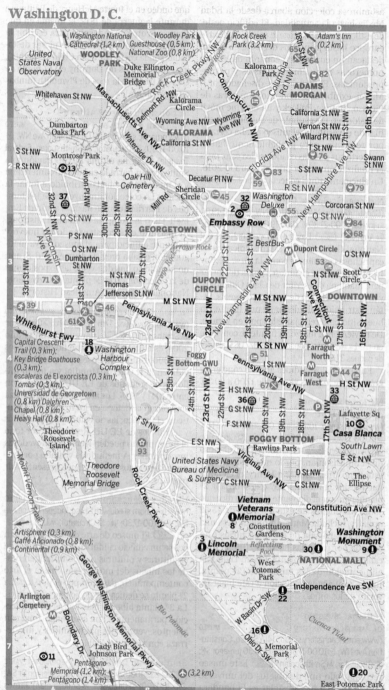

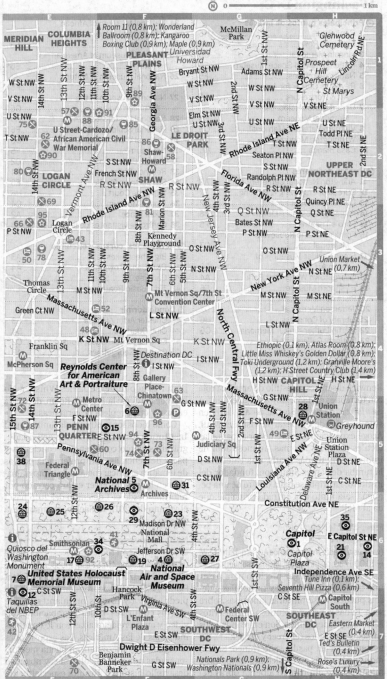

0 ____ 1 km

MERIDIAN HILL

COLUMBIA HEIGHTS

Room 11 (0,8 km); Wonderland Ballroom (0,8 km); Kangaroo Boxing Club (0,9 km); Maple (0,9 km)

McMillan Park

Glenwood Cemetery

Prospect Hill Cemetery

St Marys

PLEASANT PLAINS

Universidad Howard

Bryant St NW

Adams St NW

1st NW

N Capitol St

Lincoln Rd NE

W St NW

W St NW

W St NW

V St NW

V St NW

V St NW

V St NE

U St NW

Elm St NW

U St NW

U St NE

Todd Pl NE

U Street-Cardozo/ African American Civil War Memorial

T St NW

2nd St NW

U St NW

T St NE

2nd St NE

S St NW

Shaw-Howard

LE DROIT PARK

Rhode Island Ave NE

Seaton Pl NW

UPPER NORTHEAST DC

LOGAN CIRCLE

French St NW

SHAW

S St NW

Randolph Pl NW

R St NE

R St NW

Florida Ave NW

R St NW

Quincy Pl NE

Logan Circle

Rhode Island Ave NW

R St NW

Q St NW

Q St NE

Bates St NW

P St NW

P St NW

P St NW

P St NE

Kennedy Playground

O St NW

Union Market (0,7 km)

Thomas Circle

N St NW

N St NE

New York Ave NW

Green Ct NW

Massachusetts Ave NW

Mt Vernon Sq/7th St Convention Center

M St NW

M St NW

M St NW

L St NW

L St NW

Franklin Sq

K St NW

Mt Vernon Sq

K St NW

I St NW

Ethiopic (0,1 km); Atlas Room (0,8 km); Little Miss Whiskey's Golden Dollar (0,8 km); Toki Underground (1,2 km); Granville Moore's (1,2 km); H Street Country Club (1,4 km)

McPherson Sq

Destination DC

I St NW

H St NW

H St NW

CAPITOL HILL

Reynolds Center for American Art & Portraiture

Gallery Place-Chinatown

G St NW

G St NW

Union Station

Metro Center

F St NW

Greyhound

PENN QUARTER

F St NW

Judiciary Sq

Union Station Plaza

D St NE

Federal Triangle

Pennsylvania Ave NW

D St NW

D St NW

C St NW

C St NE

National Archives

Archives

Constitution Ave NE

Madison Dr NW

National Mall

Capitol

E Capitol St NE

Smithsonian

Jefferson Dr SW

Capitol Plaza

Quiosco del Washington Monument

National Air and Space Museum

Capitol

Independence Ave SE

Tune Inn (0,1 km); Seventh Hill Pizza (0,6 km)

United States Holocaust Memorial Museum

Hancock Park

C St SE

Capitol South

SOUTHEAST DC

Taquillas del NBEP

C St SW

Virginia Ave SW

D St SW

Federal Center SW

Eastern Market (0,4 km)

E St SE

Ted's Bulletin (0,4 km)

L'Enfant Plaza

SOUTHWEST DC

Dwight D Eisenhower Fwy

Benjamin Banneker Park

Nationals Park (0,9 km); Washington Nationals (0,9 km)

G St SW

S Capitol St

Rose's Luxury (0,4 km)

Washington D. C.

Renwick diseñó este castillo de arenisca roja con torreones en 1855. Hoy alberga el **centro de visitantes de la Smithsonian**, un buen sitio por donde empezar la visita al Mall. Acoge exposiciones sobre historia, pantallas táctiles en varios idiomas, un mostrador de información, mapas gratis, una cafetería y la tumba de James Smithson, fundador del instituto. La cripta se halla dentro de una pequeña sala junto a la entrada principal que da al Mall.

**Freer-Sackler Museums
of Asian Art**   MUSEO
(www.asia.si.edu; Independence Ave esq. 12th St SW; ⊙10.00-17.30; 🚌Circulator, Ⓜ Smithsonian) GRATIS Este museo es un lugar precioso para pasar una tarde. En las frescas y tranquilas galerías pueden verse pinturas japonesas sobre seda, Budas sonrientes, curiosos manuscritos islámicos y jades chinos. Son en realidad dos edificios separados (el Freer y el Sackler), conectados por un pasillo subterráneo. El último se dedica más a exposiciones temporales, mientras que el primero alberga obras del

pintor estadounidense James Whistler. No hay que perderse la Peacock Room, decorada en azul y oro y repleta de cerámicas.

Como todos los centros de la Smithsonian Institution, este museo ofrece actividades gratuitas, como conferencias, conciertos y pases de películas, con preferencia por las de temática asiática; consúltese la programación en la web. El Freer estará cerrado por reformas desde el 1 de enero del 2016 hasta el verano del 2017. El Sackler permanecerá abierto.

**National Museum
of the American Indian**   MUSEO
(www.nmai.si.edu; 4th St esq. Independence Ave SW; ⊙10.00-17.30; ♿; 🚌Circulator, Ⓜ L'Enfant Plaza) GRATIS Este sorprendente edificio de piedra caliza y formas ondulantes exhibe objetos culturales, trajes y grabaciones en vídeo y audio relacionadas con los pueblos indígenas de las Américas. Las exposiciones se organizan y presentan, en buena medida, separadas por grupos culturales y no en su desarrollo histórico. Resulta especialmente

fascinante la galería "Our Universes" (planta 4ª) sobre las creencias y mitos de creación de los indígenas norteamericanos.

Bureau of Engraving & Printing PUNTO DE INTERÉS
(www.moneyfactory.gov; 14th St esq, C St SW; 🕑 9.00-10.45, 12.30-15.45 y 17.00-18.00 lu-vi mar-ago, reducido sep-feb; M Smithsonian) GRATIS Aquí es donde se diseña e imprime el papel moneda de EE UU. Hay visitas guiadas de 40 min para ver la planta baja, donde millones de dólares salen de las prensas y se cortan con las guillotinas. En temporada alta (mar-ago) la entrada sirve solo para una hora determinada. El quiosco de la taquilla (Raoul Wallenberg Pl, 15th St) abre a las 8.00. Conviene ir temprano para no hacer mucha cola.

⊙ Cuenca Tidal

Es extraordinario pasear en torno a esta ensenada artificial con las luces parpadeantes al otro lado del río Potomac. Aquí las flores exhiben toda su belleza durante el Cherry Blossom Festival, el renacer anual de la ciudad, cuando la ensenada se convierte en un gran jardín rosa y blanco. Los árboles originales, obsequio de la ciudad de Tokio, se plantaron en 1912.

Martin Luther King Jr Memorial MONUMENTO
(www.nps.gov/mlkm; 1850 W Basin Dr SW; 🕑24 h; 🚌 Circulator, M Smithsonian) GRATIS Inaugurado en el 2011 y realizado por el escultor Lei Yixin, es el primer monumento del Mall dedicado a un personaje afroamericano y que no fue presidente de EE UU. Además de la efigie de King, llamada "la Piedra de la Esperanza", hay dos bloques detrás que representan la montaña de la Desesperación. A ambos lados de la escultura se extiende un muro con las emotivas frases de King. Ocupa un precioso enclave a orillas de la cuenca Tidal.

Franklin Delano Roosevelt Memorial MONUMENTO
(www.nps.gov/frde; 400 W Basin Dr SW; 🕑24 h; 🚌 Circulator, M Smithsonian) GRATIS Este parque conmemorativo de 3 Ha está dedicado al pre-

ℹ️ COMER EN EL MALL

Antes de visitar el Mall conviene proveerse de tentempiés, pues allí hay pocos lugares donde comer. Una excepción es el **Mitsitam Native Foods Cafe** (www.mitsitamcafe.com; 4th St esq. Independence Ave SW, National Museum of the American Indian; principales 10-18 US$; ⏱11.00-17.00; 🚌Circulator, Ⓜ L'Enfant Plaza), en el American Indian Museum.

sidente que estuvo más años al servicio de EE UU, artífice del New Deal. Los visitantes pasan por cuatro 'salas' de granito rojo que explican los mandatos de Roosevelt, desde la Gran Depresión a la II Guerra Mundial. La historia se cuenta mediante estatuas e inscripciones, intercaladas con fuentes y rincones serenos. Su belleza resalta más de noche, con el mármol refulgiendo sobre las quietas aguas de la cuenca Tidal.

Jefferson Memorial MONUMENTO
(www.nps.gov/thje; 900 Ohio Dr SW; ⏱24 h; 🚌Circulator, Ⓜ Smithsonian) GRATIS Este monumento rodeado de cerezos, en la orilla sur de la cuenca Tidal, está dedicado al tercer presidente de EE UU, que fue, además, teórico político, redactor de la Declaración de Independencia y fundador de la Universidad de Virginia. Fue diseñado por John Russell Pope, quien se inspiró en la biblioteca que el presidente tenía en la universidad. El monumento fue criticado por su forma redonda, y hay quien lo llama "la magdalena de Jefferson". Dentro hay una escultura de bronce del presidente de 5,8 m de altura, y fragmentos de sus obras grabados en los muros.

🔅 Capitol Hill

El Capitolio se alza sobre esta colina frente al Tribunal Supremo y la Biblioteca del Congreso, que ocupan el lado opuesto de una gran plaza flanqueada por los edificios del Congreso. Desde E Capitol St hasta Lincoln Park se extiende un agradable barrio residencial de casas de piedra rojiza.

★ **Capitolio** PUNTO DE INTERÉS
(www.visitthecapitol.gov; First St NE y E Capitol St; ⏱8.30-16.30 lu-sa; Ⓜ Capitol South) GRATIS Desde 1800, es el lugar donde el Congreso se reúne para redactar las leyes del país. La cámara baja, la de Representantes, formada por 435 miembros, y la alta, el Senado, con 100 miem-

bros, celebran sesiones, respectivamente, en las alas sur y norte del edificio. El acceso se realiza por el centro de visitantes, situado en el sótano, debajo de East Plaza. Las visitas guiadas son gratis, pero hay que disponer de entrada; se puede obtener en el mostrador de información o con antelación por internet.

Library of Congress BIBLIOTECA
(www.loc.gov; 1er St SE; ⏱8.30-16.30 lu-sa; Ⓜ Capitol South) GRATIS La mayor biblioteca del mundo, que cuenta con un creciente fondo de 29 millones de libros, es admirable tanto por sus dimensiones como por su diseño. El centro lo ocupa el Jefferson Building de 1897. El Great Hall, decorado con vidrieras, mármol y mosaicos con personajes mitológicos; la Biblia de Gutenberg (h. 1455); la biblioteca de Thomas Jefferson y la zona mirador de la sala de lectura son impresionantes. Las visitas gratis al edificio tienen lugar cada 30 min de 10.30 a 15.30.

Supreme Court PUNTO DE INTERÉS
(📞202-479-3030; www.supremecourt.gov; 1st St NE; ⏱9.00-16.30 lu-vi; Ⓜ Capitol South) GRATIS El Tribunal Supremo de EE UU ocupa un templo de inspiración clásica al que se accede por unas puertas de bronce de casi 6 t. Para presenciar los debates hay que llegar temprano (lu-mi, oct-abr). Durante todo el año se pueden visitar las exposiciones permanentes y la escalera de caracol, de mármol y bronce y cinco pisos. Cuando no hay sesión también se puede asistir a las conferencias que se ofrecen en la sala del tribunal (cada hora, a y media).

Folger Shakespeare Library BIBLIOTECA
(www.folger.edu; 201 E Capitol St SE; ⏱10.00-17.00 lu-sa, 12.00-17.00 do; Ⓜ Capitol South) GRATIS Los admiradores de Shakespeare se apasionarán con esta biblioteca, que guarda la mayor colección del mundo de sus obras. Se puede pasear por el Great Hall para ver pinturas, grabados y manuscritos isabelinos. La estrella es una primera edición que se puede hojear digitalmente. En el evocador teatro se representan obras del dramaturgo.

National Postal Museum MUSEO
(www.postalmuseum.si.edu; 2 Massachusetts Ave NE; ⏱10.00-17.30; ♿; Ⓜ Union Station) GRATIS El museo postal, gestionado por la Smithsonian, es mucho más moderno de lo que cabría suponer. La 1ª planta alberga exposiciones sobre la historia del correo, desde el Pony Express a la actualidad, con antiguos aviones postales

MUSEOS DE LA SMITHSONIAN INSTITUTION

La Smithsonian Institution (www.si.edu) es una institución que regenta un conjunto de 19 museos, el zoo nacional y nueve centros de investigación. La mayor parte de estos centros está en el D. C., pero algunos se hallan en otras partes de EE UU o incluso en el extranjero. Constituyen el mayor complejo de museos y centros de investigación del mundo, y se pueden visitar gratis. Se podrían estar semanas recorriendo los interminables pasillos y admirando sus grandes tesoros, objetos artísticos y documentos de EE UU y otros países. Enormes esqueletos de dinosaurio, módulos lunares y obras de arte de todos los rincones del planeta son algunas de las piezas que expone. Para hacerse una idea, de los aproximadamente 140 millones de objetos de su colección, solo se exhibe un 1% al mismo tiempo. Todo ello se debe a un inglés llamado James Smithson (1765-1829), que nunca pisó EE UU, pero que en su testamento legó al entonces recién nacido país 508 318 US$ para fundar un "centro para la difusión del conocimiento".

Casi todos los museos abren a diario (excepto en Navidad). Algunos amplían su horario en verano. Suele haber colas y los habituales registros.

y emotivas cartas de soldados y pioneros. La 2ª planta posee la mayor colección mundial de sellos. Los aficionados a la filatelia pueden entretenerse examinando los cajones y haciendo fotos de los ejemplares más raros del mundo (como el Ben Franklin Z Grill); también pueden empezar aquí su colección eligiendo entre miles de sellos del mundo gratuitos (de Guyana, el Congo, Camboya…).

🕙 Casa Blanca y Foggy Bottom

Al lado del Mall se extiende un gran parque llamado The Ellipse, en cuyo lado oriental se halla la manzana de Pennsylvania Ave. El nombre de Foggy Bottom proviene de los vapores que emitía una antigua fábrica de gas; hoy es un barrio elegante (aunque no muy animado) que acoge el Departamento de Estado y la Universidad George Washington, y está lleno de estudiantes y profesionales.

★Casa Blanca PUNTO DE INTERÉS
(📞circuitos 202-456-7041; www.whitehouse.gov; 🕙 circuitos 7.30-11.30 ma-ju, hasta 13.30 vi y sa; Ⓜ Federal Triangle, McPherson Sq, Metro Center) GRATIS La Casa Blanca ha sobrevivido al fuego (los británicos la incendiaron en 1814) y a las críticas (Jefferson se quejó de que era lo bastante grande para alojar a dos emperadores, un papa y un gran lama). Hoy, para visitarla, hay que solicitarlo con antelación: los estadounidenses deben hacerlo a través de un congresista de su estado y los extranjeros, por medio del consulado de EE UU en su país de origen o del consulado del propio país en Washington. Las peticiones deben presentarse con una antelación de entre 21 días y seis

meses; lo recomendable por término medio son tres meses.

Centro de visitantes de la Casa Blanca MUSEO
(www.nps.gov/whho; 1450 Pennsylvania Ave NW; 🕙 7.30-16.00; Ⓜ Federal Triangle) GRATIS Entrar en la Casa Blanca puede ser difícil, de modo que conviene tener un plan alternativo. Desde el centro de visitantes se pueden ver algunas partes, como el despacho en el que Roosevelt radiaba sus discursos radiofónicos y el sillón de Lincoln. También hay exposiciones multimedia que permiten tener una visión de 360º de los salones. No es lo mismo que ver las salas de verdad, pero el centro cumple bien su misión, ofreciendo el contexto histórico del edificio con anécdotas sobre las esposas de los presidentes, los niños, las mascotas y las preferencias culinarias.

Textile Museum MUSEO
(www.museum.gwu.edu; 701 21st St NW; entrada 8 US$; 🕙 11.30-18.30 lu y mi-vi, 10.00-17.00 sa, 13.00-17.00 do, cerrado ma; Ⓜ Foggy Bottom-GWU) Esta joya es el único museo textil del país y en sus galerías se exhiben tejidos y alfombras exquisitos. Las exposiciones son rotatorias y se centran en un tema, como los tejidos asiáticos con dragones o las telas Kuba de la República Democrática del Congo. El museo también expone la valiosa colección de recuerdos, dibujos y mapas históricos de la Universidad George Washington.

Renwick Gallery MUSEO
(www.americanart.si.edu/renwick; 1661 Pennsylvania Ave NW; 🕙 10.00-17.30; ♿; Ⓜ Farragut West) GRATIS Integrado en el imperio de la Smithsonian y

sito en una mansión señorial de 1859, este museo expone una magnífica colección de artesanía y artes decorativas de EE UU. Ha permanecido cerrado hasta principios del 2016 por reformas.

◉ Downtown

El centro de la ciudad reúne varios lugares de interés importantes y es un hervidero tanto de día como de noche. También es el deslumbrante distrito teatral de la ciudad y su centro de convenciones.

★ National Archives PUNTO DE INTERÉS
(☑866-272-6272; www.archives.gov/museum; 700 Pennsylvania Ave NW; ◉10.00-17.30 sep-med mar, hasta 19.00 med mar-ago; Ⓜ Archives) GRATIS Es difícil no sentirse impresionado por los tres grandes documentos custodiados en los Archivos Nacionales: la Declaración de Independencia de EE UU, la Constitución y la Carta de Derechos, y uno de los cuatro ejemplares que se conservan de la Carta Magna. En conjunto, pone de manifiesto el carácter radical que tuvo la emancipación estadounidense en su tiempo. Las Public Vaults acogen una exposición permanente sobre los entresijos de la archivística y constituyen un vistoso complemento a la colección principal.

STEVEN F UDVAR-HAZY CENTER

El National Air and Space Museum, en el Mall, tiene un fondo tan amplio que necesita un anexo: el Steven F Udvar-Hazy Center (www.airandspace.si.edu/visit/udvar-hazy-center; 14390 Air y Space Museum Pkwy; ◉10.00-17.30, hasta 18.30 fin may-ppios sep; ⓘ; Ⓜ Wiehle-Reston East y autobús 983) GRATIS de Chantilly (VA). Triplica el tamaño del museo del D. C. y ocupa dos enormes hangares cerca del aeropuerto de Dulles. En él destacan el SR-71 Blackbird (el avión más rápido del mundo), el trasbordador espacial *Discovery* (jubilado en el 2011) y el *Enola Gay* (el B-29 que lanzó la bomba atómica en Hiroshima).

Aunque el museo es gratuito, el aparcamiento cuesta 15 US$. Para llegar en transporte público hay que coger la línea plata del metro hasta Wiehle-Reston East y allí tomar el autobús Fairfax Connector 983, cuya siguiente parada es el museo.

★ Reynolds Center for American Art & Portraiture MUSEO
(☑202-633-1000; www.americanart.si.edu; 8th St esq. F St NW; ◉11.30-19.00; Ⓜ Gallery Pl) GRATIS Si el visitante solo puede ver un museo de arte en la ciudad, debería ser este, que combina la National Portrait Gallery y el American Art Museum. No hay mejor colección de arte estadounidense en el mundo que la que reúnen estos dos centros, pertenecientes también a la Smithsonian. Sus galerías están llenas de famosas obras de Edward Hopper, Georgia O'Keeffe, Andy Warhol, Winslow Homer y muchos otros célebres artistas.

Ford's Theatre ENCLAVE HISTÓRICO
(☑202-426-6924; www.fords.org; 511 10th St NW; ◉9.00-16.00; Ⓜ Metro Center) GRATIS El 14 de abril de 1865, John Wilkes Booth asesinó a Abraham Lincoln en este teatro. Las entradas con hora programada permiten ver el palco que ocupaba el presidente, cubierto de banderas. También se visita el museo del sótano (donde se exhibe la pistola de calibre 44 de Booth, su bota llena de barro y otros objetos) y la casa Petersen (al otro lado de la calle), donde Lincoln falleció. Conviene llegar pronto, pues las entradas se agotan; para asegurar, se puede reservar por internet (6,25 US$).

Newseum MUSEO
(www.newseum.org; 555 Pennsylvania Ave NW; adultos/niños 23/14 US$; ◉9.00-17.00; ⓘ; Ⓜ Archives, Judiciary Sq) Este museo dedicado a las noticias tiene seis plantas y es altamente interactivo; merece la pena pagar la cara entrada. El visitante puede revivir los acontecimientos más importantes de los últimos años (la caída del Muro de Berlín, el 11 de septiembre, el huracán Katrina...) y pasar horas viendo documentales o contemplando los premios Pulitzer de fotografía. En la planta del vestíbulo se muestran objetos del FBI relacionados con noticias, como la cabaña donde vivía Unabomber o la máscara mortuoria del gánster John Dillinger.

◉ U Street, Shaw y Logan Circle

Posiblemente sean los tres barrios del D. C. que más han cambiado en los últimos años. La zona con una mayor oferta de vida nocturna es U Street Corridor, que antaño fue el llamado Black Broadway, donde actuaban Duke Ellington y Ella Fitzgerald, y más tarde, el epicentro de los disturbios raciales de 1968. La historia de la zona es recordada en el American Civil War Memorial de la estación de metro de U Street. Tras una época de decadencia, el barrio ha vivido un palpitante renacer en los últimos años; es imprescindible dar un paseo por él.

Un tramo de U Street pertenece a Shaw, un distrito más extenso y actual barrio de moda, con cervecerías, bares y cafeterías que aparecen casi cada semana. El contiguo Logan Circle también está en auge: basta recorrer 14th St NW para encontrar bares de vinos, *gastropubs,* bares de tapas y ostrerías. Las calles secundarias albergan antiguas mansiones señoriales que dan categoría a la zona.

Dupont Circle

Esta zona es la máxima expresión de la vida urbana, hogar de una adinerada comunidad gay y de gran parte del personal diplomático destinado en la ciudad. Es un barrio que merece una visita pausada: acogedor y vital, con una energía electrizante, una arquitectura cautivadora y excelentes restaurantes, bares, librerías y cafeterías. La mayor parte de sus mansiones históricas se han convertido en embajadas.

★ Embassy Row ARQUITECTURA
(www.embassy.org; Massachusetts Ave NW, entre Observatory y Dupont Circles NW; Ⓜ Dupont Circle) Desde la rotonda de Dupont Circle, hacia el norte por Massachusetts Ave, se encuentran más de 40 embajadas en mansiones que oscilan entre la elegancia y la discreción imponente.

Phillips Collection MUSEO
(www.phillipscollection.org; 1600 21st St NW; sa y do 10 US$, ma-vi gratis, entrada 12 US$; ⊙10.00-17.00 ma, mi, vi y sa, hasta 20.30 ju, 11.00-18.00 do, salas de música de cámara 16.00 do oct-may; Ⓜ Dupont Circle) El primer museo de arte moderno del país, abierto en 1921, alberga una pequeña pero exquisita colección de obras europeas y americanas. Destaca *El almuerzo de los remeros* de Renoir, junto a obras de Gauguin, Van Gogh, Matisse, Picasso y muchos otros grandes artistas. Las acogedoras salas, instaladas en una mansión restaurada, contribuyen a una experiencia más directa. La visita a la colección permanente es gratis los días laborables.

Georgetown

En este aristocrático y arbolado barrio viven miles de intelectuales, desde estudiantes hasta académicos y diplomáticos en su torre de

marfil. Por la noche, la tupida M St queda congestionada por el tráfico y se convierte en una curiosa mezcla de zona de ligue estudiantil y *boutiques.*

Dumbarton Oaks JARDINES, MUSEO
(www.doaks.org; 1703 32nd St NW; museo gratis, jardines adultos/niños 8/5 US$; ⊙museo 11.30-17.30 ma-do, jardines 14.00-18.00) Las 4 Ha de preciosos jardines de esta mansión parecen salidas de un cuento. En primavera las floraciones son espectaculares, incluida la de los numerosos cerezos. También vale la pena visitar la mansión, que atesora exquisitas obras de arte bizantino y precolombino, así como *La visitación de* El Greco, y una fascinante biblioteca de libros curiosos.

Georgetown Waterfront Park PARQUE
(Water St NW, entre 30th St y Key Bridge; 🚌) Este parque a orillas del Potomac es muy frecuentado por parejas de novios, familias que dan su paseo vespertino y millonarios que han dejado sus grandes yates anclados en el río. A lo largo del paseo hay bancos, perfectos para sentarse a contemplar los equipos de remo que se entrenan en el Potomac. Los restaurantes al aire libre se concentran cerca del puerto, en 31st St NW, alrededor de una plaza con fuentes que en invierno se convierten en una pista de hielo. En la zona también se encuentran los muelles de las embarcaciones turísticas que navegan por el río hasta Alexandria, en Virginia.

Universidad de Georgetown UNIVERSIDAD
(www.georgetown.edu; 37th St esq. O St NW) Georgetown es una de las principales universidades del país y posee una población estudiantil tan aplicada como marchosa. Fundada en 1789, fue la primera universidad católica de EE UU. Entre sus antiguos alumnos destacan Bill Clinton, miembros de la realeza y otros jefes de Estado internacionales. Cerca de la entrada oriental del campus, el Healy Hall impresiona con su aire medieval y su alta torre del reloj que recuerda a Hogwarts. Detrás están la preciosa Dalghren Chapel y su sereno atrio.

Escaleras de 'El exorcista' ESCENARIO DE PELÍCULA
(3600 Prospect St NW) Las empinadas escaleras de piedra que bajan hasta M St son un popular circuito para los corredores, pero tienen más fama por ser el lugar donde el padre Karras, poseído por el demonio, muere tras bajar rodando por ellas en el filme de terror

de 1973 *El exorcista*. En las noches de niebla dan miedo de verdad.

Tudor Place
MUSEO

(www.tudorplace.org; 1644 31st St NW; circuito de 1 h adultos/niños 10/3 US$, jardín3 US$; ⊙10.00-16.00 ma-sa, desde 12.00 do, cerrado ene) Esta mansión neoclásica de 1816, que fue propiedad de Thomas Peter y Martha Custis Peter (nieta de Martha Washington), es hoy un pequeño museo con muebles y obras de arte procedentes de Mount Vernon (la finca de George Washington) que componen una buena muestra de artes decorativas estadounidenses. Los magníficos jardines de 2 Ha están repletos de rosas, lirios, álamos y palmeras exóticas.

⊙ Upper Northwest D. C.

El extremo noroccidental de la ciudad está formado principalmente por arbolados barrios residenciales.

National Zoo
ZOOLÓGICO

(www.nationalzoo.si.edu; 3001 Connecticut Ave NW; ⊙10.00-18.00 abr-oct, hasta 14.30 nov-mar, terrenos 6.00-20.00 diario, hasta 18.00 nov-mar; MCleveland Park, Woodley Park-Zoo/Adams Morgan) GRATIS Alberga más de 2000 animales de 400 especies diferentes en sus hábitats naturales, pero se ha hecho famoso por sus pandas gigantes Mei Xiang y Tian Tian, y su cría Bao Bao, nacida en el 2013. Otros animales de interés son el león africano, los elefantes asiáticos y los orangutanes, que se balancean a 152 m de altura colgados de unos cables de acero sujetos a torres (la llamada "O Line").

Washington National Cathedral
IGLESIA

(☎202-537-6200; www.nationalcathedral.org; 3101 Wisconsin Ave NW; adultos/niños 10/6 US$, gratis do; ⊙10.00-17.30 lu-vi, hasta 20.00 algunos días may-sep, 10.00-16.30 sa, 8.00-16.00 do; MTenleytown-AU hasta autobús nº 31, 32, 36, 37 en dirección sur) Esta catedral neogótica posee tesoros arquitectónicos que combinan lo espiritual y lo profano. Las vidrieras son impresionantes, como la "ventana espacial", que contiene incrustada una roca lunar; para ver bien la gárgola de Darth Vader, en la parte exterior, se necesitan unos binoculares. Hay circuitos especiales de corte esotérico; consúltese el horario por teléfono o internet. También tiene una excelente cafetería.

⊙ Anacostia

El trayecto de Georgetown a Anacostia, al este, dura solo 30 min, pero la diferencia en el nivel de vida de ambas zonas no podría ser más extrema. La pobreza del barrio en contraste con el Mall, apenas a 2 km de distancia, constituye una de las grandes contradicciones del D. C., y de todo EE UU. Pero que nadie se llame a engaño: Anacostia no es una zona marginal, sino uno de los barrios históricos de Washington, anexado al D. C. en 1854. Además, en los últimos años se han edificado varios bloques de pisos de precio alto en torno al Nationals Park, el estadio de béisbol de los Washington Nationals.

Yards Park
PARQUE

(www.yardspark.org; 355 Water St SE; ⊙7.00-hasta 2 h después de anochecer; MNavy Yard) Este parque ribereño situado en la misma calle del estadio de los Nationals posee mesas a la sombra junto al agua, un paseo entarimado, fuentes y un puente moderno y original. A la izquierda pueden verse los barcos amarrados en el Navy Yard. En los límites del parque hay varios restaurantes y una excelente cervecería.

Frederick Douglass National Historic Site
ENCLAVE HISTÓRICO

(☎877-444-6777; www.nps.gov/frdo; 1411 W St SE; ⊙9.00-17.00 abr-oct, hasta 16.30 nov-mar; MAnacostia hasta la parada del autobús B2) GRATIS El ex esclavo, abolicionista, escritor y político Frederick Douglass vivió en esta hermosa casa (1878) de la colina hasta su muerte en 1895. El mobiliario original, libros, fotografías y otros objetos personales componen un fascinante retrato de la vida pública y privada de este gran hombre. Hay circuitos guiados por la casa, cuyo nombre, por cierto, es Cedar Hill.

Anacostia Museum
MUSEO

(☎202-633-4820; www.anacostia.si.edu; 1901 Fort PI SE; ⊙10.00-17.00; MAnacostia hasta la parada del autobús W2, W3) GRATIS Este museo de la Smithsonian ofrece interesantes exposiciones temporales sobre la cultura afroamericana. Suelen centrarse en el arte (colchas típicas de una región, pinturas paisajísticas de un artista olvidado...) o la historia (los primeros equipos de béisbol negros, la vida de una familia de esclavos...). El museo también funciona como centro social del barrio de Anacostia. Se recomienda llamar, pues a menudo cierra entre exposiciones.

🏃 Actividades

Excursionismo y ciclismo

C&O Canal Towpath
EXCURSIONISMO, CICLISMO

(www.nps.gov/choh; 1057 Thomas Jefferson St NW) Este camino de sirga junto a un canal de me-

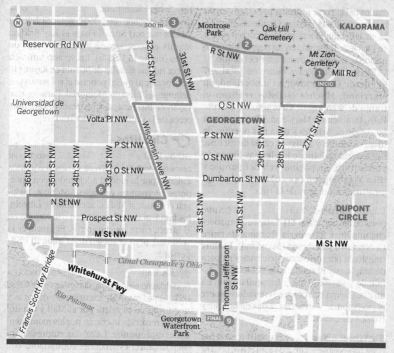

🏃 Circuito a pie
Elegancia en Georgetown

INICIO MT ZION CEMETERY
FINAL GEORGETOWN WATERFRONT PARK
DISTANCIA 4,8 KM; 3 H

La exuberancia y la arquitectura señorial de Georgetown invitan a dar un sosegado paseo como el siguiente.

El afroamericano ❶ **Mt Zion Cemetery,** cerca del cruce de las calles 27th y Q, data de principios del s. XIX. Cerca de él, la iglesia de Mt Zion (1334 29th St) fue antaño una parada del ferrocarril subterráneo; los esclavos huidos se ocultaban en una cripta del cementerio.

La entrada al ❷ **Oak Hill Cemetery** está a unas manzanas, en el cruce de las calles 30th NW y R NW. En él se encuentran las tumbas de personajes ilustres como Edwin Stanton (secretario de Guerra de Lincoln). En la misma calle, el museo ❸ **Dumbarton Oaks** ofrece exquisitas obras de arte bizantino y unos extensos jardines con fuentes; la floración en primavera es impresionante.

La nietastra de George Washington, Martha Custis Peter, fue la propietaria de ❹

Tudor Place, la mansión neoclásica sita en 1644 31st St. Posee algunos muebles de la finca de Mount Vernon y unos bellos jardines.

Al llegar a Wisconsin Ave NW hay que detenerse en la ❺ **Martin's Tavern,** donde John F. Kennedy propuso matrimonio a Jackie Bouvier. Por N St se ven varias casas de estilo federal en la manzana 3300. Los Kennedy vivieron en ❻ **3307 N St** de 1958 a 1961, antes de mudarse a la Casa Blanca.

En la esquina de 36th St con Prospect Ave, hacia abajo, se ven las ❼ **escaleras de 'El exorcista',** donde moría el padre Karras. De día las usan los corredores para entrenar; por la noche son escalofriantes.

Se puede echar un vistazo a las *boutiques* y tiendas selectas de M St NW y comprar algo, si lo permite el presupuesto. En Jefferson St hay que doblar a la derecha y dejarse guiar por el olfato hasta ❽ **Baked & Wired,** para reponer fuerzas con una magdalena gigante y un capuchino. Desde allí se baja hasta el ❾ **Georgetown Waterfront Park** para ver los barcos que surcan el Potomac.

diados del s. XIX se utilizaba para transportar mercancías hasta Virginia Occidental. Empieza en Jefferson St y se puede recorrer a pie o en bicicleta. Integrado en un parque histórico nacional, es ideal para escapar del gentío.

El camino de grava cubre en total 297 km desde Georgetown a Cumberland, en Maryland. Muchos ciclistas realizan el tramo de 22,5 km de Georgetown a Great Falls, también en Maryland. El camino está bordeado de árboles y pasa por puentes de madera, norias y antiguas casas de esclusa. En general es llano, con algunas lomas de poca altura. La página web del parque y Bike Washington (www.bikewashington.org/canal) ofrecen mapas de la ruta.

Capital Crescent Trail   CICLISMO
(www.cctrail.org; Water St) Esta ruta aprovecha una línea ferroviaria abandonada entre Georgetown y Bethesda (Maryland). Es muy transitada por corredores y ciclistas y no para de ampliarse. El sendero de 17,7 km está asfaltado y se puede hacer tranquilamente en un día. Cuenta con preciosos miradores sobre el río Potomac y atraviesa zonas de bosque y barrios elegantes.

Big Wheel Bikes   ALQUILER DE BICICLETAS
(www.bigwheelbikes.com; 1034 33rd St NW; por 3 h/día 21/35 US$; ⊙11.00-19.00 ma-vi, 10.00-18.00 sa y do) Gran variedad de bicicletas para alquilar, a un paso del inicio del C&O Canal Towpath. Los empleados también informan sobre otras rutas cercanas, como la Capital Crescent Trail y la Mt Vernon Trail. El alquiler mínimo es de 3 h.

Capital Bikeshare   ALQUILER DE BICICLETAS
(☏877-430-2453; www.capitalbikeshare.com; miembros 24 h/3 días 7/15 US$) Posee más de 2500 bicicletas en más de 300 estaciones repartidas por toda la región. Para retirar una basta con seleccionar el tipo de contrato (1/3 días) e introducir la tarjeta de crédito. Los primeros 30 min son gratis; las tarifas siguientes son progresivas (2/6/14 US$ por cada 30/60/90 min). Más información por teléfono o en internet.

Paseos en barca

Tidal Basin Boathouse   BARCAS
(www.tidalbasinpaddleboats.com; 1501 Maine Ave SW; bote 2-/4-personas 14/22 US$; ⊙10.00-18.00 med mar-ago, mi-do solo sep-med oct, cerrado med oct-med mar; ☐Circulator, ⓂSmithsonian) Alquila barcas de pedales para dar paseos por la cuenca Tidal. No hay que olvidar la cámara: hay vistas magníficas, sobre todo del Jefferson Memorial.

Key Bridge Boathouse   KAYAK
(www.boatingindc.com; 3500 Water St NW; ⊙ variable mar-oct) Situado bajo el Key Bridge, alquila canoas, kayaks y tablas de surf de remo (desde 15 US$/h). En verano también ofrece salidas guiadas de 90 min en kayak (45 US$/persona) que al ponerse el sol pasan por delante del Lincoln Memorial. Para los que vayan en bicicleta, el embarcadero está muy cerca de la Capital Crescent Trail.

Circuitos

DC by Foot   CIRCUITOS A PIE
(www.dcbyfoot.com) Ofrece varios recorridos guiados por la ciudad aderezados con anécdotas interesantes y detalles históricos; incluyen el National Mall, el asesinato de Lincoln, los fantasmas de Georgetown o la comida en U Street, entre muchos otros. El precio es la voluntad, pero se suelen dejar unos 10 US$/persona.

Bike & Roll   CIRCUITOS EN BICICLETA
(www.bikeandrolldc.com; adultos/niños desde 40/30 US$; ⊙med mar-nov) Excursiones diurnas y nocturnas en bicicleta por el Mall y Capitol Hill. El recorrido nocturno por los monumentos es espectacular. La misma empresa también organiza excursiones combinadas con bicicleta y barco a Mount Vernon.

DC Brew Tours   EXCURSIÓN
(☏202-759-8687; www.dcbrewtours.com; circuitos 85 US$; ⊙12.00 y 17.00 ju y vi, 11.00 y 17.00 sa y do) DC Brew Tours ofrece excursiones de 5 h en monovolumen por cuatro cervecerías. Las rutas varían, pero pueden incluir DC Brau, Right Proper Brewing, Chocolate City, 3 Stars y Atlas Brew Works, entre otras. En el precio está incluida la degustación de más de 15 cervezas y comida. Salen de delante de 710 12th St NW, junto a la estación de Metro Center.

Fiestas y celebraciones

National Cherry Blossom Festival CULTURAL
(www.nationalcherryblossomfestival.org; ⊙mar-ppios abr) La ciudad exhibe toda su belleza.

Smithsonian Folklife Festival   CULTURAL
(www.festival.si.edu; ⊙jun y jul) Este festival popular y familiar de arte, artesanía, gastronomía y música de la región se celebra durante dos fines de semana en junio y julio.

Día de la Independencia   CULTURAL
(⊙4 jul) El 4 de julio se celebra por todo lo alto en la capital con un desfile, conciertos al aire libre y fuegos artificiales en el Mall.

🛏 Dónde dormir

Alojarse en el D. C. es caro. El pico de la temporada alta va de mediados de marzo a abril (época en que florecen los cerezos). Las aglomeraciones y las tarifas también alcanzan su máximo en mayo, junio, septiembre y octubre. A las tarifas hay que añadir un impuesto hotelero del 14,5%. Si el viajero dispone de coche, debe calcular unos 35-55 US$ al día por el privilegio de entrar y salir de la ciudad.

Airbnb puede ser una buena alternativa. **Bed & Breakfast DC** (www.bedandbreakfastdc. com) ofrece información y reservas de B&B y apartamentos privados en toda la ciudad.

🛏 Capitol Hill

Hotel George   HOTEL-BOUTIQUE **$$**
(☏202-347-4200; www.hotelgeorge.com; 15 E St NW; h desde 300 US$; P🐾❄@🖥📶; MUnion Station) El primer hotel-*boutique* del D. C. es todavía uno de los mejores. Muebles de cristal con cromados y arte moderno caracterizan los interiores. Las habitaciones en

tonos blancos y crudos irradian un aire zen y moderno. Es el alojamiento más de moda de Capitol Hill.

🛏 Downtown y zona de la Casa Blanca

**Hostelling International
-Washington DC**   ALBERGUE **$**
(☏202-737-2333; www.hiwashingtondc.org; 1009 11th St NW; dc 33-55 US$, h 110-150 US$; ⊖❄@🖥📶; MMetro Center) Este gran y acogedor albergue es un inmejorable alojamiento económico. Atrae a una clientela internacional y ofrece numerosos servicios: salas de estar, una mesa de billar, TV de 60 pulgadas para las veladas de cine, excursiones y wifi gratis. El desayuno continental está incluido.

★ **Hotel Lombardy**   HOTEL-'BOUTIQUE' **$$**
(☏202-828-2600; www.hotellombardy.com; 2019 Pennsylvania Ave NW; h 180-330 US$; P⊖❄@🖥📶; MFoggy Bottom-GWU) Este selecto hotel europeo dispone de personal multilingüe y am-

WASHINGTON D. C. Y ÁREA METROPOLITANA CUÁNDO IR

WASHINGTON D. C. PARA NIÑOS

El principal destino familiar de la capital es, sin duda, el **National Zoo** (p. 262), gratuito, pero otros museos también entretendrán y educarán a los niños de cualquier edad. Algunos de ellos son:

National Air and Space Museum (p. 252)

National Museum of Natural History (p. 253)

Newseum (p. 260)

National Gallery of Art (p. 252)

Las familias también suelen visitar:

Carousel (entradas 3,50 US$; ⏰10.00-18.00; 🚌Circulator, MSmithsonian) Los niños pueden montar en el tiovivo y retozar en el césped.

Discovery Theater (www.discoverytheater.org; 1100 Jefferson Dr SW; entradas 6-12 US$; 🖐; 🚌Circulator, MSmithsonian) Este teatro infantil del Smithsonian presenta obras culturales y cuentos.

Yards Park (p. 262) Un espacio verde para jugar y divertirse en el agua.

Six Flags America (☏301-249-1500; www.sixflags.com/america; 13710 Central Ave, Upper Marlboro, MD; adultos/niños 60/40 US$; ⏰may-oct variable) El parque incluye montañas rusas y atracciones para los más pequeños. Está unos 24 km al este del centro del D. C., en Maryland.

Otros recursos:

DC Cool Kids ofrece guías y recomendaciones de actividades e información sobre museos.

Smithsonian Kids tiene juegos y proyectos educativos, y facilita información sobre actividades infantiles en los museos.

Our Kids reúne propuestas de actos y espectáculos infantiles, restaurantes familiares e ideas para actividades.

biente internacional: en sus salas se oye tanto francés y español como inglés. Exhibe una decoración veneciana (puertas con contraventanas, paredes cálidas de color dorado) y es muy apreciado por los funcionarios del Banco Mundial y del Departamento de Estado. La tendencia se prolonga en las habitaciones, decoradas con arte original y antigüedades chinas y europeas.

Morrison-Clark Inn   HOTEL HISTÓRICO **$$**
(📞202-898-1200; www.morrisonclark.com; 1015 L St NW; h 150-250 US$; P🚫❄️@🛜; MMt Vernon Sq) Este elegante hotel incluido en el Registro de Lugares Históricos está formado por dos residencias victorianas de 1864 llenas de antigüedades, lámparas de araña, cortinas en tonos suntuosos y otros detalles que evocan el sur de antes de la guerra. Eso sí, algunas habitaciones son más bien pequeñas.

Club Quarters   HOTEL **$$**
(📞202-463-6400; www.clubquarters.com/washington-dc; 839 17th St NW; h 125-205 US$; P🚫❄️@🛜; MFarragut West) Este establecimiento tranquilo y sencillo suele estar frecuentado por gente que viaja por negocios. Las habitaciones son pequeñas y no tienen vistas, encanto ni originalidad, pero disponen de camas cómodas, escritorio funcional, wifi correcto y cafetera bien surtida. Los precios son razonables en una zona donde suelen estar por las nubes.

⭐**Hay-Adams Hotel**   HERITAGE HOTEL **$$$**
(📞202-638-6600; www.hayadams.com; 800 16th St NW; h desde 350 US$; P❄️@🛜🛜; MMcPherson Sq) Es uno de los grandes hoteles históricos de la ciudad, sito en un atractivo edificio con vistas a la Casa Blanca. Tiene un vestíbulo de estilo palaciego y, probablemente, las mejores habitaciones clásicas y lujosas de la ciudad, con camas con dosel, mullidos colchones y borlas doradas.

🛏 U Street, Shaw y Logan Circle

Hotel Helix   HOTEL-BOUTIQUE **$$**
(📞202-462-9001; www.hotelhelix.com; 1430 Rhode Island Ave NW; h 200-300 US$; P🚫❄️@🛜🛜; MMcPherson Sq) Este moderno hotel a la moda es perfecto para la animada *jet set* internacional del barrio circundante. Tiene pequeños detalles que evocan la energía de la juventud (como dispensadores de caramelos Pez en el minibar) y se ven compensados por una modernidad sofisticada. Todas las habitaciones disponen de camas con sábanas de calidad y TV de pantalla plana de 37 pulgadas.

Chester Arthur House   B&B **$$**
(📞877-893-3233; www.chesterarthurhouse.com; 23 Logan Circle NW; h 175-215 US$; 🚫❄️🛜; MU St) Preciosa casa adosada de 1883 con cuatro habitaciones en Logan Circle, a unos pasos de los restaurantes de P St y 14th St. Exhibe numerosas lámparas de araña, óleo antiguos, una escalera con paneles de caoba y recuerdos de los viajes que los anfitriones hicieron por el mundo.

🛏 Adams Morgan

Adam's Inn   B&B **$**
(📞202-745-3600; www.adamsinn.com; 1746 Lanier Pl NW; h 109-179 US$, sin baño 79-100 US$; P🚫❄️@🛜; MWoodley Park) Escondido en una arbolada calle residencial, este hostal de 26 habitaciones tiene fama por su servicio personalizado, sus sábanas suaves y su buena situación a solo unas manzanas de los restaurantes de 18th St. Las habitaciones, atractivas y acogedoras, se reparten en dos casas adyacentes y una cochera. Dispone de un atractivo patio ajardinado y zonas comunes, y por todas partes se respira aroma a jerez y cretona.

Taft Bridge Inn   B&B **$$**
(📞202-387-2007; www.taftbridgeinn.com; 2007 Wyoming Ave NW; h 179-205 US$, sin baño 100-140 US$; P🚫❄️🛜; MDupont Circle) Esta hermosa mansión georgiana del s. XIX, próxima a 18th St y Dupont Circle, lleva el nombre del puente que cruza Rock Creek Park al norte. Posee una sala con artesonado, antigüedades selectas, seis chimeneas y un jardín. Algunas de las 12 habitaciones siguen una temática colonial americana, acentuada por las colchas amish; otras poseen un aire más aristocrático, con reminiscencias renacentistas europeas.

🛏 Dupont Circle

⭐**Tabard Inn**   HOTEL-BOUTIQUE **$$**
(📞202-785-1277; www.tabardinn.com; 1739 N St NW; h 195-250 US$, sin baño 135-155 US$; 🚫❄️@🛜; MDupont Circle) Este hotel que lleva el nombre de la posada de *Los cuentos de Canterbury* abarca tres casas adosadas de época victoriana. Las 40 habitaciones son difíciles de describir en conjunto: todas tienen caprichos de época, como camas de hierro y sillones orejeros, pero se distinguen por pequeños toques, como un cabecero pintado al estilo de Matisse o unas colchas de aire amish. No hay TV y el wifi no siempre funciona bien.

El desayuno continental está incluido. En la planta baja, la sala, el atractivo restaurante y el bar tienen techos bajos y muebles antiguos que invitan a arrellanarse con un oporto y el *Post* del domingo.

Embassy Circle Guest House   B&B $$
(☏202-232-7744; www.dcinns.com; 2224 R St NW; h 180-300 US$; ❄✳️🐾; 🚇Dupont Circle) Esta casa de 1902, de estilo rural francés y rodeada de embajadas, está a unas manzanas de la animación nocturna de Dupont. Las 11 habitaciones tienen ventanas grandes, alfombras persas y cuadros originales; pero no TV ni radio, aunque sí wifi. Ofrece un desayuno ecológico caliente, galletas por la tarde y veladas con vino y cerveza por la noche.

También poseen la **Woodley Park Guest House** (☏202-667-0218; www.dcinns.com; 2647 Woodley Rd NW; h 180-250 US$, sin baño 135-165 US$; P✳️@🐾; 🚇Woodley Park-Zoo, Adams Morgan), en el noroeste del D. C., una zona de moda.

🏨 Georgetown

Graham Georgetown   HOTEL-BOUTIQUE $$
(☏202-337-0900; www.thegrahamgeorgetown. com; 1075 Thomas Jefferson St NW; h 270-350 US$; P✳️@🐾; 🚇Foggy Bottom-GWU hasta DC Circulator) En pleno Georgetown, a mitad de camino entre la tradición señorial y la modernidad. Las habitaciones están decoradas con estampados florales de buen gusto y muebles bicolor con toques geométricos. Incluso las más sencillas disponen de sábanas de Liddell Ireland y artículos de baño de L'Occitane, para estar tan limpio y guapo como los famosos del barrio.

🍴 Dónde comer

El panorama gastronómico de la ciudad está en auge. El número de restaurantes se ha duplicado en la última década, encabezado por locales independientes con chefs locales. También abundan las cocinas internacionales (salvadoreña, etíope, vietnamita, francesa...) y la comida sureña tradicional (pollo frito, sémola de maíz, galletas y té dulce helado).

🍴 Capitol Hill

Este barrio posee dos zonas especialmente interesantes para comer y beber. Por una parte está 8th St SE (cerca del Eastern Market), también llamada Barracks Row, donde abundan los bares y restaurantes. Y por otra, H St NE, una zona vanguardista 1,5 km al este

de la Union Station; se puede llegar con el autobús X2 o en taxi (8 US$ aprox.). Parece que pronto funcionarán los anhelados tranvías del distrito.

Toki Underground   ASIÁTICA $
(☏202-388-3086; www.tokiunderground.com; 1234 H St NE; principales 10-12 US$; ⏱11.30-14.30 y 17.00-22.00 lu-ju, hasta 24.00 vi y sa; 🚌X2 desde la Union Station) Fideos *ramen* especiados y masas rellenas constituyen su breve carta. No aceptan reservas y es normal tener que esperar. Mientras tanto se puede aprovechar para echar un vistazo a los bares próximos (envían un mensaje cuando haya una mesa libre). No tiene rótulo; está encima del bar Pug.

Maine Avenue Fish Market   PESCADO $
(1100 Maine Ave SW; principales 7-13 US$; ⏱8.00-21.00; 🚇L'Enfant Plaza) Este mercado exterior de olor penetrante es una leyenda local. Los puestos venden pescado, cangrejos, ostras y otros productos del mar, todo tan fresco que aún colea. También se ocupan de limpiar y preparar la pieza al gusto del comprador, que puede saborear la comida en uno de los agradables bancos del paseo (¡cuidado con las gaviotas!).

Atlas Room   ESTADOUNIDENSE $$
(☏202-388-4020; www.theatlasroom.com; 1015 H St NE; principales 21-25 US$; ⏱17.30-21.30 ma-ju, 17.30-22.00 vi y sa, 17.00-21.00 do; 🚌X2 desde la Union Station) Este agradable comedor con velas en las mesas es un local predilecto del barrio en la vanguardista H St. Se inspira en la gastronomía clásica francesa e italiana, pero las adapta al gusto estadounidense combinándolas con ingredientes de temporada. En verano sirven buñuelos de cangrejo y en invierno, estofado de vacuno.

Ted's Bulletin   ESTADOUNIDENSE $$
(☏202-544-8337; www.tedsbulletincapitolhill.com; 505 8th St SE; principales 10-19 US$; ⏱7.00-22.00 do-ju, hasta 23.00 vi y sa; 👶; 🚇Eastern Market) Este local tiene mesas con bancos y una ambientación que combina el *art déco* con el estilo cafetería. Sirve platos tradicionales con toques *hipster,* como galletas de cerveza con *sausage gravy* para desayunar o pastel de carne con glaseado de *ketchup* en la cena. Sirve desayunos todo el día.

Ethiopic   ETÍOPE $$
(☏202-675-2066; www.ethiopicrestaurant.com; 401 H St NE; principales 12-18 US$; ⏱17.00-22.00 ma-ju, desde 12.00 vi-do; 🍷; 🚇la Union Station) En una ciudad donde abundan los restaurantes

etíopes, este destaca sobre los demás. Se recomiendan los diversos *wats* (guisos) y *tibs* de la casa (salteado de carne y verdura), hechos con carne de cordero macerada con hierbas y especias picantes. Los *veganos* encontrarán muchos platos de su gusto.

★ **Rose's Luxury** ESTADOUNIDENSE MODERNA $$$
(☏202-580-8889; www.rosesluxury.com; 717 8th St SE; platos pequeños 12-14 US$, familiares 28-33 US$; ☺17.30-22.00 lu-ju, hasta 23.00 vi y sa; Ⓜ Eastern Market) La revista *Bon Appetit* lo nombró mejor restaurante del país en el 2014. La nutrida clientela degusta sofisticados platos sureños tradicionales mientras las lucecitas parpadean y las velas titilan en el comedor de estilo industrial. No acepta reservas; si no se quiere esperar, se puede pedir la comida en el bar de arriba, que además sirve unos cócteles deliciosos.

🍴 Downtown y zona de la Casa Blanca

★ **Red Apron Butchery** CHARCUTERÍA $
(☏202-524-5244; www.redapronbutchery.com; 709 D St NW; principales 5-10 US$; ☺7.30-20.00 lu-vi, 9.00-20.00 sa, 9.00-17.00 do; Ⓜ Archives) Este local prepara un fantástico sándwich para desayunar. En sus cómodos bancos tapizados también se puede disfrutar del Aristócrata (de ricota, miel y piñones) o del Buenos días (a base de huevos con chorizo). Todos son abundantes y se preparan con *tigelle,* un pan plano italiano. A partir de las 10.30 (fin de semana 14.30) no aceptan más comandas.

Daikaya JAPONESA $
(☏202-589-1600; www.daikaya.com; 705 6th St NW; principales 12-14 US$; ☺11.30-22.00 do y lu, hasta 23.00 ma-ju, hasta 24.00 vi y sa; Ⓜ Gallery Pl) El Daikaya ofrece dos opciones: abajo es una tienda informal de *ramen,* con elegantes mesas y bancos de madera; arriba, una *izakaya* (taberna japonesa) que sirve sake, almuerzos a base de arroz y raciones de pescado para cenar. El local de arriba cierra entre el almuerzo y la cena (14.00-17.00).

★ **Founding Farmers** ESTADOUNIDENSE MODERNA $$
(☏202-822-8783; www.wearefoundingfarmers.com; 1924 Pennsylvania Ave NW; principales 14-26 US$; ☺11.00-22.00 lu, 11.00-23.00 ma-ju, 11.00-24.00 vi, 9.00-24.00 sa, 9.00-22.00 do; ☏; Ⓜ Foggy Bottom-GWU, Farragut West) 🌱 Este bullicioso comedor decorado con tarros de conserva combina lo rústico con el arte contemporáneo. Lo mismo

hace con la comida: autóctona, moderna y elaborada con ingredientes de proximidad. El pollo frito con suero de mantequilla y gofres, y las lentejas picantes con cerdo son algunos de los platos favoritos de la clientela. Está en el edificio IMF.

Rasika INDIA $$
(☏202-637-1222; www.rasikarestaurant.com; 633 D St NW; principales 14-28 US$; ☺11.30-14.30 lu-vi, 17.30-22.30 lu-ju, 17.00-23.00 vi y sa; ☏; Ⓜ Archives) Todo lo vanguardista que permite la cocina india. El comedor parece un palacio de Jaipur decorado por una tropa de galeristas de arte contemporáneo. El pato Narangi es muy jugoso y se sirve con anacardos; las *dal* (lentejas) llevan la dosis exacta de intenso fenogreco. *Veganos* y vegetarianos encontrarán muchos platos de su agrado.

Old Ebbitt Grill ESTADOUNIDENSE $$
(☏202-347-4800; www.ebbitt.com; 675 15th St NW; principales 12-22 US$; ☺7.30-13.00 lu-vi, desde 8.30 sa y do; Ⓜ Metro Center) Este restaurante, ubicado desde 1846 en un edificio junto a la Casa Blanca, es frecuentado por gente de la política y por muchos turistas. En el comedor, revestido de madera y dorados, se sirven sin parar generosas hamburguesas, pasteles de cangrejo, *fish and chips* y platos similares. Durante la hora feliz, las ostras cuestan la mitad.

★ **Central Michel Richard** ESTADOUNIDENSE MODERNA $$$
(☏202-626-0015; www.centralmichelrichard.com; 1001 Pennsylvania Ave NW; principales 19-34 US$; ☺11.30-14.30 lu-vi, 17.00-22. 30 lu-ju, 17.00-23.00 vi y sa; Ⓜ Federal Triangle) Michel Richard es famoso por sus restaurantes selectos, pero en este bistró de cuatro estrellas ofrece una experiencia especial, platos tradicionales con un toque distinguido: hamburguesas de langosta, un elaborado pastel de carne y una reinterpretación del pollo frito.

🍴 U Street, Shaw y Logan Circle

★ **Ben's Chili Bowl** ESTADOUNIDENSE $
(www.benschilibowl.com; 1213 U St; principales 5-10 US$; ☺6.00-2.00 lu-ju, 6.00-4.00 vi, 7.00-4.00 sa, 11.00-24.00 do; Ⓜ U St) Es toda una institución en la ciudad. Su especialidad son las *halfsmokes,* la versión local de la *hot dog* pero con más carne y más ahumada, que suele servirse con mostaza, cebolla y chile. Durante casi 60 años, presidentes, estrellas del *rock* y jueces del Tribunal Supremo han acudido a

COMIDA DE MERCADO

Hay dos excelentes mercados con buenos productos:

Union Market (www.unionmarketdc.com; 1309 5th St NE; ⊘11.00-20.00 ma-do; ⊠NoMa) Los más modernos acuden a comprar en las tiendas *gourmet* que venden bombones de banana y jengibre, quesos de cabra a las hierbas y carnes ahumadas. Los restaurantes emergentes utilizan el mercado para probar sus ideas en platos que van desde los *ramen* de Taiwán a las *dosas* indias. También hay cervezas artesanas y bebidas de café. Las mesas ocupan el soleado almacén y mucha gente pasa la tarde en él, comiendo y leyendo. Está a unos 800 m de la estación de metro de NoMa, en Northeast D. C.

Eastern Market (www.easternmarket-dc.org; 225 7th St SE; ⊘7.00-19.00 ma-vi, hasta 18.00 sa, 9.00-17.00 do; ⊠Eastern Market) Este mercado cubierto, rebosante de comida deliciosa y buen ambiente, es uno de los iconos de Capitol Hill. Tiene panadería, quesería, carnicería, puesto de cangrejos azules y vendedores ambulantes de productos frescos. Los fines de semana se amplía al exterior con puestos de artesanía y productos de granja.

este humilde comedor. Pese a su fama, sigue siendo un establecimiento genuinamente de barrio. Solo acepta efectivo.

★**Compass Rose** INTERNACIONAL $$
(☏202-506-4765; www.compassrosedc.com; 1346 T St NW; platos pequeños 10-15 US$; ⊘17.00-2.00 do-ju, hasta 3.00 vi y sa; ⊠U St) Este restaurante ubicado en una discreta casa adosada y cerca de 14th St, tiene un aire de jardín secreto. Las paredes de ladrillo visto, la decoración rústica de madera y el techo azul le dan un tono romántico e informal. La carta ofrece platos de comida casera internacional, como *lomito* chileno (bocadillo de cerdo), *kefta* libanés (carne picada de cordero con especias) o *khachapuri* georgiano (pan relleno de queso).

Estadio ESPAÑOLA $$
(☏202-319-1404; www.estadio-dc.com; 1520 14th St NW; tapas 5-15 US$; ⊘11.30-14.00 vi-do; 17.00-22.00 lu-ju, hasta 23.00 vi y sa, 21.00 do; ⊠U St) La carta de tapas es larguísima, con jamón ibérico y un delicioso sándwich abierto con fuagrás, huevos revueltos y trufa. No aceptan reservas después de las 18.00; normalmente hay que esperar en la barra.

Bistro Bohem EUROPEA ORIENTAL $$
(☏202-735-5895; www.bistrobohem.com; 600 Florida Ave NW; principales 12-21 US$; ⊘17.00-23.00 lu-ju, 17.00-2.00 vi, 10.00-2.00 sa, 10.00-23.00 do; ☏; ⊠Shaw-Howard U) Este acogedor bistró con arte local en las paredes y algún que otro concierto de *jazz*, es uno de los sitios favoritos de la ciudad por sus generosos *schnitzels* checos, *goulash* y *pilsners*. Durante el día la animación está en el contiguo Kafe Bohem, que abre a las 7.00 (fin de semana

8.00) y sirve expresos, pastas y sándwiches. Entorno agradable y bohemio.

Tico LATINOAMERICANA $$
(☏202-319-1400; www.ticodc.com; 1926 14th St NW; platos pequeños 9-14 US$; ⊘16.00-24.00 do-ju, desde 10.00 vi y sa; ☏; ⊠U St) Este local ruidoso, alegre y retumbante atrae a una clientela joven y artística con sus tacos innovadores, sus raciones y 140 tequilas. El ceviche de vieiras con arroz crujiente, los buñuelos de queso manchego y los margaritas de hibisco son extraordinarios. A los vegetarianos les gustarán los tacos de *edamame* o la coliflor asada, entre otros. El alegre comedor con pinturas murales siempre está lleno; conviene reservar.

★**Le Diplomate** FRANCESA $$$
(☏202-332-3333; www.lediplomatedc.com; 1601 14th St NW; principales 22-31 US$; ⊘17.00-22.00 lu y ma, 17.00-23.00 mi y ju, 17.00-24.00 vi, 9.30-24.00 sa, 9.30-22.00 do; ⊠U St) Este bistró francés con encanto es relativamente nuevo, pero se ha convertido en uno de los restaurantes más de moda de la ciudad. En las banquetas de cuero o las mesas de la acera se ven muchos famosos, que acuden a probar la cocina parisina auténtica, desde el *coq au vin* (pollo al vino) a las aromáticas baguettes, y a admirar las curiosidades y las fotos de desnudos que decoran los baños. Hay que reservar.

Adams Morgan

La zona entre 18th St y Columbia Rd NW está llena de restaurantes internacionales y cafeterías.

Diner   ESTADOUNIDENSE **$**

(www.dinerdc.com; 2453 18th St NW; principales 9-17 US$; ⊙24 h; ♿; ⓜWoodley Park-Zoo/Adams Morgan) Sirve comida sustanciosa y casera 24 h al día. Es ideal para tomar un desayuno de madrugada, un *brunch* con *bloody mary* el fin de semana (si no molestan las aglomeraciones) o comida del país sencilla y bien preparada a cualquier hora. Sirven tortillas, tortitas, macarrones con queso, sándwiches Portobello y hamburguesas. Ideal para los niños.

★**Donburi**   JAPONESA **$**

(☏202-629-1047; www.facebook.com/donburidc; 2438 18th St NW; principales 9-12 US$; ⊙11.00-22.00; ⓜWoodley Park-Zoo/Adams Morgan) Este pequeño local tiene una barra de madera con 15 taburetes desde los que se ve en primera fila a los cocineros cortando y laminando. *Donburi* significa "cuenco" en japonés, precisamente lo que aquí sirven, muy caliente y lleno de gambas empanadas con salsa agridulce de la casa y arroz. Una comida sencilla y auténtica. A menudo hay cola, pero avanza rápido. No aceptan reservas. Está en el mismo edificio del DC Arts Center.

✕ Dupont Circle

★**Afterwords Cafe**   ESTADOUNIDENSE **$$**

(☏202-387-3825; www.kramers.com; 1517 Connecticut Ave; principales 15-21 US$; ⊙7.30-13.00 do-ju, 24 h vi y sa; ⓜDupont Circle) La moderna cafetería de Kramerbooks es un local moderno, no el típico café de librería. Las apretadas mesas del interior, la pequeña barra y el patio rezuman buen ambiente. La carta incluye sabrosa comida de bistró y una extensa selección de cervezas; perfecto en la *happy hour*, para el *brunch* y a todas horas los fines de semana, cuando no cierra.

Duke's Grocery   CAFÉ **$$**

(☏202-733-5623; www.dukesgrocery.com; 1513 17th St NW; principales 11-16 US$; ⊙17.30-22.00 lu, 20.00-22.00 ma y mi, hasta 1.00 ju y vi, 11.00-1.00 sa, hasta 22.00 do; 🛜; ⓜDupont Circle) "El sabor del este de Londres en East Dupont" es el lema de esta cafetería que sirve judías con morcilla por la mañana, *rotis* de lentejas con especias por la tarde y sándwiches Brick Lane de carne curada en la madrugada. El buen ambiente invita a quedarse mucho rato.

Bistrot du Coin   FRANCESA **$$**

(☏202-234-6969; www.bistrotducoin.com; 1738 Connecticut Ave NW; principales 14-24 US$; ⊙11.30-23.00 do-mi, hasta 1.00 ju-sa; ⓜDupont Circle) Este animado y valorado bistró de barrio sirve comida francesa sin pretensiones. De la cocina salen platos como sopa de cebolla, filetes con patatas fritas, *cassoulet,* sándwiches y nueve variedades de sus famosos mejillones. Para acompañar sirven vinos franceses por copas, jarras o botellas.

★**Little Serow**   TAILANDESA **$$$**

(www.littleserow.com; 1511 17th St NW; menú 45 US$ por persona; ⊙17.30-22.00 ma-ju, hasta 22.30 vi y sa; ⓜDupont Circle) Este pequeño restaurante no tiene teléfono ni rótulo en la puerta, ni acepta reservas. En las mesas solo caben cuatro personas como máximo, pero la gente hace largas colas para saborear su excepcional comida del norte de Tailandia. Cada semana tiene un menú diferente compuesto de unos seis platos muy picantes.

Komi   FUSIÓN **$$$**

(☏202-332-9200; www.komirestaurant.com; 1509 17th St NW; menú 135 US$; ⊙17.00-21.30 ma-ju, hasta 22.00 vi y sa; ⓜDupont Circle) Su carta variable es de una admirable simplicidad. Tiene raíces griegas y toda clase de influencias: cochinillo para dos, vieiras con trufas, cabrito asado... En el encantador comedor no se aceptan grupos de más de cuatro personas; hay que reservar con bastante antelación.

✕ Georgetown

★**Chez Billy Sud**   FRANCESA **$$**

(☏202-965-2606; www.chezbillysud.com; 1039 31st St NW; principales 17-29 US$; ⊙11.30-14.00 ma-vi, 11.00-14.00 sa y do, 17.00-22.00 ma-ju y do, 17.00-23.00 vi y sa; ♿) Un entrañable y pequeño bistró escondido en un edificio de pisos, con las paredes color verde menta, espejos dorados y una pequeña barra de mármol que destila una serena elegancia. Los bigotudos camareros llevan a las mesas de mantel blanco cestas de pan caliente, crujiente de cerdo y salchicha de pistacho, trucha dorada, ensalada de atún y bollos de crema.

Martin's Tavern   ESTADOUNIDENSE **$$**

(☏202-333-7370; www.martins-tavern.com; 1264 Wisconsin Ave NW; principales 17-32 US$; ⊙11.00-13.30 lu-ju, 11.00-14.30 vi, 9.00-14.30 sa, 8.00-13.30) John F. Kennedy propuso matrimonio a Jackie en la mesa 3 de la taberna más antigua de Georgetown. Si el viajero piensa emularlo, el amable personal mantendrá el champán frío. Con un aire inglés rural y añejo, donde no faltan las escenas de caza en las paredes,

LOS MEJORES CAFÉS

Baked & Wired (☎202-333-2500; www.bakedandwired.com; 1052 Thomas Jefferson St NW; productos horneados 3-6 US$; ☉7.00-20.00 lu-ju, hasta 21.00 vi, 8.00-21.00 sa, 9.00-20.00 do; 📶) Esta alegre y pequeña cafetería de Georgetown prepara excelentes cafés y deliciosos postres. Suele estar llena de estudiantes y hay wifi gratis.

Ching Ching Cha (1063 Wisconsin Ave NW; tés 6-12 US$; ☉11.00-21.00) Amplio salón de té con un aire zen que parece a años luz del caos comercial de M Street, en Georgetown. Sirve más de 70 variedades de tés, empanadillas al vapor, dulces y aperitivos.

Filter (www.filtercoffeehouse.com; 1726 20th St NW; ☉7.00-19.00 lu-vi, 8.00-19.00 sa y do; 📶; Ⓜ Dupont Circle) En una calle tranquila de Dupont, es una joya de cafetería con un pequeño patio delantero, una clientela más bien *hipster* y, sobre todo, un buen café; su *flat white* no decepcionará a los entendidos.

esta institución del D. C. sirve platos clásicos como gruesas hamburguesas y pasteles de cangrejo, y cervezas muy frías.

✖ Upper Northwest D. C.

★**Comet Ping Pong** PIZZERÍA **$**
(www.cometpingpong.com; 5037 Connecticut Ave NW; pizzas 12-15 US$; ☉17.00-22.00 lu-ju, 11.30-23.00 vi y sa, hasta 22.00 do; 🚸; Ⓜ Van Ness-UDC) Esta pizzería demuestra que el D. C. es algo más que trajes y oficinas corporativas con un festivo y alegre contrapunto con sus mesas de *ping-pong,* un chic comedor industrial y deliciosas *pizzas* de masa fina hechas en horno de leña.

★**Macon** FUSIÓN **$$**
(☎202-248-7807; www.maconbistro.com; 5520 Connecticut Ave NW; principales 22-28 US$; ☉17.00-22.00 ma-ju, hasta 23.00 vi y sa, 10.00-14.00 y 17.00-22.00 do; Ⓜ Friendship Heights then bus E2) Loco popurrí de deliciosa comida sureña con toques creativos europeos. El comedor siempre está lleno de una clientela autóctona y bien vestida que disfruta con platos como el bagre frito con alioli ahumado, la pechuga de pollo braseada con salsa de almendras o las galletas calientes con gelatina de pimientos. Cócteles creativos, refrescantes cervezas artesanas y una atractiva carta de vinos franceses rematan la oferta.

✖ Columbia Heights

Hipsters e inmigrantes latinos comparten las aceras de este barrio sin pretensiones, no muy lejos de U St.

Maple ITALIANA **$$**
(☎202-588-7442; www.dc-maple.com; 3418 11th St NW; principales 14-22 US$; ☉17.30-24.00 lu-ju, 17.00-

1.00 vi y sa, 11.00-23.00 do; Ⓜ Columbia Heights) En este acogedor restaurante, las señoras con modelitos de rebajas y medias negras devoran platos de pasta al lado de chicos de brazos tatuados en camiseta frente a una larga barra de madera por la que también circulan *limoncello* casero, cervezas artesanas italianas e inusuales vinos.

Kangaroo Boxing Club ESTADOUNIDENSE **$$**
(KBC; ☎202-505-4522; www.kangaroodc.com; 3410 11th St NW; principales 13-18 US$; ☉17.00-23.00 lu-ju, 17.00-1.30 vi, 10.00-1.30 sa, 10.00-22.00 do; Ⓜ Columbia Heights) El concepto de *gastropub* hace furor entre los jóvenes más modernos de la ciudad. El KBC tiene una temática original (boxeo), una carta deliciosa (hamburguesas, carnes a la parrilla, *spoon bread* dulce, macarrones con queso, etc.) y una larga carta de cervezas.

⚫ Dónde beber y vida nocturna

Hay que consultar la agenda del semanario gratuito *Washington City Paper* (www.washingtoncitypaper.com). Casi todos los bares tienen alguna bebida en oferta durante varias horas entre 16.00 y 19.00.

⚫ Capitol Hill

Little Miss Whiskey's Golden Dollar BAR
(www.littlemisswhiskeys.com; 1104 H St NE; ☉17.00-2.00; 🚌X2 desde la Union Station) Si Alicia hubiera regresado del País de las Maravillas tan traumatizada por la amenaza de decapitación que necesitara un trago, seguramente se dirigiría a este bar, donde quedaría prendada de su decoración entre atormentada y caprichosa. Y probablemente se divertiría con los discotequeros que se bambolean en la pista de arriba los fines de semana, y adoraría el extraño y fantástico patio.

DE PRIMERA MANO

GASTRONOMÍA POR CALLES

14th St NW (Logan Circle) La calle más prolífica del D. C., con bares y barras con chef.

18th St NW (Adams Morgan) Cocina coreana, africana occidental, japonesa y latina, y tentempiés de madrugada.

11th St NW (Columbia Heights) Un panorama en expansión de cafeterías *hipster* y *gastropubs* vanguardistas.

8th St SE (Capitol Hill) Llamada "Barracks Row", es la preferida por los lugareños.

H St NE (Capitol Hill) Calle de moda con cafeterías, tiendas de fideos y *pubs gourmet*.

9th St NW (Shaw) Apodada "Pequeña Etiopía", ofrece toda clase de *wats* e *injeras*.

★ **Bluejacket Brewery**　FÁBRICA DE CERVEZA
(📞202-524-4862; www.bluejacketdc.com; 300 Tingey St SE; ⊙11.00-13.00 do-ju, hasta 14.00 vi y sa; Ⓜ Navy Yard) Los cerveceros disfrutarán en Bluejacket cuando se sienten en un taburete del bar de estilo industrial y vean las cubas plateadas donde burbujean las cervezas, para luego decidir cuál de las 25 variedades de barril quieren probar. Las degustaciones son en vasitos de 120 cc, así que se pueden probar varias.

H Street Country Club　BAR
(www.thehstreetcountryclub.com; 1335 H St NE; ⊙17.00-1.00 lu-ju, 16.00-3.00 vi, 11.00-3.00 sa, 11.00-1.00 do; 🚌 X2 desde la Union Station) Este bar tiene dos magníficas plantas. La baja está llena de mesas de billar, máquinas de *skee-ball* y pistas de *shuffleboard*, mientras que la superior alberga una pista de minigolf (7 US$/partida) inspirada en un imaginativo recorrido por la ciudad.

Granville Moore's　PUB
(www.granvillemoores.com; 1238 H St NE; ⊙17.00-24.00 lu-ju, 17.00-3.00 vi, 11.00-15.00 sa, 11.00-24.00 do; 🚌 X2 desde la Union Station) Además de ser uno de los mejores bares del D. C. para tomar un sándwich de carne con patatas fritas, este *pub* posee una larga carta de cervezas belgas. El comedor recuerda a un barracón medieval, con detalles en madera rústica y paredes que parecen embadurnadas de barro. Las mesas

al lado de la chimenea son ideales para una cruda noche de invierno.

Tune Inn　BAR
(331 Pennsylvania Ave SE; principales 7-14 US$; ⊙8.00-2.00 do-vi, hasta 3.00 sa; Ⓜ Capitol South, Eastern Market) Hace décadas que los residentes más veteranos del barrio acuden a esta taberna para tomarse unas Budweiser. Las cabezas de ciervo y las lámparas de cornamenta crean una buena ambientación. En las mesas con bancos de escay se sirven desayunos y comida económica durante todo el día.

🍺 U Street, Shaw y Logan Circle

★ **Right Proper Brewing Co**　FÁBRICA DE CERVEZA
(www.rightproperbrewery.com; 624 T St NW; ⊙17.00-23.00 ma-ju, hasta 24.00 vi y sa, hasta 22.00 do; Ⓜ Shaw-Howard U) Por si el arte no fuera suficiente (un mural de tiza en el que los pandas gigantes del zoo con ojos-láser destruyen el centro del D. C.), esta cervecera elabora *ales* sublimes en un edificio donde Duke Ellington solía jugar al billar. Es el club social del distrito de Shaw, un amplio y soleado espacio lleno de gente charlando en mesas de madera.

Churchkey　BAR
(www.churchkeydc.com; 1337 14th St NW; ⊙16.00-1.00 lu-ju, 16.00-2.00 vi, 12.00-2.00 sa, 12.00-1.00 do; Ⓜ McPherson Sq) Un bar de moda de estilo industrial con destellos cobrizos. Posee 50 cervezas de barril, incluidas cinco potentes *ales* envejecidas en barrica. Además, cuenta con otras 500 cervezas en botella (incluida alguna sin gluten). Está en el mismo lugar que Birch & Barley, un conocido restaurante de nueva cocina casera, y también sirve muchos platos de su carta.

Cork Wine Bar　BAR DE VINOS
(www.corkdc.com; 1720 14th St NW; ⊙17.00-24.00 ma y mi, 17.00-1.00 ju-sa, 11.00-15.00 y 17.00-22.00 do; Ⓜ U St) Este oscuro y acogedor bar de vinos consigue atraer a los sibaritas sin dejar de ser un bar de barrio, lo cual tiene su mérito. Tiene unos 50 vinos que sirven por copas y otros 160 en botella. También sirve tablas de quesos y embutidos, y tapas como higadillos de pollo sobre *bruschetta* de romero y mermelada.

Dacha Beer Garden　CERVECERÍA AL AIRE LIBRE
(www.dachadc.com; 1600 7th St NW; ⊙16.00-22.30 lu-ju, 16.00-24.00 vi, 12.00-24.00 sa, 12.00-22.30 do; Ⓜ Shaw-Howard U) La felicidad reina en esta in-

formal cervecería al aire libre. Los niños y los perros corretean alrededor de las mesas de pícnic mientras los adultos alzan sus jarras en forma de bota, llenas de cerveza alemana. Cuando refresca, los camareros reparten mantas, encienden las estufas y atizan el fuego de la barbacoa. Todo ello bajo la sensual mirada de una Elizabeth Taylor pintada en el muro.

U Street Music Hall DISCOTECA
(www.ustreetmusichall.com; 1115 U St NW; ☺variable; Ⓜ U St) GRATIS Un local perfecto para bailar, sin esnobs ni vips. Dos DJ locales son los dueños de la discoteca del sótano y los que la hacen funcionar. Parece un simple bar, pero cuenta con un sistema de sonido profesional, una pista de baile amortiguada con corcho y otras ventajas de toda buena discoteca que se precie. Un par de noches por semana actúan grupos de música alternativa.

◎ Dupont Circle y Adams Morgan

★ Dan's Cafe BAR
(2315 18th St NW; ☺19.00-2.00 ma-ju, hasta 3.00 vi y sa; Ⓜ Woodley Park-Zoo/Adams Morgan) Una de las mejores tabernas de la ciudad. El interior parece un siniestro club social, con obras de arte pasadas de moda, paneles de madera barata y escasa iluminación que apenas revela la impenitente roña. Tiene fama porque es el propio cliente quien se prepara las bebidas a partir de unos biberones llenos de licor, una lata de soda y un cubo de hielo por apenas 20 US$. Solo efectivo.

Bar Charley BAR
(www.barcharley.com; 1825 18th St NW; ☺17.00-0.30 lu-ju, 16.00-1.30 vi, 10.00-1.30 sa, 10.00-0.30 do; Ⓜ Dupont Circle) Este bar atrae a una clientela del barrio formada por jóvenes, viejos, gais y heteros. Sirve unos magníficos cócteles en antigua cristalería y jarras de cerámica polinesias, y a buen precio teniendo en cuenta que se trata del D. C. Se recomienda el Suffering Bastard, con ginebra y jengibre. La carta de cervezas no es extensa, pero sí selecta e incluye algunas buenas *ales*. También sirve unos 60 vinos.

Tabard Inn Bar BAR
(www.tabardinn.com; 1739 N St NW; ☺11.30-1.30 lu-vi, desde 10.30 sa y do; Ⓜ Dupont Circle) Aunque está en un hotel, muchos lugareños acuden a este bar con vigas de madera y pinta de cabaña a tomar cócteles clásicos o *gin-tonics*. En las noches cálidas conviene hacerse con una mesa en el patio cubierto de hiedra.

◎ Georgetown y zona de la Casa Blanca

Tombs PUB
(www.tombs.com; 1226 36th St NW; ☺11.30-1.30 lu-ju, hasta 2.30 vi y sa, 9.30-1.30 do) Toda universidad de cierto pedigrí tiene el típico bar donde profesores y estudiantes se toman unas pintas entre paredes llenas de rancios atuendos deportivos. El Tombs es la contribución de Georgetown al género. El *pub* del sótano fue uno de los escenarios de la película de los años ochenta *St Elmo's Fire*.

Round Robin BAR
(1401 Pennsylvania Ave NW, Willard InterContinental Hotel; ☺12.00-1.00 lu-sa, hasta 24.00 do; Ⓜ Metro Center) El bar del Hotel Willard sirve bebidas desde 1850 y es uno de los más famosos de la ciudad. El pequeño espacio circular está decorado con detalles de la Gilded Age, con madera oscura y terciopelo verde en las paredes. Aunque es turístico, también suelen acudir funcionarios, que toman julepe de menta o un *whisky* de malta mientras deciden la próxima subida de impuestos.

◎ Columbia Heights

★ Room 11 CAFÉ
(www.room11dc.com; 3234 11th St NW; ☺8.00-1.00 do-ju, hasta 2.00 vi y sa; Ⓜ Columbia Heights) No es mucho mayor que una amplia sala de estar y suele estar bastante abarrotado. Sus ventajas son que todo el mundo es amable, que resulta muy acogedor en las frías noches de invierno y que goza de una amplia zona exterior para los días calurosos. La campechana clientela

---

DE PRIMERA MANO

CIUDAD CERVECERA

Washington se toma la cerveza muy en serio e incluso elabora gran parte de la que consume. Esta tendencia nació en el 2009, cuando DC Brau se convirtió en la primera cervecera que se inauguraba en la ciudad en más de 50 años; después, su ejemplo fue imitado por otros fabricantes. He aquí algunas recomendaciones: Chocolate City, 3 Stars, Atlas Brew Works, Hellbender y Lost Rhino (de Virginia del Norte).

WASHINGTON D. C. PARA GAIS Y LESBIANAS

La comunidad homosexual se concentra en Dupont Circle, pero U St, Shaw, Capitol Hill y Logan Circle también poseen numerosos locales de ambiente. Los semanarios gratuitos *Washington Blade* y *Metro Weekly* incluyen información sobre la vida nocturna.

Cobalt (www.cobaltdc.com; 1639 R St NW; ⊙17.00-2.00; ⓜDupont Circle) El público suele estar formado por veinteañeros y treintañeros que visten bien y acuden a divertirse en sus escandalosas fiestas de baile.

Nellie's (www.nelliessportsbar.com; 900 U St NW; ⊙17.00-1.00 lu-ju, desde 15.00 vi, desde 11.00 sa y do; ⓜShaw-Howard U) Un local informal, con gente simpática y sabrosa comida de bar. Celebra noches temáticas (los martes, karaoke) y oferta de bebidas a primera hora de la noche.

JR's (www.jrsbar-dc.com; 1519 17th St NW; ⊙16.00-2.00 lu-ju, 16.00-3.00 vi, 13.00-3.00 sa, 13.00-2.00 do; ⓜDupont Circle) Conocido lugar de reunión gay con una excelente *happy hour* y casi siempre lleno. El karaoke con canciones de musical ofrece mucha diversión la noche del lunes.

bebe vinos cuidadosamente seleccionados y logrados cócteles.

Wonderland Ballroom   BAR
(www.thewonderlandballroom.com; 1101 Kenyon St NW; ⊙17.00-2.00 lu-ju, 16.00-3.00 vi, 11.00-15.00 sa, 10.00-2.00 do; ⊗; ⓜColumbia Heights) Este bar encarna a la perfección el ambiente vanguardista y excéntrico de Columbia Heights. Está decorado con rótulos antiguos y objetos recuperados, por lo que podría considerarse un museo de arte popular. El patio es ideal en verano y tiene una la pista de baile en el primer piso.

☆ Ocio

Música en directo

Black Cat 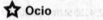   MÚSICA EN DIRECTO
(www.blackcatdc.com; 1811 14th St NW; ⓜU St) Este deslucido local es uno de los pilares de la escena *rock* e *indie* del D. C. desde los años noventa. Ha acogido a los principales grupos del pasado (White Stripes, The Strokes, Arcade Fire, etc.). Si no se quieren pagar los 20 US$ de la entrada para los conciertos del escenario principal (o del más pequeño *back-stage*), en la Red Room hay gramola, billar y cócteles potentes.

9:30 Club   MÚSICA EN DIRECTO
(www.930.com; 815 V St NW; entrada desde 10 US$; ⓜU St) Este local con aforo para 1200 personas es la sala más veterana de música en directo del D. C., donde actúan casi todos los grandes músicos que pasan por la ciudad. Muchos adolescentes de la región tienen el recuerdo de haber asistido aquí a su primer concierto. Los cabezas de cartel suelen actuar entre 22.30 y 23.30.

Bohemian Caverns   JAZZ
(www.bohemiancaverns.com; 2001 11th St NW; entrada 7-22 US$; ⊙19.00-24.00 lu-ju, 19.30-2.00 vi y sa, 18.00-24.00 do; ⓜU St) En este local actuaron en su día figuras como Miles Davis, John Coltrane y Duke Ellington. Hoy ofrece una mezcla de contestatarios juveniles y viejas leyendas. Los lunes por la noche toca la banda de *swing* de la casa.

Artes escénicas

Kennedy Center   ARTES ESCÉNICAS
(☏202-467-4600; www.kennedy-center.org; 2700 F St NW; ⓜFoggy Bottom-GWU) El magnífico Kennedy Center, que ocupa casi 7 Ha en la orilla del río Potomac, acoge una increíble variedad de espectáculos: más de 2000 al año repartidos por sus diferentes espacios, como el Concert Hall (sede de la National Symphony) o incluso la Ópera (sede de la National Opera). Un autobús lanzadera gratis conecta con la estación de Metro Center cada 15 min de 9.45 (domingos 12.00) a 24.00.

Shakespeare Theatre Company   TEATRO
(☏202-547-1122; www.shakespearetheatre.org; 450 7th St NW; ⓜArchives) La compañía más importante del país dedicada a Shakespeare presenta obras maestras del Bardo, así como de George Bernard Shaw, Oscar Wilde, Ibsen, Eugene O'Neill y otros grandes dramaturgos. La temporada incluye unas seis producciones al año, más un ciclo dedicado a Shakespeare en verano (dos semanas a finales de agosto).

Studio Theatre   TEATRO
(www.studiotheatre.org; 1501 14th St NW; ⓜDupont Circle) Este conjunto de cuatro salas de teatro contemporáneo hace más de 35 años

que presenta estrenos y obras ganadoras del premio Pulitzer. También promociona a numerosos actores locales.

Deportes

⭐ **Washington Nationals** BÉISBOL

Los Nats juegan en el **Nationals Park** (www. nationals.com; 1500 S Capitol St SE; 🚇Navy Yard), junto al río Anacostia. No hay que perderse la Racing Presidents, una extraña carrera que tiene lugar a la mitad de la cuarta entrada y en la que participan unos cabezudos que representan a George Washington, Abraham Lincoln, Thomas Jefferson, Teddy Roosevelt y William Taft. A medida que el barrio se ha aburguesado, alrededor del fabuloso estadio han surgido restaurantes de moda y el moderno Yards Park.

Washington Redskins FÚTBOL AMERICANO

(☑301-276-6800; www.redskins.com; 1600 Fedex Way, Landover, MD; 🚇Morgan Blvd) Los Redskins, equipo local de la NFL, juegan de septiembre a enero en el FedEx Field. Han generado mucha polémica últimamente, y no solo por su lamentable juego. Algunos grupos han denunciado que el nombre y el logo del equipo es un insulto para los indígenas norteamericanos. La oficina de patentes y marcas de EE UU les ha dado la razón y ha retirado la marca al equipo.

Washington Capitals HOCKEY

(http://capitals.nhl.com; 601 F St NW; 🚇Gallery Pl) El irregular equipo profesional de *hockey* de Washington juega en el Verizon Center de octubre a abril. Las entradas cuestan desde unos 40 US$.

Washington Wizards BALONCESTO

(www.nba.com/wizards; 601 F St NW; 🚇Gallery Pl) El equipo de baloncesto de Washington juega sus partidos de la NBA en el Verizon Center de octubre a abril. La entrada más barata (gradas superiores) sale por unos 30 US$.

ⓘ Orientación

Hay que recordar que las calles marcadas con una letra van de este a oeste; con un número, de norte a sur. Además, la ciudad está dividida en cuatro cuadrantes con direcciones idénticas en divisiones diferentes: la esquina de F St NW con 14th St NW está cerca de la Casa Blanca, mientas que F St NE con 14th St NE está cerca de Rosedale Playground.

ⓘ Información

Cultural Tourism DC (www.culturaltourismdc.

org) Ofrece una gran variedad de recorridos autoguiados por los barrios.

Destination D. C. (☑202-789-7000; www. washington.org) Es la web oficial de turismo del D. C. y una mina de información.

George Washington University Hospital (☑202-715-4000; 900 23rd St NW; 🚇Foggy Bottom-GWU)

'Washington City Paper' (www.washingtoncitypaper.com) Semanario gratuito con información sobre ocio y restaurantes.

'Washington Post' (www.washingtonpost.com) Prestigioso diario nacional. Su tabloide diario, *Express*, es gratuito.

ⓘ Cómo llegar y salir

AVIÓN

El **aeropuerto nacional Ronald Reagan de Washington** (DCA; www.metwashairports.com) es el más pequeño de la ciudad y está 7 km al sur en Arlington (VA).

El **aeropuerto internacional de Dulles** (IAD; www.metwashairports.com) está casi 42 km al oeste del D. C., en Virginia. Es el más importante y recibe casi todos los vuelos internacionales.

El **aeropuerto internacional Thurgood Marshall de Baltimore-Washington** (BWI; ☑410-859-7111; www.bwiairport.com) se emplaza 48 km al noreste, en Maryland. Es un nudo aéreo para el sureste asiático y a menudo opera los vuelos más económicos.

AUTOBÚS

Existen numerosos servicios de autobús económico a/desde Washington. El viaje de ida a Nueva York (4-5 h) suele costar unos 25 US$. Los billetes normalmente deben comprarse por internet.

BoltBus (☑877-265-8287; www.boltbus.com; 50 Massachusetts Ave NE; 🚇) Es la mejor opción económica para ir a Nueva York; la terminal es la Union Station.

BestBus (☑202-332-2691; www.bestbus.com; 20th St y Massachusetts Ave NW; 🚇) Varios trayectos diarios a/desde Nueva York. La

---

ⓘ KENNEDY CENTER GRATIS

El **Millennium Stage** (www.kennedy-center.org/millennium; Kennedy Center; 🚇Foggy Bottom-GWU) del Kennedy Center ofrece un excelente espectáculo de música o danza todos los días a las 18.00 en el Grand Foyer, y totalmente gratis. Consúltese la web.

parada de autobuses principal está en Dupont Circle; hay otra en la Union Station.

Greyhound (📞202-589-5141; www.greyhound.com; 50 Massachusetts Ave NE) Salidas a destinos nacionales; la terminal es la Union Station.

Megabus (📞877-462-6342; http://us.megabus.com; 50 Massachusetts Ave NE; 🛜) Ofrece el mayor número de viajes a Nueva York (más de 20 al día) y a otras ciudades de la costa este; llegan y salen de la Union Station.

Washington Deluxe (📞866-287-6932; www.washny.com; 1610 Connecticut St NW; 🛜) Servicios buenos y rápidos a/desde Nueva York. Paran en Dupont Circle y la Union Station.

TREN

El magnífico edificio *beaux-arts* de la Union Station es la principal terminal ferroviaria de la ciudad. Cada hora sale un tren como mínimo hacia las principales urbes de la costa este, incluidas Nueva York (3½ h) y Boston (6-8 h).

Amtrak (📞800-872-7245; www.amtrak.com) Trenes a ciudades de todo el país, incluidas Nueva York (3½ h), Chicago (18 h), Miami (24 h) y Richmond (3 h).

MARC (Maryland Rail Commuter; www.mta.maryland.gov) Servicio ferroviario regional para la zona de Washington D. C.-Baltimore, con trenes frecuentes a Baltimore y otras ciudades de Maryland; también llega a Harpers Ferry, en Virginia Occidental.

Cómo desplazarse

A/DESDE EL AEROPUERTO

El **aeropuerto nacional Ronald Reagan de Washington** posee su propia estación de metro. Los trenes (2,50 US$ aprox.) salen cada 10 min, aprox., de 5.00 a 24.00 (hasta las 3.00 vi y sa) y llegan al centro en 20 min. Los taxis cuestan 13-22 US$ y tardan 10-30 min.

Aeropuerto internacional Thurgood Marshall de Baltimore-Washington Tanto los trenes de cercanías MARC como Amtrak conectan el aeropuerto con la Union Station. Hay uno o dos cada hora y el servicio termina a las 21.30 (reducido fines de semana). El viaje dura 30-40 min y sus billetes cuestan desde 6 US$. Otra opción es el autobús B30 hasta la estación de metro de Greenbelt (75 min, 10,50 US$ precio total autobús y metro).

Aeropuerto internacional de Dulles Está previsto que la Silver Line del metro llegue a Dulles en el 2018. Mientras tanto se puede tomar un taxi (30-60 min, 62-73 US$), el Metrobus 5A o el Washington Flyer.

Metrobus 5A (www.wmata.com) Sale cada 30-40 min de Dulles rumbo a la estación de metro de Rosslyn (líneas Blue, Orange y Silver) y sigue hasta el centro de Washington (L'Enfant Plaza) entre 5.50 (6.30 fines de semana) y 23.35. El trayecto al centro dura 1 h, aprox., y el billete total autobús/metro cuesta unos 9 US$.

Washington Flyer (📞888-927-4359; www.washfly.com) El autobús Silver Line Express conecta cada 15-20 min de 6.00 a 22.40 (desde 7.45 fines de semana) el aeropuerto de Dulles (terminal principal, puerta 4, planta de llegadas) con la estación de metro de Wiehle-Reston East. El viaje hasta el centro de Washington dura 60-75 min y el coste total autobús-metro es de 11 US$ aprox.

TRANSPORTE PÚBLICO

La red pública está formada por metro y autobuses, pero el primero es el transporte más utilizado. La tarjeta recargable SmarTrip se puede adquirir en cualquier estación. Cuesta 10 US$, de los cuales 8 US$ quedan acumulados para los billetes, y se va añadiendo saldo a medida que se necesita. Sin la SmarTrip, cada viaje lleva un recargo de 1 US$ por el uso de una tarjeta desechable. La tarjeta debe usarse para entrar y salir por los torniquetes de las estaciones; también sirve para los autobuses. Otra opción es comprar un abono diario, que permite un número ilimitado de viajes (14,50 US$).

Metrorail (📞202-637-7000; www.wmata.com) El metro llega a muchos lugares de interés, hoteles y zonas comerciales, así como a los barrios periféricos de Maryland y Virginia. Los trenes empiezan a circular a las 5.00 de lunes a viernes (a las 7.00 los fines de semana); el último servicio sale sobre las 24.00 de domingo a jueves (3.00 vi y sa). Las máquinas de las estaciones expenden billetes informatizados y tarifados según la distancia a recorrer.

DC Circulator (www.dccirculator.com; tarifa 1 US$) Los autobuses rojos de Circulator cubren rutas útiles, como Union Station a/desde el Mall (dando un rodeo por los principales museos y monumentos), Union Station a/desde Georgetown (por K St), Dupont Circle a/desde Georgetown (por M St), y la zona de la Casa Blanca a/desde Adams Morgan (por 14th St). Funcionan de 7.00 a 21.00 los días laborables (hasta 24.00 los fines de semana).

Metrobus (www.wmata.com; tarifa 1,75 US$) Autobuses limpios y eficientes que recorren la ciudad desde primera hora de la mañana hasta la noche.

TAXI

Los taxis son relativamente fáciles de encontrar (algo menos de noche), pero resultan caros. La empresa **DC Yellow Cab** (📞202-544-1212) es fiable. Otra empresa es Uber.

MARYLAND

Maryland se describe a menudo como una "América en miniatura", pues este pequeño estado reúne una gran diversidad, desde los montes Apalaches al oeste hasta las playas de arena blanca del este. La combinación de astucia norteña y sencillez sureña confiere a este estado fronterizo una encantadora crisis de identidad. Su ciudad más importante, Baltimore, es una metrópoli portuaria sagaz y exigente: en la Eastern Shore, la orilla oriental de la bahía de Chesapeake, se mezclan pescadores y urbanitas interesados por el arte y las antigüedades, y en los barrios periféricos conviven funcionarios y oficinistas en busca de espacios verdes con familias pobres atraídas por los alquileres bajos. Y la mezcla funciona. Quizá sea el delicioso cangrejo azul, la cerveza Natty Boh y los preciosos paisajes de la bahía de Chesapeake la argamasa que lo una todo. Maryland también es un estado muy progresista: fue uno de los primeros de EE UU en legalizar el matrimonio homosexual.

Historia

George Calvert creó Maryland en 1634 como refugio para católicos ingleses perseguidos cuando fundó la ciudad de Saint Mary en terrenos comprados a los indígenas piscataway. Tras varias rencillas con los legítimos propietarios de las tierras y entre las enfrentadas confesiones europeas, los puritanos protestantes expulsaron a los piscataway y desalojaron a los católicos del poder, trasladando la sede del gobierno a Annapolis. Su posterior acoso a los católicos dio lugar a la Tolerance Act, una ley imperfecta pero progresista que concedió, por primera vez en Norteamérica, la libertad de culto para los cristianos de cualquier confesión. Por supuesto, a los indios nadie los tuvo en cuenta.

El estado siempre se caracterizó por su compromiso con la diversidad, siempre que fuera blanca y europea, se sobrentiende. No siempre se opuso a la esclavitud: durante la Guerra de Secesión las lealtades estuvieron divididas, aunque en Antietam se frenó el avance de los confederados en 1862. Tras la guerra, Maryland empleó toda su mano de obra negra, blanca e inmigrante en la industria y el transporte marítimo de Baltimore, y más adelante, en el sector servicios de Washington D. C. Hoy día, su población se define como la suma de todo lo anterior: una singular mezcla de ricos, pobres, extranjeros, urbanitas y pueblerinos.

Baltimore

"Bawlmer", como la llaman sus habitantes, antaño uno de los puertos más importantes de América, es hoy una ciudad llena de contradicciones. En parte sigue siendo una especie de patito feo, una ciudad rebelde, trabajadora e indomable ligada todavía a su pasado naval. Pero últimamente ha empezado a transformarse en un cisne o, más exactamente, a enseñar al mundo el cisne que siempre llevó dentro en forma de extraordinarios museos, tiendas de moda, restaurantes, hoteles-*boutique*, cultura y deportes. Pero B'more (otro de sus apodos) lo hace todo con un brillo en los ojos y una sonrisa en los labios; esta curiosa ciudad fue la cuna de Billie Holiday y John Waters. Y no obstante sigue unida intrínsecamente al mar, desde el Inner Harbor y las calles adoquinadas de Fell's Point hasta el litoral de Fort McHenry, donde nació el himno nacional de EE UU, "The Star-Spangled Banner". En Baltimore reina una amabilidad intensa y sincera; por algo es conocida con el apelativo de "the charm city" (la ciudad encantadora).

◉ **Puntos de interés y actividades**

◉ **Harborplace e Inner Harbor**

Muchos turistas empiezan aquí la visita a Baltimore pero, por desgracia, también aquí la terminan. El Inner Harbor es un enorme y flamante proyecto de renovación portuaria lleno de edificios de cristal, centros comerciales con aire acondicionado y bares llamativos que captan el espíritu marinero de la ciudad, pero en un entorno totalmente aséptico y familiar. Aunque esto es solo la punta del iceberg de Baltimore.

National Aquarium ACUARIO
(☎410-576-3833; www.aqua.org; 501 E Pratt St, muelles 3 y 4; adultos/niños 35/22 US$; ⊙9.00-17.00 do-ju, hasta 20.00 vi, hasta 18.00 sa) ☏ Con sus siete pisos de altura y rematado por una pirámide de cristal, este acuario es considerado el mejor del país. Alberga 17 000 animales de más de 750 especies, una selva en la azotea, una piscina central con manta rayas y un tanque de tiburones de varios pisos. También hay una reproducción de la gargan-

ta de Umbrawarra, del Territorio del Norte australiano, con su cascada de más de 10 m, altos peñascos, pájaros y lagartos en libertad.

En el espacio más grande viven en cautividad ocho delfines nariz de botella (cuando se realizaba esta guía, se barajaba la posibilidad de trasladarlos a un refugio marino, pues no es posible liberarlos porque carecen de las habilidades necesarias para sobrevivir). Los niños disfrutarán con el Immersion Theater en 4D (5 US$). Se pueden realizar muchas visitas guiadas entre bastidores y ver a los delfines y tiburones cuando el centro está cerrado. Para evitar las aglomeraciones es mejor acudir a la hora de apertura y en días laborables.

Baltimore Maritime Museum MUSEO
(☎410-539-1797; www.historicships.org; 301 E Pratt St, muelles 3 y 5; adultos 1/2/4 barcos 11/14/18 US$, niños 5/6/7 US$; ◎10.00-16.30) En este museo se pueden visitar cuatro barcos históricos: un guardacostas que estuvo en Pearl Harbor, otro buque faro de 1930, un submarino que participó en la II Guerra Mundial y el

---

DATOS DE MARYLAND

Apodo The Old Line State y el Estado Libre

Población 5,8 millones

Superficie 32 134 km²

Capital Annapolis (39 000 hab.)

Otras ciudades Baltimore (621 000), Frederick (66 000), Hagerstown (40 000) y Salisbury (30 500)

Impuesto sobre ventas 6%

Hijos famosos El abolicionista Frederick Douglass (1818-1895), el jugador de béisbol Babe Ruth (1895-1948), el actor David Hasselhoff (1952), el escritor Tom Clancy (1947) y el nadador Michael Phelps (1985)

Cuna de "The Star-Spangled Banner" (himno nacional de EE UU), los Baltimore Orioles y la serie televisiva *The Wire*

Política Demócratas acérrimos

Famoso por el cangrejo azul, el *lacrosse* y la bahía de Chesapeake

Deporte Justas

Distancias por carretera Baltimore-Annapolis, 47 km; Baltimore-Ocean City, 236 km

---

'USS 'Constellation', de 1797, uno de los últimos veleros de guerra construidos por la Marina de EE UU. En el muelle 5 está el Seven Foot Knoll, un faro de 1856 que se puede visitar gratis.

◉ Downtown y Little Italy

Se puede dar un sencillo paseo desde el centro de Baltimore hasta Little Italy, pero hay que seguir el recorrido señalizado, pues por el camino hay un proyecto de viviendas en construcción.

National Great Blacks in Wax Museum MUSEO
(☎410-563-3404; www.greatblacksinwax.org; 1601 E North Ave; adultos/niños 13/11 US$; ◎9.00-18.00 lu-sa, 12.00-18.00 do feb y jul-ago, cerrado lu resto del año) Este excelente museo sobre historia afroamericana ofrece exposiciones dedicadas a Frederick Douglass, Jackie Robinson, Martin Luther King Jr. y Barack Obama, así como a otros personajes menos conocidos, como el explorador Matthew Henson. También trata sobre la esclavitud, la época de Jim Crow y los líderes africanos, todo ello explicado mediante figuras de cera.

Star-Spangled Banner Flag House & 1812 Museum MUSEO
(☎410-837-1793; www.flaghouse.org; 844 E Pratt St; adultos/niños 8/6 US$; ◎10.00-16.00 ma-sa; ♿) En esta casa histórica de 1793 es donde Mary Pickersgill cosió la gigantesca bandera que inspiró el himno nacional. Actores vestidos de época y objetos del s. xix hacen retroceder a los visitantes hasta los días de la guerra de 1812. También hay una galería infantil interactiva.

Jewish Museum of Maryland MUSEO
(☎410-732-6400; www.jewishmuseummd.org; 15 Lloyd St; adultos/estudiantes/niños 8/4/3 US$; ◎10.00-17.00 do-ju) Maryland ha acogido tradicionalmente una de las comunidades judías más numerosas y activas del país, y este museo es estupendo para conocer su trayectoria en EE UU. También alberga dos sinagogas históricas muy bien conservadas. El horario para visitar estas últimas se puede consultar por teléfono o internet.

Edgar Allan Poe House & Museum MUSEO
(☎410-396-7932; www.poeinbaltimore.org; 203 N Amity St; adultos/estudiantes/niños 5/4 US$/gratis; ◎11.00-16.00 sa y do fin may-dic) En esta casa vivió entre los años 1832 y 1835 el hijo adoptivo más famoso de Baltimore. Durante esos años,

el escritor y poeta se dio a conocer tras ganar un premio de narraciones por valor de 50 US$. Tras cambiar varias veces de residencia, en 1849 regresó a Baltimore, donde murió en extrañas circunstancias. Su tumba está en el cercano cementerio de Westminster.

Mount Vernon

★ **Walters Art Museum** MUSEO
(📞410-547-9000; www.thewalters.org; 600 N Charles St; ◷10.00-17.00 mi-do, hasta 21.00 ju) GRATIS No hay que perderse este ecléctico museo que abarca más de 55 siglos, desde la antigüedad a la actualidad, e incluye excelentes muestras de tesoros asiáticos, libros y manuscritos raros y ornamentados, y una extensa colección de pintura francesa.

Washington Monument MONUMENTO
(mvpconservancy.org; 699 Washington Pl; donativo sugerido 5 US$; ◷16.00-21.00 ju, 12.00-17.00 vi-do) Las mejores vistas de Baltimore se disfrutan tras subir los 228 peldaños de esta columna dórica de 54 m de altura dedicada al padre fundador de EE UU, George Washington. Es obra de Robert Mills, autor también del monumento homónimo de la capital, y acaba de someterse a una restauración de 6 millones de dólares que la ha dejado mejor que nunca. En la planta baja hay un museo sobre la vida del presidente. Para subir al monumento hay que reservar por teléfono o por correo electrónico.

Maryland Historical Society MUSEO
(www.mdhs.org; 201 W Monument St; adultos/niños 9/6 US$; ◷10.00-17.00 mi-sa, 12.00-17.00 do) Una de las mayores colecciones mundiales sobre cultura estadounidense, integrada por más de 350 000 objetos y siete millones de libros y documentos. Exhibe uno de los tres uniformes de oficial que se conservan de la Guerra de Independencia, una fotografía del movimiento por los derechos civiles de la década de 1930 en Baltimore y el manuscrito original del himno nacional de Francis Scott Key. A menudo ofrece excelentes exposiciones temporales sobre el papel de los habitantes de Baltimore en acontecimientos históricos.

Federal Hill y alrededores

Federal Hill Park, situado en un acantilado sobre el puerto, da nombre al acomodado barrio que rodea Cross St Market y que se llena de vida al ponerse el sol.

★ **American Visionary Art Museum** MUSEO
(AVAM; 📞410-244-1900; www.avam.org; 800 Key Hwy; adultos/niños 16/10 US$; ◷10.00-18.00 ma-do) Con su asombrosa colección de arte autodidacta, el AVAM es un monumento a la creatividad desenfrenada y libre de la afectación que caracteriza los ambientes artísticos. Exhibe *collages* de espejos rotos, robots y aparatos voladores caseros, complejas esculturas hechas con bordados y barcos gigantescos construidos con cerillas.

Fort McHenry National Monument & Historic Shrine ENCLAVE HISTÓRICO
(📞410-962-4290; 2400 E Fort Ave; adultos/niños 7 US$/gratis; ◷9.00-17.00) Los días 13 y 14 de septiembre de 1814, esta fortaleza con forma de estrella consiguió repeler un ataque de la Armada británica durante la batalla de Baltimore. Tras una larga noche de bombardeos, el prisionero Francis Scott Key vio, "con la primera luz del alba", la bandera hecha jirones que todavía ondeaba, lo que le inspiró a escribir "The Star-Spangled Banner", que posteriormente se adaptó a la música de una popular canción de taberna y se convirtió en el himno nacional.

Fell's Point y Canton

El histórico barrio adoquinado de Fell's Point, antaño centro de la industria naval de Baltimore, es hoy una mezcla aburguesada de residencias del s. XVIII y restaurantes, bares y tiendas. En él se han rodado varias películas y series de televisión. Más al este se despliegan las calles de Canton, algo más sofisticadas, con su plaza cubierta de césped y rodeada de bares y restaurantes.

Norte de Baltimore

El apelativo cariñoso "hon", muy típico de Baltimore, nació en **Hampden,** una zona a caballo de la línea que separa la clase obrera de la de los *hipsters* creativos. Se recomienda pasar una tarde en **Avenue** (W 36th St) curioseando ropa *vintage,* antigüedades y objetos *kitsch*. Para llegar a Hampden hay que tomar la I-83 al norte, desviarse por Falls Rd (al norte) y doblar a la derecha por W 36th St (Avenue). Cerca está la prestigiosa **Universidad Johns Hopkins** (3400 N Charles St).

★ **Evergreen Museum** MUSEO
(📞410-516-0341; http://museums.jhu.edu; 4545 N Charles St; adultos/niños 8/5 US$; ◷11.00-16.00 ma-vi, 12.00-16.00 sa y do) Vale la pena visitar

RUTA PINTORESCA POR EL MARYLAND MARÍTIMO

Maryland y la bahía de Chesapeake siempre han ido de la mano. En la bahía se encuentran algunos lugares donde aún se puede ver el estilo de vida tradicional.

Unos 241 km al sur de Baltimore, en la Eastern Shore, se encuentra Crisfield, la principal población marinera de Maryland. En el **J Millard Tawes Historical Museum** (☎410-968-2501; www.crisfieldheritagefoundation.org/museum; 3 Ninth St; adultos/niños 3/1 US$; ⊙10.00-16.00 lu-sa), que también ejerce de centro de visitantes, se puede obtener información para la visita. Todo el marisco que sirven en el pueblo es excelente, pero se recomienda comer en el legendario **Watermen's Inn** (☎410-968-2119; 901 W Main St; principales 12-25 US$; ⊙11.00-20.00 ju y do, hasta 21.00 vi y sa, cerrado lu-mi), con un ambiente sencillo y una carta que cambia periódicamente. Los pescadores se reúnen en la **Gordon's Confectionery** (831 W Main St), donde desayunan a las 4.00, antes de hacerse a la mar.

Allí se puede dejar el coche y subir a una barca hacia la **Smith Island** (www.visits mithisland.com), el único territorio insular habitado del estado. Los escasos habitantes de la isla, poblada por pescadores del West Country inglés hace unos 400 años, aún tiene un acento que, según los lingüistas, recuerda al del Cornualles del s. XVII. El lugar, en realidad, es más un mortecino pueblo de pescadores que una atracción turística, aunque posee algunos B&B y restaurantes, y una limitada oferta de actividades, por ejemplo, atravesar en canoa algunos de los pantanos más vírgenes de la región. Para volver al continente (y al presente), hay un ferri a las 15.45.

esta gran mansión del s. XIX que ofrece una fascinante perspectiva de la vida de la clase alta de Baltimore a comienzos de dicha centuria. La casa está repleta de arte y objetos decorativos, incluidas pinturas de Modigliani, obras en vidrio de Louis Comfort Tiffany y exquisitas porcelanas asiáticas, por no hablar de la increíble colección de libros raros, formada por 32 000 volúmenes.

Aún más impresionante que la colección resulta la historia de la familia propietaria, los Garrett, integrada por grandes viajeros (John W. fue un activo diplomático), filántropos astutos y mecenas de las artes.

⚷ Circuitos

Baltimore Ghost Tours   CIRCUITOS A PIE
(☎410-357-1186; www.baltimoreghosttours.com; adultos/niños 15/10 US$; ⊙19.00 vi y sa mar-nov) Ofrece varios recorridos a pie para descubrir el lado extraño y tenebroso de Baltimore. El exitoso recorrido fantasmal de Fell's Point sale de Max's on Broadway (731 S Broadway). Las reservas por internet tienen un descuento de 2 US$/persona.

🎉 Fiestas y celebraciones

Honfest   CULTURAL
(www.honfest.net; ⊙jun) Hampden celebra esta fiesta popular con peinados *kitsch*, altos moños, gafas de fantasía y otras excentricidades típicas de Baltimore.

Artscape   CULTURAL
(www.artscape.org; ⊙med jul) El mayor festival gratuito de arte del país incluye exposiciones, música en directo, teatro y danza.

🛏 Dónde dormir

Los B&B elegantes y asequibles se localizan principalmente en los barrios del centro como Canton, Fell's Point y Federal Hill.

HI-Baltimore Hostel   ALBERGUE $
(☎410-576-8880; www.hiusa.org/baltimore; 17 W Mulberry St, Mt Vernon; dc 31 US$; ❄@🛜) Situado en una mansión de 1857 muy bien restaurada, posee dormitorios de 4, 8 y 12 camas. Una dirección atenta, una buena situación y un elegante estilo clásico lo convierten en uno de los mejores de la región. El desayuno está incluido.

★ Inn at 2920   B&B $$
(☎410-342-4450; www.theinnat2920.com; 2920 Elliott St, Canton; h 185-272 US$; ❄@🛜) 🐾 Este refinado B&B en un antiguo burdel ofrece cinco habitaciones individuales, sábanas de alto gramaje y una decoración elegante y vanguardista. Está en Canton, un barrio con mucha vida nocturna. Se agradece el *jacuzzi* y la sensibilidad ecológica de los dueños.

Hotel Brexton   HOTEL $$
(☎443-478-2100; www.brextonhotel.com; 868 Park Ave, Mt Vernon; h 130-240 US$; P❄🛜🐾) Este

emblemático edificio de ladrillo rojo del s. XIX ha renacido últimamente en forma de atractivo, aunque no excesivamente lujoso hotel. Las habitaciones tienen suelo de madera o moqueta, colchones cómodos, armarios con espejo y cuadros con grabados en las paredes. Wallis Simpson, la mujer por la que el rey Eduardo VIII de Inglaterra abdicó del trono, vivió en este edificio de joven.

Está muy bien situado, a unos pasos de Mount Vernon.

✗ Dónde comer

Baltimore es una ciudad de gran riqueza étnica situada encima de la mayor reserva mundial de mariscos y de la línea divisoria entre el campechano sur y el innovador y vanguardista noreste.

Dooby's Coffee
CAFÉ $

(www.doobyscoffee.com; 802 N Charles St, Mt Vernon; principales almuerzo 8-11 US$, cena 13-18 US$; ☺7.00-23.00 lu-vi, 8.00-24.00 sa, 8.00-17.00 do; ☎) A unos pasos del Washington Monument, esta cafetería soleada, moderna y sin pretensiones es un buen lugar para comer y beber. Por la mañana sirve deliciosas pastas y sándwiches de huevo con Gruyere, y a la hora del almuerzo, cuencos de arroz al estilo coreano y sándwiches. Por la noche, costillas glaseadas al *bourbon*, humeantes cuencos de *ramen* con puerro y champiñones y otras combinaciones asiáticas.

Papermoon Diner
CAFETERÍA $

(www.papermoondiner24.com; 227 W 29th St, Harwood; principales 9-17 US$; ☺7.00-24.00 do-ju, hasta 2.00 vi y sa) Esta llamativa y típica cafetería está decorada con miles de juguetes antiguos, maniquís horripilantes y otros objetos estrafalarios. Lo interesante es el desayuno, que se sirve durante todo el día e incluye esponjosas tortitas, beicon crujiente y tortillas de cangrejo y alcachofa. Para beber se recomienda el batido de caramelo y sal marina.

Artifact
CAFÉ $

(www.artifactcoffee.com; 1500 Union Ave, Woodberry; principales 7-13 US$; ☺7.00-17.00 lu-ma, hasta 19.00 mi-vi, 8.00-19.00 sa y do; ☎☞) Sirve el mejor café de la ciudad, así como comidas ligeras y sabrosas, como pasteles de huevo, ensalada de espinacas, *banh mi* vegetariano y sándwiches de pastrami. Se halla en un antiguo molino industrial muy bien restaurado, a 2 min de la estación de Woodberry del tren ligero.

Vaccaro's Pastry
ITALIANA $

(www.vaccarospastry.com; 222 Albemarle St, Little Italy; postres 7 US$ aprox.; ☺9.00-22.00 do-ju, hasta 24.00 vi y sa) Sirve algunos de los mejores postres y cafés de la ciudad. Sus *cannolis* tienen fama.

Lexington Market
COMIDA RÁPIDA $

(www.lexingtonmarket.com; 400 W Lexington St, Mt Vernon; ☺8.30-18.00 lu-sa) Este mercado de Mount Vernon, en funcionamiento desde 1782, es uno de los más antiguos y genuinos de Baltimore. El exterior está algo abandonado, pero la comida es excelente. No hay que perderse los excepcionales pasteles de cangrejo de Faidley's (☎410-727-4898; www.faidleyscrabcakes.com; principales 10-20 US$; ☺9.30-17.00 lu-sa).

★ Thames St Oyster House
PESCADO $$

(☎443-449-7726; www.thamesstreetoysterhouse.com; 1728 Thames St, Fell's Point; principales 14-29 US$; ☺11.30-14.30 mi-do, 17.00-22.00 diarios) Este bar restaurante *vintage* es un icono de Fell's Point y sirve algunos de los mejores mariscos de Baltimore. Posee un lustroso comedor con vistas al puerto en el primer piso, un patio trasero y un bar delantero (abierto hasta las 24.00) donde los camareros preparan cócteles y desbullan ostras.

Birroteca
PIZZERÍA $$

(☎443-708-1935; www.bmorebirroteca.com; *pizzas* 17-19 US$; ☺17.00-23.00 lu-vi, 12.00-24.00 sa, hasta 22.00 do) Con sus paredes de piedra y su música *rock indie*, este local sirve deliciosas *pizzas* de masa fina con combinaciones imaginativas (p. ej. confit de pato con mermelada de higo y cebolla). Tiene cerveza artesana, buenos vinos, cócteles lujosos e impresionantes camareros barbudos. Está a unos 800 m de 36th St, en Hampden, y de la estación de Woodberry del tren ligero.

Helmand
AFGANA $$

(☎410-752-0311; 806 N Charles St, Mt Vernon; principales 14-17 US$; ☺17.00-22.00 do-ju, hasta 23.00 vi y sa) Hace tiempo que es uno de los restaurantes favoritos de la ciudad por su *kaddo borawni* (calabaza con salsa de yogur y ajo), platos de verduras, sabrosas albóndigas de buey y cordero, y helado de cardamomo. Si el viajero todavía no ha probado la cocina afgana, es un buen sitio para iniciarse.

LP Steamers
PESCADO $$

(☎410-576-9294; 1100 E Fort Ave, South Baltimore; principales 10-28 US$; ☺11.30-21.30) La mejor marisquería de Baltimore: clase obrera, sonrisas atractivas y los cangrejos más frescos del sur.

★ **Woodberry Kitchen** ESTADOUNIDENSE $$$
(☑410-464-8000; www.woodberrykitchen.com; 2010 Clipper Park Rd, Woodberry; principales 24-39 US$; ⊙cena 17.00-22.00 lu-ju, hasta 23.00 vi y sa, hasta 21.00 do, *brunch* 10.00-14.00 sa y do) Su carta es un lúdico viaje a través de los mejores productos locales, mariscos y carnes, desde el pescado de roca de Maryland con sémola de Carolina hasta el cordero del valle del Shenandoah con berza, y los suculentos platos de verduras recién llegadas de las granjas cercanas. Hay que reservar.

Food Market ESTADOUNIDENSE MODERNA $$$
(☑410-366-0606; www.thefoodmarketbaltimore.com; 1017 W 36th St, Hampden; principales 20-34 US$; ⊙17.00-23.00 diario, también 9.00-15.00 vi-do) En la calle principal de Hampden, llena de restaurantes y tiendas, este mercado de alimentación tuvo un éxito inmediato al inaugurarse en el 2012. El premiado chef local Chad Gauss eleva la comida casera de EE UU a la categoría de arte en platos como la lubina con costra de pan con mantequilla y vinagreta de trufa negra, o los macarrones al queso con langosta y pastel de cangrejo.

🍺 Dónde beber y vida nocturna

Los fines de semana, Fell's Point y Canton se convierten en templos de la borrachera que harían sonrojar a un emperador romano. Mount Vernon y North Baltimore son algo más civilizados, pero todos los barrios de Baltimore poseen su acogedor *pub*. Suelen cerrar hacia las 2.00.

Brewer's Art PUB
(☑410-547-6925; 1106 N Charles St, Mt Vernon; ⊙16.00-2.00) En una mansión de principios del s. xx, este *pub* sirve cervezas artesanales bien elaboradas al estilo belga para una clientela informal de Mount Vernon. El bar ofrece comida sabrosa de *pub* (macarrones con queso, sándwiches Portobello), mientras en el elegante comedor de atrás se sirve cocina estadounidense de calidad. En el bar del sótano el ambiente es más escandaloso. Durante la *happy hour* (16.00-19.00) la cerveza solo cuesta 3,75 US$.

Club Charles BAR
(☑410-727-8815; 1724 N Charles St, Mt Vernon; ⊙18.00-2.00) Los *hipsters*, con su uniforme de vaqueros ceñidos y camisetas *vintage*, y otros personajes diversos acuden en masa a esta coctelería *art déco* de 1940 para disfrutar de buena música y copas baratas.

Ale Mary's BAR
(☑410-276-2044; 1939 Fleet St, Fell's Point; ⊙16.00-2.00 lu-vi, desde 10.00 sa y do) El nombre de este bar y su decoración a base de cruces y rosarios aluden al origen católico de Maryland. Es frecuentado por una animada clientela del barrio que pide bebidas fuertes, buena y grasienta comida de bar (*tater tots*, bocadillos de carne con queso), y mejillones. Sirve un *brunch* dominical.

Little Havana BAR
(☑410-837-9903; 1325 Key Hwy, Federal Hill; ⊙16.00-2.00 lu-ju, desde 11.30 vi-do) Este almacén de ladrillo reconvertido es un bar ideal para después del trabajo o para tomar unos mojitos en la terraza que da al puerto. Está muy solicitado los días soleados y cálidos (sobre todo los fines de semana a la hora del *brunch*).

☆ Ocio

Baltimore se pirra por los deportes. A la ciudad le gusta la juerga y se lo pasa en grande celebrando fiestas de pícnic en los aparcamientos y viendo los partidos que retransmiten numerosas cadenas de TV.

Baltimore Orioles BÉISBOL
(☑888-848-2473; www.orioles.com) Los Orioles juegan en **Oriole Park at Camden Yards** (333 W Camden St, Downtown), seguramente el mejor estadio de béisbol de EE UU. Durante la temporada regular (abr-oct) se puede visitar (adultos/niños 9/6 US$).

Baltimore Ravens FÚTBOL AMERICANO
(☑410-261-7283; www.baltimoreravens.com) Los Cuervos juegan en el **M&T Bank Stadium** (1101 Russell St, Downtown).

ℹ️ Información

Baltimore Area Visitor Center (☑877-225-8466; www.baltimore.org; 401 Light St, Inner Harbor; ⊙9.00-18.00 may-sep, 10.00-17.00 oct-abr) Está en el Inner Harbor. Vende el **Harbor Pass** (adultos/niños 50/40 US$), que permite entrar en cinco de los principales lugares de interés de la ciudad.

'Baltimore Sun' (www.baltimoresun.com) El diario local.

'City Paper' (www.citypaper.com) Semanario alternativo gratuito.

BALTIMORE PARA NIÑOS

La mayor parte de los puntos de interés se concentra en el Inner Harbor, como el National Aquarium (p. 277), que es ideal para niños. También les gustará corretear por las murallas del Fort McHenry National Monument & Historic Shrine (p. 279).

El Maryland Science Center (☎410-685-2370; www.mdsci.org; 601 Light St; adultos/niños 19/16 US$; ☉10.00-17.00 lu-vi, hasta 18.00 sa, 11.00-17.00 do, hasta más tarde en verano) es un impresionante recinto con un atrio de tres plantas, muchas exposiciones interactivas sobre los dinosaurios, el espacio y el cuerpo humano, y el imprescindible cine IMAX (4 US$ extra).

Dos manzanas al norte se encuentra un antiguo mercado de pescado reconvertido en el Port Discovery (☎410-727-8120; www.portdiscovery.org; 35 Market Pl; entrada 15 US$; ☉10.00-17.00 lu-sa, 12.00-17.00 do, reducido en invierno), que posee una sala de juegos, un laboratorio, un estudio de televisión e, incluso, la tumba de un faraón.

En el Maryland Zoo de Baltimore (www.marylandzoo.org; Druid Hill Park; adultos/niños 18/13 US$; ☉10.00-16.00 diarios mar-dic, 10.00-16.00 vi-lu ene y feb) los niños podrán pasar todo el día saltando sobre nenúfares, viviendo aventuras con la tortuga Billy y cuidando animales.

Enoch Pratt Free Library (400 Cathedral St, Mt Vernon; ☉10.00-19.00 lu-mi, hasta 17.00 ju-sa, 13.00-17.00 do; ☎) Biblioteca con wifi gratis y algunos terminales con internet gratis.

University of Maryland Medical Center (☎410-328-9400; 22 S Greene St, Universidad de Maryland-Baltimore) Urgencias 24 h.

ℹ Cómo llegar y salir

El aeropuerto internacional Thurgood Marshall de Baltimore-Washington (p. 275) está 16 km al sur del centro por la I-295.

Greyhound (www.greyhound.com) y **Peter Pan Bus Lines** (☎410-752-7682; 2110 Haines St, Carroll-Camden), que comparten una terminal unos 3 km al suroeste del Inner Harbor, fletan numerosos autobuses a/desde Washington D. C. (10-14 US$, cada 45 min aprox., 1 h) y desde Nueva York (14-50 US$, 12-15 diarios, 4½ h).

BoltBus (☎877-265-8287; www.boltbus.com; 1610 St Paul St, Carroll-Camden; ☎) tiene de seis a nueve autobuses diarios a/desde Nueva York (15-33 US$); salen de una parada que hay junto a la Penn Station de Baltimore.

Penn Station (1500 N Charles St, Charles North) está en el norte de Baltimore. MARC tiene trenes de cercanías los laborables a/desde Washington D. C. (7 US$, 71 min). Los trenes de **Amtrak** (☎800-872-7245; www.amtrak.com) van a la costa este y a otros destinos más lejanos.

ℹ Cómo desplazarse

El **Light-Rail** (☎866-743-3682; mta.maryland. gov/light-rail; 1 viaje/abono dirario 1,60/3,50 US$; ☉6.00-24.00 lu-sa, 7.00-23.00 do) (tren ligero) va del aeropuerto BWI a Lexington Market y la Penn Station con una frecuencia de 5 a 10 min. Los trenes MARC circulan cada hora los laborables (6-9 diarios los fines de semana) entre la Penn Station y el aeropuerto BWI (4 US$). En la web de **Maryland Transit Administration** (MTA; www.mtamaryland.com) pueden consultarse todos los horarios y tarifas de los transportes locales.

Supershuttle (☎800-258-3826; www.super shuttle.com; ☉5.30-12.30) tiene un servicio de furgonetas del aeropuerto BWI al Inner Harbor por 16 US$.

Baltimore Water Taxi (☎410-563-3900; www.baltimorewatertaxi.com; Inner Harbor; pase diario adultos/niños 12/6 US$; ☉10.00-23.00 lu-sa, hasta 21.00 do) Para en todos los barrios y lugares de interés del puerto.

Annapolis

Esta ciudad es la capital estatal más encantadora que pueda existir. Su arquitectura colonial, sus calles adoquinadas, las luces parpadeantes y las casas de ladrillo son dignas de un cuento de Dickens, pero el efecto no es artificial: Annapolis ha conservado su patrimonio en lugar de recrearlo de forma impostada.

Situada en la bahía de Chesapeake, Annapolis vive en torno a sus ricas tradiciones marítimas. Alberga la sede de la academia naval de EE UU, cuyos guardiamarinas pasean por la ciudad con sus almidonados uniformes blancos. La vela aquí no es solo una afición, sino una forma de vida, y los muelles de la ciudad están abarrotados de embarcaciones de todas las formas y tamaños.

Puntos de interés y actividades

Annapolis posee más edificios del s. XVIII que cualquier otra ciudad de EE UU, incluidas las casas de los cuatro oriundos de Maryland que firmaron la Declaración de Independencia.

La State House, próxima al City Dock y al muelle histórico, viene a ser el centro desde el que se despliegan los lugares de interés.

US Naval Academy ACADEMIA
(visitor center 410-293-8687; www.usnabsd.com/for-visitors; Randall St, entre Prince George St y King George St) La academia naval de la Marina de EE UU es uno de los centros educativos más selectivos del país. El **centro de visitantes** Armel-Leftwich (410-293-8687; tourinfo@usna.edu; entrada por City Dock, puerta 1; circuitos adultos/niños 10,50/8,50 US$; 9.00-17.00) reserva excursiones e introduce al visitante en todo lo relacionado con la academia. Todos los días laborables, a las 12.05 en punto, los 4000 guardiamarinas de la academia, hombres y mujeres, llevan a cabo un desfile militar de 20 min en el patio. Para entrar hay que enseñar un documento de identidad con fotografía. Si el visitante siente interés por la historia naval de EE UU puede visitar el **Naval Academy Museum** (410-293-2108; www.usna.edu/museum; 118 Maryland Ave; 9.00-17.00 lu-sa, 11.00-17.00 do) GRATIS.

Maryland State House EDIFICIO HISTÓRICO
(410-946-5400; 91 State Circle; 9.00-17.00) GRATIS La majestuosa State House, de 1772, es el capitolio estatal más antiguo del país en uso continuado, y también fue capitolio nacional de 1783 a 1784. El Senado de Maryland celebra sesiones de enero a abril. La gigantesca bellota que remata la cúpula simboliza la sabiduría.

Banneker-Douglass Museum MUSEO
(http://bdmuseum.maryland.gov; 84 Franklin St; 10.00-16.00 ma-sa) GRATIS A unos pasos de la State House, este pequeño pero interesante museo destaca los logros de los afroamericanos de Maryland. Las exposiciones permanentes se dedican a personajes como el juez del Tribunal Supremo de EE UU Thurgood Marshall, el explorador Matthew Henson y el intelectual Frederick Douglass. Las exposiciones temporales abarcan temas más amplios, desde la época de los derechos civiles hasta la actual hornada de grandes artistas, músicos y escritores afroamericanos.

Hammond

Harwood House MUSEO
(410-263-4683; www.hammondharwoodhouse.org; 19 Maryland Ave; adultos/niños 10/5 US$; 12.00-17.00 ma-do abr-dic) Entre las numerosas casas históricas de la ciudad, la HHH, de 1774, es tal vez la más interesante y una de las residencias coloniales británicas más excelsas de EE UU. Posee una soberbia colección de artes decorativas, que incluye muebles, pinturas y documentos del s. XVIII. Los guías, muy bien informados, dan vida al pasado en las visitas que empiezan a las horas en punto y duran 50 min.

William Paca

House & Garden EDIFICIO HISTÓRICO
(410-990-4543; www.annapolis.org; 186 Prince George St; adultos/niños 10/6 US$; 10.00-17.00 lu-sa, 12.00-17.00 do) La visita a esta mansión georgiana permite conocer la vida de una familia de clase alta de Maryland en pleno s. XVIII (empieza cada hora a las medias). En primavera no hay que perderse el florido jardín.

Kunta Kinte-Alex

Haley Memorial MONUMENTO
Este monumento del City Dock señala el lugar donde Kunta Kinte, antepasado del autor de *Raíces*, Alex Haley, fue traído encadenado desde África. Al menos, eso se narra en el famoso *best-seller* de los años setenta.

Circuitos

Four Centuries

Walking Tour CIRCUITOS A PIE
(www.annapolistours.com; adultos/niños 18/10 US$) Estas visitas con un guía vestido de época son una excelente introducción a todo lo relacionado con Annapolis. El recorrido de las 10.30 sale desde el centro de visitantes; el de las 13.30, desde la caseta de información del City Dock. En cada itinerario varían ligeramente los lugares visitados, pero ambos incluyen el conjunto de edificios del s. XVIII, la historia de los afroamericanos influyentes y los hitos de la época colonial.

El paseo de 1 h en barco **Pirates of the Chesapeake Cruise** (410-263-0002; www.chesapeakepirates.com; entrada 20 US$; med abr-sep;) es muy divertido, especialmente para los niños.

Woodwind CRUCERO
(410-263-7837; www.schoonerwoodwind.com; 80 Compromise St; anochecer crucero adultos/niños 44/27 US$; med abr-oct) Esta precio-

sa goleta de 22,5 m fleta cruceros de 2 h durante el día y al atardecer. También se puede optar por el paquete "barco y desayuno" en el *Woodwind* (habitaciones 305 US$, desayuno incl.), una de las opciones más originales para alojarse en la ciudad.

🛏 Dónde dormir

ScotLaur Inn PENSIÓN $$
(📞410-268-5665; www.scotlaurinn.com; 165 Main St; h 95-140 US$; P 🅿 🔞 🛜) Los dueños del Chick & Ruth's Delly ofrecen 10 habitaciones con baño, camas de forja y papel floral en las paredes. Aunque son pequeñas, tienen un aire familiar (la pensión lleva el nombre de los hijos de la pareja, Scott y Lauren, cuyas fotos adornan los pasillos).

O'Callaghan Hotel HOTEL $$
(📞410-263-7700; www.ocallaghanhotels-us.com; 174 West St; h 99-180 US$; 🅿 🛜) Esta cadena hotelera irlandesa ofrece habitaciones bien equipadas y con una decoración atractiva, grandes ventanas, escritorio, accesorios de latón y colchones cómodos. Está en West St, muy cerca de un grupo de buenos bares y restaurantes, y a unos 12 min a pie del casco antiguo.

Historic Inns of Annapolis HOTEL $$
(📞410-263-2641; www.historicinnsofannapolis. com; 58 State Circle; h 140-200 US$; 🅿 🛜) Tres hostales selectos que ocupan sendos edificios históricos en el barrio antiguo de Annapolis: el Maryland Inn, el Governor Calvert House y el Robert Johnson House. Las zonas comunes están repletas de detalles de época. Las mejores habitaciones poseen antigüedades, chimenea y vistas agradables; las más económicas son pequeñas, apretadas y necesitan una buena limpieza.

🍴 Dónde comer y beber

Con la bahía de Chesapeake a sus pies, Annapolis goza de un marisco de primera.

49 West CAFÉ $
(📞410-626-9796; 49 West St; principales 7-15 US$; ⊘7.30-24.00; 🛜) Esta acogedora cafetería es ideal para tomar un café y algún tentempié durante el día (sándwiches, sopas, ensaladas...). Por la noche sirve comida más sustanciosa, vinos y cócteles. Algunas noches hay música en directo.

Chick & Ruth's Delly CAFETERÍA $
(📞410-269-6737; www.chickandruths.com; 165 Main St; principales 7-14 US$; ⊘6.30-23.30; 🚼) Una piedra angular de Annapolis, siempre a rebosar de agradables extravagancias y con una extensa carta donde predominan los sándwiches y desayunos. Los patriotas pueden revivir su época escolar recitando el juramento a la bandera los laborables a las 8.30 (9.30 fines de semana).

★ Vin 909 ESTADOUNIDENSE $$
(📞410-990-1846; 909 Bay Ridge Ave; platos pequeños 13-16 US$; ⊘17.30-22.00 ma-do y 12.00-15.00 mi-vi) Este restaurante situado en una pequeña colina boscosa y con un ambiente recogido pero informal, es lo mejor que le ha sucedido a Annapolis en el terreno gastronómico. Con productos de granja elabora platos como confit de pato, bocaditos de barbacoa y *pizzas* caseras con setas silvestres, fuagrás y chorizo español. Tiene una gran selección de vinos (más de tres docenas se sirven por copas). No aceptan reservas, de modo que conviene ir temprano para evitar largas esperas.

Boatyard Bar & Grill PESCADO $$
(📞410-216-6206; www.boatyardbarandgrill.com; 400 4th St; principales 14-27 US$; ⊘8.00-24.00;

EL CANGREJO AZUL DE MARYLAND

Lo más típico en la bahía de Chesapeake es comer cangrejos en un chiringuito en bermudas y chanclas. La gente de la zona se toma los cangrejos muy en serio y puede pasarse horas discutiendo sobre trucos para abrirlos, la manera correcta de prepararlos o dónde encontrar los mejores. Pero en una cosa sí están de acuerdo: deben ser cangrejos azules (de la especie *Callinectes sapidus*). Lamentablemente, la población de estos cangrejos se ha visto afectada por la incesante contaminación de la bahía de Chesapeake, y muchos de los que se sirven en la zona provienen de otras regiones.

El cangrejo al vapor es muy fácil de preparar con cerveza y sazonador Old Bay. Uno de los mejores chiringuitos para probarlos está cerca de Annapolis, el **Jimmy Cantler's Riverside Inn** (www.cantlers.com; 458 Forest Beach Rd, Annapolis; principales 17-32 US$; ⊘ 11.00-23.00 do-ju, hasta 24.00 vi y sa), 6,5 km al noreste de la Maryland State House, pasado el Severn River Bridge. Otro buen sitio para probarlos es Crab Claw (p. 286), al otro lado de la bahía.

(🍴) Esta alegre marisquería invita a saborear pasteles de cangrejo, *fish and chips*, tacos de pescado y otros platos marineros. La *happy hour* (15.00-19.00) atrae a una numerosa clientela con sus ostras a 99 centavos y las cervezas a 3 US$. Está a un breve trayecto en coche (o a 10 min a pie) del City Dock, al otro lado del Spa Creek Bridge.

Rams Head Tavern COMIDA DE PUB $$$
(📞410-268-4545; www.ramsheadtavern.com; 33 West St; principales 12-32 US$; ⏲11.00-2.00 lu-sa, desde 10.00 do) Sirve comida de *pub* y cervezas artesanales en un atractivo comedor de ladrillo visto y paneles de roble. En el Rams Head On Stage contiguo actúan grupos de música conocidos (entrada 22-80 US$).

ℹ️ Información

Hay un **centro de visitantes** (📞410-280-0445; www.visitannapolis.org; 26 West St; ⏲9.00-17.00) y una caseta de información de temporada en el City Dock.

ℹ️ Cómo llegar y salir

Greyhound (www.greyhound.com) tiene un autobús diario a Washington D. C. **Dillon's Bus** (www.dillonbus.com; entradas 4,25 US$) tiene 26 autobuses los laborables entre Annapolis y Washington D. C., que conectan con varias líneas de metro del D. C.

Eastern Shore

Al otro lado del puente de la bahía de Chesapeake, unos barrios anodinos dan paso a kilómetros de humedales poblados de aves, serenos paisajes acuáticos, campos de maíz infinitos, playas de arena y pueblos agradables. La Eastern Shore conserva su encanto a pesar de la creciente afluencia de domingueros y *yuppies*. En esta zona todo gira en torno al agua: las poblaciones costeras todavía viven de la bahía y sus afluentes, y las barcas, la pesca, la caza y los cangrejos forman parte de la vida diaria.

St Michaels y Tilghman Island

El pueblo más atractivo de la zona es St Michaels, que haciendo honor a su lema, es el "corazón y alma de la bahía de Chesapeake". En él se mezclan antiguas casas victorianas, B&B pintorescos, *boutiques*, muelles, artistas huidos de Washington y lobos de mar. Durante la guerra de 1812, los habitantes

encendieron linternas en un bosque cercano y dejaron el pueblo a oscuras. La artillería naval británica bombardeó los árboles y St Michaels se libró de la destrucción. El edificio conocido como Cannonball House (Mulberry St) fue el único alcanzado por las bombas.

Al final de la carretera, al otro lado del puente levadizo de la Hwy 33, la pequeña Tilghman Island todavía posee un puerto activo donde los capitanes llevan a los visitantes a dar paseos en sus pintorescos veleros.

🔍 Puntos de interés y actividades

Chesapeake Bay Maritime Museum MUSEO
(📞410-745-2916; www.cbmm.org; 213 N Talbot St, St Michaels; adultos/niños 13/6 US$; ⏲9.00-17.00 may-oct, 10.00-16.00 nov-abr; 🍴) El museo marítimo de la bahía, en el faro, repasa los fuertes lazos entre los habitantes de la costa y el mayor estuario del país.

**Lady Patty Classic
Yacht Charters** NAVEGACIÓN A VELA
(📞410-886-1127; www.ladypatty.com; 6176 Tilghman Island Rd, Tilghman Island; crucero adultos/niños desde 27/42 US$; ⏲may-oct) Memorables cruceros de 2 h por la bahía de Chesapeake.

🛏️ Dónde dormir y comer

Parsonage Inn PENSIÓN $$
(📞410-745-8383; www.parsonage-inn.com; 210 N Talbot St; h 160-225 US$; 🅿❄) Las fantasías más pavorosas de Laura Ashley podrían parecerse a las habitaciones de esta pensión regentada por una anfitriona muy hospitalaria (y su compañero canino). Fuera de temporada los precios caen en picado (hasta 90 US$/noche).

Crab Claw PESCADO $$
(📞410-745-2900; www.thecrabclaw.com; 304 Burns St, St Michaels; principales 16-30 US$; ⏲11.00-21.00 med mar-oct) Este restaurante al lado del museo marítimo ofrece sabrosos cangrejos azules de Maryland y vistas espléndidas del puerto. Conviene evitar la mariscada, a menos que al cliente le guste el marisco frito.

Oxford

Este pequeño pueblo tiene una historia que se remonta al s. XV y un atractivo conjunto de calles arboladas y casas frente al mar. Aunque se puede llegar por la US 333, vale la pena tomar el antiguo **ferri** (📞410-745-9023; www.oxfordbellevueferry.com; Bellevue Rd cerca de Bellevue Park; ida automóvil/pasajero adicional/peatón 12/1/3 US$; ⏲9.00-anochecer med abr-med nov) desde Bellevue. Al ponerse el sol las vistas son inolvidables.

En Oxford vale la pena cenar en el famoso Robert Morris Inn (☑410-226-5111; www.robertmorrisinn.com; 314 N Morris St; principales 17-29 US$; ☺7.30-10.00, 12.00-14.30 y 17.30-21.30), cerca del muelle del ferri, que ofrece galardonados platos como pasteles de cangrejo, pescado de roca a la parrilla o medallones de cordero lechal, muy bien maridados con vinos y mejor rematados por una *pavlova* de frutos del bosque y otros postres. También se puede pernoctar en una de sus habitaciones de estilo tradicional (desde 145 US$).

Berlin y Snow Hill

La típica calle mayor de un pueblo de EE UU, pero un poco más atractiva, sería la descripción más aproximada para estos dos municipios. Casi todos sus edificios están muy bien restaurados y no faltan las tiendas de antigüedades.

El Globe Theater (☑410-641-0784; www.globetheater.com; 12 Broad St; principales 10-26 US$; ☺11.00-22.00; 🕿), en Berlín, es un teatro magníficamente restaurado que sirve de restaurante, bar, galería de arte y, también, teatro donde se ofrece música en directo todas las noches; la cocina es americana ecléctica con toques internacionales.

Hay muchos B&B, pero destaca el Atlantic Hotel (☑410-641-3589; www.atlantichotel.com; 2 N Main St; h 125-275 US$; ☗☀🕿), un establecimiento en Gilded Age que es como un viaje al pasado pero con todas las comodidades modernas.

A unos kilómetros de Berlín, Snow Hill disfruta de una situación espléndida a orillas del idílico río Pocomoke. Si el viajero quiere surcar sus aguas en canoa, Pocomoke River Canoe Company (☑410-632-3971; www.pocomokerivercanoe.com; 2 River St; alquiler de canoa por h/día 15/50 US$) incluso le llevará río arriba para que pueda bajar remando tranquilamente a favor de la corriente. Cerca, Furnace Town (☑410-632-2032; www.furnacetown.com; Old Furnace Rd; adultos/niños 7/4 US$; ☺10.00-17.00 lu-sa abr-oct, desde 12.00 do; ☗🚶), junto a la Rte 12, es un museo de historia viviente en el antiguo emplazamiento de una fundición del s. XIX. En Snow Hill se puede pasar una media hora graficante visitando el Julia A Purnell Museum (☑410-632-0515; 208 W Market St; adultos/niños 2 US$/gratis; ☺10.00-16.00 ma-sa, desde 13.00 do abr-oct), una pequeña construcción que parece el desván de la Eastern Shore.

Para alojarse en Snow Hill se puede optar por el River House Inn (☑410-632-2722; www.riverhouseinn.com; 201 E Market St; h 160-210 US$, cabaña 275-350 US$; ☗☀🕿🏊), cuyo exuberante patio tiene vistas a un bello meandro del río. El Blue Dog Cafe (☑410-251-7193; www.bluedogsnowhill.com; 300 N Washington St; principales 10-21 US$) sirve sabrosos pasteles de cangrejo, hamburguesas y gambas cajún. Algunas noches hay música en directo, desde bandas de música tradicionales hasta violinistas o camareros cantantes.

Ocean City

"OC" quizá sea la localidad turística de costa más hortera del país, donde se puede montar en pringosas montañas rusas, comprar camisetas con lemas obscenos o beber en bares de temática chabacana. El centro de la acción son sus 4 km de paseo marítimo, que se extienden desde la ensenada hasta 27th St. La playa es atractiva, pero hay que compartirla con adolescentes en celo, tráfico denso y multitudes ruidosas; las playas al norte del paseo son mucho más tranquilas.

🛏 Dónde dormir

El centro de visitantes (☑800-626-2326; www.ococean.com; Coastal Hwy esq. 40th St; ☺9.00-17.00), en el centro de convenciones de Coastal Hwy, puede ayudar a encontrar alojamiento.

King Charles Hotel   PENSIÓN $$
(☑410-289-6141; www.kingcharleshotel.com; N Baltimore Ave esq. 12th St; h 115-190 US$; ☗☀🕿) Parecería una pintoresca casa de verano si no fuera porque está a unos pasos del bullicioso paseo marítimo. Es tranquila, con habitaciones viejas pero limpias y pequeños porches.

🍴 Dónde comer y beber

Los platos de mar y montaña y los bufés libres están a la orden del día.

Liquid Assets   ESTADOUNIDENSE MODERNA $$
(☑410-524-7037; 94th St esq. Coastal Hwy; principales 13-34 US$; ☺11.30-23.00) Cual diamante en bruto, este bistró y tienda de vinos está escondido en un centro comercial del norte de OC. La carta es una agradable mezcla de platos innovadores de marisco, carnes a la parrilla y clásicos regionales.

Seacrets   BAR
(www.seacrets.com; W 49th St esq. The Bay; ☺8.00-2.00) Este bar de temática jamaicana y

ASSATEAGUE ISLAND

Casi 13 km al sur de Ocean City pero a años luz de esta ciudad se extiende la costa de Assateague Island, un paisaje desierto de dunas de arena y bellas playas solitarias. Esta isla con forma de barrera y sin urbanizar está habitada por la única manada de caballos salvajes de la costa este.

La isla se divide en tres partes. En Maryland se encuentra el **Assateague State Park** (☎410-641-2918; Rte 611; entrada/plaza de acampada 6/28 US$; ☉camping fin abr-oct) y la **Assateague Island National Seashore** (☎410-641-1441; www.nps.gov/asis; Rte 611; entrada peatones/vehículos 3/15 US$, camping 25 US$ por semana; ☉centro de visitantes 9.00-17.00), de gestión federal. El **Chincoteague National Wildlife Refuge** (www.fws.gov/refuge/chincoteague; 8231 Beach Road, Chincoteague Island; pase diario/semanal 8/15 US$; ☉ 5.00-22.00 may-sep, 6.00-18.00 nov-feb, hasta 20.00 mar, abr y oct; ℗⊕) 🌿 está en Virginia.

Además de bañarse y tomar el sol, se pueden realizar actividades recreativas como observación de aves, kayak, piragüismo, pesca y recogida de cangrejos. El lado de Maryland carece de servicios, por lo que hay que llevar toda la comida y bebida que se necesite. Y no hay que olvidar el repelente de insectos: los mosquitos y los tábanos son feroces.

rebosante de ron parece salido del *Spring Break* de la MTV. El cliente puede montar en un neumático y tomarse una copa mientras contempla el 'mercado carnal' más famoso de OC.

❶ Cómo llegar y desplazarse

Los autobuses **Greyhound** (☎410-289-9307; www.greyhound.com; 12848 Ocean Gateway) conectan diariamente OC con Washington D. C. (4 h) y Baltimore (3½ h).

Ocean City Coastal Highway Bus (abono diario 3 US$) recorre la playa arriba y abajo de 6.00 a 3.00. También hay un tranvía (3 US$) a lo largo del paseo.

Oeste de Maryland

El eje occidental de Maryland es montañoso. Los picos de los Apalaches se elevan 914 m sobre el nivel del mar, rodeados de valles con paisajes escarpados y campos de batalla de la Guerra de Secesión. Es la zona de recreo de Maryland, que atrae a excursionistas, esquiadores, escaladores y amantes del *rafting* en aguas bravas.

Frederick

A mitad de camino entre los campos de batalla de Gettysburg y Antietam se encuentra esta población con un atractivo barrio histórico formado por 50 manzanas que parece el cuadro perfecto de una agradable ciudad de tamaño medio.

◉ Puntos de interés

National Museum of Civil War Medicine MUSEO
(www.civilwarmed.org; 48 E Patrick St; adultos/estudiantes/niños 9,50/7 US$/gratis; ☉10.00-17.00 lu-sa, desde 11.00 do) Este museo ofrece una visión fascinante y a veces truculenta de las condiciones sanitarias que tuvieron que soportar los soldados y los médicos durante la Guerra de Secesión, y los importantes avances derivados del conflicto.

🛏 Dónde dormir y comer

Hollerstown Hill B&B B&B $$
(☎301-228-3630; www.hollerstownhill.com; 4 Clarke Pl; h 145-175 US$; ℗❄️📶) Esta distinguida y agradable casa victoriana posee cuatro habitaciones con abigarrados diseños florales, dos *terriers* y una elegante sala de billar. Está en pleno barrio histórico del centro de Frederick, de modo que lo más interesante de la ciudad queda cerca. No aceptan niños menores de 16 años.

Brewer's Alley GASTROPUB $$
(☎301-631-0089; 124 N Market St; principales 10-26 US$; ☉12.00-21.30; 📶) Este alegre *pub* cervecero es uno de los favoritos del autor de esta guía en Frederick, por varias razones. Primera, por la cerveza: de la casa, deliciosa y con muchas variedades. Segunda, por las hamburguesas: monstruosas, de media libra y muy sabrosas. Y tercera, por el resto de la carta: excelente marisco de Chesapeake (incluida *pizza* de cangrejo al horno de leña)

y productos y carnes de las granjas del condado.

ℹ️ Cómo llegar y salir

Se puede llegar a Frederick en los autobuses de **Greyhound** (☏301-663-3311; www.greyhound.com) y los trenes de **MARC** (☏301-682-9716), esta última con oficina en 100 S East St, delante del centro de visitantes.

Antietam National Battlefield

El lugar donde se vivió la jornada más sangrienta de la historia de EE UU es hoy, curiosamente, un entorno pacífico, inquietantemente sereno y despejado, exceptuando las placas y las estatuas. El 17 de septiembre de 1862 la primera ofensiva del ejército de la Confederación, liderado por el general Robert E. Lee, fue frenada aquí mediante un bloqueo táctico que dejó más de 23 000 víctimas, entre muertos, heridos y desaparecidos, más bajas de las que EE UU había sufrido en todas sus guerras anteriores juntas. Muchas de las tumbas del campo de batalla exhiben los nombres alemanes e irlandeses de inmigrantes que murieron luchando por su nueva patria. En el centro de visitantes (☏301-432-5124; State Rd 65; pase de 3 días por persona/familias 4/6 US$; ⊗9.00-17.00) puede verse un corto (pases a las horas en punto y a y media) sobre los hechos acaecidos. También venden libros y textos diversos, como rutas a pie y en coche por el campo de batalla.

Cumberland

El puesto fronterizo de Fort Cumberland (no confundir con el Cumberland Gap, el desfiladero de Cumberland, entre Virginia y Kentucky), a orillas del río Potomac, fue el punto de entrada de los pioneros a través de los montes Allegheny hasta Pittsburgh y el río Ohio. Hoy, Cumberland ha ampliado su oferta de actividades de ocio para guiar a los visitantes por los ríos, bosques y montañas de la región. Los lugares de interés están a pocos pasos de las calles peatonales del centro de Cumberland.

🎯 Puntos de interés y actividades

C&O Canal National Historic Park PARQUE NACIONAL
(www.nps.gov/choh) GRATIS Este canal, una maravilla de la ingeniería, se proyectó para unir la bahía de Chesapeake con el río Ohio a través del curso del Potomac. Pero su construcción, iniciada en 1828, se detuvo aquí, junto a los montes Apalaches, en 1850. Los 297 km del corredor protegido del parque incluyen un camino de sirga de 3,6 m de ancho, adaptado para el excursionismo y el ciclismo, que llega a Georgetown, en el D. C. El Cumberland Visitor Center (☏301-722-8226; 13 Canal St; ⊗9.00-17.00; Ⓟ) 🢅 exhibe montajes sobre la importancia del comercio fluvial en la historia de la costa este.

Allegany Museum MUSEO
(www.alleganymuseum.org; 3 Pershing St; ⊗10.00-16.00 ma-sa, desde 13.00 do) GRATIS Sito en el antiguo palacio de justicia, este museo es un lugar fascinante para conocer el pasado de Cumberland. Incluye exposiciones del artista local y tallista Claude Yoder; una maqueta del antiguo barrio de chabolas que surgió junto al canal; materiales de bomberos de la década de 1920; marionetas mecanizadas y bellamente ataviadas, y otras curiosidades.

'Western Maryland Scenic Railroad' TREN DE VAPOR
(☏800-872-4650; www.wmsr.com; 13 Canal St; adultos/niños 35/18 US$; ⊗11.30 vi-do may-dic) Enfrente del centro de visitantes de Cumberland, cerca del inicio del C&O Canal, este tren de vapor realiza un viaje de 3½ h, ida y vuelta, entre bosques y escarpados barrancos hasta Frostburg.

Cumberland Trail Connection CICLISMO
(☏301-777-8724; www.ctcbikes.com; 14 Howard St, Canal Pl; medio día/día/semana desde 20/30/120 US$; ⊗8.00-19.00) Muy bien situada cerca del inicio del C&O Canal, esta tienda alquila bicicletas (de paseo, turismo o montaña) y también organiza traslados a cualquier punto desde Pittsburgh al D. C.

🛏️ Dónde dormir y comer

Inn on Decatur PENSIÓN $$
(☏301-722-4887; www.theinnondecatur.net; 108 Decatur St; d 125-136 US$; ❇🢅) Ofrece confortables habitaciones a unos pasos de la peatonal Baltimore St, en el centro de Cumberland. Los amables dueños conocen muy bien la zona y realizan paseos guiados en bicicleta; también las alquilan.

Queen City Creamery & Deli CAFETERÍA $
(☏240-979-4125; 108 Harrison St; principales 6-9 US$; ⊗7.00-21.00) Esta antigua fuente de soda es como un túnel del tiempo a la década de 1940, con sus batidos y su crema helada casera, gruesos sándwiches y abundantes desayunos.

MERECE LA PENA

LAGO DEEP CREEK

Al oeste del Eastern Panhandle de Virginia Occidental, el lago de agua dulce más extenso de Maryland es una atracción todo el año. El brillo carmesí y cobre de los montes Allegheny atrae a miles de visitantes al anual Autumn Glory Festival (www.visitdeepcreek.com; ☺ppios oct), cuando el paisaje otoñal de la zona poco tiene que envidiar al de Nueva Inglaterra.

DELAWARE

Delaware, el segundo estado más pequeño del país (154 km de longitud y menos de 56 km en su punto más ancho), queda eclipsado por sus vecinos y a menudo olvidado por los visitantes del área metropolitana de la capital. Y es una pena, porque Delaware tiene mucho que ofrecer, aparte de las compras libres de impuestos y las granjas de pollos.

Largas playas de arena blanca, atractivas poblaciones coloniales, una agradable campiña y pueblos con encanto caracterizan este estado que se autodenomina "pequeña maravilla".

Historia

En la época colonial, Delaware fue objeto de una enconada disputa entre los colonos holandeses, suecos y británicos. Los dos primeros importaron las ideas clásicas de la clase media del norte de Europa, y los últimos, una aristocracia terrateniente, lo que explica en parte que Delaware siga siendo hoy día un híbrido cultural típico de la región central de la costa este.

Este pequeño estado vivió su gran momento el 7 de diciembre de 1787, cuando se convirtió en la primera colonia en ratificar la Constitución de EE UU y, por tanto, en el primer estado de la Unión. Permaneció en ella durante toda la Guerra de Secesión, a pesar de defender la esclavitud. Durante este período, como a lo largo de gran parte de su historia, la economía de Delaware se basó en la industria química. DuPont, la segunda empresa química mundial, fue creada aquí en 1802 por el inmigrante francés Eleuthère Irénée du Pont como una fábrica de pólvora. Los impuestos bajos atrajeron a otras empresas (sobre todo de tarjetas de crédito) en el s. xx, que impulsaron la riqueza del estado.

Playas de Delaware

Los 45 km de playas de arena de Delaware son la principal razón para visitar el estado. Casi todas las empresas y servicios permanecen abiertos todo el año. Fuera de la temporada alta (jun-ago) abundan las ofertas.

Lewes

En 1631 los holandeses bautizaron esta colonia ballenera con el bonito nombre de Zwaanendael, Valle de los Cisnes, antes de ser masacrados por la tribu de los nanticoke. El nombre se cambió por el de Lewes ("lú-is") cuando William Penn se hizo con el control de la zona. Hoy es una atractiva joya costera con una mezcla de arquitectura colonial inglesa y holandesa.

El centro de visitantes (www.leweschamber. com; ☺10.00-16.00 lu-vi, 9.00-15.00 sa, 10.00-14.00 do) ofrece información práctica sobre excursiones y puntos de interés de la zona.

⊙ Puntos de interés y actividades

Zwaanendael Museum MUSEO
(102 Kings Hwy; ☺10.00-14.30 ma-sa, 13.30-14.30 do) GRATIS Este pequeño y atractivo museo es ideal para informarse sobre las raíces holandesas de Lewes.

Quest Fitness Kayak KAYAK
(☎302-745-2925; www.questfitnesskayak.com; 514 E Savannah Rd; alquiler de kayak por 2/8 h 25/50 US$) Esta empresa tiene un puesto de alquiler de kayaks al lado del Beacon Motel. También ofrece rutas panorámicas por el cabo en kayak (adultos/niños 65/35 US$).

🛏 Dónde dormir y comer

Hotel Rodney HOTEL $$
(☎302-645-6466; www.hotelrodneydelaware.com; 142 2º St; h 150-260 US$; P❋☛❂) Este hotel con encanto ofrece ropa de cama excelente y muebles antiguos, así como algunos toques modernos.

Wharf PESCADO $$
(☎302-645-7846; 7 Anglers Rd; principales 13-29 US$; ☺11.30-1.00; P🐾) Al otro lado del puente levadizo, el Wharf disfruta de una relajante ubicación frente al mar y sirve una gran selección de marisco y comida de pub. Hay música en directo los fines de semana.

❶ Cómo llegar y salir

Cape May-Lewes Ferry (☑800-643-3779; www.capemaylewesferry.com; 43 Cape Henlopen Dr; motocicleta/automóvil 37/45 US$, adultos/niños 10/5 US$) Ferris diarios que atraviesan la bahía de Delaware hasta Nueva Jersey (90 min); salen de la terminal, a 1,5 km del centro de Lewes. En temporada alta hay un autobús lanzadera (4 US$) entre la terminal del ferri y Lewes. Se recomienda reservar.

Cape Henlopen State Park

Este precioso **parque estatal** (☑302-645-8983; www.destateparks.com/park/cape-henlopen/; 15099 Cape Henlopen Dr; entrada automóvil de fuera/del estado 10/5 US$; ☺8.00-anochecer), situado unos 1,5 km al este de Lewes, protege más de 1600 Ha de acantilados, dunas, pinares y humedales, y es muy frecuentado por bañistas, campistas y aficionados a la ornitología. Desde la torre mirador se puede ver hasta Cape May, en Nueva Jersey. La de **North Shores Beach** atrae a gais y lesbianas.

Rehoboth Beach y Dewey Beach

Al ser la playa de arena más próxima a Washington D. C. (195 km), la ciudad de **Rehoboth Beach** a menudo es apodada la "capital nacional de verano". Es muy frecuentada tanto por familias como por gais. Para evitar el bullicio de Rehoboth Ave (y la urbanizada periferia), se recomienda pasear por las calles secundarias del centro, donde se hallarán casas victorianas, restaurantes elegantes y diversiones para los más pequeños, además de una ancha playa con un paseo marítimo de 1,5 km de largo.

Unos 3 km al sur por la Hwy 1 se encuentra la pequeña localidad de **Dewey Beach**. Tiene una playa muy parrandera, que recibe el descarado apodo de "Do Me" ("házmelo"), por ser una zona de ligue (heterosexual) con una hedonista vida nocturna. Unos 5 km más allá está el **Delaware Seashore State Park** (☑302-227-2800; www.destateparks.com/park/delaware-seashore/; 39415 Inlet Rd; por vehículo 10 US$; ☺8.00-anochecer), un tramo protegido de dunas azotadas por el viento y paisajes marinos de una belleza agreste y solitaria.

🛏 Dónde dormir

Como en toda la costa, los precios se disparan en temporada alta (jun-ago). En la Rte 1 hay alojamiento más barato.

Crosswinds Motel MOTEL **$$**
(☑302-227-7997; www.crosswindsmotel.com; 312 Rehoboth Ave; h 110-220 US$; P✷🛜) En plena Rehoboth Ave, este motel sencillo pero de cuidado diseño sale muy a cuenta. Ofrece comodidades como mininevera, cafetera y TV de pantalla plana. Está a 12 min a pie de la playa.

✖ Dónde comer y beber

En el paseo marítimo se puede comer barato. En Wilmington Ave hay restaurantes atractivos y selectos.

Henlopen City Oyster House PESCADO **$$$**
(50 Wilmington Ave; principales 14-34 US$; ☺desde 15.00) Los amantes de los productos del mar no querrán perderse este restaurante de éxito con una tentadora barra de marisco crudo y platos deliciosos (hay que llegar pronto, pues no reservan mesa). Buenas cervezas artesanales, cócteles y vinos.

★**Dogfish Head** MICROCERVECERÍA
(www.dogfish.com; 320 Rehoboth Ave; principales 9-25 US$; ☺12.00-madrugada) Esta cervecería emblemática sirve sabrosas *pizzas*, hamburguesas, pasteles de cangrejo y otros platos de *pub,* que casan muy bien con sus cervezas.

❶ Cómo llegar y desplazarse

BestBus (www.bestbus.com) Ofrece servicios de autobús de Rehoboth al D. C. (40 US$, 2½ h) y Nueva York (46 US$, 4½ h); solo en verano (fin may-ppios sep).

Jolly Trolley (ida/ida y vuelta 3/5 US$; ☺ 8.00-2.00 jun-ago) Conecta Rehoboth con Dewey, con paradas frecuentes por el camino.

Norte y centro de Delaware

La rudeza de Wilmington se ve compensada por las suaves colinas y las residencias palaciegas del valle de Brandywine, entre las que destaca la imponente finca Winterthur. Dover es una ciudad preciosa y acogedora, no exenta de animación.

Wilmington

Esta ciudad merece una visita por su ambiente cultural único, mezcla de afroamericanos, judíos y caribeños, y su vigoroso panorama artístico. El **centro de visitantes** (☑800-489-6664; www.visitwilmingtonde.com; 100 W 10th St; ☺ 9.00-16.30 lu-vi) está en el centro.

DATOS DE DELAWARE

Apodo Primer Estado y Pequeña Maravilla

Población 917 000

Superficie 5133 km²

Capital Dover (36 000 hab.)

Impuesto sobre ventas Ninguno

Hijos célebres El músico de *rock* George Thorogood (1952), la actriz Valerie Bertinelli (1960) y el actor Ryan Phillippe (1974)

Cuna de la familia Du Pont y su industria química, el vicepresidente Joe Biden, las compañías de tarjetas de crédito y de millones de pollos

Política Demócrata

Famoso por las tiendas libres de impuestos y las playas

Ave estatal La gallina azul de Delaware

Distancias por carretera Wilmington-Dover, 83,7 km; Dover-Rehoboth Beach, 69 km

☉ Puntos de interés y actividades

Delaware Art Museum   MUSEO
(☎302-571-9590; www.delart.org; 2301 Kentmere Pkwy; adultos/niños 12/6 US$, do gratis; ☺10.00-16.00 mi-do) Expone la obra de artistas de la Escuela de Brandywine, como Edward Hopper, John Sloan y tres generaciones de Wyeths.

Wilmington Riverfront   PASEO FLUVIAL
Consta de varias manzanas con tiendas, restaurantes y cafés remodelados; el edificio más llamativo es el **Delaware Center for the Contemporary Arts** (☎302-656-6466; www.thedcca.org; 200 S Madison St; ☺10.00-17.00 ma y ju-sa, 12.00-17.00 mi y do) GRATIS, que destaca por lo innovador de sus exposiciones.

🛏 Dónde dormir y comer

Inn at Wilmington   HOTEL $$
(☎855-532-2216; www.innatwilmington.com; 300 Rocky Run Pkwy; h desde 120 US$; P❋🐾) Una opción con encanto y a buen precio, 8 km al norte del centro.

Iron Hill Brewery   FÁBRICA DE CERVEZA $$
(☎302-472-2739; www.ironhillbrewery.com; 620 Justison St; principales 11-27 US$; ☺11.30-23.00)

Esta espaciosa y diáfana cervecería ocupa un almacén de ladrillo reconvertido en el paseo fluvial. Las agradables cervezas artesanales combinan muy bien con la sustanciosa comida de *pub*.

❶ Cómo llegar y salir

Se puede llegar a Wilmington en los autobuses Greyhound desde el **Wilmington Transportation Center** (100 S French St). Los trenes de **Amtrak** (www.amtrak.com; 100 S French St) conectan con el D. C. (1½ h), Baltimore (45 min) y Nueva York (1¾ h).

Valle de Brandywine

Después de hacer fortuna, los Du Pont, de origen francés, convirtieron el valle de Brandywine en una especie de Loira americano. Hoy sigue atrayendo a ostentosos millonarios.

☉ Puntos de interés y actividades

Winterthur   ENCLAVE HISTÓRICO
(☎302-888-4600; www.winterthur.org; 5105 Kennett Pike, Rte 52; adultos/niños 20/5 US$; ☺10.00-17.00 ma-do) Unos 10 km al noroeste de Wilmington se encuentra la mansión, de 175 habitaciones, del industrial Henry Francis du Pont, y su colección de antigüedades y arte americano, una de las más importantes del mundo.

Brandywine Creek State Park   PARQUE
(☎302-577-3534; www.destateparks.com/park/brandywine-creek/; 41 Adams Dam Rd; por vehículo 8 US$; ☺8.00-anochecer) Este parque es la joya local, un espacio verde que resultaría impresionante en cualquier lugar, pero que aquí lo es el doble teniendo en cuenta lo cerca que está de una gigantesca conurbación. Por todo el parque hay senderos de naturaleza y arroyos poco profundos.

Wilderness Canoe Trips   PIRAGÜISMO
(☎302-654-2227; www.wildernesscanoetrips.com; 2111 Concord Pike; kayak/circuito en canoa desde 47/57 US$, neumáticos 19 US$) Descensos en piragua o neumático por el río Brandywine.

New Castle

Esta preciosa población colonial es un entramado de calles adoquinadas y edificios del s. XVIII muy bien conservados cerca del río; sin embargo, el área circundante es un triste páramo urbano. Entre sus puntos de interés destaca la **Old Court House** (☎302-323-4453

211 Delaware St, New Castle; ⊙10.00-15.30 mi-sa, 13.30-16.30 do) GRATIS, el arsenal del Green y varias iglesias y cementerios del s. XVII.

Terry House B&B (☎302-322-2505; www. terryhouse.com; 130 Delaware St, New Castle; h 90-110 US$; P ✱), con cinco habitaciones y un idílico entorno en el barrio antiguo.

Un poco más abajo, la **Jessop's Tavern** (☎302-322-6111; 114 Delaware St, New Castle; principales 14-24 US$; ⊙11.30-22.00 lu-sa, hasta 21.00 do) sirve estofado holandés, "Pilgrim's Feast" ("festín del peregrino", pavo relleno al horno) y cervezas belgas entre decoración colonial.

Dover

El centro urbano de Dover es bastante atractivo: calles de casas adosadas con algunos restaurantes y tiendas, y árboles de hoja ancha con sus ramas extendidas sobre las preciosas callejuelas.

⊙ Puntos de interés y actividades

First State Heritage Park
Welcome Center & Galleries MUSEO
(☎302-739-9194; www.destateparks.com/park/first-state-heritage/; 121 Martin Luther King Blvd N; ⊙9.00-16.30 lu-sa, 13.30-16.30 do) GRATIS Este parque histórico dedicado a la historia de Delaware sirve de introducción a la ciudad de Dover, al estado de Delaware y a la sede del Gobierno estatal. Incluye unas dos decenas de lugares históricos a pocas manzanas unos de otros. Se recomienda empezar por el Welcome Center & Galleries, que ofrece exposiciones sobre la historia de Delaware, así como información sobre los puntos de interés cercanos.

Old State House MUSEO
(☎302-744-5055; http://history.delaware.gov/museums/; 25 The Green; ⊙9.00-16.30 lu-sa, desde 13.30 do) GRATIS Construida en 1791 y posteriormente restaurada, la antigua sede del Gobierno estatal alberga museos y exposiciones detalladas sobre la historia y la política del primer estado de la Unión.

🛏 Dónde dormir y comer

State Street Inn B&B $$
(☎302-734-2294; www.statestreetinn.com; 228 N State St; h 125-135 US$; ✱) Aunque de decoración algo recargada, este B&B es una buena opción, con servicio atento y experto, y una inmejorable situación.

EN BICICLETA POR EL JUNCTION AND BREAKWATER TRAIL

Entre Rehoboth y Lewes se puede realizar una pintoresca excursión en bicicleta por el **Junction and Breakwater Trail** (9,7 km). Esta vía, verde llana y en buen estado, lleva el nombre de un antiguo ferrocarril del s. XIX. Atraviesa bosques y zonas abiertas, marismas y tierras de cultivo. El mapa puede conseguirse en el centro de visitantes de Rehoboth o en **Atlantic Cycles** (☎302-226-2543; www.atlanticcycles.net; 18 Wilmington Ave; medio día/día completo desde 16/24 US$) de Rehoboth, que alquila bicicletas a buen precio. En Lewes se pueden alquilar en **Ocean Cycles** (☎302-537-1522; www.oceancycles.com; 526 E Savannah Rd), en el Beacon Motel.

Golden Fleece COMIDA DE PUB $
(☎302-674-1776; 132 W Lockerman St; principales 4-10 US$; ⊙16.00-24.00) El mejor bar de Dover también sirve buena comida y conserva el ambiente de un *pub* clásico inglés. Posee un patio exterior para las noches estivales.

Bombay Hook National Wildlife Refuge

Bombay Hook National
Wildlife Refuge PARQUE
(☎302-653-9345; www.fws.gov/refuge/Bombay_Hook; 2591 Whitehall Neck Rd, Smyrna; por vehículo/persona 4/2 US$; ⊙amanecer-anochecer) Cientos de miles de aves acuáticas utilizan este humedal protegido como parada en sus rutas migratorias. Hay una senda natural de 19 km para vehículos que atraviesa 6 576 Ha de marismas, amplias extensiones de plantas herbáceas y llanuras mareales, y que compendia toda la belleza de la península Delmarva en un ecosistema perfectamente conservado. También hay otros senderos más cortos y torres de observación.

VIRGINIA

El bello estado de Virginia está impregnado de historia: es la cuna de EE UU, donde los colonizadores ingleses establecieron su primer asentamiento permanente en 1607. Desde entonces, la Commonwealth de Virginia ha desempeñado un papel decisivo en casi todos los episodios históricos del país, desde las guerras de Independencia y Secesión hasta el movimiento por los derechos civiles o el 11 de septiembre del 2001.

Las bellezas naturales de Virginia son tan diversas como su historia y su gente. La bahía de Chesapeake y las anchas playas de arena besan el océano Atlántico. Pinares, marismas y verdes colinas forman las suaves ondulaciones de la región central de Piedmont, mientras en la retaguardia se alzan los escarpados Apalaches y el imponente valle del Shenandoah.

Historia

Los humanos han ocupado Virginia desde hace al menos 5000 años. De hecho, cuando en mayo de 1607 el capitán James Smith y su tripulación remontaron la bahía de Chesapeake y fundaron Jamestown, la primera colonia inglesa permanente en el Nuevo Mundo, varios millares de indígenas poblaban la zona. El territorio del estado, cuyo nombre alude a la reina Isabel I, la Reina Virgen, ocupaba en un principio gran parte de la costa oriental de EE UU. Para 1610 la mayoría de los colonos habían muerto de hambre mientras buscaban oro en las montañas. Las cosas no prometían mucho hasta que uno de ellos, John Rolfe, el esposo de Pocahontas, descubrió la verdadera riqueza de Virginia: el tabaco. De su cultivo surgió una auténtica aristocracia que sería el germen de muchos de los padres fundadores, como George Washington. En el s. xix las plantaciones esclavistas crecieron a la par que su incompatibilidad con la industrialización del norte. Virginia se separó de la Unión en 1861, convirtiéndose en epicentro de la Guerra de Secesión. Tras la derrota de la Confederación, el estado tuvo que redefinirse y poco a poco surgió una sociedad estratificada que incluía a la antigua aristocracia, una clase urbana trabajadora y rural, y oleadas de inmigrantes. Virginia está orgullosa de su historia y aún sigue marcando el paso de la nación. Aunque no eliminó la segregación racial hasta la década de 1960, y aun así a regañadientes, hoy reúne una de las poblaciones más diversas étnicamente de la costa este.

Norte de Virginia

El norte de Virginia aúna el encanto de un pueblo con la elegancia de una metrópoli. Las poblaciones coloniales y los campos de batalla contrastan con los rascacielos, los centros comerciales y los museos de arte de talla mundial.

Arlington

Ecológica y acicalada, Arlington está apenas separada del D. C. por el río Potomac. Posee un par de atracciones importantes y buenas opciones gastronómicas y de ocio nocturno. A casi todos sus puntos de interés se llega fácilmente en metro desde la capital.

◉ Puntos de interés

Arlington National Cemetery   ENCLAVE HISTÓRICO
(☏877-907-8585; www.arlingtoncemetery.mil; ☉ 8.00-19.00 abr-sep, hasta 17.00 oct-mar; ⓜArlington Cemetery) GRATIS La atracción más famosa del condado ocupa 247 Ha de colinas y es la última morada de más de 400 000 militares y sus familiares, incluidos veteranos de todas las guerras de EE UU, desde la de Independencia hasta la invasión de Irak. Las excursiones en autobús por el cementerio salen del centro de visitantes y son la forma más práctica de visitar sus monumentos. Entre ellos destacan la tumba del soldado desconocido, con su compleja ceremonia de cambio de guardia, y las tumbas de John F. y Jacqueline Kennedy, donde arde una llama eterna.

Pentágono   EDIFICIO
(☏703-697-1776; pentagontours.osd.mil; Arlington, VA; ☉monumento 24 h, circuitos previa reserva; ⓜPentagon) Al sur del cementerio de Arlington se alza el Pentágono, el mayor edificio de oficinas del mundo. En el exterior puede visitarse el **Pentagon Memorial** (www.penta gonmemorial.org; ⓜPentagon) GRATIS, un monumento formado por 184 bancos iluminados en honor a los muertos en el ataque terrorista al complejo del 11 de septiembre del 2001. Para entrar al edificio hay que reservar la visita guiada gratuita a través de la web (con una antelación de entre 14 y 90 días).

Artisphere   CENTRO DE ARTE
(☏703-875-1100; www.artisphere.com; 1101 Wilson Blvd; ☉16.00-23.00 mi-vi, 12.00-23.00 sa, 12.00-17.00 do; ⓘ; ⓜRosslyn) Elegante y moderno centro, inaugurado en el 2011, con excelentes exposiciones de arte. Sus diversas salas de actos acogen numerosos espectáculos gratuitos como conciertos de música étnica, películas o teatro experimental. También hay una cafetería, restaurante y bar.

✖️ Dónde comer y beber

Además de hoteles, Arlington posee decenas de bares y restaurantes elegantes en Clarendon Blvd y Wilson Blvd, cerca de las estaciones de metro de Rosslyn y Clarendon.

★ Myanmar
BIRMANA $

(📞703-289-0013; 7810 Lee Hwy, Falls Church; principales 10-14 US$; ⊗12.00-22.00; Ⓜ Dunn Loring Merrifield, luego autobús nº 2A) La decoración es escueta; el servicio, lento; y las raciones, escasas. Pero su comida birmana casera está deliciosa. Tienen curris con mucho ajo, cúrcuma y aceite, pescado con guindilla, ensaladas de mango y pollo con ricas salsas.

Caffé Aficionado
CAFÉ $

(1919 N Lynn St; sándwiches 8 US$ aprox.; ⊗7.00-18.00 lu-vi, 8.00-15.00 sa; Ⓜ Rosslyn) Esta acogedora cafetería sirve excelentes cafés con leche, pastas, gofres y gruesos bocadillos. El local es pequeño; si no hay sitio, se puede llevar la comida y hacer un pícnic en el Freedom Park o en la ruta de Mount Vernon.

Eden Center
VIETNAMITA $$

(www.edencenter.com; 6571 Wilson Blvd, Falls Church; principales 9-15 US$; ⊗9.00-23.00; 📷; Ⓜ East Falls Church, luego autobús nº 26A) Uno de los enclaves étnicos más fascinantes de Washington no está exactamente en Washington. Desde Arlington hay que dirigirse por carretera al oeste hacia, Falls Church, en Virginia, donde se emplaza este pedazo de Saigón perdido en EE UU. Eden Center es un centro comercial enteramente ocupado y regentado por refugiados vietnamitas del sur y sus descendientes.

Continental
BAR/BILLARES

(www.continentalpoollounge.com; 1911 N Fort Myer Dr; ⊗11.30-2.00 lu-vi, 18.00-2.00 sa y do; Ⓜ Rosslyn) Muy cerca de los hoteles de Rosslyn, estos animados billares tienen un aire entre tropical y surrealista, con murales de palmeras, grandes cabezas de *tiki* y taburetes de vivos colores. Para pasar una noche diferente jugando al billar, al *ping-pong* o al *shuffle-board*.

☆ Ocio

★ Iota
MÚSICA EN DIRECTO

(www.iotaclubandcafe.com; 2832 Wilson Blvd; entradas 10-15 US$; ⊗16.00-2.00 lu-ju, desde 10.00 vi-do; 📶; Ⓜ Clarendon) La mejor sala de conciertos de Clarendon ofrece casi todas las noches de la semana actuaciones musicales de géneros diversos, como folk, *reggae,* música tradicional irlandesa y *rock* sureño. Las entradas solo se pueden comprar en taquilla el mismo día del concierto. Suele llenarse y los asientos no están numerados.

Alexandria

Esta encantadora población colonial está a solo 8 km (aunque a 250 años) de Washington. Antaño fue un puerto marinero y hoy es una lujosa colección de casas coloniales de ladrillo rojo, calles adoquinadas, parpadeantes lámparas de gas y un paseo frente al río. King St es la calle principal, llena de *boutiques,* cafeterías, restaurantes y bares.

⊙ Puntos de interés

★ Carlyle House
EDIFICIO HISTÓRICO

(📞703-549-2997; www.nvrpa.org/park/carlyle_house_historic_park; 121 N Fairfax St; entrada 5 US$; ⊗10.00-16.00 ma-sa, 12.00-16.00 do; Ⓜ King St, luego el trolebús) Es la mejor casa histórica para visitar en Alexandria. Data de 1753, cuando el fundador de la ciudad y comerciante John Carlyle construyó la mansión más lujosa de la ciudad, en aquel tiempo formada por cabañas de troncos y caminos fangosos. Es de estilo georgiano palladiano y está llena de pinturas, reliquias históricas y muebles de época.

Freedom House Museum
MUSEO

(📞708-836-2858; www.nvul.org/freedomhouse; 1315 Duke St; ⊗10.00-16.00 lu-ju, hasta 15.00 vi; Ⓜ King St, luego el trolebús) GRATIS Este pequeño museo de Duke St presenta una de las etapas más oscuras de la historia de EE UU. En la década de 1830, este anodino edificio de ladrillo fue sede de la empresa de comercio nacional de esclavos más importante del país. Entre las cadenas, las barras de hierro y los techos bajos del sótano, las exposiciones multimedia permiten imaginar cómo era la vida de los esclavos.

George Washington Masonic National Memorial
MONUMENTO, MIRADOR

(www.gwmemorial.org; 101 Callahan Dr at King St; entrada 7 US$, incl. circuito guiado 10 US$; ⊗9.00-17.00; Ⓜ King St) Desde la torre de 101 m del monumento más emblemático de Alexandria se dominan vistas magníficas del Capitolio, Mount Vernon y el río Potomac. Su diseño se inspiró en el faro de Alejandría, y está dedicado al primer presidente del país, que se inició en la masonería en Fredericksburg en 1752 y más tarde se convirtió en el 22 gran maestro de la Logia de Alexandria.

DATOS DE VIRGINIA

Apodo Viejo Dominio

Población 8,4 millones

Superficie 110 784 km²

Capital Richmond (205 000 hab.)

Otras ciudades Virginia Beach (450 000), Norfolk (247 000), Chesapeake (231 000), Richmond (215 000) y Newport News (183 000)

Impuesto sobre ventas 5.3-6%

Hijos famosos George Washington (1732-1799) y otros siete presidentes de EE UU, el general confederado Robert E. Lee (1807-1870), el campeón de tenis Arthur Ashe (1943-1993), el escritor Tom Wolfe (1931) y la actriz Sandra Bullock (1964)

Cuna de la CIA, el Pentágono y de muchos ingenieros

Política Republicano

Famoso por su papel en la historia de EE UU, el tabaco, las manzanas y el Shenandoah National Park

Bebida estatal Leche

Distancias por carretera Arlington-Shenandoah, 182 km; Richmond-Virginia Beach, 174 km

Torpedo Factory Art Center CENTRO DE ARTE (www.torpedofactory.org; 105 N Union St; ⏰10.00-18.00, hasta 21.00 ju; Ⓜ King St, luego el trolebús) GRATIS Este antiguo arsenal y fábrica de armas se ha convertido en uno de los mejores espacios de arte de la región. Situado en el barrio antiguo de Alexandria, cuenta con tres plantas dedicadas a talleres de artistas y a la libre creatividad, y también ofrece la oportunidad de adquirir pinturas, esculturas, arte en cristal, tejidos y joyas directamente de sus creadores. La Torpedo Factory preside el paseo fluvial de Alexandria, que se ha remodelado con un puerto deportivo, parques, caminos, residencias y restaurantes.

Dónde comer y beber

Eamonn's Dublin Chipper COMIDA DE PUB $ (www.eamonnsdublinchipper.com; 728 King St; principales 7-10 US$; ⏰11.30-23.00, hasta 1.00 vi y sa; Ⓜ King St, luego el trolebús) No hay mejor *fish and chips* que el que preparan aquí. También sirve judías Batchelors (importadas de Irlanda) y buñuelos. Como muchos *pubs*-restaurantes de la zona del barrio antiguo, es un buen sitio para tomar una copa el fin de semana por la noche.

Brabo Tasting Room BELGA $$ (☎703-894-5252; www.braborestaurant.com; 1600 King St; principales 16-20 US$; ⏰7.30-10.30 y 11.30-23.00; Ⓜ King St, luego el trolebús) Las especialidades de este acogedor y soleado local son los mejillones, las sabrosas tartas al horno de leña y los sándwiches *gourmet*, además de una buena selección de cervezas y vinos. Por la mañana tienen torrijas de *brioche* y *bloody mary*. El restaurante Brabo, contiguo, es su equivalente refinado: sirve cocina de temporada.

Restaurant Eve ESTADOUNIDENSE $$$ (☎703-706-0450; www.restauranteve.com; 110 S Pitt St; principales 36-45 US$, menú degustación de 6 platos 135 US$; ⏰11.30-1430 lu-vi, 17.30-22.30 lu-sa; ✍; Ⓜ King St, luego el trolebús) Uno de los mejores (y más caros) restaurantes de Alexandria. Combina buenos ingredientes del país, una técnica francesa perfecta y un servicio de primera. Para darse un lujo se recomienda el menú degustación, toda una experiencia gastronómica.

PX BAR (www.barpx; 728 King St, entrance on S Columbus St; ⏰18.00-24.00 mi-ju, hasta 1.30 vi y sa; Ⓜ King St, luego el trolebús) Este elegante bar a media luz es un sitio maravilloso para pasar un rato tranquilo y tomar unos cócteles. Los garbosos camareros preparan bebidas de bellos colores para una clientela bien vestida, a tono con el aire del local. No tiene rótulo: la entrada se distingue por la luz azul y la puerta roja. Se aconseja reservar. Los cócteles cuestan del orden de 14-18 US$; mejor tomarlos despacio.

☆ Ocio

Basin Street Lounge JAZZ (☎703-549-1141; www.219restaurant.com; 219 King St; entrada vi y sa 5 US$; ⏰espectáculo 21.00 masa; Ⓜ King St, luego el trolebús) Discreto local de *jazz* y bar de puros, situado sobre el 219 Restaurant. La extensa selección de *whiskys*, la luz ambarina y la larga barra de madera son un marco excelente para los conciertos de *jazz* y *blues*.

ⓘ Información

El **centro de visitantes** (☎703-838-5005; www.visitalexandriava.com; 221 King St; ⏰10.00-17.00) facilita permisos de aparcamiento y entradas con descuento para los lugares de interés histórico.

ℹ️ Cómo llegar y salir

Para llegar a Alexandria desde el centro del D. C. hay que ir en metro hasta la estación de King St. Desde allí, un trolebús gratuito cubre el trayecto de 1,6 km hasta el paseo (cada 15 min, de 10.00 a 22.15 do-mi, hasta 24.00 ju-sa).

Mount Vernon

Uno de los recintos históricos más venerados del país. **Mount Vernon** (☎703-780-2000, 800-429-1520; www.mountvernon.org; 3200 Mount Vernon Memorial Hwy; adultos/niños 17/9 US$; ◷ 8.00-17.00 abr-ago, 9.00-16.00 nov-feb, hasta 17.00 mar, sep y oct, molino y destilería 10.00-17.00 abr-oct) fue el hogar de George y Martha Washington, que vivieron aquí desde su matrimonio en 1759 hasta la muerte del presidente en 1799. Hoy es propiedad de la Mount Vernon Ladies Association, que se encarga de su mantenimiento y explotación. El visitante puede ver cómo era la vida en una granja del s. XVIII y en especial la del primer presidente cuando era terrateniente. Obviamente, no se oculta el hecho de que el padre de la patria tuviera esclavos: los visitantes pueden ver sus habitaciones y su cementerio. Otros puntos de interés son la **destilería y el molino** (5513 Mount Vernon Memorial Hwy; ◷10.00-17.00 abr-oct), unos 5 km al sur de la finca.

Mount Vernon está 25,7 km al sur del D. C., en la Mt Vernon Memorial Hwy. Para llegar en transporte público hay que ir en metro hasta Huntington y luego subir al autobús Fairfax Connector nº 101. **Grayline** (☎20 2-289-1999; www.grayline.com; adultos/niños incl. entrada a Mount Vernon 90/30 US$) y **OnBoard Tours** (☎301-839-5261; www.onboardtours.com; adultos/niños incl. entrada a Mount Vernon desde 80/70 US$) realizan excursiones en autobús desde el D. C., con parada en Arlington.

Varias empresas ofrecen excursiones de temporada en barco desde el D. C. y Alexandria; la más económica es **Potomac Riverboat Company** (☎703-684-0580; www.potomacriverboatco.com; adultos/niños incl. entrada a Mount Vernon 42/22 US$). Una alternativa más saludable es la preciosa ruta ciclista por la orilla del río Potomac desde el D. C. (29 km desde la isla Roosevelt). También se puede ir en bicicleta hasta el paseo de Alexandria y regresar en barco con **Bike and Roll DC** (☎202-842-2453; www.bikeandrolldc.com; adultos/niños 63/40 US$).

Manassas

El 21 de julio de 1861, los soldados unionistas y confederados se enfrentaron en la primera gran batalla terrestre de la Guerra de Secesión. La Unión confiaba en una rápida victoria en la que ellos llamaron batalla de Bull Run (de Manassas para los confederados), pero la sorpresiva victoria sureña borró toda esperanza de un desenlace rápido del conflicto. Ambos bandos se enfrentaron de nuevo en el mismo campo en agosto 1862, en la segunda batalla de Manassas y la Confederación volvió a salir victoriosa. Hoy día, el **Manassas National Battlefield Park** es un paisaje de verdes colinas con campos de flores y pastos rodeados por cercados de madera. Se puede empezar la visita en el **Henry Hill Visitor Center** (☎703-361-1339; www.nps.gov/mana; adultos/niños 3 US$/gratis; ◷8.30-17.00), para ver el documental introductorio y recoger mapas del parque y las rutas.

Los trenes diarios de **Amtrak** (www.amtrak.com; ida 16-28 US$) y los de **Virginia Railway Express** (VRE; www.vre.org; ida 9,10 US$; ◷lu-vi) realizan en 50 min el trayecto entre la Union Station del D. C. y la estación histórica de **Old Town Manassas** (9451 West St); desde allí se puede tomar un taxi para cubrir los 9,6 km restantes hasta el parque. Hay varios restaurantes y bares cerca de la estación de trenes de Manassas, pero en el resto de la ciudad todo son centros comerciales y urbanizaciones.

Fredericksburg

Atractiva ciudad cuyo barrio histórico es casi el estereotipo de una pequeña población de EE UU. George Washington creció en ella y la Guerra de Secesión la hizo pasar a la historia. Hoy, la calle principal es un agradable paseo con librerías, *gastropubs* y cafeterías.

◉ Puntos de interés

Fredericksburg & Spotsylvania National Military Park ENCLAVE HISTÓRICO (www.nps.gov/frsp) GRATIS Más de 13 000 estadounidenses murieron en las cuatro batallas de la Guerra de Secesión que tuvieron lugar en el radio de 27 km que cubre este parque, hoy conservado por el NPS (National Park Service). No hay que perderse la tumba del brazo del general confederado Thomas 'Stonewall' Jackson, cerca del **centro de visitantes de Fredericksburg Battlefield** (☎540-

373-6122; www.nps.gov/frsp; 1013 Lafayette Blvd; película 2 US$; ⊙9.00-17.00) GRATIS.

James Monroe Museum & Memorial Library ENCLAVE HISTÓRICO
(☎540-654-1043; http://jamesmonroemuseum. umw.edu; 908 Charles St; adultos/niños 6/2 US$; ⊙ 10.00-17.00 lu-sa, desde 13.00 do) James Monroe fue el quinto presidente del país. Los interesados en la historia estadounidense disfrutarán con la pequeña y curiosa colección de objetos de Monroe, incluido el escritorio en el que redactó la famosa Doctrina Monroe.

Mary Washington House EDIFICIO HISTÓRICO
(☎540-373-5630; 1200 Charles St; adultos/niños 5/2 US$; ⊙11.00-17.00 lu-sa, 12.00-16.00 do) Este edificio del s. XVIII fue la casa de la madre de George Washington. Los guías que conducen la visita, vestidos de época, narran la historia de la madre del presidente y su época. Tiene un precioso jardín, también de época.

🛏 Dónde dormir y comer

Hay decenas de restaurantes y cafés en Caroline St y William St.

Richard Johnston Inn B&B $$
(☎540-899-7606; www.therichardjohnstoninn.com; 711 Caroline St; h 125-250 US$; P❋☎) Este agradable B&B, en una mansión de ladrillo del s. XVIII, destaca por su situación y confort, y por la amabilidad de sus propietarios.

Foode ESTADOUNIDENSE $$
(☎540-479-1370; www.foodeonline.com; 1006C/D Caroline St; principales almuerzo 9-11 US$, cena 15-25 US$; ⊙11.00-15.00 y 16.30-20.00 ma-sa, 10.00-14.00 do; ☎) 🍴 Sirve sabrosos platos con ingredientes de proximidad en un entorno rústico pero artístico.

ℹ Cómo llegar y salir

Los trenes de **Virginia Railway Express** (11,55 US$, 1½ h) y **Amtrak** (26-50 US$, 1¼ h) salen de la **estación de trenes de Fredericksburg** (200 Lafayette Blvd) rumbo al D. C.
Greyhound tiene autobuses a/desde el D. C. (15-24 US$, 5 diarios, 1½ h) y Richmond (15-27 US$, 3 diarios, 1 h). La **terminal de Greyhound** (☎540-373-2103; 1400 Jefferson Davis Hwy) está unos 2,5 km al oeste del barrio histórico.

Richmond

Esta ciudad ha sido la capital de la Commonwealth de Virginia desde 1780. Es una población sureña tradicional, muy arraigada en el pasado, por una parte, y con grandes disparidades de ingresos y tensiones sociales, por otra. Sin embargo, posee un innegable atractivo, con sus casas adosadas de ladrillo rojo, un río caudaloso y frondosos parques.

Su historia es dilatada y en ocasiones incómoda; aquí fue donde el patriota Patrick Henry ofreció su famoso discurso "Give me Liberty, or give me Death!" (Dadme la libertad o la muerte) y donde los Estados Confederados del Sur emplazaron su capital. Hoy día, la apodada "River City" es una ciudad sorprendentemente dinámica, con una animada oferta de restaurantes y bares, barrios fascinantes y diversos lugares de interés.

⦿ Puntos de interés

American Civil War Center at Historic Tredegar MUSEO
(www.tredegar.org; 500 Tredegar St; adultos/niños 8/4 US$; ⊙9.00-17.00) Instalado en una fundición de armas de 1861, este interesante museo indaga en las causas y el desarrollo de la Guerra de Secesión desde las diferentes perspectivas: unionista, confederada y afroamericana. Al lado hay un centro gratuito gestionado por el National Park Service y dedicado al papel de Richmond durante la guerra. Es uno de los 13 enclaves históricos protegidos que componen el **Richmond National Battlefield Park** (www. nps.gov/rich).

Canal Walk PASEO FLUVIAL
(www.rvariverfront.com; entre 5th St y 17th St) Este paseo de 2 km a orillas del canal, entre el río James y los canales Kanawha y Haxall, es una agradable forma de ver de una tacada una docena de puntos de interés histórico en Richmond. También hay un puente peatonal que cruza a Belle Isle, una descuidada pero curiosa isla en el James.

Belle Isle PARQUE
(www.jamesriverpark.org) Un largo puente peatonal cruza desde Tredegar St (justo después del recinto del parque nacional) hasta esta isla libre de tráfico. En el pasado fue sucesivamente una cantera, una central eléctrica y un campo de prisioneros durante la Guerra de Secesión; hoy es uno de los parques urbanos más interesantes de Richmond. Las grandes rocas planas son ideales para tomar el sol y también abundan las rutas de excursionismo y ciclismo, pero el río James no es apto para el baño, pues está contaminado y sus corrientes son muy traicioneras.

VIÑEDOS DE VIRGINIA

Virginia posee unos 230 viñedos y su presencia en el mundo del vino es cada vez mayor. Se puede empezar la visita en el Loudon County, muy cerca del D. C. En www.virginiawine.org se hallarán mapas, rutas y más información sobre el tema.

King Family Vineyards (434-823-7800; www.kingfamilyvineyards.com; 6550 Roseland Farm, Crozet; catas 8 US$; ⏲10.00-17.30) Ha sido nombrada repetidamente una de las mejores bodegas de Virginia. Se recomienda preparar un pícnic (la bodega vende productos) y disfrutar del paisaje. Los domingos de verano (de finales de mayo a mediados de octubre), a las 13.00, se puede asistir a un partido de polo gratis. Está 29 km al este de Charlottesville.

Jefferson Vineyards (434-977-3042; www.jeffersonvineyards.com; 1353 Thomas Jefferson Pkwy, Charlottesville; catas 10 US$; ⏲10.00-18.00) Los viñedos de esta bodega próxima a Charlottesville se remontan a 1774. En verano ofrece conciertos gratuitos al aire libre dos veces al mes.

Bluemont Vineyard (540-554-8439; www.bluemontvineyard.com; 18755 Foggy Bottom Rd, Bluemont; catas 5 US$; ⏲11.00-18.00 mi-lu) Produce tintos color rojo rubí y viogniers frescos, aunque la bodega también es famosa por su espectacular ubicación a 289 m de altura, con amplias vistas de los campos.

Chrysalis Vineyards (540-687-8222; www.chrysaliswine.com; 23876 Champe Ford Rd, Middleburg; catas 7-10 US$; ⏲10.00-18.00) Emplea con orgullo las uvas autóctonas norton (que datan de 1820) para producir buenos tintos y blancos, incluido un refrescante viognier. En la preciosa finca se celebra un festival de *bluegrass* en octubre.

Tarara Vineyard (703-771-7100; www.tarara.com; 13648 Tarara Lane, Leesburg; catas 10 US$; ⏲11.00-17.00) En un peñasco elevado sobre el Potomac, esta finca de 192 Ha ofrece visitas guiadas que muestran el proceso de elaboración del vino. La bodega posee una cueva de 560 m². Los visitantes pueden recoger fruta del huerto o recorrer la ondulante campiña por sus 9,7 km de senderos. También ofrece conciertos los sábados por la noche en verano y tres importantes festivales vinícolas.

**Casa Blanca
de la Confederación** ENCLAVE HISTÓRICO
(www.moc.org; 12th St esq. Clay St; adultos/niños 10/6 US$; ⏲10.00-17.00) Antaño un templo a la "causa perdida" confederada, hoy es interesante visitarla por las curiosas reflexiones que suscita: tal vez el visitante no sepa que el segundo hombre más influyente de la Confederación pudo haber sido gay y judío.

Virginia State Capitol EDIFICIO
(www.virginiacapitol.gov; 9th St esq. Grace St, Capitol Sq; ⏲8.00-17.00 lu-sa, 13.00-17.00 do) GRATIS Diseñado por Thomas Jefferson y terminado en 1788, el edificio del capitolio alberga el órgano legislativo más antiguo del hemisferio occidental, la Virginia General Assembly, fundada en 1619. Hay visitas gratuitas.

Virginia Historical Society MUSEO
(www.vahistorical.org; 428 North Blvd; adultos/estudiantes 6/4 US$; ⏲10.00-17.00 lu-sa, desde 13.00 do) Este museo luce imponente tras una remodelación de varios millones de dólares.

Las exposiciones temporales y permanentes repasan la historia del territorio del actual estado de Virginia desde la Prehistoria a la actualidad.

St John's Episcopal Church IGLESIA
(www.historicstjohnschurch.org; 2401 E Broad St; circuitos adultos/niños 7/5 US$; ⏲10.00-16.00 lu-sa, desde 13.00 do) En esta iglesia fue donde el patriota Patrick Henry pronunció su famoso grito de guerra: "¡Dadme la libertad o la muerte!" durante la turbulenta Segunda Convención de Virginia de 1775. Su discurso se escenifica los domingos de verano de 13.00 a 15.00.

Virginia Museum of Fine Arts MUSEO
(VMFA; 804-340-1400; www.vmfa.museum; 200 North Blvd; ⏲10.00-17.00 do-mi, hasta 21.00 ju y vi) GRATIS Notable muestra de obras europeas, arte sacro del Himalaya y una de las mayores colecciones de huevos Fabergé fuera de Rusia. También acoge excelentes exposiciones temporales (entrada: gratis o hasta 20 US$).

Poe Museum   MUSEO
(☎804-648-5523; www.poemuseum.org; 1914-16 E Main St; adultos/estudiantes 6/5 US$; ☺10.00-17.00 ma-sa, desde 11.00 do) La mayor colección del mundo de manuscritos y objetos de Edgar Allan Poe, que vivió y trabajó en Richmond.

Hollywood Cemetery   CEMENTERIO
(☎804-649-0711; www.hollywoodcemetery.org; entrada Albemarle St esq. Cherry St; ☺8.00-17.00, hasta 18.00 verano) GRATIS Este tranquilo cementerio, junto a los rápidos del río James, alberga las tumbas de dos presidentes de EE UU (James Monroe y John Tyler), el único presidente confederado (Jefferson Davis) y 18 000 soldados sureños. Hay recorridos guiados gratis (10.00 lu-sa, 14.00 do).

Monument Avenue Statues   ESCULTURA
(entre N Lombardy St y Roseneath Rd) Monument Ave es un paseo arbolado en el norte de Richmond con estatuas de venerados héroes sureños como J. E. B. Stuart, Robert E. Lee, Matthew Fontaine Maury, Jefferson Davis y Thomas 'Stonewall' Jackson, quienes seguramente quedarían algo desconcertados al ver que sus esculturas comparten emplazamiento con la del campeón de tenis afroamericano Arthur Ashe.

🛏 Dónde dormir

⭐ **HI Richmond**   ALBERGUE $
(www.hiusa.org; 7 N 2º St; dc 30 US$ aprox.; ❄️🕸📶) Este nuevo y ecológico albergue, sito en un edificio histórico de 1924, disfruta de una situación muy céntrica. Posee dormitorios y habitaciones luminosos, con altos techos y muchos detalles originales. Tiene una cocina compartida y zonas comunes agradables, y está totalmente adaptado para viajeros con discapacidades.

Linden Row Inn   HOTEL-BOUTIQUE $$
(☎804-783-7000; www.lindenrowinn.com; 100 E Franklin St; h 100-190 US$; P❄️@📶) Este precioso hotel de posee 70 habitaciones atractivas (con muebles victorianos) repartidas por varias casas contiguas de estilo neoclásico, muy bien situadas en el centro urbano. La hospitalidad sureña y unos prácticos extras (pases gratis al YMCA, traslados gratuitos por la ciudad) redondean la oferta.

Museum District B&B   B&B $$
(☎804-359-2332; www.museumdistrictbb.com; 2811 Grove Ave; h desde 150 US$; P❄️📶) En una excelente situación cerca de la zona de bares y restaurantes de Carytown, este señorial B&B de ladrillo, de la década de 1920, se ha ganado muchos admiradores por su cálida bienvenida. Las habitaciones son confortables y los huéspedes pueden disfrutar del porche delantero, el acogedor salón con chimenea y los excelentes desayunos, además de vino y queso por la noche.

Jefferson Hotel   HOTEL DE LUJO $$$
(☎804-649-4750; www.jeffersonhotel.com; 101 W Franklin St; h 365 US$; P❄️📶🏊) Es el hotel más distinguido de Richmond y uno de los mejores del país. El edificio de estilo *beaux-arts* fue un proyecto del magnate del tabaco y comandante confederado Lewis Ginter y se terminó en 1895. Se dice que la magnífica escalinata del vestíbulo sirvió de modelo para la famosa escalera de *Lo que el viento se llevó*.

Aunque el viajero no se aloje en él, vale la pena echar una ojeada al interior o, aún mejor, probar el té de la tarde, que se sirve en el Palm Court Lobby, bajo vitrales de Tiffany (a partir de las 15.00 vi-do), o tomar una copa en el majestuoso Lemaire Bar.

🍴 Dónde comer

Las calles adoquinadas de Shockoe Slip y Shockoe Bottom acogen decenas de restaurantes. Más al oeste, hay más oferta en Carytown (W Cary St, entre S Blvd y N Thompson St).

⭐ **Mama J's**   ESTADOUNIDENSE $
(415 N 1er St; principales 7-10 US$; ☺11.00-21.00 do-ju, hasta 22.00 vi y sa) Este local situado en el barrio histórico afroamericano de Jackson Ward sirve un delicioso pollo frito y un famoso bagre frito, además de macarrones con queso, boniato confitado y otros acompañamientos. El servicio es amable y se forman largas colas; se recomienda ir temprano.

17th Street Farmers Market   MERCADO $
(17th St esq. E Main St; ☺8.30-16.00 sa y do) Para comprar productos frescos y baratos hay que acudir a este bullicioso mercado que funciona desde finales de abril a principios de octubre. Los domingos también se venden antigüedades.

Sub Rosa   PANADERÍA $
(620 N 25th St; pasteles 3-5 US$; ☺7.00-18.00 ma-vi, 8.30-17.00 sa y do) Panadería con horno de leña en el histórico barrio de Church Hill; una de las mejores de la zona.

Kuba Kuba   CUBANA $
(1601 Park Ave; principales 7-17 US$; ☺9.00-21.30 lu-sa hasta 20.00 do) Este pequeño local del

distrito de Fan parece una bodega salida de La Habana Vieja, con sus deliciosos platos de cerdo asado, tortilla española y *paninis* baratos.

Sidewalk Cafe
ESTADOUNIDENSE $

(2101 W Main St; principales 9-18 US$; ⊙11.30-2.00 lu-vi, desde 9.00 sa y do) Este concurrido y estimado local tiene un aire de taberna (luces, paneles de madera, arte *kitsch*...) pero la comida es de primera. Hay mesas en la acera, platos del día (p. ej., tacos el martes) y unos famosos *brunches* el fin de semana.

The Daily
ESTADOUNIDENSE MODERNA $$

(☑804-342-8990; 2934 W Cary St; principales 10-25 US$; ⊙7.00-22.00 do-ju, hasta 24.00 vi y sa; 🍴) 🌿 En pleno Carytown, este restaurante es bueno a cualquier hora del día. Sirve tortilla de cangrejo en el desayuno, sándwich de *mahi-mahi* asado con beicon, lechuga y tomate en el almuerzo y vieiras braseadas en la cena. También tiene muchos platos *veganos*, cócteles excelentes y un comedor alegre y bien diseñado (con árboles iluminados).

Millie's Diner
ESTADOUNIDENSE MODERNA $$

(☑804-643-5512; 2603 E Main St; almuerzo 9-12 US$, cena 22-26 US$; ⊙11.00-14.30 y 17.30-20.30 ma-vi, 9.00-15.00 y 17.30-22.30 sa y do) Almuerzo, cena o *brunch* de fin de semana. Este emblemático local hace de todo y lo hace bien. Aunque el comedor es pequeño, tiene un diseño atractivo y la comida es creativa y de temporada. Su famoso plato Devil's Mess es una tortilla abierta con salchicha picante, curri, verdura, queso y aguacate.

Boathouse at Rocketts Landing
PESCADO $$$

(☑804-622-2628; 4708 E Old Main St; principales 14-32 US$; ⊙17.00-24.00 lu-ju, desde 15.00 vi, desde 12.00 sa y do) Sirve buenos platos de pescado y marisco (calamares, ostras de Chapel Creek, atún braseado con sésamo...) y comida de *pub* en un fabuloso comedor con vistas al río James. La aireada terraza también es ideal para tomar una copa al atardecer. Está 1,5 km aprox. al sur de Shockoe Bottom.

🍺 Dónde beber y ocio

Legend Brewing Company
CERVECERÍA

(☑804-232-3446; www.legendbrewing.com; 321 W 7th St; ⊙11.30-23.00 lu-sa, hasta 22.00 do) Este bar al sur del río James ofrece excelentes cervezas artesanales, sabrosa comida de *pub* y buenas vistas de la ciudad desde su solicitada terraza. Hay *bluegrass* en directo

los domingos (18.30), *rock* y otras músicas el viernes (20.00) y visitas gratuitas a su fábrica de cerveza los sábados (13.00). Se halla cerca del centro, al otro lado del Manchester Bridge (S 9th St), que dispone de carril para peatones y bicicletas.

Saison
BAR-COCTELERÍA

(23 W Marshall St; ⊙17.00-2.00) Este elegante bar atrae a verdaderos aficionados a los cócteles, que disfrutan de sus creativas combinaciones, su cerveza artesana y sus platos con ingredientes de proximidad. Está en Jackson Ward, cerca del centro.

Capital Ale House
BAR

(623 E Main St; ⊙11.00-1.30) Este *pub* del centro, muy frecuentado por políticos del cercano capitolio del estado, ofrece una fabulosa selección de cervezas (más de 50 de barril y 250 en botella) y aceptable comida de *pub*.

Cary Street Cafe
MÚSICA EN DIRECTO

(☑804-353-7445; www.carystreetcafe.com; 2631 W Cary St; ⊙8.00-2.00 lu-vi, desde 11.00 sa y do) Excelente bar con música en directo (y algún que otro cantante de karaoke) casi todas las noches. Aunque domina lo *hippie,* la música abarca desde el *reggae* y el folk al *country* alternativo y el *gypsy rock*.

Byrd Theater
CINE

(☑804-353-9911; www.byrdtheatre.com; 2908 W Cary St; entradas desde 2 US$) Los precios de este cine clásico de 1928 son imbatibles. Ofrece películas de reestreno y un concierto de piano eléctrico Wurlitzer previo a la sesión del sábado por la noche.

ℹ️ Información

Johnston-Willis Hospital (☑804-330-2000; 1401 Johnston-Willis Dr)

Oficina de correos (700 E Main St; ⊙7.30-17.00 lu-vi)

'Richmond-Times Dispatch' (www.richmond.com) El diario local.

Richmond Visitor Center (☑804-783-7450; www.visitrichmondva.com; 405 N 3er St; ⊙9.00-17.00)

'Style Weekly' (www.styleweekly.com) Semanario alternativo con agenda de actividades, restaurantes, vida nocturna y cartelera.

ℹ️ Cómo llegar y desplazarse

Un taxi desde el **aeropuerto international de Richmond** (RIC; ☑804-226-3000; www.flyrichmond.com), 16 km al este de la ciudad, cuesta unos 30 US$.

Los trenes de **Amtrak** (☎800-872-7245; www. amtrak.com) paran en la **estación principal** (7519 Staples Mill Rd), 11 km al norte de la ciudad (conectada con el centro por el autobús nº 27). Hay trenes más prácticos, pero menos frecuentes, que paran en el centro, en la **Main St Station** (1500 E Main St).

Se prevé que en el 2016 empiece a funcionar el nuevo sistema de bicicletas compartidas **Bikeshare.**

Greater Richmond Transit Company (GRTC; ☎804-358-4782; www.ridegrtc.com; desde 2 US$) Autobuses urbanos; solo admiten el importe exacto.

Greyhound/Trailways Bus Station (☎804-254-5910; www.greyhound.com; 2910 North Blvd)

Petersburg

Esta pequeña población situada unos 40 km al sur de Richmond desempeñó un importante papel en la Guerra de Secesión al ser el principal nudo ferroviario para el transporte de tropas y suministros del ejército confederado. Las tropas de la Unión sitiaron Petersburg durante 10 meses en 1864-1865, el asedio más largo en territorio americano. El **Siege Museum** (☎804-733-2404; 15 W Bank St; adultos/niños 5/4 US$, incl. Old Blandford Church 11/9 US$; ⊙10.00-17.00) relata la difícil situación de los civiles durante el sitio. Varios kilómetros al este de la ciudad, en el **Petersburg National Battlefield** (nps.gov/pete; por vehículo/peatón 5/3 US$; ⊙9.00-17.00), los soldados unionistas colocaron explosivos debajo de un parapeto de los confederados, lo que provocó la batalla del Cráter (novelada y llevada al cine en *Cold Mountain*). Al oeste del centro, en el Pamplin Historical Park, el excelente **National Museum of the Civil War Soldier** (☎804-861-2408; www.pamplinpark.org; 6125 Boydton Plank Rd; adultos/niños 13/8 US$; ⊙9.00-17.00) ilustra las dificultades sufridas por los soldados de ambos bandos.

Historic Triangle

El llamado Triángulo Histórico es la cuna de EE UU. No hay otra zona que, pese a su pequeño tamaño, haya tenido un papel tan decisivo en la historia del país. Las raíces nacionales se plantaron en Jamestown, primera colonia inglesa estable del Nuevo Mundo; la llama de la emancipación se avivó en Williamsburg, la capital colonial; y el país consiguió finalmente independizarse de Gran Bretaña en Yorktown.

El viajero necesitará al menos dos días para visitar la zona. Un servicio diario de enlace conecta los centros de visitantes de Williamsburg, Yorktown y Jamestown.

Williamsburg

La ciudad histórica más importante de Virginia acoge el Colonial Williamsburg, uno de los museos de historia viva más grandes y completos del mundo. Si algún sitio puede hacer que los niños se interesen por el pasado, es este; pero también ofrece abundante entretenimiento para los adultos.

La actual ciudad de Williamsburg, capital de Virginia de 1699 a 1780, es imponente. El prestigioso campus del College of William & Mary le añade un toque de cultura estudiantil, con cafeterías, *pubs* económicos y tiendas de moda.

⊙ Puntos de interés

Colonial Williamsburg   ENCLAVE HISTÓRICO
(www.colonialwilliamsburg.org; adultos/niños pase de 1 día 41/21 US$, pase de varios días 51/26 US$; ⊙9.00-17.00) La restaurada capital de la mayor colonia inglesa en el Nuevo Mundo es de visita obligada para los viajeros de cualquier edad. No es un parque temático artificial, sino un museo de historia vivo y palpitante, y su ambientación cuidadosamente documentada consigue capturar la América del s. XVIII.
➜ El recinto

Este espacio histórico de 122 Ha contiene 88 edificios originales del s. XVIII y varios centenares de reproducciones fieles. Personajes y actores ataviados con trajes de época representan los diversos trabajos coloniales, como herreros, boticarios, impresores, camareras o soldados, y solo detienen sus quehaceres un momento para posar en las fotografías.

Puede verse a patriotas destacados, como Patrick Henry y Thomas Jefferson, pronunciando sus apasionados discursos por la libertad, pero el parque también recoge los momentos menos gloriosos de la historia del país, como los debates sobre la esclavitud, el sufragio femenino, los derechos de los indígenas e incluso si es ético o no iniciar una revolución.
➜ Entradas

Pasear por el barrio histórico y entrar en las tiendas y tabernas como cliente es gratis, pero para participar en las visitas a los edificios y ver la mayor parte de las exposiciones hay que pagar entrada. Suele haber mucha gente, colas y niños impacientes, sobre todo en verano.

Para aparcar y comprar las entradas hay que seguir las indicaciones hasta el **centro de visitantes** (☏757-220-7645; 101 Visitor Center Dr; ⏰8.45-17.00), al norte del barrio histórico, entre la Hwy 132 y Colonial Pkwy, donde también alquilan trajes infantiles de época por 25 US$/día. La visita empieza con una película de 30 min sobre Williamsburg; conviene informarse por la programación del día.

El aparcamiento es gratis. Hay frecuentes autobuses de enlace a/desde el barrio histórico, y el acceso a pie es por el camino arbolado. La entrada también se puede adquirir en la **caseta de información de Merchants Square** (W Duke of Gloucester St; ⏰9.00-17.00).

College of William & Mary EDIFICIO HISTÓRICO (www.wm.edu; 200 Stadium Dr) Fundada en 1693, es la segunda universidad más antigua del país y conserva el edificio académico más antiguo de EE UU en funcionamiento continuo, el **Sir Christopher Wren Building**. Thomas Jefferson, James Monroe y el cómico Jon Stewart fueron algunos de sus alumnos más famosos.

🛏 Dónde dormir

El centro de visitantes puede ayudar a encontrar y reservar alojamiento sin coste adicional. Si el viajero se hospeda en el Colonial Williamsburg, las pensiones pueden facilitar entradas con descuento (adultos/niños 30/15 US$).

Governor's Inn HOTEL $ (☏757-220-7940; www.colonialwilliamsburg.com; 506 N Henry St; h 70-93 US$; P🐾🛜🏊) Este edificio, sin gracia pero con habitaciones limpias, es la opción 'económica' oficial de Williamsburg. Los clientes pueden utilizar la piscina y demás instalaciones del Woodlands Hotel. Está bien situado, cerca del centro de visitantes, a solo tres manzanas del barrio histórico.

Williamsburg Woodlands Hotel & Suites HOTEL $$ (☏757-220-7960; www.colonialwilliamsburg.com; 105 Visitor Center Dr; h desde 165 US$; P✳🛜🏊) Esta interesante opción ofrece habitaciones acogedoras y enmoquetadas (algunas con papeles pintados un tanto recargados) cerca del centro de visitantes de la Colonial Williams-

burg. Con parque acuático, juegos (minigolf, pista de voleibol) y desayuno incluido, tiene mucho éxito entre las familias.

★Colonial Williamsburg Historic Lodging PENSIÓN $$$ (☏888-965-7254, 757-220-7978; www.colonialwilliamsburg.com; 136 E Francis St; h 220 US$) Para sumergirse de verdad en el s. XVIII se recomienda alojarse en una de las 26 casas coloniales originales del barrio histórico. Hay varios tipos de habitaciones, aunque las mejores cuentan con muebles de época, camas con dosel y chimenea.

🍴 Dónde comer

Hay muchos restaurantes, cafeterías y *pubs* en Merchants Sq, junto a la Colonial Williamsburg.

Cheese Shop CHARCUTERÍA $ (410 W Duke of Gloucester St, Merchants Sq; principales 6-8 US$; ⏰10.00-20.00 lu-sa, 11.00-18.00 do) Sabrosos sándwiches y entrantes, así como bocadillos, pastas, vino, cerveza y también buenos quesos.

Aromas CAFÉ $ (www.aromasworld.com; 431 Prince George St; principales 6-15 US$; ⏰7.00-22.00 lu-sa, 8.00-20.00 do; 🛜) Esta agradable cafetería situada una manzana al norte de Merchants Sq sirve una gran variedad de comida, así como vino y cerveza. Tiene terraza y programa música en directo (*jazz* los martes y diversa los fines de semana).

King's Arms Tavern ESTADOUNIDENSE ANTIGUA $$$ (☏888-965-7254; 416 E Duke of Gloucester St; principales almuerzo 14-16 US$, cena 32-37 US$; ⏰11.30-14.30 y 17.00-21.00) De los cuatro restaurantes del Colonial Williamsburg, este es el más elegante. Sirve cocina norteamericana antigua, como pastel de caza (venado, conejo y pato) en salsa de oporto.

ℹ Cómo llegar y desplazarse

Williamsburg Transportation Center (☏757-229-8750; Boundary St esq. Lafayette St) Hay dos trenes diarios de **Amtrak** (www.amtrak.com) a Washington D. C. (44 US$, 4 h) y Richmond (21 US$, 1 h).

Jamestown

El 14 de mayo de 1607, un grupo formado por 104 ingleses se instaló en esta isla pantanosa por mandato de la Compañía de Virginia de Londres para buscar oro y otras riquezas. Solo hallaron hambre y enfermedades. En enero de 1608, sólo quedaban con vida una cuarentena de colonos, obligados a recurrir al canibalismo para sobrevivir. Según la versión oficial, la colonia superó aquellas vicisitudes gracias al liderazgo del capitán James Smith, pero la realidad es que aquellos ingleses jamás hubieran sobrevivido si no hubiera sido por la compasión de Wahunsonacock, jefe de los indígenas powhatan, quienes les abastecieron de carne, pescado y maíz, y les enseñaron la forma de cultivar la tierra. En 1619 se formó la House of Burgesses de Jamestown, asamblea legislativa que, según la mitología estadounidense, constituye el "primer gobierno democrático de las Américas".

⊙ Puntos de interés y actividades

Historic Jamestowne   ENCLAVE HISTÓRICO
(☎757-856-1250; www.historicjamestowne.org; 1368 Colonial Pkwy; adultos/niños 14 US$/gratis; ☉8.30-16.30) El emplazamiento original de Jamestown, gestionado por el NPS. La visita empieza por el museo y las estatuas de John Smith y Pocahontas. Las ruinas del primer asentamiento de Jamestown se descubrieron en 1994; los visitantes pueden ver las excavaciones arqueológicas en curso.

Jamestown Settlement   ENCLAVE HISTÓRICO
(☎757-253-4838; www.historyisfun.org; 2110 Jamestown Rd; adultos/niños 17/8 US$, incl. Yorktown Victory Center 21/11 US$; ☉9.00-17.00; P ♿) En este recinto de gestión estatal, muy del gusto de los niños, pueden verse reconstrucciones del **fuerte James**, de 1607, de un **poblado indígena** y reproducciones a tamaño real de los primeros barcos que llevaron colonos a Jamestown, todo aderezado con amenas recreaciones históricas. Hay exposiciones multimedia y actores con trajes de época que ilustran la vida del s. XVII.

Yorktown

El 19 de octubre de 1781, el general británico Cornwallis se rindió aquí ante George Washington, poniendo fin a la Guerra de Independencia. Superados por la artillería rebelde por tierra y bloqueados por los franceses desde el mar, los británicos estaban en una situación desesperada. Aunque Washington preveía un asedio mucho más largo, el devastador bombardeo desbordó enseguida a Cornwallis, que se rindió a los pocos días.

Hoy Yorktown es una agradable población a orillas del río York, con una buena variedad de tiendas, restaurantes y *pubs*.

⊙ Puntos de interés y actividades

Yorktown Battlefield   ENCLAVE HISTÓRICO
(☎757-898-3400; www.nps.gov/york; 1000 Colonial Pkwy; incl. Historic Jamestowne adultos/niños 7 US$/gratis; ☉9.00-17.00; P ♿) ⚑ Este enclave histórico gestionado por el NPS fue el escenario de la última gran batalla de la Guerra de Independencia. La visita empieza en el centro de visitantes, donde se ve un documental introductorio y la tienda de campaña de Washington. La visita "7 Mile Battlefield Rd Tour" incluye los puntos más destacados del recinto. No hay que perderse el recorrido que discurre entre las últimas posiciones defensivas de los británicos (reductos 9 y 10).

Yorktown Victory Center   MUSEO
(☎757-887-1776; www.historyisfun.org; 200 Water St; adultos/niños 10/6 US$; ☉9.00-17.00; P ♿) ⚑ Este centro de gestión estatal es un museo interactivo que reconstruye y recrea la independencia de EE UU y estudia su impacto a través de las personas que la vivieron. En la reconstrucción del campamento, unos soldados estadounidenses vestidos de época disparan cañones y comentan la preparación de la comida y la medicina de campaña de la jornada.

✕ Dónde comer

Carrot Tree   CAFÉ **$**
(☎757-988-1999; 323 Water St; principales 7-9 US$; ☉11.00-16.00; ⚑) Café en el paseo fluvial, agradable y asequible, que sirve sándwiches, ensaladas y hamburguesas vegetales.

Plantaciones del río James

Las grandes mansiones de la aristocracia esclavista de Virginia resultan ser una clara muestra de las diferencias de clase de la época. Hay varias a lo largo de la Hwy 5, en la orilla norte del río, aunque muy pocas se pueden visitar.

Puntos de interés y actividades

Sherwood Forest ENCLAVE HISTÓRICO
(☎804-829-5377; www.sherwoodforest.org; 14501 John Tyler Memorial Hwy, Charles City; circuito autoguiados adultos/niños 10 US$/gratis; ⊘jardines 9.00-17.00) Esta casa de madera, la más grande del país, fue el hogar de John Tyler, 10º presidente de EE UU. Se puede visitar con cita previa (35 US$/persona), si bien los jardines son de acceso público.

Berkeley Plantation ENCLAVE HISTÓRICO
(☎804-829-6018; www.berkeleyplantation.com; 12602 Harrison Landing Rd, Charles City; adultos/niños 11/7,50 US$; ⊘9.30-16.30) Aquí tuvo lugar la primera cena de acción de gracias, en 1619. En esta finca nacieron y vivieron Benjamin Harrison, uno de los firmantes de la Declaración de Independencia, y su hijo William Henry Harrison, que fue el 9º presidente de EE UU.

Shirley Plantation ENCLAVE HISTÓRICO
(☎800-829-5121; www.shirleyplantation.com; 501 Shirley Plantation Rd, Charles City; adultos/niños 11/7,50 US$; ⊘9.30-16.30) En una pintoresca ubicación junto al río, es la más antigua de Virginia (1613) y tal vez el mejor ejemplo de una plantación británica, con sus casas de ladrillo para el servicio y las dependencias (cobertizo de aperos, casa del hielo, lavandería, etc.) alineadas frente a la casa principal.

Hampton Roads

En la confluencia de los ríos James, Nansemond y Elizabeth con la bahía de Chesapeake, esta siempre ha sido una zona muy codiciada. La confederación powhatan ya pescaba en estas aguas y cazaba en las lenguas de tierra de la costa de Virginia cientos de años antes de que John Smith llegara en 1607. Hoy día, Hampton Roads es famoso por su congestión viaria y por su amalgama de cultura, historia y enclave militar.

Norfolk

Al albergar la mayor base naval del mundo, no es extraño que Norfolk tenga fama de ser una ciudad portuaria pendenciera y llena de marinos borrachos. En los últimos años se ha esforzado por limpiar su imagen urbanizándose, aburguesándose y centrándose en su floreciente escena artística.

Puntos de interés

Naval Station Norfolk BASE MILITAR
(☎757-444-7955; www.cnic.navy.mil/norfolksta; 9079 Hampton Blvd; adultos/niños 10/5 US$) La mayor base naval del mundo y uno de los aeródromos de mayor tráfico del país es digna de verse. Las visitas de 45 min en autobús son guiadas por personal de la Marina y deben reservarse con antelación (el horario es variable). Los adultos deben presentar un documento de identidad con fotografía.

Nauticus MUSEO
(☎757-664-1000; www.nauticus.org; 1 Waterside Dr; adultos/niños 16/11,50 US$; ⊘10.00-17.00 ma-sa, 12.00-17.00 do) Este enorme museo marítimo interactivo ofrece exposiciones sobre la exploración submarina, la vida acuática en la bahía de Chesapeake y las tradiciones navales estadounidenses. El momento cumbre de la visita es la subida a bordo del USS 'Wisconsin'. Construido en 1943, fue el último buque de guerra construido por la Armada de EE UU y el de mayor envergadura (270 m de eslora).

Chrysler Museum of Art MUSEO
(☎757-664-6200; www.chrysler.org; 245 W Olney Rd; ⊘10.00-17.00 ma-sa, 12.00-17.00 do) GRATIS En un marco espléndido, esta ecléctica colección de arte abarca desde el antiguo Egipto hasta la actualidad, con obras de Monet, Matisse, Renoir, Warhol y una soberbia colección de vidrio soplado de Tiffany.

Dónde dormir

En Ocean View Ave, frente a la bahía, abunda el alojamiento económico y de precio medio.

Tazewell Hotel HOTEL $
(☎757-623-6200; www.thetazewell.com; 245 Granby St; h desde 89 US$; ❉🐾) En un edificio histórico de 1906, este hotel disfruta de una excelente situación en pleno barrio de restaurantes y bares de Granby St. A las habitaciones, con moqueta y viejos muebles de madera, no les vendría mal una modernización, pero salen bien de precio. Hay un bar de vinos a media luz y un restaurante italiano en la 1ª planta.

Page House Inn B&B $$
(☎757-625-5033; www.pagehouseinn.com; 323 Fairfax Ave; h 160-245 US$; P❉🐾) Enfrente del Chrysler Museum, este lujoso B&B es lo más elegante de Norfolk.

✕ Dónde comer

Dos de las mejores calles de restaurantes son Granby St en el centro y Colley Ave, en Ghent.

Cure
CAFÉ $

(www.curenorfolk.com; 503 Botetourt St; principales 6-9 US$; ☺8.00-22.00 lu-sa, 9.00-20.00 do; 🛜) Esta fotogénica cafetería en el límite del barrio histórico sirve sándwiches sabrosos y creativos, buen café (de Counter Culture) y cervezas artesanales y embutidos por la tarde.

Field Guide
ESTADOUNIDENSE MODERNA $

(429 Granby St; principales 8-10 US$; ☺11.00-22.00 ma-ju, hasta 1.00 vi y sa) En esta calle llena de restaurantes, Field Guide destaca por la frescura de sus ingredientes: ensaladas, aromáticos cuencos de arroz y deliciosos sándwiches, así como cócteles divertidos (se recomienda el granizado de margarita). Es informal pero moderno, con mesas compartidas y una puerta abatible que abren en días soleados.

Press 626 Cafe
& Wine Bar
ESTADOUNIDENSE MODERNA $$

(📞757-282-6234; 626 W Olney Rd; principales almuerzo 8-13 US$, cena 16-26 US$; ☺11.00-23.00 lu-vi, desde 17.00 sa, 10.30-14.30 do; 🅿) Este encantador restaurante afiliado al movimiento Slow Food posee una extensa carta con sándwiches *gourmet* (almuerzo), vieiras a la plancha, bullabesa y una gran selección de vinos.

🍷 Dónde beber y ocio

Elliot's Fair Grounds
CAFÉ

(806 Baldwin Ave; ☺7.00-22.00 lu-sa, desde 8.00 do; 🛜) Esta cafetería pequeña y moderna atrae desde estudiantes a marinos. Además de café también sirve sándwiches y postres.

Taphouse Grill at Ghent
PUB

(931 W 21st St; ☺11.00-2.00)Pequeño y acogedor *pub* con buenas cervezas artesanales y música en directo.

ℹ Cómo llegar y desplazarse

El **aeropuerto internacional de Norfolk** (NIA; 📞757-857-3351) está 11 km al noreste del centro. **Greyhound** (📞757-625-7500; www.greyhound. com; 701 Monticello Ave) tiene autobuses a Virginia Beach (16 US$, 35 min), Richmond (32 US$, 2¾ h) y Washington D. C. (50 US$, 6½ h).

Hampton Roads Transit (📞757-222-6100; www.gohrt.com) da servicio a toda la región de Hampton Roads. Los autobuses (1,75 US$) van del centro a toda la ciudad, a Newport News y Virginia Beach.

Newport News

Esta ciudad es un buen ejemplo de expansión urbana, pero posee algunos lugares de interés, como el sorprendente **Mariners' Museum** (📞757-596-2222; www.marinersmuseum. org; 100 Museum Dr; adultos/niños 14/9 US$; ☺9.00-17.00 lu-sa, desde 11.00 do), uno de los museos marítimos más grandes y completos del mundo. El **USS Monitor Center** alberga los restos del *Monitor*, uno de los primeros buques de guerra acorazados del mundo, de la época de la Guerra de Secesión, y su reproducción a tamaño real.

El **Virginia Living Museum** (📞757-595-1900; www.thevlm.org; 524 J Clyde Morris Blvd; adultos/niños 17/13 US$; ☺9.00-17.00, desde 12.00 do; 🅿🚼) 🌿 es una buena introducción a la vida terrestre y acuática de Virginia, en ecosistemas naturales. El conjunto comprende cercados para animales al aire libre, un aviario, jardines y un planetario.

Virginia Beach

Con 56 km de playas de arena, un paseo marítimo de 4,8 km y muchas actividades al aire libre en las proximidades, no es de extrañar que Virginia Beach sea un importante destino turístico. La ciudad se ha esforzado por librarse de su fama de ser destino predilecto de paletos; hoy las playas son más limpias y hay menos gamberros, y más allá de los abarrotados bloques de pisos frente a la costa, se encontrarán preciosos parques y entornos naturales. Eso sí, en verano está abarrotada y hay mucho tráfico.

👁 Puntos de interés

Virginia Aquarium
& Marine Science Center
ACUARIO

(📞757-385-3474; www.virginiaaquarium.com; 717 General Booth Blvd; adultos/niños 22/15 US$; ☺9.00-17.00) En los diferentes hábitats de este excelente acuario puede verse una gran diversidad de fauna, como tortugas, nutrias comunes y dragones de Komodo.

First Landing State Park
RESERVA NATURAL

(2500 Shore Dr; entrada por vehículo 6-7 US$) Este parque de 1168 Ha de bosques posee 32 km de **rutas de excursionismo** y una variada oferta de actividades, como *camping,* ciclismo, kayak, pesca y natación.

**Virginia Museum
of Contemporary Art** MUSEO
(www.virginiamoca.org; 2200 Parks Ave; adultos/
niños 7,70/5,50 US$; ⊙10.00-21.00 ma, hasta 17.00
mi-vi, hasta 16.00 sa y do) Ofrece excelentes exposiciones temporales en un nuevo y ultra-
moderno edificio.

**Back Bay National
Wildlife Refuge** RESERVA NATURAL
(www.fws.gov/backbay; por vehículo/peatón abr-oct
5/2 US$, nov-mar gratis; ⊙amanecer-anochecer)
Este humedal de 3743 Ha, con aves migratorias
y animales silvestres, es impresionante durante
la época de migraciones, en diciembre.

**Great Dismal Swamp National
Wildlife Refuge** RESERVA NATURAL
(☑757-986-3705; www.fws.gov/refuge/great_dis-
mal_swamp; 3100 Desert Rd, Suffolk; ⊙amanecer-
anochecer; ⛵) 🅿 GRATIS Unos 48 km al suroeste
de Virginia Beach, este refugio de 45 324 Ha,
a caballo de la frontera con Carolina del Norte, tiene una gran riqueza de flora y fauna,
incluidos osos negros, linces y más de 200
especies de aves.

🛏 Dónde dormir

Angie's Guest Cottage & Hostel PENSIÓN $
(☑757-491-1830; www.angiescottage.com; 302 24th
St; dc 32 US$, d 70-110 US$; 🅿🌸) A una manzana de la playa, ofrece dormitorios y habitaciones privadas con cocina estadounidense. Está
muy bien de precio tratándose de esta zona.

First Landing State Park CAMPING $
(☑800-933-7275; http://dcr.virginia.gov; cabo Henry; parcelas 28 US$, cabañas desde 75 US$; 🅿) 🚲
Este *camping* frente a la bahía es el más bonito de la zona, aunque las cabañas no tienen
vistas al mar.

🍴 Dónde comer

⭐ **Blue Pete's** PESCADO $$
(☑757-426-2278; www.bluepetespungo.com; 1400
N Muddy Creek Rd; principales 10-25 US$; ⊙17.00-
22.00 mi-vi, 12.00-22.00 sa y do) Restaurante con
encanto, rodeado de bosque y situado en una
cala tranquila, cerca de la bahía Back. Posee
una carta muy variada, con pasteles de can-
grejo, bocadillos de carne asada, pastas y
gambas rebozadas con coco.

Mahi Mah's PESCADO $$$
(☑757-437-8030; www.mahimahs.com; 615 Atlantic
Ave; principales 10-36 US$; ⊙7.00-24.00 do-ju, hasta
2.00 vi y sa; 🎵) Este local frente al mar es el
mejor para disfrutar de delicioso pescado y

marisco. Durante la *happy hour* (ostras a 50
centavos) está muy animado.

🛈 Información

La I-264 va directa al **centro de visitantes**
(☑800-822-3224; www.visitvirginiabeach.com;
2100 Parks Ave; ⊙9.00-17.00) y a la playa.

🛈 Cómo llegar y desplazarse

Greyhound (☑757-422-2998; www.greyhound.
com; 971 Virginia Beach Blvd) tiene cinco autobuses diarios a Richmond (15,50 US$, 3½ h),
que también paran en Norfolk y Newport News.
Para llegar a Washington D. C., Wilmington,
Nueva York y otros puntos más alejados, hay
que hacer trasbordo en Richmond. Los autobuses salen de Circle D Food Mart, 1,6 km al oeste
del paseo marítimo.

Hampton Roads Transit ofrece el trolebús Virginia Beach Wave (billete 2 US$), que recorre
Atlantic Ave en verano.

Piedmont

El Piedemont, las suaves colinas y llanuras
del centro de Virginia, separa las tierras
bajas costeras atlánticas de los Apalaches.
Es una meseta de baja altitud cruzada por
ríos que crean fértiles valles, con decenas
de bodegas, pueblos rurales y grandes fincas coloniales.

Charlottesville

A la sombra del macizo de Blue Ridge,
Charlottesville suele figurar entre los mejores lugares del país para vivir. Esta ciudad
con una rica cultura y 45 000 habitantes
alberga la Universidad de Virginia (UVA),
frecuentada a partes iguales por los retoños
de la aristocracia sureña y por bohemios
izquierdistas. Con el campus de la UVA y la
zona centro peatonal llenos de estudiantes,
parejas, profesores y algún que otro famoso, "C-ville" es casi perfecta.

El **Charlottesville Visitor Center**
(☑877-386-1103; www.visitcharlottesville.org;
610 E Main St; ⊙9.00-17.00), en pleno centro,
resulta muy útil.

🟢 Puntos de interés

Universidad de Virginia UNIVERSIDAD
(☑434-924-0311; www.uvaguides.org; 400 Ray C
Hunt Dr, Charlottesville) Thomas Jefferson creó
esta universidad, cuyos jardines y edificios
de diseño clásico personifican el espíritu de

vida y aprendizaje en común que inspiró a su fundador. Hay visitas gratis al campus, guiadas por estudiantes, que salen a diario del Harrison Institute a las 10.00, 11.00 y 14.00 durante el curso escolar. La **Rotonda** (☏434-924-7969; rotunda.virginia.edu; 1826 University Ave), una réplica a escala del Panteón de Roma diseñada por Jefferson, ha vuelto a abrir en el 2016 tras unas obras de restauración. El **Fralin Art Museum** (☏434-924-3592; 155 Rugby Rd; ☺12.00-17.00 ma-do) GRATIS posee una ecléctica e interesante colección de arte americano, europeo y asiático.

🛏 Dónde dormir

En Emmet St/US 29, al norte de la ciudad, hay una buena selección de moteles económicos y de precio medio. **Guesthouses** (☏434-979-7264; www.va-guesthouses.com; h desde 150 US$) es un servicio de reservas que ofrece chalés y habitaciones con desayuno en casas particulares. Los fines de semana suelen exigir una estancia mínima de dos noches.

Fairhaven PENSIÓN $
(☏434-933-2471; www.fairhavencville.com; 413 Fairway Ave; h 65-75 US$; P❄🐾) Esta agradable pensión sale muy a cuenta si al viajero no le importa compartir baño. Las habitaciones tienen suelos de parqué, cómodas camas y una alegre combinación de colores. Los clientes pueden usar la cocina, la sala de estar y el patio. Está a 1,6 km del centro.

English Inn HOTEL $$
(☏434-971-9900; www.englishinncharlottesville. com; 2000 Morton Dr; h 120-160 US$; P❄🐾🏊) La hospitalidad, los muebles británicos y una fachada de estilo Tudor dan personalidad a este hotel. Está 2,4 km al norte de la UVA. Las tarifas son más económicas los días laborables.

South Street Inn B&B $$
(☏434-979-0200; www.southstreetinn.com; 200 South St; h 150-190 US$, ste 230-275 US$; P❄🐾) Este elegante edificio de 1856 en pleno centro de Charlottesville fue en el pasado una escuela de señoritas, una pensión y un burdel. Hoy ofrece dos docenas de habitaciones de estilo tradicional. Desayuno incluido.

🍴 Dónde comer y beber

Downtown Mall, una zona peatonal con decenas de tiendas y restaurantes, es ideal para observar a la gente y comer al aire libre cuando hace buen tiempo. Al oeste, por Main St, se encuentra otra buena selección de restaurantes. La zona de Belmont (unos 800 m al sureste de Downtown Mall) cuenta con otro puñado de locales. Por la noche, los bares de University Ave se llenan de estudiantes y veinteañeros.

Feast! ESTADOUNIDENSE $
(416 W Main St; principales 8-10 US$; ☺10.00-19.00 lu-vi, 9.00-18.00 sa) Este local del Main St Market es perfecto para comprar comida de pícnic: vende vinos, quesos, fruta y otras delicias. También sirve sopas y ensaladas, y prepara sándwiches por encargo de 11.00 a 15.00.

Citizen Burger ESTADOUNIDENSE $
(212 E Main St; principales 12-15 US$; ☺12.00-24.00 do-ju, hasta 2.00 vi y sa) En la zona peatonal, sirve deliciosas hamburguesas y cervezas artesanales en un animado comedor revestido de ladrillo. El concepto es local y sostenible (vacuno ecológico criado con pastos, quesos y cervezas virginianas). No hay que perderse las *truffle fries* (patatas fritas en aceite de trufa).

Blue Moon Diner ESTADOUNIDENSE $
(www.bluemoondiner.net; 512 W Main St; principales 8-12 US$; ☺8.00-22.00 lu-vi, 9.00-15.00 sa y do) Esta alegre cafetería de estilo *retro* sirve desayunos todo el día, cervezas virginianas de barril y tortitas decoradas con curiosos retratos. Las noches de miércoles a viernes hay música en directo.

★ Oakhart Social ESTADOUNIDENSE MODERNA $$
(☏434-995-5449; 511 W Main St; platos pequeños 7-15 US$; ☺17.00-2.00 ma-do) Nuevo y elegante restaurante de ambiente atractivo e informal. Sirve raciones creativas y de temporada (pulpo a la parrilla con puré de garbanzos, ensalada dulce y crujiente de cerdo), así como *pizzas* en horno de leña. El patio delantero es ideal para tomarse un refrescante *corpse reviver nº 2* y otros buenos cócteles.

Whiskey Jar SUREÑA $$
(☏434-202-1549; 227 West Main St; principales almuerzo 10-15 US$, cena 12-32 US$; ☺11.00-24.00 lu-ju, hasta 2.00 vi y sa, 10.00-14.30 do; ☏) En un comedor rústico con muebles de madera, sirve comida casera sureña y bebidas en botes de mermelada. Buenas carnes a la parrilla y una impresionante selección de *whiskies* (125 variedades).

The Local ESTADOUNIDENSE MODERNA **$$**
(☑434-984-9749; 824 Hinton Ave; principales 13-25 US$; ☯17.30-22.00 do-ju, hasta 23.00 vi y sa)
Se ha ganado muchos admiradores por su carta *locávora* (se recomiendan la calabaza asada con queso de cabra y el pato asado con salsa agridulce) y su elegante comedor de cálida iluminación, ladrillo visto y vistosas pinturas al óleo. Durante los meses calurosos ponen mesas en la acera y en la azotea. Además, sirven buenos cócteles.

❶ Cómo llegar y desplazarse

Amtrak (www.amtrak.com; 810 W Main St) Tiene dos trenes diarios a Washington D. C. (desde 33 US$, 3 h).

Aeropuerto de Charlottesville-Albemarle (CHO; ☑434-973-8342; www.gocho.com) Acoge vuelos regionales. Está 16 km al norte del centro.

Greyhound/Trailways Terminal (☑434-295-5131; 310 W Main St) Tiene tres autobuses diarios a Richmond (desde 21 US$, 1¼ h) y Washington D. C. (desde 28 US$, 3 h).

Trolley (☯6.40-23.30 lu-sa, 8.00-17.00 do) Un trolebús gratis conecta W Main St con la UVA.

Barboursville y alrededores
BARBOURSVILLE
La Hwy 20 al norte de Charlottesville atraviesa suaves colinas, tramos de bosque y granjas pintorescas. A unos 30 min de Charlottesville (29 km), se llega al pequeño Barboursville, sede de uno de los viñedos más antiguos y selectos de la región. Los **Barboursville Vineyards** (☑540-832-3824; www.bbv.wine.com; 17655 Winery Rd; catas 7 US$; ☯sala de catas 10.00-17.00 lu-sa, desde 11.00 do) ocupan 364 Ha y han recibido grandes elogios por sus excelentes cabernet francs. El viajero puede dedicar una tarde a catar vinos (sale a cuenta, dado los numerosos caldos que se prueban), pasear por la finca y hacer un pícnic (hay una tienda que vende comestibles pensados para acompañar con vino) o disfrutar de una comida sibarita en el restaurante **Palladio** (☑540-832-7848; Barboursville Winery; menú de almuerzo de 2/4 platos 41/55 US$, menú de cena de 4 platos 80 US$; ☯12.00-14.30 mi-do y 18.30-21.30 vi y sa). En la propiedad se encuentran las ruinas de la finca de James Barbour, antiguo gobernador de Virginia y amigo de Thomas Jefferson, que proyectó el edificio. Se puede pernoctar en el lujoso hotel de los viñedos, el **1804 Inn** (Barboursville Winery; h 240-450 US$; ℗❄☏).

MONTPELIER
Vale la pena desviarse de la Hwy 20 para visitar la espectacular finca **Montpelier** (www.montpelier.org; 11350 Constitution Hwy; adultos/niños 18/7 US$; ☯9.00-17.00 abr-oct, 10.00-16.00 nov-mar), antigua propiedad de James Madison, 40 km al noreste de Charlottesville. Madison fue un hombre brillante, pero poco social, que se entregó de lleno a sus libros y fue el responsable casi exclusivo de la redacción de la Constitución de EE UU. Las **visitas guiadas** informan sobre su vida y época, y su talentosa y carismática mujer, Dolley, así como acerca de otros residentes de la finca: en las cabañas, muy bien restauradas, puede verse cómo vivían los esclavos. También hay un laboratorio de arqueología donde los arqueólogos explican sus hallazgos más recientes. Los bosques contiguos a la finca están surcados por **senderos;** los visitantes más activos pueden recorrer los 6,5 km hasta **Market at Grelen** (www.themarketatgrelen.com; 15091 Yager Rd, Somerset; sándwiches 7 US$; ☯café 11.30-14.00 ma-do, tienda 10.00-16.00 ma-sa), un lugar encantador con un centro de jardinería donde se puede almorzar y recoger bayas en 242 Ha de ondulantes campos.

Appomattox Court House y alrededores

En la McLean House del Appomattox Court House, el general Robert E. Lee se rindió junto al Ejército de Virginia del Norte ante el general Ulysses S. Grant, lo que puso fin a la Guerra de Secesión. En lugar de ir directo, es mejor realizar la ruta **Lee's Retreat** (☑800-673-8732; www.varetreat.com), una serpenteante excursión con 25 paradas que empieza en la Southside Railroad Station de **Petersburg** (River St esq. Cockade Alley) y atraviesa algunos de los paisajes rurales más atractivos de Virginia. Se recomienda llevar un mapa de carreteras detallado, pues la ruta no siempre está bien señalizada.

La excursión finaliza en el **Appomattox Court House National Historic Park** (☑434-352-8987; www.nps.gov/apco; entrada jun-ago 4 US$, sep-may 3 US$; ☯8.30-17.00), de 688 Ha, que incluye varias decenas de edificios restaurados. Varios de ellos se pueden visitar, y se hallan decorados con muebles originales de 1865. Destacan el salón de la **McLean House,** donde se encontraron Lee y Grant; la **Clover Hill Tavern,** donde los

MONTICELLO Y ALREDEDORES

Monticello (☎434-984-9800; www.monticello.org; 931 Thomas Jefferson Pkwy; adultos/niños 25/8 US$; ☉9.00-18.00 mar-oct, 10.00-17.00 nov-feb) es una obra maestra de la arquitectura, diseñada por Thomas Jefferson, prócer de la independencia nacional y tercer presidente del país. "En ningún otro lugar o sociedad me siento tan feliz como aquí, y todos mis deseos terminan, como espero que lo hagan mis días, en Monticello", escribió Jefferson, que pasó 40 años construyendo su casa soñada y finalmente la terminó en 1809. Hoy es la única residencia de EE UU declarada Patrimonio de la Humanidad. El edificio, de estilo neoclásico, ocupaba el centro de una plantación de 2023 Ha en la que vivían 150 esclavos. Monticello no oculta este oscuro lado del hombre que en la Declaración de Independencia afirmaba que "todos los seres humanos han nacido iguales". Se supone que se refería solo a los seres humanos blancos, aunque eso no le impidió tener seis hijos con una de sus esclavas, Sally Hemings. Thomas Jefferson y su familia (la oficial, claro, no Sally y sus hijos) están enterrados en un bosquecillo próximo.

Para ver la casa hay que realizar la visita guiada; pero la plantación, los jardines y el cementerio pueden visitarse libremente. El moderno centro de exposiciones profundiza en el mundo de Jefferson con muestras sobre arquitectura, enseñanza, etc. Desde el centro de visitantes salen frecuentes autobuses directos; también se puede llegar a pie por el camino arbolado.

Se puede comer en la cercana **Michie Tavern** (☎434-977-1234; www.michietavern.com; 683 Thomas Jefferson Pkwy; bufé adultos/niños 18/11 US$; ☉11.15-15.30), de 1784, que ofrece un generoso bufé de comida sureña. Otro lugar digno de visitar es la finca **Ash Lawn-Highland** (☎434-293-8000; www.ashlawnhighland.org; 2050 James Monroe Pkwy; adultos/niños 14/8 US$; ☉9.00-18.00 abr-oct, 11.00-17.00 nov-mar), antigua propiedad de James Monroe, quinto presidente de EE UU, 4 km al este de Monticello.

Monticello está unos 7 km al noroeste del centro de Charlottesville.

soldados de la Unión imprimieron 30 000 salvoconductos para los confederados; y la **Meeks General Store,** llena de comestibles.

En la calle principal de la pequeña pero encantadora población de **Appomatox** (unos 5 km al suroeste del parque nacional) hay varias tiendas de antigüedades, una auténtica mina de oro para los coleccionistas de la Guerra de Secesión. **Baine's Books and Coffee** (www.bainesbooks.com; 205 Main St; tentempiés 3-6 US$; ☉8.30-20.00 lu-sa, 9.00-17.00 do) ofrece sándwiches, quiches y *scones*, y *bluegrass* en directo varias noches por semana. Cerca está la pensión **Longacre** (☎800-758-7730; www.longacreva.com; 1670 Church St; h desde 90 US$; P✿), una gran casa de estilo Tudor con exuberantes jardines y elegantes habitaciones decoradas con antigüedades.

Valle del Shenandoah

Dizque Shenandoah es un nombre nativo que significa "hija de las estrellas". Sea cierto o no, es sin duda una de las regiones más bellas de EE UU. Este valle de 322 km y el macizo de Blue Ridge están llenos de pequeños y pintorescos pueblos, bodegas, campos de batalla y cuevas. Antaño fue la frontera occidental de la América colonial, repoblada por irlandeses y escoceses de las Highland Clearances, el desahucio forzado de miles de campesinos de las Tierras Altas escocesas por mandato británico, que hizo que muchos de ellos terminaran en el Nuevo Mundo. Hay mucha oferta de actividades, como excursionismo, *camping*, pesca, paseos a caballo y piragüismo.

Shenandoah National Park

El de **Shenandoah** (☎540-999-3500; www.nps.gov/shen; pase de 1 semana por automóvil 20 US$) es uno de los parques nacionales más espectaculares del país. En primavera y verano se llena de flores silvestres; en otoño las hojas se encienden de rojos y naranjas; y en invierno empieza un frío y bello período de hibernación. Es fácil ver venados de cola blanca y, con suerte, algún oso negro, lince o pavo salvaje. Está unos 120 km al oeste de Washington D. C.

🏃 Actividades

El parque cuenta con dos centros de visitantes: **Dickey Ridge** (☎540-635-3566; Skyline Dr, Mile 4.6; ◎9.00-17.00 abr-nov) en el norte y **Harry F Byrd** (☎540-999-3283; Skyline Dr, Mile 50; ◎9.00-17.00 abr-nov) en el sur. Ambos disponen de mapas y permisos de acampada, así como información sobre paseos a caballo, parapente, ciclismo (solo en carreteras y caminos públicos) y otras actividades al aire libre. En la reserva hay más de 805 km de **rutas de senderismo**, entre ellas un tramo de 162 km del **Appalachian Trail**.

Old Rag   EXCURSIONISMO
Ardua ruta circular de 12,8 km con un tramo en el que hay que trepar por las rocas y exige un buen estado de forma. La recompensa es la cima del monte Old Rag y algunas de las mejores vistas de Virginia por el camino.

Big Meadows   EXCURSIONISMO
Una zona muy popular, con cuatro excursiones de dificultad entre baja y media. Las rutas de **Lewis Falls** y **Rose River** pasan por las cascadas más espectaculares del parque; la primera conecta con el Appalachian Trail.

Bearfence Mountain   EXCURSIONISMO
Ruta corta hasta un mirador con espectaculares vistas de 360º. Solo tiene 1,9 km, pero hay que trepar por una difícil zona rocosa.

Riprap Trail   EXCURSIONISMO
Incluye tres rutas de diversa dificultad. El **Blackrock Trail** es un fácil circuito de 1,6 km con fantásticas vistas. El Riprap Trail, de 5,5 km y dificultad mediana, llega **Chimney Rock**, y hay un desvío bastante arduo de 15,8 km que enlaza con el Appalachian Trail.

🛏 Dónde dormir y comer

Se puede acampar en los cuatro **'campings' del NPS** (☎877-444-6777; www.recreation.gov); **Mathews Arm** (milla 22,1; plaza 15 US$; ◎may-oct), **Big Meadows** (milla 51,3; plaza 20 US$; ◎fin mar-nov), **Lewis Mountain** (milla 57,5; plaza 15 US$, no admite reservas; ◎med abr-oct) y **Loft Mountain** (milla 79,5; plaza 15 US$; ◎med may-oct). Para acampar en otras partes se necesita el permiso gratuito que facilitan en los centros de visitantes.

Hay alojamiento en **Skyland Resort** (☎540-999-2212; Skyline Dr, Mile 41.7; h 115-210 US$, cabañas 97-235 US$; ◎abr-oct; P✿🐾📶🍽), **Big Meadows Lodge** (☎540-999-2221; Skyline Dr, Mile 51.2; h 94-210 US$; ◎med may-oct; 📶)

y **Lewis Mountain Cabins** (☎540-999-2255; Skyline Dr, Mile 57.6; cabañas 117 US$; ◎abr-oct; P🐾); se pueden reservar a través de www.goshenandoah.com.

Skyland y Big Meadows cuentan con restaurantes y bares que a veces ofrecen música en directo. Big Meadows dispone de casi todos los servicios, como gasolinera, lavandería y tienda. Si se planea acampar o realizar excursiones largas, es mejor llevar la propia comida.

ℹ Cómo llegar y desplazarse

Un tren diario de **Amtrak** (www.amtrak.com) llega a Staunton, en el valle del Shenandoah, desde Washington D. C. (desde 34 US$, 4 h). Para visitar bien el parque se necesita vehículo propio; se accede a él por varias salidas de la I-81.

Front Royal y alrededores

El extremo norte de la Skyline Dr es una aburrida sucesión de gasolineras, pero cerca hay una agradable calle con tiendas y algunas cuevas. Conviene pasar por el **centro de visitantes** (☎800-338-2576; 414 E Main St; ◎9.00-17.00) antes de adentrarse en el valle. Los niños pueden disfrutar con los paseos en tren (5 US$) y el laberinto de espejos (6 US$).

👁 Puntos de interés y actividades

Skyline Caverns   CUEVAS
(☎800-296-4545; www.skylinecaverns.com; entrada por Skyline Dr, Front Royal; adultos/niños 20/10 US$; ◎9.00-17.00) Lo que da más fama a Front Royal son estas cuevas con unas raras formaciones minerales llamadas antoditas, que parecen erizos de mar.

Museum of the Shenandoah Valley   MUSEO
(☎888-556-5799, 540-662-1473; www.themsv.org; 901 Amherst St, Winchester; adultos/estudiantes/niños 10/8 US$/gratis, mi gratis; ◎10.00-16.00 ma-do) Situado en la población de Winchester, unos 40 km al norte de Front Royal, comprende una casa del s. XVIII con muebles de época, un jardín de 2,4 Ha y un museo multimedia dedicado a la historia del valle.

Luray Caverns   CUEVA
(☎540-743-6551; www.luraycaverns.com; Rte 211, Luray; adultos/niños 26/14 US$; ◎9.00-19.00 diario jun-ago, hasta 18.00 sep-nov, abr y may, hasta 16.00 lu-vi dic-mar) Si el viajero solo tiene tiempo para visitar una cueva, unos 40 km

INDISPENSABLE

RUTA PANORÁMICA: SKYLINE DRIVE

Una carretera de 169 km, la Skyline Drive, del Shenandoah National Park, recorre la dorsal del macizo de Blue Ridge. Recorre un paraje fantástico, con continuas vistas impresionantes, pero es una carretera con muchas curvas, lenta (la velocidad máxima es de 56 km/h) y congestionada en temporada alta. Es mejor empezar desde el sur de Front Royal, Virginia, desde donde la carretera serpentea por tierras vinícolas y montañosas. Hay mojones y muchos apartaderos. El favorito del autor está cerca de la milla 51,2, donde empieza una ruta circular peatonal de 5,8 km y dificultad moderada hasta las cascadas de Lewis Spring.

al sur de Front Royal hallará estas magníficas grutas donde podrá oír el "órgano de estalactitas", que se anuncia como el instrumento musical más grande del planeta.

🛏 Dónde dormir y comer

Woodward House on Manor Grade B&B $$
(☏540-635-7010, 800-635-7011; www.acountryho me.com; 413 S Royal Ave/US 320, Front Royal; h 110-155 US$, casita 225 US$; P🐾🛜) Ofrece siete habitaciones alegres y una casita separada, con chimenea. Se puede tomar un café en la terraza sobre la transitada calle y disfrutar de las vistas del macizo de Blue Ridge.

Element FUSIÓN $$
(☏540-636-9293; www.jsgourmet.com; 206 S Royal Ave, Front Royal; principales almuerzo 8-14 US$, cena 14-22 US$; ⊙11.00-15.00 y 17.00-22.00 ma-sa; 🌿) 🍴 Local predilecto de los sibaritas, que sirve comida de bistró de calidad. La breve carta de la cena incluye platos del día como codorniz asada con ensalada mexicana de maíz y boniato; para el almuerzo hay sándwiches *gourmet*, sopas y ensaladas.

Apartment 2G FUSIÓN $$$
(☏540-636-9293; www.jsgourmet.com; 206 S Royal Ave, Front Royal; menú de 5 platos 50 US$; ⊙desde 18.30 sa) 🍴 El mejor restaurante de Front Royal solo abre un día a la semana. Propiedad de un matrimonio que también son los chefs del reconocido Inn at Little Washington, su filosofía es simple: ingre-

dientes frescos para elaborar los cinco platos de un menú cambiante.

Staunton y alrededores

Esta preciosa población tiene mucho encanto, que queda plasmado, por ejemplo, en un centro histórico ideal para dar agradables paseos, una gran oferta gastronómica, varias cervecerías, algunos museos curiosos, un teatro de primera y una extensa oferta de actividades al aire libre en las proximidades.

👁 Puntos de interés

El atractivo centro urbano peatonal cuenta con más de 200 edificios, diseñados por el destacado arquitecto victoriano T. J. Collins. El ambiente resulta muy bohemio y artístico, pero sin pretensiones, gracias a la presencia del Mary Baldwin, un colegio universitario femenino de artes liberales.

Blackfriars Playhouse TEATRO
(☏540-851-1733; www.americanshakespearecen ter.com; 10 S Market St; entradas 24-37 US$) No hay que marcharse de Staunton sin asistir a un espectáculo en este teatro, recreación del The Globe isabelino y donde actúa la compañía del American Shakespeare Center.

Woodrow Wilson Presidential Library ENCLAVE HISTÓRICO
(www.woodrowwilson.org; 20 N Coalter St; adultos/estudiantes/niños 14/7/5 US$; ⊙9.00-17.00 lu-sa, desde 12.00 do) Los aficionados a la historia no deben dejar de visitar la biblioteca de esta casa de estilo neoclásico donde Woodrow Wilson creció. Está situada en una colina y ha sido fielmente restaurada para devolverle su aspecto original de 1856.

Frontier Culture Museum MUSEO
(☏540-332-7850; www.frontiermuseum.org; 1290 Richmond Rd; adultos/estudiantes/niños 10/9/6 US$; ⊙9.00-17.00 med mar-nov, 10.00-16.00 dic-med mar) Este excelente museo con más de 40 Ha incluye edificios históricos auténticos de Alemania, Irlanda e Inglaterra, así como reproducciones de viviendas de África occidental y una zona separada con residencias de los pioneros de EE UU. Unos actores disfrazados con atuendos de la época, acompañados por animales de granja, representan escenas de la vida de los antepasados de los virginianos actuales. Está 3,2 km al sureste del centro.

🛏 Dónde dormir

Frederick House
B&B $$

(☎540-885-4220; www.frederickhouse.com; 28 N New St; h 120-185 US$; P❄🛜) Este acogedor establecimiento de color malva, en pleno centro, está formado por cinco residencias históricas con 25 habitaciones y suites diversas, todas con baño y algunas con muebles antiguos y terraza.

Anne Hathaway's Cottage
B&B $$

(☎540-885-8885; www.anne-hathaways-cottage. com; 950 W Beverley St; h 130-160 US$; P❄🛜) Este B&B a las afueras de la ciudad lleva el nombre de la esposa de Shakespeare. Es una romántica casa de campo de estilo Tudor con tejado de paja y tres habitaciones.

🍴 Dónde comer y beber

En West Beverley St hay varios restaurantes y cafés.

Split Banana
HELADERÍA $

(7 W Beverley St; helado 2,60-5,20 US$; ⊙12.00-23.00; 🖭) Deliciosos helados en un entorno con encanto añejo.

Byers Street Bistro
ESTADOUNIDENSE MODERNA $$

(☎540-887-6100; www.byersstreetbistro.com; 18 Byers St; principales almuerzo 9-14 US$, cena 16-26 US$; ⊙11.00-24.00) Bistró junto a la estación de trenes que prepara comida de *pub* de calidad (*pizzas* con beicon y cebolla caramelizada, tacos de *mahimahi*, hamburguesas de Angus, costillas asadas a fuego lento...), que se disfruta mejor en las mesas exteriores cuando los días son cálidos. Las noches de los viernes y sábados hay música en directo (*bluegrass, blues* y folk).

Zynodoa
SUREÑA $$$

(☎540-885-7775; 115 E Beverley St; principales 22-29 US$; ⊙17.00-21.30 do-ma, hasta 22.30 mi-sa; 🖉) 🍃 Platos a base de quesos artesanos de Virginia, pollo asado del Shenandoah y trucha arco iris de Casta Line, una granja próxima. Se provee principalmente de las granjas y bodegas locales.

Redbeard Brewery
CERVECERÍA

(www.redbeardbrews.com; 102 S Lewis St; ⊙16.00-23.00 ju y vi, 13.00-23.00 sa y do) Esta cervecería de producción reducida sirve sabrosas IPA, *saisons, ambers* y otras selecciones de temporada. Muchos fines de semana hay un camión-asador aparcado delante. A veces ofrece música en directo.

Lexington y alrededores

El lugar ideal para ver a la alta burguesía sureña en toda su majestuosidad, mientras los cadetes del Virginia Military Institute pasan trotando delante de la prestigiosa Universidad Washington y Lee. El **centro de visitantes** (☎540-463-3777; 106 E Washington St; ⊙9.00-17.00) facilita prácticos mapas con recorridos a pie.

👁 Puntos de interés y actividades

Fundada en 1749, la **Universidad Washington y Lee** es una de los centros académicos pequeños más importantes de EE UU. El **Lee Chapel & Museum** (☎540-458-8768; http://leechapel.wlu.edu; ⊙9.00-16.00 lu-sa, 13.00-16.00 do nov-mar, hasta 17.00 abr-oct) alberga la tumba de Robert E. Lee, cuyo caballo Traveller está enterrado en el exterior. Una de las cuatro banderas confederadas que rodean la tumba de Lee exhibe el mástil original, una rama que un soldado sudista convirtió en improvisado estandarte.

Virginia Military Institute
UNIVERSIDAD

(VMI; www.vmi.edu; Letcher Ave) Se puede sentir admiración o desconcierto al ver la extrema disciplina de los cadetes de esta institución militar, la única universidad que ha enviado a la guerra a todos sus graduados (las innumerables placas dedicadas a los estudiantes muertos en combate resultan conmovedoras). El **VMI Museum** (☎540-464-7334; ⊙9.00-17.00) GRATIS conserva el caballo disecado de Thomas 'Stonewall' Jackson, una bandera confeccionada por un antiguo alumno prisionero de guerra en Vietnam y un homenaje a los estudiantes del VMI muertos en la guerra contra el terrorismo.

Para hacer la visita guiada gratuita al campus (12.00) es preciso contactar con el museo. Casi todos los viernes durante el curso escolar, a las 16.30, tiene lugar un desfile de gala. El **George C Marshall Museum** (☎540-463-2083; www.marshallfoundation.org/museum/; adultos/estudiantes 5/2 US$; ⊙11.00-16.00 ma-sa) está dedicado al creador del Plan Marshall para la reconstrucción europea tras la II Guerra Mundial.

Stonewall Jackson House
EDIFICIO HISTÓRICO

(www.stonewalljackson.org; 8 E Washington St; adultos/niños 8/6 US$; ⊙9.00-17.00 lu-sa, desde 13.00 do) Uno de los más reputados generales de la Confederación más, Thomas Jonathan 'Stonewall' Jackson vivió en esta bonita casa de ladrillo de dos plantas de 1851 a 1861, mientras era profesor del VMI. La casa está muy bien conservada y las visitas guiadas informan sobre la vida y época de Jackson. Su cuerpo (exceptuando el brazo) está enterrado en el cementerio, a unas manzanas de distancia.

Natural Bridge y Foamhenge   PUNTO DE INTERÉS

A pesar de ser un reclamo turístico y de que muchos creacionistas ven en él la mano divina, el **Natural Bridge** (www.naturalbridge va.com; puente adultos/niños 20/12 US$, puente y cuevas 28/18 US$; ⊘9.00-anochecer), un puente de roca de 65,5 m de altura, situado a 24 km de Lexington, es muy atractivo. Fue examinado por un joven George Washington de 16 años, quien supuestamente grabó sus iniciales en la pared, y antaño fue propiedad de Thomas Jefferson. También pueden visitarse unas profundas cuevas.

Algo más adelante, en la misma carretera, se encuentra el **Foamhenge** (www. thefoamhenge.com; Hwy 11) GRATIS, una reproducción a tamaño real de Stonehenge hecha de *porexpan*. Hay vistas magníficas e incluso un druida. Está 1,6 km al norte del Natural Bridge.

RUTA PANORÁMICA: CABALLOS EN VIRGINIA

Unos 64 km al oeste de Washington D. C., la proliferación urbanística da paso a un paisaje de campos verdes, viñedos, pueblos pintorescos y fincas señoriales. Es "el país de los caballos", donde los lugareños ricos practican sus aficiones ecuestres.

Esta ruta es la más pintoresca para ir al Shenandoah National Park. Hay que salir del D. C. por la Rte 50 West hacia **Middleburg**, una preciosa población con B&B, tabernas, tiendas de vinos y *boutiques*. La **National Sporting Library** (☑540-687-6542; www.nsl.org; 102 The Plains Rd, Middleburg; entrada museo 10 US$, biblioteca gratis; ⊘10.00-17.00 mi-sa, desde 13.00 do) es un museo y centro de investigación dedicado a actividades deportivas como la caza del zorro, la doma, las carreras de obstáculos y el polo. Unos 32 km al noreste de Middleburg está **Leesburg**, otra población con encanto colonial y lugares de interés histórico. Se puede visitar el **Morven Park** (☑703-777-2414; www.morvenpark.org; 17263 Southern Planter Lane, Leesburg; terrenos gratis, mansión circuitos adultos/niños 10/5 US$; ⊘terrenos amanecer-anochecer diario, circuitos cada hora 12.00-16.00 lu, vi y sa, 13.00-16.00 do), una impresionante mansión virginiana rodeada de 400 Ha. En las afueras está la **Oatlands Plantation** (☑703-777-3174; www.oatlands. org; 20850 Oatlands Plantation Lane, Leesburg; adultos/niños 12/8 US$, terrenos solo 8 US$; ⊘10.00-17.00 lu-sa, 13.00-17.00 do abr-dic), una finca de estilo neoclásico que también puede visitarse.

La zona posee una abundante oferta gastronómica. En **Shoes Cup & Cork** (☑703-771-7463; www.shoescupandcork.com; 17 N King St, Leesburg; principales almuerzo 8-16 US$, cena 15-25 US$; ⊘7.00-17.00 lu-mi, hasta 21.00 ju y vi, 9.00-21.00 sa y do), en Leesburg, sirven comida creativa, y en **Chimole** (☑703-777-7011; 10 S King St, Leesburg; tapas 8-18 US$; ⊘5.00-21.00 do y mi, hasta 23.00 ju-sa), vino y tapas latinoamericanas. En Middleburg, la **Red Fox Inn & Tavern** (☑540-687-6301; www.redfox.com; 2 E Washington St, Middleburg; principales almuerzo 11-18 US$, cena 26-42 US$; ⊘8.00-10.00, 11.30-14.30 y 17.00-20.30 lu-sa, 10.00-14.30 y 17.00-19.30 do) ofrece cocina estadounidense de primera en un comedor de 1728 muy bien restaurado.

Situado 9,7 km al oeste de Middleburg, el **Welbourne B&B** (☑540-687-3201; www.welbourneinn.com; 22314 Welbourne Farm Lane, Middleburg; h 143 US$; ❋❂❂❂) posee cinco habitaciones tradicionales en una casa histórica (h. 1770) con 210 Ha de tierras. El **Leesburg Colonial Inn** (☑703-777-5000; www.the leesburgcolonialinn.com; 19 S King St; d 70-150 US$) es muy céntrico y sus precios resultan imbatibles.

Carretera abajo, en las estribaciones del macizo de Blue Ridge, se encuentra **Sperryville**, de visita obligada para los amantes del arte y las antigüedades. Unos 15 km al oeste se llega Thornton Gap y al acceso a la Skyline Dr del Shenandoah National Park.

🛏 Dónde dormir

⭐ **The Georges** HOTEL-BOUTIQUE **$$**

(📞540-463-2500; thegeorges.com; 11 N Main St; h desde 165 US$; P✱🛜) Este hotel en dos edificios históricos a ambos lados de Main St posee habitaciones muy bien decoradas con muebles de calidad. Su excelente situación, un servicio amable y sus restaurantes de cocina local le añaden atractivo.

Applewood Inn & Llama Trekking PENSIÓN **$$**

(📞800-463-1902; www.applewoodbb.com; 242 Tarn Beck Lane; h 164-172 US$; P✱) Establecimiento encantador y ecológico con habitaciones y actividades al aire libre en una granja situada en un bucólico valle a solo 10 min del centro de Lexington por carretera.

🍴 Dónde comer y beber

Pure Eats ESTADOUNIDENSE **$**

(107 N Main St; principales 7-9 US$; ⊘8.00-14.30 y 17.00-20.00 ma-ju, 8.00-20.00 vi-do) En una antigua gasolinera, prepara deliciosos *donuts* y bocaditos de huevo y queso por la mañana, pero también hamburguesas y batidos el resto del día.

Blue Sky Bakery SÁNDWICHES **$**

(125 W Nelson St; principales 7-10 US$; ⊘10.30-16.00 lu-vi) Favorito de los lugareños, sirve sabrosos bocadillos de *focaccia*, sopas sustanciosas y ensaladas frescas.

Red Hen SUREÑA **$$$**

(📞540-464-4401; 11 E Washington St; principales 24-30 US$; ⊘17.00-21.30 ma-sa; 🅿) 🍃 Para disfrutar de una cena memorable hay que reservar mesa con mucha antelación. Dispone de una creativa carta con productos locales de calidad.

Haywood's COCTELERÍA BAR

(11 N Main St; ⊘17.00-22.00 mi-do) Pequeño y acogedor piano-bar, donde a veces algún cantante anima a la concurrencia.

☆ Ocio

Hull's Drive-in CINE

(📞540-463-2621; www.hullsdrivein.com; 2367 N Lee Hwy/US 11; adultos/niños 7/3 US$; ⊘19.00 vi-do may-oct) Autocine situado 8,8 km al norte de Lexington. Diversión a la vieja usanza.

Macizo de Blue Ridge y sudoeste de Virginia

El extremo suroccidental de Virginia es el territorio más agreste del estado. Tras desviarse por Blue Ridge Pkwy o cualquier carretera secundaria, el viajero se encontrará enseguida rodeado por densos bosques de cerezos silvestres y abetos, riachuelos veloces y blancas cascadas. En los pueblos pequeños suelen verse banderas confederadas, pero tras el barniz independentista se esconde una gran hospitalidad.

Blue Ridge Parkway

Donde termina la Skyline Dr empieza la **Blue Ridge Parkway** (www.blueridgeparkway.org), una carretera igual de pintoresca que se extiende desde el Shenandoah National Park, en los Apalaches del Sur (milla 0), hasta el Great Smoky Mountains National Park, en Carolina del Norte (milla 469). En primavera se llena de flores silvestres y en otoño los colores son espectaculares. Los días de niebla hay que extremar las precauciones, pues carece de guardarraíles. Hay una decena de centros de visitantes repartidos por la ruta; cualquiera de ellos es un buen punto de partida del viaje.

👁 Puntos de interés y actividades

A lo largo de la carretera se encuentran puntos de interés muy variados.

Mabry Mill ENCLAVE HISTÓRICO

(milla 176) Uno de los edificios más fotografiados del estado es este molino situado en un denso y verde valle, digno de una novela de Tolkien.

Humpback Rocks EXCURSIONISMO

(milla 5,8) Se pueden visitar los edificios de esta granja del s. XIX o seguir la empinada senda hasta Humpback Rocks para disfrutar de espectaculares vistas.

Sherando Lake Recreation Area NATACIÓN

(📞540-291-2188; cerca de la milla 16) El George Washington National Forest posee dos bonitos lagos (uno para nadar y el otro para pescar) con senderos y lugares de acampada. Hay que desviarse por la Rte 664 W.

Peaks of Otter EXCURSIONISMO

(milla 86) Hay varias rutas para subir a Sharp Top, Flat Top y Harkening Hill. Un autobús sube hasta Sharp Top; el ascenso a pie es bastante arduo (4,8 km ida y vuelta).

🛏 Dónde dormir

Hay nueve 'campings' (☎877-444-6777; www.recreation.gov; plaza 19 US$; ⊙may-oct), cuatro de ellos en Virginia. Suelen abrir de abril a noviembre.

⭐ Peaks of Otter   HOSTAL RURAL $$
(☎540-586-1081; www.peaksofotter.com; 85554 Blue Ridge Pkwy, milla 86; h 97-145 US$; ❄🔊) Un bonito albergue cercado a orillas de una laguna y al pie de los picos homónimos. Posee restaurante y wifi, pero no teléfono ni cobertura de móvil.

Roanoke y alrededores

Iluminada por la gigantesca estrella de la cima del monte Mill, Roanoke es la ciudad más grande del valle, autoproclamada "capital del Blue Ridge".

Se pueden encontrar buenos restaurantes y bares en el centro, cerca de Market St y Campbell St, y también unos 5 km al oeste, por Grandin Rd.

◉ Puntos de interés y actividades

Mill Mountain Park   PARQUE
Este parque cuenta con senderos, un centro interpretativo, un zoo y buenas vistas de Roanoke. Se puede llegar en automóvil (por Walnut Ave SE) o a pie (por el Monument Trail desde Sylvan Ave SE o el Star Trail, cerca de Riverland Rd SE)

Taubman Museum of Art   MUSEO
(www.taubmanmuseum.org; 110 Salem Ave SE; ⊙ 10.00-17.00 ma-sa, hasta 21.00 ju y 1er vi de mes; P) GRATIS Este sorprendente museo ocupa un escultural edificio de acero y cristal que recuerda al Guggenheim de Bilbao. Su magnífica colección de arte abarca 3500 años e incluye numerosas obras estadounidenses de los ss. xix y xx.

National D-Day Memorial   MONUMENTO
(☎540-587-3619; www.dday.org; US 460 y Hwy 122; adultos/niños 10/6 US$; ⊙10.00-17.00) Unos 48 km al este de Roanoke, la pequeña población de Bedford sufrió el mayor número de bajas per cápita en EE UU durante la II Guerra Mundial, por lo que fue escogida para albergar el monumento al Día D. Entre el imponente arco y el florido jardín hay figuras de bronce que representan el asalto a la playa, y ráfagas de agua que simbolizan la lluvia de balas que cayó sobre los soldados.

🛏 Dónde dormir y comer

Rose Hill   B&B $$
(☎540-400-7785; www.bandbrosehill.com; 521 Washington Ave; h 100-125 US$) Agradable y encantador B&B con tres habitaciones en el barrio histórico de Roanoke.

Texas Tavern   CAFETERÍA $
(114 Church Ave SW; hamburguesas 1,30-2,45 US$; ⊙24 h) Esta cafetería del tamaño de un furgón sirve jugosas hamburguesas.

Local Roots   ESTADOUNIDENSE MODERNA $$
(☎540-206-2610; www.localrootsrestaurant.com; 1314 Grandin Rd; principales almuerzo 11-13 US$, cena 21-33 US$; ⊙11.30-14.00 y 17.00-22.00 ma-do) Sirve bagre con patatas, perca americana, filete de bisonte y otros platos deliciosos.

Lucky's   ESTADOUNIDENSE MODERNA $$
(☎540-982-1249; www.eatatlucky.com; 18 Kirk Ave SW; principales 17-25 US$; ⊙17.00-21.00 lumi, hasta 22.00 ju-sa) Cócteles excelentes y una carta de temporada con raciones pequeñas (*porchetta* ahumada, ostras asadas) y platos principales más sustanciosos (pollo frito con suero de mantequilla, ñoquis de espárragos y colmenillas).

Mt Rogers National Recreation Area

Una zona especialmente bella, de visita obligada para los amantes de la naturaleza. Entre sus bosques centenarios y las montañas más altas del estado se puede practicar senderismo, pesca y esquí de fondo. Las oficinas del parque (☎276-783-5196, 800-628-7202; www.fs.usda.gov/gwj; 3714 Hwy 16, Marion) ofrecen mapas e información sobre actividades. El NPS tiene cinco *campings* en la zona; más información en las oficinas del parque.

Abingdon

Esta población, una de las más fotogénicas de Virginia, posee un barrio histórico con buenos ejemplos de arquitectura federal y victoriana, y en la primera quincena de agosto celebra el Virginia Highlands Festival, de *bluegrass*. El centro de visitantes (☎800-435-3440; www.visitabingdonvirginia.com; 335 Cummings St; ⊙9.00-17.00) ofrece exposiciones sobre historia local.

⊙ Puntos de interés y actividades

Barter Theatre
TEATRO

(☎276-628-3991; www.bartertheatre.com; 133 W Main St; representaciones desde 25 US$) Este teatro se fundó durante la Gran Depresión y su nombre ("teatro del trueque") proviene del modo en que los espectadores pagaban la entrada. Los actores Gregory Peck y Ernest Borgnine se formaron en sus tablas.

Heartwood
CENTRO ARTÍSTICO

(☎276-492-2400; www.myswva.org/heartwood; One Heartwood Circle; ◷9.00-17.00 lu-mi y vi-sa, hasta 21.00 ju, 10.00-15.00 do) Escaparate de la artesanía y la cocina regionales (sándwiches, ensaladas, vinos de Virginia) y de la música tradicional. No hay que perderse la noche del jueves, cuando los grupos de *bluegrass* y la barbacoa atraen a numerosos lugareños. Está unos 4,8 km al este de la ciudad, en la Hwy 11.

Virginia Creeper Trail
RUTA

(www.vacreepertrail.org) Lleva el nombre del ferrocarril que antaño cubría esta ruta. Recorre 53 km entre Whitetop Station (cerca de la frontera con Carolina del Norte) y el centro de Abingdon. Hay varias empresas que alquilan bicicletas, organizan excursiones y ofrecen traslados, como Virginia Creeper Trail Bike Shop (☎276-676-2552; www.vacreepertrailbikeshop.com; 201 Pecan St; por 2 h/día 10/20 US$; ◷9.00-18.00 do-vi, desde 8.00 sa), cerca del inicio de la ruta.

🛏 Dónde dormir

Alpine Motel
MOTEL $

(☎276-628-3178; www.alpinemotelabingdon.com; 882 E Main St; i/d desde 59/69 US$; P❄@🐾) Un establecimiento sencillo a buen precio, con habitaciones con moqueta, TV antiguos y aves cantoras en los alrededores. Unos 3 km al oeste del centro.

Martha Washington Inn
HOTEL $$$

(☎276-628-3161; www.marthawashingtoninn.com; 150 W Main St; h desde 225 US$; P❄@🐾🏊) Delante del teatro Barter, este enorme edificio victoriano con decoración de forja, tradicional y elegante es el hotel histórico más importante de la región.

🍴 Dónde comer y beber

128 Pecan
ESTADOUNIDENSE MODERNA $$

(☎276-698-3159; 128 Pecan St; principales 9-22 US$; ◷11.00-21.00 ma-sa; 🐾) Este local con mesas en el porche sirve excelentes sándwiches, tacos y platos sustanciosos de carne o pescado. A unos pasos del Virginia Creeper Trail.

The Tavern
ESTADOUNIDENSE MODERNA $$$

(☎276-628-1118; 222 E Main St; principales 28-42 US$; ◷17.00-21.00 lu-sa) En el edificio más antiguo de la ciudad (de 1779) se sirven sabrosos pasteles de cangrejo, sopa francesa de cebolla y ostras. Es un espacio acogedor con techos bajos y suelo de ladrillos.

Wolf Hills Brewery
MICROCERVECERÍA

(350 Park St; ◷17.00-20.00 lu-vi, desde 13.00 sa, 13.00-17.00 do) Buenas cervezas artesanales y ocasionales sesiones de música en directo.

Crooked Road

Cuando a la música tradicional escocesa e irlandesa se le agregó el banyo y la percusión afroamericana, nació la música folk de las montañas, también llamada *old-time,* que abarca géneros como el *country* o el *bluegrass.* Este último todavía impera en la región del macizo de Blue Ridge y el Heritage Music Trail de Virginia, también conocido como el Crooked Road (www.myswva. org/tcr), es una ruta de 402 km que pasa por nueve lugares asociados con su historia y por preciosos paisajes de montaña. Vale la pena dar un rodeo para unirse a los amantes de la música de todas las edades que se lanzan a bailar en alegres fiestas (muchos llegan con zapatos de claqué). En estos espectáculos el viajero verá a ancianos que mantienen vivas profundas raíces culturales y una nueva generación de músicos que mantiene el género siempre en evolución.

FLOYD

Este fotogénico pueblo es un simple cruce de la Hwy 8 con la Hwy 221, excepto en la noche de los viernes, cuando la Floyd Country Store (☎540-745-4563; www.floydcountrystore.com; 206 S Locust St; ◷11.00-17.00 ma-ju, hasta 23.00 vi, hasta 17.00 sa, 12.00-17.00 do) se llena de animación. A partir de las 18.30 y por solo 5 US$, se puede disfrutar de 4 h de música con cuatro grupos de *bluegrass.* No se puede fumar ni beber, pero se baila mucho y reina el buen humor. Los fines de semana hay muchas actuaciones de música en directo en los alrededores.

MERECE LA PENA

CARTER FAMILY FOLD

En una pequeña localidad del suroeste de Virginia, antiguamente llamada Maces Spring y que hoy forma parte de Hiltons, se encuentra una de las cunas sagradas de la música montañesa. El Carter Family Fold (☎276-386-6054; www.carterfamilyfold.org; 3449 AP Carter Hwy, Hiltons; 10/1 US$ adultos/niños; ☉19.30 sa) es el legado musical iniciado por la familia Carter en 1927. Todos los sábados por la noche, en una sala con capacidad para 900 espectadores, actúan excelentes conjuntos de *bluegrass* y góspel. Hay un museo con recuerdos de familia y la cabaña de troncos original de mediados del s. XIX donde nació A. P. Carter. No hay hoteles cerca; lo mejor es alojarse en Abingdon (48 km al este); Kingsport (19 km al suroeste) o Bristol (40 km al sureste), las dos últimas ya en Tennessee.

🛌 Dónde dormir

Oak Haven Lodge PENSIÓN $
(☎540-745-5716; www.oakhavenlodge.com; 323 Webb's Mill Rd, Route 8; h 75-90 US$; P🅿🌐) Solo 1,6 km al norte de Floyd, esta pensión ofrece calidad a buen precio y espaciosas habitaciones (algunas con *jacuzzi*) que dan a un balcón con mecedoras.

Hotel Floyd HOTEL $$
(☎540-745-6080; www.hotelfloyd.com; 120 Wilson St; h 119-169 US$; P🅿🌐🌐) ✐ Construido y equipado con materiales y muebles ecológicos, este hotel es un modelo de sostenibilidad. Las atractivas habitaciones están decoradas con artesanía local.

🍴 Dónde comer y beber

Harvest Moon MERCADO $
(227 N Locust St; ☉9.00-18.30 lu-sa, 12.00-18.00 do) Mercado ideal para proveerse de comida para un pícnic.

Oddfella's FUSIÓN $$
(☎540-745-3463; 110 N Locust St; principales almuerzo 8-10 US$, cena 13-26 US$; ☉11.00-14.30 ma-sa, 16.00-22.00 ju-sa, 10.00-15.00 do; P✐) ✐ Este acogedor local sirve comida *tex-mex*, tapas y cervezas artesanales.

Dogtown Roadhouse PIZZERÍA $$
(302 S Locust St; principales 10-18 US$; ☉17.00-22.00 ju, hasta 24.00 vi, 12.00-24.00 sa, 12.00-22.00 do) *Pizzas* al horno de leña, cervezas artesanales y *rock* en directo los viernes y sábados por la noche.

GALAX

Este pueblo afirma ser la capital mundial de la música montañesa, aunque se parecería a cualquier otra población si no fuera por su centro urbano, que figura en el National Register of Historic Places. Su principal atracción es el Rex Theater (☎276-236-0329; www.rextheatergalax.com; 113 E Grayson St) una rancia y antigua sala con cortinas rojas que ofrece frecuentes actuaciones de *bluegrass* y, los viernes por la noche, un espectáculo en directo de la WBRF 98.1 que atrae a un numeroso público de las montañas (entrada 5 US$).

Tom Barr, de la Barr's Fiddle Shop (☎276-236-2411; www.barrsfiddleshop.com; 105 S Main St; ☉9.00-17.00 lu-sa), es un maestro artesano estimado por los aficionados al violín y la mandolina de todo el mundo. La Old Fiddler's Convention (www.oldfiddlersconvention.com), que se celebra durante cinco días de agosto en Galax, es uno de los principales festivales de música montañesa del país.

Doctor's Inn (☎276-238-9998; www.thedoctorsinnvirginia.com; 406 W Stuart Dr; h 140-150 US$; P🅿🌐) es un agradable hostal con habitaciones llenas de antigüedades y unos desayunos excelentes.

Creek Bottom Brews (☎276-236-2337; 307 Meadow St; principales 7-16 US$; ☉11.00-21.00 ma-sa, 13.00-18.00 do) ofrece una selección variable de cervezas artesanas, que combinan con la *pizza* hecha en un horno de ladrillo y las alitas de pollo ahumadas.

VIRGINIA OCCIDENTAL

Esta agreste y hermosa región a menudo es pasada por alto por los viajeros, tanto extranjeros como nacionales. Aunque los estereotipos negativos que pesan sobre el estado tampoco ayudan mucho, es una lástima, porque Virginia Occidental es uno de los sitios más atractivos de la Unión. Con su cadena ininterrumpida de verdes montes, sus enfurecidos ríos y sus estaciones de esquí, es un paraíso para los amantes de la naturaleza.

La población de este estado creado por los secesionistas todavía se considera hija de los miserables mineros que lo poblaron en los albores del país, y no le falta razón. Pero el Mountain State también se está aburguesando, lo cual puede tener su lado bueno: las artes están floreciendo en los valles, donde algunas poblaciones constituyen un agradable contrapunto a las actividades al aire libre.

Historia

Virginia era el estado más extenso del país, dividido entre la aristocracia terrateniente de la región de Tidewater y las montañas que hoy integran Virginia Occidental. Estas últimas fueron colonizadas por rudos granjeros, celosos de sus tierras independientes en los Apalaches. Siempre resentidos con sus hermanos del este y su mano de obra barata (léase esclavos), los montañeses de Virginia Occidental declararon su independencia de Virginia en plena Guerra de Secesión.

La fama de estado montaraz e independiente a ultranza se fortaleció a finales del s. XIX y principios del XX, cuando los mineros formaron cooperativas y lucharon contra los patrones en unas de las batallas más sangrientas del movimiento obrero estadounidense. Aquella mezcla de desprecio a la autoridad y solidaridad social sigue caracterizando hoy a Virginia Occidental.

ℹ️ Información

West Virginia Division of Tourism (☎800-225-5982; www.wvtourism.com) posee centros de bienvenida en las fronteras interestatales y en **Harpers Ferry** (☎866-435-5698; www.wveasterngateway.com; 37 Washington Ct). En la web se hallará más información sobre la gran oferta de turismo de aventura en el estado.

Eastern Panhandle

La parte más accesible del estado ha sido siempre un destino de escapada de montaña para los habitantes del D. C.

Harpers Ferry

La historia palpita en esta atractiva población de calles y cuestas empedradas, enmarcada por los montes Shenandoah y la confluencia de los caudalosos ríos Potomac y Shenandoah. La parte baja de Harpers

Ferry hace las veces de museo al aire libre, con más de una docena de edificios en los que el viajero podrá hacerse una idea de cómo era la vida en un pueblo del s. XIX. Las exposiciones explican el papel de esta población que encabezó la expansión hacia el Oeste, la industria del país y, sobre todo, el debate sobre la esclavitud. En 1859 John Brown intentó provocar una revuelta de esclavos y fue ahorcado; este incidente aumentó las fricciones que desembocaron en la Guerra de Secesión.

En el **Harpers Ferry National Historic Park Visitor Center** (☎304-535-6029; www.nps.gov/hafe; 171 Shoreline Dr; por persona/vehículo 5/10 US$; ◈9.00-17.00; 🅿) 🅿 en la Hwy 340, entregan un pase para visitar los edificios históricos. Es mejor dejar el coche allí y tomar el autobús gratuito, pues en el centro hay poco aparcamiento.

◉ Puntos de interés

La docena larga de edificios que forman el **Harpers Ferry National Historic Park** se puede visitar libremente. Se recomienda pasar primero por el centro de información en Shenandoah St, cerca del río, a recoger un plano y visitar los edificios próximos, que ofrecen una perspectiva única sobre la vida en el pasado.

Black Voices MUSEO
(High St; ◈9.00-17.00) GRATIS Interesante museo interactivo donde se narran las dificultades y las victorias duramente conseguidas por los afroamericanos desde los tiempos de la esclavitud hasta el movimiento por los derechos civiles. Al otro lado de la calle está la exposición del Storer College, que ofrece una visión sobre este innovador centro educativo y el subsiguiente Movimiento Niágara, la primera organización a favor de los derechos civiles, fundada en 1905.

John Brown Museum MUSEO
(Shenandoah St; ◈9.00-17.00) GRATIS Delante de Arsenal Sq, las tres salas de este museo repasan, mediante vídeos y objetos de época, los acontecimientos relacionados con la revuelta proabolicionista de John Brown.

Master Armorer's House ENCLAVE HISTÓRICO
(☎304-535-6029; www.nps.gov/hafe; Shenandoah St; ◈9.00-17.00) GRATIS En esta casa de 1858 se desarrolló una nueva tecnología para el rifle que revolucionó la industria de las armas de fuego.

DATOS DE VIRGINIA OCCIDENTAL

Apodo Estado de las Montañas

Población 1,85 millones

Superficie 62 755 km²

Capital Charleston (52 000 hab.)

Otras ciudades Huntington (49 000), Parkersburg (31 500), Morgantown (29 500) y Wheeling (28 500)

Impuesto sobre ventas 6%

Hijos famosos La gimnasta olímpica Mary Lou Retton (1968), la escritora Pearl S. Buck (1892-1973), el aviador Chuck Yeager (1923) y el actor Don Knotts (1924-2006)

Cuna del National Radio Astronomy Observatory y de gran parte de la industria del carbón de EE UU

Política Republicano

Famoso por sus montañas, John Denver y su "Take Me Home, Country Roads", y el conflicto Hatfield-McCoy

Lema del estado "Salvaje y maravilloso"

Distancias por carretera Harpers Ferry-Fayetteville, 450 km; Fayetteville-Morgantown, 238 km

Storer College Campus ENCLAVE HISTÓRICO
(www.nps.gov/hafe; Fillmore St) Este centro fundado tras la Guerra de Secesión pasó de ser una escuela para esclavos libertos con solo un aula a un respetado colegio abierto a todas las razas y credos. Se clausuró en 1955. Los visitantes pueden pasear por el antiguo campus; hay que tomar el camino hacia la parte alta del pueblo que pasa por la iglesia de St Peter, Jefferson Rock y el cementerio.

John Brown Wax Museum MUSEO
(☎304-535-6342; www.johnbrownwaxmuseum. com; 168 High St; adultos/niños 7/5 US$; ☺9.00-16.30 abr-may y sep-nov, 10.00-17.30 jun-ago, 9.00-16.30 sa y do solo mar y dic, cerrado ene-feb) Este museo de cera privado (no hay que confundirlo con el del National Park) es una atracción algo *kitsch* (y bastante cara) dedicada al hombre que dirigió la revuelta de esclavos de 1859. Las exposiciones son risiblemente anticuadas, con una locución

ronca, muñecos espasmódicos y dioramas polvorientos.

 **Actividades**

En la zona pueden realizarse buenas excursiones, desde la ascensión (3 h) al mirador panorámico del Maryland Heights Trail, la visita a las fortificaciones de la Guerra de Secesión en el Loudoun Heights Trail o tramos del Appalachian Trail. También se puede recorrer en bicicleta o a pie el camino de sirga del canal C&O.

Appalachian Trail Conservancy EXCURSIONISMO
(☎304-535-6331; www.appalachiantrail.org; Washington St esq. Jackson St; ☺9.00-17.00) La oficina del Appalachian Trail (3476 km) es una inestimable fuente de recursos para los excursionistas.

River Riders DEPORTES DE AVENTURA
(☎800-326-7238; www.riverriders.com; 408 Alstadts Hill Rd) Ofrece *rafting,* piragüismo, descensos en neumático, kayak y expediciones ciclistas de varios días (también alquila bicicletas). En el 2014 incorporaron a su oferta una tirolina de 365 m.

O Be Joyfull CIRCUITOS A PIE
(☎732-801-0381; www.obejoyfull.com; 175 High St; circuitos diurnos/nocturnos 22/14 US$) Recorridos históricos de 3-4 h por Harpers Ferry, y un itinerario nocturno de 90 min.

Dónde dormir

Teahorse Hostel ALBERGUE $
(☎304-535-6848; www.teahorsehostel.com; 1312 Washington St; dc/ste 33/150 US$; P🅿❄@🛜) Un agradable albergue frecuentado por ciclistas del camino de sirga del canal C&O y excursionistas del Appalachian Trail. Tiene cómodas habitaciones y zonas comunes, incluido un patio exterior. Está a 1,6 km, cuesta arriba, del barrio histórico.

HI-Harpers Ferry Hostel ALBERGUE $
(☎301-834-7652; www.hiusa.org; 19123 Sandy Hook Rd, Knoxville, MD; dc/d 25/61 US$; ☺may-med nov; P❄@🛜) Este simpático albergue a unos 3 km del centro, en la orilla de Maryland del río Potomac, posee abundantes instalaciones, cocina, lavandería y una zona de estar con juegos y libros.

Jackson Rose B&B $$
(☎304-535-1528; www.thejacksonrose.com; 1167 W Washington St; h lu-vi/sa y do 135/150 US$;

❄️📶) Espléndida casa de ladrillo del s. XVIII con unos señoriales jardines y tres atractivas habitaciones, en una de las cuales se alojó brevemente 'Stonewall' Jackson durante la Guerra de Secesión. En todo el edificio hay muebles antiguos y objetos curiosos. Ofrece un buen desayuno. Está a unos 600 m cuesta abajo del barrio histórico. No aceptan a menores de 12 años.

Town's Inn PENSIÓN **$$**

(☎304-932-0677; www.thetownsinn.com; 179 High St; h 120-140 US$; ❄️) En pleno barrio histórico, abarca dos residencias contiguas anteriores a la Guerra de Secesión. La oferta de habitaciones va desde pequeñas y minimalistas a tradicionales y con encanto, y posee un restaurante con comedor interior y exterior.

✗ Dónde comer

Potomac Grille ESTADOUNIDENSE **$**

(186 High St; principales 10-16 US$; ⊙12.00-21.00) Sirve buena comida de *pub* (*fish and chips*, pastel de cangrejo, hamburguesas) y cervezas locales en un ambiente de taberna en el barrio histórico. El patio goza de buenas vistas.

Beans in the Belfry ESTADOUNIDENSE **$**

(☎301-834-7178; 122 W Potomac St, Brunswick, MD; sándwiches 7 US$ aprox.; ⊙9.00-21.00 lu-sa, 8.00-19.00 do; 📶🚸) Al otro lado del río, en Brunswick, Maryland, unos 16 km al este, se encuentra esta antigua iglesia de ladrillo rojo convertida en un restaurante con sofás desparejos y paredes llenas de cursiladas. Ofrece platos ligeros (chile con carne, sándwiches, quiche) y un pequeño escenario donde actúan grupos de folk, *blues* y *bluegrass* varias noches por semana. El *brunch* con *jazz* del domingo (18 US$) es muy popular.

Canal House ESTADOUNIDENSE **$$**

(1226 Washington St; principales 11-24 US$; ⊙12.00-20.00 lu, hasta 21.00 vi y sa, hasta 18.00 do; 🚸) En una casa de piedra adornada con flores, unos 1,6 km al oeste del barrio histórico, cuesta arriba, tiene fama por sus deliciosos sándwiches y su comida de temporada. El servicio es amable y tiene mesas en el exterior. El cliente puede llevar su propia cerveza o vino.

❶ Cómo llegar y desplazarse

Hay un tren diario de **Amtrak** (www.amtrak.com; ida 13-16 US$) a la Union Station de Washington (71 min), y tres diarios de **MARC** (http://mta. maryland.gov; ida 11 US$) de lunes a viernes.

Berkeley Springs

La primera ciudad balneario de EE UU, donde George Washington tomaba las aguas, es una extraña combinación de esoterismo *new age*, comuna artística y centro termal. Los granjeros en camionetas con banderas confederadas y los acupuntores con batas teñidas artesanalmente cruzan miradas de mutua perplejidad en las calles de Bath, todavía su nombre oficial.

◉ Puntos de interés y actividades

Los **Roman Baths** (☎304-258-2711; www. berkeleyspringssp.com; 2 S Washington St; baño de 30 min 22 US$, masaje de 1 h 85-95 US$; ⊙ 9.00-16.30 lu-vi, 10.00-15.00 sa) del Berkeley Springs State Park, en unas salas individuales insulsas, revestidas de azulejos y poco iluminadas, son la opción más económica de baño y masaje. En la fuente exterior que hay junto a la puerta el visitante puede llenar su botella con el agua milagrosa. En verano, los niños disfrutarán en la piscina (adultos/niños 3/2 US$; ⊙10.00-18.00) de agua de manantial (clorada) rodeada de césped.

✗ Dónde dormir y comer

Cacapon State Park CABAÑAS **$**

(☎304-258-1022; 818 Cacapon Lodge Dr; *lodge*/ cabañas desde 89/91 US$) Ofrece alojamiento sencillo, tipo hostal rural, y cabañas modernas y rústicas, algunas con chimenea, en un tranquilo entorno boscoso, 14,5 km al sur de Berkeley Springs, por un desvío de la US 522. En el parque se puede hacer senderismo, nadar en el lago, pasear a caballo y jugar al golf.

Country Inn of Berkeley Springs HOTEL **$$**

(☎304-258-1200; www.thecountryinnwv.com; 110 S Washington St; d desde 120 US$; 🅿️❄️📶) Este hotel junto al parque ofrece tratamientos de balneario y ofertas combinadas con alojamiento. Tiene un buen restaurante.

Tari's FUSIÓN **$$**

(☎304-258-1196; 33 N Washington St; almuerzo 9-12 US$, cena 19-29 US$; ⊙11.00-21.00; 🖊️) ✅ Este restaurante típico de Berkeley Springs sirve platos hechos con ingredientes frescos y opciones vegetarianas en un ambiente informal. Los tacos de *mahimahi* con especias caribeñas son deliciosos.

Monongahela National Forest

Casi toda la mitad oriental de Virginia Occidental está compuesta de zonas verdes, protegidas por este extraordinario bosque nacional. Sus 3626 km² incluyen ríos bravos, cuevas y el pico más alto del estado, el Spruce Knob. Entre los más de 1368 km de senderos destacan los 200 km del Allegheny Trail, para senderismo, y los 120 km del Greenbrier River Trail, frecuentado por ciclistas.

Elkins, en el límite occidental del bosque, es una buena base de operaciones. En la sede del National Forest Service (☎304-636-1800; www.fs.usda.gov/mnf/; 200 Sycamore St; plaza de *camping* 5-37 US$, acampada libre gratis) facilita guías de excursionismo, ciclismo y *camping*. Vintage (304-636-0808; 25 Randolph Ave, Elkins; principales 12-29 US$; ☺11.00-22.00) sirve *pizzas* en horno de leña, trucha con almendras y vino.

En el extremo sur del parque, el Cranberry Mountain Nature Center (☎304-653-4826; Hwy 150 esq. 39/55 Hwy; ☺9.00-16.30 ju-lu med abr-oct) GRATIS ofrece información científica sobre el bosque y el ecosistema de pantano de 303 Ha que lo rodea, el más extenso del estado.

Los surrealistas paisajes de Seneca Rocks, 56,3 km al sureste de Elkins, poseen estratos de arenisca de 274 m de altura frecuentados por escaladores. El Seneca Shadows Campground (☎877-444-6777; www.recreation.gov; plaza de *camping* 15-40 US$; ☺abr-oct) está 1,6 km al este.

Sur de Virginia Occidental

Esta parte del estado se ha ganado el título de capital de los deportes de aventura de la costa este.

New River Gorge National River

El New River es uno de los ríos más antiguos del mundo y su profundo valle, cubierto de bosque virgen, uno de los más extraordinarios de los Apalaches. El NPS protege un tramo de 80 km con un desnivel de 228 m que incluye una serie de rápidos (algunos de clase V) concentrados en su extremo norte.

El centro de visitantes de Canyon Rim (☎304-574-2115; www.nps.gov/neri; 162 Visitor Center Rd Lansing, WV, GPS 38.07003 N, 81.07583 W; ☺9.00-17.00; 🖥) 🖉, al norte del impresionante puente de la garganta, es uno de los cinco centros del NPS que hay a lo largo del río. Ofrece información sobre rutas por carretera (como la que llega al pueblo minero abandonado de Nuttallburg), empresas de servicios fluviales, escalada, excursionismo y bicicleta de montaña, así como *rafting* en aguas bravas en el río Gauley, más al norte. Las rutas por el borde y el fondo de la garganta ofrecen hermosas vistas. Hay varias zonas de acampada, sencillas y gratuitas.

Bridgewalk (☎304-574-1300; www.bridgewalk.com; 69 US$/persona; ☺10.00-15.00) organiza un espeluznante paseo por una pasarela que discurre justo por debajo del puente que cruza la garganta.

El Hawks Nest State Park posee un hostal rural (☎304-658-5212; www.hawksnestsp.com; 49 Hawks Nest Park Rd; h 91-98 US$, ste 111-134 US$; 🕸🛜), con buenas vistas, justo en el borde de la garganta. En el parque hay rutas cortas de senderismo y un teleférico (may-oct) hasta el río, donde se puede contratar un paseo en lancha.

El Babcock State Park (☎304-438-3004; www.babcocksp.org; 486 Babcock Rd; cabañas 76-121 US$, plaza de *camping* 21-24 US$) ofrece excursionismo, piragüismo, paseos a caballo, *camping* y cabañas. Su gran atracción es el Glade Creek Grist Mill, un molino muy fotogénico.

Adventures on the Gorge (☎855-379-8738; www.adventuresonthegorge.com; 219 Chestnutburg Rd, Lansing; cabañas desde 150 US$) es una empresa de prestigio que ofrece una gran variedad de actividades, como *rafting* en aguas bravas (94-144 US$/persona), tirolina, rápel, etc. Tiene un *camping*, cabañas y varios restaurantes.

Fayetteville y alrededores

Este pequeño pueblo es un artístico enclave de montaña y la base de operaciones ideal para los que busquen emociones fuertes en el New River. El tercer sábado de octubre, cientos de paracaidistas de salto BASE (desde un lugar fijo en tierra) se lanzan desde los 267 m del New River Gorge Bridge durante el multitudinario Bridge Day Festival.

Entre las numerosas empresas autorizadas de *rafting* de la zona destaca Cantrell Ultimate Rafting (☎304-877-8235; www.cantrellultimaterafting.com; 49 Cantrell Dr; medio día/día completo desde 89/109 US$). **Hard Rock** (📞304-574-0735; www.hardrockclimbing.com; 131 South Court St; medio día/día completo desde 80/150 US$) ofrece salidas y cursos de escalada en roca. También hay buenas rutas de bicicleta de montaña, como los **Arrowhead Trails. New River Bikes** (📞304-574-2453; www.newriverbikes.com; 221 N Court St; alquiler de bicicleta 35 US$/día, circuitos 59-110 US$; ◷10.00-18.00 lu-sa) alquila bicicletas.

La **Beckley Exhibition Coal Mine** (📞304-256-1747; www.beckley.org/exhibition_coal_mine; adultos/niños 20/12 US$; ◷10.00-18.00 abr-oct), en el cercano Beckley, es un museo dedicado a la historia de las minas de carbón. Los visitantes bajan 457 m hasta una antigua mina. Hay que llevar una chaqueta, pues abajo hace frío.

El **River Rock Retreat Hostel** (📞304-574-0394; www.riverrockretreatandhostel.com; Lansing-Edmond Rd; dc 26 US$; 🅿✳), 1,5 km al norte del New River Gorge Bridge, ofrece habitaciones sencillas y limpias, y abundantes zonas comunes. La dueña, Joy Marr, es una mina de información.

MISTERIOS EN LA CARRETERA

El **Mystery Hole** (📞304-658-9101; www.mysteryhole.com; 16724 Midland Trail, Ansted; adultos/niños 7/6 US$; ◷10.30-18.00) desafía la gravedad y los límites conocidos de lo hortera, pero es una de las grandes atracciones de carretera de EE UU. Todo en el interior de esta casa de locos está inclinado. Se encuentra 1,5 km al oeste del Hawks Nest State Park. Conviene llamar para saber los días que abre.

Se puede empezar el día con un desayuno y un café bajo los vitrales del **Cathedral Café** (📞304-574-0202; 134 S Court St; principales 6-10 US$; ◷7.30-16.00 do-ju, hasta 21.00 vi y sa; 🛜🅿) 🍴. La **Secret Sandwich Society** (103 Keller Ave; principales 9-12 US$; ◷11.00-22.00 mi-lu) sirve deliciosas hamburguesas, sustanciosas ensaladas y una selección variable de cervezas artesas locales.

El Sur

Los mejores restaurantes

➡ The Optimist (p. 395)
➡ Decca (p. 383)
➡ Cúrate (p. 343)
➡ Boucherie (p. 441)
➡ Octopus Bar (p. 396)

Los mejores alojamientos

➡ Crash Pad (p. 378)
➡ La Belle Esplanade (p. 437)
➡ 21c Museum Hotel (p. 483)
➡ Capital Hotel (p. 422)

Por qué ir

Bajo su apariencia hospitalaria el Sur esconde una vena guerrera; una combinación única de "¡Hola a todo el mundo!" y "No me digas qué debo hacer". Esta disonancia convierte a la región en un enigma para los forasteros y en un lugar muy atractivo para visitar; eso y su lírico dialecto, su compleja historia política y su exuberante gastronomía. Nutrido por raíces profundas y modelado por la adversidad, el Sur posee un rico legado político y cultural. Iconos como Martin Luther King Jr., Rosa Parks o Bill Clinton, y novelistas como William Faulkner, Eudora Welty y Flannery O'Connor son de origen sureño; como la barbacoa y las gachas de maíz, el *bourbon* y la Coca-Cola, o el *bluegrass* y el *blues*.

Sus ciudades se cuentan entre las más fascinantes del país, desde bellezas anteriores a la Guerra de Secesión, como Nueva Orleans y Savannah, hasta nuevas potencias industriales como Atlanta y Nashville. Entre sus tesoros naturales destacan playas doradas y cordilleras boscosas. ¿Y qué amalgama todo esto? La hospitalidad sureña.

Cuándo ir
Nueva Orleans

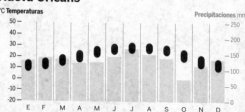

Nov-feb El invierno generalmente es suave, y la Navidad, un gran acontecimiento.

Abr-jun La primavera es templada y exuberante, con fragantes jazmines, gardenias y azucenas en flor.

Jul-sep En verano hay mucha humedad, a menudo demasiada, y los lugareños llenan las playas.

CAROLINA DEL NORTE

El viejo Sur conservador y el nuevo Sur liberal pugnan por el dominio político de Carolina del Norte, apodada estado Tar Heel y cuna de *hipsters,* granjeros, cerebros de la más alta tecnología y un creciente número de cerveceros artesanales. Pero desde las ancestrales montañas del oeste hasta la barrera de islas de arena del Atlántico, en la mayoría de los casos, sus diversas culturas y comunidades coexisten en paz.

La agricultura es un sector económico muy importante, con 52 200 granjas repartidas por el estado. Carolina del Norte es líder en la producción nacional de tabaco y es el segundo mayor productor de carne de cerdo; pero las nuevas tecnologías también pisan fuerte, con más de 190 empresas operando solo en el Research Triangle Park. Otros sectores potentes son el financiero, la nanotecnología y los árboles de Navidad. Las cerveceras artesanales han aportado casi 800 millones de dólares a la economía.

Si bien el grueso de la población vive en los centros urbanos empresariales de la céntrica región de Piedmont, la mayoría de los viajeros opta por las rutas panorámicas que recorren la costa y los montes Apalaches.

Aquí el viajero podrá apuntarse a una barbacoa y ver cómo los Duke Blue Devils se enfrentan a los Carolina Tar Heels o cómo el baloncesto universitario rivaliza con Jesús para hacerse con las almas de los parroquianos.

Historia

Los indios americanos han vivido en Carolina del Norte desde hace más de 10 000 años. Las principales tribus son los cherokee, en las montañas; los catawba, en el Piedmont; y los waccamaw, en la llanura costera.

Carolina del Norte fue el segundo territorio conquistado por los británicos y debe su nombre al rey Carlos I; también fue la primera colonia que votó por independizarse de la metrópoli. Varias de las más importantes batallas de la Guerra de la Independencia se libraron en sus tierras.

La región fue un soñoliento remanso agrícola durante todo el s. XIX, lo cual le valió el mote de "estado Rip Van Winkle", en alusión al cuento de Washington Irving en el que el aldeano de tal nombre se queda dormido durante 20 años. Dividido por la esclavitud (la mayoría de los habitantes eran demasiado pobres para tener esclavos), Carolina del Norte fue el último estado en separarse durante la Guerra de Secesión, pero aportó más soldados al ejército confederado que cualquier otro.

A mediados del s. XX se convirtió en epicentro de la lucha por los derechos civiles, con sentadas de protesta en cafeterías de Greensboro y la creación del influyente Comité Coordinador Estudiantil No Violento (SNCC en sus siglas en inglés) en Raleigh. En las últimas décadas del siglo prosperaron las finanzas en Charlotte y la tecnología y la medicina en la zona de Raleigh-Durham, lo cual se tradujo en un *boom* poblacional y una ampliación de la diversidad cultural.

ℹ Información

North Carolina Division of Tourism (☎919-733-8372; www.visitnc.com; 301 N Wilmington St, Raleigh; ☺8.00-17.00 lu-vi) Ofrece mapas e información, incluida su *Official Travel Guide*.

North Carolina State Parks (www.ncparks. gov) Información sobre los 41 parques estatales y zona recreativas de Carolina del Norte, muchos de los cuales cuentan con *campings* (tarifas 10-45 US$).

Costa de Carolina del Norte

La costa de Carolina del Norte tiene 480 km. Sigue en gran parte sin urbanizar y la playa a menudo es visible desde las carreteras costeras. Si bien la línea de casas de campo que se extiende hacia el sur desde Corolla hasta Kitty Hawk parece interminable, la gran mayoría de las playas del estado están libres de horteras resorts; en su lugar hay escarpadas islas azotadas por el viento, aldeas coloniales antaño frecuentadas por piratas y apacibles ciudades costeras con heladerías artesanas y hoteles hogareños. Incluso las playas más turísticas tienen ambiente de pueblo.

Quienes busquen soledad pueden ir a los Outer Banks (OBX), donde las gentes siguen viviendo de la pesca de la gamba y los lugareños más ancianos tienen un marcado acento británico. El tramo de la Hwy 158 entre Kitty Hawk y Nags Head está muy transitado en verano, pero ni aun así las playas se ven llenas. Más al sur está Wilmington, conocido centro de producciones televisivas y cinematográficas, con playas muy populares entre turistas y lugareños durante las vacaciones de primavera.

KANSAS

MISSOURI

Jefferson City • 50

St Louis • 70

ILLINOIS

INDIANA

65

Zona horaria central

Zona horaria del este

Louisville • 64
Fort Knox
Harrods
Frank

Owensboro • 41
Elizabethtown • Hodgen
Mammoth National P

Paducah • W Kentucky Pkwy

57

55

44

OKLAHOMA

71

Eureka Springs

Bull Shoals-White River State Park

Ponca • 62
Yellville
Mountain View

Montes Ozark 7

Alma •
Ozark • Clarksville • 65

Van Buren

Ouachita National Forest

Atkins •

71
270

Hot Springs National Park

7 Petit Jean State Park

Conway • 67
De Valls Bluff

Little Rock • 40

ARKANSAS

Jonesboro •

63

51

Hickman •
45E

Hopkinsville • 68
Murray •
Dyersburg •

Bowling Green
65

Clarksville •
Nashville 3
Cookeville •
Franklin • 40
TENNESSEE

Shiloh National Military Park

Natchez Trace Pkwy

Shelbyville •
24
Chattanooga •
72

Hot Springs •
30

Hope •
79

Texarkana •

Pine Bluff •

Shelby •

Cleveland •

Greenville •
Leland •

Memphis •
Tunica •
Helena •
Clarksdale •

Holly Springs •
78

Muscle Shoals

Tutwiler •
55
Greenwood •
Indianola •

Tupelo •

Natchez Trace Pkwy

Decatur • Huntsville •

US Space & Rocket Center
59

Gadsden •
27

78
65

Anniston •
Birmingham 6
20

Rio Misisipi

82

82
45

Belzoni •

20 80
Ruston •
49
Shreveport •

Monroe •

LUISIANA

Epps •

Vicksburg •
Canton •
Filadelfia •

Jackson •
20

165

Tuscaloosa •

ALABAMA

Oak Mountain State Park

Opelika •
Wa
Spri

Natchitoches •
171

Kisatchie National Forest

84
Cloutierville •

TEXAS

Alexandria •

165

61

St Francisville •

Oberlin •

Opelousas •

10
Lake Charles
14

Lafayette •
New Iberia •

Avery Island •

Lake Fausse Pointe State Park

Port Gibson •
59

MISISIPI

Natchez •
55

98

Selma •
43

Montgomery •
65

Tuskegee •
231
Lumpk
F

Dothan •

Baton Rouge
Slidell •
Long Beach
Ocean Springs • Mobile •

10

New Orleans •
Lago Pontchartrain

Biloxi •
Point Clear •

Nueva Orleans 1
Houma •

Jean Lafitte National Historic Park & Preserve

Dauphin Island
Gulf Shores •

Golfo de México

Imprescindible

1 Disfrazarse y unirse a la fiesta del Mardi Gras en **Nueva Orleans** (p. 431).

2 Ir de excursión y acampada al magnífico **Great Smoky Mountains National Park** (p. 344).

3 Calzarse unas botas y recorrer los tugurios de Lower Broadway en **Nashville** (p. 367).

4 Conducir por la ventosa Hwy 12 a lo largo de los **Outer Banks** (p. 328) de Carolina del

Norte e ir en ferri a la isla de Ocracoke.

5 Visitar las grandes mansiones de estilo *antebellum* y cenar comida del Lowcountry en **Charleston** (p. 346).

6 Descubrir la historia de la segregación y del movimiento por los derechos civiles en el **Birmingham Civil Rights Institute** (p. 409).

7 Explorar la **meseta de Ozark** (p. 425), territorio de música folk.

8 Enamorarse de las historias de fantasmas y asesinatos, y de la hospitalidad sureña, en la romántica y preciosa **Savannah** (p. 402).

Outer Banks

Estos frágiles brazos de tierra recorren 160 km de la costa, separados de tierra firme por ensenadas y canales. De norte a sur, las islas barrera de Bodie, Roanoke, Hatteras y Ocracoke, en esencia grandes bancos de arena, están unidas entre sí por puentes y ferris. Las localidades del extremo norte, Corolla, Duck y Southern Shores eran antaño zonas de caza de patos de la gente adinerada del noreste, y aún son sitios tranquilos y selectos. Las casi contiguas localidades de Kitty Hawk, Kill Devil Hills y Nags Head, en Bodie, están muy urbanizadas y son de cariz más popular, con locales de pescado frito, tiendas de cerveza, moteles y docenas de tiendas de artículos playeros. Roanoke, al oeste de la Bodie, ofrece historia colonial y la acogedora localidad costera de Manteo. Más al sur, Hatteras es zona protegida, con un puñado de pequeños pueblos y una belleza agreste azotada por el viento. En el extremo sur de los OBX, ponis salvajes corren en libertad y viejos lobos de mar abren ostras y tejen hamacas en Ocracoke, solo accesible en ferri.

Hay una serpenteante ruta por la Hwy 12 que une la mayor parte de las islas de Outer Banks, uno de los mejores viajes en automóvil que ofrece EE UU, ya sea en el desolado invierno o en el soleado verano.

◉ Puntos de interés

Corolla, la ciudad más al norte en la Hwy 158, es famosa por sus caballos salvajes. Descendientes de los mustangs españoles coloniales, campan libres por las dunas del norte; muchos operadores ofrecen excursiones para verlos. La zona protegida del Cape Hatteras National Seashore, salpicada de pueblos, tiene varios faros notables.

Los siguientes puntos de interés se listan de norte a sur.

Currituck Heritage Park   EDIFICIO HISTÓRICO
(1160 Village Lane, Corolla; ☉amanecer-anochecer) De estilo *art nouveau* y color amarillo, el Whalehead Club (☎252-453-9040; www.visit currituck.com; adultos/niños 6-12 años 5/3 US$; ☉ circuitos 10.00-16.00 lu-sa, variable según temporada), construido en los años veinte como finca de caza de un industrial de Filadelfia, es la pieza central de este inmaculado parque de Corolla. También se puede subir al faro de Currituck Beach (www.currituckbeachlight.com; adultos/niños menores 8 años 7 US$/gratis; ☉9.00-17.00 fin mar-nov), de ladrillo rojo. El moderno Outer Banks Center for Wildlife Education (www.ncwildlife.org/obx; ☉9.00-16.30 lu-sa; ♿) GRATIS alberga un acuario de 30,3 m³, un diorama a escala real de un pantano y proyecta un interesante documental sobre la historia de la región. El centro ofrece, además, numerosas actividades y talleres para niños.

Wright Brothers National Memorial   PARQUE, MUSEO
(☎252-473-2111; www.nps.gov/wrbr; US 158 Bypass, milla 7,5; adultos/niños menores 16 años 4 US$/gratis; ☉9.00-17.00) Ingenieros autodidactas, Wilbur y Orville Wright realizaron el primer vuelo en avión el 17 de diciembre de 1903 (duró 12 segundos). Una roca señala el punto de despegue. Se puede subir a una colina cercana, desde donde los dos hermanos probaban

---

EL SUR EN...

Una semana

Se vuela a **Nueva Orleans,** donde se estiran las piernas en el legendario **Barrio Francés** antes de dedicar el resto del tiempo a conocer la historia del *jazz* y pasar la noche de fiesta. Después se pasa por el lánguido delta, parando en **Clarksdale** para disfrutar de una voluptuosa noche de *blues* antes de pasar por **Memphis** y seguir los pasos de Elvis en **Graceland.** Desde allí, se sigue por la Music Hwy hasta **Nashville** para ver el Cadillac dorado de Elvis en el **Country Music Hall of Fame & Museum** y bailar en los *honky-tonks* (locales de música *country*) del **District.**

De dos a tres semanas

Desde Nashville, hay que dirigirse al este entre los escarpados picos y cascadas del **Great Smoky Mountains National Park** antes de pasar una noche revitalizante en la bohemia ciudad montañosa de **Asheville** y recorrer la escandalosamente opulenta **Biltmore Estate,** la mayor finca privada de América. Se sigue por la costa para relajarse en las arenosas islas barrera de los remotos **Outer Banks** y luego, se va a la preciosa **Charleston.**

sus planeadores, para gozar de fantásticas vistas del mar y de la ensenada. El **centro de visitantes** cuenta con una réplica del avión de 1903 y varias exposiciones.

La charla de 30 min *Flight Room Talk* sobre la dedicación y el ingenio de los dos hermanos, es excelente. Para ver de cerca los detalles del avión se puede visitar la réplica de bronce y acero que hay tras la colina, está permitido subir a bordo.

Fort Raleigh National Historic Site ENCLAVE HISTÓRICO

A finales de la década de 1580, tres décadas antes de que los padres peregrinos llegaran a Plymouth, un grupo de 116 colonos británicos desaparecieron de Roanoke sin dejar rastro. ¿Murieron a causa de la sequía? ¿Huyeron de los indios? El destino de la 'colonia perdida' sigue siendo uno de los grandes misterios de América. Para conocer su historia se puede ir al **centro de visitantes** (www.nps.gov/fora; 1401 National Park Dr, Manteo; ⊗terrenos amanecer-anochecer, centro de visitantes 9.00-17.00) GRATIS.

Una de las atracciones estrella es el musical **'Lost Colony Outdoor Drama'** (www.thelostcolony.org; 1409 National Park Dr; adultos/niños 6-12 años 30/10 US$; ⊗19.30 lu-sa fin may-ago).

La pieza *Lost Colony*, del dramaturgo de Carolina del Norte Paul Green, ganador del Pulitzer, narra el destino de los colonos y en el 2017 celebrará su 80º aniversario. Se representa en el Waterside Theater durante el verano.

Otras atracciones incluyen exposiciones, artefactos, planos y un documental gratuito que se proyecta en el centro de visitantes y aviva la imaginación. Los **jardines isabelinos** (www.elizabethangardens.org; 1411 National Park Dr; adultos/niños 6-17 años 9/6 US$; ⊗9.00-19.00 jun-ago, reducido sep-may), del s. XVI, cuentan con un huerto de hierbas aromáticas e impecables parterres de flores. Una imponente estatua de la reina Isabel I custodia la entrada.

Cape Hatteras National Seashore ISLAS

(www.nps.gov/caha) Con una extensión de unos 113 km, desde el sur del cabo Nags al sur de la Ocracoke, esta frágil y apacible ristra de islas se ha librado de la urbanización masiva por su condición de parque nacional. Entre sus atracciones naturales destacan aves acuáticas locales y migratorias, pantanos, bosques, dunas y kilómetros de playas solitarias.

Faro de Bodie FARO

(☎255-473-2111; Bodie Island Lighthouse Rd, Bodie Island; museo gratis, circuitos adultos/niños menores

DATOS DE CAROLINA DEL NORTE

Apodo Estado Tar Heel

Población 9,9 millones

Superficie 126 161 km²

Capital Raleigh (431 000 hab.)

Otras ciudades Charlotte (792 000 hab.)

Impuesto sobre ventas 4,75% más las tasas municipales; tasa adicional de ocupación hotelera del 8%

Hijos célebres El presidente James K. Polk (1795-1849), John Coltrane (1926-1967), el piloto de la Nascar Richard Petty (1937) y la cantautora Tori Amos (1963)

Cuna de la primera universidad estatal de América, Biltmore Estate, y las rosquillas Krispy Kreme

Política Conservadora en las zonas rurales y cada vez más liberal en las urbanas

Famoso por *The Andy Griffith Show*, el primer vuelo en avión y el baloncesto universitario

Mote Los lugareños se apodan *tar heels*, un mote de origen incierto pero que parece tener relación con la producción de alquitrán y con su legendaria tozudez

Distancias por carretera Asheville-Raleigh, 398 km; Raleigh-Wilmington 211 km

11 años 8/4 US$; ⊗centro de visitantes 9.00-17.00, faro 9.00-16.30 fin abr-ppios oct; ♿) Este fotogénico faro se construyó en 1872 y se abrió al público en el 2013. La estructura, de 48 m de altura, conserva su lente original, toda una rareza. Hay algo más de 200 escalones hasta arriba. La antigua casa del farero hoy es el centro de visitantes.

Pea Island National Wildlife Refuge RESERVA

(☎252-987-2394; www.fws.gov/refuge/peaisland; Hwy 12; ⊗centro de visitantes 9.00-16.00, caminos amanecer-anochecer) En el extremo norte de Hatteras, esta reserva de 24 km² es un paraíso para los aficionados a las aves, con dos senderos naturales (adaptados para visitantes de movilidad reducida) y 21 km de playa virgen. Los visores del centro de visitantes apuntan a un estanque cercano. El calendario en línea

EL SUR COSTA DE CAROLINA DEL NORTE

informa sobre circuitos a pie de observación de aves, charlas sobre tortugas y circuitos en canoa.

Faro del cabo Hatteras   FARO
(www.nps.gov/caha; circuitos adultos/niños menores 12 años 8/4 US$; ⊗centro de visitantes 9.00-17.00 sep-may, hasta 18.00 jun-ago, faro 9.00-17.30 jun-ago, hasta 16.30 primavera y otoño) Con 63 m de altura, esta imponente estructura a rayas blancas y negras es el faro de ladrillo más alto de EE UU y una de las imágenes más icónicas de Carolina del Norte. Tras subir sus 248 escalones se pueden contemplar las interesantes exposiciones de historia local en el Museum of the Sea, en la antigua casa del farero.

Graveyard of the Atlantic Museum   MUSEO
(☏252-986-2995; www.graveyardoftheatlantic. com; 59200 Museum Dr; ⊗10.00-16.00) GRATIS Las exposiciones sobre naufragios, piratas y rescates son lo más destacado de este museo marítimo sito al final de la carretera. En la costa de los Outer Banks se han producido más de 2000 naufragios. En el 2006 un contenedor llegó a tierra firme cerca de Frisco con miles de bolsas de *snacks*. Los lugareños comieron Doritos durante meses.
Entrada previo donativo.

🏃 Actividades

Los mismos vientos que ayudaron a los hermanos Wright a volar en su biplano impulsan hoy a windsurfistas, navegantes y pilotos de ala delta. Otras actividades populares son kayak, pesca, ciclismo, equitación, surf con remo y buceo con tubo. Entre agosto y octubre es la época ideal para el *bodysurfing*.

Kitty Hawk Kites   DEPORTES DE AVENTURA
(☏252-449-2210; www.kittyhawk.com; 3925 S Croatan Hwy, milla 12,5; alquiler de bicicletas eléctricas 50 US$/día, kayaks 39-49 US$, tablas de surf con remo 59 US$) En activo desde hace más de 30 años, tiene varias delegaciones a lo largo de la costa. Ofrece clases de *kitesurf* para principiantes (5 h, 400 US$) en Kitty Hawk y Rodanthe, y de ala delta en el Jockey's Ridge State Park (desde 109 US$). Alquila kayaks, veleros, tablas de surf con remo, bicicletas y patines en línea, y cuenta con una amplia variedad de circuitos y cursos.

Corolla Outback
Adventures   CIRCUITO EN AUTOMÓVIL
(☏252-453-4484; www.corollaoutback.com; 1150 Ocean Trail, Corolla; circuito 2 h adultos/niños menores 13 años 50/25 US$) Jay Bender, cuya familia

creó el primer servicio de guías de Corolla, conoce bien la historia de la zona y sus caballos. Los circuitos cruzan la playa y las dunas para avistar mustangs salvajes trotando por el norte de los Outer Banks.

🛏 Dónde dormir

En verano los Outer Banks se llena de gente, por lo que hay que reservar con antelación. En la zona hay pocos hoteles grandes, pero abundan los alojamientos pequeños, las casitas de alquiler y B&B; en el centro de visitantes se dan referencias. También se puede visitar www.outer-banks.com. Para alquilar casas hay que probar en www.sunrealtync. com o www.southernshores.com.

Zonas de acampada   CAMPING $
(☏252-473-2111; www.nps.gov/caha; parcelas tienda 20-23 US$; ⊗fin primavera-ppios otoño) El Servicio de Parques Nacionales se hace cargo de cuatro *campings* en las islas, que cuentan con duchas de agua fría y váteres con cisterna. Están en Oregon Inlet (cerca del faro de Bodie), el cabo Point y Frisco (cerca del faro del cabo Hatteras), y Ocracoke (☏800-365-2267; www.recreation.gov). En Oregon Inlet, Frisco y Ocracoke se puede reservar, pero no en el cabo Point. Son *campings* agradables por su proximidad a la costa, pero con pocas zonas de sombra.

Breakwater Inn   MOTEL $$
(☏252-986-2565; www.breakwaterhatteras.com; 57896 Hwy 12; h/ste 159/189 US$, motel 104/134 US$; ☏❄☎❄) Motel de tres plantas que ofrece habitaciones con cocina americana y balcones con vistas a la ensenada. Las llamadas "Fisherman's Quarters" cuentan con microondas y nevera. Está cerca del muelle del ferri Hatteras-Ocracoke.

Shutters on the Banks   HOTEL $$
(☏252-441-5581; www.shuttersonthebanks.com; 405 S Virginia Dare Trail; h 159-284 US$, ste 229-725 US$; ☏❄☎❄) Muy céntrico, en Kill Devil Hills, este acogedor hotel playero es alegre y desenfadado. Sus agradables habitaciones tienen contraventanas interiores y coloridas colchas, además de TV de pantalla plana, nevera y microondas. Algunas cuentan con cocina completa.

Sanderling
Resort & Spa   CENTRO VACACIONAL $$$
(☏252-261-4111; www.sanderling-resort.com; 1461 Duck Rd; h 399-539 US$; ☏❄☎❄) Este bonito resort, decorado con sumo gusto, ofrece se-

ISLA DE OCRACOKE

Llenísima en verano y desolada en invierno, Ocracoke Village (www.ocracokevillage.com) es una curiosa y pequeña comunidad que funciona a ritmo lento. Está en el extremo sur de Ocracoke Island, de 22,5 km de largo, y se accede desde Hatteras con el ferri (p. 332) Hatteras-Ocracoke, gratuito, que atraca en el extremo noreste de la isla. A excepción del pueblo, el resto del lugar es propiedad del Servicio de Parques Nacionales.

Los habitantes más ancianos todavía usan un dialecto británico del s. XVII llamado *hoi toide* (su pronunciación de *high tide*, "marea alta"), y llaman *dingbatters* a los que no son de la isla. Edward Teach, también conocido como Barbanegra, solía ocultarse en esta zona, y aquí fue asesinado en 1718. Se puede acampar junto a la playa, por donde trotan ponis salvajes, comer un sándwich de pescado en un *pub* local, pasear en bicicleta por las estrechas calles o visitar el faro de Ocracoke, de 1823, el más antiguo que sigue en activo en Carolina del Norte.

La isla es una estupenda excursión de un día desde Hatteras, y también se puede pernoctar en ella. Hay un puñado de B&B, un *camping* junto a la playa y casitas de alquiler.

Lugareños y turistas coinciden en el Ocracoke Coffee (www.ocracokecoffee.com; 226 Back Rd; ⊗7.00-18.00 lu-sa, hasta 13.00 do), cuna del *grasshopper latte* (chocolate con menta y caramelo), y en el acogedor Howard's Pub (1175 Irvin Garrish Hwy; principales 9-25 US$; ⊗11.00-22.00 ppios mar-fin nov, más tarde vi y sa may), un antiguo y enorme *pub* de madera, toda una institución en la isla desde la década de 1850 gracias a su cerveza y su marisco.

Si apetece remar se puede tomar parte en un circuito de kayak con Ride the Wind (☎252-928-6311; www.surfocracoke.com; 486 Irvin Garrish Hwy; 2-2½ h circuitos adultos 39-45 US$, menores 13 años 18 US$; ⊗9.00-21.00 lu-sa, hasta 20.00 do). Los circuitos a la puesta del sol son más suaves.

siones de yoga al alba en la playa y habitaciones con balcones frente al océano.

Incluye varios restaurantes y bares, además de un *spa* que ofrece masajes.

✖ Dónde comer y beber

La principal calle turística de Bodie alberga también la mayoría de los restaurantes y locales nocturnos. Muchos solo abren desde el Memorial Day (último lunes de mayo) a principios de otoño, o tienen horario reducido en temporada baja.

John's Drive-In   PESCADO, HELADERÍA **$**
(www.johnsdrivein.com; 3716 N Virginia Dare Trail; principales 2-16 US$; ⊗11.00-17.00 ju-ma) Toda una institución en Kitty Hawk. Sirve cestas de pescado frito para comer en mesas de pícnic al aire libre y cientos de batidos diferentes. Algunos clientes acuden solo por su crema de helado.

★ Blue Moon
Beach Grill   PESCADO, SÁNDWICHES **$$**
(☎252-261-2583; www.bluemoonbeachgrill.com; 4104 S Virginia Dare Trail, milla 13; principales 10-29 US$) Puede que no sea apropiado escribir una oda a las patatas fritas, pero las que sirven en este local, algo picantes, bien la merecen. Y

eso por no mencionar el sándwich de dorada con lechuga, bacón de Applewood, tomates locales y salsa *remoulade* con jalapeños. También hay sándwiches de marisco, hamburguesas y pasta al estilo *voodoo*. Las vistas del centro comercial no son muy evocadoras, pero el amable personal, el ambiente desenfadado y la buena selección musical animan a cualquiera.

Trio   BAR DE VINOS
(www.obxtrio.com; 3708 N Croatan Hwy, milla 4,5; tabla de quesos 7-21 US$, tapas 7-11 US$, *panini* 9-10 US$; ⊗11.00-23.00 lu-sa, 12.00-23.00 do) Sencillo pero elegante bar de vinos, muy acogedor. Se puede elegir entre dos docenas de vinos en la barra autoservicio y maridar la elección con *hummus* casero, tablas de quesos o *paninis*. En la tienda venden una amplia selección de cervezas, vinos y quesos artesanales.

❶ Orientación

La Hwy 12, también llamada Virginia Dare Trail o simplemente "carretera de la costa", discurre cerca del Atlántico a lo largo de los Outer Banks. La US 158/Croatan Hwy, conocida como The Bypass (la variante), empieza justo al norte de Kitty Hawk y se une a la Hwy US 64 al cruzar hasta Roanoke Island. Las ubicaciones se indican por puntos kilométricos (en millas, tal como están señalizados in situ), empezando por la milla 0 al pie del Wright Memorial Bridge en Kitty Hawk.

❶ Información

Las mejores fuentes de información son los centros de visitantes. Los pequeños solo abren en temporada. También es útil visitar www.outerbanks.org. Toda la zona marítima de Manteo tiene wifi gratis.

Centro de visitantes de Aycock Brown (☑252-261-4644; www.outerbanks.org; US 158, milla 1, Kitty Hawk; ⏰9.00-17.30 mar-oct, hasta 17.00 nov-feb) En Kitty Hawk; ofrece planos e información.

Centro de visitantes de Hatteras (☑252-473-2111; www.nps.gov/caha; ⏰9.00-18.00 jun-ago, hasta 17.00 sep-may) Junto al faro del cabo Hatteras.

Centro de visitantes de Ocracoke (☑252-928-4531; www.nps.gov/caha; ⏰9.00-17.00) Cerca del muelle de ferris del sur.

Centro de acogida los Outer Banks en Roanoke (☑252-473-2138; www.outerbanks.org; 1 Visitors Center Circle, Manteo; ⏰9.00-17.30 mar-oct, hasta 17.00 nov-feb) Al este del Virginia Dare Memorial Bridge en la Hwy US 64 Bypass.

❶ Cómo llegar y desplazarse

No hay transporte público a los Outer Banks, pero el **North Carolina Ferry System** (☑800-293-3779; www.ncdot.gov/ferry) opera varias rutas, incluido el trayecto gratis de 1 h Hatteras-Ocracoke en ferri de vehículos, que zarpa cada hora de 5.00 a 24.00 desde Hatteras en temporada alta; no acepta reservas. También tiene ferris entre Ocracoke y Cedar (ida automóvil/motocicleta 15/10 US$, 2¼ h) y entre Ocracoke y Swan Quarter, en el continente (15/10 US$, 2¾ h), cada 3 h, aprox.; en verano se recomienda reservar en estas dos últimas rutas.

Crystal Coast

La parte sur de los Outer Banks recibe el nombre de Crystal Coast, al menos según los folletos turísticos. Menos escarpada que la zona septentrional, incluye varias localidades costeras históricas, islas poco pobladas y playas turísticas.

Un tramo industrial y comercial de la US 70 atraviesa Morehead City, con un montón de hoteles de grandes cadenas y restaurantes. En la zona de los Bogue Banks, cruzando la ensenada desde Morehead City por la Atlan-

tic Beach Causeway, hay varios pueblecitos playeros muy concurridos; si el viajero siente predilección por el olor a aceite solar de coco y los *donuts,* puede ir a Atlantic Beach.

Al norte, el fotogénico Beaufort, el tercer pueblo más antiguo del estado, tiene un bonito paseo y muchos B&B. Cuenta la leyenda que el mismísimo Barbanegra vivió en la Hammock House, cerca de Front St. No está abierta al público, pero cuentan que de noche todavía se oyen los gritos de la esposa del pirata, que murió asesinada.

◉ Puntos de interés

North Carolina Maritime Museum MUSEO (http://ncmaritimemuseums.com/beaufort; 315 Front St, Beaufort; ⏰9.00-17.00 lu-vi, 10.00-17.00 sa, 13.00-17.00 do) GRATIS El pirata Barbanegra era un visitante asiduo de la zona de Beaufort a principios del s. XVIII. En 1996 se descubrieron los restos de su fragata insignia, la *Queen Anne's Revenge,* hundida en el fondo de la ensenada de Beaufort. Este pequeño e interesante museo alberga platos, botellas y otros objetos procedentes del barco y, además, se centra en la industria del marisco y en las operaciones de rescate marítimo.

North Carolina Aquarium ACUARIO (www.ncaquariums.com; 1 Roosevelt Blvd, Pine Knoll Shores; adultos/niños 3-12 años 11/9 US$; ⏰9.00-17.00; ♿) Pequeño pero cautivador, está dedicado a la vida acuática de Carolina del Norte, desde las montañas hasta el mar. Las veloces nutrias de río son fascinantes, y hay una buena exposición que recrea el naufragio de un submarino U-352 alemán acontecido en la zona.

Fort Macon State Park FUERTE (www.ncparks.gov; 2303 E Fort Macon Rd, Atlantic Beach; ⏰8.00-21.00 jun-ago, reducido sep-may) GRATIS Este recio fuerte en forma de pentágono, con 26 salas abovedadas, se terminó de construir en 1834. Las exposiciones de las salas próximas a la entrada están dedicadas a su edificación y la vida cotidiana de sus soldados. Hecho de ladrillo y piedra, cambió dos veces de manos durante la Guerra de Secesión.

🛏 Dónde dormir y comer

Hampton Inn Morehead City HOTEL **$$$** (☑252-240-2300; www.hamptoninn3.hilton.com; 4035 Arendell St, Morehead City; h desde 209 US$; ❄@🛜🏊) Forma parte de una cadena, pero el amable personal y las vistas al estrecho de Bogue hacen de este local una buena opción, además de que está cerca de la Hwy US 70 y es práctico si se circula por la costa. Tarifas reducidas entre semana en verano.

El's Drive-In PESCADO $

(3706 Arendell St, Morehead City; principales 2-14 US$; ⊘10.30-22.00 do-ju, hasta 22.30 vi y sa) En este legendario local de marisco, abierto desde 1959, la comida se sirve en el propio coche. La hamburguesa de gambas con kétchup, ensalada de col y patatas fritas es muy recomendable. Solo efectivo.

**Front Street Grill
at Stillwater** RESTAURANTE $$

(www.frontstreetgrillatstillwater.com; 300 Front St, Beaufort; *brunch* y almuerzo 11-17 US$, cena 17-30 US$; ⊘11.30-21.00 ma-ju y do, hasta 22.00 vi y sa) Un tentador local de marisco con vistas espectaculares. Destacan los tacos de gambas con lima y chile del almuerzo y las hamburguesas de cangrejo para cenar. El pequeño Rhum Bar es ideal para ver a la gente.

Wilmington

Wilmington es un sitio divertido, merece la pena dedicarle uno o dos días si se está recorriendo la costa. Aunque no tiene la fama de Charleston o Savannah, esta cautivadora ciudad costera es la tercera localidad en tamaño al este de Carolina del Norte y cuenta con barrios históricos, jardines llenos de azaleas y un montón de encantadores cafés. Además, tiene hoteles a precios razonables. De noche, el histórico paseo ribereño se convierte en zona de ocio para los universitarios locales, fans de la cerveza, turistas y algún que otro personaje de Hollywood; y es que alberga tantos estudios cinematográficos que la ciudad se ha ganado el apodo de 'Wilmywood'.

⊙ Puntos de interés

Wilmington se halla en la desembocadura del río Cape Fear, a unos 13 km de las playas. El histórico **paseo marítimo** es, tal vez, el punto de interés más destacado, repleto de tiendas y pasarelas de madera. El vecino pueblo de **Wrightsville Beach** bulle de actividad, con puestos de pescado frito, tiendas de artículos playeros y veraneantes.

Un **autobús** (www.wavetransit.com) gratuito recorre el barrio histórico desde la mañana hasta el anochecer.

Cape Fear Serpentarium ZOOLÓGICO

(☏910-762-1669; www.capefearserpentarium.com; 20 Orange St; entrada 9 US$; ⊘11.00-17.00 lu-vi,

hasta 18.00 sa y do) El museo del herpetólogo Dean Ripa es un sitio divertido y educativo al que dedicar un par de horas si a uno no le importa la compañía de serpientes venenosas, boas constrictor gigantes y cocodrilos de grandes dientes; todos están tras un cristal, pero impresionan. Uno de los carteles explica los efectos de la picadura de una cascabel muda: "Lo mejor es tumbarse bajo un árbol y descansar, ya que uno muere enseguida". Solo efectivo.

En temporada baja, el Serpentarium suele cerrar lunes y martes. Los sábados y domingos a las 15.00 se puede ver cómo se alimentan los animales, pero se recomienda llamar para confirmarlo.

Battleship 'North Carolina' BARCO HISTÓRICO

(www.battleshipnc.com; 1 Battleship Rd; adultos/niños 6-11 años 14/6 US$; ⊘8.00-17.00 sep-may, hasta 20.00 jun-ago) Los circuitos autoguiados permiten visitar las cubiertas de este acorazado de 45 000 toneladas que participó en 15 batalla en el pacífico durante la II Guerra Mundial antes de ser retirado del servicio en 1947. Los puntos de interés incluyen la panadería y la cocina, la imprenta, la sala de máquinas, el polvorín y el centro de comunicaciones. Nótese que las escaleras que bajan a las cubiertas inferiores son muy empinadas. Para llegar desde el centro, hay que cruzar al otro lado del río Cape Fear.

Airlie Gardens JARDINES

(www.airliegardens.org; 300 Airlie Rd; adultos/niños 4-12 años 9/3 US$; ⊘9.00-17.00, cerrado lu invierno) En primavera se puede pasear por este maravilloso parque de 27 Ha entre miles de azaleas, elegantes parterres de flores, jardines estacionales, pinos, lagos y senderos. El roble de Airlie data de 1545.

🛏 Dónde dormir y comer

En Market St, al norte del centro, abundan los hoteles económicos. Los restaurantes del paseo marítimo suelen estar siempre llenos y son mediocres; para comer bien y disfrutar del mejor ocio nocturno hay que adentrarse un par de manzanas hacia el interior.

★ CW Worth House B&B $$

(☏910-762-8562; www.worthhouse.com; 412 S 3er St; h 154-194 US$; ❉@🛜) Uno de los mejores B&B de estado, en una casa con torrecillas de 1893 repleta de antigüedades y detalles victorianos, muy cómoda y acogedora. El desayuno es excelente. Se halla a unas pocas manzanas del centro.

Best Western Plus Coastline Inn HOTEL **$$**
(☑910-763-2800; www.bestwestern.com; 503 Nutt
St; h/ste 209/239 US$; ❄@🛜🐾) Es difícil decir
qué es más bonito, si las magníficas vistas del
río Cape Fear, la pasarela de madera o el cor-
to paseo hasta el centro. Las habitaciones no
son muy grandes, pero sí muy modernas y todas
tienen vistas. Admite animales (20 US$/día).

Fork & Cork HAMBURGUESERÍA, SÁNDWICHES **$**
(www.theforkncork.com; 122 Market St; ⏱11.00-
23.00 lu-ju, 11.00-24.00 sa, 11.00-22.00 do) Un lo-
cal nuevo cuyas jugosas hamburguesas, como
la Hot Mess, con bacón, jalapeños, cebolla a
la parrilla, quesos cheddar y azul, desatan pa-
siones, al igual que su *poutine* (patatas fritas
con queso y salsa de carne), las alitas de pato
y los macarrones con queso.

Flaming Amy's Burrito Barn TEX-MEX **$**
(☑910-799-2919; www.flamingamys.com; 4002
Oleander Dr; principales 5-9 US$; ⏱11.00-22.00)
Un antiguo granero con decoración *kitsch*
que prepara grandes y sabrosos burritos con
jalapeños. Muy popular.

🍷 Dónde beber
🍸 y vida nocturna

Flytrap Brewing CERVECERÍA
(www.flytrapbrewing.com; 319 Walnut St; ⏱15.00-
22.00 lu-ju, 12.00-24.00 vi y sa, 12.00-22.00 do) Úl-
timamente han abierto en Wilmington media
docena de bares que producen su propia cerve-
za; este es el más recomendable. Bien situado,
en Brooklyn Arts District, a un corto paseo a
pie desde Front St, y especializado en cerveza
de tipo *ale* americana y belga. También hay
comida y música en directo las noches del fin
de semana. Debe su nombre a la venus atra-
pamoscas, una planta carnívora cuyo único
hábitat nativo está a 97 km de Wilmington.

⭐ Ocio

Dead Crow Comedy Room HUMOR
(☑910-399-1492; www.deadcrowcomedy.com; 265
N Front St; entradas 13-16 US$) Oscuro, lleno de
gente, subterráneo y en pleno centro, tal y
como debe ser un club de cómicos. Destacan
las noches de improvisaciones y micro abier-
to, y los cómicos invitados. Hay servicio de
bar con carta de comida.

ℹ️ Información

Centro de visitantes (☑877-406-2356, 910-341-
4030; www.wilmingtonandbeaches.com; 505
Nutt St; ⏱8.30-17.00 lu-vi, 9.00-16.00 sa, 13.00-
16.00 do) Situado en un almacén del s. XIX, ofrece
un plano para hacer un circuito a pie por el centro.

The Triangle

Las ciudades de Raleigh, Durham y Chapel
Hill forman un triángulo en el centro de la
región de Piedmont. Allí se hallan tres univer-
sidades punteras (Duke, Carolina del Norte
y la Universidad Estatal de Carolina del Nor-
te) y el Research Triangle Park, un campus
de 2833 Ha dedicado a la computación y a
la biotecnología. Cada ciudad, llena de pro-
gramadores sesudos, pacifistas con barba y
jóvenes familias modernas, tiene una perso-
nalidad distintiva pese a su extrema cercanía;
y en marzo todos (literalmente) se vuelven
locos con los *play-off* de la liga universitaria
de baloncesto.

ℹ️ Cómo llegar y desplazarse

El **aeropuerto internacional Raleigh-Durham**
(RDU; ☑919-840-2123; www.rdu.com) es un
importante eje de transporte. Se halla 25 min
(24 km) en automóvil al noroeste del centro de
Raleigh.

En el 2014 **Greyhound** (☑919-834-8275; 2210
Capital Blvd) se trasladó del centro de Raleigh a
una ubicación 5 km al noreste que no facilita el
acceso de peatones ni las conexiones. Una para-
da más cómoda puede ser la de Durham, en 515
W Pettrigrew St, cerca de la estación de Amtrak
en el Durham Station Transportation Center. La
Triangle Transit Authority (☑919-549-9999;
www.triangletransit.org; adultos 2,25 US$)
opera autobuses que conectan Raleigh, Durham
y Chapel Hill entre sí y con el aeropuerto. La
Hwy 100 va del centro de Raleigh al aeropuerto
y al Regional Transit Center, cerca del Research
Triangle Park, desde donde hay conexiones a
Durham y Chapel Hill.

Raleigh

Fundado en 1792 como capital del estado, Ra-
leigh es una ciudad seria, con un crecimiento
urbano desbordado. Sin embargo, su bonito
centro cuenta con interesantes museos y ga-
lerías (gratuitos), y un panorama gastronó-
mico y musical en alza. El elegante **capitolio
estatal**, de 1840, es un buen ejemplo de la
arquitectura neoclásica de EE UU.

👁️ Puntos de interés

⭐ **North Carolina Museum of Art** MUSEO
(www.ncartmuseum.org; 2110 Blue Ridge Rd;
⏱10.00-17.00 ma-ju, sa y do, 10.00-21.00 vi, parque
amanecer-anochecer) GRATIS El luminoso West
Building, construido en cristal y acero anodi-

zado, recibió elogios de los críticos de arquitectura de todo el país cuando abrió sus puertas en el 2010. Alberga esta exquisita y amplia colección, que tiene desde estatuas griegas hasta telas de paisajismo americano o máscaras africanas. Si se tiene poco tiempo, la visita se puede limitar a un paseo por el sendero de esculturas al aire libre. El museo está unos pocos kilómetros al oeste del centro.

North Carolina Museum of Natural Sciences
MUSEO

(www.naturalsciences.org; 11 W Jones St; ☺9.00-17.00 lu-sa, 12.00-17.00 do, hasta 21.00 1er vi de mes) GRATIS Esqueletos de ballenas que cuelgan del techo, mariposas que revolotean, intimidantes boas esmeraldas... y, si se llega pasadas las 10.00 un día laborable, un montón de escolares. El nuevo y flamante Nature Research Center, frente a un globo multimedia de tres plantas, está dedicado a los científicos y a sus proyectos. No hay que perderse la exposición sobre el Acrocanthosaurus, un dinosaurio carnívoro de tres toneladas conocido como 'el terror del sur'. Su cráneo, con afilados dientes, es de pesadilla.

North Carolina Museum of History
MUSEO

(www.ncmuseumofhistory.org; 5 E Edenton St; ☺9.00-17.00 lu-sa, 12.00-17.00 do) GRATIS Un museo cautivador, con poca tecnología pero muchísima información. Entre las piezas de la exposición *Story of North Carolina* se incluye una canoa de 3000 años; la casa más antigua del estado, que data de 1742; una cabaña de esclavos restaurada; y la barra de una cafetería de los años sesenta. Las exposiciones temporales también suelen ser excelentes.

🛏 Dónde dormir y comer

El centro suele ser bastante tranquilo de noche y los fines de semana, excepto la zona de City Market, entre las calles E Martin y S Person. Al noroeste, el barrio de Glenwood South bulle de actividad con cafés, bares y locales nocturnos. Raleigh presume de ser la ciudad con más música en directo del estado. En www.themostnc.for pueden consultarse próximos eventos. Abundan los hoteles asequibles de cadena en torno a la salida 10 de la I-440 y cerca de la I-40, próxima al aeropuerto.

Umstead Hotel & Spa
HOTEL $$$

(☎919-447-4000; www.theumstead.com; 100 Woodland Pond Dr; h 329-389 US$; i 409-599 US$; 🅿✳@☞☎) En un frondoso parque de oficinas suburbano, atrae a directivos de bio-

tecnología con sus sencillas y elegantes habitaciones y con su *spa* de estilo zen. En la finca hay un lago de 12 000 m² y un sendero para pasear. Admite animales (200 US$) y cuenta con un parque vallado para perros, el DogWoods.

Raleigh Times
COMIDA DE PUB $

(www.raleightimesbar.com; 14 E Hargett St; principales 8-14 US$; ☺11.00-2.00) Popular *pub* del centro que sirve bandejas de nachos a la barbacoa y pescado rebozado con patatas fritas acompañadas de pintas de cerveza local.

Beasley's Chicken + Honey
SUREÑA $

(www.ac-restaurants.com; 237 Wilmington St; principales 7-13 US$; ☺11.30-22.00 lu-mi, 11.30-24.00 ju y vi, 11.00-24.00 sa, 11.00-22.00 do) Después de comer en este local, de la ganadora del premio James Beard y experta restauradora local Ashley Christensen, habrá que desabrocharse el cinturón. Céntrico y amplio, tiene como gran protagonista al pollo: empanado, con gofre, en tarta... Las guarniciones también son muy tentadoras, por ejemplo, la col con crema.

Cowfish Sushi Burger Bar
HAMBURGUESERÍA, SUSHI $$

(☎919-784-0400; www.thecowfish.com; 4208 Six Forks Rd; hamburguesas 11-16 US$, *sushi* 12-29 US$) Concurrido restaurante de North Hills, popular entre las familias y oficinistas, este local sirve buena comida en un ambiente simpático. Las cartas de *sushi* y hamburguesas se combinan en la carta *burgushi*, y la mezcla no está mal. Las raciones son generosas. Merece la pena ver de cerca las piezas de *pop art* que decoran las paredes.

ℹ Información

Centro de visitantes de Raleigh
(☎919-834-5900; www.visitraleigh.com; 500 Fayetteville St; ☺8.30-17.00 lu-vi, 9.00-17.00 sa) Ofrece planos e información. Cierra los domingos, pero la guía de visitantes y el plano están disponibles en el mostrador.

Durham y Chapel Hill

A 16 km de distancia, estas dos ciudades universitarias están hermanadas por sus archirrivales equipos de baloncesto y su actitud izquierdista. Chapel Hill es una bonita ciudad universitaria sureña cuya cultura gira en torno a los casi 30 000 estudiantes de la prestigiosa Universidad de Carolina del Norte, fundada en 1789 como la primera institución de enseñanza superior estatal de la nación. Avanzada y progresista, Chapel Hill es famosa por sus bandas de *rock* independiente y su orgullosa cultura *hippy*. Durham, en cambio, era antaño una ciudad ruda, de tabaco y trenes, cuya fortuna se desvaneció en los años sesenta y empieza a resurgir ahora. Si bien sigue siendo, en esencia, una ciudad obrera sureña, la presencia de la excelente Universidad de Duke atrae desde hace tiempo a una población progresista, y Durham empieza a tener fama entre *gourmets,* artistas y la comunidad homosexual.

El moderno **Carrboro,** antaño pueblo industrial, queda al oeste del centro de Chapel Hill. Allí, la extensa zona de la cooperativa agraria **Weaver Street Market** (www.weaverstreetmarket.com) ejerce de plaza mayor informal, con música en directo y wifi gratis. En Durham, la actividad se centra alrededor de los almacenes de tabaco reformados del atractivo centro: Para ir de compras y cenar se puede ir a Brightleaf Sq y al American Tobacco Campus.

◉ Puntos de interés

★ Duke Lemur Center ZOOLÓGICO
(☑919-489-3364; www.lemur.duke.edu; 3705 Erwin Rd, Durham; adultos/niños 10/7 US$; ⊞) Situado a 3 km del campus principal, este centro de conservación e investigación alberga la mayor concentración de primates prosimios fuera de su Madagascar natal, o sea, lémures. Las visitas son un circuito guiado; para asegurarse una plaza hay que reservar con bastante antelación: si se quiere visitar en día laborable, hay que hacerlo tres semanas antes; si en fin de semana, dos meses.

Universidad de Duke UNIVERSIDAD, GALERÍA
(www.duke.edu; Campus Dr) Financiada por la fortuna tabacalera de la familia Duke, esta universidad tiene un campus de estilo georgiano (East Campus) y otro de estilo neogótico (West Campus) que destaca por la altísima **Duke Chapell** (https://chapel.duke.edu; 401 Chapel Dr), de los años treinta, un edificio imponente que impresiona por su torre de 64 m y sus coloridos vitrales de temática bíblica. El **Nasher Museum of Art** (http://nasher.duke.edu; 2001 Campus Dr; adultos/niños menores 16 años 5 US$/gratis; ⊙10.00-17.00 ma, mi, vi y sa, hasta 21.00 ju, 12.00-17.00 do) también merece un vistazo, así como los paradisíacos **jardines Sarah P. Duke** (www.gardens.duke.edu; 420 Anderson St; ⊙8.00-anochecer), de 22 Ha. GRATIS El campus ofrece aparcamiento con parquímetro por 2 US$/h.

Universidad de Carolina del Norte UNIVERSIDAD
(www.unc.edu) La universidad pública más antigua de EE UU tiene un patio interior clásico flanqueado por perales y gráciles edificios anteriores a la Guerra de Secesión. No hay que perderse el Old Well (pozo viejo), dicen que da buena suerte a los estudiantes que beben de él. Se puede conseguir un plano en el **centro de visitantes** (☑919-962-1630; 250 E Franklin St; ⊙9.00-17.00 lu-vi), en el Morehead Planetarium and Science Center o en el centro de visitantes de Chapel Hill (p. 337).

Durham Bulls Athletic Park ESTADIO
(www.dbulls.com; 409 Blackwell St, Durham; entradas 7-10 US$; ⊞) Para pasar una tarde auténticamente americana tomando cerveza y viendo un partido de béisbol de los Durham Bulls, de las ligas menores, que saltaron a la fama con la película de Kevin Costner *Los búfalos de Durham,* de 1988. La temporada va de abril a principios de septiembre.

⎚ Dónde dormir

Cerca de la I-85, al norte de Durham, abundan los moteles de cadena económicos.

Duke Tower HOTEL $
(☑866-385-3869, 919-687-4444; www.duketower.com; 807 W Trinity Ave, Durham; ste 88-103 US$; P✳︎🖥🐾⊞) Por menos de lo que cuesta una habitación en un hotel se puede disfrutar de un apartamento con parqué, cocina completa y colchón Tempur-Pedic. La decoración es anodina, pero la piscina, las mesas de pícnic y las barbacoas le dan ambiente. Está situado en el histórico barrio tabacalero del centro de Durham. Admiten mascotas (5 US$/noche).

★ Carolina Inn HOTEL $$$
(☑919-933-2001; www.carolinainn.com; 211 Pittsboro St, Chapel Hill; h desde 259 US$; P✳︎🖥) Situado en el campus, es un hotel hospitalario con detalles históricos. El animado vestíbulo rebosa encanto, como los pasillos, flanqueados por fotografías de alumnos y equipos deportivos. La decoración clásica (con antigüedades sureñas) luce en unas habitaciones luminosas, con imágenes de graduados célebres. De primavera a otoño, cada viernes se celebran los *Fridays on the Front Porch,* con comida y música en directo.

✕ Dónde comer

Abundan los grandes restaurantes. En el centro de Durham hay un montón, además de cafeterías y bares, todos muy cerca entre sí.

Casi todos los buenos locales de Chapel Hill están en Franklin St.

Neal's Deli
DESAYUNOS, DELI $

(www.nealsdeli.com; 100 E Main St, Carrboro; desayuno 3-6 US$, almuerzo 5-10 US$; ⊙7.30-16.00 ju-vi, 8.00-16.00 sa y do) En el centro de Carrboro, en este pequeño delicatesen sirve ricos bollos de mantequilla para desayunar. Se recomienda el de huevo, queso y bacón. Para almorzar sirven sándwiches y bocadillos variados, de ensalada de pollo a pastrami o pimiento con tres quesos regados con *bourbon*. Al lado hay un buen café, el Open Eye Cafe.

Toast
SÁNDWICHES $

(www.toast-fivepoints.com; 345 W Main St, Durham; sándwiches 8 US$; ⊙11.00-15.00 lu, hasta 20.00 ma-sa) Familias, parejas, solitarios y gente de diversa laya frecuenta esta pequeña sandwichería italiana, uno de los locales que lideran la revitalización del centro de Durham. Sirve *paninis* (caliente y a la parrilla), *tramezzinis* (frío) y *crostinis*.

Guglhupf Bakery & Cafe
PANADERÍA, CAFÉ $$

(www.guglhupf.com; 2706 Durham-Chapel Hill Blvd, Durham; desayuno 7-9 US$, almuerzo 8-10 US$, cena 15-23 US$; ⊙panadería 7.00-18.00 ma-vi, hasta 17.00 sa, 8.30-14.00 do, café hasta 22.00 ma-do) Un sitio ideal para almorzar. Los sándwiches de entraña con queso azul, los bocadillos de *bratwurst* caseros y las ensaladas de pera a la parrilla atraen a una clientela alegre al soleado patio de este excelente local de estilo alemán. Para completar se puede pedir una cerveza *pilsner* alemana y una *mousse* de chocolate con caramelo. Horarios completos en la web.

★ Lantern
ASIÁTICA $$$

(☎919-969-8846; www.lanternrestaurant.com; 423 W Franklin St, Chapel Hill; principales 23-32 US$; ⊙17.30-22.00 lu-sa) El restaurante que no hay que perderse en el Triangle. Sirve comida asiática elaborada con ingredientes locales y se ha ganado una legión de fans. Su chef, Andrea Reusing, obtuvo el premio James Beard. La carta incluye hamburguesas de cangrejo con mostaza japonesa, pollo ahumado al té y pata de cerdo con coco. Entre los postres destacan el bizcocho de mantequilla con fresas y el helado de granos de pimienta. Sus elegantes salas son perfectas para una ocasión especial. Si se busca un ambiente más informal se puede ir al bar *lounge* trasero.

🍷 Dónde beber y vida nocturna

Chapel Hill goza de un excelente panorama musical. El semanario gratuito *Independent* (www.indyweek.com) publica listados de eventos. En Geer St y Rigbee Ave hay un buen puñado de cervecerías y cafeterías, a corta distancia a pie.

★ Cocoa Cinnamon
CAFÉ

(www.cocoacinnamon.com; 420 W Geer St, Durham; ⊙7.30-22.00 lu-ju, 7.30-24.00 vi y sa, 9.00-21.00 do; ⊙) Sirve un amplio surtido de chocolates, además de tés y cafés. Buen ambiente, wifi, ordenadores y mesas en el exterior.

Fullsteam Brewery
FÁBRICA DE CERVEZA

(www.fullsteam.ag; 726 Rigsbee Ave, Durham; ⊙16.00-24.00 lu-ju, 14.00-2.00 vi, 12.00-2.00 sa, 12.00-24.00 do) Esta cervecería ha despertado el interés nacional por su innovación, con cervezas sureñas como la Summer Basil Farmhouse Ale y la Carver Sweet Potato Lager. Clientela de edades variadas.

Top of the Hill
PUB

(www.thetopofthehill.com; 100 E Franklin St, Chapel Hill; ⊙11.00-2.00) El patio de este *pub* y cervecería de tres plantas del centro, apodado TOPO, es el lugar donde los jóvenes de Chapel Hill se reúnen para ver partidos de fútbol americano. Sirve licores ecológicos de su propia destilería.

☆ Ocio

Cat's Cradle
MÚSICA

(☎919-967-9053; www.catscradle.com; 300 E Main St, Carrboro) Todas las grandes bandas, desde Nirvana a Arcade Fire, han tocado en este local, cuna del mejor *indie* desde hace tres décadas.

ℹ️ Información

Centro de visitantes de Chapel Hill (☎919-245-4320; www.visitchapelhill.org; 501 W Franklin St, Chapel Hill; ⊙8.30-17.00 lu-vi, 10.00-14.00 sa) Información útil, incluido un plano del campus de la UNC.

Centro de visitantes de Durham (☎919-687-0288; www.durham-nc.com; 101 E Morgan St, Durham; ⊙8.30-17.00 lu-vi, 10.00-14.00 sa) Información y planos.

Charlotte

La ciudad más grande de Carolina del Norte y el mayor centro bancario de EE UU tras

DE PRIMERA MANO

BARBECUE TRAIL

Los sándwiches de cerdo a la barbacoa de Carolina del Norte son casi una religión en este estado, y la rivalidad entre el estilo del este (con una fina salsa vinagreta) y el del oeste (con una salsa de tomate, más dulce) es enconada. La North Carolina Barbecue Society tiene un plano, el **Barbecue Trail Map** (www.ncbbqsociety.com), interactivo que señaliza los mejores locales. Así se pueden probar los dos estilos y luego decidir.

Nueva York, tiene el aspecto desordenado y a veces anodino de muchas de las megalópolis suburbanas del nuevo Sur. Pero aunque la "Queen City", como la llaman, sea en esencia una ciudad financiera, tiene unos cuantos buenos museos, majestuosos barrios antiguos y una estupenda oferta gastronómica.

La agitada Tryon St atraviesa la zona alta de Charlotte, llena de rascacielos, con bancos, hoteles, museos y restaurantes. Los molinos textiles reformados del barrio de NoDa (que debe su nombre a su ubicación al norte de Davidson St) y la original mezcla de tiendas y restaurantes de la zona de Plaza-Midwood, al noreste de la zona alta, tienen un ambiente moderno. El nuevo **Romare Bearden Park** (300 S Church St), en la zona alta, es un lugar bonito para ver la puesta de sol. Para saber más sobre las zonas verdes de la ciudad y el programa de bicis compartidas, visítese https://charlotte.bcycle.com.

⊙ Puntos de interés y actividades

Billy Graham Library EDIFICIO RELIGIOSO
(www.billygrahamlibrary.org; 4330 Westmont Dr; ⊙ 9.30-17.00 lu-sa) GRATIS Esta 'biblioteca' (en realidad una suerte de museo) es un tributo a la vida del telepredicador Billy Graham, nacido en Charlotte. El circuito de 90 min, llamado *El viaje de la fe*, comienza ante una vaca robótica parlante y recorre los momentos clave de la vida del sujeto, incluida su primera gran campaña evangélica de 1949 en Los Ángeles (donde inspiró a Louis Zamperini, el héroe de *Invencible*). Indicado para evangelistas, *freakies* o estudiantes de antropología social.

Levine Museum of the New South MUSEO
(www.museumofthenewsouth.org; 200 E 7th St; adultos/niños 6-18 años 8/5 US$; ⊙10.00-17.00 lu-sa, 12.00-17.00 do) Si interesa el complicado período que vivió el Sur tras la Guerra de Secesión, se deben dedicar 1 o 2 h a la completísima exposición de este elegante museo, titulada *From Cotton Fields to Skyscrapers*. Abarca temas como la industria algodonera, las leyes Jim Crow, las sentadas, la emancipación femenina y las últimas tendencias de inmigración.

NASCAR Hall of Fame MUSEO
(www.nascarhall.com; 400 E Martin Luther King Blvd; adultos/niños 5-12 años 20/13 US$; ⊙10.00-18.00) El simulador de carreras de automóviles de este ruidoso museo lanza al viajero a una pista sorprendentemente real para competir contra otros ocho vehículos. El centro narra la historia de la NASCAR, la National Association for Stock Car Auto Racing ("Asociación Nacional de Carreras de Automóviles de Serie"), la competición de coches de fábrica más importante del mundo y una verdadera pasión para los estadounidenses.

★**US National Whitewater Center** DEPORTES DE AVENTURA
(www.usnwc.org; 5000 Whitewater Center Pkwy; pase diario para todos los deportes adultos/niños menores 10 años 54/44 US$, actividades individuales 20-25 US$, 3 h circuitos de tirolinas 89 US$; ⊙ amanecer-anochecer) Espectacular híbrido entre centro naturalista y parque acuático, esta instalación de 162 Ha alberga el río artificial de aguas bravas más largo del mundo, en cuyos rápidos se entrenan los equipos olímpicos de canoa y kayak de EE UU. El viajero puede probarlos en un circuito guiado de *rafting* o disfrutar de un montón de actividades de aventura: circuitos de *canopy*, rocódromo al aire libre, surf con remo, tirolinas y kilómetros de excursiones por los bosques a pie o en bicicleta de montaña. Aparcar cuesta 5 US$. También se puede contemplarlo todo mientras se saborea una cerveza en el bar Pump House Biergarten.

🛏 Dónde dormir y comer

Como la mayoría de los hoteles de la zona alta están pensados para viajeros de negocios, las tarifas suelen bajar los fines de semana. Las cadenas hoteleras más económicas se concentran cerca de la I-85 y la I-77. Los restaurantes y bares de la zona alta suelen atraer a una clientela adinerada y joven; los bares y bistrós de NoDa son más desenfadados. En los últimos años han abierto muchas cervecerías en la ciudad; algunas de las mejores están en N Davidson St. Véase una lista completa en www.charlottesgotalot.com/breweries.

Dunhill Hotel HOTEL-BOUTIQUE $$
(704-332-4141; www.dunhillhotel.com; 237 N Tryon St; h desde 219 US$; P✼@🕸) En plena zona alta, el personal es excelente y el hotel está en activo desde 1929. La decoración, clásica, es un guiño a los años veinte, pero los grandes TV de pantalla plana y las cafeteras Keurig dan a las habitaciones un toque del s. XXI. Aparcar cuesta 18 US$/noche.

Hyatt Place Charlotte Downtown HOTEL $$
(704-227-0500; www.charlottedowntown.place.hyatt.com; 222 S Caldwell St, GPS: 459 E 3er St; h desde 229 US$; P✼🕸) El desayuno de este moderno hotel en la linde de la zona alta es espectacular. Las habitaciones son sobrias y contemporáneas, con grandes ventanales y vistas a la ciudad. El elegante bar de la azotea, Fahrenheit, es ideal para tomar una copa. El vestíbulo está en la 10ª planta. El servicio de aparcacoches cuesta 20 US$/noche, pero hay un aparcamiento más económico tras el hotel, con una máquina de pago.

Price's Chicken Coop SUREÑA $
(www.priceschickencoop.com; 1614 Camden Rd; principales 2-12 US$; 10.00-18.00 ma-sa) Toda una institución en Charlotte, este local de aspecto descuidado es un habitual de las listas del "mejor pollo frito de América". Hay que hacer cola para pedir al escuadrón de camareros vestidos de blanco un *dark quarter* o bien un *white half*, y después buscar dónde comérselo (no hay asientos). Unas manzanas al este por E Park Ave está el Latta Park, un buen lugar para un pícnic. Solo efectivo (hay un cajero automático).

Amelie's French Bakery & Cafe CAFÉ $
(www.ameliesfrenchbakery.com; 2424 N Davidson St; pasteles 2-6 US$, sándwiches 6 US$; 24 h; 🕸) Café, sándwiches en cruasanes o baguetes y una tentadora selección de galletas, tartas, *petits fours* y pasteles. Un sitio ideal para planificar el día o conectarse a internet. No cierra.

★**Soul Gastrolounge Tapas** SUSHI, SÁNDWICHES $$
(704-348-1848; www.soulgastrolounge.com; 1500 Central Ave; platos pequeños 8-20 US$, *sushi* 5-24 US$, sándwiches 6-15 US$; 17.00-2.00 lu-sa, 11.00-15.00 y 17.00-2.00 do) En el Plaza Midtown, este sofocante pero acogedor local sirve una amplia selección de platillos de inspiración global, desde brochetas a *sushi*, pasando por

sándwiches cubanos y vietnamitas, si bien los cocineros procuran dar a la comida un sabor bastante estándar y descafeinado. Los rollitos de atún con jalapeños y mayonesa picante son muy recomendables.

ℹ Información

Para consultar la cartelera de ocio, véase el semanario independiente *Creative Loafing* (www.clclt.com).
Charlotte Mecklenburg Library (www.cmlibrary.org; 310 N Tryon ST; 10.00-20.00 lu-ju, Hasta 17.00 vi y sa; 🕸📶) La biblioteca pública tiene terminales de internet y wifi.
Centro de visitantes (704-331-2700; www.charlottesgotalot.com; 330 S Tryon St; 9.00-17.00 lu-sa) Planos y guía para visitantes.

ℹ Cómo llegar y desplazarse

El **aeropuerto internacional Charlotte Douglas** (CLT; 704-359-4027; www.charmeck.org/departments/airport; 5501 Josh Birmingham Pkwy) es un centro de US Airways, con muchos vuelos directos a/desde Europa. Las estaciones de **Greyhound** (601 W Trade St) y **Amtrak** (1914 N Tryon St) están bien situadas, en la zona alta.
Charlotte Area Transit (www.charmeck.org; tarifa solo ida 2,20 US$) opera los autobuses locales y el metro ligero. El Charlotte Transit Center de la zona alta está en Brevard St, entre 4th y Trade St.

Montañas de Carolina del Norte

Los cherokee llegaron a estas montañas tras las huellas de los búfalos. Luego les siguieron colonos escoceses-irlandeses en el s. XVIII en busca de una vida mejor. Ciudades cimeras como Blowing Rock, con su aire fresco, atraían a inmigrantes enfermizos. Hoy, carreteras panorámicas y ríos bravos atraen a los amantes de las actividades al aire libre.

Los Apalaches, en el lado oeste del estado, incluyen las subcordilleras Great Smoky, Blue Ridge, Pisgah y Black Mountain. Cubiertos de pinos y robles de tonos verdes azulados, estos montes son hogar de pumas, ciervos, osos negros, pavos salvajes y búhos virginianos. Abundan las ofertas de acampada, escalada y *rafting*, y cada rincón vistas espectaculares.

High Country

La esquina noroeste del estado se conoce como High Country. Sus ciudades principa-

BICICLETAS COMPARTIDAS EN LAS CAROLINAS

Si se quiere visitar las ciudades en bicicleta, se puede comprar un bono de 24 h para los programas de bicis compartidas B-cycle en Charlotte, Carolina del Norte (8 US$; https://charlotte.bcycle.com) y Greenville, Carolina del Sur (5 US$; https://greenville.bcycle.com). En Charlotte hay 24 estaciones ciclistas por la zona alta y en las vías verdes próximas, con 200 máquinas disponibles. En Greenville hay 10 estaciones, muchas de ellas a lo largo de la popular Main St y cerca del Swamp Rabbit Trail, con 35 bicicletas en servicio. Téngase presente que son bicicletas compartidas, no de alquiler; para incentivar su uso, el bono de 24 h incluye trayectos con incrementos de 30 a 60 min dentro del período de 24 h. Hay que registrar la salida y la entrada de la bicicleta para evitar cargos adicionales. Se puede pagar con tarjeta de crédito en el quiosco de la estación.

les son Boone, Blowing Rock y Banner Elk, todas ellas a corta distancia en automóvil de la Blue Ridge Pkwy. **Boone** es una animada ciudad universitaria, sede de la Universidad Estatal de los Apalaches (ASU, en sus siglas en inglés). **Blowing Rock** y **Banner Elk** son pintorescos centros turísticos próximos a estaciones de esquí.

☉ Puntos de interés y actividades

La Hwy 321 entre Blowing Rock y Boone está llena de **minas de gemas** y otras trampas para turistas. En Boone se pueden ojear las tiendas de King St y admirar la **estatua** de bronce de Doc Watson, leyenda local del *bluegrass*, en la esquina de las calles King y Depot.

Monte Grandfather EXCURSIONISMO
(☏828-733-4337; www.grandfather.com; Blue Ridge Pkwy, milla 305; adultos/niños 4-12 años 20/9 US$; ☉8.00-19.00 jun-ago, cierra antes sep-may) El Mile High Suspension Bridge no está realmente, como proclama su nombre, a 1 milla de altura (1,6 km), que no se inquiete el viajero si tiene miedo a las alturas. La gran estrella del parque se halla a 1 milla sobre el nivel del mar y el abismo que se abre a sus pies tiene solo 24 m de profundidad. En el monte hay 11

senderos de senderismo en los que se puede perder de vista a las multitudes; el más difícil de ellos incluye tramos de escalada. También hay un pequeño museo dedicado a la flora y fauna de la zona. En el 2008 la familia propietaria de la montaña vendió una parte del terreno al sistema estatal de parques, que creó el **Grandfather Mountain State Park** (www.ncparks.gov).

River and Earth Adventures ACTIVIDADES AL AIRE LIBRE
(☏828-963-5491; www.raftcavehike.com; 1655 Hwy 105; *rafting* medio día/día completo desde 60/100 US$; 👹) Ofrece todo tipo de actividades, desde excursiones a cuevas a *rafting* en rápidos de clase V en Watauga Gorge. Los guías, ecologistas, incluso preparan el almuerzo. Alquilan canoas (60 US$), kayaks (35-60 US$) y neumáticos (20 US$).

🛏 Dónde dormir y comer

En Boone abundan las cadenas hoteleras y en las colinas hay *campings* privados y B&B.

Mast Farm Inn B&B $$
(☏828-963-5857; www.themastfarminn.com; 2543 Broadstone Rd, Valle Crucis; h/cabañas desde 189/319 US$; 🅿❄🛜) En la bonita aldea de Valle Crucis, esta granja restaurada sigue un concepto rústico-chic con suelos de madera gastada, bañeras con patas y dulces caseros en la mesita de noche. También ofrece ocho cabañas y casas de campo. Solo la selecta cocina de su restaurante, el Simplicity, ya merece una visita. El Over Yonder, especializado en comida de los Apalaches, más sencilla, se inauguró en el 2014.

Six Pence Pub COMIDA DE PUB $$
(www.sixpencepub.com; 1121 Main St, Blowing Rock; principales 6-14 US$; ☉restaurante 11.30-22.30 do-ju, hasta 24.00 vi y sa, bar hasta 2.00) Animado *pub* británico. Su *shepherd's pie* es impecable.

Hob Nob Farm Cafe CAFÉ $$
(www.hobnobfarmcafe.com; 506 West King St, Boone; desayuno y almuerzo 3-11 US$; cena 9-14 US$; ☉10.00-22.00 mi-do; 🅿) Ofrece sándwiches calientes de aguacate con *tempeh*, curri tailandés y tiernas hamburguesas de ternera en una casa de campo de colores llamativos, cerca de la UEA. Sirve el *brunch* hasta las 17.00.

❶ Información

Centro de visitantes (☏828-264-1299; www.highcountryhost.com; 1700 Blowing Rock Rd,

Boone; 9.00-17.00 lu-sa, hasta 15.00 do) Información sobre alojamiento y empresas de actividades al aire libre.

Asheville

Con sus cervecerías, sus tentadoras tiendas de chocolate y sus elegantes restaurantes, Asheville es uno de los pueblos más modernos del este. Las revistas de tendencias no dejan de alabarlo, pero no por ello es un sitio frívolo. En su esencia, Asheville sigue siendo un pueblo de montaña que se aferra a sus raíces tradicionales. Solo hay que echarle un vistazo. Hay un músico callejero tocando una triste melodía en Biltmore Ave; más allá, los excursionistas reponen fuerzas comiendo tras subir al monte Pisgah; y los coches cruzan la Blue Ridge Pkwy, que rodea la ciudad. Un nutrido colectivo de artistas y un visible contingente de *hippies* completan el cuadro.

⊙ Puntos de interés y actividades

El centro es compacto y fácil de recorrer a pie. Muchos de sus edificios, de estilo *art déco,* apenas han cambiado desde 1930, y es un lugar ideal para ir de compras; hay desde tiendas *hippies* a *boutiques* de moda y selecto arte local. Se puede empezar por Lexington Ave. El oeste de Asheville es una zona emergente, algo asilvestrada todavía pero muy interesante. Los viernes por la noche se junta un grupo de percusionistas en Pack Square, en el corazón del centro.

★ Biltmore Estate   FINCA, JARDINES

(☎800-411-3812; www.biltmore.com; 1 Approach Rd; adultos/niños 10-16 años 60/30 US$; ⊙casa 9.00-16.30) Es la mayor finca privada del país y la principal atracción de Asheville. La construyó en 1895 el heredero del imperio naviero y ferroviario George Washington Vanderbilt II, quien la diseñó inspirándose en los grandes castillos que había visto en sus viajes por Europa. Para visitar la finca y sus impecables 100 Ha de terreno y jardines se necesitan varias horas. Para aprovechar bien la visita se recomienda pagar los 10 US$ adicionales de la audioguía. También hay un circuito guiado (17 US$) que incluye las habitaciones del servicio, de invitados y las salas de fiestas. En verano, los niños acompañados por un adulto no pagan entrada. Además de la casa hay varios cafés, una tienda de regalos del tamaño de un pequeño supermercado, un pretencioso hotel y una bodega muy premiada

con catas gratis. En Antler Village, la nueva exposición del museo The Biltmore Legacy, titulada *Vanderbilt at Home and Abroad,* ofrece una visión más íntima de la familia.

Chimney Rock Park   PARQUE

(www.chimneyrockpark.com; Hwy 64/74A; adultos/niños 5-15 años 15/7 US$; ⊙8.30-17.30 med mar-oct, variable nov-med mar) Las vistas del río Broad y el lago Lure son excelentes desde la chimenea que da nombre al parque, un monolito de granito de 96 m de altura. Un ascensor sube a los visitantes hasta lo más alto, pero la gran atracción es el emocionante recorrido por los acantilados hasta una cascada de 123 m. La finca, antaño privada, forma parte del sistema estatal de parques. Se halla 32 km al sureste de Asheville.

Thomas Wolfe Memorial   CASA

(www.wolfememorial.com; 52 N Market St; museo gratis, casa circuitos adultos/niños 7-17 años 5/2 US$; ⊙9.00-17.00 ma-sa) Esta casa museo, en el centro, honra la memoria de Thomas Wolfe, autor de *El ángel que nos mira.* Wolfe creció en Asheville y se inspiró en el pueblo para ambientar la novela.

☞ Circuitos

Brews Cruise   CERVECERÍAS

(☎828-545-5181; www.ashevillebrewscruise.com; 57 US$/persona) Circuito por varias de las pequeñas productoras de cerveza de Asheville, con catas incluidas.

Lazoom Comedy Tour   HUMOR

(☎828-225-6932; www.lazoomtours.com; 21-29 US$/persona) Un divertido circuito histórico por la ciudad a bordo de un autobús de color púrpura (se puede llevar algo de beber).

🛏 Dónde dormir

La **Asheville Bed & Breakfast Association** (☎877-262-6867; www.ashevillebba.com) gestiona reservas en los numerosos B&B de la zona, desde casitas de cuento hasta cabañas alpinas.

Sweet Peas   ALBERGUE $

(☎828-285-8488; www.sweetpeashostel.com; 23 Rankin Ave; dc/módulo/h 28/35/60 US$; P✳@☎) Impecable: muebles de estilo IKEA, ordenadas literas de acero y módulos de madera clara para dormir. Tiene aspecto de *loft,* es muy diáfano y, a veces, ruidoso (el *pub* de la planta baja contribuye a ello); pero lo que uno pierde en calma y privacidad, lo gana en estilo, limpieza y ubicación.

INDISPENSABLE

RUTA PANORÁMICA: BLUE RIDGE PARKWAY

No hay ni un solo semáforo en toda la Blue Ridge Pkwy, que atraviesa los Apalaches del sur desde el Shenandoah National Park de Virginia, en la milla 0, hasta el Great Smoky Mountains National Park, en Carolina del Norte, en la milla 469.

Encargada por el presidente Franklin D. Roosevelt como obra pública en la época de la Gran Depresión, es una de las carreteras clásicas de EE UU. El tramo de Carolina del norte serpentea a lo largo de 422 km con grandes vistas de las montañas.

El **Servicio de Parques Nacionales** (NPS; www.nps.gov/blri; ⊘may-oct) dirige *campings* y centros de visitantes. Téngase en cuenta que las gasolineras y los lavabos están muy distanciados unos de otros, y hay pocos. Para más información sobre las paradas, véase www.blueridgeparkway.org.

Los puntos y los *campings* más destacados son los siguientes, desde la frontera con el sur de Virginia:

Cumberland Knob (milla 217,5) Centro de visitantes del NPS; fácil acceso a la zona.

Doughton Park (milla 241,1) Senderos y *camping*.

Blowing Rock (milla 291,8) Pequeño pueblo que lleva el nombre de un escarpado y famoso acantilado, que ofrece buenas vistas, corrientes de aire y una historia de amor de los indios americanos.

Moses H Cone Memorial Park (milla 294,1) Una cautivadora finca antigua con senderos de carruajes y una tienda de artesanía.

Julian Price Memorial Park (milla 296,9) *Camping*.

Grandfather Mountain (milla 305,1) Muy popular por su puente colgante peatonal. También tiene un centro de naturaleza y una pequeña reserva faunística.

Linville Falls (milla 316,4) Senderos cortos hasta las cascadas; zonas de acampada.

Little Switzerland (milla 334) Un resort de montaña de la vieja escuela.

Mt Mitchell State Park (milla 355,5) El pico más alto al este del Misisipi (2037 m); excursiones y acampada.

Craggy Gardens (milla 364) Senderos que se llenan de rododendros en flor en verano.

Folk Art Center (milla 382) Artesanía selecta de los Apalaches.

Blue Ridge Pkwy Visitor Center (milla 384) Un documental inspirador, un plano interactivo e información sobre rutas.

Mt Pisgah (milla 408,8) Excursiones, acampada, restaurante y hostal.

Graveyard Fields (milla 418) Rutas cortas de excursionismo hasta las cascadas.

Campfire Lodgings CAMPING $$
(☏828-658-8012; www.campfirelodgings.com; 116 Appalachian Village Rd; parcelas tienda 35-38 US$, parcelas caravanas 45-65 US$, *yurtas* 115-135 US$, cabañas 160 US$; P❅🐾) Para dormir como el mongol más elegante del mundo en una de sus *yurtas* amuebladas, con TV y de varios espacios al pie de un monte boscoso. También ofrece cabañas y plazas de acampada. En las parcelas para autocaravanas, con vistas al valle, hay wifi.

Omni Grove Park Inn CENTRO VACACIONAL $$$
(☏828-252-2711; www.omnihotels.com; 290 Macon Ave; h desde 349 US$; P❅@🐾🐾🐾) Esta cabaña de piedra de estilo *arts and crafts* tiene un aspecto que predispone a la aventura. Además, sus habitaciones, bien decoradas, cuentan con todas las comodidades del s. XXI. Hay un *spa* en una gruta subterránea con piscinas de piedra y una cascada interior. Y si apetece hacer deporte, la finca cuenta con un campo de golf, varias canchas de tenis y el Nantahala Outdoor Center (p. 345) tiene una delegación aquí.

En el 2013 el hotel cumplió 100 años. La tarifa del resort es de 25 US$/día. Admiren animales (150 US$/estancia).

Aloft Asheville HOTEL $$$
(☏828-232-2838; www.aloftasheville.com; 51 Biltmore Ave; h desde 320 US$; P❅@🐾🐾🐾)

Con una pizarra gigante en el vestíbulo, un personal joven y dinámico, y una tienda de prendas de aventura en la 1ª planta, este hotel parece el paraíso de los *hipsters*. Lo único que le falta es un tipo con barba y gorro de lana tomando una cerveza artesana... Ah, no, también lo hay. Bromas aparte, el personal sabe bien lo que hace, las habitaciones son amplias y el ambiente, muy sociable. Está cerca de varios puntos neurálgicos del centro, incluidos la Wicked Weed Brewery y el Orange Peel.

Dónde comer

Asheville es un sitio excelente para comer; de hecho, mucha gente lo visita solo para ello.

★ **White Duck Taco Shop** TEX-MEX **$**
(www.whiteducktacoshop.com; 12 Biltmore Ave; tacos 7 US$; ✆11.30-21.00) Enorme variedad de tacos: pollo picante al estilo búfalo con salsa de queso azul, panceta crujiente, pato asado con salsa mole... Además, son grandes. El entrante de patatas fritas se acompaña con tres salsas y es ideal para compartir. Los margaritas también están muy bien. En el River Arts District está el local original, en el nº1 de Roberts St.

12 Bones BARBACOA **$**
(www.12bones.com; 5 Riverside Dr; platos 6-21 US$; ✆11.00-16.00 lu-vi) Su barbacoa es tan buena que incluso el presidente Obama y su esposa Michelle comieron aquí hace unos años. La carne, asada a fuego lento, es muy tierna, y los platos para acompañarla, desde gachas con queso y jalapeños a judías verdes con mantequilla, son muy sabrosos. Se pide en la barra y se come en una mesa de pícnic.

**French Broad
Chocolate Lounge** PANADERÍA, POSTRES **$**
(www.frenchbroadchocolates.com; 10 S Pack Sq; postres 7 US$; ✆11.00-23.00 do-ju, hasta 24.00 vi y sa) Esta querida tienda del centro se trasladó a un local más grande y chic junto a Pack Square Park, pero no ha perdido ni un ápice de su encanto chocolatero. Produce chocolate ecológico a pequeña escala, elabora *brownies*, galletas de jengibre bañadas en chocolate, trufas líquidas y muchas cosas más. Hay que visitarlo.

★ **Cúrate** ESPAÑOLA, TAPAS **$$**
(✆828-239-2946; www.curatetapasbar.com; 11 Biltmore Ave; platos pequeños 4-20 US$) Un local agradable que sirve auténticas tapas españolas: pinchitos morunos, pulpo *a feira*, ensala-

dilla rusa, gambas al ajillo... Es un sitio para disfrutar los sabores, pedir otra copa de garnacha y charlar con los compañeros de mesa.

Reservar es imprescindible, sobre todo los fines de semana, pero es posible encontrar sitio en la barra pasadas las 21.00.

🍸 Dónde beber y vida nocturna

El centro de Asheville cuenta con varios bares y cafés, desde cervecerías con estudiantes de fraternidades hasta antros *hippies* y nuevas y sobrias cervecerías. West Asheville tiene un ambiente más de pueblo, más relajado. En el centro de visitantes o en el hotel se puede pedir un ejemplar de la gratuita *Field Guide to Breweries,* con información y planos de las cervecerías del lugar (actualmente, 27), bares de hotel y *pubs* del **Asheville Ale Trail** (www.ashevillealetrail.com).

Wicked Weed CERVECERÍA
(www.wickedweedbrewing.com; 91 Biltmore Ave; ✆11.30-23.00 lu y ma, hasta 24.00 mi y ju, hasta 1.00 vi y sa, 12.00-23.00 do) Enrique VIII decía que el lúpulo era una mala hierba perniciosa que estropeaba el sabor de la cerveza. Pero sus súbditos seguían consumiéndolo, igual que la clientela de este restaurante-cervecería, rebosante de cervezas con lúpulo y una clientela animada. Situado en una antigua estación de servicio con un amplio patio delantero, es un sitio grande y tranquilo para pasar un buen rato. El bar de la planta baja se llena mucho las noches del fin de semana.

Hi-Wire Brewing Co CERVECERÍA
(www.hiwirebrewing.com; 197 Hilliard Ave; ✆16.00-23.00 lu-ju, 14.00-2.00 vi, 12.00-2.00 sa, 13.00-22.00 do) En esta cervecería del centro, que ha crecido con rapidez, las cervezas llevan el nombre de antiguos números de circo. Un sitio agradable para ir de copas con los amigos un sábado por la tarde.

Thirsty Monk CERVECERÍA
(www.monkpub.com; 92 Patton Ave; ✆16.00-24.00 lu-ju, 12.00-2.00 vi y sa, 12.00-22.00 do) Un local descuidado pero encantador para probar una variedad de cervezas artesanas de Carolina del Norte y un montón de cervezas *ale* belgas.

☆ Ocio

Orange Peel MÚSICA EN DIRECTO
(www.theorangepeel.net; 101 Biltmore Ave; entradas 10-35 US$) Música en directo en un local tan grande como un almacén, con grandes bandas de música *indie* y punk.

❶ Información

Pack Memorial Library (67 Haywood Ave; ⊙10.00-20.00 lu-ju, hasta 18.00 vi, hasta 17.00 sa; 🛜) Wifi y ordenadores conectados a internet gratis.

Centro de visitantes (📞828-258-6129; www.exploreasheville.com; 36 Montford Ave; ⊙ 8.30-17.30 lu-vi, 9.00-17.00 sa y do) El flamante centro de visitantes está en la salida 4C de la I-240. Vende entradas para la Biltmore State, con tarifa reducida para la audioguía. En el centro hay otra sucursal, con lavabos púbicos, junto a Pack Square Park.

❶ Cómo llegar y desplazarse

Asheville Transit (www.ashevilletransit.com; billete 1 US$) gestiona 17 rutas locales de autobús que circulan de 5.30 a 22.30 de lunes a sábado, con horarios reducidos los domingos. En la parte delantera de los autobuses hay portabicicletas gratuitos. **Greyhound** (2 Tunnel Rd) queda 1,6 km al noreste del centro.

El **aeropuerto regional de Asheville** (AVL; 📞828-684-2226; www.flyavl.com) está 20 min al sur de la ciudad y ofrece un puñado de vuelos directos, incluidos a/desde Atlanta, Charlotte, Chicago y Nueva York.

Great Smoky Mountains National Park

Este lugar temperamental y mágico se extiende a lo largo de 210 840 Ha a caballo entre

EXCURSIONES DE UN DÍA EN LAS SMOKY MOUNTAINS

A continuación se listan algunas de las mejores excursiones de la parte del parque que pertenece a Carolina del Norte y sus inmediaciones.

Charlie's Bunion Se puede seguir el Appalachian Trail durante 6 km desde el mirador de Newfound Gap hasta un promontorio rocoso para gozar de espectaculares vistas de montes y valles.

Big Creek Trail Sencilla excursión de 3 km a las Mouse Creek Falls o de 5 km más hasta un *camping*; el inicio de la ruta está cerca de la I-40, en la linde noreste del parque.

Boogerman Trail Moderada ruta circular de 11 km que pasa por granjas; accesible vía Cove Creek Rd.

Chasteen Creek Falls Desde el *camping* de Smokemont, esta ruta de ida y vuelta de 6 km pasa por una pequeña cascada.

Carolina del Norte y Tennessee. Es una de las zonas más diversas del mundo; sus paisajes van desde espesos y sombríos bosques de abetos hasta prados soleados llenos de margaritas y flores de la zanahoria silvestre, además de ríos de tonos marrones. Cuenta con una amplia oferta de rutas de excursionismo y de acampada, además de actividades como equitación, alquiler de bicicletas y pesca con mosca. La desventaja es que tiene más de 10 millones de visitantes al año (es el parque nacional más visitado de EE UU), y siempre suele estar muy concurrido. La parte de Carolina del Norte tiene menos afluencia que la de Tennessee, incluso en plena temporada turística de verano.

La vía de acceso es la Newfound Gap Rd/Hwy 441, que cruza el parque y serpentea a través de las montañas desde Gatlinburg, en Tennessee, hasta la localidad de Cherokee y el concurrido **centro de visitantes Oconaluftee** (📞828-497-1904; www.nps.gov/grsm; 1194 Newfound Gap Rd, North Cherokee, NC; ⊙8.00-19.30 jun-ago, variable sep-may), al sureste. Los permisos de acampada libre se obtienen en él. El **Oconaluftee River Trail**, uno de los dos únicos senderos del parque que admiten mascotas (con correa) y bicicletas, parte también del centro de visitantes y sigue el curso del río durante 2,4 km.

El local **Mountain Farm Museum** (📞865-436-1200; www.nps.gov/grsm; ⊙amanecer-anochecer) GRATIS es una granja del s. xix restaurada, con granero, herrería y ahumadero (con cabezas de cerdo de verdad), compuesta por edificios originales de distintas partes del parque. Al norte se halla **Mingus Mill** (⊙ 9.00-17.00 diario med mar-med nov, además de fin de semana del Día de Acción de Gracias) GRATIS, de 1886, un molino hidráulico que todavía sigue moliendo trigo y maíz. A pocos kilómetros de distancia está **Smokemont Campground** (www.nps.gov/grsm; parcelas para tiendas y caravanas 20 US$), el único *camping* de Carolina del Norte que abre todo el año.

Al este, el remoto **valle Cataloochee** tiene varios edificios históricos y es una zona de alces y osos negros.

Alrededores del Great Smoky Mountains National Park

La zona más occidental del parque está salpicada por pequeños pueblos de montaña. La región tiene una rica aunque triste historia: la mayor parte de sus habitantes originales, los cherokee, fueron expulsados de sus tierras en 1831 y obligados a trasladarse a Oklahoma en el llamado Trail of Tears. Los descendientes de los que lograron escabullirse viven hoy en la reserva Eastern Band of the Cherokee Indians, también llamada Qualla Boundary, en las lindes del Great Smoky Mountains National Park.

La ciudad de Cherokee, más o menos en el centro de la reserva, tiene tiendas de recuerdos de imitación de objetos amerindios, locales de comida rápida y el Harrah's Cherokee Casino (www.caesars.com/harrahs-cherokee; 777 Casino Dr; ⊙24 h), con una espectacular muestra de agua y vídeo, la Rotunda, en el vestíbulo. Testimonio todo ello del triste destino l que fueron avocados los indios en este país. Más interesante es el moderno Museum of the Cherokee Indian (☎828-497-3481; www.cherokeemuseum.org; 589 Tsali Blvd/Hwy 441; en Drama Rd; adultos/niños 6-12 años 11/7 US$; ⊙9.00-17.00 diario, hasta 19.00 lu-sa jun-ago), con una exposición informativa sobre el traslado forzoso de los cherokee en 1831, el Trail of Tears, en el que se estima murieron 4000 personas. El nombre cherokee de la deportación es Nunna daul Isunyi.

Al sur de Cherokee, los colindantes bosques nacionales de Pisgah y Nantahala suman más de 400 000 de frondosos bosques, montes azotados por el viento y algunos de los mejores ríos de aguas bravas del país. Ambos albergan tramos del Appalachian Trail. El Pisgah National Forest destaca por las burbujeantes aguas termales del pueblo de Hot Springs (www.hotspringsnc.org), el tobogán de gua natural de Sliding Rock y la excursión de 5 km (ida y vuelta) a la cima del monte Pisgah (1744 m), con vistas a Cold Mountain (famosa por el libro y la película). El Nantahala National Forest cuenta con varios lagos recreativos y docenas de atronadoras cascadas.

Al norte de Nantahala está la pintoresca Bryson City, ideal como base de actividades al aire libre. Alberga el enorme y recomendable Nantahala Outdoor Center (NOC; ☎828-366-7502, 888-905-7238; www.noc.com; 13077 Hwy 19/74; alquiler de kayak/canoa 30/50 US$ por día, circuitos 30-189 US$), especializado en trepidantes circuitos de *rafting* por el río Nantahala. El centro, de 202 Ha, también ofrece tirolinas y rutas en bicicleta de montaña. Cuenta con hostal propio, un restaurante que abre todo el año y un local de barbacoas y cervezas, solo en temporada (may-sep). El Appalachian Trail cruza la propiedad.

Desde la estación de Bryson City, Great Smoky Mountains Railroad (☎800-872-4681; www.gsmr.com; 226 Everett St; Nantahala Gorge circuitos adultos/niños 2-12 años desde 55/31 US$) ofrece excursiones panorámicas en tren a través del espectacular valle fluvial.

Para alojarse y cenar, una buena opción es el Fryemont Inn (☎828-488-2159; www.fryemontinn.com; 245 Fryemont St; *lodge*/ste/cabañas desde 110/180/245 US$; no huéspedes desayuno 5-9 US$, cena 21-31 US$; ⊙restaurante 8.00-10.00 y 18.00-20.00 do-ma, 18.00-21.00 vi y sa med abr-fin nov; P✹), una cabaña con restaurante regentada por una familia. El hostal de madera tiene un porche delantero con vistas a las montañas y a Bryson City.

CAROLINA DEL SUR

Robles envueltos en musgo, mansiones señoriales, anchas playas, montañas sinuosas y una personalidad ruda, tan antigua como el propio estado. Un lugar de acentos fuertes, amante de las tradiciones. Desde sus patriotas de la Guerra de Independencia hasta su gobierno secesionista de la década de 1860 y su actual cosecha de honestos legisladores, el llamado "Estado del Palmito" nunca ha rehuido la lucha.

Desde las plateadas arenas de la costa atlántica el estado se eleva hacia el oeste por la llanura costera y el Piedmont hasta el macizo de Blue Ridge. La mayoría de los viajeros se quedan en la costa, con sus espléndidas ciudades anteriores a la Guerra de Secesión y sus playas llenas de palmeras; pero el interior cuenta con un montón de antiguas urbes soñolientas, agrestes parques estatales y espeluznantes pantanos de aguas oscuras. En los condados costeros se escuchan las canciones de los gullah, cultura y lengua criolla de antiguos esclavos africanos de etnia wolof y ewe.

Desde la elegante Charleston, con aroma de gardenias, hasta la alegre y excesiva Myrtle Beach, Carolina del Sur es un destino fascinante.

Historia

Más de 28 tribus indígenas vivían en lo que hoy es Carolina del Sur ante de la llegada de los europeos. La más numerosa era la de los cherokees, que fueron forzadas a abandonar sus tierras en 1831 en una deportación masiva conocida como Trail of Tears.

Los ingleses crearon la colonia de Carolina en 1670, con un contingente procedente del

DATOS DE CAROLINA DEL SUR

Apodo Estado Palmetto

Población 4,8 millones

Superficie 48 455 km²

Capital Columbia (133 300 hab.)

Otras ciudades Charleston (127 900 hab.)

Impuesto sobre ventas 6% más la tasa de alojamiento, de hasta el 8,5%

Hijos celebres Dizzy Gillespie (1917-1993), el activista político Jesse Jackson (1941), el boxeador Joe Frazier (1944-2011), la azafata de *La rueda de la fortuna* Vanna White (1957)

Cuna de la primera biblioteca pública de EE UU (1698), el primer museo (1773) y el primer ferrocarril de vapor (1833)

Política Republicana

Famoso por el primer disparo de la Guerra de Secesión, en el Fort Sumter de Charleston

Baile estatal El *shag*

Distancias por carretera Columbia-Charleston, 185 km; Charleston-Myrtle Beach, 156 km

enclave de Barbados que fundó la ciudad portuaria de Charles Town (la actual Charleston). Esclavos procedentes de África Occidental convirtieron los densos pantanos de la costa en arrozales y a mediados del s. XVIII la zona estaba claramente dividida entre los aristócratas esclavistas afincados en el Lowcountry y los granjeros pobres, de ascendencia escocesa-irlandesa y alemana de las zonas rurales.

Carolina del Sur fue el primer estado que se separó de la Unión; la primera batalla de la Guerra de Secesión tuvo lugar en el Fort Sumter, en el puerto de Charleston. Al final de la contienda, la mayor parte del estado estaba en ruinas.

Durante casi todo el s. XX Carolina del Sur se dedicó al comercio del algodón y otros textiles. Aún es un estado pobre y básicamente agrario, aunque cuenta con un próspero sector turístico en la costa.

En los últimos años ha tenido cierta notoriedad gracias a sus políticos, como Nikki Haley, la primera mujer que se convierte en gobernadora del estado y, además, hija de inmigrantes sij del Punyab; el congresista Joe Wilson, que acusó de mentiroso al presidente Obama en el Congreso; o el también congresista Mark Sanford, que mientras era gobernador anunció que estaba recorriendo el Appalachian Trail cuando en realidad se fue a visitar a su amante argentina.

En el 2015, tras la muerte de nueve personas en un tiroteo contra una histórica iglesia afroamericana, el Gobierno del estado acordó retirar la bandera confederada del capitolio, donde ondeaba desde 1962.

❶ Información

South Carolina Department of Parks, Recreation & Tourism (☏803-734-1700; www.discoversouthcarolina.com; 1205 Pendleton St, Columbia; 🖥) Publica la guía oficial del estado. Los nueve centros de visitantes estatales ofrecen wifi gratis (hay que pedir la contraseña en el mostrador).

South Carolina State Parks (☏reservas de *camping* 866-345-7275, 803-734-0156; www.southcarolinaparks.com) Su práctica web ofrece un listado de actividades y senderos de excursionismo, y permite reservar en *campings* (6-40 US$/noche).

Charleston

Esta encantadora ciudad destila calidez, hospitalidad y un añejo ambiente. Y es que sus cañones, cementerios y paseos en carruajes de caballos parecen salidos directamente del s. XVIII. Todo ese romanticismo histórico, junto con la gastronomía y la gentileza sureñas, es lo que hace de Charleston uno de los destinos turísticos más populares del Sur, con más de 4,8 millones de visitantes cada año.

Charleston es una ciudad para saborear: pasear entre sus edificios históricos, admirar la arquitectura *antebellum* (anterior a la Guerra de Secesión), oler el perfume del jazmín en flor y disfrutar de largas cenas en un porche. También es una ciudad para el romance, destino habitual de parejas de enamorados y lugar clásico de celebración de bodas.

En temporada alta el perfume de las gardenias y la madreselva se mezcla con el fuerte olor que dejan a su paso los caballos de los carruajes, que hacen sonar sus cascos sobre los adoquines. En invierno hay menos turistas, pero las temperaturas son suaves, por lo cual Charleston también es un gran destino en temporada baja.

Historia

Mucho antes de la Guerra de Independencia, Charles Town, llamada así en honor del rey Carlos II de Inglaterra, era uno de los puertos más activos de la costa este, centro de una próspera colonia dedicada al cultivo del arroz y al comercio. Con un gran contingente de esclavos africanos e influencias de Francia y otros países europeos, se convirtió en una ciudad cosmopolita, a menudo comparada con Nueva Orleans.

La esclavitud es un trágico pero esencial componente de la historia de la ciudad. Charleston fue puerto clave y centro del comercio de la trata negrera, con casas de subastas que se concentraban cerca del río Cooper. Los primeros disparos de la Guerra de Secesión se oyeron en el fuerte Sumter, en el puerto de Charleston. Tras la guerra, las plantaciones de arroz, que requerían el uso intensivo de mano de obra, ya no eran rentables sin esclavos que las trabajaran y la importancia de la ciudad decayó.

En el 2015 un tiroteo masivo en la iglesia Africana Metodista Episcopal (AME), históricamente relevante para la comunidad negra de la ciudad, reabrió la polémica del pasado racista de Charleston y sus consecuencias en el presente.

Puntos de interés

Barrio histórico

El barrio al sur de las calles Beaufain y Hasell concentra el grueso de las mansiones de estilo *antebellum,* tiendas, bares y cafés. En la punta más meridional de la península se alzan las mansiones *antebellum* de Battery. Un sendero, el **Gateway Walk,** serpentea entre iglesias y cementerios desde la **iglesia luterana de San Juan** (5 Clifford St) y la **iglesia San Felipe** (146 Church St).

Old Exchange & Provost Dungeon   ENCLAVE HISTÓRICO
(www.oldexchange.org; 122 E Bay St; adultos/niños 7-12 años 10/5 US$; ☉9.00-17.00; 👶) A los niños les encanta ver esta mazmorra que sirvió de prisión para piratas y patriotas americanos encarcelados por los británicos durante la Guerra de Independencia. Es un sitio estrecho bajo una oficina de aduanas que ocupa una señorial mansión de estilo georgiano palladiano de 1771. Guías vestidos de época conducen los circuitos. En las plantas superiores hay exposiciones sobre la ciudad. La entrada

combinada con el Old Slave Mart Museum cuesta 15/8 US$ adultos/niños.

Old Slave Mart Museum   MUSEO
(www.nps.gov/nr/travel/charleston/osm.htm; 6 Chalmers St; adultos/niños 5-17 años 7/5 US$; ☉ 9.00-17.00 lu-sa) Ryan's Mart era un mercado al aire libre en el que, a mediados del s. XIX, se subastaban hombres, mujeres y niños africanos. Hoy es un museo dedicado a este vergonzoso comercio en Carolina del Sur. Exposiciones de densos textos arrojan luz a la experiencia esclavista; las pocas piezas que se ven, como grilletes de pies, son escalofriantes. También hay testimonios de memoria oral, con las historias del antiguo esclavo Elijah Green y otros. La entrada combinada con el Old Exchange cuesta 15/8 US$ adultos/niños.

Gibbes Museum of Art   GALERÍA
(www.gibbesmuseum.org; 135 Meeting St; adultos/niños 9/7 US$; ☉10.00-17.00 ma-sa, 13.00-17.00 do) Alberga una buena colección de obras de América del Norte y del Sur. La colección contemporánea incluye piezas de artistas locales, con la vida en el Lowcountry como tema destacado. El museo estaba cerrado por reformas en el 2015, pero estaba prevista su reapertura en el 2016.

Battery & White Point Gardens   JARDINES
Battery es la punta sur de la península de Charleston, protegida por un rompeolas. Se puede pasear entre cañones y estatuas de héroes militares por estos jardines y seguir por el paseo marítimo hacia el fuerte Sumter.

Kahal Kadosh Beth Elohim   SINAGOGA
(www.kkbe.org; 90 Hasell St; ☉circuitos 10.00-12.00 y 13.30-15.30 lu-ju, 10.00-12.00 y 13.00-15.00 vi, 13.00-15.30 do) La sinagoga en activo más antigua del país. Hay circuitos gratuitos guiados; consúltense horarios en la web.

Rainbow Row   ZONA
Con sus casas de vivos colores, este tramo de la parte baja de E Bay St es una de las zonas más fotografiadas de la ciudad. Las casas aparecen al doblar la esquina desde White Point Garden.

Casas históricas

Media docena de casas históricas están abiertas al público. Las entradas combinadas con descuento permiten ver varias, pero una o dos suelen ser suficientes para casi todo el mundo. Hay circuitos cada 30 min.

CULTURA GULLAH

La mayor parte de los esclavos africanos que llegaron a esta región fueron transportados desde una región conocida como la Costa del Arroz, aproximadamente las actuales Sierra Leona, Senegal, Gambia y Angola. Al llegar tenían el magro consuelo de encontrarse con un paisaje muy parecido al de su tierra: costas con marjales, vegetación tropical y veranos calurosos y húmedos.

Los recién llegados lograron conservar muchas de las tradiciones de su tierra, que fueron mezclándose con la de otros desventurados y con las locales. La cultura resultante, la de los gullah (o geechee), tiene su propio idioma, una lengua criolla basada en el inglés con muchas palabras y estructuras gramaticales africanas y un montón de tradiciones, incluidas la narración oral, el arte, la música y la artesanía. La cultura gullah se celebra cada año en el vibrante **Gullah Festival** (www.theoriginalgullahfestival.org; ☉fin may) de Beaufort.

Aiken-Rhett House ENCLAVE HISTÓRICO
(www.historiccharleston.org; 48 Elizabeth St; adultos/niños 6-16 años 12/5 US$; ☉10.00-17.00 lu-sa, 14.00-17.00 do) La única plantación urbana que ha sobrevivido. Esta casa ofrece una fascinante visión de cómo era la vida antes de la Guerra de Secesión. También muestra el papel de los esclavos y es posible visitar sus dependencias-dormitorio en la parte trasera de la casa. La Historic Charleston Foundation dirige el lugar con el objetivo de preservar y conservar, que no restaurar, la finca, por lo cual ha sufrido muy pocos cambios.

Joseph Manigault House ENCLAVE HISTÓRICO
(www.charlestonmuseum.org; 350 Meeting St; adultos/niños 13-17/3-12 años 12/10/5 US$; ☉9.00-17.00 lu-sa, 12.00-17.00 do) Esta casa de estilo federal y tres plantas fue antaño el orgullo de su propietario, un hacendado hugonote francés dedicado al cultivo de arroz. Destaca el templo neoclásico del jardín.

Nathaniel Russell House EDIFICIO HISTÓRICO
(www.historiccharleston.org; 51 Meeting St; adultos/niños 6-16 años 12/5 US$; ☉10.00-17.00 lu-sa, 14.00-17.00 do) En esta casa de 1808, de estilo federal, destaca la espectacular escalera de caracol. La construyó un natural de Rhode Island conocido en Charleston como "el rey de los yanquis". Destacan el pequeño pero frondoso jardín inglés y la planta cuadrada-circular-rectangular de la casa.

◉ **Marion Square**

Antaño sede del arsenal del estado, este parque de 4 Ha es el principal lugar recreativo de Charleston, con varios monumentos y un excelente mercado los sábados.

Charleston Museum MUSEO
(www.charlestonmuseum.org; 360 Meeting St; adultos/niños 13-17/3-12 años 12/10/5 US$; ☉9.00-17.00 lu-sa, 12.00-17.00 do) Fundado en 1773, presume de ser el museo más antiguo del país. Es útil e innovador si se busca una contextualización histórica antes de salir a pasear por el barrio antiguo. Se centra en varios períodos de la larga y notoria historia de Charleston. Entre las piezas expuestas se incluye un esqueleto de ballena, placas de esclavos y la mesa sobre la cual se firmó el acta de separación del estado de la Unión. Y no hay que perderse el oso polar de Charleston.

◉ **Aquarium Wharf**

Ideal para pasear y ver a los remolcadores guiando los barcos por el cuarto mayor puerto de contenedores de EE UU, Aquarium Wharf rodea la bella Liberty Sq. El muelle es uno de los dos puntos de embarque de los circuitos al fuerte Sumter; el otro está en Patriot's Point.

Fort Sumter ENCLAVE HISTÓRICO
Los primeros disparos de la Guerra de Secesión se oyeron en este fuerte, situado en una isla pentagonal del puerto. Bastión confederado, el ejército de la Unión lo destruyó entre 1863 y 1865. Un puñado de cañones y fortificaciones originales realzan su peso histórico. Solo es accesible en un **circuito en barco** (☑circuito en barco 843-722-2628, parque 843-883-3123; www.nps.gov/fosu; adultos/niños 4-11 años 19/12 US$), que parte de 340 Concord St a las 9.30, 12.00 y 14.30 en verano (salidas reducidas en invierno) y desde Patriot's Point, en Mt Pleasant, al otro lado del río, a las 10.45, 13.30 y 16.00 de mediados de marzo a finales de agosto (con menos frecuencia el resto del año).

☞ Circuitos

Listar todos los circuitos a pie, en carruaje, en autobús y en barco de Charleston llenaría todas las páginas de esta guía. Se puede pedir el listado completo en el centro de visitantes.

Culinary Tours of Charleston　　CULINARIO
(☏843-722-8687; www.culinarytoursofcharleston.com; circuito de 2½ h 50 US$) Para probar gachas de maíz, pralinés y barbacoas en el circuito a pie "Savor the Flavors of Charleston" por restaurantes y mercados.

Adventure Harbor Tours　　EN BARCO
(☏843-442-9455; www.adventureharbortours.com; adultos/niños 3-12 años 55/30 US$) Divertidos circuitos a la isla de Morris, deshabitada e ideal para buscar conchas.

Charleston Footprints　　A PIE
(☏843-478-4718; www.charlestonfootprints.com; circuito de 2 h 20 US$) Reputado circuito por los puntos de interés histórico de la ciudad.

✥ Fiestas y celebraciones

Festival de Ostras de Lowcountry　　COMIDA
(www.charlestonrestaurantassociation.com/lowcountry-oyster-festival; ⊙ene) En enero, los fans de las ostras se dan un festín en Mt Pleasant con más de 36 000 kg de bivalvos.

Spoleto USA　　ARTES ESCÉNICAS
(www.spoletousa.org; ⊙may) Dura 17 días y es el mayor evento de Charleston, con óperas, obras de teatro y conciertos repartidos por toda la ciudad.

MOJA Arts Festival　　ARTES ESCÉNICAS
(www.mojafestival.com; ⊙sep) Animadas lecturas de poesía y conciertos de góspel definen estas dos semanas de celebración de la cultura afroamericana.

🛏 Dónde dormir

El centro histórico es la opción más atractiva, pero también la más cara, sobre todo en fin de semana y temporada alta (primavera y principios de verano). Las cadenas hoteleras de las autopistas y las de las proximidades al aeropuerto ofrecen tarifas más económicas. El aparcamiento en hoteles del centro suele costar 12-20 US$ por noche; los alojamientos en las lindes del centro a menudo ofrecen aparcamiento gratis.

La ciudad está llena de B&B con encanto que ofrecen desayunos y hospitalidad sureños. Se llenan enseguida; se recomienda usar los servicios de una agencia como **Historic**

Charleston B&B (☏843-722-6606; www.historicriccharlestonbedandbreakfast.com; 57 Broad St; ⊙ 9.00-17.00 lu-vi).

James Island County Park　　CAMPING **$**
(☏843-795-4386; www.ccprc.com; 871 Riverland Dr; parcelas tienda desde 25 US$, cabañas para 8 personas 169 US$; 🛜) Una gran opción económica, este parque de 260 Ha al suroeste del centro tiene prados, un pantano y un parque canino. Se alquilan bicicletas y kayaks, y hay un campo de *discgolf*. Ofrece servicio de transporte al centro y a Folly Beach (10 US$). Se recomienda reservar. Cuenta con 124 parcelas de *camping* y 10 casitas de alquiler junto al pantano. De junio a agosto, estas últimas deben alquilarse al menos para una semana.

1837 Bed & Breakfast　　B&B **$$**
(☏877-723-1837, 843-723-7166; www.1837bb.com; 126 Wentworth St; h 135-189 US$; 🅿✲🛜) Cerca del College of Charleston, recuerda a la casa de una tía excéntrica amante de las antigüedades. Ofrece nueve habitaciones con encanto y decoradas en exceso; tres de ellas en la antigua cochera de ladrillo.

Indigo Inn　　HOTEL-BOUTIQUE **$$**
(☏843-577-5900; www.indigoinn.com; 1 Maiden Lane; h 249 US$; 🅿✲🛜) Lo mejor son las sabrosas galletas del desayuno, pero también destaca por su excelente ubicación, en el centro del barrio histórico, y por el patio, un oasis en el que los clientes son agasajados con vino y queso junto a la fuente por gentileza de la casa. La decoración es un guiño al s. XVIII y las camas son bastante cómodas. Admite mascotas (40 US$/noche).

Town & Country Inn & Suites　　HOTEL **$$**
(☏843-571-1000; www.thetownandcountryinn.com; 2008 Savannah Hwy; h/ste desde 169/189 US$; 🅿✲@🛜) A casi 10 km del centro, ofrece habitaciones modernas y elegantes a precios razonables. Ideal para quien quiera ahorrarse tráfico por la mañana al visitar las plantaciones del río Ashley.

★Ansonborough Inn　　HOTEL **$$$**
(☏800-522-2073; www.ansonboroughinn.com; 21 Hasell St; h desde 299 US$; 🅿✲@🛜) Graciosos detalles neovictorianos, como el ascensor de cristal con alfombra persa, el minúsculo *pub* británico y los formales retratos de perros dan un toque simpático a este recoleto hotel del barrio histórico, que parece un velero antiguo. Las enormes habitaciones mezclan lo nuevo y lo antiguo, con sofás de piel gastados, techos altos y TV de pantalla plana. De 17.00

a 18.00 se sirve vino y tostaditas con queso y pimiento.

Vendue Inn   HOTEL $$$

(☎843-577-7970; www.vendueinn.com; 19 Vendue Range; h/ste 265/435 US$; P❄🐾) Tras una reciente reforma y ampliación valorada en 4,8 millones de dólares, este hotel-*boutique* se ve estiloso, moderno y muy acogedor. Luce piezas de arte por todas partes y el propio edificio es una obra maestra de la arquitectura y el diseño. La sencillez y el confort se combinan en las habitaciones del edificio principal, mientras que obras de arte llamativas dan brillo a las estancias de estilo clásico del otro lado de la calle. El popular Rooftop Bar merece una visita, incluso si uno no se aloja aquí. Aparcar cuesta 16 US$/noche.

✗ Dónde comer

Charleston es una de las ciudades de América donde mejor se come y tiene suficientes restaurantes como para llenar una ciudad el triple de grande. Los locales clásicos sirven buen marisco al estilo francés, mientras que los más modernos reinventan la cocina sureña inspirándose en los ricos productos de la zona, desde ostras hasta arroz y cerdo. Los sábados se puede al magnífico mercado agrícola (Marion Sq; ⏰8.00-13.00 sa abr-oct).

Sugar Bakeshop   PANADERÍA $

(www.sugarbake.com; 59 1/2 Cannon St; pasteles 4 US$; ⏰10.00-18.00 lu-vi, 11.00-17.00 sa) El personal es tan dulce como los *cupcakes* en este minúsculo local al norte del centro. Si quedan, hay que probar el *lady Baltimore cupcake,* una especialidad sureña con fruta seca y confitada y confitado de crema de mantequilla.

Artisan Meat Share   SÁNDWICHES $

(www.artisanmeatsharecharleston.com; 33 Spring St; sándwiches 7-12 US$; ⏰11.00-19.00 lu-vi, 10.00-19.00 sa y do) Carne, carne y más carne, en bocadillo, sobre pan de patata o en una tabla de fiambres. Comida fresca, local, deliciosa y con condimentos caseros. La ensalada de guisantes y cacahuetes es fantástica.

Gaulart & Maliclet   FRANCESA $

(www.fastandfrenchcharleston.com; 98 Broad St; desayunos menos de 7 US$, almuerzo 5-9 US$, cena 5-18 US$; ⏰8.00-16.00 lu, hasta 22.00 ma-ju, hasta 22.30 vi y sa) Los lugareños se amontonan en las mesas compartidas de este pequeño local, conocido como Fast & French, para comer quesos y embutidos franceses o el menú es-

pecial de cada noche (16 US$), que incluye pan, sopa, un plato principal y vino.

Fleet Landing   PESCADO $$

(☎843-722-8100; www.fleetlanding.net; 186 Concord St; almuerzo 9-23 US$, cena 10-26 US$; ⏰11.00-16.00 diario, 17.00-22.00 do-ju, hasta 23.00 vi y sa) El almuerzo perfecto de Charleston: vistas al río, sopa de cangrejo con un chorrito de jerez y un gran bol de gambas y gachas de maíz. Situado en un antiguo edificio naval del muelle, es un local cómodo y pintoresco para disfrutar de pescado fresco, marisco frito o una hamburguesa tras una mañana recorriendo el centro. Bañadas en salsa *gravy* de *tasso ham* (cerdo ahumado picante), las gambas están riquísimas.

Poe's Tavern   COMIDA DE PUB $$

(www.poestavern.com; 2210 Middle St, Sullivan's Island; principales 9-13 US$; ⏰11.00-2.00) En un día soleado, el porche delantero de este local de Sullivan's Island es el lugar ideal. El maestro Edgar Allan Poe, que da nombre a la taberna, pasó un tiempo destinado en el fuerte Moultrie. Las hamburguesas son divinas y el guacamole se sirve con jalapeño, pico de gallo y crema de chipotle.

Xiao Bao Biscuit   ASIÁTICA $$

(www.xiaobaobiscuit.com; 224 Rutledge Ave esq. Spring St; almuerzo 10 US$, cena platos pequeños 8-10 US$, principales 12-17 US$; ⏰11.30-14.00 y 17.30-22.00 lu-sa) Con paredes de obra vista y suelo de hormigón, este local, que ocupa una antigua gasolinera, es sencillo y elegante a la vez, y saca buena nota en el sector *hipster*. La comida es excelente. La carta, breve pero interesante, apuesta por los platos asiáticos sencillos, realzados con ingredientes locales y sabores picantes. Para probar algo diferente y memorable se puede pedir el *okonomiyaki* (torta de col) con huevo y bacón.

Hominy Grill   SUREÑA MODERNA $$

(www.hominygrill.com; 207 Rutledge Ave; desayuno 8-16 US$, principales almuerzo y cena 9-19 US$; ⏰7.30-21.00 lu-vi, 9.00-21.00 sa, hasta 15.00 do; 🌿) Algo alejado de la zona turística, este café de barrio sirve una cocina del Lowcountry moderna y apta para vegetarianos en una vieja barbería. El sombrío patio es ideal para tomar el *brunch*.

★ FIG   SUREÑA MODERNA $$$

(☎843-805-5900; www.eatatfig.com; 232 Meeting St; principales 29-31 US$; ⏰17.30-22.30 lu-ju, hasta 23.00 vi y sa) Hace tiempo que es uno de los restaurantes favoritos de los lugareños, y con razón. Personal agradable, servicio eficiente y una excelente nueva cocina sureña a cargo de Mike Lata, ganador del premio James Beard. Los seis platos de la cena apuestan por ingredientes frescos y locales, del mar y de las granjas y molinos de la zona. 'FIG' son las siglas de *Food Is Good* (la comida es buena). Se recomienda reservar con antelación, aunque los comensales solitarios pueden encontrar un rincón en la mesa comunitaria o en la barra.

Dónde beber y vida nocturna

Las templadas noches de Charleston son perfectas para tomar un cóctel refrescante o para oír *blues* en directo. Los eventos se anuncian en el semanario *Charleston City Paper* y en la sección "Preview" del *Post & Courier* de los viernes.

Husk Bar BAR
(www.huskrestaurant.com; 76 Queen St; ⊙desde 16.00) Al lado del restaurante Husk, este recogido local de ladrillo y madera gastada parece un bar clandestino, con cócteles históricos como el *monkey gland* (ginebra, zumo de naranja y sirope de frambuesa).

Rooftop at Vendue Inn BAR
(www.vendueinn.com; 23 Vendue Range; ⊙11.30-22.00 do-ju, hasta 24.00 vi y sa) Popular bar en una azotea con las mejores vistas del centro. Arte, cócteles y música en directo los domingos (de 18.00 a 21.00).

Blind Tiger PUB
(www.blindtigercharleston.com; 36-38 Broad St; ⊙11.00-2.00) Acogedor y con buen ambiente, con techos de estaño decorado, una añeja barra de madera y buena comida de *pub*.

Closed for Business PUB
(www.closed4business.com; 453 King St; ⊙11.00-2.00 lu-sa, 10.00-14.00 do) Amplia selección de cervezas y ambiente ruidoso de *pub* de barrio.

De compras

El barrio histórico está lleno de tiendas caras de recuerdos y mercadillos de baja calidad. Es mejor ir de compras a King St: en la parte baja de la calle venden antigüedades, en la mitad hay tiendas interesantes y en la alta, tiendas de diseño y regalos. Al tramo principal de Broad St se le llama Gallery Row por la gran cantidad de galerías de arte que alberga.

Shops of Historic Charleston Foundation REGALOS
(www.historiccharleston.org; 108 Meeting St; ⊙9.00-18.00 lu-sa, 12.00-17.00 do) Joyas, accesorios para el hogar y muebles inspirados en las casas históricas de la ciudad.

Charleston Crafts Cooperative ARTESANÍA
(www.charlestoncrafts.org; 161 Church St; ⊙10.00-18.00) Buena y cara selección de piezas artesanales contemporáneas de Carolina del Sur: cestas de *sweetgrass*, sedas teñidas a mano y tallas de madera.

Blue Bicycle Books LIBROS
(www.bluebicyclebooks.com; 420 King St; ⊙10.00-19.30 lu-sa, 13.00-18.00 do) Excelente. Vende libros nuevos y de segunda mano. Gran selección sobre historia y cultura sureñas.

ⓘ Información

Charleston ofrece acceso público y gratuito a internet (wifi) en toda la zona del centro.
'Charleston City Paper' (www.charlestoncitypaper.com) Semanario independiente con buenos listados de eventos y restaurantes; sale los miércoles.
Comisaría de policía (☑no emergencias 843-577-7434; 180 Lockwood Blvd) Al noroeste del centro.
'Post & Courier' (www.postandcourier.com) El periódico de Charleston.
Oficina de correos (www.usps.com; 83 Broad St; ⊙11.30-15.30) En la esquina de Broad St y Meeting St.
University Hospital (Medical University of South Carolina; ☑843-792-1414; www.muschealth.org; 171 Ashley Ave; ⊙24 h) Urgencias.
Centro de visitantes (☑843-853-8000; www.charlestoncvb.com; 375 Meeting St; ⊙8.30-17.00 abr-oct, hasta 17.00 nov-mar) En un antiguo y amplio almacén reformado, informa sobre alojamiento y circuitos. Se puede ver un vídeo (30 min) sobre la historia de Charleston.

ⓘ Cómo llegar y desplazarse

El **aeropuerto internacional de Charleston** (CHS; ☑843-767-7000; www.chs-airport.com; 5500 International Blvd) está a 19 km de la ciudad, en North Charleston, y tiene vuelos directos a 18 destinos.

La **estación de Greyhound** (3610 Dorchester Rd) y la **estación de trenes Amtrak** (4565 Gaynor Ave) están en North Charleston.

CARTA (www.ridecarta.com; tarifa solo 1,75 US$) tiene autobuses que recorren toda la ciudad; los tranvías gratuitos DASH cubren tres rutas circulares desde el centro de visitantes.

Mount Pleasant

Al otro lado del río Cooper desde Charleston se halla la comunidad residencial y vacacional de Mount Pleasant, antigua zona de veraneo, junto con las pequeñas islas barrera Isle of Palms y Sullivan's Island. A pesar de que cada vez hay más tráfico y centros comerciales, la zona conserva cierto encanto, sobre todo el centro histórico, llamado Old Village. En Shem Creek hay buenas marisquerías con vistas al agua; es agradable cenar junto al arroyo al caer el sol y ver llegar las barcas de los pescadores con la captura del día. También se alquilan kayaks para remar por el estuario.

⊙ Puntos de interés

Patriot's Point Naval
& Maritime Museum   MUSEO
(☎866-831-1720; www.patriotspoint.org; 40 Patriots Point Rd; adultos/niños 6-11 años 20/12 US$; ⊙9.00-18.30) En este museo se halla el USS *Yorktown*, un enorme portaaviones utilizado en la II Guerra Mundial. Se puede visitar la cubierta de vuelo, el puente y algunos camarotes, y conocer cómo era la vida de la tripulación. Además, hay un submarino, un destructor naval, el Medal of Honor Museum y la recreación de una base de la Guerra de Vietnam. También se ofrece un circuito en barco al fuerte Sumter (p. 348). Aparcar cuesta 5 US$.

Boone Hall Plantation   ENCLAVE HISTÓRICO
(☎843-884-4371; www.boonehallplantation.com; 1235 Long Point Rd; adultos/niños 6-12 años 20/10 US$; ⊙8.30-18.30 lu-sa, 12.00-17.00 do ppios marago, reducido sep-ene, cerrado feb) A solo 18 km del centro de Charleston por la Hwy 17N, esta plantación es famosa por su cautivadora Avenue of Oaks, con robles plantados por Thomas Boone en 1743. Boone Hall sigue funcionando como plantación, aunque hace tiempo que fresas, tomates y abetos navideños sustituyeron al algodón como primer cultivo. La casa principal es de 1936, cuarta reconstrucción en el mismo emplazamiento. Los edificios más llamativos son las cabañas de Slave Street, de entre 1790 y 1810, que hoy albergan exposiciones.

Plantaciones del río Ashley

Tres espectaculares plantaciones flanquean el río Ashley, a 20 min en automóvil del centro

EL SOMBRERO MEXICANO

Sobre la I-95, en la línea fronteriza entre Carolina del Norte y Carolina del Sur hay un gigante sombrero charro, el clásico tocado de los vaqueros de Jalisco. *Bienvenidos* a South of the Border (www.thesouthoftheborder.com; 3346 Hwy 301 N Hamer), un desmesurado (tato en tamaño como en mal gusto) monumento, típico estadounidense, aunque en esta ocasión con aires mexicanos. Inaugurado en los años cincuenta como puesto de fuegos artificiales (la pirotecnia es ilegal en Carolina del Norte), se ha convertido en una parada con tiendas de recuerdos, un motel y un parque de atracciones (casi cerrado) que se anuncia en cientos de carteles con un estereotipado personaje mexicano llamado Pedro. El lugar se ve ajado, pero sigue siendo un buen sitio para parar, tomar una foto y picar algo.

de Charleston. No hay tiempo de ver las tres en una sola visita, pero sí se pueden recorrer dos, dedicando, al menos, un par de horas a cada una. Ashley River Rd también se conoce como SC 61, accesible desde el centro de Charleston por la Hwy 17.

⊙ Puntos de interés

★Middleton Place   EDIFICIO HISTÓRICO, JARDINES
(☎843-556-6020; www.middletonplace.org; 4300 Ashley River Rd; jardines adultos/niños 6-13 años 28/10 US$, circuito por el museo adultos y niños 15 US$ adicionales; ⊙9.00-17.00) Diseñados en 1741, los grandes jardines de esta plantación son los más antiguos de EE UU. Cien esclavos pasaron una década aterrazando la tierra y cavando los canales geométricos exactos para el propietario, Henry Middleton, un acaudalado político de Carolina del Sur. El hechizante terreno combina los clásicos jardines formales franceses y el bosque romántico, cercado por arrozales inundados y granjas de animales de especies raras. Los soldados de la Unión incendiaron el edificio principal en 1865; pero un ala de invitados de 1755, que hoy alberga el museo de la casa, sigue en pie.

El hotel es una serie de bloques de cristal modernistas y ecológicos con vistas al río Ashley. En el reputado café se puede disfrutar de un tradicional almuerzo del Lowcountry, con sopa de cangrejo azul y *hoppin' john* (arroz con guisantes, panceta y cebolla picada).

Magnolia Plantation
CASA, JARDINES

(www.magnoliaplantation.com; 3550 Ashley River Rd; adultos/niños 6-10 años 15/10 US$; circuitos 8 US$; ☺8.00-17.30 mar-oct, hasta 16.30 nov-feb) Se recomienda seguir la pasarela de madera que se adentra entre los árboles y disfrutar del circuito "Swamp Garden", una experiencia única. La plantación, de 202 Ha, es propiedad de la familia Drayton desde 1676, y es un auténtico parque temático. Cuenta con un circuito en tranvía, un zoo interactivo y un circuito guiado por la casa. En las cabañas de los esclavos, el circuito "Slavery to Freedom" repasa la vida de los afroamericanos en la plantación.

Drayton Hall
CASA

(☏843-769-2600; www.draytonhall.org; 3380 Ashley River Rd; adultos/niños 18/8 US$; ☺9.00-17.00 lu-sa, 11.00-17.00 do, último circuito 15.30) Esta mansión palladiana de ladrillo, de 1738, fue la única casa de las plantaciones del río Ashley que sobrevivió a la guerras de Independencia y de Secesión, y al gran terremoto de 1886. Circuitos guiados recorren la mansión, sin amueblar. También hay senderos para pasear junto al río y un marjal.

Lowcountry

Desde el norte de Charleston, la mitad sur de la costa de Carolina del Sur es una red de islas separadas de la costa por ensenadas y marismas. En esta zona, los descendientes de los esclavos que procedían de las actuales Gambia, Senegal y Mauritania, los gullah, mantienen sus pequeñas comunidades acosados por la proliferación de resorts y campos de golf. El paisaje varía entre pulcros tramos de brillante arena gris y bosques marítimos cubiertos de musgo.

See Islands del condado de Charleston

A 1 h en coche de Charleston se encuentra el extremo septentrional de las See Islands, una cadena de islas mareales y barras de arena que se extiende al sur hasta Florida. Situada 13 km al sur de Charleston, Folly Beach es magnífica para pasar un día de sol y arena. El Folly Beach County Park (☏843-588-2426; www.ccprc.com; 1100 W Ashley Ave, Folly Beach; apar-

camiento por vehículo 7-10 US$, peatones/bicicletas gratis; ☺9.00-19.00 may-ago, 10.00-18.00 mar, abr, sep y oct, 10.00-17.00 nov-feb), en el lado oeste, ofrece vestuarios y alquiler de tumbonas de playa. El otro lado del parque es muy popular entre los surfistas.

Selectas casas de alquiler, campos de golf y el estiloso Sanctuary Resort definen la isla de Kiawah, al sureste de Charleston, mientras que la vecina isla de Edisto es una zona de veraneo familiar sin un solo semáforo. En la punta sur está el Edisto Beach State Park (☏843-869-2156; www.southcarolinaparks.com; adultos/niños 6-15 años 5/3 US$; parcelas tienda/caravanas desde 20/26 US$, cabañas desde 110 US$), con una preciosa playa desierta y senderos y *campings* a la sombra de los robles.

🛏 Dónde dormir

The Sanctuary at Kiawah Island Golf Resort
CENTRO VACACIONAL $$$

(☏843-768-2121; www.kiawahresort.com; 1 Sanctuary Beach Dr; h/ste desde 570/1675 US$, villa desde 275 US$, casas desde 8100 US$ por semana; ✴@🛜🏊) En un bonito paraje junto al mar, 34 km al sur del centro de Charleston, es un alojamiento de híper lujo, con magníficas habitaciones decoradas en tonos verdes, con camas con dosel, sábanas italianas, colchones hechos a medida y duchas de mármol. También se alquilan villas y casas. Cuenta con dos centros de tenis, un campo de golf de 90 hoyos, *spa* y el campamento infantil Kamp Kiawah.

Beaufort y Hilton Head

El tramo más meridional de la costa de Carolina del Sur es popular entre visitantes pudientes que juegan al golf y se alojan en los B&B de la zona, pero tiene atractivos para todos los públicos.

En la isla de Port Royal la bonita ciudad colonial de Beaufort es a menudo escenario de películas de Hollywood ambientadas en el Sur. Las calles de su barrio histórico están repletas de casas de estilo *antebellum* y de magnolios cubiertos de musgo. En el centro ribereño abundan los cafés y galerías agradables.

Al sur de Beaufort, uno 20 000 jóvenes pasan cada año por el Marine Corps Recruit Depot, en la isla de Parris, famoso por el film *La chaqueta metálica,* de Stanley Kubrick. La base lleva 100 años formando reclutas. Se puede acceder a las graduaciones de los vier-

INDISPENSABLE

EL RESTAURANTE DE BOWEN ISLAND

Tras una larga pista de tierra que atraviesa las marismas del Lowcountry cerca de Folly Beach, esta **cabaña** (1870 Bowen's Island Rd; ⊙17.00-22.00 ma-sa) de madera sin pintar es uno de los más venerables restaurantes de marisco del Sur; solo hay que asir un cuchillo de ostras y empezar a abrirlas. La cerveza fría y los simpáticos lugareños se encargan de animar el ambiente.

nes, para ver a los nuevos marines desfilar con orgullo antes sus familiares y amigos. Es posible que el visitante deba presentar una identificación y los papeles del vehículo antes de acceder a la base.

Al este de Beaufort, la Sea Island Pkwy/ Hwy 21 conecta un conjunto de islas rurales y pantanosas, incluida la **Isla de St. Helena**, que está considerada el epicentro del territorio gullah y alberga un parque estatal costero.

Al otro lado del golfo de Port Royal, la diminuta **Hilton Head Island** es la mayor isla barrera de Carolina del Sur y uno de los primeros destinos de golf de América. Tiene docenas de campos, la mayoría de ellos en carísimas urbanizaciones residenciales privadas conocidas como *plantations*, y el ambiente en general no es muy acogedor. El tráfico veraniego y la gran cantidad de semáforos hacen difícil apreciar la belleza de la isla, pero hay algunas bonitas reservas naturales y amplias playas de arena blanca por las que se puede montar en bicicleta. En el **centro de visitantes** (☎800-523-3373; www.hiltonheadisland.org; 1 Chamber of Commerce Dr; ⊙8.30-17.30 lu-vi) hay información y folletos.

◉ Puntos de interés

Parris Island Museum MUSEO
(☎843-228-2951; www.mcrdpi.marines.mil; 111 Panama St; ⊙10.00-16.30) **GRATIS** Fascinante museo con uniformes y armas antiguas dedicado a la historia del cuerpo de marines. También hay algunas salas dedicadas a la historia local. No hay que perderse el vídeo introductorio.

Penn Center MUSEO
(☎843-838-2474; www.penncenter.com/museum; 16 Penn Center Circle W; adultos/niños 6-16 años 5/3 US$; ⊙9.00-16.00 lu-sa) En la isla de St. Helena, fue la sede de una de las primeras escuelas

para esclavos libertos. Hoy alberga un pequeño museo dedicado a la cultura gullah y a la historia de la Penn School.

Hunting Island State Park PARQUE
(☎843-838-2011; www.southcarolinaparks.com; 2555 Sea Island Pkwy; adultos/niños 6-15 años 5/3 US$; ⊙centro de visitantes 9.00-17.00 lu-vi, 11.00-17.00 sa y do) Frondoso y acogedor, este parque impresiona con sus hectáreas de inquietante bosque marítimo, lagunas mareales y desérticas playas de arena blanca. Las escenas de la Guerra de Vietnam del filme *Forrest Gump* se filmaron en el marjal, un paraíso para los amantes de la naturaleza. En verano los *campings* se llenan enseguida. Se puede subir al **faro** (2 US$) para disfrutar de amplias vistas de la costa.

🛏 Dónde dormir y comer

Hunting Island State Park Campground CAMPING $
(☎reservas 866-345-7275, oficina 843-838-2011; www.southcarolinaparks.com; 2555 Sea Island Pkwy; parcelas tienda 18,50-29 US$, parcelas caravana 23-32 US$, cabañas 23-201 US$; ⊙6.00-18.00, hasta 21.00 ppios mar-ppios nov) En el parque más visitado de Carolina del Sur es posible acampar bajo pinos o palmeras. Hay varios *campings* muy cerca de la playa. Todas las plazas están disponibles con o sin reserva, pero en verano se recomienda reservar.

City Loft Hotel HOTEL $$
(☎843-379-5638; www.cityhotel.com; 301 Carteret St, Beaufort; h/ste 209/229 US$; ☞🐾❄) Un hotel chic que aporta un soplo de aire fresco y moderno a una ciudad repleta de casas históricas y solemnes. Con TV de pantalla plana en las habitaciones y los baños, duchas con azulejos artesanales y camas con colchones de última generación. También cuenta con un gimnasio, préstamo de bicicletas y una cafetería.

Sgt White's SUREÑA, BARBACOA
(1908 Boundary St, Beaufort; carne 9 US$; ⊙11.00-15.00 lu-vi) Un sargento de los marines retirado sirve carne clásica con tres acompañamientos a elegir: col, quingombó estofado o pan de maíz.

Costa norte

Desde la frontera meridional de Carolina del Norte hasta Georgetown, la región costera conocida como Grand Strand bulle de actividad

PLATOS SUREÑOS IMPRESCINDIBLES

Barbacoa En toda la región, sobre todo en Carolina del Norte y Tennessee.

Pollo frito En toda la región.

Pan de maíz En toda la región.

Gachas con gambas Costas de Carolina del Sur y Georgia.

'Lowcountry boil'/guiso 'frogmore' Cangrejos, gambas, ostras y otros mariscos con maíz y patatas; costas de Carolina del Sur y Georgia.

'Boudin' Salchicha cajún de cerdo y arroz; sur de Luisiana.

'Gumbo'/'jambalaya'/'étouffée' Guiso de arroz y marisco o carne, o mezcla de ambos; sur de Luisiana.

'Po'boy' Sándwich, suele ser de marisco o carne frita; sur de Luisiana.

Col Hortaliza de hoja verde, a menudo se cocina con jamón; en toda la región.

Tarta de nueces pecanas, tarta de coco, tarta 'red velvet', tarta de boniato En toda la región.

'Bourbon' Kentucky.

con 97 km de puestos de comida rápida, resorts playeros y tiendas de recuerdos. Lo que antaño fue un apacible destino playero de la clase trabajadora del sureste se ha convertido en una de las zonas más sobreurbanizadas del país. Aquí todo lo gira en torno al ocio playero.

Myrtle Beach

La enorme noria Sky Wheel gira junto al mar en el centro de Myrtle Beach, presidiendo un tramo de 97 km de excesos bajo el Sol. Se ame o se odie, Myrtle Beach encarna las vacaciones veraniegas al más puro estilo americano. Los motociclistas pasean con la melena al viento, adolescentes en bikini juegan a los videojuegos y comen *hotdogs* en galerías humeantes y familias enteras se tuestan al sol.

North Myrtle Beach, una ciudad separada, es algo más comedida, conocida en el país por el *shag*, un baile parecido al *swing* que se inventó aquí en los años cuarenta. Es un sitio divertido, con enormes centros comerciales *outlet*, un sinfín de campos de minigolf, parques acuáticos, bares de daiquiris y tiendas de camisetas.

Puntos de interés y actividades

La playa es agradable, amplia, cálida y llena de parasoles. En Ocean Blvd están casi todos los puestos de hamburguesas y las tiendas cutres de recuerdos. La Hwy 17 está repleta de exagerados campos de minigolf y hay varios

híbridos de parque de atracciones y centro comercial llenos de gente a todas horas.

Brookgreen Gardens   JARDINES
(www.brookgreen.org; adultos/niños 4-12 años 15/7 US$; ☉9.30-17.00, hasta 20.00 abr) Estos mágicos jardines, 26 km al sur de la ciudad por la Hwy 17S, albergan la mayor colección de escultura americana del país, repartida a lo largo de 3600 Ha de arrozales convertidos en un paraíso subtropical. En la web se listan las épocas de floración.

SkyWheel   PARQUE DE ATRACCIONES
(www.myrtlebeachskywheel.com; 1110 N Ocean Blvd; adultos/niños 3-11 años 13/9 US$; ☉11.00-24.00) Esta noria mide 57 m y preside el paseo marítimo, de 2 km de largo. De noche es muy llamativa, con más de un millón de lucecitas.

Broadway at the Beach   CENTRO COMERCIAL
(www.broadwayatthebeach.com; 1325 Celebrity Circle; ☉10.00-23.00 may-jun, reducido resto del año) Con tiendas, restaurantes, locales nocturnos, atracciones, un acuario y un cine digital de pantalla gigante, es el epicentro de Myrtle Beach.

Family Kingdom   PARQUE DE ATRACCIONES
(www.family-kingdom.com; pase combinado 38 US$; ⬦) Un parque acuático y de atracciones a la vieja usanza, con vistas al océano. El horario varía según la temporada; cierra en invierno.

🛏 Dónde dormir

Hay cientos de hoteles, desde moteles familiares *retro* hasta enormes resorts, con precios que varían según la temporada; en enero una habitación puede costar 30 US$ y en julio, más de 150 US$. Los precios indicados a continuación son de temporada alta.

Myrtle Beach State Park · CAMPING $

(☎843-238-5325; www.southcarolinaparks.com; 4401 S Kings Hwy; tiendas rústicas may-jun 30 US$, parcelas tiendas/caravanas desde 38/42 US$, cabañas desde 149 US$; P🐶🛜❄) Para dormir en una tienda bajo los pinos o alquilar una cabaña, muy cerca del mar. Está 5 km al sur del centro de Myrtle Beach.

Best Western Plus Grand Stand Inn & Suites · HOTEL $$

(☎843-448-1461; www.myrtlebeachbestwestern. com; 1804 S Ocean Blvd; h/ste desde 157/177 US$; ✳@🛜❄) Forma parte de una gran cadena hotelera nacional, pero las tarifas son razonables. Está muy cerca de la playa y el desayuno, incluido, es muy completo. Se divide en dos edificios, uno frente al mar y el otro al otro lado de Ocean Blvd. Las habitaciones se ven un poco modernas. El paseo marítimo está 2 km al norte.

Hampton Inn Broadway at the Beach · HOTEL $$$

(☎843-916-0600; www.hamptoninn3.hilton.com; 1140 Celebrity Circle; h/ste desde 249/389 US$; ✳@🛜❄) Las luminosas habitaciones con vistas al lago son una gran opción. Es menos bullicioso que el resto de los alojamientos de Ocean Blvd. Recomendable para familias.

🍴 Dónde comer

Hay cientos de restaurantes, casi todos ruidosos y mediocres, locales de bufé libre y tiendas de *donuts* 24 h. No es fácil dar con buen marisco; los lugareños suelen ir a **Murrells Inlet** para comerlo.

Prosser's BBQ · SUREÑA $$

(www.prossersbbq.com; 3750 Business Hwy 17, Murrells Inlet; bufé desayuno/almuerzo/cena 6,50/9/12-14 US$; ⏱6.30-10.30 lu-sa, 11.00-14.00 lu-sa, 11.00-14.30 do, 16.00-20.30 ma-sa; 🚼) El copioso bufé del almuerzo tiene comida sencilla y deliciosa. Incluye pescado y pollo frito, suflé de boniato, macarrones con queso, judías verdes y carne de cerdo al vinagre. La mejor opción de la hilera de restaurantes de Murrells Inlet. El trayecto merece la pena.

Aspen Grille · SUREÑA $$$

(☎843-449-9191; www.aspen-grille.com; 5101 N Kings Hwy; principales 20-55 US$) Para huir de las multitudes e impresionar el paladar con cestas de marisco frito. Sofisticado pe acogedor, parece estar a años luz del rui de la Kings Hwy. El chef Curry Martin si comida local fresca con estilo y sensibili sureños. Gambas y gachas de queso c salsa *gravy* y salchichas *andouille*. Si pescado del día es pez ballesta, no hay q perdérselo. Las noches de los miércoles h música en directo y vino a mitad de prec

☆ Ocio

★ Fat Harold's Beach Club · SALÓN DE BA

(www.fatharolds.com; 212 Main St; ⏱desde 16 lu y ma, desde 11.00 mi-do) Toda una insti ción de North Myrtle para bailar al rit del *doo-wop* y del *rock and roll* clásico. hace llamar Home of the Shag, por el ba de la zona. Clases de *shag* cada marte las 19.00.

ℹ Información

Centro de visitantes (☎843-626-7444; ww visitmyrtlebeach.com; 1200 N Oak St; ⏱ 8.30-17.00 lu-vi, 9.00-17.00 sa, 10.00-14.00 may-ago, 9.00-14.00 sa do cerrado sep-may Planos y folletos.

ℹ Cómo llegar y desplazarse

El tráfico de la Hwy 17 Business/Kings Hwy pu de ser exasperante. Para evitar las zonas más densas es mejor seguir por la variante Hwy 17 tomar la Hwy 31/Carolina Bays Pkwy, paralela la Hwy 17 entre la Hwy 501 y la Hwy 9.

El **aeropuerto internacional de Myrtle Beach** (MYR; ☎843-448-1589; www.flymyrtl beach.com; 1100 Jetport Rd) está en la mism ciudad, igual que la estación de **Greyhound** (☎843-448-2472; 511 7th Ave N).

Greenville y el Upcountry

Los cherokees vivían al pie de las montañ del estado, que ellos llamaban "las gra des colinas azules de dios". La región h se conoce como Upcountry y es el pun donde el macizo de Blue Ridge se fun con el Piedmont.

Greenville preside la región, con uno los centros urbanos más fotogénicos c Sur. El río Reedy serpentea por el centre sus espectaculares cascadas caen en Fa Park (www.fallspark.com). Se puede pedale junto al río por el **Swamp Rabbit Trail** g cias al servicio de bicicletas compartid (https://greenville.bcycle.com). En el ce tro, Main St cuenta con una animada se

EXPLORAR EL PANTANO DEL CONGAREE NATIONAL PARK

Aguas oscuras teñidas por el ácido tánico de las plantas en descomposición. Tocones blancos de cipreses que parecen fémures de gigantes difuntos. Musgo tan seco y griseáceo como el cabello de una bruja. No hay nada como pasear en canoa por uno de los pantanos más fantasmales de Carolina del Sur para sentirse el protagonista de una novela gótica.

Cerca de Columbia, el **Congaree National Park** (☎803-776-4396; www.nps.gov/cong; 100 National Park Rd, Hopkins; ⊗centro de visitantes 9.00-17.00 ma-sa), de 8900 Ha, el bosque primario templado de terreno aluvial más grande de EE UU ofrece zonas de acampada y circuitos gratuitos en canoa guiados por guardabosques (se debe reservar con antelación). Los excursionistas pueden recorrer una pasarela elevada de madera de 4 km. En el centro de visitantes hay un mural titulado *Blue Sky* que parece cambiar cuando uno se mueve.

Entre Charleston y Myrtle Beach, el **Francis Marion National Forest** cuenta con 104 800 Ha de arroyos oscuros, zonas de acampada y senderos de excursionismo, incluido el Palmetto Trail, de 68 km, que sigue las antiguas rutas madereras. El operador Nature Adventures Outfitters, de Charleston, ofrece circuitos en kayak y canoa.

de tiendas, buenos restaurantes y *pubs* con cervezas artesanales. La acera está llena de citas caprichosas, los 'Thoughts on a Walk' (pensamientos de paseo). Los niños lo pasarán bien en **Mice on Main,** una *gincana* inspirada en el cuento *Goodnight Moon*.

La atracción natural de la región es el monte Table Rock, de 952 m, con una imponente ladera de granito. La excursión de 12 km que sube a la cima, al **Table Rock State Park** (☎864-878-9813; www.southcarolinaparks.com; 158 Ellison Lane, Pickens; adultos/niños 6-15 años 5/3 US$ jun-nov, adultos/menores 16 años 2 US$/gratis dic-may; ⊗7.00-19.00 do-ju, hasta 21.00 vi y sa, durante más horas med may-ppios nov) es muy popular. Hay *campings* para pasar la noche (16-21 US$) y cabañas junto al Civilian Conservation Corps (52-181 US$).

🛏 Dónde dormir y comer

Drury Inn & Suites HOTEL $$
(☎864-288-4401; www.druryhotels.com; 10 Carolina Point Pkwy; h/ste desde 107/166 US$; P❉@🖥) No es céntrico y pertenece a una cadena convencional, pero el precio incluye una *happy hour* nocturna con una copiosa selección de aperitivos y un completo desayuno. Está en la I-85, a 11 km del centro.

Lazy Goat MEDITERRÁNEA $$
(☎864-679-5299; www.thelazygoat.com; 170 River Pl; almuerzo 5-15 US$; platos pequeños cena 5-10 US$, principales cena 12-25 US$; ⊗11.30-21.00 lu-mi, hasta 22.00 ju-sa) Un local elegante, famoso por sus platillos mediterráneos,

para comer *pimento cheese* y pan de chapata con una copa de vino junto al río.

TENNESSEE

Casi todos los estados tienen una canción oficial. Tennessee tiene siete, y no es casualidad: es un estado que lleva la música en el alma. En él se mezclaron la música popular escocesa-irlandesa de las montañas del este con los ritmos *blueseros* afroamericanos del delta; así nació la música *country* moderna que ha dado fama a Nashville.

Sus tres regiones geográficas, representadas por las tres estrellas de su bandera, tienen cada una su propia personalidad: los picos de las Great Smoky Mountains, los frondosos y verdes valles del altiplano central que rodea Nashville y las cálidas y sofocantes tierras bajas cercanas a Memphis.

En Tennessee se puede ir de excursión por senderos montañosos sombríos por la mañana, bailar música *honky-tonk* en Nashville por la noche y, entre medias, pasear por las calles de Memphis con el fantasma de Elvis.

❶ Información

Department of Environment & Conservation (☎888-867-2757; www.state.tn.us/environment/parks) Una web muy cuidada con información sobre *campings*, excursionismo y pesca en los más de 50 parques estatales de Tennessee.

Department of Tourist Development (☎615-741-2159; www.tnvacation.com; 312 8th Ave N,

Nashville) Tiene centros de visitantes en las fronteras del estado.

Memphis

Memphis no atrae solo a turistas. Muchos de sus visitantes son en realidad peregrinos: los amantes de la música se dejan llevar por el *feeling* de las guitarras de *blues* en Beale St; los *connoisseurs* de la barbacoa se vuelven locos con los sándwiches de cerdo ahumado y las costillas asadas; los fans de Elvis visitan Graceland. Se pueden pasar días saltando de un museo a otro, parando solo para ir de barbacoa.

Pero al alejarse de las luces y los autobuses turísticos, Memphis se ve como un lugar totalmente distinto. Lleva el nombre de la capital del antiguo Egipto, y tiene un ajado carisma barroco triste y seductor. Aunque la pobreza es endémica, hay mansiones victorianas junto a *shotgun shacks* (las clásicas casas de madera con porche y techo de chapa acanalada, tan populares en el Sur) y campus universitarios junto a fantasmagóricas fábricas, si bien soplan aires de renovació Los barrios antaño oprimidos, abandonad y/o invadidos por la maleza (South Mai Binghampton, Crosstown y otros) se rei ventan con tiendas de moda, *lofts* de esti *hipster* y restaurantes innovadores, todos r bosantes de ese espíritu de ciudad ribereña salvaje característico de Memphis.

Puntos de interés

Downtown

En el tramo peatonal de Beale St es carnav a todas horas, con *funnel cakes* (una espec de churro), barras de cerveza y mucha m sica. Los lugareños no suelen frecuentarl pero los visitantes lo disfrutan mucho. Albe ga el Memphis Music Hall of Fame y el Blu Hall of Fame, ambos inaugurados en el 201

★ **National Civil Rights Museum** MUS (plano p. 360; www.civilrightsmuseum.org; 4 Mulberry St; adultos 15 US$, estudiantes y séni 14 US$, niños 12 US$; ⊙9.00-17.00 lu y mi-sa, 13.0 17.00 do sep-may, hasta 18.00 jun-ago) Frente Lorraine Motel, donde Martin Luther Kir Jr. fue asesinado el 4 de abril de 1968, se al este museo dedicado a los derechos civile Está a cinco manzanas de Beale St y ofre amplias exposiciones y una detallada crón ca en orden cronológico de la lucha por igualdad y la libertad de los afroamericano Tanto la contribución cultural de Luther Kir como su asesinato sirven de leitmotiv del m vimiento por los derechos civiles, sus precu sores y su impacto en la vida americana.

El exterior turquesa del motel, de los añ cincuenta, y dos habitaciones interiores conservan casi como estaban cuando mur Luther King.

Memphis Rock 'n' Soul Museum MUS (plano p. 360; www.memphisrocknsoul.org; 191 Bea St; adultos/niños 12/9 US$; ⊙10.00-19.00) Vinc lado al Smithsonian y junto al FedEx Forur este museo analiza cómo se mezclaron la m sica blanca y la afroamericana en el delta d Misisipi para crear el *rock* y el soul.

Gibson Beale Street Showcase CIRCUIT (plano p. 360; www2.gibson.com; 145 Lt George Lee Ave; entrada 10 US$, solo mayores de 5 años; ⊙ circuitos cada hora 11.00-16.00 lu-sa, 12.00-16.0 do) Los fascinantes circuitos de 45 min, qu varían durante el día según la cantidad d trabajadores y el volumen del ruido, de es enorme lugar permiten ver a los artesano

---

DATOS DE TENNESSEE

Apodo Estado Voluntario

Población 6,54 millones

Superficie 109 158 km²

Capital Nashville (634 000 hab.)

Otras ciudades Memphis (653 000 hab.)

Impuesto sobre ventas 7% más las tasas locales, de hasta el 15%

Hijos célebres Davy Crockett (1786-1836), Aretha Franklin (1942) y Dolly Parton (1946)

Cuna de Graceland, Grand Ole Opry y la destilería Jack Daniel's

Política Conservadora, con áreas progresistas en las zonas urbanas

Famoso por el "Tennessee Waltz", la música *country*, los caballos y la música soul

Ley curiosa En Tennessee es ilegal disparar a cualquier animal salvaje desde un vehículo, excepto a las ballenas

Distancias por carretera Memphis-Nashville, 343 km; Nashville-Great Smoky Mountains National Park, 259 km

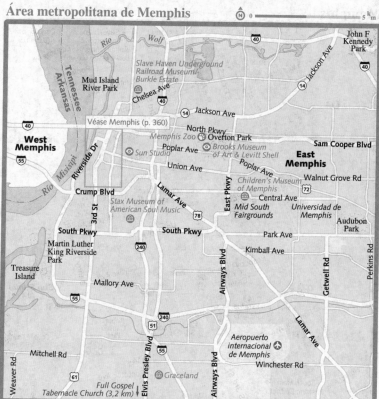

transformar bloques de madera maciza en las míticas guitarras Les Paul.

WC Handy House Museum   MUSEO

(plano p. 360; www.wchandymemphis.org; 352 Beale St; adultos/niños 6/4 US$; ☺11.00-16.00 ma-sa invierno, hasta 17.00 verano) Esta *shotgun shack* en la esquina de 4th St perteneció al compositor considerado padre del *blues*, Fue el primero en usar los 12 compases y en 1916 compuso "Beale Street Blues".

Patos del Hotel Peabody   MARCHA DE PATOS

(plano p. 360; www.peabodymemphis.com; 149 Union Ave; ☺11.00 y 17.00; 👪) GRATIS Esta tradición data de los años treinta y empieza cada día a las 11.00 en punto cuando cinco patos desfilan desde el ascensor dorado del Peabody Hotel, cruzan el vestíbulo de moqueta roja y se lanzan a la fuente de mármol del vestíbulo para pasar el día chapoteando. A las 17.00 los patos repiten el desfile en sentido contrario, cuando se retiran a su ático acompañados por su domador con chaqueta roja. Se recomienda llegar pronto porque hay mucho público (se ve mejor desde el entresuelo).

👁 Norte de Downtown

Mud Island   PARQUE

(plano p. 360; www.mudisland.com; 125 N Front St; ☺10.00-17.00 ma-do med abr-oct; 👪) GRATIS Esta pequeña península que se adentra en el Misisipi es la zona verde más preciada del centro de Memphis. Es posible montar en el monorraíl (4 US$, o gratis con la entrada del Mississippi River Museum) o cruzar el puente a pie hasta el parque, donde se puede ir a correr y alquilar bicicletas.

Slave Haven Underground Railroad Museum/Burkle Estate   MUSEO

(www.slavehavenundergroundrailroadmuseum.org; 826 N 2nd St; adultos/niños 10/8 US$; ☺10.00-

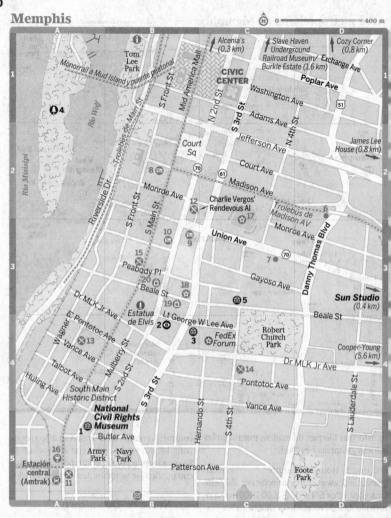

N   0 ————————— 400 m

EL SUR TENNESSEE

16.00 lu-sa, hasta 17.00 jun-ago) Se cree que esta casa formaba parte de una red clandestina, la Underground Railroad, que ayudaba a los esclavos a escapar de las plantaciones. Se conservan las trampillas, la entrada exterior al sótano y los trasteros.

Este de Downtown

★ **Sun Studio**   CIRCUITO POR EL ESTUDIO
(☎800-441-6249; www.sunstudio.com; 706 Union Ave; adultos/niños 12 US$/gratis; ◎10.00-18.15) Este decrépito edificio es la cuna del *rock and*

roll. Aquí empezó tofo. Desde principios de los años cincuenta, Sam Phillips grabó para su sello discográfico, Sun Records, a artistas del *blues* como Howlin' Wolf, B. B. King e Ike Turner, y a finales de la década a los destinados a revolucionar la música, Jerry Lee Lewis, Johnny Cash, Roy Orbison y, por supuesto, Elvis.

Los circuitos de 40 min (no se admiten menores de cinco años) salen cada hora de 10.30 a 17.30, recorren el pequeño estudio, se pueden oír históricas grabaciones originales y los guías cuentan muchas y divertidas anéc-

Memphis

dotas; se puede posar para fotografiarse en la 'X' donde antaño estuvo Elvis o comprar un CD del Million Dollar Quartet, una *jam session* improvisada de 1956 que reunió a Elvis, Johnny Cash, Carl Perkins y Jerry Lee Lewis. Desde el estudio sale un autobús gratuito que va a Beale St, Graceland y vuelta.

Children's Museum of Memphis   MUSEO
(www.cmom.com; 2525 Central Ave; entrada 12 US$; ◎9.00-17.00, hasta 18.00 verano; 🖐) Aquí los niños lo pasarán en grande, con exposiciones que incluyen la cabina de un avión y un generador de tornados.

◎ Overton Park

Casas señoriales rodean este verde oasis de 137 Ha, que alberga el zoo de Memphis, cerca de Poplar Ave, en el centro de esta ciudad a menudo áspera. Si Beale St es el corazón de Memphis, Overton Park son sus pulmones.

Brooks Museum of Art   GALERÍA
(www.brooksmuseum.org; 1934 Poplar Ave; adultos/ niños 7/3 US$; ◎10.00-16.00 mi y vi, hasta 20.00 ju, hasta 17.00 sa, desde 11.00 do) Este reputado museo de arte, en la linde oeste del parque, cuenta con una excelente y diversa colección que va de escultura renacentista a impresionismo y expresionismo abstracto.

Levitt Shell   ARQUITECTURA, SALA DE CONCIERTOS
(www.levittshell.org; 1928 Poplar Ave) Un local por donde han pasado bandas históricas, no en vano fue el lugar donde Elvis dio su primer concierto en 1954. Hoy programa conciertos gratuitos durante todo el verano.

◎ Sur de Downtown

★ **Graceland**   EDIFICIO HISTÓRICO
(☎901-332-3322; www.graceland.com; Elvis Presley Blvd/US 51; circuitos casa solo adultos/niños 36/16 US$, circuitos largos desde 40/19 US$; ◎9.00-17.00 lu-sa, hasta 16.00 do, reducido o cerrado ma dic; 🅿) Si solo se puede visitar un sitio de Memphis, tendrá que ser este: la mansión sublimemente hortera del rey del *rock and roll*. Aunque nació en Tupelo, Misisipi, Elvis Presley era hijo de Memphis, criado desde los 13 años en las viviendas sociales de Lauderdale Courts, inspirado por los locales de *blues* de Beale St, y descubierto en el Sun Studio. En verano de 1957, con 22 años, ya era famoso y se gastó 100 000 US$ en una mansión de estilo colonial llamada Graceland por sus anteriores propietarios.

El rey mandó redecorar la casa entera en 1974. Con un sofá de 39 m, una cascada artificial, paredes de vinilo amarillo y techo de moqueta verde afelpada; el vivo ejemplo de la ostentación. El circuito empieza en la plaza de visitantes, al otro lado de Elvis Presley Blvd. En temporada alta hay que reservar (jun, ago y las fechas relevantes de Elvis). El básico, autoguiado, tiene una interesante narración multimedia en iPad. Por 4 US$ más se puede ver el museo de automóviles y por 9 US$, los dos aviones personalizados (no hay que perderse el baño privado azul y dorado del *Lisa Marie*, un reactor Convair 880).

Priscilla Presley, que se divorció de Elvis en 1973, abrió Graceland al público en 1982. Hoy millones de personas visitan la mansión para rendir homenaje al rey, que murió en ella, en el baño del piso superior, de un ataque al corazón en 1977. Legiones de fans siguen llorando ante su tumba, junto a la piscina trasera. Graceland está 14 km al sur del centro por la US 51, también llamada Elvis Presley Blvd. Hay un bus gratuito desde Sun Studio (p. 360). Aparcar cuesta 10 US$.

★ Stax Museum of American Soul Music
MUSEO

(☎901-942-7685; www.staxmuseum.com; 926 E McLemore Ave; adultos/niños 13/10 US$; ◷10.00-17.00 ma-sa, 13.00-17.00 do) Este gran museo de 1580 m² se alza donde estuvo el mítico estudio de grabación Stax, epicentro de la música soul en los sesenta. En él grabaron Otis Redding, Booker T. y los MG o Wilson Pickett. El visitante se podrá adentrar en la historia del soul con fotografías, prendas de actuaciones de los años sesenta y setenta, y con el Superfly Cadillac de Isaac Hayes, de 1972, con tapicería afelpada y adornos exteriores en oro de 24 quilates.

Full Gospel Tabernacle Church
IGLESIA

(787 Hale Rd; ◷servicios 11.00) El domingo se puede ir a misa en South Memphis, donde Al Green, leyenda del soul reconvertido en reverendo, preside un magnífico coro. Se aceptan visitantes; es una experiencia fascinante.

☞ Circuitos

American Dream Safari
CULTURAL

(plano p. 360; ☎901-428-3602; www.american dreamsafari.com; 343 Madison Ave; circuitos a pie 15 US$/persona, en automóvil desde 200 US$) Tad Pierson, entusiasta de la cultura sureña, muestra la cara más personal y curiosa de Memphis (*juke joints*, iglesias góspel y edificios destartalados) a pie o en su Cadillac rosa.

Blues City Tours
CIRCUITO EN AUTOBÚS

(plano p. 360; ☎901-522-9229; www.bluescitytours. com; adultos/niños desde 24/19 US$) Varios circuitos temáticos, incluido uno dedicado a Elvis y otro a la música de Memphis.

✷ Fiestas y celebraciones

Trolley Night
ARTE

(www.gosouthmain.com/trolley-night.html; S Main St; ◷18.00-21.00 último vi de mes) GRATIS Durante la Trolley Night las galerías de South Main abren hasta tarde y sirven vino a los visitantes.

Beale Street Music Festival
MÚSICA

(www.memphisinmay.org; Tom Lee Park; pase de 3 días 95 US$; ◷1er fin de semana may) Aunque no es muy famoso, ofrece uno de los mejores carteles de grandes del *blues* de todos los tiempos, *rockeros* emergentes y nuevos artistas de pop y *hip-hop*.

☐ Dónde dormir

Hay moteles de cadenas cerca de la I-40, salida 279, al otro lado del río, en West Memphis, Arkansas. También se podrá ir al nuevo Guest House at Graceland, un hotel de lujo de 450 habitaciones muy cerca de Graceland, recién inaugurado.

☐ Downtown

Talbot Heirs
PENSIÓN $$

(plano p. 360; ☎901-527-9772; www.talbothouse. com; 99 S 2nd St; ste 130-195 US$; ❀@♠) Discretamente situado en la 2ª planta de una concurrida calle del centro, esta animada pensión es uno de los secretos mejor guardados de Memphis. Sus amplias suites parecen apartamentos modernos, con alfombras asiáticas, obras de arte locales y cocinas con tentempiés incluidos. Grandes estrellas como Harvey Keitel, Matt Damon y John Grisham se han alojado aquí, como también lo hizo Bobby Whitlock, de Derek and the Dominos, quién firmó el piano.

Peabody Hotel
HOTEL $$

(plano p. 360; ☎901-529-4000; www.peabodymem phis.com; 149 Union Ave; h desde 219 US$; ❀♠≋) El hotel con más historia de Memphis acoge a la élite sureña desde la década de 1860. Su versión actual, un edificio de estilo neorrenacentista italiano de 13 plantas es de los años veinte y acoge un centro social con *spa*, tiendas, restaurantes un bar en el vestíbulo y 464 habitaciones decoradas en suaves tonos turquesas.

Madison Hotel
HOTEL-BOUTIQUE $$$

(plano p. 360; ☎901-333-1200; www.madisonhotel memphis.com; 79 Madison Ave; h desde 259 US$; P❀@♠≋) Habitaciones elegantes de temática musical para darse un capricho. El bar de la azotea, Sky Terrace (entrada 10 US$ para no huéspedes) es uno de los mejores sitios de la ciudad para ver la puesta de sol, y las selectas habitaciones tienen detalles muy cuidados, como recibidores de madera, techos altos y sábanas italianas.

★ James Lee House
B&B $$$

(☎901-359-6750; www.jamesleehouse.com; 690 Adams Ave; h 245-450 US$; P❀@♠) Esta exquisita mansión victoriana estuvo 56 años abandonada en la histórica Victorian Village, en la linde del centro. Gracias a una reforma de dos millones de dólares y al buen gusto del propietario, ahora es uno de los alojamientos más exquisitos de Memphis. Con partes que datan de 1848 y 1872, la excelente reforma ha conservado molduras, espejos, cornisas, 14 chimeneas y una parte del parqué. Las cinco amplias suites están muy bien amuebladas, y hay un jardín tranquilo con su fuente original.

Este de Downtown

Pilgrim House Hostel ALBERGUE $
(☎901-273-8341; www.pilgrimhouse.org; 1000 S Cooper St; dc/h 25/55 US$; P✴@🛜) Aunque de regencia eclesiástica, no practica el proselitismo. Los dormitorios colectivos y las habitaciones privadas son amplias y están limpias. Tiene una clientela internacional que juega a las cartas y charla en las zonas comunes, decoradas con muebles de segunda mano. Eso sí, a todos los huéspedes se les encarga una tarea diaria y el alcohol está prohibido.

Sur de Downtown

Graceland RV Park & Campground CAMPING $
(☎901-396-7125; www.graceland.com/visit/graceland_campground.aspx; 3691 Elvis Presley Blvd; parcelas tienda /cabañas desde 25/47 US$; P🛜≋) Sencillas cabañas de troncos (con baños compartidos) y parcelas para montar la tienda junto a Graceland.

Heartbreak Hotel HOTEL $$
(☎901-332-1000; www.graceland.com/visit/heartbreakhotel.aspx; 3677 Elvis Presley Blvd; d desde 115 US$; P✴🛜≋) Al final de Lonely St, frente a Graceland, este sencillo hotel está totalmente dedicado a Elvis. Para rizar el rizo de lo *kitsch*, no hay nada como alojarse en una de sus suites temáticas, como la Burnin' Love, decorada en terciopelo rojo. Buena relación calidad-precio.

Days Inn Graceland MOTEL $$
(☎901-346-5500; www.daysinn.com; 3839 Elvis Presley Blvd; h desde 100 US$; P✴🛜≋) Tiene una piscina en forma de guitarra, discos de oro y recuerdos de Elvis en el vestíbulo, y Cadillacs de neón en el tejado. Es más *elvisiano* que el vecino Heartbreak Hotel. Las habitaciones están limpias, pero no son nada del otro mundo.

🍴 Dónde comer

Los lugareños podrían llegar a las manos discutiendo por los mejores sándwiches de cerdo o las mejores costillas a la parrilla de la ciudad. Abundan los locales de barbacoa y, a menudo, tras las fachadas más feas está la mejor comida. Los jóvenes modernos van a los barrios de South Main Arts District, Midtown's Cooper-Young u Overton Square, zonas nocturnas de moda.

🍴 Downtown

Gus's World Famous Fried Chicken POLLO FRITO $
(plano p. 360; 310 S Front St; platos 5,65-9,95 US$; ⏱11.00-21.00 do-ju, hasta 22.00 vi y sa) Entendidos en pollo frito de todo el mundo alaban el que sirven en este búnker de hormigón del centro, con un interior con luz de neón y un *jukebox* antiguo. Las noches más concurridas la espera puede prolongarse 1 h o más.

LUNCHBOXeats SUREÑA $
(plano p. 360; www.lunchboxeats.com; 288 S 4th St; sándwiches 8-11 US$; ⏱10.30-15.00; 🛜) La cocina clásica del Sur se reinventa sabrosamente en esta creativa sandwichería, que ofrece gofres de pollo (los gofres sirven de rebanadas de pan), de *étouffée* de cangrejo de río; o de cerdo, cebolla y macarrones con queso, entre otros, en las típicas bandejas de los comedores escolares.

Alcenia's SUREÑA $
(www.alcenias.com; 317 N Main St; principales 9,55-11 US$; ⏱11.00-17.00 ma-vi, 9.00-15.00 sa) Lo único más dulce que la famosa Ghetto-Aid (una bebida dulzona a más no poder) que hay en este local es su propietaria, Betty-Joyce 'BJ' Chester-Tamayo; capaz de plantarle un beso en la cabeza al cliente cuando este se sienta. En su pequeño café púrpura y oro, como los Lakers, la carta del almuerzo varía a diario; suele tener buen pollo y cangrejo fritos, col especiada y una tarta de crema exquisita.

Arcade DINER $
(plano p. 360; www.arcaderestaurant.com; 540 S Main St; principales 7-10 US$; ⏱7.00-15.00 do-mi, hasta 23.00 ju-sa) Este *diner* de estilo *retro*, el más antiguo de Memphis, tiene el reservado que frecuentaba Elvis, situado estratégicamente junto a la salida trasera. El rey venía a este lugar a comer sándwiches calientes de mantequilla de cacahuete y plátano, y salía disparado por la puerta si se veía acosado por las fans. Sigue siendo un local muy concurri-

MERECE LA PENA

DESTILERÍA JACK DANIEL'S

La ironía de la existencia de la recién reformada Destilería Jack Daniel's (www.jackdaniels.com; 182 Lynchburg Hwy; ☺9.00-16.30) GRATIS en un "condado seco" no pasa inadvertida: las leyes locales no permiten la venta de licores fuertes en el estado, pero en los circuitos gratuitos de 1 h por la destilería se ofrecen botellines de muestra. Por 10 US$ se puede tomar parte en un Distillery Tour (previa reserva) de 2 h, con una muestra más generosa y un circuito por la campiña. Es la destilería más antigua registrada en EE UU; produce whisky filtrado en carbón y envejecido en barricas de roble desde 1866. Está junto a la Hwy 55, en el pequeño Lynchburg.

do gracias a sus sublimes tortitas de boniato, tan esponjosas, mantecosas y adictivas como reza el anuncio. El resto de los platos es la típica comida muy grasa.

Charlie Vergos' Rendezvous BARBACOA $$
(plano p. 360; ☎901-523-2746; www.hogsfly.com; 52 S 2nd St; principales 8-20 US$; ☺16.30-22.30 ma-ju, 11.00-23.00 vi, desde 11.30 sa) Escondido en un callejón con su nombre, cerca de Monroe Ave, esta institución subterránea vende la friolera de cinco toneladas semanales de sus exquisitas costillas especiadas. Las sirven sin salsa, a diferencia del lomo de cerdo, pero si se pide un combinado de ambos hay de sobra. La falda de res también es tremenda. Suele haber cola.

Majestic Grille EUROPEA $$$
(plano p. 360; ☎901-522-8555; www.majesticgrille.com; 145 S Main St; principales 16-47 US$; ☺11.00-22.00 lu-ju, hasta 23.00 vi y sa, hasta 21.00 do; ☎) Sirve comida de estilo continental en un antiguo cine de películas mudas cerca de Beale St, con imágenes de filmes de la época en el bonito comedor de madera oscura. Desde medio pollo asado hasta atún marcado o filete de cerdo a la parrilla, además de cuatro tipos de filet-mignon cortado a mano.

✕ East of Downtown

★ **Payne's Bar-B-Q** BARBACOA $
(1762 Lamar Ave; sándwiches 4,50-8,50 US$, platos 7,50-10,50 US$; ☺11.00-17.30 ma-sa) Puede que esta antigua gasolinera sirva el mejor sándwich de cerdo de la ciudad.

Bar DKDC GASTROPUB $
(www.bardkdc.com; 964 S Cooper St; platos 5-14 US$; ☺17.00-3.00 ma-sa) Los tentempiés sabrosos de todo el mundo son el principal atractivo de este sencillo local del barrio de Cooper-Young. Sirve arepas sudamericanas, sándwiches banh-mi vietnamita, cecina de pescado caribeña o souvlaki griego, entre otros. La decoración es ecléctica, hay una pizarra con la carta de vinos y los camareros son simpáticos.

Cozy Corner BARBACOA $
(www.cozycornerbbq.com; 745 N Pkwy; principales 4,95-12,75 US$; ☺11.00-18.00 ma-sa) Un local de culto con reservados de vinilo gastado que sirve pollos enteros a la barbacoa (11,75 US$), la especialidad de la casa. Las costillas y las alitas también son espectaculares y su tarta de boniato, la máxima expresión del clásico postre sureño. (Nota: durante las reformas, Cozy Corner servirá al otro lado de la calle, en 726 N Pkwy.)

Brother Juniper's DESAYUNOS $
(www.brotherjunipers.com; platos 3,50-13 US$; ☺6.30-13.00 ma-vi, 7.00-12.30 sa, 8.00-13.00 do) Humilde local de desayunos que empezó como sucursal de una cadena del barrio de Haight-Ashbury de San Francisco que daba comida a los sin techo. Hoy el local de Memphis es el único que queda, y está considerado el mejor sitio de desayunos de la ciudad. Sirve generosas raciones de tortilla, panqueques, burritos, gofres, galletas y patatas fritas. Indispensable.

Hog & Hominy SUREÑA, ITALIANA $$
(☎901-207-7396; www.hogandhominy.com; 707 W Brookhaven Circle; pizza 14-17 US$; ☺11.00-14.00 y 17.00-22.00 ma-ju, madrugada vi-sa, 10.30-22.00 do; ☎) Este italiano con raíces sureñas comandado por un chef en Brookhaven Circle se ha ganado la atención de todo el país, acumulando premios, incluidos los de las revistas GQ y Food & Wine. Los platillos (a menudo con ingredientes atrevidos, como ancas de rana, orejas de cerdo y corazón de ternera) y la pizza al horno de leña son lo más destacado; junto con los cócteles de temporada y las cervezas artesanales.

Soul Fish Cafe PESCADO $$
(www.soulfishcafe.com; 862 S Cooper St; principales 9,50-16 US$; ☺11.00-22.00 lu-sa, hasta 21.00 do) Bonito café de hormigón en el barrio de Cooper-Young, famoso por sus sándwiches

po'boy, sus bandejas de pescado frito y sus tentadoras tartas.

⭐ **Restaurant Iris** SUREÑA MODERNA **$$$**
(☎901-590-2828; www.restaurantiris.com; 2146 Monroe Ave; principales 27-39 US$; ⊗17.00-22.00 lu-sa) El chef Kelly English crea platos especiales y vanguardistas de cocina sureña-fusión que hacen las delicias de los *gourmets,* de ahí que haya sido nominado a los premios James Beard. Ofrece filete relleno de ostras fritas, excelentes gambas con gachas y ricas coles de Bruselas con bacón ahumado y jerez, todo ello servido en una refinada casa residencial. Justo al lado ha abierto Second Line, un bistró de estilo Nueva Orleans más asequible.

Sweet Grass SUREÑA **$$$**
(☎901-278-0278; www.sweetgrassmemphis. com; 937 S Cooper St; principales 23-32 US$; ⊗ 17.30-madrugada ma-do, 11.00-14.00 do) La cocina Lowcountry contemporánea (platos de marisco de las costas de Carolina del Sur y Georgia) de este sencillo restaurante de Midtown recibe muchos elogios. Tiene dos espacios, un bar y un refinado bistró, con cartas diferentes. Se recomiendas las gambas con gachas.

🍺 Dónde beber y vida nocturna

Los barrios de East Memphis, Cooper-Young y Overton Square ofrecen la mejor concentración de bares y restaurantes modernos. Ambos están 6 km al este del centro. Los últimos pedidos son a las 3.00.

⭐ **Wiseacre Brewing Co** CERVECERÍA
(www.wiseacrebrew.com; 2783 Broad Ave; cervezas 5 US$; circuitos 10 US$; ⊗13.00-21.00 mi-vi, 13.00-21.00 sa) Uno de los bares favoritos de Memphis, sito en el barrio de almacenes Binghampton, 8 km al este del centro. Se pueden probar cervezas en la terraza, con un bonito porche, que rodea dos enormes silos de trigo casi centenarios.

Earnestine & Hazel's BAR
(plano p. 360; www.earnestineandhazelsjukejoint. com; 531 S Main St; ⊗17.00-3.00 do-vi, desde 11.00 sa) Uno de los grandes bares de copas de Memphis. La 2ª planta está llena de somieres de muelles oxidados y bañeras con pies, vestigios de su pasado como prostíbulo. Su Soul Burger es mítica. Tras la medianoche el ambiente se anima mucho.

Hammer & Ale CERVECERÍA
(www.hammerandale.com; 921 S Cooper; cervezas 5 US$; ⊗14.00-21.00 ma-ju, 11.00-22.00 vi-sa, 12.00-15.00 do; 🐾) Los fans de la cerveza llenan esta cervecera artesanal con aspecto de granero en el barrio de Cooper-Young, decorada con madera clara de ciprés. Las cerveceras Memphis Wiseacre, High Cotton, Memphis Made y Ghost River son algunas de las presentes en los 24 tiradores. Solo efectivo.

☆ Ocio

Beale St es la zona del *blues,* el *rock* y el *jazz* en directo. En la mayoría de los locales no se paga entrada, o muy poco. Los bares abren todo el día, mientras que los locales de barrio suelen empezar a llenarse hacia las 22.00. Para eventos, se puede consultar el calendario en línea de *Memphis Flyer* (www.memphisflyer.com).

Wild Bill's BLUES
(1580 Vollintine Ave; entrada vi-sa 10 US$; ⊗mi-ju 12.00-21.00, 12.00-3.00 vi-sa) Poco frecuentado por turistas, comienza a animarse pasada la medianoche. Sirve jarras de cerveza de 1,2 l y alitas de pollo, y programa, los viernes y sábados a partir de las 23.00, algunas de las mejores actuaciones de *blues* de Memphis.

Lafayette's Music Room MÚSICA EN DIRECTO
(☎901-207-5097; www.lafayettes.com/memphis; 2119 Madison Ave; entrada vi-sa 5 US$; ⊗11.00-22.00 lu-mi, hasta 24.00 ma y do, hasta 2.00 vi-sa) Histórico local musical en Overton Square que ha reabierto sus puertas. En su época dorada, los años setenta, pasaron por él artistas como Kiss o Billy Joel. Estuvo cerrado 38 años, pero hoy es uno de los locales más íntimos de la ciudad.

Hi-Tone Cafe MÚSICA EN DIRECTO
(www.hitonememphis.com; 412-414 N Cleveland St; entrada 5-20 US$) En una nueva zona de Crosstown, este modesto y pequeño bar es uno de los mejores lugares de la ciudad para escuchar a las bandas locales y grupos *indie* de gira.

Young Avenue Deli MÚSICA EN DIRECTO
(www.youngavenuedeli.com; 2119 Young Ave; ⊗ 11.00-15.00 lu-sa, desde 11.30 do) Local destacado de Midtown con comida, billar, música en directo y una clientela joven y tranquila.

Rum Boogie BLUES
(plano p. 360; www.rumboogie.com; 182 Beale St) Enorme, popular y ruidoso, este local de temática cajún de Beale St se mueve cada noche al ritmo de una banda de *blues.*

EL SUR MEMPHIS

De compras

Beale St está llena de tiendas horteras de recuerdos, mientras que en Cooper-Young abundan las *boutiques* y las librerías. Las calles que rodean South Main forman el barrio de las artes.

City & State   COMIDA Y BEBIDA, ACCESORIOS
(www.cityandstate.us; 2625 Broad Ave; café 2,50-4,75 US$; ☺7.00-18.00 lu-sa, 8.00-14.00 do; ☎) Nueva y fabulosa tienda artesanal y cafetería en Binghampton que vende artículos exquisitamente seleccionados (jabones artesanales, artículos de *camping* de estilo *boutique*, bolsas de almuerzo impermeables, tazas de café de cerámica...). Es el único sitio de Memphis donde tomarse un café es toda una experiencia.

A Schwab's   REGALOS
(plano p. 360; www.a-schwab.com; 163 Beale St; ☺12.00-19.00 lu-mi, hasta 19.00 ju, hasta 22.00 vi y sa, 11.00-18.00 do) Tiene de todo, desde camisetas vaqueras, frascos y patitos de goma a elegantes sombreros y monos vaqueros; pero la gran atracción son las antigüedades del piso superior: balanzas y pesas *vintage*, hormas de sombreros e incluso una antigua caja registradora de hierro forjado.

Lanksy Brothers   ROPA
(plano p. 360; ☎901-425-3960; www.lanskybros. com; 126 Beale St; ☺9.00-18.00 do-mi, hasta 21.00 ju-sa) El sastre del rey. En esta tienda de moda masculina, en activo desde 1946, Elvis se compraba sus camisas de dos colores. Hoy cuenta con una línea *retro* para hombres (que incluye zapatos de gamuza azul), regalos y moda femenina. Ha regresado a su ubicación original en Beale St, pero mantiene su otra tienda en el Peabody Hotel.

ℹ Información

'Commercial Appeal' (www.commercialappeal. com) Periódico diario con cartelera de eventos locales.

Oficina de correos principal (plano p. 360; www.usps.com; 555 S 3er St; ☺9.30-18.00 lu-vi) En el centro.

'Memphis Flyer' (www.memphisflyer.com) Se distribuye gratis cada miércoles; publica una cartelera de eventos.

Centro de visitantes de Memphis (☎888-633-9099; www.memphistravel.com; 3205 Elvis Presley Blvd; ☺9.00-18.00 abr-sep, hasta 17.00 oct-mar, hasta 16.00 do nov-feb) Centro de información de la ciudad; cerca de la salida hacia Graceland.

Comisaría de policía (☎901-636-4099; www. memphispolice.org; 545 S Main St) Muy difícil de encontrar; cerca de la estación central de Amtrak.

Regional Medical Center at Memphis (☎901 545-7100; www.the-med.org; 877 Jefferson Ave) Tiene el único servicio de urgencias en toda la región.

Centro de visitantes del estado de Tennessee (☎901-543-6757; www.tnvacation.com; 119 N Riverside Dr; ☺7.00-23.00) Folletos de todo el estado.

ℹ Cómo llegar y desplazarse

El **aeropuerto internacional de Memphis** (MEM; ☎901-922-8000; www.memphisairport. org; 2491 Winchester Rd) está 19 km al sureste del centro por la I-55; los taxis a Downtown cuestan unos 30 US$. La **Memphis Area Transit Authority** (MATA; www.matatransit.com; 444 N Main St; tarifas 1,75 US$) opera autobuses locales; los nº 2 y 20 van al aeropuerto.

Los tranvías *vintage* de MATA (1 US$, cada 12 min) recorren Main St y Front St, en el centro. La estación **Greyhound** (☎901-395-8770; www. greyhound.com; 3033 Airways Blvd) está en el MATA's Airways Transit Center cerca del aeropuerto internacional de Memphis. La **estación central de Amtrak** (www.amtrak.com; 545 S Main St) está en el centro.

Shiloh National Military Park

"Ningún soldado que tomara parte en los dos días de la batalla de Shiloh querrá volver a combatir de nuevo", dijo un veterano de la sangrienta contienda de 1862, que tuvo lugar entre los campos y bosques de este parque. El entonces mayor general Ulysses S. Grant lideraba el ejército de la Unión desplegado en Tennessee. El primer día, un feroz ataque confederado le tomó por sorpresa, pero el segundo lanzó una sorpresiva maniobra que le permitió conservar Pittsburgh Landing e hizo retroceder a los sureños. En el combate murieron más de 3500 soldados, y casi 24 000 resultaron heridos. Grant, un desconocido al comienzo de la Guerra de Secesión, llevó a la Unión a la victoria y acabó convirtiéndose en el 18º presidente de Estados Unidos.

El extenso Shiloh National Military Park (☎731-689-5696; www.nps.gov/shil; 1055 Pittsburg Landing Rd; ☺parque amanecer-anochecer, centro de visitantes 8.00-17.00) GRATIS está justo al norte de la frontera de Misisipi, cerca de la ciudad de Crump, en Tennessee, y solo puede verse en automóvil. Los puntos de interés incluyen el Shiloh National Cemetery y un mirador sobre el río Cumberland, por donde llegaron en barco las tropas de refuerzo de la Unión. El centro de visitantes ofrece planos, un vídeo sobre la batalla y un circuito con audio para vehículos.

Nashville

Uno puede imaginar que es un aspirante a cantante *country* y que acaba de llegar al centro de Nashville tras varios días haciendo autoestop sin otro equipaje que su maltrecha guitarra. Contemplaría las luces de neón de Lower Broadway, inhalaría el aire perfumado de cerveza y tabaco, oiría el taconeo de las botas dentro de los bares y se diría a sí mismo: "Lo conseguí".

Para los fans de la música *country* y los aspirantes a estrellas de la misma de todo el mundo, una visita a Nashville es el peregrinaje definitivo. Desde los años veinte la ciudad atrae a músicos que han hecho evolucionar el género *country* desde la música rústica de comienzos del s. xx hasta el elegante sonido Nashville de los años sesenta y el contundente *country* alternativo de los noventa.

Sus múltiples atracciones musicales van del Country Music Hall of Fame y el venerado Grand Ole Opry hasta la discográfica de Jack White. También cuenta con una dinámica comunidad universitaria, excelente comida y una parafernalia decididamente hortera.

◉ Puntos de interés

◎ Downtown

La histórica zona financiera 2nd Ave N fue el centro del comercio del algodón en las décadas de 1870 y 1880, cuando se construyeron la mayoría de los almacenes victorianos, en los que aún se pueden ver sus fachadas de mampostería y hierro forjado. Hoy es el corazón del District, con tiendas, restaurantes, *saloons* subterráneos y locales nocturnos. Es como una mezcla del Barrio Francés y Hollywood Boulevard bañada en *bourbon* y música *country*. Al sur de Lower Broadway se halla el barrio de SoBro, revitalizado por la apertura del Music City Center (www.nashvillemusiccitycenter.com; Broadway St, entre 5th Ave y 8th Ave), centro de convenciones, restaurantes, bares y hoteles. Tuvo un coste de 635 millones de dólares. Dos manzanas al oeste de 2nd Ave N, Printers Alley es un callejón estrecho

y adoquinado famoso por su vida nocturna desde los años cuarenta. A lo largo del río Cumberland se halla Riverfront Park, un paseo ajardinado en proceso de remodelación; West Riverfront Park, un parque público de 4,5 Ha incluirá más de 1,6 km de senderos verdes multiuso, el primer parque canino del centro de Nashville, jardines ornamentales, una zona verde para eventos de 0,61 Ha, llamada The Green, y un anfiteatro.

★ **Country Music Hall of Fame & Museum**   MUSEO
(www.countrymusichalloffame.com; 222 5th Ave S; adultos/niños 25/15 US$, sin audioguía 27/18 US$, incl. Studio B 1 h 40/30 US$; ◎9.00-17.00) Tras una inversión de 100 millones de dólares en el 2014, este monumental museo que refleja la importancia de la música *country* en el alma de Nashville es de visita obligada, tanto si se es fan del *country* como si no. Exhibe los zapatos de gamuza azul de Carl Perkins, el Cadillac dorado de Elvis (blanco, en realidad) y su piano dorado (de oro, en realidad), y el traje con notas musicales de Hank Williams.

Lo más destacado de la ambiciosa ampliación de 19 510 m² incluye el CMA Theater, un auditorio de 800 plazas; el Taylor Swift Education Center y la reubicación de la legendaria imprenta Hatch Show Print (p. 375). Las exposiciones recorren las raíces del *country* y hay ordenadores con pantalla táctil que dan acceso a grabaciones y fotos de los inmensos archivos. La narración de la audioguía, repleta de datos y música, corre a cargo de estrellas contemporáneas.

Ryman Auditorium   EDIFICIO HISTÓRICO
(www.ryman.com; 116 5th Ave N; adultos/niños 15/10 US$, circuitos entre bastidores 20/15 US$; ◎9.00-16.00) Le llaman "la iglesia madre de la música *country*", y por él ha pasado una larga lista de estrellas, desde Marta Graham a Elvis, de Katherine Hepburn a Bob Dylan. El elevado escenario de ladrillo (1892) fue construido por el acaudalado capitán de barcos fluviales Thomas Ryman para albergar montajes religiosos y ver un espectáculo desde uno de sus 2000 asientos es casi una experiencia espiritual.

El *Grand Ole Opry* (p. 375) se celebró en este lugar durante 31 años antes de trasladarse al Opryland, en Music Valley, en 1974. Hoy, el *Opry* regresa al Ryman durante el invierno. En el 2015, una reforma de 14 millones de dólares lo dotó de un nuevo espacio para eventos, un café y bares.

EL SUR NASHVILLE

Nashville

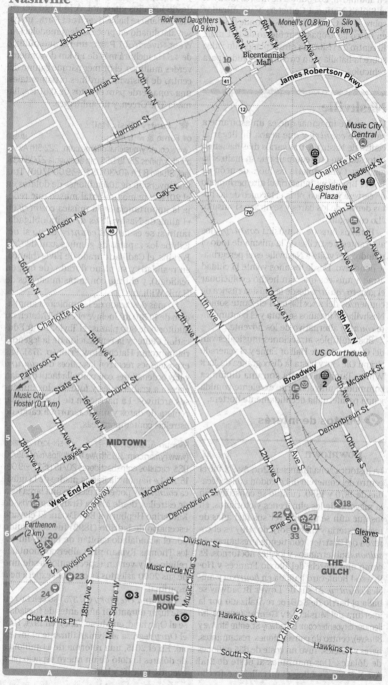

Rolf and Daughters
(0.9 km)

Monell's (0.8 km)

Silo
(0.8 km)

Jackson St

Herman St

10th Ave N

41

Bicentennial
Mall

James Robertson Pkwy

12

Harrison St

Gay St

70

Music City
Central

Charlotte Ave

8

Deaderick St

9

Legislative
Plaza

Union St

12

Jo Johnson Ave

40

16th Ave N

Charlotte Ave

12th Ave N

11th Ave N

10th Ave N

7th Ave N

15th Ave N

8th Ave N

Patterson St

State St

Church St

US Courthouse

Music City
Hostel (0,1 km)

17th Ave N

16th Ave N

Broadway

2

9th Ave S

McGavock St

16

Demonbreun St

MIDTOWN

Hayes St

18th Ave N

14

West End Ave

Broadway

McGavock

Demonbreun St

12th Ave S

11th Ave S

10th Ave S

Parthenon
(2 km)

20

19th Ave S

Division St

22

Pine St

27

18

11

33

Gleaves
St

THE
GULCH

23

Division St

Music Circle N

24

Music Square W

3

MUSIC
ROW

6

Music Circle S

Hawkins St

12th Ave S

Chet Atkins Pl

South St

Hawkins St

Nashville

◎ Principales puntos de interés

1 Country Music Hall of Fame &
    Museum..F4

◎ Puntos de interés

2 Frist Center for the Visual Arts..........D4
3 Historic RCA Studio B B7
4 Johnny Cash Museum & Store............F3
5 Music City Center................................E5
6 Music Row..B7
7 Ryman Auditorium...............................E3
8 Tennessee State Capitol...................D2
9 Tennessee State Museum...................D2

◎ Actividades, cursos y circuitos

10 NashTrash...C1

◎ Dónde dormir

11 404..D6
12 Hermitage Hotel................................D3
13 Hotel Indigo.......................................E2
14 Hutton Hotel.......................................A6
15 Nashville Downtown Hostel................F2
16 Union Station Hotel...........................D4

◎ Dónde comer

17 Arnold's...E6
18 Biscuit Love.......................................D6
19 Etch..F4
20 Hattie B's...A6

◎ Dónde beber y vida nocturna

21 Acme Feed & Seed.............................F3
22 Hops + Craft.......................................C6
23 Patterson House.................................A6
24 Soulshine...A7

◎ Ocio

25 Nashville Symphony............................F4
26 Robert's Western World......................E3
    Ryman Auditorium...................(véase 7)
27 Station Inn...D6
28 Tootsie's Orchid Lounge....................E3

◎ De compras

29 Boot Country F3
30 Ernest Tubb E3
31 Hatch Show Print E4
32 Third Man Records E6
33 Two Old Hippies D6

Johnny Cash
Museum & Store   MUSEO
(www.johnnycashmuseum.com; 119 3rd Ave;
adultos/niños 16/12 US$; ☺8.00-19.00) El nue-
vo museo dedicado al hombre de negro es
pequeño, pero alberga la mayor colección
mundial de objetos y recuerdos de Johnny
Cash, para algunos, el verdadero rey del
rock and roll.

Tennessee State Museum
MUSEO

(www.tnmuseum.org; 5th Ave, entre Union St y Deaderick St; ☺10.00-17.00 ma-sa, 13.00-17.00 do; ⊕) GRATIS Para fans de la historia. Este museo de la planta baja de una gran torre de oficinas es cautivador pero sencillo, y ofrece un interesante vistazo al pasado del estado, con piezas de artesanía de los nativos americanos, una cabaña de troncos a escala real y curiosos objetos históricos, como el sombrero que llevaba el presidente Andrew Jackson durante su sesión de investidura.

Frist Center for the Visual Arts
GALERÍA

(www.fristcenter.org; 919 Broadway; adultos/niños 12 US$/gratis; ☺10.00-17.30 lu-mi y sa, hasta 21.00 ju y vi, 13.00-17.00 do) Selecta oficina de correos convertida en museo y centro de arte, que alberga exposiciones itinerantes que abarcan todo tipo de temáticas, desde folklore americano a Picasso.

Tennessee State Capitol
EDIFICIO HISTÓRICO

(www.capitol.tn.gov; Charlotte Ave; ☺circuitos 9.00-16.00 lu-vi) GRATIS El capitolio del estado, de estilo neoclásico, fue construido con piedra caliza y mármol locales en 1845-1889 por esclavos y presos, que trabajaban junto a artesanos europeos. En la parte de atrás unas empinadas escaleras llevan al **Tennessee Bicentennial Mall,** cuyos muros exteriores están cubiertos con los datos más relevantes de la historia estatal, y el maravilloso **mercado de granjeros,** diario.

Hay circuitos gratuitos que salen cada hora en punto desde el mostrador de información, en la 1ª planta.

⊙ West End

A lo largo de West End Ave, desde 21st Ave, se extiende la prestigiosa **Universidad Vanderbilt,** fundada en 1883 por el magnate ferroviario Cornelius Vanderbilt. El campus, de 134 Ha, bulle de actividad con sus 12 000 estudiantes.

Parthenon
PARQUE, GALERÍA

(www.parthenon.org; 2600 West End Ave; adultos/niños 6/4 US$; ☺9.00-16.30 ma-sa, 12.30-16.30 do) Es una réplica del Partenón ateniense y se halla en **Centennial Park.** Construido en 1897 para la Exposición Universal de Tennessee, se reconstruyó en 1930 por demanda popular. La copia de yeso a escala real del original griego, del año 438 a.C., alberga un museo de arte con una colección de pintura americana y una estatua de 13 m de la diosa Atenea.

Music Row
ZON

(Music Sq West y Music Sq East) Al oeste del centro, las zona entre las avenidas 16th y 17th conocidas como Music Sq West y Music Sq East, alberga productoras, discográficas, agentes, mánagers y promotores de la industria de la música *country* de Nashville incluido el famoso RCA Studio B.

Historic RCA Studio B
PUNTO DE INTERÉ

(www.countrymusichalloffame.org; 1611 Roy Acu Pl; circuitos adultos/niños 40/30 US$) Uno de los estudios con más historia de Music Row. En él grabaron numerosos *hits* Elvis, los Everl Brothers y Dolly Parton. Puede visitarse en su circuito Country Music Hall of Fame's Stu dio B Tour, incluido en su Platinum Package Queda señalizado por la escultura *Heart break Hotel,* una guitarra decorada con un imagen de Elvis.

⊙ Music Valley

Esta zona turística está 16 km al noreste de centro, en la Hwy 155/Briley Pkwy, salidas 1 y 12B, accesible en autobús.

Grand Ole Opry House
MUSE

(☎615-871-6779; www.opry.com; 2802 Oprylan Dr; circuitos adultos/niños 22/17 US$; ☺circuito 9.00-16.00) Este sencillo y moderno edificio d ladrillo con 4400 asientos acoge el Grand O Opry (p. 375) los martes, viernes y sábados d marzo a noviembre, y los miércoles de junio agosto. Hay circuitos guiados entre bastido res a diario cada 15 min de octubre a marze

Willie Nelson Museum
MUSE

(www.willienelsongeneralstore.com; 2613 McGavoc Pike; entrada 8 US$; ☺8.30-21.00) La estrella de *outlaw country* Willie Nelson vendió toda sus posesiones para pagar una deuda de 16, millones de dólares con el fisco a principio de los noventa. Pueden verse en este curios museo próximo a la Grand Ole Opry House

👣 Circuitos

★ NashTrash
CIRCUITO EN AUTOBÚ

(☎615-226-7300; www.nashtrash.com; 722 Harriso St; circuitos 32-35 US$) Las Jugg Sisters ofrece un divertido circuito por la historia más picar te de Nashville. Se puede llevar bebida. Las pla zas pueden agotarse con meses de antelació El autobús sale del extremo sur del recinto de mercado de granjeros, junto al capitolio.

Tommy's Tours
CIRCUITO EN AUTOBÚ

(☎615-335-2863; www.tommystours.com; 212 Lebanon Pike; circuitos 35 US$) Un chistoso lu gareño dirige entretenidos circuitos de 3 h por puntos de interés relacionados con el *country.*

⭐ Fiestas y celebraciones

CMA Music Festival   MÚSICA
(www.cmafest.com; ⊘jun) Atrae a decenas de miles de fans del *country.*

Tennessee State Fair   FERIA
(www.tnstatefair.org; ⊘sep) Nueve días de carreras de cerdos, concursos de mulas de tiro y competiciones de tartas.

🛏 Dónde dormir

Los moteles económicos se concentran en ambos lados de la ciudad, a lo largo de las carreteras I-40 e I-65. Music Valley está repleto de locales familiares de precio medio.

🛏 Downtown

⭐**Nashville Downtown Hostel**   ALBERGUE **$**
(☎615-497-1208; www.nashvillehostel.com; 177 1er Ave N; dc 35-40 US$; h 128-140 US$; **P**) Bien situado y moderno. La zona común del sótano, con sus paredes de obra vista y su techo de vigas es punto de encuentro a todas horas. Los dormitorios colectivos están en las plantas 3ª y 4ª, y tienen bonitos suelos y columnas de madera, techos con vigas plateadas y cuatro, seis u ocho literas por habitación.

Hotel Indigo   HOTEL-BOUTIQUE **$$**
(☎615-891-6000; www.hotelindigo.com; 301 Union St; h desde 199 US$; **P**⊖❋@☎) Forma parte de una cadena internacional y tiene un aspecto divertido y *pop art,* con 160 habitaciones (30 de ellas nuevas). Es mejor evitar las antiguas, con suelo de terrazo y algo cursis, y optar por las King Rooms, más amplias, con suelos nuevos de madera, techos altos, TV de pantalla plana, cabeceras de cama de cuero y sillas de oficina.

Union Station Hotel   HOTEL **$$$**
(☎615-726-1001; www.unionstationhotelnashville. com; 1001 Broadway; h desde 259 US$; **P**❋☎) Este castillo neorrománico de piedra gris fue la estación de trenes de Nashville en la gran época del ferrocarril. Hoy es el hotel más icónico del centro. El vestíbulo abovedado está decorado en tonos anaranjados y dorados, con suelos de mármol y techo de cristal. Las habitaciones son modernas y de buen gusto, con TV de pantalla plana y grandes bañeras. Pronto lo van a renovar.

Hermitage Hotel   HOTEL **$$$**
(☎888-888-9414, 615-244-3121; www.thehermitage hotel.com; 231 6th Ave N; h desde 399 US$; **P**❋☎) El primer hotel de lujo de Nashville causó sensación cuando se inauguró en 1910. El vestíbulo de estilo *beaux-arts* parece un palacio, todo queda cubierto por ricos tapices y elaboradas tallas. El salón de caballeros, de estilo *art déco,* data de los años treinta y merece un vistazo, como el Capitol Grille Restaurant, que emplea ingredientes de su propia granja.

Las habitaciones son elegantes, con cómodas camas con dosel, baños de mármol con grandes bañeras y muebles de caoba (las que terminan en 08 y 14 tienen vistas al capitolio).

🛏 The Gulch

⭐**404**   HOTEL-BOUTIQUE **$$$**
(☎615-242-7404; www.the404nashville.com; 404 12th Avenue S; h 275-425 US$; **P**⊖❋@☎) Es el hotel más de moda (y pequeño) de Nashville. Tras la fachada, pasillos en tonos grises con luces violetas llevan a cinco habitaciones de estética minimalista, casi todas son tipo *loft,* muy modernas. Las fotografías locales de Caroline Allison añaden un toque de color. Hay un restaurante en un contenedor de carga y las cervezas, los refrescos y el aparcamiento están incluidos.

🛏 West End

Music City Hostel   ALBERGUE **$**
(☎615-692-1277; www.musiccityhostel.com; 1809 Patterson St; dc 30-35 US$; d 85-100 US$; **P**❋@☎) Estos recios bungalós de ladrillo no son muy espectaculares, pero el albergue es animado y acogedor, con cocina comunitaria, parrillas al aire libre y zona de hoguera. La clientela es joven, internacional y divertida, y se puede ir a pie a los bares del West End. Las habitaciones están pensadas para funcionar como dormitorios colectivos o privados, algunos de ellos comparten duchas, pero todos tienen baño.

Hutton Hotel   HOTEL **$$$**
(☎615-340-9333; www.huttonhotel.com; 1808 West End Ave; h desde 259 US$; **P**⊖❋@☎) 🖉 Uno de los mejores hoteles-*boutique* de Nashville; combina diseño moderno de mediados de siglo con paneles de bambú y suelos de madera de granero reciclada de la II Guerra Mundial. Las habitaciones, amplias y en tonos rojizos y chocolates, están bien decoradas, con duchas de mármol de efecto lluvia con control

eléctrico, lavamanos de cristal, camas grandes, mesas espaciosas, TV de pantalla plana y moquetas y tejidos de alta calidad. Lujo en abundancia.

Music Valley

Gaylord Opryland Hotel CENTRO VACACIONAL $$
(☎866-972-6779, 615-889-1000; www.gaylord hotels.com; 2800 Opryland Dr; h desde 199 US$; P❋@🅟🛜) Enorme hotel de 2882 habitaciones, el mayor resort sin casino de EE UU. Aquí se puede remar por un río artificial, comer *sushi* bajo falsas cascadas en un jardín interior o tomarse un *whisky* escocés en una mansión de estilo *antebellum*. Todo ello en sus tres grandes atrios de cristal.

🍴 Dónde comer

La comida típica de Nashville es el *meat-and-three,* una generosa porción de carne servida con tres acompañamientos a elegir. La aburguesada Germantown ofrece un puñado de cafés y restaurantes, incluidos dos muy destacados. Five Points, en East Nashville, es el epicentro de la escena *hipster* y está lleno de cafés, restaurantes y tiendas; la parte más animada es la zona de Woodlawn St entre las calles 10th y 11th.

🍴 Downtown y Germantown

Arnold's SUREÑA $
(www.arnoldscountrykitchen.com; 605 8th Ave S; comidas 9-10 US$; ⏱10.30-14.45 lu-vi) El rey del *meat-ad-three*. La especialidad de la casa son las porciones de ternera asada con tomates verdes fritos, pan de maíz, y enormes y empalagosas cuñas de tarta de chocolate con merengue.

★ **Rolf and Daughters** EUROPEA MODERNA $$
(☎615-866-9897; www.rolfanddaughters.com; 700 Taylor St; principales 17-26 US$; ⏱17.30-22.00; 🛜) El epicentro del *revival* gastronómico de Germantown es esta sorprendente cocina regentada por el chef belga Philip Krajeck. Su pasta sencilla, sus salsas rústicas y su comida campesina moderna de temporada dejan a los paladares anonadados.

Los platos más destacados, de inspiración europea y elaborados con productos locales (la carta varía con la llegada de la primera cosecha de cada temporada), incluyen *garganelli* verde (espinacas frescas) y un espectacular pollo con confit de limón y ajo. Es necesario reservar, pero hay una mesa comunitaria y un bar si se llega sin ella.

Silo SUREÑA MODERNA $$
(☎615-750-2912; www.silotn.com; 1222 4th Ave N; principales 17-26 US$; ⏱17.00-23.00 ma-do, bar desde 16.00) Este bistró natural de influencia sureña en Germantown luce carpintería artesanal amish y luces colgantes del artista John Beck. Si bien la carta cambia con rapidez, destacan platos deliciosos como conejo a la brasa con pasta casera y corvina salteada.

Monell's SUREÑA $$
(☎615-248-4747; www.monellstn.com; 1235 6th Ave N; todo lo que se pueda comer 13-18 US$; ⏱10.30-14.00 lu, 8.30-16.00 y 17.00-20.30 ma-vi, 8.30-20.30 sa, 8.30-16.00 do) En una antigua casa de ladrillo al norte del District. Tiene fama por su comida casera sureña servida al estilo familiar. Es toda una experiencia: bandeja tras bandeja, desfilan pollo frito, carne de cerdo, pudín de maíz, manzanas al horno, macarrones con queso, puré de patatas... Mejor tomarse la tarde libre.

★ **Etch** ESTADOUNIDENSE MODERNA $$$
(☎615-522-0685; www.etchrestaurant.com; 303 Demonbreun St; principales cena 21-38 US$; ⏱11.00-14.00 y 17.00-22.00 lu-ju, 11.00-14.00 y 17.00-22.00 vi, 17.00-22.30 sa; 🛜) Regentado por el famoso chef de Nashville Deb Paquette, sirve una de las cocinas más innovadoras de la ciudad: comida casera cuyos sabores y texturas se han actualizado para crear tentadoras combinaciones: broqueta de pulpo y gambas, la coliflor asada con pesto de guisantes trufados, carne de venado al coco especiada con chile, filete a la parrilla con pudín de pan de patata... Imprescindible reservar.

🍴 The Gulch

★ **Biscuit Love** DESAYUNOS $
(www.biscuitlovebrunch.com; 316 11th Ave; bizcochos 10-14 US$; ⏱7.00-15.00; 🛜) Este moderno local de ladrillo triunfa con sus glotonas versiones *gourmet* del *southern biscuit* y la salsa *gravy*. Se recomienda el Eat Nasty, un esponjoso bollo de leche y mantequilla con un muslo de pollo frito, queso y salsa *gravy* de salchichas.

🍴 West End y Midtown

★ **Hattie B's** SUREÑA $
(www.hattieb.com; 112 19th Ave S; cuartos/medios platos desde 8,50/12 US$; ⏱11.00-22.00 lu-ju, hasta 24.00 vi-sa, hasta 16.00 do) Sirve el mejor pollo frito picante a la pimienta de cayena de Nashville: carne de calidad, jugosa, frita y picante hasta niveles insospechados (el Damn Hot es un buen límite). Hay que hacer cola.

PLANTACIONES CERCA DE NASHVILLE

Hermitage (☑615-889-2941; www.thehermitage.com; 4580 Rachel's Lane; adultos/niños 20/14 US$, con guía multimedia 28/18 US$; ☺8.30-17.00 med mar-med oct, 9.00-16.30 med oct-med mar) El antiguo hogar del séptimo presidente de EE UU, Andrew Jackson, está 24 km al este del centro de Nashville. La plantación, de 465 Ha, permite imaginar cómo era la vida para un caballero granjero del Medio Sur en el s. XIX. Un circuito visita la mansión de estilo federal, hoy un museo amueblado, con actores vestidos con trajes de época, la cabaña de troncos original de Jackson, de 1804, y las antiguas estancias de los esclavos (Jackson fue partidario de la esclavitud toda su vida y llegó a tener hasta 100 esclavos; una exposición especial cuenta sus historias).

Belle Meade Plantation (☑615-356-0501; www.bellemeadeplantation.com; 5025 Harding Pike; adultos/estudiantes 13-18 años/niños menores 13 años 18/12/10 US$; ☺9.00-17.00) La familia Harding-Jackson empezó a criar purasangres en este lugar (9,7 km al oeste de Nashville) a principios del s. XIX. Varios caballos ganadores del derbi de Kentucky han sido descendientes del semental de Belle Meade, Bonnie Scotland, que murió en 1880. La mansión, de 1853, está abierta al público, como otros interesantes edificios anexos, incluida una cabaña de esclavos. También se ofrecen catas de vino.

Fido CAFÉ $
(www.fidocafe.com; 1812 21st S; principales 5-11 US$; ☺7.00-23.00; 🛜) Una institución de Hillsboro, famoso por sus excelentes cafés y desayunos, además de por su asequible carta de ensaladas y sándwiches. Suele estar muy lleno pero es un sitio bastante amplio.

Pancake Pantry DESAYUNOS $
(www.pancakepantry.com; 1796 21st Ave S; principales 6,50-10 US$; ☺6.00-15.00 lu-vi, hasta 16.00 sa-do) Durante más de 50 años la gente ha hecho cola alrededor de la manzana para comer los panqueques de este icónico local de desayunos. Hay un montón de variedades, una de las mejores es la de sirope de crema de canela.

🍴 Este de Nashville

⭐ **The Pharmacy** HAMBURGUESERÍA, CERVECERÍA AL AIRE LIBRE $
(www.thepharmacynashville.com; 731 Mcferrin Ave; hamburguesas 8-11 US$; ☺11.00-22.00 do-ju, hasta 23.00 vi-sa; 🛜) Este local siempre es elegido como la mejor hamburguesería de Nashville. Uno puede sentarse en la acogedora mesa comunitaria o en la espectacular cervecería del patio. Sirve hamburguesas, salchichas y acompañamientos clásicos como *tater tots* (croquetas de patata) con cervezas especiales y sodas mezcladas a mano, como antaño.

Pied Piper Creamery HELADERÍA $
(www.thepiedpipercreamery.com; 114 S 11th St; bolas 3,75 US$; ☺12.00-21.00 do-ju, hasta 22.00 vi y sa) Más densos, suaves y ricos que los de cualquier otra heladería de la ciudad. Lo difícil es elegir: caramelo, café, chocolate con canela y pimienta de cayena, Oreo, Snickers, Twix y... En Five Points.

I Dream of Weenie HOT DOGS $
(www.facebook.com/IDreamofWeenie; 113 S 11th St; *hot dogs* 3-5 US$; ☺11.00-16.00 lu-ju, hasta 18.00 vi, 10.30-18.00 sa, hasta 16.00 do) Rápido y fácil. Esta furgoneta Volkswagen convertida en puesto de *hot dogs* en Five Points sirve bocadillos de ternera, pavo o vegetales con aderezos varios.

🍴 Gran Nashville

Chicken POLLO FRITO $
(123 Ewing Dr; cuarto/medio/entero 6/11/22 US$; ☺11.30-22.00 ma-ju, hasta 4.00 vi-sa; 🅿) Pequeño, ajado y regentado por una familia, sirve el pollo picante más legendario de Nashville. Está en un centro comercial del lado norte y atrae a todo tipo de público, desde jóvenes de fraternidades a familias de inmigrantes. El pollo picante se puede pedir *mild,* suave (mentira), *medium* (una broma), *hot* (una locura), *Xhot* (masoquismo) y *XXXHot* (suicidio); no apto para todos los estómagos. Solo efectivo.

King Market Cafe LAOSIANA, TAILANDESA $
(www.kingmarkettn.com; 300 Church St, Antioch Pike; platos 6,50-11,50 US$; ☺9.00-19.30) Un auténtico café tailandés en una tienda de comestibles asiática de la zona de Antioch Pike, un barrio del este de Nashville. Sirve fideos, sopas, curris y salteados, salchicha de cerdo al estilo tailandés, caballa frita y platos más atrevidos como tripa de cerdo frita.

🍷 Dónde beber y vida nocturna

Nashville tiene la vida nocturna de una ciudad tres veces más grande y es difícil dar con un sitio que no tenga música en directo. Universitarios, solteros que salen de fiesta, mochileros y participantes en convenciones salen de marcha por el centro, donde Broadway y sus luces de neón parecen una versión *country* de Las Vegas. Los bares y locales de barrios como East Nashville, Hillsboro Village, Germantown, Gulch, 12 South y SoBro suelen atraer más a los lugareños, sobre todo los situados cerca de la Universidad Vanderbilt.

★ Butchertown Hall   CERVECERÍA

(www.butchertownhall.com; 1416 Fourth Ave N; cerveza 5-8 US$; ⏰11.00-madrugada lu-vi, desde 10.00 sa-do; 🐾) Un local *hipster* de Germantown con raíces históricas en el barrio: fue su primera cervecería, de 1909. Tiene 204 m² y es precioso: techos abovedados, azulejos y piedras y troncos utilizados para separar espacios. Tiene 31 tiradores con cervezas locales y alemanas, además de *ales* inglesas sin pasteurizar ni filtrar. No hay que perderse la comida sureño-alemana, casera, con inclinación latina y predominio de los ahumados.

Patterson House   BAR DE CÓCTELES

(www.thepattersonnashville.com; 1711 Division St; cócteles 12-14 US$; ⏰17.00-3.00; 🐾) Sin duda el mejor sitio de Nashville para tomar cócteles artesanales, incluso suele haber colas. No hay servicio sin asiento, ya sea en la barra de 30 taburetes o en las mesas que la rodean. Para tomar meticulosos cócteles de la época de la Ley Seca entre lámparas araña antigua. La cuenta se entrega dentro de una novela.

Acme Feed & Seed   BAR, MÚSICA EN DIRECTO

(www.theacmenashville.com; 101 Broadway; ⏰11.00-madrugada lu-vi, desde 10.00 sa-do; 🐾) Antaño un almacén de productos agrícolas, original de 1875, ofrece comida de *pub*, cervezas artesanales y música en directo casi todas las noches (*rock* sureño, *indie, roots,* etc.) en la 1ª planta. En la 2ª hay un *lounge* de cócteles con muebles reciclados una máquina del millón antigua, paredes hechas de planchas de imprenta y un sinfín de recuerdos musicales. Después está la terraza de la azotea, con vistas al río Cumberland River y Broadway.

Pinewood Social   LOUNGE

(📞615-751-8111; www.pinewoodsocial.com; 33 Peabody St; ⏰7.00-1.00 lu-vi, 9.00-1.00 sa-do) Este refugio *hipster* del centro se abre del alba a la puesta del sol. Situando en un antiguo y elegante garaje de tranvías, tiene cafetería, restaurante, bar y seis pistas de bolos de madera reciclada (40 US$/h). En el exterior hay un prado artificial, piscina y pista de bochas.

Hops + Craft   BAR

(www.hopscrafts.com; 319 12th Ave S; cerveza 4,75-6,60 US$; ⏰14.00-23.00 lu-ju, 12.00-24.00 vi, desde 11.00 sa, 12.00-23.00 do; 🐾) Este pequeño bar del Gulch es el mejor de Nashville para adentrarse en el panorama cervecero local. Los camareros, simpáticos y expertos, ofrecen catas de cualquiera de sus 36 tiradores.

No 308   BAR DE CÓCTELES

(www.bar308.com; 407 Gallatan Ave; cócteles 11-14 US$; ⏰17.00-3.00) Los jóvenes modernos se reúnen en este sencillo bar de cócteles de East Nashville para tomarse unos chupitos inspirados por los novelistas de la generación Beat, que se pueden elegir en unas cartas forradas de cuero. Mesas bajas, animales disecados, banquetas negras y una larga barra forrada con páginas de literatura clásica conforman la decoración.

★ Barista Parlor   CAFÉ

(www.baristaparlor.com; 519 Gallatin Ave; café 5-6 US$; ⏰7.00-20.00 lu-vi, 8.00-20.00 sa-do) Ocupa una enorme y antigua tienda de repuestos de East Nashville. Los mejores granos de café de América se filtran con métodos que solo los más puristas apreciarán (V60, Kone, Chemex, etc.). Hay que estar dispuesto a esperar, el arte no entiende de prisas. El expreso se prepara en la famosa y rara cafetera Slayer, hecha a mano, que cuesta 18 000 US$.

Crema   CAFÉ

(www.crema-café.com; 15 Hermitage Ave; café 2,75-5 US$; ⏰7.00-19.00 lu-vi, 8.00-18.00 sa, 9.00-16.00 do; 🐾) El mejor café de Broadway.

Soulshine   PUB

(www.soulshinepizza.com; 1907 Division St; ⏰11.00-22.00 do-mi, hasta 24.00 ju-sa) *Pub* y pizzería de dos plantas, con suelo de hormigón, en Midtown, que atrae a una clientela madura que sabe apreciar las *jam sessions*. Casi todas las noches hay concierto en el amplio patio de la azotea.

☆ Ocio

Las oportunidades para escuchar música en directo en Nashville no tienen parangón. Además de los grandes locales, muchos músicos con talento de *country,* folk, *bluegrass, rock* sureño y *blues* actúan en garitos llenos de humo, bares universitarios, cafeterías y cafés a cambio de una propina. Rara vez se paga entrada.

★**Station Inn** MÚSICA EN DIRECTO
(☑615-255-3307; www.stationinn.com; 402 12th Ave S; ⊘micrófono abierto 19.00, conciertos 21.00) Cervecería iluminada por neones con habituales conciertos de *bluegrass.* El famoso dúo Doyle and Debbie, una parodia de culto de un dúo *country* desaparecido, actúa casi todos los martes (20 US$; imprescindible reservar ☑615-999-9244).

Bluebird Cafe CLUB
(☑615-383-1461; www.bluebirdcafe.com; 4104 Hillsboro Rd; entrada gratis-20 US$; ⊘espectáculo 18.30 y 21.30) Está en un centro comercial de las afueras de South Nashville, pero algunos de los mejores cantantes de *country* han pasado por su pequeño escenario. Por ejemplo, Steve Earle, Emmylou Harris y los Cowboy Junkies han subido a su escenario, que es el que sale en la popular serie de televisión *Nashville.* También se puede probar suerte en el micrófono abierto de las noches de los lunes. No se aceptan reservas. Lo mejor es llegar al menos 1 h antes del espectáculo. A quien hable durante el concierto se le echa del local.

Tootsie's Orchid Lounge GARITO
(☑615-726-7937; www.tootsies.net; 422 Broadway; ⊘10.00-madrugada) GRATIS El más venerable de todos los garitos del centro, con taconeo de botas y abundante cerveza. En los años sesenta, la propietaria, Tootsie' Bess, apoyó a Willie Nelson, Kris Kristofferson y Waylon Jennings en sus comienzos. Una nueva azotea con escenario, añadida en el 2014, lo convierte en uno de los mejores locales de conciertos con vistas de Broadway.

Grand Ole Opry TEATRO MUSICAL
(☑615-871-6779; www.opry.com; 2802 Opryland Dr; entradas 40-70 US$) Aunque a lo largo de la semana hay varios espectáculos de *country,* el que no hay que perderse es el *Grand Ole Opry,* un espléndido homenaje a la música *country* clásica de Nashville. Se celebra cada martes, viernes y sábado noche. De noviembre a junio se traslada al Ryman.

Robert's Western World BAR
(www.robertswesternworld.com; 416 Broadway; ⊘11.00-2.00) GRATIS Cerveza y hamburguesas en un veterano local. Brazilbilly, la banda de la casa, toca después de las 22.00 los fines de semana. Antes de las 18.00 está abierto a público de todas las edades, después, solo para mayores de 21.

Ryman Auditorium SALA DE CONCIERTOS
(☑615-889-3060; www.ryman.com; 116 5th Ave N) La excelente acústica de este local, su encanto histórico y su gran capacidad lo convierten en la primera sala de conciertos de la ciudad. Por él han pasado grandes estrellas. Acoge al Opry en invierno.

Nashville Symphony SINFÓNICA
(☑615-687-6400; www.nashvillesymphony.org; 1 Symphony Pl) Alberga conciertos de la sinfónica local y de grandes estrellas del pop, desde Travis a Smokey Robinson. Sito en el nuevo y flamante Schermerhorn Symphony Hall.

🔒 **De compras**

En Lower Broadway abundan las tiendas de discos, de botas y los puestos de recuerdos. El barrio en torno a 12th Ave South es la zona de las *boutiques* más de moda y las tiendas *vintage.*

★**Hatch Show Print** ARTE, RECUERDOS
(www.hatchshowprint.com; 224 5th Ave S; circuitos 15 US$; ⊘9.00-17.00 lu-mi, hasta 20.00 ju-sa) Una de las imprentas más antiguas de EE UU. Lleva utilizando bloques de madera tallados a mano para imprimir sus icónicos y llamativos pósteres desde la época del vodevil. Ha creado pósteres y carteles para casi todas las estrellas del *country* y ahora tiene nuevas instalaciones en el reformado Country Music Hall of Fame (p. 368).

Hay tres circuitos diarios (12.30, 14.00 y 15.30); una tienda y una galería para comprar reimpresiones a partir de placas originales de madera de 1870 a 1860, y monoimpresiones únicas reinterpretadas a partir de xilografías originales de Jim Sherraden, una leyenda de Nashville.

★**Third Man Records** MÚSICA
(www.thirdmanrecords.com; 623 7th Ave S; ⊘10.00-18.00 lu-sa, 13.00-16.00 do) En una céntrica zona industrial se halla el pequeño y selecto sello discográfico de Jack White, con tienda, café y sala de conciertos. Solo vende discos de su sello en vinilo y CD, camisetas de coleccionista, pegatinas, auriculares y platos Pro-Ject. También está el catálogo entero de las grabaciones de White; y el visitante puede grabar su propio vinilo (15 US$).

Hay conciertos en la **Blue Room** del estudio una vez al mes. Suelen estar abiertos al

EL SUR NASHVILLE

EL SUR TENNESSEE

FRANKLIN

Unos 32 km al sur de Nashville por la I-65, la histórica ciudad de Franklin (www.historicfranklin.com) tiene un encantador centro y preciosos B&B. Fue el escenario de una de las batallas más sangrientas de la Guerra de Secesión. El 30 de noviembre de 1864, 37 000 hombres (20 000 confederados y 17 000 unionistas) lucharon en un tramo de 3 km en las afueras de la localidad. El crecimiento urbano de Nashville ha convertido una buena parte del campo de batalla en barrios periféricos, pero la finca Carter House (☑615-791-1861; www.boft.org; 1140 Columbia Ave, Franklin; adultos/sénior/niños 15/12/8 US$; ☉9.00-17.00 lu-sa, 11-17.00 do; ⚐🅿) conserva 8 Ha del campo de batalla. La finca es una de las más castigadas por las balas de la Guerra de Secesión que quedan en EE UU: se estima que hay más de 1000 impactos de bala en sus edificios.

público (10 US$ aprox.); se anuncian con un par de meses de antelación. Los asistentes reciben un vinilo exclusivo Black and Blue de la actuación.

Two Old Hippies ROPA, MÚSICA EN DIRECTO
(www.twooldhippies.com; 401 12th Ave S; ☉10.00-20.00 lu-ju, hasta 21.00 vi-sa, 11.00-18.00 do) Solo en Nashville una tienda selecta de estilo *retro* puede programar conciertos de gran calidad de forma habitual. Y como sucede con la ropa, la tendencia es el *rock hippy* al estilo *country*. La tienda vende joyas, camisetas ajustadas, cinturones, vaqueros hechos en Tennessee, camisas y chaquetas, y algunas guitarras acústicas increíbles. Hay música en directo cuatro noches a la semana a partir de las 18.00 y sesión infantil de micro abierto los domingos a las 13.00.

Imogene + Willie ROPA
(www.imogeneandwillie.com; 2601 12th Ave S; ☉10.00-18.00 lu-vi, 11.00-18.00 sa, 13.00-17.00 do) Proveedor de estilo alternativo en el selecto barrio de 12 South. Vende prendas vaqueras a medida muy duraderas (250 US$) que envía por correo a todo el mundo.

Ernest Tubb MÚSICA
(www.etrecordshop.com; 417 Broadway; ☉10.00-22.00 do-ju, hasta 24.00 vi-sa) Señalizado por una gigantesca guitarra de neón, es el mejor sitio para comprar discos de *country* y *bluegrass*.

Boot Country BOTAS
(www.twofreeboots.com; 304 Broadway; ☉10.00-22.30 lu-ju, hasta 23.00 vi y sa, 11.00-19.30 do) Esta tienda vende botas de todo tipo. Comprando un par, otro de regalo.

Gruhn Guitars INSTRUMENTOS MUSICALES
(www.gruhn.com; 2120 8th Ave S; ☉9.30-18.00 lu-sa) Famosa tienda de instrumentos musicales con personal experto. En cualquier momento puede entrar algún virtuoso e improvisar una *jam session*.

Pangaea REGALOS
(www.pangaeanashville.com; 1721 21st Ave S; ☉10.00-18.00 lu-ju, hasta 21.00 vi y sa, 12.00-17.00 do) No hay tienda más resultona en la ciudad: cinturones de cuentas, fulares divertidos, sombreros curiosos, vestidos de verano, jabones portugueses de estilo *retro*, fundas de Lionel Richie para latas, figuritas del Día de Muertos mexicano y joyas de inspiración literaria.

❶ Información

Downtown Nashville y Centennial Park tienen wifi gratis, como la mayoría de los hoteles, restaurantes y cafeterías.

Comisaría de policía (☑615-862-7611; 601 Korean Veterans Blvd) La comisaría central de Nashville.

'Nashville Scene' (www.nashvillescene.com) Semanario independiente gratuito con cartelera de eventos.

Centro de visitantes de Nashville (☑800-657-6910, 615-259-4747; www.visitmusiccity. com; 501 Broadway, Bridgestone Arena; ☉8.00-17.30 lu-sa, 10.00-17.00 do) Planos gratuitos de la ciudad. Hay un segundo centro más pequeño (150 4th Ave N; ☉8.00-17.00 lu-vi) en el vestíbulo del Regions Bank Building.

'Out & About Nashville' (www.outandabout nashville.com) Publicación mensual dedicada a la comunidad homosexual.

Oficina de correos (www.usps.com; 601 Broadway; ☉6.00-18.00 lu-vi, hasta 12.30 sa) La oficina más útil del centro.

'Tennessean' (www.tennessean.com) El periódico de Nashville.

Vanderbilt University Medical Center (☑615-322-5000; www.mc.vanderbilt.edu; 1211 Medical Center Dr) El mejor hospital de Tennessee.

❶ Cómo llegar y desplazarse

El aeropuerto internacional de Nashville (BNS; ☑615-275-1675; www.nashintl.com; One

Terminal Dr), 13 km al este de la ciudad, no es un gran centro de transporte. El autobús nº 18 de la **Metropolitan Transit Authority** (MTA; www.nashvillemta.org; tarifa 1,70-2,25 US$) lo conecta con el centro; **Jarmon Transportation** (www.jarmontransportation.com; tarifa 15 US$) ofrece lanzaderas entre el aeropuerto y los principales hoteles del centro y del West End. Los taxis cobran una tarifa plana de 25 US$ hasta el centro u Opryland.

Greyhound (☑615-255-3556; www.greyhound.com; 709 5th Ave S), en el centro. La MTA tiene un servicio de autobuses urbanos con sede también en el centro, en **Music City Central** (400 Charlotte Ave), que incluyen el gratuito Music City Circuit, con tres rutas que visitan la mayoría de las atracciones de Nashville. Los autobuses exprés van a Music Valley.

Nashville B-Cycle (☑615-625-2153; www.nashville.bcycle.com) La red pública de bicicletas de la ciudad, tiene más de 30 estaciones por todo el centro. La primera hora es gratis; después se cargan 1,50 US$ a la tarjeta de crédito por cada 30 min de uso. También hay tarifas diarias, semanales y mensuales.

Este de Tennessee

Dolly Parton, la ciudadana más famosa del este de Tennessee, adora tanto su región natal que se ha forjado una exitosa carrera cantando sobre chicas que abandonan su hogar con olor a madreselva en las Smoky Mountains por el falso brillo de la ciudad, y siempre se arrepienten. La parte oriental del estado, mayormente una zona rural de pueblos pequeños, colinas sinuosas y valles ribereños, abunda en gente simpática, buena comida y encanto bucólico. Las frondosas y violáceas Great Smoky Mountains son ideales para ir de excursión, acampar y practicar *rafting*, mientras que las dos principales zonas urbanas de la región, Knoxville y Chattanooga, son tranquilas ciudades ribereñas con mucha población universitaria.

Chattanooga

Apodada "la ciudad más sucia de América" en los años sesenta, hoy es una de las más verdes del país, con kilómetros de senderos ribereños, autobuses eléctricos y puentes peatonales sobre el río Tennessee. Con actividades de calidad como escalada en roca, excursionismo, ciclismo y deportes acuáticos, es una de las mejores ciudades del sur para los amantes del deporte al aire libre. Y, además,

es bonita; solo hay que contemplar las vistas desde el Bluff View Art District.

Entre los ss. xix y xx la ciudad fue un gran eje ferroviario, de ahí proviene "Chattanooga Choo-Choo", que originalmente hacía referencia al servicio de pasajeros de la compañía Cincinnati Southern Railway que iba de Cincinnati a Chattanooga, y que en 1941 dio título a un tema de Glen Miller. El centro, que puede recorrerse a pie, se ha convertido en un aburguesado laberinto de edificios históricos de piedra y ladrillo con algunos sabrosos restaurantes *gourmet*. The 'Noog, como la llaman, tiene muchos atractivos.

◉ Puntos de interés y actividades

Coolidge Park es un buen sitio para empezar un paseo junto al río. Hay un tiovivo, campos de juego y un rocódromo de 15 m de alto en una de las columnas que soportan el **Walnut Street Bridge**. Junto al parque, el Ayuntamiento ha instalado gaviones para recuperar los humedales y atraer a las aves. Se pueden ver paseando hasta el extremo de las plataformas flotantes que se adentran en el marjal. El **Tennessee River Park**, más grande, es una zona verde multiusos de 13 km que se extiende desde el centro, por Amnicola Marsh, a lo largo de South Chickamauga Creek. Está previsto ampliarlo hasta los 35 km. **Chattanooga Nightfall** es una serie de conciertos gratuitos que se celebran cada viernes del 1 de mayo al 4 de septiembre en Miller Plaza.

DE PRIMERA MANO

RUTA PANORÁMICA: LA CAMPIÑA DE NASHVILLE

Unos 40 km al suroeste de Nashville por la Hwy 100, la **Natchez Trace Parkway** avanza durante 715 km al suroeste hacia Natchez (Misisipi). Este tramo norte es uno de los más bonitos, con árboles frondosos que se unen formando un arco sobre la sinuosa carretera. Cerca de la entrada a la autovía se puede parar en el icónico **Loveless Cafe** (www.lovelesscafe.com; 8400 Hwy 100, Nashville; desayuno 7,25-14,25 US$; ⏱7.00-21.00), un café de carretera de los años cincuenta famoso por sus bollos con conservas caseras, su jamón y su pollo frito sureño.

Hunter Museum of American Art GALERÍA
(www.huntermuseum.org; 10 Bluff View; adultos/
niños 10/5 US$; ☉10.00-17.00 lu, ma, vi y sa, hasta
20.00 ju, 12.00-17.00 mi y do) Sobre los acantilados del río, este sorprendente edificio de
acero y cristal es el logro arquitectónico más
singular de Tennessee. Alberga una fantástica
colección de arte de los ss. xix y xx. Las exposiciones permanentes son gratis el primer domingo de mes (las especiales cuestan 5 US$).

Lookout Mountain ACTIVIDADES AL AIRE LIBRE
(www.lookoutmountain.com; 827 East Brow Rd; adul-
tos/niños 49/30 US$; ☉variable; ▥) Algunas de
las atracciones más antiguas y más queridas
de Chattanooga están a 10 km de la ciudad.
La entrada incluye el **Incline Railway**, que
sube una empinada cuesta hasta la cima de
la montaña; la cascada subterránea más larga del mundo, **Ruby Falls**; y **Rock City**, un
jardín con una vista espectacular.

Outdoor Chattanooga ACTIVIDADES AL AIRE LIBRE
(☏423-643-6888; www.outdoorchattanooga.com;
200 River St) Agencia municipal que promueve
el recreo activo. Su web es un buen recurso
para informarse, e incluye sugerencias de
rutas. Si el viajero les visita sin cita, puede
sentirse decepcionado por la falta de asesoría
espontánea.

🛏 Dónde dormir y comer

★ Crash Pad ALBERGUE $
(☏423-648-8393; www.crashpadchattanooga.com;
29 Johnson St; dc/d/tr 30/79/99 US$; ▣✳@☎)
📎 El mejor albergue del sur, dirigido por
escaladores, es un sostenible nido de modernidad en Southside, el barrio más a la última
del centro. Los dormitorios mixtos están muy
bien: luces integradas, enchufes, ventiladores
y cortinas que dan privacidad. Las habitaciones privadas tienen paredes de hormigón y
mesitas de noche incorporadas al cabezal de
la cama. Se accede con llaves electrónicas;
sábanas, candados y desayuno incluidos.

Hasta un 95% de los materiales han sido
reciclados del edificio anterior y todo funciona con energía solar. Es el primero del
mundo con la certificación platino de LEED.
Hay que reservar con antelación; los fines de
semana se llena.

Stone Fort Inn HOTEL-BOUTIQUE $$
(☏423-267-7866; www.stonefortinn.com; 120 E 10th
St; h 165-214 US$; ▣✳☎) Techos altos, mobi-
liario artesanal *vintage* y un servicio feno-
menal. Este histórico hotel del centro tiene
16 habitaciones, y cada una de ellas es única,

aunque todas son de obra vista y algunas tie-
nen terraza privada y *jacuzzi* al aire libre. Su
restaurante de estilo Apalaches y productos
naturales es uno de los mejores de la ciudad.

Chattanooga Choo-Choo HOTEL $$
(☏423-308-2440; www.choochoo.com; 1400 Mar-
ket St; h/vagones desde 155/189 US$; ▣✳@☎▨)
Recién celebrado su centenario y tras una
ampliación de ocho millones de dólares, la
majestuosa antigua estación de la ciudad es
un animado hotel con 48 habitaciones genuinamente victorianas, el bar *retro* Gilded
Age y un imponente pórtico en el vestíbulo.
Las habitaciones y suites estándares, en edificios separados, son amplias pero más bien
normales.

★ Public House SUREÑA MODERNA $$
(☏423-266-3366; www.publichousechattanooga.
com; 1110 Market St; principales 8,50-32 US$; ☉
11.00-14.30 y 17.00-21.00 lu-ju, hasta 22.00 vi, 12.00-
15.00 y 17.00-22.00 sa) Un *pub* restaurante
bastante chic en el barrio de los almacenes
rehabilitados; el bar, Social, es una casa de la-
drillo oscura pero acogedora; el comedor está
decorado con telas, es luminoso y hogareño; y
en ambos se sirve un sabroso y selecto menú.

St John's Meeting Place AMERICANA $$$
(☏423-266-4571; www.stjohnsmeetingplace.com;
1274 Market St; principales 14-33 US$; ☉17.00-21.30
lu-ju, hasta 22.00 vi y sa) En el Southside, se considera el mejor restaurante de la ciudad. Está
decorado en color negro al estilo Johnny Cash
(suelo negro de granito, lámparas de araña
negras, banquetas negras), poco habitual en
un restaurante, pero elegante. La cocina, con
productos naturales, ofrece codorniz envuelta
en bacón, filete de cordero, arroz frito con
panceta o paletilla de cerdo, trucha local y
otros platos. Los jueves hay *jazz* en directo
de 18.00 a 21.00.

ℹ Información

Centro de visitantes (☏800-322-3344; www.
chattanoogafun.com; 215 Broad St; ☉10.00-
17.00) Es fácil pasarlo por alto; está en un
pasaje techado.

ℹ Cómo llegar y desplazarse

El modesto **aeropuerto de Chattanooga** (CHA;
☏423-855-2202; www.chattairport.com; 1001
Airport Rd) queda al este de la ciudad. La **estación de Greyhound** (☏423-892-1277; www.
greyhound.com; 960 Airport Rd) se halla al final
de la calle. Los autobuses lanzadera eléctricos
que recorren el centro y North Shore llegan a

casi todos los puntos de interés. En el centro de visitantes hay un plano de las rutas.

Rellenando un formulario en línea se puede acceder a **Bike Chattanooga** (www.bikechatta nooga.com), el servicio de bicicletas compartidas de la ciudad, que cuenta con 31 estaciones. Los trayectos de menos de 60 min salen gratis.

Knoxville

Antaño conocida como la "capital mundial de la ropa interior" por su gran cantidad de empresas textiles, Knoxville alberga la Universidad de Tennessee. En **Market Square,** en el centro, abundan los edificios del s. XIX y bonitos cafés al aire libre a la sombra de los perales; mientras que **Old Town** y **Hundred Block** son barrios bohemios, de antiguos almacenes rehabilitados, alrededor de Gay St, escenario de la vida nocturna.

◉ Puntos de interés y actividades

Sunsphere   PUNTO DE INTERÉS
(☎865-251-6860; World's Fair Park, 810 Clinch Ave; ◷9.00-22.00 abr-oct, 11.00-18.00 nov-mar) Es el plato fuerte de la ciudad, un globo dorado (parece una bola de discoteca) sobre una torre, principal vestigio de la Exposición Universal de 1982. Se puede tomar el ascensor y subir al mirador de la 4ª planta para ver el perfil urbano de Knoxville, una exposición sobre la ciudad o, una planta más arriba, tomar un cóctel en Icon Ultra Lounge.

Women's Basketball Hall of Fame   MUSEO
(www.wbhof.com; 700 Hall of Fame Dr; adultos/ niños 10/6 US$; ◷10.00-17.00 lu-sa verano, 11.00-17.00 ma-vi, 10.00-17.00 sa invierno; ♿) Es imposible no ver la enorme pelota naranja de baloncesto que identifica este museo. Ofrece una estupenda visión de la versión femenina del deporte de la canasta.

🛏 Dónde dormir y comer

★**Oliver Hotel**   HOTEL-BOUTIQUE $$
(☎865-521-0050; www.theoliverhotel.com; 700 Hall of Fame Dr; h 150-250 US$; P❉@🛜) Recepcionistas *hispters* atienden el único hotel-*boutique* de Knoxville. Tiene 28 habitaciones modernas, con lavamanos de mármol, duchas de efecto lluvia, sábanas suaves y mesitas de café hechas a mano. El ambiente es tranquilo y selecto, y el bar Peter Kern Library atrae a los entusiastas de los cócteles.

BONNAROO

Uno de los principales festivales de música de América, el **Bonnaroo** (www. bonnaroo.com; Manchester, Tennese; ◷ med jun) dura toda una semana ininterrumpida, 24 h al día. Tiene lugar en una granja de 280 Ha en Manchester, 96 km al sureste de Nashville. Combina acampada, monólogos de humor, cine, comida, bebida y arte con un ambiente muy comunitario, pero lo que manda es la música. La edición del 2015 contó con más de 125 bandas y 20 humoristas en 12 escenarios, incluidas las actuaciones de Billy Joel, Mumford & Sons, Kendrick Lamar, Florence & The Machine, Robert Plant & The Sensational Space Shifters, Slayer, Earth, Wind and Fire y muchos otros.

★**Oli Bea**   DESAYUNOS $
(www.olibea.net; principales 6-12 US$; ◷7.00-13.00 lu-sa; 🛜) Merece la pena dormir en Knoxville solo para, a la mañana siguiente, disfrutar del desayuno sureño-mexicano de este local en Old City. Hay platos de siempre muy cuidados (jamón de campo, salchichas a la salvia, pollo ecológico o huevos de pato), pero sirve cocina *gourmet* del sur de la frontera: confit de cerdo, carnitas tostadas, chilaquiles, burritos... Todo fabuloso.

Knox Mason   SUREÑA MODERNA $$
(www.knoxmason.com; 131 S Gay St; principales 16-24 US$; ◷16.00-23.00 ma-ju, hasta 24.00 vi-sa, 10.00-14.00 do) En el histórico 100 Block de Gay St, es el lugar ideal para saborear la nueva cocina sureña, creativa, de temporada y elaborada con productos locales.

ℹ Información

Centro de visitantes (☎800-727-8045; www. visitknoxville.com; 301 S Gay St; ◷8.30-17.00 lu-sa, 9.00-17.00 do) Además de información turística, también acoge bandas durante el WDVX's Blue Plate Special, una serie de conciertos gratuitos que se celebran de lunes a sábado al mediodía.

Great Smoky Mountains National Park

Los cherokees llamaban a este territorio Shaconage, que significa "tierra del humo azul", por la neblina azulada que envuelve sus antiguos picos. Los Apalaches del Sur son la cordillera más antigua del mundo, con kilómetros y kilómetros de bosques húmedos de hoja caduca.

Con 2111 km², el **parque** (www.nps.gov/grsm) GRATIS es el más visitado del país (el doble que el del Gran Cañón) y si bien sus principales arterias y atracciones suelen llenarse mucho, el 95% de los visitantes jamás se aventura a más de 90 m de su vehículo, por lo cual es fácil dejar atrás las multitudes. La reserva está entre Tennessee y Carolina del Norte.

A diferencia de la mayoría de los parques nacionales, este no cobra entrada. Se puede pasar por uno de los centros de visitantes para conseguir un plano y la guía gratuita *Smokies Guide*. Los restos del asentamiento del s. xix en **Cades Cove** son uno de los puntos de interés más populares, como prueban los atascos en la carretera de circunvalación en verano.

Mt LeConte ofrece magníficas excursiones, además del único alojamiento que no es en *camping*, **LeConte Lodge** (☑865-429-5704; www.lecontelodge.com; cabañas adultos/niños 4-12 años 136/85 US$ por persona). Aunque la única forma de llegar a estas cabañas, rústicas y sin electricidad, es por cinco empinados senderos de distancias que varían entre los 9 (Alum Cave Trail) y los 13 km (Boulevard), son tan populares que hay que reservarlas con un año de antelación. Se puede ir en automóvil hasta el vertiginoso **Clingmans Dome**, el tercer pico más alto al este del Misisipi, con una futurista torre de observación (aunque casi siempre está nublado).

Con nueve *campings* y unas 900 plazas de acampada, se podría pensar que es fácil plantar la tienda, pero en verano es una zona muy concurrida, así que hay que planificar. Es posible **reservar** (☑800-365-2267; www.recreation.gov; plaza de acampada 17-23 US$ por noche) algunas plazas, pero no otras. Los *campings* de Cades Cove y Smokemont abren todo el año; el resto, de marzo a octubre.

La **acampada libre** (☑reservas 865-436-1231; www.nps.gov/grsm/planyourvisit/backcountry-camping.htm; 4 US$ por noche) es una excelente opción. Solo se pagan cinco noches (el resto es gratis). Se necesita un permiso; es posible reservar y obtener los permisos en las estaciones de los guardabosques y en los centros de visitantes.

ⓘ Información

Los cuatro centros de visitantes del interior del parque son **Sugarlands** (☑865-436-1291; www.

nps.gov/grsm; 107 Park Headquarters Rd; ⏰ 8.00-19.30 jun-ago, variable sep-may), en la entrada norte, cerca de Gatlinburg; **Cades Cove** (Cades Cove Loop Rd; ⏰9.00-19.00 abr-ago, más temprano sep-mar), hacia la mitad de la Cades Cove Loop Rd, a 39 km de la Hwy 441 desde la entrada de Gatlinburg; Oconaluftee (p. 344), en la entrada sur, cerca de Cherokee, Carolina del Norte; y el nuevo **Clingmans' Dome** (Clingmans Dome Rd; ⏰10.00-18.00 abr-oct, 9.30-17.00 nov).

Gatlinburg

La relamida Gatlinburg, agazapada junto a la entrada del Great Smoky Mountains National Park, espera para impresionar a los excursionistas con aromas de caramelo, algodón de azúcar y panqueques, además de albergar varios museos curiosos y algunas exageradas atracciones.

⊙ Puntos de interés y actividades

★ **Ole Smoky Moonshine Holler** DESTILERÍA (www.olesmokymoonshine.com; 903 Parkway; ⏰ 10.00-23.00) A primera vista, esta destilería de *moonshine*, hecha en piedra y madera, la primera destilería de Tennessee con licencia para fabricar dicho licor, tiene un aspecto muy Disney. Charlar con los divertidos camareros, tomar una copa gratis y disfrutar con sus ocurrentes comentarios es lo mejor que se puede hacer en Gatlinburg.

Ober Gatlinburg
Aerial Tramway ZONA DE ESQUÍ (www.obergatlinburg.com; 1001 Parkway; adultos/niños 12,50/9,50 US$; ⏰9.30-17.40 do-vi, hasta 18.30 sa) Este funicular recorre algo más de 3 km hasta la estación de esquí de Ober Gatlinburg, de inspiración bávara.

🛏 Dónde dormir y comer

Bearskin Lodge LODGE $$ (☑877-795-7546; www.thebearskinlodge.com; 840 River Rd; h desde 110 US$; ▣❄🛜🏊) Este *lodge* ribereño tiene más estilo que otros alojamientos de Gatlinburg. Ofrece habitaciones amplias con TV de pantalla plana y algunas con chimeneas y balcones privados que dan al río.

Three Jimmys ESTADOUNIDENSE $ (www.threejimmys.com; 1359 East Pkwy; principales 10-25 US$; ⏰11.00-22.00; 🛜) Para huir de las hordas de turistas de la calle principal, este local es uno de los favorito de los lugareños, con camareras simpáticas y una larga carta: barbacoa, pavo, hamburguesas, pollo al champán, filetes o ensalada de espinacas, entre otros.

KENTUCKY

Con una economía basada en el *bourbon,* las carreras de caballos y el tabaco, se podría pensar que Kentucky rivaliza con Las Vegas como capital estadounidense del pecado. Sin embargo, por cada bar de *whisky* de Louisville hay un municipio en el que la bebida más fuerte que se puede conseguir es un *ginger ale* y por cada hipódromo hay una iglesia. Kentucky está formado por estas combinaciones extrañas. El estado, un cruce de caminos geográfico y cultural, combina la simpatía del sur, la historia rural y fronteriza del oeste, la industria del norte y el encanto aristocrático del este. Es un lugar bonito; pocas vistas son tan hermosas como las sinuosas colinas calcáreas de Horse Country, donde la cría de pura sangres es una industria multimillonaria. En primavera los pastos se llenan de florecillas azules, lo cual le valió a Kentucky su apodo de "Estado del Bluegrass".

ⓘ Información

La frontera entre los usos horarios del este y del centro pasa justo por el medio de Kentucky.

Kentucky State Parks (☏800-255-7275; www. parks.ky.gov) Información sobre excursiones, espeleología, pesca, acampada y otras actividades en los 52 parques estatales de Kentucky. Los llamados Resort Parks tienen alojamiento; los Recreation Parks, no.

Kentucky Travel (☏800-225-8747, 502-564-4930; www.kentuckytourism.com) Ofrece un detallado folleto con los puntos de interés del estado.

Louisville

Conocida por ser la sede del Derby de Kentucky, Louisville es bonita y moderna, aunque se la suele subestimar. Fue un gran centro de transporte fluvial del río Ohio durante la época de la expansión hacia el oeste, y hoy es la mayor ciudad del estado, en alza con sus bares modernos, sus restaurantes de productos naturales y una población joven y cada vez más progresista. Es un buen sitio para pasar unos días visitando museos, paseando por los barrios antiguos y tomando *bourbon.*

DOLLYWOOD

Esta oda a la santa patrona de East Tennessee, la cantante de *country* de tan generosa melena como delantera Dolly Parton, llamada **Dollywood** (☏865-428-9488; www.dollywood.com; 2700 Dollywood Parks Blvd; adultos/niños 59/47 US$; ☺abr-dic) cuenta con atracciones inspiradas en los Apalaches, un parque acuático y el nuevo resort DreamMore, entre otros ingredientes. Está en **Pigeon Forge** (www.mypigeonforge.com), una especie de Las Vegas de segunda, 14 km al norte de Gatlinburg.

◉ Puntos de interés y actividades

El barrio de **Old Louisville**, de la época victoriana, al sur del centro, es perfecto para pasear. No hay que perderse **St James Court**, cerca de Magnolia Ave, con su encantador parque iluminado por farolas de gas. Hay varias **casas históricas** (☏502-899-5079; www. historichomes.org) preciosas en la zona que pueden visitarse, incluida la antigua casa *shotgun* de Thomas Edison.

★**Churchill Downs**   HIPODROMO
(www.churchilldowns.com; 700 Central Ave) El primer sábado de mayo, la élite de EE UU se viste con sus mejores trajes y sus sombreros más exagerados para asistir al Derby de Kentucky, el evento deportivo más antiguo de Norteamérica.

Tras la carrera, el público canta "My Old Kentucky Home" y contempla cómo el caballo ganador recibe una guirnalda de rosas; después, arranca la fiesta. De hecho, la fiesta ha empezado dos semanas antes, con el **Kentucky Derby Festival** (www.kdf.org), que incluye una carrera de globos aerostáticos, una maratón y el mayor espectáculo de fuegos artificiales del país. Las entradas del derbi son por invitación o están reservadas con años de antelación. El día de la carrera se puede entrar en el recinto por 60 US$, pero sin sentarse, y en la selecta zona del *paddock,* donde se puede ver cómo preparan a los caballos. Está tan lleno que antaño era imposible ver las carreras, pero ahora se ha instalado una gran pantalla de vídeo 4K (la más grande del mundo) para que todo el mundo pueda verlas. Si el viajero es aficionado a los pura sangres, de abril a junio y en septiembre hay

DATOS DE KENTUCKY

Apodo Estado Bluegrass

Población 4,4 millones

Superficie 102 895 km²

Capital Frankfort (25 500 hab.)

Otras ciudades Louisville (750 000 hab.), Lexington (310 000 hab.)

Impuesto sobre ventas 6%

Hijos célebres Abraham Lincoln (1809-1865), el periodista y escritor Hunter S. Thompson (1937-2005), el boxeador Muhammad Ali (1942), las actrices Ashley Judd (1968) y Jennifer Lawrence (1990)

Cuna del derbi de Kentucky, los bates Louisville Slugger, el *bourbon*

Política Conservador; mucho en zonas rurales

Famoso por los caballos, la música *bluegrass*, el baloncesto universitario, el *bourbon*, las cuevas

Conflicto interno La lealtad Unión *vs.* Sur durante la Guerra de Secesión

Distancias por carretera Louisville-Lexington, 124 km; Lexington-Mammoth Cave National Park, 217 km

sesiones de calentamiento y otras carreras, y las entradas apenas valen 3 US$.

Kentucky Derby Museum MUSEO
(www.derbymuseum.org; puerta 1, Central Ave; adultos/sénior/niños 14/13/6 US$; ☉8.00-17.00 lu-sa, 11.00-17.00 do med mar-med nov, desde 9.00 lu-sa, 11.00-17.00 do dic-med mar) En el recinto de la pista de carreras, este museo está dedicado a la historia del derbi. Incluye información sobre la vida de los jinetes y un repaso de los caballos más ilustres. Destacan un documental en HD de 360° sobre la carrera, un circuito de 30 min que recorre las gradas y julepes de menta en el café del museo. El circuito Inside the Gates Tour (11 US$), de 90 min, visita las estancias de los jinetes y las zonas VIP de las gradas.

Muhammad Ali Center MUSEO
(www.alicenter.org; 144 N 6th St; adultos/sénior/niños 9/8/4 US$; ☉9.30-17.00 ma-sa, 12.00-17.00 do) 🖋 Homenaje de la ciudad a su hijo más famoso, quizá el mejor peso pesado de la historia; seguro que el más bocazas: el po-

lémico y transgresor Cassius Clay/Muhammad Ali.

Louisville Slugger Museum & Factory MUSEO
(www.sluggermuseum.org; 800 W Main St; adultos/sénior/niños 12/11/7 US$; ☉9.00-17.00 lu-sa, 11.00-17.00 do; 🖟) Con un bate de béisbol de 37 m apoyado (literalmente) sobre el edificio, no tiene pérdida. Hillerich & Bradsby Co llevan fabricando el famoso bate Louisville Slugger aquí desde 1884. La entrada incluye un circuito por la planta, la visita a la sala de recuerdos, que guarda el bate de Babe Ruth, y un mini *slugger* gratis.

Frazier History Museum MUSEO
(www.fraziermuseum.org; 829 W Main St; adultos/estudiantes/niños 12/10/8 US$; ☉9.00-17.00 lu-sa, 12.00-17.00 do) Este moderno museo recorre 100 años de historia con siniestros dioramas de batallas e intérpretes disfrazados que muestran su destreza con la espada o simulan debates.

Kentucky Science Center MUSEO
(☎502-561-6100; www.kysciencecenter.org; 727 W Main St; adultos/niños 13/11 US$; ☉9.30-17.30 do-ju, hasta 21.00 vi y sa; 🖟) Ocupa un edificio histórico ubicado en Main St y cuenta con tres plantas de exposiciones dedicadas a la biología, fisiología, física, computación y otros temas; a los niños les encanta. Por 8-10 US$ más se puede ver una película en el cine IMAX.

Big Four Bridge SENDERISMO, CICLISMO
(East River Rd) Construido entre 1888 y 1895, este puente que cruza el río Ohio hasta Indiana, ha estado cerrado al tráfico de vehículos desde 1969, pero se reabrió en el 2013 como ruta ciclista y peatonal. Ofrece estupendas vistas de la ciudad y del río.

🛏 Dónde dormir

Los hoteles de cadenas se concentran en las inmediaciones del aeropuerto, muy próximos a la I-264.

Rocking Horse B&B B&B $$
(☎502-583-0408; www.rockinghorse-bb.com; 1022 S 3er St; h desde 125 US$; P🅿❄@🛜) En un tramo de 3rd St, antaño conocida como Millionaire's Row, esta mansión de 1888 de estilo neorrománico richardsoniano está llena de detalles históricos. Las seis habitaciones están decoradas con antigüedades victorianas y con los espléndidos vitrales originales. Los huéspedes pueden tomar su desayuno de dos platos en

el jardín inglés o beber un oporto gratis en el salón. La habitación más económica sacrifica espacio y bañera por un balcón a la calle.

★ 21c Museum Hotel   HOTEL $$$

(☏502-217-6300; www.21chotel.com; 700 W Main St; h desde 239 US$; P ✳ 🐾 🛜) Hotel y museo de arte contemporáneo con detalles de diseño puntero: pantallas de vídeo que proyectan la imagen distorsionada del cliente y textos que desfilan por las paredes mientras uno espera el ascensor. Los lavabos de caballeros tienen paredes de cristal bañadas en agua. Las habitaciones, si bien no tan interesantes como las zonas comunes, tienen bases para iPod y kits para preparar julepes de menta.

Brown Hotel   HOTEL $$$

(☏502-583-1234; www.brownhotel.com; 335 West Broadway; h 179-399 US$; P ✳ 🐾 🛜) Estrellas de la ópera, reinas y primeros ministros han pisado los suelos de mármol de este hotel del centro, restaurado con todo su *glamour* de los años veinte. Ofrece 294 cómodas habitaciones y un impresionante bar de *bourbon* en el vestíbulo, bajo el techo dorado de estilo neorrenacentista inglés.

Aquí se inventó, en 1926, el plato típico de Louisville, el Hot Brown (que es un sándwich de pavo con bacón, pimientos y salsa Mornay). Los tres restaurantes del hotel todavía lo sirven.

🍴 Dónde comer

La oferta se multiplica cada año, sobre todo en la cautivadora zona de NuLu (Nueva Louisville), llena de galerías y *boutiques*. Highlands, alrededor de Bardstown Rd y Baxter Rd es otro sitio popular para cenar y salir de copas.

Gralehaus   ESTADOUNIDENSE MODERNA $

(www.gralehaus.com; 1001 Baxter Ave; principales 6-13 US$; ⏰8.00-16.00 do-ma, hasta 22.00 mi-sa; 🛜) Pequeño local que sirve desayunos todo el día en una casa de principios del s. XX. El chef prepara a todas horas sus versiones de platos sureños de toda la vida (galletas con ingredientes locales, salsa *gravy* de pato, cordero y gachas). El café es excelente. En el piso superior alquila tres habitaciones de estilo rústico-chic provistas de minibar, techos de madera y muebles modernos.

The Post   DELI $

(www.thepostlouisville.com; 1045 Goss Ave; principales 3-13 US$; ⏰11.00-2.00 mi-lu; 🛜) En la abur-

guesada Germantown, sirve *pizza* al estilo neoyorkino y sándwiches. Es muy acogedor, tiene un patio soleado delante y un cómodo bar en la parte trasera. Parece más moderno y caro de lo que en realidad es.

★ Mayan Cafe   MEXICANA $$

(☏502-566-0651; www.themayancafe.com; 813 E Market St; principales 14-23 US$; ⏰11.00-14.30 y 17.00-22.00 lu-ju, hasta 22.30 vi-sa; 🛜) 🌿 El chef Bruce Ucán elabora una cocina mexicana sutil con productos naturales y ofrece con ella un viaje de sabores. Los platos, fresquísimos y preparados con productos sostenibles de temporada, se inspiran en la península del Yucatán y logran la combinación perfecta entre sabor y textura.

Garage Bar   GASTROPUB $$

(www.garageonmarket.com; 700 E Market St; platos 5-17 US$; 🛜) Lo mejor que se puede hacer en Louisville una tarde cálida es visitar esta modernísima gasolinera reformada de NuLu y pedir una ronda de *gimlets* de albahaca y una bandeja de jamón (degustación de cuatro jamones curados regionales, con pan recién hecho y conserva, 21 US$). Y después, pasar a la carta, que va de la mejor *pizza* al horno de leña a ostras rebozadas.

★ Decca   ESTADOUNIDENSE MODERNA $$$

(☏502-749-8128; www.deccarestaurant.com; 812 E Market St; principales 24-31 US$; ⏰17.30-22.00 lu-ju, hasta 23.00 vi y sa; 🛜) Un bonito espacio con suelo de madera y corcho, y un patio con fuente. La especialidad de la carta, deliciosa y de temporada, son los asados a la brasa. Las hortalizas también pasan por la parrilla, como el brócoli, que se sirve con almendras y anchoas, y es una delicia.

Proof   SUREÑA MODERNA $$$

(☏502-217-6360; www.proofonmain.com; 702 W Main St; principales 11-34 US$; ⏰7.00-10.00, 11.00-14.00 y 17.30-22.00 lu-ju, hasta 23.00 vi, 7.00-15.00 y 17.30-23.00 sa, hasta 13.00 do; 🛜) Tal vez el mejor restaurante de Louisville. Los cócteles (8-15 US$) son increíbles y la carta de vinos y *bourbons* (exclusivos y raros de Woodford Reserve y Van Winkle) largas y satisfactorios. Los maravillosos platos van desde *falafel* con jamón de campo a hamburguesa de bisonte o pollo frito picante.

🍸 Dónde beber y vida nocturna

Weekly Leo (www.leoweekly.com), gratuito, informa sobre conciertos.

Holy Grale
PUB

(www.holygralelouisville.com; 1034 Bardstown Rd; ☺ 16.00-madrugada; ☎) Es uno de los mejores bares de Bardstown. Ocupa una antigua iglesia, tiene carta de comida (pimientos salteados, mejillones al curri rojo) y una interesante oferta de cervezas de barril con raras marcas alemanas, danesas, belgas y japonesas.

Crescent Hill Craft House
BAR

(www.crafthousebrews.com; 2636 Frankfort Ave; cervezas 5-6,50 US$; ☺16.00-24.00 lu-ju, hasta 2.00 vi, 12.00-2.00 sa-do; ☎) La nueva niña bonita del selecto barrio de Crescent Hill, 9,7 km al este del centro. Los tiradores de este bar-restaurante sirven 40 cervezas artesanales con muy buena relación calidad-precio, todas ellas de Kentucky. Las marcas se proyectan en una pared lateral, con su contenido en alcohol y su índice de amargor. Se puede tomar comida de bar (a veces, vegetariana), como *poutine* con asado, sándwich de panceta o hamburguesas de berenjena ahumada y cebada.

Ei8ht Up
BAR

(www.8uplouisville.com; 350 West Chestnut St; cócteles 8-14 US$; ☺16.00-24.00 do-ju, hasta 2.00 vi-sa; ☎) El bar más de moda de Louisville está en la azotea de un Hilton Garden Inn. Tiene una terraza al aire libre, un ambiente abierto a todo tipo de gente y un amplio bar con zonas *lounge* acogedoras e iluminadas con fuego.

Please & Thank You
CAFÉ

(www.pleaseandthankyoulouisville.com; 800 E Market St; bebidas 2-4,75 US$; ☺7.00-18.00 lu-vi,

---

EL HOSPITAL MALDITO

Alzándose sobre Louisville como el castillo de un rey loco, el abandonado Waverly Hills Sanatorium acogió a las víctimas de una epidemia de tuberculosis a principios del s. xx. Cuando los pacientes morían, los trabajadores arrojaban sus cuerpos por un conducto al sótano. No es extraño que pase por ser uno de los edificios más encantados de América. Para descubrirlo, nada mejor que el circuito (☎502-933-2142; www. therealwaverlyhills.com; 4400 Paralee Lane; circuito de 2 h/circuito cazafantasmas de 2 h/circuito nocturno 22,50/50/100 US$; ☺vi y sa mar-ago) nocturno. Los más valientes pueden quedarse a pasar la noche; mucha gente dice que es el sitio más espeluznante jamás visto.

8.00-18.00 sa, 8.00-16.00 do; ☎) El típico café independiente que da personalidad a un barrio. Sirve un expreso cremoso y pudín de pan casero, bollos creativos, pan de calabacín y galletas de chocolate. También vende discos de vinilo.

🏷 De compras

⭐ Joe Ley Antiques
ANTIGÜEDADES

(www.joeley.com; 615 E Market St; ☺10.00-17.00 ma-sa) Enorme y antigua tienda de tres plantas, de ladrillo y cristal, repleta de material coleccionable de hace ocho décadas: muñecas, muebles curiosos, joyas pesadas y otras piezas, incluido un fregadero.

Butchertown Market
BOUTIQUES

(www.thebutchertownmarket.com; 1201 Story Ave; ☺10.00-18.00 lu-vi, hasta 17.00 sa) Este matadero rehabilitado se ha convertido en un recinto de *boutiques* curiosas, bonitas y bohemias: joyas originales, regalos curiosos, exquisitos bombones, muebles metálicos, productos de perfumería o ropa de bebés.

Taste
VINO

(☎502-409-4646; www.tastefinewinesandbourbons. com; 634 E Market St; degustaciones 3-5,50 US$; ☺11.00-20.00 ma-mi, madrugada ju y vi, 10.30-madrugada sa) Selecta tienda de vinos que vende caldos y *bourbons* de corta producción y ofrece catas para ayudar a decidirse. La carta, de 10 vinos, cambia cada martes.

ℹ Información

Centro de visitantes (☎502-379-6109; www. gotolouisville.com; 301 S 4th St; ☺10.00-18.00 lu-sa, 12.00-17.00 do) Folletos abundantes y personal amable.

ℹ Cómo llegar y desplazarse

El **aeropuerto internacional de Louisville** (SDF; ☎502-367-4636; www.flylouisville. com; 600 Terminal Drive) está 8 km al sur de la ciudad por la I-65. Se puede llegar en taxi con una tarifa plana de 20 US$ o en el autobús nº 2. La **estación de Greyhound** (☎502-561-2805; www.greyhound.com; 720 W Muhammad Ali Blvd) queda al oeste del centro. **TARC** (www. ridetarc.org; 1000 W Broadway; tarifa 1,75 US$) tiene autobuses que parten de la Union Station, incluido el gratuito ZeroBus, y una flota de autobuses eléctricos que recorre Main St, Market St y 4th, donde se haya la mayoría de las atracciones y los mejores restaurantes. Lo autobuses no exigen el importe exacto, pero no devuelven cambio.

Región Bluegrass

Mientras se conduce por la región Bluegrass, al noreste de Kentucky, un día soleado, se pueden ver caballos pastando en las verdes colinas salpicadas de estanques, álamos y bonitas fincas. Estos bosques y prados antaño salvajes han sido zona de cría equina desde hace casi 250 años. Dicen que los depósitos calizos naturales de la región (se ven riscos emergiendo de la nada) producen pastos muy nutritivos. La principal ciudad de la zona, Lexington, es conocida como "la capital equina del mundo".

Lexington

Incluso la prisión parece un club de campo en Lexington, cuna de ricas fincas y de cresos caballos. En el pasado fue la ciudad más próspera y culta a este lado de las montañas Alleghany, conocida como la Atenas del Oeste. Alberga la Universidad de Kentucky y es el corazón de la industria de los purasangre. En el pequeño centro hay algunos edificios victorianos, pero la mayoría de las atracciones está en el campo.

Puntos de interés y actividades

Merece la pena ir de excursión a los alrededores de la ciudad, llenos de granjas en un paisaje de ensueño entre pastos, vallas de madera y purasangres.

Kentucky Horse Park MUSEO, PARQUE
(www.kyhorsepark.com; 4089 Iron Works Pkwy; adultos/niños 16/8 US$, equitación 25 US$; ☉9.00-17.00 diario med mar-oct, mi-do nov-med mar; ☗) Parque temático educativo y centro de deportes ecuestres de 486 Ha situado al norte de Lexington. Los caballos, de 50 razas diferentes, viven en el parque y participan en algunos espectáculos en directo.

También incluye el **International Museum of the Horse**, con bonitos dioramas que ilustran la historia del caballo, desde el pequeño y prehistórico *eohippus* a los mensajeros del Pony Express; y el **American Saddlebred Museum**, dedicado al caballo nativo. En temporada se ofrecen paseos guiados a caballo de 35 min y circuitos por la granja.

Thoroughbred Center GRANJA
(☎859-293-1853; www.thethoroughbredcenter.com; 3380 Paris Pike; adultos/niños 15/8 US$; ☉circuitos 9.00 lu-sa abr-oct) Casi todas las granjas están cerradas al público, pero en esta se pueden ver caballos de carreras de cerca. Hay circuitos por los establos, por las zonas de entrenamiento y los prados.

Ashland EDIFICIO HISTÓRICO
(www.henryclay.org; 120 Sycamore Rd; adultos/niños 10/5 US$; ☉10.00-16.00 ma-sa, 13.00-16.00 do mar-dic) A solo 2,4 km del centro, mitad vivienda histórica de uno de los hijos favoritos de Kentucky, mitad parque público, era la finca de estilo italiano del estadista y compromisario Henry Clay (1777-1852).

Es un lugar precioso, sito en un selecto barrio histórico, y merece la pena pagar la entrada, aunque también puede verse por fuera gratis, con un vistazo a las caballerizas, donde se expone el carruaje, y al lavabo exterior.

Mary Todd-Lincoln House EDIFICIO HISTÓRICO
(www.mtlhouse.org; 578 W Main St; adultos/niños 10/5 US$; ☉10.00-16.00 lu-sa med mar-med nov) Esta modesta casa de 1806 guarda objetos de la infancia de la primera dama y de sus años como esposa del presidente Lincoln, incluidas piezas originales de la Casa Blanca. Hay circuitos cada hora, el último a las 15.00.

Dónde dormir

A mediados del 2016 se inauguró el moderno 21C Museum Hotel, en el centro, en la esquina de Main y Upper, en el histórico First National Bank Building.

Kentucky Horse Park CAMPING $
(☎859-259-4257; www.kyhorsepark.com; 4089 Iron Works Pkwy; parcelas 20 US$, parcelas para vehículos 26-35 US$; ☀☵) Ofrece 260 plazas pavimentadas, además de duchas, lavandería, tienda de comestibles, zonas de juegos y otros detalles, así como espacios al raso, sin pavimentar.

★Lyndon House B&B $$
(☎859-420-2683; www.lyndonhouse.com; 507 N Broadway; h desde 179 US$; ☗☀@) Un detallista pastor es el anfitrión de este singular y amplio B&B del centro, situado en una mansión histórica de 1885. Anton se toma la hospitalidad tan en serio como el desayuno. Las siete habitaciones tienen muebles de época y todas las comodidades modernas. Está muy cerca de una larga lista de restaurantes y cervecerías.

Dónde comer y beber

Los bares y restaurantes de moda de Lexington se concentran en la revitalizada Jefferson

MERECE LA PENA

¡VIVA EL 'BLUEGRASS'!

Bill Monroe está considerado el padre fundador de la música *bluegrass*. Su banda, los Blue Grass Boys, dio nombre al género. El *bluegrass* tiene sus raíces en la antigua música de las montañas, combinada con el tempo rápido de las canciones africanas y aderezado con una pizca de *jazz*. Los fans de los banyos y los violines apreciarán las exposiciones históricas del International Bluegrass Music Museum (www.bluegrassmuseum.org; 107 Daviess St; adultos/estudiantes 5/2 US$; ⊙10.00-17.00 ma-sa, 13.00-16.00 do), en Owensboro, con una *jam session* el primer jueves de cada mes. También se puede ir a los conciertos gratuitos Friday After 5 (www.fridayafter5.com) de la ciudad durante todo el verano, con actuaciones a las 19.00. La bonita ciudad de Ohio River, 160 km al oeste de Louisville, alberga el ROMP Bluegrass Festival (www.rompfest.com; entradas 15-50 US$; ⊙fin jun).

Ave y sus alrededores, entre W 6th y Main St, e incluye varias cervecerías artesanas.

⭐ **County Club** BARBACOA $

(www.countyclubrestaurant.com; 555 Jefferson St; principales 8-12 US$; ⊙17.00-22.00 ma-ju, desde 11.00 vi-do; 🐾) Un santuario de la carne ahumada que ocupa el antiguo garaje de la fábrica de pan Sunbeam. Aunque el servicio es algo distante, la carne (hamburguesas, ternera en pan de centeno, alitas de pollo ahumadas a la lima, filetes, etc.) es jugosa, y tierna. Se puede aderezar con las cuatro salsas de la casa (vinagreta, dulce, picante ahumada y una deliciosa mostaza). La lista de platos del día, que varía, y de cerveza artesanal hacen que uno se olvide del frío ambiente.

Stella's Kentucky Deli DELI $

(www.stellaskentuckydeli.com; 143 Jefferson St; sándwiches 3,50-9 US$; ⊙10.30-16.00 lu-ma, hasta 21.00 mi-ju, 9.00-13.00 vi-sa, 9.00-21.00 do; 🐾) Lleva 30 años en activo, pero los últimos propietarios lo han modernizado. Sirve grandes sándwiches, sopas y ensaladas, junto con cervezas de temporada, en una pintoresca casa histórica con techo de metal reciclado y un bar muy sociable.

Doodles CAFÉ $

(www.doodlesrestaurant.com; 262 N Limestone; principales 4-10 US$; ⊙8.00-14.00 ma-do; 🐾) En una antigua gasolinera, sirve comida casera: gambas y gachas (con salsa *remoulade* de cebolla verde y jamón de campo), avena quemada y tartas al huevo; todo ecológico y local, si es posible.

Natural Provisions FRANCESA $$

(264 Walton Ave; principales 15-25 US$; ⊙11.00-15.00 y 16.00-22.00; 🐾) Este complejo culinario de estilo industrial-chic ocupa una antigua planta embotelladora y alberga una brasería francesa, una panadería/cafetería y una cervecería/mercado *gourmet*. Lleva el peso de la nueva modernidad de Lexington, que rezuma por todos los rincones, desde las coloridas banquetas hasta su larga y elegante barra de bar con tiradores con cuernos de ciervo.

Coles 735 Main ESTADOUNIDENSE MODERNA $$$

(☎859-266-9000; www.coles735main.com; 735 E Main St; principales 19-33 US$; ⊙17.00-22.00 lu-ju, hasta 23.00 vi-sa; 🐾) Murales originales de zorros y sabuesos visten las paredes de este veterano local, con tonos provenzales, un bonito patio y, lo más importante, buena comida y bebida: cócteles de *bourbon*, excelentes versiones locales de platos clásicos (gachas fritas con queso pecorino) y platos más atrevidos.

Country Boy Brewing CERVECERÍA

(www.countryboybrewing.com; 436 Chair Ave) Fiel a su nombre, está llena de sombreros, animales disecados y prendas de camuflaje. Sirve la mejor cerveza en el ambiente más auténtico de Kentucky. Tiene hasta 16 tiradores con *ales, saisons* de manzana silvestre, *porters* ahumadas al jalapeño, etc. No tiene cocina, pero cada noche tiene una furgoneta de comidas aparcada en la puerta.

☆ Ocio

Keeneland Association HIPÓDROMO

(☎859-254-3412; www.keeneland.com; 4201 Versailles Rd; entrada general 5 US$; ⊙carreras abr y oct) Solo por detrás de Churchill Downs en prestigio, organiza carreras en abril y octubre, cuando también puede verse cómo entrenan los campeones, desde el alba hasta las 10.00. Las subastas frecuentes de caballos atraen a jeques, sultanes y príncipes de fondos de inversión.

Red Mile HIPÓDROMO

(www.theredmile.com; 1200 Red Mile Rd; entrada 2 US$; ⊙carreras ago-primera semana oct) Carreras de trotones desde mediados del verano a comienzos de otoño.

❶ Información

Centro de visitantes (☎859-233-7299; www.visitlex.com; 401 W Main St; ☺9.00-17.00 lu-vi, desde 10.00 sa, 12.00-17.00 do) Planos e información. Está en el centro, en una elegante zona de restauración llamada The Square.

❶ Cómo llegar y desplazarse

El **aeropuerto de Blue Grass** (LEX; ☎859-425-3100; www.bluegrassairport.com; 4000 Terminal Dr) está al oeste de la ciudad, y tiene

---

LA RUTA DEL 'BOURBON'

Sedoso y de color caramelo, el *whisky* de maíz, el *bourbon*, se destiló por primera vez en el condado de Bourbon, al norte de Lexington, hacia 1789. Hoy, el 90% del *bourbon* de EE UU se produce en Kentucky, gracias a la pureza de su agua, filtrada en roca caliza. El *bourbon* debe contener al menos un 51% de maíz, y envejecer al menos dos años en barricas de roble quemadas. Mientras los expertos lo beben solo o con agua, hay quien lo toma en julepe de menta, la clásica bebida sureña elaborada con *bourbon*, sirope y hojas de menta.

El **Oscar Getz Museum of Whiskey History** (www.whiskeymuseum.com; 114 N 5th St; ☺10.00-16.00 ma-sa, 12.00-16.00 do), en Bardstown, cuenta la historia del *bourbon* con antiguos destiladores de *moonshine* y otros artefactos.

Casi todas las destilerías de Kentucky, concentradas en Bardstown y Frankfort, ofrecen circuitos. Se puede consultar la **web oficial del Bourbon Trail** (www.kybourbontrail.com), si bien no incluye todas las destilerías.

Para no tener que conducir, lo mejor es relajarse con los circuitos de **Mint Julep Tours** (☎502-583-1433; www.mintjuleptours.com; 140 N Fourth St, Suite 326; circuitos desde 99 US$).

Destilerías cerca de Bardstown:

Heaven Hill (www.bourbonheritagecenter.com; 1311 Gilkey Run Rd; circuitos 10-40 US$; ☺10.00-17.00 lu-vi, 12.00-16.00 do, cerrado do-lu ene-feb) Ofrece circuitos por la destilería y visitas al interactivo Bourbon Heritage Center.

Jim Beam (☎502-543-9877; www.americanstillhouse.com; 149 Happy Hollow Rd; circuitos 10 US$/persona; ☺9.00-17.30 lu-sa, 12.00-16.30 do) La mayor destilería de *bourbon* del país. Se puede ver un documental sobre la familia Beam y probar *bourbons* de producción limitada. Beam elabora Knob Creek (bueno), Knob Creek Single Barrel (aún mejor), Basil Hayden's (aterciopelado) y el fabuloso Booker's.

Maker's Mark (☎270-865-2099; www.makersmark.com; 3350 Burks Spring Rd; circuitos 9 US$; ☺9.30-15.30 lu-sa, 11.30-15.30 do, cerrado do ene-feb) Esta destilería victoriana restaurada es como un parque temático del *bourbon*, con un antiguo molino y una tienda de regalos.

Willet (☎502-348-0899; www.kentuckybourbonwhiskey.com; Loretto Rd; circuitos 7-12 US$; ☺9.00-17.30 lu-vi, 10.00-17.30 sa, 12.00-16.30 do mar-dic) Una destilería artesanal y familiar que elabora *bourbons* de producción limitada con su propio estilo, patentado. Está en una preciosa finca de 49 Ha y ofrece circuitos todo el día.

Destilerías cerca de Frankfort/Lawrenceburg:

Buffalo Trace (☎800-654-8471; www.buffalotracedistillery.com; 1001 Wilkinson Blvd; ☺9.00-17.30 lu-sa, 12.00-17.30 do abr-oct) GRATIS La destilería en activo más longeva de la nación, con circuitos muy bien valorados y catas gratuitas.

Four Roses (☎502-839-3436; www.fourrosesbourbon.com; 1224 Bonds Mills Rd; circuitos 5 US$; ☺9.00-16.00 lu-sa, 12.00-16.00 do, verano cerrado) Una de las destilerías más bonitas, en un edificio de estilo misión junto al río. Catas gratuitas.

Woodford Reserve (☎859-879-1812; www.woodfordreserve.com; 7855 McCracken Pike; circuitos 10-30 US$; ☺10.00-15.00 lu-sa, 13.00-15.00 do mar-dic) Esta histórica finca junto a un arroyo se ha restaurado en todo su esplendor del s. XIX. La destilería sigue usando vasijas antiguas de cobre. Es la más bonita de todas.

una docenas de vuelos directos nacionales. **Greyhound** (☎859-299-0428; www.greyhound. com; 477 W New Circle Rd) está a 3 km del centro. **Lex-Tran** (www.lextran.com) gestiona los autobuses locales (1 US$; el nº 6 va a la estación de Greyhound; el nº 21, al aeropuerto y a Keeneland entre semana, 6.30-8.50 y 13.30-18.10), además del gratuito Colt Trolley, un trolebús híbrido diésel/eléctrico que recorre casi todos los puntos de interés y vida nocturna en dos rutas por el centro.

Centro de Kentucky

La Bluegrass Pkwy va de la I-65 en el oeste a la Rte 60 en el este, pasando por algunos de los pastos más bellos de Kentucky.

Unos 64 km al sur de Louisville está **Bardstown,** la capital mundial del *bourbon.* Su histórico centro cobra vida durante el **Kentucky Bourbon Festival** (www.kybourbon festival.com; Bardstown; ⊘sep). Se puede comer, beber *bourbon* y dormir en la **Old Talbott Tavern** (☎502-348-3494; www.talbotts.com; 107 W Stephen Foster Ave; h desde 69 US$; principales 10-23 US$; P✴), en activo desde finales del s. XVIII y por la que han pasado gente como Abraham Lincoln y Daniel Boone.

Siguiendo la Hwy 31 hacia el suroeste se llega a **Hodgenville** y al **lugar de nacimiento de Abraham Lincoln** (www.nps.gov/abli; 2995 Lincoln Farm Road, Hodgenville; ⊘8.00-16.45, hasta 18.45 verano) GRATIS, un templo de inspiración griega construido alrededor de una vieja cabaña de troncos. A 10 min se halla la casa donde Lincoln pasó su infancia, con acceso a varios senderos excursionistas.

Unos 40 km (30 min) al suroeste de Lexington está **Shaker Village at Pleasant Hill** (www.shakervillageky.org; 3501 Lexington Rd; adultos/niños 10/5 US$, paseos en barca 10/5 US$; ⊘10.00-17.00), sede de una comunidad de la secta religiosa shaker hasta principios del s. XX. Hay un circuito que visita los edificios, impecablemente restaurados, entre prados y senderos de piedra sinuosos. También hay una encantadora **posada** (☎859-734-5611; www.shakervillageky.org; 3501 Lexington Rd; h 110-300 US$; P⊚) y un restaurante, una zona para remar por el río Kentucky bajo los riscos calizos y una tienda de regalos.

Daniel Boone National Forest

Más de 280 000 Ha de barrancos escarpados y arcos de arenisca caliza que desafían la ley de la gravedad cubren una gran parte de las antecolinas de los Apalaches del este de Kentucky. La principal **estación de guardabosques** (☎859-745-3100; www.fs.fed.us/r8/boone; 1700 Bypass Rd) está en Winchester.

Apenas 1 h al sureste de Lexington se halla el **Red River Gorge,** cuyos acantilados y arcos naturales son ideales para la escalada en roca. **Red River Outdoors** (☎859-230-3567; www.redriveroutdoors.com; 415 Natural Bridge Rd; escalada con guía con guía para dos todo el día desde 100 US$, cabañas desde 110 US$) ofrece excursiones de escalada guiadas, cabañas y yoga. **Red River Climbing** (www.redriverclimbing.com) ofrece información detallada de sus rutas en su web. Escaladores y excursionistas (solamente) pueden pagar 2 US$ para acampar en el terreno trasero de **Miguel's Pizza** (www. miguelspizza.com; 1890 Natural Bridge Rd; *pizza* desde 10 US$; ⊘7.00-20.45 lu-ju, hasta 21.45 vi y sa; ⊚), en la aldea de Slade, que también tiene una tienda de material de escalada. Bordeando Red River Gorge está el **Natural Bridge State Resort Park** (☎606-663-2214; www.parks. ky.gov; 2135 Natural Bridge Rd; h 109-154 US$, casa de campo 149-239 US$; P⊚✴), famoso por su arco de arenisca. Es un parque muy familiar, con *camping,* habitaciones y casitas de campo en Hemlock Lodge, y 32 km de cortos senderos de excursionismo. Si no se quiere ir a pie, se puede tomar el remontador que cruza el arco (13 US$ ida y vuelta).

Mammoth Cave National Park

Con la red de cuevas más extensa del planeta, el **Mammoth Cave National Park** (www.nps. gov/maca; 1 Mammoth Cave Pkwy, salida 53 de la I-65; circuitos adultos 5-55 US$, niños 3,50-20 US$; ⊘8.00-18.00, hasta 18.30 verano) cuenta con 644 km de pasajes cartografiados. Mammoth es una cueva tres veces más larga que cualquier otra conocida, con enormes catedrales interiores, fosas sin fondo y curiosas formaciones rocosas. Las cuevas se han utilizado para la recogida de minerales prehistóricos, como fuente de nitrato de potasio para fabricar pólvora y como hospital de tuberculosos. Hay circuitos guiados desde 1816. La zona se convirtió en parque nacional en 1941 y hoy atrae a 600 000 visitantes cada año.

La única forma de ver las cuevas es en los excelentes **circuitos guiados por guardabosques** (☎800-967-2283); es buena idea reservar, sobre todo en verano. Los circuitos van de paseos subterráneos a extenuantes aventuras espeleológicas de un día entero (solo para adultos). El circuito histórico es especialmente interesante.

Además de las cuevas, el parque tiene 137 km de senderos, 96 de los cuales son para paseos a caballo y otros 40 para bicicleta de montaña. Hay tres *campings* con aseos, aunque solo algunas plazas tienen electricidad o agua corriente (12-50 US$) y 13 zonas de acampada libre. El permiso de acampada se obtiene en el centro de visitantes del parque.

GEORGIA

El mayor estado al este del río Misisipi es un laberinto de contrastes geográficos y culturales: políticos republicanos se codean con liberales idealistas; pequeñas localidades conservadoras se mezclan con ciudades ricas y progresistas en expansión; las montañas del norte se alzan hasta las nubes y dan a luz ríos rugientes, mientras las marismas se llenan de cangrejos violinistas y *spartina* que mece el viento. Las playas y las islas del sur de Georgia son una maravilla, como también lo son sus restaurantes.

ℹ️ Información

La mejor forma de desplazarse por Georgia es el coche. La I-75 cruza el estado de norte a sur; la I-20, de este a oeste.

Discover Georgia (☎800-847-4842; www.exploregeorgia.org) Información turística de todo el estado.

Georgia Department of Natural Resources (☎800-864-7275; www.gastateparks.org) Información sobre acampada y actividades en los parques estatales.

Atlanta

Con 5,5 millones de habitantes en su zona metropolitana, la llamada capital del sur sigue experimentando un crecimiento económico y demográfico explosivo. También vive un *boom* como destino turístico. Más allá de las grandes atracciones se descubre una constelación de buenos restaurantes, una palpable influencia de Hollywood (Atlanta se ha convertido en un centro de producción cinematográfica muy popular) y una icónica historia afroamericana.

Sin límites naturales que limiten su expansión, Atlanta crece y crece, pero, pese a ello, sigue siendo una ciudad bonita, arbolada y elegante. Sus singulares barrios son

---

DATOS DE GEORGIA
....

Apodo Estado del Durazno

Población 10 millones

Superficie 153 910 km²

Capital Atlanta (5,5 millones hab.)

Otras ciudades Savannah (142 772 hab.)

Impuesto sobre ventas 7%, más una tasa extra del 6% en los hoteles

Hijos célebres La leyenda del béisbol Ty Cobb (1886-1961), el presidente Jimmy Carter (1924), Martin Luther King Jr. (1929-1968), Ray Charles (1930-2004)

Cuna de Coca-Cola, el aeropuerto más concurrido del mundo, *Lo que el viento se llevó*

Política Socialmente conservadora; en Atlanta está más repartido

Famoso por sus duraznos

Ley curiosa No está permitido tener asnos en los baños.

Distancias por carretera Atlanta-St Marys, 552 km; Atlanta-Dahlonega, 121 km

---

como pequeños pueblos unidos entre sí. La economía es sólida; la población, joven y creativa; y las tensiones raciales, mínimas.

👁 Puntos de interés y actividades

◉ Downtown

El centro de Atlanta vive su propia transformación, y se está convirtiendo en una zona más dinámica y habitable. Dos nuevos y grandes museos, y el nuevo estadio de fútbol americano de los Atlanta Falcons (con la consecuente demolición del Georgia Dome tras 23 años de servicio) le han dado un nuevo rostro.

World of Coca-Cola MUSEO
(www.woccatlanta.com; 121 Baker St; adultos/sénior/niños 16/14/12 US$; ◉10.00-17.00 do-ju, 9.00-17.00 vi-sa) Este museo encantará a los fans de la bebida carbonatada. El momento cumbre llega cuando los visitantes prueban productos de Coca-Cola de todo el mundo, una divertida experiencia. También hay piezas de Andy Warhol expuestas, un do-

Atlanta

1 km

EL SUR GEORGIA

A **B** **C** **D** **E** **F** **G**

Westside Provisions District (1.1 km)

Center for Puppetry Arts (0.4 km) (22 km)

High Museum of Art (0.2 km); Hotel Artmore (0.3 km); Woodruff Arts Center (0.3 km); Amtrak Station (1.6 km)

Atlanta Botanical Garden (0.6 km)

Ponce de Leon Pl

Virginia Ave

Monroe Dr

Ramal este del Beltline

Seal Pl

Greenwood Ave

Glen Iris Dr

City Hall East

Decatur (4mi)

Highland Inn (1.1 km)

Charles Allen Dr

Monroe Dr

Boulevard Pl

Piedmont Park

10th St

9th St

8th St

Durant Pl

Glendale

Argonne Ave

6th St

5th St

3rd St

North Ave

Linden Ave

Ponce de Leon Ave

Penn Ave

Myrtle St

12th St

Piedmont Ave

8th St

Juniper St

6th St

5th St

4th St

3rd St

Linden Ave

Crescent Ave

Peachtree Pl

7th St

Biltmore Pl

Cypress St

Peachtree St NE

11th St

Old 10th St

N4 Midtown

W Peachtree St

MIDTOWN

Spring St

Spring St NW

Williams St

Techwood Dr

Downtown Connector

Techwood Dr

Bobby Dodd Stadium

North Ave

N3 North Ave

10th St

8th St

6th St

Fowler St

5th St

4th St

Georgia Institute of Technology

Bobby Dodd Way

Tech Pkwy NW

Octane (0.9 km); The Optimist (0.9 km); Terminal West (1.4 km)

13

28

29 8

16

27 26 20

22

25

10

19

30

24

75 85 401

EL SUR ATLANTA

Map labels:

- Gunshow (1.9 km)
- Dekalb Ave
- Carter Center (0.6 km)
- N Highland Ave NE
- Oficina de correos (0.2 km)
- Glen Iris Dr
- Variety Playhouse (1.4 km)
- Criminal Records (1.6 km) ✕ 23
- Vortex (1.7 km)
- Junkman's Daughter (1.7 km)
- Dallas St
- Winton Tce
- Rankin St
- Angier Ave
- N Angier Ave
- Wabash Ave
- Prospect Pl
- SWEET AUBURN
- Howell St
- Martin Luther King Jr National Historic Site
- Edgewood Ave
- Boulevard NE
- Ralph McGill Blvd
- East Ave
- Freedom Pkwy
- John Wesley Dobbs Ave
- Irwin St
- Jackson St
- Chamberlin St
- 5 1
- 6 9
- 12
- 11
- 29
- Parkway Dr
- Pine St
- Felton Dr
- Boulevard NE
- Jackson St
- Old Wheat St
- Hilliard St
- Grant Park (1.6 km)
- Bedford Pl
- Bell St
- Coca Cola Pl
- Renaissance Pkwy
- Renaissance Park
- Pine St
- Pine St
- Currier St
- Ralph McGill Blvd
- Butler St
- Piedmont Ave
- Armstrong St
- Butler St
- 85
- 75
- Prescott St
- Courtland St
- Renaissance St
- Courtland St
- Baker St
- Baker St
- International Blvd
- Ellis St
- J W Dobbs Ave
- Auburn Ave
- Coca Cola Pl
- Armstrong St
- Piedmont Ave
- N2 Civic Center
- Spring St
- Peachtree St
- N1 Peachtree
- Peachtree Center Ave
- Hurt Park
- Gilmer St
- Universidad Estatal de Georgia
- Georgia State Capitol (0.3 km)
- Central Ave
- Pryor St
- Merritts Ave
- Pine St
- Pine St
- Hunnicutt St
- Mills St
- Ivan Allen Jr Blvd NW
- Baker St
- Harris St
- Carnegie Way
- Williams St
- Luckie St
- Cone St
- Fairlie St
- Forsyth St
- Broad St
- Woodruff Park
- 18
- 17
- DOWNTOWN
- Centennial Olympic Park Dr NW
- Nassau St
- 8
- 2
- 14
- 7
- Centennial Olympic Park
- Marietta St
- 3
- 4
- Luckie St NW
- Prescott St
- Georgia World Congress Center
- Elliott St
- Haynes St
- Mangum St
- Markham St
- New Atlanta Stadium (en construcción)
- Philips Arena
- W1 Omni/Dome/GWCC
- Martin Luther King Jr Dr
- Peachtree St
- Forsyth St
- Spring St
- Nelson St
- MSI
- 15
- W (0.3 km)
- Western Ave
- John St
- Northside Dr
- Markham St
- No Más! Cantina (0.2 km)

391

Atlanta

cumental en 4D, la historia de la compañía y un sinfín de material promocional.

Center for Civil and Human Rights
MUSEO

(www.civilandhumanrights.org; 100 Ivan Allen Jr Blvd; adultos/sénior/niños 15/13/10 US$; ⊙10.00-17.00 lu-sa, 12.00-17.00 do) Esta llamativa incorporación del 2014 al Centennial Park de Atlanta es un aleccionador homenaje de 68 millones de dólares al movimiento por los derechos civiles y por los derechos humanos. Diseñado con gusto y planificado con atención, el elemento más destacado es la desgarradora simulación de las sentadas en la barra del Woolworth.

College Football Hall of Fame
MUSEO

(www.cfbhall.com; 250 Marietta St; adultos/sénior/niños 20/18/17 US$; ⊙10.00-17.00 do-vi, 9.00-18.00 sa; ⊕) Es imposible exagerar la importancia del fútbol americano universitario en la cultura estadounidense. Este nuevo museo, trasladado desde Indiana en el 2014, en un edificio de tres plantas y 8757 m², es un santuario. Si al entrar uno se declara seguidor de algún equipo, se le personaliza la visita, que pasa por una sala de famosos trofeos y por atracciones interactivas como el Fight Song

Karaoke o intentar un *field goal* desde 20 yardas. Los niños se lo pasan genial.

CNN Center
ESTUDIO DE TV

(☑404-827-2300; www.cnn.com/tour/atlanta; 1 CNN Center; circuitos adultos/sénior/niños 16/15/13 US$; ⊙9.00-17.00) Es un circuito de 55 min entre bastidores por la sede del gigante internacional de las noticias. Aunque los visitantes no ven de cerca a Wolf Blitzer (o a sus colegas), las franjas horarias de las 9.00 y las 12.00 son el mejor momento para ver a los presentadores en directo.

◎ Midtown

Es la versión moderna del Downtown, con un montón de bares, restaurantes y centros culturales.

★ High Museum of Art
GALERÍA

(www.high.org; 1280 Peachtree St NE; adultos/niños 19,50/12 US$; ⊙10.00-17.00 ma-ju y sa, hasta 21.00 vi, 12.00-17.00 do) Este moderno museo fue el primero en exhibir obras de arte prestadas por el Louvre de París, y merece una visita tanto por su arquitectura como por las piezas que expone. El sorprendente edificio blanco de varios niveles alberga una colección permanente de llamativos muebles de finales del s. XIV, lienzos de pintores antiguos americanos, como George Morris y Albert Gallatin, y de autores de la posguerra como Mark Rothko.

Atlanta Botanical Garden JARDINES
(📞404-876-5859; www.atlantabotanicalgarden.org; 1345 Piedmont Ave NE; adultos/niños 19/13 US$; ☺9.00-19.00 ma, hasta 17.00 mi-do) En la esquina noroeste de Piedmont Park, este espectacular jardín botánico de 12 Ha tiene un jardín japonés, senderos sinuosos y el sorprendente Fuqua Orchid Center.

Casa-museo de Margaret Mitchell PUNTO DE INTERÉS
(📞404-249-7015; www.margaretmitchellhouse.com; 990 Peachtree St esq. 10th St; adultos/estudiantes/niños 13/10/8,50 US$; ☺10.00-17.00 lu-sa, 12.00-17.30 do) Un santuario dedicado a la autora de *Lo que el viento se llevó*. Mitchell escribió su épica novela en un pequeño apartamento del sótano de esta casa histórica, aunque nada de lo que se expone le perteneció realmente.

Piedmont Park PARQUE
(www.piedmontpark.org) Disperso parque urbano, escenario de múltiples festivales culturales y musicales. Tiene fantásticos senderos ciclistas y los sábados celebra el Green Market.

Skate Escape CICLISMO
(📞404-892-1292; www.skateescape.com; 1086 Piedmont Ave NE) Alquila bicicletas (desde 6 US$/h) y patines en línea (6 US$/h); también tándems (12 US$/h) y bicicletas de montaña (25 US$/3 h).

◉ Sweet Auburn

Auburn Ave fue el corazón comercial y cultural de la cultura afroamericana en el s. XIX. Hoy, toda una serie de puntos de interés está asociada a su hijo más famoso, Martin Luther King Jr., quién nació y predicó en esta zona, donde también está enterrado. Todos los sitios relacionados con King están a unas pocas manzanas de la estación King Memorial de MARTA (p. 399); también se puede tomar el nuevo Atlanta Streetcar (www.theatlantastreetcar.com; tarifa 1 US$), una ruta circular entre Sweet Auburn y el Centennial Olympic Park cada 10-15 min.

★ Martin Luther King Jr National Historic Site ENCLAVE HISTÓRICO
(📞404-331-5190, 404-331-6922; www.nps.gov/malu; 450 Auburn Ave; ☺9.00-17.00) GRATIS Este

---

ATLANTA BELTLINE

El Atlanta BeltLine (www.beltline.org) 🌿 es un enorme proyecto de renovación sostenible que reconvierte un viejo corredor ferroviario de 35 km que rodea la ciudad en 53 km de senderos polivalentes conectados entre sí. Es el mayor proyecto de desarrollo económico y transporte jamás emprendido en Atlanta, y uno de los mayores programas de desarrollo urbano en activo de EE UU. Mientras se redactaba esta guía se habían completado cuatro senderos, con un total de 11 km. El más interesante para los turistas es el Eastside Trail, de 3,5 km, que une el moderno y urbano barrio de Inman Park con Piedmont Park, en Midtown.

---

centro, que ocupa varias manzanas, conmemora la vida, obra y legado del líder de los derechos civiles.

Se puede pasar por el excelente centro de visitantes (www.nps.gov/malu; 450 Auburn Ave NE; ☺9.00-17.00, hasta 18.00 verano) para conseguir un plano y un folleto de los puntos de interés de la zona y las exposiciones que ilustran la historia de segregación, opresión y violencia racial que inspiraron y avivaron la obra de King. Un sendero paisajista de 2,41 km va desde aquí hasta el Carter Center.

Casa natal de Martin Luther King Jr. PUNTO DE INTERÉS
(www.nps.gov/malu; 501 Auburn Ave) GRATIS Los circuitos, gratuitos y sin reserva, por la casa de la infancia de King se completan en 30 min y requieren registrarse el mismo día en el centro de visitantes del National Historic Site. Debido a los recortes del Gobierno los horarios no estaban especificados mientras se documentaba esta guía; hay que llegar a las 9.00 y registrarse para el primer circuito disponible.

King Center for Non-Violent Social Change MUSEO
(www.thekingcenter.org; 449 Auburn Ave NE; ☺9.00-17.00, hasta 18.00 verano) Frente al centro de visitantes del National Historic Site, alberga más información sobre la vida y obra de King, y algunos de sus efectos personales, incluido su Nobel de la Paz. Su tumba está rodeada por un estanque y puede visitarse a todas horas.

Primera iglesia baptista Ebenezer IGLESIA
(www.historicebenezer.org; 407 Auburn Ave NE; ☺ circuitos 9.00-17.00, hasta 18.00 verano) GRATIS Martin Luther King Jr., su padre y su abuelo eran pastores de esta iglesia, y la madre de King Jr., la directora del coro. Lamentablemente fue asesinada en 1974 por un perturbado mientras estaba sentada al órgano. Una restauración multimillonaria, finalizada en el 2011, devolvió a la iglesia su aspecto de la década de 1960, cuando King Jr. servía como pastor con su padre.

La misa del domingo se celebra en la nueva iglesia baptista Ebenezer, al otro lado de la calle.

◉ Virginia-Highland

En esta zona, cerca de North Highland Ave, se puede disfrutar de casas históricas y de apacibles y frondosas calles. El foco principal es la intersección triangular Virginia-Highland, un barrio comercial repleto de restaurantes, cafés y *boutiques*.

Carter Center BIBLIOTECA, MUSEO
(☎404-865-7100; www.jimmycarterlibrary.org; 441 Freedom Pkwy; adultos/sénior/niños 8/6 US$/gratis; ☺9.00-16.45 lu-sa, 12.00-16.45 do) Sobre una colina que preside el centro, alberga exposiciones dedicadas a la presidencia de Jimmy Carter [1977-1981], incluida una réplica del Despacho Oval y su premio Nobel. No hay que perderse el apacible jardín japonés y el nuevo jardín de mariposas de la parte trasera. El sendero paisajista **Freedom Park Trail**, de 2,41 km, va desde aquí hasta el Martin Luther King Jr National Historic Site a través del **Freedom Park**.

★☆ Fiestas y celebraciones

Atlanta Jazz Festival MÚSICA
(www.atlantafestivals.com; Piedmont Park; ☺may) Dura un mes y culmina con conciertos en Piedmont Park el fin de semana del Memorial Day.

Atlanta Pride Festival GAY
(www.atlantapride.org; ☺oct) El festival LGBT anual de Atlanta.

National Black Arts Festival CULTURAL
(☎404-730-7315; www.nbaf.org; ☺jul) Artistas de todo el país se dan cita en este festival de música, teatro, literatura y cine afroamericano.

🛏 Dónde dormir

Los precios de los hoteles del centro suelen fluctuar mucho según el número de conven-ciones que acoja la ciudad. La opción menos cara son los alojamientos de cadena cerca de la línea de MARTA, en las afueras, e ir en tren a la ciudad.

★**Urban Oasis B&B** B&B $$
(☎770-714-8618; www.urbanoasisbandb.com; 130A Krog St NE; h 125-195 US$; P✳🖧) En un almacén de algodón reformado de 1950, este maravilloso B&B de estilo moderno-*retro* es un precioso alojamiento. La superficie común es amplia, original y luminosa. Las tres habitaciones están muy bien decoradas, con muebles Haywood Wakefield. Está cerca de Krog Street Market, Edgewood, Inman Park, MARTA y el Beltline. La estancia mínima es de dos noches.

Hotel Artmore HOTEL-BOUTIQUE $$
(☎404-876-6100; www.artmorehotel.com; 1302 W Peachtree St; h 139-399 US$; P✳@🖧) Esta original joya del *art déco* se gana todo tipo de elogios: excelente servicio, un patio maravilloso con espacio para hogueras y una estupenda ubicación frente a la estación Arts Center MARTA. Su icónica arquitectura hispano-mediterránea de 1924 se ha reformado por completo para crear un artístico hotel-*boutique*, un santuario para los que aprecian la modernidad y la discreción.

Social Goat B&B B&B $$
(☎404-626-4830; www.thesocialgoatbandb.com; 548 Robinson Ave SE; h 155-245 US$; P✳🖧) Junto al Grant Park, esta maravillosa mansión de 1900 restaurada, de estilo victoriano/reina Ana, tiene seis habitaciones decoradas al estilo campestre francés y está llena de antigüedades.

Hotel Indigo HOTEL-BOUTIQUE $$
(☎404-874-9200; www.hotelindigo.com; 683 Peachtree St; h 109-179 US$; P✳@🖧) Hotel con carisma y detalles decorativos, como los cubrecamas, que recuerdan la decoración del Fox Theatre, al otro lado de la calle. Destacada ubicación en Midtown, muy cerca de bares, restaurantes y del MARTA.

Acaban de abrir otro hotel en **230 Peachtree St** (☎888-233-9450; www.hotelindigo.com; 230 Peachtree St NE; P✳@🖧), cerca de Centennial Park.

Highland Inn HOSTAL $$
(☎404-874-5756; www.thehighlandinn.com; 644 N Highland Ave; i/d desde 73/103 US$; P✳🖧) De estilo europeo, este hostal independiente de 65 habitaciones, construido en 1927, ha atraído a músicos de gira a lo largo de los años. Las

habitaciones no son grandes, pero sí confortables y asequibles, y está muy bien situado en la zona de Virginia-Highland. Es uno de los pocos con habitaciones individuales.

★ **Stonehurst Place** B&B $$$
(📞404-881-0722; www.stonehurstplace.com; 923 Piedmont Ave NE; h 199-429 US$; 🅿️❄️@🛜) Construido en 1896 por la familia Hinman, este elegante B&B tiene todas las comodidades modernas que se podría esperar. Actual y ecológico, tiene ilustraciones originales de Warhol en las paredes. Bien situado, es una excelente opción si uno puede permitírselo.

🍴 Dónde comer

Después de Nueva Orleans, Atlanta es la mejor ciudad del Sur para comer; aquí la gastronomía es casi una obsesión. **Westside Provisions District** (www.westsidepd.com; 100-1210 Howell Mill Rd; 🅿️), **Krog Street Market** (www.krogstreetmarket.com; 99 Krog St) y **Ponce City Market** (675 Ponce De Leon Ave NE) son nuevos y modernos complejos que combinan viviendas y restaurantes.

🏙 Downtown y Midtown

Empire State South SUREÑA MODERNA $$
(www.empirestatesouth.com; 999 Peachtree St; principales 5-36 US$; ⏱7.00-22.00 lu-mi, hasta 23.00 ju-sa, 10.30-14.00 do; 🛜) Un bistró de estilo rústico-chic de Midtown que sirve imaginativos platos sureños, ya sea en el desayuno (fabrican sus propios *bagels* y tienen buen café) o a lo largo del día.

No Más! Cantina MEXICANA $$
(📞404-574-5678; www.nomascantina.com; 180 Walker St SW; principales 7-20 US$; ⏱11.00-22.00 do-ju, 11.00-23.00 vi y sa; 🛜🍴) Aunque su diseño exagerado hace que uno sienta que está cenando dentro de una piñata, a los lugareños les gusta esta festiva cantina de Castleberry Hill, en el centro. A pesar de su tranquila ubicación está a poca distancia a pie del New Atlanta Stadium, el Phillips Arena, el CNN Center y el Centennial Park.

South City Kitchen SUREÑA $$$
(📞404-873-7358; www.southcitykitchen.com; 1144 Crescent Ave; principales 18-36 US$; ⏱11.00-15.30 y 17.00-22.00 do-ju, hasta 22.30 vi y sa) Selecta cocina sureña con sabrosos platos como pollo frito a la crema de leche con col salteada y puré y trucha de Georgia frita con zanahorias guisadas. Se puede empezar con tomates verdes fritos, una especialidad sureña.

🏙 Westside

West Egg Cafe DINER $
(www.westeggcafe.com; 1100 Howell Mill Rd; principales 6,25-8 US$; ⏱7.00-15.00 lu y ma, hasta 21.00 mi-vi, 8.00-21.00 sa, hasta 18.00 do; 🅿️🛜🍴) Nuevas versiones de los clásicos de siempre, servidos en un comedor elegante y sobrio: frijoles negros con huevos, salchichas de pavo, *pimento cheese* y tortilla de bacón, sándwich de tomate verde frito, panceta y lechuga.

Star Provisions MERCADO $
(www.starprovisions.com; 1198 Howell Mill Rd; ⏱10.00-24.00 lu-sa; 🛜) Los *gourmets* que gusten de cocinar se sentirán como en casa entre las tiendas de quesos y las carnicerías, panaderías, tiendas de café ecológico y útiles de cocina que hay junto al mejor restaurante de la ciudad, **Bacchanalia** (📞404-365-0410; www.starprovisions.com/bacchanalia; 1198 Howell Mill Rd; menú fijo 85 US$/persona; ⏱desde 18.00). Excelentes provisiones para pícnics.

★ **Cooks & Soldiers** VASCA $$
(📞404-996-2623; www.cooksandsoldiers.com; 691 14th St; platos 8-32 US$; ⏱17.00-22.00 do-mi, hasta 23.00 ju, hasta 2.00 vi-sa; 🛜) Local vasco especializado en *pintxos* y asados para compartir. La comida y los cócteles son espectaculares; destacan la ginebra con naranja sanguina y tónica, el queso blanco con trufa negra a la parrilla, el tartar de tomates deshidratados y el filete de cerdo de Berkshire asado con romesco de avellanas.

★ **The Optimist** PESCADO $$$
(📞404-477-6260; www.theoptimistrestaurant.com; 914 Howell Mill Rd; principales 21-33 US$; ⏱11.30-14.30 y 17.00-22.00 lu-ju, hasta 23.00 vi-sa; 🛜) 🍴 Esta meca del pescado es impresionante. Se puede empezar con el pulpo español asado, cocinado 4 h en vino tinto; pasar a un pez espada pochado en grasa de pato o bien a un pescado entero en salsa de ajos y jengibre con buñuelos de maíz; y terminar con un helado casero de caramelo salado.

Es uno de los restaurantes más famosos del Sur. Si no se consigue reserva, se puede ir a la barra de ostras, fresquísimas. Otra opción es practicar unos golpes de golf en su *green* de tres hoyos.

🏙 Virginia-Highland y alrededores

Little Five Points es la parte bohemia de Atlanta y tiene muy buen ambiente los fines de

FANS DE LOS ZOMBIS, BIENVENIDOS A WOODBURY

El mundo apocalíptico de los voraces zombis de *The Walking Dead* ha paralizado a medio mundo ante el televisor desde su primera temporada en el 2010. La serie tiene lugar aquí, en el Estado del Durazno. La ciudad de Atlanta y el histórico pequeño pueblo de Senoia y sus alrededores, 1 h al sur de Atlanta en automóvil, son el escenario de la famosa serie. Atlanta Movie Tours (☏855-255-3456; www.atlantamovietours.com; 327 Nelson St SW) ofrece divertidos circuitos de zombis que visitan las localizaciones de la serie, uno de ellos en Atlanta y otro en los alrededores de Senoia (el mejor), narrados por extras de la serie que descubren todo tipo de interioridades sobre los protagonistas y el rodaje. Además, como es zona de rodaje de mayo a noviembre, es fácil ver a los actores de la serie tomando un café en el Senoia Coffee & Cafe (www.senoiacoffeeandcafe.com; 1 Main St; principales 2,75-19 US$; ☺7.30-15.00 lu-ju, hasta 21.00 vi, hasta 18.00 sa) o disfrutando en el restaurante de Zac Brown, el Southern Ground Social Club (www.southerngroundsocialclub.com; 18 Main St; ☺11.00-24.00 ma-ju, hasta 2.00 vi-sa). Toda la ciudad, que forma parte del Registro Nacional de Lugares Históricos, se ha transformado en cuartel general de zombis. Es buena idea visitar Woodbury Shoppe (www.woodburyshoppe.com; 48 Main St; ☺11.00-17.00 lu-sa, 13.00-17.00 do), la tienda oficial de recuerdos de *The Walking Dead*, que incluye un café temático de la serie en el piso inferior y un pequeño museo.

semana. Inman Park es un barrio de transición, al este del centro.

Sevananda   MERCADO $
(www.sevananda.coop; 467 Moreland Ave NE, Little Five Points; ☺8.00-22.00) La mejor comida saludable de Atlanta.

★ **Fox Brothers**   BARBACOA $$
(www.foxbrosbbq.com; 1238 DeKalb Ave NE; platos 10-27 US$; ☺11.00-22.00 do-ju, hasta 23.00 vi y sa; ☎) En este veterano local de Inman Park, las costillas se chamuscan y se ahúman a la perfección, crujientes por fuera y tiernas por dentro. También es famoso por su excepcional falda al estilo tejano y por sus *tator tots* (buñuelos de patata) con estofado Brunswick. Siempre está lleno.

Vortex   HAMBURGUESERÍA $$
(www.thevortexbarandgrill.com; 438 Moreland Ave NE; hamburguesas 8,25-16,25 US$; ☺11.00-24.00 do-ju, hasta 2.00 vi y sa) Un local de la NC-17 repleto de la tradicional parafernalia estadounidense. *Hipsters* alternativos se mezclan con turistas tejanos y alumnos del Morehouse College en una de las mejores hamburgueserías de la ciudad. La calavera de 6 m de altura de la fachada es un símbolo de la extravagancia de Little Five Points.

★ **Octopus Bar**   FUSIÓN ASIÁTICA $$
(www.octopusbaratl.com; 560 Gresham Ave SE, East Atlanta; platos 9-15 US$; ☺22.30-2.30 lu-sa) Con un horario intempestivo para estos lares, es un lugar estrafalario en un patio, con grafitis

en las paredes y música electrónica. No se admiten reservas.

Este de Atlanta

★ **Gunshow**   SUREÑA MODERNA $$$
(☏404-380-1886; www.gunshowatl.com; 924 Garrett St SE; platos 12-20 US$; ☺18.00-21.00 ma-sa; ☎) La última idea del chef Kevin Gillespie son estas poco convencionales cenas. Los clientes eligen entre 12 platillos de cinco chefs que preparan la comida al momento junto a la mesa, por ejemplo, confit de jamón ahumado y tartar de ternera de Kobe al estilo de Saigón. Una experiencia culinaria única y el local más de moda de Atlanta. Reservas a partir de 30 días.

Decatur

Este barrio independiente, casi 10 km al este del centro, es un enclave contracultural y un destino de *gourmets*. Courthouse Square es el centro de la acción, con varios restaurantes, cafés y tiendas al rededor.

Victory   SÁNDWICHES $
(www.vicsandwich.com; 340 Church St; sándwiches 4-5 US$; ☺11.00-2.00; ☎) Esta sencilla casa de ladrillo es un magnífico local de sándwiches *gourmet* con buenos precios. Sirve baguetes rellenas de anchoas y mayonesa de limón, o de pollo con pimientos picantes, entre otras opciones interesantes.

★ **Leon's Full Service**   FUSIÓN $$
(☏404-687-0500; www.leonsfullservice.com; 131 E Ponce de Leon Ave; principales 12-24 US$; ☺17.00-

MARTIN LUTHER KING JR., COLOSO DE LOS DERECHOS CIVILES

1492 Martin Luther King Jr., la emblemática figura del movimiento por los derechos civiles y uno de los mayores líderes de América, nació en 192, hijo de un predicador y director de coro de Atlanta. Su linaje es relevante no solo porque siguió los pasos de su padre hasta el púlpito de la iglesia baptista Ebenezer, sino también porque sus discursos políticos tenían el tono de un sermón.

En 1955 King lideró el boicot a los autobuses de Montgomery, Alabama, que duró un año y logró que la Corte Suprema de EE UU retirara las leyes segregacionistas en los medios de trasporte. Desde aquel exitoso comienzo, King emergió como una estimulante voz moral.

Su enfoque no violento de la igualdad racial y la paz, que tomó prestado de Gandhi y usó como una potente arma contra el odio, la segregación y la violencia racista, muy presente en el Sur por entonces, hace que su muerte sea aún más trágica. Fue asesinado en el balcón de un hotel de Memphis en 1968, cuatro años después de haber recibido el Nobel de la Paz y cinco después de haber pronunciado su legendario discurso "I have a dream" en Washington.

King sigue siendo una de las figuras más recordadas y respetadas del s. XX. Durante 10 años lideró un movimiento que logró terminar con un sistema discriminatorio legalizado desde la época fundacional del país.

1.00 lu, 11.30-1.00 ma-ju y do, hasta 2.00 vi y sa; 🛜) Puede parecer un poco pretencioso, pero su bar de hormigón y su espacio diáfano, en una antigua gasolinera, y su terraza con vigas flotantes son de lo más moderno y suelen estar llenos a menudo. Todo, desde la cerveza, el vino y los cócteles (los licores son todos artesanales, de producción limitada) hasta la carta prueban el mimo y la atención por los detalles. No se aceptan reservas.

Cakes & Ale ESTADOUNIDENSE MODERNA **$$$**
(📞404-377-7994; www.cakesandalerestaurant. com; 155 Sycamore St; principales 9-32 US$; ⏰ 11.30-14.30 y 18.00-22.00 ma-ju, 11.30-14.30 y 17.30-22.30 vi-sa) Un alumno y experto pastelero de Chez Panisse regenta este local de moda. La panadería de al lado sirve delicioso chocolate con una rica selección de bollería, mientras que el restaurante ofrece sobrias pero sorprendentes creaciones: sándwiches *framani soppresata* con acelgas, ricota de limón y Dijon (la estrella del almuerzo), y pintada o cordero para cenar.

🍺 Dónde beber y vida nocturna

Edgewood, muy cerca de Sweet Auburn, es el último barrio de moda convertido en el nuevo destino nocturno.

Brick Store Pub BAR
(www.brickstorepub.com; 125 E Court Sq; cervezas de barril 5-12 US$) Los fans de la cerveza disfrutarán de la mejor selección artesanal en este *pub* de Decatur, con más de 30 marcas elegidas con meticulosidad (incluidas las del bar belga del piso superior, más íntimo). Sirve casi 300 embotelladas de una bodega con 15 000, y atrae a una clientela joven y divertida cada noche.

Argosy GASTROPUB
(www.argosy-east.com; 470 Flat Shoals Ave SE; ⏰ 17.00-2.30 lu-vi, desde 11.00 sa-do; 🛜) Este *gastropub* del este de Atlanta acierta con su extensa carta de cervezas artesanales raras, su perfecta comida de *pub* (la *pizza* Don-a-Tello es deliciosa) y un entorno que sorprende y maravilla. La barra, con múltiples ángulos, se abre camino por el espacio, mayormente masculino; un buen sitio para socializar y las zonas *lounge,* que parecen salones, llenan el resto del espacio.

Kimball House BAR DE CÓCTELES
(www.kimball-house.com; 303 E Howard Ave; cócteles 8-12 US$; ⏰17.00-1.00 do-ju, hasta 2.00 vi-sa) En unas antiguas cocheras de tren restauradas, y algo alejado del bullicio en Decatur, este local tiene un ambiente que recuerda a los clásicos *saloons* y está especializado en cócteles artesanales, absenta y una larga carta de ostras frescas.

Sister Louisa's Church of the Living Room and Ping Pong Emporium BAR
(www.sisterlouisaschurch.com; 466 Edgewood Ave; ⏰17.00-3.00 lu-vi, 13.00-3.00 sa, hasta 24.00 do; 🛜) Este bar de Edgewood está inspirado en una iglesia, pero no tiene nada que ver con

la Sagrada Familia. Hay arte sacrílego por todas partes.

Park Tavern
BAR

(www.parktavern.com; 500 10th Street NE; 16.30-24.00 lu-vi, desde 11.30 sa y do;) El patio de esta cervecería-restaurante al borde del Piedmont Park es uno de los sitios más bonitos de Atlanta para ir de copas cualquier tarde de fin de semana.

Octane
CAFÉ

(www.octanecoffee.com; 1009-B Marietta St; café 2,50-5 US$; 7.00-23.00 lu-ju, 7.00-24.00 vi, 8.00-23.00 sa-do;) Este local de estilo industrial cerca del campus Georgia Tech es el primero de tres locales iguales, repartidos por la ciudad, y prepara el café a gusto de los más acérrimos fans de la cafeína.

☆ Ocio

Atlanta tiene la vida nocturna de una gran ciudad, con mucha música en directo y eventos culturales. Se puede consultar la cartelera en la Atlanta Coalition of Performing Arts (www.atlantaperforms.com). La 'Atlanta Music Guide' (www.atlantamusicguide.com) incluye conciertos, un directorio de locales y enlaces para la compra de entradas en línea.

Teatro

Woodruff Arts Center
ARTE

(www.woodruffcenter.org; 1280 Peachtree St NE, at 15th St) Un campus artístico que alberga el High Museum, la Atlanta Symphony Orchestra y el Alliance Theatre.

Fox Theatre
TEATRO

(855-285-8499; www.foxtheatre.org; 660 Peachtree St NE; taquillas 10.00-18.00 lu-vi, hasta 15.00 sa) Este espectacular cine de 1929, con bonitos diseños de inspiración morisca y egipcia,

programa hoy espectáculos de Broadway y conciertos en un auditorio con más de 4500 plazas. También ofrece circuitos.

Música en directo y locales nocturnos

El precio de la entrada varía cada noche. Consúltense las respectivas webs para horarios y precios.

Terminal West
MÚSICA EN DIRECTO

(887 W Marietta St) Elegido como el mejor local de música en directo de Atlanta, está en una centenaria fundición reformada del Westside.

Eddie's Attic
MÚSICA EN DIRECTO

(404-377-4976; www.eddiesattic.com; 515b N McDonough St) En East Atlanta, es uno de los mejores locales de la ciudad para escuchar folk y música acústica. Está prohibido fumar.

Variety Playhouse
MÚSICA EN DIRECTO

(www.variety-playhouse.com; 1099 Euclid Ave NE) Un local bien dirigido que acoge a artistas de gira. El ancla que mantiene a Little Five Points en boga.

🔒 De compras

Junkman's Daughter
VINTAGE

(www.thejunkmansdaughter.com; 464 Moreland Ave NE; 11.00-19.00 lu-vi, desde 12.00 do) Cuna desafiante e independiente de la contracultura desde 1982, esta gran tienda alternativa de 930 m² vende de todo: pegatinas ingeniosas, juguetes y cachivaches kitsch, fiambreras de Star Wars, incienso, pelucas, tazas con mensajes ofensivos y otros productos. En Little Five Points.

Criminal Records
MÚSICA

(www.criminalatl.com; 1154 Euclid Ave; 11.00-21.00 lu-sa, 12.00-19.00 do) Una tienda nostálgica, con discos nuevos y de segunda mano de new pop, soul, jazz y metal, en CD o vinilo. Tiene

---

ATLANTA PARA GAYS Y LESBIANAS

Atlanta, o 'Hotlanta', como algunos la llaman, es uno de los pocos sitios de Georgia con una población homosexual notable y activa. Midtown es el centro de la vida gay; el epicentro está alrededor de Piedmont Park y en el cruce de 10th St y Piedmont Ave, donde se halla Blake's (www.blakesontheparkatlanta.com; 227 10th St NE), el bar clásico gay de Atlanta, además del local de moda del momento, 10th & Piedmont (www.communi tashospitality.com/10th-and-piedmont; 991 Piedmont Ave NE; 11.30-16.00 y 17.00-22.00 lu-ju, 11.30-16.00 y 17.00-23.00 vi, 10.00-16.00 y 17.00-23.00 sa, 10.00-16.00 y 17.00-22.00 do), ideal para comer y tomar una copa. La ciudad de Decatur, al este de Atlanta, cuenta con una significativa comunidad lesbiana. Para más información, se puede hojear un ejemplar de David Atlanta (www.davidatlanta.com) o visitar www.gayatlanta.com.

El Atlanta Pride Festival (p. 394) es una gran celebración anual de la comunidad homosexual de Atlanta. Se celebra en octubre en Piedmont Park.

ATLANTA PARA NIÑOS

Atlanta tiene un montón de actividades para entretener y educar a los niños.

Center for Puppetry Arts (☑entradas 404-873-3391; www.puppet.org; 1404 Spring St NW; museo 8,25 US$, actuaciones 16,50-20,59 US$; ⊙9.00-15.00 ma-vi, 10.00-17.00 sa, 12.00-17.00 do; ♿) Una maravilla para visitantes de todas las edades y una de las atracciones más singulares de Atlanta, alberga una fantástica muestra de marionetas, algunas de las cuales se pueden manejar. Una gran incorporación es el Worlds of Puppetry Museum, con la mayor colección del mundo de marionetas y artefactos de Jim Henson.

Imagine It! Children's Museum of Atlanta (www.childrensmuseumatlanta.org; 275 Centennial Olympic Park Dr NW; entrada 12,75 US$; ⊙10.00-16.00 lu-vi, hasta 17.00 sa y do; ♿) Museo interactivo pensado para niños de hasta ocho años. Los adultos no pueden entrar si no van acompañados de un menor.

Georgia Aquarium (www.georgiaaquarium.com; 225 Baker St; adultos/niños 39/33 US$; ⊙10.00-17.00 do-vi, 9.00-18.00 sa; P♿) Tiburones ballena, belugas y más de 100 000 animales de 500 especies en 30 000 m³ de agua dulce y salada hacen de este acuario el segundo más grande del mundo. Sin embargo, la práctica de tener ballenas y delfines en cautividad está cada vez más desacreditada.

Skyview Atlanta (www.skyviewatlanta.com; 168 Luckie St NW; adultos/sénior/niños 13,50/12,15/8,50 US$; ⊙12.00-22.00 do-ju, hasta 23.00 vi, 10.00-23.00 sa; ♿) Una noria de 20 pisos y 42 góndolas que alcanza los 61 m. Se inauguró en el 2013.

---

una sección de libros de música y algunos cómics.

ℹ️ Información

URGENCIAS

Atlanta Medical Center (www.atlantamedcenter.com; 303 Pkwy Dr NE) El mejor hospital de Atlanta desde 1901.

Comisaría de policía (☑404-614-6544; www.atlantapd.org)

PUBLICACIONES PERIÓDICAS

'Atlanta' (www.atlantamagazine.com) Revista mensual de interés general que trata temas locales, arte y crítica de restaurantes.

'Atlanta Daily World' (www.atlantadailyworld.com) El periódico afroamericano más veterano de la nación (desde 1928).

'Atlanta Journal-Constitution' (www.ajc.com) El primer periódico de Atlanta, con una buena sección de viajes los domingos.

'Creative Loafing' (www.clatl.com) Publicación independiente semanal sobre música, arte y teatro. Sale los miércoles.

CORREOS

Oficina de correos (☑800-275-8777; www.usps.com; 190 Marietta St NW, CNN Center; ⊙11.00-16.00 lu-vi) Little Five Points (455 Moreland Ave NE; ⊙9.00-11.00 y 12.00-17.00 lu-vi); North Highland (1190 N Highland Ave NE; ⊙8.30-18.00 lu-vi, hasta 12.00 sa); Phoenix Station (41 Marietta St NW; ⊙9.00-17.00 lu-vi)

WEBS

Scout Mob (www.scoutmob.com) Recomendaciones sobre lo que está de moda en Atlanta.

Atlanta Travel Guide (www.atlanta.net) Web oficial del Atlanta Convention & Visitors Bureau, con excelentes enlaces a tiendas, restaurantes, hoteles y próximos eventos. La web también permite adquirir el CityPass, un excelente ahorro que da acceso con descuento a cinco atracciones de la ciudad (véase www.citypass.com/atlanta para más información).

ℹ️ Cómo llegar y salir

El enorme **aeropuerto internacional Hartsfield-Jackson** de Atlanta (ATL; Atlanta; www.atlanta-airport.com), 19 km al norte del centro, es un gran eje de transporte regional y puerta de entrada internacional. La **terminal de Greyhound** (www.greyhound.com; 232 Forsyth St) está junto a la estación Garnett de MARTA, la **estación de Amtrak** (www.amtrak.com; 1688 Peachtree St NW, Deering Rd), al norte del centro.

ℹ️ Cómo desplazarse

Metropolitan Atlanta Rapid Transit Authority (MARTA; ☑404-848-5000; www.itsmarta.com; tarifas 2,50 US$) tiene trenes a/desde el aeropuerto, y otras rutas menos útiles para el viajero. Hay que comprar una tarjeta Breeze (1 US$; www.breezecard.com), que se carga y recarga las veces que sea necesario. Las agencias de alquiler de vehículos tienen mostradores en la zona de recogida de maletas del aeropuerto.

Norte de Georgia

El extremo sur de la gran cordillera de los Apalaches se adentra 64 km en el extremo norte de Georgia, ofreciendo un soberbio paisaje de montaña, buenos vinos y ríos bravos. Los colores del otoño alcanzan su punto álgido en octubre. Se necesitan unos cuantos días para ver atracciones como la **Tallulah Gorge** (☎706-754-7981; www.gastateparks.org/tallulahgorge; entrada 5 US$ por vehículo), de 366 m de profundidad, y el paisaje de montaña y los senderos del **Vogel State Park** (☎706-745-2628; www.gastateparks.org/vogel; entrada 5 US$ por vehículo) y el **Unicoi State Park** (☎706-878-4726; www.gastateparks.org/unicoi; entrada 5 US$ por vehículo).

Dahlonega

En 1828 Dahlonega fue escenario de la primera fiebre del oro en EE UU. Hoy en día la zona vive un *boom* turístico, ya que es una fácil excursión de un día desde Atlanta y un maravilloso destino de montaña. No solo es un enclave de actividades al aire libre, además, su centro, en torno a Courthouse Square, es una deliciosa mezcla de salas de cata, locales *gourmet*, tiendas rústicas y encanto montañés.

Puntos de interés y actividades

Amicalola Falls State Park EXCURSIONISMO
(☎706-265-4703; www.gastateparks.org/amicalolafalls; 280 Amicalola Falls State Park Rd, Dawsonville; entrada 5 US$ por vehículo; ⊙7.00-22.00) Situado 29 km al oeste de Dahlonega en la Hwy 52, este parque alberga las cataratas Amicalola, de 222 m de altura, las más altas del sureste. Hay paisajes espectaculares, un *lodge* y excelentes senderos y rutas de bicicleta de montaña.

★ **Frogtown Cellars** BODEGA
(☎706-865-0687; www.frogtownwine.com; 700 Ridge Point Dr; degustaciones 15 US$; ⊙12.00-17.00 lu-vi, hasta 18.00 sa, 12.30-17.00 do) Una bonita bodega con una estupenda terraza donde tomar vino y comer queso. Presume de ser la bodega más premiada de EE UU fuera de California.

Dónde dormir y comer

★ **Hiker Hostel** ALBERGUE $
(☎770-312-7342; www.hikerhostel.com; 7693 Hwy 19N; dc/h/cabaña 18/42/55 US$; P✻@☎) En la Hwy 19N, a 11 km de la ciudad, este albergue es propiedad de dos entusiastas del ciclismo y el aire libre. Es una cabaña de troncos reformada con dormitorios con literas y baño, muy limpia y cuidada, que suele acoger a excursionistas del Appalachian Trail. Se han construido dos cabañas más con materiales reciclados de toda Georgia.

Spirits Tavern HAMBURGUESERÍA $
(www.spirits-tavern.com; 19 E Main St; hamburguesas 12 US$; ⊙11.00-23.00 do-ju, hasta 1.00 vi, hasta 24.00 sa; ☎) El único bar de Dahlonega sirve hamburguesas que sorprenden por su creatividad, de ternera Angus o de pavos criados en libertad y sin hormonas. También sirve macarrones con queso y especialidades griegas, asiáticas y cajunes.

Crimson Moon Café CAFÉ $
(www.thecrimsonmoon.com; 24 N Park St; principales 6,50-18 US$; ⊙11.00-16.00 lu y ma, hasta 21.00 mi y ju, 10.00-24.00 vi, 8.30-24.00 sa, hasta 21.00 do; ☎) Cafetería ecológica que ofrece buena comida casera sureña y música en directo.

Back Porch Oyster Bar PESCADO $$
(☎706-864-8623; www.backporchoysterbar.net; 19 N Chestatee St; principales 9-31 US$; ⊙11.30-21.00 lu-ju, hasta 22.00 vi-sa, hasta 20.00 do; ☎) Ostras, atún y almejas son parte del fresco botín que se sirve crudo, marcado o al vapor en este restaurante de barrio. Tiene un porche con vistas a la plaza ideal para sentarse a comer.

Información

Centro de visitantes (☎706-864-3513; www.dahlonega.org; 13 S Park St; ⊙9.00-17.30 lu-vi, 10.00-17.00 sa) Ofrece mucha información sobre la zona y sus actividades, incluidas excursionismo, canoa, kayak, *rafting* y bicicleta de montaña.

Athens

Esta ciudad universitaria situada 113 km al este de Atlanta, huele a cerveza y arte. Tiene un equipo de fútbol americano muy popular (los Bulldogs de la Universidad de Georgia), un panorama musical de fama mundial (del que han surgido bandas como B-52s, REM y Widespread Panic) y una boyante cultura gastronómica. La universidad nutre la cultura de Athens, y asegura el relevo de jóvenes que llenan bares y conciertos, algunos de los cuales se quedan en la ciudad tras su graduación y se convierten en *townies*. El centro, agradable para pasear, ofrece un montón de opciones para comer, beber e ir de compras.

⊙ Puntos de interés

★ Georgia Museum of Art

MUSEO

(www.georgiamuseum.org; 90 Carlton St; ⊙10.00-17.00 ma-mi, vi y sa, hasta 21.00 ju, 13.00-17.00 do) GRATIS Elegante y moderna galería con acceso a internet en el vestíbulo, modernas esculturas en el patio y una gran colección de pintores realistas americanos de los años treinta.

State Botanical Garden of Georgia

JARDINES

(www.botgarden.uga.edu; 2450 S Milledge Ave; ⊙8.00-18.00 oct-mar, hasta 20.00 abr-sep) Con sinuosos senderos al aire libre, los jardines botánicos de Athens rivalizan con los de Atlanta. Los carteles ofrecen información muy completa sobre su sorprendente colección de plantas, que va desde especies raras y amenazadas a casi 8 km de excelentes senderos boscosos.

🛏 Dónde dormir y comer

Athens no tiene muchas opciones de alojamiento. Hay hoteles de cadenas en las afueras, en W Broad St.

★ Graduate Athens

HOSTAL $$

(☏706-549-7020; www.graduateathens.com; 295 E Dougherty St; h 99-169 US$, ste 159-229 US$; P❋@🛜🏊) Nuevo y reformado hotel *boutique* de 122 habitaciones. Es el local inaugural de una nueva cadena universitaria que apuesta por lo *retro*, con tocadiscos y videojuegos clásicos en las habitaciones. Cuenta con una buena cafetería, un bar y asador, y un local de música en directo; todo ello en una antigua fundición confederada.

Hotel Indigo

HOTEL-BOUTIQUE $$

(☏706-546-0430; www.indigoathens.com; 500 College Ave; h fin de semana/entre semana desde 169/139 US$; P❋@🛜🏊) 🌿 De estilo eco-chic, ofrece habitaciones amplias, de estilo *loft*, muy modernas. Forma parte de la cadena Indigo y ha recibido el certificado de oro a la sostenibilidad del Leadership in Energy and Environmental Design. Los elementos ecológicos incluyen ascensores regenerativos y aparcamiento prioritario para los vehículos híbridos. Un 30% del edificio se construyó con materiales reciclados.

White Tiger

BARBACOA $

(www.whitetigergourmet.com; 217 Hiawassee Ave; principales 6,50-10,50 US$; ⊙11.00-15.00 ma-mi, 11.00-15.00 y 18.00-20.00 ju-sa, 10.00-14.00 do) La estructura centenaria no da mucha confianza, pero este local apartado de los circuitos turísticos sirve excelentes sándwiches de cerdo, hamburguesas y tofu ahumado para los vegetarianos. El chef Ken Manring perfeccionó sus habilidades en selectas cocinas antes de establecerse en Athens.

Ike & Jane

CAFÉ $

(www.ikeandjane.com; 1307 Prince Ave; principales 3,50-8 US$; ⊙6.30-17.00 lu-vi, 8.00-14.00 sa-do) Este soleado local de Normal Town sirve *donuts* elaborados con ingredientes creativos como *red velvet*, cereales Cap'n Crunch y mantequilla de cacahuete, plátano y bacón. Si apetece algo más ligero, también hay galletas y sándwiches de huevo y jalapeños.

Ted's Most Best

ITALIANA $

(www.tedsmostbest.com; 254 W Washington St; principales 7,50-9 US$) Un local económico y con buen ambiente que ocupa una antigua tienda de neumáticos Michelin. Sirve *pizzas* y *paninis*, pero lo mejor son el patio y el arenal/pista de bochas (cuando no está invadido por los niños).

National

SUREÑA MODERNA $$

(☏706-549-3450; www.thenationalrestaurant. com; 232 W Hancock Ave; principales 12-29 US$; ⊙11.30-22.00 lu-ju, hasta tarde vi-sa, 17.00-22.00 do; 🕿) Un bistró moderno en las afueras del centro, con una carta ecléctica que cambia a diario y que va de pechuga de pollo asada con *za'atar* a sándwiches de cordero con mayonesa de hinojo y alcaparras. El bar es ideal para sentarse a tomar una copa. Destacan las opciones vegetarianas.

★ Five & Ten

ESTADOUNIDENSE $$$

(☏706-546-7300; www.fiveandten.com; 1653 S Lumpkin St; principales 24-36 US$; ⊙17.30-22.00 do-ju, hasta 23.00 vi y sa, 10.30-14.30 do) 🌿 Apuesta por los ingredientes sostenibles y es uno de los mejores restaurantes del Sur. Su carta es sencilla y tiene muchos platos de caza: mollejas, *hummus* de frijoles negros y guiso *frogmore* (maíz, salchichas y patatas). En un cambio radical, el martes es la noche de los *ramen* al estilo *tonkotsu*. Imprescindible reservar.

🍷 Dónde beber y ocio

Hay casi 100 bares y restaurantes en el compacto centro de Athens, por lo cual no es difícil acertar. Se puede obtener un ejemplar gratis de 'Flagpole' (www.flagpole.com) para ver qué se cuece en la ciudad.

Trapeze Pub
CERVECERÍA

(www.trapezepub.com; 269 N Hull St; cervezas 4,50-8 US$; ⏱11.00-2.00 lu-sa, hasta 24.00 do; 🛜) La mejor cervecería artesana del centro, abierta antes de que se pusieran de moda estos locales. Tiene 33 cervezas de barril, incluida la favorita local, Creature Comforts, y otras 100 en botella. Se pueden acompañar con patatas fritas belgas, las mejores de la ciudad.

World Famous
BAR DE CÓCTELES

(www.facebook.com/theworldfamousathens; 351 N Hull; cócteles 4-9 US$; ⏱11.00-14.00 lu-sa, 11.30-24.00 do; 🛜) Una nueva incorporación que está de moda y sirve admirables cócteles artesanales en jarras Mason en un ambiente rústico francés. Organiza noches de monólogos y musicales.

The Old Pal
BAR

(www.theoldpal.com; 1320 Prince Ave; cócteles 7-9 US$; ⏱16.00-2.00 lu-sa; 🛜) Oscuro y con animales disecados, es el bar de los intelectuales de Normal Town. Apuesta por los cócteles creativos de temporada y por una cuidada carta de *bourbons*. Es un espacio bonito, que ha recibido multitud de premios por su conservación del patrimonio local.

Normal Bar
BAR

(www.facebook.com/normal.bar.7; 1365 Prince Ave; ⏱16.00-2.00 lu-ju, desde 15.00 vi y sa) Este encantador bar oscuro, algo apartado de todo, en Normal Town, no es muy estudiantil, pero es muy de Athens. Sirve cervezas normales y sofisticadas, tiene una buena carta de vinos y una clientela joven, guapa y despreocupada. El típico bar de barrio.

Hendershots
CAFÉ

(www.hendershotscoffee.com; 237 Prince Ave; café 2,15-5,35 US$; ⏱6.30-23.00 lu-ju, hasta 24.00 vi, 7.30-24.00 sa, 7.00-22.00 do; 🛜) No sirve el mejor café de Athens, pero es la cafetería más de moda. También funciona como bar y local de conciertos.

40 Watt Club
MÚSICA EN DIRECTO

(☎706-549-7871; www.40watt.com; 285 W Washington St; entrada 5-25 US$) El local más grande de Athens tiene salas *lounge*, un bar *tiki* (polinesio) y cervezas convencionales a 2,50 US$. Su escenario está dedicado al *rock* independiente desde que REM, los B-52s y Widespread Panic eran los reyes de la ciudad. Sigue siendo el lugar donde actúan las grandes estrellas cuando pasan por la zona. Hace poco ha optado con éxito por los monólogos de humor.

❶ Información

Athens Welcome Center (☎706-353-1820; www.athenswelcomecenter.com; 280 E Dougherty St; ⏱10.00-17.00 lu-sa, 12.00-17.00 do) En una casa de estilo *antebellum* en la esquina de Thomas St, ofrece planos e información de circuitos locales.

Sur de Georgia

Cuando la desbocada expansión urbana de Atlanta no es más que un reflejo en el retrovisor, emerge una Georgia más rústica y gentil, con la pantanosa Savannah como gran estrella sureña del estado. No todo en esta región son mansiones de estilo *antebellum* y musgo: su costa agreste y sus islas barrera son una joya subestimada.

Savannah

Bella y vieja dama del Sur, esta gran ciudad histórica destaca por su arquitectura *antebellum* y por las juergas de los estudiantes del Savannah College of Art and Design (SCAD). Se alza junto al río Savannah, a 29 km de la cosa, entre los pantanos del Lowcountry y bosques de grandes robles cubiertos de musgo. Con sus mansiones coloniales y sus bellas plazas, Savannah conserva su pasado con orgullo y elegancia. Sin embargo, a diferencia de su ciudad hermana de Charleston, en Carolina del Sur, que preserva su reputación como refinado centro cultural, Savannah es más mundana y real.

◉ Puntos de interés y actividades

El pulmón de Savannah es un extenso rectángulo verde llamado **Forsyth Park**, con una bella y fotogénica fuente. La **ribera** del río está llena de tiendas y cafés olvidables, pero es bonita para pasear, igual que **Jones Street**, una de las calles más bellas de Savannah gracias a los viejos robles cubiertos de musgo que la flanquean.

Una multientrada de 20 US$ da acceso al Jepson Center for the Arts, la Telfair Academy y a la casa Owens-Thomas.

★ Wormsloe Plantation Historic Site
ENCLAVE HISTÓRICO

(www.gastateparks.org/Wormsloe; 7601 Skidaway Rd; adultos/sénior/niños 6-17 años/1-5 años 10/9/4,50/2 US$; ⏱9.00-17.00 ma-do) Se trata de uno de los enclaves más fotografiados de la ciudad, a un corto trayecto en coche desde el centro, en la bonita Isle of Hope. Su principal atracción es su entrada, una avenida de robles cubiertos de musgo de casi 2,5 km llamada precisamente así: Avenue of the Oaks.

Pero hay otros atractivos, incluida la mansión estilo *antebellum,* que sigue habitada por los descendientes del propietario original, Noble Jones, algunas ruinas coloniales y una zona turística en la que se pueden ver demostraciones de herreros y otros oficios antiguos. También hay dos senderos boscosos.

Owens-Thomas House   ENCLAVE HISTÓRICO

(www.telfair.org; 124 Abercorn St; adultos/sénior/niños 20/18 US$/gratis; ⊙12.00-16.00 do-lu, 10.00-16.30 ma-sa) Terminada en 1819 por el arquitecto británico William Jay, esta preciosa casa es un gran ejemplo de la arquitectura de estilo regencia británico, famoso por su simetría.

El circuito guiado es recargado, pero ofrece datos interesantes sobre el inquietante techo azul de las estancias de los esclavos (elaborado con azulete, suero de leche y conchas de ostras molidas) y los años que la mansión aventajó a la Casa Blanca en la instalación de agua corriente (casi 20).

Mercer-Williams House   ENCLAVE HISTÓRICO

(www.mercerhouse.com; 429 Bull St; adultos/estudiantes 12,50/8 US$; ⊙10.30-16.00-22.00 lu-sa, 12.00-16.00 do) Aunque Jim Williams, el marchante de arte de Savannah interpretado por Kevin Spacey en la película *Medianoche en el jardín del bien y del mal,* murió en 1990, su célebre mansión no se convirtió en museo hasta el 2004. No está permitido visitar el piso superior, donde todavía vive la familia Williams, pero la planta baja es el sueño de todo interiorista.

Telfair Academy of Arts & Sciences   MUSEO

(www.telfair.org; 121 Barnard St; adultos/niños 12/5 US$; ⊙12.00-17.00 do-lu, 10.00-17.00 ma-sa) Considerado el mejor museo de Savannah, la histórica mansión de la familia Telfair está repleta de arte estadounidense del s. XIX, plata de la misma época y una selección de objetos europeos.

SCAD Museum of Art   MUSEO DE ARTE

(www.scadmoa.org; 601 Turner Blvd; adultos/menores de 14 años 10 US$/gratis; ⊙10.00-17.00 ma-mi, hasta 20.00 ju, hasta 17.00 vi, 12.00-17.00 do) Nuevo y con una arquitectura sorprendente, este edificio de ladrillo, acero, hormigón y cristal está dedicado al arte moderno. Tiene originales zonas de descanso y ofrece exposiciones temporales.

Jepson Center for the Arts   GALERÍA

(JCA; www.telfair.org; 207 W York St; adultos/niños 12/5 US$; ⊙12.00-17.00 do-lu, 10.00-17.00 ma-sa;) Muy futurista, según los estándares de Savannah, el JCA está dedicado al arte de los ss. XX y XXI.

Savannah Bike Tours   CIRCUITOS EN BICICLETA

(☏912-704-4043; www.savannahbiketours.com; 41 Habersham St; circuitos 25 US$) Circuitos de 2 h en bicicletas de paseo.

🛏 Dónde dormir

En los hoteles y B&B de Savannah se ha puesto de moda servir tentempiés y vino a los clientes al caer la tarde. No es fácil encontrar alojamiento económico y todas las habitaciones deben reservarse con antelación.

Savannah Pensione   PENSIÓN $

(☏912-236-7744; www.savannahpensione.com; 304 E Hall St; i/d/tr sin baño desde 48/57/77 US$, d/tr desde 71/82 US$; P❋@) Funcionó como albergue 15 años, pero el propietario de este sencillo alojamiento de barrio se cansó de los mochileros que deambulaban por las históricas escaleras de su mansión de estilo italiano de 1884. Hoy es una pensión sencilla y algo anodina, pero ofrece las habitaciones más económicas del barrio histórico, aunque tiene mucho potencial. Los dormitorios cuestan 26 US$, solo para grupos de tres o más personas.

Thunderbird Inn   MOTEL $$

(☏912-232-2661; www.thethunderbirdinn.com; 611 W Oglethorpe Ave; h 109 US$; P❋🛜) Este motel de estilo *vintage*-chic de 1964 recibe a los clientes en el vestíbulo con música de los años sesenta. En una zona de B&B recargados, un sitio como este es un oasis, mejorado por el arte de los alumnos del Savannah College of Art and Design. Hay rosquillas rellenas de crema para desayunar.

Azalea Inn   HOSTAL $$

(☏912-236-2707; www.azaleainn.com; 217 E Huntingdon St; h/villa desde 199/299 US$; P❋🛜▨) Una belleza humilde en una calle tranquila. En un edificio histórico de color amarillo, cerca del Forsyth Park, ofrece 10 habitaciones, no muy grandes pero bien cuidadas, con suelos oscuros de madera barnizada, molduras clásicas, camas con dosel y una pequeña piscina en la parte trasera. Tres nuevas villas ofrecen alojamiento de lujo para estancias más largas.

Kehoe House   B&B $$$

(☏912-232-1020; www.kehoehouse.com; 123 Habersham St; h desde 239 US$; ❋🛜) Romántico,

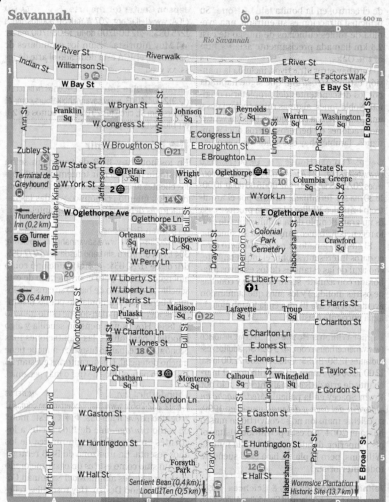

selecto y de estilo italiano, data de 1892. Cuenta la leyenda que dos gemelos murieron en la casa, y que está encantada. Si el viajero es asustadizo, que se aleje de las habitaciones nº 201 y 203. Fantasmas aparte, es ideal para darse un capricho en la pintoresca Columbia Sq.

Mansion on Forsyth Park   HOTEL **$$$**
(📞912-238-5158; www.mansiononforsythpark. com; 700 Drayton St; h fin de semana/entre semana 299/199 US$; 🅿✴@🛜🏊) Una buena ubicación y un diseño chic realzan las habitaciones de lujo que ofrece esta mansión de 1672 m². Sus elegantes baños ya justifican el precio,

pero lo mejor de este hotel-*spa* son las obras de arte nacionales e internacionales que decoran sus paredes; más de 400 en total.

Bohemian Hotel   HOTEL-BOUTIQUE **$$$**
(📞912-721-3800; www.bohemianhotelsavannah. com; 102 West Bay St; h fin de semana/entre semana 359/269 US$; 🅿✴@🛜) Pasillos elegantes, oscuros y góticos, un mirador junto al río y detalles como lámparas de madera reciclada y ostras. Las habitaciones son espectaculares, aunque un poco oscuras. El servicio hace que resulte más íntimo de lo que sus 75 habitaciones indican.

Savannah

✕ Dónde comer

Angel's BBQ   BARBACOA $
(www.angels-bbq.com; 21 W Oglethorpe Lane; sándwiches/platos 6,50/9 US$; ⏰11.30 hasta fin de existencias mi-sa) Sencillo y en una calle tranquila, famoso por sus sándwiches de carne de cerdo, sus patatas fritas con sal marina y sus impresionante lista de salsas caseras.

Leopold's Ice Cream   HELADERÍA $
(www.leopoldsicecream.com; 212 E Broughton St; bolas 2,75-4,75 US$; ⏰11.00-23.00 do-ju, hasta 24.00 vi-sa; 🐾) Esta clásica heladería americana parece la última en su especie. Sirve sus cremosas recetas griegas desde 1919 e inventó el sabor *tutti frutti*. Destacan sabores como el café; pistacho; almendras, miel y crema; y caramelo.

★ Collins Quarter   CAFÉ $$
(www.thecollinsquarter.com; 151 Bull St; principales 9-17 US$; ⏰6.30-23.00; 🐾) Este popular recién llegado prepara café Brooklyn tostado en Australia, como sus *flat whites* y *long blacks*. Además del mejor café de Savannah sirve excelente cocina fusión, incluida una sabrosísima hamburguesa, y bebidas alcohólicas.

Wilkes' House   SUREÑA $$
(www.mrswilkes.com; 107 W Jones St; almuerzo adultos/niños 20/10 US$; ⏰11.00-14.00 lu-vi, cerrado ene) Siempre hay cola en esta institución de la comida casera sureña, que no admite reservas. Sirve pollo frito, estofado de ternera, pastel de carne, patatas con queso, col, frijoles negros, macarrones con queso, colinabo, boniatos dulces, guiso de calabacín y queso,

maíz a la crema y galletas. Como una comida de Acción de Gracias regada con té helado.

Olde Pink House   SUREÑA MODERNA $$$
(☎912-232-4286; 23 Abercorn St; principales 15-37 US$; ⏰11.00-22.30, cerrado almuerzo do-lu) Comida sureña clásica en versión selecta. Uno de los mejores entrantes es el *sushi* sureño: gambas y gachas enrolladas con alga *nori* al coco. Se puede cenar en los elegantes comedores del piso superior o ir a la fabulosa taberna del sótano, con piano y ambiente acogedor. El edificio, de 1771, es precioso y el restaurante, el mejor de Savannah desde hace tiempo.

The Grey   SUREÑA MODERNA $$$
(☎912-662-5999; www.thegreyrestaurant.com; 109 Martin Luther King Jr Blvd; principales 25-44 US$; 🐾) Tras una maravillosa reforma *retro* de la estación de Greyhound de los años sesenta ha surgido un nuevo restaurante de moda en Savannah. La cocina de la chef Mashama Bailey es una deliciosa versión de la comida local con un toque novedoso. *Hipsters* con barba ocupan las mejores mesas de la casa, alrededor de la barra central en forma de U, donde destacan suculentos platos de pasta con panceta y cerdo. Es imprescindible reservar.

Local11Ten   AMERICANA MODERNA $$$
(☎912-790-9000; www.local11ten.com; 1110 Bull St; principales 16-35 US$; ⏰16.00-22.00 lu-sa) Selecto, sostenible, local y fresco: estas características dan forma a un restaurante elegante y bien dirigido, uno de los mejores de Savannah. Se puede empezar con unos ravioli deconstrui-

EL SUR SUR DE GEORGIA

dos de conejo y después pasar a las fabulosas vieiras a la mantequilla blanca de menta o a la entraña de búfalo marinada, y terminar con crema al caramelo salado. Aunque es posible que la carta haya cambiado.

🍺 Dónde beber y vida nocturna

River St es la zona de marcha nocturna y bares.

Rocks on the Roof
BAR
(www.bohemianhotelsavannah.com/dining/lounge; 102 West Bay St; ⊗11.00-24.00 do-mi, hasta 1.00 ju-sa; 🛜) El amplio bar con vistas en la azotea del Bohemian Hotel es fresco, divertido y se disfruta cuando hace buen tiempo y cuando arde la hoguera.

Distillery Ale House
BAR
(www.distilleryalehouse.com; 416 W Liberty St; ⊗11.00-madrugada lu-sa, desde 12.00 do) Antaño era la Kentucky Distilling Co, inaugurada en 1904 y cerrada durante la Ley Seca. Hoy es un bar de cervezas artesanales de moda, popular entre turistas y familias por su comida de bar.

Abe's on Lincoln
BAR
(17 Lincoln St) Para evitar a los turistas y tomar una copa con lugareños en un entorno oscuro, de madera y excelente.

Sentient Bean
CAFÉ
(www.sentientbean.com; 13 E Park Ave; café 1,50-4,75 US$; ⊗7.00-22.00; 🛜) 🍽 Ofrece todo lo que uno espera de una cafetería alternativa: buen café, desayunos *gourmet,* un interior de estilo bohemio y clientela y camareros *hipsters;* todo ello con una filosofía sostenible. Es uno de los locales favoritos de Savannah y está frente al Forsyth Park.

🛍 De compras

West Broughton St es el gran barrio comercial de Savannah, con tiendas de cadena y alternativas unas junto a otras, todo con un ambiente muy característico.

Savannah Bee Company
COMIDA
(www.savannahbee.com; 104 W Broughton St; ⊗10.00-20.00 lu-sa, 11.00-17.00 do) Este local de ensueño, con fama internacional, es una de las paradas obligadas de Savannah. Ofrece mieles artesanales de un sinfín de variedades y catas ilimitadas.

ShopSCAD
ARTESANÍA
(www.shopscadonline.com; 340 Bull St; ⊗9.00-17.30 lu-vi, hasta 18.00 sa, 12.00-17.00 do) Todos los productos de esta tienda original y *kitsch* han sido diseñados por estudiantes de la prestigiosa escuela de arte de Savannah.

ℹ Información

Candler Hospital (www.sjchs.org; 5353 Reynolds St; ⊗24 h) Asistencia médica.

Oficina de correos (www.usps.com; 118 Barnard St; ⊗8.00-17.00 lu-vi) En el barrio histórico.

Policía metropolitana de Savannah-Chatham (📞912-651-6675; www.scmpd.org; E Oglethorpe Ave esq. Habersham St)

Centro de visitantes de Savannah (📞912-944-0455; www.savannahvisit.com; 301 Martin Luther King Jr Blvd; ⊗8.30-17.00 lu-vi, 9.00-17.00 sa y do) Ofrece excelentes recursos y servicios en una estación de trenes restaurada de 1860. Muchos circuitos privados de la ciudad salen de aquí. También hay un pequeño quiosco interactivo de información turística en el nuevo centro de visitantes del Forsyth Park.

ℹ Cómo llegar y desplazarse

El **aeropuerto internacional de Savannah/ Hilton Head** (SAV; 📞912-966-3743; www. savannahairport.com; 400 Airways Ave) está 8 km al oeste del centro por la I-16. Un taxi desde el aeropuerto hasta el barrio histórico cuesta 28 US$. **Greyhound** (www.greyhound.com; 610 W Oglethorpe Ave) ofrece conexiones a Atlanta (5 h aprox.), Charleston, Carolina del Sur (unas 2 h) y Jacksonville, Florida (2½ h). La **estación de Amtrak** (www.amtrak.com; 2611 Seaboard Coastline Dr) está pocos kilómetros al oeste del barrio histórico.

Savannah se puede recorrer a pie. **Chatham Area Transit** (CAT; www.catchacat.org; tarifa 1,50 US$) opera autobuses locales de biodiésel, incluida una lanzadera gratuita (The Dot) que circula por el centro histórico y para a un par de manzanas de casi todos los puntos de interés. **CAT Bike** (www.catbike.bcycle.com; ⊗2 US$/30 min) Práctico sistema de préstamo de bicicletas de Chatham Area Transit, con estaciones por toda la ciudad. La primera hora es gratis.

Brunswick e islas Golden

Georgia tiene una costa preciosa, con pintorescas islas que van de lo rústico a lo paradisíaco. Con su amplia flota de pesca de gambas y su centro histórico a la sombra de enormes robles, Brunswick data de 1733 y tiene encantos que merecen una parada desde la I-95 o la Golden Isle Pkwy (US Hwy 17). Durante la II

ISLA CUMBERLAND

Un paraíso virgen, el sueño de todo senderista, la familia del industrial y filántropo Andrew Carnegie, del s. XIX, ya utilizaba Cumberland como refugio hace muchos años. La mayor parte de esta isla barrera meridional la ocupa la **Cumberland Island National Seashore** (www.nps.gov/cuis; entrada 4 US$). Casi la mitad de sus 14 700 Ha son marjales, esteros y arroyos de marea. Del lado de mar abierto hay 26 km de playas de arena que el viajero tendrá casi para sí solo. El interior de la isla se caracteriza por bosques marítimos. Las ruinas de la finca de los Carnegie, **Dungeness**, son impresionantes, como los pavos salvajes, los pequeños cangrejos violinistas y las preciosas mariposas. Los caballos salvajes que campan por la isla son una vista muy habitual.

El único acceso público a la isla es en barco a/desde el pintoresco y soñoliento pueblo de **St Marys** (www.stmaryswelcome.com). Hay **ferris** (☎877-860-6787; www.nps.gov/cuis; ida y vuelta adultos/sénior/niños 25/23/15 US$), prácticos y agradables, que zarpan del muelle de St Mary a las 9.00 y a las 11.45, y regresan a las 10.15 y a las 16.45 (en primavera y verano hay una salida más, a las 14.45). Se recomienda encarecidamente reservar. Los visitantes deben registrarse en el **centro de visitantes** (☎912-882-4336; www.nps. gov/cuis; ⊗8.00-16.00), en el muelle, al menos 30 min antes de zarpar. De diciembre a febrero el ferri no funciona martes y miércoles.

En Cumberland el único alojamiento privado (estancia mínima, dos noches) es el **Greyfield Inn** (☎904-261-6408; www.greyfieldinn.com; h comidas 425-635 US$, pensión completa incl..i), una mansión de 1900. Se puede acampar en **Sea Camp Beach** (☎912-882-4335; www.nps.gov/cuis; parcelas 4 US$/persona), entre viejos robles.

Nota: no hay tiendas ni contenedores de basura en la isla. Hay que llevar la comida y, al regresar, cargar con todos los desperdicios.

Guerra Mundial los astilleros de Brunswick construyeron 99 buques de carga de clase Liberty para la Armada de EE UU. Hoy, una maqueta de 7 m en el **Mary Ross Waterfront Park** (Bay St) homenajea aquellos barcos y a sus constructores.

🛏 Dónde dormir

Hostel in the Forest　　　　ALBERGUE $
(☎912-264-9738; www.foresthostel.com; 3901 Hwy 82; 25 US$/persona; 🐾) El único alojamiento económico de toda la zona es este conjunto de cabañas octogonales de cedro y casas en los árboles (sin aire acondicionado ni calefacción), ubicadas en un campo ecológico y sostenible. Hay que pagar una cuota de 10 US$ para alojarse y es una experiencia muy *hippy*, con cena incluida. Está escondido en el bosque, a 14 km de Brunswick. Reservas solo por teléfono.

Isla de St Simons

Famosa por sus campos de golf, resorts y por sus majestuosos robles, es la isla más grande y urbanizada de las Islas Golden, 121 km al sur de Savannah y a solo 8 km de Brunswick. La mitad sur es una zona residencial y de resorts.

Little St Simons es una auténtica joya natural, solo accesible en barco si uno se aloja en el exclusivo **Lodge on Little St Simons** (☎888-733-5774; www.littlessi.com; 1000 Hampton Pt; todo incluido d desde 450 US$) o se une a una **excursión** (☎888-733-5774; www.littlestsimonsisland.com; Hampton Point Dr; 95 US$/persona; ⊗ salidas 10.30).

⊙ Puntos de interés y actividades

Sea Island　　　　ISLA
(www.seaisland.com) Ofrece tramos de costa virgen y un estuario, pero el acceso se limita a los clientes de sus tres hoteles de lujo, a menos que se reserve mesa para cenar en el Cloister's Georgian Room.

Massengale Park　　　　PARQUE, PLAYA
(1350 Ocean Blvd) A la East Beach, la playa Este, la mejor de la isla, se accede desde el Massengale Park.

🛏 Dónde dormir y comer

St Simons Inn by the Lighthouse HOSTAL $$
(☎912-638-1101; www.saintsimonsinn.com; 609 Beachview Dr; h fin de semana/entre semana desde 159/139 US$; P✳🛜🏊) Bonito, confortable y con buena relación calidad-precio. Cuenta

con contraventanas de madera blanca y está bien situado, junto a la calle principal del centro y a un corto trayecto en bicicleta de la East Beach. Incluye desayuno continental.

Southern Soul BBQ BARBACOA **$**
(www.southernsoulbbq.com; 2020 Demere Rd; principales 5-17 US$; ⊙11.00-22.00) Suculenta carne de cerdo ahumada al roble, filetes marcados y platos del día como burritos de pollo. Sirve un montón de salsas caseras maravillosas y tiene un buen patio donde salir a comer. Siempre está lleno.

Halyards PESCADO **$$$**
(☎912-638-9100; www.halyardsrestaurant.com; 55 Cinema Lane; principales 14-42 US$; ⊙17.00-21.00 lu-mi, hasta 22.00 ju-sa; ☎) 🖋 La elegante marisquería del chef Dave Snyder no deja de acumular premios en St. Simons, y con razón. Destaca la dorada con *mahi-mahi,* gachas con queso boursin, judías verdes y mantequilla a la naranja-vainilla.

Isla de Jekyll

Refugio exclusivo de millonarios a finales del s. xix y comienzos del s. xx, es una isla barrera de 4000 años, con 16 km de playas. Hoy es una inusual combinación de naturaleza, edificios históricos, hoteles modernos y un enorme *camping.* Es un sitio fácil de recorrer (en automóvil, caballo o bicicleta); la tarifa de aparcamiento es de 6 US$ por 24 h.

⊙ Puntos de interés y actividades

Georgia Sea Turtle Center FAUNA
(☎912-635-4444; www.georgiaseaturtlecenter.org; 214 Stable Rd; adultos/niños 7/5 US$; ⊙9.00-17.00, cerrado lu nov-mar; 🖻) Un adorable centro de conservación y hospital de tortugas en el cual los pacientes están a la vista del público. Destacan los circuitos Behind the Scenes (22 US$; 15.00) y Turtle Walks (14 US$; 20.30 y 21.30 1 jun-31 jul).

🛏 Dónde dormir y comer

Villas by the Sea APARTAMENTOS **$**
(☎912-635-2521; www.villasbythesearesort.com; 1175 N Beachview Dr; h/apart desde 99/129 US$; P❀🐾🌐🏊) Buena opción en la costa norte, junto a las mejores playas. Los apartamentos tienen una, dos o tres amplias habitaciones, en un recinto de edificios en medio de un jardín. No son muy elegantes, pero sí muy cómodos.

★ **Jekyll Island Club Hotel** HOTEL HISTÓRICO **$$**
(☎912-635-2600; www.jekyllclub.com; 371 Riverview Dr; d/ste desde 189/299 US$, tarifa de *resort* 15 US$; P❀@🌐🏊) Un hotel grande y selecto, la espina dorsal de la isla. Ofrece una gama dispersa de habitaciones repartidas por cinco estructuras históricas. Está prevista la construcción de 41 nuevas suites frente a la playa.

Latitude 31 Restaurant & Rah Bar PESCADO **$**
(www.latitude31jekyllisland.com; 370 Riverview Dr; principales 6-36 US$; ⊙11.00-15.00 y 17.00-22.00) Sencillo local de marisco en el muelle de Jekyll. Ideal para comer marisco fresco y tomar una copa con la puesta del sol.

ALABAMA

La historia envuelve Alabama; en pocos estados la percepción del pasado se vive de forma tan palpable y emotiva. Basten dos ejemplos: la cultura misisipiana construyó grandes ciudades de montículos de tierra durante el Calcolítico y Mobile es una joya de la arquitectura franco-caribeña. Sin embargo, para mucha gente, Alabama es sinónimo del movimiento por los derechos civiles.

Quizá una lucha como aquella, y toda la grandeza y fortaleza que entrañó, estaba hecha a medida para un estado como este, con sus plantaciones, sus mansiones neogóticas, sus miserables tierras de cultivo y un fuerte sentimiento identitario. Desde el pueblo más pequeño hasta las ciudades ribereñas, Alabama es un lugar con carácter, un carácter que se manifiesta en su arte, su comida y su cultura, y que es muy difícil de olvidar.

🛈 Información

Alabama Bureau of Tourism & Travel (www.alabama.travel) Publica una guía y tiene una web con mucha información.

Alabama State Parks (☎800-252-7275; www.alapark.com) El estado tiene 23 parques, con *campings* que van desde acampada libre (16 US$) a cabañas de 15 plazas (200 US$). Se recomienda reservar con antelación en fin de semana y vacaciones.

Birmingham

Birmingham es un tesoro inesperado. Esta ciudad montañosa y sombreada, fundada como mina de hierro, sigue siendo un gran centro de producción (Mercedes-Benz USA tiene su sede cerca de la vecina Tuscaloosa).

Además, hay universidades y facultades por toda la ciudad, además de excelentes restaurantes y bares. El pasado también está muy presente en Birmingham; aquí, la historia del movimiento por los derechos civiles se toca con la punta de los dedos.

⊙ Puntos de interés y actividades

En el moderno **Five Points South** abundan los edificios de estilo *art déco*. Es una zona con tiendas, restaurantes y locales nocturnos. La antaño industrial **Avondale** es la zona donde se concentran los *hipsters*. También destaca el selecto **Homewood,** en la comercial de 18th St S, cerca del Vulcano, que se alza, iluminado, sobre la ciudad y es visible a todas horas desde casi todas partes.

★ **Birmingham Civil Rights Institute**   MUSEO
(☎866-328-9696; www.bcri.org; 520 16th St N; adultos/sénior/niños 12/5/3 US$, do gratis; ☺10.00-17.00 ma-sa, 13.00-17.00 do) Un laberinto de imágenes, sonidos y fotografías narran la historia de la segregación racial en EE UU y del movimiento por los derechos civiles, con el foco centrado en Birmingham y sus alrededores. Hay una gran exposición en 16th Street Baptist Church (al otro lado de la calle), donde estalló una bomba en 1963, y hoy es el inicio del Civil Rights Memorial Trail que recorre la ciudad.

Birmingham Museum of Art   GALERÍA
(www.artsbma.org; 2000 Rev Abraham Woods Jr Blvd; ☺10.00-17.00 ma-sa, 12.00-17.00 do) GRATIS Excelente museo que muestra piezas de Asia, África, Europa y América. Destacan las obras de Rodin, Botero y Dalí en el jardín de esculturas.

Birmingham Civil Rights Memorial Trail   CIRCUITO A PIE
(www.bcri.org; 520 16th St N) A lo largo de siete manzanas, es un conmovedor paseo, perfecto para toda la familia. Inaugurado en el 2013 con motivo del 50º aniversario de la campaña por los derechos civiles, tiene 22 paradas con placas, estatuas y fotografías, algunas de ellas bastante conceptuales y emotivas, como el pasillo con esculturas de perros agresivos que los peatones deben cruzar.

Vulcan Park   PARQUE
(☎205-933-1409; www.visitvulcan.com; 1701 Valley View Dr; torre de observación y museo adultos/niños 6/4 US$, 18.00-22.00 4 US$; ☺7.00-22.00, torre de observación 10.00-22.00 lu-sa, desde 12.00 do, museo 10.00-18.00 lu-sa, desde 12.00 do; 🚼🐾) Para hacerse una idea de este lugar, hay que imaginarse al Cristo Redentor de Río, pero hecho de hierro y con el aspecto de un fornido dios romano de la fragua. Vulcano es visible desde toda la ciudad; de hecho, es la estatua de hierro más grande del mundo, y el parque que preside ofrece fantásticas vistas desde su **torre mirador.** También hay un pequeño museo sobre la historia de la ciudad.

🛏 Dónde dormir

Cuando el viajero lea estas líneas, el gran y antiguo **Redmont Hotel** (www.redmontbirmingham.com; 2101 5th Ave N; ▦🐾🖧) cerrado por reformas mientras se redactaba esta guía, ya habrá reabierto.

Hotel Highland   HOTEL $$
(☎205-933-9555; www.thehotelhighland.com; 1023 20th St S; h desde 129 US$; 🅿▦@🖧) Junto al animado barrio de Five Points, este pintoresco hotel, un poco psicodélico pero moderno,

---

DATOS DE ALABAMA

Apodo El Corazón de Dixie

Población 4,8 millones

Superficie 135 765 km²

Capital Montgomery (201 300 hab.)

Otras ciudades Birmingham (212 113 hab.)

Impuesto sobre ventas 4%; con las tasas locales alcanza el 11%

Hijos célebres La autora Helen Keller (1880-1968), la activista de los derechos civiles Rosa Parks (1913-2005), el músico Hank Williams (1923-1953)

Cuna de los Crimson Tide de la Universidad de Alabama

Política Bastión republicano. En Alabama no ganan los demócratas desde 1976

Famoso por Rosa Parks, el movimiento por los derechos civiles y el fútbol americano

Grandes rivales Universidad de Alabama *vs* Universidad de Auburn

Distancias por carretera Montgomery-Birmingham, 146 km; Mobile-Dauphin Island, 61 km; Mobile-Tuscaloosa, 315 km

es muy confortable y resulta una buena opción. Por suerte, las habitaciones son un poco menos llamativas que el vestíbulo.

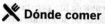 Dónde comer

Tratándose de una pequeña ciudad sureña muy estudiantil, Birmingham cuenta con una amplia variedad de cafés y restaurantes, y mucha música en directo los fines de semana.

Saw's BBQ
BARBACOA $

(📞205-879-1937; www.sawsbbq.com; 1008 Oxmoor Road; principales 9-16 US$; ⏰11.00-20.00 lu-sa; 🍴) Ha irrumpido con fuerza en el panorama de las barbacoas de Birmingham y ofrece una de las mejores carnes ahumadas de la ciudad, servida en un ambiente muy familiar. Las patatas rellenas son un buen acompañamiento, el pollo ahumado con una intensa salsa blanca es fantástico y las costillas, deliciosas.

Eagle's Restaurant
AMERICANA $

(📞205-320-0099; www.eaglesrestaurant.com; 2610 16th St N; principales 5,50-15 US$; ⏰10.30-16.00 do-vi) Oculto en una calle solitaria, es la cuna de la mejor comida casera de Birmingham. Muy popular entre la población afroamericana, funciona según el modelo *meat-and-two/three*: se pide un plato principal, como filete con *gravy*, carne con patata o alitas de pollo, y después se eligen los acompañamientos en el bufé. Delicioso, económico y muy típico.

Chez Fonfon
FRANCESA $$

(📞205-939-3221; www.fonfonbham.com; 2007 11th St S; principales 14,50-24 US$; ⏰11.00-22.00 ma-ju, hasta 22.30 vi, 16.30-22.30 sa) Sabrosos platos de bistró francés como entraña con salsa verde y crujientes patatas fritas o trucha con patatas doradas. Los clientes suelen vestir bien. Se recomienda reservar.

Dónde beber y ocio

Abundan los buenos bares; la mayoría se concentra en Avondale y Five Points.

The Collins Bar
BAR

(📞205-323-7995; 2125 2nd Ave N; ⏰16.00-24.00 ma-ju, hasta 2.00 vi y sa, 18.00-24.00 do) La gente guapa de Birmingham se reúne en este local moderno después de trabajar y los fines de semana para tomar cócteles artesanos bajo enormes aviones de papel y una gran tabla periódica de los elementos. No hay carta; se indica al camarero los sabores que a uno le gustan y este prepara un cóctel a medida.

Marty's
BAR

(1813 10th Ct S; ⏰16.00-6.00) Técnicamente es un 'club' de copas; la primera vez que se visita hay que pagar una cuota de 2 US$. Su estatus de club permite que el local abra hasta tarde, y atrae a una clientela *geek* que disfruta de un bar lleno de cómics, recuerdos de *Star Wars*, referencias a juegos de rol y algún concierto ocasional.

Garage Café
BAR

(📞205-322-3220; www.garagecafe.us; 2304 10th Terrace S; ⏰15.00-24.00 do-lu, 11.00-2.00 ma-sa) Un puñado de *hipsters* y bebedores con solera toman copas y siguen el ritmo de la música en este patio lleno de trastos viejos, antigüedades, estatuas de cerámica y un fregadero.

41 Street Pub
& Aircraft Sales
BAR

(📞205-202-4187; 130 41st St S; ⏰16.30-24.00 lu-ju, 16.30-2.00 vi, 13.00-2.00 sa, 13.00-12.00 do) Elegante bar de madera en un espacio amplio con algunas mesas de *shuffleboard*. Sirven bebidas fuertes en brillantes copas de cobre a una clientela moderna y atractiva.

Cómo llegar y desplazarse

El **aeropuerto internacional de Birmingham** (BHM; www.flybirmingham.com) está 8 km al noreste del centro.

Greyhound (📞205-253-7190; www.greyhound.com; 618 19th St N), al norte del centro, va, entre otras ciudades, a Huntsville, Montgomery, Atlanta (Georgia), Jackson (Misisipi), y Nueva Orleans (Luisiana; 10 h). **Amtrak** (📞205-324-3033; www.amtrak.com; 1819 Morris Ave), también en el centro, tiene trenes diarios a Nueva York y Nueva Orleans.

Birmingham Transit Authority (www.bjcta. org; adultos 1,25 US$) gestiona la red de autobuses locales.

Moundville

Uno de los yacimientos más grandes y mejor conservados de la precolombina civilización misisipiana se encuentra en las afueras del moderno Moundville, 27 km al sur de Tuscaloosa. En los oscuros bosques de las orillas del río Black Warrior, se hallan los restos de una ciudad y un excelente museo, todo ello gestionado por el **Moundville Archaeological Park** (📞205-348-9826; www.moundville. ua.edu; 634 Mound Park; adultos/sénior/niños 8/7/6 US$; ⏰museo 9.00-17.00, parque 9.00-anochecer).

El recinto alberga 26 montículos de varios tamaños, dispuestos de una forma que sugiere una estructura social muy estratificada. El museo alberga arte precolombino, incluida cerámica y discos grabados con panteras, serpientes emplumadas y calaveras. El montículo más alto está coronado por la réplica de una pequeña cabaña (cerrada al público mientras se redactaba esta guía).

Montgomery

En 1955 Rosa Parks, una chica negra, se negó a ceder su asiento a un hombre blanco en el autobús. Lo que hoy pudiera parecer un nimio incidente, supuso el inicio del movimiento por los derechos civiles en EE UU. La ciudad recuerda aquel incidente con un museo que, junto con otros puntos de interés relacionados con los derechos civiles, es el principal motivo para visitarla. Al margen de ello, la capital de Alabama es una localidad adormilada, de discreto encanto.

⊙ Puntos de interés

Al agradable **paseo ribereño** de Montgomery se accede por un túnel desde el centro; es una amplia plaza a la orilla de un meandro del río, con un anfiteatro natural y un muelle de barcos fluviales.

Rosa Parks Museum   MUSEO
(☎334-241-8615; www.troy.edu/rosaparks; 251 Montgomery St; adultos/niños 4-12 años 7,50/5,50 US$; ⊙9.00-17.00 lu-vi, 9.00-15.00 sa; ⊛) El museo se encuentra frente a la parada del autobús en el que Rosa Parks ejecutó su acto de rebeldía, y ofrece una recreación en vídeo de aquel momento que impulsó el boicot de

1955. También se puede visitar la zona infantil y una exposición sobre las leyes de Jim Crow, que entre 1876 y 1965 regulaban la segregación racial en EE UU bajo el eufemístico lema "Iguales, pero separados".

Civil Rights Memorial Center   MONUMENTO
(www.splcenter.org/civil-rights-memorial; 400 Washington Ave; adultos/niños 2 US$/gratis; ⊙9.00-16.30 lu-vi, 10.00-16.00 sa) Con su diseño circular, obra de Maya Lin, este cautivador monumento está dedicado a los 40 mártires del movimiento por los derechos humanos. El más famoso es Martin Luther King Jr., pero hubo más muertes por el camino, tanto de afroamericanos como de blancos, y algunos casos no se resolvieron nunca. El monumento forma parte del Southern Poverty Law Center, una fundación que trabaja por la igualdad racial y jurídica ante la ley.

Scott & Zelda Fitzgerald Museum   MUSEO
(☎334-264-4222; http://www.thefitzgeraldmuseum.org; 919 Felder Ave; adultos/niños 5/2 US$; ⊙10.00-15.00 ma-sa, 12.00-17.00 do) ⊘ Hogar de Francis Scott y su esposa Zelda de 1931 a 1932, hoy alberga primeras ediciones y traducciones de ambos escritores, así como obras de arte originales de Zelda, de sus últimos días ingresada en un hospital psiquiátrico. A diferencia de otras casas-museo, esta tiene un encanto destartalado; aunque el espacio está cuidado, uno siente como si se acabara de colar en el hogar de los Fitzgerald, con cariñosas letras manuscritas de Zelda a Scott.

⊨ Dónde dormir y comer

Montgomery no es famoso por sus restaurantes y alojamientos, y puede visitarse como excursión de un día. The Alley, un barrio de restaurantes y ocio, ha despertado un poco la ciudad.

Renaissance Hotel HOTEL **$$**
(📞334-481-5000; www.marriott.com; 201 Tallapoosa St; h desde 150 US$; 🅿❄@🛜🏊) Anodino pero bien situado. La mejor opción de Montgomery.

Central FILETES **$$$**
(📞334-517-1121; www.central129coosa.com; 129 Coosa St; principales 18-39 US$; ⊘11.00-14.00 lu-vi, 17.30-madrugada lu-sa; 🖋) Es la opción de los *gourmets*. Este bonito local tiene un interior amplio con una antigua barra de madera. Los reservados son elegantes y sirve pescado, pollo, filetes y costillas a la brasa, todo con ingredientes de la región. Los vegetarianos tienen platos como pasta con nueces al pesto.

❶ Información

Centro de visitantes de la región de Montgomery (📞334-261-1100; www.visitingmontgomery.com; 300 Water St; ⊘8.30-17.00 lu-sa) Información turística y una práctica web.

❶ Cómo llegar y desplazarse

El **aeropuerto regional de Montgomery** (MGM; 📞334-281-5040; www.montgomeryairport. org; 4445 Selma Hwy) está a 24 km del centro y cuenta con vuelos diarios desde Atlanta (Georgia), Charlotte (Carolina del Norte) y Dallas (Texas). **Greyhound** (📞334-286-0658; www. greyhound.com; 950 W South Blvd) ofrece salidas a varias ciudades. El **Montgomery Area**

Transit System (www.montgomerytransit.com; billete 2 US$) se encarga de la red urbana de autobús.

Selma

El Domingo Sangriento, el 7 de marzo de 1965, los medios de comunicación captaron a la policía y los soldados del estado golpeando y gaseando a manifestantes afroamericanos y simpatizantes blancos cerca del Edmund Pettus Bridge (Broad St y Walter Ave). La multitud marchaba hacia la capital del estado, Montgomery, para protestar por el asesinato de un activista negro local a manos de la policía. Cuando las escenas se emitieron en todos los canales aquella noche, la gente de todo el país fue testigo por primera vez de la dimensión real del conflicto: policías con porras y perros atacando a manifestantes pacíficos mientras blancos con banderas confederadas les jaleaban desde la acera. La indignación fue generalizada y el apoyo al movimiento creció. Martin Luther King se trasladó al lugar y, tras otro intento fallido a causa de las amenazas, lideró una marcha de 8000 personas que durante 4 días recorrió a pie los 87 km que separan Selma de Montgomery. Poco después, el presidente Johnson firmaba la Voting Rights Act de 1965.

La historia de Selma se cuenta en el National Voting Rights Museum (📞334-418-0800; www.nvrmi.com; 1012 Water Ave; adultos/sénior y estudiantes 6,50/4,50 US$; ⊘10.00-16.00 lu-ju, solo con cita previa vi-do), muy cerca del

---

EL PANTANO CARNÍVORO

La trompeta del *pitcher* es la venganza vegetariana: una planta carnívora coronada por un bonito borde de pétalos. Atrae a los insectos hasta su cavidad interior, resbaladiza, de la que no pueden salir porque caen en una bolsa de líquido en la base de la flor donde son digeridos.

Es una flor abundante en el Splinter Hill Bog (www.nature.org; junto a Co Rd 47, Bay Minette, GPS N 31°02.638', O-87°68.500'; ⊘amanecer-anochecer), un pantano de 850 Ha a cargo de la organización sin ánimo de lucro Nature Conservancy. Al acercarse a las trompetas del *pitcher* (se ven desde el aparcamiento) uno se da cuenta de que a su alrededor ya no hay ni mosquitos, ni moscas, ni jejenes, insectos típicos en los bosques y marjales del sur. La mayoría de dichos insectos está siendo digerida por este bonito campo de flores silvestres.

Además de las trompetas del *pitcher*, esta zona goza de una diversidad apabullante; en algunas partes los científicos han descubierto más de 60 nuevas especies de plantas en tan solo 1 m², lo que supone una de las mayores concentraciones de biodiversidad de Norteamérica. Para más información, véase *America's Amazon*, un documental sobre esta región, parte del delta de Mobile-Tensaw.

Edmund Pettus Bridge, y en dos centros de interpretación gestionados por el Servicio de Parques Nacionales: Selma Interpretive Center (📞334-872-0509; www.nps.gov/semo; 2 Broad St; 🕑9.00-16.30 lu-sa) 🚶 y Lowndes County Interpretive Center (📞334-877-1983; www.nps.gov/semo; 7002 US Hwy 80; 🕑 9.00-16.30), a medio camino entre Selma y Montgomery. Ambos centros contienen pequeñas pero contundentes exposiciones que profundizan en la historia del movimiento por los derechos civiles.

Selma es una ciudad tranquila y pobre, situada en pleno "cinturón negro" de Alabama, así llamado tanto por su fértil tierra oscura como por la abundante población afroamericana. Otro punto de interés es la Mishkan Israel (503 Broad St), una enorme sinagoga de ladrillo rojo que antaño daba servicio a la próspera comunidad judía local. Muchos de los miembros de dicha comunidad abandonaron el Sur, pero de vez en cuando se abre para oficios religiosos.

Para comer, Lannie's (📞334-874-4478; 2115 Minter Ave; principales 5-11 US$; 🕑9.00-21.00 lu-sa) sirve la mejor barbacoa de la zona.

Mobile

Entre Misisipi y Florida, Mobile es la única ciudad costera de Alabama, un dinámico puerto industrial con alguna zona verde, bulevares frondosos y cuatro barrios históricos. Al empezar la primavera se llena de azaleas en flor y en febrero celebra el Mardi Gras (www.mobilemardigras.com), tradición que cuenta con 200 años de antigüedad (es anterior al de Nueva Orleans).

🔘 Puntos de interés

USS 'Alabama' ACORAZADO
(www.ussalabama.com; 2703 Battleship Pkwy; adultos/niños 15/6 US$; 🕑8.00-18.00 abr-sep, hasta 17.00 oct-mar) El USS *Alabama* es un coloso de más de 200 m, famoso por escapar indemne de nueve grandes batallas en la II Guerra Mundial. Ofrece un interesante circuito autoguiado. También puede visitarse un submarino y ver de cerca aviones militares. Aparcar cuesta 2 US$.

🛏 Dónde dormir y comer

Battle House HOTEL $$
(📞251-338-2000; www.marriott.com; 26 N Royal St; h desde 139 US$; 🅿✴🏠🛜🏊) El mejor hotel de Mobile con diferencia, con un ala

histórica original con un vestíbulo abovedado de mármol y una torre nueva junto al mar. Habitaciones amplias, lujosas y chics. Cuatro estrellas.

Callaghan's Irish
Social Club COMIDA DE PUB $
(📞251-433-9374; www.callaghansirishsocialclub.com; 916 Charleston St; hamburguesas 7-9 US$; 🕑 11.00-23.00 lu-ju, hasta 24.00 vi y sa, 10.00-23.00 do) Este destartalado *pub*, en un edificio de los años veinte, era en otro tiempo un mercado de carne. Hoy sirve hamburguesas y cerveza fría. Suele haber música en directo.

🍺 Dónde beber y vida nocturna

OK Bicycle Shop BAR
(📞251-432-2453; 661 Dauphin St; 🕑11.00-3.00) Entrañable bar dedicado a las bicicletas. Tiene una fantástica zona al aire libre para las noches húmedas de Mobile.

MISISIPI

El estado que lleva el nombre del río más vital de Norteamérica abarca un contradictorio flujo de identidades. Misisipi alberga mansiones palaciegas y pobreza rural; torturadas llanuras algodoneras y frondosa campiña; arena dorada en la costa y apacibles tierras agrícolas en el norte. A menudo mitificado e incomprendido, es la cuna de una parte de la historia (y de la música) más cruda del país.

ℹ Cómo llegar y salir

Hay tres rutas principales que cruzan Misisipi. Las carreteras I-55 y US-61 van de norte a sur desde la frontera septentrional a la meridional. La US-61 cruza el delta y la I-55 entra y sale de Jackson. La preciosa Natchez Trace Pkwy atraviesa el estado en diagonal desde Tupelo hasta Natchez.

ℹ Información

Mississippi Division of Tourism Development (📞866-733-6477, 601-359-3297; www.visitmississippi.org) Ofrece un directorio de centros de visitantes y rutas temáticas, la mayoría de ellas bastante largas.

Mississippi Wildlife, Fisheries & Parks (📞800-467-2757; www.mississippistateparks.reserveamerica.com) Se puede acampar por entre 13 US$ (solo tienda) o 35 US$ (en la

EL SUR MOBILE

DATOS DE MISISIPI

Apodo Estado de la Magnolia

Población 3 millones

Superficie 125 433 km²

Capital Jackson (175 437 hab.)

Impuesto sobre ventas 7%

Hijos célebres La autora Eudora Welty (1909-2001), los músicos Robert Johnson (1911-1938), Muddy Waters (1913-1983), B. B. King (1925-2015) y Elvis Presley (1935-1977), el activista James Meredith (1933) y el marionetista Jim Henson (1936-1990)

Cuna del *blues*

Política Conservador

Famoso por los campos de algodón

Recuerdo más hortera Una fiambrera de Elvis en Tupelo

Distancias por carretera Jackson-Clarksdale, 301 km; Jackson-Ocean Springs, 283 km

playa), según las instalaciones; algunos parques alquilan cabañas.

Oxford

La ciudad universitaria más famosa del estado confirma y niega al mismo tiempo las ideas preconcebidas que circulan sobre ella. Sí, hay chicos de fraternidades bebiendo cerveza en camionetas, pero también doctorandos que debaten sobre teoría crítica y un animado panorama artístico. La cultura local gira en torno a The Square, llena de bares, restaurantes y tiendas, y de la regia Universidad de Misisipi (www.ole miss.edu), conocida como Ole Miss. El resto son tranquilas calles residenciales salpicadas de mansiones de estilo *antebellum* a la sombra de majestuosos robles.

Puntos de interés y actividades

El bonito Bailee's Woods Trail, de 1 km, conecta dos de los puntos de interés más populares de la ciudad: Rowan Oak y el Museo de la Universidad de Misisipi. The Grove, el arenoso corazón de Ole Miss (la universidad), suele ser un sitio tranquilo, salvo los sábados, cuando hay partido de fútbol americano y bulle con uno de los ambientes más festivos del deporte universitario estadounidense.

Rowan Oak EDIFICIO HISTÓRICO

(☎662-234-3284; www.rowanoak.com; Old Taylor Rd; adultos/niños 5 US$/gratis; ⏰10.00-16.00 ma-sa, 13.00-16.00 do, hasta 18.00 jun-ago) Casi un lugar de peregrinación, esta bonita mansión de la década de 1840 fue el hogar de William Faulkner, uno de los mejores escritores del s. xx. Autor de brillantes y densas novelas ambientadas en Misisipi, su obra se conmemora en la ciudad con una conferencia anual cada mes de julio. Los circuitos por la Rowan Oak, donde Faulkner vivió desde 1930 hasta su muerte en 1962, son autoguiados.

University of Mississippi Museum MUSEO

(www.museum.olemiss.edu; University Ave at 5th St; entrada 5 US$; ⏰10.00-18.00 ma-sa) Alberga obras de arte popular y una plétora de maravillas científicas, incluido un microscopio y un electroimán del s. xix.

Dónde dormir y comer

Los alojamientos más económicos son establecimientos de cadenas en las afueras de la ciudad. En The Square hay varios restaurantes de calidad.

5 Twelve B&B $$

(☎662-234-8043; www.the5twelve.com; 512 Van Buren Ave; h 140-200 US$, estudio 200-250 US$; 🅿❄🛜) Tiene seis habitaciones, un exterior de estilo *antebellum* y un interior moderno (camas TempurPedic y TV de pantalla plana). Los precios incluyen un desayuno sureño. Está a pocos pasos de las tiendas y los restaurantes, y los anfitriones dispensan un trato muy familiar.

Taylor Grocery PESCADO $$

(www.taylorgrocery.com; 4 County Rd 338A; platos 9-15 US$; ⏰17.00-22.00 ju-sa, hasta 21.00 do) Hay que estar preparado para esperar (y para hacer cola en el aparcamiento) en este espléndido y rústico local que sirve bagre frito o a la parrilla (ambos riquísimos). Es buena idea llevar un rotulador para firmar en la pared. Está a 11 km del centro de Oxford, al sur por Old Taylor Rd.

Ravine ESTADOUNIDENSE $$$

(☎662-234-4555; www.oxfordravine.com; 53 County Rd 321; principales 19-32 US$; ⏰18.00-21.00 mi-ju, hasta 22.00 vi y sa, 10.30-14.00 y

8.00-21.00 do; 🐾) A casi 5 km de Oxford, junto a un bosque, se alza este restaurante sencillo, acogedor y con clase. El chef Joel Miller cultiva una buena parte de los ingredientes en su huerto y compra productos locales siempre que puede; el resultado es una comida maravillosa y una experiencia deliciosa.

City Grocery ESTADOUNIDENSE $$$

(📞662-232-8080; www.citygroceryonline.com; 152 Courthouse Sq; principales 26-32 US$; ⏰ 11.30-14.30 lu-sa, 18.00-22.00 lu-mi, hasta 22.30 ju-sa, 11.00-15.00 do) El chef John Currance, ganador de un premio James Beard, destaca en el panorama culinario de Oxford. Este es uno de sus mejores restaurantes; ofrece una carta de exquisiteces sureñas como el *risotto* de gachas y la entraña a la parrilla con manteca de cerdo. El bar del piso superior, decorado con arte popular local, es una delicia. Se recomienda reservar.

 Ocio

El último martes de mes, el cada vez más popular **Art Crawl** conecta las galerías de la ciudad con autobuses gratuitos. Se sirven abundantes tentempiés y vinos.

Proud Larry's MÚSICA EN DIRECTO

(📞662-236-0050; www.proudlarrys.com; 211 S Lamar Blvd; ⏰espectáculo 21.30) En The Square, este icónico local musical acoge buenas bandas y sirve buena comida de *pub* para almorzar y cenar antes de que se ilumine el escenario.

The Lyric MÚSICA EN DIRECTO

(📞662-234-5333; www.thelyricoxford.com; 1006 Van Buren St) Esta vieja casa de ladrillo, un local recogido con suelos de hormigón, vigas vistas y entresuelo, es el sitio ideal para ver a *rockeros* independientes y cantautores folk.

🔒 **De compras**

Square Books LIBROS

(📞662-236-2262; www.squarebooks.com; 160 Courthouse Sq; ⏰9.00-21.00 lu-ju, hasta 22.00 vi y sa, hasta 18.00 do) Una de las grandes librerías independientes del Sur, epicentro de la animada vida literaria de Oxford, además de una parada habitual para los autores de paso. En el piso superior hay un café, junto con una sección dedicada a Faulkner. Al lado, **Square Books Jr** ofrece literatura infantil y juvenil. **Off Square Books** (📞662-236-2828; 129 Courthouse Sq; ⏰9.00-21.00 lu-sa, 12.00-17.00 do) vende libros de segunda mano.

Delta del Misisipi

El delta, un territorio extenso y plano de campos de algodón silenciosos que se curvan bajo un sol severo, es un lugar de extremos. Aquí, una sociedad cuasi feudal de grandes mansiones y esclavos, de canciones de trabajo y amor, de culturas enfrentadas pero mezcladas dio lugar a la música popular contemporánea. Desde África, vía los

EL SUR DELTA DEL MISISIPI

LA MARCHA DE JAMES MEREDITH

El 1 de octubre de 1962, James Meredith y su asesor Medgar Evers, secretario de la Asociación Nacional para el Progreso de las Personas de Color (NAACP), cruzó una violenta horda de segregacionistas que le esperaba en el campus para convertirse en el primer estudiante afroamericano en matricularse en la Ole Miss, la Universidad de Misisipi. En teoría debía haberse matriculado 10 días antes, pero las protestas fueron tales que la administración Kennedy tuvo que reunir a 500 alguaciles federales y desplegar la Guardia Nacional para velar por su seguridad.

Evers fue asesinado y Meredith caminó por todo el estado para denunciar la violencia racial en Misisipi. Una parte de su correspondencia se expone en el **Center for Southern Culture** (📞662-915-5855; 1 Library Loop, Universidad de Misisipi, Oxford; ⏰ 8.00-21.00 lu-ju, hasta 16.00 vi, hasta 17.00 sa, 13.00-17.00 do; ♿) GRATIS, en la biblioteca del campus.

Meredith hizo carrera política, pero sus opiniones nunca fueron fáciles de clasificar. Fue un republicano militante, que se distanció del movimiento por los derechos civiles y siempre declaró que luchaba por sus derechos como individuo, y que no era abanderado de ningún movimiento. Ole Miss es una de las instituciones más prestigiosas del estado y cuando levantó la segregación, fue inevitable que el resto de Misisipi siguiera sus pasos.

'THACKER MOUNTAIN RADIO'

Si el viajero circula por una solitaria carretera secundaria de Misisipi o por un tramo de una interestatal un sábado a las 19.00, debe sintonizar el dial en la frecuencia de la emisora local NPR (www.mpbonline.org/programs/radio). Descubrirá el programa de variedades 'Thacker Mountain Radio', que programa a los mejores músicos de la región. Es una buena forma de conocer la cultura del estado. En otoño y primavera, los jueves a las 18.00, se puede ver cómo graban el programa en Off Square Books, en Oxford (129 Courthouse Sq).

campos de aparceros de la Hwy 61, el ritmo y el compás dieron a luz al *blues,* padre del *rock and roll.*

El turismo de esta región, todavía con los peores índices de pobreza rural del país, gira en torno al descubrimiento de las raíces de esta forma de arte típicamente americana, pero absolutamente universal.

Clarksdale

Clarksdale es el campo base más útil del delta. Está a un par de horas de todos los puntos de interés relacionados con el *blues* y los grandes *bluesmen* son visitantes habituales los fines de semana. Sin embargo, no deja de ser una ciudad pobre; es alarmante ver cuantos negocios tiene seguridad privada al caer la noche.

⊙ Puntos de interés

El **cruce** de las carreteras 61 y 49 es, supuestamente, el lugar donde el gran Robert Johnson hizo su pacto con el diablo, inmortalizado en su tema "Cross Road Blues". Ahora, todo el oscuro misticismo del lugar ha dado paso a una hortera escultura. En cualquier caso, pocos historiadores coinciden en cuál es el cruce que menciona Johnson en la canción, si es que era real.

Delta Blues Museum   MUSEO
(☎662-627-6820; www.deltabluesmuseum.org; 1 Blues Alley; adultos/sénior y estudiantes 7/5 US$; ⊙9.00-17.00 lu-sa mar-oct, desde 10.00 nov-feb) Expone una breve pero muy cuidada colección de recuerdos de una de las leyendas del delta, el gran Muddy Waters, incluida la cabaña donde creció. La oferta se completa

con exposiciones de arte local y una tienda de recuerdos. De vez en cuando hay música en directo los viernes por la noche.

Rock & Blues
Heritage Museum   MUSEO
(☎901-605-8662; www.blues2rock.com; 113 E Second St; entrada 5 US$; ⊙11.00-17.00 ma-sa) Un jovial inmigrante holandés fan del *blues* ha convertido su inmensa colección personal de discos, recuerdos y objetos en un mágico museo que sigue las raíces del *blues* y el *rock* desde los años veinte a los setenta.

✸ Fiestas y celebraciones

Juke Joint Festival   MÚSICA
(www.jukejointfestival.com; entradas 15 US$; ⊙ abr) Un festival de tres días con más de 120 actos en locales de Clarksdale y alrededores.

Sunflower River Blues
& Gospel Festival   MÚSICA
(www.sunflowerfest.org; ⊙ago) Atrae a estrellas más famosas que el Juke Joint Festival, y tiene un fuerte componente góspel.

🛏 Dónde dormir y comer

Riverside Hotel   HOTEL HISTÓRICO $
(☎662-624-9163; ratfrankblues@yahoo.com; 615 Sunflower Ave; h con/sin baño 75/65 US$; ❀) Que su exterior raído no engañe a nadie: este hotel, pura historia del *blues* (Bessie Smith murió en él cuando era un hospital, y un montón de estrellas *bluesmen,* desde Sonny Boy Williamson II a Robert Nighthawk, se han alojado en él) ofrece habitaciones limpias y simpatía sincera. Lo regenta una familia desde 1944, cuando era el hotel para negros de la ciudad. El hijo del propietario original, Rat, cautiva al cliente con sus historias y hospitalidad.

Shack Up Inn   HOSTAL $
(☎662-624-8329; www.shackupinn.com; 001 Commisary Circle; Hwy 49; d 75-165 US$; ⊡❀🛜) En la plantación Hopson, este local que promete "cama y cerveza" ofrece cabañas de aparceros reformadas o habitaciones en la antigua desmotadora, reformada con originalidad. Las cabañas tienen porches cubiertos y están decoradas con muebles antiguos e instrumentos musicales. Sin embargo, el servicio puede ser descuidado.

Larry's Hot Tamales   ESTADOUNIDENSE $
(☎662-592-4245; 947 Sunflower Ave; principales 4-12 US$; ⊙11.00-23.00 lu-sa) La carta es breve, pero la oferta resulta divina: tamales

calientes del delta y deliciosas costillas. Y a buen precio.

Yazoo Pass
CAFÉ **$$**

(☎662-627-8686; www.yazoopass.com; 207 Yazoo Ave; principales almuerzo 6-10 US$, cena 13-26 US$; ⏰7.00-21.00 lu-sa; 📶) Un espacio moderno para disfruta de bollos y cruasanes recién hechos por la mañana; de ensaladas, sándwiches y sopas en el almuerzo; y de atún marcado, *filet mignon,* hamburguesas y pasta a la hora de cenar.

☆ Ocio

Red's
BLUES

(☎662-627-3166; 395 Sunflower Ave; entrada 7-10 US$; ⏰conciertos 21.00 vi y sa) El mejor local de Clarksdale, con luces de neón rojas, techo de plástico y ambiente ajado; el sitio ideal para escuchar el lamento de los *bluesmen.* Red regenta el bar, programa los conciertos y sirve cerveza fría.

Ground Zero
BLUES

(☎662-621-9009; www.groundzerobluesclub.com; 0 Blues Alley; ⏰11.00-14.00 lu y ma, hasta 23.00 mi y ju, hasta 2.00 vi y sa) Para escuchar *blues* en un entorno más cuidado, este local de Morgan Freeman es un espacio amplio y acogedor, con una pista de baile rodeada de mesas. Las bandas tocan de miércoles a sábado, y hay buena comida.

🛍 De compras

Cat Head Delta
Blues & Folk Art
ARTESANÍA

(☎662-624-5992; www.cathead.biz; 252 Delta Ave; ⏰10.00-17.00 lu-sa) El simpático Roger Stolle regenta esta gran y pintoresca tienda de *blues.* Los estantes están llenos de libros, tazas, arte local y discos de *blues.* Stolle parece conocer a todo el mundo en el delta, y sabe cuándo y dónde tocan las principales bandas.

Alrededores de Clarksdale

En la Hwy 49, **Tutwiler** es el lugar donde el *blues* comenzó su transformación de tradición oral a forma de arte popular. Aquí, W. C. Handy, conocido como "el padre del *blues",* escuchó por primera vez, en 1903, a un aparcero cantar su lamento de 12 compases mientras los dos esperaban un tren. Aquel encuentro se inmortalizó con un mural en **Tutwiler Tracks** (cerca de Hwy 49; 📶).

Al este de Greenville, la Hwy 82 sale del delta. El **Hwy 61 Blues Museum** (☎662-686-7646; www.highway61blues.com; 307 N Broad St; ⏰10.00-17.00 lu-sa), al comienzo de la ruta conocida como **Blues Highway,** tiene seis salas en las que se venera a los principales *bluesmen* locales del delta. Leland alberga el **Highway 61 Blues Festival** a finales de septiembre o principios de octubre. La **Hwy 61** es una carretera legendaria, que cruza un territorio de llanuras, campos de cultivo, sombrías zonas industriales, iglesias pequeñas y cementerios destartalados que parece no tener fin.

Es buena idea parar en la pequeña ciudad de **Indianola** para visitar el moderno **BB King Museum and Delta Interpretive Center** (☎662-887-9539; www.bbkingmuseum. org; 400 Second St; adultos/estudiantes/niños 15/5 US$/gratis; ⏰10.00-17.00 ma-sa, 12.00-17.00 do-lu, cerrado lu nov-mar), dedicado al legendario *bluesman* y a la historia de la vida en el delta. Es el mejor museo de toda la región, dotado de atracciones interactivas, vídeos y una sorprendente serie de objetos que narran con acierto la historia y el legado del *blues,* a la vez que iluminan el alma del delta.

Vicksburg

La encantadora Vicksburg se halla sobre un promontorio elevado con vistas al río Misisipi. Durante la Guerra de Secesión, el general Ulysses S. Grant asedió la ciudad durante 47 días, hasta su rendición el 4 de julio de 1863, cuando la Unión impuso su dominio sobre el mayor río de EE UU.

◉ Puntos de interés

Los principales puntos de interés son fácilmente accesibles desde la salida 4B (Clay St) de la I-20. El cautivador centro histórico se extiende a lo largo de varias manzanas adoquinadas de Washington St. Junto al agua se extiende una manzana llena de murales que narran la historia de la zona y un **parque artístico infantil.**

Vicksburg National
Military Park
CAMPO DE BATALLA

(☎601-636-0583; www.nps.gov/vick; Clay St; automóvil/persona 8/4 US$; ⏰8.00-17.00; 📶) 🏞 Vicksburg controlaba el acceso al río Misisipi, y su asedio fue uno de los puntos de inflexión de la Guerra de Secesión. Un circuito en coche de 26 km pasa por puntos históricos que explican los escenarios de la batalla y los sucesos clave del largo asedio de la ciudad. Es buena idea dedicarle al menos 90 min. También se puede recorrer en bicicleta. Los lugareños usan el parque para pasear y salir a correr.

Lower Mississippi River Museum
MUSEO

(☏601-638-9900; www.lmrm.org; 910 Washington St; ☉9.00-16.00 mi-sa; 🚹) 🅿 GRATIS El orgullo del centro de Vicksburg. Este interesante museo está dedicado a temas como las famosas inundaciones de 1927 y al Cuerpo de Ingenieros del Ejército de EE UU, quienes trabajaron en el río desde el s. XVIII. A los niños les encantará el acuario y subir al barco de investigación M/V *Mississippi IV,* en dique seco.

🛏 Dónde dormir y comer

Corners Mansion
B&B $$

(☏601-636-7421; www.thecorners.com; 601 Klein St; h 125-170 US$; 🅿❄️) Lo mejor de esta casa de 1873, que parece una tarta de boda, son sus vistas a los ríos Yazoo y Misisipi desde el columpio del porche. Los jardines y el desayuno sureño tampoco están mal.

Walnut Hills
SUREÑA $$

(☏601-638-4910; www.walnuthillsms.net; 1214 Adams St; principales 8-25 US$; ☉11.00-21.00 lu-sa, 11.00-14.00 do) Una experiencia culinaria con la que viajar en el tiempo; comida sureña y costillas en un ambiente familiar.

🍺 Dónde beber y vida nocturna

★ Highway 61 Coffeehouse
CAFÉ

(☏601-638-9221; www.61coffee.blogspot.com; 1101 Washington St; ☉7.00-17.00 lu-vi, desde 9.00 sa; 📶) 🅿 Este sorprendente café ofrece música en directo los sábados por la tarde, sirve café de comercio justo y es un epicentro artístico muy dinámico, con lecturas de poesía y otras actividades.

Jackson

En la capital de Misisipi, la mayor ciudad del estado, se mezclan elegantes zonas residenciales con áreas deterioradas, salpicadas por el sorprendente entorno artístico *hipster* de Fondren District. Hay unos cuantos bares correctos, buenos restaurantes y mucho amor por la buena música. Es fácil pasarlo bien en Jackson.

👁 Puntos de interés

Mississippi Museum of Art
GALERÍA

(☏601-960-1515; www.msmuseumart.org; 380 South Lamar St; exposiciones especiales 5-12 US$; ☉10.00-17.00 ma-sa, 12.00-17.00 do) GRATIS De visita obligada, tanto la colección de arte del Misisipi como la exposición permanente, titulada *The Mississippi Story,* son excelentes. Tiene un entorno muy bien cuidado, con jardines.

Old Capitol Museum
MUSEO

(www.mdah.state.ms.us/museum; 100 State St; ☉9.00-17.00 ma-sa, 13.00-17.00 do) GRATIS El edificio del capitolio estatal, de estilo neogriego, en activo de 1839 a 1903, alberga hoy el museo de historia de Misisipi, lleno de documentos y exposiciones. El visitante descubrirá que la secesión no fue unánime y cómo la reconstrucción trajo consigo algunos de los "códigos negros" presegregacionistas más duros del Sur.

Eudora Welty House
EDIFICIO HISTÓRICO

(☏601-353-7762; www.eudorawelty.org; 1119 Pinehurst St; adultos/estudiantes/niños 5/3 US$/gratis; ☉circuitos 9.00, 11.00, 13.00 y 15.00 ma-vi) Los fans de la literatura querrán reservar el circuito por la casa de estilo neotudor de la ganadora del premio Pulitzer, en la cual vivió durante más de 75 años. Hoy es un edificio histórico conservado con todo lujo de detalles. Es gratuito el día 13 de cada mes, si no es festivo.

Smith Robertson Museum
MUSEO

(☏601-960-1457; www.jacksonms.gov; 528 Bloom St; adultos/niños 4,50/1,50 US$; ☉9.00-17.00 lu-vi, 10.00-13.00 sa) Situado en la primera escuela pública para niños afroamericanos de Misisipi, es el *alma mater* de Richard Wright, autor, entre otras obras, de *Chico negro.* Profundiza y explica el dolor y la perseverancia del legado afroamericano en Misisipi, y en la propia y mordaz conciencia de raza de Wright, responsable de una gran parte de la producción literaria del movimiento por los derechos civiles.

Museum of Natural Science
MUSEO

(☏601-576-6000; www.mdwfp.com/museum; 2148 Riverside Dr; adultos/niños 6/4 US$; ☉8.00-17.00 lu-vi, desde 9.00 sa, desde 13.00 do; 🚹) 🅿 El Museo de Ciencias Naturales se esconde en el Bluff State Park de Lefleur. Alberga exposiciones de la flora y la fauna de Misisipi, y cuenta con acuarios, además de una réplica de un pantano y 4 km de senderos que atraviesan 121 Ha de belleza natural protegida.

🛏 Dónde dormir y comer

Fondren District es la zona artística y bohemia, con restaurantes y galerías de arte que llenan la calle comercial principal.

Old Capitol Inn HOTEL-BOUTIQUE **$$**
(☎601-359-9000; www.oldcapitolinn.com; 226 N State St; h/ste desde 99/145 US$; P❄@🛜🏊) Excelente, con 24 habitaciones y cerca de los museos y los restaurantes. El jardín de la azotea tiene un baño caliente. Incluye un desayuno sureño completo (y quesos y vino por la tarde), y las habitaciones son confortables y están bien amuebladas.

Big Apple Inn AMERICANA **$**
(☎601-354-4549; 509 N Farish St; principales 2 US$; ⏰7.30-21.00 ma-vi, desde 8.00 sa) Básicamente, tiene dos platos en la carta: sándwich caliente de salchicha y de oreja de cerdo, ambos son pequeños, se sirven enrollados y están deliciosos. El interior es caluroso, está abarrotado y deslucido, y el barrio que lo rodea se deteriora con rapidez, pero es un local muy auténtico, y la oreja de cerdo bien merece el largo trayecto.

High Noon Cafe VEGETARIANA **$**
(☎601-366-1513; www.rainbowcoop.org; 2807 Old Canton Rd; principales 7-10 US$; ⏰11.30-14.00 lu-vi; 🛜🌿) 🌿 Si se está cansado de comer carne y pescado, en este local vegetariano de la tienda de alimentación Rainbow Co-op de Fondren District sirven hamburguesas de remolacha, sándwiches *reubens* de setas portobello y otros platos saludables. También se pueden comprar productos ecológicos.

Saltine PESCADO **$$**
(☎601-982-2899; www.saltinerestaurant.com; 622 Duling Ave; principales 12-19 US$; ⏰11.00-22.00 lu-ju, hasta 23.00 vi y sa, hasta 21.00 do) Este local alegre cumple con la deliciosa tarea de implantar las ostras en el panorama culinario de Jackson. Las sirve de varias maneras: crudas, a la brasa, con salsa barbacoa blanca de Alabama o Nashville (muy picante). Se puede rebañar con el excelente pan de maíz y después, pedir trucha arcoíris a la parrilla.

Walker's Drive-In SUREÑA **$$$**
(☎601-982-2633; www.walkersdrivein.com; 3016 N State St; principales almuerzo 10-17 US$, cena 26-36 US$; ⏰11.00-14.00 lu-vi y desde 17.30 ma-sa) Esta obra maestra *retro* se ha restaurado con amor y se le ha infundido nuevo valor gastronómico sureño. Sirve sándwiches de gallineta a la parrilla, tiernas hamburguesas y *po'boys* de ostras a la parrilla, además de una excepcional ensalada de atún con chile, con calamares y algas especiados.

🍷 Dónde beber y ocio

Martin's BAR
(☎601-354-9712; www.martinslounge.net; 214 S State St; ⏰10.00-1.30 lu-sa, hasta 24.00 do) Este local a la vieja usanza es el típico sitio en el cual los camareros saben el teléfono de los clientes habituales para llamar a sus casas si se duermen en los taburetes. Atrae a una clientela heterogénea, trabajadores, buscavidas y abogados que parecen salidos de una novela de John Grisham. Los fines de semana hay música en directo y karaoke.

Sneaky Beans CAFÉ
(☎601-487-6349; www.sneakybeans.tumblr.com; 2914 N State St; ⏰7.00-21.30 lu-vi, desde 7.30 sa) Café con buena conexión wifi, obras de arte originales y una bonita librería.

The Apothecary at Brent's Drugs BAR DE CÓCTELES
(www.apothecaryjackson.com; 655 Duling Ave; ⏰17.00-1.00 ma-ju, hasta 2.00 vi y sa) Oculto tras una fuente de soda de los años cincuenta, es un bar de cócteles de principios del s. XXI, con camareros con gafas de pasta, clientes tatuados y una selecta carta de bebidas preparadas con maestría.

F Jones Corner BLUES
(☎601-983-1148; www.fjonescorner.com; 303 N Farish St; ⏰11.00-14.00 ma-vi, 22.00-madrugada ju-sa) Gente de todo tipo acude a este sencillo local de Farish St cuando todos los demás cierran. Acoge a auténticos músicos del delta que tocan hasta el amanecer.

Hal & Mal's MÚSICA EN DIRECTO
(☎601-948-0888; www.halandmals.com; 200 Commerce St) Un excelente local de tamaño medio. La visibilidad es genial, nunca está demasiado lleno ni es demasiado caro, el servicio de bar es rápido y la programación es excelente, con bandas que honran la subestimada aportación de Jackson a la música *funky*.

ℹ Información

Centro de visitantes (☎601-960-1891; www.visitjackson.com; 111 E Capitol St, Suite 102;

LA NATCHEZ TRACE

Si se viaja por Misisipi en automóvil es recomendable planificar al menos una parte del viaje por una de las carreteras más antiguas de Norteamérica: la Natchez Trace. Sus 715 km siguen una cresta de montaña que los animales prehistóricos usaban como ruta de pasto; posteriormente, el área por la que transitaban aquellos animales se convirtió en sendero y en ruta comercial de las tribus americanas; y esa ruta pasó a ser la Natchez Trace, una de las grandes carreteras hacia el joven Oeste de los jóvenes EE UU, a menudo plagada de bandidos.

En 1938, los 715 km de la Trace, de Pasquo, Tennesse, al suroeste, hasta Natchez, Misisipi, se convirtieron en la Natchez Trace Parkway (☏662-680-4025, 800-305-7417; www.nps.gov/natr; ☻) ✦, protegida federalmente y administrada por el Servicio de Parques. Es una carretera panorámica preciosa, que cruza bosques espesos y oscuros, humedales, campiña y largos tramos de terrenos agrícolas. Hay más de 50 accesos a la autovía y un útil centro de visitantes (☏662-680-4027, 800-305-7417; www.nps.gov/natr; Mile 266, Natchez Trace Pkwy; ☻8.00-17.00, cerrado Navidad; ♿☻) en las afueras de Tupelo.

☻8.00-17.00 lu-vi) oficina oficial de turismo que ofrece todo tipo de información gratuita.

❶ Cómo llegar y salir

En el cruce de las carreteras I-20 e I-55, es fácil entrar y salir de Jackson. Su **aeropuerto internacional** (JAN; ☏601-939-5631; www.jmaa.com; 100 International Dr) está 16 km al este del centro. Los autobuses de **Greyhound** (☏601-353-6342; www.greyhound.com; 300 W Capitol St) van a Birmingham (Alabama), Memphis (Tennesse) y Nueva OrleAns (Luisiana). El tren *City of New Orleans* de Amtrak para en la estación.

Natchez

Unas 668 mansiones de estilo *antebellum* pueblan el asentamiento más antiguo del río Misisipi (dos años anterior a Nueva Orleans). Natchez es también el final (o el inicio) de la panorámica Natchez Trace Pkwy, de 715 km, la joya ciclista y recreativa del estado. En las afueras de la ciudad, a lo largo de la Trace, se halla Emerald Mound (☏800-305-7417; www.nps.gov/natr; Mile 10.3, Natchez Trace Pkwy; ☻amanecer-anochecer; ♿☻), las ruinas cubiertas de hierba de una ciudad precolombina.

El centro de visitantes (☏800-647-6724; www.visitnatchez.org; 640 S Canal St; circuitos adultos/niños 12/8 US$; ☻8.30-17.00 lu-sa, 9.00-16.00 do; ♿) está muy bien organizado. Los circuitos del centro histórico y de las mansiones *antebellum* parten de aquí. En primavera y otoño las mansiones locales se abren al público.

🛏 Dónde dormir y comer

Mark Twain Guesthouse PENSIÓN $
(☏601-446-8023; www.underthehillssaloon.com; 33 Silver St; h sin baño 65-85 US$; ✱☻) Mark Twain solía hospedarse en la habitación nº 1, sobre el bar del actual Under the Hill Saloon (☏601-446-8023; www.underthehillssaloon.com; 25 Silver St; ☻9.00-madrugada) cuando era piloto de barcos fluviales y pasaba por la ciudad. Hay solo tres habitaciones, que comparten baño y lavandería. La recepción está en el *saloon*.

Historic Oak Hill Inn HOSTAL $$
(☏601-446-2500; www.historicoakhill.com; 409 S Rankin St; h desde 135 US$, desayuno incl.; ℗✱☻) Alojarse en este B&B clásico de Natchez permite descubrir cómo era la vida aristocrática antes de la guerra, de los muebles de época a la porcelana. Un personal encantador y dinámico hace que la experiencia sea impecable.

Magnolia Grill ESTADOUNIDENSE $$
(☏601-446-7670; www.magnoliagrill.com; 49 Silver St; principales 13-20 US$; ☻11.00-21.00, hasta 22.00 vi y sa; ♿) Junto al río, este atractivo local de madera con vigas vistas y patio es un buen sitio para comer un *po'boy* de filete de cerdo o una ensalada de espinaca con cangrejos de río fritos.

Cotton Alley CAFÉ $$
(☏601-442-7452; www.cottonalleycafe.com; 208 Main St; principales 10-20 US$; ☻11.00-14.00 y 17.30-21.00 lu-sa) El bonito comedor encalado está lleno de cachivaches y detalles artísticos, y la carta rebosa sabores locales. Hay

sándwich de pollo a la parrilla con tostadas de Tejas o pasta *jambalaya,* una rica ensalada César de pollo y ensalada de salmón a la parrilla.

Costa del golfo

La costa del golfo de Misisipi está formada por una larga serie de dunas bajas barridas por el viento, zonas de avena de mar *(Uniola paniculata),* galerías de arte junto a la bahía y casinos concentrados alrededor de Biloxi. Es una zona de retiro popular entre familias y militares; varias bases importantes pueblan la costa, de Florida a Tejas.

El encanto de Bay St Louis atrae a funcionarios federales, incluidos científicos destinados al Stennis Space Center, cerca de la frontera con Luisiana; dicha presencia aporta más progresismo a la ciudad del que cabe esperar en Misisipi. Academias de yoga, tiendas de antigüedades y galerías se concentran en Main St. El Starfish Cafe (☎228-229-3503; www.starfishcafebsl.com; 211 Main St; principales 8-12 US$; ☉11.00-14.00 ma-sa, 17.00-20.00 lu y ma; 🖉🚻) ✆ ofrece formación laboral a los jóvenes de la zona, apuesta por los ingredientes sostenibles y sirve buena comida sureña con un toque cosmopolita: tacos de pescado, tofu rebozado con *panko* y gambas del golfo a la plancha.

Ocean Springs sigue siendo un refugio apacible, con una flotilla de barcos de pesca de gambas amarrados en el puerto junto a yates de lujo, un centro histórico y una periferia de arena blanca del golfo. Su gran atractivo es el Walter Anderson Museum (☎228-872-3164; www.walterandersonmuseum. org; 510 Washington St; adultos/niños 10/5 US$; ☉9.30-16.30 lu-sa, desde 12.30 do; 🚻) ✆. Artista y amante de la naturaleza de la costa del golfo, Anderson sufrió una enfermedad mental que incentivó su existencia monástica y avivó la obra de su vida: aunar naturaleza y arte. Tras su muerte, se descubrió que la cabaña de playa donde vivía en Horn Island estaba llena de espectaculares murales, que pueden verse en el museo.

Los hoteles se alinean junto a la carretera a medida que uno se aproxima al centro. Se pude acampar en el Gulf Islands National Seashore Park (☎228-875-9057; www.nps. gov/guis; 3500 Park Rd, Ocean Springs, MS; entrada 3 US$/persona, *camping* 20-30 US$) ✆, a las afueras de la ciudad, con un centro de visitantes. Abundan las dunas de arena blanca con maleza y avena de mar, bañadas por las tranquilas aguas del golfo. Es uno de los últimos tramos de costa sureña sin urbanizar.

ARKANSAS

Montañosa bisagra entre el Medio Oeste y el Sur profundo, Arkansas es un tesoro a menudo subestimado, lleno de ríos bravos, valles frondosos y umbríos, afloramientos graníticos almenados y la escarpada columna de los Ozarks y los montes Ouachitas. El estado goza de excepcionales parques estatales y pequeñas carreteras vacías que atraviesan espesos bosques con vistas maravillosas y suaves prados donde pastan los caballos. Los pueblos de montaña oscilan entre el fundamentalismo cristiano, las comunas *hippies* y los bares de moteros, pero toda esta gente tan distinta comparte el amor por la sorprendente belleza natural de su estado.

❶ Información

Arkansas State Parks (☎888-287-2757; www. arkansasstateparks.com) La afamada red de parques de Arkansas cuenta con 52 parques, 30 de los cuales permiten la acampada (tiendas y autocaravanas, 12-55 US$, según las comodidades). Algunos ofrecen alojamiento en cabañas y *lodges*. Debido a su popularidad, las reservas de fines de semana y vacaciones requieren a menudo una estancia mínima de varios días.

Little Rock

Little Rock hace honor a su nombre: la cautivadora capital del estado es bastante pequeña. Pero es el centro de la vida urbana en Arkansas, y se ve bastante moderna. Entre los frondosos barrios residenciales hay bares de moda, restaurantes innovadores, un montón de senderos ciclistas y un ambiente tolerante. Aunque pequeña, está muy bien situada junto al río Arkansas, y como es propio de un estado con tanta belleza natural, uno siempre se siente como si estuviera a cuatro pasos de los exuberantes valles boscosos de la región.

◉ Puntos de interés

River Market (www.rivermarket.info; W Markham St y President Clinton Ave) es una zona de tiendas, galerías, restaurantes y *pubs* junto al río, ideal para pasear. Destaca el Butler Center (☎501-320-5790; www.butlercenter.org; 401 President Clinton Ave; ☉9.00-18.00 lu-sa) GRATIS, un instituto de investigación dedicado a la pro-

422

DATOS DE ARKANSAS

Apodo Estado Natural

Población 2,9 millones

Superficie 134 856 km²

Capital Little Rock (193 357 hab.)

Otras ciudades Fayetteville (78 690 hab.), Bentonville (40 167 hab.)

Impuesto sobre ventas 6,5%; más un 2% por tasas de visitante y locales

Hijos célebres El general Douglas MacArthur (1880-1964), Johnny Cash (1932-2003), el expresidente Bill Clinton (1946), el escritor John Grisham (1955) y el actor Billy Bob Thornton (1955)

Cuna de los supermercados Walmart

Política Es un estado eminentemente republicano

Famoso por los cánticos y gritos de los aficionados al equipo de fútbol americano de la Universidad de Arkansas: "Wooooooooooo, Pig! Sooie!"

Instrumento estatal El violín

Distancias por carretera Little Rock-Eureka Springs, 293 km; Eureka Springs-Mountain View, 198 km

moción del arte y la cultura del estado, con bonitas galerías repletas de obras de arte locales.

William J Clinton Presidential Center
BIBLIOTECA

(📞501-748-0419; www.clintonlibrary.gov; 1200 President Clinton Ave; adultos/estudiantes y séniors/niños 7/5/3 US$, con audioguía 10/8/6 US$; ⏰9.00-17.00 lu-sa, 13.00-17.00 do) 🅿 Alberga la mayor colección de archivos de la historia presidencial, con 80 millones de páginas de documentos y dos millones de fotografías (aunque no hay mucho material relacionado con las cuestiones escandalosas de su mandato). Se puede ver una réplica a escala del Despacho Oval, exposiciones sobre todas las etapas de la vida de Clinton y los obsequios de los dignatarios que le visitaron. El recinto está construido según estándares ecológicos.

Little Rock Central High School
ENCLAVE HISTÓRICO

(📞501-396-3001; www.nps.gov/chsc; 2125 Daisy Gatson Bates Dr; ⏰9.30-16.30) La atracción

más fascinante de Little Rock es el escenario de la crisis de la campaña en contra de la segregación de 1957, que cambió el país para siempre. Fue aquí donde a un grupo de estudiantes afroamericanos, conocidos como "los nueve de Little Rock", se les prohibió la entrada a la escuela, que era de blancos, a pesar de una ley unánime de la Corte Suprema de 1954 por la cual las escuelas públicas estaban obligadas a integrar a todos los alumnos.

Riverfront Park
PARQUE

(📞501-371-6848; LaHarpe Blvd) Al noroeste del centro, este parque urbano se extiende junto al río Arkansas y peatones y ciclistas lo disfrutan por igual. Es un perfecto ejemplo de la integración de una parte del paisaje (el río) en el entorno urbano. No hay que perderse el **Big Dam Bridge** (www.bigdambridge.com; 🚴), peatonal y ciclista, que conecta 27 km de senderos polivalentes que forman un circuito completo gracias a la reforma del **Clinton Presidential Park Bridge**.

Arkansas Arts Center
MUSEO

(📞501-372-4000; www.arkansasartscenter.org; 9th St y Commerce St; ⏰10.00-17.00 ma-sa, desde 11.00 do) GRATIS Este museo de arte de Little Rock ofrece excelentes exposiciones itinerantes y una colección permanente que incluye una selección impresionante de artesanía contemporánea, un grabado del naturalista John James Audubon y varias obras del puntillista Paul Signac.

🛏 Dónde dormir y comer

Mientras se redactaba esta guía se estaba reformando el **Firehouse Hostel** (📞501-476-0294; www.firehousehostel.org; 1201 Commerce St). Su próxima ubicación, en un precioso edificio de estilo Craftsman de 1917 que antaño era la estación de bomberos, es fantástica.

⭐ **Capital Hotel**
HOTEL-BOUTIQUE $$

(📞501-370-7062, 877-637-0037; www.capitalhotel.com; 111 W Markham St; h 190-220 US$; 🅿✹@🐾) Este antiguo banco de 1872, con una fachada de hierro forjado, un detalle arquitectónico en extinción, es el mejor hotel de Little Rock. Tiene un maravilloso entresuelo al aire libre ideal para tomar cócteles y un ambiente muy selecto, de copa y puro. Si el viajero quiere sentirse como un triunfador, este es su hotel.

Rosemont
B&B $$

(📞501-374-7456; www.rosemontoflittlerock.com; 515 W 15th St; h 105-145 US$; 🅿✹🐾) Granja restaurada de 1880 cerca de la mansión del gobernador. Rezuma encanto sureño por los cuatro costados. Sus propietarios han abierto una bucólica casita de campo histórica en las inmediaciones (desde 175 US$).

Ottenheimer Market Hall MERCADO $
(S Commerce St y S Rock St; ⊙7.00-18.00 lu-sa) Zona de restauración con puestos que sirven desayunos y almuerzos con buena relación calidad-precio. Hay de todo, desde fruta fresca y tartas a *sushi*, hamburguesas y barbacoas.

Big Orange AMERICANA $
(☎501-379-8715; www.bigorangeburger.com; 207 N University Ave; principales 9-13 US$; ⊙do-ju 11.00-22.00, hasta 23.00 vi y sa; ☑♿) Este local sirve sabrosas hamburguesa, desde las versiones clásicas con queso y trufa blanca para los más sibaritas, a las de *falafel* para los vegetarianos.

★ South on Main ESTADOUNIDENSE $$
(☎501-244-9660; www.southonmain.com; 1304 S Main St; principales 16-24 US$; ⊙11.00-14.30 lu-vi, 17.00-22.00 ma-sa, 10.00-14.00 do) Maravilloso lugar, proyecto gastronómico de *The Oxford American*, la influyente revista literaria trimestral del sur. Apuesta por la comida de la región con un brío y un dinamismo creativos y deliciosos, con platos como panqueques de farro o muslo de conejo envuelto en jamón. El bar es estupendo, y hay música en directo a menudo.

🍷 Dónde beber y ocio

Los divertidos *pubs* del barrio de River Market bullen de actividad cada noche.

White Water Tavern MÚSICA EN DIRECTO
(☎501-375-8400; www.whitewatertavern.com; 2500 W 7th St; ⊙12.00-2.00 lu-vi, 18.00-1.00 sa) Tiene un escenario pequeño, pero frecuentado por grandes estrellas, desde *rockeros* con solera a héroes del *country* alternativo, músicos de pop independiente o cantantes de *hip-hop*. Cuando no hay música, es un excelente *pub* de barrio.

❶ Cómo llegar y desplazarse

El **aeropuerto nacional Bill y Hillary Clinton** (LIT; ☎501-372-3439; www.lrn-airport.com; 1 Airport Dr) queda al este del centro. De la **estación de Greyhound** (☎501-372-3007; www.greyhound.com; 118 E Washington St), en North Little Rock, salen autobuses a Hot Springs

(1-2 h), Memphis (Tennesee, 2½ h) y Nueva Orleans (Luisiana, 18 h). Amtrak opera en la **Union Station** (☎501-372-6841; 1400 W Markham St). El **Central Arkansas Transit** (CAT; ☎501-375-6717; www.cat.org) se encarga de la red local de autobuses y del **River Rail Streetcar,** un tranvía que hace una ruta circular entre W Markham y President Clinton Ave (adultos/niños 1/0,50 US$).

Hot Springs

Hot Springs es una joya de montaña. Las aguas curativas que le dan nombre han atraído a todo el mundo, desde los primeros pobladores indios hasta fanáticos de la salud de principios del s. XX y a un puñado de líderes de organizaciones criminales de la nación. En su época dorada, los años treinta, era el epicentro del juego, el contrabando, la prostitución y la opulencia. Casas de baños restauradas con clase, que siguen ofreciendo tratamientos de *spa*, se alinean en Bathhouse Row tras grandes magnolios en el lado este de Central Ave.

👁 Puntos de interés y actividades

Un paseo cruza el parque alrededor de la colina por detrás de Bathhouse Row, donde los manantiales se mantienen intactos y una red de senderos recorre las montañas. Muchos de los antiguos baños se han convertido en galerías de arte afiliadas al Servicio de Parques Nacionales (NPS).

NPS Visitor Center MUSEO
(Fordyce Bath House; ☎501-620-6715; www.nps.gov/hosp; 369 Central Ave; ⊙9.00-17.00) En Bathhouse Row, en la casa de baños Fordyce, de 1915, este centro de visitantes y museo ofrece exposiciones sobre la historia del lugar, primero como zona de comercio libre de los indios americanos y después, como *spa*. Lo más fascinante son las instalaciones y los servicios de los primeros *spas* del s. XX; los vitrales y las estatuas griegas resultan opulentos, pero las paredes blancas desnudas y la terapia de electroshocks no inspiran tanto.

Hot Springs Mountain Tower ACTIVIDADES AL AIRE LIBRE
(401 Hot Springs Mountain Rd; adultos/niños 7/4 US$; ⊙9.00-17.00 nov-feb, hasta 18.00 mar-med may y Labor Day-oct, hasta 21.00 med may-Labor Day) En la cima de la Hot Springs Mountain,

MERECE LA PENA

EL DELTA DE ARKANSAS

Unos 190 km al este de Little Rock, a solo 32 km de Clarksdale, la Hwy 49 cruza el río Misisipi hasta el Delta de Arkansas. **Helena**, una ciudad que antaño fue próspera y ahora está en declive, con una fuerte tradición *bluesera* (Sonny Boy Williamson se hizo famoso aquí), cobra vida durante el anual **Arkansas Blues & Heritage Festival** (www.kingbiscuitfestival.com; entradas 45 US$; ☉oct), con conciertos de *blues* por todo el centro de la ciudad durante tres días a comienzos de octubre. El resto del año los fans del *blues* y de la historia pueden visitar el **Delta Cultural Center** (☎870-338-4350; www.deltaculturalcenter.com; 141 Cherry St; ☉9.00-17.00 ma-sa) `GRATIS`. El museo muestra todo tipo de recuerdos relacionados con los 12 compases, como las guitarras de Albert King y Sister Rosetta Tharpe o un pañuelo firmado por John Lee Hooker.

El programa radiofónico de *blues* más longevo del mundo, *King Biscuit Time*, se emite aquí (12.15 lu-vi) y otro, el *Delta Sounds* (13.00 lu-vi), a menudo cuenta con actuaciones en directo; ambos son producciones de la cadena KFFA AM-1360. Antes de irse de la ciudad hay que pasar por la maravillosa **Bubba's Blues Corner** (☎870-338-3501; 105 Cherry St, Helena, AR; ☉9.00-17.00 ma-sa; 🖥) a comprar discos de *blues*, como hizo Robert Plant en su visita.

La pobre ciudad ferroviaria de **McGehee** alberga el **WWII Japanese American Internment Museum** (☎870-222-9168; 100 South Railroad St; entrada 5 US$; ☉10.00-17.00 ma-sa). Durante la II Guerra Mundial, los nipoamericanos fueron expulsados de sus hogares, despojados de sus negocios y enviados a campos de concentración. Uno de aquellos campos se construyó en el delta, a las afueras de McGehee, y este museo se dedica a contar la historia de sus habitantes a través de objetos personales, obras de arte y una breve colección de testimonios.

esta torre de 66 m de altura ofrece vistas espectaculares de las montañas que la rodean, cubiertas de cornejo, nogal americano, roble y pino. En primavera y otoño es precioso.

Gangster Museum of America　　　　　　MUSEO
(☎501-318-1717; www.tgmoa.com; 510 Central Ave; adultos/niños 12 US$/gratis; ☉10.00-17.00 do-ju, hasta 18.00 vi y sa) Aquí se pueden conocer los pecaminosos días de gloria de la Ley Seca, cuando esta pequeña ciudad en medio de ninguna parte se convirtió en un centro de poder gracias a contrabandistas de Chicago como Capone y sus homólogos de Nueva York. Destacan las máquinas tragaperras originales y una metralleta. La visita es en circuitos guiados que salen a las horas y media.

Galaxy Connection　　　　　　MUSEO
(☎501-276-4432; www.thegalaxyconnection.com; 906 Hobson Ave; entrada 10 US$; ☉10.00-17.00 lu-sa, desde 12.00 do) Algo totalmente diferente: un museo dedicado a *Star Wars*. Un devoto de la saga galáctica construyó este fantástico templo *friki* por amor al arte, y aunque es un poco *amateur,* tiene suficiente parafernalia para impresionar a los fans, desde maniquís de Bobba Fett a escala real hasta un vestuario Jedi.

Buckstaff Bath House　　　　　　SPA
(☎501-623-2308; www.buckstaffbaths.com; 509 Central Ave; baños termales 33 US$, con masaje 71 US$; ☉8.00-11.45 y 13.30-15.00 lu-sa mar-nov, cerrado sa por la tarde dic-feb) El servicio de *spa* en Hot Springs nunca ha sido una experiencia delicada. El personal de este *spa* sigue azotando a los clientes en los baños, tratamientos y masajes como en los años treinta. Una maravilla.

🛏 Dónde dormir y comer

Los restaurantes se concentran a lo largo de la parte turística de Central Ave y ofrecen comida sencilla.

⭐**Alpine Inn**　　　　　　HOSTAL **$**
(☎501-624-9164; www.alpine-inn-hot-springs.com; 741 Park Ave/Hwy 7 N; h 65-95 US$; 🅿❋🕸🎧) Los simpáticos propietarios escoceses de este hostal, a 1,60 km de Bathhouse Row, han pasado años reformando un viejo motel y el resultado es excelente. Las habitaciones, impecables, incluyen nuevos TV de pantalla plana y camas de lujo.

Arlington Resort
Hotel & Spa   HOTEL HISTÓRICO **$**

(📞501-623-7771; www.arlingtonhotel.com; 239 Central Ave; i/d/ste desde 99/120/194 US$; 🅿❄🛜🏊) Imponente hotel histórico de Bathhouse Row, con referencias constantes a sus días de gloria, aunque ya le queden lejos. El gran vestíbulo bulle de actividad por la noche, a veces con música en directo. Tiene un *spa* y las habitaciones, aunque antiguas, están bien cuidadas. Las de las esquinas con vistas son una ganga.

Colonial
Pancake House   DINER **$**

(📞501-624-9273; 111 Central Ave; principales 6-10 US$; ⊙7.00-15.00; 🖐) Un clásico de Hot Springs, con reservados de color turquesa y detalles hogareños como colchas y tapetes. Sirve panqueques, tostadas (con pan de molde grueso) y gofres malteados o de alforfón con nueces pecanas. Para almorzar, hay hamburguesas y otros platos típicos de *diner*.

McClard's   BARBACOA **$$**

(📞501-623-9665; www.mcclards.com; 505 Albert Pike; principales 4-15 US$; ⊙11.00-20.00 ma-sa) Al suroeste del centro, es el local de barbacoa favorito de Bill Clinton cuando era niño. Sigue siendo muy popular por las costillas, las judías, el chile y los tamales. Está a las afueras del centro.

🍺 Dónde beber
y vida nocturna

Maxine's   BAR

(📞501-321-0909; www.maxineslive.com; 700 Central Ave; ⊙15.00-3.00 lu-vi, hasta 2.00 sa, 12.00-24.00 do) Un antiguo burdel reconvertido en sala de conciertos. Suelen actuar bandas de Austin.

Superior Bathhouse
Brewery & Distillery   CERVECERÍA

(📞501-624-2337; www.superiorbathhouse.com; 329 Central Ave; ⊙11.00-21.00, hasta 23.00 vi y sa) Sorprende que una ciudad tan activa, con excursionistas y *hipsters*, haya tardado tanto en tener una cervecería artesana. Esta elabora cervezas deliciosas, ideales para echar al traste cualquier plus saludable que el cuerpo haya adquirido en Hot Springs.

ℹ Cómo llegar y salir

Greyhound (📞501-623-5574; www.greyhound. com; 100 Broadway Tce) tiene autobuses a Little Rock (1½ h, 3 diarios).

Alrededores de Hot Springs

El agreste y bello **Ouachita National Forest** (📞501-321-5202; www.fs.usda.gov/ouachita; centro de bienvenida 100 Reserve St; ⊙8.00-16.30) está plagado de lagos y atrae a cazadores, pescadores, ciclistas de montaña y navegantes. Las pequeñas carreteras que atraviesan las montañas llevan hasta rincones ocultos y tienen vistas maravillosas. Dos carreteras panorámicas nacionales cruzan los montes Ouachita: la Arkansas Scenic Hwy 7 y la Talimena Scenic Byway, que van desde Arkansas a Oklahoma.

Valle del río Arkansas

El río Arkansas y sus afluentes forman un amplio valle, desde Oklahoma hasta Misisipi, al que la gente va a pescar, a remar en canoa y a acampar. Las cuidadas pistas del **Petit Jean State Park** (📞501-727-5441; www. petitjeanstatepark.com; 1285 Petit Jean Mountain Rd, Morrilton, AR; 🖐), al oeste de Morrilton, con bonitas vistas, pasan por una magnífica cascada de 29 m de altura y por románticas grutas a través de tupidos bosques. En el parque hay un rústico *lodge* de piedra, **cabañas** a buen precio (85-185 US$ por noche) y *campings*.

Otra reserva genial es la de **Mount Magazine** (📞479-963-8502; www.mountmagazines tatepark.com; 16878 Highway 309 S, Paris, AR; ⊙ 24 h), con 23 km de senderos que rodean el punto más alto de Arkansas. Los aficionados a las actividades al aire libre pueden disfrutar de la excelente oferta de ala delta, escalada en roca y excursiones.

La espectacular **Highway 23/Pig Trail Byway**, flanqueada por equináceas y lirios silvestres, sube por el **Ozark National Forest** hasta las montañas y es una excelente opción para llegar a Eureka Springs.

Meseta de Ozark

Extendiéndose desde el noroeste y el centro de Arkansas hasta Misuri, la **meseta de Ozark** (📞870-404-2741; www.ozarkmountainre gion.com), los Ozark, es una antigua cordillera densamente arbolada y muy erosionada por el tiempo. Las verdes montañas dan paso a campos brumosos y granjas, mientras que espectaculares formaciones cársticas rodean lagos brillantes, ríos y pequeñas carreteras secundarias. La región se siente orgullosa de su independencia y su identidad, construida tras múltiples generaciones de pobreza. Para conocerla más a fondo se puede leer *Los huesos del invierno*, de Daniel Woodrell.

Mountain View

Al este de la US 65 o a lo largo de la Hwy 5 hasta llegar a Mountain View, la curiosa mezcla de cristianismo y cultura *hippie*-folk da paso a una sencilla calidez de pueblo de montaña. El centro de información de visitantes (☎870-269-8068; www.yourplaceinthe mountains.com; 107 N Peabody Ave; ◉9.00-16.30 lu-sa) promueve la ciudad como "la capital mundial de la música folk", lo que resulta un poco exagerado, si bien la bonita arquitectura en gres del centro y las *hootenannies (jam sessions)* de folk, góspel y *bluegrass* se suceden en Court House Square (Washington St y Franklin St) y por toda la ciudad a todas horas, y en primavera toda la ciudad se convierte en escenario durante el Arkansas Folk Festival (www.yourplaceinthemountains. com/calendar/arkansas-folk-festival; ◉abr).

◉ Puntos de interés y actividades

Ozark Folk Center State Park PARQUE ESTATAL
(☎870-269-3851; www.ozarkfolkcenter.com; 1032 Park Ave; auditorio adultos/niños 12/7 US$; ◉10.00-17.00 ma-sa abr-nov) Al norte de la localidad, es su principal atracción cultural. Alberga demostraciones de artesanía, un jardín de hierbas tradicional y música en directo por las noches.

LocoRopes ACTIVIDADES AL AIRE LIBRE
(☎888-669-6717, 870-269-6566; www.locoropes. com; 1025 Park Ave; tirolina 7,50 US$; ◉10.00-17.00 mar 1-nov 30) Ofrece cursos de escalada y caída libre. Tiene un rocódromo y tres tirolinas.

Blanchard Springs
Caverns ACTIVIDADES AL AIRE LIBRE
(☎888-757-2246, 870-757-2211; www.blanchards prings.org; NF 54, Forest Rd, off Hwy 14; circuito Drip Stone adultos/niños 10/5 US$, circuito Wild Cave 75 US$; ◉10.30-16.30; ⊕) Estas espectaculares cuevas, 24 km al noroeste de Mountain View, fueron excavadas por un río subterráneo. Hay circuitos guiados que van desde sencillas rutas a sesiones de espeleología de 3-4 h.

🛏 Dónde dormir y comer

Wildflower B&B B&B $
(☎870-269-4383; www.wildflowerbb.com; 100 Washington; h 89-150 US$; ▣❋🖸) En Courtsquare, tiene un gran porche con balancines y arte popular decorado las paredes. La habitación del piso superior tiene una cama grande y un salón con TV. Lo mejor es reservar en línea.

Tommy's Famous
Pizza & BBQ PIZZERÍA, BARBACOA $
(☎870-269-3278; www.tommysfamous.com; Carpenter St esq. W Main St; *pizza* 7-26 US$, principales 7-13 US$; ◉desde 15.00) Lo dirige la cuadrilla más simpática de *hippies* de la región. La *pizza* barbacoa es una de sus especialidades. El afable propietario, un viejo *rockero* de Memphis, ofrece buenos conciertos, es divertido y solo exige dos cosas: sencillez y niños que no griten. El local cierra si la caja registradora no se abre en 1 h.

Pj's Rainbow Cafe AMERICANA $
(☎870-269-8633; 216 W Main St; principales 5,50-16 US$; ◉7.00-20.00 ma-sa, hasta 14.00 do; 🖋🖸) Sabrosa comida preparada con gusto, como filete de cerdo relleno de espinacas y trucha arcoíris de los ríos de la zona. Solo efectivo.

Eureka Springs

La localidad de Eureka Springs, casi en la esquina noroeste de Arkansas, está en un profundo valle lleno de edificios victorianos, calles maltrechas y una población muy tolerante (es uno de los pueblos más *gay-friendly* de los Ozarks), con una curiosa mezcla de políticos liberales, banderas arcoíris y bares de Harleys. Abunda la oferta excursionista, ciclista e hípica. Para más información sobre el turismo LGBTQ de la zona, puede visitarse Out In Eureka (www. gayeurekasprings.com).

El centro de visitantes (☎800-638-7352; www.eurekaspringschamber.com; 516 Village Circle, Hwy 62 E; ◉9.00-17.00) ofrece información sobre alojamiento, actividades, circuitos y atracciones locales como el Blues Festival (www.eurekaspringsblues.com; ◉jun).

◉ Puntos de interés y actividades

1886 Crescent Hotel EDIFICIO HISTÓRICO
(☎855-725-5720; www.crescent-hotel.com; 75 Prospect Ave) Construido en 1886, es un hotel de otra época. El vestíbulo, de madera oscura, está lleno de alfombras y tiene una

gran chimenea y pequeños detalles de la era del *jazz*. Está sobre una colina y es un sitio ideal para ir a tomar una copa y disfrutar de las vistas desde la azotea.

Thorncrown Chapel IGLESIA
(☎479-253-7401; www.thorncrown.com; 12968 Hwy 62 W; ⏲9.00-17.00 abr-nov, 11.00-16.00 mar y dic) Un magnífico santuario hecho de cristal, con una estructura de madera de 15 m que sujeta 425 ventanas. Está en el bosque, a las afueras del pueblo. Se recomienda dejar un donativo.

Lake Leatherwood City Park PARQUE
(☎479-253-7921; www.lakeleatherwoodcitypark.com; 1303 Co Rd 204) Amplio parque con 34 km de senderos de ciclismo y excursionismo que atraviesan boscosas montañas y rodean un lago de 34 Ha. Está a 5,6 km del centro y es la zona verde protegida más próxima a Eureka Springs.

★**Historic Loop** CIRCUITOS A PIE
Esta ruta circular de 5,6 km recorre el centro y los barrios residenciales que lo rodean, con más de 300 casas victorianas, todas preciosas y anteriores a 1910. La ruta se puede hacer con el Eureka Trolley o a pie si se está en forma (las calles son muy empinadas). En el centro de visitantes venden planos y los billetes del trolebús.

Eureka Trolley TROLEBÚS
(☎479-253-9572; www.eurekatrolley.org; 137 W Van Buren; pase diario adultos/niños 6/2 US$; ⏲10.00-18.00 do-vi, 9.00-20.00 sa may-oct, reducido nov-abr) Veterano servicio de paradas libres que recorre cuatro rutas por todo Eureka Springs. Cada trayecto dura entre 20 y 30 min, y ofrece una perspectiva distinta del pueblo. Más información sobre los horarios en la web o por teléfono.

Dónde dormir y comer

★**Treehouse Cottages** CASAS DE CAMPO $$
(☎479-253-8667; www.treehousecottages.com; 165 W Van Buren St; casas de campo 149-169 US$; P❄📶) Repartidas por 13 Ha de pinares, estas bonitas y amplias casas de campo son todo un hallazgo. Los baños tienen lindas baldosas, hay un *jacuzzi* con vistas a los árboles, balcón privado con parrilla, TV de pantalla plana y chimenea.

★**FRESH** ESTADOUNIDENSE MODERNA $
(☎479-253-9300; www.freshanddeliciousofeurekasprings.com; 179 N Main St; principales 7-13 US$; ⏲11.00-21.00 ju-sa y lu, hasta 19.00 do; 🖉) Bonito café especializado en cocina local, ricos pasteles y servicio poco convencional. Los sándwiches de jamón son deliciosos, y también hay opciones vegetarianas, desde ensaladas a pasta al pesto.

Oscar's SÁNDWICHES $
(☎479-981-1436; www.oscarseureka.com; 17 White St; principales 3-7,50 US$; ⏲9.00-15.00 ma-vi, desde 8.00 sa, desde 10.00 do; 🖉) Pequeño café con una carta breve pero impresionante: ensalada de pollo, nueces y arándanos; sándwiches de *prosciutto* y quiche fresca. Ofrece un tipo de cocina rica que sacia sin llenar en exceso (una rareza en el sur), servida en el corazón del barrio histórico de Eureka Springs.

Mud Street Café CAFÉ $$
(☎479-253-6732; www.mudstreetcafe.com; 22G S Main St; principales 9-13 US$; ⏲8.00-15.00 ju-lu) Platos sencillos y sabrosos, como sándwiches *gourmet*, enrollados y ensaladas. Su excelente café y los desayunos congregan a una clientela local muy fiel.

★**Stone House** ESTADOUNIDENSE MODERNA $$$
(☎479-363-6411; www.eurekastonehouse.com; 89 S Main St; platos de queso 25-47 US$; ⏲13.00-22.00 ju-do) Tiene todos los ingredientes de una cena perfecta: mucho vino; una carta especializada en quesos, panes, olivas, miel y charcutería; música en directo; y un bonito patio. Abre hasta las 22.00, lo más tarde que se puede cenar en el pueblo.

Dónde beber y ocio

Chelsea's Corner Cafe & Bar BAR
(☎479-253-8231; www.chelseascornercafe.com; 10 Mountain St; ⏲12.00-22.00 do-ju, hasta 24.00 vi y sa) Ofrece música en directo a menudo, que atrae a la típica combinación de *hippies* y moteros tan propia de Eureka Springs. La cocina es una de las pocas que siguen abiertas en el pueblo pasadas las 21.00. Incluso sirve *pizza* a domicilio.

Opera in the Ozarks ÓPERA
(☎479-253-8595; www.opera.org; 16311 Hwy 62 West; entradas desde 20 US$) Este aclamado programa de bellas artes mantiene la ópera viva en las montañas. Una cartelera muy completa y una sala en las afueras de la ciudad son el orgullo de Eureka Springs.

BENTONVILLE, ARKANSAS

En Bentonville nació el colmado original de Sam Walton que acabaría convirtiéndose en los supermercados Walmart, la empresa minorista y el empleador privado más grande del mundo. Aquí están su sede corporativa y las oficinas de sus distribuidores, y este antaño soñoliento pueblo de Arkansas se ha convertido en una pequeña ciudad.

Bentonville se ha expandido en un cinturón de barrios residenciales, pero tiene un centro muy agradable, lleno de pequeñas tiendas, algo un irónico, teniendo en cuenta que aquí nació una de las principales cadenas de supermercados de EE UU.

Destaca el moderno, enorme y polémico Crystal Bridges Museum of American Art (☑479-418-5700; www.crystalbridges.org; 600 Museum Way; ⊙11.00-18.00 lu y ju, hasta 21.00 mi y vi, 10.00-18.00 sa y do; P ♿) GRATIS, que se extiende a lo largo de una serie de estanques nutridos por arroyos de las montañas. Sus curvos pabellones, que albergan amplias colecciones de arte, están unidos entre sí por túneles de cristal que filtran el sol por todo el recinto. Las colecciones, de obras de arte estadounidense, son legado de Alice Walton. El museo ha recibido acusaciones de ser una tapadera para que la acaudalada familia desgrave impuestos. A pesar de ello, el lugar es impresionante y gratuito.

El museo se conecta con el centro de Bentonville por el Crystal Bridges Trail (www.crystalbridges.org/trails-and-grounds/trails) ✐, que serpentea entre esculturas y frondosos parques. En Bentonville, puede prescindirse del sobrevalorado Walmart Museum y optar por ir a comer a Tusk & Trotter (☑479-268-4494; www.tuskandtrotter.com; 110 SE A St; principales 13-28 US$; ⊙16.00-21.30 lu, 11.00-21.30 ma-ju, 11.00-23.00 vi, 10.00-23.00 sa, 10.00-21.00 do), que hará las delicias de los carnívoros. Un buen alojamiento es el 21c Museum Hotel (200 NE A St; h 179-205 US$), en el que, desde el vestíbulo hasta las habitaciones, parecen una extensión del Crystal Bridges.

Río Búfalo

Otra joya desconocida de Arkansas, y quizá la mejor de todas. Este río de 217 km fluye entre espectaculares acantilados a través de los bosques vírgenes de la meseta de Ozark. En su curso superior abundan las aguas bravas, mientras que la parte baja es más calmada y permite remar con calma. El Buffalo National River (☑870-741-5443; www.nps.gov/buff) tiene 10 *campings* y tres zonas naturales; a la más accesible se llega a través del centro de visitantes de Tyler Bend (☑870-439-2502; www.nps.gov/buff; 170 Ranger Rd, St Joe; ⊙8.30-16.30), 18 km al norte de Marshall por la Hwy 65, donde también se puede conseguir una lista de operadores autorizados para la práctica del *rafting* o de paseos en canoa, la mejor forma de ver el parque y sus colosales acantilados calcáreos. También se puede ir al Buffalo Outdoor Center (BOC; ☑800-221-5514; www.buffaloriver.com; esq. Hwys 43 y 74; kayak/canoa 55/62 US$ por día, tirolina 89 US$; ⊙8.00-18.00; ♿🐾) de Ponca, donde dan información y alquilan bonitas cabañas en el bosque.

LUISIANA

Luisiana tiene mucha historia: ya estaba habitada por varias culturas amerindias antes de que llegaran los europeos; fue explorada por primera vez por españoles, como Álvar Núñez Cabeza de Vaca o Hernando de Soto; luego fue colonia francesa y, más tarde, se cedió a la Corona española en 1763. A comienzos del s. XIX, volvió a manos galas y, poco después, en 1803, Napoleón la vendió a EE UU por 15 millones de dólares.

Luisiana es una región sureña de marjales, pantanos (los *bayou*) y caimanes que se disuelve en el golfo de México; un *patchwork* de tierras agrícolas y granjas; y toda su población está unida por un profundo e inquebrantable aprecio por las cosas buenas de la vida: la comida y la música. Nueva Orleans, su principal ciudad, vive y muere por ellas, y sus restaurantes y salas de conciertos no tienen rival, pero la alegría de vivir de este estado se halla por todos los rincones.

Historia

La zona baja del río Misisipi estuvo dominada por la cultura misisipiana hasta finales del s. XVII. Los españoles habían explorado la zona un siglo antes, pero no le habían prestado mucha atención ni establecido asentamiento alguno. Fueron los franceses establecidos en Canadá los que iniciaron la colonización. En 1682, René de La Salle puso su actual nombre a la región en honor a Luis XIV, el Rey Sol, y en 1699 se estableció el primer asentamiento europeo permanente, Fort Maurepas, actual Ocean Springs.

La tierra fue cambiando de manos entre Francia, España e Inglaterra. Con el *code noir* francés se conservó la esclavitud, pero con un mayor grado de libertad (y su propia cultura) que sus homólogos de la Norteamérica británica.

Finalmente, la zona pasó a manos estadounidenses en 1803, y Luisiana se convirtió en estado en 1812. La mezcla resultante de tradiciones angloamericanas, francesas y españolas, sumada a la influencia de las numerosas comunidades afroamericanas, dotó a Luisiana de una cultura única.

Tras la Guerra de Secesión, Luisiana fue readmitida en la Unión en 1868, y en los 30 años siguientes sufrió disputas políticas, estancamiento económico y una discriminación renovada contra los afroamericanos.

El huracán Katrina (2005) y el vertido de petróleo de BP en la costa del golfo de México (2010) causaron graves daños en la economía y las infraestructuras locales. Luisiana sigue siendo uno de los estados con peor renta per cápita y peores índices de educación.

ℹ Información

Hay 16 centros turísticos repartidos por el estado. También se puede contactar con la **oficina de turismo de Luisiana** (☏225-342-8100; www.louisianatravel.com).
Louisiana State Parks (☏877-226-7652; www. crt.state.la.us/louisiana-state-parks) Luisiana tiene 22 parques estatales con *campings* (libre/parcelas desde 14/20 US$). Algunos también ofrecen alojamiento tipo *lodge* y cabañas. Las reservas pueden cursarse en línea, por teléfono o presencialmente, si hay disponibilidad. Las tarifas de suben ligeramente de abril a septiembre.

Nueva Orleans

Eminentemente estadounidense, Nueva Orleans también está muy alejada de los estándares nacionales. Fundada por franceses y administrada por españoles y después otra vez por franceses, es, con sus cafés en las aceras y sus balcones de hierro, la ciudad más europea de EE UU; y, a la vez, con su *vodoun* (vudú), sus desfiles semanales *second line*, sus indios del Mardi Gras, su *jazz and brass* y su *gumno,* también es un lugar con reminiscencias afrocaribeñas.

Hoy Nueva Orleans está de celebración; tras las inundaciones y las tormentas, la ciudad se ha reconstruido y vive un momento de merecido descanso.

Tolerarlo todo y aprender de todo es la esencia de esta urbe. A partir de este ideal criollo (una mezcla de todas las influencias para crear algo nuevo) surgen el *jazz,* la nueva cocina de Luisiana, los narradores de *griots* africanos, los raperos de Seventh Ward y hasta Tennessee Williams; palacetes franceses a pocas manzanas de las mansiones de Foghorn Leghorn que crujen junto a los mirtos y las buganvilias; o las celebraciones del Mardi Gras que mezclan pa-

DATOS DE LUISIANA

Apodos Estado Bayou, Estado del Pelícano, Paraíso del Deportista

Población 4,6 millones

Superficie 134 273 km²

Capital Baton Rouge (229 426 hab.)

Otras ciudades Nueva Orleans (378 715 hab.)

Impuesto sobre ventas 4%, más tasas municipales y del condado

Hijos célebres El naturalista John James Audubon (1785-1851), el trompetista Louis Armstrong (1901-1971), el escritor Truman Capote (1924-1984), el músico Antoine 'Fats' Domino (1928) y la estrella del pop Britney Spears (1981)

Cuna del *jazz,* la salsa Tabasco, el chef Emeril Lagasse

Política Bastión republicano con una ciudad muy liberal: Nueva Orleans

Famoso por Los margaritas de autoservicio

Reptil estatal El caimán

Distancias por carretera Nueva Orleans-Lafayette, 220 km; Nueva Orleans-St Francisville, 180 km

EL SUR LUISIANA

Nueva Orleans

Willie Mae's Scotch House (40 m)

Carousel Gardens (3.3 km); City Park (3.3 km)

India House Hostel (1.1 km)

La Belle Esplanade (0.8 km); Degas House (0.9 km)

Red's Chinese (0.6 km)
BJ's (1.6 km)
Bywater Bed & Breakfast (0.4 km)
Port St
Joint (0.6 km)
Crescent Park (0.6 km)
Bacchanal (1.6 km)
Bywater (0.6 km)

St Roch Market (0.2 km)

FAUBOURG MARIGNY

THE TREMÉ

FRENCH QUARTER

Catedral de St Louis
Presbytère
Cabildo

Streets:
N Miro St, N Galvez St, N Johnson St, N Prieur St, N Roman St, N Derbigny St, N Claiborne Ave, N Robertson St, N Villere St, N Marais St, N Treme St, Trenne St, Henriette Delille St, N Rampart St, N Rampart St, Burgundy St, Dauphine St, Bourbon St, Royal St, Chartres St, Decatur St, N Peters St

Orleans Ave, Toulouse St, St Ann St, Dumaine St, St Philip St, Ursulines Ave, Governor Nicholls St, Barracks St, Esplanade Ave, Pauger St, Touro St, Frenchmen St, Elysian Fields Ave, Marigny St, Mandeville St

Franklin Ave
Washington St, Dauphine St
McShane Pl
Kerlerec St
N Peters St
Ursulines
Dumaine
Esplanade

St Louis Cemetery nº 2
Conti St
Bienville St
Iberville St
Canal St
Basin St
Crozat St
Treme St
Saratoga St
Elk Pl
University Pl
Baronne St
Canal St
St Charles Ave
Carondelet St
Bourbon St
Dauphine St
Burgundy St
St Louis St
Toulouse St
Wilkinson St
Toulouse St
Bienville St
Iberville St
Iberville St
Cleveland St
La Salle St
S Derbigny St
S Roman St
S Prieur St
Palmyra St
Tulane Ave
Gravier St
Perdido St
Twelve Mile Limit (2 km)
N Peters St
Bienville
Moonwalk
Woldenberg Park
Toulouse St
Wilkinson St
State St
Supreme Court

Delachaise St

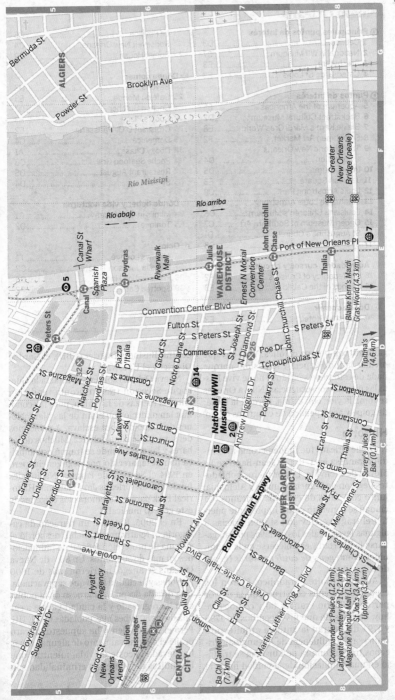

ALGIERS

Bermuda St

Brooklyn Ave

Powder St

Greater New Orleans Bridge (peaje)

Río Misisipi

Río arriba

Río abajo

Canal St Wharf

Canal St

Poydras

Spanish Plaza

5

Peters St

10

Riverwalk Mall

Julia

WAREHOUSE DISTRICT

Ernest N Morial Convention Center

John Churchill Chase

Port of New Orleans Pl

Chase St

John Churchill

Thalia

7

Blaine Kerr's Mardi Gras World (4,3 km)

Convention Center Blvd

Fulton St

S Peters St

S Diamond St

S Peters St

Girod St

Notre Dame St

Commerce St

St Joseph St

N Diamond St

26

Poe Dr

Tchoupitoulas St

Piazza D'Italia

Poydras St

Constance St

32

Natchez St

Magazine St

Camp St

Common St

14

Magazine St

Poeyfarre St

Tipitina's (4,6 km)

Annunciation St

31

National WWII Museum

Andrew Higgins Dr

Constance St

Erato St

Surrey's Juice Bar (0,1 km)

Gravier St

Union St

Perdido St

21

Lafayette Sq

Church St

Camp St

15

2

St Charles Ave

Carondelet St

Baronne St

Julia St

Lafayette St

O'Keefe St

S Rampart St

Loyola Ave

Howard Ave

Thalia St

Camp St

Prytania St

LOWER GARDEN DISTRICT

Melpomene St

Carondelet St

Thalia Ave

St Charles Ave

Hyatt Regency

Pontchartrain Expwy

Baronne St

Clio St

Erato St

Orange St

Oretha Castle Haley Blvd

Martin Luther King Jr Blvd

Commander's Palace (1,2 km); Lafayette Cemetery nº1 (1,2 km); Magazine Antique Mall (1,9 km); St Joe's (3,4 km); Uptown (3,2 km)

Poydras Ave

Sugarbowl Dr

Girod St

New Orleans Arena

Union Passenger Terminal

Julia St

Bolivar St

Simon St

CENTRAL CITY

Ba Chi Canteen (7,7 km)

Nueva Orleans

ganismo con pompa católica. Y no hay que olvidar la indulgencia y la pasión, porque nada de esto tiene sentido si no se vive hasta las últimas consecuencias. Nueva Orleans se toma la vida con calma, pero se la toma; de golpe y acompañada de cangrejos de río.

Historia

Nouvelle Orléans fue fundada como avanzadilla francesa en 1718 por Jean-Baptiste Le Moyne de Bienville. Los primeros pobladores llegaron de Francia, Canadá y Alemania, junto con miles de esclavos africanos. La ciudad se convirtió en un importante puerto del tráfico esclavista; si bien gracias a algunas leyes locales los esclavos podían ganarse la libertad y establecerse en la comunidad como *gens de couleur libres* (gente de color libre).

Aunque resulte paradójico, fueron los españoles quienes construyeron la mayor parte del Barrio Francés tal y como se ve hoy, después de que los incendios de 1788 y 1794 diezmaran la antigua arquitectura francesa. La influencia de los angloamericanos tras la compra de Luisiana se tradujo en una ampliación de la ciudad hacia el Central Business District (CBD), el Garden District y el Uptown.

Nueva Orleans sobrevivió intacta la Guerra de Secesión tras su pronta rendición ante las fuerzas de la Unión, pero la economía languideció con el fin de las plantaciones de mano de obra esclava. A principios del s. xx, fue la cuna del *jazz*. Muchos de los bares y las salas donde se fraguó esta música han desaparecido por negligencia, pero en 1994 el Servicio de Parques Nacionales fundó el New Orleans Jazz National Historical Park para conmemorar los orígenes de este género musical.

En el 2005, Katrina, un huracán de categoría 3, relativamente débil, desbordó el sistema de protección federal de inundaciones en más de 50 puntos. Un 80% de Nueva Orleans se anegó, murieron más de 1800 personas y la ciudad tuvo que ser evacuada. Una década después, el grueso de la población ha regresado y la ciudad vuelve a ser una de las 50 urbes más pobladas de EE UU. Pero el renacimiento ha supuesto un caro peaje: el aburguesamiento de algunas zonas ha elevado el coste de vida, mientras que los índices de pobreza y criminalidad son

NUEVA ORLEANS EN...

Dos días

El primer día se puede pasear por Jackson Sq y los museos del Barrio Francés. El **cabildo** y **Presbytère** están uno junto al otro y son buenos exponentes de la cultura de Luisiana, igual que la vecina **Historic New Orleans Collection**. Después, se puede dar una vuelta por la rivera del poderoso Misisipi.

Para comer se va al **Bayona**, la sede locávora de Susan Spicer, una leyenda en la ciudad; las copas se toman en **Tonique** y, si se quiere disfrutar de música en directo, habrá que ir a **Preservation Hall**.

Al día siguiente, la mañana invita a ir de compras por Magazine St y después, a caminar hacia el norte, pasar por el **Lafayette Cemetery Nº 1**, tomar una copa en **Commander's Palace** (☎504-899-8221; www.commanderspalace.com; 1403 Washington Ave, Garden Distric) y montar en el tranvía **St Charles Avenue Streetcar**. Y para terminar, una buena cena sureña en **Boucherie**.

Cuatro días

El tercer día se puede hacer un circuito en bicicleta por los barrios criollos con **Confederacy of Cruisers**. Es un trayecto muy sencillo y visita partes de Marigny y Baywater, pero si al viajero no le gusta pedalear, puede ir andando hasta Washington Sq Park y emparse del ambiente de Marigny.

Se puede cenar en **Bacchanal** y disfrutar de grandes vinos y quesos en su jardín musical. Y si apetece escuchar música, se puede ir a St Claude Ave, con ofertas que van de hip-hop a bounce o música mod de los sesenta. Para escuchar jazz y blues hay que ir a Frenchmen St.

Al día siguiente se puede explorar el Tremé en automóvil o bicicleta, sin perderse el **Backstreet Cultural Museum** ni el pollo frito de **Willie Mae's**.

Por Esplanade Ave se pueden admirar mansiones criollas a la sombra de grandes robles hasta llegar al **City Park** y al **New Orleans Museum of Art**.

atroces. El gran motor económico de Nueva Orleans sigue siendo el turismo.

⊙ Puntos de interés

⊙ Barrio Francés

Arquitectura elegante, de estilo colonial caribeño, jardines frondosos y balcones de hierro forjado componen la estética de este barrio, que también es el corazón turístico de Nueva Orleans. Bourbon St es el prototipo de todo ello, pero hay que ir más allá y conocer el resto del barrio. El Vieux Carré (Old Quarter; urbanizado en 1722) es el centro focal de una buena parte de la cultura de la ciudad, y en sus tranquilos callejones se respira un ambiente de tiempos pasados, revueltos y agitados por la *joie de vivre*.

★**Cabildo** MUSEO
(☎504-568-6968; http://louisianastatemuseum.org/museums/the-cabildo; 701 Chartres St; adultos/menores 12 años/estudiantes 6 US$/gratis/ 5 US$; ⊙10.00-14.30 ma-do, cerrado lu; 🖫) 🖉 La antigua sede de gobierno de la Luisiana colonial es hoy la puerta de entrada para explorar la historia del estado en general y la de Nueva Orleans en particular. También es un edificio magnífico en sí; el elegante cabildo combina elementos de arquitectura colonial española y de diseño urbano francés. La exposiciones muestran desde objetos amerindios a pasquines de "Se busca" de esclavos huidos y a una galería de retratos de probos ciudadanos hieráticos.

★**Presbytère** MUSEO
(☎504-568-6968; http://louisianastatemuseum.org/museums/the-presbytere; 751 Chartres St; adultos/estudiantes 6/5 US$; ⊙10.00-16.30 ma-do, cerrado lu; 🖫) 🖉 Este bonito edificio, diseñado en 1791 como rectoría de la catedral de St. Louis, es el museo del Mardi Gras de Nueva Orleans. Aquí se descubre que hay mucho más que desenfreno en la fiesta más famosa de la ciudad, o al menos los varios niveles de significado que hay tras ese

desenfreno. Es como una enciclopedia con material sobre las krewes, las sociedades secretas, los disfraces y las historias raciales de los tapices del Mardi Gras, todo muy bien presentado y fácil de entender.

Jackson Square PLAZA, PLAZA

(Decatur St y St Peter St) Salpicada de vagos, dibujantes, adivinos y artistas callejeros, y llena de edificios y tiendas que parecen salir de una fantasía parisina, Jakson Sq es una de las grandes plazas de América y el corazón del Quarter. Los Pontalba Buildings, idénticos y de una manzana de largo, dominan la escena, y los edificios casi idénticos del cabildo y el Presbytère flanquean la impresionante catedral de St. Louis, que preside la plaza. En medio del parque se alza el monumento a Jackson, una estatua ecuestre de bronce del héroe de la batalla de Nueva Orleans, Andrew Jackson, inaugurada en 1856 y obra de Clark Mills.

The Historic New Orleans Collection MUSEO

(THNOC; ☏504-523-4662; www.hnoc.org; 533 Royal St; gratis, circuitos 5 US$; ◷9.30-16.30 ma-sa, desde 10.30 do) Varios edificios restaurados con exquisitez albergan exposiciones muy cuidadas, con énfasis en material de archivo, como los documentos originales de la compra de Luisiana. Hay circuitos diferentes sobre arquitectura e historia a las 10.00, 11.00, 14.00 y 15.00. El primero de ellos es el más interesante.

◉ El Tremé

Es el barrio afroamericano más antiguo de la ciudad y tiene muchísima historia. La frondosa Esplanade Avenue, que bordea el barrio, está llena de antiguas mansiones criollas y es una de las calles más bonitas de la ciudad.

Backstreet Cultural Museum MUSEO

(☏504-522-4806; www.backstreetmuseum.org; 1116 Henriette Delille St/St Claude Ave, 8 US$/persona; ◷10.00-17.00 ma-sa) Los elegantes trajes indios del Mardi Gras, con todo lujo de detalles, centran la atención en este informativo museo que examina los elementos distintivos de la cultura afroamericana de Nueva Orleans. No es grande (ocupa la antigua Blandin's Funeral Home) pero si al viajero le interesa la antropología social, y en especial los rituales del Mardi Gras, los desfiles *second line* y los Social Aid & Pleasure Clubs (una suerte de cofradías de la comunidad negra), es buena idea visitarlo.

Louis Armstrong Park PARQUE

(701 N Rampart St; ◷8.00-18.00) La entrada de este gran parque debe de ser una de las más espectaculares de EE UU, con un llamativo arco. Alberga la Congo Sq original, además de una estatua de Louis Armstrong y un busto de Sidney Bechet. El Mahalia Jackson Theater (☏504-525-1052, taquilla 504-287-0350; www.mahaliajacksontheater.com; 1419 Basin St) programa ópera y producciones de Broadway.

St Louis Cemetery Nº 1 CEMENTERIO

(www.noladeadspace.com; 1300 St Louis St; acceso solo con circuito; ◷9.00-15.00 lu-sa, hasta 12.00 do; ♿) En este cementerio reposan los restos de la mayoría de los primeros criollos. El bajo nivel freático de la zona obliga a que las tumbas estén por encima del nivel del suelo. Aquí se halla la supuesta tumba de Marie Laveau, la reina del vudú. En el 2015, como respuesta al vandalismo continuo, las visitas al cementerio se limitaron a los

---

CIRCUITO POR LOS PANTANOS

Es muy recomendable visitar la Barataria Preserve (☏504-689-3690; www.nps.gov/jela/barataria-preserve.htm; 6588 Barataria Blvd, Crown Point; ◷centro de visitantes 9.00-17.00) GRATIS. Los circuitos en barco por el pantano pueden organizarse en Nueva Orleans; hay varios operadores en Decatur St, en el Barrio Francés. Otra opción es Louisiana Lost Land Tours (☏504-400-5920; http://lostlandstours.org; circuitos desde 90 US$), que organiza maravillosos circuitos en kayak por los marjales y un circuito en lancha por la bahía de Barataria. Las excursiones se centran en la pérdida de tierras y en la fauna amenazada y los guías son gente muy comprometida. Para más información, se puede consultar su blog sobre temas medioambientales: http://lostlandstours.org/category/blog/, a cargo del periodista Bob Marshall, ganador del Pulitzer.

parientes de los difuntos y a los circuitos autorizados.

St Augustine's Church
IGLESIA

(☏504-525-5934; www.staugustinecatholic church-neworleans.org; 1210 Governor Nicholls St) En activo desde 1841, St Aug's es la segunda iglesia católica afroamericana del país; un lugar donde los criollos, emigrados de Saint-Domingue y la gente libre de color rezaban codo con codo, e incluso había bancos para esclavos. El futuro de la iglesia no está claro, por lo que se recomienda visitarla: cuantos más visitantes, más posibilidades habrá de conservar este edificio histórico.

Faubourg Marigny, Bywater y Ninth Ward

Al norte del Barrio Francés están los barrios criollos *(faubourgs)* de Marigny y Bywater. Frenchmen Street, que cruza el centro de Marigny, es una calle fantástica con música en directo. Era conocida como la Bourbon St de los lugareños, pero cada vez hay más turistas. La cercana St Claude Avenue cuenta con una colección de locales atípicos; la gente los visita para bailar *bounce* (un frenético estilo de música local). Bywater es una colección de casas de colores vivos y un creciente número de restaurantes y bares, a veces sorprendentes, a veces demasiado modernos.

Crescent Park
PARQUE

(Piety, Chartres St y Mazant St; ⏱8.00-18.00, hasta 19.00 med mar-ppios nov; P🅿🚻) 🏃 Este parque ribereño es un genial para pasear junto al Misisipi. Se accede por un enorme arco entre las calles Piety y Chartres, y se puede ver el manto de niebla que cubre el perfil urbano de la ciudad. El recorrido pasa por un muelle conceptual de metal y hormigón (junto a los restos calcinados del antiguo puerto comercial); algún día este camino llegará a una zona de actuaciones que hay planificada en Mandeville St. Junto a la entrada de Mazant St hay un parque canino, y un acceso para personas discapacitadas.

Frenchmen Art Market
MERCADO

(www.facebook.com/frenchmenartmarket; 619 Frenchmen St; ⏱19.00-1.00 ju-do) 🏃 Artistas y artesanos independientes llenan este mercado al aire libre, que se ha labrado una reputación como uno de los mejores sitios de la ciudad para comprar recuerdos: ingeniosas camisetas, joyas hechas a mano, cachivaches y una buena selección de láminas y obras originales.

CBD y Warehouse District

⭐ **National WWII Museum**
MUSEO

(☏504-528-1944; www.nationalww2museum.org; 945 Magazine St; adultos/niños/sénior 23/14/20 US$, 1/2 películas 5/10 US$ extras; ⏱9.00-17.00) Este amplio y estremecedor museo presenta un profundo y matizado análisis de la mayor guerra del s. xx. Las exposiciones, en tres grandes pabellones, son sorprendentes. Enormes fotografías captan la confusión del Día D. Fascinantes narraciones orales cuentan asombrosas historias de supervivencia. La experiencia es envolvente y educativa, y aunque parezca totalmente fuera de lugar en Nueva Orleans, no hay que perdérsela.

Ogden Museum of Southern Art
MUSEO

(☏504-539-9650; www.ogdenmuseum.org; 925 Camp St; adultos/niños 5-17 años/estudiantes 10/5/8 US$; ⏱10.00-17.00 mi-lu, más 17.30-20.00 ju) Uno de los mejores museos de la ciudad: bonito, educativo y nada pretencioso. El emprender local Roger Houston Ogden ha reunido una de las más exquisitas colecciones de arte sureño del mundo, que incluye desde paisajes impresionistas y arte popular a instalaciones contemporáneas.

Los jueves por la noche se organiza el Ogden After Hours, con música sureña, vino, obras maestras y un público amante de la diversión y el arte.

Blaine Kern's Mardi Gras World
MUSEO

(☏504-361-7821; www.mardigrasworld.com; 1380 Port of New Orleans Pl; adultos/niños 2-11 años/sénior 20/13/16 US$; ⏱circuitos 9.30-16.30; 🚐) Podría decirse que este museo es uno de los sitios más alegres de Nueva Orleans de día, pero seguro que por la noche se convierte en una de las casas más espeluznantes del mundo, con todas esas caras, personajes, dragones, payasos, reyes y hadas de mirada maliciosa y vacía... Dicho esto, es un buen museo, y el almacén de Blaine Kern (Mr. Mardi Gras) y su familia, constructores de carrozas de carnaval desde 1947. Los circuitos duran entre 30 y 45 min.

Garden District y Uptown

La principal división arquitectónica en Nueva Orleans se halla entre las elegantes casas del noreste criollo y francés y las magníficas mansiones del Barrio Americano, que incluye los distritos de Garden District y Uptown. Magníficos robles se arquean sobre St Charles Ave, que atraviesa esta zona por el centro, por donde circula el pintoresco **tranvía de St Charles Avenue** (1,25 US$; 🚹). Las tiendas y galerías de **Magazine St** conforman la mejor calle comercial de la ciudad.

Lafayette Cemetery Nº 1   CEMENTERIO
(Washington Ave, at Prytania St; ⏱7.00-14.30 lu-vi, hasta 12.00 sa) GRATIS A la sombra de la frondosa vegetación, tiene un aspecto gótico subtropical muy del sur. Construido en 1833, está dividido por dos caminos que se cruzan, formando una cruz. Se pueden ver criptas construidas por fraternidades como la Jefferson Fire Company Nº 22, que enterraba a sus miembros y a sus familiares en grandes fosas compartidas. Algunas de las tumbas de las familias más ricas se construían en mármol y con elaborados detalles, si bien la mayoría son humildes, de ladrillo y yeso.

Audubon Zoological Gardens   ZOOLÓGICO
(☎504-581-4629; www.auduboninstitute.org; 6500 Magazine St; adultos/niños 2-12 años/sénior 19/14/15 US$; ⏱10.00-16.00 ma-vi, hasta 17.00 sa y do sep-feb, 10.00-17.00 lu-vi, hasta 18.00 sa y do mar-ago; 🚹) Uno de los mejores del país. Alberga la excelente exposición '**Louisiana Swamp**', con caimanes, linces rojos, zorros, osos y tortugas mordedoras. A finales del 2015 se inauguraron nuevos recintos para los elefantes y los orangutanes, además de la atracción infantil Lazy River. Abre los lunes de marzo a principios de septiembre.

◎ City Park y Mid-City

City Park   PARQUE
(☎504-482-4888; www.neworleanscitypark.com; Esplanade Ave y City Park Ave) Robles, musgo y *bayous* soñolientos enmarcan esta obra maestra del urbanismo. Con 5 km de largo por 2 km de ancho, lleno de jardines, canales y puentes, y con un cautivador museo de arte, City Park es más grande que el Central Park de Nueva York, y es la zona verde más bonita de Nueva Orleans. También es una versión semidomesticada de los bosques y humedales de Luisiana.

New Orleans Museum of Art   MUSEO
(NOMA; ☎504-658-4100; www.noma.org; 1 Collins Diboll Circle; adultos/niños 7-17 años 10/6 US$; ⏱10.00-18.00 ma-ju, hasta 21.00 vi, 11.00-17.00 sa y

do) Elegante museo del City Park inaugurado en 1911. Merece una visita por sus exposiciones especiales y por sus galerías dedicadas al arte africano, asiático, amerindio y oceánico. No hay que perderse la notable colección de botellines de la dinastía Qing. El **jardín de esculturas** (⏱10.00-16.30 sa-ju, hasta 16.45 vi) GRATIS alberga una colección vanguardista en un ambiente exuberante y cuidado.

⚑ Circuitos

El Jean Lafitte National Historic Park and Preserve Visitor Center (p. 443) ofrece circuitos gratuitos a pie por el Barrio Francés a las 9.30 (los pases se recogen a las 9.00).

Confederacy of Cruisers CIRCUITOS EN BICICLETA
(☎504-400-5468; www.confederacyofcruisers. com; circuitos desde 49 US$) Uno de los mejores circuitos ciclistas de la ciudad, con bicicletas de paseo de ruedas gruesas y asientos acolchados para lidiar con los baches de Nueva Orleans. El circuito principal, Creole New Orleans, repasa la mejor arquitectura de Marigny, Bywater, Esplanade Ave y Tremé. También organiza el History of Drinking (49 US$; para mayores de 21 años) y un sabroso circuito culinario (89 US$).

Friends of the Cabildo   CIRCUITOS A PIE
(☎504-523-3939; www.friendsofthecabildo.org; 523 St Ann St; adultos/estudiantes 20/15 US$; ⏱10.00 y 13.30 ma-do) 🍃 Excelentes circuitos a pie guiados por expertos (y a veces divertidos) docentes que conocen bien la historia del Barrio Francés, las historietas de las calles más famosas y detalles de los estilos arquitectónicos de la zona.

✺ Fiestas y celebraciones

En Nueva Orleans no hace falta una excusa para celebrar algo. A continuación se listan algunos eventos, pero en www.neworlean sonline.com hay un calendario más completo.

Mardi Gras   CULTURAL
(www.mardigrasneworleans.com; ⏱feb o ppios mar) El Martes de Carnaval marca el desenfrenado final de esta fiesta.

Día de San José-Super Sunday   CULTURAL
(⏱mar) El 19 de marzo y su domingo más próximo, los indios del Mardi Gras toman las calles con sus magníficos trajes de plumas y sus tambores. El desfile del Super Sunday suele empezar al mediodía en Ba-

NUEVA ORLEANS PARA NIÑOS

Muchas de las atracciones de Nueva Orleans son adecuadas para los niños, como el **Audubon Zoo** (p. 436), el **Aquarium of the Americas** (☎504-581-4629; www.audubo ninstitute.org; 1 Canal St; adultos/niños/sénior 24/18/19 US$, con IMAX 29/23/23 US$; ⊙10.00-17.00 ma-do; 🚌) y el **Insectarium** (☎504-581-4629; www.auduboninstitute.org; 423 Canal St; adultos/niños 16,50/12 US$; ⊙10.00-17.00; 🚌). Otras buenas opciones son:

Carousel Gardens Amusement Park (☎504-483-9402; www.neworleanscitypark.com; 7 Victory Ave, City Park; entrada adultos/niños de menos de 1,5 m 4 US$/gratis, cada atracción 4 US$; ⊙10.00-17.00 ma-ju, 10.00-22.00 vi, 11.00-22.00 sa, 11.00-18.00 do jun y jul, sa y do solo primavera y otoño), con su tiovivo de 1906, una joya *vintage*. Otras atracciones incluyen una noria, autos de choque y un carrusel. Se puede comprar un pase de 18 US$ para montar todas las veces que se quiera. Abre todas las noches desde Acción de Gracias hasta principios de año nuevo para el festival Celebration in the Oaks.

Louisiana Children's Museum (☎504-523-1357; www.lcm.org; 420 Julia St; entrada 8,50 US$; ⊙9.30-16.30 ma-sa, 12.00-16.30 do med ago-may, 9.30-17.00 lu-sa, 12.00-17.00 do jun-med ago) Un museo educativo que es como una guardería de alta tecnología con un montón de atracciones interactivas. La galería The Little Port of New Orleans muestra los cinco tipos de barco que se pueden ver en el puerto local. Los niños pueden jugar en la cocina del barco o transportar cargamento. También hay sitios en los que descubrir ilusiones ópticas, jugar a las tiendas o a ser un artista en su estudio.

Milton Latter Memorial Library (☎504-596-2625; www.neworleanspubliclibrary.org; 5120 St Charles Ave; ⊙9.00-20.00 lu y mi, hasta 18.00 ma y ju, 10.00-17.00 sa, 12.00-17.00 do) Serena y elegante, esta biblioteca se alza entre las sombras de las palmeras. Antaño era una mansión privada. La familia Isaac (propietarios entre 1907-1912), responsable de la carpintería de estilo flamenco, los murales holandeses y los frescos franceses del techo, traspasó la propiedad al aviador Harry Williams y su esposa, la estrella del cine mudo Marguerite Clark (1912-1939). La pareja era famosa por sus fiestas. El siguiente propietario fue el *jockey* local Robert S. Eddy, al que siguieron Harry Later y su esposa, quienes cedieron el edificio a la ciudad en 1948.

you St John y Orleans Ave, pero no tiene una ruta fija.

French Quarter Festival · MÚSICA
(www.fqfi.org; ⊙2º fin de semana abr) Música gratis en varios escenarios.

Jazz Fest · MÚSICA
(www.nojazzfest.com; ⊙abr-may) El último fin de semana de abril y el primero de mayo se celebra este festival de fama mundial, con comida, música y artesanía.

🛏 Dónde dormir

Los precios suben durante el Mardi Gras y el Jazz Fest, y caen en los meses más calurosos. Se puede reservar y buscar ofertas en línea. Aparcar en el Quarter cuesta entre 15 y 30 US$ al día.

Bywater Bed & Breakfast · B&B $
(☎504-944-8438; www.bywaterbnb.com; 1026 Clouet St; h sin baño 100 US$; 🅿) Un B&B muy popular entre las lesbianas (lo dirige una pareja de ellas), aunque abierto a todo el mundo, hogareño y relajado. Hay muchas obras de arte popular, un poco de patrimonio histórico y un ambiente un tanto lisérgico.

India House Hostel · ALBERGUE $
(☎504-821-1904; www.indiahousehostel.com; 124 S Lopez St; dc/d 20/55 US$; @🛜🏊) Pintoresco, es más grande de lo que aparenta. A media manzana de Canal St, en Mid-City, es un centro de diversión subtropical. Incluye una piscina, un patio y tres casas antiguas con los dormitorios. Tiene el ambiente libre y festivo que tanto atrae a los mochileros.

★La Belle Esplanade · B&B $$
(☎504-301-1424; www.labelleesplanade.com; 2216 Esplanade Ave; h 179-209 US$, desayuno incl.; 🅿🛜) Un poco estrafalario y un poco insolente. La decoración de las cinco suites temáticas varía, pero todas tienen robustas cabeceras de cama, sillones, retratos de la *Gibson girl* y bañeras con patas. Las paredes, monocromas y brillantes, las libran de

toda pretensión. Para desayunar sirve tarta de cangrejo y otros sabrosos platos sureños.

Le Pavillon
HOTEL HISTÓRICO **$$**

(☎504-581-3111; www.lepavillon.com; 833 Poydras Ave; h 179-279 US$, ste desde 695 US$; **P ❋ ☎ ☎**) Emana una *joie de vivre* contagiosa. Columnas estriadas soportan el pórtico de la fachada de alabastro, y el portero usa guantes blancos y un sombrero de copa. Los espacios públicos y privados están decorados con retratos históricos, magníficas lámparas de araña y grandes cortinas.

Degas House
HOTEL HISTÓRICO **$$**

(☎504-821-5009; www.degashouse.com; 2306 Esplanade Ave; h/ste desde 199/300 US$, desayuno incl.; **P ❋ ☎**) Edgar Degas, el famoso pintor impresionista francés, vivió en esta casa de estilo italiano de 1852 cuando visitó a su familia materna a principios de la década de 1870. Las habitaciones evocan su presencia con mobiliario de época y reproducciones de sus obras. Las suites tienen balcón y chimenea, mientras que las habitaciones de la buhardilla, más económicas, son estancias estrechas en las que antaño vivían los sirvientes de la familia Degas.

★ Soniat House
HOTEL-BOUTIQUE **$$$**

(☎504-522-0570; www.soniathouse.com; 1133 Chartres St; h/ste desde 245/425 US$; ❋ ☎ ☎) Las tres casas que forman este hotel del Lower Quarter son la viva imagen de la elegancia criolla. Se accede a ellas por una bonita galería en un patio con helechos y una fuente. Algunas habitaciones dan al patio, y unas escaleras sinuosas suben a las elegantes estancias del piso superior. Se ha prestado mucha atención a las obras de arte y las antigüedades.

Roosevelt New Orleans
HOTEL **$$$**

(☎504-648-1200; www.theroosevelteworleans. com; 123 Baronne St; h/ste desde 269/329 US$; **P @ ☎ ☎**) El majestuoso y enorme vestíbulo es de principios del s. xx, la época dorada de los grandes hoteles. Las elegantes habitaciones tienen detalles clásicos; pero el *spa*, el restaurante John Besh, el histórico Sazerac Bar y el nuevo y estiloso *lounge* de *jazz* son casi razón suficiente para alojarse aquí. También destaca la piscina de la azotea. Muy cerca del Barrio Francés.

✗ Dónde comer

Puede que Luisiana posea la mejor tradición culinaria autóctona de EE UU, y no necesariamente gracias a sus ingredientes (si bien la calidad es muy alta), sino por la larga historia que hay detrás de platos más antiguos que la mayoría de los estados americanos. Nueva Orleans vive para comer.

Un consejo: si desea ir al Cafe du Monde (☎800-772-2927; www.cafedumonde.com; 800 Decatur St; buñuelos 2 US$; ⊙24 h) a comer *beignets* (buñuelos), hay que tener en cuenta que los fines de semana las colas son una locura. Es mejor ir una noche entre semana.

✗ Barrio Francés

Croissant D'Or Patisserie
PANADERÍA **$**

(☎504-524-4663; www.croissantdornola.com; 617 Ursulines Ave; comidas 3-5 US$; ⊙6.00-15.00 mi-lu) En la parte más tranquila del Barrio Francés, esta impecable pastelería es el lugar donde muchos lugareños empiezan el día con un café y un cruasán (o tarta, quiche o sándwich con salsa bechamel). Llama la atención el rótulo de azulejos de la entrada, que reza "Ladies entrance", vestigio de otra época.

Coop's Place
CAJÚN **$**

(☎504-525-9053; www.coopsplace.net; 1109 Decatur St; principales 8-17,50 US$; ⊙11.00-3.00) Auténtico bar cajún, aunque con una vena *rockero*. Es un sitio caótico y sucio, los camareros son muy suyos y la distribución es molesta, pero la comida vale la pena, con conejo *jambalaya* o pollo con gambas y *tasso* (jamón ahumado) a la crema. Solo mayores de 21 años.

★ Bayona
DE LUISIANA **$$$**

(☎504-525-4455; www.bayona.com; 430 Dauphine St; principales 29-38 US$; ⊙11.30-13.30 mi-do, 18.00-21.30 lu-ju, 17.00-22.00 vi y sa) El mejor sitio del barrio para darse un capricho. Sabroso sin ser apabullante, con clase pero no pretencioso, innovador sin ser precoz; un lugar excelente para comer. La carta cambia a menudo, pero siempre tiene pescado fresco, carne de ave y caza preparados con elegancia y buen hacer.

SoBou
MODERN ESTADOUNIDENSE **$$$**

(☎504-552-4095; www.sobounola.com; 310 Chartres St; principales 24-38 US$; ⊙7.00-22.00) El nombre significa "Sur de Bourbon". La comida es difícil de clasificar, pero en general es excelente. Los chefs juegan con un concepto que mezcla la tradición de Luisiana con las excentricidades: *beignets* (buñuelos) de boniato con salsa *gravy* de pato y glaseado de café de achicoria, y la célebre y decadente

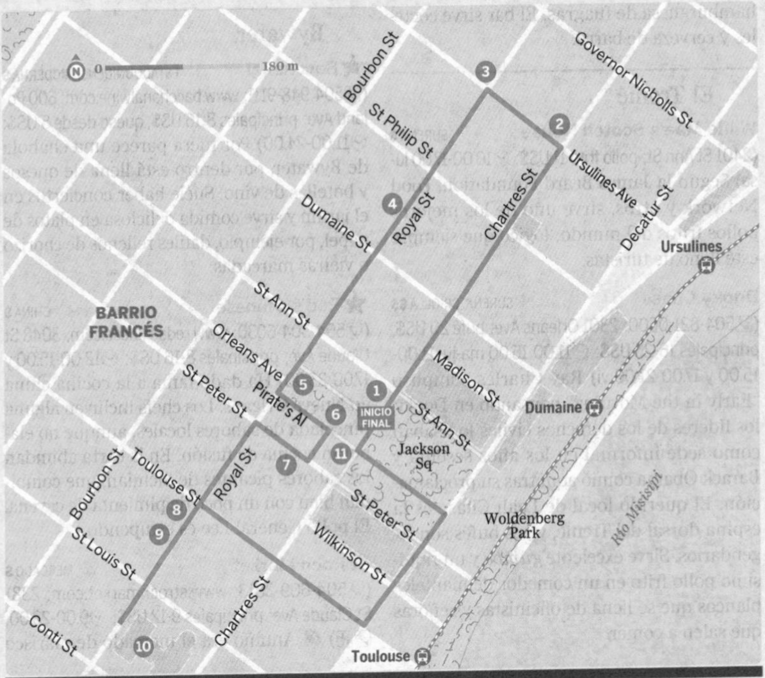

Circuito a pie **Barrio Francés**

INICIO JACKSON SQ
FINAL JACKSON SQ
DISTANCIA 1,77 KM; 1½ H

Se empieza en el 1 **Presbytère** (p. 433), en Jackson Sq, y baja hasta Chartres St esquina Ursulines Ave. Al otro lado de Chartres St, en el nº 1113, la 2 **casa Beauregard-Keyes,** de 1826, combina estilos criollos y americanos. Por Ursulines Ave hasta Royal St se llega a la fuente de soda de 3 **Royal Pharmacy,** una reliquia de los locales de batidos.

Una de las imágenes más icónicas de Nueva Orleans es Royal St. Galerías de hierro forjado decoran los edificios y un montón de flores adornan las fachadas.

En el nº 915 de Royal, el 4 **Cornstalk Hotel** se alza tras una de las verjas más fotografiadas del mundo. En Orleans Ave, majestuosos magnolios y plantas tropicales llenan el 5 **St Anthony's Garden,** detrás de la 6 **catedral de San Luis** (p. 434).

Junto al jardín se puede tomar Pirate's Alley, el callejón de los Piratas, torcer hacia la derecha por Cabildo Alley, y de nuevo a la derecha por St Peter St hacia Royal St. Tennessee Williams vivió en el nº 632 de St Peter, la 7 **casa Avart-Peretti,** de 1946 a 1947, mientras escribía *Un tranvía llamado deseo.*

Luego se tuerce a la izquierda por Royal St. En la esquina de las calles Royal y Toulouse hay un par de casas construidas por Jean François Merieult en la década de 1790. El edificio conocido como 8 **Court of Two Lions,** en el nº 541 de Royal St, da a Toulouse St y al lado se halla la 9 **Historic New Orleans Collection** (p. 434).

En la siguiente manzana, en el enorme 10 **State Supreme Court Building,** de 1909, se rodaron varias escenas de la película *JFK*, de Oliver Stone.

Acto seguido hay que dar la vuelta, seguir hacia la derecha por Toulouse St hasta Decatur St y torcer a la izquierda. Tras cruzar la calle, la última parte del circuito discurre junto al río. Cuando se vea Jackson Sq hay que cruzar hasta el 11 **cabildo** (p. 433).

hamburguesa de fuagrás. El bar sirve cócteles y cerveza de barril.

El Tremé

Willie Mae's Scotch House SUREÑA $
(2401 St Ann St; pollo frito 11 US$; ⊙10.00-17.00 lu-sa) Según la James Beard Foundation, Food Network y otros, sirve uno de los mejores pollos fritos del mundo; lógico que siempre esté lleno de turistas.

Dooky Chase SUREÑA, CRIOLLA $$
(☑504-821-0600; 2301 Orleans Ave; bufé 20 US$, principales 16-25 US$; ⊙11.00-15.00 ma-ju, 11.00-15.00 y 17.00-21.00 vi) Ray Charles compuso "Early in the Morning" pensando en Dooky, los líderes de los derechos civiles lo usaban como sede informal en los años sesenta y Barack Obama comió aquí tras su proclamación. El querido local de Leah Chase es la espina dorsal del Tremé, y sus bufés son legendarios. Sirve excelente *gumbo* y un riquísimo pollo frito en un comedor de manteles blancos que se llena de oficinistas y señoras que salen a comer.

Bywater

⭐ **Bacchanal** ESTADOUNIDENSE MODERNA $
(☑504-948-9111; www.bacchanalwine.com; 600 Poland Ave; principales 8-16 US$, queso desde 5 US$; ⊙11.00-24.00) Por fuera parece una chabola de Bywater, por dentro está llena de quesos y botellas de vino. Suele haber conciertos en el jardín y sirve comida deliciosa en platos de papel, por ejemplo, dátiles rellenos de chorizo o vieiras marcadas.

⭐ **Red's Chinese** CHINA $
(☑504-304-6030; www.redschinese.com; 3048 St Claude Ave; principales 8-16 US$; ⊙12.00-15.00 y 17.00-23.00) Ha dado fama a la cocina china en Nueva Orleans. Los chefs incluyen alguna pincelada de sabores locales, aunque no elaboran cocina de fusión. En la carta abundan los sabores picantes de Sichuan, que combinan bien con un poco de pimienta de cayena. El pollo General Lee es estupendo.

St Roch Market MERCADO $
(☑504-609-3813; www.strochmarket.com; 2381 St Claude Ave; principales 9-12 US$; ⊙9.00-23.00; ☑📶) 🍴 Antaño era el mercado de marisco

---

DEL MEKONG AL MISISIPI

Tras la Guerra de Vietnam, miles de survietnamitas emigraron a EE UU y se asentaron en el sur de California, Boston, Washington D. C. y Nueva Orleans. Aunque la última opción parezca extraña hay que recordar que la mayoría de aquellos refugiados eran católicos y que la comunidad católica de Nueva Orleans, una de las más grandes del país, colaboraba en la reubicación de los refugiados. Además, el clima subtropical, los arrozales y los humedales les eran, en cierto modo, familiares. Para un survietnamita lejos de su hogar el delta del Misisipi debía de tener algún parecido al delta del Mekong.

Quizá la forma más agradable de descubrir la cultura vietnamita local sea saboreando su deliciosa comida y comprando en sus mercados. Los siguientes están en los barrios periféricos de Gretna o New Orleans East.

Dong Phuong Oriental Bakery (☑504-254-0296; www.dpbanhmi.com; 14207 Chef Menteur Hwy, New Orleans East; productos horneados 1,50-6 US$, principales 7-13 US$; ⊙8.00-16.00 mi-do) El mejor *banh mi* (rollos con tiras de carne de cerdo, pepino, cilantro y otros ingredientes, conocido localmente como un *po'boy*) de la ciudad y ricas tartas.

Tan Dinh (☑504-361-8008; 1705 Lafayette St, Gretna; principales 8-17 US$; ⊙9.30-21.00 lu, mi-vi, 9.00-21.00 sa, hasta 20.00 do) Uno de los mejores restaurantes de la zona metropolitana de Nueva Orleans. Las alitas de pollo con ajo y mantequilla son geniales, igual que las costillas coreanas. También sirve *pho* (sopa de fideos) excelente.

Hong Kong Food Market (☑504-394-7075; 925 Behrman Hwy, Gretna; ⊙8.00-20.30) Tienda de comestibles asiáticos con muchos productos chinos y filipinos, pero la base de la clientela es vietnamita.

Vietnamese Farmers' Market (14401 Alcee Fortier Blvd, New Orleans East; ⊙6.00-9.00) Lo más cerca que se puede estar de Saigón un sábado por la mañana es este mercado, también conocido como *squat market* (mercado acuclillado) por las señoras con *non la* (sombreros cónicos de paja) acuclilladas ante sus productos frescos.

y productos de un barrio obrero. Tras ser casi arrasado por el Katrina, se renovó como un mercado más selecto. Alberga 13 restaurantes que sirven desde platos típicos de Nueva Orleans a café o cocina nigeriana.

Joint BARBACOA $
(☎504-949-3232; http://alwayssmokin.com; 701 Mazant St; principales 7-17 US$; ⊗11.30-22.00 lu-sa) El aroma de la carne ahumada tiene el mismo efecto que el canto de las sirenas: costillas, sándwiches de carne de cerdo y falda con té frío.

CBD y Warehouse District

⭐**Cochon Butcher** SÁNDWICHES $
(www.cochonbutcher.com; 930 Tchoupitoulas St; principales 10-12 US$; ⊗10.00-22.00 lu-ju, hasta 23.00 vi y sa, hasta 16.00 do) Escondido tras Cochon, algo más formal, esta recién ampliada tienda de sándwiches y carne se autodefine como *swine bar & deli*, y es una de las mejores sandwicherías de la ciudad.

⭐**Peche Seafood Grill** PESCADO $$
(☎504-522-1744; www.pecherestaurant.com; 800 Magazine St; platos pequeños 9-14 US$, principales 14-27 US$; ⊗11.00-22.00 lu-ju, hasta 23.00 vi y sa) La última aventura del chef Donald Link es un local excelente que sirve platos de marisco sencillos pero exquisitos. El ambiente es agradable, con una clientela alegre y estilosa que come entre paredes de obra vista y bajo vigas de madera.

Domenica ITALIANA $$
(☎504-648-6020; 123 Baronne St; principales 13-30 US$; ⊗11.00-23.00; ☑) La *pizza* rústica de este local animado y muy recomendado llevan ingredientes poco tradicionales, pero sabrosos: almejas, *prosciutto*, carne de cerdo ahumada… Y son tan grandes que si uno come solo, no se la acabará.

Restaurant August CRIOLLA $$$
(☎504-299-9777; www.restaurantaugust.com; 301 Tchoupitoulas St; almuerzo 23-36 US$, cena 33-42 US$; ⊗17.00-22.00 diarios, 11.00-14.00 vi y do; ☑) Para una cena romántica hay que reservar mesa en este local, la estrella del imperio de nueve restaurantes del chef John Besh. Es un antiguo almacén de tabaco reformado del s. XIX, con velas y sombras suaves, que cuenta con el comedor más aristocrático de Nueva Orleans, aunque consigue ser íntimo y animado. La deliciosa comida eleva al comensal a otro nivel de percepción gastronómica.

Garden District y Uptown

⭐**Surrey's Juice Bar** ESTADOUNIDENSE $
(☎504-524-3828; 1418 Magazine St; desayuno y almuerzo 6-13 US$; ⊗8.00-15.00) Sirve sencillos sándwiches de bacón y huevo, y deliciosos desayunos: bollos con puré, huevos revueltos con salmón, galletas con salsa *gravy* de salchichas y gachas con gambas y beicon, además de zumos fresquísimos. Solo efectivo.

⭐**Ba Chi Canteen** VIETNAMITA $
(www.facebook.com/bachicanteenla; 7900 Maple St; principales 4-15 US$; ⊗11.00-14.30 lu-vi, hasta 15.30 sa, 17.30-21.00 lu-mi, 17.30-22.00 ju-sa) Prepara *bacos*, una especie de mezcla entre *banh bao* y taco, que combinan con éxito sutiles sabores. Completan la carta *pho* y *banh mi* (aquí los llaman *po'boys*).

⭐**Boucherie** SUREÑA $$
(☎504-862-5514; www.boucherie-nola.com; 1596 S Carrollton Ave; almuerzo 10-18 US$, cena 15-18 US$; ⊗11.00-15.00 y 17.30-21.30 ma-sa) Las gruesas y brillantes tiras de bacón de los sándwiches solo pueden ser obra del chef Nathanial Zimet, cuyas carnes curadas caseras y suculentos platos sureños son alabados en toda la ciudad. Sirve croquetas con alioli de ajo, gambas tostadas a la vinagreta de bacón y filete *wagyu* ahumado con patatas fritas con ajo y parmesano. El pudín Krispy Kreme con sirope de ron es una maravilla.

⭐**Gautreau's** ESTADOUNIDENSE MODERNA $$$
(☎504-899-7397; www.gautreausrestaurant.com; 1728 Soniat St; principales 22-42 US$; ⊗18.00-22.00 lu-sa) No tiene rótulo, solo el número 1728, que señala con discreción una casa anodina en un barrio residencial. Al entrar se encuentra un comedor refinado pero acogedor donde comensales sibaritas degustan platos modernos de cocina estadounidense. La chef Sue Zemanick ha ganado todos los premios de los círculos culinarios americanos.

🍸 Dónde beber y vida nocturna

Nueva Orleans es una ciudad para ir de copas. Bourbon St puede ser divertido una noche, pero hay que recorrer otros barrios para descubrir buenos bares. Casi todos abren a diario, hacia las 12.00, se animan a las 22.00 y pueden permanecer abiertos toda la noche. No se paga entrada, a menos que haya música en directo. Es ilegal sacar vasos de cristal a la calle, por lo cual todos los bares los ofrecen de plástico a quien quiera salir fuera.

★ **Tonique** BAR
(☎504-324-6045; http://bartonique.com; 820 N Rampart St; ⊙12.00-2.00) Las noches de los domingos, cuando ha bajado la fiebre del fin de semana, la gente acude a relajarse a este local, que sirve buenas copas y tiene una carta de licores tan larga como una novela de Tolstói.

★ **Twelve Mile Limit** BAR
(500 S Telemachus St; ⊙17.00-24.00 lu-ju, hasta 2.00 vi y sa, hasta 23.00 do) Un gran bar: cócteles excelentes y ambiente acogedor.

Mimi's in the Marigny BAR
(☎504-872-9868; 2601 Royal St; ⊙18.00-2.00 do-ju, hasta 4.00 vi y sa) Toda una institución en el barrio, con mobiliario cómodo, mesas de billar, una pista de baile en el piso superior decorada como una mansión criolla un poco punk.

St Joe's BAR
(www.stjoesbar.com; 5535 Magazine St; ⊙16.00-3.00 lu-vi, 12.00-3.00 sa, hasta 1.00 do) Este bar ha sido elegido varias veces como el mejor de la ciudad. Tiene una clientela de 20-30 años, tan amistosa y parlanchina como el personal.

BJ's BAR
(☎504-945-9256; 4301 Burgundy; ⊙17.00-madrugada) Se trata de un local de Bywater que atrae a una clientela de barrio en busca de cervezas baratas, comida sencilla y música en directo de vez en cuando, en especial los lunes, con el *show* de *blues-rock* de King James & The Special Men, a partir de las 22.00. Es un sitio tan genial que Robert Plant improvisó un concierto aquí la última vez que pasó por la ciudad.

☆ **Ocio**

¿Qué sería de Nueva Orleáns sin la música en directo? Casi cada fin de semana hay conciertos para todos los gustos: *jazz, blues, brass band, country, dixieland, zydeco* (música cajún de baile), *rock* o cajún. De día abundan los conciertos gratuitos. Los horarios se pueden consultar en *Gambit* (www.bestofneworleans.com), *Offbeat* (www.offbeat.com) o www.nolafunguide.com.

★ **Spotted Cat** MÚSICA EN DIRECTO
(www.spottedcatmusicclub.com; 623 Frenchmen St; ⊙16.00-2.00 lu-vi, desde 15.00 sa y do) Frente al Snug Harbor, ambos buenos locales de *jazz*, pero mientras el Snug es un sitio elegante, este es un tugurio sudoroso que sirve la bebida en vasos de plástico; el ideal del pequeño local musical de Nueva Orleans.

★ **Mid-City Rock & Bowl** MÚSICA EN DIRECTO
(☎504-861-1700; www.rockandbowl.com; 3000 S Carrollton Ave; ⊙17.00-madrugada) Una noche en este local es una experiencia auténticamente local. Es una curiosa combinación de bolera, delicatesen y pista de baile en la que los clientes bailan al ritmo de la música de Nueva Orleans e intentan tirar todos los bolos de un golpe. Ofrece el mejor *zydeco* de la ciudad los jueves por la noche.

AllWays Lounge TEATRO/MÚSICA EN DIRECTO
(☎504-218-5778; http://theallwayslounge.net; 2240 St Claude Ave; ⊙18.00-24.00 sa-mi, hasta 2.00 ju y vi) En una ciudad llena de locales musicales, este destaca como uno de los más marchosos. Cualquier noche de la semana se puede gozar de guitarra experimental, teatro, *rock*, monólogos o de una inspirada fiesta *shagadelic* de los años sesenta. Además, las copas son muy económicas.

Tipitina's MÚSICA EN DIRECTO
(☎504-895-8477; www.tipitinas.com; 501 Napoleon Ave) El 'Tips', como lo llaman los lugareños, es una de las grandes mecas musicales de Nueva Orleans, un legendario local de Uptown que debe su nombre al *hit* de 1953 del Professor Longhair y acoge memorables conciertos, sobre todo cuando actúan artistas como Dr. John.

Preservation Hall JAZZ
(☎504-522-2841; www.preservationhall.com; 726 St Peter St; entrada 15 US$ do-ju, 20 US$ vi y sa; ⊙espectáculos 20.00, 21.00 y 22.00) Situado en una antigua galería de arte que se remonta a 1803, es uno de los locales musicales con más historia de la ciudad. En 1962, Barbara Reid y Grayson 'Ken' Mills formaron la Society for the Preservation of New Orleans Jazz en una época en la que la generación de Louis Armstrong empezaba a hacerse mayor. La banda residente, la Preservation Hall Jazz Band, tiene mucho talento y hace giras por todo el mundo.

🔒 **De compras**

Magazine Antique Mall ANTIGÜEDADES
(☎504-896-9994; www.magazineantiquemall.com; 3017 Magazine St; ⊙10.30-17.30, desde 12.00 do) Muñecas que dan miedo, sombreros, lámparas de araña, objetos de Coca-Cola... En este recargado centro con 12 puestos es posible encontrar cualquier cosa. Una fas-

cinante selección de cachivaches antiguos, pero quien busque una ganga no lo tendrá fácil.

Maple Street Book Shop LIBROS
(www.maplestreetbookshop.com; 7523 Maple St; ☺10.00-18.00 lu-sa, 11.00-17.00 do) Esta querida tienda de Uptown celebró su 50º aniversario en el 2014. Fundada por las hermanas Mary Kellogg y Rhoda Norman, es una de las librerías políticamente más progresistas y bien surtidas de la ciudad. Vende libros nuevos, raros y de segunda mano.

ⓘ Información

PELIGROS Y ADVERTENCIAS

Nueva Orleans tiene un elevado índice de criminalidad y los buenos barrios se convierten en guetos con rapidez. Hay que tener cuidado y no internarse demasiado al norte de Faubourg Marigny y Bywater (St Claude Ave es un buen límite), al sur de Magazine St (el ambiente se complica pasado Laurel St) y demasiado al norte de Rampart St (Lakeside) desde el Barrio Francés hasta el Tremé sin un destino específico en mente. Hay que procurar pasar por sitios con mucha gente, sobre todo de noche, y optar por un taxi para evitar las calles oscuras. En el Quarter los estafadores callejeros suelen abordar a los turistas; es mejor evitarlos. Dicho esto, no hay que volverse paranoico.

ACCESO A INTERNET

Hay bastante buena cobertura en CBD, el Barrio Francés, Garden, Lower Garden Districts y Uptown. Casi todos los cafés de la ciudad tienen wifi. Las bibliotecas ofrecen acceso gratis si se presenta un carné.

PUBLICACIONES PERIÓDICAS

'Gambit Weekly' (www.bestofneworleans.com) Semanario gratuito de música, cultura, política y anuncios clasificados.

WWOZ 90.7 FM (www.wwoz.org) Música de Luisiana y otros estilos.

ASISTENCIA MÉDICA

Tulane University Medical Center (☎504-988-5263; www.tulanehealthcare.com; 1415 Tulane Ave; ☺24 h) Urgencias; en el CBD.

INFORMACIÓN TURÍSTICA

La web oficial de turismo de la ciudad es www.neworleansonline.com.

Jean Lafitte National Historic Park and Preserve Visitor Center (☎504-589-2636; www.nps.gov/jela; 419 Decatur St, French Quarter; ☺9.00-16.30 ma-sa) Ofrece exposiciones sobre historia local, paseos guiados y música en directo a diario. En la oficina del parque no hay gran cosa, pero casi todos los días de la semana se organizan programas musicales educativos que analizan la evolución musical, cambios culturales, estilos regionales, mitos, leyendas y técnicas relacionadas con el jazz.

Basin St Station (☎504-293-2600; www.basinststation.com; 501 Basin St; ☺9.00-17.00) Afiliado al CVB de Nueva Orleans, este centro interactivo de información turística, en el antiguo edificio administrativo de Southern Railway, ofrece información útil y planos, además de un documental histórico y un pequeño museo de los ferrocarriles. Está junto a St Louis Cemetery Nº 1.

ⓘ Cómo llegar y salir

El **aeropuerto internacional Louis Armstrong de New Orleans** (MSY; ☎504-303-7500; www.flymsy.com; 900 Airline Hwy; 🛜), 18 km al oeste de la ciudad, acoge principalmente vuelos nacionales.

En la **Union Passenger Terminal** (☎504-299-1880; 1001 Loyola Ave) está la **estación de Greyhound** (☎504-525-6075; www.greyhound.com; 1001 Loyola Ave; ☺5.15-10.30, 11.30-13.00 y 14.30-21.25), con autobuses regulares a Baton Rouge (2 h), Memphis (Tennessee, 11 h) y Atlanta (Georgia, 12 h). Los trenes de **Amtrak** (☎800-872-7245, 504-528-1610; ☺5.45-22.00) también operan desde la Union Passenger Terminal, y van a Chicago, Nueva York, Los Ángeles y puntos intermedios.

ⓘ Cómo desplazarse

A/DESDE EL AEROPUERTO

Hay una cabina de información en el vestíbulo A&B del aeropuerto. Un **autobús lanzadera** (☎866-596-2699; www.airportshuttleneworleans.com; ida/ida y vuelta 20/38 US$) va a los hoteles del centro. La ruta E2 de **Jefferson Transit** (☎504-364-3450; www.jeffersontransit.org; adultos 2 US$) recoge a los pasajeros frente a la entrada nº 7 del nivel superior del aeropuerto; para a lo largo de la Airline Hwy (Hwy 61) de camino a la ciudad (última parada en las avenidas Tulane y Loyola). Después de las 19.00 solo va a las avenidas Tulane y Carrollton, en Mid-City; desde donde restan 8 km hasta el CBD, donde hay que hacer transbordo a un autobús de la Regional Transit Authority (RTA); algo complicado, sobre todo con equipaje.

Un taxi al centro cuesta 33 US$ para 1-4 personas, 14 US$ por cada pasajero adicional.

TRANSPORTE PÚBLICO

La **Regional Transit Authority** (RTA; ☎504-248-3900; www.norta.com) opera el servicio local de autobuses. Los billetes de autobús y tranvía cuestan 1,25 US$, más 0,25 US$ por transbordo; los autobuses exprés cuestan 1,50 US$. Se exige el importe exacto.

La RTA también opera tres líneas de **tranvía** (sencillo 1,25 US$, abono diario 3 US$; importe exacto). El histórico tranvía St Charles solo tiene una breve ruta circular en el CBD debido a los daños que el huracán causó en las vías de Uptown. El tranvía del Canal efectúa un largo trayecto desde Canal St hasta City Park, con un ramal por Carrollton Ave. La línea RiverFront recorre 3 km a lo largo del dique desde Old US Mint, pasando Canal St, hasta el centro de convenciones río arriba y de vuelta. Un **Jazzy Pass** permite viajes ilimitados (1/3 días 3/9 US$); se puede comprar en las farmacias Walgreen locales o en línea, pero si se elige esta última opción habrá que esperar a recibirlo por correo.

Para pedir un taxi hay que llamar a **United Cabs** (☎504-522-9771; www.unitedcabs.com; ⊗24 h).

Se pueden alquilar bicicletas en **Bicycle Michael's** (☎504-945-9505; www.bicyclemichaels.com; 622 Frenchmen St; desde 35 US$/día; ⊗10.00-19.00 lu, ma y ju-sa, hasta 17.00 do).

Alrededores de Nueva Orleans

Al dejar atrás la colorida Nueva Orleans se entra en un mundo de pantanos, mansiones *antebellum,* comunidades pequeñas y apacibles, y kilómetros de ciudades dormitorio y centros comerciales.

Barataria Preserve

Esta sección del Jean Lafitte National Historical Park & Preserve, al sur de Nueva Orleans, cerca de la ciudad de Marrero, ofrece el mejor acceso a las espesas tierras pantanosas que rodean Nueva Orleans. Sus 13 km de pasarelas de madera son una opción asombrosa para visitar el fecundo pantano sin molestar a los caimanes, nutrias, ranas arborícolas y cientos de especies de aves que lo habitan.

Se puede empezar en el centro de visitantes (☎504-689-3690; www.nps.gov/jela; Hwy 3134; ⊗9.00-17.00, centro de visitantes 9.30-16.30 mi-do; ☕) GRATIS, 1,6 km al oeste de la Hwy 45, cerca de la salida a Barataria Blvd, donde se

puede obtener un plano o inscribirse en un paseo guiado a pie o en canoa (casi todos los sábados por la mañana y una vez al mes las noches de luna llena; hay que reservar plaza). Para alquilar canoas o kayaks para un circuito o un paseo por cuenta propia se puede ir a Bayou Barn (☎504-689-2663; www.bayoubarn.com; 7145 Barataria Blvd; canoas 20 US$, kayak 25 US$/persona; ⊗10.00-18.00 ju-do), a unos 5 km de la entrada del parque.

Costa norte

A lo largo de la costa norte del lago Pontchartrain se extienden ciudades dormitorio, pero hacia el norte de Mandeville se llega al bucólico pueblo de Abita Springs, muy popular en el s. XIX por sus aguas curativas. Hoy el manantial sigue fluyendo de una fuente en el centro del pueblo, pero la gran atracción 'líquida' es el Abita Brew Pub (☎985-892-5837; www.abitabrewpub.com; 7201 Holly St; ⊗11.00-21.00 ma-ju y do, hasta 22.00 vi y sa), donde se pueden catar las cervezas de barril elaboradas 2 km al oeste del pueblo, en Abita Brewery Tasing Room (☎985-893-3143; www.abita.com; 166 Barbee Rd; circuitos gratis; ⊗circuitos 14.00 mi-vi, 11.00, 12.00, 13.00 y 14.00 sa).

Los 50 km del Tammany Trace Trail (☎985-867-9490; www.tammanytrace.org; 🚲) 🚴 conectan las localidades de la costa norte, desde Covington, vía Abita Springs, hasta el bonito Fontainebleau State Park. En Lacombe, unos 14 km al este de Mandeville, se pueden alquilar bicicletas y kayaks en Bayou Adventures (☎985-882-9208; www.bayouadventure.com; 27725 Main St, Lacombe; bicicletas 8/25 US$ h/día, kayak individual/doble 35/50 US$ por día; ⊗6.00-17.00).

River Road

Majestuosas mansiones de antiguas plantaciones salpican las orillas este y oeste del Misisipi entre Nueva Orleans y Baton Rouge. Primero el índigo, y después el algodón y la caña de azúcar, hicieron ricos a los propietarios de estas fincas, muchas de ellas abiertas al público. Casi todos los circuitos se centran en la vida de los propietarios, la arquitectura y los ornamentados jardines de la Luisiana de antes de la guerra.

👁 Puntos de interés

Whitney Plantation   ENCLAVE HISTÓRICO
(☎225-265-3300; www.whitneyplantation.com; 5099 Highway 18, Wallace; adultos/estudiantes 22/15

US\$, niños menores 12 años gratis; ◑9.30-16.30 mi-lu, circuitos 10.00-15.00) Es la primera planta-ción del estado que se centra en la historia y realidad de la esclavitud. Además de un circuito dedicado a las espantosas condicio-nes en las que debían trabajar los esclavos, la finca cuenta con varios monumentos dedica-dos a la población afroamericana de la zona.

Laura Plantation ENCLAVE HISTÓRICO
(📞225-265-7690; www.lauraplantation.com; 2247 Hwy 18, Vacherie; adultos/niños 20/6 US\$; ◑10.00-16.00) Este circuito aborda la vida de criollos, blancos y esclavos afroamericanos por me-dio de una meticulosa investigación y de los documentos escritos por las mujeres criollas que regentaron la plantación durante varias generaciones. Es un lugar fascinante, pues era una mansión criolla, en contraste con las angloamericanas, y las diferencias culturales y arquitectónicas entre ambas son obvias y notables.

Oak Alley Plantation ENCLAVE HISTÓRICO
(📞225-265-2151; www.oakalleyplantation.com; 3645 Hwy 18, Vacherie; adultos/niños 20/7,50 US\$; ◑9.00-17.00 mar-oct, 9.00-16.30 lu-vi, hasta 17.00 sa y do nov-feb) Lo más impresionante de esta plantación son los 28 majestuosos robles que flanquean la entrada a su grandiosa mansión de estilo neogriego. El circuito es bastante formal. La finca alquila casitas de campo (145-200 US\$) y dispone de restaurante.

Baton Rouge

En 1699 exploradores franceses llamaron a esta zona *baton rouge* (palo rojo) cuando vieron un tótem rojizo de madera de ciprés que los bayagoulas y la tribu houma habían clavado en el suelo para señalizar los límites de sus respectivos territorios de caza. A par-tir de aquel tótem surgió toda una ciudad. Baton Rouge se extiende sin orden en varias direcciones con dos epicentros notables: la Universidad Estatal de Luisiana (LSU) y, por otro lado, la Universidad del Sur (Southern University), esta última una de las mayores afroamericanas del país.

◉ Puntos de interés y actividades

Louisiana State Capitol EDIFICIO HISTÓRICO
(📞225-342-7317; 900 N 3er St; ◑8.00-16.30 ma-sa) GRATIS El altísimo edificio *art déco* que preside la ciudad se edificó en plena Gran Depresión y costó 5 millones de dólares. Es el legado más visible del populista gobernador 'King-

fish' Huey Long. El mirador (cierre 16.00) de la planta 27ª ofrece vistas espectaculares y el vestíbulo, muy ornamentado, también im-presiona. En recepción se ofrecen circuitos gratuitos.

LSU Museum of Art MUSEO
(LSUMOA; 📞225-389-7200; www.lsumoa.com; 100 Lafayette St; adultos/niños 5 US\$/gratis; ◑10.00-17.00 ma-sa, hasta 20.00 ju, 13.00-17.00 do) El espacio que ocupa este museo (las líneas limpias y geométricas del Shaw Center) es tan impresionante como las galerías que alberga, que incluyen una colección perma-nente de más de 5000 obras que exploran el patrimonio artístico regional y las tendencias contemporáneas.

Old State Capitol EDIFICIO HISTÓRICO
(📞225-342-0500; www.louisianaoldstatecapitol.org; 100 North Blvd; ◑9.00-16.00 ma-sa) GRATIS Este castillo neogótico de color rosa fue antaño el capitolio estatal. Hoy alberga exposiciones sobre historia política de Luisiana.

Rural Life Museum MUSEO
(📞225-765-2437; http://sites01.lsu.edu/wp/rura llife; 4560 Essen Lane; adultos/niños 9/8 US\$; ◑8.00-17.00; 🅿️👬) Este museo al aire libre pro-mete un recorrido por la arquitectura, las ocupaciones y las tradiciones populares de la Luisiana rural.

🛏️ Dónde dormir y comer

Stockade Bed & Breakfast B&B \$\$
(📞225-769-7358; www.thestockade.com; 8860 Highland Rd; h 135-160 US\$, ste 215 US\$; 🅿️❄️🐕) En la I-10 abundan los hoteles de cadenas, pero si se busca un alojamiento más acoge-dor, este maravilloso B&B ofrece cinco habi-taciones amplias, cómodas y elegantes. Está solo 5,6 km al sureste de la LSU y muy cerca de varios buenos restaurantes del barrio. Los fines de semana hay que reservar, sobre todo durante la temporada de fútbol americano.

Schlittz & Giggles PIZZERÍA \$\$
(📞225-218-4271; www.schlittzandgiggles.com; 301 3er St; *pizzas* 10-22 US\$; ◑11.00-24.00 do-mi, hasta 2.00 ju-sa; 🛜) Bar y *pizzería* de nombre curioso en el que simpáticas camareras sirven finísi-mas *pizzas* y *paninis* a una clientela estu-diantil mientras los lugareños beben cerveza en el bar.

Louisiana Lagniappe CAJÚN \$\$\$
(📞225-767-9991; www.louisianalagniapperestau rant.com; 9900 Perkins Rd; principales 21-50 US\$; ◑17.30-21.00 lu-ju, 17.00-22.00 vi y sa; 🅿️) *Lag-*

niappe significa "un pequeño extra" en el francés de Luisiana, aunque aquí todo es a lo grande, sobre todo los platos: pescado con carne de cangrejo, costillas y pasta con gambas y salchichas.

☆ Ocio

Varsity Theatre MÚSICA EN DIRECTO
(☎225-383-7018; www.varsitytheatre.com; 3353 Highland Rd; ☺20.00-2.00) En las puertas de la LSU, suele acoger música en directo entre semana. Tiene un restaurante con una amplia carta de cervezas y ruidosa clientela estudiantil.

❶ Información

Centro de visitantes (☎225-383-1825; www.visitbatonrouge.com; 359 3er St; ☺8.00-17.00) En el centro; ofrece planos, folletos sobre atracciones locales y horarios de festivales.
Capital Park (☎225-219-1200; www.louisianatravel.com; 702 River Rd N; ☺8.00-16.30) Cerca del centro de visitantes; información oficial sobre turismo en Luisiana.

❶ Cómo llegar y desplazarse

Baton Rouge está 129 km al oeste de Nueva Orleans por la I-10. El **aeropuerto metropolitano de Baton Rouge** (BTR; ☎225-355-0333; www.flybtr.com) queda al norte de la ciudad, cerca de la I-110; a 1½ h de Nueva Orleans. **Greyhound** (☎225-383-3811; www.greyhound.com; 1253 Florida Blvd, en N 12th St) tiene autobuses regulares a Nueva Orleans, Lafayette y Atlanta (Georgia). El **Capitol Area Transit System** (CATS; ☎225-389-8920; www.brcats.com; billete 1,75 US$) se encarga de los autobuses municipales.

St Francisville

La frondosa St Francisville es la típica pequeña ciudad sureña artística, una mezcla de casas históricas, tiendas bohemias y actividades al aire libre en las vecinas Tunica Hills. Durante la década previa a la Guerra de Secesión era el hogar de los millonarios de las plantaciones, y una buena parte de la arquitectura que edificaron aquellos aristócratas sigue intacta.

◉ Puntos de interés y actividades

Se puede pasear por la histórica **Royal St** para ver las mansiones de estilo *antebellum* y los edificios reconvertidos en viviendas. El centro de visitantes ofrece folletos con circuitos.

Myrtles Plantation EDIFICIO HISTÓRICO
(☎225-635-6277; www.myrtlesplantation.com; 7747 US Hwy 61 N; circuitos adultos/niños 10/7 US$, circuitos nocturnos 12 US$; ☺9.00-17.00, circuitos 18.00, 19.00 y 20.00 vi y sa; P) Se supone que es una mansión encantada, por eso ofrece circuitos nocturnos (con reserva) los fines de semana. Hay quien dice haber experimentado presencias paranormales; para comprobarlo en persona habrá que alojarse en su B&B (desde 115 US$).

Oakley Plantation & Audubon State Historic Site ENCLAVE HISTÓRICO
(☎225-635-3739; www.audubonstatehistoricsite.wordpress.com; 11788 Hwy 965; adultos/estudiantes/sénior 8/4/6 US$; ☺9.00-17.00 ma-sa; P) En las afueras de St Francisville, esta finca histórica es el lugar donde trabajó el pintor John James Audubon, quién en 1821 se convirtió en el tutor de la hija del propietario. Aunque aquel trabajo solo duró cuatro meses, él y su asistente terminaron 32 láminas de aves de los bosques de la plantación. La pequeña casa (1806), con influencias caribeñas, incluye varias láminas originales de Audubon

Mary Ann Brown Preserve RESERVA NATURAL
(☎225-338-1040; www.nature.org; 13515 Hwy 965; ☺amanecer-anochecer) Dirigida por Nature Conservancy, esta reserva de 445 000 m² incluye algunos de los bosques de hayas, humedales y suelo arcilloso de las tierras altas de las Tunica Hills. Una serie de 3 km de senderos y pasarelas atraviesa los bosques; con los mismos árboles que John James Audubon sorteó cuando empezó su obra *Birds of America*.

🛏 Dónde dormir y comer

★ **Shadetree Inn** B&B $$
(☎225-635-6116; www.shadetreeinn.com; Royal St esq. Ferdinand St; h desde 145 US$; P❄🤖) Junto al barrio histórico y a un santuario de aves, este acogedor B&B ofrece un patio lleno de flores y hamacas, y unas habitaciones amplias de elegancia rústica. Se puede tomar el desayuno continental *deluxe* en la habitación, que incluye una botella de vino o champán. El precio baja si se prescinde del desayuno y entre semana.

3-V Tourist Court HOSTAL HISTÓRICO $$
(☎225-721-7003; www.themagnoliacafe.net/magnolia3vtouristcourts.html; 5687 Commerce St; cabañas 1/2 camas 75/125 US$; P❄🤖) Uno de los moteles más antiguos de EE UU (es

de los años treinta y engrosa el Registro Nacional de Lugares Históricos). Sus cinco habitaciones tienen decoración y muebles de época, aunque una reforma reciente ha mejorado las camas, los suelos de madera y ha incluido TV de pantalla plana, dándole un aspecto casi moderno.

Birdman Coffee & Books CAFÉ $
(☎225-635-3665; 5687 Commerce St; principales 5-6,50 US$; ☉7.00-17.00 ma-vi, 8.00-14.00 sa y do; ☎) El sitio donde tomar un buen desayuno (gachas de toda la vida, tortitas de boniato...) y ver arte local.

Magnolia Café CAFÉ $
(☎225-635-6528; www.themagnoliacafe.net; 5687 Commerce St; principales 7-13 US$; ☉10.00-16.00 diario, hasta 21.00 ju y sa, hasta 22.00 vi) Es el centro de todo lo que sucede en St Francisville. Antaño fue una tienda de alimentos saludables y un taller de furgonetas VW. Hoy es el sitio donde la gente va a comer, socializar y, los viernes por la noche, a bailar con música en directo. Se recomienda pedir el *po'boy* de gambas y queso.

Cajun Country

Cuando la gente piensa en Luisiana, esta (aparte de Nueva Orleans) es la imagen que les viene a la mente: kilómetros de pantanos, chozas con suelos cubiertos de serrín, un peculiar dialecto francés y un montón de buena comida. Bienvenidos al Cajun Country, también llamado Acadiana por los colonos franceses expulsados de L'Acadie (hoy Nueva Escocia, Canadá) por los británicos en 1755.

Los cajún son la mayor minoría francoparlante de EE UU, y aunque no sea habitual oír francés, el idioma sigue presente en los programas de radio, las misas y en el acento cantarín del inglés local. Mientras que Lafayette es el nexo de Acadiana, explorar los canales, aldeas y tabernas destartaladas de las carreteras sumerge al viajero en la vida cajún. Es una región socialmente muy conservadora, pero los cajún también tienen una merecida fama hedonistas. Es difícil no comer bien en esta zona, donde preparan el *jambalaya* (arroz con tomates, salchichas y gambas) y el *étouffée* de cangrejo de río (un denso guiso cajún) lentamente y con orgullo (y pimienta de cayena); y cuando la gente no está pescando, seguro que estará bailando. Que nadie se quede sentado, *allons danson!*

LAFAYETTE

A veces las guías de viajes abusan de los superlativos, pero con Lafayette es necesario emplearlos. Aunque los domingos la ciudad está más muerta que un cementerio, en ella abundan los excelentes restaurantes y las de conciertos, y cuenta con uno de los mejores festivales gratuitos de música del país. Es una ciudad universitaria, por lo que hay animación casi todas las noches. En el fondo, incluso los domingos tienen su gracia: hay algunos locales con *brunchs* deliciosos.

◉ Puntos de interés

Vermilionville POBLACIÓN
(☎337-233-4077; www.vermilionville.org; 300 Fisher Rd; adultos/estudiantes 10/6 US$; ☉10.00-16.00 ma-do; ☎) Este apacible pueblo cajún del s. XIX, reconstruido, se extiende por el *bayou* (pantano) cerca del aeropuerto. Guías simpáticos y entusiastas se disfrazan para explicar la historia cajún, criolla y amerindia; y hay conciertos los domingos (13.00-15.00). También ofrece **circuitos en barco** (☎337-233-4077; adultos/estudiantes 12/8 US$; ☉10.30 ma-sa mar-may y sep-nov) por el *bayou*.

Acadiana Center for the Arts GALERÍA
(☎337-233-7060; www.acadianacenterforthearts.org; 101 W Vermilion St; adultos/estudiantes/niños 5/3/2 US$; ☉10.00-17.00 lu-sa) Este centro artístico en pleno centro mantiene tres galerías muy chic y ofrece teatro, lecturas y eventos especiales.

Acadian Cultural Center MUSEO
(☎337-232-0789; www.nps.gov/jela; 501 Fisher Rd; ☉9.00-16.30 ma-vi, 8.30-12.00 sa; Ⓟⓗ) ✎ Amplias exposiciones sobre cultura cajún.

✸ Fiestas y celebraciones

Festival International de Luisiana MÚSICA
(www.festivalinternational.com; ☉último fin de semana abr) Fabuloso festival que reúne a cientos de artistas locales e internacionales durante cinco días. Es el mayor gratuito de EE UU. Aunque celebra la música y la cultura francófonas, está abierto a las músicas del mundo en todas sus manifestaciones y lenguajes.

🛏 Dónde dormir y comer

Los hoteles de cadena se apiñan cerca de las salidas 101 y 103 de la I-10 (dobles desde 65 US$). En Jefferson St, cerca del centro, hay bares y restaurantes, incluida comida mexicana y *sushi*.

★ **Blue Moon Guest House** PENSIÓN **$**
(☎337-234-2422; www.bluemoonpresents.com; 215 E Convent St; dc 18 US$; h 70-90 US$; P❋@☎) Esta impecable casa es una de las joyas de Luisiana: una pensión selecta muy cerca del centro. Si el viajero se aloja aquí, pasa a formar parte de la lista de invitados del local musical más popular de Lafayette, en el patio trasero. Los simpáticos propietarios, la cocina completa y la camadería entre los clientes crean un ambiente único, ideal tanto para mochileros jóvenes como para más maduros y adinerados. Los precios se disparan durante el festival y no es un sitio tranquilo.

Buchanan Lofts APARTAMENTOS **$$**
(☎337-534-4922; www.buchananlofts.com; 403 S Buchanan; h por noche/semana desde 110/600 US$; P❋@☎) Modernos *lofts,* grandes y modernos, decorados con arte contemporáneo y de diseño, con cocina americana, paredes de obra vista y suelos de madera.

★ **French Press** DESAYUNOS **$**
(☎337-233-9449; www.thefrenchpresslafayette.com; 214 E Vermillion; principales 9-15 US$; ☺ 7.00-14.00 lu-vi, desde 9.00 sa y do; ☎) Un híbrido franco-cajún con la mejor cocina de Lafayette. El desayuno es espectacular, un pecaminoso cajún Benedict, gachas con queso cheddar y *granola* ecológica. Para el almuerzo se recomienda el sándwich de

gambas fritas con queso fundido y bañado en mayonesa picante.

Johnson's Boucanière CAJÚN **$**
(☎337-269-8878; www.johnsonsboucaniere.com; 1111 St John St; principales 3-7 US$; ☺7.00-15.00 ma-vi, hasta 17.30 sa) Un local familiar, con 70 años de historia, que sirve riquísimo *boudin* (salchichas cajún de carne de cerdo y arroz) y un irresistible sándwich de carne de cerdo rematado con salchicha ahumada.

Dwyer's DINER **$**
(☎337-235-9364; 323 Jefferson St; principales 5-12 US$; ☺6.00-14.00; ♿) Local familiar que sirve comida cajún y *gumbo* para almorzar y panqueques para desayunar. Es muy divertido los miércoles por la mañana, cuando se organiza una mesa francoparlante y los lugareños cajún se sueltan a hablar en su antiguo dialecto.

☆ **Ocio**

Para saber qué se cuece en la ciudad, se puede consultar el semanario gratuito *Times* (www.theadvertiser.com; véase *Times of Acadiana*) o el *Independent* (www.theind.com).

Restaurantes cajún tales como **Randol's** (☎337-981-7080; www.randols.com; 2320 Kaliste Saloom Rd; ☺17.00-22.00 do-ju, hasta 22.30 vi y sa) y **Prejean's** (☎337-896-3247; www.prejeans.com; 3480 NE Evangeline Thruway/I-49; ☺7.00-22.00 do-ju, hasta 23.00 vi y sa) ofrecen música en directo las noches del fin de semana.

CAJUNES, CRIOLLOS Y... CRIOLLOS

Los turistas suelen usar los términos cajún y criollo indistintamente, pero se trata de dos culturas diferenciadas. Los criollos son descendientes de los colonos europeos originales de Luisiana, una mezcla de origen francés y español. Suelen tener conexiones urbanas con Nueva Orleans y se consideran una cultura refinada y civilizada.

Los cajunes se consideran descendientes de los acadianos, los colonos de la Francia rural que se asentaron en Nueva Escocia. Después de que los británicos conquistaran Canadá, los aguerridos acadianos rehusaron el dominio inglés y fueron expulsados a mediados del s. XVIII en lo que se conoce como el Grand Dérangement. Muchos exiliados se asentaron en el sur de Luisiana; sabían que la zona era francesa, pero los criollos a menudo trataban a los acadianos (cajún es una degradación inglesa del término) como patanes. Los acadianos-criollos habitaban en las zonas de los pantanos y las praderas, y se consideran una cultura rural y fronteriza.

Para confundir más las cosas, en muchas antiguas colonias francesas y españolas se llama criollos a los mestizos. Esto ocurre en Luisiana, pero existe una diferencia cultural entre los criollos franco-hispanos y los criollos mestizos, aunque es muy probable que ambas comunidades compartan lazos de sangre.

Blue Moon Saloon MÚSICA EN DIRECTO
(☎337-234-2422; www.bluemoonpresents.com; 215 E Convent St; entrada 5-8 US$; ⊗17.00-2.00 ma-do) Este local íntimo, en el porche trasero de la pensión homónima, resume todo lo que es Luisiana: buena música, buena gente y buena cerveza. Adorable. Música en directo de miércoles a sábado.

Artmosphere MÚSICA EN DIRECTO
(☎337-233-3331; www.artmosphere.co; 902 Johnston St; ⊗10.00-2.00 lu-sa, hasta 24.00 do) Grafitis, narguiles, modernos y una programación musical atrevida. Tiene más del famoso CBGB que de cajún, pero es un sitio divertido; y sirve buena comida mexicana.

ℹ Información

Centro de visitantes (☎337-232-3737; www.lafayettetravel.com; 1400 NW Evangeline Thruway; ⊗8.30-17.00 lu-vi, 9.00-17.00 sa y do) Información sobre viajes, alojamiento y eventos en Lafayette y el Cajun Country (Acadiana).

ℹ Cómo llegar y salir

Desde la I-10 hay que tomar la salida 103A, la Evangeline Thruway (Hwy 167) va al centro de la ciudad. **Greyhound** (☎337-235-1541; www.greyhound.com; 100 Lee Ave) opera, junto al barrio comercial, ofrece varios servicios diarios a Nueva Orleans (3½ h) y Baton Rouge (1 h). El tren de **Amtrak** (100 Lee Ave) *Sunset Limited* va a Nueva Orleans tres veces por semana.

HUMEDALES CAJUNES

En 1755, el Grand Dérangement, la expulsión de los colonos rurales de Acadiana (hoy Nueva Escocia, Canadá) por parte de los británicos, creó una diáspora de acadianos que pasaron décadas buscando un lugar donde vivir. En 1785 siete barcos cargados de exiliados llegaron a Nueva Orleans. A comienzos del s. XIX, entre 3000 y 4000 acadianos ocuparon los humedales al suroeste de la ciudad. Las tribus locales, como los attakapas, les ayudaron a ganarse el sustento mediante la pesca y la caza con trampas, y ese estilo de vida sigue siendo el telón de fondo de su existencia actual.

Al este y al sur de Lafayette, la **cuenca del río Atchafalaya** es el insólito corazón de los marjales cajún. Se puede ir al **Atchafalaya Welcome Center** (☎337-228-1094; www.dnr.louisiana.gov; I-10, salida 121; ⊗8.30-17.00) para informarse sobre cómo visitar la espesa jungla que protege estos marjales, lagos y *bayous*. También informan sobre acampada en el **Indian Bayou**, sobre la **Sherburne Wildlife Management Area** y el **Lake Fausse Pointe State Park,** con una ubicación exquisita.

Unos 18 km al este de Lafayette, en la compacta ciudad de **Breaux Bridge**, devota de los cangrejos de río, se halla el inesperado **Café des Amis** (☎337-332-5273; www.cafedesamis.com; 140 E Bridge St; principales 17-26 US$; ⊗11.00-21.00 ma-ju, desde 7.30 vi y sa, 8.00-14.00 do), donde uno puede relajarse entre obras de arte local mientras los camareros sirven suntuosos desayunos de fin de semana, con música *zydeco* en directo los sábados por la mañana. Solo 5,6 km al sur de Breaux Bridge, **Lake Martin** (Lake Martin Rd) es una maravillosa introducción a los paisajes *bayou*. En este santuario de aves viven miles de garcetas blancas, garcillas bueyeras, garzas azuladas y unos cuantos caimanes.

En el acogedor **centro turístico** (☎337-332-8500; www.breauxbridgelive.com; 318 E Bridge St; ⊗8.00-16.00 lu-vi, hasta 12.00 sa) el personal ayuda a reservar alguno de los múltiples B&B de la ciudad. **Bayou Cabins** (☎337-332-6158; www.bayoucabins.com; 100 W Mills Ave; cabañas 70-150 US$) ofrece 14 cabañas individuales en el Bayou Teche, algunas de ellas con mobiliario *retro* de los años cincuenta, otras decoradas con arte popular de la región. El desayuno, incluido, es delicioso, a base de carne ahumada. Si se visita la ciudad la primera semana de mayo no hay que perderse la orgía de música, danzas y comida cajún del **Crawfish Festival** (www.bbcrawfest.com; ⊗may).

PRADERAS CAJÚN

Los colonos cajún y afroamericanos de las tierras altas de secano al norte de Lafayette desarrollaron una cultura en torno a la cría de animales y la agricultura, y el sombrero vaquero sigue muy presente. También es la cuna de las músicas cajún y *zydeco* (y de los acordeones), y de la cría de cangrejos de río.

Opelousas, soñolienta y agazapada junto a la Hwy 49, alberga en su centro histórico el **Museum & Interpretive Center** (☎337-948-2589; www.cityofopelousas.com; 315 N Main St; ⊗8.00-16.30 lu-vi, 10.00-15.00 do) GRATIS, con una serie de exposiciones de trastos viejos relacionados con la ciudad. En **Slim's Y-Ki-Ki** (☎337-942-6242; www.slimsykiki.com; Main St esq. Park St, Opelousas; ⊗21.00-madrugada), unos cuantos kilómetros al norte, hay

FRED'S: UN PEQUEÑO CLÁSICO

En el corazón del Cajun Country, Mamou es el típico pueblo del sur de Luisiana seis días a la semana, cuando apenas merece una breve parada antes de seguir hacia Eunice. Pero los sábados por la mañana, el local más popular de Mamou, el Fred's Lounge (420 6th St, Mamou; 8.00-14.00 sa), se convierte en una sala de baile apoteósica.

Más que una sala, es un bar pequeño, que suele llenarse de 8.30 a 14.00, cuando acoge una matinal de música francófona con bandas, baile y mucho humo. Antaño, la propietaria, Tante ("tía", en francés cajún) Sue, subía al escenario para ofrecer sus canciones en francés cajún mientras daba sorbos a una botella de licor. Tante Sue falleció, pero su local conservan su sorprendente y anárquica energía.

música *zydeco* y se puede bailar. El *zydeco* también suena fuerte en el Yambilee Building (1939 W Landry St), que también se usa como salón de recepciones.

Plaisance, al noroeste de Opelousas, es la sede del popular Southwest Louisiana Zydeco Festival (www.zydeco.org; fin ago o ppios sep), que promete diversión para toda la familia.

En Eunice se celebra el Rendez-Vous des Cajuns los sábados por la noche en el Liberty Theater (337-457-6577; www.eunice-la.com/index.php/things-hasta-do/liberty-schedule; 200 Park Ave; entrada 5 US$; 18.00-19.30), que se emite en la radio local. Los visitantes son bienvenidos todos los días en la emisora de radio KBON (337-546-0007; www.kbon.com; 109 S 2nd St; 101.1 FM), en la que destaca el amplio Wall of Fame, firmado por los músicos invitados. A dos manzanas de allí, el Cajun Music Hall of Fame & Museum (337-457-6534; www.cajunfrenchmusic.org; 230 S CC Duson Dr; 9.00-17.00 ma-sa) GRATIS acoge una vetusta colección de instrumentos y recuerdos pensada para los fans más acérrimos de la música.

El NPS dirige el Prairie Acadian Cultural Center (337-457-8499; www.nps.gov/jela; 250 West Park Ave; 9.30-16.30 mi-vi, hasta 18.00 sa) GRATIS, con exposiciones sobre la vida rural y la cultura cajún, y varios documentales que explican la historia de la zona. Si apetece escuchar más música, el mejor día para ir a Eunice es el sábado. De 9.00 a 12.00 el Savoy Music Center (337-457-9563; www.savoymusiccenter.com; 9.00-17.00 ma-vi, 9.00-12.00 sa), una fábrica y tienda de acordeones, celebra una *jam session* de música cajún. El músico Marc Savoy y su esposa Ann, guitarrista, participan a menudo.

Ruby's Café (337-550-7665; 123 S 2nd St; principales 9-23 US$; 6.00-14.00 lu-vi, 17.00-21.00 mi y ju, hasta 22.00 vi y sa) ofrece almuerzos populares en un *diner* de los años cincuenta, y el Café Mosaic (202 S 2nd St; comidas 3-4,50 US$; 6.00-22.00 lu-vi, desde 7.00 sa, 7.00-19.00 do;) es una elegante cafetería que sirve gofres y sándwiches a la parrilla. Le Village (337-457-3573; www.levillagehouse.com; 121 Seale Lane; h 115-165 US$, casita de tres camas 375 US$;) es un precioso B&B rural.

Norte de Luisiana

Los pueblos rurales y petroleros del cinturón baptista del norte de Luisiana están tan lejos de Nueva Orleans como París, Tejas, de París, Francia. Con todo, comienza un incipiente desarrollo turístico, en especial alentado por los visitantes de Tejas y Arkansas que acuden para apostar.

El capitán Henry Shreve logró hacer navegable los 266 km del Red River (Río Rojo) y fundó la ciudad ribereña de Shreveport en 1839. A comienzos del s. XIX prosperó con el descubrimiento de petróleo, pero entró en declive tras la II Guerra Mundial. La revitalización llegó en parte gracias a los grandes casinos y a un complejo de ocio junto al río. El centro de visitantes (888-458-4748; www.shreveport-bossier.org; 629 Spring St; 8.00-17.00 lu-vi, 10.00-14.00 sa) está en el centro. Los aficionados a las rosas no deberían perderse los jardines del American Rose Center (318-938-5402; www.rose.org; 8877 Jefferson Paige Rd; adultos/niños 5/2 US$, circuitos 10 US$; 9.00-17.00 lu-sa, 13.00-17.00 do), con más de 65 espacios individuales diseñados para mostrar cómo cultivar rosas; para llegar se debe tomar la salida 5 de la I-20. Para comer se puede ir a la Strawn's Eat Shop (318-868-0634; http://strawnseatshop.com; 125 E Kings Hwy;

principales menos de 10 US$; ⊙6.00-20.00), un sencillo *diner* que sirve comida con mucho encanto sureño y deliciosas tartas.

Shreveport tiene una de las cerveceras regionales más exquisitas e infravaloradas de la nación **Great Raft Brewing** (☏318-734-9881; www.greatraftbrewing.com; 1251 Dalzell St; ⊙16.00-21.00 ju y vi, 12.00-21.00 sa). En la sala de catas se puede probar la Schwarzbier, una *lager* oscura.

Unos 80 km al noreste de Monroe por la Hwy 557, cerca de la ciudad de Epps, el **Poverty Point State Historic Site** (☏318-926-5492; www.nps.gov/popo; 6859 Highway 577, Pioneer; adultos/niños 4 US$/gratis; ⊙9.00-17.00), una serie de terraplenes y montículos por donde antaño pasaba el río Misisipi, es un yacimiento arqueológico precolombino. Un mirador de dos plantas ofrece vistas de las seis crestas concéntricas del yacimiento, y hay un sendero de 4 km que serpentea por la verde campiña. Hacia el año 1000 a.C. este lugar fue la cuna de una civilización que llegó a contar con cientos de comunidades, con lazos comerciales tan alejados como la zona de los Grandes Lagos.

Florida

Por qué ir

Para muchos visitantes, Florida es un lugar de promesas: la eterna juventud, el sol, la relajación, los cielos claros, el espacio, el éxito, la evasión, la prosperidad y, para los niños, la posibilidad de conocer a los personajes de Disney.

Ningún otro estado del país ha crecido tanto con el turismo, que aquí adopta mil facetas: ratones de dibujos animados, *Corrupción en Miami,* ostras fritas, villas españolas, caimanes que juegan a la pelota o que aparecen en los campos de golf, y, por supuesto, la playa.

Aunque eso no quiere decir que sea todo *marketing.* Este es uno de los estados más fascinantes, pues es como si alguien hubiera sacudido el país y lo hubiera volcado aquí, llenando esta soleada península de inmigrantes, caballeros sureños, judíos, cubanos, bases militares, centros comerciales y una combinación de jungla subtropical, lagos cristalinos y arena blanca.

Los mejores restaurantes

➡ NIU Kitchen (p. 467)

➡ Bern's Steak House (p. 493)

➡ Yellow Dog Eats (p. 501)

➡ Tap Tap (p. 466)

➡ Floridian (p. 488)

Los mejores alojamientos

➡ Gale South Beach (p. 466)

➡ Fairbanks House (p. 490)

➡ Pillars (p. 471)

➡ Pelican Hotel (p. 466)

➡ Everglades International Hostel (p. 476)

Cuándo ir
Miami

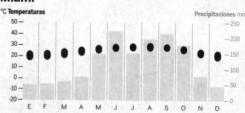

°C Temperaturas — Precipitaciones mm

Feb-abr El invierno acaba y, con las vacaciones de Semana Santa, empieza la temporada alta.

Jun-ago Los meses cálidos y húmedos son la temporada alta en las playas del norte y los parques temáticos.

Sep-oct En la temporada media hay menos aglomeraciones, temperaturas más frescas y agua templada.

SUR DE FLORIDA

Si se va lo suficientemente al sur en Florida, ya no se estará en "el Sur" como entidad regional; se habrá superado esa frontera y se habrá entrado en un híbrido de EE UU, el Caribe y América Latina. Miami es el corazón urbano de la región y una de las pocas ciudades verdaderamente internacionales del país. Desde Palm Beach a Fort Lauderdale se suceden las comunidades de playa para gente de dinero, mientras que en el interior esperan los Everglades, paisaje de ensueño con una naturaleza única y muy viva. Y donde acaba la península, en realidad no acaba, sino que se extiende por Overseas Hwy, que une cientos de islas de manglares hasta llegar al colorista Cayo Hueso.

Miami

Se mueve a un ritmo diferente al del resto de EE UU. Los tonos pastel, las bellezas subtropicales y el encanto latino están por todas partes: desde los salones de baile llenos de puros donde los expatriados de La Habana bailan boleros y son cubano a los exclusivos clubes nocturnos donde modelos brasileñas con tacones de aguja se mueven al ritmo del *hip-hop* latino. Desde los *hipsters* que se pasean por las galerías de vanguardia a los cuerpos perfectos de South Beach, todo el mundo parece tener siempre una pose ideal. Mientras tanto, los puestos callejeros y restaurantes despachan sabores del Caribe, Cuba, Argentina y Haití. Para los viajeros, la ciudad puede resultar tan embriagadora como un dulce mojito.

FLORIDA EN DATOS

Apodo Estado del Sol

Población 19 890 000

Superficie 139 670 km²

Capital Tallahassee (186 411 hab.)

Otras ciudades Jacksonville (842 583 hab.), Miami (417 650 hab.)

Impuesto sobre ventas 6% (algunas poblaciones añaden del 9,5 al 11,5% en hoteles y restaurantes)

Hjos célebres Zora Neale Hurston (escritora, 1891-1960), Faye Dunaway (actriz, 1941), Tom Petty (músico, 1950), Carl Hiaasen (escritor, 1953)

Cuna de los cubano-americanos, los manatíes, Mickey Mouse, los jubilados, la tarta de lima

Política Muy dividida entre republicanos y demócratas

Famosa por sus parques temáticos, playas, caimanes y *art déco*

Invento autóctono concentrado de zumo de naranja congelado (1946)

Miami es un mundo en sí misma, una ciudad internacional cuyos ritmos, preocupaciones e inspiraciones a menudo llegan de orillas distantes. Más de la mitad de la población es latina y más del 60% habla sobre todo español. De hecho, muchos habitantes del norte de Florida no consideran que Miami, con sus inmigrantes, forme parte del estado,

FLORIDA MIAMI

MIAMI EN...

Dos días

El primer día se puede dedicar a South Beach, combinando una tarde de sol y playa con un circuito a pie por el **distrito Art Déco** y una visita al **Wolfsonian-FIU**, que lo explica todo. Esa noche se puede cenar comida haitiana en el **Tap Tap** y tomar una cerveza en **Room.** La mañana siguiente se impone ir a comprar música cubana por la Calle Ocho de **Pequeña Habana,** y luego probar el sabor de la isla en **El Exquisito.** Tras un paseo por el **Vizcaya Museum & Gardens** y un chapuzón en la **piscina veneciana,** el día puede acabar con cena y cóctel en **NIU Kitchen.**

Cuatro días

Se puede seguir el itinerario de dos días y salir hacia **los Everglades** el tercer día para recorrerlos en kayak. Luego llega el momento de una inmersión en el arte y el diseño de **Wynwood** y el **Design District;** también se puede visitar el **Miami Art Museum** o el **Museum of Contemporary Art.** Por la noche, es hora de divertirse con los *hipsters* en la **Wood Tavern.**

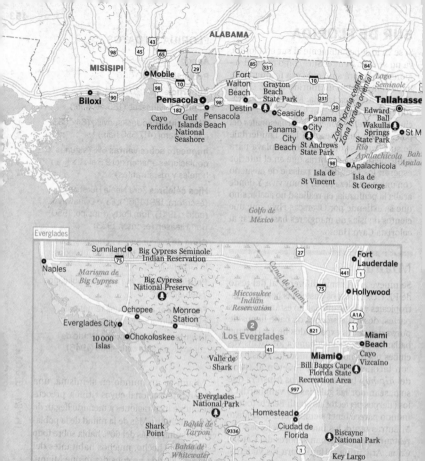

Everglades

ALABAMA

MISISIPI
Biloxi
Mobile
Pensacola
Fort Walton Beach
Grayton Beach State Park
Panama City
Tallahassee
Lago Seminole
Edward Ball Wakulla Springs State Park
St Marks

Cayo Perdido
Gulf Islands National Seashore
Pensacola Beach
Destin
Seaside
Panama City Beach
St Andrews State Park
Río Apalachicola
Bahía Apala...
Zona horaria central
Zona horaria oriental
Isla de St Vincent
Apalachicola
Isla de St George

Golfo de México

Sunniland
Big Cypress Seminole Indian Reservation
Canal de Miami
Fort Lauderdale
Naples
Marisma de Big Cypress
Big Cypress National Preserve
Miccosukee Indian Reservation
Hollywood
Ochopee
Monroe Station
Los Everglades
Miami Beach
Everglades City
Chokoloskee
10 000 Islas
Valle de Shark
Miami
Cayo Vizcaíno
Bill Baggs Cape Florida State Recreation Area
Everglades National Park
Homestead
Ciudad de Florida
Biscayne National Park
Shark Point
Bahía de Tarpon
Key Largo
Bahía de Whitewater
Cabo Sable
John Pennekamp Coral Reef State Park
Flamingo
Key Largo
Key Largo National Marine Sanctuary
Límite del Everglades National Park
Bahía de Florida
Islamorada
Florida Keys National Marine Sanctuary

0   40 km

Imprescindible

1 Al ponerse el sol, unirse a la bacanal den Cayo Hueso, en **Mallory Square** (p. 480).

2 Remar entre los caimanes y la vegetación de **los Everglades** (p. 473).

3 Dejarse llevar por la nostalgia y las emociones en **Walt Disney World** (p. 502).

4 Maravillarse ante los murales de **Wynwood** (p. 462), en Miami.

5 Bucear por el mayor arrecife de coral de Norteamérica en el **John Pennekamp Coral Reef State Park** (p. 478).

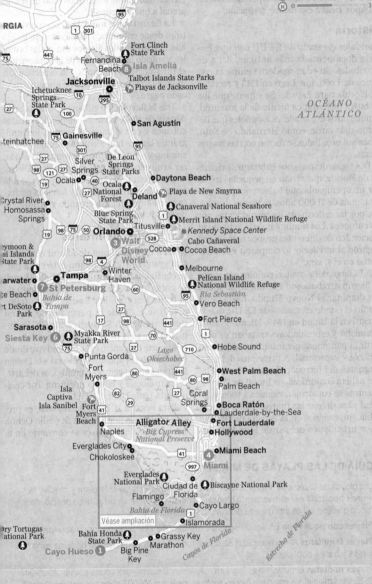

6 Relajarse en las blancas playas de **Siesta Key** (p. 495), en Sarasota.

7 Analizar el simbolismo del *Torero Alucinógeno* en el **Salvador Dalí Museum** de St Petersburg (p. 495).

8 Darse un respiro en el bucólico entorno natural de la **isla Amelia** (p. 489).

y mucha gente de Miami, especialmente los cubanos, tienen esa misma sensación.

Historia

Florida es el estado de EE UU con una historia documentada más antigua, llena de vicisitudes. Su edad moderna empieza con Ponce de León, que llegó en 1513 y reclamó La Florida para España. Se supone que iba en busca de la mítica fuente de la juventud, aunque otros exploradores españoles que llegaron más tarde, como Hernando de Soto, buscaban oro. Todos se fueron con las manos vacías.

Dos siglos después, los habitantes originales de Florida, que vivían en pequeñas tribus por una península que habían ocupado durante más de 11 000 años, se vieron diezmados por las enfermedades introducidas por los europeos. Los seminolas de la actualidad descienden de diferentes grupos nativos que llegaron al territorio, lo ocuparon y se mezclaron en el s. XVIII.

A lo largo del s. XVIII, españoles e ingleses se fueron arrebatando Florida en su lucha por dominar el Nuevo Mundo, hasta dejar por fin el estado en manos de EE UU, que la integró en la Unión en 1845. Mientras tanto, urbanistas y especuladores trataban de convertir la pantanosa península en un paraíso agrícola y vacacional. A principios del s. XX, magnates del ferrocarril como Henry Flagler habían comunicado el litoral de Florida, mientras se construían canales a toda velocidad para drenar las marismas. La carrera había empezado y, en la década de 1920, el *boom* urbanístico del sur de Florida transformó Miami, que en 10 años pasó de ser un arenal a una metrópoli.

La Gran Depresión marcó un nuevo patrón: desde entonces, Florida siempre ha ido alternando períodos álgidos con caídas brutales, y sufrido las vicisitudes de la inmigración, el turismo, los huracanes y la especulación inmobiliaria (por no hablar de un activo mercado negro).

Tras la Revolución cubana de Castro, en la década de 1960, Miami se llenó de exiliados cubanos y, con el paso del tiempo, los inmigrantes latinos han ido aumentando y diversificándose. En cuanto al turismo, no volvió a ser lo mismo desde 1971, cuando Walt Disney construyó su reino mágico y dio cuerpo a la imagen de eterna juventud y fantasía perfecta que Florida ha ido creando y vendiendo desde sus inicios.

◉ Puntos de interés

El área metropolitana de Miami conforma una gran metrópoli. Miami está en la parte continental, mientras que Miami Beach se encuentra 6 km al este, al otro lado de la bahía Vizcaína. Por South Beach (plano p. 460) se extiende la parte sur de Miami Beach, desde 5th St North a 21st St. Washington Ave es la principal vía comercial.

Al norte del centro (por NE 2nd Ave desde 17th St a 41st St aprox.), Wynwood y el Design District son los centros neurálgicos del arte, la gastronomía y la vida nocturna. Por encima está Little Haiti.

Para llegar a la Pequeña Habana, es preciso ir al oeste por SW 8th St (calle Ocho), que atraviesa el barrio (y se convierte en la

---

GUÍA DE LAS PLAYAS DE MIAMI

Las playas de la zona de Miami son de lo mejor del país. El agua está clara y cálida y la arena importada es relativamente blanca. También suelen tener un público propio, de modo que todo el mundo pueda disfrutarlas a su manera.

Playas con poca ropa En South Beach, entre 5th St y 21st St; el pudor no abunda.

Playas familiares Al norte de 21st St, sobre todo. A la altura de 53rd St hay una zona de juegos y baños públicos.

Playas nudistas El nudismo es legal en Haulover Beach Park (plano p. 458; ☏305-947-3525; www.miamidade.gov/parks/parks/haulover_park.asp; 10800 Collins Ave; automóvil lu-vi 5 US$, sa y do 7 US$; ☺amanecer-anochecer; ℗), en las islas Sunny. Al norte del puesto del socorrista, es predominantemente gay; al sur, hetero.

Playas gay En todo South Beach el talante es abierto y tolerante, pero el ambiente parece concentrarse en 12th St.

Playas para el 'windsurf' La playa de Hobie, en Rickenbacker Causeway, de camino a Cayo Vizcaíno, es conocida como "Windsurfing Beach".

Tamiami Trail/Hwy 41). Al sur están Coconut Grove y Coral Gables.

Para más información sobre el sur de Florida, véase la guía *Miami & the Keys* de Lonely Planet.

Miami Beach

Es todo lo que uno se imagina, lo bueno y lo malo, lo ridículo y lo asombroso: arena blanca, elegantes edificios, modelos impecables, europeos adictos a las compras y lo más granado de América Latina. Esas imágenes tan difundidas de hoteles *art déco*, modelos con patines, jóvenes fornidos y coches descapotables son de Ocean Drive (de 1st a 11th St), donde la playa no es más que un telón de fondo para tanto pavoneo. Esta combinación de olas, sol y belleza exhibicionista es lo que ha dado su fama mundial a South Beach (o SoBe).

Solo unas manzanas al norte, Lincoln Road (entre Alton Rd y Washington Ave) se convierte en un bulevar, o en una pasarela al aire libre para que todo el mundo pueda admirar a las imponentes criaturas de SoBe. El excelente Bass Museum of Art (plano p. 458; ☎305-673-7530; www.bassmuseum.org; 2121 Park Ave; adultos/niños 8/6 US$; ☺12.00-17.00 mi, ju, sa y do, hasta 21.00 vi) estaba cerrado por obras de ampliación durante la redacción de estas páginas; la reapertura está programada para el otoño del 2016.

★ Distrito Art Déco   BARRIO

(plano p. 460) El corazón de South Beach es de color pastel y se llama Art Deco Historic District. Se extiende desde 18th St hacia el sur por Ocean Dr y Collins Ave. A principios del s. xx se suponía que las líneas suaves y los colores de este barrio histórico evocarían el futuro y los medios de transporte. La primera parada del visitante debería ser el Art Deco Welcome Center (plano p. 460; ☎305-672-2014; www.mdpl.org; 1001 Ocean Dr, South Beach; ☺9.30-17.00 vi-mi, hasta 19.00 ju), gestionado por la Miami Design Preservation League (MDPL).

★ Wolfsonian-FIU   MUSEO

(plano p. 460; ☎305-531-1001; www.wolfsonian.org; 1001 Washington Ave; adultos/niños 6-12 años 7/5 US$, desde 18.00-21.00 vi gratis; ☺10.00-18.00, hasta 21.00 ju y vi) Fascinante colección que cubre desde el transporte al urbanismo, el diseño industrial, la publicidad y la propaganda política de finales del s. xix a mediados del xx. Conviene visitar este excelente museo al principio de la visita para situar la estética

LAS MEJORES PLAYAS

En el Estado del Sol hay infinidad de playas; estas son algunas de las favoritas.

➡ Siesta Key (p. 495)

➡ South Beach (p. 456)

➡ Bahía Honda (p. 480)

➡ Isla de St George (p. 507)

de Miami Beach en un contexto fascinante, pues viene a ser una crónica de la evolución interior de la vida diaria al mostrar cómo se manifestaron arquitectónicamente estas tendencias en la decoración exterior de SoBe.

Lincoln Road Mall   CALLE

(plano p. 460; http://lincolnroadmall.com) Esta vía peatonal entre Alton Rd y Washington Ave es el lugar ideal para ver y dejarse ver; a veces Lincoln parece más una pasarela que una calle. Carl Fisher, alma creadora de Miami Beach, esperaba que se convirtiera en la "5ª Avenida del sur". Morris Lapidus, uno de los fundadores del sinuoso estilo neobarroco típico de Miami Beach, diseñó gran parte de esta zona comercial, incluidos los voladizos para dar sombra, las cascadas e incluso las barreras para el tráfico, que parecen canicas con las que podría jugar un gigante.

New World Center   EDIFICIO

(plano p. 460; ☎305-673-3330; www.newworldcenter.com; 500 17th St; circuitos 5 US$; ☺circuitos 16.00 ma y ju, 12.00 vi y sa) Esta sala de conciertos, diseñada por Frank Gehry, se eleva majestuosamente sobre un césped perfecto junto a Lincoln Rd, con el aspecto de una caja de pañuelos del año 3000 con fachada de cristal; obsérvense las 'olas' de piedra que sobresalen de la fachada. El recinto compone un parque de 1 Ha; las actuaciones del interior se proyectan en el exterior a través de una pared-pantalla de 650 m² (que podría ser el cine al aire libre más elegante del universo).

South Pointe Park   PARQUE

(plano p. 460; ☎305-673-7779; 1 Washington Ave; ☺amanecer-22.00; ⊞⊠) El extremo sur de Miami Beach se ha convertido en un precioso parque cubierto de césped, con vistas a un océano verde azulado; hay un restaurante, un puesto de refrescos, senderos de piedra lavada y mucha gente que sale a disfrutar del estupendo clima y las vistas sin todo el pavoneo de South Beach. Suele utilizarse para

Área metropolitana de Miami

FLORIDA SUR DE FLORIDA

CAROL CITY

Palmetto Expwy

Fort Lauderdale (9mi)

Oleta River State Park

NORTH MIAMI

Southern Memorial Park

18

Oleta River State Recreation Area

11

Collins Ave

OPA-LOCKA

Bal Harbour

Palmetto Expwy

W 4th Ave

NW 119th St

15

Islas Bay Harbor

Indian Creek

Canal de Little River

HIALEAH

Griffing Blvd

N Miami Ave

NE 6th Ave

Biscayne Blvd

79th St

Collins Ave

Amtrak

E 4th Ave

NW 79th St

Pelican Harbor Park

Dade Blvd

LIBERTY CITY

NW 27th Ave

LITTLE HAITI

24

NW 54th St

13

Aeropuerto internacional de Miami

DESIGN DISTRICT

Julia Tuttle Cswy

NW 36th St

WYNWOOD

Wynwood Walls

NW 20th St

26 29

3

23

21

5

Sheridan Ave

MIAMI BEACH

Dolphin Expwy

NW 7th St

Flagler St

MIAMI

Greyhound

20

16

12

MacArthur Cswy

Máximo Gómez Park

SW 8th St (Calle Ocho)

28

6

27

1

SW 22nd St (Miracle Mile)

22

30

PEQUEÑA HABANA

Vizcaya Museum & Gardens

9

Véase "Miami Beach" p. 460

Coral Way

8 17

Coconut Grove

2

19 913

Isla Hobie

Virginia Key

Isla Fisher

Northwest Point

Douglas Road

Puerto de Dinner Key

4

Campo de golf de Biltmore

14

University South Miami

Cayo Vizcaíno

Playa de Crandon Park

Crandon Blvd

SW 72nd St (Sunset Dr)

KENDALL

10

SW 112th St (Killlian Dr)

7

PINECREST

Bahía Vizcaína

Cabo de Florida

Dixie Hwy

SW 152nd St

OCÉANO ATLÁNTICO

Área metropolitana de Miami

sesiones fotográficas con modelos, así que no todo es tan informal.

Centro de Miami

Está en rápida evolución, con la transformación de viejos bazares y tiendas de maletas y electrónica en galerías de arte, espacios expositivos, restaurantes, bares y proyectos urbanísticos acordes con el cambio. Si se quiere ver el agua, se puede visitar el bonito **Bayfront Park** (plano p. 458; ☎305-358-7550; www.bayfrontparkmiami.com; 301 N Biscayne Blvd).

Metromover MONORRAÍL
(☎305-891-3131; www.miamidade.gov/transit/metromover.asp; ⏱5.00-24.00) Este monorraíl eléctrico elevado no tiene el tamaño necesario para cubrir las necesidades de transporte público de la ciudad y se ha convertido en una especie de atracción turística. Sea o no práctico como medio de locomoción, es un modo genial (¡y gratuito!) de ver el centro de Miami desde lo alto (lo cual ayuda, con la cantidad de rascacielos que hay). Al ser gratis, se dice que atrae a muchos sintecho, pero aún hay quien lo usa para ir al trabajo.

Pérez Art Museum Miami MUSEO
(PAMM; plano p. 458; ☎305-375-3000; www.pamm.org; 1103 Biscayne Blvd; adultos/estudiantes y sénior 16/12 US$; ⏱10.00-18.00 ma-do, hasta 21.00 ju, cerrado lu; P) Los Pérez pueden presumir de sus estupendas muestras temporales de arte internacional posterior a la II Guerra Mundial, pero también del impresionante exterior y la ubicación del edificio. Esta institución artística inauguró el Museum Park, franja de terreno con vistas a la bahía Vizcaína. La estructura, diseñada por los arquitectos suizos Herzog y de Meuron, integra cristal, metal y follaje, en una mezcla de vitalidad tropical y modernidad que podría considerarse una analogía de la propia ciudad.

★**Adrienne Arsht Center for the Performing Arts** EDIFICIO
(plano p. 458; ☎305-949-6722; www.arshtcenter.com; 1300 N Biscayne Blvd) Este centro de las artes escénicas es el niño mimado de Miami, y también una importante muestra del lavado de cara del edificio. Diseñado por César Pelli (autor de las Torres Petronas de Kuala Lumpur), tiene dos elementos principales conectados por un fino

Miami Beach

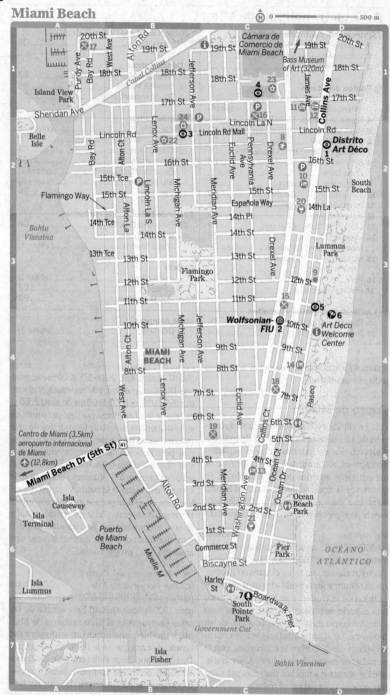

N 0 ———————— 500 m

20th St
19th St
18th St
West Ave
Bay Rd
Purdy Ave
17

Canal Collins
19th St
18th St
Alton Rd

19th St
18th St
Jefferson Ave
17th St

Cámara de
Comercio de
Miami Beach
19th St
18th St

Bass Museum
of Art (320m)

20th St
18th St
17th St
Collins Ave
James Ave

Island View
Park

Sheridan Ave

23
4
16
24
3
22

Lincoln Ct
Lenox Ave

Lincoln Rd Mall
Lincoln La N

Pennsylvania Ave

11
12

Lincoln Rd

Distrito
Art Déco
1

Belle
Isle

Bay Rd
Alton Ct

16th St

Michigan Ave

Euclid Ave
Drexel Ave

8

16th St

South
Beach

15th Tce
15th St
14th Tce

Lincoln La S
Alton La

Meridian Ave

Española Way
15th St
14th Pl
14th St

Drexel Ave

10
20

15th St
14th La

Flamingo Way

Bahía
Vizcaína

14th St
13th Tce
13th St
12th St

Michigan Ave

Flamingo
Park

13th St
12th St

Lummus
Park

9

11th St
10th St

Jefferson Ave

11th St
Wolfsonian-
FIU 2

Drexel Ave

15

12th St

5

6
Art Deco
Welcome
Center

MIAMI
BEACH
8th St

Michigan Ave
Lenox Ave

9th St
8th St
7th St
6th St

Euclid Ave
Collins Ct

10th St
9th St

14

18
7th St

Paseo

Centro de Miami (3,5km)
aeropuerto internacional
de Miami
(12,8km)

West Ave

19

41
Miami Beach Dr (5th St)

4th St
3rd St
2nd St

Meridian Ave
Washington Ave

5th St
4th St
13

6th St

Ocean Ct
Ocean Dr

Isla
Causeway

Isla
Terminal

Puerto
de Miami
Beach

Alton Rd

Muelle M

1st St
Commerce St
Biscayne St

2nd St
21

Ocean
Beach
Park

Pier
Park

OCÉANO
ATLÁNTICO

Isla
Lummus

Harley
St

7
South
Pointe
Park

Boardwalk
Pier

Government Cut

Isla
Fisher

Bahía Vizcaína

Miami Beach

puente peatonal. En el interior de los teatros se puede percibir el efecto del viento sobre el océano y la tierra; los balcones redondeados van ascendiendo en espirales que recuerdan una concha marina abierta.

Pequeña Habana

A medida que SW 8th St se aleja del centro se va convirtiendo en la calle Ocho. Es entonces cuando uno se da cuenta de que ha llegado a la Pequeña La Habana, principal comunidad de cubanos estadounidenses en el país. A pesar de los monumentos culturales, no es ningún parque temático, sigue siendo un barrio de inmigrantes muy vivo, aunque sus habitantes ahora son latinoamericanos en general, más que cubanos. Uno de los mejores momentos para visitarla es el último viernes del mes, durante los Viernes Culturales (www. viernesculturales.org; ☺19.00-23.00), feria callejera de músicos y artistas plásticos latinos.

★ Máximo Gómez Park   PARQUE
(plano p. 458; SW 8th St esq. SW 15th Ave; ☺9.00-18.00) El recuerdo más evocador de la vieja Cuba es el parque Máximo Gómez Park, o "Dominó Park", donde a la charla de los ancianos que juegan al ajedrez se suma el ruido de las fichas de dominó colocadas en rápida sucesión. Esos sonidos, sumados al intenso olor a puro y al luminoso mural de la Cumbre de las Américas de 1993, lo convierten en uno de los lugares con mayor carga sensorial de Miami (aunque también es uno de los que más se llenan de turistas).

Cuba Ocho   GALERÍA
(plano p. 458; ☎305-285-5880; www.cubaocho. com; 1465 SW 8th St; ☺11.00-3.00 ma-sa) Joya del distrito artístico de la Pequeña Habana, funciona como centro comunitario, galería de arte y centro de investigación de todo lo relacionado con Cuba. El interior recuerda un viejo bar de fumadores de La Habana, pero las paredes están decoradas con obras de arte que evocan tanto el pasado del arte cubano clásico como su futuro vanguardista. Abre por la tarde, coincidiendo con los eventos que presenta: música, películas, teatro, lecturas, etc. Más información en internet.

Monumentos conmemorativos
cubanos   MONUMENTO
(plano p. 458; SW 13th Ave y 8-10th St) Dos manzanas de SW 13th Ave contienen una serie de monumentos dedicados a símbolos cubanos y cubano-americanos, como la Antorcha eterna a la Brigada de Asalto 2506, por los exiliados que murieron durante la invasión de la bahía de Cochinos; el monumento a José Martí; y una estatua a la Virgen, supuestamente iluminada por un haz de luz sagrada cada tarde. En el centro del paseo surge una enorme ceiba, árbol venerado por los creyentes en la santería.

Design District, Wynwood y Little Haiti

Los dos barrios de moda al norte del centro –desiertos hace 25 años– se han erigido en bastiones del arte y del diseño, y demuestran

FLORIDA MIAMI

INDISPENSABLE

LAS GALERÍAS DE WYNWOOD

En Wynwood, territorio moderno por excelencia, los *wipsters* (*hipsters* de Wynwood) tienen decenas de galerías de vanguardia, con instalaciones "de guerrilla", murales, grafitis y otras modernidades. Los circuitos a pie **Wynwood and Design District Arts Walks** (plano p. 458; www.artcircuits.com; ☺19.00-22.00 2º sa de mes) GRATIS, con música, comida y vino, son una buena iniciación.

que SoBe no tiene la exclusiva en cuanto a modernidad. El Design District es el paraíso del interiorismo, con decenas de galerías y tiendas de muebles, accesorios y diseño moderno. Al sur del Design District está Wynwood, destacado barrio de galerías y estudios de arte que ocupan fábricas y almacenes abandonados.

Little Haiti, que acoge a refugiados haitianos, se distingue por sus casas de vivos colores, sus mercados y sus *botánicas* (tiendas esotéricas).

⭐**Wynwood Walls**   ARTE PÚBLICO
(plano p. 458; www.thewynwoodwalls.com; NW 2nd Ave entre 25th y 26th St) Una colección de murales y pinturas ocupa un patio abierto que fascina con su colorido y su inesperada ubicación. La oferta pictórica cambia según los grandes eventos artísticos, como el Art Basel, pero es siempre interesante.

Little Haiti Cultural Center   GALERÍA
(plano p. 458; ☎305-960-2969; http://littlehaiti culturalcenter.com; 212 NE 59th Tce; ☺10.00-21.00 ma-vi, 9.00-16.00 sa, 11.00-19.00 do) Este centro cultural alberga una galería de arte y ofrece clases de danza, producciones teatrales y un mercado caribeño los fines de semana (ju-sa 9.30-20.00, do 9.30-18.00). El mejor momento para visitarlo coincide con la **Big Night in Little Haiti** (www.rhythmfoundation.com/series/ big-night-in-little-haiti), fiesta callejera celebrada el 3ᵉʳ viernes de mes de 18.00 a 22.00. La "gran noche" se llena de música, comida y cerveza caribeñas, pero está muy necesitada de financiación.

Coral Gables y Coconut Grove

Si se busca un ritmo más lento y una sensación más europea, hay que dirigirse al interior. Coral Gables, diseñado como "barrio periférico modélico" por George Merrick a principios de la década de 1920, es un poblado de estilo mediterráneo estructurado alrededor de las tiendas y restaurantes de la **Miracle Mile**, tramo de cuatro bloques de Coral Way entre Douglas y LeJeune Rds. Coconut Grove es un barrio estudiantil de moda, lleno de tiendas, restaurantes y vegetación tropical.

⭐**Vizcaya Museum & Gardens**   EDIFICIO HISTÓRICO
(plano p. 458; ☎305-250-9133; www.vizcayamuseum.org; 3251 S Miami Ave; adultos/6-12 años/ estudiantes y sénior 18/6/10 US$; ☺9.30-16.30 mi-lu; P) Dicen que Miami es la ciudad de la magia, y si lo es, esta villa italiana, equivalente urbanístico de un huevo de Fabergé, es la estructura que menos desentonaría en un cuento de hadas. En 1916, el industrial James Deering instauró una tradición en Miami con la que ganó un dineral y se construyó una casa grandiosa. Dio empleo a 1000 personas (el 10% de la población de entonces) y la llenó de muebles, pinturas y elementos artísticos de los ss. xv a xix; hoy alberga exposiciones temporales de arte contemporáneo.

Barnacle Historic State Park   PARQUE
(plano p. 458; ☎305-442-6866; www.floridastat eparks.org/thebarnacle; 3485 Main Hwy; entrada 2 US$, circuitos casa adultos/niños 3/1 US$; ☺9.00-17.00 mi-lu; ⊞) En el centro de Coconut Grove, rodeada de 2 Ha está la casa de Ralph Monroe, primer personaje que escogió Miami como residencia de temporada. La casa, de 1891, se puede visitar, y el parque es un lugar sombreado estupendo para pasear. Se organizan frecuentes (y preciosos) conciertos a la luz de la luna, con música que va del *jazz* a la clásica. Siguiendo Main Hwy, en la otra acera se encontrará un pequeño templo budista rodeado de higueras de Bengala.

Biltmore Hotel   EDIFICIO HISTÓRICO
(plano p. 458; ☎855-311-6903; www.biltmorehotel. com; 1200 Anastasia Ave; ☺circuitos 13.30 y 14.30 do; P) La joya de Coral Gables es este magnífico edificio que en otro tiempo albergó un bar clandestino gestionado por Al Capone. Entonces, los clientes importantes, como Judy Garland o los Vanderbilt, se paseaban en góndolas importadas porque había una red de canales privados en la parte trasera. Aún conserva la mayor piscina de hotel en el territorio continental de EE UU, que recuerda un jardín acuático de un sultán de *Las mil*

MIAMI PARA NIÑOS

Las mejores playas para ir con niños están en Miami Beach, al norte de 21st St, especialmente en 53rd St, donde hay zona de juegos y baños y las playas de dunas de 73rd St. Al sur, en el Matheson Hammock Park, hay unas plácidas lagunas artificiales.

Miami Children's Museum (plano p. 458; ☑305-373-5437; www.miamichildrensmuseum.org; 980 MacArthur Causeway; entrada 18 US$; ☉10.00-18.00; 👶) El Museo de los Niños, en la isla de Watson, entre el centro de Miami y Miami Beach, es interactivo, con música y divertidos estudios artísticos, así como algunas experiencias de 'trabajo' esponsorizadas que le dan un aire algo corporativo.

Jungle Island (plano p. 458; ☑305-400-7000; www.jungleisland.com; 1111 Parrot Jungle Trail, por MacArthur Causeway; adultos/niños/sénior 40/32/38 US$; ☉10.00-17.00; 🅿👶) Parque lleno de aves tropicales, caimanes, orangutanes, chimpancés y (para alegría de los fans de *Napoleon Dynamite*) con un "ligre", cruce de león y tigre.

Zoo Miami (Metrozoo; ☑305-251-0400; www.miamimetrozoo.com; 12400 SW 152nd St; adultos/niños 18/14 US$; ☉10.00-17.00 lu-vi, 9.30-17.30 sa y do) El clima tropical de Miami hace que un paseo por el zoo sea casi como una excursión por la jungla. Para hacerse una idea rápida (porque es enorme y el sol cae a plomo), se puede subir al Safari Monorail, que sale cada 20 min.

Monkey Jungle (☑305-235-1611; www.monkeyjungle.com; 14805 SW 216th St; adultos/niños/sénior 30/24/28 US$; ☉9.30-17.00, último acceso 16.00; 🅿👶) El lema "Donde los humanos están enjaulados y los monos libres" lo dice todo. Está muy al sur de Miami.

---

y una noches. Los domingos por la tarde se ofrecen visitas gratuitas.

Piscina veneciana LUGAR HISTÓRICO (plano p. 458; ☑305-460-5306; www.coralgablesvenetianpool.com; 2701 De Soto Blvd; adultos/niños 12/7 US$; ☉variable; 👶) Esta magnífica estructura de grutas de coral y cascadas, con una isla dotada de palmeras y amarres venecianos, es una de las pocas piscinas incluida en el Registro Nacional de Lugares Históricos. Al darse un chapuzón se pueden seguir los pasos (o las brazadas) de estrellas como Esther Williams o Johnny Weissmuller (Tarzán). El horario de apertura depende de la temporada; compruébese por teléfono o en internet.

Lowe Art Museum MUSEO (plano p. 458; ☑305-284-3535; www.lowemuseum.org; 1301 Stanford Dr; adultos/estudiantes 10/5 US$; ☉10.00-16.00 ma-sa, 12.00-16.00 do) Su inmensa colección satisfará una gran variedad de gustos, pero destaca sobre todo en arqueología, arte asiático, africano y del Pacífico Sur, y su colección precolombina y centroamericana es imponente.

Área metropolitana de Miami

Fairchild Tropical Garden JARDINES (plano p. 458; ☑305-667-1651; www.fairchildgarden.org; 10901 Old Cutler Rd; adultos/niños/sénior

25/12/18 US$; ☉7.30-16.30; 🅿👶) Para escapar de la locura de Miami, nada como pasar un día en el jardín botánico tropical más grande del país. El parque de mariposas, la biosfera de la jungla y las zonas de los pantanos y de los cayos son imponentes, lo mismo que las instalaciones de artistas como Roy Lichtenstein. Además de los sencillos recorridos a pie, un tranvía gratuito recorre todo el parque en 40 min, con salida a las horas en punto de 10.00 a 15.00.

Museum of Contemporary Art North Miami MUSEO (MoCA; plano p. 458; ☑305-893-6211; www.mocanomi.org; 770 NE 125th St; adultos/estudiantes y sénior 5/3 US$; ☉11.00-17.00 ma-vi y do, 13.00-21.00 sa; 🅿) El MoCA, al norte del centro, presenta exposiciones temporales que cambian a menudo, de artistas internacionales, nacionales y emergentes.

Cayo Vizcaíno

Bill Baggs Cape Florida State Park PARQUE (plano p. 458; ☑305-361-5811; www.floridastateparks.org/capeflorida; 1200 S Crandon Blvd; automóvil/persona 8/2 US$; ☉8.00-anochecer; 🅿👶🎣) 🖋 Si no se van a recorrer los cayos de Florida, se puede al menos visitar este parque para hacerse una idea de los peculiares ecosistemas de las islas. Sus 200 Ha albergan oscuros

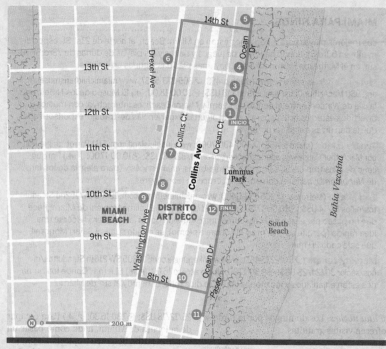

Circuito a pie
La magia del 'art déco'

INICIO ART DECO WELCOME CENTER
FINAL EDISON HOTEL
DISTANCIA 1,5-3 KM; 30 MIN

El distrito Art Déco ofrece excelentes circuitos a pie –con o sin guía–, pero si se quiere ver lo más destacado, se puede seguir esta ruta fácil y rápida.

Empieza en el ❶ **Art Deco Welcome Center** (p. 457), en la esquina de Ocean Dr con 12th St, una buena introducción. Se sigue al norte por Ocean Dr y entre 12th y 14th Sts se verán tres ejemplos clásicos de hoteles *art déco*: el ❷ **Leslie,** con sus clásicas "cejas" y su típica forma cuadrada; el ❸ **Carlyle,** que apareció en la película *Una jaula de grillos;* y el elegante ❹ **Cardozo Hotel,** con sus bordes redondeados. En 14th St, vale la pena meter la nariz en el ❺ **Winter Haven** para ver sus fabulosos suelos de terrazo.

Se gira a la izquierda y se sigue por 14th St hasta Washington Ave. Girando de nuevo a la izquierda se halla la ❻ **oficina de correos** de 13th St, con un techo abovedado y unas mesas de mármol admirables. Dos travesías a la izquierda está el ❼ **11th St Diner** (p. 466), brillante autocar *art déco* de aluminio donde también se puede almorzar. En 10th St está el ❽ **Wolfsonian-FIU** (p. 457), excelente museo con numerosos tesoros *art déco,* y enfrente, el ❾ **Hotel Astor,** perfectamente restaurado.

Si se toma 8th St hacia la izquierda se puede seguir hasta Collins Ave. En la esquina se encontrará ❿ **The Hotel** –antes llamado Tiffany Hotel, aún coronado por una aguja de neón con el nombre original–. Se sigue Ocean Dr y se tuerce a la derecha hasta el ⓫ **Colony Hotel** y su famoso rótulo de neón, luego se da media vuelta para ver el ⓬ **Edison Hotel,** del año 1935, obra del legendario arquitecto Henry Hohauser, media manzana más allá de 9th St.

manglares y fauna tropical, con pistas de arena y pasarelas de madera, todo ello rodeado de kilómetros de aguas claras.

🏃 Actividades

Ciclismo y patinaje en línea

Ponerse los patines o subirse a la bici y recorrer Ocean Dr, en South Beach, es un clásico en Miami; también se puede recorrer la Rickenbacker Causeway hasta Cayo Vizcaíno.

DecoBike CICLISMO
(☎305-532-9494; www.decobicicleta.com; alquiler 30 min/1/2/4 h/1 día 4/6/10/18/24 US$) Miami Beach y Miami están en terreno llano, muy apetecible para recorrer en bici, y el mejor modo es este excelente programa de bicicletas compartidas.

Fritz's Skate, Bike & Surf PATINAJE
(plano p. 460; ☎305-532-1954; www.fritzsmiamibeach.com; 1620 Washington Ave; alquiler bicicleta y patín por hora/día/semana 10/24/69 US$; ⏱10.00-21.00 lu-sa, hasta 20.00 do) Alquiler de equipo deportivo y clases gratuitas de patinaje en línea (do 10.30).

Deportes acuáticos

Blue Moon

Outdoor Center DEPORTES ACUÁTICOS
(plano p. 458; ☎305-957-3040; http://bluemoonoutdoor.com; 3400 NE 163rd St; kayaks 90 min/3 h 23/41 US$; ⏱9.00-19.30 lu-vi, 8.00-20.00 sa y do) Agencia oficial de alquiler de equipo para los parques estatales de Miami.

Sailboards Miami DEPORTES ACUÁTICOS
(plano p. 458; ☎305-892-8992; www.sailboardsmiami.com; 1 Rickenbacker Causeway; ⏱10.00-18.00 lu-mi y vi-do) Las aguas de Cayo Vizcaíno son perfectas para el *windsurf,* el kayak y el *kiteboard;* aquí alquilan equipo y dan clases.

👉 Circuitos

Miami Design Preservation League A PIE
(plano p. 460; ☎305-672-2014; www.mdpl.org; 1001 Ocean Dr; circuitos guiados adultos/estudiantes 25/20 US$; ⏱10.30 diario y 18.30 ju) Circuito a pie de 90 min para visitar las grandes obras *art déco,* con salida desde el Art Deco Welcome Center.

History Miami Tours A PIE, CICLISMO
(☎305-375-5792; www.historymiami.org/circuitos; circuitos 30-60 US$) El Dr. Paul George, extraordinario historiador, organiza fascinantes circuitos en bicicleta, barco, autocar y a pie, entre ellos uno centrado en las casas sobre pilotes de Stiltsville. Véase la oferta completa en internet.

EcoAdventure Bike Tours CICLISMO
(☎305-365-3018; www.miamidade.gov/ecoadventures; circuitos desde 28 US$) La red de parques del condado de Dade organiza excelentes circuitos en bicicleta por zonas tranquilas y playas de Miami y Miami Beach, por Cayo Vizcaíno y los Everglades.

🎉 Fiestas y celebraciones

Calle Ocho Festival CULTURAL
(www.carnavalmiami.com; ⏱mar) Esta gran fiesta callejera, en marzo, es la culminación del Carnaval de Miami, fiesta de la cultura latina que dura 10 días.

Winter Music Conference MÚSICA
(http://wintermusicconference.com; ⏱mar) Festival de música *dance* y electrónica celebrado en marzo.

Art Basel Miami Beach ARTE
(www.artbaselmiamibeach.com; ⏱dic) Este festival artístico de fama mundial se celebra en diciembre.

🛏 Dónde dormir

En Miami Beach se concentran muchos hoteles-*boutique* con estilo en edificios *art déco.* El aparcamiento suele costar 20-35 US$ por noche.

South Beach

Bed & Drinks ALBERGUE **$**
(plano p. 460; ☎786-230-1234; http://bedsndrinks.com; 1676 James Ave; dc/d desde 25/149 US$, dc privado 6 personas 157 US$) Este albergue atrae a jóvenes sin complejos que buscan gente guapa –el nombre ya da una idea–, pero está en Lincoln Rd, así que quizá sea el mejor lugar para eso. Las habitaciones son funcionales y el ambiente, joven, internacional y fiestero, aunque el personal se muestra algo indiferente.

⭐**Hotel St Augustine** HOTEL-BOUTIQUE **$$**
(plano p. 460; ☎305-532-0570; www.hotelstaugustine.com; 347 Washington Ave; h 152-289 US$; P❄🐕) Sus maderas claras y el estilo *art déco* de líneas limpias crean uno de los hoteles más elegantes de South Beach, y aun así moderno. El servicio es familiar y cálido, aunque las suaves luces y las duchas de cristal –que pueden convertir la ducha en un baño de vapor en un momento– también resultan muy atractivas.

Aqua Hotel HOTEL-BOUTIQUE **$$**

(plano p. 460; ☑305-538-4361; www.aquamiami.
com; 1530 Collins Ave; h 133-180 US$, ste desde
200 US$; P❀❀☎☎) El mostrador de recep-
ción, hecho con una tabla de surf, deja claro
el tono relajado de este antiguo motel, un
clásico establecimiento familiar con las ha-
bitaciones alrededor de la piscina. Aunque
el ambiente añejo contrasta con la terraza y
las luces tenues, igual que la elegancia de las
habitaciones con el pintoresco mobiliario y
los baños azul marino.

★**The Standard** HOTEL-BOUTIQUE **$$$**

(plano p. 458; ☑305-673-1717; www.standardho
tels.com/miami; 40 Island Ave; h 180-300 US$, ste
500-965 US$; P❀❀☎) Un cartel invertido
que dice "Standard", en el viejo edificio Lido,
en Belle Island (entre South Beach y el centro de Miami) anuncia un hotel con encanto que de estándar no tiene nada: combina
servicios de *spa*, un ambiente moderno y la
sensualidad de South Beach, y el resultado
es un motel de la década de 1950 pasado al
glam, con suelos de madera, camas blancas
elevadas y cortinas de gasa tras las que se
abre un patio de delicias terrenas en el que
no falta ni baño turco.

★**Gale South Beach** HOTEL **$$$**

(plano p. 460; ☑305-673-0199; http://galehotel.
com; 1690 Collins Ave; h 160-300 US$; P❀❀☎☎)
El exterior es una admirable recreación de la
estética clásica *art déco* adaptada a las gran-
des dimensiones de un gran resort moderno
de SoBe. Esta combinación de lo clásico y lo
más elegante de South Beach se extiende al
interior, donde se encontrarán habitaciones
luminosas con líneas y colores limpios y un
ambiente *retro*-chic inspirado en la moder-
nidad de mediados del s. xx.

★**Pelican Hotel** HOTEL-BOUTIQUE **$$$**

(plano p. 460; ☑305-673-3373; www.pelicanho
tel.com; 826 Ocean Dr; h 198-350 US$, ste 400-
850 US$; ❀☎) Los dueños de la marca de
vaqueros Diesel son los responsables de este
alocado experimento: 30 habitaciones temáticas que componen un mundo de fantasía
y modernidad. Desde el encanto vaquero-
hipster de la "High Corral, OK Chaparral"
a las franjas de tigre eléctricas de "Me Tar-
zan, You Vain", cada habitación es diferente,
divertida, y tiene incluso su banda sonora
sugerida.

Norte de Miami Beach

Freehand Miami HOTEL-BOUTIQUE **$$**

(plano p. 458; ☑305-531-2727; http://thefreehand.
com; 2727 Indian Creek Dr; dc 28-49 US$, h 160-214
US$; ❀❀☎) Es la brillante nueva imagen
del antiguo hotel Indian Creek, un clásico de
Miami Beach. Las habitaciones son cómodas
y minimalistas, con la cantidad precisa de
obras de arte local y madera para crear un
agradable equilibrio entre lo cálido y desen-
fadado, lo fresco y moderno. También tiene
dormitorios y su bar Broken Shaker (p. 468)
es de los mejores.

Coral Gables

Hotel St Michel HOTEL **$$**

(plano p. 458; ☑305-444-1666; www.hotelstmichel.
com; 162 Alcazar Ave; h 124-225 US$; P❀☎) Este
hotel de Coral Gables, con techos abovedados,
suelos de taracea y solo 28 habitaciones, tiene
el encanto del Viejo Mundo.

✗ Dónde comer

La ciudad más internacional de Florida tiene
un panorama gastronómico de talla internacional.

South Beach

Recorriendo Ocean Ave se encontrará una
gran oferta de restaurantes con mesas en los
patios y las aceras de casi todos los hoteles
que dan a la playa, y todos tienen platos del
día y ofertas de *happy hour*. Hay mucha
competencia, por lo que no es difícil comer
por poco dinero. Solo hay que pasear hasta encontrar algo apetecible entre 5th St y
14th Pl.

Puerto Sagua CUBANA **$**

(plano p. 460; ☑305-673-1115; 700 Collins Ave;
principales 6-20 US$; ☺7.30-2.00) En el mostra-
dor de este popular *diner* cubano se podrá
probar la auténtica, sabrosa y económica *ropavieja* (carne mechada de buey), sus judías
negras o su arroz con pollo, acompañados de
uno de los mejores cafés cubanos del lugar.

11th St Diner DINER **$$**

(plano p. 460; ☑305-534-6373; www.eleventhstree
tdiner.com; 1065 Washington Ave; principales 9-18
US$; ☺24 h excepto 24.00-7.00 mi) Este *diner art
déco*, situado en el interior de un reluciente
vagón de tren, registra actividad las 24 h del
día, especialmente cuando la gente sale de
los clubes.

SABOR LATINO EN MIAMI

Gracias al legado que han dejado los inmigrantes, Miami destaca por la autenticidad de sus cocinas cubana, haitiana, brasileña y latinoamericana en general. La comida cubana es una mezcla de influencias caribeñas, africanas y latinas, y la interacción de diferentes tradiciones da origen a una serie de fusiones creativas y sabrosas en un estilo llamado "nuevo latino", "nouvelle floridian" o Floribbean.

Para iniciarse en la cocina cubana, lo mejor es visitar una lonchería y pedir un pan cubano, bocadillo de pan tostado con mantequilla relleno de jamón, cerdo asado, queso, mostaza y encurtidos. Para cenar, la ropavieja es un clásico: carne mechada con tomate y pimiento y acompañada de plátano frito, judías negras y arroz amarillo.

También vale la pena probar los *griots* haitianos (cerdo marinado y frito), el *jerk chicken* de Jamaica, el asado brasileño, el gallo pinto centroamericano (judías rojas con arroz) y los refrescantes batidos.

★**Tap Tap** HAITIANA **$$**
(plano p. 460; ☎305-672-2898; www.taptapmia mibeach.com; 819 5th St; principales 9-20 US$; ⊘ 12.00-21.00) En este local psicodélico-tropical se cena bajo llamativos murales de Papa Legba, disfrutando de una cocina que combina felizmente sabores de África occidental, Francia y el Caribe. Hay que probar la sopa de calabaza especiada, el curri de cabra y el *mayi moulen*, una clásica guarnición de sémola de maíz.

★**Pubbelly** FUSIÓN **$$**
(plano p. 460; ☎305-532-7555; www.pubbellyboys. com/miami/pubbelly; 1418 20th Street; principales 11-26 US$; ⊘18.00-24.00 ma-ju y do, hasta 1.00 vi y sa) Es difícil definir su estilo, que se mueve entre Asia, Norteamérica y Latinoamérica, sacando lo mejor de las diferentes cocinas. Como ejemplos, el pato con empanadillas de cebolleta, o los deliciosos *udon* carbonara con panceta, huevos pochados y parmesano. Sus cócteles artesanales son un acompañamiento ideal.

Oolite ESTADOUNIDENSE MODERNA **$$$**
(plano p. 460; ☎305-907-5535; www.ooliterestau rant.com; 1661 Pennsylvania Ave; principales 20-49 US$; ⊘16.00-23.00 mi-ju, hasta 24.00 vi y sa, 11.00-23.00 do) Tiene todos los elementos para ser un local de moda entre la juventud de Miami Beach, con un chef nominado a los premios James Beard, una carta sin gluten basada en ingredientes saludables y de proximidad, y un nombre raro. Pero también es muy bueno: la *tapenade* de cítricos, pez espada y pimiento supone una experiencia gustativa, y el curri de cabra con guayaba es toda una revelación.

Centro de Miami

Bali Cafe INDONESIA **$**
(plano p. 458; ☎305-358-5751; 109 NE 2nd Ave; principales 6-14 US$; ⊘11.00-16.00 diario, 18.00-22.00 lu-vi; ✍) Resulta raro pensar en una combinación armónica de los limpios sabores del *sushi* y la rica cocina indonesia, pero en este localito tropical se complementan de maravilla. Se pueden tomar unos rollitos de atún picante como entrante y luego seguir con una *soto betawi* (sopa de ternera con leche de coco, jengibre y chalotas).

★**NIU Kitchen** ESPAÑOLA **$$**
(plano p. 458; ☎786-542-5070; http://niukitchen. com; 134 NE 2nd Ave; principales 14-22 US$; ⊘ 12.00-15.30 lu-vi, 18.00-22.00 do-ju, hasta 23.00 vi y sa, 13.00-16.00 sa y do; ✍) Es un pequeño restaurante lleno de una clientela de lo más moderna, que degusta unos platos de cocina catalana contemporánea muy buena, diferente a todo, desde el huevo pochado con espuma de patata a la trufa hasta la pasta con manchego y vieiras. Se pueden pedir varios platos para compartir y buen vino para acompañar.

Pequeña Habana

★**Exquisito Restaurant** CUBANA **$**
(plano p. 458; ☎305-643-0227; www.elexquisito miami.com; 1510 SW 8th St; principales 7-13 US$; ⊘7.00-23.00) Comida cubana exquisita en el corazón de la Pequeña Habana, con un cerdo asado que tiene un toque cítrico y una magnífica ropavieja consistente y sabrosa. Hasta las típicas guarniciones, como las judías con arroz o el plátano asado, se hacen con mimo y resultan deliciosas. Los precios son de ganga.

Versailles CUBANA **$$**
(plano p. 458; ☎305-444-0240; www.versailles restaurant.com; 3555 SW 8th St; principales 5-26 US$; ⊘8.00-1.00 lu-ju, hasta 2.30 vi, hasta 3.30 sa, 9.00-1.00 do) Es una institución, uno de los referentes del panorama gastronómico cuba-

no en Miami. Pruébese la carne picada con salsa al gratén o la pechuga de pollo con salsa cremosa de ajo. A los cubanos de edad y a la elite política latina de Miami les encanta este sitio, así que hay posibilidades de cruzarse con algún personaje destacado.

Design District y Wynwood

Chef Creole HAITIANA $
(plano p. 458; ✆305-754-2223; http://chefcreole. com; 200 NW 54th St; principales 7-20 US$; ⏰ 11.00-23.00 lu-sa) Para comer comida caribeña barata, la solución es este excelente puesto de comida para llevar, en el límite de Little Haiti, donde llenar la panza para una semana con marisco, rabo de toro o pescado frito, arroz y judías, que se pueden comer en los bancos cercanos, mientras suena música haitiana en unos altavoces que no dan abasto: una experiencia isleña insuperable.

Enriqueta's LATINOAMERICANA $
(plano p. 458; ✆305-573-4681; 186 NE 29th St; principales 5-8 US$; ⏰6.00-16.00 lu-vi, hasta 14.00 sa) En otros tiempos, en Wynwood había puertorriqueños en lugar de artistas de instalaciones. En este local lleno de gente se puede recordar esa época, con un ambiente de restaurante latinoamericano tan intenso como los cortaditos (café cubano) que se sirven en el mostrador. También sirven bocatas de pinchos de bistec con patatas, un buen contrapunto al aire pretencioso de las galerías del barrio.

★ **Blue Collar** ESTADOUNIDENSE $$
(plano p. 458; ✆305-756-0366; www.bluecollarmia mi.com; 6730 Biscayne Blvd; principales 15-24 US$; ⏰11.30-15.30 lu-vi, 11.00-15.30 sa y do, 18.00-22.00 do-ju, hasta 23.00 vi y sa; ⓟ🅿️♿) 🅿️ No es fácil encontrar el equilibrio entre lo relajado y lo delicioso en una ciudad como Miami, donde hasta los locales más informales pueden parecer clubes nocturnos, pero este tiene la fórmula: un personal atento sirve comida estadounidense bien presentada, que va de un crujiente pescado frito a unas costillas ahumadas o una hamburguesa con queso superlativa. La cuidada oferta vegetariana hace que los no carnívoros se sientan igual de contentos.

🍷 Dónde beber y vida nocturna

Miami cobra vida por la noche. Siempre hay algo que hacer y suele durar hasta la madrugada: muchos bares no cierran hasta las 3.00 o las 5.00. Para estar al día de la oferta de galerías, bares y clubes, véanse www.cooljunkie. com y www.beachedmiami.com.

★ **Wood Tavern** BAR
(plano p. 458; ✆305-748-2828; http://woodtavern miami.com; 2531 NW 2nd Ave; ⏰17.00-3.00 ma-sa, hasta 23.00 do) Es muchas cosas para los chavales de Miami que no quieren un antro, pero tampoco las colas y las pretensiones de South Beach. Aquí encuentran un bar acogedor, una terraza con bancos para comer algo, una tarima de madera con gradas y un juego de Jenga gigante, y una galería de arte contigua con exposiciones temporales.

★ **Room** BAR
(plano p. 460; ✆305-531-6061; www.theotheroom. com; 100 Collins Ave; ⏰19.00-5.00) Esta cervecería oscura de SoBe es una joya: moderna y sensual, pero con un ambiente nada pretencioso. Es pequeña, por lo que suele llenarse.

★ **Broken Shaker** BAR
(plano p. 458; ✆786-325-8974; 2727 Indian Creek Dr; ⏰18.00-3.00 lu-vi, 14.00-3.00 sa y do) Los cócteles artesanos viven su momento de gloria en Miami, y los expertos bármanes de este local desempeñan un papel importante. Está detrás del hotel Freehand Miami (p. 466) y cuenta con un salón interior mínimo y un enorme patio que se llena de excelentes cócteles y gente guapa.

★ **Blackbird Ordinary** BAR
(plano p. 458; ✆305-671-3307; www.blackbirdordi nary.com; 729 SW 1st Ave; ⏰15.00-5.00 lu-vi, 17.00-5.00 sa y do) De ordinario no tiene nada: es un bar excelente con espléndidos cócteles (el London Sparrow, con ginebra, pimienta de Cayena, jugo de limón y fruta de la pasión, entra muy bien) y un patio enorme. Pero sí es informal, un local sin prejuicios donde reina la camaradería.

Kill Your Idol BAR
(plano p. 460; ✆305-672-1852; http://killyouridol. com; 222 Española Way; ⏰20.00-5.00) Local sin pretensiones que evita participar en el teatrillo de los famosos de South Beach (de ahí que se llame "Mata a tu ídolo") y en el que lo que se bebe es cerveza Pabst Blue Ribbon. También cuenta con muestras de arte posmoderno, grafitis y un público *hipster* muy sexi.

Ball & Chain MÚSICA EN DIRECTO
(plano p. 458; www.ballandchainmiami.com; 1513 SW 8th Street; ⏰12.00-24.00, hasta 3.00 ju-sa, 14.00-22.00 do) Ha sobrevivido a diversas reencarna-

ciones durante su historia. En 1935, cuando 8th St era más judía que latina, era el típico local de *jazz* en el que podía cantar Billie Holiday. En 1957 cambió de personalidad, por ahora sigue dedicándose a la diversión, a la música, en particular latina, y a los cócteles tropicales.

Bardot CLUB
(plano p. 458; 305-576-5570; www.bardotmiami. com; 3456 N Miami Ave; 20.00-3.00 ma y mi, hasta 5.00 ju-sa) Sería una pena irse de Miami sin ver su interior, con sus sensuales carteles franceses y sus muebles que parecen sacados de un club privado para millonarios dados a los excesos nocturnos. Da la impresión de que la entrada está en N Miami Ave, pero en realidad se entra por el aparcamiento de atrás.

Hoy Como Ayer MÚSICA EN DIRECTO
(plano p. 458; 305-541-2631; www.hoycomoayer. us; 2212 SW 8th St; 20.30-4.00 ju-sa) Al ambiente de este animado local cubano –con música auténtica, sencillos paneles de madera y una pequeña pista de baile– contribuyen el humo del puro y los visitantes de La Habana. Cada noche suenan el son, los boleros y los ritmos cubanos modernos.

☆ Ocio

Esta ciudad cosmopolita atrae a muchos espíritus creativos y a ricos mecenas, por lo que siempre ha mostrado una gran actividad artística.

Colony Theater ARTES ESCÉNICAS
(plano p. 460; 305-674-1040; www.colonytheatremiamibeach.com; 1040 Lincoln Rd) Teatro *art déco* de 1934 renovado, que acoge desde producciones de *off-Broadway* hasta *ballet* o películas.

Fillmore Miami Beach ARTES ESCÉNICAS
(plano p. 460; 305-673-7300; www.fillmoremb. com; 1700 Washington Ave) Principal escenario de Miami Beach para obras de Broadway y grandes espectáculos.

🛍 De compras

En las *boutiques* de South Beach, por Collins Ave entre 6th y 9th Sts, y por Lincoln Rd Mall, se pueden encontrar modelos exclusivos. Para dar con piezas únicas, es mejor la Pequeña Habana o el Design District.

Books & Books LIBROS
(plano p. 460; 305-532-3222; www.booksandbooks.com; 927 Lincoln Rd; 10.00-23.00 do-ju,

hasta 24.00 vi y sa) La mejor librería independiente del sur de Florida tiene su sede principal en 265 Aragon Ave (Coral Gables).

GO! Shop ARTE, ARTESANÍA
(plano p. 458; 305-576-8205; http://thego-shop. com; 2516 NW 2nd Ave; 12.00-20.00 ju-sa) Si se ha disfrutado con el arte de Wynwood Walls (p. 462), no hay que perderse la GO! Shop, situada en el interior del complejo de arte callejero. Aquí se presentan obras originales, láminas y reproducciones, todo producido o relacionado con las obras creadas por el grupo de artistas que exponga en ese momento en Wynwood Walls.

ℹ Información

PELIGROS Y ADVERTENCIAS

En Miami hay varias zonas consideradas peligrosas de noche: Little Haiti, algunos tramos de la costa de Miami y Biscayne Blvd, y zonas de South Beach por debajo de 5th St. En el centro, hay que ir con cuidado por la estación de Greyhound y en las zonas de barracas bajo puentes y pasos elevados.

EMERGENCIAS

Beach Patrol (305-673-7714) Servicio de socorristas y policía en Miami Beach.

RECURSOS EN LÍNEA

Art Circuits (www.artcircuits.com) Información fiable sobre eventos artísticos; planos de galerías por barrios.

'Disfruta Miami' (www.disfrutamiami.com) Estupenda guía general para visitantes de Miami.

'Short Order' (http://blogs.miaminewtimes. com/shortorder) El mejor *blog* local sobre gastronomía.

MEDIOS DE COMUNICACIÓN

'Nuevo Herald' (www.elnuevoherald.com) Edición del *Miami Herald* en español.

'Diario Las Américas' (www.diariolasamericas. com) Principal diario hispano de la ciudad.

ASISTENCIA MÉDICA

Mount Sinai Medical Center (305-674-2121, urgencias 305-674-2200; www.msmc.com; 4300 Alton Rd) Tiene el mejor departamento de urgencias de la zona.

INFORMACIÓN TURÍSTICA

Greater Miami & the Beaches Convention & Visitors Bureau (plano p. 458; 305-539-3000; www.miamiandbeaches.com; 701 Brickell Ave, 27º piso; 8.30-18.00 lu-vi) Está situado en un rascacielos que intimida un poco.
Cámara de Comercio de Miami Beach (plano

p. 460; ☎305-674-1300; www.miamibeach chamber.com; 1920 Meridian Ave; ⊙9.00-17.00 lu-vi) Información turística y de eventos relacionados con Miami Beach.

❶ Cómo llegar y salir

El **aeropuerto internacional de Miami** (MIA; plano p. 458; ☎305-876-7000; www.miami-airport.com; 2100 NW 42nd Ave) está unos 10 km al oeste del centro y se puede llegar con **SuperShuttle** (☎305-871-8210; www.supershuttle.com), que cuesta unos 21 US$ a South Beach.

Greyhound (plano p. 458; ☎800-231-2222; www.greyhound.com) da servicio a las principales ciudades de Florida. En Miami tiene tres terminales; véase en la web cuál es la más cercana.

Amtrak (☎305-835-1222, 800-872-7245; www.amtrak.com; 8303 NW 37th Ave) tiene una estación en Miami. El sistema de tren urbano **Tri-Rail** (☎800-874-7245; www.tri-rail.com) comunica Miami (con transbordo gratuito a la red de transporte urbano de Miami) y el aeropuerto, Fort Lauderdale y su aeropuerto, y West Palm Beach y su aeropuerto (11,55 US$ i/v).

❶ Cómo desplazarse

Metro-Dade Transit (☎305-891-3131; www.miamidade.gov/transit/routes.asp; billete 2 US$) gestiona el Metrobus y el Metrorail (2 US$), así como el Metromover, monorraíl gratuito que va al centro.

Fort Lauderdale

Los universitarios de vacaciones acaban convirtiéndose en ejecutivos trajeados que hacen fiestas en yates, y esa analogía define buena parte de Fort Lauderdale, ciudad antes conocida por sus bacanales estudiantiles y ahora por sus yates y su turismo rico. Gran parte de su burguesa población vive entre pintorescos canales y palmeras, pero aquí no todo es dinero y fuerabordas. Es un popular destino para homosexuales con una animada oferta artística, buenos restaurantes e inmigrantes de toda Latinoamérica y el Caribe; además de una playa espléndida.

⊙ Puntos de interés y actividades

Playa y paseo marítimo   PLAYA
(P🚻♿🐕) El paseo marítimo de Fort Lauderdale –una vía amplia de ladrillo con palmeras que discurre entre la playa y la A1A– es un imán para corredores, patinadores, caminantes y ci-

clistas. La playa, de arena blanca, es una de las mejores y más limpias del país, y se extiende a lo largo de 11 km hasta Lauderdale-by-the-Sea, con tramos más familiares, otros de mayoría gay y otros incluso para ir con perros. Hay aparcamientos por toda la playa.

NSU Art Museum Fort Lauderdale   MUSEO
(http://nsuartmuseum.org; 1 E Las Olas Blvd; adultos/estudiantes/niños 12/8 US$/gratis; ⊙11.00-17.00 ma-sa, hasta 20.00 ju, 12.00-17.00 do) Sinuoso edificio famoso por su colección de William Glackens y sus interesantes exposiciones.

Riverwalk y Las Olas   ORILLA DEL RÍO
(www.goriverwalk.com) En las orillas del sinuoso New River se extiende Riverwalk (www.goriverwalk.com), entre la Stranahan House y el Broward Center for the Performing Arts. Por este paseo ribereño se celebran catas gastronómicas y otros eventos, y comunica diversos puntos de interés, restaurantes y tiendas. Las Olas Riverfront (SW 1st Ave esq. Las Olas Blvd) es básicamente un gran centro comercial al aire libre con tiendas, restaurantes y actuaciones cada noche; también es un buen lugar para subirse a algún crucero fluvial.

**Hugh Taylor Birch State
Recreation Area**   PARQUE
(☎954-564-4521; www.floridastateparks.org/park/Hugh-Taylor-Birch; 3109 E Sunrise Blvd; vehículo/bicicleta 6/2 US$; ⊙8.00-anochecer) Este frondoso parque tropical contiene una de las últimas zonas de marisma del condado de Broward, con manglares y un sistema de lagunas de agua dulce (ideales para avistar aves) y numerosas especies de plantas y animales amenazados (como el helecho de playa o la tortuga de Florida). Se puede pescar, hacer pícnic, pasear por la Coastal Hammock Trail o recorrer los 3 km de la pista del parque.

Museum of Discovery & Science   MUSEO
(☎954-467-6637; www.mods.org; 401 SW 2nd St; adultos/niños 14/12 US$; ⊙10.00-17.00 lu-sa, 12.00-18.00 do; ♿) Una escultura cinética de 16 m da la bienvenida al museo, que alberga entre sus muestras la *Gizmo City* o la *Runways to Rockets*, sobre tecnología aeroespacial. También posee una colección sobre los Everglades y una sala IMAX.

Bonnet House   EDIFICIO HISTÓRICO
(☎954-563-5393; www.bonnethouse.org; 900 N Birch Rd; adultos/niños 20/16 US$, jardines 10 US$; ⊙9.00-16.00 ma-do) Esta bonita casa al estilo de las antiguas plantaciones fue residencia de Frederic y Evelyn Bartlett, artistas y coleccio-

nistas. Paseando por sus 14 Ha de frondosos jardines subtropicales es posible ver a alguno de los monos ardilla brasileños que los habitan. La casa, rellena de obras de arte, solo se puede recorrer en una visita guiada.

Carrie B CIRCUITO EN BARCO
(☎954-642-1601; www.carriebcruises.com; 440 N New River Dr E; circuitos adultos/niños 23/13 US$; ⊙circuitos 11.00, 13.00 y 15.00, cerrado ma y mi may-oct) Travesía de 90 min con narración, en una réplica de un barco del s. XIX, por el Intracoastal y el New River para descubrir la vida de los ricos y famosos que viven en sus enormes mansiones.

Water Taxi CIRCUITO FLUVIAL
(☎954-467-6677; www.watertaxi.com; abono 1 día adultos/niños 26/12 US$) Para vivir una gran experiencia acuática se puede subir al Water Taxi, cuyos conductores ofrecen una animada narración mientras surcan los canales y ríos desde Oakland Park Boulevard al Riverwalk Arts District. Hay otras rutas que llegan hasta Hollywood. En la web se pueden comprar billetes y ver los puntos de embarque.

Broward BCycle ALQUILER DE BICICLETAS
(☎754-200-5672; https://broward.bcycle.com; primeros 30 min/cada 30 min 5/5 US$) Fort Lauderdale es una ciudad llana y fácil de recorrer en bici. El sistema de bicicletas compartidas del condado de Broward cuenta con estaciones por toda la ciudad, lo que permite explorarla. La tarifa máxima diaria es de 50 US$.

🛏 Dónde dormir

La zona entre Rio Mar St, al sur, y Vistamar St, al norte, y entre la Hwy A1A, al este, y Bayshore Dr, al oeste, cuenta con la mayor concentración de alojamientos de todos los precios. Véase la lista de pequeños alojamientos de www.sunny.org/ssl.

★Island Sands Inn B&B $$
(☎954-990-6499; www.islandsandsinn.com; 2409 NE 7th Ave, Wilton Manors; h 129-209 US$; P✴☎☎) Es difícil saber si lo que hace tan acogedor a este lugar son sus gruesas toallas de playa, las suntuosas camas, la atención al detalle (toallitas, productos de aseo, minibar, microondas) o el ambiente relajado y nada pretencioso. Los acogedores anfitriones se aseguran de que los clientes salgan satisfechos.

Sea Club Resort MOTEL $$
(☎954-564-3211; www.seaclubresort.com; 619 Fort Lauderdale Beach Blvd; h desde 150 US$; P✴☎☎)

Tras una amplia remodelación, este llamativo motel frente a la playa, que tiene toda la pinta de una nave espacial, ofrece ahora habitaciones modernas con alfombras nuevas y mullidos colchones. Las vistas al océano, las toallas y sillas de playa gratis y el loro Touki lo convierten en un lugar único.

★Pillars B&B $$$
(☎954-467-9639; www.pillarshotel.com; 111 N Birch Rd; h 205-569 US$; P✴☎☎) Este minúsculo B&B con encanto irradia buen gusto, desde el arpa en el salón a los balcones privados y las íntimas cenas para dos (previa reserva). Está a una travesía de la playa, y goza de magníficas puestas de sol.

🍴 Dónde comer

★Gran Forno ITALIANA $
(☎954-467-2244; http://gran-forno.com; 1235 E Las Olas Blvd; principales 6-12 US$; ⊙7.00-18.00) El mejor lugar para almorzar en el centro de Fort Lauderdale es esta deliciosa panadería-cafetería milanesa clásica: pastas crujientes recién hechas, sabrosas *pizzas* y gruesas rebanadas de chapata rebosantes de jamón, pimientos asados, pesto y otras delicias.

11th Street Annex ESTADOUNIDENSE $
(☎954-767-8306; www.twouglysisters.com; 14 SW 11th St; almuerzo 9 US$; ⊙11.30-14.00 lu-vi, hasta 15.00 1er sa de mes; ☑) En esta casita, algo apartada, las "dos hermanas feas" sirven lo que les apetece: quizá macarrones con queso, confit de pollo o pastel de chocolate con crema agria. La mayor parte de las verduras se cultivan en el jardín y siempre hay una opción vegetariana. Está 1,5 km al sur de E Las Olas Blvd, junto a S Andrews Ave.

Lester's Diner DINER $
(☎954-525-5641; http://lestersdiner.com; 250 W State Rd 84; principales 4-17 US$; ⊙24 h; ☑) Calificado cariñosamente de "greasy spoon" (cuchara pringosa), lleva dando alegrías desde finales de la década de 1960. Todo el mundo acaba pasando por aquí en algún momento, desde ejecutivos con teléfonos móviles a fiesteros noctámbulos, señoras de cabello azulado con su tercer marido o autores de guías de viajes con capricho de tortitas de madrugada.

★Green Bar & Kitchen VEGANA $$
(☎954-533-7507; www.greenbarkitchen.com; 1075 SE 17th St; principales 8-14 US$; ⊙11.00-21.00 lu-sa, hasta 15.00 do; ☑) Local *vegano* de culto donde se descubren platos innovadores y grandes sabores. En lugar de una lasaña con capas

FORT LAUDERDALE DE AMBIENTE

Aunque South Beach es la meca para el viajero gay, Fort Lauderdale lleva tiempo pisándole los talones a su vecino del sur. Para información sobre la vida gay, visítese www.gayftlauderdale.com. Otros recursos sobre el sur de Florida son el semanario *Hot Spots* (www.hotspots magazine.com), la completísima www. jumponmarkslist.com, y www.sunny. org/glbt.

de pasta, las hacen de calabacín que rellenan con ricota, nueces de Macadamia y tomates secados al sol. La leche de almendras sustituye a los lácteos de los *smoothies* con fruta, y los deliciosos dulces de anacardos le dan cien vueltas a las chocolatinas industriales.

Rustic Inn PESCADO $$

(954-584-1637; www.rusticinn.com; 4331 Ravenswood Rd; principales 9,50-30 US$; 11.30-22.45 lu-sa, 12.00-21.30 do) En este ruidoso restaurante los parroquianos, sentados ante mesas cubiertas de periódicos, usan mazos de madera para sacar toda la carne a los cangrejos del Pacífico, azules y dorados al ajo.

★ **Casa D'Angelo** ITALIANA $$$

(954-564-1234; http://casa-d-angelo.com; 1201 N Federal Hwy; principales 25-50 US$; 5.30-22.30) El chef Angelo Elia dirige una cocina impresionante especializada en platos toscanos y del sur de Italia, muchos de ellos aprendidos de su madre. Los ingredientes frescos y de calidad se traducen en sabores intensos y texturas deliciosas: el sabor profundo de los tomates madurados al punto, el toque penetrante de la rúcula, la suavidad de la lubina o su helado de canela especiado. Cuenta con una de las mejores cartas de vinos del estado.

Dónde beber y ocio

Los bares suelen estar abiertos hasta las 2.00 entre semana y hasta las 4.00 los fines de semana, cuando la zona de Himmarshee se convierte en el centro de la vida nocturna y recuerda una escena de la Capital de *Los juegos del hambre*.

★ **BREW Urban Cafe Next Door** CAFÉ

(954-357-3934; 537 NW 1st Ave; 7.00-19.00;) El local más de moda es este genial café, situado en un curioso estudio semiabandonado lleno de libros. Parece la biblioteca de un lord inglés transportada a una fiesta de los años ochenta. Lo mejor es que el café también es bueno.

★ **Stache** COCTELERÍA

(954-449-1044; http://stacheftl.com; 109 SW 2nd Ave; 7.00-4.00 mi-vi, 9.00-18.00 y 20.00-4.00 sa, 9.00-15.00 do, 7.00-18.00 lu y ma) El Stache es un sugerente local de la década de 1920 que prepara cócteles con una banda sonora que combina *rock* clásico, *funk*, soul y *R&B*. Los fines de semana hay música en directo, baile y *burlesque*. Hay que arreglarse porque tiene un público elegante. Durante el día sirve café.

Laser Wolf BAR

(954-667-9373; www.laserwolf.com; 901 Progresso Dr, suite 101; 18.00-2.00 lu-ju, hasta 3.00 vi, 20.00-3.00 sa) No es sofisticado, pero su amplia carta de bebidas y su estilo *pop art* atrae a un público intelectual, amante de la fiesta, así que la sofisticación no se les sube a la cabeza.

ℹ Información

En el **centro de visitantes** (954-765-4466; www.sunny.org; 101 NE 3rd Ave, suite 100; 8.30-17.00 lu-vi) dispensan información sobre la ciudad.

ℹ Cómo llegar y desplazarse

Al **aeropuerto internacional de Fort Lauderdale-Hollywood** (FLL; 954-359-1210; www. broward.org/airport; 320 Terminal Dr) llegan vuelos de más de 35 aerolíneas, algunos directos de Europa. Un taxi del aeropuerto al centro cuesta unos 20 US$.

La **estación de Greyhound** (954-764-6551; www.greyhound.com; 515 NE 3rd St) está a cuatro travesías de la Broward Central Terminal y tiene muchos servicios diarios. La **estación de trenes** (200 SW 21st Tce) está gestionada por **Amtrak** (800-872-7245; www.amtrak.com; 200 SW 21st Tce), y **Tri-Rail** (954-783-6030; www.tri-rail.com; 6151 N Andrews Ave) comunica con Miami y Palm Beach.

Los autobuses de **Sun Trolley** (www.suntro lley.com; trayecto/1 día 1/3 US$) recorren el centro, la playa, Las Olas y Riverfront.

Palm Beach y alrededores

En Palm Beach no todo son yates y mansiones... pero casi. Aquí es donde el magnate del ferrocarril Henry Flagler se construyó su

FLORIDA SUR DE FLORIDA

refugio de invierno y también donde Donald Trump tiene su **Mar-a-Lago** (1100 S Ocean Blvd), así que no es lugar para el turismo de clase media o *kitsch*. El **Convention & Visitor Bureau** (561-233-3000; www.palmbeachfl. com; 1555 Palm Beach Lakes Blvd; 8.30-17.30 lu-vi) del condado de Palm Beach, en West Palm Beach, dispone de información y mapas.

Palm Beach

Unos 50 km al norte de Boca Raton están Palm Beach y West Palm Beach, dos poblaciones que han invertido la jerarquía costera tradicional: Palm Beach, la que tiene playa, es más elegante, mientras que West Palm Beach, en el interior, es más joven y animada.

Palm Beach es lugar de residencia de millonarios, especialmente durante la "temporada social" de invierno, así que las principales actividades turísticas consisten en echar un vistazo a las mansiones junto al mar y a los escaparates de las *boutiques* de **Worth Avenue** (www.worth-avenue.com); para conocer la vida del 1% que va a pie, hay que dar un paseo por el **Palm Beach Lake Trail** (Royal Palm Way, en Intracoastal Waterway). También se puede visitar uno de los museos más fascinantes del país, el resplandeciente **Flagler Museum** (561-655-2833; www.flaglermuseum.us; 1 Whitehall Way; adultos/niños 18/10 US$; 10.00-17.00 ma-sa, 12.00-17.00 do), que ocupa la Whitehall Mansion, de 1902, residencia de invierno del magnate del ferrocarril; un suntuoso palacio de 55 habitaciones que supone una inmersión en la opulencia de la Edad de Oro.

Frente al mar, el lujoso hotel de Flagler de 1896, **Breakers** (888-273-2537; www.the breakers.com; 1 S County Rd; h 349-590 US$, ste 650-2050 US$;), es un mundo de lujo desbocado, construido a imagen de Villa Medici, en Roma. Cuenta con dos campos de golf, 10 pistas de tenis, un club de playa mediterráneo con tres piscinas y diversos restaurantes.

Para tomar algo sencillo en un lugar sin pretensiones, se puede pedir un batido y algo de picar bajo en calorías en el mostrador de **Green's Pharmacy** (561-832-4443; 151 N County Rd; principales 4-11 US$; 8.00-18.00 lu-vi, hasta 16.00 sa). Si se prefiere algo de más nivel pero a precios razonables, conviene optar por la cocina estadounidense moderna de Clay Conley, chef nominado a los premios James Beard, en el **Bûccan** (561-833-3450; www. buccanpalmbeach.com; 350 S County Rd; raciones 4,50-36 US$; 16.00-24.00 lu-ju, 17.00-1.00 sa, hasta 22.00 do).

West Palm Beach

Henry Flagler inició la creación de West Palm Beach como comunidad obrera de apoyo a Palm Beach y, efectivamente, en West Palm se trabaja más, pero también es un lugar más divertido, relajado e interesante para explorar.

El mayor museo de Florida es el **Norton Museum of Art** (561-832-5196; www.norton. org; 1451 S Olive Ave; adultos/niños 12/5 US$; 10.00-17.00 ma-sa, hasta 21.00 ju, 11.00-17.00 do), que alberga una enorme colección de obras de maestros americanos y europeos e impresionistas. Una gran cabeza de Buda preside la impresionante colección de arte asiático. **Ann Norton Sculpture Garden** (561-832-5328; www.ansg.org; 253 Barcelona Rd; adultos/niños 10/5 US$; 10.00-16.00 mi-do) es una magnífica colección de esculturas repartida por unos plácidos jardines.

A los niños les encantará el **Lion Country Safari** (561-793-1084; www.lioncountrysafari. com; 2003 Lion Country Safari Rd; adultos/niños 31,50/23 US$; 9.30-17.30;), primer parque de animales en libertad del país, donde unos 900 ejemplares se mueven por 200 Ha que se atraviesan en coche.

Al alojarse en **Grandview Gardens** (561-833-9023; www.grandview-gardens.com; 1608 Lake Ave; h 129-215 US$;), uno se sentirá como un vecino más. Este hotel, oculto en un jardín tropical de Howard Park, ocupa una casa de 1925 típica del barrio, frente al Armory Art Center, así que es perfecto para estancias largas y amantes del arte.

Gran parte de la actividad se concentra en el **CityPlace** (561-366-1000; www.citypla ce.com; 700 S Rosemary Ave; 10.00-22.00 lu-sa, 12.00-18.00 do), centro comercial al aire libre que recuerda un pueblo europeo, con fuentes y una amplia oferta gastronómica y de ocio. En Clematis St también hay buenos bares, clubes con música en directo y restaurantes, y cada jueves se celebra **Clematis by Night** (wpb.org/clematis-by-night; 18.00-21.30 ju), con conciertos al aire libre. Para saciar el hambre, **Curbside Gourmet** (561-371-6565; http://cur bsidegourmet.com; 2000 S Dixie Hwy) es el primer restaurante sobre ruedas con vocación de servir productos de temporada y de calidad a los *gourmands* de la zona; informan de su ubicación en su cuenta de Twitter (@curbsidegourmet) o por teléfono.

Los Everglades

El sur de Florida alberga grandes bellezas, pero sus mejores paisajes quedan lejos de las modelos, las tumbonas y las playas de arena blanca. La verdadera majestuosidad de esta región se encuentra en el lento goteo del agua sobre la hierba de una pradera, antes de caer en una corriente surcada por caimanes y nutrias que, tras atravesar marismas y juncales, desemboca en la explosión de color turquesa de la bahía de Florida. Son los Everglades, un espacio natural sin parangón.

No son un mero pantano, sino, más bien, una pradera húmeda, un terreno cubierto de hierba que se inunda la mayor parte del año, pero no es agua estancada. En temporada de lluvias, un río ancho como el horizonte avanza lentamente bajo la hierba, rodeando los árboles en dirección al océano.

Aquí parece que no pasa el tiempo, por lo que parece más apropiado explorarlos a pie, en bicicleta, en canoa o en kayak (e incluso acampar) que subirse a un ruidoso hidrodeslizador. Hay una increíble variedad de criaturas que ver entre la naturaleza subtropical, y puntos de entrada accesibles desde donde llegar al corazón de los Everglades en unas pocas horas.

En los Everglades hay dos temporadas: la húmeda, en verano, y la seca, en invierno. El invierno –de diciembre a abril– es el mejor momento, con un tiempo suave y agradable, y fauna en abundancia. En verano –de mayo a octubre– hace mucho calor y por la tarde son frecuentes las tormentas. Además, al extenderse el agua, los animales se dispersan.

Everglades National Park

Aunque la historia de los Everglades se remonta a tiempos prehistóricos, el parque no se fundó hasta 1947. Está considerado el parque nacional más amenazado de EE UU, pero el Plan Integral de Recuperación de los Everglades (www.evergladesplan.org) intenta deshacer parte del daño creado por la sequía y el desarrollo.

Tiene tres entradas y tres áreas principales: en el sur, por la Rte 9336, pasando por Homestead y la Ciudad de Florida se llega al centro de visitantes Ernest Coe y, donde acaba la carretera, a Flamingo; por la Tamiami Trail/Hwy 41, en el norte, al valle de Shark; y siguiendo la costa del Golfo, a Everglades City.

Los principales puntos de entrada tienen centros de visitantes donde se pueden conseguir mapas, permisos de acampada e información. Pagando la tasa de entrada una vez (por coche/persona 10/5 US$ por 7 días) se puede acceder a todos los puntos.

Incluso en invierno es imposible evitar los mosquitos, pero en verano son feroces: conviene llevar un repelente potente.

Los caimanes también están por todas partes y no hay que darles de comer en ningún caso; es ilegal y un modo seguro de provocar ataques. En los Everglades hay cuatro tipos de serpientes venenosas; más vale evitarlas todas, y llevar calcetines largos gruesos y botas resistentes.

Actividades

Garl's Coastal Kayaking (p. 477), con sede en Cayo Largo, es un lugar excelente para equiparse y contratar salidas en kayak por los Everglades.

Royal Palm Area EXCURSIONES A PIE
(☎305-242-7700; Hwy 9336) Dos rutas senderistas, Anhinga y Gumbo Limbo, permiten ver toda la fauna de los Everglades en un paseo de 1 h. Los caimanes se echan a tomar el sol en la orilla, los patos aguja atraviesan sus presas con el pico y las zancudas van cruzando los juncales de puntillas. Si se pasea por la pasarela de noche con los guardabosques y se ilumina el agua con una linterna, se verá una imagen impresionante: la de los ojos brillantes de decenas de caimanes rondando el agua.

Valle de Shark CIRCUITO
(☎305-221-8776; www.nps.gov/ever/planyour visit/svdirections.htm; 36000 SW 8th St, GPS N 25°45'27.60, W 80°46'01.01; automóvil/ciclista 10/5 US$; ☉9.15-17.15;) Uno de los mejores lugares para adentrarse en los Everglades es este valle, donde se puede hacer un excelente circuito en autobús abierto de 2 h (☎305-221-8455; www.sharkvalleytramtours.com; adultos/menores 12 años/sénior 22/19/12,75 US$; ☉salidas 9.30, 11.00, 14.00, 16.00 may-dic, 9.00-16.00 ene-abr cada hora en punto) por una pista asfaltada de 24 km y ver grandes cantidades de caimanes en los meses de invierno. Los guardas del parque dan completas explicaciones que permiten hacerse una idea estupenda del lugar. En la entrada se pueden alquilar bicicletas por 7,50 US$/h. Hay que llevar agua.

Centro de visitantes
Ernest Coe EXCURSIONES A PIE, REMO
(☎305-242-7700; www.nps.gov/ever; State Rd 9336; ☉9.00-17.00, desde 8.00 dic-abr) El centro

de visitantes más importante de la parte sur del parque presenta unas excelentes exposiciones, dignas de un museo, y mucha información sobre actividades: la carretera da acceso a numerosas pistas cortas y a lugares espléndidos para remar en canoa. Hay que telefonear para informarse sobre los divertidos programas que organizan los guardabosques, como el *slough slog*, excursión para mojarse hasta los tobillos.

Centro de visitantes Flamingo
EXCURSIONES A PIE, REMO

(☎239-695-3101; ☺puerto 7.00-19.00, desde 6.00 sa y do) Desde Royal Palm, la Hwy 9336 atraviesa el centro del parque durante 60 km hasta llegar a este remoto centro, que cuenta con mapas de pistas para senderistas y zonas de remo. Hay que llamar con antelación para conocer el estado de las instalaciones: el antiguo Flamingo Lodge quedó arrasado por los huracanes en el 2005. El puerto de Flamingo (☎239-695-3101; ☺almacén 7.00-17.30 lu-vi, desde 6.00 sa y do) ha vuelto a abrir y ofrece paseos en barco y alquiler de kayaks/canoas para recorrer la costa por cuenta propia.

Centro de visitantes Gulf Coast
NAVEGACIÓN

(☎239-695-2591; http://evergladesnationalpark boattoursgulfcoast.com; 815 Oyster Bar Lane, salida Hwy 29; canoa/kayak individual/tándem 24/45/55 US$ por día; ☺9.00-16.30 med abr-med nov, 8.00-16.30 med nov-med abr; 🅟) 🗲 Si se dispone de tiempo, quizá se quiera visitar el extremo noroeste de los Everglades y recorrer los manglares y los canales de las 10 000 Islas en kayak o en canoa, o mediante una travesía en barco que quizá permita ver delfines. En el centro de visitantes, cerca del puerto deportivo, se alquilan embarcaciones (desde 13 US$/h) y se ofrecen travesías guiadas (desde 25 US$). En Everglades City también hay agencias privadas para organizar acampadas por las 10 000 Islas.

🛏 Dónde dormir

En el Everglades National Park hay dos zonas de acampada equipadas con agua, baños y barbacoas. Las mejores parcelas son las del Long Pine Key (☎305-242-7745; www.nps.gov/ever/planyourvisit/frontcamp; acampada 16 US$), al oeste del centro de visitantes Royal Palm; es preciso reservar con antelación para acampar en el Flamingo (☎877-444-6777; www.nps.gov/ever/planyourvisit/frontcamp; acampada 30 US$), que cuenta con duchas de agua fría y electricidad. Por todo el parque hay zonas de acampada sin servicios (☎239-695-2945, 239-695-3311; www.nps.gov/ever/planyourvisit/backcamp; licencia 10 US$, más 2 US$ por persona y noche), en la playa, en tierra y en *chickees* (plataformas de madera cubiertas sobre el agua). Se requiere un permiso del centro de visitantes.

❶ Cómo llegar y desplazarse

Pese a ser la mayor reserva subtropical de Norteamérica, resulta fácil acceder desde Miami. Los Glades, que comprenden los 130 km más meridionales de Florida, limitan con el océano Atlántico y el golfo de México al oeste. La Tamiami Trail (US Hwy 41) cruza de este a oeste, en paralelo a la Alligator Alley (I-75), más al norte (y menos interesante).

Es necesario ir en coche para entrar en los Everglades y, una vez dentro, es esencial llevar un buen par de botas para penetrar en el interior. Disponer de una canoa o un kayak también ayuda; se pueden alquilar en agencias del exterior o del interior del parque, aunque también pueden contratarse circuitos guiados en canoa o kayak. La bicicleta se adapta bien a las carreteras lisas del parque, especialmente en la zona entre Ernest Coe y Flamingo Point, pero son inútiles fuera de la carretera. Además, los arcenes son muy estrechos.

Alrededor de los Everglades

Viniendo desde Miami, Homestead es la puerta de entrada al parque por el este y una buena base de operaciones, sobre todo si se van a visitar los cayos.

Biscayne National Park

Al sur de Miami (y al este de Homestead) se extiende este parque natural, que solo tiene un 5% de tierra. El 95% de agua constituye el Biscayne National Underwater Park (☎305-230-1100; www.nps.gov/bisc), que incluye una parte del tercer arrecife de coral más grande del mundo, con un ecosistema muy variado donde viven manatíes, delfines y tortugas marinas. El centro de visitantes Dante Fascell (☎305-230-1144; www.nps.gov/bisc; 9700 SW 328th St; ☺9.00-17.00, desde 10.00 may-oct) proporciona información general del parque, donde se pueden alquilar canoas/kayaks y contratar populares travesías en barcos con fondo de vidrio; para todo ello es necesario reservar.

ENCUENTROS CON LA FAUNA: CÓMO COMPORTARSE

Cuando se salga a explorar la naturaleza de Florida, no hay que olvidar estas normas básicas:

Hidrodeslizadores y 'buggies' En las marismas, los hidrodeslizadores son mejores que los *buggies* de grandes ruedas, pero los kayaks y canoas sin motor son más silenciosos y menos invasivos.

Delfines salvajes Los delfines en cautividad suelen ser animales rescatados ya acostumbrados a los humanos, pero la ley prohíbe dar de comer, perseguir o tocar a los delfines en el océano.

Nadar con manatíes Es una especie amenazada y protegida. Se puede mirar, pero no tocar. La norma es la observación pasiva.

Dar de comer a los animales No debe hacerse. Acostumbrar a los animales salvajes al contacto humano suele llevarles a la muerte, por accidentes o agresiones.

Nidificación de tortugas marinas Acercarse a los nidos de las tortugas o a las crías que corren hacia el mar es delito; lo especifican los carteles en las playas. Si se topa con ellas, hay que mantener la distancia y no hacer fotos con *flash*.

Arrecifes de coral Nunca hay que tocarlos. Los pólipos del coral son organismos vivos; tocar o romper el coral provoca aberturas por las que pueden contraer infecciones y enfermedades.

Homestead y Ciudad de Florida

No parecen gran cosa, pero contienen grandes atracciones, como el Robert Is Here (☎305-246-1592; www.robertishere.com; 19200 SW 344th St, Homestead; principales 3-8 US$; ◷8.00-19.00), toda una institución del *kitsch* de Florida, con un zoo infantil, música en directo y estupendos batidos .

En la zona de Homestead-Ciudad de Florida abundan los moteles, sobre todo por Krome Ave, y hay un buen albergue, el Everglades International Hostel (☎305-248-1122; www.evergladeshostel.com; 20 SW 2nd Ave, Ciudad de Florida; *camping* 18 US$, dc 28 US$, d 61-75 US$, ste 125-225 US$; ❂❄❒✉). Las habitaciones salen a cuenta, el ambiente es agradable y tiene un jardín trasero imponente. Organizan unos circuitos por los Everglades de lo mejor, como sus *wet walks*, para mojarse hasta las espinillas.

Tamiami Trail

La ruta Tamiami/Hwy 41 empieza en Miami y llega hasta Naples, en el extremo norte del Everglades National Park. Nada más pasar la entrada del valle de Shark se encuentra Miccosukee Village (☎877-242-6464, 305-222-4600; www.miccosukee.com; Hwy 41, milla 70; adultos/niños/hasta 5 años 12/6 US$/gratis; ◷9.00-17.00; ❂), entretenido y didáctico museo al aire libre sobre la cultura miccosukee.

Unos 35 km al oeste del valle de Shark s llega al centro de visitantes Oasis (☎94. 695-1201; www.nps.gov/bicy; 52105 Tamiami Trail ◷9.00-16.30 lu-vi; ❂) para visitar la Big Cy press National Preserve (☎239-695-4758 www.nps.gov/bicy; 33000 Tamiami Trail E; ◷8.30 16.30; ❂❂) ✐, de 2950 km², con interesante muestras y pistas cortas donde descubrir e ecosistema del lugar, aunque los más aven tureros quizá quieran seguir un tramo de l Florida National Scenic Trail (☎850-523 8501; www.fs.usda.gov/fnst); que recorre 50 kr por la reserva.

Apenas 1 km al este del centro de visitan tes se encuentra la Big Cypress Galler (☎239-695-2428; www.clydebutcher.com; Tamiam Trail; paseo pantano 1½ h adultos/niños 50/35 US$ 45 min adultos/niños 35/25 US$; ◷10.00-17.00; ❂ ✐, que muestra la obra de Clyde Butche sus fotografías de paisajes en blanco y negr reflejan la particular belleza de la región.

El pueblecito de Ochopee tiene la oficin de correos más pequeña del país. Tambié se puede visitar el centro de investigació Skunk Ape (☎239-695-2275; www.skunkape.info 40904 Tamiami Trail E; 5 US$; ◷7.00-19.00, cierr zoo 16.00 aprox.; ❂), que sigue los pasos al le gendario –y apestoso– Bigfoot de los Evergla des. Es un lugar cómico pero honesto, dond tiene su sede Everglades Adventure Tour (EAT; ☎800-504-6554; www.evergladesadvent retours.com; circuitos desde 89 US$), que ofrec excursiones y circuitos por los pantanos en canoas o botes.

Al este de Ochopee se encuentra una clásica barraca del pantano de la década de 1950, el Joannie's Blue Crab Cafe (☎239-695-2682; 39395 Tamiami Trail E; principales 9-17 US$; ☺10.30-17.00, cierre estacional; confírmese por teléfono) con vigas vistas, mesas de pícnic de colores y escalopines y buñuelos de caimán para comer.

Everglades City

Este pueblo al borde del parque es una buena base para explorar la región de las 10 000 Islas. Con sus grandes habitaciones reformadas, el Everglades City Motel (☎239-695-4224; www.evergladescitymotel.com; 310 Collier Ave; h desde 89 US$; P✸☎) sale muy a cuenta, y su personal, de lo más simpático, se encargará de gestionar cualquier excursión. Lo mismo se puede decir de Ivey House Bed & Breakfast (☎877-567-0679; www.iveyhouse.com; 107 Camellia St; h 99-179 US$; P✸☎), con habitaciones sencillas y otras más elegantes. Allí mismo está Everglades Adventures (NACT; ☎877-567-0679; www.evergladesadventures.com; Ivey House Bed & Breakfast, 107 Camellia St; circuitos desde 89 US$, alquiler desde 35 US$; ☺nov-med abr) ✐. Pregúntese por los paquetes de habitación con excursiones. Para cenar, Camellia Street Grill (☎239-695-2003; 202 Camellia St; principales 10-20 US$; ☺12.00-21.00) es lo más elegante del lugar, aunque su comida sureña y mediterránea no es nada sofisticada.

Cayos de Florida

Las islas que componen los cayos de Florida se extienden como una sarta de perlas verdes a lo largo de un cordel de asfalto: es donde la gente va cuando quiere asomarse al borde de la Tierra. Henry Flagler comunicó los cayos con la costa en 1912; hasta entonces, esta serie de islas de 200 km era refugio de piratas y pescadores. Hoy en día aún hay mucha pesca, pero también turismo, bares, submarinismo, buceo y gente que vive una vida muy relajada.

Las islas se dividen en tres secciones: los Upper Keys ("cayos superiores"; de Cayo Largo a Islamorada), los Middle Keys ("cayos medios") y los Lower Keys ("cayos bajos", a partir de Little Duck Key). Sin embargo, en lugar de ir a menos, van *in crescendo,* hasta llegar al espléndido Cayo Hueso, isla informal y fiestera que pone un gran punto y final a la serie.

En los cayos, muchas direcciones se indican por los marcadores kilométricos (en millas, "MM"), que empiezan en el MM 126, en la Ciudad de Florida, y van disminuyendo hasta el MM 0 de Cayo Hueso. También pueden señalar "oceanside" (del lado del océano, al sur de la carretera) o "bayside" (hacia la bahía, al norte).

Para información, visítese el Florida Keys & Key West Visitors Bureau (☎800-352-5397; www.fla-keys.com) o véase www.keysnews.com.

Cayo Largo

¡Aquí empiezan las islas! Aunque es fácil olvidarse. Yendo al sur desde Homestead, la carretera va quedando rodeada de manglares y ni siquiera se ve el agua. Luego, de pronto, se llega a Islamorada y el agua está por todas partes.

Cayo Largo ha sido objeto de fantasías románticas en películas y canciones, así que quizá se eche de menos a Bogart, Bacall o a la Sade más nostálgica. Y es que Cayo Largo es imponente, una isla con una población aletargada y unas vistas mediocres. Eso, si no se sale de la carretera y se mantiene la cabeza en la superficie. Por las carreteras secundarias se pueden encontrar esas legendarias escenas isleñas y, sumergiéndose en el agua, el arrecife de coral más impresionante de Norteamérica.

Para obtener mapas y folletos, visítese la Cámara de Comercio (☎800-822-1088; www.keylargochamber.org; MM 106 bayside; ☺9.00-18.00), situada en un edificio amarillo nada más pasar Seashell World (que no hay que confundir con el otro centro de visitantes amarillo, en el 10624, donde hacen reservas y gestiones con comisión).

🏃 Actividades

John Pennekamp Coral Reef State Park   PARQUE
(☎305-451-6300; www.pennekamppark.com; MM 102,6 oceanside; automóvil/motocicleta/ciclista o peatón 8/4/2 US$; ☺8.00-anochecer, acuario hasta 17.00; ♿) ✐ El primer parque estatal submarino del país rodea el tercer mayor arrecife de coral del mundo. Hay muchas opciones para verlo: se puede hacer una excursión en barco con fondo de cristal (☎305-451-6300; http://pennekamppark.com/glassbottom-boat; adultos/niños 24/17 US$; ☺9.15, 12.15 y 15.15) de 2½ h en un flamante catamarán de 20 m de eslora. Se puede practicar buceo (☎305-451-6300; http://pennekamppark.com/snorkeling-tours; adultos/niños 30/25 US$; ☺9.00-16.30) o submarinismo con botellas (☎305-451-6322; http://

pennekamppark.com/scuba-circuitos; salida 6 personas 400 US$); hay salidas de media jornada dos veces al día, generalmente a las 9.00 y 13.00. O se puede ir por libre y alquilar una canoa, un kayak (por hora individual/doble 12/17 US$) o un patín (25 US$/h) y recorrer una red de 5 km de pistas acuáticas.

Garl's Coastal Kayaking ECOTOUR
(305-393-3223; www.garlscoastalkayaking.com; circuitos adultos medio/1 día 125/150 US$, niños 95/125 US$, kayak i/d 30/45 US$) Garl's es un excelente operador de *ecotours* que lleva a los clientes por los Everglades y los manglares de la bahía de Florida en kayak y en canoa. También alquilan equipo a precios razonables.

🛏 Dónde dormir

Además de los resorts de lujo, en Cayo Largo hay muchos moteles divertidos y opciones de *camping*.

John Pennekamp Coral Reef
State Park CAMPING $
(800-326-3521; www.pennekamppark.com; 102601 Overseas Hwy; tienda y parcelas 38,50 US$; P) Para dormir cerca de los peces en una de sus 47 parcelas junto al arrecife. Es popular: resérvese con antelación.

Hilton Key Largo Resort HOTEL $$
(888-871-3437, 305-852-5553; www.keylargo resort.com; MM 102 bayside; h/ste desde 179/ 240 US$; P 🛜 🏊) Tiene mucha personalidad, con habitaciones de diseño en colores que invitan a la relajación. En el recinto incluso hay una piscina con cascada y una playa privada de arena blanca. Las mejores tarifas se encuentran en internet.

Largo Lodge HOTEL $$$
(305-451-0424; www.largolodge.com; MM 102 bayside; casitas 375 US$; P) Estas seis casitas con encanto tienen su propia playa privada y están rodeadas de palmeras, flores tropicales y muchos pájaros. Presentan una decoración moderna y elegante, con espacios y colores que crean un ambiente zen.

🍴 Dónde comer y beber

Key Largo Conch House FUSIÓN $$
(305-453-4844; www.keylargoconchhouse. com; MM 100,2 oceanside; principales almuerzo 8-16 US$, cena 13-30 US$; 8.00-22.00; P 🛜 🐾) Esto sí que es estar en una isla: caracolas, naturaleza tropical y platos de marisco que invitan a evadirse.

Mrs Mac's Kitchen ESTADOUNIDENSE $$
(305-451-3722; www.mrsmackitchen.com; MM 99,4 bayside; desayuno y almuerzo 8-16 US$, cena 10-36 US$; 7.00-21.30 lu-sa; P 🐾) Simpático *diner* de carretera decorado con matrículas oxidadas donde se comen clásicos como hamburguesas o pescado frito. Tienen otro local 800 m al sur, al otro lado de la carretera.

Islamorada

Es en realidad una sucesión de islas, el centro de las cuales es Upper Matecumbe Key. Aquí es donde las vistas empiezan a abrirse y se ve el agua por todas partes. Hay varias playitas de fácil acceso donde pararse a admirar el panorama. La **Cámara de Comercio** (305-664-4503; www.islamoradachamber.com; MM 87 bayside; 9.00-17.00 lu-vi, hasta 16.00 sa, hasta 15.00 do), en un viejo vagón de tren rojo, dispone de información sobre la zona.

👁 Puntos de interés y actividades

Islamorada se presenta como la capital mundial de la pesca deportiva, pues su oferta de ocio se centra en el mar.

★ **Anne's Beach** PLAYA
(MM 73,5 oceanside) Es una de las mejores playas de la zona. La pequeña franja de arena se abre a una reluciente extensión de bajíos y a un verde túnel de bosques y marismas. A los chavales les encantará quedarse pegados en los fangales cercanos y jugar con el barro.

Florida Keys History
of Diving Museum MUSEO
(305-664-9737; www.divingmuseum.org; MM 83; adultos/niños 12/6 US$; 10.00-17.00; P 🐾) Fantástica colección de pintoresco equipamiento de inmersión de todo el mundo, que incluye unos trajes de buzo aparentemente suicidas y demás tecnología del s. XIX.

★ **Puerto Robbie's** PUERTO DEPORTIVO
(305-664-8070; www.robbies.com; MM 77,5 bayside; alquiler kayak y SUP 40-75 US$; 9.00-20.00; 🐾) Este puerto deportivo ofrece numerosas posibilidades: salidas de pesca, esquí acuático, fiestas en el mar, *ecotours*, salidas de buceo, alquiler de kayaks, etc. Si se está en un estado de forma moderado, se puede llegar remando a dos islas cercanas de importancia histórica, **Indian Key** (305-664-2540; www. floridastateparks.org/indiankey; MM 78,5 oceanside; tasa 2,50 US$; 8.00-anochecer) y **Lignumvitae Key** (305-664-2540; www.floridastateparks.org/

lignumvitaekey; tasa/circuito 2,50/2 US$; ⊙9.00-17.00, circuitos 10.00 y 14.00 vi-do), saliendo desde Robbie's. Los menos aventureros pueden dar de comer a los inmensos tarpones desde el muelle (3 US$ por cubo, 1 US$ por mirar), o visitar el rastrillo/tienda turística donde se vende quincalla marinera.

🛏 Dónde dormir

Conch On Inn   MOTEL $

(☑305-852-9309; www.conchoninn.com; MM 89,5; 103 Caloosa St; apt 59-129 US$; ℗) Sencillo motel que suele recibir turistas estacionales, con habitaciones austeras pero limpias y cómodas.

Ragged Edge Resort   RESORT $$

(☑305-852-5389; www.ragged-edge.com; 243 Treasure Harbor Rd; apt 69-259 US$; ℗❄🛜🏊) Complejo de 10 apartamentos sencillos y populares, lejos de los atascos, con unos dueños muy agradables. Los estudios más grandes tienen porches con mosquiteras y el ambiente es distendido y festivo. No hay playa, pero se puede nadar desde el muelle y en la piscina.

Casa Morada   HOTEL $$$

(☑305-664-0044; www.casamorada.com; 136 Madeira Rd, salida MM 82,2; ste 359-659 US$; ℗❄🛜🏊) Ofrece un toque de sofisticación al South Beach combinado con el estilo relajado de los cayos. El elegante bar es un lugar espléndido para ver la puesta de sol en el mar.

🍴 Dónde comer

★ **Midway Cafe**   CAFÉ $

(☑305-664-2622; http://midwaycafecoffeebar.com; 80499 Overseas Hwy; platos 2-11 US$; ⊙7.00-15.00, hasta 14.00 do; ℗🐾) Para tomarse un café relajado, un *smoothie* o algo dulce. Los que lo gestionan tuestan su propio café y hornean gran variedad de pastas deliciosas.

The Beach Cafe at Morada Bay   ESTADOUNIDENSE $$$

(☑305-664-0604; www.moradabay-restaurant.com; MM 81;6 bayside; principales 20-39 US$; ⊙11.30-22.00; ℗) Para sentarse bajo una palmera, en la playa de arena blanca, y disfrutar de un marisco fresco con un trago de ron: una relajada experiencia caribeña. No hay que perderse la fiesta de la luna llena que celebran cada mes.

Marathon

La principal población entre Cayo Largo y Cayo Hueso es Marathon, buena base para el turismo y puerto de pesca comercial. En el **centro de visitantes** (☑305-743-5417; www.floridakeysmarathon.com; MM 53,5 bayside; ⊙9.00-17.00) disponen de información local.

⊙ Puntos de interés y actividades

Crane Point Museum   MUSEO

(☑305-743-9100; www.cranepoint.net; MM 50,5 bayside; adultos/niños 12,50/8,50 US$; ⊙9.00-17.00 lu-sa, desde 12.00 do; ℗🐾) ✿ Es uno de los mejores lugares de la isla para pararse y oler las rosas. Y los pinos. Y las palmeras, en una especie de jungla de palmeras (es como caminar bajo unos abanicos japoneses gigantes) que solo crecen entre los puntos kilométricos MM 47 y MM 60. También se puede ver la Adderly House, ejemplo de cabaña de inmigrantes bahameños (que en verano debía de ser un horno) y 25 Ha de vegetación por la que pasear.

Turtle Hospital   RESERVA NATURAL

(☑305-743-2552; www.theturtlehospital.org; 2396 Overseas Hwy; adultos/niños 18/9 US$; ⊙9.00-18.00; ℗🐾) ✿ Si una tortuga cae enferma, se hiere con una hélice, con los hilos de los pescadores o alguna otra cosa, lo mejor que le puede pasar es acabar en este motel-reserva. Es triste ver a las heridas y enfermas, pero consuela comprobar que las cuidan tan bien. Las visitas son didácticas y divertidas. Empiezan a las horas en punto de 9.00 a 16.00.

Pigeon Key National Historic District ISLA

(☑305-743-5999; www.pigeonkey.net; MM 47 ocean-side; adultos/niños/menores 5 años 12/9 US$/gratis; ⊙circuitos 10.00, 12.00 y 14.00) El Seven Mile Bridge pasa por esta minúscula isla junto a Marathon, que sirvió como campamento para los obreros que construyeron la Overseas Hwy en la década de 1930. Se pueden visitar las construcciones históricas o simplemente tomar el sol y bucear en la playa. El billete del ferri que lleva a la isla está incluido en el precio de la visita, aunque también se puede ir a pie o en bici atravesando el **Old Seven Mile Bridge**, cerrado al tráfico pero anunciado como el puente de pesca más largo del mundo.

Sombrero Beach   PLAYA

(Sombrero Beach Rd, salida MM 50 oceanside; ℗🐾) Esta bonita playa de arena blanca tiene columpios, zonas de pícnic y baños grandes y limpios.

🛏 Dónde dormir y comer

Siesta Motel MOTEL **$**
(☎305-743-5671; www.siestamotel.net; MM 51 oceanside; h 80-115 US$; **P**🛜) Es uno de los alojamientos más baratos y limpios de los cayos, en un barrio de bonitas casas de Marathon; además, el servicio es espléndido.

⭐ **Keys Fisheries** PESCADO **$$**
(☎305-743-4353; www.keysfisheries.com; 3502 Louisa St; principales 7-22 US$; ⊙11.00-21.00; **P**🔄) Pescado y marisco fresco para comer en una terraza informal donde revolotean las gaviotas –que intentan pillar algo–. El sándwich Reuben de langosta es legendario.

Hurricane ESTADOUNIDENSE **$$**
(☎305-743-2200; www.hurricaneblues.com; 4650 Overseas Hwy; principales 9-19 US$; ⊙11.00-24.00; **P**📝) Además de ser uno de los bares más populares de Marathon, también tiene una excelente carta de cocina creativa del sur de Florida, con delicias como el pargo relleno de cangrejo o brochetas de marisco con adobo caribeño.

Lower Keys

Los cayos bajos (MM 46 a MM 0) son aguerridos bastiones de la variopinta cultura de los cayos.

Una de las playas más celebradas de Florida –y la mejor de los cayos por su agua templada y poco profunda– está en **Bahia Honda State Park** (☎305-872-3210; www.bahiahondapark.com; MM 37; automóvil/motocicleta/ciclista 5/4/2 US$; ⊙8.00-anochecer; 🔄), parque de 212 Ha con pistas naturales, actividades organizadas por los guardabosques, alquiler de material para deportes acuáticos y un arrecife de coral difícil de ver fuera de Cayo Largo.

Acampar en **Bahia Honda State Park** (☎800-326-3521; www.reserveamerica.com; MM 37, Bahia Honda Key; parcelas/cabañas 38,50/122,50 US$; **P**) 🔄 es una experiencia sublime; sería perfecto de no ser por los tábanos. También hay seis cabañas junto al mar, muy solicitadas. En todos los casos se ha de reservar con antelación. Una experiencia muy diferente son las cuatro exquisitas habitaciones del acogedor **Deer Run Bed & Breakfast** (☎305-872-2015; www.deerrunfloridabb.com; 1997 Long Beach Dr, Big Pine Key, salida MM 33 oceanside; h 275-460 US$; **P**🛜🏊) 🔄. Este B&B vegetariano con certificado ecológico es un pintoresco jardín de las delicias, y los dueños son extremadamente solícitos.

En el Big Pine Key se puede disfrutar del ambiente del **No Name Pub** (☎305-872-9115; www.nonamepub.com; N Watson Blvd, Big Pine Key, salida MM 30,5 bayside; principales 7-18 US$; ⊙11.00-23.00; **P**), antes de llegar al **No Name Key**, y tomar una *pizza* con una cerveza. Quizá se quiera contribuir a la decoración grapando un billete de 1 US$; hay aproximadamente 60 000 cubriendo el techo y las paredes.

Cayo Hueso

El ambiente divertido y relajado de Key West ha atraído desde siempre a artistas, rebeldes y espíritus libres. Quizá se deba a su geografía: su conexión con EE UU es mínima y está más cerca de Cuba que del resto de los estados. Solo hay una carretera de entrada, y no conduce a ningún otro lugar. En otras palabras, es un lugar donde es fácil ir por libre, lo que puede significar cualquier cosa, desde la piratería al contrabando, la pesca, la bebida o abrir una galería de arte. Sea lo que sea, lo único importante en Cayo Hueso es que uno se divierta haciéndolo.

⊙ Puntos de interés

Cayo Hueso contiene muchos edificios, casas y barrios con historia (como el colorista Bahama Village); es una población que se puede recorrer a pie, y resulta gratificante. Seguramente se querrá hacer una foto al famoso **Southernmost Point Marker**, mojón que indica el punto más meridional del país, aunque técnicamente no lo es. (Esa distinción recae en un punto 800 m más allá, pero como forma parte de una base aérea, no es un lugar muy turístico).

⭐ **Mallory Square** PLAZA
(🔄) La puesta de sol en Mallory Sq, al final de Duval St, es una atracción de lo más curiosa. Combina todas las energías, subculturas y rarezas de la vida en los cayos –los *hippies,* los provincianos, los extranjeros y los turistas– que se funden en una fiesta callejera con antorchas, malabaristas, faquires y perros acróbatas. Cuando cae la noche, se desata la locura.

Duval Street BARRIO
Los lugareños tienen una relación de amor-odio con la calle más famosa del cayo. Duval Street es el centro de las copas, de todo lo hortera y lo vulgar, y aún así consigue ser divertida. Al final de la noche tiene lugar el "Duval Crawl", una de las mejores rutas de copas que hay en todo el país.

Hemingway House
CASA

(☎305-294-1136; www.hemingwayhome.com; 907 Whitehead St; adultos/niños 13/6 US$; ☺9.00-17.00) Ernest Hemingway vivió en esta casa colonial española entre 1931 y 1940, donde se alojó para escribir, beber y pescar –no siempre en ese orden–. Hay visitas guiadas cada 30 min, en las que se oirán anécdotas mientras se visitan su estudio y su curiosa piscina y se conoce a los descendientes de sus gatos polidáctilos, que se pasean al sol, sobre los muebles y por todas partes.

Florida Keys Eco-Discovery Center
MUSEO

(☎305-809-4750; http://eco-discovery.com/ecokw. html; 35 East Quay Rd; ☺9.00-16.00 ma-sa; P ⊞) 🍃GRATIS Excelente museo natural que reúne todos los animales, plantas y hábitats que componen el peculiar ecosistema de los cayos y los presenta de un modo fresco y accesible. Es estupendo para niños y el público general.

Cementerio de Cayo Hueso
CEMENTERIO

(www.friendsofthekeywestcemetery.com; Margaret St esq. Angela; ☺8.30-16.00; ⊞) Este oscuro laberinto gótico se encuentra en el centro de la población. Animan los mausoleos epitafios célebres como el de "Te dije que estaba enfermo".

Key West Butterfly & Nature Conservatory
RESERVA NATURAL

(☎305-296-2988; www.keywestbutterfly.com; 1316 Duval St; adultos/4-12 años 12/8,50 US$; ☺9.00-17.00; ⊞) Es imposible no maravillarse ante la cantidad de mariposas que se verá revolotear.

🏃 Actividades

Al estar prácticamente en medio del océano, la oferta se centra en las actividades acuáticas. Hay embarcaciones disponibles para pescar, bucear o sumergirse, por ejemplo, por los restos del USS 'Vandenberg', barco de transporte de 159 m, hundido frente a la costa para crear el segundo arrecife artificial más grande del mundo.

Fort Zachary Taylor
PLAYA

(☎305-292-6713; www.floridastateparks.org/fortta ylor; 601 Howard England Way; automóvil/peatón 6/2 US$; ☺8.00-anochecer) Cayo Hueso tiene tres poblaciones de playa, pero no son nada especial; la mayoría prefiere ir a Bahía Honda. Aun así, en Fort Zachary Taylor se encuentra la mejor playa, con arena blanca y buenas opciones para nadar y bucear junto a la orilla; es estupenda para hacer un pícnic o ver la puesta de sol.

Dive Key West
SUBMARINISMO, BUCEO

(☎305-296-3823; www.divekeywest.com; 3128 N Roosevelt Blvd; buceo/submarinismo desde 60/75 US$) Equipo, traslados y todo lo que puede necesitarse para hacer inmersiones y explorar pecios.

Jolly Rover
CRUCEROS

(☎305-304-2235; www.schoonerjollyrover.com; Greene St esq. Elizabeth, Schooner Wharf; crucero adultos/niños 45/25 US$) Para navegar como los piratas en una goleta y hacer cruceros de día y al atardecer.

👉 Circuitos

Tanto el Conch Tour Train (☎888-916-8687; www.conchtourtrain.com; adultos/sénior/menores 13 años 30/27 US$/gratis; ☺circuitos 9.00-16.30; ⊞) como el Old Town Trolley (☎855-623-8289; www.trolleytours.com/key-west; adultos/sénior/ menores 13 años 30/27 US$/gratis; ☺circuitos 9.00-16.30; ⊞) ofrecen circuitos con salida en Mallory Sq. El tren realiza un recorrido guiado de 90 min en un coche abierto, mientras que el segundo es un autobús que traza un circuito de 12 paradas por toda la población y permite subir y bajar a voluntad.

Original Ghost Tours
CIRCUITO

(☎305-294-9255; www.hauntedtours.com; adultos/ niños 18/10 US$; ☺20.00 y 21.00) ¿Fantasmas en el hotel? Probablemente. ¿Qué tiene de terrorífico el muñeco Robert, del museo East Martello? Aquí se verá.

🎊 Fiestas y celebraciones

Cayo Hueso celebra una fiesta cada atardecer, pero los que viven aquí no necesitan excusas para desmelenarse.

Conch Republic Independence Celebration
CULTURAL

(www.conchrepublic.com; ☺ago) Celebración de la Independencia de la República de la Concha, con 10 días de festejos en el mes de abril; no hay que perderse la decoración de las oficinas públicas y la carrera de *drag queens*.

Fantasy Fest
CULTURAL

(www.fantasyfest.net; ☺fin oct) Fusión de Halloween y Carnaval durante 10 días a finales de octubre que dispara los precios de los alojamientos.

🛏 Dónde dormir

El alojamiento en Cayo Hueso suele ser bastante caro, especialmente en invierno y aún más durante las fiestas, cuando los precios pueden triplicarse. Si no se reserva con tiempo, quizá se acabe en las largas caravanas de coches que vuelven a la Florida continental. Reservando por internet se pueden encontrar tarifas más bajas.

Caribbean House — PENSIÓN $

(📞305-296-0999; www.caribbeanhousekw.com; 226 Petronia St; h desde 95 US$; P✳@) Habitaciones diminutas, pero limpias, acogedoras y alegres en el corazón de Bahama Village. Si a eso se suma el desayuno gratuito y la simpatía de los anfitriones, el resultado es un hallazgo, toda una ganga para Cayo Hueso.

★ Key West Bed & Breakfast — B&B $$

(📞305-296-7274; www.keywestbandb.com; 415 William St; h invierno 89-265 US$, verano 89-165 US$; ✳🛜) Soleado, diáfano y lleno de toques artísticos: cerámica pintada a mano, un telar, un mástil... Tienen habitaciones para todos los presupuestos.

Key Lime Inn — HOTEL $$

(📞800-549-4430; www.historickeywestinns.com; 725 Truman Ave; h desde 180 US$; P🛜≋) Acogedoras casitas dispersas frente a un bosque tropical. Las habitaciones son frescas y muy verdes, con muebles de mimbre y TV de pantalla plana. Dan ganas de quedarse para siempre.

★ Tropical Inn — HOTEL-BOUTIQUE $$$

(📞888-651-6510; www.tropicalinn.com; 812 Duval St; h/ste desde 230/375 US$; ✳🛜≋) Tiene un servicio excelente y habitaciones diferentes repartidas por una finca con historia, pintadas en intensos colores pastel. El precio incluye un delicioso desayuno que se puede tomar en el patio, entre la vegetación tropical, junto a una preciosa piscina. Dos chalés adosados ofrecen intimidad y romanticismo para parejas.

Mermaid & the Alligator — PENSIÓN $$$

(📞305-294-1894; www.kwmermaid.com; 729 Truman Ave; h invierno 298-468 US$, verano 168-228 US$; P✳@🛜≋) Habrá que reservar con mucha antelación: con solo nueve habitaciones, tiene más encanto que capacidad. Está abarrotada de tesoros acumulados por los dueños en sus viajes, lo que le da un encanto internacional tan europeo como zen.

Silver Palms Inn — HOTEL-BOUTIQUE $$$

(📞305-294-8700; www.silverpalmsinn.com; 830 Truman Ave; h desde 220 US$; P✳🛜≋) ✐ El interior de este hotel con encanto combina tonos regios, suaves y brillantes. Cuentan con

servicio de alquiler de bicicletas, una piscina de agua salada y el certificado "verde" del Departamento de Protección Medioambiental de Florida. El ambiente es de hotel grande y moderno, con un toque del color y el sabor tropical de los cayos.

🍴 Dónde comer

Casi está prohibido abandonar la isla sin probar los buñuelos de caracola y la tarta de lima, hecha con limas de los cayos, leche condensada, huevos y azúcar, sobre una base de galleta.

Café — VEGETARIANA $

(📞305-296 5515; www.thecafekw.com; 509 Southard St; principales 7-17 US$; ⏰11.00-22.00; 🍴) Es el único lugar de Cayo Hueso dedicado exclusivamente a los herbívoros (también hay un plato de pescado). De día es un restaurante sencillo y soleado; de noche se convierte en una opción elegante pero sana para cenar, con velas y un plato principal de categoría (como sus pasteles de polenta y *tofu* a la parrilla).

Camille's — FUSIÓN $$

(📞305-296-4811; www.camilleskeywest.com; 1202 Simonton St; desayuno y almuerzo platos 4-13 US$; principales cena 17-26 US$; ⏰8.00-15.00 y 18.00-22.00; 🍴) Dejando atrás Duval St se encontrará este restaurante de barrio, frecuentado por familias que acuden a disfrutar de una cena informal, saludable y exquisita. Su creativa carta incluye desde torrijas con licor Godiva a una sabrosa ensalada de pollo.

El Siboney — CUBANA $$

(📞305-296-4184; www.elsiboneyrestaurant.com; 900 Catherine St; principales 8-17 US$; ⏰11.00-21.30) Cayo Hueso está a solo 145 km de Cuba y la comida de este impresionante restaurante es lo más cerca que se puede estar de una cocina cubana auténtica en EE UU. Solo efectivo.

Mo's Restaurant — CARIBEÑA $$

(📞305-296-8955; 1116 White St; principales 6-17 US$; ⏰11.00-22.00 lu-sa) Ideal para probar cocina casera caribeña. Los platos son sobre todo haitianos y deliciosos.

Blue Heaven — ESTADOUNIDENSE $$$

(📞305-296-8666; http://blueheavenkw.homestead.com; 729 Thomas St; principales cena 17-35 US$; ⏰8.00-22.30; 🍴) Es uno de los locales más peculiares de la isla donde se puede cenar en un patio junto a los pollos. Los clientes no tienen problema en esperar, divertidos, para disfrutar de una excelente versión de los fritos sureños y otros platos típicos de los cayos.

Café Solé FRANCESA $$$
(☎305-294-0230; www.cafesole.com; 1029 Southard St; cena 25-34 US$; ⊗17.30-22.00) ¿Carpacho de caracolas con alcaparras? ¿Filete de atún al fuagrás? Por supuesto. Este aclamado restaurante es conocido por su ambiente relajado y las innovadoras creaciones de un chef formado en Francia que explora con los ingredientes de las islas.

⬤ Dónde beber y ocio

En la República de la Concha el pasatiempo favorito es ir (o arrastrarse) de bar en bar –en la "Duval Crawl" (p. 480)– y las opciones para beber son muchas.

★ Green Parrot BAR
(☎305-294-6133; www.greenparrot.com; 601 Whitehead St; ⊗10.00-4.00) Es la taberna con mayor historia de la isla (desde 1890), un garito fabuloso que atrae a una animada mezcla de parroquinos y forasteros, con una decoración extraña acumulada durante un siglo. Los hombres no deben dejar de visitar el urinario.

Captain Tony's Saloon BAR
(☎305-294-1838; www.capttonyssaloon.com; 428 Greene St; ⊗10.00-2.00) Este antiguo almacén de hielo, depósito de cadáveres y residencia de Hemingway, está construido alrededor del viejo árbol de la horca del pueblo. La ecléctica decoración incluye sujetadores abandonados y billetes de un dólar firmados.

Porch BAR
(☎305-517-6358; www.theporchkw.com; 429 Caroline St; ⊗11.00-4.00) Alternativa a los bares para universitarios de Duval St donde unos bármanes expertos sirven cervezas artesanas. Es un lugar bastante civilizado para lo que es Cayo Hueso.

Virgilio's JAZZ
(www.virgilokeywest.com; 524 Duval St; ⊗19.00-3.00, hasta 4.00 ju-sa) Este local oscuro con velas donde poder relajarse con un poco de *jazz* y salsa, y ha llegado. Se entra por Appelrouth Lane.

ⓘ Información

Un gran recurso para organizar la visita es www.fla-keys.com/keywest. Se pueden obtener mapas y folletos en la **Cámara de Comercio de Cayo Hueso** (☎305-294-2587; www.keywest

CAYO HUESO DE AMBIENTE

El **Gay & Lesbian Community Center** (☎305-292-3223; www.glcckeywest.org; 513 Truman Ave) dispone de información. Toda la isla es muy abierta, pero hay varios bares y pensiones destinados específicamente al público homosexual. Para la primera copa se recomiendan:

801 Bourbon Bar (☎305-294-4737; www.801bourbon.com; 801 Duval St; ⊗9.00-4.00) Diversión solo para hombres.

Aqua (☎305-294-0555; www.aquakeywest.com; 711 Duval St; ⊗15.00-2.00) Público gay y lésbico.

chamber.org; 510 Greene St; ⊗8.30-18.30 lu-sa, hasta 18.00 do).

ⓘ Cómo llegar y desplazarse

El modo más sencillo de viajar por Cayo Hueso y por los cayos en general es en coche, aunque el tráfico por la carretera principal, la US 1, puede ser una locura en invierno, la temporada alta. **Greyhound** (☎305-296-9072; www.greyhound.com; 3535 S Roosevelt Blvd) viaja a los cayos desde el centro de Miami.

Se puede llegar en avión al **aeropuerto internacional de Key West** (EYW; ☎305-296-5439; www.keywestinternationalairport.com; 3491 S Roosevelt Blvd), que tiene conexiones frecuentes con grandes ciudades, casi siempre con escala en Miami. También se puede tomar un catamarán rápido desde Fort Myers o Miami; consúltense horarios y tarifas a **Key West Express** (☎888-539-2628; www.seakeywestexpress.com; adultos/niños/júniores/sénior ida y vuelta 149/40/86/139 US$, ida 89/20/60/89 US$); hacen descuentos reservando con antelación.

En Cayo Hueso, el medio de transporte más habitual es la bici (las alquilan en Duval St, a 10-25 US$/día). Los autobuses de **City Transit** (☎305-809-3700; www.kwtransit.com; entradas 2 US$), de diferentes colores según la línea, recorren el centro y los cayos bajos.

COSTA ATLÁNTICA

No es todo voley-playa, surf y tomar el sol; la costa atlántica de Florida Ofrece una experiencia completa para cualquier tipo de viajero, desde los apasionados de la historia o del arte a los que buscan emociones fuertes.

Space Coast

El principal motivo de celebridad de la Space Coast (aparte de situarse aquí la serie televisiva de la década de 1960 *Mi bella genio*) es que acoge el Kennedy Space Center y su enorme complejo para visitantes. Cocoa Beach también es un imán para surfistas, al contar con las mejores olas de Florida.

⊙ Puntos de interés

★ **Merritt Island National Wildlife Refuge** RESERVA NATURAL
(☎321-861-5601; www.fws.gov/merrittisland; salida FL-406; Black Point Wildlife Dr, vehículo 5 US$; ⊙amanecer-anocher) GRATIS Esta gran reserva de 56 600 Ha es uno de los mejores enclaves del país para avistar aves, especialmente de octubre a mayo. Sus pantanos, marismas y bosques acogen a más especies amenazadas que ningún otro lugar del territorio continental estadounidense.

Complejo para visitantes del Kennedy Space Center MUSEO
(☎321-449-4444; www.kennedyspacecenter.com; adultos/niños 50/40 US$, aparcamiento 10 US$; ⊙9.00-18.00) El Centro Espacial Kennedy, aún en activo, está pasando de ser un museo vivo a un museo histórico desde el cierre del programa de lanzaderas espaciales de la NASA en el 2011. Se puede dedicar la mayor parte del día a la lanzadera espacial Atlantis, los cines IMAX y el Rocket Garden, con réplicas de cohetes clásicos.

Es posible apuntarse al almuerzo con un astronauta; (☎866-737-5235; adultos/niños 30/16 US$) o al simulador de despegue de lanzadera, que alcanza una velocidad máxima de 28 000 km/h y que da exactamente la misma impresión que un despegue, que también se puede hacer junto a un astronauta; entre otras experiencias. Hay que reservar con antelación.

Canaveral National Seashore PARQUE
(☎386-428-3384; www.nps.gov/cana; Merritt Island; automóvil/bicicleta 5/1 US$; ⊙6.00-18.00) Estos 39 km de impecables playas ventosas constituyen la franja más larga de playa no urbanizada de la costa este de Florida.

🏃 Actividades

A pesar del sol y de las playas, Florida no es una meca del surf. Las aguas de Miami suelen estar tranquilas, y gran parte de la costa del Golfo está demasiado protegida como para crear grandes olas. Pero los 110 km de playas desde New Smyrna a Sebastian Inlet son territorio surfista. El 10 veces campeón mundial de surf Kelly Slater nació en Cocoa Beach, que sigue siendo el epicentro de la comunidad surfista. Para informarse sobre la actividad y las mejores olas, visítense Florida Surfing (www.floridasurfing.com) o Surf Guru (www.surfguru.com).

Ron Jon Surf Shop DEPORTES ACUÁTICOS
(☎321-799-8888; www.ronjonsurfshop.com; 415 N Atlantic Ave, Cocoa Beach; ⊙24 h) Esta enorme agencia abierta las 24 h es un paraíso para el surfista, y alquila cualquier cosa relacionada con el agua, desde motos de playa (10 US$/día) hasta tablas de surf (20 US$/día).

Ron Jon Surf School SURF
(☎321-868-1980; www.cocoabeachsurfingschool.com; 160 E Cocoa Beach Causeway, Cocoa Beach; 50-65 US$/h; ⊙9.00-17.00) La mejor escuela de surf de Cocoa Beach, para todas las edades y niveles, es la mayor del estado, gestionada por Craig Carroll, exsurfista profesional y entrenador de Kelly Slater. También ofrece clases de *kiteboard* (paquete de introducción 375 US$) y recorridos en surf de remo (desde 65 US$).

🛏 Dónde dormir

La encantadora Cocoa Beach concentra la mayor parte de los alojamientos y cadenas hoteleras.

Fawlty Towers MOTEL $
(☎321-784-3870; www.fawltytowersresort.com; 100 E Cocoa Beach Causeway, Cocoa Beach; h 99-109 US$; P❋❄⊛) Después de flirtear con la posibilidad de convertirse en un resort nudista, este motel regresó a sus raíces de un rosa chillón, con una ubicación insuperable junto a la playa, habitaciones sencillas, una piscina tranquila y una cabaña tiki donde se puede llevar bebida de fuera.

★ **Beach Place Guesthouses** APARTAMENTOS $$$
(☎321-783-4045; www.beachplaceguesthouses.com; 1445 S Atlantic Ave, Cocoa Beach; ste 199-399 US$; P❄) Esta serie de alojamientos tranquilos en un barrio residencial son un paraíso donde refugiarse del ambiente de fiesta de Cocoa Beach, con amplias suites con hamacas y encantadores patios ocultos, a unos pasos de las dunas y la playa.

DRY TORTUGAS

En pleno golfo, 110 km al oeste de los cayos, está el **Dry Tortugas National Park** (☎305-242-7700; www.nps.gov/drto; adultos/hasta 15 años 5 US$/gratis), el parque nacional más inaccesible del país. Solo se puede llegar en avión o en barco, pero es un lugar fantástico para practicar el buceo, el submarinismo, la observación de aves o de estrellas.

Ponce de León llamó a esta zona Tortugas por la cantidad de tortugas marinas que encontró. Lo de Dry se le añadió más tarde como advertencia de la ausencia de agua dulce. Pero esto es algo más que un archipiélago sin ríos. El **fuerte Jefferson**, construido durante la Guerra de Secesión pero inacabado, es una imponente estructura hexagonal de ladrillo rojo que se eleva sobre las aguas esmeralda en el **Garden Key**, por lo que, además del agua mineral, conviene llevar la cámara.

¿Cómo se llega? El **'Yankee Freedom'** (☎800-634-0939; www.drytortugas.com; Historic Seaport; adultos/niños 170/125 US$) es un ferri rápido que sale del extremo norte de Grinnell St, en Cayo Hueso; el precio incluye desayuno, almuerzo de pícnic, equipo de buceo y una visita al fuerte. Aunque también se puede subir a un **Key West Seaplane** (☎305-293-9300; www.keywestseaplanecharters.com; viaje medio día adultos/niños 3-12 años 300/239 US$) para una excursión de media jornada o completa. Cualquiera que sea la elección, resérvese al menos una semana antes.

Quien realmente quiera sentirse a solas, puede pernoctar en una de las 13 zonas de acampada de Garden Key (3 US$/persona). Hay que reservar a través de la oficina del parque y llevar todo lo necesario porque, una vez allí, hay que ser autosuficiente.

✕ Dónde comer

Simply Delicious CAFÉ $
(☎321-783-2012; 125 N Orlando Ave, Cocoa Beach; principales 7-15 US$; ⊗8.00-15.00 ma-sa, hasta 14.00 do) Esta encantadora casita típicamente estadounidense, en un tramo de la A1A sur, es un imán para los vecinos, con delicias como los sándwiches Reuben de pescado o sus gofres malteados.

★ Fat Snook PESCADO $$$
(☎321-784-1190; www.thefatsnook.com; 2464 S Atlantic Ave, Cocoa Beach; principales 22-33 US$; ⊗5.30-22.00) Minúsculo y en un edificio nada inspirado, pero con una decoración fresca y minimalista, es como un oasis de la buena cocina. Se ponen medallas por el hecho de que los ingredientes son de la zona, pero cuando llega el plato a la mesa, es en lo que menos se piensa.

Crush Eleven ESTADOUNIDENSE MODERNA $$$
(☎321-634-1100; www.crusheleven.com/; 11 Riverside Drive, Cocoa Village; principales 18-49 US$; ⊗ 5.30-21.00 lu-sa, 11.00-8.30 do) Esta reciente incorporación a la oferta del encantador Cocoa Village ofrece una "cocina urbana rústica"; en la carta se verán rarezas como jabalí salvaje, conejo y carrilleras de buey, con cerveza artesana y cócteles para acompañar.

❶ Información

Oficina de turismo de Space Coast (☎321-433-4470; www.visitspacecoast.com; 430 Brevard Ave, Cocoa Village; ⊗9.00-17.00 lu-vi) Junto al Bank of America, una travesía al sur de Village Playhouse.

❶ Cómo llegar y salir

Desde Orlando, la Hwy 528 va al este y conecta con la Hwy A1A. **Greyhound** (www.greyhound.com) ofrece servicios directos desde West Palm Beach a Titusville. **Vero Beach Shuttle** (☎772-834-1060; www.verobeachshuttle.com; Melbourne/Palm Beach/Orlando airport 95/130/175 US$) comunica con los aeropuertos de la zona. La ruta nº 9 del *beach trolley* de **Space Coast Area Transit** (www.ridescat.com; tasa 1,25 US$) peina las playas entre Cocoa Beach y Puerto Cañaveral.

Daytona Beach

Hace gala de la clásica ostentación de Florida, presentándose como la playa más famosa del mundo. Pero su fama se debe no tanto a la calidad como a las dimensiones de las fiestas que esta gran playa acoge durante las vacaciones de primavera, las SpeedWeeks, y a los eventos motociclistas en los que medio millón de moteros invaden la población. Un título que nadie le disputa es el de lugar de origen de la NASCAR (asociación de carreras automovilísticas), que nació aquí en 1947, pero cuyos orígenes se remontan a los "arrancones", carreras a dos que se celebraban ya en 1902 sobre la arena prensada de la playa.

Puntos de interés y actividades

Daytona International Speedway
CIRCUITO DE CARRERAS

(☑800-748-7467; www.daytonainternationalspeed way.com; 1801 W International Speedway Blvd; circuitos 16-50 US$) El imponente Santo Grial de los circuitos de carreras presenta su mejor cara tras una renovación de 400 millones de dólares. Las entradas para sus particulares competiciones son más caras cuanto más importante sea la carrera; la mayor de todas, la **Daytona 500**, se celebra en febrero.

Cada día se ofrecen tres visitas guiadas en autobús por la pista, los boxes y los lugares entre bastidores; no se admiten reservas. Los más fanáticos pueden apuntarse a la **Richard Petty Driving Experience** (☑800-237-3889; www.drivepetty.com), subirse a un *shotgun* (69-135 US$) o hacer un cursillo de un día para conducirlo (549-2199 US$); véanse horarios en internet.

Cici & Hyatt Brown Museum of Art
MUSEO

Este nuevo e imprescindible museo (www.moas.org; 352 S Nova Rd; adultos/niños 10,95/4,95 US$; ☉10.00-17.00 lu-sa, desde 11.00 do) forma parte del complejo del **Museum of Arts & Sciences** (MOAS; ☑386-255-0285; www.moas.org; 352 S Nova Rd; adultos/niños 12,95/6,95 US$; ☉10.00-17.00 ma-sa, desde 11.00 do). Tiene el aspecto de una casa colonial y cuenta la historia del estado a través de la mayor colección mundial de óleos y acuarelas sobre Florida.

Ponce de Leon Inlet Lighthouse & Museum
FARO

(☑386-761-1821; www.ponceinlet.org; 4931 S Peninsula Dr, Ponce Inlet; adultos/niños 5/1,50 US$; ☉10.00-18.00 sep-may, hasta 21.00 ago-sep) En la ensenada de Ponce de León, 203 escalones llevan a la punta del faro más alto de Florida.

Daytona Beach
PLAYA

(automóvil 10 US$; ☉circuito playa 8.00-19.00 may-oct, amanecer-anochecer nov-abr) Esta franja de arena perfectamente plana fue en su tiempo el circuito de carreras. Aún se puede conducir por algunos tramos, a una velocidad máxima estrictamente controlada de 10 millas por hora (16 km/h).

Dónde dormir y comer

La oferta de alojamiento en Daytona es amplia y para todos los bolsillos. Cuando hay eventos especiales, los precios se disparan; resérvese con antelación.

Tropical Manor
RESORT $

(☑386-252-4920; www.tropicalmanor.com; 2237 S Atlantic Ave, Daytona Beach Shores; h 88-135 US$; P❀☎☛) Esta propiedad junto a la playa parece de otro tiempo, con habitaciones de motel, equipamiento y casitas de colores pastel con murales.

Dancing Avocado Kitchen
CAFÉ $

(☑386-947-2022; www.dancingavocadokitchen.com; 110 S Beach St; principales 7,51-13,15 US$; ☉8.00-16.05 ma-sa; ☛) Sándwiches y *wraps* frescos y sanos de todo tipo, en una cafetería con gran oferta vegetariana. El Dancing Avocado Melt, con queso fundido, es de lo mejor.

Aunt Catfish's on the River
SUREÑA $$

(☑386-767-4768; www.auntcatfishontheriver.com; 4009 Halifax Dr, Port Orange; principales 8-27 US$; ☉11.30-21.00 lu-sa, desde 9.00 do; P❀) Local muy popular gracias a su marisco preparadp al estilo sureño, con mantequilla, y al pez gato con especias cajún (acompañado con bollos de canela).

Dónde beber

Daytona Taproom
CERVECERÍA

(310 Seabreeze Blvd; hamburguesas 4-13 US$; ☉12.00-2.00 do-ma, hasta 3.00 mi-sa; ☎) Esta "hamburguesería adicta a la bebida" es un hallazgo, con 50 tipos de cerveza de la región y otras artesanas nacionales para acompañar unas deliciosas hamburguesas, gruesas, jugosas y creativas. También hay patatas fritas cortadas a mano, perritos calientes y gofres de categoría.

Información

Daytona Beach Area Convention & Visitors Bureau (☑386-255-0415; www.daytonabeach.com; 126 E Orange Ave; ☉8.30-17.00 lu-vi) Información turística limitada.

Cómo llegar y desplazarse

El **aeropuerto internacional de Daytona Beach** (☑386-248-8030; www.flydaytonafirst.com; 700 Catalina Dr) está al este de la Speedway, y de la **estación de autobuses Greyhound** (☑386-255-7076; www.greyhound.com; 138 S Ridgewood Ave) salen servicios a todo el estado. **Votran** (☑386-756-7496; www.votran.org; adultos/menores 7 años 1,75 US$/gratis) gestiona los autobuses urbanos.

San Agustín

La primera, la más antigua… San Agustín fue fundada por los españoles en 1565, lo que significa que colecciona récords de antigüedad. Los turistas acuden a pasear por las antiguas calles del National Historic Landmark District, el asentamiento habitado ininterrumpidamente más antiguo del país.

A veces San Agustín se pasa de pintoresco, pero no acaba de convertirse en parque temático porque los edificios y los monumentos son reales –a algunos les lavaron la cara para el 450 aniversario de la población, en el 2015– y porque sus callejuelas salpicadas de cafeterías tienen mucho encanto. Se pueden recorrer las calles adoquinadas o visitar el punto donde desembarcó Juan Ponce de León en 1513, y sentir el escalofrío de la historia.

◉ Puntos de interés y actividades

No hay que perderse los dos edificios de Henry Flagler.

★ **Lightner Museum** MUSEO
(📞904-824-2874; www.lightnermuseum.org; 75 King St; adultos/niños 10/5 US$; ⊙10.00-17.00) El antiguo Hotel Alcázar de Flagler acoge ahora este magnífico museo con un poco de todo, desde elaborados muebles de la Edad de Oro a colecciones de canicas o etiquetas de cajas de puros.

★ **Hotel Ponce de León** EDIFICIO HISTÓRICO
(📞904-823-3378; http://legacy.flagler.edu/pages/circuitos; 74 King St; circuitos adultos/niños 10/1 US$; ⊙cada hora 10.00-15.00 verano, 10.00 y 14.00 período escolar) Este espléndido hotel se construyó en la década de 1880 y es ahora la residencia de estudiantes más espléndida del mundo, propiedad del Flagler College. Se recomienda hacer una visita guiada o al menos echar un vistazo al vestíbulo.

★ **Monumento Nacional Castillo de San Marcos** FUERTE
(📞904-829-6506; www.nps.gov/casa; 1 S Castillo Dr; adultos/menores 15 años 10 US$/gratis; ⊙8.45-17.00; 🅿) Es el fuerte de obra más antiguo del país, construido por los españoles en 1695. Los guardas organizan visitas cada hora y disparan los cañones casi todos los fines de semana.

Barrio colonial EDIFICIO HISTÓRICO
(📞904-342-2857; www.colonialquarter.com; 33 St George St; adultos/niños 13/7 US$; ⊙10.00-17.00) En esta recreación del San Agustín colonial español se puede ver cómo se hacían las cosas en el s. XVIII. Los guías incluso hacen demostraciones de herrería y de fabricación de armas en las visitas programadas (10.30, 12.00, 13.30 y 15.00), a mitad de precio a partir de las 15.00.

Pirate & Treasure Museum MUSEO
(📞1-877-467-5863; www.thepiratemuseum.com; 12 S Castillo Dr; adultos/niños 13/7 US$; ⊙10.00-19.00; 🅿) Combinación de parque temático y museo de todo lo relacionado con la piratería, con tesoros históricos reales (y oro auténtico), piratas robotizados, cañones que disparan y una búsqueda del tesoro para niños.

Fountain of Youth LUGAR HISTÓRICO
(📞904-829-3168; www.fountainofyouthflorida.com; 11 Magnolia Ave; adultos/niños 15/9 US$; ⊙9.00-18.00) Cuenta la historia que Juan Ponce de León desembarcó aquí en 1513, y que pensó que este arroyo podía ser la legendaria fuente de la juventud. Hoy este parque arqueológico tiene tanto de histórico como de turístico, y con la reciente reforma incluye demostraciones con disparos de cañones y reconstrucciones del yacimiento original y de la primera misión del país.

Anastasia State Recreation Area PARQUE
(📞904-461-2033; www.floridastateparks.org/anastasia; 1340 Hwy A1A; automóvil/bicicleta 8/2 US$; ⊙8.00-anochecer) Los vecinos suelen acudir a este parque para huir de los turistas. Tiene una playa espléndida, zona de acampada (parcela 28 US$) y alquilan equipo para todo tipo de deportes acuáticos.

🍴 Circuitos

St Augustine City Walks CIRCUITOS A PIE
(📞904-825-0087; www.staugcitywalks.com; 4 Granada St; circuitos 15-68 US$; ⊙9.00-20.30) Tienen circuitos de todo tipo y son más divertidos que los autobuses turísticos.

🛏 Dónde dormir

San Agustín es un popular destino de fin de semana; los precios de las habitaciones suelen subir un 30-50% los viernes y sábados. Por San Marco Ave se concentran los moteles económicos y las cadenas hoteleras, cerca de donde desemboca en la US Hwy 1, y por el cruce de la I-95 y la SR-16. En www.staugus

tineinns.com se encontrará una veintena de B&B agradables.

Pirate Haus Inn
ALBERGUE $

(☎904-808-1999; www.piratehaus.com; 32 Treasury St; dc 25 US$; h desde 119 US$; P❄️) Si no se buscan lujos, esta pensión/albergue familiar de estilo europeo tiene una ubicación inmejorable e incluye un desayuno pirata con tortitas.

★ At Journey's End
B&B $$

(☎904-829-0076; www.atjourneysend.com; 89 Cedar St; h 166-279 US$; P❄️🛜🐾) Evita los colores pastel de muchos otros, y sus afables dueños se muestran igual de a gusto con clientes gais que con familias con niños o incluso con mascotas. Está decorado con una mezcla de antigüedades, muebles modernos y nuevas duchas de dos plazas.

Casa de Solana
B&B $$

(☎904-824-3555; www.casadesolana.com; 21 Aviles St; h 179-249 US$; P🛜) Junto a la peatonal Aviles St, en la parte más antigua de la población, se halla este pequeño alojamiento con encanto, fiel a su estilo de principios del s. XIX. Las habitaciones son más bien pequeñas, pero el precio y la ubicación hacen que salga a cuenta.

Casa Monica
HOTEL HISTÓRICO $$$

(☎904-827-1888; www.casamonica.com; 95 Cordova St; h 219-489 US$; ste desde 399 US$; P❄️🛜🏊) 🏊 Es el hotel de lujo, construido en 1888 con torretas y fuentes que le dan un aire de castillo morisco español. Las habitaciones están perfectamente equipadas, con camas de forja y cabeceros de terciopelo; el restaurante recién restaurado y el amplio vestíbulo son igual de regios.

✖️ Dónde comer y beber

Kookaburra
CAFÉ

(☎904-209-9391; www.kookaburrashop.com; 24 Cathedral Pl; café 2,40-4,40 US$; ⏰7.30-21.00 lu-ju, hasta 22.00 vi y sa, 8.00-20.00 do; 🛜) 🍴 Cafetería étnica australo-americana donde comer auténticas tartas de carne australianas y el mejor café del casco antiguo.

★ Floridian
ESTADOUNIDENSE MODERNA $$

(☎904-829-0655; www.thefloridianstaug.com; 39 Cordova St; principales 11-24 US$; ⏰11.00-15.00 mi-lu, 17.00-21.00 lu-ju, hasta 22.00 vi y sa) Fantástico restaurante clásico que atrae a un público *hipster* con sus extravagantes creaciones neosureñas, hechas con ingredientes de proximidad y servidas en un comedor de lo más *in*.

★ Collage
INTERNACIONAL $$$

(☎904-829-0055; www.collagestaug.com; 60 Hypolita St; principales 28-43 US$; ⏰5.30-21.00) Restaurante elegante y con clase, con una cocina y un servicio de primera; da la impresión de estar a un mundo del ajetreo turístico del centro. La carta incluye mucho pesado y marisco, con sabores globales y toques sutiles.

★ Ice Plant
BAR

(☎904-829-6553; www.iceplantbar.com; 110 Riberia St; ⏰11.30-2.00 ma-sa, hasta 24.00 do-lu; 🛜) El local más animado de San Agustín tiene paredes de hormigón y ladrillo, enormes ventanales y una barra central en lo que era una fábrica de hielo. Los modernos se ponen a tono con unos cócteles estupendos, servidos por camareros vestidos con mono, que usan hielo cortado a mano. Además se sirve una comida excelente con ingredientes locales (principales 15-29 US$). Está junto a la nueva St Augustine Distillery, que ofrece visitas guiadas y catas gratuitas.

Scarlett O'Hara's
PUB

(www.scarlettoharas.net; 70 Hypolita St; ⏰11.00-24.00 do-ju, hasta 2.00 vi-sa; 🛜) Es difícil pillar una mecedora en el porche siempre lleno de este edificio de madera. Construido en 1879 sirve comida típica de *pub,* pero tiene los ingredientes mágicos: una animada *happy hour,* actuaciones cada noche, un personal que trabaja duro y un ambiente divertido.

ℹ️ Información

Centro de visitantes (☎904-825-1000; www.FloridasHistoricCoast.com; 10 W Castillo Dr; ⏰8.30-17.30) Además de abundante información turística alberga una muestra histórica.

ℹ️ Cómo llegar y desplazarse

El **aeropuerto regional Northeast Florida** (☎904-209-0090; www.flynf.com; 4900 US Highway 1) está a 8 km al norte, y empezó a recibir vuelos comerciales en el 2014.

La **estación de autobuses Greyhound** (☎904-829-6401; www.greyhound.com; 52 San Marcos Ave) está solo unas calles al norte del centro de visitantes.

Desde el casco antiguo se puede ir prácticamente a todas partes a pie.

Jacksonville

"Jax" ocupa nada menos que 2175 km², lo que la convierte en la segunda ciudad de mayor superficie de EE UU (tras Anchorage, en Alaska). La playa, conocida en la zona como "Jax Beach", está unos 27 km al este del centro y es donde se encuentra la arena blanca y la mayor parte de la acción. Para más información, véase www.visitjacksonville.com.

⊙ Puntos de interés y actividades

Atlantic y Neptune son las mejores playas de la zona, 26 km al este del centro. No hay que perderse la **Downtown Artwalk** (www.jacksonvilleartwalk.com), en la que músicos, otros artistas, puestos de comida y galerías itinerantes invaden 16 manzanas del centro, el primer miércoles de cada mes.

★ **Cummer Museum of Art & Gardens** MUSEO
(www.cummer.org; 829 Riverside Ave; adultos/estudiantes 10/6 US$; ⊙10.00-21.00 ma, hasta 16.00 mi-sa, 12.00-16.00 do) El principal espacio cultural de Jacksonville tiene una colección excelente de pintura europea y americana, artes decorativas asiáticas y antigüedades.

Museum of Contemporary Art Jacksonville MUSEO
(☑904-366-6911; www.mocajacksonville.org; 333 N Laura St; adultos/niños 8/2,50 US$; ⊙11.00-17.00 ma, mi, vi y sa, hasta 21.00 ju, 12.00-17.00 do) Es un espacio ultramoderno que va más allá de la pintura, un lugar donde perderse entre escultura contemporánea, grabados, fotografía y filmaciones. El moderno Café Nola es ideal para recuperar energías.

🛏 Dónde dormir y comer

Las habitaciones más económicas se encuentran por la I-95 y la I-10, donde se concentran los hoteles de cadenas económicas. Las tarifas suelen subir en verano. Los mejores bares y restaurantes se apiñan en los animados barrios de Riverside, unos 6 km al suroeste del centro, y San Marco, 5 km al sureste.

Riverdale Inn B&B $$
(☑904-354-5080; www.riverdaleinn.com; 1521 Riverside Ave; h 140-190 US$, ste 220 US$; P✳🐾) A principios del s. xx había medio centenar de mansiones como esta en Riverside; ahora solo quedan dos, pero esta encantadora casa de 10 habitaciones es el único B&B del condado de Duval que sigue sirviendo alcohol.

Clark's Fish Camp SUREÑA $$
(☑904-268-3474; www.clarksfishcamp.com; 12903 Hood Landing Rd; principales 10-23 US$; ⊙16.30-

21.30 lu-ju, hasta 22.00 vi, 11.30-22.00 sa, 11.30-21.30 do) Inolvidable chiringuito que provoca muecas de desaprobación o sonrisas de complicidad. Ofrece una cocina colonial sureña con platos de caimán, serpiente, camello, canguro o yak (a menudo fritos) o pescado y marisco más convencionales, en medio de una decoración surrealista compuesta por la "mayor colección privada de taxidermia de EE UU". Está a un buen paseo al sur del centro.

★ **Orsay** FRANCESA, SUREÑA $$$
(☑904-381-0909; www.restaurantorsay.com; 3630 Park St; principales 18-38 US$; ⊙16.00-22.00 lu-mi, hasta 23.00 ju, hasta 24.00 vi, 11.30-15.30 y 16.00-22.00 sa y do; 🐾) Este bistró minimalista de Riverside combina la cocina tradicional francesa con la intuición sureña, lo que crea una carta de platos llenos de sabor y vitalidad, la mayoría elaborados con ingredientes locales, como la sopa bullabesa o sus macarrones con queso a la trufa. Para culminar la experiencia sirven cócteles creativos bien cargados.

🍷 Dónde beber y ocio

Kickbacks Gastropub BAR
(www.kickbacksjacksonville.com; 910 King St; cervezas 3,45-10 US$; ⊙7.00-3.00; 🐾) Este amplio *gastropub* de Riverside sin pretensiones tiene las paredes cubiertas de centavos. Sirve 204 cervezas de barril, entre ellas algunas de las mejores de Jacksonville. Hay una barra vieja y otra nueva, esta decorada con un batiburrillo de enormes ventiladores cenitales y bombillas de tiempos de Edison.

Freebird Live MÚSICA EN DIRECTO
(☑904-246-2473; www.freebirdlive.com; 200 N 1st St, Jacksonville Beach; ⊙20.00-2.00 noches de espectáculo) Animado local con música en directo junto a la playa, sede de los Lynyrd Skynyrd.

ⓘ Cómo llegar y desplazarse

El **aeropuerto internacional de Jacksonville** (JAX; ☑904-741-4902; www.flyjax.com; 2400 Yankee Clipper Dr), al norte de la ciudad, cuenta con agencias de alquiler de vehículos. **Greyhound** (☑904-356-9976; www.greyhound.com; 10 N Pearl St) tiene conexiones con numerosas ciudades, y circulan trenes **Amtrak** (☑904-766-5110; www.amtrak.com; 3570 Clifford Lane) al norte y el sur de la ciudad.

La **Jacksonville Transportation Authority** (☑904-630-3100; www.jtafla.com) gestiona el monorraíl gratuito Skyway y los autobuses urbanos (billete 1,50 US$).

FLORIDA JACKSONVILLE

Isla Amelia y alrededores

En la isla Amelia todo el mundo lo tiene claro: sus orígenes son tan antiguos como los de San Agustín, solo que no pueden demostrarlo. Como no hay rastro de Ponce de León ni placas, deben contentarse con ser una bonita isla de encanto sureño. **Fernandina Beach** es un poblado donde se pescan gambas, con 40 manzanas de edificios históricos y románticos B&B.

Puntos de interés y actividades

Fort Clinch State Park PARQUE
(☎904-277-7274; www.floridastateparks.org/fortclinch; 2601 Atlantic Ave; peatón/automóvil 2/6 US$; ⏲parque 8.00-anochecer, fuerte 9.00-17.00) En el extremo norte de la isla se extiende un parque estatal con playas, zona de acampada (26 US$), pistas ciclistas y un imponente fuerte de la Guerra de Secesión donde se representan escenas históricas el primer fin de semana completo de cada mes.

Amelia Island Museum of History MUSEO
(www.ameliamuseum.org; 233 S 3rd St; adultos/estudiantes 7/4 US$; ⏲10.00-16.00 lu-sa, 13.00-16.00 do) Aquí se descubrirá la complicada historia de Amelia, donde han ondeado ocho banderas diferentes, empezando por la francesa, en 1562. La entrada incluye una visita guiada a las 11.00 y a las 14.00; aquí empiezan también la ruta de los fantasmas y la de los *pubs*.

Talbot Islands State Parks PARQUE
(☎904-251-2320; ⏲8.00-anochecer) La isla Amelia forma parte de los parques estatales de las islas Talbot, que incluyen la costa virgen de Little Talbot y la "playa de los huesos" del Big Talbot Island State Park, con esqueletos de árboles plateados que crean un paisaje espectacular.

Kelly Seahorse Ranch EQUITACIÓN
(☎904-491-5166; www.kellyranchinc.net; 7500 1st Coast Hwy; paseos 1 h adultos/niños 70/80 US$; ⏲10.00, 12.00, 14.00 y 16.00, cerrado lu) Paseos a caballo por la playa para jinetes de 13 años o más. También se alquilan bicicletas de playa.

Dónde dormir

★**Fairbanks House** B&B $$
(☎904-277-0500; www.fairbankshouse.com; 227 S 7th St; h/ste/casita desde 185/265/230 US$; P❄📶🏊) Esta regia mansión italiana se ha adaptado a la energía verde, ahora con estaciones de recarga para coches eléctricos estándar y Tesla. Las habitaciones son tan grandes que parecen suites; la de la planta baja, que ocupa la antigua cocina del s. XIX, es encantadora.

Florida House Inn HOTEL HISTÓRICO $$
(☎904-491-3322; www.floridahouseinn.com; 22 S 3rd St; h 140-200 US$) El hotel más antiguo de Florida ocupa una pintoresca casa de 1857 que se resiste al desarrollo urbanístico, con un roble de 400 años que no deja de crecer.

Hoyt House B&B $$
(☎904-277-4300; www.hoythouse.com; 804 Atlantic Ave; h desde 199-349 US$; P❄📶🏊) Esta alta casa victoriana de 1905 tiene una encantadora glorieta, ideal para relajarse y tomar algo fresco. Cada habitación presenta una combinación particular de antigüedades y otros tesoros, y el desayuno consta de tres platos.

Elizabeth Pointe Lodge B&B $$$
(☎904-277-4851; www.elizabethpointelodge.com; 98 S Fletcher Ave; h/ste desde 299/375 US$; P❄📶) Este refugio al borde del océano parece la casa de un viejo capitán de Nantucket, rodeada de porches, con 25 habitaciones perfectamente equipadas y un gran servicio.

Dónde comer y beber

Gilbert's Underground Kitchen SUREÑA MODERNA $$
(☎904-310-6374; www.undergroundkitchen.co; 510 S 8th Street; principales 13-23 US$; ⏲18.00-22.00 lu y mi-ju, 11.00-14.00 y 18.00-22.00 vi, 10.30-14.00 y 18.00-22.00 sa y do) El restaurante del famoso Kenny Gilbert, de *Top Chef,* ha revitalizado el panorama culinario de Amelia con creativos platos sureños híbridos, como las costillas de caimán a la barbacoa, los fideos con pesto de berzas o el pollo frito con salsa de guindilla picante.

29 South SUREÑA $$
(☎904-277-7919; www.29southrestaurant.com; 29 S 3rd St; principales 9-28 US$; ⏲11.30-14.30 y 17.30-21.30 mi-sa, 10.00-14.30 y 17.30-21.30 do, 17.30-21.30 lu y ma) Sus tapas y platos combinan bien en un minúsculo bistró *gourmet* neosureño con estilo.

Café Karibo & Karibrew FUSIÓN $$
(☎904-277-5269; www.cafekaribo.com; 27 N 3rd St; principales 8-22 US$; ⏲11.00-15.00 lu, hasta 22.00 ma-sa, hasta 20.00 do; 📶) Divertido restaurante y cervecería repartido en dos plantas enormes, con una carta amplia y variada y música en directo los fines de semana.

★ Palace Saloon BAR
(www.thepalacesaloon.com; 113-117 Centre St; ⊙ 20.00-2.00) Otro récord para Fernandina es poseer el bar más antiguo de Florida, con puertas de vaivén, tapicerías de terciopelo y un cóctel letal, el Pirate's Punch.

❶ Información

Centro de visitantes del casco histórico
(☎904-277-0717; www.ameliaisland.com; 102 Centre St; ⊙10.00-16.00) Abundante información útil y mapas, en las viejas cocheras del ferrocarril; un lugar divertido de visitar.

COSTA OESTE

Si el ferrocarril de Henry Flagler hizo de la costa este de Florida lo que es hoy, el hecho de que pasara por alto el resto del estado también afecto a la costa oeste. Aquí la vida es más tranquila, hay menos turistas y más espacios naturales: playas donde ir en busca de conchas, marismas y reservas naturales. Es un lugar privilegiado para ver un sol rojo ardiente ponerse sobre el golfo de México, pero también hay vertiginosas montañas rusas, puros liados a mano y sirenas que hacen *playback*.

Tampa

A primera vista, la tercera ciudad de Florida parece un centro de negocios, pero luego sorprende. Su recuperado paseo fluvial es una larga extensión verde, salpicada de interesantes instituciones culturales; la histórica Ybor City conserva la tradición habanera de la ciudad y se enciende de noche con sus trepidantes bares y clubes. South Tampa, por su parte, tiene una oferta gastronómica de vanguardia que atrae a *gourmands* de Orlando y Miami.

◉ Puntos de interés

◎ Centro de Tampa

Casi todo lo interesante se encuentran en el recuperado espacio verde de 4 km junto al río, llamado Riverwalk (www.thetampariverwalk.com).

Tampa Museum of Art MUSEO
(☎813-274-8130; www.tampamuseum.org; 120 W Gasparilla Plaza; adultos/estudiantes 15/5 US$; ⊙ 11.00-19.00 lu-ju, hasta 20.00 vi, hasta 17.00 sa y do) Moderno museo en un espectacular edificio con salientes, apoyado en una base central, y unas galerías que contienen antigüedades griegas y romanas, fotografía contemporánea y medios modernos. Suele acoger grandes exposiciones itinerantes.

Henry B. Plant Museum MUSEO
(☎813-254-1891; www.plantmuseum.com; 401 W Kennedy Blvd; adultos/niños 10/5 US$; ⊙10.00-17.00 ma-sa, desde 12.00 do) Los alminares plateados del hotel Tampa Bay, construido por Henry B. Plant en 1891, relucen majestuosamente. Ahora forma parte de la Universidad de Tampa y ofrece una visita con audioguía que recrea el lujoso pasado victoriano del hotel.

Tampa Bay History Center MUSEO
(☎813-228-0097; www.tampabayhistorycenter.org; 801 Old Water St; adultos/niños 13/8 US$; ⊙ 10.00-17.00) Museo de historia de primera fila que recuerda a los seminolas originarios de la región, a sus primeros colonos y a la comunidad cubana de Tampa y su industria del habano. La colección cartográfica, no siempre accesible, es imponente.

Glazer Children's Museum MUSEO
(☎813-443-3861; www.glazermuseum.org; 110 W Gasparilla Plaza; adultos/niños 15/9,50 US$; ⊙ 10.00-17.00 lu-vi, hasta 18.00 sa, 13.00-18.00 do; 🔧) Creativo museo de vivos colores, con insuperables espacios de juegos para niños. El personal le pone un gran empeño y es muy divertido. El contiguo Curtis Hixon Park es un buen lugar para seguir con los juegos o hacer un pícnic.

◉ Ybor City

Es como un sucedáneo de Cayo Hueso y la Pequeña Habana de Miami, con sus calles adoquinadas del s. XIX, sus balcones de hierro forjado, sus farolas de globo, sus inmigrantes, su cocina étnica, sus habanos y su animada vida nocturna. Es un lugar diverso y juvenil, con mucho sabor añejo.

La actividad se centra en 7th Ave (La Séptima), entre las calles 14th y 21st, con restaurantes, bares, tiendas y estancos.

Ybor City Museum State Park MUSEO
(☎813-247-6323; www.ybormuseum.org; 1818 E 9th Ave; adultos/niños 4 US$/gratis; ⊙9.00-17.00) Se puede hacer un **recorrido a pie** (☎813-428-0854; en línea/audioguiado 10/20 US$) guiado por un fabricante de habanos doctorado, visitar la atractiva tienda del museo o recordar la vida de los artesanos del puro con magníficas fotos.

Busch Gardens y Adventure Island

No es un mundo aparte como Disney World o el Universal Resort de Orlando, pero el gran parque temático de Tampa, Busch Gardens (☎888-800-5447; http://seaworldparks.com/en/buschgardens-tampa; 10165 McKinley Dr; mayores 3 años 95 US$, descuentos en línea; ⊗10.00-19.00, variable), satisfará la necesidad de adrenalina con montañas rusas épicas y atracciones acuáticas que atraviesan la jungla africana.

Al lado está Adventure Island (☎888-800-5447; www.adventureisland.com; 10001 McKinley Dr; mayores 3 años 49 US$; ⊗10.00-17.00), enorme parque acuático con muchísimos toboganes y atracciones. En internet se pueden conseguir descuentos y entradas combinadas.

🛏 Dónde dormir

Muchas cadenas hoteleras están presentes en Fowler Ave y Busch Blvd (Hwy 580), cerca de Busch Gardens.

Gram's Place Hostel ALBERGUE $

(☎813-221-0596; www.grams-inn-tampa.com; 3109 N Ola Ave; dc 23-26 US$, h 50-60 US$; ❋@🛜) Hotelito acogedor para viajeros internacionales que prefieren la personalidad a las sábanas perfectas, un laberinto algo caótico repartido por dos casas; es como dormir en una chatarrería musical con encanto. Tienen habitaciones privadas a muy buen precio.

★ Epicurean Hotel HOTEL-BOUTIQUE $$

(www.epicureanhotel.com; 1207 S Howard Ave; h 159-309 US$; P❋@🛜❋) El hotel más moderno de Tampa, inaugurado en el 2014, es un paraíso de la gastronomía y la bebida con cuidados toques de diseño: huertos verticales hidropónicos con lechugas y hierbas, un bar con barra metálica, unos batidores de mano a modo de tiradores, etc.

Tahitian Inn HOTEL $$

(☎813-877-6721; www.tahitianinn.com; 601 S Dale Mabry Hwy; h 89-109 US$, ste 119-139 US$; P❋@🛜❋) Suena a polinesio, pero es un hotel familiar con estilo y servicio de comidas, nada caro; tiene una bonita piscina y ofrecen transporte gratuito al puerto o el aeropuerto.

🍴 Dónde comer

La mejor oferta se concentra en Ybor City, El SoHo (South Howard Ave) de South Tampa y Seminole Heights.

Wright's Gourmet House SÁNDWICHES $

(www.wrightsgourmet.com; 1200 S Dale Mabry Hwy; sándwiches y ensaladas 6,75-11 US$; ⊗7.00-18.00 lu-vi, 8.00-16.00 sa) Desde fuera no tiene un gran aspecto (tampoco desde dentro), pero lleva preparando sándwiches desde 1963, y sus rellenos únicos y sus consistentes raciones le han hecho muy popular.

Refinery ESTADOUNIDENSE MODERNA $$

(☎813-237-2000; www.thetamparefinery.com; 5137 N Florida Ave; principales 9-25 US$; ⊗11.00-14.00 y 17.00-22.00 lu-ju, 11.00-14.00 y 17.00-23.00 vi, 11.00-14.30 y 17.00-23.00 sa, 11.00-14.30 do; ✎) 🌿 Este local para trabajadores sirve unos platos deliciosos, divertidos y de la región, que combinan sostenibilidad y descaro en la cocina.

LAS PLAYAS DE LA BAHÍA DE TAMPA

Las islas barrera de la bahía de Tampa cuentan con algunas de las mejores playas de Florida, tanto para quien ansía la soledad como para quien busca fiestas desbocadas junto al mar. Para más información visítese www.tampabaybeaches.com y www.visitstpeteclearwater.com. De norte a sur, destacan:

Islas Honeymoon y Caladesi Dos de las playas más bonitas de Florida; a Caladesi, bien conservada y poco frecuentada, solo se puede llegar en ferri.

Playa de Clearwater Su arena blanca y suave acoge bulliciosas fiestas en Semana Santa; hay resorts enormes para el turismo de masas.

Playa de St Pete Playa anchísima en el epicentro de toda la diversión; con numerosos hoteles, bares y restaurantes.

Playa Pass-a-Grille Popular sobre todo entre los que vienen de la ciudad; es larguísima y detrás tiene casas (no resorts). El pueblecito es un lugar precioso para comer.

Fort Desoto Park y North Beach North Beach es una de las mejores playas de arena blanca de Florida, ideal para familias. El parque es enorme y permite alquilar bicis o kayaks, ir de pesca o tomar algo en un café.

Los dueños, Michelle y Greg Baker, son de los pocos restauradores de Florida conocidos en el exterior, gracias a las tres nominaciones a los premios James Beard.

Ulele ESTADOUNIDENSE **$$**
(☑813-999-4952; www.ulele.com; 1810 North Highland Ave; principales 10-36 US$; ☺11.00-22.00 do-ju, hasta 23.00 vi-sa; 🔊) Antiguo depósito de agua transformado en restaurante-cervecería bohemio-industrial, con una carta que recupera recetas autóctonas de Florida y les da un giro moderno. Eso significa el uso de chiles picantes a discreción, guarniciones como las judías de caimán y los quingombós fritos (¡impresionante!), pescados de la región como el pámpano y postres como la tarta de guayaba.

⭐**Columbia Restaurant** ESPAÑOLA **$$$**
(☑813-248-4961; www.columbiarestaurant.com; 2117 E 7th Ave; principales almuerzo 11-26 US$, cena 20-31 US$; ☺11.00-22.00 lu-ju, hasta 23.00 vi y sa, 12.00-21.00 do) Este restaurante hispano-cubano es el más antiguo de Florida (1905). Ocupa el edificio entero, con 13 elegantes comedores y románticos patios con una fuente central. Muchos de los camareros –todos con guantes– llevan toda la vida.

⭐**Bern's Steak House** ASADOR **$$$**
(☑813-251-2421; www.bernssteakhouse.com; 1208 S Howard Ave; filetes 1-2 personas 32-105 US$; ☺17.00-22.00 do-ju, hasta 23.00 vi y sa) Este legendario asador, conocido en todo el país, es toda una experiencia. La rutina consiste en ir bien vestido, escoger entre una oferta interminable de carne de buey curada allí mismo, pedir una visita a la bodega y a las cocinas y no saltarse el postre.

Dónde beber y ocio

De noche, el centro de la fiesta se sitúa en Ybor City, mientras que el SoHo y Seminole Heights tienen una oferta cultural moderna. *Creative Loafing* (www.cltampa.com), el semanario alternativo de Tampa Bay, tiene una agenda de bares y eventos. Ybor City también es el centro de la vida homosexual en la ciudad; véase **GaYBOR District Coalition** (www.gaybor.com) o **Tampa Bay Gay** (www.tampabaygay.com).

Cigar City Brewing FÁBRICA DE CERVEZA
(☑813-348-6363; www.cigarcitybrewing.com; 3924 West Spruce St; ☺11.00-23.00 do-ju, hasta 1.00 vi y sa) Es la mayor cervecera de Tampa, con decenas de artesanas a presión, muchas de ellas exclusivas. La visita guiada (5 US$) incluye una cerveza.

ℹ️ Información

Tampa Bay Convention & Visitors Bureau (☑813-223-1111; www.visittampabay.com; 615 Channelside Dr; ☺10.00-17.30 lu-sa, 11.00-17.00 do) El centro de visitantes dispone de buenos mapas gratuitos y abundante información. En su web se pueden reservar hoteles.

Centro de visitantes de Ybor City (☑813-241-8838; www.ybor.org; 1600 E 8th Ave; ☺10.00-17.00 lu-sa, desde 12.00 do) Estupendo para hacerse una idea general. Dispone de mapas para hacer circuitos a pie y es en sí mismo un pequeño museo excelente.

ℹ️ Cómo llegar y desplazarse

En el **aeropuerto internacional de Tampa** (TPA; ☑813-870-8700; www.tampaairport.com; 4100 George J. Bean Pkwy) hay agencias de alquiler de coches. **Greyhound** (☑813-229-2174; www.greyhound.com; 610 E Polk St, Tampa) dispone de numerosos servicios. Hay trenes al sur, hasta Miami, y al norte, pasando por Jacksonville, desde la **estación Amtrak** (☑813-221-7600; www.amtrak.com; 601 N Nebraska Ave).

Hillsborough Area Regional Transit (HART; ☑813-254-4278; www.gohart.org; 1211 N Marion St; billete 2 US$) gestiona los autobuses y tranvías clásicos que circulan por el centro e Ybor City.

St Petersburg

Es como la hermana menor de Tampa, más joven y bohemia. También tiene un barrio turístico más compacto y accesible, centrado en el atractivo puerto. Constituye una excelente base para conocer la cultura urbana y las excelentes playas de la región.

🔘 Puntos de interés

La mayor parte de la acción está en Central Ave, de 8th Ave a Bayshore Dr, frente al puerto y el muelle turístico.

St Petersburg Museum of Fine Arts MUSEO
(☑727-896-2667; www.fine-arts.org; 255 Beach Dr NE; adultos/niños 17/10 US$; ☺10.00-17.00 lu-sa, hasta 20.00 ju, desde 12.00 do) Amplia colección de arte, prácticamente de todos los períodos históricos.

Florida Holocaust Museum MUSEO
(☑727-820-0100; www.flholocaustmuseum.org; 55 5th St S; adultos/estudiantes 16/8 US$; ☺10.00-

17.00) Este Museo del Holocausto, uno de los mayores del país, no recibe la atención que se merece. Presenta los eventos de mediados del s. xx con una franqueza conmovedora.

Chihuly Collection
GALERÍA

(☑727-896-4527; www.moreanartscenter.org; 400 Beach Dr; adultos/niños 15/11 US$; ⊙10.00-17.00 lu-sa, desde 12.00 do) Galería dedicada al arte de este escultor, con galerías diseñadas para mostrar sus espectaculares instalaciones.

🛏 Dónde dormir

★Dickens House
B&B $$

(☑727-822-8622; www.dickenshouse.com; 335 8th Ave NE; h 135-245 US$; P✳@☎) Casa de estilo *arts and crafts* restaurada con mimo, que ofrece cinco habitaciones de exuberante decoración. El sociable dueño acepta homosexuales y prepara un desayuno exquisito.

Ponce de Leon
HOTEL-BOUTIQUE $$

(☑727-550-9300; www.poncedeleonhotel.com; 95 Central Ave; h 99-149 US$; ste 169 US$; ✳@☎) Hotel-*boutique* en pleno centro, con amplios murales, complementos de diseño y un animado bar-restaurante. El aparcamiento no está en el edificio.

Birchwood Inn
HOTEL-BOUTIQUE $$$

(☑727-896-1080; www.thebirchwood.com; 340 Beach Dr NE; h desde 275 US$; P✳☎) Este hotel es una joya y las habitaciones, espléndidas: espaciosas, con bañeras de patas, camas enormes con dosel y la elegancia clásica de un antiguo burdel de lujo combinada con un toque fresco de South Beach. El bar Canopy,

en la azotea, es el mejor lugar de la ciudad para tomarse un cóctel.

🍴 Dónde comer y beber

La noche puede empezar en cualquier punto de Central Ave o Beach Dr, junto al puerto.

Taco Bus
MEXICANA $

(www.taco-bus.com; 2324 Central Ave; principales 6-13 US$; ⊙11.00-22.00 do-ju, hasta 4.00 vi y sa; ☎) Cuando decidieron dar una ubicación permanente a este puesto móvil de tacos y burritos, escogieron un lugar junto a un animado patio para no perderse una. Lo mejor: su cochinita pibil, sus carnitas y su pollo chipotle. Es una institución en Tampa Bay.

Bella Brava
ITALIANA $$

(☑727-895-5515; www.bellabrava.com; 204 Beach Dr NE; principales 9-27 US$; ⊙11.30-22.00, hasta 23.00 vi y sa, 13.00-21.00 do; ☎) En en el cruce de referencia de la marcha, junto al mar, sigue atrayendo a un público joven, profesional y muy animado con su cocina italiana contemporánea, sus *pizzas* y sus cócteles. También tienen terraza en Beach Dr.

Ceviche
TAPAS $$

(www.ceviche.com; 10 Beach Dr; tapas 4-15 US$; principales 9-20 US$; ⊙17.00-23.00 lu-vi, 8.00-23.00 sa y do; ☎) Moderno ambiente español y tapas sabrosas y creativas en raciones generosas. Para culminar la noche se puede bajar a la sugerente sala flamenca del sótano.

3 Daughters Brewing
FÁBRICA DE CERVEZA

(☑727-495-6002; www.3dbrewing.com; 222, 22nd St S; ⊙14.00-21.00 lu-ma, hasta 22.00 mi y ju, hasta 24.00 vi y sa, 13.00-21.00 do) Es la mejor

---

INDISPENSABLE

MUSEO SALVADOR DALÍ

St Petersburg era el lugar idóneo para poner un museo dedicado al excéntrico pintor de relojes blandos y largo bigote que un día decidió llenar un Rolls Royce de coliflores. De hecho, el Salvador Dalí Museum (☑727-823-3767; www.thedali.org; 1 Dali Blvd; adultos/niños 6-12 años 24/10 US$, después 17.00 ju 10 US$; ⊙10.00-17.30 lu-mi, vi y sa, hasta 20.00 ju, 12.00-17.30 do) contiene la mayor colección de obras de Dalí fuera de España. ¿Cómo ocurrió?

En 1942, A. Reynolds Morse y su esposa Eleanor iniciaron lo que sería la mayor colección privada de Dalí. Cuando llegó la hora de buscarle una sede permanente, pusieron como condición que no se dividiera. Solo tres ciudades podían satisfacerla y St Petersburg ganó por su situación junto al mar.

Actualmente el museo posee un nuevo edificio con un llamativo exterior que, visto desde la bahía, parece un atrio geodésico salido de una caja de zapatos. No tiene los relojes blandos clásicos, pero sí otros relojes, así como una impresionante colección de pinturas con títulos como *El fantasma de Vermeer de Delft* que puede ser usado como mesa.

experiencia cervecera que se puede tener en cuatro estados: ¡una fábrica de cerveza con 30 barriles, juegos para bebedores y música en directo en la propia fábrica!

ⓘ Información

Cámara de Comercio de St Petersburg
(☏727-8388-0686; www.stpete.com; 100 2nd Ave N; ☺9.00-17.00 lu-vi, 10.00-16.00 sa) Cuenta con un solícito personal, buenos mapas y una guía para conductores.

ⓘ Cómo llegar y desplazarse

El **aeropuerto internacional de St Petersburg-Clearwater** (☏727-453-7800; www.fly2pie.com; Roosevelt Blvd y Hwy 686, Clearwater) recibe vuelos de varias líneas importantes. **Greyhound** (☏727-898-1496; www.greyhound.com; 180 Dr Martin Luther King Jr. St N; ☺8.15-10.00 y 14.30-18.30 lu-do) cubre la ruta a Tampa.

La **Pinellas Suncoast Transit Authority** (PSTA; www.psta.net; 340 2nd Ave N; adultos/estudiantes 2/1,25 US$) gestiona los autobuses urbanos, así como el Suncoast Beach Trolley, que comunica las playas de Clearwater a Pass-a-Grille, y el Downtown Looper, gratuito en una zona limitada en torno a Beach Dr.

Sarasota

Pintores, escritores, músicos, actores y artistas de todo tipo han acudido a Sarasota desde la década de 1920, con John Ringling a la cabeza, que la puso en el mapa en 1911, al convertirla en la sede de invierno de su famoso circo. Hoy, acoge grandes eventos de ópera, teatro y arte, y el Ringling Museum Complex es una atracción destacada en la región.

Otro gran motivo de popularidad son sus atractivas playas de arena blanca. La de **Lido** es la más próxima y ofrece aparcamiento gratuito, pero **Siesta Key**, 8 km más allá, tiene una arena como azúcar glas y es una de las mejores y más populares del estado. Siesta Village también es un destino de playa animado y familiar.

⊙ Puntos de interés y actividades

Jardín botánico Marie Selby   JARDINES
(☏941-366-5731; www.selby.org; 811 S Palm Ave; adultos/niños 4-11 años 19/6 US$; ☺10.00-17.00) Cuenta con la mayor colección científica de orquídeas y bromelias.

Myakka Outpost   KAYAK
(☏941-923-1120; www.myakkaoutpost.com; 13208 SR-72; canoa/bicicleta 20/15 US$; ☺9.30-17.00 lu-vi, 8.30-18.00 sa y do) Esta agencia de alquiler de canoas, en el interior del Myakka River State Park, permite surcar el río Myakka, a 30 min del centro, y navegar entre cientos de caimanes.

🛏 Dónde dormir y comer

Además del centro de Sarasota y Siesta Village, **St Armands Circle**, en Lido Key, también se anima por la noche y concentra modernas tiendas y restaurantes.

The Capri at Siesta   RESORT **$$**
(☏941-684-3244; www.capriinternational.com; 6782 SaraSea Circle; h 149-229 US$; ste 189-329 US$; P✳🌐🏊) Tan buena es su ubicación –a 200 pasos de la arena del Siesta Key pero apartada del ajetreo– como su equipamiento: las 10 habitaciones de este resort con encanto evita los clásicos recursos tropicales y opta por una decoración en tonos tierra y un ambiente íntimo y refinado.

★**Hotel Ranola**   HOTEL-BOUTIQUE **$$**
(☏941-951-0111; www.hotelranola.com; 118 Indian Pl; h 109-179 US$; ste 239-269 US$; P✳🌐) Este hotel de 9 habitaciones, a un paseo del centro, tiene el aspecto de una casa de diseño informal, bohemia, pero con unas cocinas que funcionan a la perfección.

Another Broken Egg Cafe   DESAYUNOS **$**
(www.anotherbrokenegg.com; 140 Avenida Messina, Siesta Key; principales 5-16 US$; ☺7.30-14.30; 🖐) Este local de estilo *diner* es una institución en Siesta Key que reúne a un público fiel a la hora del desayuno. La carta está llena de sabrosas y creativas tentaciones (p. ej., huevos Benedict con judías y salsa holandesa al chipotle).

Owen's Fish Camp   SUREÑA **$$**
(☏941-951-6936; www.owensfishcamp.com; 516 Burns Lane; principales 10-28 US$; ☺desde 16.00) Local en el centro que, pese a su aire informal, sirve elegantes versiones de platos sureños al estilo de Florida, sobre todo de pescado.

ⓘ Información

Centro de visitantes de Sarasota (☏941-957-1877; www.sarasotafl.org; 14 Lemon Ave; ☺10.00-17.00 lu-sa; ☎) El trato es estupendo, tienen mucha información y venden buenos mapas.

FLORIDA SARASOTA

Islas Sanibel y Captiva

Estas dos islas barrera con forma de anzuelo, frente a Fort Myers, están comunicadas por un puente de 3 km (peaje 6 US$). Son elegantes pero nada pretenciosas, tienen una costa muy cuidada, poco urbanizada y con mucha vegetación, y constituyen un agradable refugio donde la gente se mueve en bicicleta y da románticos paseos por la playa.

◉ Puntos de interés y actividades

JN 'Ding' Darling National Wildlife Refuge
RESERVA NATURAL

(☎239-472-1100; www.fws.gov/dingdarling; 1 Wildlife Dr; automóvil/ciclista 5/1 US$; ⊙9.00-17.00 ene-abr, hasta 16.00 may-dic) Además de sus fabulosas playas, esta espléndida reserva de 2550 Ha acoge a numerosas aves marinas y otra fauna. Tiene un excelente centro de naturaleza, una ruta natural de 6 km, circuitos guiados en autobús y permite subirse a un kayak en la bahía de Tarpon.

Bailey-Matthews National Shell Museum
MUSEO

(☎239-395-2233; www.shellmuseum.org; 3075 Sanibel-Captiva Rd, Sanibel; adultos/niños 5-17 años 11/5 US$; ⊙10.00-17.00) Este fascinante museo es como el joyero de una sirena, una muestra de historia natural del mar, con espléndidas exposiciones de conchas de todo el mundo; también ofrece circuitos guiados diarios por la playa (10 US$).

Tarpon Bay Explorers
KAYAK

(☎239-472-8900; www.tarponbayexplorers.com; 900 Tarpon Bay Rd, Sanibel; ⊙8.00-18.00) Esta agencia, dentro de la Reserva Natural Darling, alquila canoas y kayaks (25 US$/2 h), además de pedalós, para remar por la bahía de Tarpon, un lugar perfecto para los más jóvenes.

Billy's Rentals
ALQUILER DE BICICLETAS

(☎239-472-5248; www.billysrentals.com; 1470 Periwinkle Way, Sanibel; bicicleta 2 h/1 día 5/15 US$; ⊙ 8.30-17.00) Alquila bicicletas y cualquier otro ingenio con ruedas.

🛏 Dónde dormir y comer

Tarpon Tale Inn
CASITAS $$

(☎239-472-0939; www.tarpontale.com; 367 Periwinkle Way, Sanibel; h 230-290 US$; ❋@☎) Alojamiento de cinco habitaciones que brinda una experiencia más personalizada, con casitas en un tranquilo ambiente tropical con hamacas. No hay desayuno.

Over Easy Cafe
CAFÉ $

(www.overeasycafesanibel.com; 630 Tarpon Bay Rd, Sanibel; desayuno 4-12 US$; ⊙7.00-15.00; ☎❋) A pesar de la decoración provenzal, la comida es la clásica de un *diner* de calidad, con generosas raciones de huevos revueltos, tortillas y Benny's (huevos Benedict).

★ Sweet Melissa's Cafe
ESTADOUNIDENSE $$$

(☎239-472-1956; www.sweetmelissascafe.net; 1625 Periwinkle Way, Sanibel; tapas 9-16 US$; principales 26-34 US$; ⊙11.30-14.30 y 17.00-21.00 lu-vi, 17.00-21.00 sa) Desde la carta al ambiente, todo aquí transmite un lujo equilibrado.

ℹ Información

Cámara de Comercio de las islas Sanibel y Captiva (☎239-472-1080; www.sanibel-captiva.org; 1159 Causeway Rd, Sanibel; ⊙9.00-17.00; ☎) Es uno de los centros de visitantes más prácticos de la zona; dispone de una lista actualizada de plazas hoteleras libres y de una línea telefónica de reservas.

INDISPENSABLE

EL COMPLEJO RINGLING

El Ringling Museum Complex (☎941-359-5700; www.ringling.org; 5401 Bay Shore Rd; adultos/niños 6-17 años 25/5 US$; ⊙10.00-17.00 diario, hasta 20.00 ju; ❋), de 27 Ha, comprende tres museos diferentes, todos incluidos en la entrada y a cual más interesante. El magnate urbanístico, ferroviario y circense John Ringling y su esposa Mabel se establecieron aquí y se construyeron una mansión de estilo gótico veneciano junto al mar, llamada Ca d'Zan. Se puede visitar libremente la planta baja o pagar 5 o 20 US$ por una visita guiada –que vale la pena– para entrar en los dormitorios y espacios privados de la 1ª planta.

En el mismo recinto están el excelente John & Mabel Museum of Art; y el Museum of the Circus, un lugar único con trajes, utilería, carteles, antiguas carretas y una fantástica y enorme (350 m²) maqueta del circo en su momento álgido.

VISITANTES CÉLEBRES DE FORT MYERS

Fort Myers recibe a muchos residentes estacionales en invierno, pero entre ellos hubo dos personalidades. El famoso inventor Thomas Edison se construyó una casa de invierno con laboratorio en 1885, y el fabricante de coches Henry Ford se convirtió en su vecino en 1916. Sus fincas, las **Edison & Ford Winter Estates** (☎239-334-7419; www. edisonfordwinterestates.org; 2350 McGregor Blvd; circuitos adultos 12-25 US$, niños 5-15 US$; ⊙9.00-17.30) son hoy un gran reclamo. El excelente museo se centra, sobre todo, en el impresionante genio de Edison, y ambas casas son regias y elegantes.

Unos 25 km al sur de Fort Myers está Fort Myers Beach, una franja de 11 km de arena fina como el talco en la isla del Estero, con una gran oferta de actividades y ambiente festivo. Las familias suelen preferirla porque es más barata que otras localidades costeras vecinas, y a los universitarios les gusta porque sus bares son más bulliciosos y animados; es también un lugar de entrada a las islas Sanibel y Captiva, que tienen más encanto. Véase información sobre la zona en www.fortmyersbeachchamber.org.

Naples

Es la respuesta a Palm Beach en la costa del Golfo, una población con personalidad, de imagen impecable y de las más tranquilas del estado. Aunque es un buen destino para familias, atrae sobre todo a las parejitas amantes del arte y de la buena mesa, de las coctelerías de moda, las compras con estilo y las puestas de sol.

Puntos de interés y actividades

⭐ **Baker Museum** · · · · · · · · · MUSEO
(☎239-597-1900; www.artisnaples.org; 5833 Pelican Bay Blvd; adultos/niños 10 US$/gratis; ⊙10.00-16.00 ma-sa, 12.00-16.00 do) Este sofisticado museo, el orgullo de Naples, alberga una interesante colección con muestras de brillante diseño.

Naples Nature Center · · · · RESERVA NATURAL
(☎239-262-0304; www.conservancy.org/nature center; 1450 Merrihue Dr; adultos/niños 3-12 años 13/9 US$; ⊙9.30-16.30 lu-sa, más do jun-ago) Es uno de los mejores centros de conservación y rehabilitación de Florida, premiado con el galardón LEED de sostenibilidad y con unas exposiciones fantásticas. Sus 8,5 Ha de parque se pueden recorrer a pie por unas agradables pasarelas o en excursiones naturalistas en barca.

Dónde dormir y comer

Lemon Tree Inn · · · · · · · · · MOTEL $$
(☎239-262-1414; www.lemontreeinn.com; 250 9th St S; h 152-196 US$; P❄@🛜🏊) Cuenta con 34 habitaciones impecables (algunas con cocina y porche) dispuestas en U alrededor de unos bonitos jardines con piscina, donde se sirve el desayuno. Sale a cuenta.

Inn on 5th · · · · · · · · · · · · · · · · HOTEL $$$
(☎239-403-8777; www.innonfifth.com; 699 5th Ave S; h 399 US$, ste 599-999 US$; P❄@🛜🏊) Lujoso hotel de estilo mediterráneo con una ubicación inmejorable, en plena 5th Ave.

The Local · · · · · ESTADOUNIDENSE MODERNA $$
(www.thelocalnaples.com; 5323 Airport Pulling Rd N; principales 12-29 US$; ⊙11.00-21.00 do-ju, hasta 22.00 vi y sa; 🛜) 🌱 Pese a que obliga a alejarse 10 km del centro, este bistró compensa con unos platos fabulosos hechos con ingredientes locales sostenibles, que van desde sus tacos de ceviche hasta su buey criado en pastos. Un lugar para huir del turismo.

IM Tapas · · · · · · · · · · · · · ESPAÑOLA $$
(☎239-403-8272; www.imtapas.com; 965 4th Ave N; tapas 5,50-18 US$; ⊙desde 17.30 lu-sa) Este equipo de madre e hija sirve unas tapas dignas del mejor bar de Madrid.

ℹ Información

Centro de visitantes (☎239-262-6141; www. napleschamber.org; 900 5th Ave S; ⊙9.00-17.00 lu-sa, 10.00-14.00 do verano, 9.00-17.00 lu-vi, 9.00-13.00 do invierno) Útil para encontrar alojamiento; dispone de buenos mapas y muchos folletos.

CENTRO DE FLORIDA

Antes de la llegada de Disney la mayoría de los turistas llegaban a Florida para ver dos cosas: las playas de arena blanca y los Everglades y sus caimanes. Walt Disney cambió

FLORIDA NAPLES

todo eso cuando abrió su Reino Mágico en 1971. Hoy en día Orlando es la capital mundial de los parques temáticos, y Walt Disney World, la principal atracción de Florida.

Orlando

Al igual que Las Vegas, Orlando está dedicado casi por completo a la fantasía. Es el lugar ideal para imaginar que se está en otro sitio: Hogwarts, quizá, o el castillo de Cenicienta, o el mundo del Dr. Seuss, o en un safari por África. Y los parques temáticos se esfuerzan por crear divertidas atracciones para el visitante. Incluso fuera de ellos, Orlando tiene un ambiente divertido, con figuras de fibra de vidrio y disfraces de personajes de dibujos animados.

Hay toda una ciudad que explorar, frondosos parques con lagos, museos, orquestas y cenas no necesariamente con Goofy. Y más allá, un rico entorno natural memorable en el que destacan unos manantiales de aguas cristalinas.

◉ Puntos de interés y actividades

◉ Centro y Loch Haven Park

Thornton Park es un lugar de moda con buenos restaurantes y bares, mientras que Loch Haven Park alberga un puñado de instituciones culturales.

★**Orlando Museum of Art** MUSEO
(☎407-896-4231; www.omart.org; 2416 N Mills Ave; adultos/niños 8/5 US$; ◷10.00-16.00 ma-vi, desde 12.00 sa y do; ♿; ☒Lynx 125, ☒Florida Hospital Health Village) Arte americano y africano, junto a exposiciones temporales.

Mennello Museum of American Art MUSEO
(☎407-246-4278; www.mennellomuseum.com; 900 E Princeton St, Loch Haven Park; adultos/niños 6-18 años 5/1 US$; ◷10.30-16.30 ma-sa, desde 12.00 do; ♿; ☒Lynx 125, ☒Florida Hospital Village) Presenta el llamativo arte popular de Earl Cunningham y exposiciones itinerantes.

Orlando Science Center MUSEO
(☎407-514-2000; www.osc.org; 777 E Princeton St, Loch Haven Park; adultos/niños 19/13 US$; ◷10.00-17.00 ju-ma; ♿; ☒Lynx 125, ☒Florida Hospital Health Village) Ciencia interactiva para toda la familia.

◉ International Drive

Este paseo es como una feria: entre grandes parques temáticos, naturales y acuáticos, hay pequeñas atracciones que reclaman atención, como el Believe It or Not de cosas increíbles, el WonderWorks o la nueva noria panorámica Orlando Eye, de 122 m de altura. También concentra restaurantes y hoteles de cadenas comerciales.

★**Universal Orlando Resort** PARQUE TEMÁTICO
(☎407-363-8000; www.universalorlando.com; 1000 Universal Studios Plaza; 1/2 días 1 parque 102/150 US$, 2 parques 147/195 US$; niños 5-10 US$ menos; ◷diario, variable; ☒Lynx 21, 37, 40, ☒Universal) Universal supone una dura competencia para Disney con este megacomplejo con dos parques temáticos, cinco hoteles y el Universal CityWalk, un barrio de ocio que conecta ambos parques. Pero mientras Disney World es todo magia y felicidad, Universal Orlando hace segregar adrenalina con sus vertiginosas atracciones y sus espectáculos.

El primero de los dos parques, Universal Studios, transporta a Hollywood con sus atracciones dedicadas a la televisión y al cine, desde *Los Simpsons* o *Shrek* a *La venganza de la momia* o *Twister*. Islands of Adventure está lleno de atracciones de vértigo, y para los más pequeños están Toon Lagoon o Seuss Landing.

Pero la gran atracción –y lo más trepidante desde la llegada del castillo de Cenicienta a Orlando– es el gran mundo mágico de Harry Potter, repartido entre ambos parques, que se conectan mediante el *Hogwarts Express*. Juntos, el Universal's Islands of Adventure Hogsmeade y el nuevo Universal Studios Diagon Alley componen la experiencia temática más fantástica del estado. Los *muggles* podrán curiosear por las calles adoquinadas y los tortuosos edificios de Hogsmeade, ver cómo una varita mágica escoge a su mago en la Ollivanders Wand Shop, quedarse de piedra ante la espectacular atracción multidimensional del Gringotts Bank. Todo está hecho con un detalle y una autenticidad increíbles, desde los chillidos de las mandrágoras en los escaparates a los gemidos de Myrtle la Llorona en el baño.

Consúltense las diferentes entradas que se venden por internet, que puede incluir añadidos como el Express Plus, para evitar las colas, o vales de comidas; los clientes de los hoteles también obtienen agradables extras. El aparcamiento cuesta 17 US$.

SeaWorld
PARQUE TEMÁTICO

(☏888-800-5447; www.seaworldparks.com; 7007 Sea World Dr; entrada 95 US$; ☺9.00-20.00; ⓜ; ⓠLynx 8, 38, 50, 111, ⓡI-Ride Trolley Red Line parada 33) Este parque acuático es uno de los mayores y más populares de Orlando, y cuenta con numerosos espectáculos, montañas rusas y encuentros con animales marinos.

Su principal atracción es también la más polémica: los espectáculos con delfines, orcas y leones marinos. Desde la emisión del documental *Blackfish*, en el 2013, el trato que da SeaWorld a sus orcas se ha visto sometido a un examen intensivo, el número de visitas ha disminuido y las críticas han ido en aumento.

Se encontrarán descuentos en internet; los precios varían según los días.

Discovery Cove
PARQUE TEMÁTICO

(☏877-434-7268; www.discoverycove.com; 6000 Discovery Cove Way; entrada incl. SeaWorld y Aquatica desde 210 US$, SeaVenture 59 US$ extra, precios diarios variables; ☺8.00-17.30, día completo previa reserva; ⓜ; ⓠLynx 8, 38, 50, 111) Es posible pasar el día buceando por un arrecife lleno de rayas y otros peces, surcar un río que atraviesa un aviario o simplemente relajarse en una reserva tropical con playas de arena blanca. Pagando un suplemento se podrá nadar con los delfines o pasear por el lecho marino. Desde la década de 1990, la cautividad de los delfines, su exhibición y la obligada interacción con los seres humanos es motivo de creciente polémica.

◉ Winter Park

Este espléndido parque, en el extremo norte de la ciudad, es la antítesis del Orlando clásico, con una sucesión de lagos, excelentes museos y estupendos cafés y restaurantes.

★Charles Hosmer Morse Museum of American Art
MUSEO

(☏407-645-5311; www.morsemuseum.org; 445 N Park Ave; adultos/niños 5 US$/gratis; ☺9.30-16.00 ma-sa, desde 13.00 do, hasta 20.00 vi nov-abr; ⓜ) Museo de fama internacional que acoge la más completa colección de piezas Tiffany del mundo; la principal es el imponente interior de una capilla, pero los vidrios emplomados que se ven por todas partes son imponentes.

Scenic Boat Tour
CIRCUITO EN BARCO

(☏407-644-4056; www.scenicboattours.com; 312 E Morse Blvd; adultos/niños 12/6 US$; ☺cada hora 10.00-16.00; ⓜ) Recomendable travesía en barco que recorre 12 millas marinas de canales tropicales y lagos. El entusiasta guía va comentando las mansiones, el Rollins College y otros puntos por los que se pasa. Las embarcaciones son pequeños pontones con capacidad para 18 personas.

🛏 Dónde dormir

Además de los hoteles del Walt Disney World, Orlando cuenta con innumerables opciones de alojamiento. La mayoría se concentran por la I-Dr, la US 192, en Kissimmee, y la I-4. Reserve Orlando (www.reserveorlando.com) es una céntrica agencia de reservas.

Palm Lakefront Hostel
ALBERGUE $

(☏407-396-1759; www.orlandohostels.com; 4840 W Irlo Bronson/Hwy 192, Kissimmee; dc/d/c 19/36/60 US$; Ⓟ❄🐾🌊; ⓠLynx 56, 55) El dueño es un tipo temperamental, pero este albergue que recuerda un hotel de carretera es una buena solución para dormir barato, con una zona de pícnic y barbacoa junto al lago, un tranquilo muelle de pesca y una piscinita. El autobús público que para delante conecta directamente con la taquilla de Disney.

Barefoot'n In The Keys
MOTEL $

(☏407-589-2127; www.barefootn.com; 2754 Florida Plaza Blvd, Kissimmee; ste 67-130 US$; Ⓟ❄🌐🌊) Suites limpias y diáfanas en bungalós amarillos y azules al estilo de Cayo Hueso. Es una excelente alternativa a las cadenas hoteleras, sencillo, acogedor y cerca de Disney.

EO Inn & Spa
HOTEL-BOUTIQUE $$

(☏407-481-8485; www.eoinn.com; 227 N Eola Dr, Thornton Park; h 140-250 US$; ◎🌐) Hotel de sencilla elegancia con vistas al lago Eola, cerca de Thornton Park. Acaban de instalar suelos de bambú y nuevo equipamiento.

Courtyard at Lake Lucerne
B&B $$

(☏407-648-5188; www.orlandohistoricinn.com; 211 N Lucerne Circle E; h desde 130 US$; Ⓟ❄◎🌐) Preciosa posada histórica de 30 habitaciones con antigüedades, encantadores jardines y un refinado desayuno. Cuenta con amplias suites *art déco*. Los cócteles de cortesía ayudan a olvidar su ubicación, bajo dos autopistas.

✕ Dónde comer

Orlando ya no es el páramo culinario que era. Aunque por la I-Dr se verán sobre todo restaurantes de cadenas comerciales, la ciudad ha aprendido a comer bien. Una franja de casi 1 km de Sand Lake Rd ha sido apodada "restaurant row" por sus restaurantes de ca-

FLORIDA ORLANDO

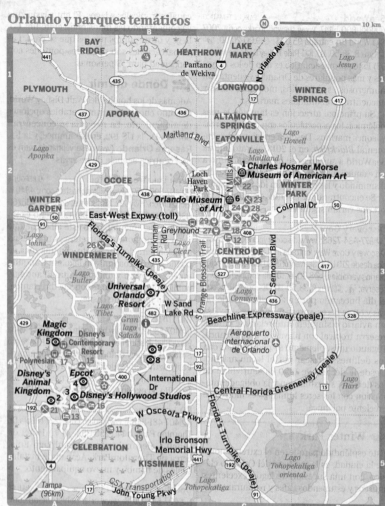

lidad, y en Winter Park está apareciendo una buena oferta gastronómica.

★ East End Market
MERCADO **$**

(☎231-236-3316; www.eastendmkt.com; 3201 Corrine Dr, Audubon Park; ⊙10.00-19.00 ma-sa, 11.00-18.00 do; 🅿🚻) 🌱 Centro de restauración urbano con cafeterías, bares, panaderías, *delis* y demás oferta *gourmet* con ingredientes de proximidad.

Black Bean Deli
CUBANA **$**

(www.blackbeandeli.com; 1835 E Colonial Dr; principales 6-9 US$; ⊙11.00-21.00 lu-ju, hasta 22.00 vi-sa; 🛜) Antiguo concesionario de coches reconvertido donde ahora se sirven sabrosas especialidades cubanas.

Pho 88
VIETNAMITA **$**

(www.pho88orlando.com; 730 N Mills Ave; principales 3,25-11 US$; ⊙10.00-22.00) Local emblemático del vibrante barrio vietnamita de Orlando (conocido como ViMi), al noreste del centro. Es un restaurante auténtico, sin pretensiones, barato y delicioso, especializado en *pho* (sopa de fideos vietnamita) y siempre lleno.

Orlando y parques temáticos

★ **Yellow Dog Eats** ASADOR $$
(www.yellowdogeats.com; 1236 Hempel Ave, Windermere; principales 8-19 US$; ☉11.00-21.00; 🅿🚸) Pintoresco templo a los perritos calientes y la carne asada en un viejo almacén de tejado de zinc. Su increíble carta de deliciosos bocadillos de carne de cerdo y su colorista entorno compensan el paseo para llegar hasta aquí. Pruébese el Fire Pig (*wrap* con chile chipotle, queso gouda, beicon ahumado a las pecanas, ensalada de col, salsa Sriracha y cebolla frita).

★ **Smiling Bison** ESTADOUNIDENSE $$
(☎407-898-8580; www.thesmilingbison.com; 745 Bennett Rd, Audubon Park; principales 12-36 US$; ☉17.00-24.00 ma-ju, hasta 2.00 vi y sa; 🛜) 🍽 A pesar de su aspecto exterior y del desolador entorno, este sencillo localito se ha hecho una fama justificada por su hamburguesa de bisonte, servida en un bollo con patatas fritas. Las cervezas también están muy cuidadas y hay *jazz* en directo casi todas las noches.

Cask & Larder ESTADOUNIDENSE $$$
(☎321-280-4200; www.caskandlarder.com; 565 W Fairbanks Ave, Winter Park; principales 24-46 US$;

☉17.00-22.00 lu-sa, 10.30-15.00 do) 🍽 En un ambiente que conjuga lo rústico del pantano con el encanto rural, propone una innovadora carta de platos sureños con ingredientes de la zona, que incluye ensalada de col rizada con vinagreta de beicon, quingombó asado, el jabalí o las empanadillas. Hacen su propia cerveza artesana y se toman los cócteles muy en serio (12 US$).

🍷 Dónde beber y ocio

El *Orlando Weekly* (www.orlandoweekly. com) es la mejor fuente de información sobre eventos. Hay mucho que hacer en el centro, especialmente en Orange Ave entre Church St y Jefferson St.

Redlight, Redlight BAR
(www.redlightredlightbeerparlour.com; 2810 Corrine Dr, Audubon Park; cervezas 5-9 US$; ☉17.00-2.00; 🛜) Sencilla cervecería donde hay para escoger, entre las 28 cervezas, sidras e hidromieles artesanas a presión. Ocupa el local de un antiguo taller de reparación de aire acondicionado.

Woods COCTELERÍA

(☎407-203-1114; www.thewoodsorlando.com; 49 N Orange Ave, Historic Rose Bldg, 2º piso; cócteles 12 US$; ☺17.00-2.00 lu-vi, desde 19.00 sa, 16.00-24.00 do) Con una carta de cócteles artesanos que cambia cada mes, un ambiente acogedor pero nada pretencioso en un 2º piso, paredes de ladrillo y una barra fabricada con un tronco de árbol, ha sido nombrada la mejor coctelería de Florida.

Hanson's Shoe Repair COCTELERÍA

(☎407-476-9446; 27 E Pine St; cócteles 12 US$; ☺20.00-2.00 ma-ju y sa, desde 19.00 vi) Antiguo local clandestino de la época de la Prohibición en el centro de Orlando, con impecables cócteles de época y claves secretas para entrar, ya que está oculto en el interior del NV Art Bar. Hay que llamar antes, y si tienen sitio, se recibirá la contraseña por SMS.

ℹ️ Información

Centro oficial de visitantes (☎407-363-5872; www.visitorlando.com; 8723 International Dr; ☺8.30-18.00) Entradas con descuento e información sobre parques temáticos, alojamiento, actividades al aire libre, artes escénicas, etc.

ℹ️ Cómo llegar y desplazarse

Desde el **aeropuerto internacional de Orlando** (MCO; ☎407-825-8463; www.orlandoairports. net; 1 Jeff Fuqua Blvd) hay autobuses y taxis a las principales zonas turísticas. **Mears Transportation** (☎atención cliente 407-423-5566, reservas 855-463-2776; www.mearstransportation. com) ofrece lanzaderas por 20-28 US$/persona. **Greyhound** (☎407-292-3424; www.greyhound. com; 555 N John Young Pkwy) da servicio a numerosas ciudades. **Amtrak** (www.amtrak. com; 1400 Sligh Blvd) tiene trenes diarios al sur, hasta Miami, y al norte, hasta Nueva York.

Lynx (☎información rutas 407-841-8240; www.golynx.com; ruta/día/semana 2/4,50/16 US$, transbordos gratis) gestiona la red de autobuses de Orlando. Los de **I-Ride Trolley** (☎407-354-5656; www.iridetrolley.com; billete adultos/niños 3-9 años 2/1 US$, abono 1/3/5/7/14 días 5/7/9/12/18 US$; ☺8.00-22.30) recorren I-Dr.

Si se va en coche, ha de tenerse en cuenta que la I-4 es la principal vía de conexión norte-sur, aunque la indiquen como este-oeste. Para ir al norte, hay que tomar la I-4 al este (hacia Daytona); para ir al sur, hacia el oeste (dirección Tampa). Las principales carreteras este-oeste son la Hwy 50 y la Hwy 528 (Bee Line Expwy), que lleva al aeropuerto.

Walt Disney World Resort

Con más de 100 km², WDW es el mayor parque de atracciones del mundo. Se compone de cuatro parques temáticos separados, dos parques acuáticos, un complejo deportivo tres campos de golf de 18 hoyos, más de dos docenas de hoteles, más de 100 restaurantes y dos barrios de compras, restauración y ocio (no es un mundo tan pequeño). A veces puede parecer un lugar comercial lleno de gente, pero con o sin niños es imposible no contagiarse de su entusiasmo y nostalgia. Las expectativas son altas y ni siquiera "el lugar más feliz de la Tierra" está siempre a la altura de lo prometido, pero hay algo que nunca falla: Cenicienta saluda a las pequeñas princesitas, el caballero Jedi vence a Darth Maul, o se sube a una cursi atracción sobre el minúsculo planeta Tierra…; y de pronto se produce la magia.

⦿ Puntos de interés y actividades

★ **Magic Kingdom** PARQUE TEMÁTICO

(☎407-939-5277; www.disneyworld.disney.go.com 1180 Seven Seas Dr; adultos/niños 3-10 años 105/99 US$; ☺9.00-23.00, variable; ☐Disney, ☐Disney monorraíl Disney) Cuando se piensa en WDW lo que uno se imagina –especialmente los niños– es el "Reino Mágico". Aquí es donde se encuentran todos los clásicos de Disney: el emblemático castillo de Cenicienta, atracciones como la Space Mountain o los fuegos artificiales y el desfile de luces que iluminan Main Street, USA. Como recreación del mito Disney, es insuperable.

Del castillo de Cenicienta, en el centro del parque, salen caminos a los diferentes territorios:

Tomorrowland posee la atracción más popular del Magic Kingdom, la Space Mountain, montaña rusa interior que atraviesa la oscuridad y alcanza el espacio exterior a velocidad de vértigo. Conviene llegar enseguida y, si ya hay mucha cola, comprar un FastPass+.

New Fantasyland es lo más adecuado para los visitantes menores de 9 años. Aquí están Mickey y Minnie, Goofy y el pato Donald, Blancanieves y los Siete Enanitos, y muchos otros. Tras la mayor expansión de la historia del Magic Kingdom se han añadido nuevas atracciones, como el Under the Sea, tranquilo viaje submarino al reino de la sirenita, o el Tren de la Mina de los Siete Enanitos, montaña rusa familiar.

TRUCOS

Entradas
Quizá valga la pena comprar una entrada para más días de los que se va a estar en los parques. Costará menos por día y da la libertad de tomarse pausas para distraerse en la piscina o en atracciones menores fuera de los parques temáticos.

Se pueden adquirir entradas de uno o varios días y añadir la opción Park Hopper (64 US$), que permite entrar en los cuatro parques. Conviene estudiar los paquetes que se ofrecen en la web y contratarlos con antelación para evitar colas. Si se quieren recoger los tiques comprados previamente antes de entrar en los parques, puede hacerse en la oficina de Guest Relations de Disney Springs, para ahorrarse pagar los 17 US$ de aparcamiento de otras oficinas en el interior de los parques.

Véanse descuentos en www.mousesavers.com y www.undercovertourist.com.

Cuándo ir
Durante las vacaciones escolares –verano y festivos– es cuando más lleno estará WDW. Las épocas de menor afluencia son enero y febrero, de mediados de septiembre a octubre y principios de diciembre. A finales de octubre es cuando hace mejor tiempo; en verano hay chubascos frecuentes.

El día de la visita conviene llegar pronto para ver lo más posible antes de mediodía. Quizá valga la pena volver al hotel a descansar hacia las 14.00 o las 15.00, cuando más calor hace y más gente hay, volver más tarde y quedarse hasta el cierre.

FastPass+ y la 'app' My Disney Experience
En el 2014, para las atracciones más populares, Disney sustituyó el antiguo sistema Fast Pass en papel por el FastPass+ (☏407-828-8739; www.disneyworld.disney.go.com), diseñado para que los visitantes puedan planificarse con antelación y hacer menos colas. Con My Disney Experience se puede concretar una hora específica para un máximo de tres atracciones por día, sea a través del sitio www.disneyworld.disney.go.com o descargando la app gratuita. Una vez cargadas las entradas, será mucho más fácil planificar y gestionar toda la experiencia Disney.

Adventureland reúne piratas y jungla, alfombras mágicas, casas en los árboles y representaciones fantásticas o algo ñoñas de lugares exóticos de cuentos de hadas.

En **Liberty Square** se encuentra la Haunted Mansion, popular mansión encantada del s. XIX; y **Frontierland** es la respuesta de Disney al salvaje Oeste.

★**Epcot** PARQUE TEMÁTICO
(☏407-939-5277; www.disneyworld.disney.go.com; 200 Epcot Center Dr; adultos/niños 3-10 años 97/91 US$; ☉11.00-21.00, variable; 🚌Disney, 🚤Disney) Cuando abrió sus puertas, en 1982, el "Prototipo Experimental de la Comunidad del Mañana" de Disney quería mostrar lo que sería una ciudad de alta tecnología. Se divide en dos mitades: **Future World**, con atracciones y exposiciones interactivas esponsorizadas, y **World Showcase**, interesante introducción a las culturas de 11 países.

Es un parque mucho más tranquilo que otros, pero con una buena oferta de comida, bebida y compras.

★**Disney's Animal Kingdom** PARQUE TEMÁTICO
(☏407-939-5277; www.disneyworld.disney.go.com; 2101 Osceola Pkwy; adultos/niños 97/91 US$; ☉9.00-19.00, variable; 🚌Disney) Esta combinación –en ocasiones surrealista– de safari africano, zoo, atracciones, personajes disfrazados, espectáculos y dinosaurios tiene su personalidad característica. Su fuerte son los encuentros con animales, y su elemento central, las 44 Ha del **Kilimanjaro Safaris**. El emblemático **Tree of Life** (árbol de la vida) alberga el divertido espectáculo *It's Tough to Be a Bug!*, y hay grandes atracciones como la **Expedition Everest** o **Kali River Rapids**.

★**Disney's Hollywood Studios** PARQUE TEMÁTICO
(☏407-939-5277; www.disneyworld.disney.go.com; 351 S Studio Dr; adultos/niños 3-10 años 97/91 US$; ☉9.00-22.00, variable; 🚌Disney, 🚤Disney) El menos encantador de los parques Disney sufrirá una gran transformación, con la incorporación de un territorio Star Wars

de 5,6 Ha y otro Toy Story de 4,5 Ha en los próximos años. Mientras tanto, ofrece dos de las atracciones más excitantes de WDW: el impredecible elevador de la **Twilight Zone Tower of Terror** y el **Rock 'n' Roller Coaster**, inspirado en Aerosmith.

🛏 Dónde dormir

Aunque es una tentación dormir fuera para ahorrar dinero, la ventaja de alojarse en WDW es lo práctico que resulta: cuenta con más de 20 opciones de alojamiento familiar, desde *campings* a resorts de lujo, y los visitantes a los parques cuentan con grandes ventajas (horario ampliado de visita, descuentos en comidas, transporte interior gratuito, traslado al/del aeropuerto). El completo sitio web de Disney muestra las tarifas y el equipamiento de cada propiedad. No ha de esperarse que la calidad y el equipamiento de las habitaciones sean acordes con el precio: se paga por estar en WDW, no por un gran lujo.

Los siete Disney's Value Resorts son la opción más económica (junto al *camping*), con un nivel de calidad equivalente a una cadena hotelera sencilla, pero téngase en cuenta que suelen acoger grupos de escolares:

⭐**Disney's Fort Wilderness Resort** CAMPING, CABAÑAS **$**
(☎407-939-5277, 407-824-2900; www.disneyworld. disney.go.com; 4510 N Fort Wilderness Trail; tiendas 75 US$, RV parcelas 109-116 US$, cabañas 6 personas 359 US$; ❋❂@🛜🏊❄; 🚌Disney, ⛴Disney) Para alojarse en un entorno natural por poco dinero, en una enorme reserva con parcelas y cabañas de seis plazas.

Disney's Art of Animation Resort HOTEL **$$**
(☎407-939-5277, 407-938-7000; www.disneyworld. disney.go.com; 1850 Animation Way; h 109-199 US$, ste 269-457 US$; P❋@🛜🏊; 🚌Disney) Inspirado en clásicos de animación como *El rey león*, *Cars*, *Buscando a Nemo* o *La Sirenita*.

Disney's All-Star Movies Resort HOTEL **$$**
(☎407-939-7000, 407-939-5277; www.disneyworld. disney.go.com; 1901 W Buena Vista Dr; h 85-192 US$; P❋@🛜🏊; 🚌Disney) Con símbolos de películas como *Toy Story* o *101 Dalmatas*.

Disney's All-Star Music Resort HOTEL **$$**
(☎407-939-6000, 407-939-5277; www.disneyworld. disney.go.com; 1801 W Buena Vista Dr; h 85-192 US$; P❋🛜🏊; 🚌Disney) Suites familiares y habitaciones de motel rodeadas de instrumentos gigantes.

Disney's All-Star Sports Resort HOTEL **$$**
(☎407-939-5000, 407-939-5277; www.disneyworld. disney.go.com; 1701 Buena Vista Dr; h 85-192 US$; P❋@🛜🏊; 🚌Disney) Cinco pares de edificios temáticos de tres plantas diferenciados por deportes.

Disney's Pop Century Resort HOTEL **$$**
(☎407-939-5277, 407-938-4000; www.disneyworld.disney.go.com; 1050 Century Dr; h 95-210 US$; P❋🛜🏊; 🚌Disney) Cada sección rinde homenaje a una década de finales del s. xx.

⭐**Disney's Wilderness Lodge** RESORT **$$$**
(☎407-939-5277, 407-824-3200; www.disneyworld. disney.go.com; 901 Timberline Dr; h 289-998 US$; P❋🛜🏊; 🚌Disney, ⛴Disney) Uno de los resorts de lujo favoritos, al estilo de Yosemite, con una opulencia rústica que incluye géiseres en erupción, un lago para bañarse y literas para los niños.

🍴 Dónde comer

En los parques temáticos la comida va de lo correcto a lo horrendo; la mejor es la que se sirve en el World Showcase de Epcot. Se come mejor en los locales con mesas, pero siempre conviene hacer reserva; sin ella puede ser imposible encontrar sitio. Para cenar, se puede llamar a la central de reservas (☎407-939-3463) con una antelación de hasta 180 días; o reservar en línea a través de la sección "Mis reservas" de "My Disney Experience" o usando la *app*.

Hay dos cenas-espectáculo (hawaiana y barbacoa) y 15 comidas con personajes muy populares (véanse detalles en la web). Conviene reservar en cuanto falten 180 días para la fecha.

⭐**Sci-Fi Dine-In Theater** ESTADOUNIDENSE **$$**
(☎407-939-3463; www.disneyworld.disney.go.com; Hollywood Studios; principales 14-32 US$, se requiere entrada al parque; ⊙12.00-16.00 y 16.00-21.00; 🛜♿; 🚌Disney, ⛴Disney) Para cenar en Cadillacs, beber cerveza artesana y ver clásicos de ciencia-ficción.

⭐**Boma** BUFÉ **$$**
(☎407-938-4744, 407-939-3463; www.disneyworld. disney.go.com; 2901 Osceola Pkwy, Disney's Animal Kingdom Lodge; adultos/niños desayuno 24,50/13 US$, cena 40,50/21 US$; ⊙7.30-11.00 y 16.30-21.30; 🛜♿; 🚌Disney) Local de inspiración africana con un ambiente agradable y un bufé mucho mejor que la media.

Cinderella's Royal Table ESTADOUNIDENSE $$$
(☎407-934-2927; www.disneyworld.disney.go.com; Cinderella's Castle, Magic Kingdom; adultos 58-73 US$, niños 36-43 US$; ⊙8.05-10.40, 11.45-14.40 y 15.50-21.40; 🖥🚼; 🚇Disney, 🚌Disney, 🚋Lynx 50, 56) El comedor más solicitado está en el interior del castillo, donde se cena en compañía de princesas Disney.

California Grill ESTADOUNIDENSE $$$
(☎407-939-3463; www.disneyworld.disney.go.com; 4600 World Dr, Disney's Contemporary Resort; principales 37-50 US$; ⊙17.00-22.00; 🚼; 🚇Disney, 🚌Disney, monorraíl Disney) Cocina californiana contemporánea con dos miradores para disfrutar de los fuegos artificiales.

Victoria & Albert's ESTADOUNIDENSE $$$
(☎407-939-3463; www.victoria-alberts.com; 4401 Floridian Way, Disney's Grand Floridian Resort; precio fijo desde 159 US$, maridaje vino desde 65 US$ extras; ⊙17.00-21.20; 🖥; 🚇Disney, 🚌Disney, monorraíl Disney) Romántico restaurante *gourmet* con copas de cristal, donde es obligatorio el uso de americana y corbata. Y no se admiten menores de 10 años.

☆ Ocio

Además de los eventos temáticos como los desfiles del Magic Kingdom, los fuegos artificiales o la iluminación de Epcot, Disney tiene dos barrios de ocio –los recientemente renovados Disney Springs y Disney's Boardwalk– con restaurantes, bares, música, cines, tiendas y espectáculos.

★ **Cirque du Soleil La Nouba** ARTES ESCÉNICAS
(☎407-939-7328, 407-939-7600; www.cirqueduso leil.com; Disney Springs; adultos 59-139 US$, niños 48-115 US$; ⊙18.00 y 21.00 ma-sa; 🚇Disney, 🚌Disney, 🚋Lynx 50) Este espectáculo acrobático de infarto es uno de los mejores.

❶ Cómo llegar y desplazarse

La mayoría de los hoteles de Kissimmee y Orlando –y todos los Disney– ofrecen transporte gratuito a WDW. Los resorts Disney también ofrecen transporte gratuito desde el aeropuerto. En coche propio, se llega a los cuatro parques por la I-4. Aparcar cuesta 17 US$. El aparcamiento del Magic Kingdom es inmenso; hay tranvías o ferris hasta la entrada.

En el interior de WDW, una compleja red de monorraíles, barcos y autobuses comunica los parques, resorts y barrios de ocio.

Alrededores de Orlando

Al norte de Orlando se puede disfrutar de las mejores aventuras al aire libre, nadando, buceando o remando por sus manantiales de aguas cristalinas a 22°C. El Wekiwa Springs State Park (☎407-884-2009; www. floridastateparks.org/wekiwasprings; 1800 Wekiwa Circle, Apopka; entrada 6 US$, parcela tienda 5 US$, enganche 24 US$/persona; ⊙7.00-anocecer) es el más cercano y cuenta con 21 km de senderos, una poza para nadar, una buena zona de acampada y con el tranquilo, salvaje y panorámico río Wekiva. Se pueden alquilar kayaks en Nature Adventures (☎407-884-4311; www.canoewekiva.com; 1800 Wekiwa Circle, Wekiwa Springs State Park, Apopka; 2 h canoa/kayak 17 US$, hora adicional 3 US$; ⊙8.00-20.00; 🚼).

Los manatíes acuden en invierno al Blue Spring State Park (☎386-775-3663; www. floridastateparks.org/bluespring; 2100 W French Ave, Orange City; automóvil/bicicleta 6/2 US$; ⊙ 8.00-anochecer), donde se puede hacer un crucero de 2 h por el río St John. Al norte de Deland está el De Leon Springs State Park (☎386-985-4212; www.floridastateparks. org/deleonsprings; 601 Ponce de Leon Blvd, De Leon Springs; automóvil/bicicleta 6/2 US$; ⊙8.00-anochecer), con una enorme zona para el baño. Se puede remar en kayak o apuntarse a una excursión en busca de la supuesta fuente de la juventud de Ponce de León.

Pero si lo que se busca es naturaleza en estado puro, lo mejor es adentrarse en el Ocala National Forest (www.fs.usda.gov/ocala), que cuenta con decenas de zonas de acampada, cientos de kilómetros de pistas y 600 lagos. Es uno de los mejores lugares del estado para las excursiones a pie o en bicicleta, el remo y la acampada. Véanse los centros de visitantes y otras explicaciones en la web.

PANHANDLE DE FLORIDA

Si a lo más genial del Sur profundo –gente acogedora, un ritmo lento, carreteras flanqueadas de robles y frituras por doquier– se le suman varios cientos de kilómetros de playas blancas como el azúcar, decenas de manantiales de agua cristalina y todas las ostras frescas que se puedan engullir, el resultado es esta región: el fantástico e infravalorado Panhandle de Florida.

Tallahassee

La capital de Florida, rodeada de suaves colinas y carreteras cubiertas de verdor, es una ciudad tranquila y elegante. Está más cerca de Atlanta que de Miami –geográfica y culturalmente– y es mucho más sureña que la mayoría del estado. A pesar de la presencia de dos grandes universidades (la Estatal de Florida y la Universidad Agrícola y Mecánica de Florida) y de ser la sede del Gobierno, no hay motivo para detenerse más de un día o dos a lo sumo.

Puntos de interés y actividades

Se impone pasear por la bohemia Railroad Square (850-224-1308; www.railroadsquare. com; 567 Industrial Dr), antiguo depósito de troncos y parque industrial entre el centro y la Universidad Estatal, con modernas *boutiques,* galerías de arte, cafés y fábricas de cerveza artesana.

Misión San Luis   LUGAR HISTÓRICO
(850-245-6406; www.missionsanluis.org; 2100 W Tennessee St; adultos/niños 5/2 US$; 10.00-16.00 ma-do) La antigua misión española y apalache del s. XVII ocupa 24 Ha. Tras una magnífica reconstrucción, especialmente de la enorme Casa del Consejo, se pueden hacer unas interesantes visitas guiadas que permiten retroceder 300 años.

Museum of Florida History   MUSEO
(850-245-6400; www.museumoffloridahistory. com; 500 S Bronough St; 9.00-16.30 lu-vi, desde 10.00 sa, desde 12.00 do) GRATIS Para repasar la historia de Florida con unas muestras divertidas y llamativas que abarcan desde esqueletos de mastodontes, los primeros pobladores de Florida, los naufragios españoles y la Guerra de Secesión hasta el 'turismo enlatado'.

Edificios Florida Capitol   EDIFICIOS HISTÓRICOS
Aquí lo antiguo y lo nuevo se dan la mano. El moderno Florida State Capitol (www.myfloridacapitol.com; 402 South Monroe St; 8.00-17.00 lu-vi) GRATIS es feo, sin más, pero su mirador de la planta superior ofrece buenas vistas de la ciudad. Al lado está su predecesor, el Historic Capitol (www.flhistoriccapitol.gov; 400 S Monroe St;) GRATIS , de 1902, que tiene más encanto.
En el interior está el Historic Capitol Museum (www.flhistoriccapitol.gov; 400 South Monroe St; 9.00-16.30 lu-vi, desde 10.00 sa, desde 12.00 do) GRATIS, con interesantes muestras

culturales y políticas, incluida una sobre las tristemente célebres elecciones presidenciales del año 2000.

🛏 Dónde dormir

Los hoteles de cadenas comerciales se concentran en las salidas de la I-10 y en Monroe St, entre la I-10 y el centro.

Hotel Duval   HOTEL $$
(850-224-6000; www.hotelduval.com; 415 N Monroe St; h 129-259 US$; P✿⊛) Es el hotel más elegante de Tallahassee, con 117 habitaciones y un aspecto neomoderno, y cada planta tiene un aroma diferente: ¡El de *bourbon* y vainilla de la 3ª planta huele como a Dr Pepper! El bar-*lounge* de la azotea abre hasta las 2.00 casi todas las noches.

Governor's Inn   HOTEL $$
(850-681-6855; www.thegovinn.com; 209 S Adams St; h 219-309 US$; P✿⊛) Alojamiento cálido y acogedor, con una ubicación única. Tiene de todo, desde habitaciones dobles hasta suites-*loft* de dos alturas. Celebra la hora de los cócteles a diario.

🍴 Dónde comer y beber

Muchos viajan hasta la pintoresca Thomasville, en Georgia, para cenar de lujo, pero la oferta en Tallahassee es cada vez mejor.

Paisley Cafe   CAFÉ $
(www.thepaisleycafe.com; 1123 Thomasville Rd; principales 13,50-18 US$; 11.00-14.30 lu-ju, hasta 15.00 vi, 10.00-15.00 sa y do;) Magnífico café céntrico con deliciosos sándwiches prensados, ensaladas y postres de escándalo (¡el *slutty brownie* es irresistible!).

Cypress   SUREÑA MODERNA $$$
(850-513-1100; www.cypressrestaurant.com; 320 E Tennessee St; principales 21-32 US$; 17.00-22.00 lu-sa, 10.30-14.00 do) Este restaurante sin pretensiones es el reino del chef local David Gwynn, cuyos platos sureños superan cualquier expectativa, empezando por la ensalada de coles de Bruselas asadas con huevo pochado, hasta clásicos como la panceta con codornices y pecanas o las gambas con gachas de maíz y salsa de *bourbon,* naranja y tomillo.

Madison Social   PUB
(www.madisonsocial.com; 705 South Woodward Ave; principales 9-20 US$, cervezas 3-6 US$; 11.30-2.00 do-ju, desde 10.00 vi y sa;) Transformar talleres mecánicos en locales modernos está a la orden del día, pero este ya nació así. Y se

llena con una variopinta mezcla de residentes y universitarios, que acuden para beber algo en la animada barra o en las mesas de aluminio de la terraza cuando el sol se pone sobre el estadio de fútbol de Doak Campbell, la mayor estructura de ladrillo de EE UU.

☆ Ocio

Bradfordville Blues Club MÚSICA EN DIRECTO
(☎850-906-0766; www.bradfordvilleblues.com; 7152 Moses Lane, junto a Bradfordville Rd; entradas 15-35 US$; ☺22.00 vi y sa, 20.30 algún ju, consúltese web) Al final de un camino de tierra iluminado con antorchas se encontrará una hoguera que arde bajo los robles y este club escondido, con excelentes conciertos de *blues*.

ℹ Información

Leon County Welcome Center (☎850-606-2305; www.visittallahassee.com; 106 E Jefferson St; ☺8.00-17.00 lu-vi) Excelente centro de información, con folletos sobre circuitos a pie y en coche.

ℹ Cómo llegar y desplazarse

El **aeropuerto regional de Tallahassee** (☎850-891-7802; www.talgov.com/airport; 3300 Capital Circle SW) está unos 8 km al sureste del centro, por la Hwy 263. La **estación Greyhound** (☎850-222-4249; www.greyhound.com; 112 W Tennessee St) está en el centro.

Star Metro (☎850-891-5200; www.talgov. com/starmetro; 1 viaje 1,25 US$, ilimitado diarios 3 US$) gestiona la red de autobús urbano.

Apalachicola y alrededores

Es un lugar tranquilo y perfectamente conservado, uno de los pueblos más irresistibles y románticos del noroeste de Florida. Situado junto a una amplia bahía, famosa por sus ostras, es un destino muy popular para evadirse, con nuevos bistrós, galerías de arte, eclécticas *boutiques* y antiguos B&B.

⊙ Puntos de interés y actividades

Isla de St Vincent ISLA
(☎850-653-8808; www.fws.gov/saintvincent) Isla virgen con dunas nacaradas, pinares y marismas llenas de vida salvaje.

St George Island State Park PARQUE
(☎850-927-2111; www.floridastateparks.org/stgeorgeisland; vehículo 6 US$, tienda y parcelas 24 US$; ☺8.00-anochecer) Cuenta con 14 km de playas

LAS FUENTES DE WAKULLA

Solo 25 km al sur de Tallahassee está el manantial de agua dulce más profundo del mundo, en el **Edward Ball Wakulla Springs State Park** (☎850-561-7276; www.floridastateparks.org/park/Wakulla -Springs; 465 Wakulla Park Dr; automóvil/ bicicleta 6/2 US$, circuitos en barco adultos/niños 8/5 US$; ☺8.00-anochecer). El agua surge de unas enormes cuevas submarinas que son el sueño de cualquier arqueólogo, con fósiles entre los que se cuentan los huesos de un mastodonte descubierto hacia 1850. Actualmente se puede nadar en el agua helada del manantial o contemplar la escena desde un barco con fondo de cristal, en torno al cual nadan enormes manatíes. El río Wakulla, en el que viven numerosos animales, ha aparecido en varias películas de Tarzán, así como en *El monstruo de la laguna negra*.

espléndidas sin urbanizar. En el pueblo se pueden contratar barcos para pescar o avistar fauna.

🛏 Dónde dormir y comer

Riverwood Suites ALOJAMIENTO CON ENCANTO **$$**
(☎850-653-3848; www.riverwoodsuites.com; 29 Ave F; h 139-169 US$; P✳🐾) Las cuatro amplias habitaciones de este alojamiento, antes un almacén abandonado, son las más nuevas y mejores del lugar, con suelos de madera, cabeceros artísticos, equipamiento moderno y ambiente romántico.

Coombs House Inn B&B **$$**
(☎850-653-9199; www.coombshouseinn.com; 80 6th St; h 99-189 US$; ✳🐾) Imponente posada victoriana construida en 1905, con paneles de madera de ciprés negro, nueve chimeneas, una escalera de madera de roble tallada, ventanales emplomados y techos panelados.

Owl Cafe & Tap Room ESTADOUNIDENSE MODERNA **$$**
(☎850-653-9888; www.owlcafeflorida.com; 15 Ave D; principales 10-28 US$; ☺11.00-15.00 y 17.30-22.00 lu-vi, desde 11.00 sa, 10.30-15.00 do; 🐾) Local popular para todos los públicos. Sirve cenas informales en el comedor de la planta superior y cervezas artesanas con algo para picar en la planta baja.

ℹ️ Información

Centro de visitantes de la bahía de Apalachi-cola (www.apalachicolabay.org; 122 Commerce Street) Facilita mapas e información sobre circuitos a pie.

Panama City Beach

Es el típico pueblo de playa de Florida, con una arena blanca y opciones de ocio variadas que atraen mucho turismo durante las vacaciones de primavera y verano, aunque cada vez son más los bloques de pisos que alteran el paisaje.

⊙ Puntos de interés y actividades

La isla de Shell es fantástica para el buceo, y en verano hay lanzaderas (☎850-233-0504; www.shellislandshuttle.com; adultos/niños 16,95/8,95 US$; ☺9.00-17.00) que cubren la travesía cada 30 min.

St Andrews State Park PARQUE
(☎850-233-5140; www.floridastateparks.org/stan drews; 4607 State Park Lane, Panama City; vehículo/peatón 8/2 US$; ☺8.00-anochecer) Tranquilo rincón con senderos naturales, playas para nadar y fauna salvaje.

Dive Locker SUBMARINISMO, BUCEO
(☎850-230-8006; www.divelocker.net; 106 Thomas Dr, Panama City Beach; ☺8.00-18.00 lu-vi, 7.00-16.00 sa, hasta 17.00 do) Las aguas de Panama City Beach son famosas por las posibilidades que ofrecen para la inmersión, con decenas de arrecifes naturales y artificiales. Esta reputada agencia y escuela de submarinismo los conoce todos. Una inmersión básica con dos botellas cuesta un mínimo de 142 US$, equipo incluido.

🛏️ Dónde dormir

PCB Bed & Breakfast B&B $$
(☎850-867-0421; www.panamacitybeachbedand breakfast.com; 127 Toledo Pl; h 149 US$; P✳️🐾) El único B&B del lugar, a unos pasos de la arena de Laguna Beach, aún no urbanizada, es un establecimiento de tres habitaciones que recuerda las casitas de Cayo Hueso. Lleva el apodo de "casita de playa nostálgica de la década de 1950" y ofrece sábanas de lujo y grandes TV, pero también porches y zonas verdes para relajarse.

Wisteria Inn MOTEL $$
(☎850-234-0557; www.wisteria-inn.com; 20404 Front Beach Rd; d desde 119-159 US$; P✳️🐾) En este motelito de 14 habitaciones cada una es diferente; a los autores les encanta el colorista ambiente caribeño de la nº 8. Sirven mimosas junto a la piscina y solo admiten adultos, lo que evita que se llene de familias.

🍴 Dónde comer y beber

Gourmet by the Bay COMIDA RÁPIDA $
(www.facebook.com/GourmetByTheBay; 284 Powell Adams Rd; principales 4-10 US$; ☺12.00-19.30 lu-vi y do, hasta 21.30 sa, hasta 23.30 verano) En el interior del pequeño Miracle Strip Amusement Park se esconde este popularísimo puesto de comida barata, que sirve espléndidos tacos de lampuga o gambas. Los clientes no pagan aparcamiento.

The Craft Bar BAR
(www.thecraftbarfl.com; 15600 Panama City Beach Pkwy, Pier Park North; cervezas 4,50-12 US$, principales 12-35 US$; ☺11.00-23.00 lu-ju, hasta 24.00 vi y sa, hasta 22.00 do) Frente a los campamentos piratas y las fiestas en la playa, este bar ofrece 30 cervezas artesanas a presión muy escogidas (¡Mikkeller!), originales cócteles y excelente comida de *pub*.

ℹ️ Información

Centro de visitantes (☎850-233-5870; www.visitpanamacitybeach.com; 17001 Panama City Beach Pkwy; ☺8.00-17.00) Cuenta con mapas, folletos e información detallada sobre las actividades del momento.

ℹ️ Cómo llegar y desplazarse

El **aeropuerto internacional de Panama City** (PFN; ☎850-763-6751; www.iflybeaches.com; 6300 W Bay Pkwy, Panama City) recibe vuelos de varias compañías importantes. La **estación de Greyhound** (☎850-785-6111; www.gre yhound.com; 917 Harrison Ave, Panama City) está en Panama City, y el autobús **Bay Town Trolley** (www.baytowntrolley.org; billete 1,50 US$) funciona solo los laborables de 6.00 a 20.00.

Pensacola, ciudad y playa

En la frontera con Alabama, Pensacola y su playa dan la bienvenida a los visitantes que llegan del oeste por carretera. Se han hecho populares por sus espléndidas playas blancas y las bacanales que se montan en las vacaciones de Pascua, y se han recuperado mejor que otros del devastador paso del huracán Iván del 2004 y del vertido de la Deepwater Horizon en aguas del golfo de México en el 2010.

RUTA PANORÁMICA POR CARRETERA: LA COSTA ESMERALDA

Por la costa del Panhandle de Florida, entre Panama City Beach y Destin, se puede evitar la carretera principal (Hwy 98) y disfrutar de una de las rutas más bonitas de Florida, la Scenic Highway 30A. Este tramo de 29 km rodea la Costa Esmeralda, llamada así por el color de sus aguas, casi fluorescentes, que bañan unas playas de cristal de cuarzo.

Junto a la Scenic Hwy 30A se extienden parques como Grayton Beach State Park (☑850-267-8300; www.floridastateparks.org/graytonbeach; 357 Main Park Rd, Santa Rosa Beach; vehículo 5 US$; ☺8.00-anochecer), con una de las playas vírgenes más bonitas de Florida.

Una quincena de pueblos pintorescos rodean la costa, algunos bohemios y modernos y otros proyectados con escuadra y cartabón como resorts turísticos. De ellos, el más surrealista y enigmático es la pequeña localidad de Seaside (www.seasidefl.com), pueblecito de colores pastel presentado como modelo de nuevo urbanismo en la década de 1980. Es un lugar tan idealizado que, tal como estaba, sirvió como decorado para la película de 1998 El show de Truman, sobre un hombre cuya vida perfecta no es más que un espectáculo televisivo. Para información en línea, véanse www.30a.com y www.visitsouthwalton.com.

Ahora son un lugar lleno de vida, con una gran oferta gastronómica y modernos bares y cafés que combinan con su centro de aire español y su casco antiguo magníficamente conservado.

⊙ Puntos de interés y actividades

★ **National Naval Aviation Museum** MUSEO (☑850-452-3604; www.navalaviationmuseum.org; 1750 Radford Blvd; ☺9.00-17.00, circuitos guiados 9.30, 11.00, 13.00 y 14.30; 🅰) GRATIS El Museo de la Aviación Naval alberga una colección impresionante de aviones militares y el escuadrón de elite Blue Angels (www.blueangels.navy.mil). Curiosamente es gratis si uno no se sienta (cine IMAX 8,75 US$, simuladores de vuelo con cena 20 US$). Al ser una base naval en activo, es obligatorio identificarse.

Historic Pensacola Village EDIFICIO HISTÓRICO (☑850-595-5985; www.historicpensacola.org; 205 E Zaragoza St; adultos/niños 6/3 US$; ☺10.00-16.00 ma-sa, circuitos 11.00, 13.00 y 14.30) Pensacola compite con San Agustín con este poblado, enclave de imponentes casas y museos antiguos. La entrada es válida para una semana e incluye una visita guiada y la entrada a todos los edificios, así como al TT Wentworth Florida State Museum (www.historicpensacola.org; 330 S Jefferson St; adultos/niños 6/3 US$; ☺10.00-16.00 ma-sa) y al Pensacola Children's Museum (☑850-595-1559; 115 E Zaragoza St; entrada 3 US$; ☺10.00-16.00 ma-sa).

Pensacola Museum of Art MUSEO (☑850-432-6247; www.pensacolamuseum.org; 407 S Jefferson St; adultos/estudiantes 10/8 US$; ☺10.00-17.00 ma-vi, desde 12.00 sa) Impresionante colección de grandes artistas de los ss. xx y xxi en la antigua cárcel de la ciudad (1908), con obras cubistas, realistas, pop y folk.

Gulf Islands National Seashore PLAYA (☑850-934-2600; www.nps.gov/guis; bono 7 días peatón/ciclista/automóvil 3/3/8 US$; ☺amanecer-anochecer) Para disfrutar de espléndida arena blanca se puede ir a la playa de Pensacola o, algo más allá, a la Gulf Islands National Seashore, parte de una franja (discontinua) de 250 km de playa sin urbanizar. El tramo de Pensacola ha sido votado recientemente como la mejor playa de Florida en el USA Today.

🛏 Dónde dormir

Paradise Inn MOTEL $ (☑850-932-2319; www.paradiseinn-pb.com; 21 Via de Luna Dr; h desde 89 US$; P🏊❄🛜🏊) Motel de la década de 1950 frente a la playa, alegre y animado gracias a su popular bar-barbacoa. Las habitaciones son pequeñas y limpias, con suelos de azulejo y paredes de vivos colores; si se ha pescado algo, pueden cocinarlo con todos sus complementos por 13 US$.

Noble Inn B&B $$ (☑850-434-9544; www.noblemanor.com; 110 W Strong St; h/ste 160/185 US$; P❄🛜🏊) Esta bonita mansión de 1905, en el histórico barrio de North Hill, es el alojamiento con más encanto del lugar. La encargada, Bonnie, se encarga de todo, desde abrillantar el suelo de madera al budín del desayuno.

New World Inn HOTEL $$ (☑850-432-4111; www.newworldlanding.com; 600 S Palafox St; h desde 119 US$; P❄🛜) Lo que antes era una fábrica de cajas alberga ahora unas habitaciones con mucho encanto, camas de lujo y un nuevo suelo de madera.

 Dónde comer y beber

Se come barato en **Al Fresco** (www.eatalfresco.com; Palafox esq. Main St), conjunto de cinco caravanas situadas en la esquina de Palafox y Main Sts. South Palafox St, en el centro, está llena de bares.

Blue Dot
HAMBURGUESERÍA $

(310 N De Villiers St; hamburguesas 5,58-6,97 US$; ⊙11.30-15.00 ma-vi, 12.00-15.00 sa) Los que lo conocen hacen cola antes de las 11.00 para disfrutar de las mejores hamburguesas de Pensacola: sencillas, grasientas y bien sazonadas. Conviene saber lo que se va a pedir antes de llegar al mostrador y llegar temprano. No aceptan tarjetas.

Native Café
DESAYUNOS $

(www.thenativecafe.com; 45a Via de Luna Dr; principales 4,50-13 US$; ⊙7.30-15.00; 🕾) Atractivo establecimiento para desayunar o almorzar sus deliciosos pasteles de cangrejo Benedict, en un colorista conglomerado de locales junto a la playa. El personal es adorable, y el servicio, espléndido.

McGuire's Irish Pub
IRLANDESA $$

(www.mcguiresirishpub.com; 600 E Gregory St; principales 10-33 US$; ⊙11.00-2.00) "Para comer, beber y divertirse", prometen, y así es. Lo mejor es pedir un filete o una hamburguesa y no hacer mucho caso a las cabezas de animales y a los billetes de dólar de las paredes.

★ Iron
SUREÑA MODERNA $$$

(☎850-476-7776; www.restaurantiron.com; 22 N Palafox St; principales 18-36 US$; ⊙16.30-22.00 ma-ju, hasta 1.00 vi y sa; 🕾) El chef Alex McPhail, curtido en Nueva Orleans, presenta una carta siempre cambiante en este céntrico restaurante, el mejor de la nueva hornada de comedores de categoría, desbordantes de vida y de ingredientes locales. Bármanes expertos crean grandes cócteles, y los platos –desde el cerdo a la cerveza al pescado fresco al estilo criollo– suponen un salto sobre el nivel medio de la Costa Esmeralda.

★ Seville Quarter
CLUB

(www.sevillequarter.com; 130 E Government St; entrada 3-10 US$; ⊙7.00-2.30) Este complejo de ocio ocupa toda una manzana y siempre tiene algo que ofrecer, desde la hora del desayuno hasta la madrugada, en sus siete locales de restauración, copas y música.

❶ Información

Centro de visitantes de Pensacola (☎800-874-1234; www.visitpensacola.com; 1401 E Gregory St; ⊙8.00-17.00 lu-vi, 9.00-16.00 sa, 10.00-16.00 do) A los pies del Pensacola Bay Bridge, con abundante información turística y personal entendido.

❶ Cómo llegar y desplazarse

El **aeropuerto regional de Pensacola** (☎850-436-5000; www.flypensacola.com; 2430 Airport Blvd), 8 km al noreste del centro, recibe vuelos de grandes líneas.

La **estación Greyhound** (☎850-476-4800; www.greyhound.com; 505 W Burgess Rd) está 14 km al norte del centro.

En el 2017 debería inaugurarse el ferri del centro de Pensacola a la playa; hasta entonces, el autobús nº 64 cubre la ruta desde Jefferson y Garden Sts, en el centro, los viernes y sábados.

Grandes Lagos

Los mejores restaurantes

➡ New Scenic Cafe (p. 608)
➡ Dove's Luncheonette (p. 532)
➡ Tucker's (p. 564)
➡ Slows Bar BQ (p. 570)
➡ The Old Fashioned (p. 590)

Los mejores alojamientos

➡ Freehand Chicago (p. 528)
➡ Hotel 340 (p. 604)
➡ Acme Hotel (p. 529)
➡ Brewhouse Inn (p. 586)
➡ Cleveland Hostel (p. 553)

Por qué ir

No todo es maíz en la región. También hay playas de surf y templos tibetanos, islas sin coches y las luces nocturnas de la aurora boreal. El Medio Oeste tiene fama de soso y desértico, pero guarda sus pequeños secretos, como parques nacionales poblados de alces y rincones relacionados con personajes como Hemingway, Dylan o Vonnegut.

La lista de ciudades empieza con Chicago y su silueta, quizá la más imponente del país. Milwaukee mantiene viva la llama de la cerveza y las Harley, mientras Minneapolis es un faro *hipster*. Detroit es lisa y llanamente genial.

Los Grandes Lagos son inmensos, con playas, dunas, poblaciones turísticas y faros esparcidos por el paisaje. Las granjas lecheras y los huertos cubren la región, y los helados y las tartas recién hechas esperan a los viajeros en ruta. Y cuando el Medio Oeste empieza a aburrir, siempre existe alguna frívola atracción de carretera para despertar la imaginación, como el museo del *spam* o la pelota de cordel más grande del mundo.

Cuándo ir
Chicago

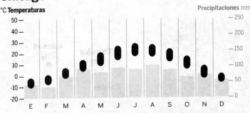

Ene y feb Esquiadores y motos de nieve invaden las pistas.

Jul y ago Llega el calor: terrazas y playas se llenan, y casi todos los fines de semana hay festivales.

Sep y oct Buen tiempo, cosechas abundantes y gangas de temporada media.

Imprescindible

1 Empaparse de rascacielos, museos, festivales y gastronomía en **Chicago** (p. 515).

2 Descansar en la playa, comer frutas del bosque y surfear en la **costa occidental del lago Michigan** (p. 576).

3 Relajarse viendo carros de caballos en el **territorio amish de Ohio** (p. 558).

4 Bailar la polca y comer pescado frito en **Milwaukee** (p. 584).

5 Remar en las **Boundary Waters** (p. 609) y dormir bajo un manto de estrellas.

6 Pedalear junto al río con **Detroit** al fondo (p. 565).

7 Recorrer la **Ruta 66** (p. 541) en Illinois y probar las tartas por el camino.

8 Sorprenderse con los templos tibetanos, la arquitectura y las verdes colinas del **centro de Indiana** (p. 548).

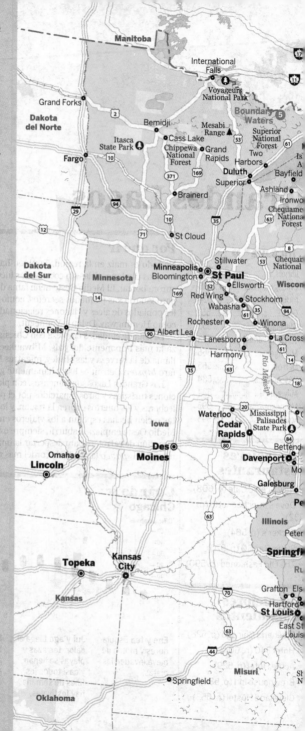

Historia

Unos de los primeros habitantes de la región fueron los hopewell (hacia el 200 a.C.) y los constructores de túmulos del río Misisipi (hacia el 700 d.C.). Estos dos pueblos dejaron misteriosos montículos de tierra que sirvieron de tumbas a sus jefes y, tal vez, de ofrendas a sus dioses. Pueden verse en Cahokia, en el sur de Illinois, y en Mound City, en el sureste de Ohio.

A principios del s. XVII llegaron los comerciantes de pieles franceses, que fundaron misiones y fortines. Los británicos no tardaron en aparecer, y las rivalidades entre ambos países desembocaron en la guerra franco-india y la Guerra de los Siete Años (1754-1761), tras la cual Gran Bretaña controló todas las tierras al este del Misisipi. Después de la Guerra de Independencia, la zona de los Grandes Lagos se convirtió en el nuevo Territorio del Noroeste de EE UU, que pronto se dividió en estados y englobó la región tras construir su impresionante red ferroviaria y fluvial. Entre los recién llegados y los indígenas surgieron conflictos, como la batalla de Tippecanoe de 1811 en Indiana; la cruenta Guerra de Halcón Negro de 1832 en Wisconsin, Illinois y zonas colindantes, que obligó a los nativos a desplazarse al oeste del Misisipi; y la revuelta de los Sioux de 1862 en Minnesota.

Entre finales del s. XIX y principios del XX surgieron industrias que prosperaron rápidamente gracias a los recursos naturales como el carbón y el hierro, y a la facilidad del transporte lacustre. La oferta de trabajo provocó una gran afluencia de inmigrantes de Irlanda, Alemania, Escandinavia y el sur y este de Europa. En las décadas posteriores a la Guerra de Secesión, un gran número de afroamericanos del Sur se trasladaron a los centros urbanos de la región.

La zona prosperó durante la II Guerra Mundial y en la década de 1950, pero los 20 años siguientes se caracterizaron por la agitación social y el estancamiento económico. La industria manufacturera entró en decadencia y ciudades del cinturón industrial como Detroit y Cleveland sufrieron un alto índice de desempleo y la llamada "huida blanca" (desplazamiento de las familias blancas de clase media a los suburbios).

En las décadas de 1980 y 1990, las ciudades experimentaron una revitalización. La población de la región aumentó, sobre todo gracias a los nuevos inmigrantes llegados de Asia y México. El crecimiento en los sectores de la alta tecnología y los servicios equilibró la economía, aunque las empresas manufactureras como la del acero y la fabricación de automóviles siguieron teniendo un papel relevante, y cuando en el 2008 llegó la crisis económica, las ciudades de los Grandes Lagos fueron las primeras en notarla y las más perjudicadas.

ILLINOIS

Chicago domina el estado con sus rascacielos y sus extraordinarios museos, restaurantes y clubes musicales. Pero más allá está la ciudad natal de Hemingway con sus "prados anchos y mentalidades estrechas", templos dedicados al héroe local Abraham Lincoln y una retahíla de *corn dogs,* tartas y autocines de la Ruta 66. Pero Illinois también posee un pantano de cipreses y un yacimiento prehistórico Patrimonio Mundial.

ⓘ Información

Oficina de turismo de Illinois (www.enjoyillinois.com)

LOS GRANDES LAGOS EN...

Cinco días

Los dos primeros se dedican a **Chicago**. Al tercero se realiza el viaje de 1½ h a **Milwaukee** para conocer su cultura. Con el ferri se va a Míchigan para pasar el cuarto día en la playa de **Saugatuck**. Se regresa cerrando el círculo por las **dunas de Indiana** o el **territorio amish.**

10 días

Tras dos días en **Chicago**, el tercero se visita **Madison** y las curiosas atracciones de la zona. Los días cuatro y cinco se pasan en las **islas del Apóstol** para luego dirigirse a la Península Superior, visitar **Marquette** y **Pictured Rocks** unos días y después dedicarse a las **dunas Sleeping Bear** y las bodegas de **Traverse City.** Al regreso se para en **Saugatuck**, con sus galerías, playas y tartas.

Illinois Highway Conditions (www.gettinga roundillinois.com) Estado de las carreteras.

Illinois State Park Information (www.dnr. illinois.gov) La visita a los parques del estado es gratis. Los *campings* cuestan 6-35 US$; algunos aceptan reservas (www.reserveame rica.com; 5 US$).

Chicago

Amar Chicago es "como amar a una mujer con la nariz rota: aunque uno pueda encontrar mujeres más bellas, ninguna será tan auténtica". El escritor Nelson Algren lo resumió así en *La ciudad queda lejos*. Esta urbe de rascacielos tiene algo que enamora, aunque tal vez no sea durante los seis meses de invierno, cuando la "ciudad del viento" es azotada por los temporales de nieve. Sin embargo, al llegar el mes de mayo, cuando las temperaturas suben y todo el mundo asiste a festivales, estadios, playas lacustres y cervecerías... en Chicago se está como en el séptimo cielo (de hecho, reúne algunos de los edificios más altos del mundo).

Detrás de su imponente arquitectura, Chicago es una ciudad de barrios étnicos (mexicano, polaco, vietnamita...) que invitan a pasear, con clubes de *blues, jazz* y *rock* para cada día de la semana y un lugar para comer bien, donde hay colas tanto para un perrito caliente como para cenar en los mejores restaurantes del país; una urbe que asombrará al viajero con su genialidad culta y campechana.

Historia

A finales del s. XVII, los potawatomi dieron el nombre de "Checagou" (cebollas silvestres) a este entorno antaño pantanoso. Pero el momento clave para la nueva ciudad se produjo el 8 de octubre de 1871, cuando, según dicen, la vaca de la señora O'Leary dio una coz a la lámpara y originó el gran incendio de Chicago. Ardió todo el centro y 90 000 personas quedaron sin hogar.

Los responsables de urbanismo maldijeron el haber construido todas las casas de madera, así que la reconstruyeron con acero, dejando espacios para nuevas y llamativas construcciones, como el primer rascacielos del mundo, de 1885.

La banda de Al Capone operó más o menos durante la década de 1920 viciando el sistema político de la ciudad. El Gobierno local ha tenido problemas desde entonces y, en las últimas cuatro décadas, han ido a la cárcel 31 miembros del Ayuntamiento.

◉ Puntos de interés

Las principales atracciones se encuentran sobre todo en el centro o en sus proximidades, aunque visitar los barrios apartados, como Pilsen o Hyde Park, también puede ser gratificante.

◉ El Loop

El centro lleva el nombre de las vías de tren elevadas que cercan sus calles. Todo el día hay mucho movimiento, pero por la noche se

---

CHICAGO EN...

Dos días

El primero se realiza un **itinerario arquitectónico** para admirar los rascacielos y subir al más alto, la **torre Willis**. En **Millennium Park** se puede ver la ciudad reflejada en la *Alubia* y remojarse bajo las gárgolas humanas de la Crown Fountain. En **Giordano's** se comer una de las gruesas *pizzas* típicas.

El segundo día se dedica a la cultura, visitando el **Art Institute of Chicago** o el **Field Museum of Natural History.** Se puede disfrutar de una cena elegante en el **West Loop** o escuchar *blues* en el **Buddy Guy's Legends.**

Cuatro días

Tras los dos primeros, al tercero se impone remojar los pies en la **playa de North Avenue** del lago Michigan y pasear por el frondoso **Lincoln Park.** En temporada de béisbol, se puede ir al **Wrigley Field** (p. 536) a ver a los Cubs y, por la noche, a un espectáculo de humor en **Second City.**

El cuarto día se escoge un barrio: tiendas *vintage* y *rock and roll* en **Wicker Park,** murales y salsa mole en **Pilsen** (p. 533), pagodas y bocadillos vietnamitas en **Uptown,** o lugares relacionados con Obama y la **escultura 'Energía nuclear'** en Hyde Park.

DATOS DE ILLINOIS

Apodos Estado de la Pradera, Tierra de Lincoln

Población 12,9 millones

Superficie 149 960 km²

Capital Springfield (117 000 hab.)

Otras ciudades Chicago (2,7 millones hab.)

Impuesto sobre ventas 6,25 %

Hijos célebres Ernest Hemingway (1899-1961), Walt Disney (1901-1966), el músico de *jazz* Miles Davis (1926-1991) y el actor Bill Murray (1950)

Cuna de los campos de maíz y de la Ruta 66

Política Demócrata en Chicago, republicana en el sur

Famoso por sus rascacielos, los *corn dogs* y Abraham Lincoln

Aperitivo oficial Palomitas de maíz

Distancias De Chicago a Milwaukee, 148 km; y a Springfield, 322 km

queda bastante muerto, excepto Millennium Park y el Theater District, cerca del cruce de N State St con W Randolph St. Grant Park, donde se celebran los grandes eventos, como el Blues Fest o el Lollapalooza, forma una barrera verde entre los rascacielos y el lago Míchigan.

★ **Millennium Park** PARQUE
(plano p. 520; 312-742-1168; www.millenniumpark. org; 201 E Randolph St; 6.00-23.00; ; Brown, Orange, Green, Purple, Pink Line hasta Randolph) GRATIS La joya de la ciudad está llena de lugares de interés artístico gratuitos. Incluye el Pritzker Pavilion, el caparazón de tiras plateadas de Frank Gehry, que en verano acoge conciertos gratuitos cada noche (18.30; hay que llevar el pícnic y una botella de vino); Cloud Gate (o la *Alubia*), la escultura plateada de Anish Kapoor; y la Crown Fountain de Jaume Plensa, que en la práctica es un parque acuático con vídeos de caras que escupen agua cual gárgolas.

El McCormick Tribune Ice Rink se llena de patinadores en invierno y de gente que come al aire libre en verano. El recóndito Lurie Garden está lleno de flores silvestres y paz. El BP Bridge, diseñado por Gehry, atra-

viesa Columbus Dr y ofrece magníficas vistas del perfil urbano. Y el Nichols Bridgeway sube desde el parque hasta el jardín de esculturas del 3er piso del Art Institute (gratis).

También se puede asistir a las clases gratuitas de yoga y pilates los sábados por la mañana de verano en el Great Lawn. La Family Fun Tent ofrece actividades infantiles gratis todos los días de 10.00 a 14.00.

★ **Art Institute of Chicago** MUSEO
(plano p. 520; 312-443-3600; www.artic.edu; 111 S Michigan Ave; adultos/niños 25 US$/gratis; 10.30-17.00, hasta 20.00 ju; ; Brown, Orange, Green, Purple, Pink Line hasta Adams) La colección de pinturas impresionistas y posimpresionistas del segundo museo de arte más grande del país no tiene nada que envidiar a los museos franceses; el número de obras surrealistas también es tremendo. Se puede descargar una aplicación gratis para realizar 50 visitas diferentes, desde la que reúne las obras más destacadas (*American Gothic* de Grant Wood, *Noctámbulos* de Edward Hopper) hasta un recorrido por los desnudos.

Conviene dedicar 2 h a ver lo más destacado; los amantes del arte necesitarán más tiempo. La entrada principal está en Michigan Ave, pero también se puede acceder por la deslumbrante Modern Wing de Monroe St.

★ **Torre Willis** TORRE
(plano p. 520; 312-875-9696; www.theskydeck. com; 233 S Wacker Dr; adultos/niños 19,50/12,50 US$; 9.00-22.00 abr-sep, 10.00-20.00 oct-mar; Brown, Orange, Purple, Pink Line hasta Quincy) El edificio más alto de Chicago se llamó torre Sears hasta que la empresa de seguros Willis Group Holdings compró los derechos del nombre en el 2009. Hoy se puede subir al Skydeck del piso 103, a 412 m de altura, en 70 segundos con el ascensor. El mirador está provisto de unas tribunas con suelo de cristal que sobresalen del edificio y ofrecen una espeluznante visión en picado. Se entra por Jackson Blvd.

Los días de mayor afluencia hay colas de hasta 1 h (sobre todo en verano de 11.00 a 16.00 vi-do).

Chicago Cultural Center EDIFICIO
(plano p. 520; 312-744-6630; www.chicagocultu ralcenter.org; 78 E Washington St; 9.00-19.00 lu-ju, hasta 18.00 vi y sa, 10.00-18.00 do; Brown, Orange, Green, Purple, Pink Line hasta Randolph) GRATIS Este edificio que ocupa toda una manzana ofrece exposiciones de arte y cine extranjero, así como conciertos de *jazz*, música clásica y

ARQUITECTURA FAMOSA DEL LOOP

Desde que presentó al mundo el primer rascacielos, Chicago está en la vanguardia del diseño arquitectónico. El Loop invita a pasear y admirar estas ambiciosas construcciones.

La **Chicago Architecture Foundation** (p. 527) ofrece visitas guiadas a los siguientes edificios, entre otros:

Chicago Board of Trade (plano p. 520; 141 W Jackson Blvd; ⓜBrown, Orange, Purple, Pink Line hasta LaSalle) Dentro de esta joya *art déco* de 1930, los frenéticos corredores intercambian futuros y opciones. El exterior está rematado por una gran estatua de Ceres, diosa de la agricultura.

Rookery (plano p. 520; www.flwright.org; 209 S LaSalle St; ⏰9.30-17.30 lu-vi; ⓜBrown, Orange, Purple, Pink Line hasta Quincy) Este edificio de 1888 parece una fortaleza, pero por dentro es amplio y luminoso gracias a la modernización del atrio, obra de Frank Lloyd Wright (7-12 US$, visita guiada 12.00 laborables).

Edificio Monadnock (plano p. 520; www.monadnockbuilding.com; 53 W Jackson Blvd; ⓜBlue Line hasta Jackson) Abruma este doble edificio: la mitad norte es la más antigua, un diseño tradicional de 1891, mientras que la sur es posterior, de 1893. Sigue cumpliendo su función inicial de albergar oficinas.

electrónica (12.15 lu-vi). También posee la mayor cúpula de vidrieras de Tiffany del mundo y el principal centro de visitantes de Chicago. Hay visitas gratis los miércoles, viernes y sábados a las 13.15; salen del vestíbulo de Randolph St.

Maggie Daley Park   PARQUE

(plano p. 520; www.maggiedaleypark.com; 337 E Randolph St; ⏰6.00-23.00; ▣; ⓜBrown, Orange, Green, Purple, Pink Line hasta Randolph) GRATIS Las familias adoran los imaginativos juegos infantiles gratuitos de este parque, con barcos piratas y bosques encantados. También hay numerosas mesas de pícnic, un muro de escalada y una pista de minigolf de 18 hoyos, que en invierno se convierte en una pista de patinaje sobre hielo; para estas atracciones se paga entrada. Conecta con Millennium Park por el puente peatonal BP.

Fuente Buckingham   FUENTE

(plano p. 520; 301 S Columbus Dr; ⓜRed Line hasta Harrison) La atracción de Grant Park es una de las fuentes más grandes del mundo, con 5,7 millones de litros de capacidad y un chorro de 15 pisos. El espectáculo de agua tiene lugar a las horas en punto de 9.00 a 23.00 de mediados de abril a mediados de octubre, y por la noche se acompaña de música y luces.

Route 66 Sign   ENCLAVE HISTÓRICO

(plano p. 520; E Adams St entre S Michigan y Wabash Aves; ⓜBrown, Orange, Green, Purple, Pink Line hasta Adams) Aquí se inicia la Ruta 66 o Mother Road (Carretera Madre). La señal se encuen-

tra en el lado sur de Adams St, entre Michigan Ave y Wabash Ave.

◉ South Loop

Incluye la zona sur del centro y Grant Park, y está muy concurrido con el Museum Campus a orillas del lago y las flamantes torres residenciales.

⭐ **Field Museum of Natural History**   MUSEO

(plano p. 520; ☎312-922-9410; www.fieldmuseum.org; 1400 S Lake Shore Dr; adultos/niños 18/13 US$; ⏰9.00-17.00; ▣; ▣146, 130) Este gigantesco museo exhibe de todo menos el fregadero de la cocina: escarabajos, momias, piedras preciosas, el gorila Bushman disecado... Pero la estrella de la colección es Sue, la mayor *Tyrannosaurus rex* descubierta hasta el momento, que incluso cuenta con su propia tienda de regalos. Las actividades especiales, como la película 3D, se cobran a parte.

⭐ **Shedd Aquarium**   ACUARIO

(plano p. 520; ☎312-939-2438; www.sheddaquarium.org; 1200 S Lake Shore Dr; adultos/niños 31/22 US$; ⏰9.00-17.00 lu-vi, hasta 18.00 sa y do sep-may, hasta 18.00 diario jun-ago; ▣; ▣146, 130) Las principales atracciones de este acuario lleno de niños son Wild Reef, donde una lámina de plexiglás de solo 12 cm separa a los espectadores de una docena de feroces tiburones, y el Oceanarium y sus nutrias marinas rescatadas, que también acoge ballenas beluga y delfines de flanco blanco del Pacífico, una práctica cada vez más controvertida.

★ **Adler Planetarium** MUSEO

(plano p. 520; ☎312-922-7827; www.adlerplaneta rium.org; 1300 S Lake Shore Dr; adultos/niños 12/8 US$; ⏱9.30-16.00 lu-vi, hasta 16.30 sa y do; ♿; 🚌146, 130) Los entusiastas del espacio vivirán el Big Bang en este planetario con telescopios para mirar las estrellas, conferencias en 3D sobre las supernovas y la exposición *Planet Explorers,* donde los niños pueden 'lanzar' un cohete. Hay cine digital envolvente (13 US$). Las escaleras delanteras son un excelente mirador para contemplar el perfil urbano.

Northerly Island PARQUE

(plano p. 520; 1400 S Lynn White Dr; 🚌146 o 130) Este parque posee prados de hierba, senderos, zonas para pescar y observar aves y un escenario al aire libre donde actúan músicos de renombre (también se oyen desde 12th Street Beach).

Museum of Contemporary Photography MUSEO

(plano p. 520; ☎312-663-5554; www.mocp.org; 600 S Michigan Ave, Columbia College; ⏱10.00-17.00 lu-mi, vi y sa, hasta 20.00 ju, 12.00-17.00 do; ⓜRed Line hasta Harrison) GRATIS Este pequeño museo ofrece exposiciones interesantes.

◎ Near North

Si en el Loop se amasan las fortunas de Chicago, en Near North se gastan en sus muchas tiendas, restaurantes y locales de ocio.

★ **Navy Pier** PASEO DEL LAGO

(plano p. 520; ☎312-595-7437; www.navypier.com; 600 E Grand Ave; ⏱10.00-22.00 do-ju, hasta 24.00 vi y sa jun-ago, 10.00-20.00 do-ju, hasta 22.00 vi y sa sep-may; ♿; ⓜRed Line hasta Grand, más tranvía) GRATIS Lo más visitado de Chicago es este paseo de 800 m con una noria de 60 m y otras atracciones de feria (6-8 US$ cada una), un cine IMAX, una cervecería y efectistas cadenas de restaurantes. Los vecinos se quejan de que es demasiado comercial, pero su situación frente al lago, con vistas y brisas, es inmejorable. Los miércoles (21.30) y sábados (22.15) de verano hay fuegos artificiales.

En el muelle también se encuentra el Chicago Children's Museum (p. 528) y varias empresas de cruceros. Se recomienda el ameno paseo en taxi acuático hasta el Museum Campus (adultos/niños 8/4 US$). En el 2017 se prevé inaugurar una pista de patinaje y otros entretenimientos.

Magnificent Mile CALLE

(plano p. 520; www.themagnificentmile.com; N Michigan Ave; ⓜRed Line hasta Grand) La Mag Mile, que discurre por Michigan Ave entre el río y Oak St, es el promocionado centro comercial de lujo, donde Bloomingdales, Neiman's y Saks se ocupan de aligerar billeteras.

Torre Tribune ARQUITECTURA

(plano p. 520; 435 N Michigan Ave; ⓜRed Line hasta Grand) Al pasar junto a esta torre gótica hay que fijarse en los trozos del Taj Mahal, el Partenón y otros monumentos famosos incrustados en la parte baja de los muros.

Edificio Wrigley ARQUITECTURA

(plano p. 520; 400 N Michigan Ave; ⓜRed Line hasta Grand) Construido por el famoso fabricante de chicles, su exterior blanco brilla tanto como los dientes de las gemelas del Doublemint.

◎ Gold Coast

Ha sido el barrio residencial de los millonarios durante más de 125 años.

★ **360° Chicago** MIRADOR

(plano p. 520; ☎888-875-8439; www.360chicago. com; 875 N Michigan Ave; adultos/niños 19/13 US$; ⏱9.00-23.00; ⓜRed Line hasta Chicago) El antiguo John Hancock Center Observatory ofrece vistas que superan en muchos sentidos a las de la torre Willis. El mirador del piso 94 posee paneles informativos y la función TILT (una especie de tribuna que se inclina hacia el exterior para ofrecer una mejor vista del suelo; cuesta 7 US$). Quien no se interese por estas frivolidades, es mejor que vaya directo al Signature Lounge del piso 96, donde las vistas son gratis con la bebida (8-16 US$).

Museum of Contemporary Art MUSEO

(MCA; plano p. 520; ☎312-280-2660; www.mcachicago.org; 220 E Chicago Ave; adultos/estudiantes 12/7 US$; ⏱10.00-20.00 ma, hasta 17.00 mi-do; ⓜRed Line hasta Chicago) Este hermano rebelde del Art Institute contiene colecciones relevantes de fotografía minimalista, surrealista y conceptual. Las exposiciones cambian regularmente.

Original Playboy Mansion EDIFICIO

(1340 N State Pkwy; ⓜRed Line hasta Clark/Division) Aquí fue donde Hugh Hefner se acostumbró a no quitarse el pijama en todo el día, pues la producción de la revista y las juergas continuas le impedían vestirse. Hoy el edificio es un bloque de pisos, pero si se visita se podrá decir que se ha estado en la mansión Playboy. Una manzana al este, en Astor St, pueden

Centro de Chicago

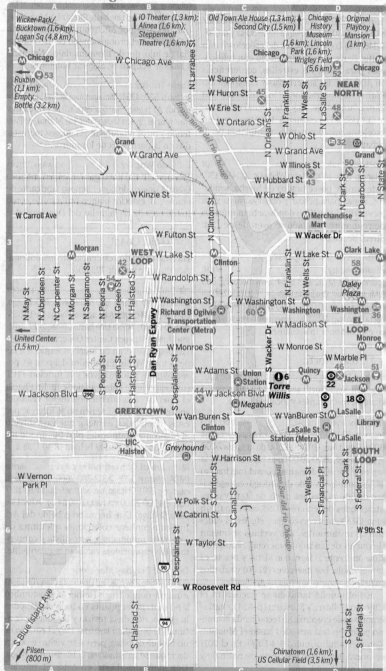

Wicker Park/
Bucktown (1,6 km);
Logan Sq (4,8 km)

Chicago

Ruxbin
(1,1 km);
Empty
Bottle (3,2 km)

53

W Chicago Ave

iO Theater (1,3 km);
Alinea (1,6 km);
Steppenwolf
Theatre (1,6 km)

Old Town Ale House (1,3 km);
Second City (1,5 km)

Chicago

Chicago
History
Museum
(1,6 km); Lincoln
Park (1,6 km);
Wrigley Field
(5,6 km)

Original
Playboy
Mansion
(1 km)

Chicago

W Superior St

W Huron St   45

W Erie St

W Ontario St

NEAR
NORTH

48

Grand

W Grand Ave

W Illinois St

W Hubbard St   43

W Kinzie St

Grand

W Ohio St

W Grand Ave

32

50

Grand

N Franklin St
N Wells St
N LaSalle St

N Clark St
N Dearborn St

N State St

N Orleans St

N Larrabee St

Bruzo norte del río Chicago

W Carroll Ave

W Kinzie St

W Fulton St

Merchandise
Mart

W Wacker Dr

Morgan

W Lake St

42

54

WEST
LOOP

Clinton

W Randolph St

W Washington St

Richard B Ogilvie
Transportation
Center (Metra)

W Lake St

Clark Lake

58

Daley
Plaza

W Washington St   60   Washington   Washington   36

EL
LOOP

N May St
N Aberdeen St
N Carpenter St
N Morgan St
N Sangamon St
N Peoria St
N Green St
N Halsted St

N Clinton St

N Franklin St
N Wells St

United Center
(1,5 km)

W Madison St

Dan Ryan Expwy

W Monroe St

W Monroe St   Monroe

S Peoria St
S Green St
S Halsted St

S Desplaines St

W Adams St

W Jackson Blvd   290

GREEKTOWN

44   W Jackson Blvd

UIC
Halsted

Clinton

Greyhound

Union
Station

S Wacker Dr

W Marble Pl

46   51

Quincy

6   Quincy

Torre
Willis   22   Jackson

9   18

Megabus

W Van Buren St   W VanBuren St   LaSalle

LaSalle St
Station (Metra)   LaSalle

W Harrison St

SOUTH
LOOP

Library

S Wells St
S Financial Pl
S Clark St
S Federal St

W Vernon
Park Pl

Bruzo Sur del río Chicago

W Polk St

W Cabrini St

W Taylor St

S Clinton St
S Canal St

W 9th St

90

S Blue Island Ave

S Halsted St

94

W Roosevelt Rd

S Clark St
S Federal St

Pilsen
(800 m)

Chinatown (1,6 km);
US Cellular Field (3,5 km)

Centro de Chicago

admirarse otras casas señoriales entre los edificios 1300 y 1500.

Torre Water PUNTO DE INTERÉS
(plano p. 520; 108 N Michigan Ave; ⓂRed Line hasta Chicago) Esta torre de 47 m con torrecillas es un símbolo de la ciudad, pues fue la única construcción que sobrevivió al gran incendio de 1871.

◉ Lincoln Park y casco antiguo

Lincoln Park abarca el mayor espacio verde de Chicago, un oasis urbano de 485 Ha a la orilla del lago, y el barrio colindante. Ambos tienen animación de día y de noche, con gente que corre, pasea perros, empuja cochecitos y da vueltas con el coche buscando un sitio donde aparcar.

El casco antiguo linda con el parque por el suroeste. El cruce de North Ave con Wells St es su epicentro, del que parten bares atrevidos, restaurantes y también el teatro cómico Second City.

Lincoln Park Zoo ZOOLÓGICO
(☏312-742-2000; www.lpzoo.org; 2200 N Cannon Dr; ⊙10.00-16.30 nov-mar, hasta 17.00 abr-oct, hasta

TRAS LOS PASOS DE LOS GÁNSTERES

Chicago prefiere no hablar de su pasado mafioso. No existen folletos ni exposiciones sobre el tema, de modo que hay que aguzar la imaginación al visitar los lugares siguientes:

Lugar de la masacre del Día de San Valentín (2122 N Clark St; 22) Donde los matones de Al Capone, disfrazados de policías, acribillaron a siete miembros de la banda de Bugs Moran frente a la pared de un garaje (demolido en 1967). Hoy es el aparcamiento de un asilo.

Biograph Theater (2433 N Lincoln Ave; Brown, Purple, Red Line hasta Fullerton) Es el teatro donde, en 1934, la "dama de rojo" traicionó al enemigo público número uno, John Dillinger, que fue abatido a tiros por el FBI en el callejón contiguo.

Catedral de Holy Name (plano p. 520; www.holynamecathedral.org; 735 N State St; Red Line hasta Chicago) Cerca hubo dos asesinatos. En 1924, el jefe de la banda del norte, Dion O'Banion, fue tiroteado en su floristería (738 N State St) por haber enojado a Al Capone. Su sustituto, Hymie Weiss, no corrió mejor suerte: en 1926, cuando iba a la iglesia, le dispararon desde una ventana del 740 N State St.

Green Mill (p. 535) El bar clandestino del sótano de este glamuroso bar de *jazz* era uno de los locales preferidos de Al Capone.

18.30 sa y do jun-ago; ; 151) GRATIS Este zoo próximo al centro urbano es un lugar predilecto de las familias, lleno de gorilas, leones, tigres, macacos japoneses y otros animales exóticos. Lo más visitado son el Regenstein African Journey, la Ape House y el Nature Boardwalk.

Lincoln Park Conservatory   JARDINES
(312-742-7736; www.lincolnparkconservancy.org; 2391 N Stockton Dr; 9.00-17.00; 151) GRATIS Cerca de la entrada norte del zoo, este magnífico invernadero de 1891 cobija palmeras, helechos y orquídeas. En invierno es un lugar agradable a 24°C donde refugiarse del gélido viento.

Chicago History Museum   MUSEO
(312-642-4600; www.chicagohistory.org; 1601 N Clark St; adultos/niños 14 US$/gratis; 9.30-16.30 lu-sa, 12.00-17.00 do; ; 22) Las exposiciones multimedia abarcan desde el gran incendio hasta la Convención Nacional Demócrata de 1968. También se muestra el lecho de muerte de Lincoln. En la zona infantil, chicos y grandes pueden convertirse en un perrito caliente cubierto de condimentos (y hacerse una foto).

Lake View y Wrigleyville

Estos barrios al norte de Lincoln Park se pueden visitar dando un paseo por Halsted St, Clark St, Belmont Ave y Southport Ave, donde no faltan restaurantes, bares y tiendas. El único punto interesante es **Wrigley Field** (www.cubs.com; 1060 W Addison St; Red Line hasta Addison), cubierto de hiedra, que lleva el nombre del fabricante de chicles y es la sede de los queridos y desafortunados Chicago Cubs. Las visitas a este emblemático campo centenario duran 90 min (25 US$); los aledaños se están remodelando con instalaciones para los visitantes.

Andersonville y Uptown

Estos barrios del norte son ideales para dar un agradable paseo. Andersonville es un

---

DE PRIMERA MANO

LA 606

Nueva York tiene la High Line, y Chicago, **la 606** (www.the606.org; 6.00-23.00; Blue Line hasta Damen). Unas antiguas vías de tren en estado ruinoso se convirtieron en el 2015 en una moderna vía urbana elevada de 4,5 km entre Wicker Park y Logan Square. Se puede recorrer a pie, corriendo o en bicicleta, y por el camino se ven fábricas, chimeneas, trenes EL y patios traseros. Es un fascinante recorrido por los estratos socioeconómicos de la ciudad: adinerado al este, más industrial e inmigrante al oeste. Discurre en paralelo a Bloomingdale Ave y hay accesos cada 400 m. La entrada de Churchill Park (1825 N Damen Ave) es un buen sitio para empezar. Por cierto, el código postal de todos los barrios de la ciudad empieza por 606.

antiguo enclave sueco alrededor de Clark St, donde los establecimientos anticuados con un aire europeo se mezclan con nuevos restaurantes *gourmet, boutiques* originales, tiendas *vintage* y bares de ambiente. Hay que tomar la línea roja de la CTA hasta Berwyn y andar seis manzanas al oeste.

Al sur, no muy lejos está Uptown, totalmente distinto. Con la línea roja hasta Argyle se llega al centro de Little Saigon y sus tiendas de *pho*.

Wicker Park, Bucktown y Ukrainian Village

Estos tres barrios al oeste de Lincoln Park, que antaño cobijaron a inmigrantes centroeuropeos de clase obrera y escritores bohemios, hoy son un suelo urbano muy codiciado. En ellos han surgido *boutiques* de moda, tiendas de segunda mano y de discos, y coctelerías, sobre todo cerca del cruce de las avenidas Milwaukee y N Damen. Division St también es ideal para pasear; solían llamarla el "Broadway polaco" por los numerosos bares de polca que reunía, pero hoy todo son cafés y tiendas de manualidades. No hay muchos lugares de interés, exceptuando la **Nelson Algren's House** (1958 W Evergreen Ave; ⓂBlue Line hasta Damen), donde el novelista escribió varias de sus obras ambientadas en Chicago, pero es una residencia privada y no se puede visitar.

Logan Square y Humboldt Park

Cuando los artistas y los *hipsters* tuvieron que abandonar Wicker Park por la subida de precios, se instalaron en las barriadas latinas de Logan Sq y Humboldt Park, al oeste, que hoy reúnen pequeños y modernos restaurantes, cervecerías artesanas y clubes musicales. Hay que tomar la línea azul de CTA hasta Logan Sq o California.

Near West Side y Pilsen

Al oeste del Loop se encuentra **West Loop**, un barrio que recuerda al Meatpacking District de Nueva York, con restaurantes chic, discotecas y galerías entre plantas procesadoras de carne. Sus vías principales son W Randolph St y W Fulton Market. El contiguo **Greektown** se concentra en un tramo de S Halsted St cercano a W Jackson Blvd. En Taxi se puede llegar fácilmente a estas zonas, unos 2 km al oeste del Loop.

Al suroeste se halla el enclave de Pilsen, una festiva reunión de galerías, panaderías mexicanas, cafeterías *hipster* y edificios con murales. La línea rosa de CTA hasta 18th St deja en el centro del barrio.

National Museum of Mexican Art MUSEO (☏312-738-1503; www.nationalmuseumofmexicanart.org; 1852 W 19th St; ⊙10.00-17.00 ma-do; ⓂPink Line hasta 18th St) GRATIS Es la mayor institución de arte latinoamericano de EE UU. Su impactante colección permanente incluye pinturas clásicas, altares de oro, esqueletos tradicionales y vistosa bisutería.

Chinatown

El pequeño pero bullicioso barrio chino de Chicago está a solo 10 min en tren del Loop. Hay que tomar la línea roja hasta Cermak-Chinatown, situada entre ambas partes del barrio: Chinatown Sq, un enorme centro comercial en dos niveles que se despliega al norte por Archer Ave; y Old Chinatown, la zona tradicional de tiendas, que se prolonga por Wentworth Ave hacia el sur. En ambas hay panaderías, locales de fideos y tiendas de artículos exóticos.

Hyde Park y South Side

El término "South Side" engloba un sinfín de barrios de Chicago, entre ellos algunos de los más pobres, al sur de 25th St. Hyde Park y el barrio contiguo de Kenwood son las estrellas del South Side, catapultadas a la fama por el ídolo local Barack Obama. Se puede llegar con los trenes de Metra Electric Line desde Millennium Station, en el centro, o con el autobús nº 6 desde State St, en el Loop. Hay varios circuitos guiados en bicicleta que pasan por los lugares de interés.

Universidad de Chicago UNIVERSIDAD (www.uchicago.edu; 5801 S Ellis Ave; ☐6, ⓂMetra hasta 55th-56th-57th) Vale la pena dar un paseo por el campus para ver su magnífica arquitectura gótica y sus museos gratuitos de antigüedades y arte. Aquí empezó la era nuclear el 2 de diciembre de 1942, cuando Enrico Fermi y sus colegas del Manhattan Project construyeron un reactor y llevaron a cabo la primera reacción atómica controlada del mundo. La **escultura 'Energía nuclear'** (S Ellis Ave entre E 56th y E 57th St), de Henry Moore, señala el punto donde se produjo la reacción.

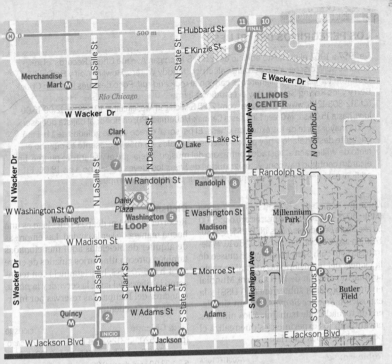

Circuito a pie
El Loop

INICIO CHICAGO BOARD OF TRADE
FINAL BILLY GOAT TAVERN
DISTANCIA 4,8 KM; 2 H APROX.

Este recorrido pone de relieve el arte y la arquitectura de Chicago, sin olvidar al dentista de Al Capone.

La ruta empieza en el ❶ **Chicago Board of Trade** (p. 518), donde mucha gente vestida en tecnicolor juega con los cereales (o similar), en un magnífico edificio *art déco*. De allí se pasa al cercano ❷ **Rookery** (p. 518) para ver el atrio de Frank Lloyd Wright.

Siguiendo al este por Adams St se llega al ❸ **Art Institute** (p. 516), uno de los lugares más visitados de la ciudad para fotografiarse con los leones. Unas manzanas al norte está el vanguardista ❹ **Millennium Park** (p. 516).

Hay que dirigirse al oeste por Washington St hasta el ❺ **Hotel Burnham** (p. 529), que ocupa el antiguo edificio Reliance, precursor de los modernos rascacielos; el dentista de Al Capone pasaba consulta en la actual habitación nº 809. Al oeste, la escultura abstracta ❻ **'Sin título'**, de Picasso, decora Daley Plaza: ¿un babuino, un perro o una mujer? Hacia el norte por Clark St se llega al ❼ **monumento a la 'Bestia rampante'**, de Jean Dubuffet, otra escultura intrigante.

Enfilando al este por Randolph St se atraviesa el Theater District. Se puede entrar en el ❽ **Chicago Cultural Center** (p. 516) para contemplar sus exposiciones de arte y conciertos gratuitos. La ruta sigue al norte por Michigan Ave y cruza el río Chicago. Al norte del puente se pasa por delante del blanco ❾ **edificio Wrigley** (p. 519) y, a unos pasos, la admirable ❿ **torre Tribune** (p. 519), de estilo neogótico.

Se termina en la ⓫ **Billy Goat Tavern** (p. 531), un añejo local que dio lugar a la maldición de los Cubs cuando el dueño del bar, Billy Sianis, intentó entrar en el Wrigley Field con su cabra. Al no dejarle pasar con el maloliente animal, lanzó una poderosa maldición sobre el equipo de béisbol, que desde entonces apenas levanta cabeza.

LOS PEREGRINOS DEL 'BLUES'

De 1957 a 1967, el modesto edificio del 2120 S Michigan Ave fue Chess Records, el influyente sello discográfico del *blues* eléctrico. Muddy Waters, Howlin' Wolf y Bo Diddley grabaron temas aquí y allanaron el camino al *rock and roll*. Poco después llegaron Chuck Berry y los Rolling Stones. Hoy el estudio se llama **Willie Dixon's Blues Heaven** (☎312-808-1286; www.bluesheaven.com; 2120 S Michigan Ave; circuitos 10 US$; ☉12.00-16.00 lu-vi, hasta 15.00 sa; ⓜGreen Line hasta Cermak-McCormick Pl), en honor al bajista que escribió la mayor parte de los éxitos de Chess. El personal ofrece visitas guiadas de 1 h. Está bastante destartalado y hay pocos objetos originales. Lo más interesante es cuando el nieto de Willie saca el gastado contrabajo del músico y deja que el visitante lo puntee. En el jardín contiguo hay conciertos gratuitos de *blues* los jueves de verano a las 18.00. El edificio está cerca de Chinatown, 1,5 km al sur del Museum Campus.

Museum of Science & Industry MUSEO
(MSI; ☎773-684-1414; www.msichicago.org; 5700 S Lake Shore Dr; adultos/niños 18/11 US$; ☉9.30-17.30 jun-ago, reducido sep-may; ⓟ; ⓠ6 o 10, ⓜMetra hasta 55th-56th-57th) En el mayor museo de la ciencia del hemisferio occidental se ve un submarino alemán de la II Guerra Mundial en una exposición subterránea (9 US$) y la exposición *Science Storms,* con un simulacro de tornado y de tsunami. A los niños les encantarán los experimentos que realiza el personal en varias galerías.

Robie House ARQUITECTURA
(☎312-994-4000; www.flwright.org; 5757 S Woodlawn Ave; adultos/niños 17/14 US$; ☉10.30-15.00 ju-lu; ⓠ6. ⓜMetra hasta 55th-56th-57th) De los numerosos edificios que Frank Lloyd Wright diseñó en Chicago, ninguno ha tenido más fama o influencia que la casa Robie. La semejanza de sus líneas horizontales con el paisaje llano del Medio Oeste dio nombre al estilo pradera. Dentro hay 174 ventanas y puertas con vitrales, que pueden verse en las visitas de 1 h (horario según temporada).

Casa de Obama EDIFICIO
(5046 S Greenwood Ave) Las estrictas medidas de seguridad hacen que no sea posible acercarse a la casa del presidente, pero sí quedarse al otro lado de las vallas en Hyde Park Blvd e intentar entrever la mansión de estilo georgiano y ladrillo rojo.

🏃 Actividades

En los 580 parques de Chicago hay campos de golf, pistas de patinaje, piscinas y otras instalaciones públicas. Las actividades son gratis o muy económicas, y el equipo necesario normalmente se puede alquilar. **Chicago Park District** (www.chicagoparkdistrict.com) se ocupa de su gestión.

Ciclismo

Recorrer los 29 km del paseo del lago es una buena manera de ver la ciudad. Las empresas de alquiler de bicicletas aquí mencionadas también ofrecen itinerarios guiados de entre 2 y 4 h (35-70 US$, bicicleta incl.) con temas como la ribera del lago, la cerveza y la *pizza,* o lugares del hampa. Las reservas por internet tienen descuento.

Bike Chicago CICLISMO
(plano p. 520; ☎312-729-1000; www.bikechicago.com; 239 E Randolph St; 1/4 h desde 9/30 US$; ☉6.30-22.00 lu-vi, desde 8.00 sa y do jun-ago, reducido sep-may; ⓜBrown, Orange, Green, Purple, Pink Line hasta Randolph) La sede principal, abierta todo el año, está en Millennium Park. Tiene sucursales en Navy Pier y Riverwalk.

Bobby's Bike Hike CICLISMO
(plano p. 520; ☎312-245-9300; www.bobbysbikehike.com; 540 N Lake Shore Dr; 2/4 h desde 20/25 US$; ☉8.30-20.00 lu-vi, desde 8.00 sa y do jun-ago, 9.00-19.00 sep-nov y mar-may; ⓜRed Line hasta Grand) Los ciclistas hablan muy bien de esta empresa; se entra por el acceso de vehículos del edificio.

Deportes acuáticos

No se debe ignorar que Chicago es una población de playa, gracias al inmenso lago Míchigan que la baña. Hay 26 tramos oficiales, vigilados por socorristas en verano. Mucha gente se baña, aunque el agua está muy fría. Antes de escoger la playa conviene consultar la calidad del agua en www.cpdbeaches.com.

Playa de North Avenue PLAYA
(www.cpdbeaches.com; 1600 N Lake Shore Dr; ⓟ; ⓠ151) La playa más conocida y con una mayor oferta de actividades recuerda al sur de California. Se pueden alquilar kayaks, motos

acuáticas, tablas de surf de remo (SUP) y tumbonas, o comer y beber en el chiringuito-discoteca. Está 3,2 km al norte del Loop.

Playa de Oak Street   PLAYA
(www.cpdbeaches.com; 1000 N Lake Shore Dr; MRed Line hasta Chicago) Está junto al centro y llena de cuerpos estupendos.

Playa de 12th Street   PLAYA
(plano p. 520; www.cpdbeaches.com; 1200 S Linn White Dr; 146, 130) Es una cala solitaria a la que se llega por un camino desde el Adler Planetarium.

Circuitos

Muchas empresas ofrecen descuentos si se reserva por internet. Las actividades al aire libre funcionan de abril a noviembre, salvo las excepciones indicadas.

Chicago Architecture
Foundation   PASEO EN BARCO
(CAF; plano p. 520; 312-922-3432; www.architecture.org; 224 S Michigan Ave; circuitos 15-50 US$; MBrown, Orange, Green, Purple, Pink Line hasta Adams) Las excursiones en barco (40 US$) zarpan del muelle fluvial de Michigan Ave. Los itinerarios a pie guiados sobre la evolución del rascacielos (20 US$) salen de la sede de Michigan Ave. Los laborables al mediodía hay visitas guiadas (15 US$) a un edificio emblemático. Los billetes se pueden sacar por internet o en la CAF.

Chicago by Foot   CIRCUITOS A PIE
(www.freetoursbyfoot.com/chicago) Los guías ofrecen interesantes anécdotas y detalles históricos en diferentes recorridos a pie por el Loop, Gold Coast o Lincoln Park y sobre los gánsteres, entre muchos otros. Se paga la voluntad, pero la mayoría deja unos 10 US$/persona.

Chicago Detours   CIRCUITOS A PIE Y EN AUTOBÚS
(312-350-1131; www.chicagodetours.com; circuitos desde 26 US$) Ofrece visitas llenas de detalles fascinantes por la arquitectura, la historia y la cultura de Chicago, como la solicitada ruta por *pubs* históricos. Muchas son a pie y algunas en autobús.

InstaGreeter   CIRCUITOS A PIE
(www.chicagogreeter.com/instagreeter; 77 E Randolph St; 10.00-15.00 vi y sa, 11.00-14.00 do; MBrown, Orange, Green, Purple, Pink Line hasta Randolph) GRATIS Hace recorridos a pie de 1 h por el Loop; salen del centro de visitantes del Chicago Cultural Center (sin reserva previa).

En verano, las visitas gratuitas a Millennium Park salen diariamente a las 11.30 y 13.00.

Chicago History Museum   CIRCUITOS GUIADOS
(312-642-4600; www.chicagohistory.org; circuitos 20-55 US$) La excelente y abundante oferta de este museo incluye circuitos en el EL (metro elevado), rutas ciclistas y paseos por el cementerio. Los puntos de salida y los horarios varían.

Chicago Food Planet Tours   CIRCUITOS A PIE
(312-818-2170; www.chicagofoodplanet.com; 3 h circuitos 45-55 US$) Estas rutas guiadas por Wicker Park, Gold Coast o Chinatown, incluyen paradas para comer en cinco o más restaurantes del barrio. Los puntos de salida y horarios varían.

Pilsen Mural Tours   CIRCUITOS A PIE
(773-342-4191; circuito 1½ h 125 US$/grupo) Unos artistas locales ejercen de guías en estas recomendables excursiones para conocer el arte tradicional de los murales; se contratan por teléfono.

Fiestas y celebraciones

Chicago tiene una agenda repleta de actos todo el año, pero los principales son en verano. Los eventos siguientes tienen lugar en el centro durante un fin de semana, si no se indica lo contrario.

St Patrick's Day Parade   CULTURA
(www.chicagostpatsparade.com; med mar) El sindicato local de fontaneros tiñe de verde el río Chicago y ofrece un gran desfile.

Blues Festival   MÚSICA
(www.chicagobluesfestival.us; med jun) Chicago se ha hecho famoso por acoger el mayor festival gratuito de *blues* del mundo durante tres días.

Taste of Chicago   COMIDA
(www.tasteofchicago.us; med jul) Una fiesta gratuita durante cinco días en Grant Park con grupos de música y mucha comida a base de tapas.

Pitchfork Music Festival   MÚSICA
(www.pitchforkmusicfestival.com; pase diario 65 US$; med jul) Grupos de música *indie* tocan durante tres días en Union Park.

Lollapalooza   MÚSICA
(www.lollapalooza.com; pase diario 110 US$; ppios ago) Cerca de 130 grupos actúan en los ocho escenarios de este macroconcierto de tres días en Grant Park.

CHICAGO PARA NIÑOS

Chicago es una ciudad ideal para los pequeños. Un buen recurso es *Chicago Parent* (www.chicagoparent.com). He aquí algunas propuestas:

Chicago Children's Museum (plano p. 520; ☑312-527-1000; www.chicagochildrensmuseum.org; 700 E Grand Ave; entrada 14 US$; ⊘10.00-17.00 lu-mi, hasta 20.00 ju, hasta 18.00 vi, hasta 19.00 sa y do; ; Red Line hasta Grand, más tranvía) En este parque educativo de Navy Pier los niños pueden trepar, excavar y salpicar; y después, recorrer el muelle y sus atracciones, como la noria y el carrusel.

Chicago Children's Theatre (☑773-227-0180; www.chicagochildrenstheatre.org) Es una de las mejores compañías infantiles del país. Actúa en varias salas.

American Girl Place (www.americangirl.com; 835 N Michigan Ave; ⊘10.00-20.00 lu-ju, 9.00-21.00 vi y sa, hasta 18.00 do; ; Red Line hasta Chicago) Las niñas pueden tomar té e ir a la peluquería con sus muñecas en este palacio infantil femenino de varias plantas.

Chic-A-Go-Go (www.facebook.com/chicagogo) Los peques pueden disfrutar bailando en una grabación de este programa infantil de la televisión por cable. Véanse fechas y localizaciones en la web.

Otras ofertas aptas para niños son:

Maggie Daley Park (p. 518)

Playa de North Avenue (p. 526)

Field Museum of Natural History (p. 518)

Shedd Aquarium (p. 518)

Lincoln Park Zoo (p. 522)

Museum of Science & Industry (p. 526)

Jazz Festival   MÚSICA
(www.chicagojazzfestival.us; ⊘ppios sep) Grandes figuras del *jazz* nacional protagonizan el fin de semana del Día del Trabajo.

🛏 Dónde dormir

El alojamiento en Chicago no es barato. En verano y cuando se celebran los grandes congresos, es difícil encontrar habitación, de modo que conviene planificarse con tiempo para evitar sorpresas. Los precios facilitados aquí son para la temporada alta de verano y no incluyen el impuesto del 16,4%.

Los hoteles del Loop quedan cerca del distrito financiero, los museos y recintos de festivales, pero al anochecer la zona queda muerta. El alojamiento en Near North y Gold Coast está más solicitado, dada su proximidad a restaurantes, tiendas y locales de ocio. Las habitaciones en Lincoln Park, Lake View y Wicker Park a menudo son más económicas que en el centro y están cerca de la animación nocturna. Airbnb también es un recurso muy utilizado: su oferta en la ciudad es abundante y a buen precio.

La wifi es gratis salvo excepciones. El precio del aparcamiento es elevado: 55-65 US$ por noche en el centro, y unos 25 US$ en los barrios periféricos.

🛏 El Loop y Near North

Freehand Chicago   ALBERGUE, HOTEL $
(plano p. 520; ☑312-940-3699; www.thefreehand.com/chicago; 19 E Ohio St; dc 35-70 US$, h 220-310 US$; ❄🐾🛜; Red Line hasta Grand) Pertenece a la moderna cadena de Miami y combina hotel y albergue. Las habitaciones son pequeñas pero elegantes, decoradas con madera, baldosas y telas centroamericanas. Los dormitorios tienen literas para ocho (bastante mejores que en muchos albergues, con cortinas separadoras). Tiene zonas comunes decoradas con tótems y alfombras, y el bar Broken Shaker.

HI-Chicago   ALBERGUE $
(plano p. 520; ☑312-360-0300; www.hichicago.org; 24 E Congress Pkwy; dc 35-55 US$; 🅿❄@🛜; Brown, Orange, Purple, Pink Line hasta Library) El albergue más veterano de Chicago está impecable, muy bien situado en el Loop, y ofrece extras como servicio de información, visitas guiadas por voluntarios, gratuitas lo mismo que el desayuno, y descuentos en museos y

espectáculos. Muchos de los sencillos dormitorios de 8-10 camas tienen baño.

★ **Acme Hotel** HOTEL-BOUTIQUE $$
(plano p. 520; ☎312-894-0800; www.acmehotelcompany.com; 15 E Ohio St; h 179-289 US$; P❋@❂❆; MRed Line hasta Grand) Los bohemios urbanos lo adoran por su estilo moderno e independiente a precios (normalmente) asequibles. Las 130 habitaciones combinan accesorios industriales con lámparas *retro*, muebles de mediados de siglo y arte moderno y original. Cuentan con wifi gratis, buenos altavoces, TV inteligente y conexiones sencillas para que el viajero pueda escuchar su música y ver sus películas. Las zonas comunes están decoradas con grafitos, neones y lámparas de lava.

Hampton Inn Chicago Downtown/N Loop HOTEL $$
(plano p. 520; ☎312-419-9014; www.hamptonchicago.com; 68 E Wacker Pl; h 200-280 US$; P❋❂; MBrown, Orange, Green, Purple, Pink Line hasta State/Lake) Inaugurado en la primavera del 2015, este singular hotel en el edificio modernista del Chicago Motor Club Building (1928) hace sentir al cliente como un trotamundos de antaño. En el vestíbulo hay un Ford antiguo y un mural del mapa de EE UU de la época. Las habitaciones con paneles de madera oscura consiguen equilibrar el aire *retro* y las comodidades modernas. Hay wifi gratis y desayuno caliente incluido.

Best Western River North HOTEL $$
(plano p. 520; ☎312-467-0800; www.rivernorthhotel.com; 125 W Ohio St; h 179-269 US$; P❋@❂❆; MRed Line hasta Grand) Este hotel es una buena apuesta en Near North: habitaciones bien cuidadas con escritorio y camas chapadas en mardera, un aparcamiento muy barato para la zona (25 US$/noche), una piscina interior y un solárium con vistas a la ciudad.

★ **Hotel Burnham** HOTEL-BOUTIQUE $$$
(plano p. 520; ☎312-782-1111; www.burnhamhotel.com; 1 W Washington St; h 239-389 US$; P❋@❂❆; MBlue Line hasta Washington) Los propietarios presumen de que el hotel posee la mayor tasa de clientes repetidores de todo Chicago: se halla en el histórico edificio Reliance de la década de 1890 (precedente del moderno rascacielos), su decoración ultraelegante asombra a los amantes de la arquitectura. Unos grandes ventanales y toques de arte excéntrico y luminoso alegran la decoración a base de madera. Todas las noches hay una hora feliz con vino gratis.

Virgin Hotel HOTEL $$$
(plano p. 520; ☎312-940-4400; www.virginhotels.com; 203 N Wabash Ave; h 230-300 US$; P❋@❂❆; MBrown, Orange, Green, Purple, Pink Line hasta State/Lake) El multimillonario Richard Branson transformó el Dearborn Bank, un edificio modernista de 27 pisos, en el primer establecimiento de esta nueva y atrevida cadena hotelera. Las habitaciones son espaciosas, de estilo suite, con wifi rápida gratis y minibar económico, más una cama que hace las veces de escritorio. Una aplicación controla el termostato, el TV y otros aparatos electrónicos. El hotel facilita tapones para los oídos, pues los trenes EL pasan cerca.

Lake View, Wicker Park y Bucktown

★ **Urban Holiday Lofts** ALBERGUE $
(☎312-532-6949; www.urbanholidaylofts.com; 2014 W Wabansia Ave; dc 30-55 US$; h desde 80 US$; ❋@❂; MBlue Line hasta Damen) Este antiguo bloque de pisos aloja a una clientela internacional en dormitorios (con 4-8 camas) y 25 habitaciones privadas con tienen paredes de ladrillo visto, suelos de maderas nobles, literas con ropa de cama tupida y desayuno incluido. Está cerca de la estación de trenes EL y en el meollo de la vida nocturna de Wicker Park.

Longman & Eagle HOSTAL $$
(☎773-276-7110; www.longmananddeagle.com; 2657 N Kedzie Ave; h 95-200 US$; ❋❂; MBlue Line hasta Logan Sq) Se recomienda ir al *gastropub* de la planta baja, premiado con una estrella Michelin, y luego subir a una de las seis elegantes habitaciones *vintage* de arriba, con suelos de madera. No están muy insonorizadas, pero después de cambiar las fichas de *whisky* en el bar, quizá no importe mucho. Está una manzana al norte de la parada del EL, en Kedzie Ave.

Wicker Park Inn B&B $$
(☎773-486-2743; www.wickerparkinn.com; 1329 N Wicker Park Ave; h 159-225 US$; ❋❂; MBlue Line hasta Damen) Esta casa adosada de ladrillo se encuentra a tan solo unos pasos del núcleo de restaurantes y locales nocturnos. Las soleadas habitaciones no son enormes, pero tienen suelos de madera buena y un pequeño espacio de escritorio. Al otro lado de la calle tienen dos apartamentos con cocina totalmente equipados. Está unos 800 m al sureste de la parada del EL.

CHICAGO DE AMBIENTE

Chicago posee una floreciente comunidad homosexual. *Windy City Times* (www.windci tymediagroup.com) proporciona toda la información al respecto.

La mayor concentración de bares y discotecas se da en Wrigleyville, en N Halsted St entre Belmont Ave y Grace St, una zona conocida como Boystown. Andersonville es el otro núcleo principal de la vida nocturna de GLBT, con un ambiente más tranquilo y no tan festivo. Se recomiendan:

Big Chicks (www.bigchicks.com; 5024 N Sheridan Rd; ⊙16.00-2.00 lu-vi, desde 9.00 sa, desde 10.00 do; 🛜; Ⓜ Red Line hasta Argyle) La clientela es tanto masculina como femenina. Hay exposiciones de arte, DJ el fin de semana y, al lado, el restaurante ecológico **Tweet** (www. tweet.biz; 5020 N Sheridan Rd; principales 8-14 US$; ⊙8.30-15.00; 🛜) 🍴, cuyo *brunch* del fin de semana tiene mucho éxito. Solo efectivo.

Sidetrack (www.sidetrackchicago.com; 3349 N Halsted St; ⊙15.00-2.00 lu-vi, desde 13.00 sa y do; Ⓜ Red, Brown, Purple Line hasta Belmont) Este enorme local que retumba con música de baile y musicales, es ideal para observar a la gente.

Hamburger Mary's (www.hamburgermarys.com/chicago; 5400 N Clark St; ⊙11.30-24.00 do-mi, hasta 1.30 ju y vi, hasta 2.30 sa; Ⓜ Red Line hasta Berwyn) Se pasan buenos ratos de cabaré y karaoke, con hamburguesas y un patio bañado en alcohol.

Chance's Dances (www.chancesdances.org) Organiza fiestas de baile gais en discotecas de toda la ciudad.

Pride Parade (http://chicagopride.gopride.com; ⊙fin jun) El desfile del orgullo en Boys-town congrega a 800 000 participantes.

Northalsted Market Days (www.northalsted.com; ⊙med ago) Otra celebración estruen-dosa en el calendario de Boystown, con una feria y vestimentas estrafalarias.

Willows Hotel   HOTEL-BOUTIQUE **$$**
(📞773-528-8400; www.willowshotelchicago.com; 555 W Surf St; h 159-265 US$; P ❄ 🛜; 🚌 22) Este hotel pequeño y elegante merece un premio de arquitectura. El vestíbulo es muy chic y acogedor, con sillones mullidos junto a una chimenea, y las 55 habitaciones evocan el aire rural de la Francia del s. XIX. Se incluye desayuno continental. Está una manzana al norte de la zona comercial, en la confluencia de las calles Broadway, Clark y Diversey.

Days Inn Lincoln Park North   HOTEL **$$**
(📞773-525-7010; www.daysinnchicago.net; 644 W Diversey Pkwy; h 130-195 US$; P ❄ @ 🛜; 🚌 22) Este cuidado establecimiento de una cadena hotelera en Lincoln Park es apreciado tanto por familias como por grupos de música *in-die* de gira en la ciudad. Proporciona un buen servicio y extras como el desayuno gratis y el acceso a un gimnasio vecino. Está en el transitado cruce de las calles Broadway, Clark y Diversey, cerca de los parques y las playas del lago, a 15 min en autobús del centro.

🍴 Dónde comer

En la última década, Chicago se ha converti-do en un paraíso gastronómico, pero incluso los restaurantes más de moda son asequibles, visionarios pero tradicionales, con alma de bar y precios aceptables. También se puede probar una gran variedad de cocinas exóticas, sobre todo en barrios como Pilsen o Uptown.

El **LTH Forum** (www.lthforum.com) es un ex-celente recurso para escoger mejor.

🍴 El Loop

La mayor parte de los restaurantes del Loop se orientan a los oficinistas que van a almorzar.

Cafecito   CUBANA **$**
(plano p. 520; 📞312-922-2233; www.cafecitochica-go.com; 26 E Congress Pkwy; principales 6-10 US$; ⊙7.00-21.00 lu-vi, 10.00-18.00 sa y do; 🛜; Ⓜ Brown, Orange, Purple, Pink Line hasta Library) Anejo al al-bergue HI-Chicago, es perfecto para el viaje-ro ahorrador y hambriento. Sirve excelentes bocadillos cubanos de jamón y cerdo asado marinado con limón y ajo. Tiene un café fuer-te y sustanciosos bocadillos de huevo para desayunar muy bien.

Native Foods Cafe   VEGANA **$**
(plano p. 520; 📞312-332-6332; www.nativefoods. com; 218 S Clark St; principales 9-11 US$; ⊙10.30-

21.00 lu-sa, 11.00-19.00 do; ✎; Ⓜ Brown, Orange, Purple, Pink Line hasta Quincy) ❀ Es un local de comida *vegana* rápida e informal en el centro. El sándwich de albóndigas lleva *seitan*, y la hamburguesa "escorpión" es de *tempeh* picante. La carta es muy extensa y se acompaña con cervezas locales y vinos ecológicos.

Gage ESTADOUNIDENSE MODERNA $$$
(plano p. 520; ☎312-372-4243; www.thegagechicago.com; 24 S Michigan Ave; principales 17-36 US$; ◷ 11.00-22.00 lu, hasta 23.00 ma-ju, hasta 24.00 vi y sa, 10.00-22.00 do; Ⓜ Brown, Orange, Green, Purple, Pink Line hasta Madison) Este *gastropub* sirve comida original, desde hamburguesas de venado con queso gouda o *vindaloo* de mejillones hasta *fish and chips* con rebozado de Guinness. La bebida también es estupenda e incluye una buena carta de *whiskys* y cervezas de producción limitada, que combinan muy bien con los platos.

⚘ Near North

Es el barrio de la ciudad con una mayor concentración de restaurantes.

Xoco MEXICANA $
(plano p. 520; www.rickbayless.com; 449 N Clark St; principales 10-14 US$; ◷8.00-21.00 ma-ju, hasta 22.00 vi y sa; Ⓜ Red Line hasta Grand) ❀ El local de comida callejera mexicana del famoso Rick Bayless tiene churros calientes en el desayuno, tortas (bocadillos) de carne en el almuerzo y sustanciosos caldos (sopas) en la cena. Sus selectos restaurantes Frontera Grill y Topolobampo están al lado, pero para entrar hay que reservar o armarse de paciencia.

★ Billy Goat Tavern HAMBURGUESERÍA $
(plano p. 520; ☎312-222-1525; www.billygoattavern.com; 430 N Michigan Ave, nivel inf.; hamburguesas 4-6 US$; ◷6.00-2.00 lu-vi, 10.00-2.00 sa y do; Ⓜ Red Line hasta Grand) Hace décadas que los reporteros del *Tribune* y el *Sun-Times* acuden a comer a este local subterráneo. Se recomienda pedir una *cheezborger* y una Schlitz, y echar un vistazo a las paredes forradas con papel de periódico para enterarse de anécdotas famosas, como la maldición de los Cubs.

LA TRÍADA SAGRADA DE ESPECIALIDADES DE CHICAGO

Chicago elabora tres especialidades muy apreciadas. Destaca la *pizza* en molde hondo, una gruesa masa que sobresale de 5 a 8 cm del plato y lleva muchos ingredientes. Las mejores pizzerías son:

Pizzería Uno (plano p. 520; www.unos.com; 29 E Ohio St; *pizzas* desde 13 US$; ◷11.00-1.00 lu-vi, hasta 2.00 sa, hasta 23.00 do; Ⓜ Red Line hasta Grand) Dicen que la idea de la *pizza* gruesa surgió aquí en 1943.

Lou Malnati's (plano p. 520; www.loumalnatis.com; 439 N Wells St; *pizzas* desde 12 US$; ◷ 11.00-23.00 do-ju, hasta 24.00 vi y sa; Ⓜ Brown, Purple Line hasta Merchandise Mart) También afirma haberla inventado. La suya es famosa por su corteza de mantequilla.

Giordano's (plano p. 520; ☎312-951-0747; www.giordanos.com; 730 N Rush St; *pizzas* desde 15,50 US$; ◷11.00-23.00 do-ju, hasta 24.00 vi y sa; Ⓜ Red Line hasta Chicago) Elabora *pizza* rellena, una versión más grande y con más masa.

Gino's East (plano p. 520; ☎312-266-3337; www.ginoseast.com; 162 E Superior St; *pizzas* desde 15 US$; ◷11.00-21.30; Ⓜ Red Line hasta Chicago) Concurrido local donde el cliente escribe en la pared mientras espera la *pizza*.

También es muy típico el perrito caliente de Chicago, una salchicha de Viena "pasada por el huerto": cubierta de cebolla, tomate, lechuga, pimientos dulces y picantes y *sweet relish* (condimento dulce), u otras variaciones, pero nunca con kétchup; se acompaña de un panecillo con semillas de amapola. Se puede probar en **Portillo's** (plano p. 520; ☎312-587-8910; www.portillos.com; 100 W Ontario St; principales 4-7 US$; ◷10.00-23.00 do-ju, hasta 24.00 vi y sa; Ⓜ Red Line hasta Grand).

La ciudad también tiene fama por sus bocadillos italianos de ternera, picantes, jugosos y exclusivos de Chicago. **Mr Beef** (plano p. 520; ☎312-337-8500; 666 N Orleans St; sándwiches 6-9 US$; ◷9.00-17.00 lu-vi, 10.00-15.00 sa, más 22.30-4.00 vi y sa; Ⓜ Brown, Purple Line hasta Chicago) es el local de referencia.

Purple Pig MEDITERRÁNEA $$

(plano p. 520; 312-464-1741; www.thepurplepigchi cago.com; 500 N Michigan Ave; raciones 9-19 US$; ⊘ 11.30-24.00 do-ju, hasta 1.00 vi y sa; ; MRed Line hasta Grand) Este local situado en la Mag Mile satisface a la clientela con una extensa carta de carnes y verduras, una buena selección de vinos asequibles y un horario de cierre tardío. Su especialidad es la paletilla de cerdo bra- seado con leche. No acepta reservas.

Lincoln Park y casco antiguo

Las calles Halsted, Lincoln y Clark son las que reúnen más restaurantes y bares.

Sultan's Market ORIENTE MEDIO $

(312-638-9151; www.chicagofalafel.com; 2521 N Clark St; principales 4-7 US$; ⊘10.00-22.00 lu-ju, hasta 24.00 vi y sa, hasta 21.00 do; MBrown, Purple, Red Line hasta Fullerton) Este local familiar lo frecuenta la gente del barrio por sus boca- dillos de *falafel*, tartas de espinacas y otros platos de Oriente Medio. Es pequeño y ho- gareño, con pocas mesas, pero cerca está el Lincoln Park para ir de pícnic.

★**Alinea** ESTADOUNIDENSE MODERNA $$$

(312-867-0110; www.alinearestaurant.com; 1723 N Halsted St; menú varios platos 210-265 US$; ⊘ 17.00-21.30 mi-do; MRed Line hasta North/Clybourn) Considerado el mejor restaurante de Norte- américa, presenta 20 platos de endiablada cocina molecular. Igual pueden salir de una centrifugadora como de una cápsula, y pre- sentarse con una "almohada de aire de lavan- da". No aceptan reservas, pero a través de su web venden tiques con dos o tres meses de antelación. En su Twitter (@Alinea) anuncian mesas libres de última hora.

Lake View y Wrigleyville

Clark, Halsted, Belmont y Southport son ca- lles con una abundante oferta gastronómica.

★**Crisp** ASIÁTICA $

(www.crisponline.com; 2940 N Broadway; principales 9-13 US$; ⊘11.30-21.00; MBrown, Purple Line hasta Wellington) Esta alegre cafetería con música ambiental prepara platos coreanos de fusión, deliciosos y económicos. El cuenco "Bad Boy Buddha", una variante del *bi bim bop* (verdu- ras variadas con arroz), es uno de los almuer- zos más ricos y saludables.

Mia Francesca ITALIANA $$

(773-281-3310; www.miafrancesca.com; 3311 N Clark St; principales 16-27 US$; ⊘17.00-22.00 lu-ju,

hasta 23.00 vi, 11.30-23.00 sa, 10.00-21.00 do; MRed, Brown, Purple Line hasta Belmont) Este local de la cadena autóctona Mia bulle de clientes habituales que piden los platos típicos de *trattoria*, como *linguine* con marisco, ravio- lis de espinacas o medallones de ternera con champiñones, todos preparados con elegante simplicidad.

Andersonville y Uptown

Para ir a "Little Saigon" hay que tomar la lí- nea roja de CTA hasta Argyle. Las cafeterías europeas de Andersonville están en la parada siguiente, Berwyn.

Nha Hang Viet Nam VIETNAMITA $

(773-878-8895; 1032 W Argyle St; principales 7-13 US$; ⊘7.00-22.00 do-lu; MRed Line hasta Argyle) Este pequeño restaurante desmerece desde fuera, pero ofrece una extensa carta de platos vietnamitas auténticos y bien preparados. Son excelentes los *pho* y el bagre en olla de barro.

★**Hopleaf** EUROPEA $$

(773-334-9851; www.hopleaf.com; 5148 N Clark St; principales 12-27 US$; ⊘12.00-23.00 lu-ju, has- ta 24.00 vi y sa, hasta 22.00 do; MRed Line hasta Berwyn) Esta taberna acogedora de estilo eu- ropeo atrae a una numerosa clientela con su carne ahumada, asada al estilo de Montreal, su sándwich de mantequilla de anacardo y mermelada de higo, y las patatas fritas con mejillones a la cerveza, especialidad de la casa. También tiene 200 cervezas, sobre todo *ales* belgas. No acepta reservas.

Wicker Park, Bucktown y Ukrainian Village

Los restaurantes de moda de estos barrios abren casi a diario.

Dove's Luncheonette TEX-MEX $

(773-645-4060; www.doveschicago.com; 1545 N Damen Ave; principales 12-15 US$; ⊘9.00-22.00 do-ju, hasta 23.00 vi y sa; MBlue Line hasta Damen) Local con barras y taburetes de estilo *retro*, donde sirven *pozole* con paletilla de cerdo y tamales de maíz rellenos de gambas. Y de postre, una tarta de la casa, que puede ser de crema de limón o de melocotón y jalapeños, según el día. En el tocadiscos suena música soul, hay 70 tipos de tequila y todo parece perfecto.

★**Ruxbin** ESTADOUNIDENSE MODERNA $$$

(312-624-8509; www.ruxbinchicago.com; 851 N Ashland Ave; principales 27-32 US$; ⊘18.00-22.00

ma-vi, 17.30-22.00 sa, hasta 21.00 do; MBlue Line hasta Division) ◢ La pasión de este equipo formado por dos hermanos se nota en todo, desde la cálida decoración con objetos encontrados hasta los sabores artísticamente elaborados en platos como ensalada de panceta con pomelo, pan de maíz y queso azul. El local es pequeño, con solo 32 plazas, y se puede llevar la bebida.

Logan Square y Humboldt Park

Logan Sq se ha convertido en una meca de los cocineros inventivos y sencillos. Restaurantes y bares rodean el cruce de los bulevares Milwaukee, Logan y Kedzie.

Kuma's Corner HAMBURGUESERÍA $
(☎773-604-8769; www.kumascorner.com; 2900 W Belmont Ave; principales 12-14 US$; ⊙11.30-24.00 lu-mi, hasta 1.00 ju, hasta 2.00 vi y sa, 12.00-24.00 do; 📵77) Este local muy concurrido y ruidoso atrae a una clientela tatuada que devora sus monstruosas hamburguesas de 280 g, cada una bautizada con el nombre de un grupo de *heavy metal* y montadas en un panecillo *pretzel*. Tiene macarrones con queso para los vegetarianos, y cerveza y *bourbon* para todo el mundo. Suele haber cola.

★**Longman & Eagle** ESTADOUNIDENSE $$
(☎773-276-7110; www.longmananandeagle.com; 2657 N Kedzie Ave; principales 15-30 US$; ⊙9.00-2.00 do-vi, hasta 3.00 sa; MBlue Line hasta Logan Sq) Es difícil decir si esta taberna rústica y elegante es mejor para comer o para beber. En cuanto a lo primero, ganó una estrella Michelin por sus bien cocinados platos, como torrijas de brioche de vainilla para el desayuno, *sloppy joe* de jabalí para el almuerzo y pollo frito y bollitos de manteca de pato para la cena. Hay una carta de pequeñas y jugosas raciones, además de *whiskys*. No acepta reservas.

Near West Side y Pilsen

El West Loop está en auge con sus chefs de moda: basta pasear por las calles Randolph y Fulton Market y escoger. Greektown se extiende por S Halsted St (con la línea azul hasta UIC-Halsted). El colectivo mexicano de Pilsen se concentra en W 18th St y alrededores.

★**Lou Mitchell's** DESAYUNOS $
(plano p. 520; ☎312-939-3111; www.loumitchells restaurant.com; 565 W Jackson Blvd; principales 7-11 US$; ⊙5.30-15.00 lu-vi, 7.00-15.00 sa y do; 📵;

MBlue Line hasta Clinton) Es una reliquia de la Ruta 66, al oeste del Loop y junto a Union Station, donde las camareras con sus añejos uniformes sirven huevos de dos yemas y gruesas torrijas. Suele haber cola, pero los Milk Duds y los *donuts* gratuitos dulcifican la espera.

Don Pedro Carnitas MEXICANA $
(1113 W 18th St; tacos 1,50-2 US$; ⊙6.00-18.00 lu-vi, 5.00-17.00 sa, hasta 15.00 do; MPink Line hasta 18th) En este sencillo local de Pilsen dedicado a la carne, un hombre con machete saluda a los clientes desde la barra delantera. Espera los pedidos para cortar los trozos de cerdo y rellenar una tortilla recién hecha, añadiendo cebolla y cilantro. Solo acepta efectivo.

★**Little Goat** CAFETERÍA $$
(plano p. 520; ☎312-888-3455; www.littlegoatchi cago.com; 820 W Randolph St; principales 10-19 US$; ⊙7.00-22.00 do-ju, hasta 24.00 vi y sa; 📶📵; MGreen, Pink Line hasta Morgan) La ganadora de *Top Chef* Stephanie Izard abrió esta cafetería para los amantes de la comida, enfrente del restaurante principal Girl and the Goat, siempre completo. Aquí uno puede sentarse en un taburete *vintage* y pedir un desayuno de la carta que se sirve todo el día. Pero aún mejor son los solicitados platos del almuerzo, como el *sloppy joe* de cabra con tempura de puré de patata o bien la panceta con crep de cebolleta.

Dusek's ESTADOUNIDENSE MODERNA $$$
(☎312-526-3851; www.dusekschicago.com; 1227 W 18th St; principales 22-30 US$; ⊙11.00-1.00 lu-vi, desde 9.00 sa y do; MPink Line hasta 18th St) Los *hipsters* de Pilsen se reúnen bajo el techo de estaño repujado de este *gastropub* para hincar el diente a una carta cambiante de platos de inspiración cervecera, como cangrejo blando con rebozado de cerveza o pato asado a la cerveza negra. El restaurante comparte el histórico edificio (inspirado en la Ópera de Praga) con una sala de conciertos donde tocan grupos *indie* y la coctelería del sótano.

🍷 Dónde beber y vida nocturna

Durante los largos inviernos, los habitantes de Chicago confían en los bares para entrar en calor. Suelen cerrar a las 2.00, pero algunos abren hasta las 4.00. En verano, muchos tienen terraza-jardín.

Las discotecas de Near North y West Loop tienden a ser grandes y lujosas (con normas

INDISPENSABLE

CERVEZAS DEL MEDIO OESTE

El Medio Oeste entiende de cervezas gracias a su tradición alemana. Aunque Budweiser y Miller tienen fábricas en la región, es más emocionante recurrir a sus numerosas cervecerías artesanas. He aquí algunas:

➡ Bell's (Kalamazoo, MI)
➡ Capital (Middleton, WI)
➡ Founder's (Grand Rapids, MI)
➡ Great Lakes (Cleveland, OH)
➡ Lagunitas (Chicago, IL)
➡ Dark Horse (Marshall, MI)
➡ Summit (St Paul, MN)
➡ Surly (Minneapolis, MN)
➡ Three Floyds (Munster, IN)
➡ Two Brothers (Warrenville, IL)

de etiqueta). Las de Wicker Park suelen ser más informales.

El Loop y Near North

★ **Signature Lounge**　BAR DE COPAS
(plano p. 520; www.signatureroom.com; 875 N Michigan Ave; ⊙11.00-0.30 do-ju, hasta 1.30 vi y sa; Ⓜ Red Line hasta Chicago) Se recomienda subir a la planta 96ª del John Hancock Center (el cuarto rascacielos más alto de Chicago) y tomarse una copa con la ciudad a los pies. Las señoras no deben perderse la vista desde los lavabos.

Berghoff　BAR
(plano p. 520; www.theberghoff.com; 17 W Adams St; ⊙11.00-21.00 lu-sa; Ⓜ Blue, Red Line hasta Jackson) Fue el primer local de la ciudad en servir una bebida legal después de la Prohibición (puede verse la licencia alcohólica con el "#1"). Apenas ha cambiado desde entonces alrededor de la antigua barra de madera. Nada como una jarra de cerveza de la casa y un *sauerbraten* del restaurante alemán contiguo.

★ **Clark Street Ale House**　BAR
(plano p. 520; www.clarkstreetalehouse.com; 742 N Clark St; ⊙16.00-4.00 lu-vi, desde 11.00 sa y do; Ⓜ Red Line hasta Chicago) Hay que hacer caso al anuncio antiguo que reza: "Stop & Drink Liquor". Las cervezas artesanas del Medio Oeste son lo más interesante (degustación 3 cervezas 7 US$). Cuando la temperatura sube, abren la agradable terraza-jardín trasera.

Casco antiguo y Wrigleyville

★ **Old Town Ale House**　BAR
(www.theoldtownalehouse.com; 219 W North Ave; ⊙15.00-4.00 lu-vi, desde 12.00 sa y do; Ⓜ Brown, Purple Line hasta Sedgwick) En esta venerada taberna frente al Second City, el viajero se codeará con gente guapa y clientes canosos, pinta en mano, sentados bajo las pinturas de políticos y desnudos. Solo efectivo.

★ **Gingerman Tavern**　BAR
(3740 N Clark St; ⊙15.00-2.00 lu-vi, desde 12.00 sa y do; Ⓜ Red Line hasta Addison) Las mesas de billar, la buena selección de cervezas y los clientes con *piercings* y tatuajes hacen que este se distinga de los bares deportivos de Wrigleyville.

Smart Bar　DISCOTECA
(www.smartbarchicago.com; 3730 N Clark St; ⊙22.00-4.00 mi-do; Ⓜ Red Line hasta Addison) Un local veterano y sencillo para bailar, anejo a la sala de *rock* Metro.

Wicker Park, Bucktown y Ukrainian Village

Map Room　BAR
(www.maproom.com; 1949 N Hoyne Ave; ⊙6.30-2.00 lu-vi, desde 7.30 sa, desde 11.00 do; 🛜; Ⓜ Blue Line hasta Western) En esta "taberna de viajeros", llena de mapas y globos terráqueos, los bohemios beben café durante el día y cervezas de una carta con más de 200 por la noche. Solo efectivo.

Danny's　BAR
(1951 W Dickens Ave; ⊙19.00-2.00; Ⓜ Blue Line hasta Damen) Bar acogedor, oscuro y gastado, perfecto para conversar pinta en mano a primera hora; más tarde llegan los DJ para animar la fiesta con su música de baile. Solo efectivo.

Matchbox　BAR
(plano p. 520; 770 N Milwaukee Ave; ⊙16.00-2.00 lu-vi, desde 15.00 sa y do; Ⓜ Blue Line hasta Chicago) Abogados, artistas y gente ociosa se apiñan para tomar cócteles *retro*. Es muy pequeño y solo tiene 10 taburetes; los que no caben se apoyan en la pared del fondo. Está muy solitario, al noroeste del centro.

Logan Square

Revolution Brewing　FÁBRICA DE CERVEZA
(☎773-227-2739; www.revbrew.com; 2323 N Milwaukee Ave; ⊙11.00-2.00 lu-vi, desde 10.00 sa y do;

Ⓜ Blue Line hasta California) Esta gran cervecería artesanal de estilo industrial-chic sirve cervezas potentes, como la *porter* Eugene y la estimulante IPA Anti-Hero. El maestro cervecero fue pionero en Chicago y sus creaciones son excelentes.

🍽 West Loop

RM Champagne Salon   BAR

(plano p. 520; ☏ 312-243-1199; www.rmchampagnesalon.com; 116 N Green St; ☺ 17.00-23.00 lu-mi, hasta 2.00 ju y vi, hasta 3.00 sa, hasta 23.00 do; Ⓜ Green, Pink Line hasta Morgan) Este local de West Loop hechiza con sus luces brillantes. Sentado a una mesa en el patio empedrado, uno se siente en París.

☆ Ocio

Véase la agenda del *Chicago Reader* (www.chicagoreader.com).

Blues y jazz

Están muy arraigados en Chicago.

★ Green Mill   JAZZ

(www.greenmilljazz.com; 4802 N Broadway; entrada 5-15 US$; ☺ 12.00-4.00 lu-sa, desde 11.00 do; Ⓜ Red Line hasta Lawrence) Este imperecedero local se hizo famoso por ser el bar clandestino preferido de Al Capone. En los reservados de cuero, uno cree sentir al fantasma de Capone conminándole a tomar otro martini. Todas las noches actúan músicos de *jazz*. La sala también acoge un conocido certamen de lectura poética los domingos.

★ Buddy Guy's Legends   BLUES

(plano p. 520; www.buddyguy.com; 700 S Wabash Ave; ☺ 17.00-2.00 lu y ma, 11.00-2.00 mi-vi, 12.00-3.00 sa, 12.00-2.00 do; Ⓜ Red Line hasta Harrison) En este emblemático local actúan artistas de primera fila. Las entradas cuestan 20/10 US$ (vi y sa/resto noches). El dueño también suele dar una serie de recitales con su guitarra en enero. De miércoles a domingo de 12.00 a 14.00 hay conciertos acústicos gratuitos para todos los públicos.

Kingston Mines   BLUES

(www.kingstonmines.com; 2548 N Halsted St; entrada 12-15 US$; ☺ 20.00-4.00 lu-ju, desde 19.00 vi y sa, desde 18.00 do; Ⓜ Brown, Purple, Red Line hasta Fullerton) Con sus dos escenarios y abierto siete noches por semana, siempre hay alguna actuación. Es un local ruidoso, caluroso, abarrotado y muy bien situado en Lincoln Park.

CÓMO DAR CON UN BAR GENUINO

Aquí no cabe la lista de todos los bares de Chicago, pero sí unos trucos para encontrar los más auténticos y típicos. Son buenos indicios:

➡ un cartel de cervezas "Old Style" colgando en la entrada

➡ un tablero de dardos muy usado y/o una mesa de billar

➡ clientes con gorras de los Cubs, White Sox, Blackhawks o Bears

➡ botellas de cerveza en cubos de hielo

➡ deportes en TV

BLUES   BLUES

(www.chicagobluesbar.com; 2519 N Halsted St; entrada 7-10 US$; ☺ 20.00-2.00 mi-do; Ⓜ Brown, Purple, Red Line hasta Fullerton) Este veterano local atrae a un público algo más maduro, que absorbe los momentos chispeantes y electrizantes.

Rock y músicas étnicas

★ Hideout   MÚSICA EN DIRECTO

(www.hideoutchicago.com; 1354 W Wabansia Ave; ☺ 19.00-2.00 ma, 16.00-2.00 mi-vi, 19.00-3.00 sa, puede variar do y lu; ▣ 72) Vale la pena echar un vistazo a estas dos salas de *indie rock* y *alt-country*, ocultas detrás de una fábrica en el límite de Bucktown. Los dueños han fomentado un ambiente marginal y clandestino, y el local parece la sala de fiestas de la abuela. Todas las noches hay música y actividades diversas (bingo, lecturas literarias, etc.).

SummerDance   MÚSICA ÉTNICA

(plano p. 520; www.chicagosummerdance.org; 601 S Michigan Ave; ☺ 18.00-21.30 vi y sa, 16.00-19.00 do fin jun-med sep; Ⓜ Red Line hasta Harrison) GRATIS Es una reunión multiétnica de baile en el Spirit of Music Garden de Grant Park. Primero hay clases de baile y luego, grupos que tocan rumba, samba y otras músicas del mundo. Todo gratis.

Empty Bottle   MÚSICA EN DIRECTO

(www.emptybottle.com; 1035 N Western Ave; ☺ 17.00-2.00 lu-ju, desde 15.00 vi, desde 11.00 sa y do; ▣ 49) Es la sala nocturna por excelencia del *jazz* y el *indie rock* vanguardista. La sesión del lunes suele ser gratis, y la cerveza, barata.

ℹ ENTRADAS CON DESCUENTO

En **Hot Tix** (www.hottix.org) pueden conseguirse entradas de teatro para la misma semana a mitad de precio. Se adquieren por internet o en tres taquillas del centro. A principios de semana hay más donde elegir.

Whistler MÚSICA EN DIRECTO

(☎773-227-3530; www.whistlerchicago.com; 2421 N Milwaukee Ave; ⏰18.00-2.00 lu-ju, desde 17.00 vi-do; Ⓜ Blue Line hasta California) `GRATIS` Grupos *indie* y tríos de *jazz* tocan en esta pequeña sala bohemia de Logan Sq. No cobran entrada.

Teatro

Chicago tiene una merecida fama teatral y muchas de sus producciones se exportan a Broadway. El Theater District consiste en un grupo de salas grandes con luces de neón en las calles State y Randolph. **Broadway in Chicago** (☎800-775-2000; www.broadwayinchi cago.com) vende entradas para la mayor parte de las salas.

Steppenwolf Theatre TEATRO

(☎312-335-1650; www.steppenwolf.org; 1650 N Halsted St; Ⓜ Red Line hasta North/Clybourn) Es el grupo de teatro de John Malkovich, Gary Sinise y otras estrellas. Está 3 km al norte del Loop, en Lincoln Park.

Goodman Theatre TEATRO

(plano p. 520; ☎312-443-3800; www.goodmanthea tre.org; 170 N Dearborn St; Ⓜ Brown, Orange, Green, Purple, Pink, Blue Line hasta Clark/Lake) Es el teatro más influyente del centro, reconocido por presentar obras clásicas y nuevas del país.

Neo-Futurists TEATRO

(☎773-275-5255; www.neofuturists.org; 5153 N Ashland Ave; Ⓜ Red Line hasta Berwyn) Presenta obras originales que hacen reír y reflexionar a la vez. Es famoso por su frenético espectáculo nocturno que incluye 30 obras en 60 min. Está en Andersonville.

Humor

La improvisación de monólogos cómicos surgió en Chicago y la ciudad todavía produce lo mejor del género.

Second City HUMOR

(☎312-337-3992; www.secondcity.com; 1616 N Wells St; Ⓜ Brown, Purple Line hasta Sedgwick) Bill Murray, Stephen Colbert, Tina Fey y mu-chos otros artistas aguzaron su ingenio en este elegante teatro. La Mainstage y la sala ETC ofrecen parodias (que incluyen escenas improvisadas) con un precio y una calidad similares. La sala UP presenta monólogos y espectáculos experimentales. La ganga es acudir hacia las 22.00 (excepto vi y sa), cuando los humoristas hacen un monólogo improvisado gratuito.

iO Theater HUMOR

(☎312-929-2401; http://.ioimprov.com/chicago; 1501 N Kingsbury St; Ⓜ Red Line hasta North/Cly-bourn) El otro teatro importante de improvisación en la ciudad es algo más atrevido que la competencia y en sus cuatro salas ofrece espectáculos picantes todas las noches. También hay dos bares y una terraza.

Deportes

Chicago Cubs BÉISBOL

(www.cubs.com; 1060 W Addison St; Ⓜ Red Line hasta Addison) La última vez que los Cubs ganaron el campeonato mundial fue en 1908. Pero la afición sigue acudiendo al atractivo Wrigley Field de 1914, con sus muros de hiedra. Las gradas son el asiento más solicitado. Si no quedan entradas, se puede espiar gratis desde el *"knothole"*, una abertura del tamaño de una puerta de garaje en Sheffield Ave.

Chicago White Sox BÉISBOL

(www.whitesox.com; 333 W 35th St; Ⓜ Red Line has-ta Sox-35th) Los Sox son los rivales del South Side de los Cubs y juegan en el moderno estadio de Cell (de "US Cellular Field"). Las entradas suelen ser más baratas y fáciles de conseguir que las del Wrigley Field; los partidos más interesantes son los del domingo y el lunes.

Chicago Bears FÚTBOL AMERICANO

(plano p. 520; www.chicagobears.com; 1410 S Mu-seum Campus Dr; 🚌146, 128) Los Da Bears, el equipo de Chicago en la NFL, juegan sus partidos en el Soldier Field, reconocible por su arquitectura a medio camino entre lo clásico y un platillo volante. Suele haber nieve, agua-nieve y fiestas de cerveza en el aparcamiento.

Chicago Bulls BALONCESTO

(www.nba.com/bulls; 1901 W Madison St; 🚌19, 20) Para saber quién será el próximo Michael Jor-dan, hay que acudir al United Center, sede de los Bulls, 3 km al oeste del Loop. La CTA pone autobuses extras (nº 19) los días de partido; es mejor no ir a pie.

Chicago Blackhawks · HOCKEY
(www.blackhawks.nhl.com; 1901 W Madison St; 🚆19, 20) Los ganadores de la Stanley Cup (años 2010, 2013 y 2015) comparten el United Center con los Bulls.

Artes escénicas

Grant Park Orchestra · MÚSICA CLÁSICA
(plano p. 520; 📞312-742-7638; www.grantparkmusicfestival.com; Pritzker Pavilion, Millennium Park; ⏱ 18.30 mi y vi, 19.30 sa med jun-med ago; Ⓜ Brown, Orange, Green, Purple, Pink Line hasta Randolph) GRATIS Esta estimada orquesta ofrece conciertos gratuitos de música clásica en Millennium Park durante el verano. Hay que llevar el pícnic.

Chicago Symphony Orchestra · MÚSICA CLÁSICA
(CSO; plano p. 520; 📞312-294-3000; www.cso.org; 220 S Michigan Ave; Ⓜ Brown, Orange, Green, Purple, Pink Line hasta Adams) La CSO es una de las mejores sinfónicas de EE UU. Toca en el Orchestra Hall diseñado por Daniel Burnham.

Lyric Opera Of Chicago · ÓPERA
(plano p. 520; 📞312-332-2244; www.lyricopera.org; 20 N Wacker Dr; Ⓜ Brown, Orange, Purple, Pink Line hasta Washington) Esta reconocida compañía actúa en un teatro con lámparas de araña, unas manzanas al oeste del Loop.

Hubbard Street Dance Chicago · DANZA
(plano p. 520; 📞312-850-9744; www.hubbardstreetdance.com; 205 E Randolph St; Ⓜ Brown, Orange, Green, Purple, Pink Line hasta Randolph) Destacada compañía de danza con sede en el Harris Theater for Music and Dance.

🔒 De compras
De N Michigan Ave, en la Magnificent Mile (p. 519), emergen cantos de sirena para los compradores. Más adelante, las *boutiques* llenan Wicker Park y Bucktown (*indie* y *vintage*), Lincoln Park (elegante), Lake View (contracultural) y Andersonville (todo lo anterior).

Chicago Architecture Foundation Shop · RECUERDOS
(plano p. 520; www.architecture.org/shop; 224 S Michigan Ave; ⏱9.00-18.30; Ⓜ Brown, Orange, Green, Purple, Pink Line hasta Adams) Carteles de la ciudad, tarjetas de notas de Frank Lloyd Wright, maquetas de rascacielos y demás para los amantes de la arquitectura.

Strange Cargo · ROPA
(www.strangecargo.com; 3448 N Clark St; ⏱11.00-18.45 lu-sa, hasta 17.30 do; Ⓜ Red Line hasta Addison) Esta tienda *retro* en Wrigleyville vende camisetas cursis con imágenes de Ditka, Obama y otros famosos de Chicago.

Jazz Record Mart · MÚSICA
(plano p. 520; www.jazzmart.com; 27 E Illinois St; ⏱ 10.00-19.00 lu-sa, 11.00-17.00 do; Ⓜ Red Line hasta Grand) Tienda de CD y vinilos de *jazz* y *blues*.

Quimby's · LIBROS
(www.quimbys.com; 1854 W North Ave; ⏱12.00-21.00 lu-ju, hasta 22.00 vi y sa, hasta 19.00 do; Ⓜ Blue Line hasta Damen) Gran tienda de cómics, fanzines y cultura alternativa en Wicker Park.

ENTRADAS EN LÍNEA Y DESCUENTOS
Casi todos los puntos de interés principales, incluido el Art Institute of Chicago y la torre Willis, permiten comprar las entradas por internet, así se aseguran y se evitan las colas. El inconveniente es que hay que abonar una tasa de 1,50-4 US$ por entrada (o por petición), y a veces la cola de prepago es tan larga como la normal. Lo mejor es adquirirlas por internet en verano para las exposiciones más importantes. En otros casos, no resulta necesario.

Chicago posee dos tarjetas de descuento que también evitan colas:

Go Chicago Card (www.smartdestinations.com/chicago) Permite visitar un número ilimitado de lugares de interés por una tarifa plana, y es válida para uno, dos, tres o cinco días consecutivos. La compañía también ofrece un Explorer Pass para tres o cinco lugares a escoger entre 26; tiene una validez de 30 días.

CityPass (www.citypass.com/chicago) Da acceso durante nueve días a cinco de los mejores lugares de interés de la ciudad, incluidos el Art Institute, el Shedd Aquarium y la torre Willis. No es tan versátil como la Go Chicago, pero sí más barata y permite hacer las visitas más relajadamente.

ℹ️ Información

ACCESO A INTERNET

Muchos bares y restaurantes, e incluso algunas playas, tienen wifi gratis; también el Chicago Cultural Center.

Harold Washington Library Center (www.chipublib.org; 400 S State St; ⏱9.00-21.00 lu-ju, hasta 17.00 vi y sa, 13.00-17.00 do) Un majestuoso edificio lleno de arte con wifi gratis. Hay terminales de internet en la 3ª planta (en el mostrador facilitan un pase diario).

MEDIOS DE COMUNICACIÓN

Chicago Reader (www.chicagoreader.com) Periódico alternativo gratuito con una extensa agenda de arte y ocio.

Chicago Sun-Times (www.suntimes.com) Diario estilo tabloide.

Chicago Tribune (www.chicagotribune.com) Diario de confianza. *RedEye* es su versión joven, reducida y gratuita.

ASISTENCIA MÉDICA

Northwestern Memorial Hospital (☎312-926-5188; www.nmh.org; 251 E Erie St; Ⓜ Red Line hasta Chicago) Hospital prestigioso en el centro.

Walgreens (☎312-664-8686; 757 N Michigan Ave; ⏱24 h; Ⓜ Red Line hasta Chicago) En la Magnificent Mile.

DINERO

En el centro abundan los cajeros automáticos, sobre todo cerca de Chicago Ave y Michigan Ave. Se puede cambiar dinero en la terminal 5 del aeropuerto internacional O'Hare y en los siguientes puntos del Loop:

Travelex (☎312-807-4941; www.travelex.com; 19 S LaSalle St; ⏱8.00-17.00 lu-vi; Ⓜ Blue Line hasta Monroe)

World's Money Exchange (☎312-641-2151; www.wmeinc.com; 203 N LaSalle St; ⏱8.45-16.45 lu-vi; Ⓜ Brown, Orange, Green, Purple, Pink, Blue Line hasta Clark/Lake)

CORREOS

Oficina de correos (plano p. 520; 540 N Dearborn St)

INFORMACIÓN TURÍSTICA

Centro de visitantes Chicago Cultural Center (plano p. 520; www.choosechicago.com; 77 E Randolph St; ⏱10.00-17.00 lu-sa, 11.00-16.00 do; 📶; Ⓜ Brown, Orange, Green, Purple, Pink Line hasta Randolph) Es reducido, pero cuenta con un mostrador de información y vende tarjetas de descuento para los lugares de interés. Las visitas guiadas InstaGreeter (vi-do todo el año) y Millennium Park (lu-do verano) salen de aquí.

WEBS

Chicagoist (www.chicagoist.com) Opiniones originales sobre gastronomía, arte y espectáculos.

Gapers Block (www.gapersblock.com) Web de noticias y sucesos con un enfoque propio.

ℹ️ Cómo llegar y salir

AVIÓN

Aeropuerto internacional Midway de Chicago (MDW; www.flychicago.com) Aeropuerto secundario, usado principalmente por las aerolíneas nacionales, como Southwest; a veces ofrece vuelos más baratos que O'Hare.

Aeropuerto internacional O'Hare (ORD; www.flychicago.com) Es el aeropuerto principal de Chicago y uno de los de mayor tráfico del mundo, sede de United Airlines y central de American Airlines. La mayor parte de las compañías extranjeras y los vuelos internacionales utilizan la terminal 5 (excepto Lufthansa y los vuelos de Canadá).

AUTOBÚS

Greyhound (plano p. 520; ☎312-408-5821; www.greyhound.com; 630 W Harrison St; Ⓜ Blue Line hasta Clinton) tiene autobuses frecuentes a Cleveland (7½ h), Detroit (7 h) y Minneapolis (9 h), así como a ciudades pequeñas de EE UU. La estación (abierta 24 h) está al suroeste del Loop, en un tramo de carretera bastante solitario.

Megabus (plano p. 520; www.megabus.com/us; Canal St y Jackson Blvd; 📶; Ⓜ Blue Line hasta Clinton) solo viaja a las principales ciudades del Medio Oeste. Sus precios suelen ser más bajos, y la calidad y eficiencia, mejores que con Greyhound. La parada está al lado de Union Station.

TREN

La clásica **Union Station** (www.chicagounionstation.com; 225 S Canal St; Ⓜ Blue Line hasta Clinton) de Chicago es la central de **Amtrak** (☎800-872-7245; www.amtrak.com) para el servicio nacional y regional. Algunas de sus rutas son:

Detroit (5½ h, 3 trenes diarios)

Milwaukee (1½ h, 7 diarios)

Minneapolis-St Paul (8 h, 1 diario)

Nueva York (20½ h, 1 diario)

San Francisco (Emeryville; 53 h, 1 diario)

San Luis (5½ h, 5 diarios)

ℹ️ Cómo desplazarse

A/DESDE EL AEROPUERTO

Aeropuerto internacional Midway Chicago Está 17,7 km al suroeste del Loop y conectado por la Orange Line de CTA (3 US$). Los trenes salen cada 10 min, aprox., y llegan al centro en 30 min (lanzadera 27 US$, taxi 35-40 US$).

Aeropuerto internacional O'Hare Está 27,4 km al noroeste del Loop. Los trenes Blue Line de CTA (5 US$) funcionan 24 h (lu-do). Salen cada 10 min, aprox, y llegan al centro en 40 min (lanzadera Airport Express 32 US$, taxi 50 US$). Las colas del taxi pueden ser largas, y el trayecto, durar lo mismo que en tren, según el tráfico.

BICICLETA

Chicago es una ciudad que entiende de bicicletas y ofrece un servicio público muy utilizado. **Divvy** (www.divvybikes.com) tiene 3000 bicicletas azul celeste en 300 estaciones repartidas por la ciudad. En los quioscos se venden abonos para 24 h (10 US$). Hay que introducir la tarjeta de crédito, obtener el código y desbloquear una. Los primeros 30 min son gratis; después la tarifa sube rápidamente si no se devuelve la bici. No se facilitan cascos ni candados.

También se pueden alquilar bicicletas (mejor para trayectos más largos) en Bike Chicago (p. 526) o Bobby's Bike Hike (p. 526), en el centro.

AUTOMÓVIL Y MOTOCICLETA

Aparcar en la calle o en aparcamientos es caro. En caso necesario, se puede acudir a **Millennium Park Garage** (www.millenniumgarages.com; 5 S Columbus Dr; 3/24 h 25/33 US$). La hora punta es terrible.

TRANSPORTE PÚBLICO

La **Chicago Transit Authority** (CTA; www.transitchicago.com) se ocupa de los autobuses urbanos y de la red de trenes elevados/subterráneos (llamada EL).

→ De las ocho líneas de trenes hay dos que funcionan 24 h: Blue y Red al aeropuerto O'Hare. Las otras circulan de 4.00 a 1.00 (lu-do). Durante el día, el tiempo de espera no suele superar los 15 min. En cualquier estación pueden conseguirse planos gratis.

→ Los autobuses de la CTA van a todas partes desde primera hora de la mañana hasta la noche.

→ El billete normal cuesta 3 US$ (excepto desde O'Hare, 5 US$) e incluye dos trasbordos; el autobús cuesta 2,25 US$.

→ En los trenes hay que usar el Ventra Ticket, de venta en las máquinas de las estaciones. También se puede comprar la Ventra Card (tarjeta recargable). Incluye una tasa de 5 US$ que se paga una vez y se reembolsa al registrar la tarjeta. Ahorra de 0,50 a 0,75 US$ por viaje.

→ En los autobuses se puede usar una Ventra Card o pagar al conductor el importe exacto.

→ También hay abonos para viajes ilimitados (1/3 días 10/20 US$). Se venden en estaciones de trenes y farmacias.

Los **trenes de cercanías Metra** (www.metrarail.com; billete 3,25-10,25 US$, abono fin de semana 8 US$) tienen 12 rutas a los barrios periféricos desde las cuatro terminales que rodean el Loop: LaSalle St Station, Millennium Station, Union Station y Richard B Ogilvie Transportation Center (unas manzanas al norte de Union Station).

TAXI

Abundan en el Loop, en el norte hasta Andersonville y en el noroeste hasta Wicker Park y Bucktown. La bajada de bandera cuesta 3,25 US$, más 1,80 US$ por milla y 1 US$ por pasajero extra (se suele dejar un 15% de propina). También se utiliza la empresa de viajes compartidos Uber.

Flash Cab (☏773-561-4444; www.flashcab.com)

Yellow Cab (☏312-829-4222; www.yellowcabchicago.com)

Alrededores de Chicago

Oak Park

Situada 16 km al oeste del Loop y a un sencillo trayecto en un tren CTA, esta localidad tiene dos hijos célebres: el novelista Ernest Hemingway, nacido aquí, y el arquitecto Frank Lloyd Wright, que vivió y trabajó de 1889 a 1909.

Durante los 20 años que Wright pasó en Oak Park, proyectó numerosas casas, entre ellas la suya, Frank Lloyd Wright Home & Studio (☏312-994-4000; www.flwright.org; 951 Chicago Ave; adultos/niños/cámara 17/14/5 US$; ⊙ 10.00-16.00), que ofrece una fascinante visita de 1 h para conocer su peculiar estilo. La frecuencia de las visitas varía (fines de semana de verano cada 20 min; invierno cada hora). El estudio también ofrece itinerarios guiados por el barrio o con audioguía (15 US$ ambas opciones). También se puede visitar con un plano (4,25 US$) que venden en la tienda, en el que se señalan otras viviendas diseñadas por Wright; 10 de ellas están cerca del estudio, en las avenidas Forest y Chicago, pero son privadas.

A pesar de que Hemingway supuestamente dijo que Oak Park era un "pueblo de prados anchos y mentalidades estrechas", la localidad sigue honrando su memoria en el

Ernest Hemingway Museum (☎708-848-2222; www.ehfop.org; 200 N Oak Park Ave; adultos/niños 15/13 US$; ☺13.00-17.00 do-vi, desde 10.00 sa). Con la entrada también se accede a su casa natal, al otro lado de la calle.

Desde el centro de Chicago, hay que tomar la Green Line de CTA hasta Oak Park y seguir a pie hacia el norte por Oak Park Ave. Los lugares de interés relacionados con Hemingway están a unos 400 m, y la casa de Wright, a 1,5 km. El tren atraviesa barrios inhóspitos antes de cruzar los extensos y exuberantes prados verdes de Oak Park.

Evanston y North Shore

Evanston, 22,5 km al norte del Loop, está comunicado por la Purple Line de CTA y combina las grandes residencias antiguas con un centro urbano compacto. Es la sede de la Northwestern University.

Más allá de la población se extienden los barrios ribereños del norte de Chicago, muy apreciados por los millonarios a finales del s. XIX. Una ruta clásica de 48 km enfila por Sheridan Rd y atraviesa varias poblaciones acomodadas hasta llegar a la zona más lujosa de Lake Forest. Por el camino hay puntos de interés como la Baha's House of Worship (www.bahai.us/bahai-temple; 100 Linden Ave; ☺6.00-22.00) GRATIS, una maravilla arquitectónica de un blanco reluciente, y el jardín botánico de Chicago (☎847-835-5440; www.chicagobotanic.org; 1000 Lake Cook Rd; automóvil lu-vi/sa-do 25/30 US$; ☺8.00-anochecer), con senderos, 255 especies de aves y demostraciones culinarias de cocineros famosos durante el fin de semana.

Tierra adentro se encuentra el Illinois Holocaust Museum (☎847-967-4800; www.ilho locaustmuseum.org; 9603 Woods Dr; adultos/niños 12/6 US$; ☺10.00-17.00, hasta 20.00 ju). Además de sus excelentes vídeos sobre los supervivientes de la II Guerra Mundial, el museo exhibe obras de arte sobre los genocidios en Armenia, Ruanda, Camboya y otros lugares, que invitan a la reflexión.

Galena y norte de Illinois

Lo más destacado de esta región es el noroeste montañoso, que en los alrededores de Galena ofrece estampas de álamos, caballos pastando y senderos pintorescos.

Por el camino se encuentra Union, donde el Illinois Railway Museum (☎815-923-4000; www.irm.org; US 20 hasta Union Rd; adultos 10-14 US$, niños 7-10 US$; ☺may-oct, variable) fascina a los aficionados a los trenes con sus 81 Ha de locomotoras.

Galena

Aunque a veces es criticado por ser un luga para "los recién casados y los casi muertos" debido a sus muchos B&B turísticos, confite rías y anticuarios, su belleza es innegable. El pequeño caserío se extiende por las laderas boscosas próximas al río Misisipi y entre cam pos de cultivo salpicados de graneros. En su calles abundan las mansiones de ladrillo rojo de estilo neogriego, neogótico y reina Ana vestigios de su época dorada de mediados de s. XIX, cuando se enriqueció gracias a la mine ría del plomo. Si a ello se añaden los paseos en kayak o a caballo y las excursiones po sinuosas carreteras secundarias, compone una preciosa y reposada escapada.

⊙ Puntos de interés y actividades

Al entrar en la población por la US 20, hay que doblar por Park Ave y luego por Bouthi llier St para llegar al aparcamiento gratuito aledaño a la vieja estación de trenes. Desde allí se puede llegar a pie a casi todos los lugares de interés, tiendas y restaurantes.

Casa de Ulysses S. Grant   MUSEO
(☎815-777-3310; www.granthome.com; 500 Bouthi llier St; adultos/niños 5/3 US$; ☺9.00-16.45 mi-de abr-oct, reducido nov-mar) Esta casa de 1860 fue un obsequio de los republicanos locales al victorioso general al acabar la Guerra de Secesión. Vivió en ella hasta convertirse en el 18º presidente del país.

Fever River Outfitters   NATURALEZA
(☎815-776-9425; www.feverriveroutfitters.com 525 S Main St; ☺10.00-17.00, cerrado ma-ju ppios sep-fin may) Alquila canoas, kayaks, bicicletas y raquetas de nieve. También ofrece salidas guiadas, como las expediciones de 14,5 km en kayak (45 US$/persona, equipo incl.) en los remansos del río Misisipi.

Stagecoach Trail   RUTA POR CARRETERA
Comprende 42 km por una carretera estrecha y sinuosa hasta Warren. Hay que enfilar Main St al noreste, cruzando el centro; en el segundo *stop* se gira a la derecha (hay un indicador de la ruta). Es un tramo de la antigua ruta de diligencias entre Galena y Chicago.

LA RUTA 66 EN ILLINOIS

La Mother Road ("carretera madre") de EE UU empieza en Adams St de Chicago, al oeste de Michigan Ave. Antes de ponerse en marcha, conviene repostar en Lou Mitchell's (p. 533), cerca de Union Station. De aquí a la frontera de Misuri hay 483 km.

Aunque gran parte de la Ruta 66 original ha sido sustituida en Illinois por la I-55, la antigua carretera todavía existe en algunos tramos, muchas veces paralelos a la interestatal. Hay que prestar atención a las señales marrones de "Historic Route 66" que aparecen en los cruces esenciales. Entre las paradas principales destacan:

Gemini Giant (810 E Baltimore St) Entre los campos de maíz en Wilmington, 96,5 km al sur de Chicago, emerge un astronauta de fibra de vidrio de 8,5 m que monta guardia frente al Launching Pad Drive In. El restaurante ya no funciona, pero esta figura verde con un cohete en las manos sigue siendo un buen hito fotográfico. Para llegar, hay que tomar la salida 241 de la I-55 y seguir por la Hwy 44 un breve trecho al sur hasta la Hwy 53, que conduce a la población.

Funk's Grove (☏309-874-3360; www.funksmaplesirup.com; ⊙9.00-17.00 lu-vi, desde 10.00 sa, desde 12.00 do) 145 km más adelante se ve la linda granja del s. XIX del jarabe de arce, en Shirley (salida 154 de la I-55). Después hay que tomar la antigua Ruta 66, un tramo paralelo a la interestatal, y al cabo de 16 km se llega al...

Palms Grill Cafe (☏217-648-2233; www.thepalmsgrillcafe.com; 110 SW Arch St; principales 5-8 US$; ⊙7.00-19.00 ma-sa), una cafetería en la anacrónica aldea de Atlanta, con su vitrina repleta de tartas de grosella, de crema de chocolate y otras variedades clásicas. Al otro lado de la calle está *Tall Paul*, una enorme estatua de Paul Bunyan sosteniendo un perrito caliente.

Cozy Dog Drive In (p. 543) es el lugar donde nació el perrito caliente rebozado en maíz y frito en un palo. Está en Springfield, a 80,5 km de Atlanta por la carretera.

Ariston Cafe (☏217-324-2023; www.ariston-cafe.com; 413 N Old Rte 66; principales 7-20 US$; ⊙11.00-21.00 ma-vi, 16.00-22.00 sa, 11.00-20.00 do) Más al sur hay un buen tramo de la antigua Ruta 66, paralelo a la I-55, que pasa por Litchfield, donde se puede comer un filete de pollo frito y una tarta de terciopelo rojo mientras se charla con los vecinos en este restaurante de 1924.

Chain of Rocks Bridge (Old Chain of Rocks Rd; ⊙9.00-anochecer) Antes de entrar en Misuri hay que desviarse de la I-270 por la salida 3 y seguir la Hwy 3 (Lewis and Clark Blvd) al sur, doblar a la derecha en el primer semáforo y seguir al oeste hasta este puente de 1929 sobre el Misisipi. Con sus 1,5 km, hoy solo puede cruzarse a pie o en bicicleta por el peligro que supone el ángulo de 22° en su trayectoria.

Más información en la **Route 66 Association of Illinois** (www.il66assoc.org) o **Illinois Route 66 Scenic Byway** (www.illinoisroute66.org). En www.historic66.com/illinois se hallarán indicaciones para hacer la ruta.

Shenandoah Riding Center PASEOS A CABALLO
(☏815-777-9550; www.theshenandoahridingcenter. com; 200 N Brodrecht Rd; paseo 1 h 45 US$) Ofrece paseos a caballo por el valle para todos los niveles de experiencia. Los establos están 13 km al este de Galena.

🛏 Dónde dormir

Galena rebosa de B&B. Muchos cuestan 100-200 US$ por noche y se llenan durante los fines de semana. Véanse los listados en www. galena.org.

Grant Hills Motel MOTEL $
(☏877-421-0924; www.granthills.com; 9372 US 20; h 80-100 US$; ❉🐾🛜🏊) De cara al campo, es una opción sin lujos 2,5 km al este del pueblo, con una pista de lanzamiento de herraduras.

DeSoto House Hotel HOTEL $$
(☏815-777-0090; www.desotohouse.com; 230 S Main St; h 155-205 US$; ❉🛜) Grant y Lincoln se alojaron en las habitaciones bien equipadas de este hotel de 1855.

🍴 Dónde comer y beber

Fritz and Frites FRANCESA, ALEMANA **$$**

(☑815-777-2004; www.fritzandfrites.com; 317 N Main St; principales 17-22 US$; ⊙11.30-20.00 ma-do) Este pequeño y romántico bistró posee una carta concisa de platos clásicos franceses y alemanes, como mejillones al champán o un tierno *schnitzel*.

111 Main ESTADOUNIDENSE **$$**

(☑815-777-8030; www.oneelevenmain.com; 111 N Main St; principales 17-26 US$; ⊙16.00-21.00 lu y ju, 11.00-22.00 vi y sa, hasta 21.00 do) Carne asada, cerdo con alubias y otros platos típicos del Medio Oeste, hechos con ingredientes de las granjas vecinas.

VFW Hall BAR

(100 S Main St; ⊙10.00-23.00) Este bar ofrece la oportunidad de beber cerveza barata y ver televisión junto a veteranos de guerra. No hay que ser tímido: como reza el cartel, el público es bienvenido.

Quad Cities

Al sur de Galena, en un agradable tramo de la **Great River Road** (www.greatriverroad-illinois. org) se encuentra el precioso **Mississippi Palisades State Park** (☑815-273-2731), una conocida zona de escalada en roca, excursionismo y *camping;* en las oficinas del acceso norte tienen mapas de las rutas.

Río abajo, las Quad Cities (www.visitquad cities.com): Moline y Rock Island en Illinois, y Davenport y Bettendorf al otro lado del río, en Iowa, invitan a detenerse. Rock Island posee un centro urbano agradable (entre 2nd Ave y 18th St), con un par de cafeterías y un animado ambiente musical y de *pubs*. En el perímetro del pueblo, el **Black Hawk State Historic Site** (www.blackhawkpark.org; 1510 46th Ave; ⊙amanecer-22.00) es un gran parque con senderos junto al río Rock y el **Hauberg Indian Museum** (☑309-788-9536; Watch Tower Lodge; ⊙9.00-12.00 y 13.00-17.00 mi-do) GRATIS que repasa la triste historia del jefe sauk Black Hawk (Halcón Negro) y su pueblo.

En el río Misisipi, el islote de **Rock Island** albergó antaño un arsenal de la Guerra de Secesión y un campo de prisioneros. Hoy alberga el impresionante **Rock Island Arsenal Museum** (www.arsenalhistoricalsociety. org; ⊙12.00-16.00 ma-sa) GRATIS, un cementerio de la Guerra de Secesión y otro nacional, y un centro de visitantes para ver las barcazas. Hay que llevar un documento de identidad

con fotografía, pues todavía es territorio militar activo.

Moline es la ciudad natal de John Deere, el célebre fabricante de maquinaria agrícola. En el centro urbano puede verse el **John Deere Pavilion** (www.johndeerepavilion.com; 1400 River Dr; ⊙9.00-17.00 lu-vi, 10.00-17.00 sa, 12.00-16.00 do; 🐾) GRATIS, un museo-sala de exposiciones que encanta a los niños.

Springfield y centro de Illinois

Abraham Lincoln y los puntos más interesantes de la Ruta 66 se reparten por todo el centro de Illinois, que por lo demás son tierras agrícolas. Arthur y Arcola, al este de Decatur, son núcleos amish.

Springfield

La pequeña capital del estado vive en torno a Abraham Lincoln, que ejerció de abogado en ella de 1837 a 1861. Se puede llegar a pie a muchos de los lugares de interés del centro, que son gratis o cuestan muy poco.

💿 Puntos de interés

Lincoln Home y centro de visitantes ENCLAVE HISTÓRICO

(☑217-492-4150; www.nps.gov/liho; 426 S 7th St; ⊙ 8.30-17.00) GRATIS Para entrar en la casa de Lincoln hay que recoger un tique en el centro de visitantes del National Park Service. La casa está situada al otro lado de la calle y tiene 12 habitaciones. En ella vivieron Abe y Mary Lincoln desde 1844 hasta que se trasladaron a la Casa Blanca en 1861. Por todo el recinto hay guardas que facilitan información sobre el contexto histórico.

Lincoln Presidential Library & Museum MUSEO

(☑217-558-8844; www.illinois.gov/alplm; 212 N 6th St; adultos/niños 15/6 US$; ⊙9.00-17.00; 🐾) Este museo contiene la más completa colección sobre Lincoln. Hay objetos auténticos, como el espejo que usaba para afeitarse o el maletín, así como exposiciones efectistas y hologramas que impresionan a los niños.

Tumba de Lincoln TUMBA

(www.lincolntomb.org; 1441 Monument Ave; ⊙ 9.00-17.00 mi-sa) GRATIS Después del asesinato, el cuerpo de Lincoln fue devuelto a Springfield, donde reposa en una impresionante tumba del cementerio de Oak Ridge, 2,5 km

l norte del centro. El brillo de la nariz del
ºusto del presidente se debe al roce de los
ledos de los numerosos visitantes. Los mar-
.es de verano a las 19.00, unos soldados de
nfantería disparan sus mosquetes y arrían
a bandera.

Old State Capitol ENCLAVE HISTÓRICO

217-785-7960; 6th esq. Adams St; donativo sugerido 5 US$; 9.00-17.00 mi-sa) Unos guías
parlanchines acompañan al visitante por el
edificio contando anécdotas sobre Lincoln y
el famoso discurso "Casa dividida" que dio
aquí en 1858.

Dónde dormir y comer

State House Inn HOTEL $$

217-528-5100; www.thestatehouseinn.com; 101
E Adams St; h 120-155 US$; P@) Por fuera
parece de simple hormigón, pero por dentro
muestra su estilo. Las habitaciones tienen
camas confortables y baños amplios, y en el
vestíbulo hay un bar *retro*.

Inn at 835 B&B $$

217-523-4466; www.innat835.com; 835 S 2nd St;
h 135-205 US$; P) Esta mansión histórica
de estilo *arts and crafts* tiene 11 habitaciones
con cama de dosel y bañera con patas.

Cozy Dog Drive In ESTADOUNIDENSE $

www.cozydogdrivein.com; 2935 S 6th St; princip-
es 2-5 US$; 8.00-20.00 lu-sa) Esta leyenda de
la Ruta 66 llena de recuerdos es la supuesta
cuna del *corn dog*.

Norb Andy's Tabarin COMIDA DE PUB $

www.norbandys.com; 518 E Capitol Ave; princip-
es 8-10 US$; 16.00-1.00 ma-sa) Esta taberna-
restaurante del centro, muy apreciada por
los vecinos, ocupa la Hickox House de 1837.
Prepara los mejores *horseshoe* (herraduras)
de Springfield, un sándwich típico de pan
tostado con carne frita, cubierto de patatas
fritas y queso fundido.

Ocio

Route 66 Drive In CINE

217-698-0066; www.route66-drivein.com; 1700
Recreation Dr; adultos/niños 7,50/5 US$; noches
jun-ago, fines de semana med abr-may y sep) Películas de estreno bajo las estrellas.

Información

Springfield Convention & Visitors Bureau
(www.visitspringfielillinois.com) Edita una
práctica guía para el visitante.

Cómo llegar y desplazarse

La **estación de Amtrak** (217-753-2013; 3rd
esq. Washington St), en el centro urbano, tiene
cinco trenes diarios a/desde San Luis (2 h) y
Chicago (3½ h).

Petersburg

Cuando Lincoln llegó por primera vez a Illinois en 1831, ejerció varios oficios, como ofi-
cinista, tendero y jefe de correos en el pueblo
fronterizo de New Salem, antes de estudiar
derecho y trasladarse a Springfield. En Petersburg, 32 km al noroeste de Springfield,
el Lincoln's New Salem State Historic Site
(217-632-4000; www.lincolnsnewsalem.com; Hwy
97; donativo sugerido adultos/niños 4/2 US$;
9.00-16.00 mi-do) reconstruye el pueblo con
reproducciones de los edificios, exposiciones
de historia y actores vestidos de época.

Sur de Illinois

Una sorpresa espera al visitante cerca de Co-
llinsville, 13 km al este de East St Louis. De-
clarado Patrimonio Mundial por la Unesco,
el Cahokia Mounds State Historic Site
(618-346-5160; www.cahokiamounds.org; Collins-
ville Rd; donativo sugerido adultos/niños 7/2 US$;
recinto 8.00-anochecer, centro visitantes 9.00-17.00
mi-do) protege las ruinas de la mayor ciudad
prehistórica de Norteamérica (con 20 000

habitantes y varios barrios), que data del año 1200. Aunque los 65 túmulos, incluido el enorme Monk's Mound, no son muy impresionantes en sí, el conjunto es digno de visitarse. Si se llega desde el norte, hay que tomar la salida 24 de la I-255 S; y desde San Luis, la salida 6 de la I-55/70.

Un poco más al norte, en Hartford, el magnífico Lewis & Clark State Historic Site (☎618-251-5811; www.campdubois.com; Hwy 3 esq. Poag Rd; ☺9.00-17.00 mi-do) GRATIS señala el lugar del que partieron los exploradores en su viaje. La reproducción del barco de 17 m de eslora (en el centro de visitantes) y del campamento de invierno (en la pradera), junto al potente Misisipi, dan realismo al conjunto. Desde la cercana torre Lewis & Clark Confluence (www.confluencetower.com; 435 Confluence Tower Dr; adultos/niños 4/2 US$; ☺9.30-17.00 lu-sa, desde 12.00 do) se dominan extensas vistas.

Siguiendo al noroeste por el río, los 24 km de la Hwy 100 entre Alton y Grafton tal vez sean el tramo más pintoresco de toda la Great River Road. La carretera avanza bajo unos peñascos tallados por el viento, donde hay que estar atento al desvío que lleva a la diminuta aldea de Elsah, con sus casitas de piedra del s. XIX, talleres de carretas y granjas.

La única zona del estado que no son llanuras agrícolas es la verde región del extremo sur, dominada por las colinas y afloramientos rocosos del Shawnee National Forest (☎618-253-7114; www.fs.usda.gov/shawnee). Posee numerosos parques estatales y áreas recreativas aptas para el excursionismo, la escalada, el baño, la pesca y el remo en canoa, sobre todo entre Little Grassy Lake y Devil's Kitchen. La zona también incluye un pantanal típico sureño, con sus cipreses cubiertos de musgo y sus ranas toro: el Cypress Creek National Wildlife Refuge (☎618-634-2231; www.fws.gov/refuge/cypress_creek).

Union County, cerca del extremo sur del estado, tiene bodegas y huertos. La Shawnee Hills Wine Trail (www.shawneewinetrail.com) es una ruta vinícola de 56 km por 12 viñedos.

INDIANA

El estado gira alrededor de la carrera de las 500 Millas de Indianápolis, pero el resto es todo maíz y placeres sosegados: comer pasteles en territorio amish, meditar en los templos tibetanos de Bloomington y admirar la imponente arquitectura de la pequeña Columbus. Desde 1830, a los de Indiana se les llama *hoosiers*, aunque el origen del nombre se desconoce. Una teoría dice que cuando los primeros colonos llamaban a una puerta les respondían "who's here?", expresión que no tardó en convertirse en "hoosier". Es algo digno de comentar con los lugareños, tal vez delante de un típico bocadillo de cerdo empanado.

ℹ Información

Indiana Highway Conditions (☎800-261-7623; http://indot.carsprogram.org). Estado de las carreteras.

Indiana State Park Information (☎800-622-4931; www.in.gov/dnr/parklake) La entrada al parque cuesta 2 US$/día a pie o en bicicleta, más 9-12 US$ por vehículo y 12-44 US$ por acampar; se puede reservar (☎866-622-6746; www.camp.in.gov).

Indiana Tourism (☎800-677-9800; www.visitindiana.com)

Indianápolis

La pulcra "Indy" es la capital del estado y una ciudad muy agradable para ver carreras y dar una vuelta en el famoso circuito. El museo de arte y el White River State Park también resultan atractivos, al igual que las zonas de restaurantes y bares de Mass Ave y Broad Ripple, y todo lo relacionado con Kurt Vonnegut. Hay una estupenda ruta para no perderse nada.

◉ Puntos de interés y actividades

El centro urbano se centra en Monument Circle, y el River State Park y sus numerosos puntos de interés están 1 km al oeste.

Indianapolis Motor Speedway MUSEO (☎317-492-6784; www.indianapolismotorspeedway.com; 4790 W 16th St; adultos/niños 8/5 US$; ☺9.00-17.00 mar-oct, 10.00-16.00 nov-feb) El circuito de las 500 Millas de Indianápolis, 9,5 km al noroeste del centro, es la gran atracción. En el Hall of Fame Museum se guardan 75 coches de carreras (incluidos antiguos ganadores) y un trofeo de 227 kg creado por Tiffany. También se puede realizar una visita a la pista (8 US$ extra) desde un autobús a 60 km/h, pero como simulacro es bastante divertido.

La famosa carrera tiene lugar el domingo anterior al Memorial Day (finales de mayo) y reúne a 450 000 enloquecidos fans. Puede ser difícil conseguir **entrada** (☎800-822-4639; www.imstix.com; 40-185 US$), pero las de los entrenamientos previos son más económicas y accesibles.

Dallara IndyCar Factory `MUSEO`
(☎317-243-7171; www.indycarfactory.com; 1201 W Main St; adultos/niños 10/5 US$; ⊙10.00-18.00 lu-sa) La fábrica está a unos pasos del circuito, y el museo, inaugurado en el 2012, permite ver cómo se fabrican los coches más veloces. Las maquetas en el túnel del viento ponen los pelos de punta, al igual que los simuladores, en los que el visitante puede sentir lo que es circular por la pista a más de 300 km/h.

White River State Park `PARQUE ESTATAL`
(http://inwhiteriver.wrsp.in.gov) Este extenso parque en la periferia del centro contiene varios lugares interesantes. El edificio de adobe del **Eiteljorg Museum of American Indians & Western Art** (www.eiteljorg.org; 500 W Washington St; adultos/niños 12/6 US$; ⊙10.00-17.00 lu-sa, desde 12.00 do) exhibe cestería indígena, cerámica y máscaras, así como pinturas de Frederic Remington y Georgia O'Keeffe. Otras atracciones son un agradable **estadio de béisbol de la liga menor**, un **zoo**, un **paseo por el canal**, jardines, un **museo de la ciencia** y un **museo del deporte universitario**.

Indianapolis Museum of Art `MUSEO, JARDINES`
(☎317-920-2660; www.imamuseum.org; 4000 Michigan Rd; adultos/niños 18/10 US$; ⊙11.00-17.00 ma-do, hasta 21.00 ju) Posee una magnífica colección de arte europeo (sobre todo Turner y posimpresionistas), arte tribal africano, chino y del sur del Pacífico. También incluye el **Oldfields-Lilly House & Gardens**, donde se puede visitar la mansión de 22 habitaciones y los jardines de la familia de farmacéuticos Lilly, y el **Fairbanks Art & Nature Park** (gratis) con llamativas esculturas modernas repartidas por 40 Ha de bosque.

Kurt Vonnegut Memorial Library `MUSEO`
(www.vonnegutlibrary.org; 340 N Senate Ave; ⊙ 11.00-18.00 lu, ma, ju y vi, 12.00-17.00 sa y do) `GRATIS` El escritor Kurt Vonnegut nació y se crió en Indy, y este humilde museo le rinde homenaje exhibiendo sus cigarrillos Pall Mall, dibujos graciosos y cartas de rechazo de los editores. La biblioteca también tiene una reproducción de su oficina, con la alfombra de cuadros, una lámpara con un gallo rojo y la máquina de escribir Coronamatic azul. El visitante puede sentarse en el escritorio y escribirle una nota; la biblioteca las tuitea.

DATOS DE INDIANA

Apodo Estado Hoosier

Población 6,6 millones

Superficie 94 327 km²

Capital Indianápolis (843 400 hab.)

Impuesto sobre ventas 7%

Hijos célebres El escritor Kurt Vonnegut (1922-2007), James Dean (1931-1955), el presentador de TV David Letterman (1947), el roquero John Mellencamp (1951) y Michael Jackson (1958-2009)

Cuna de granjeros y del maíz

Política Típicamente republicano

Famoso por las 500 Millas de Indianápolis, el fanatismo por el baloncesto y el bocadillo de cerdo empanado

Tarta oficial de azúcar y nata

Distancias De Indianápolis a Chicago, 298 km; y a Bloomington, 85,5 km

---

Rhythm! Discovery Center `MUSEO`
(www.rhythmdiscoverycenter.org; 110 W Washington St; adultos/niños 10/6 US$; ⊙10.00-17.00 lu, ma y ju-sa, 12.00-19.00 mi, 12.00-17.00 do) En esta pequeña joya del centro se pueden tocar tambores, gongs, xilófonos e instrumentos de percusión de todo el mundo y admirar los que han pertenecido a músicos famosos. Mientras los niños disfrutan, los adultos podrán entrar en el estudio insonorizado para dar rienda suelta a su genio (y grabarlo).

Indiana Medical History Museum `MUSEO`
(☎317-635-7329; www.imhm.org; 3045 W Vermont St; adultos/niños 10/3 US$; ⊙10.00-15.00 lu-sa) Este hospital psiquiátrico centenario se ajusta exactamente a la idea generalizada del manicomio de una película de terror. Las visitas guiadas (a la hora en punto) recorren el antiguo laboratorio patológico, desde la fría sala de autopsias a la misteriosa sala de muestras, llena de cerebros en frascos. Está unos kilómetros al oeste del parque White River.

Children's Museum of Indianapolis `MUSEO`
(☎317-334-4000; www.childrensmuseum.org; 3000 N Meridian St; adultos/niños 21,50/18,50 US$; ⊙ 10.00-17.00, cerrado lu med sep-feb) El museo infantil más grande del mundo ocupa cinco plantas con dinosaurios y una escultura de 13 m de Dale Chihuly.

Cultural Trail
CICLISMO, SENDERISMO

(www.indyculturaltrail.org) Este recorrido de casi 13 km para bicicletas y peatones pasa por lugares de interés y barrios del centro de Indianápolis. Por el camino hay estaciones de bicicletas Pacers Bikeshare, muy prácticas para dar breves paseos.

Bicycle Garage Indy
ALQUILER DE BICICLETAS

(www.bgindy.com; 222 E Market St; alquiler 2 h/1 día 20/40 US$; ⊙7.00-20.00 lu-vi, 8.00-16.00 sa) Alquila bicicletas para dar paseos y hacer la Cultural Trail, que empieza delante de la tienda y conecta con la vía verde Monon Trail. El precio incluye casco, candado y mapa.

🛏 Dónde dormir

Los hoteles son más caros y suelen estar llenos durante las semanas de carrera en mayo, junio, julio y agosto. A los precios indicados aquí hay que sumar un impuesto del 17%. En la autovía de circunvalación (I-465) hay moteles económicos.

Indy Hostel
ALBERGUE $

(☎317-727-1696; www.indyhostel.us; 4903 Winthrop Ave; dc/h desde 28/58 US$; ℗⊛@🛜) Este pequeño y agradable albergue posee un dormitorio femenino de seis camas y otro mixto de 12. También hay cuatro habitaciones privadas y en el patio se puede montar la tienda por 19 US$. Alquila bicicletas (10 US$/día). Está cerca de Broad Ripple y lejos del centro (autobús nº 17). La ruta ciclo-peatonal Monon Trail pasa junto a la finca.

Hilton Garden Inn
HOTEL $$

(☎317-955-9700; www.indianapolisdowntown.gardeninn.com; 10 E Market St; h 150-190 US$; ⊛@🛜⊛) Una arquitectura neoclásica y centenaria, camas mullidas y una situación céntrica junto a Monument Circle hacen de este hotel de cadena una excelente opción. Servicio de aparcacoches 27 US$.

Stone Soup
B&B $$

(☎866-639-9550; www.stonesoupinn.com; 1304 N Central Ave; h 90-150 US$; ℗⊛⊛🛜) Esta casa laberíntica y llena de antigüedades está algo destartalada, pero tiene su encanto. Ofrece nueve habitaciones, las más económicas con baño compartido.

The Alexander
HOTEL $$

(☎317-624-8200; www.thealexander.com; 333 S Delaware St; h 170-270 US$) Este hotel está dedicado al arte. En el vestíbulo se exhiben 40 obras de arte contemporáneo, propiedad del Indianapolis Museum of Art (accesibles al público). Las 209 modernas habitaciones tienen suelos de madera oscura y arte en las paredes. Está a una manzana del estadio de baloncesto y a veces los equipos visitantes se alojan el él. Servicio de aparcacoches 29 US$.

🍴 Dónde comer

Massachusetts Ave (www.discovermassave.com), junto al centro, está llena de restaurantes. En Broad Ripple (www.discoverbroadripplevillage.com), 11 km al norte, hay *pubs*, cafeterías y restaurantes exóticos.

Mug 'N' Bun
ESTADOUNIDENSE $

(www.mug-n-bun.com; 5211 W 10th St; principales 4-8 US$; ⊙10.00-21.00 do-ju, hasta 22.00 vi y sa) Este *drive-in* tradicional, cerca del circuito, sirve una magnífica cerveza de raíces casera en jarras heladas. Los panecillos llevan hamburguesas, *chili dogs* y jugosos filetes de cerdo. Conviene pedir los buñuelos de macarrones con queso.

Public Greens
ESTADOUNIDENSE $

(www.publicgreensurbankitchen.com; 900 E 64th St; principales 7-14 US$; ⊙8.00-21.00 do-ju, hasta 22.00 vi y sa, reducido invierno) 🌿 Muchos ingredientes de sus platos caseros provienen de la pequeña granja aneja: col, remolacha, huevos... El 100% de los beneficios revierte en la comunidad para alimentar a los niños en situación de riesgo. Está montado como una cafetería y se pide en la barra. Está en Broad Ripple, al lado de la Monon Trail.

Bazbeaux
PIZZERÍA $

(☎317-636-7662; www.bazbeaux.com; 329 Massachusetts Ave; principales 8-15 US$; ⊙11.00-22.00 do-ju, hasta 23.00 vi y sa) Local predilecto de los vecinos, que ofrece una variada selección de *pizzas*, como la Tchoupitoulas al estilo cajún con gambas y salchicha *andouille*, además de *muffaletta*, *stromboli* y cerveza belga.

Mercado municipal
MERCADO $

(www.indycm.com; 222 E Market St; ⊙7.00-21.00 lu-vi, desde 8.00 sa; 🛜) El antiguo mercado municipal, de 1886, posee varios puestos de comida. El bar de arriba sirve 16 cervezas locales; los puestos suelen cerrar a las 15.00.

🍷 Dónde beber y ocio

El centro urbano y Mass Ave reúnen algunos bares buenos; en Broad Ripple también hay varios.

Bares

Sun King Brewing
FÁBRICA DE CERVEZA

(www.sunkingbrewing.com; 135 N College Ave; ☺ 10.00-19.00 lu-mi, hasta 20.00 ju y vi, 13.00-18.00 sa y do, reducido invierno) `GRATIS` Nunca se sabe lo que servirán en la sala de degustación que Sun King's tiene en el centro. Los jóvenes modernos acuden en masa para probar desde una *porter* báltica con sabor a cacao hasta una *pilsen* hecha con palomitas de Indiana. Los Flights son 6 catas de 0,9 dl que cuestan 6 US$. Los viernes, la cervecería está abarrotada, pues ofrece catas gratis y *growlers* baratas. El patio exterior bulle en verano.

Slippery Noodle Inn
BAR

(www.slipperynoodle.com; 372 S Meridian St; ☺ 11.00-3.00 lu-vi, 12.00-3.00 sa, 16.00-0.30 do) Este bar del centro, el más antiguo del estado, fue en el pasado burdel, matadero, lugar de reunión de gánsteres y estación de metro. Hoy es uno de los mejores clubes de *blues* del país, económico y con música en directo todas las noches.

Rathskeller
CERVECERÍA

(www.rathskeller.com; 401 E Michigan St; ☺ 14.00-madrugada lu-vi, desde 11.00 sa y do) En verano apetece beber las cervezas alemanas y nacionales en las mesas de la terraza. Para el crudo invierno, es mejor el salón interior, decorado con cabezas de ciervo. Ocupa el histórico edificio Athenaeum, cerca de Mass Ave.

Deportes

Las carreras no son el único espectáculo deportivo anhelado. El equipo de fútbol americano de los Colts disputa sus partidos de la NFL bajo la gigantesca cubierta retráctil del Lucas Oil Stadium (☎317-299-4946; www.colts. com; 500 S Capitol Ave). Por su parte, los Pacers de la NBA juegan en la Bankers Life Fieldhouse (☎317-917-2500; www.nba.com/pacers; 125 S Pennsylvania St).

🛍 De compras

Se pueden comprar recuerdos como una bandera de carreras, una camiseta de los Colts o una botella de aguamiel elaborada por una entusiasta pareja de exapicultores en New Day (www.newdaycraft.com; 1102 E Prospect St; ☺14.00-21.00 ma-ju, hasta 22.00 vi, 12.00-22.00 sa, 12.00-18.00 do). Antes de decidirse, es posible probar los productos en la sala de catas. También producen sidra.

🛈 COMER EN INDIANA

¿Qué restaurantes sirven el mejor solomillo de cerdo o la mejor tarta de azúcar y nata? ¿Dónde se celebran los mercados agrícolas o los festivales de costillas? ¿Cuál es la receta del budin de maíz? Para informarse de todo lo relacionado con la comida *hoosier*, hay que pasar por la Indiana Foodways Alliance (www.indianafoodways.com).

🛈 Información

Centro Médico de la Universidad de Indiana (☎317-274-4705; 550 N University Blvd)

Indianapolis Convention & Visitors Bureau (☎800-323-4639; www.visitindy.com) Se puede descargar una aplicación gratuita de la ciudad e imprimir tiques desde la web.

Indianapolis Star (www.indystar.com) El periódico diario de la ciudad.

Indy Rainbow Chamber (www.gayindynow.org) Facilita información para visitantes gais y lesbianas.

Nuvo (www.nuvo.net) Semanario alternativo gratuito con agenda cultural y musical.

🛈 Cómo llegar y desplazarse

El espléndido **aeropuerto internacional de Indianápolis** (IND; www.indianapolisairport.com; 7800 Col. H. Weir Cook Memorial Dr) está 26 km al suroeste de la ciudad. El autobús Washington (8) conecta el aeropuerto y el centro urbano (1,75 US$, 50 min); la lanzadera Go Green del aeropuerto es más rápida (10 US$, 20 min). Un taxi al centro cuesta unos 35 US$.

Greyhound (☎317-267-3074; www.greyhound.com) comparte la **Union Station** (350 S Illinois St) con Amtrak. Hay autobuses frecuentes a Cincinnati (2½ h) y Chicago (3½ h). **Megabus** (www.megabus.com/us) para en 200 E Washington St y a menudo es más económico. Amtrak cubre estas rutas pero tarda casi el doble.

IndyGo (www.indygo.net; billete 1,75 US$) se ocupa de los autobuses locales; el nº 17 va a Broad Ripple. El servicio es mínimo durante los fines de semana.

Pacers Bikeshare (www.pacersbikeshare. org; abono 24 h 8 US$) posee 250 bicicletas en 25 estaciones repartidas por la Cultural Trail del centro. Si el trayecto dura más de 30 min se aplican cargos extra.

Se puede pedir un taxi a **Yellow Cab** (☎317-487-7777).

Bloomington y centro de Indiana

La música *bluegrass,* los centros arquitectónicos, los templos tibetanos y James Dean surcan las tierras agrícolas de la zona.

Fairmount

En esta pequeña población situada al norte en la Hwy 9 nació James Dean, uno de los primeros ídolos de la modernidad. En el **Fairmount Historical Museum** (☎765-948-4555; www.jamesdeanartifacts.com; 203 E Washington St; ⊙10.00-17.00 lu-vi, desde 12.00 sa y do abr-oct) GRATIS se pueden ver sus bongos, entre otros objetos. También es el sitio ideal para hacerse con un plano gratis de los lugares relacionados con el actor, como la granja donde creció o su tumba, llena de besos y marcas de pintalabios. El museo vende pósteres, encendedores Zippo y otros recuerdos de la estrella, y anualmente patrocina el **James Dean Festival** (⊙fin sep), que atrae a miles de fans durante dos días de música y fiesta. La **James Dean Gallery** (☎765-948-3326; www.jamesdeangallery.com; 425 N Main St; ⊙9.00-18.00) GRATIS, a unas manzanas, es un museo privado que exhibe otros objetos del mito.

Columbus

Esta ciudad de Indiana debería figurar entre las más destacadas arquitectónicamente de EE UU, al lado de Chicago, Nueva York o Washington D. C. Situada 64 km al sur de Indianápolis por la I-65, es todo un museo del diseño. Desde la década de 1940, Columbus y

'SELF-SERVICE' GRAY BROTHERS

Los restaurantes autoservicio son una tradición en Indiana, pero muchos han desaparecido. La excepción es **Gray Brothers** (www.graybroscafe.com; 555 S Indiana St; principales 4-8 US$; ⊙ 11.00-20.30), que parece detenido en el tiempo. Ofrece una gran cantidad de platos, como pollo empanado, pastel de carne, macarrones con queso o tarta de azúcar y nata. Está en Mooresville, unos 29 km al sur del centro de Indianápolis en dirección a Bloomington.

sus principales empresas han recurrido a algunos de los mejores arquitectos del mundo, como Eero Saarinen, Richard Meier o I. M. Pei, para que crearan edificios tanto públicos como privados. El **centro de visitantes** (☎812-378-2622; www.columbus.in.us; 506 5th St; ⊙9.00-17.00 lu-sa, 12.00-17.00 do) facilita un plano de la ruta (3 US$) y ofrece visitas guiadas de 2 h en autobús (adultos/niños 25/15 US$); salen a las 10.00 (ma-vi), 10.00 y 14.00 (sa) y 14.00 (do); es mejor reservarlas por internet. Más de 70 edificios notables y piezas de arte público se reparten por una extensa zona que se puede visitar en automóvil, pero unas 15 obras del centro son accesibles a pie.

El céntrico **Hotel Indigo** (☎812-375-9100; www.hotelindigo.com; 400 Brown St; h 150-180 US$; ❀❀✿❀) ofrece las habitaciones modernas y alegres que caracterizan esta cadena, y en el vestíbulo, un perrito de lanas ejerce de embajador. A unas manzanas se encuentra **Zaharakos** (www.zaharakos.com; 329 Washington St; ⊙11.00-20.00), un dispensador de soda de 1909, con taburetes en la barra, camareros amables y muchas vidrieras.

Nashville

Esta aburguesada ciudad del s. xix repleta de antigüedades, al oeste de Columbus por la Hwy 46, es un centro turístico bullicioso, sobre todo cuando la gente acude a ver el espectáculo de las hojas en otoño. El **centro de visitantes** (☎812-988-7303; www.browncounty.com; 10 N Van Buren St; ⊙9.00-18.00 lu-ju, 9.00-19.00 vi y sa, 10.00-17.00 do; ☎) facilita mapas y tiques.

Además de recorrer sus galerías, se puede utilizar Nashville como punto de partida para ver el **Brown County State Park** (☎812-988-6406; tienda y RV parcelas 16-33 US$, bungalós desde 77 US$), un bosque de 6350 Ha con robles, nogales americanos y abedules, y senderos para recorrer las verdes colinas de la región a pie, en bicicleta o a caballo.

Entre los varios B&B de la zona, el céntrico **Artists Colony Inn** (☎812-988-0600; www.artistscolonyinn.com; 105 S Van Buren St; h 125-180 US$; ❀☎) destaca por sus excelentes habitaciones de estilo Shaker. El **comedor** (principales 10-19 US$; ⊙7.30-20.00 do-ju, hasta 21.00 vi y sa) ofrece comida tradicional de Indiana, como bagre o lomo de cerdo.

Como la Nashville de Tennessee, a esta también le gusta la música *country,* y hay varios locales donde tocan grupos asiduamente. Para bailar, se recomienda **Mike's Music &**

Dance Barn (☏812-988-8636; www.mikesmu sicbarn.com; 2277 Hwy 46; ⊗desde 18.30 ju-lu). El **Bill Monroe Museum** (☏812-988-6422; www. billmonroemusicpark.com; 5163 Rte 135 N; adultos/ niños 4 US$/gratis; ⊗9.00-17.00 lu-sa, 12.00-16.00 do, cerrado ma y mi nov-abr), 8 km al norte de la ciudad, está dedicado al ídolo del *bluegrass*. A mediados de junio organiza un festival de *bluegrass* de una semana de duración.

Bloomington

Esta encantadora ciudad de piedra caliza, animada y aficionada al ciclismo, está 85 km al sur de Indianápolis por la Hwy 37 y es la sede de la Universidad de Indiana. Bloomington gira alrededor de Courthouse Sq, con sus restaurantes, bares y librerías. Se puede llegar a pie a casi todas partes. El **centro de visitantes** (www.visitbloomington.com) edita una guía que se puede descargar.

En el extenso campus de la universidad, el **Art Museum** (☏812-855-5445; https://artmu seum.indiana.edu; 1133 E 7th St; ⊗10.00-17.00 ma-sa, desde 12.00 do) GRATIS proyectado por I. M. Pei, contiene una excelente colección de arte africano y pintura expresionista alemana.

El **Tibetan Mongolian Buddhist Cultural Center** (☏812-336-6807; www.tmbcc.org; 3655 Snoddy Rd; ⊗amanecer-anochecer) GRATIS es un colorido centro lleno de banderas de oración fundado por el hermano del Dalai Lama, y el **Dagom Gaden Tensung Ling Monastery** (☏812-339-0857; www.dgtlmonastery.org; 102 Clubhouse Dr; ⊗9.00-18.00) GRATIS, son una muestra de la importante presencia tibetana en Bloomington. Ambos poseen interesantes tiendas y ofrecen sesiones de meditación y enseñanzas gratuitas (véanse horarios en la web).

A mediados de abril la ciudad recibe a unas 20 000 personas con motivo de la **Little 500** (www.iusf.indiana.edu; entradas 30 US$), una extraordinaria carrera ciclista donde los aficionados compiten con bicicletas Schwinn de una marcha, dando 200 vueltas a una pista de 400 m.

Se puede encontrar alojamiento económico en N Walnut St, cerca de la Hwy 46. **Grant Street Inn** (☏800-328-4350; www.grantstinn. com; 310 N Grant St; h 159-239 US$; @🛜) posee 24 habitaciones en una casa victoriana y un anexo cerca del campus.

Bloomington posee gran variedad de restaurantes exóticos, desde birmanos a eritreos o turcos (véanse Kirkwood Ave y E 4th St). **Anyetsang's Little Tibet** (☏812-331-0122; www.anyetsangs.com; 415 E 4th St; principales 13-14 US$; ⊗11.00-15.00 y 17.00-21.00, cerrado ma) sirve especialidades del Himalaya. Los *pubs* de Kirkwood Ave, cerca de la universidad, se orientan a un público estudiantil. La clientela de **Nick's English Hut** (www.nicksenglishhut. com; 423 E Kirkwood Ave; ⊗11.00-2.00 lu-sa, hasta 24.00 sa) no se compone solo de estudiantes y profesores; en el pasado también frecuentaron el local Kurt Vonnegut y Dylan Thomas. Cerca del extremo norte, la rústica **Upland Brewing Co** (www.uplandbeer.com; 350 W 11th St; ⊗11.00-24.00 lu-ju, hasta 1.00 vi y sa, 12.00-24.00 do) elabora cervezas creativas, como una *lambic* de temporada con caquis de la zona.

Sur de Indiana

Las atractivas colinas, cuevas y ríos del sur de Indiana y su utópica historia distinguen a esta región del industrializado y llano norte.

Río Ohio

Este río de 1579 km delimita la frontera sur de Indiana. Desde la pequeña Aurora, en el extremo sureste del estado, las carreteras 56, 156, 62 y 66 forman la **Ohio River Scenic Route**, una ruta pintoresca a través de paisajes muy variados.

Si se llega por el este, se puede realizar una agradable parada en el pequeño **Madison**, un núcleo ribereño de mediados del s. xix, muy bien conservado, con edificios de gran belleza. El **centro de visitantes** (☏812-265-2956; www.visitmadison.org; 601 W First St; ⊗9.00-17.00 lu-vi, hasta 16.00 sa, 11.00-15.00 do) facilita un folleto con una ruta por los monumentos más notables.

Madison posee moteles en la periferia y varios B&B. Main St reúne numerosos sitios para comer y algunas tiendas de antigüedades. El extenso **Clifty Falls State Park** (☏812-273-8885; tienda y parcelas 16-33 US$), en un desvío de la Hwy 56 y 3 km al oeste del pueblo, dispone de *camping*, senderos, vistas y cascadas en una zona arbolada.

En Clarksville, **Falls of the Ohio State Park** (☏812-280-9970; www.fallsoftheohio.org; 201 W Riverside Dr) solo posee rápidos (no cascadas), pero resulta interesante por sus yacimientos fósiles de 386 millones de años. Todo se explica en el reformado **centro de interpretación** (adultos/niños 5/2 US$; ⊗9.00-17.00 lu-sa, desde 13.00 do). Para calmar la sed se puede ir a la ciudad vecina de New Albany, donde está la **New Albanian Brewing Com-**

pany Public House (www.newalbanian.com; 3312 Plaza Dr; ⊙11.00-23.00 lu-sa). Otra opción es cruzar el puente a Louisville (KY), conocida ciudad productora de *bourbon*.

La panorámica Hwy 62 se dirige al oeste hacia Lincoln Hills y, al sur, a las cuevas calizas de Indiana. La recomendable cueva Marengo (☎812-365-2705; www.marengocave. com; ⊙9.00-18.00 jun-ago, hasta 17.00 sep-may), al norte por la Hwy 66, organiza visitas de 40 min (adultos/niños 15/8,50 US$), 60 min (18/10 US$) o combinadas (25/14 US$) para ver estalagmitas y otras formaciones calizas. El mismo grupo se encarga de Cave Country Canoes (www.cavecountrycanoes.com; 112 W Main St; ⊙may-oct), en el cercano Milltown, con salidas de medio día (26 US$), un día (30 US$) o expediciones más largas por el pintoresco Blue River, donde pueden avistarse nutrias y la rara salamandra americana gigante.

Unos 6,5 km al sur de Dale, por un desvío de la I-64, está el Lincoln Boyhood National Memorial (☎812-937-4541; www.nps.gov/libo; adultos/familias/niños 5/10 US$/gratis; ⊙8.00-17.00), donde un joven Lincoln vivió de los 7 a los 21 años. Con la entrada al monumento también se puede visitar una granja de colonos (⊙8.00-17.00 may-ago) en funcionamiento.

New Harmony

El río Wabash marca la frontera con Illinois en el suroeste de Indiana. A orillas del río, al sur de la I-64, la cautivadora población de New Harmony alberga dos experimentos primitivos de vida comunal. A principios de s. XIX, una secta cristiana alemana, los armonistas, desarrolló una sofisticada población mientras esperaban la Segunda Venida. Más tarde, el utópico británico Robert Owen la adquirió. En el anguloso centro de visitantes Atheneum (☎812-682-4474; www.usi.edu/hnh; 401 N Arthur St; ⊙9.30-17.00, cerrado ene-med mar), dan información sobre el tema y un plano del itinerario a pie.

Hoy día, New Harmony conserva un halo contemplativo o incluso trascendente, perceptible en sus nuevos monumentos, como la Roofless Church o el laberinto, que simboliza la búsqueda espiritual. Hay un par de hostales y un *camping* en el Harmonie State Park (☎812-682-4821; acampada 23-33 US$). En el Main Cafe (508 Main St; principales 4-7 US$; ⊙5.30-13.00 lu-vi) sirven almuerzos a base de jamón, alubias y pan de maíz, y una rica tarta de crema de coco.

Norte de Indiana

Las autopistas de peaje I-80/I-90, muy transitadas por camiones, atraviesan el norte de Indiana. La carretera paralela US 20 es más lenta y barata, pero no más atractiva.

Dunas de Indiana

Playas soleadas, matorrales y bosques con *campings* dan fama al Indiana Dunes National Lakeshore (☎219-926-7561; www.nps.gov/indu) GRATIS y sus 24 km de costa en el lago Míchigan. Toda la zona es apta para el baño. A unos pasos de las playas hay varios senderos que cruzan por terrenos de arena y bosques. Los mejores son el Bailly-Chellberg Trail (4 km), por una finca agrícola de 1870 en activo, y el Heron Rookery Trail (3 km), donde suelen verse garzas azuladas. Toda esta riqueza natural se encuentra al lado de unas humeantes fábricas y acererías, visibles desde varios puntos del recorrido. El centro de visitantes (Hwy 49; ⊙8.00-18.00 jun-ago, hasta 16.30 sep-may) del parque informa del estado de las playas y facilita mapas con rutas de senderismo, ciclismo y ornitología.

El Indiana Dunes State Park (☎219-926-1952; www.dnr.in.gov/parklake; automóvil 12 US$) es un enclave lacustre de 850 Ha dentro del parque nacional, al final de la Hwy 49 y cerca de Chesterton. Posee más servicios, pero también está más regulado y concurrido (los vehículos pagan entrada). En invierno acuden esquiadores de fondo, y en verano, excursionistas. Hay siete rutas naturales; la nº 4 sube al monte Tom, desde donde se divisa la silueta de Chicago.

En estos parques no hay muchos sitios para comer, excepto un par de chiringuitos

---

LA MEJOR TARTA DE LOS GRANDES LAGOS

➡ **Village Inn** (p. 551) Crema y ruibarbo.

➡ **Crane's Pie Pantry** (p. 577) Manzanas y peras del huerto contiguo.

➡ **Palms Grill Cafe** (p. 541) Delicias de antaño en la Ruta 66.

➡ **Boyd & Wurthmann Restaurant** (p. 558) Numerosas variedades crujientes en territorio amish.

➡ **Betty's Pies** (p. 609) Irresistibles tartas con cobertura crujiente.

de playa, de modo que vale la pena detenerse en el Great Lakes Cafe (201 Mississippi St; principales 6-9 US$; ☉5.00-15.00 lu-vi, 6.00-13.00 sa; 🚹) de Gary, frecuentado por los trabajadores siderúrgicos, en el extremo occidental del Dunes.

Las dunas se pueden visitar en un día desde Chicago. El trayecto por carretera dura 1 h (pero aparcar puede ser difícil). El tren South Shore Metra (www.nictd.com), que sale de la céntrica Millennium Station tarda 1¼ h en llegar a las estaciones de Dune Park o Beverly Shores (ambas a 2,5 km de la playa, trayecto que debe hacerse a pie). Los que deseen quedarse pueden acampar (parcelas National Lakeshore 18 US$, parcelas del parque estatal 23-36 US$).

Junto a la frontera de Illinois, las ciudades siderúrgicas de East Chicago y Gary presentan paisajes urbanos deprimentes. Quienes atraviesen la zona en tren (con Amtrak o South Shore) verán de cerca las entrañas del progreso industrial.

South Bend

Es la sede de la Universidad de Notre Dame. Hay quien dice que el fútbol americano es una religión... Esto es lo que ocurre en Notre Dame, donde el "Touchdown Jesus" (un mural de Cristo resucitado con los brazos en alto, que recuerda a un árbitro señalando un *touchdown*) preside el estadio, con capacidad para 80 000 espectadores.

Las visitas al atractivo campus, con sus dos lagos, su arquitectura gótica y su emblemática Golden Dome sobre el edificio principal, salen del centro de visitantes (www.nd.edu/visitors; 111 Eck Center). Cerca del centro, en el Studebaker National Museum (☎574-235-9714; www.studebakermuseum.org; 201 S Chapin St; adultos/niños 8/5 US$; ☉10.00-17.00 lu-sa, desde 12.00 do), menos visitado, se puede contemplar un magnífico Packard de 1956 y otros automóviles clásicos fabricados en South Bend.

Territorio amish de Indiana

Al este de South Bend, en la zona de Shipshewana y Middlebury, se sitúa la tercera comunidad amish más grande de EE UU. Por ella circulan caballos y carretas, y unos hombres de largas barbas aran a mano los pulcros campos. En el Elkhart County CVB (☎800-262-8161; www.amishcountry.org) facilitan mapas. Pero lo mejor es recorrer una de las carreteras secundarias entre las dos

poblaciones, donde a menudo se ven familias que venden velas de cera de abeja, colchas y productos frescos en el porche de su casa, algo mucho más interesante que las tiendas y restaurantes turísticos de las carreteras principales. Casi todos los establecimientos cierran los domingos.

Village Inn (☎574-825-2043; 105 S Main St; principales 3-9 US$; ☉5.00-20.00 lu-vi, 6.00-14.00 sa; 🛜), en Middlebury, vende tartas deliciosas, como la de ruibarbo y crema. Las mujeres, con sus gorros y vestidos de color pastel, llegan a las 4.30 para hornearlas y se acaban, así que conviene acudir antes de las 12.00. Al otro lado de la calle, 41 Degrees North (104 S Main St; ☉11.00-22.30 ma-ju, hasta 24.00 vi, 13.00-24.00 sa) ofrece una estupenda selección de cervezas regionales. Der Ruhe Blatz Motel (☎260-758-0670; www.therestplace.com; 1195 S Van Buren St; h 68-105 US$; 🅿🛜) es un motel sencillo, pero bien situado en la carretera principal de Shipshewana, para observar el tráfico matutino de carretas.

Auburn

Antes de llegar a la frontera de Ohio, es posible desviarse al sur por la I-69 hasta la población de Auburn, donde la Cord Company produjo los coches más vendidos de EE UU en las décadas de 1920 y 1930. El Auburn Cord Duesenberg Museum (☎260-925-1444; www.automobilemuseum.org; 1600 S Wayne St; adultos/niños 12,50/7,50 US$; ☉10.00-19.00 lu-vi, hasta 17.00 sa y do) incluye una magnífica exposición de los primeros descapotables en un atractivo edificio modernista. Al lado se encuentran los camiones antiguos del National Automotive and Truck Museum (☎260-925-9100; www.natmus.org; 1000 Gordon Buehrig Pl; adultos/niños 8/4 US$; ☉9.00-17.00).

OHIO

En el "Buckeye State" (*buckeye* es un castaño autóctono) uno puede pasear en carreta por la mayor comunidad amish del país, marearse en una de las montañas rusas más rápidas del mundo, saborear un cremoso batido recién preparado en una lechería o examinar una enorme y misteriosa escultura de una serpiente integrada en la tierra. Los lugareños se sienten ofendidos cuando los visitantes piensan que lo único que se puede hacer en Ohio es tumbar vacas... Además de estas actividades, el visitante podrá compartir un *five-way* en Cincinnati y rocanrolear en Cleveland.

❶ Información

Ohio Division of Travel and Tourism (☏800-282-5393; www.discoverohio.com)
Ohio Highway Conditions (www.ohgo.com) Estado de las carreteras.
Ohio State Park Information (☏614-265-6561; http://parks.ohiodnr.gov) La visita a los parques estatales es gratis; algunos ofrecen wifi, también gratis. Las parcelas para tienda y caravana cuestan 19-39 US$; se aceptan reservas (☏866-644-6727; http://ohiostateparks.reserveamerica.com; tasa 8 US$).

Cleveland

Aprovechando sus raíces obreras, Cleveland se ha esforzado últimamente en demostrar que está en forma. El primer paso fue controlar la degradación del río Cuyahoga, que llegaba a provocar incendios. El segundo fue hacer algo en la ciudad que atrajera la atención, como el Rock and Roll Hall of Fame. El tercero fue limpiar los espacios públicos del centro y abrir hoteles y restaurantes modernos. Esta sucia ciudad ha recorrido un largo camino; e incluso LeBron James ha visto suficiente movida para volver.

◉ Puntos de interés y actividades

El centro de Cleveland es Public Sq, presidida por la llamativa torre Terminal y un casino. Casi todos los lugares de interés están en el centro, frente al lago o en University Circle (una zona que abarca la Case Western Reserve University, la Cleveland Clinic y otras instituciones).

◉ Centro

Rock and Roll Hall of Fame & Museum   MUSEO
(☏216-781-7625; www.rockhall.com; 1100 E 9th St; adultos/niños 22/13 US$; ⊙10.00-17.30, hasta 21.00 mi todo el año, hasta 21.00 sa jun-ago) La principal atracción de Cleveland es una especie de desván de curiosos recuerdos: la Stratocaster de Jimi Hendrix, los topolinos de Keith Moon, el traje de Sargent Pepper de John Lennon y un trozo de carta amenazadora de 1966 enviada por un fiyiano a los Rolling Stones. Pero el museo también alberga exposiciones multimedia que repasan la historia y el contexto social de la música *rock* y sus artistas.

Se ubicó en Cleveland por ser la ciudad natal de Alan Freed, el DJ que popularizó el término "rock and roll" a principios de los años cincuenta, y porque la ciudad presionó e invirtió mucho también. Suele estar abarrotado (sobre todo hasta las 13.00, aprox.).

Great Lakes Science Center   MUSEO
(☏216-694-2000; www.greatscience.com; 601 Erieside Ave; adultos/niños 15/12 US$; ⊙10.00-17.00 lu-sa, desde 12.00 do; ▣) Es uno de los 10 museos del país afiliado a la NASA. Profundiza en el tema del espacio a base de cohetes, piedras lunares, la cápsula Apolo de 1973..., y en los problemas medioambientales del lago.

William G. Mather   MUSEO
(☏216-694-2000; www.greatscience.com; 601 Erieside Ave; adultos/niños 8/6 US$; ⊙11.00-17.00 ma-sa, desde 12.00 do jun-ago, solo sa y do may, sep y oct, cerrado nov-abr) Este enorme carguero amarrado junto al Great Lakes Science Center, que lo gestiona, se ha convertido en museo de los barcos de vapor y puede verse con una visita autoguiada.

The Flats   PASEO
(www.flatseast.com) Antigua zona industrial convertida en centro del ocio nocturno junto al río Cuyahoga. Después de años de abandono, Los Flats, vuelven a estar en la cresta de la ola. La East Bank posee un paseo entarimado, elegantes restaurantes, bares y una sala de conciertos al aire libre. La West Bank es algo más insegura y extensa, con un antiguo garaje convertido en bodega-cervecería, un parque para monopatines y tabernas tradicionales.

◉ Ohio City y Tremont

Mercado de West Side   MERCADO
(www.westsidemarket.org; W 25th St esq. Lorain Ave; ⊙7.00-16.00 lu y mi, hasta 18.00 vi y sa) Este mercado de estilo europeo está repleto de puestos de frutas y verduras y de vendedores de salchichas húngaras, *cannoli* italianos y *pierogi* polacos.

Christmas Story House & Museum MUSEO
(☏216-298-4919; www.achristmasstoryhouse.com; 3159 W 11th St; adultos/niños 10/6 US$; ⊙10.00-17.00 lu-sa, desde 12.00 do) Esta es la casa original de la película de 1983 *Historias de Navidad*. Está en Tremont y no le falta ni la lámpara con forma de pierna. Solo para verdaderos fans.

University Circle

Este distrito, 8 km al este del centro, reúne varios museos y lugares de interés lo bastante próximos para visitarlos a pie. Si el viajero no dispone de automóvil, puede tomar el autobús HealthLine hasta Adelbert. La zona norte del barrio se conoce como Uptown y posee cafeterías estudiantiles.

★ Cleveland Museum of Art MUSEO
(☎216-421-7340; www.clevelandart.org; 11150 East Blvd; ◌10.00-17.00 ma-do, hasta 21.00 mi y vi) GRATIS
Recién ampliado, alberga una excelente colección de pintura europea, además de arte africano, asiático y americano. En la 2ª planta hay obras de Picasso, el impresionismo y el surrealismo. En las galerías hay pantallas táctiles interactivas que amplían la información. En la Gallery One, cerca de la entrada, puede verse un atractivo resumen de lo más destacado.

Museum of Contemporary Art Cleveland MUSEO
(MOCA; ☎circuitos audio 216-453-3960; www.mocacleveland.org; 11400 Euclid Ave; adultos/niños 8/5 US$; ◌11.00-17.00 ma-do, hasta 21.00 ju) Este brillante edificio impresiona con sus cuatro plantas de acero negro y su geometría, pero en el interior no hay gran cosa. Las plantas 2 y 4 albergan las galerías; las exposiciones se centran en un artista o dos y cambian a menudo. Se recomienda pedir una audioguía de la arquitectura y las instalaciones.

Cementerio de Lake View CEMENTERIO
(☎216-421-2665; www.lakeviewcemetery.com; 12316 Euclid Ave; ◌7.30-19.30) Más allá del Circle, hacia el este, se encuentra este ecléctico cementerio que es un museo al aire libre. Destaca la grandiosa torre donde descansa el presidente James Garfield (excesiva, considerando que solo estuvo seis meses en el cargo). Otras tumbas notables son la del famoso escritor de cómics Harvey Pekar y, contigua, la del paladín contra el crimen Eliot Ness.

🛏 Dónde dormir

Los precios indicados aquí corresponden a la temporada alta de verano y no incluyen el impuesto del 16,5%. En el centro se han inaugurado varios hoteles selectos y de negocios para satisfacer la creciente presencia del turismo de congresos. Los sencillos moteles están al suroeste del centro, cerca del aeropuerto. En W 150th (salida 240 de la I-71) hay varias opciones por menos de 100 US$.

DATOS DE OHIO

Apodo Estado del castaño de Indias

Población 11,6 millones

Superficie 116 096 km²

Capital Columbus (822 500 hab.)

Otras ciudades Cleveland (390 100 hab.), Cincinnati (297 500 hab.)

Impuesto sobre ventas 5,75%

Hijos célebres Thomas Edison (1847-1931), la escritora Toni Morrison (1931), el empresario Ted Turner (1938) y Steven Spielberg (1947)

Cuna de vacas, montañas rusas y los hermanos Wright

Política Estado en disputa

Famoso por el primer avión, el primer equipo de béisbol profesional y por ser la cuna de siete presidentes de EE UU

Tema 'rock' estatal "Hang On Sloopy"

Distancias De Cleveland a Columbus, 228,5 km; de Columbus a Cincinnati, 173,8 km

★ Cleveland Hostel ALBERGUE $
(☎216-394-0616; www.theclevelandhostel.com; 2090 W 25th St; dc/h desde 28/71 US$; ✳🤙) Es un fantástico albergue bastante nuevo, en Ohio City, a unos pasos de una parada de la RTA y del mercado de West Side. Tiene 15 habitaciones, entre dormitorios y cuartos privados. Todas disponen de camas mullidas, paredes de colores relajantes y una elegante decoración con antigüedades. También posee una animada terraza en la azotea y un aparcamiento gratuito; no es de extrañar que esté lleno.

Holiday Inn Express HOTEL $$
(☎216-443-1000; www.hiexpress.com; 629 Euclid Ave; h 130-190 US$; 🅿✳@🤙) Este refinado hotel es mucho más que un simple establecimiento de cadena. Posee habitaciones grandes y elegantes, y vistas sublimes. Ocupa el antiguo edificio de un banco y está muy bien situado cerca de la zona de ocio de E 4th St. El precio incluye un desayuno caliente en autoservicio y bebidas por la noche. El aparcamiento cuesta 15 US$.

Glidden House HOTEL-BOUTIQUE $$
(☎216-231-8900; www.gliddenhouse.com; 1901 Ford Dr; h 160-180 US$; 🅿✳🤙) En University

LA LÁMPARA DE ARAÑA Y EL SELLO MÁS GRANDES DEL MUNDO

Cleveland ha instalado la araña más grande del mundo (Euclid esq. E 14th St). Esta lámpara de 6 m, con sus 4200 cristales de imitación, cuelga en Playhouse Sq y se ha convertido en un popular motivo fotográfico. Ha venido a sumarse al mayor sello de caucho del mundo (Willard Park, junto a 9th St y Lakeside Ave), una escultura de Claes Oldenburg situada en una zona donde se reúnen camionetas de comida y suena música en directo los viernes por la tarde de mayo a octubre.

Circle, a un paso de los museos, la antigua mansión de la familia Glidden (fabricantes de pinturas), que combina estilos francés, gótico y ecléctico, se ha convertido en un elegante hotel con zonas comunes suntuosas y 60 habitaciones más discretas. El desayuno continental está incluido.

Hilton Garden Inn   HOTEL **$$**
(216-658-6400; www.hiltongardeninn.com; 1100 Carnegie Ave; h 110-169 US$; P✱@❄✸) Aunque no son lujosas, las habitaciones tienen buena relación calidad-precio, con camas cómodas, estaciones de trabajo con wifi y minibar. Está al lado del campo de béisbol. El aparcamiento cuesta 16 US$.

✗ Dónde comer

✗ Centro

E 4th St, con sus ristras de lucecitas, ofrece varias opciones excelentes. Asiatown (entre las avenidas Payne y St Clair, y las calles E 30th y 40ths) es un barrio apartado de la zona turística, al este del centro, con varios restaurantes chinos, vietnamitas y coreanos.

Noodlecat   FIDEOS **$**
(216-589-0007; www.noodlecat.com; 234 Euclid Ave; principales 11-14 US$; ⏰11.00-22.00 do-ju, hasta 23.00 vi y sa) Esta combinación japonesa-estadounidense sirve fideos, como los *udon* con champiñones o de pulpo picantes, y los *ramen* con costilla de buey o pollo frito. Tiene mucho sake y cerveza artesana para acompañar.

Lola   ESTADOUNIDENSE MODERNA **$$$**
(216-621-5652; www.lolabistro.com; 2058 E 4th St; principales 29-34 US$; ⏰11.30-14.30 lu-vi, 17.00-22.00 lu-ju, hasta 23.00 vi y sa) Michael Symon, chef famoso por sus *piercings,* sus apariciones en Food Channel TV y sus premios nacionales, ha puesto su ciudad en el mapa gastronómico. Lo mejor son los económicos platos del almuerzo, como el sándwich frito Bolonia con huevo y queso. La brillante barra y la cocina abierta le dan un aire lujoso durante las cenas.

✗ Ohio City y Tremont

Ohio City (sobre todo W 25th St) y Tremont, a horcajadas de la I-90, al sur del centro, son zonas donde no paran de abrirse nuevos restaurantes.

Barrio   MEXICANA **$**
(216-999-7714; www.barrio-tacos.com; 806 Literary St; tacos 3-4 US$; ⏰16.00-2.00 lu-ju, desde 11.00 vi-do) Esta modesta cadena en Tremont es un hervidero de jóvenes apasionados por los bufés de tacos. Hay todo tipo de rellenos, desde tofu con chile tailandés a chorizo casero. Sirven divertidas margaritas con sabores inusuales, como pera, jalapeño, etc.

Mitchell's Ice Cream   HELADERÍA **$**
(216-861-2799; www.mitchellshomemade.com; 1867 W 25th St; bolas 3,50-5 US$; ⏰11.00-22.00 do-ju, hasta 24.00 vi y sa; ⧑) Este local ha convertido un antiguo cine en una heladería donde se puede ver al personal mezclando los ricos sabores detrás de la pared acristalada. Los helados son muy cremosos y las opciones *veganas* resultan geniales. Los empleados no escatiman degustaciones.

✗ Little Italy y Coventry

Estos dos barrios son perfectos para reponer fuerzas después de visitar University Circle. Little Italy está más próximo, en Mayfield Rd y cerca del cementerio de Lake View (hay una señal en la Rte 322). Y el tranquilo Coventry Village, algo más al este en una travesía de Mayfield Rd.

Presti's Bakery   PANADERÍA **$**
(216-421-3060; www.prestisbakery.com; 12101 Mayfield Rd; pieza 2-6 US$; ⏰6.00-21.00 lu-ju, hasta 22.00 vi y sa, hasta 18.00 do) Sus sándwiches, *strombolis* y deliciosas pastas tienen mucho éxito.

Tommy's INTERNACIONAL $

(216-321-7757; www.tommyscoventry.com; 1823 Coventry Rd; principales 8-13 US$; 9.00-21.00 do-ju, hasta 22.00 vi, 7.30-22.00 sa; 🖃📶) Prepara tofu, *seitan* y otros platos vegetarianos tradicionales, pero los carnívoros también hallarán numerosas opciones.

🍷 Dónde beber y vida nocturna

Tremont está repleto de bares elegantes; y Ohio City, de cervecerías. En el centro se encuentra el Warehouse District, lleno de jóvenes y testosterona (W 6th St y alrededores) y los renacidos Flats. Muchos locales abren hasta las 2.00.

Great Lakes Brewing

Company FÁBRICA DE CERVEZA

(www.greatlakesbrewing.com; 2516 Market Ave; 11.30-24.00 lu-ju, hasta 1.00 vi y sa) Esta cervecería ha ganado numerosos premios por las cervezas que elabora. Además, tiene historia: Eliot Ness entabló aquí un tiroteo con unos criminales; el camarero muestra los agujeros de bala.

Platform Beer Co FÁBRICA DE CERVEZA

(www.platformbeerco.com; 4125 Lorain Ave; 15.00-24.00 lu-ju, hasta 2.00 vi y sa) Alrededor de las cubas plateadas de la sala de degustación se congrega un público muy moderno de todas las edades para saborear, por 5 US$, pintas de innovadoras *saisons*, *pale ales* y muchos otros tipos de cerveza. Está un poco apartado, en el extremo sur de Ohio City, pero el maestro cervecero ha impulsado un servicio privado de bicicletas compartidas desde el local; pregúntese al camarero.

Merwin's Wharf BAR

(www.merwinswharf.com; 1785 Merwin Ave; 15.00-22.00 ma y mi, 11.00-23.00 ju-sa, hasta 21.00 do) Este bar en la West Bank de los Flats posee un encantador patio a orillas del río con vistas del perfil de la ciudad, puentes y barcos que surcan las aguas.

⭐ Ocio

Gordon Square Arts District (www.gordons quare.org) reúne un buen grupo de teatros, locales de música en directo y cafeterías en Detroit Ave, entre las calles W 56th y W 69th, unos kilómetros al oeste del centro.

Música en directo

Véase la programación en *Scene* (www.cleves cene.com) y el *Plain Dealer* del viernes (www. cleveland.com).

★ Happy Dog MÚSICA EN DIRECTO

(www.happydogcleveland.com; 5801 Detroit Ave; 16.00-0.30 lu-mi, 11.00-2.30 ju-sa, hasta 0.30 do) Aquí se pueden escuchar grupos en directo mientras se come una salchicha con 50 acompañamientos a elegir, desde ingredientes *gourmet* (trufa negra) a otros más corrientes (mantequilla de cacahuete y jalea); en el distrito de Gordon Sq.

Grog Shop MÚSICA EN DIRECTO

(216-321-5588; www.grogshop.gs; 2785 Euclid Heights Blvd) Promesas del *rock* tocan en la sala más veterana de Coventry.

Beachland Ballroom MÚSICA EN DIRECTO

(www.beachlandballroom.com; 15711 Waterloo Rd) Local al este del centro donde actúan grupos jóvenes y modernos.

Deportes

La deportiva Cleveland posee tres modernos estadios en el centro.

Progressive Field BÉISBOL

(www.indians.com; 2401 Ontario St) Aquí juegan los Indians (alias "la tribu"); desde el campo se dominan magníficas vistas.

Quicken Loans Arena BALONCESTO

(www.nba.com/cavaliers; 1 Center Ct) Los Cavaliers juegan a baloncesto en "el Q", donde también se celebran otros espectáculos. Todo va mejor desde que LeBron James ha regresado.

First Energy Stadium FÚTBOL AMERICANO

(www.clevelandbrowns.com; 1085 W 3rd St) Los Browns de la NFL juegan al fútbol americano y anotan *touchdowns* a orillas del lago.

Artes escénicas

Severance Hall MÚSICA CLÁSICA

(216-231-1111; www.clevelandorchestra.com; 11001 Euclid Ave) La aplaudida Cleveland Symphony Orchestra ofrece aquí su temporada de conciertos (ago-may), junto a los museos de University Circle.

Playhouse Square TEATRO

(216-771-4444; www.playhousesquare.org; 1501 Euclid Ave) Este elegante centro teatral comprende varias salas que ofrecen teatro, ópera y *ballet*. En la web se ofrecen los "Smart Seats" por 10-20 US$.

ℹ Información

ACCESO A INTERNET

Muchos lugares públicos de Cleveland tienen wifi gratis, como Tower City y University Circle.

MEDIOS DE COMUNICACIÓN

'Gay People's Chronicle' (www.gaypeoples chronicle.com) Semanario gratuito con agenda de espectáculos.

'Plain Dealer' (www.cleveland.com) Principal periódico de la ciudad.

'Scene' (www.clevescene.com) Periódico semanal del ocio.

ASISTENCIA MÉDICA

MetroHealth Medical Center (☎216-778-7800; 2500 MetroHealth Dr)

INFORMACIÓN TURÍSTICA

Cleveland Convention & Visitors Bureau (www.thisiscleveland.com) Web oficial, muy útil para planificar la visita.

Centro de visitantes (☎216-875-6680; 334 Euclid Ave; ◷9.00-18.00 lu-sa) El personal facilita mapas y ayuda a reservar. Posee una agradable y artística tienda de recuerdos.

WEBS

Cool Cleveland (www.coolcleveland.com) Modernidad en arte y cultura.

Ohio City (www.ohiocity.org) Restaurantes y bares en el barrio.

Tremont (www.tremontwest.org) Restaurantes, bares y galerías.

ℹ Cómo llegar y desplazarse

Casi 18 km al suroeste del centro, el **aeropuerto internacional Cleveland Hopkins** (CLE; www.clevelandairport.com; 5300 Riverside Dr) está conectado por el tren Red Line (2,25 US$). Un taxi al centro cuesta unos 35 US$.

Desde el centro, **Greyhound** (☎216-781-0520; 1465 Chester Ave) ofrece salidas frecuentes a Chicago (7½ h) y Nueva York (13 h). **Megabus** (www.megabus.com/us) también va a Chicago y a menudo es más barato; consúltese el punto de salida en la web.

Amtrak (☎216-696-5115; 200 Cleveland Memorial Shoreway) tiene un tren diario a Chicago (7 h) y Nueva York (13 h).

La **Regional Transit Authority** (RTA; www.riderta.com; billete 2,25 US$) gestiona el tren Red Line que va al aeropuerto y a Ohio City, así como el autobús HealthLine que circula por Euclid Ave desde el centro hasta los museos de University Circle. El abono diario cuesta 5 US$. También

hay trolebuses gratis que dan vueltas por las zonas comerciales y de ocio del centro.

Se puede pedir un taxi a **Americab** (☎216-881-1111).

Alrededores de Cleveland

Casi 97 km al sur de Cleveland, **Canton** es la cuna de la NFL y la sede del **Pro Football Hall of Fame** (☎330-456-8207; www.profootballhof.com; 2121 George Halas Dr; adultos/niños 24/17 US$; ◷9.00-20.00, hasta 17.00 sep-may). Este templo a la obsesión por el fútbol americano ofrece nuevas exposiciones interactivas y vídeos muy apreciados; también se están construyendo un hotel y un complejo de ocio. Junto a la I-77 se distingue su torre en forma de pelota.

Al oeste de Cleveland, la atractiva **Oberlin** es una población universitaria tradicional, con una arquitectura notable firmada por Cass Gilbert, Frank Lloyd Wright y Robert Venturi. Más al oeste, al sur de la I-90, se encuentra **Milán**, pueblo natal de Thomas Edison. Su casa de 1847, muy bien restaurada, es hoy un pequeño **museo** (☎419-499-2135; www.tomedison.org; 9 Edison Dr; adultos/niños 7/5 US$; ◷10.00-17.00 ma-sa, desde 13.00 do, reducido invierno, cerrado ene) que resume sus inventos, como la bombilla o el fonógrafo.

Costa e islas del lago Erie

En verano, esta agradable zona turística es una de las más concurridas (y caras) de Ohio. La temporada abarca desde mediados de mayo a mediados de septiembre, cuando casi todo cierra. Hay que reservar con antelación.

El antiguo puerto de **Sandusky** sirve de punto de partida hacia las islas del Erie y un importante grupo de montañas rusas. El **centro de visitantes** (☎419-625-2984; www.shoresandislands.com; 4424 Milan Rd; ◷8.00-19.00 lu-vi, 9.00-18.00 sa, 9.00-16.00 do) informa sobre ferris y alojamientos. Hay muchas cadenas de moteles en las autopistas a las afueras de la ciudad.

Islas Bass

En la batalla del lago Erie, en 1813, el almirante Perry se enfrentó a la flota británica enemiga cerca de la **isla South Bass**. Su victoria aseguró que todas las tierras al sur de los Grandes Lagos se convirtieran en territorio de EE UU, no de Canadá. Pero la historia se olvida fácilmente en un fin de semana de verano en la abarrotada Put In Bay, la principal población de la isla y un destino festivo lleno de navegantes, restaurantes y tiendas. Pasada la ciudad se encuentran unas bodegas y opciones para acampar, pescar, remar en kayak y bañarse.

La columna dórica de 107 m del monumento a la Victoria de Perry y la Paz Internacional (www.nps.gov/pevi; entrada 3 US$; ☺10.00-18.00, cerrado med oct-med may) es una curiosa atracción. Se puede subir a la plataforma mirador, desde la que se dominan vistas del campo de batalla y, en días claros, de Canadá.

La Cámara de Comercio (☎419-285-2832; www.visitputinbay.com; 148 Delaware Ave; ☺10.00-16.00 lu-vi, hasta 17.00 sa y do) ofrece información sobre actividades y alojamiento. Ashley's Island House (☎419-285-2844; www.ashleysislandhouse.com; 557 Catawba Ave; h 110-195 US$; ✳🛜) es un B&B de 12 habitaciones que alojaba a los oficiales de marina a finales del s. xix. El Beer Barrel Saloon (www.beerbarrelpib.com; Delaware Ave; ☺11.00-1.00) tiene 124 m de barra. La oferta se remata con grupos de música en directo y chupitos de gelatina.

Los taxis y autobuses turísticos dan servicio a la isla, pero la bicicleta es ideal para desplazarse. Dos empresas de ferris realizan con frecuencia el viaje desde tierra firme. Jet Express (☎800-245-1538; www.jet-express.com) tiene barcos de pasajeros directos a Put In Bay desde Port Clinton (ida adultos/niños 18/3 US$, 30 min) casi cada hora. El coche se puede dejar en el aparcamiento del muelle (12 US$/día). Miller Ferries (☎800-500-2421; www.millerferry.com) tiene un ferri para vehículos que es la opción más barata; sale del apartado Catawba (ida adultos/niños 7/1,50 US$, automóvil 15 US$) cada 30 min; la travesía dura 20 min. También va a la isla Middle Bass, una buena excursión de un día desde South Bass, que brinda naturaleza y quietud.

Isla Kelleys

Esta tranquila isla verde es un solicitado destino de fin de semana, sobre todo para familias. Posee atractivos edificios del s. xix, pictografías indígenas, una buena playa y un paisaje de surcos glaciares. Incluso sus antiguas canteras de piedra caliza son pintorescas.

La La Cámara de Comercio (www.kelleysislandchamber.com; 240 E Lakeshore Dr; ☺

LAS MONTAÑAS RUSAS DE CEDAR POINT

El parque de atracciones de Cedar Point (☎419-627-2350; www.cedarpoint.com; adultos/niños 62/40 US$; ☺variable, cerrado nov-med may) siempre gana el premio al mejor parque de atracciones del mundo, otorgado cada año por un público entusiasmado con sus 16 montañas rusas. Entre las más vertiginosas destaca Top Thrill Dragster, una de las más altas y rápidas del mundo, que asciende a 128 m y baja en picado a 193 km/h. La GateKeeper incluye bucles, tirabuzones y la inversión a mayor altura del mundo (los pasajeros están mucho rato boca abajo). La zona también cuenta con una agradable playa, un parque acuático y atracciones tradicionales. Está a 9,7 km de Sandusky. Comprando las entradas por internet sale más barato. El aparcamiento cuesta 15 US$.

9.30-16.00), junto al muelle del ferri, informa sobre alojamiento y actividades, como excursionismo, acampada, kayak y pesca. El pequeño centro comercial The Village tiene sitios para comer, beber, comprar y alquilar bicicletas, el medio de transporte recomendado para visitar la isla.

Kelleys Island Ferry (☎419-798-9763; www.kelleysislandferry.com) zarpa de la aldea de Marblehead (ida adultos/niños 10/6,25 US$, automóvil 16 US$; cada hora, mayor frecuencia en verano, 20 min aprox.). Jet Express (☎800-245-1538; www.jet-express.com) sale de Sandusky (ida adultos/niños 18/4,75 US$, no vehículos, 25 min). También llega más lejos, hasta Put In Bay, en la isla South Bass (ida adultos/niños 13/3 US$, no vehículos).

Isla Pelee

La mayor isla del lago Erie es un destino muy verde y pacífico que produce vino y permite la observación de aves; pertenece a Canadá. Pelee Island Transportation (☎800-661-2220; www.ontarioferries.com) tiene un ferri (ida adultos/niños 13,75/6,75 US$, automóvil 30 US$) de Sandusky a Pelee; de allí prosigue a la zona continental de Ontario. En www.pelee.com se hallará información para encontrar alojamiento y planificar el viaje.

Territorio amish

Los condados rurales de Wayne y Holmes albergan la mayor comunidad amish de EE UU. Están 129 km al sur de Cleveland, pero al visitarlos uno cree haber retrocedido a una época preindustrial.

Los amish son los descendientes de grupos religiosos conservadores holandeses y suizos que emigraron a EE UU durante el s. XVIII, y continúan observando, en mayor o menor grado, el antiguo *Ordnung* (forma de vida). Muchos siguen normas que prohíben el uso de electricidad, teléfonos o vehículos motorizados. Visten ropa tradicional, cultivan la tierra con el arado y la mula, y van a la iglesia en carros de caballos. Otros no son tan estrictos.

Pero lo que sería un pacífico escenario rural a menudo se ve perturbado por los monstruosos autocares turísticos. Muchos amish están dispuestos a beneficiarse de esta afluencia de dólares, pero no a dejarse fotografiar, pues consideran que es tabú. Las carreteras son estrechas y sinuosas y hay que conducir con precaución. Muchos establecimientos cierran en domingo.

◉ Puntos de interés y actividades

Kidron, en la Rte 52, es un buen sitio para empezar. A poca distancia al sur, **Berlín** concentra las tiendas de baratijas , mientras que **Millersburg**, más anticuada que amish, es la población más importante de la región; la US 62 conecta ambos núcleos.

Para adentrarse en terrenos menos turísticos, hay que seguir la Rte 557 o la County Rd 70, que serpentean entre campos hasta el pequeño **Charm**, unos 8 km al sur de Berlín.

Lehman's   BAZAR
(www.lehmans.com; 4779 Kidron Rd, Kidron; ◷ 8.00-18.00 lu-sa) En un cobertizo de casi 3000 m², esta tienda es digna de verse: provee a los amish de productos de aspecto moderno pero no eléctricos, como linternas de cuerda, estufas de leña y picadoras de carne manuales.

Kidron Auction   MERCADO
(www.kidronauction.com; 4885 Kidron Rd, Kidron; ◷ desde 10.00 ju) GRATIS Los jueves, una procesión de carretas se dirige de la tienda Lehman's al establo del ganado. El heno se subasta a las 10.15, las vacas a las 11.00 y los cerdos a las 13.00. Alrededor se monta un mercadillo.

Hershberger's Farm & Bakery   GRANJA
(☑330-674-6096; 5452 Hwy 557, Millersburg; ◷ panadería 8.00-17.00 lu-sa todo el año, granja desde 10.00 med abr-oct; ⛟) Vende 25 clases de tartas, cucuruchos de helado casero y productos de temporada. Se puede acariciar a los animales (gratis) y pasear en poni (3 US$).

Heini's Cheese Chalet   QUESERÍA
(☑800-253-6636; www.heinis.com; 6005 Hwy 77, Berlín; ◷8.00-18.00 lu-sa) Esta fábrica elabora más de 70 quesos. Todos los días se puede ver a los granjeros amish ordeñar sus vacas y enfriar la leche con agua de manantial para luego repartirla. También se pueden probar los quesos y admirar el curioso mural sobre su elaboración. Para ver el corte de la cuajada hay que llegar antes de las 11.00 (laborables excepto mi y sa).

Yoder's Amish Home   GRANJA
(☑330-893-2541; www.yodersamishhome.com; 6050 Rte 515, Walnut Creek; circuitos adultos/niños 12/8 US$; ◷10.00-17.00 lu-sa fin abr-fin oct; ⛟) En esta granja amish abierta al público se puede ver el interior de una casa y el aula de una escuela, y dar una vuelta en carreta por el campo.

🛏 Dónde dormir y comer

Hotel Millersburg   HOTEL HISTÓRICO $$
(☑330-674-1457; www.hotelmillersburg.com; 35 W Jackson St, Millersburg; h 79-149 US$; ❀🐾) Construido en 1847 como posada de diligencias, este hotel todavía ofrece alojamiento en sus 26 habitaciones informales. En la planta baja hay un comedor moderno y una taberna (uno de los pocos locales que sirven cerveza en territorio amish).

Guggisberg Swiss Inn   HOTEL $$
(☑330-893-3600; www.guggisbergswissinn.com; 5025 Rte 557, Charm; h 120-150 US$; ❀🐾) Tiene 24 habitaciones compactas, arregladas y alegres, con colchas de retales y muebles de madera clara. En la misma finca hay una fábrica de quesos y un establo que ofrece excursiones a caballo.

Boyd & Wurthmann
Restaurant   ESTADOUNIDENSE $
(☑330-893-3287; www.boydandwurthmann.com; Main St, Berlín; principales 6-12 US$; ◷5.30-20.00 lu-sa) Propios y extraños acuden a comer sus tortitas del tamaño de un tapacubos, tartas de 23 sabores, bocadillos enormes y especialidades amish como el filete campero frito. Solo efectivo.

do en el centro, cerca de todos los servicios. Las habitaciones son suites con cocina completa. El atractivo bufé del desayuno (incluido) se sirve todas las mañanas en la antigua cámara acorazada. Hay wifi gratis y *parking* por 20 US$.

ℹ️ Información

Cámara de Comercio de Holmes County
(www.visitamishcountry.com)

Columbus

La capital de Ohio es como la novia perfecta: de aspecto corriente y carácter prudente, pero buena y afable. Y sale a cuenta, gracias a los más de 57 000 estudiantes de la Universidad Estatal de Ohio (su campus es el segundo mayor del país). En los últimos años también se ha establecido en Columbus una numerosa población gay.

◉ Puntos de interés y actividades

German Village ZONA
(www.germanvillage.com) Este extenso barrio restaurado de casas de ladrillo del s. XIX, 800 m al sur del centro, posee cervecerías, calles empedradas, parques llenos de arte y arquitectura de estilos italianizante y reina Ana.

Short North ZONA
(www.shortnorth.org) Barrio situado al norte del centro, en un tramo rehabilitado de High St, con galerías de arte contemporáneo, restaurantes y bares de *jazz*. Vale la pena.

Wexner Center for the Arts CENTRO DE ARTE
(☎614-292-3535; www.wexarts.org; 1871 N High St; entrada 8 US$; ⊙11.00-18.00 ma y mi, hasta 20.00 ju y vi, 12.00-19.00 sa, hasta 16.00 do) Este centro del campus ofrece exposiciones vanguardistas, filmes y espectáculos.

Columbus Food Tours CIRCUITOS GUIADOS
(www.columbusfoodadventures.com; circuitos 50-60 US$) Guías gastronómicos realizan recorridos a pie y en furgoneta. Pueden ser temáticos (camiones de tacos, postres, café...) o por barrios.

🛏️ Dónde dormir y comer

German Village y Short North cuentan con abundantes locales informales para comer y beber. El **Arena District** (www.arenadistrict.com) está lleno de establecimientos de cadenas y *pubs* de cerveza. En la zona de la universidad y en N High St desde 15th Ave, se encontrará todo tipo de restaurantes, desde mexicanos o etíopes a locales de *sushi*.

Marriott Residence Inn HOTEL $$
(☎614-222-2610; www.marriott.com; 36 E Gay St; h 149-229 US$; P❋@🛜) Está muy bien situa-

50 Lincoln-Short North B&B B&B $$
(☎614-299-5050; www.columbus-bed-desayuno.com; 50 E Lincoln St; h 139-159 US$; P❋🛜) Tiene siete habitaciones bien cuidadas, a un paso del ambiente de Short North.

Schmidt's ALEMANA $
(☎614-444-6808; www.schmidthaus.com; 240 E Kossuth St; principales 10-16 US$; ⊙11.00-22.00 do-ju, hasta 23.00 vi y sa) Restaurante de German Village para disfrutar con platos típicos alemanes como salchichas o *schnitzel*, sin olvidar los ricos bollos de crema de postre. De miércoles a sábado actúan bandas.

North Market MERCADO $
(www.northmarket.com; 59 Spruce St; ⊙10.00-17.00 do-lu, 9.00-19.00 ma-sa) Productos agrícolas de la zona y comida preparada; el helado Jeni's Ice Cream tiene fama.

Skillet ESTADOUNIDENSE $
(☎614-443-2266; www.skilletruf.com; 410 E Whittier St; principales 12-16 US$; ⊙8.00-14.00 mi-do) Este pequeño restaurante de German Village sirve comida rústica con ingredientes locales.

☆ Ocio

Imperan los espectáculos deportivos.

Ohio Stadium FÚTBOL AMERICANO
(☎800-462-8257; www.ohiostatebuckeyes.com; 411 Woody Hayes Dr) Una multitud fanática acude a los partidos que disputan los Ohio State Buckeyes los sábados de otoño en este legendario estadio con forma de herradura. Unos 102 000 forofos invaden la ciudad.

Nationwide Arena HOCKEY
(☎614-246-2000; www.bluejackets.com; 200 W Nationwide Blvd) El equipo profesional de los Columbus Blue Jackets juega en el gran estadio del centro.

Huntington Park BÉISBOL
(www.clippersbaseball.com; 330 Huntington Park Lane) Los Columbus Clippers (equipo de la liga menor de los Cleveland Indians) juegan en este estadio. Los partidos no son caros y sí muy divertidos.

❶ Información

Alive (www.columbusalive.com) Semanario gratuito del ocio.

Columbus Convention & Visitors Bureau (☎866-397-2657; www.experiencecolumbus.com)

Columbus Dispatch (www.dispatch.com) Diario de la ciudad.

❶ Cómo llegar y desplazarse

El **aeropuerto de Port Columbus** (CMH; www.flycolumbus.com) está 16 km al este de la ciudad. Un taxi al centro cuesta unos 25 US$.

Greyhound (☎614-221-4642; www.greyhound.com; 111 E Town St) tiene como mínimo seis autobuses diarios a Cincinnati (2 h) y Cleveland (2½ h). **Megabus** (www.megabus.com/us) suele ser más económico, con un par de servicios diarios a Cincinnati y Chicago. Consúltense las paradas en la web.

Athens y sureste de Ohio

El extremo suroriental de Ohio reúne la mayor parte de sus zonas forestales, así como las ondulantes estribaciones de los montes Apalaches y algunas granjas desperdigadas.

En los alrededores de Lancaster, al sureste de Columbus, las colinas dan paso al **Hocking County**, una región de ríos y cascadas, peñascos y concavidades rocosas. Es una zona magnífica en cualquier época del año, con miles de senderos y ríos para remar. En **Hocking Hills State Park** (☎740-385-6165; www.thehockinghills.org; 20160 Hwy 664; acampada/cabañas desde 24/130 US$) hay muchos *campings* y cabañas. La **cueva de Old Man** es una zona muy pintoresca para el senderismo. **Hocking Hills Adventures** (☎740-385-8685; www.hockinghillscanoeing.com; 31251 Chieftain Dr; circuito 2 h 45 US$; ⊙abr-oct) ofrece expediciones en canoa a la luz de la luna y de las antorchas de bambú desde la cercana Logan. En esta población también se encuentra la **Columbus Washboard Company** (☎740-380-3828; www.columbuswashboard.com; 14 Gallagher Ave; adultos/niños 4/2 US$; ⊙circuitos 10.00, 12.00 y 14.00 lu-vi todo el año, más 11.30 y 13.00 sa may-oct), una fábrica de tablas de lavar que puede visitarse junto con su pequeño museo. Unos 19 km al este, en New Straitsville, hay una **destilería de aguardiente** (☎740-394-2622; www.facebook.com/straitsvillespecialmoonshine; 105 W Main St; ⊙12.00-19.00 lu-ju, hasta 20.00 vi, 10.00-20.00 sa) donde se puede probar este licor casero.

Athens (www.athensohio.com) es una preciosa base de operaciones para visitar la región. Situada en el cruce de la US 50 con la US 33, está rodeada de colinas boscosas y centrada en el campus de la Universidad de Ohio, que ocupa media ciudad. La calle principal, Court St, rebosa de cafeterías estudiantiles y *pubs*. El **Village Bakery & Cafe** (www.dellazona.com; 268 E State St; principales 4-8 US$; ⊙7.30-20.00 ma-vi, hasta 18.00 sa, 9.00-14.00 do) emplea verduras ecológicas, carne de pastoreo y quesos de granja en sus *pizzas*, sopas y sándwiches.

La zona al sur de Columbus estuvo habitada por el fascinante pueblo de los hopewell, que dejaron enormes terraplenes geométricos y túmulos funerarios entre el 200 a.C. y el 600 d.C. **Hopewell Culture National Historical Park** (☎740-774-1126; www.nps.gov/hocu; Hwy 104 al norte de I-35; ⊙8.30-17.00) GRATIS, 5 km al norte de Chillicothe, es una buena introducción a esta cultura. Tras una parada en el centro de visitantes, se puede pasear entre los túmulos ceremoniales de formas variadas que se reparten por las 5,3 Ha de **Mound City**, una misteriosa ciudad de los muertos. El yacimiento de **Serpent Mound** (☎937-587-2796; www.ohiohistory.org; 3850 Hwy 73; vehículo 8 US$; ⊙10.00-16.00 lu-ju, 9.00-18.00 vi-do, reducido invierno), al suroeste de Chillicothe y 6,5 km al noroeste de Locust Grove, quizá sea el más interesante. La gigantesca serpiente desenroscada mide más de 400 m y es el mayor túmulo figurativo de EE UU.

Dayton y Yellow Springs

Dayton posee lugares de interés relacionados con la aviación, pero el pequeño Yellow Springs (29 km al noreste en la US 68) tiene mucha más oferta de alojamiento y restauración.

❂ Puntos de interés

★**National Museum of the US Air Force** MUSEO
(☎937-255-3286; www.nationalmuseum.af.mil; 1100 Spaatz St, Dayton; ⊙9.00-17.00) GRATIS Situado en la base aérea de Wright-Patterson, 9,5 km al noreste de Dayton, este gigantesco museo exhibe desde un Wright Brothers 1909 Flyer hasta un Sopwith Camel (biplano de la I Guerra Mundial) y una bomba atómica tipo Little Boy (desactivada y apta para ser expuesta), lanzada sobre Hiroshima. Los hangares albergan miles de aviones, cohetes y maquinaria de aviación. Cuando se publique esta guía se prevé inaugurar un nuevo edificio

para exponer más aeronaves y aviones presidenciales. Antes de ir, conviene descargarse la visita en audio de la web. Hay que dedicarle 3 h como mínimo.

Wright Cycle Company ENCLAVE HISTÓRICO
(☎937-225-7705; www.nps.gov/daav; 16 S Williams St, Dayton; ◎9.00-17.00) GRATIS Ofrece varias exposiciones en el edificio donde Wilbur y Orville desarrollaron sus proyectos de bicicletas y aviones.

**Huffman Prairie
Flying Field** ENCLAVE HISTÓRICO
(salida 16A de Rte 444, Dayton; ◎8.00-18.00) GRATIS Esta serena extensión de césped está como en 1904, cuando los hermanos Wright probaban aquí sus aviones. Hay un itinerario circular de 1,5 km con carteles explicativos. Está a 15 min en coche del museo de la Air Force.

Carillon Historical Park ENCLAVE HISTÓRICO
(☎937-293-2841; www.daytonhistory.org; 1000 Carillon Blvd, Dayton; adultos/niños 8/5 US$; ◎9.30-17.00 lu-sa, desde 12.00 do) Entre otras muchas atracciones históricas destaca el biplano de 1905 Wright Flyer III, una reproducción del taller de los Wright y una cervecería de 1850 con degustación de sus elaboraciones.

🛏 Dónde dormir y comer

Los siguientes locales se hallan en la artística y *beatnik* Yellow Springs.

Morgan House B&B $$
(☎937-767-1761; www.arthurmorganhouse.com; 120 W Limestone St, Yellow Springs; h 125-145 US$; 🅿🕸🛜) Cerca de la zona comercial principal, sus seis confortables habitaciones poseen suave ropa de cama y baño privado. Los desayunos son ecológicos.

★ **Young's Jersey Dairy** ESTADOUNIDENSE $
(☎937-325-0629; www.youngsdairy.com; 6880 Springfield-Xenia Rd, Yellow Springs; 🛜) Es una granja lechera en activo con dos restaurantes: **Golden Jersey Inn** (principales 10-17 US$; ◎11.00-20.00 lu-ju, hasta 21.00 vi, 8.00-21.00 sa, hasta 20.00 do), que sirve platos como pollo con suero de mantequilla; y **Dairy Store** (sándwiches 3,50-6,50 US$; ◎7.00-22.00 do-ju, hasta 23.00 vi y sa), con bocadillos, ricos helados y los mejores batidos de Ohio. También hay un minigolf y jaulas de bateo; es posible visitar la quesería y ver ordeñar las vacas.

Winds Cafe ESTADOUNIDENSE $$$
(☎937-767-1144; www.windscafe.com; 215 Xenia Ave, Yellow Springs; principales 23-28 US$; ◎11.30-14.00

MERECE LA PENA

MALABAR FARM

¿Qué tienen en común Bogart, Bacall y Johnny Appleseed? Los tres estuvieron en el **Malabar Farm State Park** (www.malabarfarm.org). En este parque hay de todo: excursiones a pie y a caballo, un estanque para pescar (el centro de visitantes facilita cañas gratis), la casa del premio Pulitzer Louis Bromfield (donde Bogart y Bacall se casaron), bailes campesinos cada mes, un albergue en una granja (www.hiusa.org/lucas) y un buen restaurante (11.00-20.00 ma-do) que utiliza ingredientes de la finca. Está 48 km al oeste de Millersburg por la Hwy 39.

---

y 17.00-21.30 ma-sa, 10.00-15.00 do) La que fue más de 30 años una cooperativa *hippie*, es hoy un sofisticado restaurante de éxito que sirve platos de temporada, como creps de espárragos con salsa de higos o fletán con ruibarbo.

Cincinnati

Esta ciudad a orillas del río Ohio sorprende por su belleza, sus luces de neón, sus barrios de estilo europeo y la pasión de los vecinos por un *five-way*. Se impone asistir a un partido de béisbol, pasear por la orilla del río y sus puentes y visitar el museo de muñecos.

⊙ Puntos de interés y actividades

Muchos lugares de interés cierran en lunes.

◉ Centro y Over-the-Rhine

En el extremo norte del centro, el histórico barrio de Over-the-Rhine (OTR) reúne numerosos edificios de estilo italianizante y reina Ana del s. XIX, que se van convirtiendo en restaurantes y tiendas de moda. Algunas partes son inseguras, pero el Gateway District, a la altura de las calles 12th y Vine, es muy transitado.

**National Underground Railroad
Freedom Center** MUSEO
(☎513-333-7500; www.freedomcenter.org; 50 E Freedom Way; adultos/niños 14/10 US$; ◎11.00-17.00 ma-do jun-ago, cerrado do sep-may) Cincinnati fue una escala importante en la ruta

LUGARES INSÓLITOS

Columbus Washboard Company (p. 560) Peculiar fábrica y museo de tablas de lavar.

Spam Museum (p. 607) Diversión a base de carne enlatada.

Ball of Twine (p. 605) La bola de cordel más grande del mundo, de 7,9 toneladas.

Concrete Park (p. 594) Arte popular creado por un leñador.

National Mustard Museum (p. 591) Más de 5000 condimentos.

denominada "Ferrocarril Subterráneo" y un centro abolicionista dirigido por residentes como Harriet Beecher Stowe. El Freedom Center cuenta su historia. Las exposiciones muestran la huida de los esclavos al norte y las formas actuales de esclavitud. Para más información, se puede descargar la aplicación gratuita para iPhone.

Mercado de Findlay   MERCADO
(www.findlaymarket.org; 1801 Race St; ⊙9.00-18.00 ma-vi, 8.00-18.00 sa, 10.00-16.00 do) Este mercado interior y exterior está en pleno OTR, en una zona venida a menos. El original edificio con armazón de hierro forjado ha sido un mercado público desde 1855. Es ideal para proveerse de alimentos frescos, carnes, quesos y productos horneados. El puesto de gofres belgas es una delicia.

Contemporary Arts Center   MUSEO
(☑513-345-8400; www.contemporaryartscenter.org; 44 E 6th St; adultos/niños 7,50/5,50 US$, gratis mi tarde; ⊙10.00-16.00 lu, hasta 21.00 mi-vi, hasta 16.00 sa y do) Este centro exhibe arte moderno en un edificio vanguardista diseñado por la arquitecta iraquí Zaha Hadid. Tanto el edificio como las obras de arte son todo un regalo para la tradicionalista "Cincy". Su interés se centra en el "arte de los últimos cinco minutos".

Fountain Square   PLAZA
(www.myfountainsquare.com; 5th esq. Vine St) Es el espacio público central de la ciudad, con una pista de patinaje de temporada, wifi gratis, conciertos (verano 19.00 ma-sa), un quiosco de venta de entradas para los Reds y la extravagante y antigua fuente *Genio del agua*.

Roebling Suspension Bridge   PUENTE
(www.roeblingbridge.org) Este elegante puente colgante de 1876 fue un precursor del famoso puente neoyorquino de Brooklyn, de John Roebling. Es divertido pasear por él mientras los coches que pasan lo hacen 'cantar'. Conecta con Covington (KY).

Purple People Bridge   PUENTE
(www.purplepeoplebridge.com) Este puente para peatones y bicicletas es una forma original y agradable de cruzar de Sawyer Point (un bonito parque con monumentos caprichosos y cerdos voladores) a Newport (KY).

Covington y Newport

Covington y Newport (KY) son una especie de suburbios de Cincinnati, situados al otro lado del río, frente al centro. Newport está al este y es famoso por su gran centro comercial con restaurantes **Newport on the Levee** (www.newportonthelevee.com). Covington, al oeste, cuenta con el barrio de **MainStrasse** (www.mainstrasse.org), lleno de restaurantes y originales bares en sus casas adosadas de ladrillo del s. XIX. Riverside Dr destaca por sus mansiones prebélicas, y en la orilla del río permanecen amarrados antiguos vapores.

Newport Aquarium   ACUARIO
(☑859-491-3467; www.newportaquarium.com; 1 Aquarium Way; adultos/niños 23/15 US$; ⊙9.00-19.00 jun-ago, 10.00-18.00 sep-may; ⊞) En el extenso y prestigioso acuario de Newport se ven pingüinos, el tiburón raya *Sweet Pea* y muchos otros peces de afilados dientes.

Mt Adams

Tal vez sería exagerado comparar Mt Adams, situado al este del centro, con el Montmartre de París, pero este barrio del s. XIX, con sus calles estrechas, tortuosas y empinadas, sus casas victorianas, galerías, bares y restaurantes, supone una agradable sorpresa. Casi todos los visitantes suben a echarle un rápido vistazo y a tomar algo.

Para llegar a Mt Adams hay que seguir 7th St al este del centro hasta Gilbert Ave, doblar a la derecha por Eden Park Dr y subir hasta Eden Park, con lagos, caminos y oferta cultural.

Cincinnati Art Museum   MUSEO
(☑513-721-2787; www.cincinnatiartmuseum.org; 953 Eden Park Dr; ⊙11.00-17.00 ma-do) GRATIS La colección, que abarca 6000 años, se centra en

arte antiguo de Oriente y Europa, con un ala dedicada a artistas locales. El aparcamiento cuesta 4 US$; también se puede llegar con el autobús nº 1.

West End

Cincinnati Museum Center MUSEO
(☎513-287-7000; www.cincymuseum.org; 1301 Western Ave; adultos/niños 18/13 US$; ⊙10.00-17.00 lu-sa, 11.00-18.00 do; 👪) Unos 3 km al noroeste del centro, este conjunto de museos ocupa la Union Terminal de 1933, una joya modernista que aún usa Amtrak. El interior exhibe fantásticos murales de azulejos Rookwood. El **Museum of Natural History,** orientado principalmente a los niños, incluye una cueva caliza con murciélagos vivos. La oferta se remata con un museo de historia, otro infantil y una sala Omnimax; la entrada da acceso a todo. El aparcamiento cuesta 6 US$.

American Sign Museum MUSEO
(☎513-541-6366; www.americansignmuseum.org; 1330 Monmouth Ave; adultos/niños 15 US$/gratis; ⊙10.00-16.00 mi-sa, desde 12.00 do) Ubicado en una antigua fábrica de paracaídas del barrio de Camp Washington, cerca de Northside (salida 3 de la I-75), guarda una sorprendente colección de letreros luminosos tachonados de bombillas, como los rótulos de neón antiguos de *drive-ins,* genios fornidos y el Big Boy de Frisch's, entre otras curiosidades nostálgicas. A las 11.00 y las 14.00 se realizan visitas guiadas que incluyen el taller donde se fabrican neones.

Circuitos

American Legacy Tours CIRCUITOS A PIE
(www.americanlegacytours.com; 1332 Vine St; circuitos 90 min 20 US$; ⊙vi-do) Ofrece varios recorridos históricos; el mejor es el Queen City Underground Tour, que baja a unas antiguas bodegas de cerveza subterráneas del OTR.

Fiestas y celebraciones

Bockfest CERVEZA
(www.bockfest.com; ⊙ppios mar) OTR se llena de las tradicionales cervezas *bock.*

Bunbury Music Festival MÚSICA
(www.bunburyfestival.com; ⊙ppios jun) Grupos famosos de música *indie* tocan en el paseo fluvial durante tres días (pase diario 79 US$).

Oktoberfest COMIDA
(www.oktoberfestzinzinnati.com; ⊙med sep) Cerveza alemana, *bratwursts* y mucho entusiasmo.

FUERA DE RUTA

VENT HAVEN, MUSEO DEL VENTRÍLOCUO

William Shakespeare Berger abrió el **Vent Haven Museum** (☎859-341-0461; www.venthavenmuseum.com; 33 W Maple Ave; adultos/niños 10/5 US$; ⊙previa cita may-sep) después de reunir una colección de 700 muñecos. Hoy todos sus personajes de ventrílocuo ocupan tres edificios y un conservador guía las visitas. Está en Fort Mitchell (KY), 6,5 km al suroeste de Covington desde la I-71/75.

Dónde dormir

En Cincinnati, las tarifas de hotel se incrementan con un impuesto del 17,25%. Al otro lado del río, en Kentucky, es de solo el 11,3%; hay varias cadenas hoteleras de precio medio frente al río. Kentucky sale más barato (menos impuestos, aparcamiento gratis), pero para llegar al centro de Cincy hay que andar varios kilómetros o realizar un corto trayecto en autobús.

Gateway B&B B&B $$
(☎859-581-6447; www.gatewaybb.com; 326 E 6th St; h 129-169 US$; P⊖❄📶) Esta casa italianizante de 1878 en un barrio histórico de Kentucky se distingue con sus exquisitos muebles antiguos de roble y nogal en las tres habitaciones, y un salón decorado con objetos de béisbol. Para llegar al centro hay que andar 800 m por los restaurantes del Levee y el Purple People Bridge.

Hotel 21c HOTEL $$$
(☎513-578-6600; www.21cmuseumhotels.com/cincinnati; 609 Walnut St; h 289-379 US$; P❄@📶) El segundo establecimiento del conocido hotel de arte de Louisville se inauguró en el 2013 al lado del Center for Contemporary Arts. Las modernas habitaciones están equipadas con cafeteras Nespresso, wifi gratis, ropa de cama lujosa y arte original. El vestíbulo es una galería de arte pública, donde cualquiera puede entrar para contemplar los alucinantes vídeos y las esculturas de desnudos. El restaurante y el bar de la azotea tienen mucho éxito. El aparcamiento cuesta 35 US$.

Residence Inn Cincinnati Downtown HOTEL $$$
(☎513-651-1234; www.residenceinncincinnatidowntown.com; 506 E 4th St; h 209-299 US$; P❄@📶)

EL CHILE 'FIVE-WAY'

El *five-way* de Cincinnati es una especialidad local de chile. Esta salsa de carne con tomate (aromatizada con chocolate y canela) se vierte sobre un plato de espaguetis y alubias, y se remata con queso y cebolla. Aunque también se puede comer la versión *three-way* (sin cebolla ni judías) o *four-way* (sin cebolla o sin judías), se recomienda probar la completa. Skyline Chili (www. skylinechili.com; 643 Vine St; ingrediente 4-7,50 US$; ⊙10.30-20.00 lu-vi, 11.00-16.00 sa) tiene fieles seguidores de su versión y locales por toda la ciudad; el del centro está cerca de Fountain Sq.

Las grandes habitaciones son suites con cocina. El desayuno continental está incluido y el aparcamiento cuesta 24 US$.

✖ Dónde comer

OTR posee varios restaurantes nuevos de moda, sobre todo en Vine St, entre las calles 12th y 14th St. Otros se concentran frente al río y en el barrio de Northside (al sur del cruce de la I-74 con la I-75, 8 km al norte del centro).

★ Tucker's
CAFETERÍA $

(📞513-721-7123; 1637 Vine St; principales 4-9 US$; ⊙9.00-15.00 ma-sa, 10.00-14.00 do; 🅿) Situado en una zona conflictiva a unas manzanas del mercado de Findlay, este restaurante familiar alimenta a los vecinos (afroamericanos, blancos, sibaritas, pobres...) desde 1946. Es la típica cafetería que sirve gambas con sémola de maíz, galletas saladas con salsa y otros platos descomunales para desayunar, así como opciones vegetarianas creativas (como minihamburguesas de remolacha) con ingredientes del mercado. El hijo, Joe, se ocupa de la cocina. Se recomienda desayunar *goetta* (salchicha con hierbas aromáticas, cerdo y avena, exclusiva de Cincinnati).

The Eagle OTR
ESTADOUNIDENSE $

(📞513-802-5007; www.theeagleotr.com; 1342 Vine St; principales 7-10 US$; ⊙11.00-24.00 lu-sa, hasta 22.00 do) Atrae a los *hipsters* con su comida moderna y su decoración de madera reciclada. Prepara un fabuloso pollo frito (bañado en miel especiada), sémola de maíz con cheddar blanco y *spoonbread* (pan dulce de maíz que se come con cuchara). Suele haber cola, aunque la tienda de rosquillas, dos puertas más abajo, ayuda a matar el gusanillo (muchos días no cierra hasta las 21.00).

Graeter's Ice Cream
HELADERÍA $

(📞513-381-4191; www.graeters.com; 511 Walnut St; bolas 2,50-5 US$; ⊙6.30-23.00, reducido invierno) Esta delicia local tiene varios locales repartidos por la ciudad. Los helados con gruesos trozos de chocolate son los mejores.

Terry's Turf Club
HAMBURGUESERÍA $

(📞513-533-4222; 4618 Eastern Ave; principales 10-15 US$; ⊙11.00-23.00 mi y ju, hasta 24.00 vi y sa, hasta 21.00 do) Este bar de cerveza y hamburguesas con 15 mesas brilla por dentro y por fuera con la gran colección de neones del dueño, Terry Carter, suficiente para iluminar el local. Está 11 km al este del centro por Columbia Pkwy.

🍺 Dónde beber y vida nocturna

OTR, Mt Adams y Northside son animadas zonas de ocio nocturno. En los Banks (zona ribereña entre los campos de béisbol y de fútbol americano) hay nuevos locales de moda.

★ Rhinegeist Brewery
FÁBRICA DE CERVEZA

(www.rhinegeist.com; 1910 Elm St, 2º piso; ⊙16.00-23.00 lu-ju, hasta 24.00 vi, 12.00-24.00 sa, hasta 19.00 do) Los aficionados se apiñan en este club del lúpulo para beber Truth IPA y otras 13 cervezas de barril. En el gran almacén, se puede beber en las mesas de pícnic viendo las botellas salir de la cadena de producción, jugar al pimpón o al futbolín. Ocupa un solar abandonado en OTR.

Moerlein Lager House
FÁBRICA DE CERVEZA

(www.moerleinlagerhouse.com; 115 Joe Nuxall Way; ⊙11.00-24.00 lu-ju, hasta 1.00 vi y sa, hasta 23.00 do) En las calderas de cobre fermentan las cervezas de la casa, y el patio ofrece impresionantes vistas de la ribera y del puente de Roebling. Está enfrente del estadio de los Reds y se llena antes y después de los partidos.

Blind Lemon
BAR

(www.theblindlemon.com; 936 Hatch St; ⊙17.30-2.30 lu-vi, desde 15.00 sa y do) Por un estrecho pasaje se accede a este antiguo bar clandestino de Mt Adams. Tiene un patio al aire libre, donde en invierno se enciende un brasero, y todas las noches ofrece música en directo.

⭐ Ocio

Véase las agendas de publicaciones gratuitas como *CityBeat*.

Deportes

Great American Ballpark   BÉISBOL
(☎513-765-7000; www.reds.com; 100 Main St) Los Reds, el principal equipo profesional de béisbol, juegan en este magnífico estadio junto al río. El Brewery Bar, cerca del sector 117, sirve muchas cervezas autóctonas.

Paul Brown Stadium   FÚTBOL AMERICANO
(☎513-621-3550; www.bengals.com; 1 Paul Brown Stadium) El equipo profesional de los Bengals juega unas manzanas al oeste del campo de béisbol.

Artes escénicas

Music Hall   MÚSICA CLÁSICA
(☎513-721-8222; www.cincinnatiarts.org; 1241 Elm St) Esta sala de excelente acústica acoge las temporadas de la orquesta sinfónica, la orquestra de música pop, la ópera y el *ballet*.

Aronoff Center   TEATRO
(☎513-621-2787; www.cincinnatiarts.org; 650 Walnut St) Sala moderna para espectáculos en gira.

ℹ Información

'Cincinnati Enquirer' (www.cincinnati.com) Periódico diario.
'Cincinnati USA Regional Tourism Network' (☎800-543-2613; www.cincinnatiusa.com) Hay un centro de visitantes en Fountain Sq.
'CityBeat' (www.citybeat.com) Semanario gratuito en papel con una buena agenda de ocio.

ℹ Cómo llegar y desplazarse

El **aeropuerto internacional de Cincinnati/Norte de Kentucky** (CVG; www.cvgairport.com) está 21 km al sur de Cincinnati. Para llegar al centro hay que tomar el autobús TANK (2 US$) desde un punto cercano a la terminal 3; el taxi cuesta unos 35 US$.

Greyhound (☎513-352-6012; www.greyhound.com; 1005 Gilbert Ave) tiene autobuses diarios a Columbus (2 h), Indianápolis (2½ h) y Chicago (7 h). **Megabus** (www.megabus.com/us) cubre las mismas rutas desde el centro y la Universidad de Cincinnati, pero suele ser más económico y rápido; véanse las paradas en la web.

Hay tres trenes semanales de **Amtrak** (☎513-651-3337; www.amtrak.com) a la **Union Terminal** (1301 Western Ave), que prosiguen hacia Chicago (9½ h) y Washington D. C. (14½ h), y salen durante la noche.

Metro (www.go-metro.com; billete 1,75 US$) se ocupa de los autobuses urbanos, que conectan con los de **Transit Authority of Northern Kentucky** (TANK; www.tankbus.org; billete 1-2 US$). El nº 1 realiza un circuito desde los museos al centro y Mt Adams.

Red Bike (www.cincyredbike.org; abono 24 h 8 US$) tiene 260 bicicletas repartidas por 30 estaciones, sobre todo en el centro y en Over-the-Rhine; a partir de 60 min se aplican cargos extra.

MÍCHIGAN

El estado con más energía del Medio Oeste posee más playas que la costa del Atlántico. Más de la mitad del estado está cubierto de bosques y es el lugar de EE UU donde se hacen más tartas de cerezas y frutas del bosque. Pero también posee la peligrosa ciudad de Detroit, la más 'salvaje' de todo el Medio Oeste.

Míchigan ocupa un territorio envidiable, rodeado por cuatro de los cinco Grandes Lagos (Superior, Míchigan, Hurón y Erie). Frente a su costa, las islas de Mackinac, Manitou y Royale son importantes destinos turísticos. Las playas de surf, los acantilados de colorida arenisca y las dunas con senderos también enamoran.

El estado tiene dos partes separadas por el agua: la mayor es la Península Inferior, con forma de guante; y la menor y menos poblada es la Península Superior, con forma de zapatilla. Están unidas por el impresionante puente del estrecho de Mackinac.

ℹ Información

Michigan Highway Conditions (☎800-381-8477; www.michigan.gov/mdot) Estado de las carreteras.
Michigan State Park Information (☎800-447-2757; www.michigan.gov/stateparks) Para entrar en los parques se requiere un permiso de vehículo (9/31 US$ día/año). Las parcelas de *camping* cuestan 13-37 US$; se aceptan reservas (www.midnrreservations.com; tasa 8 US$). Algunos parques tienen wifi.
Travel Michigan (☎800-644-2489; www.michigan.org)

Detroit

Los estadounidenses no entienden que alguien desee visitar Detroit. Para ellos, es una ciudad en bancarrota, con la tasa más alta de homicidios, casi 80 000 edificios vacíos y casas abandonadas que se venden por 1 US$. No dudan en advertir al viajero: "Detroit es un maldito agujero donde te pueden matar".

Aunque tiene un aire de lugar bombardeado o apocalíptico, son estas mismas cualidades las que alimentan una energía urbana brutal que no se encuentra en ningún otro sitio. Artistas, empresarios y jóvenes se trasladan a la ciudad y la impregnan de un espíritu reconversor: convierten solares vacíos en granjas urbanas, y los edificios abandonados, en cafeterías y museos. Pero todavía queda mucho por hacer, y los escépticos señalan que su población estable de afroamericanos no participa en igualdad de condiciones de estos adelantos. Habrá que ver cómo gestiona la ciudad el difícil camino de la recuperación.

Historia

El explorador francés Antoine de La Mothe Cadillac fundó Detroit en 1701. La fortuna llegó en la década de 1920, cuando Henry Ford empezó a fabricar coches como churros. No inventó el automóvil, sino que perfeccionó las técnicas de montaje en cadena y la producción en masa. El resultado fue el modelo T, el primer automóvil que la clase media de EE UU pudo permitirse.

Detroit se convirtió rápidamente en la capital mundial del motor. General Motors (GM), Chrysler y Ford tenían (y aún las tienen) sus sedes en la ciudad o alrededores. Su época dorada fueron la década de 1950, cuando la población sobrepasaba los dos millones y la música de la Motown sonaba en la radio. Pero las tensiones raciales en 1967 y la competencia de los fabricantes japoneses en la década de 1970 convulsionaron la urbe y su industria. Detroit inició una época de profunda decadencia y perdió cerca de dos tercios de su población.

En julio del 2013, la ciudad presentó la mayor demanda de quiebra en la historia de EE UU: 18 000 millones de dólares. Tras unos meses de extrema austeridad, salió de la bancarrota en diciembre del 2014.

⊙ Puntos de interés y actividades

Los lugares de interés suelen cerrar los lunes y martes. Al otro lado del río Detroit está Canadá (la ciudad de Windsor).

⊙ Midtown y Cultural Center

★ Detroit Institute of Arts
MUSEO

(☎313-833-7900; www.dia.org; 5200 Woodward Ave; adultos/niños 8/4 US$; ⊙9.00-16.00 ma-ju, hasta 22.00 vi, 10.00-17.00 sa y do) Es la guinda del pastel de los museos de la ciudad, y su gran atracción, el mural de Diego Rivera *La industria de Detroit,* que ocupa toda una sala y representa la historia obrera de la ciudad. También hay picassos, armaduras, pintura afroamericana moderna y un largo etcétera.

Museum of Contemporary Art Detroit
MUSEO

(MOCAD; ☎313-832-6622; www.mocadetroit.org; 4454 Woodward Ave; donativo sugerido 5 US$; ⊙11.00-17.00 mi, sa y do, hasta 20.00 ju y vi) El MOCAD ocupa un concesionario de automóviles abandonado y cubierto de grafitis. Hay lámparas de infrarrojos colgadas del techo y peculiares exposiciones temporales. Regularmente ofrece eventos musicales y literarios. La cafetería-coctelería está muy concurrida.

⊙ New Center

Motown Historical Museum
MUSEO

(☎313-875-2264; www.motownmuseum.org; 2648 W Grand Blvd; adultos 12-15 US$, niños 8 US$; ⊙10.00-18.00 ma-vi, hasta 20.00 sa, 12.00-18.00 do jul y ago, hasta 18.00 ma-sa sep-jun) En esta hilera de casas modestas, Berry Gordy fundó en 1959 Motown Records, con un préstamo de 800 US$, que lanzó las carreras de Stevie Wonder, Diana Ross, Marvin Gaye y Michael Jackson. Aunque Gordy y la Motown marcharon a Los Ángeles en 1972, hoy se puede visitar el sencillo Studio A donde los famosos grabaron sus primeros éxitos.

La visita dura unas 1½ h y consiste, sobre todo, en fotografías antiguas y anécdotas contadas por los guías. Está 3,2 km al noroeste de Midtown.

Ford Piquette Avenue Plant
MUSEO

(☎313-872-8759; www.fordpiquetteavenueplant.org; 461 Piquette Ave; adultos/niños 10 US$/gratis; ⊙10.00-16.00 mi-do abr-oct) Henry Ford produjo el primer modelo T en esta emblemática fábrica. La entrada incluye una visita dirigida por unos guías entusiastas y una gran exposición de vehículos flamantes, fabricados a partir de 1904. Está 1,5 km al noreste del Detroit Institute of Arts.

Centro y alrededores

Greektown (alrededor de Monroe St) posee varios restaurantes, panaderías y un casino.

★ Eastern Market   MERCADO
(www.easternmarket.com; Adelaide y Russell St)
Los largos pasillos de este mercado se llenan de productos frescos, queso, especias y flores los sábados. De lunes a viernes hay tiendas especializadas (p. ej., un excelente tostadero de cacahuetes) y cafeterías alrededor del mercado, en las calles Russell y Market. Los martes de junio a octubre hay un mercado en versión reducida, y los domingos, un mercadillo de artesanía con camionetas de comida.

Renaissance Center   EDIFICIO
(RenCen; www.gmrencen.com; 330 E Jefferson Ave)
El altísimo y reluciente edificio de la sede de GM es ideal para aprovechar el wifi gratis, apuntarse a la visita gratuita de 1 h (lu-vi 12.00 y 14.00) o recorrer el paseo entarimado frente al río.

Hart Plaza   PLAZA
(Jefferson esq. Woodward Ave) Los fines de semana de verano acoge numerosos festivales y conciertos gratuitos. Destaca la escultura del puño de Joe Louis.

People Mover   MONORRAÍL
(www.thepeoplemover.com; billete 0,75 US$) Con el monorraíl elevado que realiza un circuito de 5 km por el centro no se puede llegar muy lejos. Pero como atracción turística, es un trayecto muy agradable y con magníficas vistas de la ciudad y de la ribera. Hay 13 estaciones, una de ellas en el RenCen.

Heidelberg Project   ARTE PÚBLICO
(www.heidelberg.org; 3600 Heidelberg St; ⊙ amanecer-anochecer) GRATIS Calles pintadas a topos, casas convertidas en manchas de colores, extrañas esculturas en los patios... No es un viaje alucinógeno sino una instalación de arte que abarca una manzana, una idea original del artista callejero Tyree Guyton para decorar su ruinoso barrio. Aunque los pirómanos han incendiado gran parte del proyecto, Guyton jura que lo mantendrá abierto y convertirá los restos en arte otra vez.

Está en un barrio inseguro, a 2,5 km del Eastern Market. Hay que enfilar Gratiot Ave al noreste hasta Heidelberg St. El proyecto abarca desde Ellery St a Mt Elliott St.

DATOS DE MÍCHIGAN

Apodos Estado de los Grandes Lagos, estado del glotón

Población 9,9 millones

Superficie 250 504 km²

Capital Lansing (114 000 hab.)

Otras ciudades Detroit (689 000 hab.)

Impuesto sobre ventas 6%

Hijos célebres El industrial Henry Ford (1863-1947), Francis Ford Coppola (1939), Stevie Wonder (1950), Madonna (1958) y el cofundador de Google, Larry Page (1973)

Cuna de las plantas de montaje de automóviles y playas de agua dulce

Política De tendencias demócratas

Famoso por los coches, los copos de maíz, las guindas y la Motown

Reptil del estado tortuga pintada

Distancias De Detroit a Traverse City, 410,5 km; y a Cleveland, 270,5 km

Riverwalk & Dequindre Cut   PASEO, CICLISMO
(www.detroitriverfront.org) Este estupendo camino de ribera recorre 5 km del arremolinado río Detroit desde Hart Plaza hasta Mt Elliott St, al este, pasando junto a varios parques, teatros al aire libre, barcos y lugares para pescar. Está previsto que se prolongue hasta Belle Isle y sus playas (ahora, para llegar, hay que desviarse por Jefferson Ave). Casi a mitad de camino, cerca de Orleans St, la vía verde de 2,5 km Dequindre Cut Greenway se dirige al norte y constituye un práctico corredor para llegar al Eastern Market.

Wheelhouse Bikes   ALQUILER DE BICICLETAS
(☎313-656-2453; www.wheelhousedetroit.com; 1340 E Atwater St; 2 h 15 US$; ⊙10.00-20.00 lu-sa, 11.00-17.00 do jun-ago, reducido sep-may) La bicicleta es un transporte ideal para descubrir la ciudad. Esta empresa alquila robustas bicicletas (casco y candado incl.) en el Riverwalk de Rivard Plaza. Ofrece itinerarios temáticos (40 US$, bicicleta incl.) por diversos barrios, puntos arquitectónicos y granjas urbanas.

☞ Circuitos

Preservation Detroit   CIRCUITOS A PIE
(☎313-577-7674; www.preservationdetroit.org; circuitos 2 h 15 US$; ⊙10.00 sa may-sep) Recorri-

Detroit

Detroit

◎ Principales puntos de interés
- **1** Detroit Institute of Arts.....................C2
- **2** Eastern Market.................................D5

◎ Puntos de interés
- **3** Hart Plaza.......................................C7
- **4** Museum of Contemporary Art
  Detroit...C3
  People Mover..........................(véase 5)
- **5** Renaissance Center.........................C7

🏃 Actividades, cursos y circuitos
- **6** Wheelhouse Bikes...........................D7

🛏 Dónde dormir
- **7** Aloft..B6
- **8** Ft Shelby Doubletree Hotel..............B6
- **9** Inn on Ferry Street...........................C1

🍴 Dónde comer
- **10** Cass Cafe......................................B2
- **11** Dime Store.....................................B6

- **12** Lafayette Coney Island...................B6
- **13** Selden Standard.............................B3

🍷 Dónde beber y vida nocturna
- **14** Bronx...B2
- **15** HopCat...B3
- **16** Roasting Plant................................C6

🎭 Ocio
- **17** Cliff Bell's......................................B5
- **18** Comerica Park................................C5
- **19** Detroit Opera House.........................C6
- **20** Ford Field......................................C5
- **21** Joe Louis Arena..............................B7
- **22** Majestic Theater & Populux...............C3
- **23** PJ's Lager House.............................A5
- **24** Puppet ART/Detroit Puppet
  Theater.......................................C6

🛍 De compras
- **25** People's Records.............................C3
- **26** Pure Detroit...................................C7

dos arquitectónicos por el centro, Midtown y otros barrios; los puntos de salida varían.

🎉 Fiestas y celebraciones

**North American International
Auto Show**　　　　　　　　CULTURA
(www.naias.com; entradas 13 US$; ⊙med ene) Gran número de automóviles se reúne en el Cobo Center durante dos semanas.

**Movement Electronic
Music Festival**　　　　　　　MÚSICA
(www.movement.us; pase diario 75 US$; ⊙fin may) El mayor festival de música electrónica del mundo se celebra en Hart Plaza el fin de semana del Memorial Day.

🛏 Dónde dormir

Salvo indicación en contra, a las tarifas siguientes hay que añadir un impuesto del 9% al 15% (según tamaño y situación del alojamiento). En la periferia de Detroit abundan los moteles asequibles. Desde el aeropuerto Metro hay que seguir las señales hacia Merriman Rd.

Detroit Hostel　　　　　ALBERGUE $
(☎313-451-0333; www.hosteldetroit.com; 2700 Vermont St; dc 30-37 US$; h 46-65 US$; P@☎) Unos voluntarios rehabilitaron este viejo edificio, reunieron materiales reciclados y donativos para el mobiliario, y lo inauguraron en el 2011. Tiene un dormitorio de 10 camas, otro de cuatro y varias habitaciones privadas; los

cuatro baños y las tres cocinas se comparten. Las reservas solo pueden hacerse por internet y con una antelación mínima de 24 h. Está en una desierta calle de Corktown, pero cerca tiene varios bares y restaurantes buenos. Alquilan bicicletas (20 US$/día).

★ Inn on Ferry Street　　　　HOSTAL $$
(☎313-871-6000; www.innonferrystreet.com; 84 E Ferry St; h 169-259 US$; P🅿@☎) Esta hilera de mansiones victorianas junto al museo de arte posee 40 habitaciones. Las más baratas son pequeñas, pero tienen delicada ropa de cama; las más grandes tienen muebles antiguos de madera. El desayuno caliente y saludable y los traslados al centro son de agradecer.

Aloft　　　　　　　　　　HOTEL $$
(☎313-237-1700; www.aloftdetroit.com; 1 Park Ave; h 159-199 US$; P🅿@☎🐾) Este hotel nuevo ocupa un elegante rascacielos neorrenacentista de 1915, adaptado al estilo *hipster* familiar, característico de esta cadena. Las habitaciones son modernas, con alegres toques de color y magníficas vistas de la ciudad. Está bien situado, cerca de los recintos deportivos y los teatros. El aparcamiento cuesta 30 US$.

Ft Shelby Doubletree Hotel　　HOTEL $$
(☎313-963-5600; http://doubletree1.hilton.com; 525 W Lafayette Blvd; h 123-189 US$; P🅿@☎) Este hotel ocupa un edificio histórico *beaux arts* en el centro. Todas las habitaciones son suites con sala de estar y dormitorio, equi-

LAS RUINAS DE DETROIT

Más de 78 000 edificios abandonados estropean el paisaje de Detroit. El Ayuntamiento los demolería, pero no tiene dinero. Muchos se han convertido en monumentos muy fotografiados. Encabeza la lista la **Estación Central de Míchigan** (2405 W Vernor Hwy), la antaño magnífica terminal ferroviaria de estilo *beaux arts* que hoy se desmorona junto a la calle principal de Corktown. Otro es la **Packard Auto Plant** (E Grand Blvd at Concord St). El reconocido arquitecto Albert Kahn diseñó esta fábrica de 325 000 m², una preciosidad cuando se inauguró en 1903; hoy parece el escenario de una película de zombis. Pero puede haber cambios a la vista, pues un constructor la ha comprado para rehabilitarla. **Detroiturbex** (www.detroiturbex.com) ofrece información histórica sobre esta y otras construcciones abandonadas.

Está prohibido entrar en los edificios abandonados, pero las visitas se han convertido en un tema candente: algunos las llaman "pornografía de las ruinas" como si la gente se excitara al ver el deterioro de la urbe. Otros las consideran como una forma de examinar y comprender la compleja historia de la ciudad.

pado con TV de HD y wifi gratis. El *parking* cuesta 27 US$. Traslada gratis al centro.

✘ Dónde comer

Hay dos barrios periféricos cercanos con restaurantes y bares de moda: Ferndale, de orientación gay y agradable para pasear (en 9 Mile Rd con Woodward Ave), y Royal Oak (al norte de Ferndale entre 12 Rd y 13 Mile Rd).

Midtown y Cultural Center

Cass Cafe CAFÉ $
(☎313-831-1400; www.casscafe.com; 4620 Cass Ave; principales 8-15 US$; ⊙11.00-23.00 lu-ju, hasta 1.00 vi y sa, 17.00-22.00 do; 🛜🌱) Esta galería bohemia, fusionada con un bar y un restaurante sirve sopas, sándwiches y delicias vegetarianas, como la hamburguesa de lentejas y nueces. El servicio puede ser irregular.

Selden Standard ESTADOUNIDENSE MODERNA $$$
(☎313-438-5055; www.seldenstandard.com; 3921 2nd Ave; raciones 14-20 US$; ⊙11.00-14.30 y 17.00-22.00 lu-vi, desde 10.00 sa y do) La ciudad ya posee un restaurante exclusivo "de la granja a la mesa", y tan concienciado que fabrica su mantequilla y elabora la pasta a mano. La carta va cambiando, pero suele incluir platos como trucha recién pescada y raviolis de apio-nabo, así como cócteles creativos.

Centro

Lafayette Coney Island ESTADOUNIDENSE $
(☎313-964-8198; 118 Lafayette Blvd; items 2,50-5 US$; ⊙9.00-3.00 do-ju, 8.00-4.00 vi y sa) El *coney*, un perrito caliente cubierto de chile y cebolla, es una especialidad de Detroit. Cuando entren ganas de comerlo, se debe acudir a Lafayette. También sirven hamburguesas, patatas fritas y cerveza. Solo efectivo.

Dime Store ESTADOUNIDENSE $
(☎313-962-9106; www.eatdimestore.com; 719 Griswold St; principales 8-13 US$; ⊙8.00-15.00 lu, hasta 22.00 ma-vi, 10.00-15.00 sa y do) En este acogedor restaurante estilo cafetería con sillas giratorias de madera, hay que pedir Reuben de pato y patatas fritas con mayonesa de trufa, y una cerveza fría. Los platos del *brunch* con huevo tienen mucho éxito y se sirven todo el día.

Corktown y Mexicantown

Corktown, al oeste del centro, refleja el espíritu bricolador de la ciudad. En Michigan Ave hay locales *hipster* que sirven hamburguesas, cócteles y bebidas artesanales de café. Mexicantown, en Bagley St, 5 km al oeste del centro, cuenta con varios restaurantes mexicanos baratos.

Green Dot Stables HAMBURGUESERÍA $
(☎313-962-5588; www.greendotstables.com; 2200 W Lafayette Blvd; principales 2-3 US$; ⊙11.00-24.00 lu-mi, hasta 1.00 ju-sa, 12.00-22.00 do) No está muy bien situado, entre el centro, Corktown y Mexicantown, pero ello no disuade a los urbanitas jóvenes de acudir en masa a devorar sus 20 variedades de minihamburguesas *gourmet* (*tempeh* con mayonesa de *wasabi*, *kimchi* con mantequilla de cacahuete...) acompañadas de *poutine*.

★ Slows Bar BQ BARBACOA $$
(☎313-962-9828; www.slowsbarbq.com; 2138 Michigan Ave; principales 10-19 US$; ⊙11.00-22.00 do

y lu, hasta 23.00 ma-ju, hasta 24.00 vi y sa; 🖥) En Corktown se puede comer una deliciosa barbacoa a fuego lento al estilo sureño. Los más carnívoros pueden pedir la parrillada de tres carnes (pecho de res, cerdo en tiras y pollo). Los vegetarianos tienen un par de opciones. Hay 55 cervezas de barril de calidad.

🍷 Dónde beber y vida nocturna

★ Bronx BAR

(4476 2nd Ave; ⏰12.00-2.00; 🖥) En el mejor bar de Detroit hay una mesa de billar, iluminación tenue y un par de rocolas llenas de buenos discos de *rock* y soul. Es el tipo de local que gusta a *hipsters*, ociosos y roqueros (los White Stripes lo frecuentaban). También aprecian las hamburguesas de res que sirven de madrugada y la selección de cervezas a buen precio.

HopCat PUB

(www.hopcat.com/detroit; 4265 Woodward Ave; ⏰ 11.00-2.00 lu-sa, desde 10.00 do; 🖥) El representante en Detroit de la cadena de *pubs* regional exhibe pinturas de músicos locales en las paredes y pone música de los Stooges y la antigua Motown. Hay cerca de 130 cervezas de barril, 30 de ellas de Míchigan. Quienes deseen probar varias, pueden pedirlas en vasos de 1,5 dl o 2,4 dl.

Roasting Plant CAFÉ

(www.roastingplant.com; 660 Woodward Ave; ⏰ 6.00-19.00 lu-vi, desde 7.00 sa y do) Este local elegante, tecnológico y muy agradable, muele el grano antes de preparar cada taza de café. La galería del vestíbulo suele exhibir obras interesantes. Enfrente hay camionetas de comida ambulante.

☆ Ocio

Música en directo

La entrada suele oscilar entre 5 y 15 US$.

Majestic Theater & Populux MÚSICA EN DIRECTO

(www.majesticdetroit.com; 4120-4140 Woodward Ave) El Majestic Theater y el Majestic Cafe, más pequeño, acogen espectáculos de *rock* regados con abundante cerveza, y la contigua discoteca Populux pone música electrónica para bailar. El complejo de ocio también incluye una bolera y una pizzería.

DE LA MOTOWN A LA CIUDAD DEL 'ROCK'

Motown Records y la música soul dieron fama a Detroit en la década de 1960, y en la de 1970 surgió el punk *rock* machacón de los Stooges y los MC5 como reacción a aquel sonido tan suave. En 1976, Detroit fue apodada "ciudad del *rock*" en una canción de Kiss. Últimamente el *rock* duro (también llamado *whiplash rock and roll*) ha dado fama musical a la ciudad, con estrellas como White Stripes, Von Bondies y Dirtbombs. El rap (gracias, Eminem) y el *techno* son otros estilos representados. Muchos afirman que es el deterioro de la ciudad lo que produce tal explosión de rabia sonora. En publicaciones gratuitas como *Metro Times* (www.metrotimes. com) y blogs como *Motor City Rocks* (http://motorcityrocks.com) se hallará información actualizada de locales y actuaciones.

PJ's Lager House MÚSICA EN DIRECTO

(www.pjslagerhouse.com; 1254 Michigan Ave; ⏰ 11.00-2.00) En este pequeño club de Corktown actúan aguerridos grupos o DJ casi todas las noches. De día sirve buena comida con un toque *vegano* y de Nueva Orleans (p. ej., bocadillo de *tempeh* con pan sin gluten).

Cliff Bell's JAZZ

(www.cliffbells.com; 2030 Park Ave; ⏰desde 16.00 ma-vi, 17.00 sa, 11.00 do) Evoca la elegancia de 1930 a base de madera oscura, luz de velas y decoración *art déco*. Los grupos de *jazz* locales y las lecturas de poesía atraen a un público joven y variado.

Artes escénicas

Puppet ART/Detroit Puppet Theater TEATRO

(☎313-961-7777; www.puppetart.org; 25 E Grand River Ave; adultos/niños 10/5 US$; 🖥) Titiriteros de formación soviética ofrecen deliciosos espectáculos en este teatro para 70 espectadores, normalmente las tardes de los sábados. El pequeño museo exhibe marionetas de diferentes culturas.

Detroit Opera House ÓPERA

(☎313-237-7464; www.michiganopera.org; 1526 Broadway Ave) Interiores espléndidos, una compañía de primer nivel y cantera de muchos intérpretes afroamericanos de prestigio.

Deportes

Comerica Park BÉISBOL
(www.detroittigers.com; 2100 Woodward Ave; 🚻) Es uno de los estadios de béisbol más equipados de la liga, donde disputan los Detroit Tigers. Incluso posee una noria y un carrusel (ambos 2 US$/viaje); ideal para niños.

Joe Louis Arena HOCKEY
(www.detroitredwings.com; 600 Civic Center Dr) Los estimados Red Wings juegan al *hockey* sobre hielo en este estadio donde, si uno puede conseguir entrada, será testigo de la extraña costumbre de lanzar un pulpo auténtico. A finales del 2017 prevén inaugurar un nuevo estadio, al norte del centro.

Ford Field FÚTBOL AMERICANO
(www.detroitlions.com; 2000 Brush St) Estadio cubierto al lado de Comerica Park donde juegan Los Lions.

Palace of Auburn Hills BALONCESTO
(www.nba.com/pistons; 5 Championship Dr) Aquí juegan los Pistons. Está unos 48 km al noroeste del centro (salida 81 de la I-75).

🛍 De compras

Pure Detroit RECUERDOS
(www.puredetroit.com; 500 Griswold St; ⊙10.30-17.30 lu-sa) Esta tienda dedicada a la velocidad y la música *rock*, señas de identidad de la ciudad, vende elegantes productos creados por artistas locales: bolsos hechos con cinturones de seguridad, camisetas y cerámica *pewabic*. Está situada en el emblemático edificio Guardian, con mosaicos, digno de verse.

People's Records MÚSICA
(www.peoplesdetroit.com; 4100 Woodward Ave; ⊙ 11.00-19.00 lu-sa) Tienda propiedad de un DJ, que es el paraíso del vinilo. Está especializada en discos de 45 r.p.m. y cuenta con más de 80 000 títulos de *jazz*, soul y *R&B*. En la mesa delantera hay folletos de las destacadas actuaciones musicales programadas.

ℹ Información

La zona que va de los estadios deportivos al norte, hasta más o menos Willis Rd, es bastante solitaria y no conviene andar por ella de noche.

URGENCIAS Y ASISTENCIA MÉDICA

Detroit Receiving Hospital (☎313-745-3000; 4201 St Antoine St)

ACCESO A INTERNET

Hay wifi gratis en muchas cafeterías y bares, y en el vestíbulo del Renaissance Center.

MEDIOS DE COMUNICACIÓN

'Between the Lines' (www.pridesource.com) Semanario gratuito de la comunidad homosexual.

'Detroit Free Press' (www.freep.com) Periódico diario.

'Detroit News' (www.detroitnews.com) Periódico diario.

'Metro Times' (www.metrotimes.com) Semanario alternativo gratuito y la mejor guía del ocio.

'Model D' (www.modeldmedia.com) Revista digital semanal con noticias locales, restaurantes y ocio, clasificada por barrios.

INFORMACIÓN TURÍSTICA

Detroit Convention & Visitors Bureau (☎800-338-7648; www.visitdetroit.com)

ℹ Cómo llegar y desplazarse

El **aeropuerto Metro de Detroit** (DTW; www.metroairport.com), nudo aéreo de Delta Airlines, está 32 km al suroeste de Detroit. Hay pocas opciones de transporte a la ciudad. Los taxis cuestan 55 US$, aprox., y la lanzadera compartida **Skoot** (www.rideskoot.com), 20 US$. El autobús SMART 125 (2,50 US$) no es práctico ni fiable y tarda 1½ h en llegar al centro.

Greyhound (☎313-961-8005; 1001 Howard St) va a varias ciudades de Míchigan y a otros destinos. **Megabus** (www.megabus.com/us) tiene servicios diarios a/desde Chicago (5½ h); salen del centro y de la Universidad Estatal Wayne. En la web se indican las paradas exactas.

Amtrak (☎313-873-3442; 11 W Baltimore Ave) tiene tres trenes diarios a Chicago (5½ h). También se puede ir al este, a Nueva York (16½ h) y a otros puntos intermedios, pero el primer tramo hasta Toledo se realiza en autobús.

Transit Windsor (☎519-944-4111; www.citywindsor.ca/transitwindsor) gestiona el autobús a Windsor (Canadá) a través del túnel. Cuesta 4,50 $ (desde EE UU o Canadá) y sale de Mariner's Church (Randolph St esq. Jefferson Ave), cerca de la entrada del túnel Detroit-Windsor, así como de otros puntos del centro. Hay que llevar pasaporte.

El **tranvía M-1,** que debe empezar a funcionar a finales del 2016, circulará por Woodward Ave desde Congress St, en el centro, hasta la estación de Amtrak y W Grand Blvd en el extremo norte, pasando por los estadios deportivos y los museos. Véase información actualizada en http://m-1rail.com.

COCHES CLÁSICOS EN MÍCHIGAN

Más que por las dunas, las playas y el *fudge* de la isla de Mackinac, Míchigan destaca por los coches. Aunque últimamente la industria ha decaído, el estado conmemora sus días de gloria con varios museos automovilísticos. Los siguientes están a pocas horas por carretera de la ciudad del motor.

Henry Ford Museum (véase abajo) Este museo de Dearborn está repleto de coches antiguos, incluido el primero fabricado por Henry Ford. En el contiguo Greenfield Village se puede subir en un modelo T salido de la cadena de montaje en 1923.

Automotive Hall of Fame (✆313-240-4000; www.automotivehalloffame.org; 21400 Oakwood Blvd; adultos/niños 10/4 US$; ◷9.00-17.00 mi-do) Al lado del anterior, el Auto Hall interactivo se centra en los personajes que hay detrás de los coches famosos, como Ferdinand Porsche o Soichiro Honda.

Gilmore Car Museum (✆269-671-5089; www.gilmorecarmuseum.org; 6865 Hickory Rd; adultos/niños 13/10 US$; ◷9.00-17.00 lu-vi, hasta 18.00 sa y do) Al norte de Kalamazoo por la Hwy 43, este recinto posee 22 cobertizos con 120 automóviles de época; de los 15 Rolls-Royces, el más antiguo es un Silver Ghost de 1910.

RE Olds Transportation Museum (p. 575) Es un enorme garaje lleno de coches antiguos, algunos de los cuales tienen más de 130 años.

Se puede pedir un taxi a **Checker Cab** (✆313-963-7000).

Alrededores de Detroit

En las inmediaciones de Detroit hay impresionantes vestigios de la cultura estadounidense y buena comida.

Dearborn

Está 16 km al oeste del centro de Detroit y cuenta con dos magníficos museos. El **Henry Ford Museum** (✆313-982-6001; www.thehenryford.org; 20900 Oakwood Blvd; adultos/niños 20/15 US$; ◷9.30-17.00) contiene una fascinante exposición sobre la historia y la cultura de EE UU, como la butaca que ocupaba Lincoln cuando fue asesinado, la limusina presidencial en la que mataron a Kennedy, el coche con forma de perrito caliente Oscar Mayer Wienermobile (ideal para fotografiarse) y el autobús en el que Rosa Parks se negó a ceder su asiento. Y también incluye una sección de coches antiguos. Aparcar cuesta 6 US$. Al lado, **Greenfield Village** (adultos/niños 25/18,75 US$; ◷9.30-17.00 diario med abr-oct, vi-do nov y dic) es un museo al aire libre formado por edificios históricos de todo el país, reconstruidos y restaurados, como el laboratorio de Thomas Edison de Menlo Park o el taller aeronáutico de los hermanos Wright. También se puede visitar la **Rouge Factory** (adultos/niños 16/12 US$; ◷9.30-15.00 lu-sa), en la

que se verán camiones F-150 en la cadena de montaje donde Ford perfeccionó sus técnicas de producción en masa.

Las tres atracciones están separadas pero se puede adquirir una entrada combinada (adultos/niños 35/26,25 US$) para el museo Henry Ford y Greenfield Village. Conviene destinar un día como mínimo al conjunto.

Dearborn posee la mayor concentración del país de residentes de ascendencia árabe, por lo que no es de extrañar que albergue el **Arab American National Museum** (✆313-582-2266; www.arabamericanmuseum.org; 13624 Michigan Ave; adultos/niños 8/4 US$; ◷10.00-18.00 mi-sa, 12.00-17.00 do). A pesar de ser un noble proyecto en un edificio atractivo revestido de azulejos, su interés es relativo. Los restaurantes árabes de la cercana Warren Ave son más atrayentes para conocer esta cultura. **Hamido** (www.hamidorestaurant.com; 13251 W Warren Ave; principales 6-12 US$; ◷11.00-24.00) sirve *hummus*, *shwarma* de pollo y otros platos típicos. El número de aves que se asan en el espetón demuestra su éxito.

Ann Arbor

Esta ciudad liberal y libresca, 65 km al oeste de Detroit, es la sede de la Universidad de Míchigan. El centro urbano, que limita con el campus, invita a pasear, con sus numerosas cafeterías que sirven alcohol, librerías y cervecerías artesanales. Es una meca para los glotones; basta dirigirse a cualquier local que se llame Zingerman's.

◉ Puntos de interés y actividades

University of Michigan Museum of Art
MUSEO

(☎734-764-0395; www.umma.umich.edu; 525 S State St; ⊙11.00-17.00 ma-sa, desde 12.00 do) **GRATIS** El llamativo museo de arte del campus impresiona con sus colecciones de cerámica asiática, cristales de Tiffany y obras abstractas modernas.

Mercado agrícola de Ann Arbor
MERCADO

(www.facebook.com/a2market; 315 Detroit St; ⊙ 7.00-15.00 mi y sa may-dic, solo sa ene-abr) Dada la abundancia de huertos y granjas en las cercanías, no es extraño que este mercado esté abarrotado con toda clase de productos, desde encurtidos picantes a kits para el cultivo de champiñones o la fabricación de sidra. Está en el centro, cerca de Zingerman's Deli. El domingo hay un mercado de artesanía con bisutería, cerámica y tejidos.

Zingerman's Bakehouse
CURSOS DE COCINA

(www.bakewithzing.com; 3723 Plaza Dr) Ofrece unos solicitados cursos de panadería y repostería.

✗ Dónde comer y beber

Frita Batidos
CUBANA $

(☎734-761-2882; www.fritabatidos.com; 117 W Washington St; principales 8-13 US$; ⊙11.00-23.00 do-mi, hasta 24.00 ju-sa) Esta moderna interpretación de la comida callejera cubana hace furor mediante sus hamburguesas con acompañamientos tropicales y cítricos y sus batidos con alcohol.

Zingerman's Delicatessen
CHARCUTERÍA $$

(☎734-663-3354; www.zingermansdeli.com; 422 Detroit St; sándwiches 13-17 US$; ⊙7.00-22.00; ⊕) La tienda que desató el frenesí *gourmet* prepara generosos bocadillos con ingredientes ecológicos y selectos de la zona en un extenso recinto del centro que también incluye una cafetería y una panadería.

★ Zingerman's Roadhouse
ESTADOUNIDENSE $$$

(☎734-663-3663; www.zingermansroadhouse.com; 2501 Jackson Ave; principales 19-33 US$; ⊙ 7.00-22.00 lu-ju, hasta 23.00 vi, 9.00-23.00 sa, hasta 21.00 do) Se resume en dos palabras: rosquillas y helados. El postre con salsa de caramelo al *bourbon* es genial, al igual que los platos tradicionales del país, como la sémola de Carolina, las costillas de cerdo de Iowa o los pasteles de cangrejo de Maryland, todos con ingredientes de producción sostenible. Está 3 km al oeste del centro.

Jolly Pumpkin
FÁBRICA DE CERVEZA

(www.jollypumpkin.com; 311 S Main St; ⊙desde 11.00 lu-vi, desde 10.00 sa y do) Los vecinos de Ann Arbor se congregan para saborear las amargas cervezas de la casa (se recomienda la Bam Biere) con *pizza* y patatas fritas con trufa. Se puede escoger entre el agradable comedor con antigüedades del bajo o el patio de la azotea.

☆ Ocio

Si el viajero llega en un fin de semana de otoño y se pregunta por qué 110 000 personas (la población de Ann Arbor aprox.) se reúnen en el estadio universitario, la respuesta es el fútbol americano. Las entradas son casi imposibles de conseguir, sobre todo si el contrincante es el eterno rival Ohio State, pero se puede intentar en la **taquilla de U of M** (☎734-764-0247; www.mgoblue.com/ticketoffice).

Blind Pig
MÚSICA EN DIRECTO

(www.blindpigmusic.com; 208 S 1st St) Todos, desde John Lennon a Nirvana o los Circle Jerks, han actuado en este legendario escenario.

Ark
MÚSICA EN DIRECTO

(www.a2ark.org; 316 S Main St) Acoge conciertos de música acústica y folk.

❶ Información

Hay varios B&B muy cerca del centro. Casi todos los hoteles están a unos 8 km y varios se concentran en State St, al sur.

Ann Arbor Convention & Visitors Bureau (www.visitannarbor.org) Información general y sobre alojamiento.

Lansing y centro de Míchigan

El corazón de Míchigan, en el centro de la Península Inferior, alterna fértiles ranchos con zonas urbanas atravesadas por autopistas.

Lansing

La capital del estado es una ciudad más bien pequeña. Al este se encuentra East Lansing, sede de la Universidad Estatal de Míchigan, donde vale la pena visitar un par de buenos museos.

◉ Puntos de interés y actividades

Broad Museum of Art MUSEO
(www.broadmuseum.msu.edu; 547 E Circle Dr; ⊙ 10.00-17.00 ma-ju y sa-do, 12.00-21.00 vi) GRATIS Este sorprendente paralelogramo de acero inoxidable y cristal de la reconocida arquitecta Zaha Hadid exhibe desde cerámica griega a pinturas de Dalí. Gran parte del espacio está dedicado al arte vanguardista.

RE Olds Transportation Museum MUSEO
(☎517-372-0529; www.reoldsmuseum.org; 240 Museum Dr; adultos/niños 7/5 US$; ⊙10.00-17.00 ma-sa todo el año, 12.00-17.00 do abr-oct) Guarda una estupenda colección de 65 coches antiguos en el viejo garage de los autobuses urbanos, incluido el primer Oldsmobile, de 1897. No se muestra toda la colección de una vez, sino de forma rotativa.

River Trail EXCURSIÓN A PIE
(www.lansingrivertrail.org) Los 13 km de esta ruta unen el centro de Lansing con la universidad. Este camino asfaltado es muy frecuentado por ciclistas y corredores, y pasa por numerosos puntos de interés, como un museo infantil, un zoo y una escalera para peces.

🛏 Dónde dormir

Wild Goose Inn B&B $$
(☎517-333-3334; www.wildgooseinn.com; 512 Albert St; h 139-159 US$; 🛜) Los hoteles del centro los frecuentan políticos y personas influyentes, por lo que salen caros. Es mejor alojarse en este B&B de seis habitaciones en East Lansing, a una manzana del campus. Todas las habitaciones disponen de chimenea y muchas tienen *jacuzzi*.

🍴 Dónde comer y beber

Golden Harvest CAFETERÍA $
(☎517-485-3663; 1625 Turner St; principales 7-9 US$; ⊙7.00-14.30 lu-vi, desde 8.00 sa y do) Este ruidoso local, que mezcla el punk *rock* y lo *hippie*, sirve Bubba Sandwich con salchicha y torrija y unas generosas tortillas; solo efectivo.

HopCat PUB
(www.hopcat.com/east-lansing; 300 Grove St; ⊙ 11.00-24.00 lu-mi, hasta 2.00 ju-sa, 10.00-24.00 do) Local de la cadena regional de *pubs* en East Lansing, con una barra hecha de gradas de un gimnasio y decorada con chapas, lámparas de una antigua iglesia y arte popular de temática *rock*. Es un placer para la vista, pero lo más interesante son las 100 cervezas de barril (20 de ellas de Míchigan). Las hamburguesas y bocadillos son descomunales.

ℹ Información

Greater Lansing CVB (www.lansing.org) Ofrece información sobre East Lansing, sede de la Universidad Estatal de Míchigan.

Grand Rapids

Es la segunda ciudad más grande de Míchigan, famosa por la fabricación de muebles de oficina y, recientemente, por el turismo de cerveza. En la zona hay 20 cervecerías artesanas, pero también algunos lugares curiosos.

◉ Puntos de interés y actividades

Gerald R. Ford Museum MUSEO
(☎616-254-0400; www.fordlibrarymuseum.gov; 303 Pearl St NW; adultos/niños 7/3 US$; ⊙9.00-17.00 lu-sa, desde 12.00 do) El museo del centro está dedicado al único presidente del país nacido en Míchigan. Ford sucedió en el cargo a Richard Nixon cuando este y su vicepresidente, Spiro Agnew, dimitieron. Realiza una excelente labor al ocuparse de esta extraña etapa en la historia de EE UU y exponer incluso las herramientas utilizadas en el robo del caso Watergate. Ford y su esposa Betty están enterrados en el recinto.

Frederik Meijer Gardens JARDINES
(☎616-957-1580; www.meijergardens.org; 1000 E Beltline NE; adultos ‒‒‒12/6 US$; ⊙9.00-17.00 lu y mi-sa, hasta 21.00 ma, 11.00-17.00 do) Jardines de 48 Ha que regalan impresionantes floraciones, además de albergar esculturas de Auguste Rodin y Henry Moore, entre otros. Está 8 km al este del centro por la I-196. En el centro hay un buen museo de arte.

🛏 Dónde dormir

CityFlats Hotel HOTEL $$
(☎866-609-2489; www.cityflatshotel.com; 83 Monroe Center St NW; h 165-235 US$; 🐾🛜) Este hotel del centro invita a acurrucarse bajo las sábanas de bambú al caer la noche. El edificio posee el certificado de oro del programa LEED sobre energía y diseño medioambiental.

🍴 Dónde comer y beber

Founders Brewing Company FÁBRICA DE CERVEZA
(www.foundersbrewing.com; 235 Grandville Ave SW; ⊙11.00-2.00 lu-sa, 12.00-24.00 do; 🛜) Si el visitante solo puede hacer una parada en Grand

Rapids, debería ser aquí. Su Dirty Bastard Ale de tonalidades rubí pasa muy bien. También tienen bocadillos *gourmet* de carne (o de verduras).

Brewery Vivant   FÁBRICA DE CERVEZA
(www.breweryvivant.com; 925 Cherry St SE; ⊙15.00-23.00 lu-ju, hasta 24.00 vi, 11.00-24.00 sa, 12.00-22.00 do) Ubicada en una antigua capilla con vitrales y techo abovedado, su especialidad son las cervezas de estilo belga. También sirve quesos y hamburguesas en unas rústicas mesas comunes.

❶ Información

Grand Rapids CVB (www.experiencegr.com) Web con mapas e información sobre la ruta de las cervecerías.

Costa del lago Míchigan

El nombre de Gold Coast (costa dorada) tiene su motivo. La costa occidental del Míchigan, con sus 483 km, posee playas interminables, dunas, bodegas, huertos y ciudades llenas de B&B, que se desbordan en verano y tiritan en invierno. Todos los parques estatales relacionados aquí aceptan reservas de acampada (☎800-447-2757; www.midnrreservations.com; tasa 8 US$) y requieren un permiso para vehículo (9/31 US$ día/año), si no se indica otra cosa.

Harbor Country

Son ocho pequeños pueblos junto al lago, en la frontera de Míchigan, que se pueden visitar en un día desde Chicago. Tienen playas, bodegas, tiendas de antigüedades y un par de sorpresas. La Cámara de Comercio de Harbor Country (www.harborcountry.org) facilita información.

Lo primero, el surf, porque en el lago Míchigan se puede surfear. En Third Coast Surf Shop (☎269-932-4575; www.thirdcoastsurfshop.com; 110 N Whittaker St; ⊙10.00-18.00 do-ju, hasta 19.00 vi y sa, cerrado nov-abr) tienen una

---

❶ RUTA DEL VINO

Entre New Buffalo y Saugatuck hay una decena de bodegas. La Lake Michigan Shore Wine Trail (www.lakemichigansshorewinetrail.com) proporciona un mapa descargable con los viñedos y las salas de degustación. Muchos están señalizados en la carretera.

---

furgoneta VW y dan clases, facilitan neoprenos y tablas de surf y de remo (alquiler 20-35 US$/día). Los principiantes pueden recibir unas clases de 2 h en la playa (75 US$, equipo incl.). Están en New Buffalo, la población principal de Harbor Country.

Three Oaks es el único pueblo de los ocho que no tiene costa (está 9,5 km tierra adentro por la US 12). Es una curiosa mezcla entre *Granjero último modelo* y Greenwich Village. De día se pueden alquilar bicicletas en Dewey Cannon Trading Company (☎269-756-3361; www.applecidercentury.com/dctc; 3 Dewey Cannon Ave; bicicleta 20 US$/día; ⊙9.00-17.00 do-vi, hasta 20.00 sa, reducido oct-abr) y recorrer las solitarias carreteras rurales entre huertos y bodegas. Al caer la noche, se impone asistir a una obra de teatro provocadora o ver cine de calidad en los teatros de Three Oaks.

En Redamak's (www.redamaks.com; 616 E Buffalo St; hamburguesas 6-12 US$; ⊙12.00-22.30 mar-med nov), de New Buffalo, sirven hamburguesas con queso, patatas fritas picantes y cerveza fría. En la rústica Journeyman Distillery (www.journeymandistillery.com; 109 Generations Dr; ⊙12.00-22.00 do-ju, hasta 23.00 vi y sa), de Three Oaks, elaboran *whisky* ecológico.

Saugatuck y Douglas

Saugatuck es una de las zonas turísticas más concurridas de la Gold Coast, famosa por su pujante comunidad artística, sus numerosos B&B y su afinidad con los gais. Douglas es su ciudad gemela, 1,5 km al sur, aunque se han expandido tanto que casi están unificadas.

◉ Puntos de interés y actividades

En las céntricas calles Water y Butler proliferan tiendas y galerías. Las antigüedades dominan en la Blue Star Hwy que se prolonga 32 km al sur. En este tramo de carretera hay granjas de arándanos con autorrecolección (en inglés "U-pick").

Saugatuck Chain Ferry   PASEO EN BARCA
(extremo de Mary St; ida 1 US$; ⊙9.00-21.00 fin may-ppios sep) Es lo mejor y más asequible que se puede hacer en Saugatuck: montar en el chirriante transbordador para que el barquero lo lleve hasta la otra orilla del río Kalamazoo.

Mt Baldhead   PASEO
Al subir las escaleras de esta duna de 60 m de altura se dominan vistas excelentes. Al bajar

por el otro lado se llega a la playa Oval. Se accede en el transbordador; desde el embarcadero hay que ir a la derecha (norte).

Playa Oval PLAYA
(Oval Beach Rd; ☺9.00-22.00) Los socorristas vigilan esta larga playa de arena fina. Hay lavabos y chiringuitos, pero no estropean el sereno paisaje de dunas. Aparcar cuesta 8 US$. También se puede ir a la aventura, llegando con el transportador y pasando por Mt Baldhead.

🛏 Dónde dormir

En Saugatuck hay varios B&B en casas victorianas centenarias. Suelen cobrar unos 150-300 US$ por noche con una estancia mínima de dos noches.

Pines Motorlodge MOTEL **$$**
(☎269-857-5211; www.thepinesmotorlodge.com; 56 Blue Star Hwy; h 139-249 US$; ☎) Este motel de Douglas rodeado de abetos tiene un ambiente amistoso y divertido, con lámparas polinesias, muebles de pino y sillones de jardín en las zonas comunes.

Bayside Inn HOSTAL **$$**
(☎269-857-4321; www.baysideinn.net; 618 Water St; h 160-260 US$; ☎) Antiguo cobertizo de barcas con 10 habitaciones en el paseo ribereño de Saugatuck.

🍴 Dónde comer y beber

Crane's Pie Pantry PANADERÍA **$**
(☎269-561-2297; www.cranespiepantry.com; 6054 124th Ave; porción pastel 4,50 US$; ☺8.00-20.00 lu-sa, desde 11.00 do may-oct, reducido nov-abr) Se puede comprar un trozo de tarta o recoger manzanas y melocotones en los huertos contiguos. Está en Fennville, 5 km al sur por la Blue Star Hwy, y 6,5 km hacia el interior por la Hwy 89.

Phil's Bar & Grille ESTADOUNIDENSE **$$**
(☎269-857-1555; www.philsbarandgrille.com; 215 Butler St; principales 14-26 US$; ☺11.30-21.30 do-ju, hasta 22.30 vi y sa) Este *pub* ruidoso y acogedor con suelo de madera prepara un excelente pollo asado, tacos de pescado, piruletas de cordero y *gumbo*.

Saugatuck Brewing Company FÁBRICA
(www.saugatuckbrewing.com; 2948
☺11.00-21.00 do-ju, hasta 22.00
Los lugareños se pirran po

ℹ Información

Saugatuck/Douglas CVB (www.saugatuck. com) Facilita mapas e información.

Muskegon y Ludington

Estas dos poblaciones poseen sendos ferris que cruzan el lago y representan un importante ahorro de tiempo para viajar entre Michigan y Wisconsin. El **'Lake Express'** (☎866-914-1010; www.lake-express.com; ☺may-oct) conecta Muskegon y Milwaukee (ida adultos/niños/automóvil desde 86,50/30/91 US$, 2½ h); es moderno, rápido y casi un 50% más caro. El **SS 'Badger'** (☎800-841-4243; www.ssbadger.com; ☺med may-med oct) entre Ludington y Manitowoc (ida adultos/niños/automóvil desde 59/24/59 US$, 4 h) es un barco histórico de vapor, mucho más auténtico y barato, pero lento. Durante años fue un gran contaminante, pero hoy cumple la normativa medioambiental.

El **Winter Sports Complex** (☎231-744-9629; www.msports.org; 442 Scenic Dr) de Muskegon posee una pista de trineos (también en verano) y rutas de esquí de fondo. Al norte, el ribereño **Ludington State Park** (☎231-843-8671; tienda y parcelas 13-33 US$, bungalós 49 US$) es uno de los principales lugares de recreo de Michigan, con una excelente red de pistas, un faro restaurado que se puede visitar (o vivir en él como farero voluntario) y kilómetros de playa.

Sleeping Bear Dunes National Lakeshore

Este parque nacional abarca desde el norte de Frankfort hasta las afueras de Leland, en la península de Leelanau. Su ___gov/slbe/ visitantes (☎231-326-4700; ww30-16.00 sep-9922 Front St; ☺8.00-18.00 jun-ción, mapas de may) de Empire ofrece in___culos (10/20 US$ rutas y permisos par___ ___d Dune Climb, en la semana/año). ___ una duna de 60 m de Posee la fas___ se puede bajar corriendo Hwy 109, ___ue quieran ejercitar más las alto, de___ seguir hasta el lago Míchigan, o ro___xcursión de 1½ h (ida); hay que ___a suficiente. La preciosa Sleeping ___eritage Trail (www.sleepingbeartrail. ___omprende 21 km asfaltados de Empire ___ort Oneida, que incluyen la Dune Climb; ___ay muchos excursionistas y ciclistas. Si falta ___ tiempo o fuerzas, se puede realizar la Pierce

ISLAS MANITOU

Si el viajero busca aventura en la naturaleza, la encontrará en estas islas, integradas en el Sleeping Bear Dunes National Lakeshore. **Manitou Island Transit** (☏231-256-9061; www.manitou transit.com) puede ayudar a planificar itinerarios con pernoctación en *camping* por North Manitou, y excursiones de un día a South Manitou. El kayak y el senderismo son actividades muy solicitadas, sobre todo la travesía de 11 km al Valley of the Giants, un misterioso bosque de cedros en South Manitou. De mediados de mayo a principios de octubre hay de dos a siete ferris semanales desde Leland (ida y vuelta adultos/niños 35/20 US$, 1½ h).

Stocking Scenic Drive, una ruta de 11 km por una carretera con bosquecillos para hacer pícnic, tal vez la mejor forma de disfrutar de las impresionantes vistas del lago.

Saliendo del parque, se recomienda pasar por el pequeño **Leland** (www.lelandmi.com); se puede comer en el restaurante ribereño del centro y visitar el genuino barrio de pescadores con sus destartaladas cabañas y tiendas. Desde aquí salen barcos a las islas Manitou.

Más adelante, cerca de Suttons Bay, **Tandem Ciders** (www.tandemciders.com; 2055 Setterbo Rd; ⊙12.00-18.00 lu-sa, hasta 17.00 do) sirve deliciosas sidras en la granja familiar.

Traverse City

La capital de la cereza de Míchigan es la principal ciudad de la mitad norte de la Península Inferior. Ha sufrido cierta expansión urbanística pero aún es una animada base para visitar huertas de Sleeping Bear, las bodegas, huertas autorecolección y otros puntos interesantes la zona.

Se recomienda dirigiéndose al norte de las bodegas dirigiéndose Hwy 37 y recorriendo Traverse City por la de la plantación de vid hasta el final de Mission Peninsula. **Chateau Grand Traverse** (www.cgtwines.com; cos de Old verse ⊙10.00-19.00 lu-sa, hasta 18.00 nd Traverse ... US$; **Chantal** (www.chateauchantal ...; au 20.00 lu-sa, hasta 18.00 do) sirven ... lares chardonnay y pinot noir. P... **Cellars** (www.peninsulacellars.com; ca... 3 US$; ⊙10.00-18.00), en una vieja es...

elabora buenos blancos y no suele estar tan concurrida. Si se compra una botella de vino, se recomienda acudir a la playa de Lighthouse Park, en la punta de la península, y disfrutarla con los pies en el agua helada. Las bodegas están abiertas todo el año, pero en invierno reducen el horario.

La ciudad se convierte en Hollywood durante el **Traverse City Film Festival** (www.traversecityfilmfest.org; ⊙fin jul), cuando su fundador, Michael Moore (natural de Míchigan), llega para inaugurar los seis días de documentales, filmes internacionales y grandes películas.

En la US 31 a su paso por Traverse City hay decenas de playas, resorts, moteles y empresas de deportes acuáticos. Los hoteles suelen estar llenos (y ser más caros) durante los fines de semana; véase listados en www.traversecity.com. Casi todos los resorts que dan a la bahía cuestan 175-275 US$/noche. Los B&B de las bodegas Chantal y Grand Traverse tienen un precio similar.

Sugar Beach Resort (☏800-509-1995; www.tcbeaches.com; 1773 US 31 N; h 150-250 US$; ❄@✿) ofrece habitaciones frente al lago y un precio aceptable. Los moteles del otro lado de la US 31 (apartados de la orilla) son más económicos, como el familiar **Mitchell Creek Inn** (☏231-947-9330; www.mitchellcreek.com; 894 Munson Ave; h/cabañas desde 60/125 US$; ✿), cerca de la playa del parque estatal.

Después de un alegre día bajo el sol, se pueden comprar unos bocadillos *gourmet* en **Folgarelli's** (☏231-941-7651; www.folgarellis.net; 424 W Front St; sándwiches 8-11 US$; ⊙9.30-18.30 lu-vi, hasta 17.30 sa, 11.00-16.00 do) y unas cervezas artesanas, belgas y de Míchigan, en **7 Monks Taproom** (www.7monkstap.com; 128 S Union St; ⊙12.00-24.00), que también prepara cócteles en su bar del sótano.

Charlevoix y Petoskey

En ambas ciudades hay varios lugares relacionados con Hemingway y residencias estivales de gente pudiente. Sus barrios del centro poseen restaurantes *gourmet* y tiendas de lujo, y sus puertos deportivos rebosan de yates.

En Petoskey, el **Stafford's Perry Hotel** (☏231-347-4000; www.staffords.com; bahía en Lewis St; h 149-269 US$; ❄@✿) es un magnífico edificio histórico. El **Petoskey State Park** (☏231-347-2311; 2475 Hwy 119; tienda y parcelas 31-...), al norte por la Hwy 119, cuenta con ...tiva playa donde se pueden buscar

por el otro lado se llega a la playa Oval. Se accede en el transbordador; desde el embarcadero hay que ir a la derecha (norte).

Playa Oval
PLAYA

(Oval Beach Rd; ⊗9.00-22.00) Los socorristas vigilan esta larga playa de arena fina. Hay lavabos y chiringuitos, pero no estropean el sereno paisaje de dunas. Aparcar cuesta 8 US$. También se puede ir a la aventura, llegando con el transportador y pasando por Mt Baldhead.

🛏 Dónde dormir

En Saugatuck hay varios B&B en casas victorianas centenarias. Suelen cobrar unos 150-300 US$ por noche con una estancia mínima de dos noches.

Pines Motorlodge
MOTEL $$

(☑269-857-5211; www.thepinesmotorlodge.com; 56 Blue Star Hwy; h139-249 US$; 🐾) Este motel de Douglas rodeado de abetos tiene un ambiente amistoso y divertido, con lámparas polinesias, muebles de pino y sillones de jardín en las zonas comunes.

Bayside Inn
HOSTAL $$

(☑269-857-4321; www.baysideinn.net; 618 Water St; h160-260 US$; 🐾) Antiguo cobertizo de barcas con 10 habitaciones en el paseo ribereño de Saugatuck.

🍴 Dónde comer y beber

Crane's Pie Pantry
PANADERÍA $

(☑269-561-2297; www.cranespiepantry.com; 6054 124th Ave; porción pastel 4,50 US$; ⊗8.00-20.00 lu-sa, desde 11.00 do may-oct, reducido nov-abr) Se puede comprar un trozo de tarta o recoger manzanas y melocotones en los huertos contiguos. Está en Fennville, 5 km al sur por la Blue Star Hwy, y 6,5 km hacia el interior por la Hwy 89.

Phil's Bar & Grille
ESTADOUNIDENSE $$

(☑269-857-1555; www.philsbarandgrille.com; 215 Butler St; principales 14-26 US$; ⊗11.30-21.30 do-ju, hasta 22.30 vi y sa) Este *pub* ruidoso y acogedor con suelo de madera prepara un excelente pollo asado, tacos de pescado, piruletas de cordero y *gumbo*.

Saugatuck Brewing Company
FÁBRICA DE CERVEZA

(www.saugatuckbrewing.com; 2948 Blue Star Hwy; ⊗11.00-21.00 do-ju, hasta 22.00 vi, hasta 23.00 sa) Los lugareños se pirran por sus cervezas.

ℹ Información

Saugatuck/Douglas CVB (www.saugatuck. com) Facilita mapas e información.

Muskegon y Ludington

Estas dos poblaciones poseen sendos ferris que cruzan el lago y representan un importante ahorro de tiempo para viajar entre Míchigan y Wisconsin. El 'Lake Express' (☑866-914-1010; www.lake-express.com; ⊗may-oct) conecta Muskegon y Milwaukee (ida adultos/niños/automóvil desde 86,50/30/91 US$, 2½ h); es moderno, rápido y casi un 50% más caro. El SS 'Badger' (☑800-841-4243; www.ssbadger.com; ⊗med may-med oct) entre Ludington y Manitowoc (ida adultos/niños/automóvil desde 59/24/59 US$, 4 h) es un barco histórico de vapor, mucho más auténtico y barato, pero lento. Durante años fue un gran contaminante, pero hoy cumple la normativa medioambiental.

El Winter Sports Complex (☑231-744-9629; www.msports.org; 442 Scenic Dr) de Muskegon posee una pista de trineos (también en verano) y rutas de esquí de fondo. Al norte, el ribereño Ludington State Park (☑231-843-8671; tienda y parcelas 13-33 US$, bungalós 49 US$) es uno de los principales lugares de recreo de Míchigan, con una excelente red de pistas, un faro restaurado que se puede visitar (o vivir en él como farero voluntario) y kilómetros de playa.

Sleeping Bear Dunes National Lakeshore

Este parque nacional abarca desde el norte de Frankfort hasta las afueras de Leland, en la península de Leelanau. Su centro de visitantes (☑231-326-4700; www.nps.gov/slbe; 9922 Front St; ⊗8.00-18.00 jun-ago, 8.30-16.00 sep-may) de Empire ofrece información, mapas de rutas y permisos para vehículos (10/20 US$ semana/año).

Posee la famosa ruta Dune Climb, en la Hwy 109, que sube a una duna de 60 m de alto, desde la que se puede bajar corriendo o rodando. Los que quieran ejercitar más las piernas pueden seguir hasta el lago Míchigan, una ardua excursión de 1½ h (ida); hay que llevar agua suficiente. La preciosa Sleeping Bear Heritage Trail (www.sleepingbeartrail. org) comprende 21 km asfaltados de Empire a Port Oneida, que incluyen la Dune Climb; hay muchos excursionistas y ciclistas. Si falta tiempo o fuerzas, se puede realizar la Pierce

MERECE LA PENA

ISLAS MANITOU

Si el viajero busca aventura en la naturaleza, la encontrará en estas islas, integradas en el Sleeping Bear Dunes National Lakeshore. Manitou Island Transit (☎231-256-9061; www.manitou transit.com) puede ayudar a planificar itinerarios con pernoctación en *camping* por North Manitou, y excursiones de un día a South Manitou. El kayak y el senderismo son actividades muy solicitadas, sobre todo la travesía de 11 km al Valley of the Giants, un misterioso bosque de cedros en South Manitou. De mediados de mayo a principios de octubre hay de dos a siete ferris semanales desde Leland (ida y vuelta adultos/niños 35/20 US$, 1½ h).

Stocking Scenic Drive, una ruta de 11 km por una carretera con bosquecillos para hacer pícnic, tal vez la mejor forma de disfrutar de las impresionantes vistas del lago.

Saliendo del parque, se recomienda pasar por el pequeño Leland (www.lelandmi.com); se puede comer en el restaurante ribereño del centro y visitar el genuino barrio de pescadores con sus destartaladas cabañas y tiendas. Desde aquí salen barcos a las islas Manitou.

Más adelante, cerca de Suttons Bay, Tandem Ciders (www.tandemciders.com; 2055 Setterbo Rd; ⊙12.00-18.00 lu-sa, hasta 17.00 do) sirve deliciosas sidras en la granja familiar.

Traverse City

La capital de la cereza de Míchigan es la principal ciudad de la mitad norte de la Península Inferior. Ha sufrido cierta expansión urbanística, pero aún es una animada base para visitar las dunas de Sleeping Bear, las bodegas, huertos de autorrecolección y otros puntos interesantes de la zona.

Se recomienda visitar las bodegas dirigiéndose al norte desde Traverse City por la Hwy 37 y recorriendo 32 km hasta el final de la plantación de vides y cerezos de Old Mission Peninsula. Chateau Grand Traverse (www.cgtwines.com; cata 6 vinos 3 US$; ⊙10.00-19.00 lu-sa, hasta 18.00 do) y Chateau Chantal (www.chateauchantal.com; ⊙11.00-20.00 lu-sa, hasta 18.00 do) sirven los populares chardonnay y pinot noir. Peninsula Cellars (www.peninsulacellars.com; cata 5 vinos 3 US$; ⊙10.00-18.00), en una vieja escuela,

elabora buenos blancos y no suele estar tan concurrida. Si se compra una botella de vino, se recomienda acudir a la playa de Lighthouse Park, en la punta de la península, y disfrutarla con los pies en el agua helada. Las bodegas están abiertas todo el año, pero en invierno reducen el horario.

La ciudad se convierte en Hollywood durante el Traverse City Film Festival (www.traversecityfilmfest.org; ⊙fin jul), cuando su fundador, Michael Moore (natural de Míchigan), llega para inaugurar las seis días de documentales, filmes internacionales y grandes películas.

En la US 31 a su paso por Traverse City hay decenas de playas, resorts, moteles y empresas de deportes acuáticos. Los hoteles suelen estar llenos (y ser más caros) durante los fines de semana; véanse listados en www.traversecity.com. Casi todos los resorts que dan a la bahía cuestan 175-275 US$/noche. Los B&B de las bodegas Chantal y Grand Traverse tienen un precio similar.

Sugar Beach Resort (☎800-509-1995; www.tcbeaches.com; 1773 US 31 N; h 150-250 US$; ✴❖≋) ofrece habitaciones frente al lago y un precio aceptable. Los moteles del otro lado de la US 31 (apartados de la orilla) son más económicos, como el familiar Mitchell Creek Inn (☎231-947-9330; www.mitchellcreek.com; 894 Munson Ave; h/cabañas desde 60/125 US$; ❖), cerca de la playa del parque estatal.

Después de un alegre día bajo el sol, se pueden comprar unos bocadillos *gourmet* en Folgarelli's (☎231-941-7651; www.folgarellis.net; 424 W Front St; sándwiches 8-11 US$; ⊙9.30-18.30 lu-vi, hasta 17.30 sa, 11.00-16.00 do) y unas cervezas artesanas, belgas y de Míchigan, en 7 Monks Taproom (www.7monkstap.com; 128 S Union St; ⊙12.00-24.00), que también prepara cócteles en su bar del sótano.

Charlevoix y Petoskey

En ambas ciudades hay varios lugares relacionados con Hemingway y residencias estivales de gente pudiente. Sus barrios del centro poseen restaurantes *gourmet* y tiendas de lujo, y sus puertos deportivos rebosan de yates.

En Petoskey, el Stafford's Perry Hotel (☎231-347-4000; www.staffords.com; bahía en Lewis St; h 149-269 US$; ✴@❖) es un magnífico edificio histórico. El Petoskey State Park (☎231-347-2311; 2475 Hwy 119; tienda y parcelas 31-33 US$), al norte por la Hwy 119, cuenta con una atractiva playa donde se pueden buscar las piedras de Petoskey, unos corales fósiles con dibujos hexagonales. A partir de aquí, por la Hwy 119, empieza la Tunnel of Trees Scenic Drive, una ruta pintoresca que serpentea hacia el norte entre espesos bosques, siguiendo un magnífico acantilado hacia el estrecho de Mackinac.

Estrecho de Mackinac

Esta región situada entre las Penínsulas Superior e Inferior posee una larga historia de fuertes militares y confiterías. La isla de Mackinac, sin coches, es uno de los principales atractivos turísticos de Míchigan.

Uno de los monumentos más espectaculares de la zona es el puente de Mackinac (apodado Big Mac), de 8 km, que cruza el estrecho homónimo. Vale la pena pagar el peaje (4 US$), pues las vistas desde el puente, que abarcan dos de los Grandes Lagos, dos penínsulas y centenares de islas, son las mejores de Míchigan.

Mackinaw City

En el extremo sur del puente de Mackinac, en la I-75, se halla la turística Mackinaw. Se utiliza principalmente para acceder a la isla de Mackinac, pero cuenta con un par de lugares interesantes.

Junto al puente (bajo el cual se halla el centro de visitantes) está el Colonial Michilimackinac (☑231-436-5564; www.mackinacparks. com; adultos/niños 11/6,50 US$; ☺9.00-19.00 jun-ago, hasta 17.00 may y sep-med oct), declarado de interés histórico, con una empalizada levantada en 1715 por los franceses y hoy reconstruida. Unos 5 km al sureste de la ciudad por la US 23 está Historic Mill Creek (☑231-436-4226; www.mackinacparks.com; adultos/niños 8/5 US$; ☺9.00-18.00 jun-ago, hasta 17.00 may y sep-med oct), un aserradero del s. XVIII con exposiciones históricas y senderos naturales. Se puede comprar una entrada combinada rebajada para ambos lugares, más el cercano faro de Old Mackinac Point.

Si no se encuentra alojamiento en la isla de Mackinac (el primer sitio donde se debe buscar), se hallarán moteles en la I-75 y la US 23, en Mackinaw City. Casi todos cuestan más de 100 US$/noche, como el Clarion Hotel Beachfront (☑231-436-5539; 905 S Huron Ave; h 110-170 US$; P ❄ @ 🛜 🐾).

ℹ **MAPAS DE SENDERISMO**

Michigan Trail Maps (www.michigan trailmaps.com) es un recurso gratuito con más de 200 guías de rutas en todo el estado. Se puede buscar por ciudad, condado o actividad (observación de aves, excursiones de un día, con mochila, etc.), y descargar e imprimir los mapas en alta calidad y formato PDF.

St Ignace

Esta población en el extremo norte del puente de Mackinac fue el segundo asentamiento más antiguo de Míchigan, donde el padre Jacques Marquette fundó una misión en 1671. También es el otro punto de acceso a la isla. Después de abonar el peaje, se pasa por un gran centro de visitantes (☑906-643-6979; I-75N; ☺9.00-17.30 diario jun-ago, ju-lu resto del año) que ofrece información de todo el estado.

Isla de Mackinac

Tanto desde Mackinaw City como de St Ignace se puede tomar un ferri a la isla. Su situación en el estrecho, entre los lagos Míchigan y Hurón, la convierten en un valioso puerto para el comercio de pieles en América del Norte y un punto por el que británicos y norteamericanos lucharon en muchas ocasiones.

La fecha más importante para esta isla de casi 10 km² fue 1898, año en que se prohibieron los coches para activar el turismo. Hoy todos los desplazamientos se hacen a caballo o en bicicleta; incluso la policía patrulla en bici. La multitud de turistas (llamados *fudgies* por los isleños) puede agobiar, sobre todo los fines de semana de verano. Pero por la noche, cuando el último ferri se los lleva, surge el verdadero encanto de Mackinac y el visitante se siente transportado a otro tiempo más lento.

El centro de visitantes (☑800-454-5227; www.mackinacisland.org; Main St; ☺9.00-17.00 may-oct, reducido nov-abr), junto al muelle del ferri de Arnold Line, posee mapas de excursionismo y ciclismo. El 80% de la isla es un parque estatal. Entre noviembre y abril casi todo está cerrado.

◉ Puntos de interés y actividades

La Hwy 185, única carretera de Míchigan por la que circulan coches, bordea toda la costa insular. La mejor manera de ver los magníficos paisajes de estos 13 km es en bicicleta; el viajero puede llevar la suya o alquilar una por 8 US$/h en las numerosas tiendas. Es una carretera llana que se puede recorrer en 1 h aprox.

Los dos grandes atractivos son gratis: **Arch Rock** (un enorme arco de piedra caliza a 46 m sobre el lago Hurón) y **Fort Holmes** (uno de los dos fuertes de la isla). La carretera pasa por delante del **Grand Hotel**, con su porche interminable; quienes no se hospeden (mínimo 280 US$/noche por persona), deben pagar 10 US$ para pasear por él. Es mejor admirarlo a distancia.

Fort Mackinac ENCLAVE HISTÓRICO
(📞906-847-3328; www.mackinacparks.com; adultos/niños 12/7 US$; ⏰9.30-18.00 jun-ago, hasta 17.00 may y sep-med oct; 🅿) Este fuerte se alza sobre un acantilado calizo cerca del centro. Construido por los británicos en 1780, es uno de los recintos militares mejor conservados del país. Los niños se divierten viendo a los actores caracterizados disparar rifles y cañones cada media hora. En el salón de té se puede tomar algo mientras se disfruta de las vistas de la población y el estrecho de Mackinac desde la terraza.

Con la entrada del fuerte se accede a cinco museos de Market St, como el Dr. Beaumont Museum (donde este médico realizaba sus famosos experimentos del aparato digestivo) y la Benjamin Blacksmith Shop (herrería).

Mackinac Art Museum MUSEO
(7070 Main St; adultos/niños 5,50/4 US$; ⏰10.00-17.30 jun-ago, hasta 16.00 may y sep-med oct) Exhibe, sobre todo, arte indígena americano. Es gratis con la entrada de Fort Mackinac.

🛏 Dónde dormir

Para los fines de semana de verano hay que reservar con antelación; de julio a mediados de agosto es temporada alta. La web del centro de visitantes facilita contacto con los alojamientos. En toda la isla está prohibido acampar. Casi todos los hoteles y B&B cobran un mínimo de 210 US$ para dos personas. Algunas excepciones (todas cerca del centro) son:

Bogan Lane Inn B&B **$$**
(📞906-847-3439; www.boganlaneinn.com; Bogan Lane; h 95-135 US$) Cuatro habitaciones con baño compartido.

Cloghaun B&B B&B **$$**
(📞906-847-3885; www.cloghaun.com; Market St; h 114-199 US$; ⏰med may-fin oct; 📶) Once habitaciones, algunas con baño compartido.

Hart's B&B B&B **$$**
(📞906-847-3854; www.hartsmackinac.com; Market St; h 150-205 US$; ⏰med may-fin oct; 🅿) Nueve habitaciones, todas con baño.

🍴 Dónde comer y beber

Las tiendas de *fudge* (dulce de caramelo) son los locales más famosos de la isla; es inútil resistirse cuando utilizan ventiladores para dispersar el aroma por Huron St. Los locales de hamburguesas y bocadillos abundan en el centro.

JL Beanery Coffeehouse CAFÉ **$**
(📞906-847-6533; Main St; principales 6-13 US$; ⏰7.00-16.00; 📶) Cafetería en la orilla donde leer el periódico, tomar un café y contemplar el lago. Sirve desayunos perfectos, sándwiches y sopas.

Horn's Bar HAMBURGUESERÍA, MEXICANA **$$**
(📞906-847-6154; www.hornsbar.com; Main St; principales 11-19 US$; ⏰10.00-2.00) Este *saloon* sirve hamburguesas del país y comida mexicana; todas las noches hay espectáculo.

Cawthorne's Village Inn ESTADOUNIDENSE **$$**
(📞906-847-3542; www.grandhotel.com; Hoban St; principales 19-24 US$; ⏰11.00-22.00) Restaurante local abierto todo el año, con bar y terraza, sirve pescado blanco a la tabla, perca frita y otros frescos del lago, así como platos de carne y pasta. Está regentado por el Grand Hotel.

Pink Pony BAR
(www.pinkponybar.com; Main St; ⏰11.00-14.00 lu-sa, desde 12.00 do) Parece un *pub* inglés decorado por Barbie en su color preferido. Es turístico pero muy divertido, con actuaciones de *rock* y alucinantes vistas desde el patio. Lo dirige el Chippewa Hotel.

ℹ Cómo llegar y desplazarse

Arnold Line (📞800-542-8528; www.arnoldline.com), **Shepler's** (📞800-828-6157; www.sheplersferry.com) y **Star Line** (📞800-638-9892; www.mackinacferry.com) son las tres empresas de ferris que conectan Mackinaw City y St Ignace. Cobran tarifas similares (ida y vuelta adultos/niños/bicicleta 25/13/9 US$). Reservando por internet sale más barato. Tienen varias salidas diarias de mayo a octubre. El trayecto

HEMINGWAY

Hay varios escritores vinculados con el noroeste de Míchigan, pero ninguno tan famoso como Ernest Hemingway, que pasó los veranos de su juventud en la casa de campo familiar del lago Walloon. Sus admiradores suelen recorrer la zona para ver los lugares que aparecen en sus novelas. Son puntos clave:

Horton Bay General Store (☏231-582-7827; www.hortonbaygeneralstore.com; 05115 Boyne City Rd; ⊗8.00-14.00 do-ju, hasta 14.00 y 17.00-21.00 vi y sa, cerrado med oct-med may) En dirección norte por la US 31, Boyne City Rd se desvía al este en Charlevoix para rodear el lago hasta Horton Bay. Los fans de Hemingway reconocerán la tienda de la falsa fachada que aparece en su cuento *Allá en Míchigan*. Esta tienda tradicional vende comestibles, recuerdos, bocadillos y helados, y también vino y tapas las noches del fin de semana (hay que reservar).

Little Traverse History Museum (☏231-347-2620; www.petoskeymuseum.org; 100 Depot Ct; entrada 3 US$; ⊗10.00-16.00 lu-sa fin may-med oct) Siguiendo por la Hwy 31, hay que detenerse en Petoskey para ver la colección sobre Hemingway que presenta este museo y que incluye primeras ediciones de sus libros firmadas para un amigo cuando visitó la población en 1947.

City Park Grill (☏231-347-0101; www.cityparkgrill.com; 432 E Lake St; ⊗11.30-22.00 do-ju, hasta 1.30 vi y sa) A unas manzanas del museo se puede tomar un trago en este bar frecuentado por el escritor.

Tour Hemingway's Michigan (www.mihemingwaytour.org) Proporciona más información para realizar itinerarios por cuenta propia.

dura unos 20 min. (Arnold Line es algo más lenta y barata.) Todas ofrecen aparcamiento gratis. Una vez en la isla, los taxis de caballos pueden llevar a cualquier punto; también se puede alquilar una bicicleta.

Península Superior

Escarpada y aislada, con bosques que cubren el 90% de su territorio, la UP (según sus siglas inglesas) es un plato fuerte del Medio Oeste. Solo 72 km de autopista interestatal cruzan estos bosques y unas cuantas ciudades, la mayor de ellas, Marquette (21 000 hab.).

Entre los pueblos hay kilómetros de costas vírgenes de los lagos Hurón, Míchigan y Superior; carreteras pintorescas de dos carriles; y *pasties,* unas empanadillas típicas de carne y verdura que introdujeron los mineros de Cornualles hace 150 años.

Esta zona norteña es un mundo distinto. Los habitantes de la UP, apodados "yoopers", se consideran diferentes del resto del estado y en el pasado incluso quisieron separarse de él.

Sault Ste Marie
y cascadas Tahquamenon

Fundada en 1668, Sault Ste Marie es la ciudad más antigua de Míchigan y la tercera de

EE UU. Es famosa por las esclusas que hacen subir y bajar buques de 305 m de largo para salvar la diferente altura de los lagos Superior y Hurón. El **centro de visitantes de Soo Locks Park** (312 W Portage Ave; ⊗9.00-21.00 med may-med oct) GRATIS está en el centro, en Portage Ave (hay que tomar la salida 394 de la I-75 y girar a la izquierda). Tiene exposiciones, vídeos y miradores para ver el paso de los barcos de un lago a otro, superando los 6,5 m de desnivel. En Portage Ave hay *pubs* y cafeterías. **Sault CVB** (www.saultstemarie.com) facilita toda la información.

A 1 h de carretera de Sault Ste Marie al oeste, por la Hwy 28 y la Hwy 123, se encuentra lo más destacado de la UP oriental: las preciosas **cascadas Tahquamenon,** con sus aguas marrones, teñidas por las hojas de las cicutas que crecen río arriba. Las Upper Falls del **Tahquamenon Falls State Park** (☏906-492-3415; vehículo 9 US$), de 61 m de ancho y una caída de 15 m, dejan a los espectadores boquiabiertos, como a Henry Wadsworth Longfellow, que las mencionó en *El canto de Hiawatha.* Las Lower Falls son una serie de pequeñas cascadas que rodean una isla; muchos visitantes alquilan un bote de remos para acercarse. Este gran parque también dispone de *camping* (parcelas tienda y caravana 17-25 US$), una excelente oferta de senderismo e incluso una cervecería artesanal cerca de la entrada.

Al norte del parque, pasado el pueblo de Paradise, se encuentra el Great Lakes Shipwreck Museum (☏888-492-3747; www.shipwreckmuseum.com; 18335 N Whitefish Point Rd; adultos/niños 13/9 US$; ⏰10.00-18.00 may-fin oct), con interesantes exposiciones de objetos recuperados de pecios. Decenas de embarcaciones, como el *Edmund Fitzgerald* al que Gordon Lightfoot dedicó una canción, se han hundido en las congestionadas vías marítimas de la zona, debido a las tormentas, por lo que se ha ganado los apodos de "Costa de los naufragios" o "Tumba de los Grandes Lagos". El recinto también incluye un faro encargado por el presidente Lincoln y un observatorio ornitológico en el que se han registrado más de 300 especies. Para poder disfrutar en solitario de este neblinoso entorno, hay que pernoctar en el Whitefish Point Light Station B&B (☏888-492-3747; h 150 US$; ⏰fin abr-ppios nov), que tiene cinco habitaciones en los antiguos dormitorios de los guardacostas.

Pictured Rocks National Lakeshore

En una situación privilegiada del lago Superior, Pictured Rocks National Lakeshore (www.nps.gov/piro) está formado por una serie de acantilados agrestes y cuevas, cuyos minerales azules y verdes trazan líneas en la arenisca roja y amarilla, dando lugar a un arco iris de colores. La Rte 58 (Alger County Rd) cruza 84 km de parque desde Grand Marais al este hasta Munising al oeste. Los atractivos principales (de este a oeste) son el faro de Au Sable Point (hay que andar 5 km i/v, pasando junto a pecios), la playa

---

INDISPENSABLE

TRAMPA PARA TURISTAS

Con *Big Gus*, la motosierra más grande del mundo, y *Big Ernie*, el rifle más grande del mundo, lo *kitsch* impera en Da Yoopers Tourist Trap and Museum (☏906-485-5595; www.dayoopers.com; ⏰9.00-20.00 lu-sa, hasta 18.00 do) GRATIS, 24,14 km al oeste de Marquette por la Hwy 28/41, después de Ishpeming. En la tienda venden regalos exclusivos de la Península Superior, como una corbata de poliéster con alces o móviles hechos con latas de cerveza.

---

de Twelvemile llena de ágatas, las cascadas Chapel con sus senderos, y el panorámico mirador de Miners Castle.

Desde Munising salen varios barcos de excursiones. Pictured Rock Cruises (☏906-387-2379; www.picturedrocks.com; 100 W City Park Dr; circuitos 2½h adultos/niños 37/10 US$; ⏰med may-med oct) zarpa del muelle del centro y bordea la costa hasta Miners Castle. Shipwreck Tours (☏906-387-4477; www.shipwrecktours.com; 1204 Commercial St; circuitos 2 h adultos/niños 32/12 US$; ⏰fin may-med oct) posee barcos con fondo de cristal para ver goletas hundidas.

Desde Munising se puede hacer una rápida excursión a Grand Island (www.grandislandup.com), en el Hiawatha National Forest. Hay que subir al ferri de Grand Island (☏906-387-3503; ida y vuelta adultos/niños 15/10 US$; ⏰fin may-med oct) y, una vez allí, alquilar una bicicleta (30 US$/día) para recorrerla; también hay una excursión de 3 h en autobús (adultos/niños 15/5 US$). El muelle del ferri está en la Hwy 28, 6,5 km al oeste de Munising.

Munising posee numerosos moteles, como el arreglado Alger Falls Motel (☏906-387-3536; www.algerfallsmotel.com; E9427 Hwy 28; h 70-105 US$; ✸🐾). Falling Rock Cafe & Bookstore (☏906-387-3008; www.fallingrock-cafe.com; 104 E Munising Ave; principales 5-10 US$; ⏰9.00-20.00 do-vi, hasta 22.00 sa; 🐾) ofrece sándwiches y música en directo.

También es recomendable alojarse en el pequeño Grand Marais, en el lado oriental del parque. Se puede pernoctar en el Hilltop Cabins and Motel (☏906-494-2331; www.hilltopcabins.net; N14176 Ellen St; h y bungalós 85-185 US$; 🐾) después de cenar a base de bocadillos de pescado blanco y cerveza en la Lake Superior Brewing Company (☏906-494-2337; N14283 Lake Ave; principales 9-19 US$; ⏰12.00-23.00).

Marquette

Desde Munising, la Hwy 28 se dirige al oeste bordeando el lago Superior. Este bello tramo de carretera posee muchas playas, parques y áreas de descanso para detenerse y disfrutar del paisaje. Al cabo de 72 km se llega a Marquette, una población amante de la naturaleza y a menudo cubierta de nieve.

El centro de visitantes (2201 US 41; ⏰9.00-17.30), en un edificio de madera a la entrada de la ciudad, facilita folletos sobre rutas de senderismo y cascadas.

La sencilla Sugarloaf Mountain Trail y la Hogsback Mountain Trail, más dura y agreste, brindan vistas panorámicas. A ambas se llega desde la County Rd 550, al norte de Marquette. En la ciudad, los altos acantilados del Presque Isle Park son un mirador excelente de puestas de sol. La Noquemanon Trail Network (www.noquetrails.org) es muy recomendable para bicicleta y esquí de fondo. Esta zona es muy buena para el kayak; Down Wind Sports (www.downwindsports.com; 514 N Third St ; ⏰10.00-19.00 lu-vi, hasta 17.00 sa, 11.00-15.00 do) facilita toda la información, y también pesca con mosca, surf, escalada en hielo y otras aventuras.

Marquette es ideal para alojarse unos días y visitar el centro de la Península Superior. Los mochileros pueden dormir en las literas de Value Host Motor Inn (☎906-225-5000; 1101 US 41 W; h 65-75 US$; ✴🐾), unos kilómetros al oeste de la ciudad. Landmark Inn (☎906-228-2580; www.thelandmarkinn.com; 230 N Front St; h 179-229 US$; ✴🐾), en el centro, ocupa un edificio histórico frente al lago. Más opciones de alojamiento en www.travelmarquettemichigan.com.

Las empanadillas de carne y verduras, que son la especialidad local, se pueden probar en Jean Kay's Pasties & Subs (www.jeankayspasties.com; 1635 Presque Isle Ave; pieza 5-7.50 US$; ⏰11.00-21.00 lu-vi, hasta 20.00 sa y do). En un barracón a los pies de Main St, Thill's Fish House (☎906-226-9851; 250 E Main St; pieza 4-9 US$; ⏰8.00-17.30 lu-vi, 9.00-16.00 sa) es la empresa pescadera más nueva de Marquette y recibe abundante pesca a diario; se recomienda la salchicha de pescado blanco ahumado. Cerveceros y ciclistas acuden a la Blackrocks Brewery (www.blackrocksbrewery.com; 424 N Third St; ⏰16.00-23.00 lu-ju, desde 12.00 vi y do), en una moderna casa restaurada del centro.

Isle Royale National Park

En el lago Superior, el Isle Royale National Park (www.nps.gov/isro; 4 US$/día; ⏰med mayoct) es una isla de 544 km² sin vehículos ni carreteras, ideal para los que buscan paz y tranquilidad. Recibe menos visitantes en un año que el parque Yellowstone en un día, de modo que el visitante podrá disfrutar en exclusiva de los 1200 alces que pueblan sus bosques.

Posee 266 km de senderos y decenas de campings en los lagos Superior e interiores; hay que ir totalmente equipado para esta aventura en la naturaleza, con tienda, horni-

llo, saco de dormir, comida y filtro de agua. También se puede dormir en las literas del Rock Harbor Lodge (☎906-337-4993; www.isleroyaleresort.com; h y cabañas 224-256 US$; ⏰fin may-ppios sep).

Desde el muelle de Houghton, frente a las oficinas del parque (800 E Lakeshore Dr), el 'Ranger III' (☎906-482-0984) zarpa a las 9.00 (ida y vuelta adultos/niños 126/46 US$, ma y vi, 6 h) hasta Rock Harbor, en el extremo este de la isla. Los Isle Royale Seaplanes (☎877-359-4753; www.isleroyaleseaplanes.com) vuelan desde el aeropuerto comarcal de Houghton a Rock Harbor (i/v 310 US$, 30 min). También se pueden recorrer 80 km por la península de Keweenaw hasta Copper Harbor (un precioso viaje por carretera) y subir en el 'Isle Royale Queen' (☎906-289-4437; www.isleroyale.com) que zarpa a las 8.00 (ida y vuelta adultos/niños 130/65 US$, 3 h). En temporada alta, de finales de julio a mediados de agosto, suele funcionar a diario. El suplemento para llevar un kayak o canoa en los ferris es de 50 US$ i/v; hay que reservar con bastante antelación. También se puede llegar a Isle Royale desde Grand Portage (MN).

Porcupine Mountains Wilderness State Park

El mayor parque estatal de Míchigan, con 145 km de senderos, es otro plato fuerte de UP y de acceso mucho más fácil que Isle Royale. Estos montes, llamados popularmente "los Porkies", son tan escarpados que gran parte de sus bosques se salvaron de la industria maderera a principios de s. xix y hoy forman la zona de bosque virgen más extensa entre las Rocosas y los Adirondacks.

Desde Silver City hay que dirigirse al oeste por la Hwy 107 hasta el centro de visitantes de Porcupine Mountains (☎906-885-5275; www.michigan.gov/porkiesvc; 412 S Boundary Rd; ⏰10.00-18.00 med may-med oct), donde se compran los permisos de vehículos (9/31 US$ día/año) y de acampada (1 a 4 personas 15 US$/noche). Tras llegar al final de la Hwy 107 y trepar 91 m, se podrá disfrutar de una imponente vista del Lake of the Clouds (lago de las Nubes).

El invierno es una época movida en los Porkies, que ofrecen esquí alpino (240 m de desnivel) y 42 km de pistas de esquí de fondo; consúltense precios y estado de las pistas en el centro de esquí (☎906-885-5209; www.porkiesfun.com).

El parque alquila **cabañas rústicas** (☏906-885-5275; www.mi.gov/porkies; bungalós 65 US$), ideales para los aventureros, pues hay que subir a pie (entre 1,5 y 6,5 km), hervirse el agua y usar letrina. Otra base buena es **Sunshine Motel & Cabins** (☏906-884-2187; www.ontonagonmi.com; 24077 Hwy 64; h 60 US$, bungalós 68-120 US$; 🛜🐾), 5 km al oeste de Ontonagon.

WISCONSIN

Este estado huele a queso: sus granjas de vacuno producen al año 1130 millones de kilos de cheddar, gouda y otras variedades (la cuarta parte de la producción del país). Las matrículas del estado lucen orgullosas el lema "The Dairy State" (el estado lechero). Los amigos suelen llamarse entre sí *cheeseheads* (cabezas de queso) y llevan unos sombreros de gomaespuma con forma de queso en las ocasiones especiales (sobre todo durante los partidos de los Green Bay Packers).

El viajero debe abrazar la causa del queso, porque es muy probable que su estancia se alargue. Wisconsin tiene mucho que ofrecer: explorar los escarpados acantilados y los faros del condado de Door, remar en kayak por cuevas acuáticas en el Apostle Islands National Lakeshore, lanzar boñigas en la US 12 y empaparse de cerveza, arte y festivales en Milwaukee y Madison.

ℹ Información

Travel Green Wisconsin (www.travelgreenwisconsin.com) Certifica a las empresas respetuosas con el medio ambiente y las clasifica según la reducción de residuos, la eficiencia energética, etc.

Wisconsin B&B Association (www.wbba.org)

Departamento de Turismo de Wisconsin (☏800-432-8747; www.travelwisconsin.com) Edita guías gratuitas sobre temas como observación de aves, ciclismo, golf y carreteras rurales; también tiene una aplicación gratuita.

Wisconsin Highway Conditions (☏511; www.511wi.gov) Estado de las carreteras.

Wisconsin Milk Marketing Board (www.eatwisconsincheese.com) Regala una guía con el mapa de las queserías del estado: *A Traveler's Guide to America's Dairyland*.

Wisconsin State Park Information (☏608-266-2181; www.wiparks.net) Los vehículos necesitan un permiso para entrar en los parques (día/año 10/35 US$). Las parcelas de *camping* cuestan desde 14-25 US$; aceptan reservas

(☏888-947-2757; www.wisconsinstateparks.reserveamerica.com; tasa 10 US$).

Milwaukee

Es una ciudad realmente interesante, pero nadie quiere admitirlo. No logra quitarse de encima la fama de población obrera amante de la cerveza, las boleras y los salones de polca. Sin embargo, atracciones como el museo de arte diseñado por Santiago Calatrava, el Harley-Davidson Museum y los barrios elegantes con restaurantes y tiendas han puesto de moda a la mayor ciudad de Wisconsin. En verano hay festivales y juergas a orillas del lago casi todos los fines de semana. ¿Y en qué otro lugar del mundo pueden verse carreras de salchichas?

Historia

Milwaukee fue colonizada por los alemanes en la década de 1840. Muchos montaron pequeñas cervecerías, pero la posterior introducción de la tecnología a gran escala convirtió la producción de cerveza en una importante industria. Milwaukee se ganó sus apodos de "Brew City" (ciudad cervecera) y "Nation's Watering Hole" (abrevadero nacional) en la década de 1880, cuando Pabst, Schlitz, Blatz, Miller y 80 cerveceras más elaboraban aquí su espumoso brebaje. De las principales ya solo queda Miller, aunque las microcervecerías están resurgiendo.

◉ Puntos de interés y actividades

El lago Míchigan se extiende al este de la ciudad, bordeado de parques. El camino ribereño Riverwalk discurre por ambos lados del río Milwaukee, en el centro.

★**Harley-Davidson Museum** MUSEO (☏877-436-8738; www.h-dmuseum.com; 400 W Canal St; adultos/niños 20/10 US$; ⏰9.00-18.00 vi-mi, hasta 20.00 ju may-sep, desde 10.00 oct-abr) Exhibe centenares de motocicletas de diferentes estilos y épocas, como las llamativas motos de Elvis y Evel Knievel. El visitante puede montarse en varias (en la planta inferior, en la Experience Gallery) y hacerse fotos. Incluso los que no sean moteros pueden disfrutar viendo las exposiciones interactivas y la gran cantidad de gente vestida de cuero.

Todo empezó en 1903 en Milwaukee, cuando los compañeros de clase William Harley y Arthur Davidson construyeron y vendieron su primera motocicleta. Un siglo más tarde estas grandes motos son un símbolo del orgullo industrial estadounidense. El museo ocupa un gran edificio industrial al sur del centro.

Harley-Davidson Plant FÁBRICA
(☎877-883-1450; www.harley-davidson.com/experience; W156 N9000 Pilgrim Rd; circuitos 30 min gratis; ⊗9.00-14.00 lu) Se puede visitar la planta donde se construyen estas máquinas, en el barrio de Menomonee Falls. Además de la visita gratis del lunes, ofrecen otras más largas los miércoles, jueves y viernes de verano, dentro de un combinado que se adquiere en el museo (46 US$/persona) e incluye visita a la fábrica, entrada al museo y transporte entre ambos).

Milwaukee Art Museum MUSEO
(☎414-224-3200; www.mam.org; 700 N Art Museum Dr; adultos/niños 15/12 US$; ⊗10.00-17.00, hasta 20.00 ju, cerrado lu sep-may) Este museo junto al lago tiene un impresionante anexo en forma de alas, obra de Santiago Calatrava, que se abren y se cierran espectacularmente cada día a las 10.00, 12.00 y 17.00 (20.00 ju); el mejor mirador es el puente colgante. Hay fabulosas galerías de arte popular y marginal, y una importante colección de pinturas de Georgia O'Keeffe. En el 2015 se inauguraron salas dedicadas a la fotografía y nuevos medios.

Miller Brewing Company FÁBRICA DE CERVEZA
(☎414-931-2337; www.millercoors.com/milwaukee brewery-tour; 4251 W State St; ⊗10.30-16.30 lu-sa, hasta 15.30 do jun-ago, hasta 15.30 lu-sa sep-may) GRATIS Pabst y Schlitz se han ido, pero Miller conserva el legado de la cerveza de Milwaukee. Las visitas gratuitas generan largas colas. Aunque la cerveza de producción masiva tal vez no sea la pasión del viajero, las enormes dimensiones de la fábrica le impresionarán: verá la planta de envasado donde se llenan 2000 latas por minuto y el almacén donde medio millón de cajas esperan a ser enviadas. Al final de la visita se ofrece una generosa degustación con tres muestras de tamaño normal. Hay que llevar un documento de identidad.

Lakefront Brewery FÁBRICA DE CERVEZA
(☎414-372-8800; www.lakefrontbrewery.com; 1872 N Commerce St; circuitos 1 h 8 US$; ⊗11.00-20.00 lu-ju, hasta 21.00 vi, 9.00-21.00 sa, 10.00-17.00 do) Esta apreciada cervecería situada en la otra orilla del río, frente a Brady St, ofrece visitas por la tarde, pero el mejor momento es el

DATOS DE WISCONSIN

Apodos Estado del tejón, Tierra lechera de EE UU

Población 5,8 millones

Superficie 169 644 km²

Capital Madison (243 000 hab.)

Otras ciudades Milwaukee (599 000 hab.)

Impuesto sobre ventas 5%

Hijos célebres La escritora Laura Ingalls Wilder (1867-1957), el arquitecto Frank Lloyd Wright (1867-1959), la pintora Georgia O'Keeffe (1887-1986), Orson Welles (1915-1985) y el fabricante de guitarras Les Paul (1915-2009)

Cuna de la afición Cheesehead (cabezas de queso) de los Packers, granjas lecheras y parques acuáticos

Política De tendencias demócratas

Famoso por sus cervecerías, por el queso artesanal y por ser el primer estado en legislar los derechos de los gais

Baile oficial la polca

Distancias De Milwaukee a Minneapolis, 541 km; y a Madison, 129 km

viernes por la noche, cuando hay un *fish fry* (pescado frito), 16 cervezas para probar y una banda de polcas para bailar. El horario de visitas varía según el día, pero las de las 14.00 y las 15.00 suelen ser fijas.

Discovery World at Pier Wisconsin MUSEO
(☎414-765-9966; www.discoveryworld.org; 500 N Harbor Dr; adultos/niños 18/14 US$; ⊗9.00-16.00 lu-vi, 10.00-17.00 sa y do, cerrado lu sep-mar; 🅿) El museo de ciencia y tecnología está pensado para los niños, con acuarios de agua dulce y marina (donde pueden tocar tiburones y esturiones) y una goleta de los Grandes Lagos con tres mástiles en el muelle (paseos 2 h 40 US$/persona). Los adultos podrán apreciar la exposición de Les Paul, en la que se muestran las guitarras pioneras y los equipos de sonido de este hijo de Wisconsin.

Lakefront Park PARQUE
El parque que bordea el lago Míchigan es excelente para pasear, ir en bicicleta o patinar. La playa de Bradford es ideal para bañarse y descansar.

LA CAPITAL DE LOS BOLOS

En Milwaukee es probable que el viajero juegue a los bolos. La ciudad tuvo un día más de 200 boleras, y muchas de ellas todavía se ocultan en viejas tabernas. Se recomienda Landmark Lanes (www.landmarklanes.com; 2220 N Farwell Ave; partida 3,50-4 US$; ☺17.00-24.00 lu-ju, 12.00-1.00 vi y sa, hasta 24.00 do; 📶), con sus 16 pistas en el histórico Oriental Theater de 1927. La oferta se complementa con juegos recreativos, tres bares y cerveza barata.

🎉 Fiestas y celebraciones

Summerfest MÚSICA
(www.summerfest.com; pase diario 19 US$; ☺fin jun-ppios jul) Recibe el apodo de "el mayor festival mundial de música", pues en sus 10 escenarios actúan durante 11 días centenares de grupos de *rock, blues, jazz, country* y música alternativa, en el fabuloso parque central, frente al lago. Los conciertos de los cabezas de cartel son los más caros.

PrideFest (www.pridefest.com; ☺med jun), **Polish Fest** (www.polishfest.org; ☺med jun), **German Fest** (www.germanfest.com; ☺fin jul) e **Irish Fest** (www.irishfest.com; ☺med ago) son otras fiestas populares que tienen lugar en el centro los fines de semana de verano.

🛏 Dónde dormir

Las tarifas mencionadas son para la temporada alta (verano), cuando hay que reservar con antelación. No incluyen el impuesto (15,1%). Hay establecimientos de cadenas más económicos en Howell Ave, al sur, cerca del aeropuerto.

County Clare Irish Inn HOSTAL $$
(📞414-272-5273; www.countyclare-inn.com; 1234 N Astor St; h 129-159 US$; 🅿✳📶) Es uno de los mejores establecimientos cerca del lago. Las habitaciones poseen el aire acogedor de una casita de campo irlandesa, con camas de dosel, paredes con zócalo blanco y bañera de hidromasaje. El aparcamiento y el desayuno son gratis, y en el *pub* sirven Guinness.

★Brewhouse Inn & Suites HOTEL $$
(📞414-810-3350; www.brewhousesuites.com; 1215 N 10th St; h 199-249 US$; 🅿✳@📶) Este hotel de 90 habitaciones muy bien restaurado se inauguró en el 2013 en el enclave histórico de la Pabst Brewery, en el extremo occidental del centro, a 800 m de N Old World 3rd St y a 3 km del recinto del festival. Cada una de las grandes habitaciones incluye decoración *steampunk,* cocina y wifi gratis. El desayuno continental está incluido. El aparcamiento cuesta 26 US$.

Iron Horse Hotel HOTEL $$$
(📞888-543-4766; www.theironhorsehotel.com; 500 W Florida St; h 220-320 US$; 🅿✳📶) Este hotel selecto cerca del museo Harley dispone de un aparcamiento cubierto para motos. Casi todas las habitaciones son diáfanas y conservan los interiores de vigas y ladrillo visto de la que antaño fue una fábrica de colchones. El aparcamiento cuesta 30 US$.

🍴 Dónde comer

Se pueden encontrar lugares para comer en la alemana N Old World 3rd St del centro; la moderna y multicultural Brady St esquina con N Farwell Ave; y en la zona de *gastropubs* Third Ward, en N Milwaukee St, al sur de la I-94.

★Comet Cafe ESTADOUNIDENSE $
(📞414-273-7677; www.thecometcafe.com; 1947 N Farwell Ave; principales 8-13 US$; ☺10.00-22.00 lu-vi, desde 9.00 sa y do; 🖋) Estudiantes, familias, jóvenes, parejas mayores y personajes barbudos y tatuados se apiñan en este local roquero para comer pastel de carne con salsa, macarrones con queso, *gyros veganos* y platos de *brunch* para la resaca. Por un lado es una cervecería y por el otro, un restaurante con mesas y bancos antiguos. No hay que olvidar pedir uno de los enormes *cupcakes* de postre.

Mercado público de Milwaukee MERCADO $
(📞414-336-1111; www.milwaukeepublicmarket.org; 400 N Water St; ☺10.00-20.00 lu-vi, 8.00-19.00 sa, 10.00-18.00 do; 📶) Situado en Third Ward, vende productos como queso, chocolate, cerveza, tacos y crema helada. En el piso de arriba hay mesas, wifi gratis y libros usados a 1 US$.

Leon's HELADERÍA $
(📞414-383-1784; www.leonsfrozencustard.us; 3131 S 27th St; pieza 1,50-4 US$; ☺11.00-24.00) Este *drive-in* de la década de 1950, con sus neones, está especializado en crema helada, una especialidad local que es como el helado pero más suave y cremosa. Solo admite efectivo.

Ardent ESTADOUNIDENSE MODERNA $$$
(📞414-897-7022; www.ardentmke.com; 1751 N Farwell St; raciones 11-16 US$; ☺18.00-22.00 mi-sa) Los sibaritas de Milwaukee se derriten

cuando huelen los platos de proximidad de este chef, finalista al premio Beard. Son más bien escasos, de modo que hay que pedir al menos dos. Hay que reservar. Los viernes y sábados después de las 23.30, vuelve a abrir las puertas para servir fideos *ramen*, y las colas dan la vuelta a la manzana.

Dónde beber y ocio

Bares

Milwaukee es la segunda ciudad con más bares por cápita del país (Nueva Orleans la gana por poco). Hay varios entre las calles N Water y E State del centro y en Third Ward. Los que sirven alcohol no cierran hasta las 2.00.

Best Place　　　　　　　　　　　　BAR
(www.bestplacemilwaukee.com; 901 W Junau Ave; ⏰ 12.00-18.00 lu y mi, hasta 22.00 ju, 10.30-22.00 vi y sa, hasta 18.00 do) Los vecinos acuden a esta pequeña taberna de la antigua Pabst Brewery a beber cerveza y generosos *whiskys*. La chimenea caldea la acogedora sala de madera oscura y las paredes exhiben murales originales sobre la historia de Pabst. El personal guía las visitas diarias por el edificio (8 US$, incl. una cerveza de barril Pabst o Schlitz de 4,7 dl).

Uber Tap Room　　　　　　　　　　BAR
(www.ubertaproom.com; 1048 N Old 3rd St; ⏰ 11.00-20.00 do-mi, hasta 22.00 ju, hasta 23.00 vi y sa) En plena N Old World 3rd St y aneja al Wisconsin Cheese Mart, es turístico pero bueno para probar la comida local. Hay 30 cervezas de Wisconsin de barril y queso del estado. Los platos temáticos (quesos picantes, fuertes, etc.) cuestan 11-14 US$.

Palm Tavern　　　　　　　　　　　BAR
(2989 S Kinnickinnic Ave; ⏰ 17.00-2.00 lu-sa, desde 19.00 do) Situado en el renovado barrio de Bay View, al sur del centro, este pequeño bar acogedor y llamativo posee una interminable selección de cervezas (sobre todo belgas) y *whisky* escocés *single-malt*.

Kochanski's Concertina Beer Hall　　BAR
(www.cerveza-hall.com; 1920 S 37th St; ⏰ 18.00-2.00 mi-sa, desde 13.00 do; 🎵) En este local algo *kitsch*, 8 km al suroeste del centro, hay música en directo de polca y *rockabilly*, y cervezas de barril, desde la Schlitz o las polacas hasta las artesanas de Wisconsin.

Deportes

Miller Park　　　　　　　　　　　BÉISBOL
(www.brewers.com; 1 Brewers Way) Los Brewers juegan en el fabuloso Miller Park, que posee

un techo retráctil, césped natural y salchichas a la carrera. Está cerca de S 46th St.

Bradley Center　　　　　　　BALONCESTO
(www.nba.com/bucks; 1001 N 4th St) Es el estadio de los Milwaukee Bucks de la NBA.

ℹ Información

El East Side, cerca de la Universidad de Wisconsin-Milwaukee, tiene varias cafeterías con wifi gratis.

Hospital Froedtert (📞 414-805-3000; 9200 W Wisconsin Ave)

Milwaukee Convention & Visitors Bureau (📞 800-554-1448; www.visitmilwaukee.org) Información turística.

'Milwaukee Journal Sentinel' (www.jsonline. com) El periódico diario de la ciudad.

On Milwaukee (www.onmilwaukee.com) Información en línea sobre restaurantes y ocio.

'Quest' (www.quest-online.com) Revista de ocio para la comunidad GLBT.

'Shepherd Express' (www.expressmilwaukee. com) Semanario alternativo gratuito.

ℹ Cómo llegar y desplazarse

El **aeropuerto internacional General Mitchell** (MKE; www.mitchellairport.com) está 13 km al sur del centro. Se puede llegar con el autobús público nº 80 (2,25 US$) o en taxi (33 US$).

El **ferri Lake Express** (📞 866-914-1010; www. lake-express.com; ida adultos/niños/automóvil desde 86,50/30/91 US$; ⏰ may-oct) zarpa del centro (la terminal está unos kilómetros al sur) hacia Muskegon (MI) y es un medio sencillo de acceder a las playas de la Gold Coast de Míchigan.

Badger Bus (📞 414-276-7490; www.badger bus.com; 635 N James Lovell St) va a Madison (20 US$, 2 h). **Greyhound** (📞 414-272-2156; 433 W St Paul Ave) y **Megabus** (www.megabus.com/us; 433 St Paul Ave) tienen autobuses frecuentes a Chicago (2 h) y Minneapolis (6½-7 h). Ambos utilizan la misma terminal; Megabus suele ser más económico.

SALCHICHAS A LA CARRERA

Si se bebe demasiada cerveza en el estadio, se pueden ver cosas raras, como un grupo de salchichas gigantes corriendo por el perímetro del Miller Park de Milwaukee... Esto es lo que sucede durante el descanso de la sexta entrada, cuando las famosas "Racing Sausages" (cinco personas disfrazadas de salchichas: bratwurst, polaca, italiana, perrito caliente y chorizo) saltan al campo para divertir a la afición.

El tren *Hiawatha* de **Amtrak** (☏ 414-271-0840; www.amtrakhiawatha.com; 433 W St Paul Ave) sale siete veces al día a/desde Chicago (24 US$, 1½ h); se puede tomar en el centro (comparte estación con Greyhound/Megabus) o en el aeropuerto.

El **Milwaukee County Transit System** (www.ridemcts.com; billete 2,25 US$) se ocupa del servicio de autobuses urbanos. El nº 31 va a Miller Brewery; y el nº 90, a Miller Park.

Bublr Bikes (www.bublrbikes.com; 30 min/3 US$) es la nueva red de bicicletas compartidas de Milwaukee, y posee 11 estaciones en el centro (también en la estación de trenes/autobuses y el mercado público).

Se puede pedir un taxi a **Yellow Cab** (☏ 414-271-1800).

Madison

Cosecha muchas alabanzas: la mejor ciudad para peatones, vegetarianos, gais y el medio ambiente, y la más agradable en general de EE UU. Enclavada en un estrecho istmo entre los lagos Mendota y Monona, es una atractiva combinación de capital de estado pequeña y verde, y ciudad universitaria liberal y estudiosa. Hace años que fomenta un gran ambiente sibarita y *locávoro*.

◉ Puntos de interés y actividades

State St va del capitolio a la Universidad de Wisconsin. La avenida peatonal está flanqueada por cafeterías que sirven alcohol, bicicletas aparcadas y tiendas con olor a incienso que venden pelotas de ganchillo y ropa india.

Chazen Museum of Art   MUSEO
(www.chazen.wisc.edu; 750 University Ave; ⊗ 9.00-17.00 ma, mi y vi, hasta 21.00 ju, 11.00-17.00 sa y do) GRATIS El fabuloso museo de arte de la uni-

versidad acaba de sufrir una ampliación y va más allá de una simple colección universitaria. La 3ª planta acoge la mayor parte de este variado tesoro que abarca desde maestros holandeses a porcelana de la dinastía Qing, esculturas de Picasso y *pop art* de Warhol. De septiembre a mediados de mayo, los domingos hay conciertos gratuitos de música de cámara y cine de calidad.

Monona Terrace   ARQUITECTURA
(www.mononaterrace.com; 1 John Nolen Dr; ⊗ 8.00-17.00) Frank Lloyd Wright diseñó esta preciosa construcción semicircular blanca en 1938, aunque no se terminó hasta 1997. En las visitas de 1 h (5 US$, diario 13.00 may-oct, vi-lu resto del año) se explica el motivo. El edificio sirve de centro cívico y se dan clases de yoga gratuitas al mediodía y conciertos por la noche (véase web). El jardín y la cafetería de la azotea ofrecen amplias vistas del lago.

Dane County Farmers Market   MERCADO
(www.dcfm.org; Capitol Sq; ⊗ 6.00-14.00 sa fin abr-ppios nov) ✎ Los sábados se monta un bazar gastronómico en Capitol Sq. Es uno de los mercados más extensos del país, famoso por sus panes y quesos artesanos. En invierno se traslada a varias ubicaciones cubiertas.

State Capitol   EDIFICIO
(☏ 608-266-0382; 2 E Main St; ⊗ 8.00-18.00 lu-vi, hasta 16.00 sa y do) GRATIS Este capitolio de planta en aspa que ocupa el corazón del centro es el mayor después del de Washington D. C. Casi todos los días hay visitas a las horas en punto; también se puede subir al mirador (solo verano).

Museum of Contemporary Art   MUSEO
(☏ 608-257-0158; www.mmoca.org; 227 State St; ⊗ 12.00-17.00 ma-ju, hasta 20.00 vi, 10.00-20.00 sa, 12.00-17.00 do) GRATIS Anguloso edificio de cristal con exposiciones dedicadas a grandes figuras, que cambian cada tres meses. Está conectado con el **Overture Center for the Arts** (www.overturecenter.org; 201 State St), que programa *jazz,* ópera, danza y otras artes escénicas.

Arboreto   JARDINES
(☏ 608-263-7888; http://uwarboretum.org; 1207 Seminole Hwy; ⊗ 7.00-22.00) GRATIS Las 510 Ha del arboreto del campus están repletas de lilas y atravesadas por 32 km de caminos.

Machinery Row   CICLISMO
(☏ 608-442-5974; www.machineryrowbicycles.com; 601 Williamson St; alquiler 30 US$/día; ⊗

10.00-20.00 lu-vi, 9.00-19.00 sa, 10.00-18.00 do) Sería una pena que el visitante marchara sin aprovechar los 193 km de rutas ciclistas que posee la ciudad. En esta tienda situada junto a varios inicios de ruta alquilan bicicletas (mínimo 24 h) y mapas.

✨ Fiestas y celebraciones

World's Largest Brat Fest   COMIDA
(www.bratfest.com; ⏰fin may) GRATIS En esta gran fiesta se consumen más de 209 000 salchichas, hay atracciones de feria y bandas de música.

**Great Taste of the Midwest
Beer Festival**   CERVEZA
(www.greattaste.org; entradas 60 US$; ⏰ppios ago) Las entradas se agotan para asistir a este festival donde más de 100 cerveceros artesanos ofrecen sus productos.

🛏 Dónde dormir

Hay moteles a precios módicos entre la I-90 y la I-94 (a 9,5 km del centro), en la Hwy 12/18 y en Washington Ave.

HI Madison Hostel   ALBERGUE $
(📞608-441-0144; www.hiusa.org/madison; 141 S Butler St; dc 25-30 US$, h desde 60 US$; 🅿@🛜) Casa de ladrillo de vivos colores en una calle tranquila, a unos pasos del capitolio. Con 33 camas, separa los dormitorios por sexos y la ropa de cama es gratis. Hay una cocina y una sala de estar con DVD. El aparcamiento cuesta 7 US$.

★ Arbor House   B&B $$
(📞608-238-2981; www.arbor-house.com; 3402 Monroe St; h 140-230 US$; 🛜) 🍃 Esta antigua taberna de mediados del s. XIX es hoy un B&B que sirve un desayuno vegetariano, funciona con energía eólica y está equipado con dispositivos de ahorro energético. Está 5 km al suroeste del capitolio pero accesible en transporte público. Los dueños prestan bicicletas de montaña.

Graduate Madison   HOTEL-BOUTIQUE $$
(📞608-257-4391; www.graduatemadison.com; 601 Langdon St; h 149-209 US$; 🅿❄🛜🐕) A una manzana del campus y junto a la movida de State St, este nuevo hotel (primavera del 2015) de 72 habitaciones exhala un aire académico y moderno con su decoración sobria de telas a cuadros y arte inspirado en los libros. Las habitaciones son algo pequeñas y ruidosas, pero la situación es magnífica.

🍴 Dónde comer y beber

Un festín global de restaurantes salpica State St entre locales de *pizza,* bocadillos y cerveza barata; muchos tienen acogedores patios. En Williamson ("Willy") St hay cafeterías y locales laosianos, tailandeses y chinos. Los bares no cierran hasta las 2.00. **Isthmus** (www.thedailypage.com) es el periódico gratuito del ocio.

Short Stack Eats   DESAYUNOS $
(www.shortstackeats.com; 301 W Johnson St; principales 7-13 US$; ⏰24 h ju-do) 🍃 Sirve desayunos las 24 h. Hay que pedirlos en el mostrador y buscar una mesa libre. El personal utiliza antiguas matrículas de coche como referencia para servir las comandas, que suelen consistir en creps de boniato, bocadillos de huevo con beicon y unos enormes y picantes *bloody marys.*

Himal Chuli   ASIÁTICA $
(📞608-251-9225; 318 State St; principales 8-15 US$; ⏰11.00-21.00 lu-sa, 12.00-20.00 do; 🌿) Restaurante alegre y acogedor de comida casera nepalí con numerosos platos vegetarianos.

Food Trucks   INTERNACIONAL $
(principales 2-8 US$; 🌿) La flota de comida ambulante de Madison impresiona. Los más tradicionales, que sirven carnes asadas, burritos, platos del suroeste y comida china, rodean el capitolio. Los que hacen platos más audaces (de África Oriental, jamaicanos, indonesios, *veganos...*) se reúnen en Library Mall (en el campus, al final de State St).

'FISH FRIES' Y 'SUPPER CLUBS'

Wisconsin tiene dos tradiciones gastronómicas:

→ **'Fish fry'** El viernes es el día del pescado frito. Hace años que se instauró esta comida popular a base de bacalao con rebozado de cerveza, patatas fritas y ensalada de col, que permite a los vecinos reunirse y celebrar el final de la semana laboral. La tradición se mantiene viva en muchos bares y restaurantes, como la Lakefront Brewery (p. 585) de Milwaukee.

→ **'Supper club'** Es un tipo de restaurante tradicional de la parte alta del Medio Oeste. Los *supper clubs* surgieron en la década de 1930 y muchos conservan un aire *retro*. Sus señas de identidad son: estar rodeados de bosque, tener una bandeja llena de rábano y zanahoria en la mesa, una carta con platos de mar y montaña y otra de cócteles quilométrica. Más información en www.wisconsinsupperclubs.net. The Old Fashioned (abajo) de Madison es una versión moderna de este tipo de local (el nombre alude al cóctel de brandi típico de estos locales).

★ **The Old Fashioned** ESTADOUNIDENSE $$
(☑608-310-4545; www.theoldfashioned.com; 23 N Pinckney St; principales 9-19 US$; ⊘7.30-22.30 lu y ma, hasta 2.00 mi-vi, 9.00-2.00 sa, hasta 22.00 do) Su decoración de madera oscura recuerda a los *supper clubs,* un tipo de restaurante tradicional común en Wisconsin. La carta se compone de especialidades locales, como lucioperca, sopa de queso y salchichas. Tiene 150 cervezas estatales en botella, pero también se puede pedir una degustación (4 u 8 vasitos) de las 30 cervezas de barril de Wisconsin.

Graze ESTADOUNIDENSE $$
(☑608-251-2700; www.grazemadison.com; 1 S Pinckney St; principales 14-22 US$; ⊘11.00-22.00 lu-ju, hasta 23.00 vi, 9.30-23.00 sa, hasta 15.00 do) En un edificio de cristal con grandes ventanales y vistas del capitolio, este estiloso *gastropub* sirve platos tradicionales como pollo frito y gofres, mejillones con patatas fritas y hamburguesas. En el almuerzo hay enormes bocadillos de queso fresco con rebozado de vodka.

L'Etoile ESTADOUNIDENSE MODERNA $$$
(☑608-251-0500; www.letoile-restaurant.com; 1 S Pinckney St; principales 36-44 US$; ⊘17.30-23.00 lu-vi, desde 17.00 sa) Este restaurante apostó por la cocina de proximidad hace más de tres décadas y todavía es el mejor. Prepara platos creativos de carne, pescado y verduras, todo de origen local, servido en un comedor elegante e informal. Hay que reservar. Comparte el brillante edificio con el *gastropub* Graze.

Memorial Union PUB
(www.union.wisc.edu/venue-muterrace.htm; 800 Langdon St; ⊘7.00-24.00 lu-vi, 8.00-1.00 sa, hasta 24.00 do; 🛜) El campus Union es el punto de encuentro para tomar cervezas artesanas en la alegre terraza del lago. Hay música en directo y, los lunes, cine gratis. La heladería interior sirve generosos helados de la lechería universitaria.

🛍 De compras

Fromagination COMIDA
(☑608-255-2430; www.fromagination.com; 12 S Carroll St; ⊘10.00-18.00 lu-vi, 8.00-17.00 sa, 11.00-16.00 do) La mejor tienda de quesos del estado se especializa en pequeñas y exclusivas producciones locales. Junto a la caja hay un cesto de 'huérfanos' (porciones 2-5 US$). También tienen bocadillos, cerveza y vino.

ℹ Información

Madison Convention & Visitors Bureau (www.visitmadison.com)

ℹ Cómo llegar y desplazarse

Badger Bus (www.badgerbus.com) va a Milwaukee (20 US$, 2 h), y **Megabus** (www.megabus.com/us), a Chicago (4 h) y Minneapolis (5 h). Ambos paran en el Chazen Museum.

Taliesin y sur de Wisconsin

Esta parte de Wisconsin posee algunos de los paisajes más bellos del estado, en especial el montañoso suroeste. Los amantes de la arquitectura disfrutarán en Taliesin, llena de obras de Frank Lloyd Wright, y en Racine, que también posee varias. Las queserías de la zona son muy productivas.

CURIOSIDADES EN LA US 12

En torno a la US 12, al norte de Madison, se concentran curiosos lugares de interés que pueden verse en un día.

National Mustard Museum (☎800-438-6878; www.mustardmuseum.com; 7477 Hubbard Ave; ⊙10.00-17.00) **GRATIS** Saliendo de Madison en dirección oeste por University Ave, se llega al suburbio de Middleton. Este museo, fruto de la desmesurada pasión de un hombre, exhibe 5200 mostazas y objetos relacionados con raros condimentos. No está exento de ironía, sobre todo si el "director de mostazas" Barry Levenson está allí para hacer el payaso.

Cow Chip Throw (www.wiscowchip.com; ⊙1er fin semana sep) **GRATIS** En la misma US 12, 32 km más adelante, se halla el pueblo de Prairie du Sac. Una vez al año celebra la Cow Chip Throw, donde 800 concursantes compiten lanzando boñigas de vaca secas; el récord está en 75,5 m.

Dr. Evermor's Sculpture Park (☎608-219-7830; www.worldofdrevermor.com; ⊙11.00-17.00 lu y ju-sa, desde 12.00 do) **GRATIS** Unos 11 km más adelante se encuentra este parque de esculturas realizadas con viejas tuberías, carburadores y otros metales recuperados y convertidos por el doctor Evermor en un alucinante mundo de pájaros, dragones y otras extrañas construcciones futuristas. Destaca el gigantesco *Forevertron,* que en su día apareció en el Libro Guinness de los Récords como la mayor escultura del mundo hecha con trozos de metal. La entrada del parque no es fácil de encontrar: está cerca de la antigua Badger Army Ammunition Plant, al otro lado de la carretera; una pequeña señal indica el desvío. El doctor no goza de buena salud y pocas veces acude al museo, pero su esposa Eleanor suele estar allí.

Circus World (☎608-356-8341; www.circusworldbaraboo.org; 550 Water St; adultos/niños verano 20/10 US$, invierno 10/5 US$; ⊙9.00-17.00 verano, reducido invierno; ⍾) Baraboo, 72,5 km al noroeste de Madison, fue un día la sede de invierno del Ringling Brothers Circus. Este museo conserva una nostálgica colección de vagones, carteles y equipos de su época dorada. En verano pueden verse payasos, animales y acróbatas en acción.

Wisconsin Dells (☎800-223-3557; www.wisdells.com; ⍾) Siguiendo 19 km al norte se llega a este gran centro lúdico con 21 parques acuáticos, exhibiciones de esquí acuático y pistas de minigolf, que contrasta fuertemente con los bellos paisajes de la zona y sus formaciones calizas talladas por el río Wisconsin. Para apreciar de cerca los atractivos naturales, se recomienda hacer un crucero o una excursión a pie por los senderos de los cercanos parques estatales de Mirror Lake y Devil's Lake.

Racine

Esta ciudad industrial normal y corriente, 48 km al sur de Milwaukee, posee varios lugares clave de Frank Lloyd Wright, como la **SC Johnson Administration Building & Research Tower** (☎262-260-2154; www.scjohnson.com/visit; 1525 Howe St; ⊙13.00-15.30 mi-vi, 9.00-14.30 sa, 11.30-15.00 do) **GRATIS**, una magnífica construcción curvilínea que ofrece visitas gratis de 75 a 90 min. Casi 10 km al norte está **Wingspread** (☎262-681-3353; www.scjohnson.com/visit; 33 E Four Mile Rd; ⊙9.30-15.30 mi-vi, 11.30-15.30 sa, 12.00-14.30 do) **GRATIS**, la última casa de Wright en estilo pradera y la más extensa; hay visitas gratis de 1 h. Todas deben reservarse.

Green County

Esta región pastoril registra la mayor concentración de queserías del país, y **Green County Tourism** (www.greencounty.org) las presenta al turista. Monroe es un buen sitio para empezar. **Roth Käse** (657 2nd St; ⊙9.00-18.00 lu-vi, 10.00-17.00 sa y do) es una fábrica con tienda donde se ve a los queseros trabajar desde una galería (solo mañanas laborables) y comprar quesos de oferta. En **Baumgartner's** (www.baumgartnercheese.com; 1023 16th Ave; sándwiches 4-7 US$; ⊙8.00-23.00 do-ju, hasta 24.00 vi y sa), una vieja taberna suiza de la plaza, sirven bocadillos de queso limburger con cebolla. Por la noche se puede asistir al autocine y luego dormir en **Inn Serendipity** (☎608-329-7056; www.innserendipity.com; 7843 County Rd P;

h 110-125 US$), un B&B con dos habitaciones y energía solar y eólica, en una granja ecológica de 2 Ha en Browntown, unos 16 km al oeste de Monroe.

Para más información sobre fábricas lácteas y visitas guiadas, conviene recoger o descargarse de internet el mapa 'A Traveler's Guide to America's Dairyland' (www.eatwisconsincheese.com).

Spring Green

Unos 64 km al oeste de Madison y 5 al sur de Spring Green, Taliesin fue el lugar de residencia de Frank Lloyd Wright durante gran parte de su vida y hoy es la sede de su escuela de arquitectura; muy visitado por sus admiradores. La casa se construyó en 1903, la Hillside Home School en 1932, y el centro de visitantes (608-588-7900; www.taliesinpreservation.org; Hwy 23; 9.00-17.30 may-oct), en 1953. Hay varias visitas guiadas (20-85 US$); para las más largas hay que reservar. El Hillside Tour (20 US$) dura 1 h y es una buena introducción a la obra de Wright.

Unos kilómetros al sur se encuentra House on the Rock (608-935-3639; www.thehouseontherock.com; 5754 Hwy 23; adultos/niños 15/9 US$; 9.00-18.00 may-ago, hasta 17.00 resto del año, cerrado med nov-med mar), uno de los lugares más visitados de Wisconsin. Alex Jordan la construyó sobre una columna de roca en 1959 (hay quien dice que para provocar a su vecino Frank Lloyd Wright). Y luego la llenó sin mesura de cosas asombrosas, incluido el mayor carrusel del mundo, máquinas de música, muñecas raras y arte popular delirante. Consta de tres partes, cada una con su propia visita guiada. Los visitantes resistentes (y con 4 h libres) pueden ver todo el tinglado por 30/16 US$ (adultos/niños).

Spring Green posee un B&B y seis moteles en la Hwy 14, al norte del pueblo. El pequeño Usonian Inn (877-876-6426; www.usonianinn.com; E 5116 Hwy 14; h 100-135 US$;) fue diseñado por Wright siendo estudiante.

En Spring Green General Store (www.springgreengeneralstore.com; 137 S Albany St; principales 5-9 US$; 8.30-17.00 lu-vi, 7.30-17.00 sa, hasta 16.00 do) sirven bocadillos y platos originales, como estofado de boniato.

El American Players Theatre (608-588-2361; www.americanplayers.org) ofrece producciones clásicas en un anfiteatro al aire libre junto al río Wisconsin.

Por el río Misisipi

El río Misisipi constituye gran parte de la frontera occidental de Wisconsin. Uno de sus tramos más pintorescos se puede recorrer por la Great River Road (www.wigreatriverroad.org), la carretera del Old Man River (río Mississippi) desde Minnesota hasta el golfo de México.

Desde Madison hay que dirigirse al oeste por la US 18. Se llega a la River Road (Hwy 35) en Prairie du Chien. Al norte de esta población, la accidentada ribera serpentea por el escenario de la última batalla de la sangrienta guerra de Halcón Negro. Los postes informativos relatan los hechos que desembocaron en la batalla de Bad Ax, cuando los indígenas, hombres, mujeres y niños, fueron masacrados al intentar huir cruzando el Misisipi.

En Genoa, la Hwy 56 vira al interior y recorre 32 km hasta la meca de la pesca de la trucha en Viroqua (www.viroqua-wisconsin.com), una bonita población rodeada de granjas ecológicas y unos característicos graneros redondos. Los campesinos venden sus productos en la Viroqua Food Cooperative (www.viroquafood.coop; 609 Main St; 7.00-21.00).

De vuelta a la ribera, 29 km río arriba se halla La Crosse (www.explorelacrosse.com), con un centro histórico lleno de restaurantes y *pubs*. Al este, hay que seguir cuesta arriba por Main St (que pasa a ser Bliss Rd) y doblar luego a la derecha en Grandad Bluff Rd para llegar a Grandad Bluff, que regala majestuosas vistas del río. En la ciudad también puede verse el lote de seis cervezas más grande del mundo (3rd St S esq. Mississippi St). Las 'latas' son en realidad depósitos de la City Brewery y contienen cerveza suficiente para proveer a una persona con seis latas al día durante 3351 años (eso dice el cartel).

Condado de Door y este de Wisconsin

Este condado rocoso y punteado de faros atrae a los turistas en verano, mientras que Green Bay se ve invadida por los forofos del fútbol americano durante el gélido invierno.

Green Bay

Esta modesta ciudad industrial es más conocida por ser la legendaria "tundra congelada" donde los Green Bay Packers ganan las Super

Bowls. Esta franquicia de la NFL es única por tratarse de un equipo municipal sin ánimo de lucro; sus aficionados lucen orgullosos unos sombreros en forma de queso.

Aunque las entradas son casi inaccesibles, el visitante puede ver el ambiente de las fiestas previas a los partidos. Green Bay es conocida como "la ciudad de bebedores que tiene un problema con el fútbol". Los días en que no hay partido, se puede visitar el **Green Bay Packer Hall of Fame** (☑920-569-7512; www.lambeaufield.com; adultos/niños 11/8 US$; ☺9.00-18.00 lu-sa, 10.00-17.00 do) del Lambeau Field, lleno de objetos y películas que encantarán a los aficionados al balón. También hay visitas al estadio.

El **National Railroad Museum** (☑920-437-7623; www.nationalrrmuseum.org; 2285 S Broadway; adultos/niños 10/7,50 US$; ☺9.00-17.00 lu-sa, 11.00-17.00 do, cerrado lu ene-mar) posee algunas de las locomotoras de carga más grandes en la extensa terminal ferroviaria de Green Bay; en verano se puede montar en tren (2 US$).

El cuidado y sencillo **Bay Motel** (☑920-494-3441; www.baymotelgreenbay.com; 1301 S Military Ave; h 59-77 US$; ☎) está a 1,5 km de Lambeau Field. El *gastropub* **Hinterland** (☑920-438-8050; www.hinterlandbeer.com; 313 Dousman St; ☺16.00-24.00 lu-sa) da un toque de lujo rústico al panorama cervecero.

Condado de Door

Con su costa rocosa, faros pintorescos, huertos de cerezos y pequeños pueblos del s. XIX, este condado es una preciosidad. Se extiende por una angosta península que se adentra 120 km en el lago Míchigan, y los visitantes suelen hacer una ruta circular por sus dos carreteras principales. La Hwy 57 recorre la orilla del lago y atraviesa Jacksonport y Baileys Harbor; es el lado de la península es el más tranquilo y panorámico. La Hwy 42 bordea Green Bay y cruza de sur a norte Egg Harbor, Fish Creek, Ephraim y Sister Bay; este lado está más orientado a las actividades. De noviembre a abril solo la mitad de los establecimientos están abiertos.

⊙ Puntos de interés y actividades

El condado es un tapiz de parques. El mayor es el **Peninsula State Park**, junto a la bahía, con rutas para bicicleta, excursiones por los acantilados y la playa Nicolet para nadar, remar y navegar (allí se alquilan equipos). En invierno, el esquí de fondo y las raquetas de nieve dominan las pistas. En la ribera del lago, el apartado **Newport State Park** posee

MERECE LA PENA

WASHINGTON ISLAND Y ROCK ISLAND

Desde el extremo del condado de Door, cerca de Gills Rock, salen **ferris** (☑920-847-2546; www.wisferry.com; Northport Pier) diarios cada 30 min a la **isla de Washington** (ida y vuelta adultos/niños/bicicleta/automóvil 13,50/7/4/26 US$), donde viven 700 habitantes de origen escandinavo. Hay un par de museos, playas, alquiler de bicicletas, carreteras para pedalear tranquilamente, alojamiento y *camping*. **Rock Island** es un precioso parque estatal más remoto, sin coches ni bicicletas. Es un lugar perfecto para hacer senderismo, bañarse y acampar. Se puede llegar con el **ferri Karfi** (www.wisferry.com) que sale de Jackson Harbor, en la isla de Washington (ida y vuelta adultos/niños 11/5 US$) cada hora en verano.

senderos, oportunidades de acampar en la naturaleza y soledad. El **Whitefish Dunes State Park** goza de paisajes de arena y una ancha playa (con peligrosas corrientes). El contiguo **Cave Point Park** destaca por sus cuevas marinas y el kayak.

Bay Shore Outfitters NATURALEZA
(☑920-854-9220; www.kayakdoorcounty.com; Sister Bay) Alquila kayaks, tablas de surf de remo y equipos de invierno. Hace salidas guiadas.

Nor Door Sport & Cyclery NATURALEZA
(☑920-868-2275; www.nordoorsports.com; Fish Creek) Alquila bicicletas y raquetas de nieve; cerca de la entrada al Peninsula State Park.

🛏 Dónde dormir y comer

El lado de la bahía posee una mayor oferta de alojamiento. Los precios facilitados son para julio y agosto (temporada alta); muchos establecimientos imponen una estancia mínima. Los restaurantes a menudo ofrecen *fish boil*, una especialidad regional de los leñadores escandinavos, que se elabora cociendo pescado blanco, patatas y cebollas en un gran caldero sobre una hoguera. De postre hay que tomar la famosa tarta de cerezas del Door.

Julie's Park Cafe and Motel MOTEL $
(☑920-868-2999; www.juliesmotel.com; Fish Creek; h 85-109 US$; 🅿☎) Una excelente opción económica al lado del Peninsula State Park.

Peninsula State Park CAMPING $
(✆920-868-3258; Fish Creek; tienda y parcelas 17-25 US$) Posee casi 500 parcelas con abundantes servicios.

Egg Harbor Lodge HOSTAL $$
(✆920-868-3115; www.eggharborlodge.com; Egg Harbor; h 165-205 US$; ✳❄☎⚟) Tiene vistas del lago en todas las habitaciones y bicicletas de libre disposición.

Wild Tomato PIZZERÍA $
(✆920-868-3095; www.wildtomatopizza.com; Fish Creek; principales 9-17 US$; ⊘11.00-22.00 jun-ago, reducido sep-may) Esta concurrida pizzería con comedor y terraza sirve *pizzas* a la piedra en horno de leña y una larga lista de cervezas artesanas, así como opciones sin gluten.

Village Cafe ESTADOUNIDENSE $
(✆920-868-3342; www.villagecafe-doorcounty.com; Egg Harbor; principales 7-10 US$; ⊘8.00-14.00, hasta 20.00 jul y ago; ♿) Sirve deliciosos platos de desayuno, bocadillos y hamburguesas todo el día.

ⓘ Información

Door County Visitors Bureau (✆800-527-3529; www.doorcounty.com) Folletos de especial interés sobre galerías, ciclismo y faros.

Islas del Apóstol y norte de Wisconsin

El norte es una región de bosques y lagos poco poblada, donde la gente pasea en barca y pesca en verano, y esquía y conduce moto

> ### RUTA PINTORESCA: HIGHWAY 13
>
> Al salir de Bayfield hay que enfilar la Hwy 13 al norte para disfrutar de una ruta excelente por la costa del lago Superior, que pasa por el poblado chippewa de **Red Cliff** y el sector continental de las islas del Apóstol, donde hay una playa. El pequeño núcleo de **Cornucopia** recuerda a un pueblo costero y brinda preciosos atardeceres. La carretera atraviesa paisajes atemporales con bosques y granjas, para desembocar en la US 2 y llegar a la civilización a orillas del lago. Para más información, véase www.lakesuperiorbyway.org.

de nieve en invierno. Pero lo que se lleva la palma son las ventosas islas del Apóstol.

Northwoods y Lakelands

El **Nicolet National Forest** es un área boscosa ideal para practicar actividades al aire libre. **Langlade** es una sencilla encrucijada y un centro de aventura en aguas bravas. **Bear Paw Resort** (✆715-882-3502; www.bearpawoutdoors.com; bungalós 75-95 US$; ✳) alquila kayaks y ofrece clases de remo de un día con una excursión por el río (150 US$/persona). También dispone de acogedoras cabañas para secarse y calentarse y un *pub*.

Al norte por la Hwy 13, el **Concrete Park** (www.friendsoffredsmith.org; N8236 S Hwy 13; ⊘ amanecer-anochecer) GRATIS de Phillips es obra del artista tradicional y leñador jubilado Fred Smith. Es un extraordinario parque con más de 200 esculturas a tamaño real.

Al oeste por la Hwy 70, el **Chequamegon National Forest** ofrece un excepcional ciclismo de montaña con 483 km de rutas campo a través. La **Chequamegon Area Mountain Bike Association** (www.cambatrails.org) posee mapas de rutas e información sobre alquiler de bicicletas. La temporada culmina a mediados de septiembre con el **Chequamegon Fat Tire Festival** (www.cheqfattire.com), en el que 1700 ciclistas pedalean por más de 64 km de bosques. **Hayward** (www.haywardareachamber.com) es una buena base.

Islas del Apóstol

Los 21 agrestes islotes (Apostle Islands) que surgen del lago Superior en el extremo norte de Wisconsin son una atracción estatal. Forman un parque nacional cubierto de bosques, azotado por el viento y lleno de acantilados y cuevas, sin instalaciones. Varias empresas ofrecen paseos en barco por las islas en temporada alta, y mucha gente acude a hacer senderismo y remar en kayak. El punto de acceso es Bayfield, una animada población turística con calles empinadas, edificios victorianos, huertos de manzanos y ni un solo restaurante de comida rápida.

⊙ Puntos de interés y actividades

Isla Madeline ISLA
(www.madelineisland.com) Es una isla habitada que se puede visitar en un día con el **ferri** (✆715-747-2051; www.madferry.com; ida y vuelta adultos/niños/bicicleta/automóvil 13,50/7/7/24,50

US$) desde Bayfield (25 min trayecto). El pueblo de La Pointe invita a pasear y posee un par de alojamientos de precio medio, restaurantes y un estupendo bar 'quemado' (hecho de materiales reciclados). Se pueden alquilar bicicletas y ciclomotores; todo está cerca del muelle del ferri.

Aunque es una de las islas del Apóstol, está fuera del parque nacional.

Big Bay State Park PARQUE ESTATAL
(☎715-747-6425; automóvil 10 US$, parcelas tienda 17-22 US$) Se encuentra en el extremo más lejano de Madeline, con una agradable playa, rutas de senderismo y cuidadas parcelas de *camping* que se llenan rápido.

Apostle Islands Cruises PASEO EN BARCO
(☎715-779-3925; www.apostleisland.com; Bayfield City Dock; ⊙med may-med oct) La forma más sencilla de ver las islas es a bordo de estos barcos turísticos para 150 pasajeros. El gran *tour* sale a las 10.00 y efectúa un recorrido comentado de 3 h por cuevas marinas y faros (adultos/niños 40/24 US$). Un barco con fondo de cristal zarpa a las 14.00 para ver pecios. Otros visitan varias islas para dejar o recoger campistas y piragüistas; también se pueden contratar excursiones con estos servicios de enlace.

Living Adventure KAYAK
(☎715-779-9503; www.livingadventure.com; Hwy 13; circuitos medio/1 día 59/99 US$; ⊙jun-sep) Salidas guiadas en kayak para ver cuevas marinas y pecios; también para principiantes.

🛏 Dónde dormir y comer

Seagull Bay Motel MOTEL **$**
(☎715-779-5558; www.seagullbay.com; 325 S 7th St; h 80-110 US$; 🖥) Casi todas las habitaciones de este motel sin lujos cuentan con escritorio; se recomiendan las que tienen vistas al lago.

Fat Radish ESTADOUNIDENSE **$**
(☎715-779-9700; http://thefatradish.weebly.com; 200 Rittenhouse Ave; sándwiches 7-9 US$; ⊙11.00-15.00 ma y mi, hasta 15.00 y 17.00-20.00 ju-sa) 🍴 Este establecimiento *gourmet* utiliza ingredientes sostenibles y de calidad. Está junto al muelle y es muy práctico para proveerse de tentempiés antes de subir al barco. Por la noche sirve sabrosas *pizzas* y platos marineros.

Maggie's ESTADOUNIDENSE **$$**
(☎715-779-5641; www.maggies-bayfield.com; 257 Manypenny Ave; principales 11-22 US$; ⊙11.30-21.00) Este restaurante algo *kitsch*, decorado con flamencos, es ideal para comer trucha y pescado blanco del lago; también tiene *pizzas* y hamburguesas.

☆ Ocio

Big Top Chautauqua MÚSICA EN DIRECTO
(☎888-244-8368; www.bigtop.org; ⊙jun-sep) Es todo un acontecimiento regional en verano, con conciertos a cargo de primeras figuras y teatro musical.

ℹ Información

Centro de visitantes Apostle Islands National Lakeshore (☎715-779-3397; www.nps.gov/apis; 410 Washington Ave; ⊙8.00-16.30 fin may-sep, cerrado sa y do resto del año) Facilita permisos de *camping* (10 US$/noche) e información sobre remo y excursionismo.

Cámara de Comercio de Bayfield (www.bayfield.org) Informa sobre alojamientos y actividades en la zona.

MINNESOTA

Este modesto estado que se promociona como "la tierra de los 10 000 lagos", se queda corto porque tiene 11 842. Los naturalistas intrépidos pueden remar en las Boundary Waters, donde por la noche lucen las estrellas y cantan los lobos. Los que deseen adentrarse en terrenos menos turísticos pueden ir al Voyageurs National Park, donde hay más agua que carreteras. Los más conservadores pueden dedicarse a las Twin Cities, las dos ciudades gemelas de Minneapolis y St Paul, donde a cada paso surge algo interesante. Y los que busquen un término medio entre gran ciudad y grandes bosques, tienen el espectacular puerto de Duluth, lleno de cargueros.

ℹ Información

Minnesota Highway Conditions (☎511; www.511mn.org) Estado de las carreteras.

Oficina de turismo de Minnesota (☎888-847-4866; www.exploreminnesota.com)

Minnesota State Park Information (☎888-646-6367; www.dnr.state.mn.us) En los parques, los vehículos necesitan un permiso (5/25 US$ día/año). Las parcelas de *camping* cuestan 15-31 US$; se aceptan reservas (☎866-857-2757; www.stayatmnparks.com; tasa 8,50 US$).

Minneapolis

Es la ciudad más grande y artística de las praderas, con todo lo necesario para gozar de la prosperidad: elegantes museos de arte, ruidosos clubes de *rock,* restaurantes ecológicos y étnicos y teatros de vanguardia. Siempre hay alguna actividad, incluso en invierno. Además, la gente es sencilla y encarna muy bien la típica amabilidad autóctona: se pasan el día deseando a todo el mundo un buen día, ya llueva, nieve o haga sol.

Historia

La industria maderera fue la primera que experimentó un gran auge en la ciudad, y a mediados del s. xix se instalaron aserraderos a orillas del Misisipi. El trigo de las praderas también tenía que procesarse, de modo que el segundo gran negocio fueron los molinos harineros. La población se disparó a finales de s. xix debido a la inmigración masiva, sobre todo de Escandinavia y Alemania. Hoy, la herencia nórdica de Minneapolis es evidente, mientras que su ciudad gemela St Paul es más alemana e irlandesa católica.

◉ Puntos de interés y actividades

Casi todos los lugares de interés cierran en lunes y muchos tienen abierto hasta tarde los jueves.

DATOS DE MINNESOTA

Apodos Estado de la Estrella del Norte, estado de la taltuza

Población 5,5 millones

Superficie 225 174 km²

Capital St Paul (295 000 hab.)

Otras ciudades Minneapolis (400 100 hab.)

Impuesto sobre ventas 6,88%

Hijos célebres El escritor F. Scott Fitzgerald (1896-1940), Bob Dylan (1941), los cineastas Joel (1954) y Ethan Coen (1957)

Cuna de el leñador legendario Paul Bunyan, del *spam,* la lucioperca y los inmigrantes hmong y somalíes

Política De tendencias demócratas

Famoso por su amabilidad, su acento divertido, la nieve y sus 10 000 lagos

'Muffin' oficial de arándanos

Distancias De Minneapolis a Duluth, 246 km; y a Boundary Waters, 394 km

◎ Centro y Loring Park

★ Walker Art Center   MUSEO
(☎612-375-7622; www.walkerart.org; 1750 Hennepin Ave; adultos/niños 14 US$/gratis, ju tarde y 1er sa de mes gratis; ◎11.00-17.00 ma, mi y vi-do, hasta 21.00 ju) Este relevante museo posee una copiosa colección permanente de arte y fotografía del s. xx, basda en pintores y artistas destacados del *pop art* estadounidense. Los lunes por la tarde entre finales de julio y finales de agosto ofrece cine y música gratis al otro lado del puente peatonal de Loring Park.

★ Minneapolis Sculpture Garden   JARDINES
(725 Vineland Pl; ◎6.00-24.00) GRATIS Este jardín de 4,5 Ha, trufado de obras contemporáneas como la fotografiada *Cuchara y cereza* de Claes Oldenburg, está al lado del Walker Art Center. En el recinto también se encuentra el Cowles Conservatory, lleno de exóticas flores. En verano instalan una surrealista pista de golf entre las esculturas (12/9 US$ adultos/niños). El jardín estará cerrado durante el 2016 para hacerlo más respetuoso con el medio ambiente.

Estatua de Mary Tyler Moore   ESTATUA
(7th St S y Nicollet Mall) Esta famosa actriz televisiva de la década de 1970 puso a Minneapolis en el mapa de la cultura popular. El momento en que lanzaba al aire el sombrero en la presentación de su programa ha quedado inmortalizado en esta estatua.

◎ Riverfront District

★ Endless Bridge   MIRADOR
(818 2nd St S; ◎8.00-20.00, hasta 23.00 días de función) GRATIS En el edificio azul cobalto del Guthrie Theater hay unas escaleras mecánicas que suben a este 'puente infinito', una extravagante pasarela voladiza de acceso público, con vistas al Misisipi. Desde la Amber Box (caja ámbar) de la 9ª planta del teatro también se disfruta de una preciosa vista.

Mill City Museum   MUSEO
(☎612-341-7555; www.millcitymuseum.org; 704 2nd St S; adultos/niños 11/6 US$; ◎10.00-17.00 ma-sa, 12.00-17.00 do, diario jul y ago) Lo más interesante de este museo en un antiguo molino es el ascensor de los cereales, que sube las ocho plantas de la Flour Tower (torre de la harina), las exposiciones de Betty Crocker y un laboratorio de horneado. Su interés radica únicamente en la historia de la molienda, pero las ruinas del molino en la parte pos-

MINNEAPOLIS PARA NIÑOS

Aparte de los mencionados aquí, hay otros lugares de interés para niños en St Paul, el Mall of America y Fort Snelling.

Zoo de Minnesota (☎952-431-9500; www.mnzoo.org; 13000 Zoo Blvd; adultos/niños 18/12 US$; ☺9.00-18.00 verano, hasta 16.00 invierno; ☝) Hay que hacer un largo trayecto para visitar este prestigioso zoo en el suburbio de Apple Valley, 32 km al sur de la ciudad. En sus hábitats naturalistas viven más de 400 especies, sobre todo animales de climas fríos. El aparcamiento cuesta 7 US$.

Valleyfair (☎952-445-7600; www.valleyfair.com; 1 Valleyfair Dr; entrada 47 US$; ☺desde 10.00 diario fin may-ppios sep, solo vi-do sep y oct, cierre variable; ☝) Si las atracciones del Mall of America no son suficientes, se recomienda viajar hasta este completo parque de atracciones situado 40 km al suroeste, en Shakopee. El parque de dinosaurios robotizados (5 US$ extra) tiene mucho éxito entre los niños. Comprar las entradas por internet es más barato. El aparcamiento cuesta 12 US$.

Children's Theatre Company (☎612-874-0400; www.childrenstheatre.org; 2400 3rd Ave S; ☝) Esta compañía es tan buena que ganó un premio Tony por su "extraordinario teatro regional".

terior componen un cuadro muy auténtico. Los sábados por la mañana de mayo a septiembre, en el cobertizo ferroviario contiguo se instala un mercado agrícola muy valorado por los sibaritas.

St Anthony Falls Heritage Trail PASEO
Este camino de 3 km ofrece una historia interesante (explicada en carteles a lo largo de la ruta) y el mejor acceso de la ciudad al río Misisipi. Empieza al pie de Portland Ave y pasa por el Stone Arch Bridge, sin tráfico, desde el que pueden verse las cascadas.

Al otro lado del río, sigue por Main St SE, que posee un tramo de edificios reconstruidos con restaurantes y bares. Desde ahí se puede ir andando al Water Power Park y sentir las salpicaduras del agua. En el Mill City Museum facilitan mapas gratis de la ruta.

◎ Northeast

Antaño un barrio obrero de europeos orientales, es hoy el lugar de trabajo y recreo de urbanitas y artistas, con tabernas que sirven cerveza artesana y Pabst, y tiendas de regalos ecológicos junto a fábricas de salchichas. Los edificios industriales históricos albergan centenares de artesanos y galerías que abren sus puertas el primer jueves del mes; la **Northeast Minneapolis Arts Association** (www. nemaa.org) patrocina un paseo por las galerías. Las calles más interesantes son 4th St NE y 13th Ave NE.

◎ Zona universitaria

La **Universidad de Minnesota**, situada junto al río al sureste del centro, posee uno de los mayores campus de EE UU, casi todo en el barrio de East Bank, con unos 50 000 estudiantes.

Dinkytown, en 14th Ave SE y 4th St SE, concentra numerosas librerías y cafeterías estudiantiles. Una pequeña parte de la universidad está en West Bank, la orilla oeste del Misisipi, cerca del cruce de 4th St S con Riverside Ave, donde hay restaurantes, lugares de reunión de estudiantes y una nutrida población somalí.

★ Weisman Art Museum MUSEO
(☎612-625-9494; www.wam.umn.edu; 333 E River Rd; ☺10.00-17.00 ma, ju y vi, hasta 20.00 mi, 11.00-17.00 sa y do) GRATIS Este edificio plateado de Frank Gehry es una maravilla de la universidad (y de la ciudad). Sus claras y espaciosas galerías albergan magníficas colecciones de arte norteamericano del s. XX, cerámica, muebles coreanos y obra sobre papel.

◎ Uptown, Lyn-Lake y Whittier

Son tres barrios al sur del centro.

Uptown, centrado en el cruce de Hennepin Ave con Lake St, es un choque punk-*yuppie* de tiendas y restaurantes animados hasta la madrugada. Lyn-Lake linda con Uptown al este y posee un ambiente urbano y moderno; su centro está en las calles Lyndale y Lake.

Minneapolis

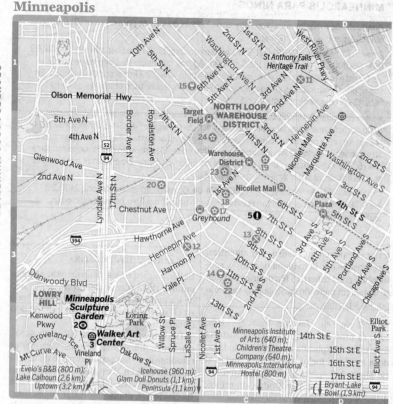

Uptown es un práctico punto de partida para visitar la "Chain of Lakes" (cadena de lagos) formada por los lagos Calhoun, Harriet, Cedar, Brownie y el de las Islas. Alrededor de ellos hay una red de paseos ciclistas asfaltados que en invierno se convierten en pistas de esquí de fondo. En los lagos se puede remar en verano y patinar en invierno.

El lago Calhoun se extiende a los pies de Lake St, donde hay abundantes equipamientos; dando la vuelta se encuentra la playa de Thomas, muy buena para el baño. En el aparatoso auditorio del lago Harriet siempre hay conciertos gratuitos.

★ **Minneapolis Institute of Arts** MUSEO
(☑612-870-3131; www.artsmia.org; 2400 3rd Ave S;
◷10.00-17.00 ma-sa, hasta 21.00 ju, 11.00-17.00 do)
GRATIS Es toda una historia del arte. Destacan sus colecciones moderna y contemporánea, pero también las galerías asiáticas (2ª planta) y las salas de artes decorativas (3ª planta). Se necesitan varias horas para verlo. Está 1,5 km al sur del centro por la 3rd Ave S.

Lake Calhoun Kiosk DEPORTES ACUÁTICOS
(☑612-823-5765; al pie de Lake St; 9-19 US$/h;
◷10.00-20.00 fin may-ago, sa y do solo sep y oct)
Alquila kayaks, bicicletas, tablas de surf de remo y botes de pedales. Es un lugar animado, con un restaurante con terraza y una escuela de vela.

★☆ Fiestas y celebraciones

Art-A-Whirl MÚSICA
(www.nemaa.org; ◷med may) Los talleres y las galerías de Northeast se pueden visitar durante un fin de semana.

Minneapolis Aquatennial CULTURA
(www.aquatennial.com; ◷3ª semana jul) Festeja los omnipresentes lagos mediante desfiles, fiestas playeras y fuegos artificiales.

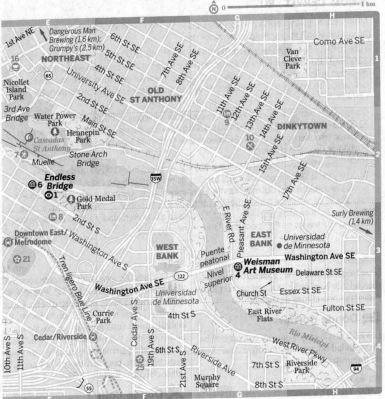

Minneapolis

'BOOM' CERVECERO

Minneapolis apuesta por la cerveza artesana local y muchos fabricantes cuentan con su propia taberna. Estas son algunas propuestas:

Fulton Beer (www.fultonbeer.com; 414 6th Ave N; ☺15.00-22.00 mi y ju, hasta 23.00 vi, 12.00-23.00 sa, 12.00-18.00 do) Entre la selección de cervezas que se prueban en las mesas de pícnic de su almacén suele haber una *pale ale* y una rubia. Está a unas manzanas del campo de béisbol y se llena cuando hay partido. Delante se instalan camionetas de comida.

Dangerous Man Brewing (www.dangerousmanbrewing.com; 1300 2nd St NE; ☺16.00-22.00 ma-ju, 15.00-24.00 vi, 12.00-24.00 sa) Sirve cervezas fuertes, de estilo europeo, en el animado y moderno Northeast. Se puede llevar la comida (una manzana al este hay un buen local de *fish and chips*).

Surly Brewing (www.surlybrewing.com; 520 Malcolm Ave SE; ☺11.00-23.00 do-ju, hasta 24.00 vi y sa; ⓘ) Esta gran cervecería familiar de estilo moderno e industrial, diseñada por los arquitectos del Guthrie Theater, se ve invadida por vecinos que acuden a saborear sus 12 cervezas de barril (que van cambiando) y sus abundantes aperitivos a base de carne. Está en el barrio de Prospect Park, junto a la universidad y a unos pasos de la estación de trenes de Prospect Park Green Line.

Holidazzle CULTURA
(www.holidazzle.com; ☺dic) El centro acoge este mercado de Navidad a la alemana, con luces y alegría, todo el mes de diciembre.

🛏 Dónde dormir

Los B&B son la mejor opción, con precios bajos y calidad buena. Hay que añadir un 13,4% de impuestos.

Wales House B&B $
(☎612-331-3931; www.waleshouse.com; 1115 5th St SE; h con/sin baño compartido 75/85 US$; P❄🛜) En este alegre B&B de 10 habitaciones suelen alojarse profesores de la cercana Universidad de Minnesota. Tiene un porche donde sentarse a leer y un salón con chimenea para descansar. Estancia mínima de dos noches.

Evelo's B&B B&B $
(☎612-374-9656; 2301 Bryant Ave S; h con baño compartido 75-95 US$; 🛜) Casa victoriana de cuatro habitaciones algo estrechas, bien situada entre el Walker Art Center y Uptown.

Minneapolis International Hostel ALBERGUE $
(☎612-522-5000; www.minneapolishostel.com; 2400 Stevens Ave S; dc 40-45 US$, h desde 55 US$; ❄🛜) Ocupa un precioso edificio antiguo con muebles añejos y suelos de madera, y una excelente situación junto al Institute of Arts, pero no está muy cuidado. Hay diferentes opciones, desde un dormitorio masculino con 15 camas a las habitaciones privadas con baño.

Aloft HOTEL $$
(☎612-455-8400; www.aloftminneapolis.com; 900 Washington Ave S; h 159-209 US$; P❄@🛜🐾) Sus habitaciones de eficiente diseño y aire industrial atraen a una clientela joven. En el distinguido vestíbulo hay juegos de mesa, una coctelería y tentempiés las 24 h. Tiene una pequeña piscina, un gimnasio y un puesto de bicicletas compartidas en la puerta. El aparcamiento cuesta 15 US$.

🍴 Dónde comer

La revista culinaria *Saveur* recientemente nombró Minneapolis "nueva gran ciudad gastronómica de EE UU" por su cocina creativa, sostenible, asequible y típica del Medio Oeste.

🍴 Centro

Hell's Kitchen ESTADOUNIDENSE $$
(☎612-332-4700; www.hellskitcheninc.com; 80 9th St S; principales 12-24 US$; ☺6.30-23.00 lu-vi, desde 7.30 sa y do; 🛜) Unas escaleras bajan hasta esta demoníaca cueva donde un brioso personal sirve comida típica de Minnesota, como el sándwich BLT de lucioperca, hamburguesa de bisonte, Juicy Lucy (rellena de queso fundido) y creps de requesón y limón. Arriba hay una deliciosa panadería y cafetería.

Butcher & the Boar ESTADOUNIDENSE $$$
(☎612-238-8888; www.butcherandtheboar.com; 1121 Hennepin Ave; principales 25-36 US$; ☺17.00-22.30 lu-ju, hasta 23.00 vi y sa, hasta 22.00 do; 🛜)

El comedor cobrizo con velas es el nirvana del carnívoro: jamón de jabalí con mantequilla, salchicha de ternera y pollo frito y muchas otras recetas caseras. Se recomiendan los platos de degustación. Hay 30 cervezas regionales de barril y una larga carta de *bourbons* (también en chupito). Los que no tengan reserva pueden tomar raciones en la animada terraza.

Bachelor Farmer ESTADOUNIDENSE MODERNA **$$$**
(☑612-206-3920; www.thebachelorfarmer.com; 50 2nd Ave N; principales 19-33 US$; ⊙17.30-21.30 lu-ju, hasta 22.30 vi y sa, 10.00-14.00 y 17.00-21.30 do) 🍴 La carta en constante cambio de este divertido restaurante revela la herencia escandinava de la región: pescado ahumado, albóndigas y tostada con champiñones en vinagre y queso. El chef cultiva todas las hierbas y verduras en el jardín de la azotea. El Marvel Bar del sótano, oculto tras una puerta sin nombre, sirve cócteles estupendos. Hay que reservar.

🍴 Zona universitaria

Hay restaurantes económicos alrededor del campus, en Washington Ave y Oak St.

Al's Breakfast DESAYUNOS **$**
(☑612-331-9991; 413 14th Ave SE; principales 5-9 US$; ⊙6.00-13.00 lu-sa, 9.00-13.00 do) Minúscula cantina con solo 14 taburetes en una pequeña barra y, cada vez que entra un cliente, todo el mundo se desplaza para hacerle sitio. Los creps de fruta son lo más solicitado. Solo admiten efectivo.

🍴 Uptown, Lyn-Lake y Whittier

Cerca del Institute of Arts, Nicollet Ave S (conocida como "Eat Street", calle de la comida) reúne una mezcla de restaurantes *hipster*, vietnamitas, griegos y de otros países. Lake St, en Uptown, es una mina de bares y cafeterías elegantes.

★Bryant-Lake Bowl ESTADOUNIDENSE **$**
(☑612-825-3737; www.bryantlakebowl.com; 810 W Lake St; principales 10-15 US$; ⊙8.00-00.30; 🛜🍴) El BLB reúne una bolera de obreros y comida sibarita. Los desayunos de *biscuit-and-gravy*, los platos de quesos artesanos, el *pad thai* de falso pato (vegetariano) y el pescado blanco ahumado están deliciosos. También tiene una larga carta de cervezas locales. El teatro contiguo siempre ofrece algo interesante.

Glam Doll Donuts PANADERÍA **$**
(www.glamdolldonuts.com; 2605 Nicollet Ave S; *doughnuts* 1,25-3 US$; ⊙7.00-21.00 lu-ju, hasta 1.00 vi y sa, hasta 15.00 do; 🛜🍴) Señoras con tatuajes y el pelo teñido elaboran unos *donuts* impresionantes (también *veganos*) en su tienda rosa. Son excepcionales el Calendar Girl (chocolate y caramelo salado) y el Chart Topper (mantequilla de cacahuete y salsa picante *sriracha*). Al lado tienen una tienda de moda roquera de segunda mano.

Peninsula ASIÁTICA **$**
(☑612-871-8282; www.peninsulamalaysiancuisine. com; 2608 Nicollet Ave S; principales 9-15 US$; ⊙11.00-22.00 do-ju, hasta 23.00 vi y sa; 🍴) Platos malayos, como el estofado de curri rojo o el cangrejo y pescado picante en hoja de banano, desafían al paladar en este restaurante actual.

🍺 Dónde beber y vida nocturna

Los bares no cierran hasta las 2.00. La hora feliz suele ser de 15.00 a 18.00.

Brit's Pub PUB
(www.britspub.com; 1110 Nicollet Mall; ⊙11.00-2.00) Este *pub* posee una bolera de hierba en la azotea y una extensa selección de *whiskys* escoceses, oporto y cerveza.

Grumpy's BAR
(www.grumpys-bar.com; 2200 4th St NE; ⊙14.00-2.00 lu-vi, desde 11.00 sa y do) Es la típica taberna de Northeast, con cerveza barata (pero buena y de la tierra) y un patio. Los martes, la especialidad de la casa, el *hot dish,* vale 1 US$.

☆ Ocio

Con su nutrida población estudiantil y su dinámico panorama de artes escénicas, Minneapolis posee una animada vida nocturna. Consúltese la programación en *Vita.mn* y *City Pages*.

Música en directo

En Minneapolis parece que todo el mundo toca en algún grupo. Artistas como Prince y los pospunks Hüsker Dü o los Replacements se formaron aquí.

First Avenue & 7th St Entry MÚSICA EN DIRECTO
(www.first-avenue.com; 701 1st Ave N) Forman la piedra angular de la música en Minneapolis. First Avenue es la sala principal donde actúan primeras figuras nacionales; 7th St En-

MINNEAPOLIS DE AMBIENTE

Minneapolis posee uno de los porcentajes más altos del país de gais, lesbianas, bisexuales y transexuales (GLBT), y también disfruta de unos firmes derechos para esa comunidad. La revista quincenal gratuita *Lavender* (www.lavendermagazine.com) ofrece toda la información al respecto; se encuentra en cafeterías y tiendas de toda la ciudad. Los mejores locales son:

Wilde Roast Cafe (www.wilderoastcafe.com; 65 Main St SE; ☺7.00-23.00) Ofrece magníficos productos horneados, alojamiento frente al río y un ambiente victoriano digno del propio Oscar Wilde. Fue nombrado "mejor café" por *Lavender*.

Gay Nineties (www.gay90s.com; 408 Hennepin Ave) Veterano local nocturno con baile, cena y actuaciones de *drags* para un público tanto gay como hetero.

Pride Festival (www.tcpride.org; ☺fin jun) Este festival que congrega a más de 300 000 participantes es uno de los más importantes de EE UU.

try es más pequeña y recibe a nuevas promesas. Las estrellas de la fachada corresponden a grupos que han actuado en la sala.

Triple Rock Social Club MÚSICA EN DIRECTO
(www.triplerocksocialclub.com; 629 Cedar Ave) Concurrido local punk y alternativo.

Lee's Liquor Lounge MÚSICA EN DIRECTO
(www.leesliquorlounge.com; 101 Glenwood Ave) Actúan grupos alternativos de *rockabilly* con toques *country*.

Icehouse MÚSICA EN DIRECTO
(www.icehousempls.com; 2528 Nicollet Ave S) Es una sala magnífica con un sonido excelente para escuchar *jazz*, *folk* y *hip-hop* progresivo. También sirve cócteles de moda.

Artes escénicas

La ciudad posee un panorama teatral muy activo. El **Hennepin Theater District** (www.hennepintheatretrust.org) con sus luces de neón está formado por varios teatros históricos de Hennepin Ave entre las calles 6th y 10th, que ofrecen grandes espectáculos en gira.

Guthrie Theater TEATRO
(☎612-377-2224; www.guthrietheater.org; 818 2nd St S) Es la gran compañía teatral de Minneapolis, y su espectacular teatro lo corrobora. Las entradas de última hora se ponen a la venta 30 min antes de la función por unos 25 US$ (solo efectivo). Desde la web se pueden descargar visitas audioguiadas a los espacios públicos del moderno edificio.

Brave New Workshop Theatre TEATRO
(☎612-332-6620; www.bravenewworkshop.com; 824 Hennepin Ave) Consolidado teatro de comedia musical, revista y sátira.

Orchestra Hall MÚSICA CLÁSICA
(☎612-371-5656; www.minnesotaorchestra.org; 1111 Nicollet Mall) Una acústica excelente para los conciertos de la celebrada Orquesta de Minnesota.

Deportes

La gente de Minnesota adora a sus equipos deportivos. El *hockey* sobre hielo tiene la sede en St Paul.

Target Field BÉISBOL
(www.minnesotatwins.com; 353 N 5th St) El estadio de béisbol de los Twins destaca por su extraordinaria oferta de comida y bebida de proximidad.

New Minnesota Stadium FÚTBOL AMERICANO
(www.vikings.com; 900 5th St S) Nuevo estadio cubierto de los Vikings de la NFL desde otoño del 2016.

Target Center BALONCESTO
(www.nba.com/timberwolves; 600 1st Ave N) Aquí juegan los Timberwolves, equipo de baloncesto profesional.

ℹ️ Información

'City Pages' (www.citypages.com) Semanario gratuito del ocio.

Minneapolis Convention & Visitors Association (www.minneapolis.org) Web con vales, mapas, guías e información sobre rutas ciclistas.

Biblioteca Pública de Minneapolis (www.hclib.org; 300 Nicollet Mall; ☺9.00-21.00 lu-ju, hasta 17.00 vi y sa, 12.00-17.00 do) Un equipamiento moderno con internet y wifi gratis (y una librería de viejo).

'Pioneer Press' (www.twincities.com) Periódico diario de St Paul.

'**Star Tribune**' (www.startribune.com) Periódico diario de Minneapolis.

Centro Médico de la Universidad de Minnesota (☏612-672-6000; 2450 Riverside Ave) Hospital de prestigio cerca del centro.

'**Vita.mn**' (www.vita.mn) Semanario gratuito de ocio del *Star Tribune*.

❶ Cómo llegar y desplazarse

AVIÓN

El **aeropuerto internacional de Minneapolis-St Paul** (MSP; www.mspairport.com; ☎) está al sur entre ambas ciudades. Es un centro aéreo de Delta Airlines, con varios vuelos directos a/desde Europa.

El tren ligero Blue Line (hora normal/punta 1,75/2,25 US$, 25 min) es el transporte más económico para llegar a Minneapolis. El autobús nº 54 (hora normal/punta 1,75/2,25 US$, 25 min) va a St Paul. Los taxis cobran unos 45 US$.

BICICLETA

Minneapolis está considerada una de las mejores ciudades del país para desplazarse en bicicleta. **Nice Ride** (www.niceridemn.org; ⊙ abr-nov) ofrece 1500 bicicletas verdes en 170 puntos de autoservicio repartidos por las dos ciudades. Los usuarios abonan una tasa de suscripción (6/65 US$ día/año) por internet o en la máquina automática, más una pequeña cantidad por cada media hora de uso (excepto la primera, que es gratis). La bicicleta se puede devolver en cualquiera de los puntos. El alquiler tradicional es mejor para trayectos largos con fines recreativos. En **Minneapolis Bicycle Program** (www.ci.minneapolis.mn.us/bicycles) se pueden consultar las tiendas de alquiler y las rutas.

AUTOBÚS

Greyhound (☏612-371-3325; www.greyhound.com; 950 Hawthorne Ave; ☎) dispone autobuses frecuentes a Milwaukee (7 h), Chicago (9 h) y Duluth (3 h).

Megabus (www.megabus.com/us; ☎) tiene un servicio exprés a Milwaukee (6½ h) y Chicago (8½ h), a menudo más económico que el de Greyhound. Sale del centro y de la universidad; véanse los puntos exactos en la web.

TRANSPORTE PÚBLICO

Metro Transit (www.metrotransit.org; hora normal/punta 1,75/2,25 US$) presta el servicio de tren ligero Blue Line entre el centro y Mall of America (con parada en el aeropuerto). La Green Line conecta el centro de Minneapolis con el centro de St Paul. En cada estación hay máquinas que venden billetes, incluido el abono diario

(6 US$) que también sirve para los autobuses públicos.

TAXI

Yellow Cab (☏612-888-8800; www.yellowcabmn.com)

TREN

Amtrak utiliza la recién restaurada **Union Depot** (www.uniondepot.org; 214 E 4th St; ☎) de St Paul. Hay trenes diarios a Chicago (8 h) y Seattle (38 h).

St Paul

Aunque es más pequeña y tranquila que su gemela Minneapolis, St Paul retiene mejor su talante histórico. Se pueden visitar los lugares clave de F. Scott Fitzgerald, recorrer los senderos del Misisipi o saborear una sopa laosiana.

◉ Puntos de interés y actividades

Gran parte de la acción se concentra en el centro y en Cathedral Hill, que posee tiendas excéntricas, mansiones victorianas de la edad dorada y la imponente catedral. Los museos están en el centro. Hay un atajo entre ambas zonas que empieza en el lado oeste de Hill House y baja hasta el centro.

F. Scott Fitzgerald Sights
& Summit Ave EDIFICIO
El autor de *El gran Gatsby* es el hijo literario más famoso de St Paul. El apartamento de estilo Pullman de **481 Laurel Ave** es su casa natal. Cuando publicó *A este lado del paraíso*, habitaba la casa de piedra marrón de **599 Summit Ave**, a cinco manzanas de la anterior; ambas son residencias privadas. Desde aquí se puede dar un paseo hasta la catedral por Summit Ave para admirar sus casas victorianas.

En el centro de visitantes a recoge el mapa *Fitzgerald Homes and Haunts* sobre los lugares relacionados con el escritor.

Landmark Center MUSEO
(www.landmarkcenter.org; 75 W 5th St; ⊙8.00-17.00 lu-vi, hasta 20.00 ju, 10.00-17.00 sa, 12.00-17.00 do) Este céntrico edificio de 1902 albergó el tribunal federal donde se juzgó a gánsteres como Alvin Karpis *Creepy*; sus nombres aparecen en las placas de las diferentes salas. Además del centro de visitantes municipal, el edificio también contiene dos pequeños museos.

La 2ª planta del **Schubert Club Museum** (☎651-292-3267; www.schubert.org; ⏱12.00-16.00 do-vi) GRATIS alberga una espléndida colección de pianos y clavicordios, algunos de los cuales fueron tocados por Brahms o Mendelssohn, y viejos manuscritos y cartas de compositores famosos. El club ofrece conciertos de música de cámara gratis (12.00 ju oct-abr). En la 2ª planta hay un museo gratuito de ebanistería .

Science Museum of Minnesota   MUSEO
(☎651-221-9444; www.smm.org; 120 W Kellogg Blvd; adultos/niños 13/10 US$; ⏱9.30-17.00 do, ma y mi, hasta 21.00 ju-sa) Ofrece las habituales exposiciones interactivas para niños y un cine Omnimax (8 US$ extra). Los adultos pueden admirar los delirantes "instrumentos médicos" de la 4ª planta.

Catedral de St Paul   IGLESIA
(www.cathedralsaintpaul.org; 239 Selby Ave; ⏱7.00-18.00 do-vi, hasta 20.00 sa) Inspirada en la basílica de San Pedro de Roma, preside la ciudad desde un altozano. Hay visitas gratis los laborables a las 13.00.

James J. Hill House   EDIFICIO HISTÓRICO
(☎651-297-2555; www.mnhs.org/hillhouse; 240 Summit Ave; adultos/niños 9/6 US$; ⏱10.00-15.30 mi-sa, desde 13.00 do) Esta mansión de piedra del magnate del ferrocarril es una maravilla de la edad dorada, con cinco plantas y 22 chimeneas. Puede visitarse.

Harriet Island   PARQUE
Al sur del centro y conectada por Wabasha St, es un lugar agradable, con un paseo ribereño, auditorios, muelles de pesca y excursiones en vapor.

⭐ **St Paul Curling Club** DEPORTES DE INVIERNO
(www.stpaulcurlingclub.org; 470 Selby Ave; ⏱17.00-23.00 med oct-fin may) Para los que no conozcan las costumbres norteñas, el *curling* es un deporte de invierno que consiste en hacer diana deslizando una piedra del tamaño de un tapacubos por el hielo. A los jugadores no les importa que el visitante se detenga a observarlos. Quizá incluso le inviten a tomar una de las baratísimas cervezas artesanas del bar de arriba.

Centro de visitantes del río Misisipi   NATURALEZA
(☎651-293-0200; www.nps.gov/miss; 120 W Kellogg Blvd; ⏱9.30-17.00 do y ma-ju, hasta 21.00 vi y sa) GRATIS El centro de visitantes del National Park Service ocupa un rincón del vestíbulo del museo de la ciencia. Facilita mapas de

rutas e información sobre las actividades guiadas por los guardas. En verano hacen breves excursiones al río y paseos en bicicleta, y en invierno, pesca en el hielo y raquetas de nieve.

🧭 Circuitos

Down In History Tours   CIRCUITOS A PIE
(☎651-292-1220; www.wabashastreetcaves.com; 215 S Wabasha St; circuitos 45 min 6 US$; ⏱16.00 lu, 17.00 ju, 11.00 sa y do) Las cuevas del subsuelo de St Paul fueron usadas por los gánsteres como bares clandestinos. La noche del jueves actúa un grupo de *swing* (entrada 8 US$).

🎉 Fiestas y celebraciones

Carnaval de invierno de St Paul   CULTURA
(www.wintercarnival.com; ⏱fin ene) Festival 10 días de esculturas, patinaje y pesca en el hielo.

🛏 Dónde dormir

Minneapolis posee mayor variedad de alojamientos.

⭐ **Hotel 340**   HOTEL-BOUTIQUE $$
(☎651-280-4120; www.hotel340.com; 340 Cedar St; h 109-189 US$; P✴@☎) Este hotel ofrece tradición a raudales y suele salir bien de precio. Las 56 habitaciones del antiguo edificio señorial tienen suelos de madera y ropa de cama confortable. El vestíbulo abarca dos plantas con una majestuosa chimenea y un pequeño y elegante bar atendido por los recepcionistas. Incluye desayuno continental . El aparcamiento cuesta 17 US$/noche.

Covington Inn   B&B $$
(☎651-292-1411; www.covingtoninn.com; 100 Harriet Island Rd; h 160-250 US$; P✴) Este B&B de cuatro habitaciones en Harriet Island ocupa un remolcador amarrado en el Misisipi. Mientras toman el café matinal, los huéspedes pueden contemplar el tráfico fluvial.

🍴 Dónde comer y beber

El tramo de Grand Ave entre Dale St y Lexington Pkwy reúne gran cantidad de cafeterías, tiendas *gourmet* y restaurantes exóticos. En Selby Ave esq. Western Ave N también hay varios establecimientos curiosos.

Mickey's Diner   CAFETERÍA $
(☎651-222-5633; www.mickeysdiningcar.com; 36 W 7th St; principales 4-9 US$; ⏱24 h) Cafetería del centro donde las amables camareras se dirigen al cliente con el apelativo *"honey"* y los parroquianos se aposentan en la barra con

su taza de café y su periódico. Sirve buena comida de siempre: hamburguesas, tarta de manzana, etc.

Cook
ESTADOUNIDENSE **$**

(☎651-756-1787; www.cookstp.com; 1124 Payne Ave; principales 7-12 US$; ☺6.30-14.00 lu-vi, 7.00-15.00 sa y do) Agradable y soleado local que sirve creativos platos de cafetería (creps de jengibre, hamburguesas de queso de Asiago, bocadillos de costilla...) con algún toque picante coreano. La noche del miércoles sirve cenas improvisadas. Está en el pujante barrio de East Side, junto a otros establecimientos gastronómicos nuevos de Payne Ave.

Hmongtown Marketplace
ASIÁTICA **$**

(www.hmongtownmarketplace.com; 217 Como Ave; principales 5-8 US$; ☺8.00-18.30) El mayor enclave de inmigrantes hmong en EE UU se encuentra en las Twin Cities, y este mercado les suministra sus especialidades vietnamitas, laosianas y tailandesas. Detrás del West Building, los vendedores ambulantes reparten ensalada picante de papaya, costillas de ternera y sopa de fideos al curri. Luego se puede dar una vuelta por el mercado en busca de vestidos bordados, un gong de bronce o citronela.

Happy Gnome
PUB

(www.thehappygnome.com; 498 Selby Ave; ☺11.00-24.00 lu-mi, hasta 1.00 ju y vi, 10.00-1.00 sa, hasta 24.00 do; ☎) Tiene 70 cervezas artesanas de barril y un patio exterior con chimenea, delante del aparcamiento del St Paul Curling Club.

☆ Ocio

Fitzgerald Theater
TEATRO

(☎651-290-1221; http://fitzgeraldtheater.publicradio.org; 10 E Exchange St) Teatro donde Garrison Keillor graba su programa de radio *A Prairie Home Companion*.

Ordway Center for Performing Arts
MÚSICA CLÁSICA

(☎651-224-4222; www.ordway.org; 345 Washington St) Ofrece música de cámara y funciones de la Ópera de Minnesota.

Xcel Energy Center
HOCKEY

(www.wild.com; 199 Kellogg Blvd) Aquí juegan al *hockey* los Wild.

🛍 De compras

Common Good Books
LIBROS

(www.commongoodbooks.com; 38 S Snelling Ave; ☺9.00-21.00 lu-sa, 10.00-19.00 do) Garrison Keillor

LA GRAN BALL O' TWINE

La **pelota de cordel más grande del mundo** (1st St; ☺24 h) GRATIS está en Darwin, 96,5 km al oeste de Minneapolis por la US 12. Hay otras tres bolas de cuerda en el Medio Oeste que también compiten por tal récord, pero la de Darwin es la mayor realizada por una sola persona: Francis A. Johnson, que se pasó 29 años enrollando cordel para crear este gigante de 7900 kg en su granja. Está en la glorieta del pueblo. Lo mejor es visitar el **museo** (☎320-693-7544; ☺previa cita) GRATIS contiguo, en cuya tienda de regalos se puede comprar un kit para empezar la pelota uno mismo.

es el dueño de esta alegre librería donde unas estatuas de héroes literarios vigilan las largas estanterías. Está al oeste del centro en el campus del Macalester College.

ℹ Información

Centro de visitantes (☎651-292-3225; www.visitsaintpaul.com; 75 W 5th St; ☺10.00-16.00 lu-sa, desde 12.00 do) En el Landmark Center, facilita mapas e información sobre las visitas por cuenta propia.

ℹ Cómo llegar y desplazarse

St Paul utiliza la misma red de transportes que Minneapolis. Union Depot (p. 603) es la terminal para autobuses Greyhound y urbanos, trenes ligeros Green Line y de Amtrak.

Alrededores de Minneapolis-St Paul

Mall of America
PARQUE DE ATRACCIONES

(www.mallofamerica.com; salida I-494 en 24th Ave; ☺10.00-21.30 lu-sa, 11.00-19.00 do; 👶) Es el mayor centro comercial de EE UU. Cuenta con las tiendas habituales, cines y restaurantes, y también con una capilla para bodas, una **pista de minigolf** (☎952-883-8777; 3er piso; entrada 9 US$) de 18 hoyos, una tirolina y un parque lúdico, el **Nickelodeon Universe** (☎952-883-8600; www.nickelodeonuniverse.com), con 25 atracciones y dos montañas rusas. Se puede pasear por él gratis; la pulsera para viajes ilimitados durante un día cuesta 33 US$, y cada viaje 3,50-7 US$.

También incluye el **Minnesota Sea Life** (☎952-883-0202; www.visitsealife.com/minnesota; adultos/niños 25/18 US$), el mayor acuario del estado, donde los niños pueden tocar tiburones (inofensivos) y rayas látigo. Las entradas combinadas suponen un ahorro. Está en el suburbio de Bloomington, a 10 min del aeropuerto por carretera y conectado con el centro de Minneapolis por el tren ligero Blue Line.

Fort Snelling
ENCLAVE HISTÓRICO

(☎612-726-1171; www.historicfortsnelling.org; Hwy 5 esq. Hwy 55; adultos/niños 11/6 US$; ⏰10.00-17.00 ma-sa y 12.00-17.00 do jun-ago, solo sa sep y oct; ⓟ) Al este del centro comercial se halla la construcción más antigua del estado (de 1820). Tue un puesto fronterizo del remoto Territorio del Noroeste. Unos guías vestidos de época enseñan los edificios restaurados y representan escenas de la vida de los colonos.

Sur de Minnesota

Algunos de los rincones más pintorescos del sureste pueden verse en breves excursiones desde las Twin Cities. Pero lo mejor es realizar un circuito de varios días por la zona, siguiendo el curso de los ríos y parando en algunas poblaciones históricas y parques estatales.

Al este de St Paul por la Hwy 36, la turística **Stillwater**, en el curso bajo del río St. Croix, es una antigua población maderera con edificios del s. XIX restaurados, cruceros fluviales y tiendas de antigüedades. También es una "villa del libro" oficial, distinción que solo se concede a unas cuantas poblaciones del mundo que poseen un número extraordinario de librerías de viejo. Hay varios B&B elegantes y más información en **Discover Stillwater** (www.discoverstillwater.com).

Avanzando al sur por la US 61, **Red Wing** es una ciudad más grande y también restaurada, aunque no tan interesante. En ella se fabrican el calzado Red Wing Shoes y cerámica vidriada a la sal.

Al sur de esta zona empieza el tramo más atractivo del **valle del Misisipi**. Para recorrerlo por carretera y ver lo mejor, hay que seguir una ruta en zigzag entre Minnesota y Wisconsin por la Great River Road.

Desde Red Wing hay que cruzar el río por la US 63. Antes de seguir al sur por el río, se da un rodeo de 19 km hacia el norte por la US 63 en territorio de Wisconsin hasta la US 10, donde se dobla a la derecha y al cabo de unos kilómetros se llega a Ellsworth, la "capital del requesón". En **Ellsworth Cooperative Creamery** (☎715-273-4311; www.ellsworthcheese.com; 232 N Wallace St; ⏰9.00-17.00), fabricante de quesos para A&W y Dairy Queen, se puede degustar el producto recién prensado (preferiblemente a las 11.00).

Bordeando el río en Wisconsin por la Hwy 35, un magnífico tramo de carretera rodea los peñascos al pasar por **Maiden Rock, Stockholm** y **Pepin**. Hay que dejarse guiar por el aroma de las panaderías y cafeterías de la zona.

Más al sur, se cruza el río hacia **Wabasha** (Minnesota), que posee un casco antiguo y donde en invierno se reúne una gran población de águilas calvas. Para más información, visítese el **National Eagle Center** (☎651-565-4989; www.nationaleaglecenter.org; 50 Pembroke Ave; adultos/niños 8/5 US$; ⏰10.00-17.00, reducido nov-feb).

Hacia el sur, la carretera se adentra en Bluff Country, salpicado de peñascos calizos, la formación geológica más importante de Minnesota. **Lanesboro** (www.lanesboro.com) es una joya para remar en canoa y pedalear por vías verdes. Unos 113 km al oeste por la County Rd 8 (pídase orientación) está el **Old Barn Resort** (☎507-467-2512; www.barnresort.com; dc/h/acampada/caravana 25/50/34/46 US$; ⏰abr-ppios nov; ☀), un albergue en una granja con *camping*, restaurante y centro de actividades. **Harmony**, al sur de Lanesboro, es otra población agradable con una comunidad amish.

Duluth y norte de Minnesota

Según confesó al autor uno de sus habitantes, al norte de Minnesota solo se va a pescar y a beber.

Duluth

En el extremo occidental de los Grandes Lagos, Duluth (junto con su población vecina, Superior, WI) es uno de los puertos de mayor tráfico del país. Su espectacular ubicación junto a un acantilado lo convierte en un lugar excepcional para observar las variaciones del lago Superior. El agua, los senderos y el esplendor natural le han granjeado fama entre los amantes de los deportes de naturaleza.

Puntos de interés y actividades

La zona costera es muy típica. Se recomienda pasear por Lakewalk y Canal Park, que reúnen casi todos los puntos de interés.

Aerial Lift Bridge PUENTE

El emblemático puente de Duluth eleva su portentoso brazo para que los barcos entren en el puerto. Cada año lo cruzan unas 1000 embarcaciones.

Maritime Visitor Center MUSEO

(☏218-720-5260; www.lsmma.com; 600 S Lake Ave; ⊙10.00-21.00 jun-ago, reducido sep-may) GRATIS Junto al Aerial Lift Bridge, dispone de pantallas de ordenador que indican a qué hora pasarán los grandes buques. También presenta interesantes maquetas de barcos y exposiciones sobre naufragios en los Grandes Lagos.

'William A. Irvin' MUSEO

(☏218-722-7876; www.williamairvin.com; 350 Harbor Dr; adultos/niños 12/8 US$; ⊙9.00-18.00 jun-ago, 10.00-16.00 may y sep) Gran carguero (186 m) de los Grandes Lagos que se puede visitar.

Leif Erikson Park PARQUE

(London Rd esq. 14th Ave E) Este agradable parque frente al lago posee una rosaleda y una reproducción del barco vikingo de Leif Erikson. En verano hay cine gratis al aire libre el viernes por la noche. Si el viajero sigue por Lakewalk desde Canal Park (2,5 km aprox.), podrá decir que ha hecho un tramo de la Superior Trail.

Duluth Experience DEPORTES DE AVENTURA

(☏218-464-6337; www.theduluthexperience.com; circuitos desde 55 US$) Ofrece varias excursiones en kayak o bicicleta y rutas cerveceras (equipo incl.).

Vista Fleet PASEO EN BARCO

(☏218-722-6218; www.vistafleet.com; 323 Harbor Dr; adultos/niños 20/10 US$; ⊙med may-oct) Este solicitado crucero de 75 min por la ribera sale del muelle próximo al *William A. Irvin,* en Canal Park.

Spirit Mountain ESQUÍ

(☏218-628-2891; www.spiritmt.com; 9500 Spirit Mountain Pl; adultos/niños 40/30 US$ diarios; ⊙variable) El esquí y el *snowboard* son actividades excelentes en invierno; en verano hay una tirolina, un tobogán alpino y un minigolf. Está 16 km al sur de Duluth.

Dónde dormir

Duluth cuenta con varios B&B. Las habitaciones cuestan un mínimo de 140 US$ en verano. Véanse listados en **Duluth Historic Inns** (www.duluthbandb.com).

Los alojamientos de la ciudad se llenan rápido en verano y tal vez haya que recurrir a Superior (WI), donde son más económicos.

Fitger's Inn HOTEL $$

(☏218-722-8826; www.fitgers.com; 600 E Superior St; h 169-279 US$; ❋♀) Este hotel situado en una antigua fábrica de cerveza del Lakewalk posee 62 grandes habitaciones, cada una con una decoración diferente, y las más caras con vistas del lago. Incluye desayuno continental y traslados gratis a los puntos de interés.

Willard Munger Inn HOSTAL $$

(☏218-624-4814; www.mungerinn.com; 7408 Grand Ave; h 70-140 US$, desayuno incl.; ❋♀) Hostal familiar con buena variedad de habitaciones (desde económicas a suites con *jacuzzi*) y ventajas para los amantes de la naturaleza, como rutas de senderismo y ciclismo, bicicletas y canoas gratis, además de barbacoa. Está cerca de Spirit Mountain.

Dónde comer

La mayor parte de los restaurantes y bares reducen su horario en invierno. En la zona ribereña de Canal Park hay locales de comida para todos los bolsillos.

DE PRIMERA MANO

SPAM MUSEUM

En un lugar solitario de Austin, al sur de Minnesota y cerca del cruce de la I-35 con la I-90, se encuentra el **Spam Museum** (☏800-588-7726; www.spam.com; 400 N Main St; gratis; ⊙10.00-17.00 lu-sa, desde 12.00 do; ♿), toda una institución dedicada a la carne enlatada. En él se habla sobre estas latas azules que han alimentado ejércitos, se han convertido en una comida habitual en Hawái y han inspirado a numerosos escritores de haikus. El visitante puede charlar con los empleados, probar muestras gratis y poner a prueba su habilidad para enlatar la carne de cerdo. Mientras se redactaba esta guía estaba cerrado, pero a mediados del 2016 tiene previsto inaugurará unas nuevas instalaciones en el centro.

Duluth Grill

ESTADOUNIDENSE **$**

(☎218-726-1150; www.duluthgrill.com; 118 S 27th Ave W; principales 10-16 US$; ☺7.00-21.00; ☑🐾) 🐾 El huerto en el aparcamiento revela que esta cafetería es sostenible y de tendencia *hippie*. La carta incluye desde desayunos a base de huevos fritos hasta polenta al curri o hamburguesas de bisonte, y numerosos platos *veganos* y sin gluten. Está unos 3 km al suroeste de Canal Park, cerca del puente a Superior (WI).

Northern Waters Smokehaus

BOCADILLOS **$**

(☎218-724-7307; www.northernwaterssmokehaus. com; 394 S Lake Ave; DeWitt-Seitz Marketplace; sándwiches 7-10 US$; ☺10.00-20.00 lu-sa, hasta 18.00 do) 🐾 Este pequeño local ahúma salmones y pescado blanco de origen sostenible; ideal para pícnics.

★New Scenic Cafe

ESTADOUNIDENSE MODERNA **$$**

(☎218-525-6274; www.sceniccafe.com; 5461 North Shore Dr; sándwiches 10-15 US$, principales 18-28 US$; ☺11.00-21.00 do-ju, hasta 22.00 vi y sa) A esta cafetería situada en la Old Hwy 61, a 12,8 km de Duluth, acuden sibaritas de todas partes a comer salmón rústico con puerros a la crema o tarta de tres bayas. El sencillo comedor revestido de madera da al lago. Hay que reservar.

Pizza Luce

PIZZERÍA **$$**

(☎218-727-7400; www.pizzaluce.com; 11 E Superior St; principales 10-20 US$; ☺10.30-2.00 lu-vi, desde

---

DE PRIMERA MANO

DYLAN EN DULUTH

Aunque Hibbing y la Iron Range son los lugares que más se asocian con Bob Dylan, el cantante nació en Duluth. Los rótulos de color marrón y blanco que hay en Superior St y London Rd indican la Bob Dylan Way (www.bobdylanway. com), una ruta que pasa por puntos relacionados con él (como el arsenal donde asistió al concierto de Buddy Holly y decidió convertirse en músico). Pero para llegar a la casa natal de Dylan (519 N 3rd Ave E) no hay indicadores; está colina arriba, unas manzanas al noreste del centro. Bob vivió en el último piso hasta los 6 años, cuando la familia se mudó a Hibbing, tierra adentro. Es una residencia privada (y sin rótulo), de modo que solo se puede ver desde la calle.

8.00 sa y do; ☑) 🐾 Prepara excelentes *brunches* y *pizzas gourmet* (también *veganas* y sin gluten). Actúan grupos musicales y pued vender alcohol.

🍺 Dónde beber y vida nocturna

★Thirsty Pagan

FÁBRICA DE CERVEZA

(www.thirstypaganbrewing.com; 1623 Broadway St ☺11.00-22.00 lu-ju, hasta 23.00 vi-do) Está algo apartado, al otro lado del puente, en Superior (WI), y a 10 min en coche, pero vale la pena por sus cervezas especiadas y sus *pizza* amasadas a mano.

Fitger's Brewhouse

FÁBRICA DE CERVEZA

(www.brewhouse.net; 600 E Superior St; ☺11.00 24.00 do y lu, hasta 1.00 ma-ju, hasta 2.00 vi y sa Genial cervecería en el recinto del hotel, con música en directo y cervezas frescas. Se pue de pedir una degustación de siete vasos de 0,9 dl (9 US$).

Vikre Distillery

COCTELERÍA

(www.vikredistillery.com; 525 S Lake Ave; ☺17.00 22.00 lu, mi y ju, 12.00-22.00 vi y sa, 12.00-17.00 do) Elabora ginebra con plantas recogida en Northwoods, así como *aquavit,* un licor escandinavo macerado con alcaravea y car damomo. En la sala de degustación de Cana Park se sirven en cócteles.

ℹ️ Información

Centro de visitantes de Duluth (☎800-438-5884; www.visitduluth.com; Harbor Dr; ☺9.30-19.30 verano) Centro de temporada, delante del muelle de Vista.

ℹ️ Cómo llegar y salir

Greyhound (☎218-722-5591; 4602 Grand Ave) posee dos autobuses diarios a Minneapolis (3 h)

Orilla norte

La Hwy 61 es la arteria principal de la North Shore. Bordea el lago Superior pasando por numerosos parques estatales, cascadas, sen deros y pueblos en su camino a Canadá. Los fines de semana, verano y otoño son épocas de mucho movimiento y conviene reservar.

En los grandes muelles de Two Harbors (www.twoharborschamber.com) se pueden ver cargueros de mineral de hierro. Lighthouse B&B (☎888-832-5606; www.lighthousebb.org h 135-175 US$, desayuno incl.) es un establecimiento único donde pasar la noche; las cuatro habitaciones de este faro de 1892 tienen

RUTA PINTORESCA: HIGHWAY 61

La Hwy 61 evoca un torbellino de imágenes. Bob Dylan la mitificó en su disco *Highway 61 Revisited*, de 1965. Es la legendaria Blues Highway que se ciñe al Misisipi de camino a Nueva Orleans. También rememora los peñascos teñidos de rojo y las playas boscosas del lago Superior.

Pero la Blues Highway es en realidad la US 61, y empieza al norte de las Twin Cities. La Hwy 61 es una carretera estatal pintoresca que empieza en Duluth. Para complicar todavía más las cosas, hay dos carreteras llamadas "61" entre Duluth y Two Harbors: una autopista de cuatro carriles y una "Old Hwy 61" de dos (también llamada North Shore Scenic Drive). Esta última se convierte en London Rd en Duluth y tuerce a la derecha al superar la entrada de Brighton Beach. Después de Two Harbors, la Hwy 61 es una carretera pintoresca que llega a la frontera canadiense. Más información sobre la North Shore Scenic Drive en www.superiorbyways.com.

fabulosas vistas al lago. Unos 3 km al norte del pueblo, **Betty's Pies** (218-834-3367; www.bettyspies.com; 1633 Hwy 61; porción pastel 4 US$; ☺7.30-20.00, reducido oct-may) elabora gran cantidad de tartas ricas; se recomienda la de frutas con costra crujiente.

Al norte de Two Harbors destacan tres puntos interesantes: las cascadas de Gooseberry, el faro de Split Rock y Palisade Head. A 177 km de Duluth, el pequeño y artístico **Grand Marais** (www.grandmarais.com) es una base excelente para explorar las Boundary Waters y su entorno. En la **Gunflint Ranger Station** (218-387-1750; 2020 Hwy 61; ☺8.00-16.30 may-sep), al sur del pueblo, facilitan información y permisos para Boundary.

Se puede aprender a construir barcas, atar moscas o descuartizar cerdos en **North House Folk School** (218-387-9762; www.northhouse.org; 500 Hwy 61). La lista de cursos de la escuela es magnífica, así como el paseo en barco de 2 h a bordo de la goleta vikinga *Hjordis* (35-45 US$/persona). Hay que reservar.

En Grand Marais hay *camping,* resorts y moteles, como **Harbor Inn** (218-387-1191; www.harborinnhotel.com; 207 Wisconsin St; h 110-145 US$; 🛜), muy bien situado en el pueblo, o el rústico **Naniboujou Lodge** (218-387-2688; www.naniboujou.com; 20 Naniboujou Trail; h 110-150 US$; ☺fin may-fin oct), rodeado de senderos, 22 km al este. **Sven and Ole's** (218-387-1713; www.svenandoles.com; 9 Wisconsin St; *pizzas* 10-20 US$; ☺11.00-20.00, hasta 21.00 ju-sa) es un local típico de bocadillos y *pizza;* el *pub* contiguo sirve cerveza. El barco del **mercado de pescado de Dockside** (www.docksidefishmarket.com; 418 Hwy 61; principales 7-11 US$; ☺9.00-19.30) zarpa temprano y a las

12.00 la cafetería ya sirve arenques y pescados fritos con patatas.

La Hwy 61 prosigue hacia el **Grand Portage National Monument** (218-475-0123; www.nps.gov/grpo; ☺9.00-17.00 jun-med oct) GRATIS, cerca de Canadá, donde los primeros viajeros acarreaban sus canoas para evitar los rápidos del río Pigeon. Fue el centro de un remoto imperio comercial; la colonia de 1788 y el poblado ojibwe reconstruidos son dignos de visitarse. Hay un **ferri** (218-475-0024; www.isleroyaleboats.com; viaje 1 día adultos/niños 67/37 US$, 3-5 semanas jun-sep) al **Isle Royale National Park** del lago Superior. También se puede llegar desde Houghton (MI).

Boundary Waters

Desde Two Harbors, la Hwy 2 se adentra hacia la legendaria **Boundary Waters Canoe Area Wilderness (BWCAW)**. Esta región inmaculada posee más de 1000 lagos y ríos para remar. Se puede ir a pasar el día, pero mucha gente opta por acampar al menos una noche. Si el viajero está dispuesto a instalarse y moverse en canoa durante unos días, se hallará prácticamente solo. La acampada se convierte entonces en una magnífica experiencia con la única compañía de los lobos, los alces que arriman el hocico a la tienda y la luz verdosa de la aurora boreal en el cielo nocturno. Cualquiera puede hacerlo, aunque no tenga experiencia, gracias a los equipos que alquilan las empresas y los albergues rurales de la zona. Se necesitan permisos para pasar el día (gratis) y **acampar** (877-550-6777; www.recreation.gov; adultos/niños 16/8 US$, más 6 US$ reserva); se consiguen en las casetas de entrada de BWCAW o en las oficinas de

RUTA SENDERISTA SUPERIOR

Los 483 km de la **Superior Hiking Trail** (www.shta.org) siguen la cresta que bordea el lago entre Duluth y la frontera de Canadá. Por el camino cruza espectaculares miradores de roca rojiza y se ven alces y osos negros. Hay inicios de ruta con aparcamiento cada 8 a 16 km, ideales para realizar excursiones de un día. El servicio de enlace **Superior Shuttle** (☎218-834-5511; www.superiorhikingshuttle.com; desde 15 US$; ⊙vi-do med may-med oct) recoge a los senderistas en 17 puntos de la ruta. Los que quieran pernoctar hallarán 86 puntos de acampada y varios albergues rurales (más detalles en la web). La ruta es gratuita y no se necesitan ni reservas ni permisos. La **oficina de la ruta** (☎218-834-2700; Hwy 61 esq. 8th St; ⊙9.00-17.00 lu-vi, 10.00-16.00 sa, 12.00-16.00 do med may-med oct, cerrado sa y do med oct-med may) en Two Harbors facilita mapas y ayuda en la planificación.

los guardas. Más información en el **Superior National Forest** (☎218-626-4300; www.fs.usda.gov/attmain/superior/specialplaces), cuya web ofrece un práctico planificador de ruta. Conviene organizar la excursión con tiempo, pues los permisos tienen un cupo y a menudo se acaban.

Muchos afirman que el mejor acceso a BWCAW es por la atractiva población de **Ely** (www.ely.org), al noreste del Iron Range, que cuenta con alojamiento, restaurantes y abundante oferta de equipos. El **International Wolf Center** (☎218-365-4695; www.wolf.org; 1369 Hwy 169; adultos/niños 10,50/6,50 US$; ⊙10.00-17.00 med may-med oct, solo vi-do med oct-med may) ofrece interesantes exposiciones y salidas para ver a los lobos. Al otro lado de la carretera, frente a la **Kawishiwi Ranger Station** (☎218-365-7600; 1393 Hwy 169; ⊙8.00-16.30 may-sep) proporciona información experta sobre piragüismo y acampada en BWCAW, sugerencias de excursiones y permisos necesarios.

En invierno, Ely es un reconocido destino de trineos de perros. Empresas como **Wintergreen Dogsled Lodge** (☎218-365-6022; www.dogsledding.com; circuitos 4 h adultos/niños 150/100 US$) ofrecen numerosas opciones combinadas.

Iron Range

Esta región de colinas rojas con matorrales está formada por las sierras de Mesabi y Vermilion, que se extienden al norte y sur de la Hwy 169 desde los Grandes Rápidos hasta Ely, al noreste. Aquí se descubrió mineral de hierro en la década de 1850: hubo un tiempo en que más de las tres cuartas partes del hierro del país provenían de estas inmensas minas a cielo abierto. Los visitantes pueden ver minas en activo y admirar la belleza de los salvajes y ralos parajes que bordean la Hwy 169.

Calumet es una buena introducción: en **Hill Annex Mine State Park** (☎218-247-7215; www.dnr.state.mn.us/hill_annex; 880 Gary St; circuitos adultos/niños 10/6 US$; ⊙12.30 y 15.00 vi y sa fin may-ppios sep), se realizan visitas al centro de exposiciones y la mina, que solo se puede ver los viernes y sábados en verano; estos mismos días también hay un itinerario de fósiles a las 10.00.

Hay un pozo aún mayor en **Hibbing**, donde se recomienda subir al **mirador** (401 Penobscot Rd; ⊙9.00-17.00 med may-sep), al norte del pueblo, para contemplar los casi 5 km de la mina Hull Rust Mahoning. Bob Dylan vivió en 2425 E 7th Ave de niño y adolescente; en la **biblioteca pública Hibbing** (☎218-362-5959; www.hibbing.lib.mn.us; 2020 E 5th Ave; ⊙10.00-19.00 lu-ju, hasta 17.00 vi) hay buenos montajes sobre Dylan y facilitan un mapa con un recorrido por diferentes puntos, como el lugar donde el cantautor celebró su *bar mitzvah* (también disponible en la web). Se puede pernoctar en **Mitchell-Tappan House** (☎218-262-3862; www.mitchell-tappanhouse.com; 2125 4th Avenue E; h con baño compartido/privado 90/100-110 US$; 🅿🛜), la casa victoriana de un jefe minero, que es el mejor alojamiento de la zona en su precio.

En el extremo noreste de la sierra, la **mina subterránea Soudan** (www.mndnr.gov/soudan; 1379 Stuntz Bay Rd; circuitos adultos/niños 12/7 US$; ⊙10.00-16.00 fin may-fin sep) es la más antigua y profunda del estado. Hay que ponerse ropa de abrigo para bajar a los 800 m de profundidad.

Voyageurs National Park

En el s. XVII, los tratantes de pieles francocanadienses, llamados *voyageurs,* empezaron a explorar los Grandes Lagos y las riberas septentrionales en canoa. El **Voyageurs National Park** (www.nps.gov/voya) GRATIS abarca parte de su ruta fluvial, que acabó convirtiéndose en la frontera entre EE UU y Canadá.

En el parque todo gira alrededor del agua y gran parte de él solo es accesible a pie o en lancha, pues las aguas son en muchos puntos demasiado caudalosas y bravas para las canoas, aunque cada vez se utilizan más los kayaks. Unas cuantas carreteras de acceso conducen hasta unos *campings* y albergues en el lago Superior y alrededores, pero suelen utilizarlas los que llegan en sus propias embarcaciones.

En automóvil se puede llegar a los centros de visitantes y desde ellos empezar la visita. Unos 19 km al este de International Falls por la Hwy 11 está el **centro de visitantes de Rainy Lake** (☎218-286-5258; ⏰9.30-17.00 fin may-med oct, reducido resto del año), las oficinas principales del parque, donde se facilitan cruceros y paseos guiados por los guardas. Hay centros de recepción temporales en el **río Ash** (☎218-374-3221; ⏰9.30-17.00 fin may-fin sep) y el **lago Kabetogama** (☎218-875-2111; ⏰9.30-17.00 fin may-fin sep); en ambas zonas hay tiendas de alquiler de equipos, servicios y bahías más pequeñas para remar en canoa.

Alojarse en casas flotantes está de moda. Se pueden alquilar en **Ebel's** (☎888-883-2357; www.ebels.com; 10326 Ash River Trail) o **Voyagaire Houseboats** (☎800-882-6287; www.voyagaire. com; 7576 Gold Coast Rd). Suelen costar unos 275-700 US$/día, según tamaño. No es necesario tener experiencia, pues las empresas facilitan toda la información para gobernarlos.

Las otras opciones de alojamiento se limitan al *camping* o los resorts. El **Kettle Falls Hotel** (☎218-240-1724; www.kettlefallshotel.com; h/bungaló 80/180 US$; ⏰may-fin oct), con 12 habitaciones que comparten baño, es una excepción: está dentro del parque y se accede solo en barco; se puede pactar la recogida (45 US$/persona i/v). En Crane Lake, **Nelson's Resort** (☎800-433-0743; www.nelsonsresort.com; 7632 Nelson Rd; bungaló desde 205 US$) es ideal para hacer senderismo, pescar y relajarse bajo el cielo azul.

Aunque se trata de una zona solitaria y agreste, los que deseen estar en plena naturaleza, remar y acampar en pleno bosque, deberían ir a Boundary Waters.

Bemidji y Chippewa National Forest

Esta zona es sinónimo de actividades y diversión veraniega donde abundan las parcelas de *camping* y las cabañas; casi todos la visitan para pescar.

Itasca State Park (☎218-266-2100; www. dnr.state.mn.us/itasca; junto a Hwy 71 N; vehículo 5 US$, tienda y parcelas 17-31 US$) es una de las atracciones de la zona. Se puede cruzar a pie la cabecera del caudaloso río Misisipi, alquilar canoas o bicicletas, recorrer los senderos y acampar. El **HI Mississippi Headwaters Hostel** (☎218-266-3415; www.hiusa.org/parkrapids; 27910 Forest Lane; dc 26-28 US$, h 90-145 US$; ⏰cerrado abr, nov y dic; 🖫🛜) es una casa de troncos en el parque; los horarios en invierno varían; conviene llamar primero. Si se desea un poco de lujo rústico, se puede recurrir al venerable **Douglas Lodge** (☎866-857-2757; h 99-145 US$; 🛜), gestionado por el parque, con cabañas y un buen restaurante.

En el extremo oeste del bosque, a unos 48 km de Itasca, **Bemidji** es una antigua población maderera con un centro urbano bien conservado y una estatua gigantesca del leñador Paul Bunyan y su fiel buey azul, *Babe*. En el **centro de visitantes** (www.visitbemidji.com; 300 Bemidji Ave N; ⏰8.00-17.00 lu-vi, 10.00-16.00 sa, 11.00-14.00 do jun-ago, cerrado sa y do sep-may) puede verse su cepillo de dientes.

Comprender la costa este

La costa este hoy

Una histórica decisión del Tribunal Supremo legalizó el matrimonio homosexual, poco después de la aprobación de un nuevo sistema público de salud, legado del presidente Obama. Mientras tanto, el debate sobre el control de armas y la desigualdad económica son los temas aún por resolver.

Mejores libros

'Matar un ruiseñor' (Harper Lee; 1960) Libro sobre el racismo en Alabama tras la Depresión. Ganador del Pulitzer.

'La conjura de los necios' (John Kennedy Toole; 1980) Las increíbles aventuras del sin par Ignatius J. Reilly, el moderno Don Quijote de Nueva Orleans.

'Libertad' (Jonathan Franzen; 2010) Historia de una familia con problemas que se traslada desde Minnesota a Nueva York.

'Nuevo destino' (Phil Klay; 2014) Ganador del National Book Award, trata de soldados veteranos que se oponen a la Guerra de Irak.

Mejores películas

'Lo que el viento se llevó' (Victor Fleming; 1939) Saga familiar sobre el Sur antes, durante y después de la guerra civil.

'Caballero sin espada' (Frank Capra; 1939) Jimmy Stewart se enfrenta a la corrupción política de Washington.

'Los intocables de Eliot Ness' (Brian De Palma; 1987) Eliot Ness acaba con Al Capone en el Chicago de la época de los gánsteres.

'Doce años de esclavitud' (Steve McQueen, 2013) Un afroamericano libre es secuestrado y vendido como esclavo en 1841.

El país del arcoíris

La gente que vivió los disturbios de Stonewall, inicio del movimiento de liberación gay en 1969, difícilmente podría imaginar que verían el día de la legalización del matrimonio gay en EE UU. El 26 de junio del 2015, el Tribunal Supremo declaró que todos los estados debían reconocer el matrimonio entre personas del mismo sexo. Esta decisión histórica fue la culminación de una larga batalla legal de los defensores de los derechos de los gais. Hubo mucha euforia en las calles. La bandera del arcoíris se izó en la fachada del Empire State Building, en el castillo de Cenicienta de Disney World e incluso en la Casa Blanca. Una encuesta de Gallup tras el veredicto demostró que casi el 60% de los estadounidenses era partidario del matrimonio homosexual, entre ellos 8 de cada 10 jóvenes.

Asistencia sanitaria para todos

La aprobación del matrimonio homosexual llegó días después de otra decisión importante: la Affordable Care Act (ACA; Ley de Asistencia Asequible). El presidente Obama decidió extender la asistencia sanitaria a millones de ciudadanos no asegurados. El Tribunal Supremo ratificó las principales cláusulas de la ley (era la segunda vez que se debatía), aunque sigue estando amenazada. Desde el 2011, el Tribunal ha intentado derogarla más de 50 veces (sin éxito).

A pesar de las obstrucciones del Congreso, el programa de Obama ha dado cobertura a más de 16 millones de ciudadanos sin seguro médico privado. Las críticas republicanas sostienen que el 'Obamacare' acabará con muchos puestos de trabajo y paralizará la economía; Obama ha refutado esta idea, afirmando que en lugar de dañar la economía, la ACA ha supuesto un incentivo. En el 2015 la secretaria del Departamento de Salud y Servicios Sociales, Sylvia Burwell, anunció que los hospitales se habían ahorrado 7400 millones de dólares en costes no indemnizados durante el año anterior gracias a la participación de los pacientes en los intercambios de seguro médico y Medicaid. Algunos estados del este, como Vermont o Rhode Island, son de los que cuentan con más afiliados.

Desigualdad económica

La desigualdad de ingresos sigue al alza en EE UU. Un 1% de la población recibe el 20% de los ingresos (en 1976 era un 9%). Mientras tanto, los pobres se hacen más pobres: un cabeza de familia gana un 11% menos que en 1999. Desgraciadamente, la brecha salarial no es lo único que crece. Los ricos tienen mayor esperanza de vida que los pobres: en los ochenta había una diferencia de 2,7 años, mientras que ahora es de 4,5 años. Además, la diferencia de resultados escolares entre ricos y pobres es un 30% mayor que hace dos décadas.

Estas discrepancias son especialmente evidentes en el este. Según un informe del 2013-2014 de Measure of America, que examina el bienestar a partir de aspectos como salud, educación o ingresos, Connecticut, Massachusetts, Maryland y Nueva Jersey son los mejores estados en términos de salud y oportunidades, mientras que Misisipi, Virginia Occidental y Alabama son los peores.

Armas y violencia

En los últimos años se han producido tiroteos masivos con una frecuencia alarmante, con incidentes como los asesinatos del 2015 en Charleston (Carolina del Sur), en los que un chico de 21 años entró en una iglesia afroamericana y mató a nueve personas. En el 2012, un joven de 20 años fuertemente armado mató a 20 niños y 6 adultos en una escuela de primaria de Newtown, Connecticut. Una media de 32 estadounidenses mueren a diario y 140 resultan heridos por armas de fuego.

A pesar de la evidencia de que más armas equivale a más asesinatos (como demostraba un estudio del 2013 del *American Journal of Medicine*) y del índice menor de muertes por armas de fuego en países con leyes estrictas al respecto, los legisladores de EE.UU. se resisten a aprobar una ley de control. Tras el tiroteo de Charleston, Obama parece resignado a que nada cambie. Los *lobbies* armamentísticos, como la Asociación Nacional del Rifle (NRA), tienen mucho poder: cada año donan más de 35 millones de dólares a campañas políticas estatales y nacionales. Además, la población sigue considerando la autodefensa como un derecho inalienable: una encuesta reciente de Pew Research demostró que el 52% de los estadounidenses así lo cree.

INGRESOS FAMILIARES, MARYLAND (2012-2014): **69 826 US$**

INGRESOS FAMILIARES, MISISIPI (2012-2014): **40 194 US$**

DENSIDAD DE POBLACIÓN, NUEVA YORK: **10 753 HAB/KM²**

DENSIDAD DE POBLACIÓN, MAINE: **17 HAB/KM²**

QUESO PRODUCIDO ANUALMENTE, WISCONSIN: **1200 MILLONES KG**

PORCENTAJE DE EDIFICIOS DE DETROIT ABANDONADOS (2014): **30%**

si Estados Unidos tuviera 100 personas

65 serían blancos
15 serían hispanos
13 serían afroamericanos
4 serían americanos de origen asiático
3 tendrían otro origen

grupos religiosos
(% de la población)

51 Protestantes
24 Católicos romanos
21 Otros
2 Judíos
2 Mormones

población por km²

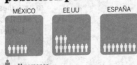

MÉXICO   EE UU   ESPAÑA

≈ 11 personas

Historia

Desde sus principios como colonia inglesa hasta su posición preeminente en el panorama mundial, la historia de EE UU ha sido de todo menos aburrida: guerra contra los británicos, expansión hacia el oeste, esclavitud y abolición, Guerra de Secesión, recuperación, Gran Depresión, *boom* de posguerra, Guerra Fría y los recientes conflictos del s. XXI. Cada momento ha contribuido a forjar la complicada identidad del país.

Los mejores museos de historia

Henry Ford Museum/Greenfield Village, Detroit

National Civil Rights Museum, Memphis

Nantucket Whaling Museum, Massachusetts

National Museum of the American Indian, Washington D. C.

Primeros habitantes

Entra las civilizaciones precolombinas más importantes de lo que hoy es EE UU se encuentra la llamada cultura de los montículos, que habitó en los valles de los ríos Ohio y Misisipi entre los años 3000 a.C. y 1200 d.C. Las enigmáticas montañas de tierra que dejó a su paso eran tumbas de sus líderes y posiblemente también estuvieran dedicadas a sus dioses. El yacimiento de Cahokia, en Illinois, fue en su día una metrópolis habitada por 20 000 personas, la mayor población de la Norteamérica precolombina. En todo el este de EE UU se pueden ver montículos parecidos, entre ellos varios en el Natchez Trace (Misisipi).

Cuando llegaron los primeros europeos, en la zona vivían varios grupos amerindios, como los wampanoag en Nueva Inglaterra, los calusa en el sur de Florida y los shawnee en el Medio Oeste. Dos siglos más tarde habían desaparecido. Los europeos dejaron enfermedades a su paso para las que los indios no estaban inmunizados. Las epidemias causaron más estragos que la guerra, la esclavitud o el hambre, devastando la población nativa en un 50-90%.

Avance europeo

En 1492 Cristóbal Colón llegó a las costas de Bahamas. Muchos otros le siguieron. Buena parte del sur y el suroeste de lo que hoy es EE UU fue explorada por españoles como Ponce de León o Álvar Núñez Cabeza de Vaca. Los franceses se centraron en Canadá y el Medio Oeste, mientras que los holandeses y los ingleses recorrían la costa noreste.

La primera ciudad fundada por los europeos en lo que hoy es EE UU fue San Agustín, hoy Saint Agustine, en Florida, donde los españoles se

CRONOLOGÍA	7000 a.C.-1000 d.C.	1492	1607
	Período arcaico, cazadores-recolectores nómadas. A finales de este período se consolida el cultivo de maíz, judías y calabaza y se establecen asentamientos permanentes.	Cristóbal Colón llega a América por casualidad en un intento de llegar a la India circunnavegando el globo.	Se funda Jamestown, la primera colonia inglesa permanente de Norteamérica en unos pantanos de la actual Virginia. Los primeros años son duros y mucha gente muere a causa del hambre y las enfermedades.

instalaron en 1565; es la población habitada continuamente más antigua del país. En 1607, un grupo de ingleses fundó Jamestown más al norte, el primer emplazamiento angloamericano permanente. Las colonias inglesas anteriores habían acabado mal y Jamestown casi tuvo la misma suerte: sus habitantes tuvieron la genial idea de instalarse en una zona pantanosa y plantaron sus cosechas tarde y mal. Pronto empezaron a sufrir hambre y enfermedades; si no llega a ser por los indígenas del lugar, que les ayudaron, todos habrían muerto.

El de 1619 sería un año vital para Jamestown y para el futuro de la región. La colonia estableció una asamblea representativa de ciudadanos que decidirían las leyes locales. Ese mismo año llegó el primer barco negrero, con 20 esclavos africanos. En 1620 un grupo de religiosos puritanos desembarcó en lo que luego sería Plymouth, Massachusetts. Los peregrinos huían de la persecución religiosa en Inglaterra y vieron en el Nuevo Mundo una oportunidad divina para crear una sociedad que fuera un ejemplo moral y religioso. Para ello, firmaron el Pacto del Mayflower, uno de los textos fundacionales de la democracia nacional, para gobernarse por consenso.

Capitalismo y colonialismo

Durante los dos siglos siguientes, las potencias europeas se enfrentaron por toda Norteamérica, desde las Antillas hasta Canadá. Con el paulatino dominio de la Marina Real británica sobre el Atlántico, Inglaterra empezó a beneficiarse de sus colonias y a cosechar pingües beneficios con sus productos: tabaco de Virginia, azúcar y café del Caribe. En los ss. XVII-XVIII se fue legalizando paulatinamente la esclavitud en toda América hasta convertirse en la base de la economía de plantación. A principios del s. XIX, una de cada cinco personas era esclava.

Mientras tanto, Gran Bretaña dejó que los colonos se gobernaran solos. Se extendieron las asambleas representativas, en las que los ciudadanos (es decir, los hombres blancos con suficiente riqueza) debatían problemas comunitarios y votaban sobre leyes e impuestos. Al terminar la Guerra de los Siete Años en 1763, Gran Bretaña empezaba a notar la presión de dirigir un imperio; llevaba un siglo luchando contra Francia y España y tenía colonias esparcidas por todo el mundo. Había llegado el momento de recaudar más fondos.

Obviamente, las colonias se quejaron de las nuevas leyes y del aumento de los impuestos. La tensión estalló con el Motín del Té de Boston, en 1773. Gran Bretaña reaccionó con mano dura, cerrando el puerto de la ciudad y aumentando su presencia militar. En 1774 representantes de las 12 colonias celebraron el Primer Congreso Continental en el Independencia Hall de Filadelfia para poner en común sus quejas y prepararse para una guerra inevitable.

HISTORIA CAPITALISMO Y COLONIALISMO

Antes de Jamestown o Plymouth, un grupo de 116 británicos establecieron una colonia en Roanoke, Carolina del Norte, en la década de 1580. Cuando tres años más tarde llegó un barco con suministros, los colonos habían desaparecido. El destino de la "colonia perdida" sigue siendo un misterio.

El nuevo mundo (2005), dirigido por Terrence Malick, es una película brutal pero apasionada que cuenta la historia de la colonia de Jamestown y el papel crucial que tuvo Pocahontas, la hija de un jefe powhatan.

1620	1675	1773	1775
El *Mayflower* ancla en Plymouth con 102 puritanos ingleses que llegan al Nuevo Mundo huyendo de la persecución religiosa. Los indios wampanoag los salvan de morir de hambre.	La continua llegada de colonos y su asentamiento en tierras indias provocan la Guerra del Rey Felipe. Varias etnias son prácticamente exterminadas.	En el Tea Party (Motín del Té) varios colonos disfrazados de indios arrojan al mar el cargamento de té de los barcos británicos anclados en el puerto de Boston como protesta por los impuestos de la metrópoli.	Paul Revere sale a caballo desde Boston para avisar a los soldados rebeldes del inminente ataque británico. El día siguiente empieza la Guerra de Independencia.

Independencia y república

En abril de 1775 las tropas británicas se enfrentaron a colonos armados en Massachusetts, que estaban listos para el combate gracias al famoso aviso de Paul Revere. Así empezó la Guerra de Independencia. George Washington, un rico agricultor de Virginia, fue elegido para liderar el ejército rebelde. El problema era que a Washington le faltaba pólvora y dinero (los colonos eran reacios a pagar impuestos incluso para su propio ejército) y sus tropas eran un caterva heterogénea y mal armada de granjeros, cazadores y mercaderes; algunos desertaban y volvían a su trabajo por falta de paga. Por contra, los casacas rojas británicos formaban parte del ejército más poderoso del mundo. El inexperto general Washington se vio obligado a improvisar, a veces retirándose prudentemente, a veces lanzando ataques furtivos y poco caballerosos. Con todo, durante el invierno de 1777-1778, el ejército americano se refugió, presa del desánimo y el hambre, en Valley Forge, Pensilvania.

Mientras tanto, el Segundo Congreso Continental intentaba concretar los motivos por los que se estaba luchando. En enero de 1776, Thomas Paine publicó su popular ensayo *Sentido común*, en el que defendía apasionadamente la independencia de Inglaterra. Pronto, la idea empezó a parecer no solo lógica, sino noble y necesaria. El 4 de julio de 1776 se firmó la Declaración de Independencia, escrita en gran parte por Thomas Jefferson. El documento era una declaración universal de derechos individuales y gobierno republicano.

Sobre el papel todo era muy bonito, pero para triunfar, el general Washington necesitaba ayuda. En 1778 Benjamin Franklin convenció a Francia (siempre dispuesta a enfrentarse con Inglaterra) para que se aliara con los rebeldes. Francia proporcionó las tropas, armamento y barcos que contribuyeron a la victoria. Los británicos se rindieron en Yorktown, Virginia, en 1781. Dos años más tarde se firmaba el Tratado de París, que reconocía formalmente la existencia de Estados Unidos de América. Al principio, el país era una confederación de estados díscolos y contenciosos que poco tenían de unidos. Los fundadores volvieron a encontrarse en Filadelfia en 1787 y redactaron una nueva Constitución, una versión mejorada en la que se asignaba el gobierno del país a un centro federal más fuerte, con controles y contrapesos entre sus tres brazos principales. Para evitar el abuso del poder centralizado, en 1791 se aprobó una Declaración de Derechos.

Por muy radical que fuera, la Constitución también preservaba el *statu quo* económico y social. Los ricos terratenientes conservaban sus propiedades, lo cual incluía sus esclavos. Los indios, por supuesto, quedaban completamente excluidos de la nación y las mujeres, de la política. Algunas de estas obvias injusticias fueron resultado de concesiones pragmáticas, por ejemplo para contar con el apoyo de los estados del sur, que se basaban en la esclavitud, pero también reflejaban la mentalidad dominante.

1776	1787	1791	1803-1806
El 4 de julio las colonias firman la Declaración de Independencia. Los artífices del documento son, entre otros, John Hancock, Samuel Adams, John Adams, Benjamin Franklin y Thomas Jefferson.	La Convención de Filadelfia redacta la Constitución de EE UU. El poder federal se reparte y equilibra entre la presidencia, el Congreso y la judicatura.	Se establece la Declaración de Derechos mediante 10 enmiendas a la Constitución que articulan los derechos de los ciudadanos, incluidos la libertad de expresión, de prensa y la posesión de armas.	El presidente T. Jefferson envía a Meriwether Lewis y William Clark al oeste. Guiados por la shoshone Sacajawea, van desde St Louis hasta el océano Pacífico.

LA EXPERIENCIA AFROAMERICANA: LA LUCHA POR LA IGUALDAD

No se puede estudiar la historia estadounidense sin tener en cuenta los grandes esfuerzos y las difíciles victorias de los afroamericanos.

Esclavitud

Desde principios del s. XVII hasta principios del s. XIX llegaron unos 600 000 esclavos procedentes de África. Los que sobrevivían las terribles condiciones de transporte en unos barcos repletos (con un índice de mortalidad de hasta un 50%) se vendían en mercados al mejor postor; un hombre joven costaba 27 US$ en 1638. La mayoría de ellos se destinaba a las plantaciones del Sur, donde las condiciones solían ser brutales: se les marcaba con un hierro candente, como al ganado, y se les azotaba.

Todos los hombres (blancos) han sido creados iguales

Muchos de los padres fundadores (George Washington, Thomas Jefferson y Benjamin Franklin) poseían esclavos. El movimiento abolicionista no aparecería hasta la década de 1830, mucho después de que en la Declaración de Independencia se dijera que "todos los hombres han sido creados iguales".

Libertad

Aunque algunos historiadores revisionistas describen la Guerra de Secesión como un conflicto sobre los derechos de los estados, la mayoría de los académicos coinciden en que en realidad se trataba de la esclavitud. Tras la victoria de la Unión en Antietam, Lincoln esbozó la Proclamación de Emancipación, que liberaba a todos los negros de los territorios ocupados. Los afroamericanos se unieron al bando de la Unión, y más de 180 000 sirvieron en el ejército.

La ley Jim Crow

Durante la reconstrucción (1865-1877), las leyes federales proporcionaron derechos civiles para los antiguos esclavos. El rencor sureño por esta legislación se unió a siglos de prejuicios. En la década de 1890 se aprobó la llamada ley de Jim Crow. Los afroamericanos quedaron privados de derechos y la sociedad pasó a estar segregada.

Movimiento de los derechos civiles

En los años cincuenta se consolidó un movimiento en las comunidades afroamericanas para luchar por la igualdad. Rosa Parks, que se negó a ceder su asiento a un pasajero blanco, inspiró el boicot de autobuses de Montgomery. Hubo sentadas en restaurantes que no admitían negros, manifestaciones masivas lideradas por Martin Luther King Jr en Washington y movilizaciones por todo el Sur. En 1964, el presidente Johnson firmó la Ley de Derechos Civiles, que prohibía la discriminación y la segregación racial.

1812	1861-1865	1870	1880-1920
Empieza la Guerra contra los británicos y los indios en la región de los Grandes Lagos. En 1815 se firma el Tratado de Gante, aunque siguen las luchas en la costa del Golfo.	Estalla la Guerra de Secesión entre los estados del norte y del sur, separados por la línea Mason-Dixon. La contienda termina el 9 de abril de 1865. Cinco días más tarde, asesinan al presidente Lincoln.	Los esclavos liberados reciben el derecho a voto. En el Sur se aplica la segregacionista ley Jim Crow, en vigor hasta 1960.	Llegan millones de inmigrantes de Europa y Asia, que alimentan la era de las ciudades. Nueva York, Chicago y Filadelfia crecen hasta convertirse en grandes centros de la industria y el comercio.

La compra de Luisiana y la conquista del Oeste

A principios del s. XIX reinaba el optimismo en la joven nación. Se estaba industrializando la agricultura y crecía el comercio. En 1803 Thomas Jefferson compró a Napoleón Bonaparte la Luisiana, incluida Nueva Orleans. EE UU ocupaba ya toda la franja al este del Misisipi hasta la costa atlántica. Había llegado el momento de conquistar el Oeste.

A pesar del intenso comercio, las relaciones entre EE UU y Gran Bretaña seguían siendo tensas. En 1812 EE UU volvió a declarar la guerra a Inglaterra. Fue un conflicto de dos años que terminó sin demasiadas ganancias para ninguno de los bandos.

En la década de 1830 y 1840 creció el fervor nacionalista y los sueños de expansión continental. Muchos estadounidenses creían que era su "destino manifiesto" hacerse con todas las tierras de Norteamérica. La Indian Removal Act (1830) se redactó como excusa para expulsar a los indígenas de sus territorios inmediatamente al oeste del Misisipi. Por supuesto, la mayoría se negó a irse. El Gobierno los amenazó e intentó sobornarlos, pero como esto tampoco funcionó, recurrió a las armas. Mientras tanto, la construcción del ferrocarril conectaba el Medio Oeste y el Oeste con los mercados de la costa este. Aunque el destino de los indios no le importara a nadie, el de otra raza sí planteaba dudas morales. El debate sobre la abolición o el mantenimiento de la esclavitud fue un punto sin retorno para el futuro del país.

La Guerra de Secesión

La Constitución no abolió la esclavitud, pero daba al Congreso la capacidad de permitirla o no en los nuevos estados. Hubo debates públicos constantes sobre la cuestión, especialmente porque en ella se basaba el equilibrio económico entre el norte industrial y el sur agrario.

Desde la fundación del país los políticos sureños habían dominado el Gobierno y defendían la esclavitud como algo natural y normal: la lógica superioridad de la raza blanca sobre otra que necesitaba de su tutelaje. Algo que ya un editorial del *New York Times* describió en 1856 como "una locura". La presión proesclavista del sur encolerizaba a los abolicionistas del norte, pero muchos políticos del norte temían que acabar con la esclavitud sería una ruina. Proponían limitarla, de modo que fuera desapareciendo a medida que se desarrollaba la industria y el trabajo remunerado, evitando así, además, una violenta revuelta, posibilidad que muchos temían. En 1859 el abolicionista radical John Brown intentó un alzamiento en Harpers Ferry, sin suerte.

El factor económico de la esclavitud era indiscutible. En 1860 había más de cuatro millones de esclavos en EE UU. La mayoría en las plantaciones sureñas, donde se producía el 75% del algodón del mundo, que suponía

La industria ballenera prosperó en Nueva Inglaterra en el s. XVIII, especialmente en Massachusetts: en la bahía de Buzzards, Nantucket y New Bedford. New Bedford llegó a tener una flota ballenera de más de 300 barcos, con 10 000 trabajadores y unos beneficios de más de 12 millones de dólares.

1896	1908	1917	1919
En el caso *Plessy contra Ferguson*, el Tribunal Supremo establece servicios públicos "separados pero iguales" para blancos y negros, ya que la Constitución defiende la igualdad política y social.	Se construye el primer Ford Modelo T ("Tin Lizzie") en Detroit. Henry Ford inventa la producción en cadena. Pronto venderá un millón de coches al año.	Bajo el mandato del presidente Woodrow Wilson el país participa en la I Guerra Mundial: moviliza 4,7 millones de soldados y sufre 110 000 bajas.	La 18ª enmienda prohíbe el consumo de alcohol. La prohibición no tiene éxito, fomenta el contrabando y el crimen organizado. La enmienda se revoca en 1933.

más de la mitad de las exportaciones del país. La economía sureña era uno de los pilares del país y para que fuera rentable se necesitaban esclavos. Las elecciones presidenciales de 1860 se convirtieron en un referéndum sobre este tema. Ganó un joven político de Illinois que estaba a favor de limitar la esclavitud: Abraham Lincoln.

Pero el Sur no estaba dispuesto a someterse a las limitaciones federales. En cuanto el presidente Lincoln asumió el cargo, 11 estados se separaron de la Unión y formaron los Estados Confederados de América. Lincoln se enfrentó a la mayor crisis del país. Tenía dos opciones: permitir que se separaran los estados sureños y disolver la Unión o declarar la guerra para mantenerla. Escogió lo segundo.

La contienda empezó en abril de 1861, cuando la Confederación atacó el fuerte Sumter de Charleston (Carolina del Sur), y duró cuatro años. Fue el enfrentamiento más espantoso que había conocido el mundo hasta entonces, con un balance total de 600 000 muertos (una generación entera de jóvenes). Las plantaciones y las ciudades del Sur fueron saqueadas y quemadas (especialmente Atlanta). El poder industrial del norte resultó decisivo, pero la victoria no fue fácil; tuvo que lucharse batalla a batalla.

A medida que avanzaba la guerra, Lincoln comprendió que si no acababa completamente con la esclavitud, la victoria sería inútil. Su Proclamación de Emancipación de 1863 amplió los objetivos de la guerra y liberó a todos los esclavos. En abril de 1865, el general confederado Robert E. Lee se rindió ante el unionista Ulysses S. Grant en Appomattox, Virginia. Se había mantenido la Unión, pero a un alto coste.

La Gran Depresión, el New Deal y la II Guerra Mundial

En octubre de 1929 los inversores, preocupados ante un panorama económico global muy sombrío, empezaron a vender acciones. Viendo que los demás vendían, todo el mundo entró en pánico y lo vendió absolutamente todo. Se hundió la bolsa y la economía de EE UU se vino abajo como un castillo de naipes.

Así empezó la Gran Depresión. Los bancos, asustados, exigieron el reembolso de sus préstamos. La gente no podía pagar y los bancos también se hundieron. Millones de personas perdieron sus ahorros y sus hogares, granjas y empresas. El 33% de la fuerza laboral del país se quedó sin empleo. En las ciudades la gente hacía cola para recibir comida y aparecieron barrios de chabolas; el Central Park de Nueva York albergó uno de los más grandes. En 1932, el demócrata Franklin D. Roosevelt fue elegido presidente bajo la promesa de un New Deal (nuevo acuerdo) para rescatar el país. Lo hizo, con un éxito abrumador. Cuando en 1939 volvió a estallar la guerra en Europa, el sentimiento aislacionista del país era más fuerte

Durante más de 100 años, la maldición de Tecumsé amenazó a los presidentes elegidos en un año acabado en cero (cada 20 años). Tecumsé fue un guerrero shawnee al que se enfrentó el que luego sería presidente William Henry Harrison en 1811. Según la tradición popular, Tecumsé le echó "un mal de ojo". Harrison fue elegido en 1840, pero murió un mes más tarde. Lincoln y Kennedy fueron asesinados.

Década de 1920	1933-1938	1941-1945	1948-1951
Se produce una gran migración afroamericana a las ciudades del norte. El Renacimiento de Harlem trae la innovación a la literatura, el arte y la música.	El New Deal de Roosevelt establece programas federales de ayuda, que incluyen seguro social, reforma laboral y el Cuerpo Civil de Conservación para fomentar la creación de empleo.	II Guerra Mundial. EE UU movilizan 16 millones de soldados y sufren 400 000 bajas.	El Plan Marshall aporta 12 000 millones de dólares a Europa para que se recupere de la II Guerra Mundial. El plan también pretende contener la influencia soviética y reactivar la economía estadounidense.

EL NEW DEAL: EL RESCATE DE LA GRAN DEPRESIÓN

EE UU alcanzó su punto más bajo en la historia durante la Gran Depresión. En 1932, casi un tercio de todos los trabajadores estadounidenses estaban sin trabajo. El rendimiento nacional cayó en un 50%, cientos de bancos cerraron y buena parte del país pareció sucumbir bajo una enorme tormenta. Franklin Roosevelt ganó las elecciones de 1932 por mayoría y prometió a los ciudadanos un "nuevo trato". Así empezó una de las épocas más progresistas del país con uno de sus presidentes más populares.

Roosevelt no perdió el tiempo. Durante sus primeros 100 días, completó el rescate del sistema bancario creando un fondo de garantía de depósitos. Dedicó 500 millones de dólares para asistir a varios estados y salvó de la ejecución hipotecaria a una quinta parte de los propietarios. También generó empleo a gran escala. Creó el Cuerpo Civil de Conservación, que dio empleo a 250 000 jóvenes para trabajar en parques y bosques (llegó a plantar 2000 millones de árboles). También creó la Administración de Progresos Laborales (WPA), que dio trabajo a 600 000 personas en grandes proyectos por todo el país (construyendo puentes, túneles, presas, centrales eléctricas, depuradoras de agua, autopistas, escuelas y ayuntamientos).

Pero el New Deal no solo era cuestión de infraestructuras. Unos 5000 artistas (entre ellos el famoso pintor mexicano Diego Rivera) recibieron el encargo de pintar murales y crear esculturas en edificios públicos; muchos de ellos todavía se conservan. Se dio trabajo a más de 6000 escritores registrando leyendas e historias orales y compilando estudios etnográficos.

que nunca. Sin embargo, el popular presidente Roosevelt, que en 1940 fue elegido por tercera vez consecutiva (algo sin precedentes), comprendió que EE UU no podía permitir la victoria de un régimen fascista. Roosevelt envió ayuda a Gran Bretaña y logró convencer a un Congreso reticente.

El 7 de diciembre de 1941, Japón lanzó un ataque sorpresa a Pearl Harbor (Hawái). Murieron más de 2000 estadounidenses y se hundieron varios barcos. De la noche a la mañana, el aislacionismo de EE UU se transformó en indignación. De repente, Roosevelt tenía todo el apoyo que necesitaba. Alemania también declaró la guerra a EE UU, que se unió a los aliados contra Hitler y el Eje.

La guerra duró dos años más, tanto en Europa como en el Pacífico. Los aliados dieron el golpe de gracia a Alemania con el desembarco del Día D en Francia, el 6 de junio de 1944. Alemania se rindió en mayo de 1945, pero Japón siguió luchando. El recién elegido presidente Harry Truman decidió zanjar la cuestión con una nueva bomba, fruto de una investigación alto secreto llamada "Proyecto Manhattan". En agosto de 1945 dos ojivas atómicas arrasaron Hiroshima y Nagasaki, causando más de 200 000 muertes. Japón se rindió unos días más tarde. Había empezado la era nuclear.

1954	1963	1964	1965-1975
El Tribunal Supremo dicta que la segregación en las escuelas públicas es "intrínsecamente desigual" y ordena la desegregación. La lucha por la integración espolea el movimiento de los derechos civiles.	El 22 de noviembre, el presidente John F. Kennedy es asesinado por Lee Harvey Oswald en Dallas, Texas.	El Congreso aprueba la Ley de Derechos Civiles, que prohíbe la discriminación por raza, color, religión, sexo u orígenes nacionales. Propuesta por Kennedy, es uno de los mayores logros del presidente Johnson.	La participación en la Guerra de Vietnam causa estragos. La contienda se cobra un total de 58 000 bajas estadounidenses, 4 millones de vietnamitas y 1,5 millones de laosianos y camboyanos.

Guerra Fría, derechos civiles y Vietnam

El país gozó de una prosperidad sin precedentes en las décadas que siguieron a la II Guerra Mundial, pero no en paz. La Unión Soviética comunista y los EE UU capitalistas, a pesar de haber sido aliados en la guerra, competían por el control global. Las dos superpotencias se enfrentaron en dos guerras subsidiarias: la de Corea (1950-1953) y la de Vietnam (1954-1975). Lo que evitaba un enfrentamiento directo era la amenaza mutua de aniquilación nuclear.

Como las guerras se libraban lejos de casa y la industria prosperaba, el país vivió un período de plenitud. En los años cincuenta, la población de las ciudades se trasladó en masa a los barrios residenciales, donde empezaron a aparecer casas unifamiliares asequibles. Los estadounidenses conducían coches baratos que consumían gasolina barata por nuevas carreteras interestatales. Se relajaban con la televisión y con las comodidades de la tecnología moderna, y se produjo un *baby boom*, al menos entre los blancos de clase media. Los afroamericanos seguían segregados, pobres y excluidos de la fiesta. Los indios, por supuesto, seguían siendo invisibles. La SCLC (Conferencia Sur de Liderazgo Cristiano), liderada por el predicador Martin Luther King Jr, intentó acabar con la segregación y "salvar el alma" de América: conseguir justicia, igualdad racial y oportunidades económicas para todos.

En los años cincuenta, King empezó a predicar y organizó una resistencia no violenta a base de boicots, desfiles y sentadas, sobre todo en el Sur. Frecuentemente, las autoridades blancas solían reaccionar a estas protestas con mangueras de agua y porras, y las manifestaciones acababan en violencia. Con la Ley de Derechos Civiles de 1964, los afroamericanos empezaron a beneficiarse de una legislación que acababa con la legislación racista y sentaba las bases para una sociedad más igual y justa.

Los sesenta fue una década agitada socialmente: el *rock and roll* generó rebelión adolescente y las drogas provocaron una nueva visión. El presidente John F. Kennedy fue asesinado en Dallas en 1963, seguido por el asesinato de su hermano, el senador Robert Kennedy (en 1968) y de Martin Luther King (en Memphis). La fe de los estadounidenses en sus líderes y su gobierno tembló ante los bombardeos y brutalidades de la Guerra de Vietnam, retransmitida por TV, que dio lugar a muchas protestas estudiantiles. El presidente republicano Richard Nixon había sido elegido en 1968 en parte con la promesa de poner un fin 'honorable' a la guerra. Pero en lugar de ello, aumentó la presencia militar y bombardeó en secreto Laos y Camboya. En 1972 estalló el escándalo Watergate cuando se descubrió que el Gobierno estaba espiando al Partido Demócrata. En 1974 Dixon se convirtió en el primer presidente de EE UU en dimitir.

Los tumultuosos sesenta y setenta también fueron el momento de la revolución sexual, la liberación de la mujer y otros acontecimientos que desafiaban el orden establecido. En 1969 se produjeron los disturbios de Stonewall

Los derechos civiles en cine

Selma (2014),
Ava DuVernay

Malcolm X (1992),
Spike Lee

Arde Mississippi (1988), Alan Parker

Fantasmas del pasado (1996),
Rob Reiner

El largo camino a casa (1990),
Richard Pearce

Aunque el pueblo de Woodstock, Nueva York, dio nombre al mítico festival musical de 1969, en realidad el concierto se celebró en una aldea cercana, Bethel. El granjero Max Yasgur alquiló su campo de alfalfa a los organizadores. La entrada de tres días costó 18 US$ (24 US$ en taquilla).

1969	1973	Década de 1980	1989
Los astronautas estadounidenses llegan a la Luna, cumpliendo la promesa del presidente Kennedy de 1961 de lograrlo en una década y acabar así la carrera espacial entre EE UU y la URSS.	En el caso *Roe contra Wade*, el Tribunal Supremo legaliza el aborto. Actualmente esta decisión sigue siendo controvertida y causa enfrentamientos.	Las instituciones financieras del New Deal, privatizadas durante el mandato de Reagan, dilapidan los ahorros y préstamos de sus clientes.	La caída del Muro de Berlín marca el final de la Guerra Fría. EE UU es la única superpotencia del mundo.

en Greenwich Village, Nueva York; los clientes del bar gay Stonewall Inn se rebelaron contra una redada policial. Pedían igualdad de derechos y que acabara la persecución de los homosexuales. El incidente espoleó la aparición de un nuevo movimiento reivindicativo. Unos meses más tarde, Woodstock se convirtió en epítome de la era *hippy:* paz, amor, LSD y *rock and roll.*

Reagan, Clinton y los Bush

El gobernador republicano de California, el exactor Ronald Reagan, se presentó en 1980 a la presidencia con la promesa de hacer que los ciudadanos volvieran a sentirse orgullosos de su país. El afable Reagan ganó fácilmente y su elección marcó un pronunciado desplazamiento a la derecha en la política nacional. Los gastos militares y recortes de impuestos generaron enormes déficits federales, que obstaculizaron la presidencia del sucesor de Reagan, George H. W. Bush. A pesar de ganar la Primera Guerra del Golfo (liberando Kuwait en 1991 tras la invasión iraquí), Bush perdió en las elecciones presidenciales de 1992 ante el demócrata sureño Bill Clinton. Clinton tuvo la suerte de vivir el *boom* tecnológico de la era de internet en los noventa, que parecía augurar una nueva economía basada en el mercado de las telecomunicaciones. EE UU dejó atrás el déficit y empezó a tener superávit. Clinton presidió uno de los *booms* económicos más largos del país.

En los años 2000 y 2004, George W. Bush, hijo mayor de George H. W. Bush, ganó las elecciones presidenciales por muy poco. Este resultado tan justo evidenciaba un país cada vez más dividido. Bush tuvo que lidiar con el estallido de la burbuja tecnológica en el año 2000, pero aun así aplicó unos recortes en impuestos que generaron más déficit federal que nunca. Además, reafirmó la tendencia conservadora instaurada desde Reagan.

El 11 de septiembre del 2001, unos aviones secuestrados por terroristas islámicos se estrellaron contra el World Trade Center de Nueva York y el Pentágono, en Washington. Este ataque catastrófico unió a los estadounidenses en su apoyo a un presidente que prometió venganza y declaró la guerra al terrorismo. Bush pronto atacó Afganistán en una búsqueda infructuosa de células terroristas de Al-Qaeda. Luego atacó Irak en el 2003 y derrocó a Saddam Hussein, pero dejó al país sumido en el caos y la guerra civil. Tras varios escándalos (las torturas de la prisión militar estadounidense en Abu Ghraib, la respuesta federal tras el huracán Katrina y la imposibilidad de controlar la guerra en Irak), los índices de popularidad de Bush alcanzaron mínimos históricos en la segunda mitad de su presidencia.

Primer mandato de Obama

En el 2008 el país necesitaba un cambio. Se plasmó en la elección de Barack Obama, el primer presidente afroamericano del país. Se enfrentaba a un panorama difícil. Económicamente, EE UU vivía la mayor crisis

Década de 1990	2001	2003	2005
Silicon Valley lidera la revolución tecnológica de internet reinventando las comunicaciones; la subida exagerada de las acciones de empresas tecnológicas crea un gran *boom* (y el desplome subsiguiente).	El 11 de septiembre terroristas de Al-Qaeda secuestran 4 aviones comerciales. Estrellan 2 contra las Torres Gemelas de Nueva York, 1 contra el Pentágono y 1 en una zona rural de Pensilvania. Mueren casi 3000 personas.	Tras las pruebas de que Irak posee armas de destrucción masiva (que eran falsas), el presidente G. W. Bush lanza una guerra preventiva que se cobrará 4000 vidas estadounidenses y costará millones de dólares.	El 29 de agosto, el huracán Katrina azota la costa de Misisipi y Luisiana, y provoca la inundación de Nueva Orleans. Mueren más de 1800 personas, con daños materiales de más de 110 000 millones de dólares.

financiera desde la Gran Depresión: lo que empezó como el estallido de la burbuja inmobiliaria en el 2007 acabó haciendo temblar las principales instituciones financieras. Las guerras de Afganistán e Irak, iniciadas una década antes, mantenían sus secuelas. En el 2011, en una operación secreta aprobada por el presidente Obama, las fuerzas de operaciones especiales irrumpieron en el escondite de Osama Bin Laden en Paquistán y mataron al líder de Al-Qaeda, acabando así con el mayor enemigo público del país.

Tras anunciar el ataque, los índices de aprobación de Obama subieron un 11%. Y sin duda el presidente lo necesitaba: la economía seguía en mal estado y el paquete de incentivos de 800 000 millones de dólares aprobado por el congreso en el 2009 no había dado muchos frutos a ojos de los ciudadanos. Aunque los economistas estimaban que estos incentivos suavizaron el golpe de la recesión, que hubiera podido ser mucho más grave. Al final de su primer mandato, sus índices de aprobación se acercaban al 49%.

Ante la perspectiva de pérdida de empleo, hipotecas sobrevaloradas y poca ayuda, millones de estadounidenses se encontraron a la deriva. De esta recesión no se podía salir gastando, como había sugerido el predecesor de Obama. La gente estaba alterada y se reunía en masa para protestar. Esto dio lugar al Tea Party, un movimiento de republicanos conservadores que creía que Obama se estaba inclinando demasiado a la izquierda y que las ayudas gubernamentales destruirían la economía y acabarían con el país. Protestaban contra los elevados gastos federales, los rescates financieros de la banca y de la industria del automóvil y, especialmente, por la reforma sanitaria de Obama (llamada burlonamente "Obamacare").

Segundo mandato de Obama

Pese a la oposición, Obama fue reelegido en el 2012, aunque su retorno a la Casa Blanca generó menos esperanzas e ilusiones. EE UU pasaba un mal momento a causa de la crisis económica global. Cuando Obama hizo su juramento de investidura en el 2013, la tasa de desempleo era casi igual que cuando llegó (8%), aunque parece que finalmente se está estabilizando el crecimiento económico. En otros frentes, Obama ha conseguido un éxito variable. Retiró las tropas de Irak, pero 63 000 soldados siguen en Afganistán y la misión de EE UU en ese país está cada vez menos clara.

La ley de la sanidad podría ser el mayor legado de Obama; se aprobó en el 2010 y se hizo efectiva el 2014. Los republicanos intentaron derogarla, pero fue ratificada por la Corte Suprema. En el momento de confección de esta guía, los demócratas señalaban que varios millones de ciudadanos cuentan con seguro sanitario y que el programa ha ayudado a reducir los costes a los proveedores. Mientras tanto, los republicanos aseguran que es un fracaso, que los consumidores tienen menos opciones de seguros y que los empresarios se enfrentaban a costes más altos. El debate sigue abierto.

Se recomienda ver la serie de televisión ganadora de un Emmy *Homeland*, donde una agente de la CIA bipolar (Claire Danes) juega al gato y al ratón con un sargento de los marines sospechoso de ser agente de Al-Qaeda. Es una de las series preferidas del presidente Obama.

2008-2009	2011	2012	2015
Barack Obama se convierte en el primer presidente afroamericano. La bolsa se desploma por la avaricia y las prácticas fraudulentas de las instituciones financieras. La crisis se extiende por el mundo.	Desempleo alto, caen los ingresos y un grupo de activistas empieza el movimiento Occupy Wall Street en Nueva York para protestar contra la desigualdad económica y social. Se extiende por el mundo.	El huracán Sandy arrasa la costa este, convirtiéndose en el segundo que más gastos ocasiona en la historia del país. Mueren 80 personas en EE UU y 200 en otros países. Obama es reelegido.	El Tribunal Supremo legaliza el matrimonio homosexual. Carolina del Sur retira la bandera militar confederada de su Capitolio con el argumento de que se trata de un símbolo racista.

Waste

Forma de vida

El este del país es una mezcla fascinante de ritmos y acentos, desde empresarios urbanos a granjeros, universitarios y veraneantes jubilados, yanquis y sureños.

Multiculturalismo

Ya desde el principio las ciudades del este eran amalgamas de gente de muy diversa laya, con una larga tradición de acoger a emigrantes de todo el mundo, de modo que no sorprende la gran diversidad de la región.

En el noreste hay comunidades irlandesas e italianas en las ciudades desde el s. XIX. En Chicago, los latinos (sobre todo mexicanos) constituyen un cuarto de la población. Los estados de los Grandes Lagos tienen la mayor concentración de inmigrantes somalíes y hmong. En Florida destaca la presencia cubana; empezaron a llegar a Miami en los años sesenta tras la Revolución de Castro y son una comunidad con mucho poder político. Los nicaragüenses les siguieron en los ochenta, huyendo de la guerra en su país, y ahora son más de 100 000. En Little Haiti, también en Miami, viven 70 000 haitianos. El Sur tiene su propia cultura: allí reside más de la mitad de la población negra del país.

El este, como el resto del país, nunca logra decidirse sobre la cuestión de si el influjo constante de recién llegados es beneficioso o produce tensiones. La reforma de la inmigración es un tema de debate en Washington desde hace casi dos décadas. Hay quien cree que el Gobierno trata a los inmigrantes ilegales (11,3 millones en total) con demasiada benevolencia, que se les debería deportar y multar a quien les dé trabajo. Otros creen que estas medidas son demasiado duras, que los inmigrantes que llevan años trabajando, contribuyendo a la sociedad y respetando la ley se merecen la ciudadanía. Tras varios intentos, el Congreso no ha logrado aprobar una ley definitiva, aunque sí que se han endurecido las medidas.

Religión

La separación de Iglesia y Estado ha sido una de las bases del país desde que los peregrinos desembarcaron en Plymouth a principios del s. XVII. Su fe, el cristianismo protestante, sigue siendo la más extendida en el este.

El protestantismo abarca una amplia gama de confesiones, agrupadas en dos categorías principales: evangélicos, de los cuales los baptistas son el mayor contingente, y 'clásicos', como luteranos, metodistas y presbiterianos. Los evangélicos son los que cuentan con el mayor número de seguidores, que va en aumento en los últimos años. Los baptistas suponen un tercio de todos los protestantes y casi una quinta parte de la población adulta total del país. La mayoría se encuentra en el Sur. En contraste, los luteranos (que se concentran en Minnesota, Wisconsin y las dos Dakotas) y las demás confesiones clásicas han ido disminuyendo.

El catolicismo es la segunda religión en número de practicantes de la región. Nueva Inglaterra es la zona más católica del país, sobre todo los estados del Atlántico medio: Massachusetts el que más, con un 45% de la

En EE UU se encuentra la segunda mayor comunidad hispanohablante del mundo, por detrás de México y por delante de España. Los latinos son el grupo minoritario que más crece del país. Los estados del este con más población latina son Florida, Illinois, Nueva Jersey y Nueva York.

población. Baltimore es la arquidiócesis más antigua del país, establecida en 1789. Los estados con grandes poblaciones latinas, como Florida o Illinois, también son muy católicos.

El judaísmo tiene una presencia notable en el este. Los judíos suponen casi el 12% de la población tanto en el sur de Florida como en el área metropolitana de Nueva York. Esta última es la segunda ciudad con mayor población judía ortodoxa después de Tel Aviv.

Hay musulmanes en Nueva York, Chicago y Detroit. Los hindúes abundan en Nueva York y Nueva Jersey, además de en ciudades como Chicago, Washington y Atlanta.

Estilo de vida

En general, el este del país tiene uno de los mayores niveles de vida del mundo, aunque hay variaciones sorprendentes entre regiones. Maryland va a la cabeza, con unos ingresos medios por hogar de 69 826 US$ (censo 2012-2014). Misisipi se encuentra al otro extremo, con 40 194 US$. Estas cifras suponen el máximo y el mínimo de todo el país. Los salarios también varían: los afroamericanos y latinos ganan menos que los blancos y los asiáticos (34 600 US$ y 41 000 US$ respectivamente por 58 000 US$ y 67 000 US$).

Un 86% de los estadounidenses tiene el bachillerato. El 29% tienen una licenciatura de cuatro años. El estilo de vida universitario (cafeterías, librerías y mentalidad progresista) está especialmente extendido en el noreste, donde se encuentran las ocho universidades de la Ivy League, las Little Ivies (una docena de facultades de humanidades de élite) y las Seven Sisters (facultades femeninas de primera categoría, fundadas en la época en la que la Ivy League era exclusivamente masculina). En la zona de Boston hay más de 50 instituciones de enseñanza superior.

El hogar medio está formado por padre, madre y dos hijos. Ambos padres suelen trabajar, y el 28% lo hace más de 40 h a la semana. El divorcio es habitual (el 40% de los primeros matrimonios se separa). El índice de divorcios y matrimonios ha bajado en las tres últimas décadas. Los padres solteros suponen un 9% de los hogares.

Aunque muchos estadounidenses hacen ejercicio de forma regular, más del 50% no practica ningún deporte. Los investigadores de salud pública creen que esta falta de ejercicio y la tendencia a consumir grasas y azúcar están haciendo subir la obesidad y la diabetes. El Sur se lleva la peor parte: Misisipi, Alabama, Virginia Occidental, Tennessee y Luisiana son los estados con más obesidad (afecta a un tercio de la población).

Un 26% de los estadounidenses realiza labores de voluntariado, especialmente en el Medio Oeste. La consciencia ecológica se ha extendido: más del 75% de los ciudadanos recicla en casa, y la mayoría de las grandes cadenas de alimentación (incluida Wal-Mart) ahora vende comida ecológica.

Los estadounidenses están definiendo cada vez más sus creencias espirituales fuera de la religión organizada. La proporción de ciudadanos que afirman no tener religión es de un 16%. Algunos de ellos rechazan toda religión (un 4%), pero la mayoría tiene creencias espirituales que no son definibles.

StoryCorps ha recogido y archivado más de 50 000 entrevistas con gente de todo el país, que se conservan en la Biblioteca del Congreso. Se pueden escuchar los testimonios en www.storycorps.org.

RASGOS DE CADA ESTADO

Los estereotipos regionales ahora tienen una base científica, gracias a un estudio llamado The Geography of Personality. Los investigadores procesaron más de medio millón de evaluaciones de personalidad de ciudadanos y analizaron dónde se concentraban ciertos rasgos. Resulta que la simpatía de Minnesota es real. Los estados más agradables se concentran en el Medio Oeste, las Grandes Llanuras y el Sur. Aquí se encuentra la gente más amigable y cooperativa. Los estados más neuróticos son los del noreste. Pero Nueva York no está en el número uno, como cabría esperar; el honor es de Virginia Occidental. Los estados más abiertos son California, Nevada, Oregón y Washington, aunque van por detrás de ciudades como Washington o Nueva York.

Deportes

El deporte es lo que une de verdad a los estadounidenses, que son capaces de pintarse el cuerpo de azul o de lucir cuñas de queso de gomaespuma en la cabeza para apoyar a sus equipos. En primavera y verano hay béisbol casi a diario; en otoño e invierno, fútbol americano; y en las largas noches de invierno, baloncesto. Esos son los tres deportes principales. Las carreras de coches son cada vez más populares, especialmente en el Sur. La liga de fútbol (MLS) también va en alza. El *hockey* sobre hielo, que antes era un reducto de los climas nórdicos, se ha popularizado por todo el este. El fútbol y el baloncesto femenino también están ganando seguidores, con múltiples equipos en las ligas profesionales.

Béisbol

A pesar de los grandes salarios y los rumores de uso de esteroides entre las grandes estrellas, el béisbol sigue siendo el pasatiempos preferido del país. Quizá no tenga tanta audiencia televisiva como el futbol americano (lo que implica menos ingresos en publicidad), pero se juegan mucho más partidos por temporada.

Además, el béisbol es mejor en directo que por TV: hay que ir al campo en un día soleado, sentarse en las gradas con una cerveza y un perrito caliente y disfrutar de tradiciones como levantarse a mitad del partido para hacer estiramientos y cantar "Take Me Out to the Ballgame". Los *playoffs*, en octubre, son muy emocionantes y siempre deparan sorpresas. Los New York Yankees, los Boston Red Sox y los Chicago Cubs son los equipos preferidos del país, aunque pierdan (los Cubs no han ganado las Series Mundiales desde hace más de 100 años).

Las entradas son relativamente baratas (unos 25 US$ en la mayoría de los estadios) y fáciles de conseguir para casi todos los partidos. Los de la liga no profesional cuestan la mitad y pueden ser incluso más divertidos: intervenciones del público, gallinas o perros sueltos por el campo y lanzamientos locos del *pitcher*. Más información en www.milb.com.

LOS ESCENARIOS DEPORTIVOS MÁS FAMOSOS

Yankee Stadium, NY El histórico campo de béisbol del Bronx, donde jugó el mítico Babe Ruth.

Lambeau Field, Green Bay El estadio de los Packers de la NFL, apodado "la tundra congelada" por su frío gélido.

Fenway Park, Boston El estadio de béisbol más antiguo (1912), hogar del Monstruo Verde (la alta pared verde del estadio).

Wrigley Field, Chicago Otro estadio de época (1914), con hiedra en las paredes, un cartel de neón clásico y rodeado de bares de barrio.

Madison Square Garden, NY La meca del baloncesto; aquí juegan los Knicks, boxeó Ali y cantó Elvis.

Joe Louis Arena, Detroit Un rudo estadio de *hockey* profesional, hogar de los Red Wings. Hay una extraña costumbre de lanzar pulpos.

Churchill Downs, Louisville Acoge el derbi de Kentucky: sombreros elegantes, julepes de menta y los mejores 2 min del mundo del deporte.

Indianapolis Motor Speedway, Indianápolis Coches a 270 km/h en las míticas 500 Millas.

Fútbol americano

Este deporte tiene la temporada más corta y con menos partidos, pero cada uno de ellos ofrece la emoción de una batalla campal: cada resultado es importantísimo y una sola derrota puede suponer un golpe letal para las posibilidades del equipo.

También es el deporte más duro. Se juega en otoño y en invierno, aunque llueva, nieve o granice. Algunos de los partidos más memorables se han jugado a temperaturas gélidas. Los seguidores de los Green Bay Packers son una categoría en sí mismos en lo que refiere al mal tiempo. Su estadio en Wisconsin (el Lambeau Field) fue el escenario de la famosa Ice Bowl, un partido celebrado en 1967 contra los Dallas Cowboys donde las temperaturas cayeron a -25°C, con una sensación térmica de -44°C.

La popular Super Bowl es la gran final del campeonato profesional. Se celebra a finales de enero o principios de febrero. Los otros partidos que llevan la palabra *bowl* (como la Sugar Bowl de Nueva Orleans o la Orange Bowl de Miami) son finales de campeonatos universitarios, celebrados alrededor de Año Nuevo.

Baloncesto

Los equipos que arrastran a más seguidores hoy en día son los Chicago Bulls (gracias aún a Michael Jordan), los Cleveland Cavaliers (hogar de Lebron James, el jugador más amado y odiado de la liga) y los New York Knicks (que tiene muchos seguidores famosos que no se pierden los partidos, a pesar de la mala racha en los últimos años).

El baloncesto universitario también tiene muchos seguidores, especialmente en primavera, cuando se celebran los *playoffs*. Culmina en la Final Four, cuando el mejor cuarteto de equipos compite por ganar el campeonato. Ofrece una diversión comparable a la de la liga profesional, la NBA. Los partidos se retransmiten por TV y mueven mucho dinero en apuestas.

La Super Bowl le cuesta al país 800 millones de dólares en pérdida de productividad, ya que los trabajadores hablan sobre los partidos, apuestan y ven la información por internet. Todavía peor son los *playoffs* de la liga universitaria de baloncesto, la March Madness, en la que se pierden unos 1900 millones de dólares.

Cocina regional

En la cocina del este se mezcla un sinfín de culturas y cada región tiene sus propias especialidades, desde marisco en Maine a costilla de res a fuego lento en Misisipi. En cuanto a bebidas, el *boom* de las cervezas artesanas ha hecho que aparezcan productores en todos los rincones de la región. En Nueva York y Virginia hay buenos vinos, y en Kentucky, cómo no, *bourbon*.

Sabores locales

Nueva York: paraíso 'gourmet'

Se dice que en Nueva York se puede comer cada noche en un restaurante distinto y que no llegarán a agotarse las opciones en toda una vida. Teniendo en cuenta que existen más de 20 000 restaurantes en los cinco distrito y que cada año abren muchos más, es cierto. Debido a la enorme población inmigrante y al influjo de turistas (50 millones al año), Nueva York se lleva la palma en cuanto a oferta gastronómica. En sus barrios se encuentran auténticos platos italianos y *pizza*, todo tipo de comida asiática, alta cocina francesa y charcuterías judías que sirven *bagels* o bocadillos de pastrami. También hay comida exótica, desde etíope a escandinava. Aunque tiene reputación de ser una ciudad cara, se puede comer sin arruinarse, especialmente si se controla la bebida.

Nueva Inglaterra: 'clambakes' y langosta

Nueva Inglaterra afirma tener el mejor pescado y marisco del país y quizá tenga razón. Del Atlántico norte llegan almejas, mejillones, ostras y langostas enormes, además de sábalo, anchoas y bacalao. Se preparan fabulosas *chowders* (sopa o crema de pescado) y cada pueblo tiene su propia receta, que se pone a prueba cada verano en numerosos festivales y concursos. Otra tradición es el *clambake,* que consiste en enterrar marisco bajo brasas, acompañado de salchichas, mazorcas y pollo enrollado en papel de plata. Por toda la región se sirven frituras de almejas y panecillos de langosta con mayonesa.

En Vermont se confeccionan quesos excelentes, en Massachusetts se cultivan arándanos (un clásico de Acción de Gracias), de los bosques de Nueva Inglaterra se extrae sirope de arce, Connecticut es famoso por la *pizza* de masa fina estilo New Haven (la mejor es la de almejas blancas), la especialidad de Boston son los *baked beans* y el pan integral y en Rhode Island le ponen sirope de café a la leche y hacen desayunos tradicionales con *johnnycakes* de harina de maíz.

Atlántico medio: 'cheesesteaks', 'crab cakes' y 'scrapple'

Desde Nueva York a Virginia, en los estados del Atlántico medio hay grandes extensiones de costa y abundante producción de manzanas, peras y bayas. Nueva Jersey produce los mejores tomates y las mejores patatas vienen de Long Island (Nueva York). No hay que perderse el cangrejo azul de la bahía de Chesapeake ni las tartas de pollo, los fideos o el *scrapple* (pudín de cerdo) del Dutch Country de Pensilvania. En Filadelfia se pue-

La comidas regionales más curiosas

Scrapple
(Pensilvania rural)

Lutefisk
(Minnesota)

Queso en grano frito (Wisconsin)

Horseshoe sand-wich (Illinois)

Solo tres estados tienen una tarta estatal oficial, y los tres están en el este: Indiana (tarta de crema con azúcar), Florida (tarta de lima merengada) y Vermont (tarta de manzana). Illinois puede unirse pronto a la lista con su tarta de calabaza. Además, Maine habla de la tarta de arándanos como de su postre estatal, mientras que Delaware hace lo mismo con la tarta de melocotón.

den devorar *Philly cheesesteaks*, bocadillos con tiras finas de ternera salteada, cebolla y queso fundido. En Virginia se come jamón curado a la sal con pan. En los lagos Finger, el valle del Hudson y Long Island (Nueva York) se producen buenos vinos.

El Sur: barbacoas, pastas y 'gumbo'

No hay región más orgullosa de su gastronomía que el Sur, que a lo largo de la historia ha fusionado influencias inglesas, francesas, africanas, españolas e indias. Las barbacoas son una de las especialidades regionales; hay tantas variaciones deliciosas como pueblos. El pollo frito y el siluro se sirven crujientes por fuera y tiernos por dentro. Las esponjosas pastas, el pan de maíz, los boniatos, los repollos y las gachas son acompañamientos habituales, preparados con mucha mantequilla. De postre, se comen pasteles o tartas de pecanas, plátano y cítricos. Y se riega todo esto con té helado o julepe de menta (cóctel de *bourbon*).

En Lusisiana se puede disfrutar de lo mejor de la región. Este estado destaca por sus dos cocinas principales: la cajún de los *bayous* combina especies nativas como sasafrás y chiles con cocina provincial francesa; la comida criolla es más urbana y se centra en Nueva Orleans, donde el viajero disfrutará de *rémoulade* de gambas, *ravigote* de cangrejo o *gumbo* (guiso de pollo, marisco, ocra y/o salchichas).

El Medio Oeste: hamburguesas, beicon y cerveza

En el Medio Oeste se come con entusiasmo y a lo grande. No hay que olvidar que es una zona agrícola, de modo que las raciones son generosas porque la gente necesita energía para trabajar en el campo. Aquí se sirven clásicos como *pot roast* (carne a la olla), *meatloaf* (rollo de carne), filetes y chuletas de cerdo; cerca de los Grandes Lagos, el menú suele incluir también lucio, perca y otros pescados de agua dulce. Y todo ello regado con cerveza helada. Chicago es el mejor lugar de la región para comer, con diminutos locales exóticos y algunos de los restaurantes más famosos del país. También se recomiendan las ferias rurales, donde se sirven *bratwursts*, *fried dough* (masa frita) y mazorcas asadas. En los *diners* y restaurantes, especialmente en las ciudades, se pueden apreciar las influencias de los inmigrantes escandinavos, asiáticos, latinoamericanos y de Europa del este.

Hábitos y costumbres

Para desayunar, lo clásico son huevos con beicon, *waffles* y *hash browns* (trocitos de patata fritos), con grandes vasos de zumo de naranja y una taza humeante de café. Tras un tentempié a media mañana, al mediodía los trabajadores solo tienen tiempo de comer algo rápido como un sándwich, una hamburguesa o una ensalada. Aunque todavía se puede ver a alguien tomando una cerveza o una copa de vino al comer, lejos quedan los días del almuerzo con tres martinis. Entre semana, la cena suele

COCINA REGIONAL HÁBITOS Y COSTUMBRES

LA COSECHA

Enero
Se cosecha la uva para producir vino helado en los lagos Finger, Nueva York y el norte de Míchigan, y se hacen licores dulces de postre.

Marzo
Es la temporada dulce en Vermont y Maine, y fluye el sirope de arce. En el Sur llega el momento de la langosta y en Louisiana se pescan 50 millones de kilos hasta mayo.

Mayo
La cosecha del melocotón de Georgia empieza a mediados de mes y dura hasta mediados de agosto. En el norte, los cangrejos azules de la bahía de Chesapeake llegan al mercado en septiembre.

Julio
A principios de mes, Míchigan se vuelve loco con la recolección de cerezas ácidas. Hay celebraciones como el campeonato de escupir huesos de cereza de Eau Claire.

Agosto
La acción se centra en la costa de Nueva Inglaterra. Es temporada de puestos de langostas, *clambakes* y tartas con arándanos azules de Maine.

Septiembre y octubre
Época de recolección de manzanas en Nueva York y Míchigan (el segundo y el tercer productor del país). Las sidrerías están en pleno funcionamiento. Temporada de arándanos en Massachusetts y Wisconsin.

Los mejores festivales

Crawfish Festival, Breaux Bridge, Luisana

Kentucky Bourbon Festival, Bardstown, Kentucky

Maine Lobster Festival, Maine

World's Largest Brat Fest, Madison, Wisconsin

ser sustanciosa; en las familias donde trabajan los dos padres, se opta por comida de fuera o platos preparados.

Se suele cenar temprano, normalmente entre 18.00 y 20.00. En los pueblos, es difícil encontrar un lugar abierto después de las 20.30. Las cenas de celebración suelen ser a las 18.30 o 19.00 (con unos cócteles para empezar). Si al viajero le invitan a cenar, es de buena educación ser puntual (se recomienda llegar como máximo 15 min después de la hora establecida). Los estadounidenses son muy informales en la mesa, aunque suelen esperar a que todo el mundo esté servido antes de comer.

Cursos de cocina

Muchas escuelas ofrecen cursos para aprendices.

Chopping Block Cooking School (www.thechoppingblock.com) Para aprender a preparar una *pizza* de masa gruesa en Chicago.

Kitchen Window (www.kitchenwindow.com) Visitas al mercado y rutas de restaurantes, además de clases de repostería, barbacoas y cocina en Minneapolis.

Zingerman's Bakehouse (www.bakewithzing.com; 3723 Plaza Dr) Populares actividades de panadería y repostería en Ann Arbor.

Bebida

Cerveza

En el s. xix, los inmigrantes alemanes iniciaron la industria cervecera americana en Milwaukee. Con el tiempo, desarrollaron formas de producir cerveza en grandes cantidades y distribuirla por todo el país. Actualmente, el 80% de la cerveza nacional todavía se produce en el Medio Oeste.

Los 'diners' más clásicos

Arcade, Memphis, Tennese

Lou's, Dartmouth, New Haven

Mickey's Diner, St Paul, Minnesota

Miss Worcester Diner, Worcester, Massachusetts

A pesar de su ubicación, las marcas más populares no tienen mucho éxito en el extranjero debido a su bajo contenido en alcohol y a su sabor suave. Independientemente de las críticas, las ventas indican que la cerveza estadounidense es más popular que nunca, en especial con el auge de las cervezas artesanas. Actualmente hay más de 1900 productores de cerveza artesana en el país. En el 2015 generaron unos ingresos de 20 000 millones de dólares, y las cifras siguen creciendo. En todas las ciudades y pueblos de la región se puede beber cerveza local. Algunos restaurantes tienen sumilleres, mientras que en otros se celebran cenas de cerveza donde se pueden hacer maridajes de comida y cervezas artesanas.

Vino

Un 20% de los estadounidenses beben vino de forma regular. Los estados de la costa oeste, en especial California, producen la mayoría del vino del país. En el este, Nueva York va en cabeza (un tercio de la producción nacional). En la región de los lagos Finger se produce mucha uva riesling y es un lugar ideal para catar un buen Chardonnay y Gewürztraminer o vino de hielo. Virginia ocupa la quinta posición nacional en producción,

---

DELICIAS VEGETARIANAS

En las principales ciudades abundan los restaurantes vegetarianos, pero no siempre se encuentran en zonas rurales. Estas son algunas recomendaciones. Más información en www.happycow.net.

Green Elephant (p. 238), Portland, Maine

Clover Food Lab (p. 182), Boston, Massachusetts

Moosewood Restaurant (p. 122), Ithaca, Nueva York

Zenith (p. 160), Pittsburgh, Pensilvania

Angelica Kitchen (p. 95), Nueva York, Nueva York

LAS MEJORES CERVECERÍAS ARTESANAS

Las cervecerías artesanas se han hecho muy populares; el viajero nunca estará lejos de una. Cuidado: son más fuertes que las cervezas de producción masiva. Si se busca una con menos alcohol, hay que pedir una *session beer*. Ciudades como Grand Rapids (Míchigan) y Asheville (Carolina del Norte) se han hecho famosas por sus cervezas. Vermont tiene el mayor número de estas cervecerías per cápita del país. Se recomiendan las siguientes.

Three Floyds (www.3floyds.com) Munster, Indiana

Bell's Brewery (www.bellsbeer.com) Kalamazoo, Míchigan

Allagash Brewing (www.allagash.com) Portland, Maine

Dogfish Head (www.dogfish.com) Milton, Delawere

Evil Twin Brewing (eviltwin.dk) Brooklyn, Nueva York

---

con 248 bodegas (muchas de ellas en las colinas de los alrededores de Charlottesville). Destaca la exótica uva blanca Virginia Viognier. En la costa oeste de Míchigan también se produce mucha uva; sus bodegas son conocidas por los exuberantes Cabernet Franc y los blancos espumosos de calidad superior. Estas regiones tan bucólicas cuentan con circuitos de catas y turismo en B&B.

En general, el vino no es barato, ya que se considera un lujo. No obstante, es posible conseguir una botella de vino nacional correcto en una licorería por unos 10-12 US$.

Licores

El este es hogar de buenos licores. Jack Daniels sigue siendo la marca más conocida de *whiskey* americano en todo el mundo; es la destilería operativa más antigua del país, abierta en 1870 en Lynchburg, Tennessee. El *bourbon*, hecho de maíz, es el único licor autóctono de la región. El 95% de la producción mundial procede de Kentucky; la mayoría, de siete destilerías del centro del estado. Una carretera de 362 km las conecta todas; conocida como Bourbon Trail, se ha convertido en una versión diferente de la ruta de catas del valle de Napa, en California.

Los cócteles se inventaron en Nueva Orleans antes de la Guerra de Secesión. El primero fue el *sazerac*, una mezcla de *whiskey* de centeno o *brandy*, sirope, un punto amargo y un toque de absenta. Los creados a finales del s. xix y principios del xx incluyen clásicos como el martini, el *Manhattan* y el *old-fashioned*.

Locura por los cócteles de época

En todas las ciudades del país se ha puesto de moda beber cócteles de época. La Ley Seca, en lugar de generar una nación de abstemios, impulsó el consumo por la seducción de lo prohibido.

En el s. xxi, no parece probable que vaya a volver la Ley Seca, pero hay numerosos bares en la región donde se conserva el espíritu de los locos años veinte y los ilícitos años treinta. Sirven cócteles que se inspiran en recetas de época, servidos por camareros impecablemente vestidos que hacen su trabajo con una mezcla de ciencia y arte.

Las mejores coctelerías

Dead Rabbit, Nueva York, Nueva York

Tonique, Nueva Orleans, Luisiana

Patterson House, Nashville, Tennessee

Drink, Boston, Massachusetts

Broken Shaker, Miami, Florida

Maison Premier, Nueva York

En muchas zonas del Sur, una *coke* es cualquier tipo de refresco carbonatado con sabor. Hay que especificar. Si el viajero pide una, es posible que el camarero le pregunte: "¿De qué tipo?". En el Medio Oeste, el término genérico es *pop*, mientras que en la costa se le llama *soda*.

Arte y arquitectura

Nueva York es el dinámico corazón del mundo del arte y el teatro, pero la literatura tiene voz en toda la región. Las cadenas de televisión producen series de culto que incluyen desde zombis en Georgia hasta asesinos en Minnesota. Y mientras, los arquitectos siguen elevando el perfil urbano de Nueva York y Chicago.

Grandes novelas americanas

En el camino,
Jack Kerouac

....

El gran Gatsby,
F. Scott Fitzgerald

....

El ruido y la furia,
William Faulkner

....

La casa de los siete tejados, Nathaniel
Hawthorne

....

Las aventuras de Augie March,
Saul Bellow

Varios autores célebres del este de EE UU han escrito libros que en algún momento han estado prohibidos, incluidos el autor de Indianápolis Kurt Vonnegut *(Matadero cinco),* el neoyorkino J. D. Salinger *(El guardián entre el centeno)* y la georgiana Alice Walker *(El color púrpura).*

Literatura

La literatura estadounidense lleva más de 150 años estimulando la imaginación del mundo. A Edgar Allan Poe, que narró inquietantes historias en la década de 1840, se le atribuyen la creación de las aventuras detectivescas, los cuentos de terror y la ciencia ficción. Cuatro décadas después, Samuel Clemens, más conocido como Mark Twain, causó impacto escribiendo increíbles historias en un lenguaje coloquial y regodeándose en el absurdo. Se ganó la aceptación del gran público y su novela *Huckleberry Finn* (1884) se convirtió en obra fundamental de la narrativa norteamericana: tras rebelarse contra su padre, Huck se embarca en busca de sí mismo con el río Misisipi como telón de fondo.

Con la Generación Perdida la literatura norteamericana alcanzó su madurez a principios del s. XX. Sus autores vivían expatriados en la Europa de entreguerras y describían un creciente sentimiento de alienación. Ernest Hemingway, de Illinois, personificó aquella época con su realismo sobrio y estilizado; F. Scott Fitzgerald, de Minnesota, diseccionó la vida de la alta sociedad de la costa este; William Faulkner recreó la complejidad y las contradicciones del Sur en un universo propio destilado en una prosa densa y preciosista; en Nueva York, autores afroamericanos como el poeta Langston Hughes y la novelista Zora Neale Hurston desautorizaron estereotipos racistas durante la época del Renacimiento de Harlem.

Tras la II Guerra Mundial, los autores americanos abordaron las divisiones regionales y étnicas de su país, experimentando con el estilo y revelándose contra los valores de la clase media. La Generación Beat de los años cincuenta, con Jack Kerouac, Allen Ginsberg y William S. Burroughs, alzó la voz contra el mundo feliz de la modernidad triunfante y acomodada.

La literatura actual refleja mayor variedad que nunca. Jacqueline Woodson, Junot Díaz y Sherman Alexie han firmado *bestsellers* en la última década, dando voz, respectivamente, a temas afroamericanos, dominicano-americanos y amerindios. Entre los grandes nombres, todos ellos ganadores del Pulitzer y todos del este de EE UU, destacan Toni Morrison (cuya obra más reciente es *La noche de los niños,* del 2015), Joyce Carol Oates *(Mágico, sombrío, impenetrable; La hija del sepulturero; Del boxeo)* y Michael Chabon *(Telegraph Avenue; Un mundo modelo).*

Thomas Pynchon, un autor esquivo, acaba de sacar en español *Al límite,* una poderosa y laberíntica novela ambientada en Nueva York durante los atentados del 11 de septiembre. Y Harper Lee, que se hizo famosa en 1960 con *Matar a un ruiseñor,* lanzó en el 2015 su última novela, *Ve y pon un centinela,* controvertida secuela de la anterior.

LA ERA DORADA DE LA TV

Durante la última década, la televisión por cable y las redes de *streaming* han apostado por nichos de audiencia variados, produciendo series sofisticadas y complejas que superan los productos *hollywoodienses* al uso. Los años 2000 –y no los cincuenta– son la época dorada de la televisión estadounidense. Algunas de las series inspiradas en la costa este de EE UU son:

→ *Los Soprano:* La vida de Tony Soprano y su familia, jefe de la mafia de Nueva Jersey. Una obra de arte.

→ *The Walking Dead:* Los supervivientes de un apocalipsis luchan contra zombis en Atlanta y el norte de Georgia.

→ *Mad Med:* Los grandes cambios de los años sesenta a través de la historia de una agencia de publicidad de Nueva York.

→ *Orange is the New Black:* Comedia dramática con un amplio reparto en una prisión femenina al norte de Nueva York.

→ *Fargo:* Comedia negra que retrata una pequeña y fría ciudad de Minnesota.

Cine y televisión

El sistema de estudios nació en Manhattan, donde Thomas Edison, inventor de la primera tecnología de imágenes en movimiento de la industria, intentó crear un monopolio con sus patentes. Aquello hizo que muchos productores se trasladaran a un suburbio de Los Ángeles, y poder huir fácilmente a México en caso de problemas; así nació Hollywood.

Aunque casi todas las películas sigan produciéndose en la costa oeste, Nueva York conserva sus estudios de cine y televisión. Entre los grandes nombres de la Gran Manzana destacan las cadenas ABC, CBS, NBC, CNN, MTV y HBO, y son legión los visitantes que van a ver cómo graban sus programas Jimmy Fallon *(Tonight Show)*, Stephen Colbert *(Late Show)* u otros presentadores populares. Muchos realizadores y actores prefieren Nueva York a la costa este (Robert De Niro, Spike Lee y Woody Allen son los más famosos). Otras ciudades cinematográficas son Miami, Chicago y Atlanta, además de una que nadie diría: Wilmington, en Carolina del Norte, con suficientes estudios para ganarse el apodo de Wilmywood (si bien una nueva legislación estatal que elimina los incentivos fiscales puede cambiar las cosas).

A medida que la televisión por cable y Netflix, Amazon y otros servicios de *streaming* han entrado en escena, las cadenas generalistas han apostado por la fórmula de las series largas (como *Ley y orden: unidad de víctimas especiales,* que se emite desde 1999) y los *reality* de producción barata. Para bien o para mal, lo que *Supervivientes* empezó en el 2000 sigue hoy con los concursantes de *La Voz* y *Hell's Kitchen.*

Teatro

Eugene O'Neill situó el teatro americano en el mapa con su trilogía *A Electra le sienta bien el luto* (1931), que traslada una tragedia griega a la Nueva Inglaterra posterior a la Guerra de Secesión. O'Neill fue el primer gran dramaturgo de EE UU, y sigue siendo considerado el mejor.

Tras la II Guerra Mundial, dos autores teatrales dominaban el escenario: Arthur Miller, exmarido de la famosa Marilyn Monroe, que escribió de temas como el desencanto del hombre de clase media (*Muerte de un viajante;* 1949) o la histeria colectiva (*Las brujas de Salem;* 1953); y Tennessee Williams, cuyas explosivas obras *El zoo de cristal* (1945), *Un tranvía llamado Deseo* (1947) y *La gata sobre el tejado de zinc* (1955) profundizan en la psique sureña.

Edward Albee aportó una saludable dosis de absurdidad a los años sesenta, y David Mamet y Sam Shepard llenaron los años setenta y ochenta de tipos duros. Hoy, el ganador del Pulitzer Tracy Letts escribe dramas familiares que a menudo se comparan con las obras de O'Neill, cerrando así el círculo.

Broadway es la cuna del espectáculo. En este famoso barrio de Nueva York la venta de entradas genera más de 1000 millones de dólares cada año, y las obras de más éxito pueden recaudar dos millones de dólares semanales. Grandes éxitos como *El rey león* y *Wicked* siguen agotando entradas junto a nuevos éxitos como *Book of Mormon*. Mientras, clásicos como *Los miserables* se renuevan y reestrenan con gran pompa (en el 2014). Pero las nuevas obras y autores que mantienen vivo este arte están lejos de las luces de Broadway, en teatros regionales como el Steppenwolf de Chicago o el Guthrie de Minneapolis, entre otros.

Pintura

Tras la II Guerra Mundial, EE UU creó su primera escuela de arte autóctona: el expresionismo abstracto. Pintores de Nueva York como Jackson Pollock, Franz Kline y Mark Rothko, entre otros, exploraron formas libres no figurativas. Pollock, por ejemplo, salpicaba enormes lienzos con pigmentos para pintar sus cuadros.

A continuación llegó el *pop art,* cuyos artistas se inspiraban en llamativas imágenes comerciales y cuyo máximo representante fue Andy Warhol. Luego vino el minimalismo y, entre los años ochenta y noventa, el arte se abrió a todos los estilos.

Nueva York sigue siendo el centro neurálgico y su decisiva influencia moldea los gustos de la nación y del mundo. Para descubrir el arte contemporáneo de la región es buena idea ver las obras de Jenny Holzer, Kara Walker, Chuck Close, Martin Puryear y Frank Stella.

Arquitectura

En 1885, un grupo de diseñadores de Chicago levantó el primer rascacielos. No era muy alto, pero su empleo de una estructura de acero supuso el nacimiento de la arquitectura moderna. En la misma época, otro arquitecto de Chicago creaba edificios radicales más cerca del suelo: Frank Lloyd Wright ideó un estilo constructivo que abandonaba todo elemento y referencia histórica y apostaba por inspirarse en lo orgánico. Proyectó edificios en comunión con el paisaje, definido en el Medio Oeste por las líneas horizontales de las praderas; su Estilo de la Pradera generó una nueva arquitectura.

Los arquitectos europeos absorbieron las ideas de Wright, y aquella influencia regresó al país cuando la escuela de la Bauhaus abandonó la Alemania nazi y se estableció en EE UU, donde pasó a llamarse Estilo Internacional. Ludwig Mies van der Rohe era su figura más icónica, y sus mastodontes cuadrados de metal y cristal se perfilan en horizontes urbanos como los de Chicago o Nueva York. El posmodernismo tomó el relevo, reintroduciendo el color y los elementos decorativos del *art déco,* las *beaux arts* y otros estilos en los altísimos edificios de la región.

Los arquitectos actuales siguen rompiendo moldes; uno de los ejemplos más recientes es la sinuosa Aqua Tower de Jeanne Gang, en Chicago, el edificio más alto proyectado por una mujer. En el 2013 el One World Trade Center de Nueva Yorl, de 541 m de altura, se convirtió en el edificio más alto de EE UU. En el 2016 se inauguró el National Museum of African American History and Culture, de David Ajaye, en el Mall de Washington D. C.

Los mejores museos de arte moderno

Museum of Modern Art, Nueva York, Nueva York

Whitney Museum of American Art, Nueva York, Nueva York

Salvador Dalí Museum, St Petersburg, Florida

Andy Warhol Museum, Pittsburgh, Pensilvania

Dia Beacon, Beacon, Nueva York

Música

El *jazz*, el *blues*, el *country*, el *hip-hop* y el *rock* nacieron en el este de EE UU, y sus ritmos suenan en clubes y bares de norte a sur. El viajero descubrirá, entre otros, el legado de la *slide guitar* de Muddy Waters, el *yodel* de Hank Williams y la frenética cascada de notas de John Coltrane.

'Blues'

Toda la música de EE UU empieza con el *blues*. Y el *blues* nació en el Sur a partir de los cantos de trabajo o *shouts* de los esclavos negros y de sus canciones espirituales, ambos con raíces en la música africana.

En los años veinte el *blues* del delta definía el estilo. De Memphis a Misisipi, los músicos cantaban melodías apasionadas y lastimeras acompañados por una solitaria guitarra acústica. Los *bluesmen* que vagaban de una ciudad a otra comenzaron a tener éxito y alcanzaron cierta fama. Entre los pioneros destacan Robert Johnson, W. C. Handy, Ma Rainey, Huddie Ledbetter (Lead Belly) y Bessie Smith, considerada por algunos la mejor cantante de *blues* de la historia.

Al mismo tiempo, la música coral cristiana afroamericana evolucionó y se convirtió en el *góspel*, cuya mejor cantante, Mahalia Jackson, destacó en el Chicago de los años veinte. Cantaba en el coro de la iglesia baptista de Greater Salem, al sur de la ciudad, del que fue miembro hasta su muerte, en 1972.

Tras la II Guerra Mundial, muchos afroamericanos emigraron al norte, a Chicago, y la escena musical se trasladó. Allí el género cambió. Una nueva generación de músicos como Muddy Waters, Buddy Guy, B. B. King y John Lee Hooker comenzó a usar guitarras eléctricas y acompañamiento rítmico; se estaban plantando las semillas del *rock and roll*.

'Jazz'

Desde finales del s. XVIII en adelante, Congo Sq, en Nueva Orleans, era el punto de encuentro para cantar y bailar de los esclavos, y está considerada la cuna del *jazz*. Los exesclavos adaptaron instrumentos de juncos, cuernos y cuerda de los criollos de la ciudad, que preferían la música formal europea, para tocar su propia música de influencia africana. Esta fecunda hibridación dio lugar a una corriente de sonidos innovadores.

La primera variación fue el *ragtime*, llamado así por sus ritmos sincopados africanos; después vino el *dixieland*, centrado en Storyville, el sórdido barrio de farolillos rojos de Nueva Orleans. En 1917 Storyville dejó de existir como tal, y los músicos se dispersaron. King Oliver, director de banda, se trasladó a Chicago, y su trompeta estrella, Louis Armstrong, le siguió al cabo de poco tiempo. Con la carismática voz de Armstrong y su talento para la improvisación, él solo pasó a ser parte integral del *jazz* durante una gran parte de la década de 1920.

Los años veinte y treinta son la época en la que se consolida el género, cuyo centro neurálgico era el barrio de Harlem, en Nueva York. El *swing*, un estilo urbano de *big band*, arrasó en el país de la mano de directores de banda innovadores como Duke Ellington y Count Basie. Cantantes de

Templos para los fans de la música

Sun Studio, Memphis, Tennessee

Rock and Roll Hall of Fame, Cleveland, Ohio

Preservation Hall, Nueva Orleans, Luisiana

BB King Museum and Delta Interpretive Center, Indianola, Misisipi

jazz como Ella Fitzgerald y Billie Holiday combinaron esta música con su hermana sureña, el *blues*.

Después de la II Guerra Mundial nació el *bebop* (o *bop*), una reacción contra las melodías suaves y los ritmos amables del *swing* de las *big bands*. Abrieron camino Charlie Parker, Dizzy Gillespie y Thelonious Monk. En los años cincuenta y sesenta, Miles Davis, John Coltrane y otros músicos deconstruyeron el sonido para crear algo nuevo, moderno, libre y vanguardista. Nueva York, Nueva Orleans y Chicago siguen siendo el epicentro del *jazz*.

'Country'

Los primeros inmigrantes escoceses, irlandeses e ingleses llevaron su música e instrumentos a América. Con el paso del tiempo, en los remotos Apalaches surgió un estilo musical montañés, con violines y guitarras: la música *country*. En el suroeste las *steel guitars* y las grandes bandas caracterizaron la música. En los años veinte esos estilos convergieron en el estilo *country and western,* con sede en Nashville, sobre todo cuando el Grand Ole Opry empezó a emitirse por la radio en 1925. Algunos de los grandes clásicos del *country* son Hank Williams, Johnny Cash, Willie Nelson, Patsy Cline y Loretta Lynn.

La música *country* tuvo una gran acogida por parte del público, y hoy es un gran negocio. Cantautores como Blake Shelton, Tim McGraw y Taylor Swift venden millones de álbumes. Las variaciones del género dieron lugar al *bluegrass,* el *rockabilly* y el *alt-country.* El sur sigue siendo su principal bastión.

Folk

La tradición de la música folk americana cristalizó en Woody Guthrie, que viajó por el país durante la Gran Depresión cantando temas de carga política. En los años cuarenta Pete Seeger, neoyorkino, apareció como defensor infatigable del patrimonio folk estadounidense. Durante los años sesenta el folk renació gracias a los movimientos de protesta de la época, pero Bob Dylan le puso fin al enchufar su guitarra en el Newport Folk Festival de 1965 ante los gritos de "¡Traidor!" del público. En la última década la música folk vuelve a resurgir. Las melodías de Iron and Wine canalizan el pop, *blues* y *rock* lastimeros como solo un sureño sabe hacerlo, mientras que el dúo de hermanas Lily & Madeleine, de Indiana, canta bonitas baladas folk.

'Rock'

La estrella del *rock* Prince (Prince Rogers Nelson) nació en Minneapolis en la década de 1950. Quiso entrar en el equipo de baloncesto de su instituto, pero era demasiado bajito (1,60 m) y se aficionó a tocar la guitarra. Siguió viviendo en la misma región hasta su muerte, acaecida en el 2016.

Mucha gente sostiene que el *rock and roll* nació en 1954 el día en que Elvis Presley entró en el Sun Studio de Sam Philips, en Memphis, y grabó *That's All Right.* Al principio las emisoras de radio no entendían por qué un chico blanco de campo cantaba música negra, y no sabían si poner sus temas. Pero en 1956 Presley grabó su primer gran éxito, *Heartbreak Hotel* y, en más de un sentido, América jamás se recuperó de las consecuencias.

Musicalmente, el *rock* era un híbrido del *blues* eléctrico, del *rhythm and blues* (R&B) y de la música *country* blanca. El R&B surgió en los años cuarenta a partir del *swing* y del *blues.* Con el *rock and roll* los músicos blancos (y algunos afroamericanos) transformaron la música en algo que cambió a sociedad, una revolución abiertamente sexual que celebraba la juventud y la energía sin fronteras de color. El país se asustó y las autoridades se esmeraron por controlar a aquellos delincuentes juveniles y por satanizar y suprimir el *rock and roll,* que se habría marchitado de no ser por la 'invasión británica' de los años sesenta, con los Beatles y los Rolling Stones a la cabeza que, emulando a Chuck Berry, Little Richard y otros, le insuflaron nueva vida.

Los años sesenta fueron testimonio de una auténtica revolución representada por las canciones psicodélicas de inspiración lisérgica de bandas como Grateful Dead y Jefferson Airplane, y los gemidos eléctricos de Janis Joplin y Jimi Hendrix. Desde entonces, el *rock,* además de un estilo de música se convirtió en un estilo de vida. El festival de Woodstock de 1969 retrató la escena, convirtiendo en leyenda un pequeño rincón del norte de Nueva York.

A finales de los años setenta llegó el punk de la mano de los Ramones (orgullo de Queens, Nueva York), y el *rock* de clase media de Bruce Springsteen (orgullo de Nueva Jersey); y cuando en los años ochenta la contracultura se convirtió en cultura, los críticos se apresuraron a declarar que el *rock* había muerto. Pero no, el *rock* fue rescatado por bandas como Talking Heads, REM, Sonic Youth o, entre otros grupos del este de EE UU, de la misma forma de siempre: evolucionando, en forma de *new wave, heavy metal, grunge, indie rock, world beat, skate* punk, *hardcore, goth, emo* o música electrónica.

Y aunque el *hip-hop* es el sonido transgresor de hoy, el *rock* sigue teniendo su peso. Grupos como The Strokes y The Killers lo revitalizaron a principio de los años 2000, y a día de hoy bandas como Alabama Shakes, Black Lips o Future Islands portan bien alto su estandarte.

'Hip-hop'

Con el mar de sonidos de principios de los años setenta (*funk,* soul, música latina, *reggae* y *rock and roll*), los jóvenes DJ del Bronx de Nueva York empezaron a pinchar una revolucionaria mezcla de discos que incendiaba las pistas. Así nació el *hip-hop.* Bandas como Grandmaster Flash y Furious Five trasladaron la música de la calle a los locales de moda de Manhattan, mezclándose con bandas punk y *new wave* como The Clash y Blondie. Artistas rompedores como Futura 2000, Keith Haring y Jean-Michel Basquiat pasaron del metro y las calles a las galerías de arte y luego, a la moda y la publicidad.

Nueva York seguía siendo el epicentro de todo a mediados de los años ochenta. Bandas como Run-DMC, Public Enemy y los Beastie Boys vendían millones de discos. Los sonidos y estilos de la fértil cultura del *hip-hop* empezaron a diversificarse, y nació la rivalidad entre los grupos de la costa este y los raperos *gangsta* de la costa oeste, surgidos en Los Ángeles. Bandas como Niggaz With Attitude cosecharon elogios y mala prensa por sus sonidos atrevidos y sus letras sociales (criticadas como incitación a la violencia) sobre racismo, drogas, sexo y pobreza urbana.

Con el cambio de siglo, lo que empezó como fiestas ilegales de chavales de bandas callejeras que pinchaban los discos *funk* de sus padres se convirtió en un negocio multimillonario. Russell Simmons y P. Diddy se colocaron en la cima de los imperios mediáticos con sede en Nueva York, y estrellas como Queen Latifah (de Jersey) y Will Smith (de Filadelfia) eran la realeza de Hollywood. Un rapero blanco de Detroit, Eminem, vendió millones de discos, y el *hip-hop* se convirtió en el segundo género musical más popular del país después del pop-*rock.*

Hoy mucha gente ve al *hip-hop* como un insulso conjunto de excesos comerciales que glorifica el consumismo, la misoginia, la homofobia, las drogas y otros males sociales. Pero del mismo modo que de los días hedonistas del *rock* nació su hijo rebelde, el punk, el fruto del *hip-hop* y la cultura DJ sigue rompiendo las reglas para crear algo nuevo y energético. Entre las grandes estrellas del momento destacan Jay-Z, Kanye West, Nicki Minaj, Common y a Macklemore & Ryan Lewis, un dúo más experimental y alegre.

Los
mejores
festivales
de música

New Orleans Jazz Fest, Nueva Orleans, Luisiana, abril

Movement Electronic Music Festival, Detroit, Michigan; mayo

Bonnaroo, Manchester, Tennessee, junio

Summerfest, Milwaukee, Wisconsin; junio/julio

Newport Folk Festival, Newport, Rodhe Island; julio

Lollapalooza, Chicago, Illinois; agosto

Paisajes y naturaleza

En el este de EE UU hay mucho que ver, incluidos caimanes, ballenas, manatíes y alces. Sus costas, montañas, pantanos y bosques albergan muchas zonas de avistamiento de fauna, y los parques nacionales son el lugar ideal para disfrutarlo todo.

Los mejores paisajes remotos

Cypress Creek National Wildlife Refuge, Illinois: pantanos

Ouachita National Forest, Arkansas: montañas y manantiales

Cape Henlopen State Park, Delawere: dunas, humedales

Monongahela National Forest, Virginia Occidental: ríos

Paisajes

El este de EE UU es tierra de bosques caducos templados y posee los venerables Apalaches, una cordillera baja que corre paralela al Atlántico. Entre las montañas y la costa está la región más poblada y urbanizada del país, en especial en el corredor formado entre Washington D. C. y Boston. Al norte se extienden los Grandes lagos, que EE UU comparte con Canadá. Estos cinco lagos, que forman parte del Escudo Canadiense, son la mayor concentración de agua dulce del planeta y casi el 20% de la reserva mundial.

Hacia el sur, a lo largo de la costa, el terreno se vuelve más húmedo y cálido hasta llegar a los pantanos de Florida y virar hacia el golfo de México, en la costa sur de EE UU.

Al oeste de los Apalaches se extienden las vastas llanuras interiores, que alcanzan hasta las Montañas Rocosas. Las llanuras orientales son la despensa de la nación, divididas entre el "cinturón del maíz", al norte, y el "cinturón del algodón", al sur. Por ellas pasa el Misisipi, que junto al Missouri forman la cuarta red fluvial más larga del mundo, solo superada por los ríos Nilo, Amazonas y Yangtsé. Más allá, las Rocosas y los desiertos del suroeste dan paso al océano Pacífico.

Plantas y árboles

Los campos de flores silvestres primaverales y el colorido follaje otoñal son una especialidad de Nueva Inglaterra. El Great Smoky Mountains National Park alberga los cinco tipos de bosques orientales (de abeto, de *tsuga,* de pino-encino, bosque caducifolio norteño y bosque mesofítico de valle), con más de 100 especies autóctonas de árboles. En Florida, los Everglades son el último paraje subtropical de EE UU. Este hábitat vital y amenazado es un mundo de agua dulce y salada lleno de marjales, ciénagas y praderas costeras donde crecen manglares, cipreses, plantas tropicales y bosques caducifolios.

Mamíferos terrestres

Alce

Se alimenta de arbustos al norte de la región, en Maine, New Hampshire, Vermont, norte de Nueva York y en los bosques septentrionales de Míchigan, Minnesota y Wisconsin. Pertenece a la familia de los cérvidos, pero es más grande y robusto, aunque tiene las patas muy delgadas. Con una dieta a base de ramas y hojas, los machos pueden pesar 545 kg. A pesar de su forma extraña, son veloces y alcanzan los 56 km/h, y en el agua son tan rápidos como dos hombres remando en una canoa. A los machos les crecen cuernos espectaculares cada verano y se desprenden de ellos en noviembre. Se les puede ver pastando cerca de lagos y arroyos. No son animales agresivos, y a menudo se dejan retratar, pero pueden ser imprevisibles, por lo que no hay que asustarlos. En temporada de celo (septiembre) los machos se vuelven beligerantes, es mejor mantener la distancia.

En muchas zonas se está dando un índice de mortalidad alarmante de este animal. Los científicos creen que, en parte, puede deberse al cambio climático. En New Hampshire un otoño más largo y con menos nieve ha aumentado la presencia de la garrapata del alce, el parásito que más afecta al animal. En Minnesota sucede lo mismo, pero con un parásito mortal, el gusano del cerebro. Sin embargo, en Maine la población de alces se mantiene en unos 70 000 ejemplares.

> Según los geólogos, hace 460 millones de años los montes Apalaches eran las montañas más altas de la tierra; incluso más altas de lo que hoy son los Himalayas.

Oso negro americano

A pesar de que su población ha menguado, el oso negro merodea por casi toda la región, especialmente en las montañas Adirondacks, las Great Smoky Mountains y los bosques del norte del Medio Oeste. Los machos erguidos alcanzan los 2 m y pesan 250 kg (según la época del año; en otoño un 30% más que en primavera, cuando salen de la hibernación). Aunque de vez en cuando comen carne, suelen alimentarse de frutas del bosque y otros vegetales. Son oportunistas, adaptables y curiosos, y pueden sobrevivir en territorios muy pequeños. A medida que desaparecen sus bosques se les empieza a ver merodeando cerca de zonas habitadas.

Panteras

El remanente de la población de panteras vive en el Everglades National Park, en Florida. Antes de la llegada de los europeos había unas 1500 en

---

GRANDES DESASTRES NATURALES

Terremotos, incendios forestales, tornados, huracanes y grandes nevadas: EE UU ha sufrido muchos desastres naturales. Algunos de los más tristemente célebres son los siguientes.

Huracán Katrina Nueva Orleans nunca olvidará el 29 de agosto del 2005. Aquel día un gran huracán se desplazó por el golfo de México e impactó en Luisiana. Al fallar los diques, el 80% de la ciudad se inundó. Hubo 1836 víctimas mortales y los daños se estimaron en más de 100 000 millones de dólares, el desastre natural más costoso de América. Todavía colean las dramáticas imágenes de la ciudad destrozada y la rabia ante la ineptitud del Gobierno.

Huracán Irene El 27 y el 28 de agosto del 2011 una descomunal tormenta barrió la costa este, azotando 15 estados, de Florida a Nueva Inglaterra, y llegando a Pensilvania. La ciudad de Nueva York evacuó a muchos residentes y tomó una decisión sin precedentes al cerrar el transporte público. Más de 7,4 millones de hogares se quedaron sin luz, los ríos se desbocaron y murieron 45 personas. Los daños estimados fueron de 7000 millones de dólares.

Terremoto de la costa este El 23 de agosto del 2011 un terremoto sacudió el este de EE UU. Con una magnitud de 5,8 grados, tuvo el epicentro en Mineral, Virgina, pero pudo sentirse de Maine a Carolina del Sur, y fue el más violento de la zona desde 1897. No hubo daños graves, pero agrietó el monumento a Washington y derribó tres agujas de la catedral de Washington D. C.

Huracán Sandy El 29 de octubre del 2012 América sufrió el segundo peor huracán de su historia (después del Katrina). Sandy fue el segundo mayor huracán jamás registrado, con vientos de 1600 km. Jersey y las zonas bajas de la ciudad de Nueva York (como Staten Island) se vieron muy afectadas. Murieron 80 personas y el coste estimado de los daños superó los 65 000 millones de dólares.

Central Park

EL PULMÓN DE NUEVA YORK

El rectángulo verde que se extiende en el corazón de Manhattan nació a mediados del s. xix con la transformación de un terreno pantanoso en el idílico paisaje natural que ahora se ve. Desde que se convirtiera oficialmente en Central Park, ha unido a neoyorquinos de todas las clases de formas inesperadas e interesantes. Ha servido para que los ricos hicieran gala de sus elegantes carruajes (1860), para que los pobres asistie a sus conciertos dominicales (1880) y para los activistas se manifestaran contra la Gue de Vietnam (1960).

Desde entonces, muchos neoyorquinos –y v ros de lugares lejanos– han acudido para pa hacer pícnics, tomar el sol, jugar a la pelota, tir a conciertos gratuitos o a representacion obras de Shakespeare.

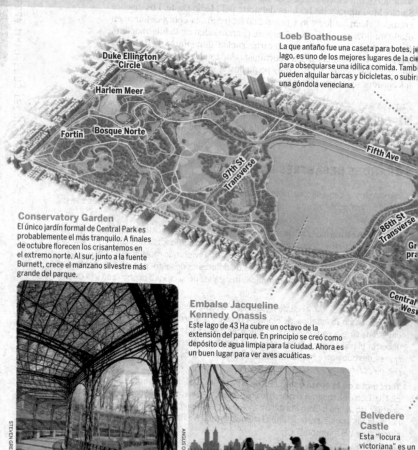

Loeb Boathouse
La que antaño fue una caseta para botes, j lago, es uno de los mejores lugares de la ci para obsequiarse una idílica comida. Tamb pueden alquilar barcas y bicicletas, o subir una góndola veneciana.

Duke Ellington Circle

Harlem Meer

Fortín   Bosque Norte

97th St Transverse

Fifth Ave

86th St Transverse

Central Wes

Conservatory Garden
El único jardín formal de Central Park es probablemente el más tranquilo. A finales de octubre florecen los crisantemos en el extremo norte. Al sur, junto a la fuente Burnett, crece el manzano silvestre más grande del parque.

Embalse Jacqueline Kennedy Onassis
Este lago de 43 Ha cubre un octavo de la extensión del parque. En principio se creó como depósito de agua limpia para la ciudad. Ahora es un buen lugar para ver aves acuáticas.

Belvedere Castle
Esta "locura victoriana" es un castillo románico gótico que no tien más objeto que s un punto elevado vistas. Fue constr en 1869 por uno creadores del par Calvert Vaux.

STEVEN GREAVES / GETTY IMAGES ©

ANGUS OSBORN / GETTY IMAGES ©

ado terreno del parque ofrece una gran
idad de maravillosas experiencias. Hay tran-
arboledas en el norte. En el sur está el lago,
ntado por gente que sale a correr. Cuenta
nos jardines europeos, un zoo y varios
ques. En un día de sol, la pradera de Sheep
ow alcanza su máximo esplendor al llenarse
rsonal.

al Park es más que un espacio verde: es el
de Nueva York.

DATOS Y CIFRAS

» **Paisajistas** Frederick Law Olmsted y
Calvert Vaux

» **Año de inicio de la construcción** 1858

» **Hectáreas** 341

» **En el cine** En el parque se han filmado
cientos de películas, desde grandes éxitos
de la Depresión como *Vampiresas de 1933*
a la película de acción *Monstruoso* (2007).

Conservatory Water
Este estanque está muy concurrido cuando
hace buen tiempo y los niños pueden echar
sus barquitos a navegar. Recoge el estilo de los
estanques parisinos del s. XIX y ocupa un lugar
destacado en el libro de E. B. White *Stuart Little*.

Fuente Bethesda
Esta fuente neoclásica es una de las más grandes
de Nueva York. Está coronada por el *Ángel de las
Aguas*, apoyado en cuatro querubines. La fuente,
de 1868, es obra de Emma Stebbins, escultora
bohemia y feminista.

Metropolitan
useum of Art

Estatua de 'Alicia
en el país de las
maravillas'

th St
sverse

The Ramble

Fifth Ave

corte
ater

Lago

Central Park
Zoo

65th St
Transverse

Sheep
Meadow

vberry
s

ole mosaico
omenaje al
John Lennon,
asesinado al
o de la calle,
ificio Dakota.
n, financiado
o Ono, se llama
ecuerdo a la
de los Beatles
rry Fields

**The Mall/
Paseo Literario**
Paseo de estilo
parisino –la única línea
recta del parque– con
estatuas de literatos
en su extremo sur,
entre ellos Robert
Burns o Shakespeare.
Está flanqueado
por grandes olmos
americanos.

Columbus
Center

National Mall

La gente suele llamarlo "el patio delantero de EE UU", y como analogía no está nada mal. Es una explanada de césped que se extiende al oeste desde el Capitolio hasta el Lincoln Memorial. También es el principal escaparate del país, donde los ciudadanos acuden a protestar, celebran reuniones multitudinarias y conectan con todo el entramado mitológico que tan bien ha sabido construir este país; de hecho, de eso se trata, de su representación, a escala gigantesca, en piedras, jardines y monumentos.

En un día se puede ver someramente, aunque será una jornada muy apretada y habrá que andar unos 6,5 km. Desde e Vietnam Veterans Memorial ❶ hay q seguir en sentido contrario a las agujas reloj para admirar el Lincoln Memorial el Martin Luther King Jr Memorial ❸ el Washington Monument ❹. Se pued hacer un alto en los monumentos conm rativos de la Guerra de Corea y de la II G Mundial, entre otros que ocupan la part oeste del Mall.

A continuación toca el turno a los muse todos fabulosos y gratuitos. El Smithse

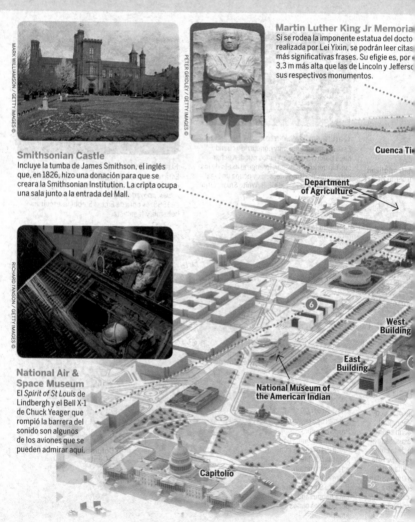

Martin Luther King Jr Memoria
Si se rodea la imponente estatua del docto realizada por Lei Yixin, se podrán leer citas más significativas frases. Su efigie es, por 3,3 m más alta que las de Lincoln y Jeffersc sus respectivos monumentos.

Smithsonian Castle
Incluye la tumba de James Smithson, el inglés que, en 1826, hizo una donación para que se creara la Smithsonian Institution. La cripta ocupa una sala junto a la entrada del Mall.

National Air & Space Museum
El *Spirit of St Louis* de Lindbergh y el Bell X-1 de Chuck Yeager que rompió la barrera del sonido son algunos de los aviones que se pueden admirar aquí.

Cuenca Tie

Department of Agriculture

West Building

East Building

National Museum of the American Indian

Capitolio

MARK WILLIAMSON / GETTY IMAGES ©

PETER GRIDLEY / GETTY IMAGES ©

RICHARD T'ANSON / GETTY IMAGES ©

an Castle **5** sirve para orientarse y dar
gracias al personaje que hizo posible
la esta oferta cultural. Luego se puede
nar un vistazo al **National Air & Space**
seum 6, la **National Gallery of Art &**
tional Sculpture Garden 7 y el **Na-**
nal Museum of Natural History 8.

CONSEJOS

Hay que empezar pronto, sobre todo en
verano, para evitar las aglomeraciones
y el calor abrasador. Hacia las 10.30
conviene terminar con los monumentos
y pasar a los museos, provistos de aire
acondicionado. Se recomienda llevar
algún tentempié, pues solo hay unos
cuantos carritos ambulantes y los cafés
de los museos.

In Memorial

arlar con Abe en su sillón, hay que bajar
linata hasta el punto donde Martin
King Jr pronunció su discurso del "I
Dream". Desde este punto, la vista de la
ing Pool y el Washington Monument es una
nejores del D. C.

STEVEN GREAVES / GETTY IMAGES ©

Korean War Veterans
Memorial

National WWII
Memorial

Vietnam Veterans Memorial
Junto a cada nombre hay un símbolo:
el diamante significa "muerto, cadáver
recuperado"; el signo más, "desaparecido".
Hay unos 1200 de estos últimos.

National Museum
of African American
History & Culture

Washington Monument
Al acercarse al Obelisco, el visitante puede
advertir que, hacia un tercio de la altura, el color
del mármol cambia: hubo que utilizar un nuevo
material al agotarse el de la primera cantera.

National Museum of
American History

National Museum of Natural History
Tras saludar a Henry, el elefante que preside la rotonda, hay que subir al 2º
piso para ver el diamante Hope, una joya de 45,52 quilates que, según la
leyenda, conlleva una maldición para quien lo posea. Una de sus propietarias
fue María Antonieta, así que quizá sea cierto.

National Sculpture
Garden

onal Gallery of Art
tional Sculpture Garden
ue dirigirse a la galería 6 (edificio O) para
mplar la única pintura de Leonardo da Vinci
ontinente americano. En el exterior se
pasear entre esculturas de Miró, Calder y
nstein. También se puede ver el proyecto
ficio Este, realizado por I. M. Pei.

EDDIE BRADY / GETTY IMAGES ©

Cocina del este y el sur

Con solo ver las fotos se hace la boca agua. En esta región la comida es algo serio, y el visitante podrá saborear las recetas perfeccionadas y celosamente guardadas de la salsa barbacoa, el pollo frito y la tarta de manzana, entre otras.

1. El 'hot dog' de Nueva York
Esta salchicha de buey con ajo se dora a la plancha y se sazona con mostaza especiada, chucrut y cebolla.

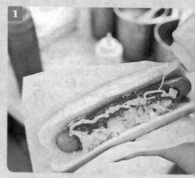

2. 'Pizza' de Chicago
Su masa enorme alcanza los 7,5 cm de altura, lo que permite colocar encima un montón de queso y salsa de tomate.

3. El 'gumbo'
Esta sopa o guiso picante lleva ostras, gambas y cangrejo (o carnes ahumadas en el interior del país).

4. Tartas
En el sur triunfan las de pacanas; en Florida, las de lima; el medio oeste prefiere la crema, y en el noreste se rellenan de fruta.

5. Barbacoa sureña
Las variaciones son infinitas, pero lo más habitual es el cerdo ahumado y asado lentamente en fuego de leña, acompañado con salsas dulces o a base de vinagre.

6. Queso de Wisconsin
Más allá del cheddar, la variedad de quesos va desde el gouda añejo al queso de cabra al cacao o el intenso limburger.

7. Pescado y marisco
La prodigalidad de la región da lugar a una generosa *chowder* (sopa de pescado cremosa) con ostras, almejas y la gran langosta de Maine.

8. El 'bourbon' de Kentucky
Este *whisky* sedoso de color caramelo obtiene su sabor único del maíz y del envejecimiento en barrica. Se bebe solo o con agua.

9. Cervezas artesanas
Es la edad de oro de los aficionados a la cerveza: en toda la región hay productores a pequeña escala que sirven deliciosas cervezas.

10. Pan de maíz
Mezcla de harina de maíz con suero de mantequilla horneada en sartén de hierro fundido; el pan del sur se suele comer siempre untado con mantequilla.

11. Pollo frito sureño
Todos los chefs tienen su receta secreta de rebozado, pero la gracia es que esté crujiente por fuera y tierna por dentro.

12. Comida cajún
La comida rústica del *bayou country* combina las especias autóctonas, como el sasafrás y la guindilla, con la cocina francesa. Se recomienda la *jambalaya*.

3

6

9

12

el estado. En 1832 se promovió por primera vez su caza con recompensa (5 US$ por piel), y en los 130 años siguientes fueron acosadas sin piedad. Aunque su caza se detuvo en 1958, ya era tarde para que sobrevivieran por sí solas. Sin un programa de cría en cautividad, iniciado en 1991, a día de hoy la pantera de Florida se habría extinguido. Solo quedan un centenar de ejemplares, por lo cual el animal sigue amenazado.

Lobos y coyotes

Los lobos escasean en el este de EE UU. Los pocos que hay deambulan por el norte de Minnesota, en Boundary Waters. El frío bosque boreal de la zona es su territorio. En Ely, Minnesota, se halla el International Wolf Center (www.wolfcenter.org). Si bien es un animal que puede ser tan feroz y astuto como lo retratan los cuentos, rara vez ataca a los humanos. Si el viajero se halla en su territorio, quizá le oiga aullar a la Luna.

El coyote se parece al lobo, pero es la mitad de grande y su peso oscila entre los 7 y los 20 kg. Icono del suroeste, también está presente en la región oriental, incluso en ciudades; hace unos años, en Chicago, un coyote entró en una sandwichería del centro a la hora del almuerzo.

Ciervos

El ciervo de cola blanca está presente en toda la región. En los Cayos de Florida habita una subespecie autóctona, el pequeño ciervo de los cayos: mide menos de 1 m de altura, pesa menos que un niño de 10 años, y la mayoría de ellos vive en el Big Pine Key.

Reptiles

Caimanes y cocodrilos

Los caimanes americanos se deslizan por los humedales del sureste, principalmente en Florida y Luisiana. Con hocico, ojos y lomo tan inmóviles que apenas forman ondas al surcar el agua, los caimanes llevan más de 200 millones de años vigilando los marjales.

En Luisiana hay casi dos millones de caimanes, y Florida tiene casi un millón y medio, repartidos entre lagos, ríos y los campos de golf del estado, casi todos ellos en las zonas centrales y meridionales. El mejor sitio para verlos quizá sean los Everglades. Los caimanes son depredadores alfa que equilibran el resto de la cadena alimenticia, y sus madrigueras se convierten en vitales depósitos de agua en la temporada seca y en época de sequía, ayudando a todo el ecosistema. Viven unos 30 años, pueden alcanzar los 4 m de longitud y pesar hasta 450 kg. Oficialmente ya no son una especie amenazada, pero siguen protegidos debido a su parecido con el cocodrilo americano, en peligro de extinción.

El sur de Florida es el único hábitat poblacional del cocodrilo americano en Norteamérica, con unos 1500 ejemplares. Es un animal que prefiere el agua salada, y para distinguirlo del caimán solo hay que fijarse en su 'sonrisa', el hocico del cocodrilo es más afilado y tiene los dientes salidos.

Tortugas marinas

Florida es la zona de cría de tortugas marinas en los EE UU continentales. Tres especies principales cavan cada año más de 80 000 nidos, casi todos ellos en las playas de la costa sur del Atlántico, aunque también alcanzan las playas de la costa del Golfo. La gran mayoría son tortugas bobas, seguidas de verdes y laúd, y también, históricamente, carey y loro; las cinco especies están amenazadas o en peligro de extinción. La más grande es la tortuga laúd, que puede alcanzar los 3 m de largo y los 900 kg de peso.

Durante la época de cría, de mayo a octubre, las tortugas ponen entre 80 y 120 huevos en cada nido. Los huevos se incuban durante dos meses.

El Isle Royale National Park de Míchigan alberga el mayor estudio activo mundial sobre depredadores y presas, con lobos y alces. Si bien los índices han fluctuado desde el comienzo del estudio en 1958, el mayor desequilibrio se produjo hace poco: en el 2015 la población de lobos se redujo a 3 (de los 30 registrados en el 2006), y la de alces se redujo a 1250. Las causas, entre otras, son varias enfermedades, la endogamia y el cambio climático.

Premio Pulitzer en el 2015, *La sexta extinción: una historia nada natural*, de Elizabeth Kolbert, analiza la veloz desaparición de especies del planeta, del colapso de la población de la rana dorada de la selva pluvial panameña y los rinocerontes de Sumatra, en el sureste asiático, a las muertes masivas de murciélagos en Vermont, cerca del hogar de la autora.

Al nacer, las tortuguitas van directas hacia el mar y a pesar de lo que se cuenta, no necesitan la luz de la Luna para encontrar el camino.

Serpientes

Hay cuatro especies de crótalos al este del Misisipi; el adamantino, el pigmeo, el cascabel del cañaveral y el cascabel de los bosques. De 2 m de largo, el adamantino es el más grande y agresivo. Otras especies venenosas de la región son la serpiente cabeza de cobre, la mocasín de agua y la serpiente de coral. Viven entre el Atlántico Medio y el Sur. No obstante, toparse con una serpiente venenosa es poco habitual, como lo prueba el hecho de que en el Great Smoky Mountains National Park, con 9,5 millones de visitantes al año, nunca se ha dado una muerte por picadura de serpiente en sus más de 80 años de historia.

Mamíferos marinos y peces

Ballenas y delfines

El mejor enclave del este de EE UU para ver ballenas está cerca de la costa de Massachusetts, en el Stellwagen Bank National Marine Sanctuary, donde las yubartas se alimentan en verano. De media, estas impresionantes

PARQUES NACIONALES

NOMBRE	ESTADO	CARACTERÍSTICAS	ACTIVIDADES	MEJOR ÉPOCA
Acadia National Park	ME	Cadillac Mountain (466 m), costa rocosa, islas	excursionismo, ciclismo	may-oct
Biscayne National Park	FL	arrecifes de coral, manatíes, delfines, tortugas marinas	kayak, *snorkel*, submarinismo, circuitos en barco con fondo de cristal	med dic-med abr
Congaree National Park	SC	cipreses con musgo, ciénagas, búhos	pesca, canoa	primavera y otoño
Cuyahoga Valley National Park	OH	ríos, cascadas, camino de sirga	excursionismo, ciclismo, tren panorámico	may-oct
Dry Tortugas National Park	FL	islas remotas, fuerte de la Guerra de Secesión, 300 especies de aves, tortugas marinas	*snorkel*, submarinismo, observación de aves	dic-abr
Everglades National Park	FL	praderas, pantanos, caimanes, panteras, manatíes	ciclismo, canoa, kayak, excursionismo	dic-abr
Great Smoky Mountains National Park	NC, TN	montañas, bosques, flores silvestres, osos negros, wapitíes	excursionismo, equitación, pesca	med abr-oct
Hot Springs National Park	AK	aguas termales, edificios históricos	*spa*, excursionismo	sep-feb
Isle Royale National Park	MI	una gran isla remota, espesos bosques, lagos, alces	kayak, excursionismo, acampada libre	med may-oct
Mammoth Cave National Park	KY	cuevas sin fin, ríos subterráneos, murciélagos	excursionismo, espeleología	todo el año
Shenandoah National Park	VA	Blue Ridge Mountains, cascadas, ciervos, linces rojos	excursionismo, acampada	abr-oct
Voyageurs National Park	MN	bosque denso, islas, lagos, lobos, auroras boreales	paseos en barco, motonieves	may-fin sep

En un programa para introducir grullas trompeteras en el este, los naturalistas usan ultraligeros para guiar a las jóvenes grullas desde su zona de cría en el centro de Wisconsin hasta su hábitat de invierno a lo largo de la costa del Golfo, en Florida. Cuando las aves aprenden la ruta, ya pueden recorrerla sin ayuda. Para seguirlas, visítese www.ustream.tv/migratingcranes.

criaturas miden 15 m de largo y pesan 50 toneladas, un peso considerable para emerger y saltar como lo hacen. Se aproximan mucho a los barcos, ofreciendo grandes instantáneas. La mayoría de las 400 ballenas francas glaciales que quedan, el coloso más amenazado del planeta, frecuentan las mismas aguas. Los cruceros para verlas salen de Boston, Plymouth, Provincetown y Gloucester, Massachusetts.

En las aguas de la costa Florida viven varias especies de delfines. La más común es el delfín nariz de botella, muy sociable e inteligente y presente en casi toda la península.

Manatíes

La costa de Florida es el hábitat del extraordinario y discreto manatí, que vive entre las aguas dulces de los ríos y el océano. Con una media de 3 m de largo y 450 kg de peso, estas criaturas ágiles y expresivas no son muy activas, y suelen pasar el día descansando y comiendo el equivalente al 10% de su peso corporal. En invierno buscan las aguas templadas de los arroyos de Florida y los canales de evacuación de las centrales eléctricas. En verano migran de vuelta al océano y pueden verse en las costas de Alabama, Georgia y Carolina del Sur, además de Florida.

Los manatíes han estado protegidos en mayor o menor medida desde 1893, y fueron incorporados en la primera lista federal de especies amenazadas en 1967. Antaño se les cazaba por su carne, supuestamente exquisita, pero hoy su principal causa de muerte son las colisiones con los barcos, con un 20% de víctimas anuales. En la actualidad la población de manatíes supera los 5000 ejemplares.

Peces tropicales

Los cayos de Florida son el lugar ideal para ver asombrosos arrecifes de coral y peces tropicales. La única barrera de arrecifes de coral viviente de Norteamérica (y la tercera más grande del mundo después de la Gran Barrera de Coral australiana y el arrecife mesoamericano en Belice) se extiende 356 km desde Cayo Vizcaíno, cerca de Miami, hacia el Dry Tortugas National Park, a 113 km de Cayo Oeste (Key West). Tanto el parque nacional como el John Pennekamp Coral Reef State Park (en Cayo Largo) son lugares espectaculares para contemplar el mundo submarino donde ondean las gorgonias y nadan bancos de peces paleta de pintor y peces trompeta pintada. En los arrecifes viven más de 260 especies.

Aves

El águila calva, símbolo nacional de los EE UU desde 1872, es la única águila endémica de Norteamérica. Su envergadura puede superar los 2 m de ancho. En invierno, la mejor zona para verla es a lo largo del río Misisipi, en Minnesota, Wisconsin e Illinois; en verano es común verla en Florida, cerca de zonas de agua dulce ricas en peces y con árboles altos para anidar. Ya no aparece en la lista de especies amenazadas tras una notable recuperación de la especie desde las 417 parejas de 1963 hasta las casi 9800 actuales (más las 30 000 de Alaska).

El pelícano vulgar, una de las aves más grandes de la región, llega en invierno (oct-abr) mientras que el pelícano alcatraz, el único que se sumerge para pescar, vive aquí todo el año, alrededor de la costa del Golfo y en toda Florida.

Guía
práctica

Datos prácticos A-Z

Acceso a internet

➧ Los viajeros apenas tendrán problemas para conectarse en un país tan tecnológico como EE UU.

➧ Es común que haya wifi en alojamientos de todos los precios (en la habitación, con buena velocidad). Muchos sitios también tienen un ordenador conectado a internet para uso público.

➧ Casi todos los restaurantes, bares y cafés (como Starbucks) ofrecen wifi gratis. También parques y plazas de algunas ciudades.

➧ Si el viajero no lleva dispositivo para conectarse a internet, puede usar las bibliotecas públicas, casi todas tienen terminales (con limitación de tiempo) y wifi. A veces los residentes de fuera del estado deben pagar una pequeña tarifa de uso.

➧ Si el viajero no reside en EE UU necesita un adaptador AC para el ordenador portátil (si este no tiene voltaje dual 110/220) y un adaptador para los enchufes estadounidenses; ambos disponibles en grandes tiendas de electrónica, como Best Buy.

➧ En www.wififreespot.com hay una lista de zonas con wifi.

Aduana

La información más completa y actualizada está en la web de la **Oficina de Aduanas y Protección Fronteriza de EE UU** (www.cbp.gov).

A los extranjeros y residentes se les permite entrar con:

➧ 1 l de alcohol (mayores de 21 años).

➧ 100 puros y 200 cigarrillos (mayores de 18).

➧ Regalos y compras por valor de 200 US$ (800 si se trata de un residente de EE UU que regresa a casa)

➧ Es obligatorio declarar cantidades superiores a 10 000 US$ en dólares o en moneda extranjera.

Existen penas severas por el intento de importar drogas ilegales. Los objetos prohibidos incluyen accesorios relacionados con las drogas, objetos de marcas falsificadas y productos fabricados en Cuba, Irán, Birmania y Sudán. Hay que declarar la fruta, las hortalizas y otros alimentos (por lo cual el viajero será objeto de un exhaustivo registro) o tirarlos en los cubos de la zona de llegadas.

Alojamiento

Salvo en los alojamientos más económicos y en temporada baja, se recomienda reservar. En temporada alta, los hoteles de las zonas turísticas se llenan con meses de antelación.

Temporadas

➧ La temporada alta es verano, de mayo a septiembre, con los precios más elevados.

➧ Las excepciones son Florida y las zonas de esquí del norte, donde el invierno es temporada alta.

Comodidades

➧ Casi todos los alojamientos tienen wifi en las habitaciones. Suele ser gratuito en los sitios económicos y de precio medio. En los hoteles de precio alto cobran una tasa (de 10 a 17 US$/día).

➧ En los alojamientos más pequeños, sobre todo en los B&B, está prohibido fumar. Los hoteles Marriot y Westin son 100% libres de humo. El resto cuenta con habitaciones para no fumadores.

➧ Suele haber aire acondicionado.

Descuentos

En las webs de los hoteles hay tarifas especiales en línea. Si en una web de reservas se encuentra un precio más barato, muchos hoteles lo igualarán si se les llama y se les informa.

B&B y hostales

Varían entre casas pequeñas y confortables, con baños compartidos (menos caras), y mansiones románticas e históricas llenas de antigüedades y con baños privados (más caras). Puede que las más románticas y selectas no acepten niños. Suelen requerir una estancia mínima de dos o tres días los fines de semana y es esencial reservar. Conviene llamar para informarse sobre la política de cada local (en cuanto a niños, mascotas, tabaco...) y el tipo de baño disponible.

Agencias de B&B:

Bed & Breakfast Inns Online (www.bbonline.com)
BedandBreakfast.com (www.bedandbreakfast.com)
BnB Finder (www.bnbfinder.com)
Select Registry (www.selectregistry.com)

'Camping'

Las plazas de *camping* en los parques nacionales y estatales suelen ser de tres tipos:
Primitivas Gratis o hasta 10 US$ por noche, sin instalaciones.
Básicas De 10 a 20 US$, con baños, agua potable, zona de hogueras y mesas de pícnic.
Completas De 20 a 50

US$, con más comodidades, como duchas, barbacoas y plazas de autocaravana con enchufes.

En los parques nacionales y otros territorios federales se puede reservar plaza por medio de **Recreation.gov** ([☎]877-444-6777, internacional [☎]518-885-3639; www.recreation.gov). La acampada suele limitarse a 14 días y puede reservarse con seis meses de antelación; en algunos *campings* estatales se puede tramitar con **ReserveAmerica** (www.reserveamerica.com).

Casi todos los *campings* privados son para autocaravanas, pero suelen tener una pequeña zona para tiendas de campaña. Cuentan con muchas comodidades, como piscina, lavandería, tiendas y bares. **Kampgrounds of America** (KOA; www.koa.com) es una red nacional de *campings* privados; sus Kamping Kabins tienen cocina y aire acondicionado.

Albergues

Hostelling International USA ([☎]240-650-2100; www.hiusa.org) tiene varios albergues en el este de EE UU. Casi todos tienen dormitorios divididos por sexos, algunas habitaciones privadas, baños compartidos y cocina comu-

nitaria. Las tarifas por noche en dormitorio colectivo van de 25 a 45 US$ (en Nueva York el precio mínimo puede ser de 75 US$). No hace falta ser miembro para alojarse, pero se paga un poco más. Aceptan reservas (se puede tramitar en línea).

En la región abundan los albergues independientes no afiliados a HI USA. En las siguientes webs hay varios listados:

Hostels.com (www.hostels.com)
Hostelworld.com (www.hostelworld.com)
Hostelz.com (www.hostelz.com)

Hoteles

Todas las categorías incluyen televisión por cable, wifi en la habitación, baño privado y desayuno continental básico. Muchas opciones de precio medio tienen minibar, microondas, secador de pelo y piscina; y los hoteles más caros añaden servicio de conserjería, gimnasio, centro de negocios, *spas*, restaurantes y bares.

CADENAS HOTELERAS POPULARES

Best Western ([☎]800-780-7234; www.bestwestern.com)
Comfort Inn ([☎]877-424-6423; www.comfortinn.com)
Hampton Inn ([☎]800-426-7866; www.hampton-inn.com)
Hilton ([☎]800-445-8667; www.hilton.com)
Holiday Inn ([☎]888-465-4329; www.holidayinn.com)
Marriott ([☎]888-236-2427; www.marriott.com)
Super 8 ([☎]800-454-3213; www.super8.com)

Alquiler de casas y apartamentos

Para alquilar una casa o un apartamento se puede consultar **Airbnb** (www.airbnb.com), con miles de listas de todo el país. Los viajeros con presupuesto ajustado también pueden alquilar una habitación; es una forma

---

PRECIOS DE ALOJAMIENTO

Los precios de esta guía corresponden a una habitación doble en temporada alta (may-sep) y no incluyen los impuestos, que pueden elevar el precio entre un 10 y un 15%. Al reservar, pregúntese si la tarifa incluye impuestos.

**$** menos de 100 US$

**$$** de 100 a 250 US$

**$$$** más de 250 US$

En las ciudades de Nueva York y Washington D. C. los precios son:

**$** menos de 150 US$

**$$** de 150 a 350 US$

**$$$** más de 350 US$

excelente de conectar con los vecinos, si a uno no le importa compartir casa.

Moteles

Diferenciados de los hoteles porque algunas de sus habitaciones dan a un aparcamiento, suelen concentrarse en las salidas de las carreteras interestatales y en las principales vías de acceso a las ciudades. Muchos son negocios familiares sencillos y baratos, rara vez incluyen el desayuno y las comodidades se limitan a wifi y TV (quizá por cable). Aunque la mayoría de las habitaciones no ganarían un premio de interiorismo, suelen estar limpias y ser confortables, con buena relación calidad-precio. Ante la duda, siempre se puede pedir verlas antes.

Resorts

Florida, en particular, tiene resorts descomunales. Sus comodidades incluyen todo tipo de centros de *fitness* y deporte, piscinas, *spas*, restaurantes, bares y otros. Muchos de ellos ofrecen servicio de canguro. Sin embargo, algunos añaden un suplemento a la tarifa, el *resort fee;* conviene preguntar antes.

Comida

Véase p. 630 para saber todo lo necesario sobre la comida y la bebida de la región.

Comunidad homosexual

En general, el noreste es la zona más tolerante del este de EE UU, y el sur la menos, si bien en las grandes ciudades de toda la región hay comunidades homosexuales con una larga historia.

Enclaves

En Manhattan proliferan los grandes bares y locales de ambiente, sobre todo en Hell's Kitchen, Chelsea y West Village. A unas pocas horas (en tren y ferri) está el arenal de Fire Island, la meca gay en Long Island. Otras ciudades de la costa este con buen ambiente homosexual son Boston, Filadelfia, Washington D. C., Provincetown (en Cape Cod, Massachusetts) y Rehoboth Beach, en Delaware. Incluso Maine tiene una playa gay: Ogunquit. En el sur, "Hotlanta" echa humo. Florida, Miami y la 'Conch Republic' de Cayo Hueso tienen prósperas comunidades homosexuales, aunque Fort Lauderdale atrae también a chicos y chicas bronceados, y Nueva Orleans es de lo más acogedora. En el Medio Oeste, las mejores ciudades son Chicago y Minneapolis.

Actitudes

En casi todas las grandes ciudades de EE UU hay una comunidad LGBTI visible y abierta, con la que es fácil conectar. El nivel de aceptación pública varía a lo ancho y largo de la nación; en algunos lugares la tolerancia es cero y en otros la aceptación está condicionada a que no se alardee de la condición sexual. En este país todavía hay mucha homofobia; en las zonas rurales y enclaves conservadores no es prudente mostrar afecto en público, ya que a veces uno puede ser objeto de violencia verbal o incluso física. En caso de duda, hay que asumir que los lugareños optan por la "ley del silencio". El matrimonio entre personas del mismo sexo está reconocido legalmente por el Gobierno federal, y 37 estados (la mayoría del noreste) y el D. C. lo aceptan.

Recursos

The Queerest Places: A Guide to Gay and Lesbian Historic Sites, de Paula Martinac, está repleto de detalles jugosos e historia y abarca todo el país. Es interesante visitar su blog, www.queeres tplaces.com.

Advocate (www.advocate. com) Web gay de noticias sobre negocios, política, arte, ocio y viajes.
Damron (www.damron. com) Las clásicas guías gay de viajes, pero dirigidas a anunciantes. A veces están desfasadas.
Gay Travel (www.gaytravel. com) Guías en línea a docenas de destinos en EE UU.
National Gay & Lesbian Task Force (www.thetas kforce.org) Web del grupo activista nacional, con noticias, política y temas de actualidad.
Out Traveler (www.outtra veler.com) Artículos de viaje de orientación gay.
Purple Roofs (www.pur pleroofs.com) Listados de B&B y hoteles *gay-friendly* o regentados por gais.

Correos

➜ El **US Postal Service** (USPS; ☎800-275-8777; www. usps.com) es barato y fiable. Las tarifas postales del correo nacional de 1ª clase son 0,49 US$ para cartas que pesen 28,35 g (1 onza; 0,22 US$ por cada onza adicional) y 0,35 US$ para postales.

➜ Las tarifas de correo aéreo internacional son 1,20 US$ por una carta o postal de 28,35 g de peso.

Cuestiones legales

Ante cualquier infracción de tráfico, la policía no ofrece un servicio de pago instantáneo de multas. El agente explicará al infractor las opciones que tiene; suele haber un período de pago por correo de 30 días.

Si el viajero es arrestado, nunca debe huir de un oficial. Tiene derecho a permanecer en silencio y a un abogado. El sistema legal presume que una persona es inocente hasta que se demuestre lo contrario. Cualquier arrestado tiene derecho a una llamada telefónica. Si un viajero no tiene abogado o un familiar que pueda ayudarle, debe llamar a la embajada o al consulado; la policía le facilitará el número, si lo pide.

Drogas y alcohol

➡ En la mayoría de los sitios es ilegal ir por la calle con una bebida alcohólica abierta. Dos excepciones son Nueva Orleáns y Beale St, en Memphis.

➡ Pedir un documento identificativo con fotografía que pruebe que el portador tiene edad legal para beber (21 años) es muy habitual.

➡ Algunos estados, sobre todo en el sur, tienen condados 'secos' en los que se prohíbe la venta de alcohol.

➡ En todos los estados la tasa de alcohol en sangre es del 0,08%; conducir bajo los efectos del alcohol y las drogas es un delito grave, penado con multas elevadas e incluso cárcel.

➡ En 23 estados –incluido casi todo Nueva York y hacia el noreste– se trata la posesión de pequeñas cantidades de marihuana como una falta (punible con una multa de entre 100 y 200 US$, si es la primera). Sin embargo, su uso es ilegal en muchos estados del Medio Oeste y del Sur. Es importante conocer las leyes locales al respecto.

➡ Aparte de la marihuana, las drogas recreativas están prohibidas por ley. La posesión de cualquier droga ilegal, como cocaína, extásis, LSD, heroína o hachís, es un delito potencialmente punible con largas penas de cárcel.

Descuentos

Con las siguientes tarjetas se obtienen descuentos (suelen ser del 10%) en museos, alojamientos y algunos transportes (incluido Amtrak):

American Association of Retired Persons (www.aarp.org) Viajeros estadounidenses mayores de 50 años.
American Automobile Association (AAA; ☎877-428-2277, asistencia en carretera 800-222-4357; www.aaa.com; tarifa socio anual desde 52 $) Socios de AAA y sus filiales en Europa.
Carné Internacional de Estudiante (www.isic.org) Estudiantes de cualquier edad y menores de 26 años.
Student Advantage Card (www.studentadvantage.com) Estudiantes estadounidenses y extranjeros mayores de 16 años.

Dinero

La mayoría de los estadounidenses no lleva encima grandes cantidades de dinero para uso diario, usa tarjetas de crédito, débito o los cajeros automáticos. Pero no hay que fiarse, pues algunas máquinas (sobre todo en las gasolineras) no aceptan tarjetas extranjeras. Los negocios más pequeños suelen rechazar los billetes de más de 20 US$.

Cajeros automáticos

➡ Suelen estar disponibles las 24 h, siete días a la semana, en la mayoría de los bancos, centros comerciales, aeropuertos y tiendas.

➡ Casi todos cargan una tasa de 3 US$ o más por transacción. El banco de origen puede añadir cargos adicionales.

➡ Conviene pedir en el banco de origen toda la información posible sobre el uso de la tarjeta en cajeros de EE UU. La tarifa de cambio suele ser la misma en todas partes.

Tarjetas de crédito

Las principales tarjetas de crédito se aceptan en todas partes. Es casi imposible alquilar un vehículo o hacer una reserva por teléfono sin tarjeta. Visa y MasterCard son las más aceptadas. Contáctese con la empresa emisora en caso de robo o pérdida de la tarjeta.

American Express (☎800-528-4800; www.americanexpress.com)
MasterCard (☎800-627-8372; www.mastercard.com)
Visa (☎800-847-2911; www.visa.com)

Cambio de moneda

➡ Los bancos suelen ser la mejor opción; casi todos los grandes cambian moneda, pero en las zonas rurales puede que no sea así.

➡ Los mostradores de cambio en aeropuertos y centros turísticos suelen tener las peores tarifas; conviene preguntar primero por tipos de cambio y recargos.

➡ **Travelex** (☎516-300-1622; www.travelex.com) es una de las principales agencias de cambio, pero puede que las oficinas de **American Express** (☎800-528-4800; www.americanexpress.com) ofrezcan mejores tarifas.

PRECIOS DE RESTAURANTES

Los precios de esta guía se refieren a un plato principal. A menos que se indique lo contrario, no incluyen copas, aperitivos, postres, impuestos y propinas.

$ menos de 15 US$
$$ de 15 a 25 US$
$$$ más de 25 US$

Impuestos

➡ El impuesto sobre el valor añadido (IVA) varía del 5 al 10%, según el estado y el condado. Los precios anunciados no suelen incluir el IVA, que se calcula en el momento de la compra.

➡ Las tasa de hotel varían de una ciudad a otra, del 10% hasta algo más del 18% (en Nueva York).

Propinas

No son opcionales; únicamente no se exigen en caso de un mal servicio.

Mozos de aeropuerto y botones 2 US$ por maleta, mínimo 5 US$ por carro.
Camareros de bares Del 10 al 15% por ronda, mínimo 1 US$ por copa.
Camareros de restaurante Del 15 al 20%, a menos que la propina ya se incluya en la cuenta.
Servicio de limpieza De 2 a 5 US$ diarios, que se dejan bajo la tarjeta ofrecida.
Taxistas Del 10 al 15%, redondeando hasta el siguiente dólar.
Aparcacoches Al menos 2 US$ al devolver las llaves del vehículo.

Electricidad

120V/60Hz

120V/60Hz

Embajadas y consulados

Además de las embajadas en Washington D. C. (véase la lista completa en www.embassy.org), casi todos los países tienen consulado en Nueva York.

Consulado de Argentina (☎212-603-0400; www.cnyor.mrecic.gov.ar; 12 W 56th St, NY 10019; Ⓜ57th St)
Consulado de Chile (☎212-980-3366; www.chile.gob.cl; 866 United Nations Plaza ste 601, NY 10017; ⓂLexington Ave)
Consulado de Colombia (☎212-798-9000; www.nuevayork.consulado.gov.co; 10 E 46th St, NY 10017; Ⓜ5th Ave)
Misión de Cuba en Naciones Unidas (☎212-689-7215; https://embassy-finder.com; 315 Lexington Ave, NY 10016; Ⓜ33th St)
Consulado de España (☎212-355-4080; www.exteriores.gob.es; 150 E 58th St 30ª planta, NY 10155; ⓂLexington Ave)
Consulado de México (☎212-217-6400; consulmex.sre.gob.mx; 27 E 39 St, NY 10016; Ⓜ5th Ave)
Consulado de Perú (☎646-735-3901; www.consuladoperu.

com; 241 E 49 St, NY 10017; Ⓜ51th St)
Consulado de Uruguay (☎212-753-8191; www.embajadadeuruguay.org; 420 Madison Ave 6º piso, NY 10017; Ⓜ51St)

Fiestas oficiales

En los siguientes festivos nacionales, bancos, escuelas y oficinas gubernativas (correos incl.) cierran, y los transportes, museos y otros servicios adoptan el horario dominical. Las fiestas que caen en fin de semana suelen pasarse al lunes siguiente.

Año Nuevo 1 de enero
Día de Martin Luther King 3er lunes de enero
Día del Presidente 3er lunes de febrero
Día de los Caídos (Memorial Day) Último lunes de mayo
Día de la Independencia 4 de julio
Día del Trabajo 1er lunes de septiembre
Día de Colón 2º lunes de octubre
Día de los Veteranos 11 de noviembre
Acción de Gracias 4º jueves de noviembre
Navidad 25 de diciembre

Hora local

La región este se divide entre las zonas horarias oriental y central, separadas por 1 h. La línea divisoria atraviesa Indiana, Kentucky, Tennessee y Florida. A las 12.00 de la zona este son las 11.00 en la zona central (y las 17.00 GMT). La región, como la mayoría del país, adopta el horario de verano (DST en sus siglas en inglés). El 2º domingo de marzo los relojes se adelantan 1 h, y el 1er domingo de noviembre se retrasan 1 h.

Téngase en cuenta que en EE UU las fechas se escriben mes/día/año, por lo cual, el 8 de junio del 2016 sería 6/8/16.

LO BÁSICO

Periódicos y revistas

➡ Periódicos regionales: *Washington Post, Boston Globe, Miami Herald, Chicago Tribune*

➡ Periódicos nacionales: *New York Times, Wall Street Journal, USA Today*

➡ Revistas informativas: *Time, Newsweek*

Radio y televisión

➡ Noticias: National Public Radio (NPR), extremo inferior del dial FM

➡ Televisión: ABC, CBS, NBC, FOX, PBS (emisión pública)

➡ Principales canales por cable: CNN (noticias), ESPN (deportes), HBO (películas), Weather Channel

Sistema de vídeo y DVD

➡ NTSC estándar (incompatible con PAL o SECAM)

➡ DVD codificado para Región 1 (solo EE UU y Canadá)

Pesos y medidas

➡ Peso: onzas (oz), libras (lb), toneladas

➡ Capacidad: onzas, pintas, cuartos, galones

➡ Distancia: pies (ft), yardas (yd), millas (mi)

Tabaco

Desde el 2015, casi la mitad de los estados del este y del Medio Oeste, y muchos municipios de la región, cuentan con restaurantes, bares y oficinas libres de humo.

Horario comercial

Los horarios habituales son:

Bancos 8.30-16.30 lu-vi (más 9.00-12.00 sa).
Bares 17.00-24.00 do-ju, hasta 2.00 vi y sa.
Locales nocturnos 22.00-3.00 ju-sa.
Correos 9.00-17.00 lu-vi.
Centros comerciales 9.00-21.00.
Tiendas 9.00-18.00 lu-sa, 12.00-17.00 do.
Supermercados 8.00-20.00, algunos abren 24 h.

Información turística

La web oficial de turismo de EE UU es www.discoveramerica.com. Ofrece enlaces a todas las webs y oficinas de turismo de todos los estados del país, además de muchas ideas para planificar itinerarios.

La mayoría de las ciudades y pueblos cuentan con algún tipo de centro turístico que facilita información local y que suele estar a cargo del Convention and Visitors Bureau (CVB) o de la cámara de comercio. Estas entidades solo contabilizan los negocios asociados, por lo cual no incluyen todos los hoteles y restaurantes de una ciudad, y puede que falten establecimientos interesantes y recomendables.

Algunas webs útiles para empezar son:

New York State Tourism (www.iloveny.com)
Visit Florida (www.visitflorida.com)
Washington D. C. (www.washington.org)

Mujeres viajeras

➡ Las mujeres que viajen solas o en grupo no tendrán ningún problema en el este de EE UU. Solo deben usar el sentido común como en el país de origen.

➡ En bares y locales nocturnos una mujer sola llama mucho la atención. Si no quiere compañía, la mayoría de los hombres respeta un firme "No, gracias".

Las agresiones físicas son improbables, pero dado el caso, se recomienda llamar a un teléfono de emergencia antes que a la policía, a menos que la víctima se halle en peligro, en cuyo caso debe llamar al 911. La línea **National Sexual Assault Hotline** (800-656-4673; https://ohl.rainn.org/online), activa 24 h.

La web www.journeywoman.com favorece el intercambio de opiniones entre mujeres viajeras, con enlaces a varios recursos.

Salud

La región este, como el resto de EE UU, tiene un nivel de higiene elevado y las enfermedades infecciosas no son un problema significativo. No se requieren vacunas y es seguro beber agua del grifo. Cualquier medicamento que el viajero necesite y lleve consigo debe incluir su envase original, bien etiquetado. Una carta del médico que explicite el estado de salud del paciente y la medicación que toma (incluyendo el nombre genérico) también es conveniente.

Seguro médico

Los EE UU ofrecen la que quizá sea la mejor atención sanitaria del mundo, el problema es que resulta prohibitiva por su precio. Es esencial contratar un seguro médico de viaje si el del viajero no incluye los gastos médicos en el extranjero. Más información en la sección "Seguros" de la web de Lonely Planet (lonelyplanet.com/travel-insurance).

Se recomienda informarse con antelación sobre si el seguro del que se dispone paga directamente a los proveedores o reembolsa los gastos de salud en el extranjero a posteriori.

Asistencia médica

➡ En caso de emergencia médica, hay que acudir al servicio de urgencias del hospital más próximo.

➡ Si el problema no es urgente, basta con llamar a un hospital cercano y solicitar un médico de la zona; es más económico que ir a urgencias.

➡ Los centros de urgencias privados ofrecen buen servicio, pero son más caros.

➡ Las farmacias están bien abastecidas pero algunos medicamentos que en otros países se venden sin receta, en EE UU sí la necesitan.

➡ Si el seguro no cubre el coste de las recetas, que pueden resultar muy caras.

Enfermedades infecciosas

La mayoría de las enfermedades infecciosas se contraen por picaduras de mosquitos o garrapatas al aire libre. Más información en **Centers for Disease Control** (www.cdc.gov).

Giardiasis Infección intestinal; no se debe beber directamente de lagos, estanques, arroyos y ríos.
Enfermedad de Lyme De mayor incidencia en el noreste, la transmite la picadura de la garrapata a finales de primavera y verano. Tras un tiempo al aire libre, hay que examinarse y comprobar que uno no lleva garrapatas.
Virus del Nilo Occidental La transmiten los mosquitos a finales de verano y principios de otoño. La mejor prevención es cubrir la piel (manga larga y pantalón largo, sombrero y zapatos en lugar de sandalias) y usar un buen repelente de insectos, que contenga DEET, en la piel y la ropa.

Peligros naturales

Exposición al frío Puede ser un problema, sobre todo en el norte. Hay que abrigarse bien, incluso cuello y cabeza, y estar alerta ante cualquier señal de hipotermia (tartamudeo, descoordinación, palidez, somnolencia, confusión...).
Golpe de calor La principal consecuencia es la deshidratación. Los síntomas incluyen debilidad, jaqueca, náuseas y sudoración. Hay que tumbar a la persona afectada con las piernas en alto y aplicarle paños fríos y húmedos, además de rehidratarla.

Seguridad

La temporada de huracanes en la costa atlántica y el golfo de México va de junio a noviembre, pero su cénit es de finales de agosto a octubre. Pocas tormentas se convierten en huracanes en la costa este, pero cuando lo hacen, los resultados son catastróficos. Los viajeros deben respetar las alertas de huracanes, las advertencias y las órdenes de evacuación.

En el interior, en el Medio Oeste y en el sur, la temporada de tornados va de marzo a julio. De nuevo, las posibilidades de sufrir uno son escasas.

Ante la amenaza de un desastre natural, hay que permanecer atento a los informativos de radio y televisión. Para más información sobre tormentas y medidas de seguridad, contáctese con el **National Weather Service** (www.weather.gov).

Seguro de viaje

En EE UU sale caro ponerse enfermo, tener un accidente de automóvil o sufrir un robo. Hay que procurar tener el seguro adecuado antes de llegar al país. Para asegurar los objetos del interior del vehículo, se debe consultar la política de seguros de la agencia de alquiler de vehículos o contratar un seguro de viajes.

En la sección Seguros de la web de **Lonely Planet** (lonelyplanet.com/travel-insurance) hay seguros de viaje mundiales. Se pueden contratar, ampliar y reclamar en línea en cualquier momento, incluso estando ya de viaje.

Teléfono

El sistema telefónico de EE UU mezcla proveedores de servicios regionales, compañías de larga distancia y otras de telefonía móvil. En general, es un sistema eficiente. Las llamadas desde un teléfono fijo o móvil suelen ser más baratas que desde el teléfono de un hotel o una cabina. Servicios como **Skype** (www.skype.com) y **Google Voice** (www.google. com/voice) abaratan bastante las llamadas; más información en las respectivas webs.

Teléfonos móviles

➡ Casi todos los sistemas de telefonía móvil de EE UU son incompatibles con el estándar GSM 900/1800 de Europa y Asia (algunos teléfonos convertibles sí funcionan). Los iPhones funcionan sin problema, pero hay que tener cuidado con el coste del *roaming*, sobre todo con los datos. Conviene informarse sobre el uso del móvil en el extranjero con la compañía correspondiente.

➡ Puede que lo más económico sea comprar una tarjeta SIM de prepago para EE UU, como las que venden AT&T o T-Mobile, que puede introducirse en un móvil internacional para obtener un número de teléfono y un buzón de voz local.

➡ También es posible comprar teléfonos baratos sin contrato (de prepago) con un número local y una cantidad fija de minutos, regulable a voluntad. Virgin Mobile, T-Mobile, AT&T y otras compañías ofrecen teléfonos a partir de 30 US$, con un paquete de minutos desde unos 40 US$/400 min.

➡ La cadena de artículos electrónicos **Best Buy** (www. bestbuy.com) vende teléfonos de prepago y tarjetas SIM internacionales. La tienda en línea **Telestial** (www.telestial. com) vende tarjetas SIM y teléfonos móviles, y también los alquila.

➡ En zonas rurales del este, sobre todo en las montañas y en varios parques nacionales, no hay cobertura. Se recomienda comprobar el mapa de cobertura del operador.

Prefijos

Todos los números de teléfono de EE UU tienen un prefijo de zona de tres dígitos, seguido de un número local de siete dígitos. Si se llama dentro de la misma zona, solo se marca el número de siete dígitos (si no funciona, se puede marcar antes ☑1 + el prefijo de zona). Más información:

Prefijo del país ☑1
Llamadas internacionales ☑011 + prefijo del país + prefijo de zona + número local
Llamadas a otras zonas de EE UU o a Canadá ☑1 + prefijo de zona + número local de siete dígitos
Información telefónica nacional ☑411
Números gratuitos ☑1 + 800 (o 888, 877, 866) + número de siete dígitos. Algunos de estos números solo funcionan dentro de EE UU.

Cabinas telefónicas

Están en peligro de extinción en un mundo cada vez más 'móvil'. Las llamadas locales cuestan de 0,35 a 0,50 US$ los primeros minutos; si se alargan, sube el precio.

Tarjetas

Las tarjetas telefónicas de prepago son una buena solución para los viajeros con presupuesto ajustado. Se compran en tiendas, supermercados y cadenas de farmacias. AT&T vende una tarjeta telefónica muy fiable que se encuentra en todas partes.

Trabajo

Los trabajos de temporada en localidades turísticas de playa, parques temáticos y estaciones de esquí son habituales y fáciles de conseguir, pero no están bien pagados.

Un extranjero en EE UU con un visado estándar de visitante tiene prohibido el trabajo remunerado en el país. Si es sorprendido trabajando ilegalmente, será deportado. Además, las empresas deben acreditar la buena fe de sus empleados o se enfrentan a una multa. En particular, Florida del Sur destaca por su elevado índice de trabajadores ilegales extranjeros, y los oficiales de inmigración están muy alerta.

Para trabajar legalmente, los extranjeros deben solicitar un visado de trabajo antes de viajar. Los estudiantes de intercambio necesitan un visado J1, que las organizaciones de intercambio ayudan a tramitar.

Para trabajos no estudiantiles, temporales o permanentes, es necesario un aval de una empresa estadounidense (que tramitará un visado de categoría H). No son fáciles de conseguir.

American Institute for Foreign Study (☑866-906-2437; www.aifs.com) Buen recurso para informarse sobre programas de estudios en el extranjero.
Camp America (☑en RU 020-7581-7373; www.campamerica.co.uk) Ofrece puestos de trabajo en campamentos juveniles de verano.
Council on International Educational Exchange (☑207-553-4000; www.ciee. org) Amplia oferta de programas, incluidos interinajes, estudio en el extranjero, combinaciones de viaje y trabajo e intercambio laboral.
InterExchange (☑212-924-0446; www.interexchange.org) Campamentos y estancias *au-pair*.

RECOMENDACIONES OFICIALES

Argentina (www.mrecic.gov.ar)

Chile (www.minrel.cl)

Colombia (www.cancilleria.gov.co)

España (www.exteriores.gob.es)

México (www.guiadelviajero.sre.gob.mx)

Perú (www.minsa.gob.pe)

Viajeros con discapacidades

Viajar por la región es relativamente cómodo.

➡ Casi todos los edificios públicos son accesibles en silla de ruedas y tienen baños adaptados.

➡ Las grandes aerolíneas, los autobuses Greyhound y los trenes Amtrak ofrecen asistencia a los viajeros con discapacidades, hay que informarles al tramitar la reserva con al menos 48 h de antelación.

➡ Algunas agencias de alquiler de vehículos, como Budget y Hertz, disponen de vehículos adaptados sin coste extra, pero hay que reservarlos con bastante premura.

➡ Casi todas las ciudades tienen compañías de taxis con al menos un vehículo adaptado. Hay que avisar antes.

➡ Las ciudades con metro tienen ascensores para los pasajeros que requieren asistencia. Washington D. C. cuenta con la mejor red (hay ascensor en cada estación); en Nueva York hay pocos y muy distanciados.

➡ Muchos parques nacionales y estatales poseen accesos y senderos adaptados.
Para más información sobre el tema, véanse los comentarios en línea de Martin Heng, director de Viajes accesibles,

de Lonely Planet: twitter.com/martin_heng.
Existen unas cuantas organizaciones especializadas en las necesidades de los viajeros con discapacidades:

Mobility International USA (☎541-343-1284; www.miusa.org) Asesora a viajeros con problemas de movilidad y ofrece programas educativos de intercambio.
Wheelchair Getaways (☎800-642-2042; www.wheelchairgetaways.com) Alquila furgonetas adaptadas por todo EE UU.
Federación ECOM (☎934-515-550, www.ecom.cat; Gran Vía Corts Catalanes 562; Barcelona) Aborda, entre otros asuntos de interés para discapacitados, el turismo accesible.
Viajes 2000 Accesibles (☎917-331-390; www.viajes2000accesibles.es; p° Castellana 228; Madrid) La agencia de viajes de la ONCE facilita viajes adaptados.
La web en español www.discapnet.es brinda mucha información y enlaces útiles.

Visados

Esta información siempre está expuesta a cambios; la más actualizada la ofrece el **Departamento de Estado de EE UU** (travel.state.gov). También se puede consultar en el consulado estadounidense local.

Programa de Exención de Visado

y Sistema Electrónico de Autorización de Viaje

➡ El Programa de Exención de Visado (VWP) permite la entrada sin visado a ciudadanos de 36 países (incluidos casi todos los de la UE) para estancias inferiores a 90 días.

➡ Los viajeros del VWP necesitan un pasaporte de lectura mecánica y una autorización de viaje del **Sistema Electrónico de Autorización de Viaje** (ESTA; www.cbp.gov/esta), emitida al menos tres días antes de viajar. El coste del trámite es de 14 US$ (se puede pagar en línea). Una vez aprobada, la autorización tiene una validez de 2 años.

➡ Básicamente, el ESTA requiere el registro en línea de datos específicos (nombre, dirección, información del pasaporte, etc). Hay tres respuestas posibles: *Authorization Approved* (aprobada, se recibe en cuestión de minutos y es la más habitual); *Authorization Pending* (pendiente, hay que comprobarla de nuevo en 72 h); o *Travel not Authorized* (denegada, en cuyo caso hay que solicitar un visado).

➡ Quienes necesiten un visado (viajeros con estancias superiores a 90 días o procedentes de un país ajeno al VWP) deben tramitarlo en el consulado de EE UU de su país de origen.

Visitar Canadá

Cruzar la frontera desde el este de EE UU para visitar Canadá es muy tentador, pero al regresar a EE UU, los extranjeros deben volver a pasar todo el proceso de inmigración. Al cruzar la frontera siempre hay que tener el pasaporte a mano.
Los ciudadanos de casi todos los países occidentales no necesitan visado para

visitar Canadá, por lo cual no es un problema cruzar la frontera de este país en las Cataratas del Niágara o desviarse para visitar Québec. Los viajeros que llegan a EE UU en autobús desde Canadá pueden ser objeto de concienzudos registros.

Voluntariado

En el este de EE UU abundan las ofertas de voluntariado, que suponen una gran oportunidad para interactuar con las gentes del lugar y el territorio de forma mucho más estrecha.

En las ciudades hay muchas ofertas inmediatas. Los semanarios independientes publican información al respecto, y también se pueden ojear los anuncios en **Craigslist** (www.craigslist. org). La web pública **United We Serve** (www.serve.gov) y las privadas **Idealist** (www.

idealist.org) y **Volunteer-Match** (www.volunteermatch. org) tienen bases de datos abiertas con ofertas de voluntariado de corto y largo plazo en todo el país.

Los programas de voluntariado más formales, sobre todo los diseñados para viajeros extranjeros, cobran una tarifa de entre 250 y 1000 US$, según la duración del programa y las comodidades ofrecidas (alojamiento, comidas). Ninguno incluye los gastos del viaje.

Green Project (☎504-945-0240; www.thegreenproject. org) Ayuda a las comunidades desfavorecidas de Nueva Orleáns con iniciativas verdes y sostenibles.
Habitat for Humanity (☎800-422-4828; www. habitat.org) Construye casas asequibles para gente necesitada.
Sierra Club (☎415-977-5500; www.sierraclub.org)

Recupera zonas verdes y senderos. Incluye parques nacionales y reservas naturales.
Volunteers for Peace (☎802-540-3060; www.vfp. org) Proyectos de voluntariado de base de varias semanas, dedicados al trabajo manual y al intercambio internacional.
Wilderness Volunteers (☎928-255-1128; www.wilder nessvolunteers.org) Excursiones de una semana para ayudar al mantenimiento de parques nacionales y zonas recreativas al aire libre.
World Wide Opportunities on Organic Farms USA (☎415-621-3276; www. wwoofusa.org) Representa más de 2000 granjas ecológicas de los 50 estados, que acogen a trabajadores voluntarios a cambio de alojamiento y comida, con estancias de corto y largo plazo.

Transporte

CÓMO LLEGAR Y SALIR

Llegada al país

Entrar en EE UU es bastante sencillo.

➡ Si se llega en avión, habrá que pasar los controles de aduana e inmigración en el primer aeropuerto en que se aterrice, aunque se prosiga hacia otro destino.

➡ El visitante deberá rellenar el impreso de declaración de aduana. Se suele entregar en el avión, de modo que conviene tenerlo preparado al llegar a inmigración. En "Domicilio en EE UU" hay que facilitar la dirección del lugar donde se pasará la primera noche (p. ej., la del hotel).

➡ El agente revisará el impreso y el pasaporte, y registrará al pasajero en la Oficina de Gestión de la Identidad Biométrica del Departamento de Seguridad Nacional, escaneándole las huellas digitales y tomándole una fotografía.

➡ El agente puede preguntar al viajero qué planes tiene y si dispone de dinero suficiente. Sería conveniente mostrar un itinerario anotado, el billete de vuelta o de continuación del viaje y una tarjeta de crédito.

➡ Los viajeros procedentes de ciertos países, como los países del Programa de Exención de Visados (p. 654), pueden pasar de largo del mostrador de inmigración y dirigirse a las máquinas automáticas de control de pasaportes. No todos los aeropuertos disponen de esta tecnología. Consultar www.cbp.gov/travel.

➡ Una vez hecho el trámite de inmigración, el viajero recoge su equipaje y pasa por el control de aduana. Si no tiene nada que declarar, es probable que no le registren el equipaje, pero no hay que darlo por sentado.

➡ Los ciudadanos de países acogidos al Programa de Exención de Visados deben cumplimentar el **Electronic System for Travel Authorization** (ESTA, Sistema Electrónico de Autorización de Viaje, p. 654) antes de la llegada.

➡ El pasaporte debe ser válido, como mínimo, durante los seis meses posteriores al término de la estancia en EE UU.

Avión

Aeropuertos

Chicago y Atlanta compiten por ser el aeropuerto de mayor tráfico. Los principales aeropuertos internacionales del este de EE UU son:

Atlanta: aeropuerto

EL CAMBIO CLIMÁTICO Y LOS VIAJES

Todos los viajes con motor generan una cierta cantidad de CO_2, la principal causa del cambio climático provocado por el hombre. En la actualidad, el principal medio de transporte para los viajes son los aviones, que emplean menos cantidad de combustible por kilómetro y persona que la mayoría de los automóviles, pero también recorren distancias mucho mayores. La altura a la que los aviones emiten gases (incluido el CO_2) y partículas también contribuye a su impacto en el cambio climático. Muchas páginas web ofrecen "calculadoras de carbono" que permiten al viajero hacer un cálculo estimado de las emisiones de carbono que genera en su viaje y, si lo desea, compensar el impacto de los gases invernadero emitidos participando en iniciativas de carácter ecológico por todo el mundo. Lonely Planet compensa todos los viajes de su personal y de los autores de sus guías.

nternacional Hartsfield-
Jackson (ATL; www.atlanta
airport.com)
**Boston: aeropuerto
internacional Logan**
(BOS; ☎800-235-6426; www.
massport.com/logan)
**Charlotte: aeropuerto
internacional de Char-
lotte-Douglas** (CLT; ☎704-
359-4027; www.charmeck.org/
departments/airport; 5501
Josh Birmingham Pkwy)
**Chicago: aeropuerto in-
ternacional O'Hare** (ORD;
www.flychicago.com)
**Miami: aeropuerto in-
ternacional de Miami**
(MIA; ☎305-876-7000; www.
miami-airport.com; 2100 NW
42nd Ave)
**Minneapolis-St Paul:
aeropuerto internacional
Minneapolis-St Paul** (MSP;
www.mspairport.com; ☎)
**Nueva York: aeropuerto
internacional John F. Kennedy** (JFK; www.panynj.gov)
**Newark: aeropuerto inter-
nacional Libertad** (EWR;
www.panynj.gov)
**Orlando: aeropuerto
internacional de Orlando**
(MCO; ☎407-825-8463; www.
orlandoairports.net; 1 Jeff
Fuqua Blvd)
**Washington D. C.: aero-
puerto internacional Du-
lles** (IAD; www.metwashair
ports.com)

Por tierra

Pasos fronterizos

El este de EE UU cuenta con
más de 20 pasos fronterizos
oficiales con Canadá desde
Maine, New Hampshire, Vermont, Nueva York, Míchigan y
Minnesota. Es relativamente
fácil cruzar a Canadá; el
problema sería el regreso, si
el viajero no llevara consigo

todos los documentos. **US
Customs and Border Pro-
tection** (bwt.cbp.gov) informa
de los tiempos de espera en
los principales puestos fronterizos. Algunas fronteras
están abiertas las 24 h, pero
la mayor parte de ellas, no.

En general, pocas veces
hay que esperar más de
30 min, excepto en épocas
de máxima afluencia (fines
de semana y vacaciones,
especialmente en verano).
Algunos puntos de entrada
registran un mayor tráfico,
como los siguientes:

➡ Detroit (MI) hacia Windsor
(Ontario)

➡ Buffalo (NY) hacia las
cataratas del Niágara
(Ontario)

➡ Calais (ME) hacia St
Stephen (New Brunswick)
Hay que tener los papeles en
regla, comportarse educa-
damente y no hacer bromas
ni hablar de tú a tú con los
funcionarios de frontera.

Autobús

Greyhound (☎800-231-2222,
servicio internacional 214-
849-8100; www.greyhound.
com) y sus equivalentes
Greyhound Canada (☎800-
661-8747; www.greyhound.ca)
y **Greyhound México** (en
México ☎800-710-8819; www.
greyhound.com.mx), operan la
mayor red de autobuses de
Norte y Centroamérica. Hay
conexiones directas entre las
principales ciudades de EE
UU, Canadá y México, pero
normalmente hay que hacer
trasbordo a otro autobús
en la frontera (los trámites
de aduanas e inmigración
suelen tardar 1 h). La mayor
parte de los autobuses internacionales tienen wifi gratis.
Megabus (☎877-462-6342;
www.megabus.com) también

cuenta con rutas internacionales entre Toronto y ciudades del este, como Nueva
York, Filadelfia y Washington
D. C. A menudo sale más
económico que Greyhound.
Los billetes sólo se pueden
comprar por internet.

Ticketbus (en México
☎5133-5133.800-099-9090;
www.ticketbus.com.mx) comprende varias empresas de
autobuses que comunican
ciudades menores mexica-
nas con EE UU.

Automóvil y
motocicleta

➡ Para cruzar la frontera
entre EE UU y Canadá en
automóvil se necesitan la
documentación del vehículo
y del seguro, y el permiso
de conducir.

➡ Los automóviles de alquiler
pueden cruzar la frontera
en ambos sentidos, pero
el viajero debe asegurarse
de que el contrato de
alquiler lo permita, por si es
interrogado por los agentes
fronterizos.

➡ Si el viajero tiene los
papeles en regla, cruzar la
frontera suele ser rápido y
fácil, pero de vez en cuando
las autoridades de uno u otro
país inspeccionan a fondo
algún vehículo.

Tren

Amtrak (☎800-872-7245;
www.amtrak.com) y **VIA Rail
Canada** (☎888-842-7245;
www.viarail.ca) tienen servicios diarios entre Montreal y
Nueva York (11 h), y Toronto y
Nueva York por las cataratas
del Niágara (13 h en total).
Las inspecciones aduaneras
tienen lugar en la frontera, no
al subir al autobús.

AUTOBUSES GREYHOUND: RUTAS INTERNACIONALES Y TARIFAS

RUTA	TARIFA APROX. (US$)	DURACIÓN (H)	FRECUENCIA (DIARIA)
Boston-Montreal	80	7-9½	8
Detroit-Toronto	60	5½-6½	5
Nueva York-Montreal	90	8-9	10

VIAJAR A CANADÁ

Desde el este de EE UU es fácil llegar a Canadá a través de la frontera, sobre todo para visitar las cataratas del Niágara, pero hay que tener en cuenta lo siguiente:

➡ Habrá que enseñar el pasaporte. Los ciudadanos de EE UU en las fronteras por tierra y por mar disponen de otras opciones, como un permiso de conducir ampliado o un carné de pasaporte. Véanse en **Western Hemisphere Travel Initiative** (www.getyouhome.gov) los documentos identificativos autorizados.

➡ Los ciudadanos de EE UU y de la mayor parte de los países de Europa occidental no necesitan visado para entrar en Canadá si la estancia no supera los 180 días, pero sí lo requieren otras nacionalidades. Consúltese **Citizenship and Immigration Canada** (www.cic.gc.ca).

➡ Al regresar a EE UU, los ciudadanos que no sean estadounidenses tendrán que pasar todos los trámites de inmigración.

➡ En la guía *Canadá*, de Lonely Planet, hay información sobre lo que se puede ver y hacer al norte de la frontera.

Por mar

Varias ciudades de la costa este son centrales de cruceros, como Nueva York, Boston, Nueva Orleans y Charleston (SC). Los puertos de Florida son los que reciben el mayor número de embarcaciones, sobre todo Miami, seguida de Puerto Cañaveral y Port Everglades (Fort Lauderdale).

También se puede viajar a/desde el este de EE UU en un carguero. Estos barcos normalmente transportan entre 3 y 12 pasajeros y, aunque son mucho menos lujosos que los cruceros, permiten hacerse una idea de lo que es la vida en el mar.

Estas rutas cambian constantemente. Para más información, véase:

Cruise & Freighter Travel Association (☎800-872-8584; www.travltips.com)
Maris (www.freightercruises.com)

CÓMO DESPLAZARSE

Avión

Viajar en avión suele ser más caro que en autobús, tren o automóvil, pero es el mejor recurso cuando hay prisa.

Líneas aéreas en el este de EE UU

En general, viajar en avión en EE UU es muy seguro (mucho más que conducir por las carreteras del país). Si se desean más detalles de aerolíneas, véase **Airsafe.com** (www.airsafe.com). Las principales líneas aéreas nacionales son:

American Airlines (☎800-433-7300; www.aa.com) Da servicio a todo el país.
Delta Air Lines (☎800-221-1212; www.delta.com) Cubre todo el país.
Frontier Airlines (☎801-401-9000; www.flyfrontier.com) Aerolínea con sede en Denver y servicio a todo el país.
JetBlue Airways (☎800-538-2583; www.jetblue.com) Conexiones sin escalas entre ciudades del este y el oeste de EE UU, además de Florida y Nueva Orleans.
Southwest Airlines (☎800-435-9792; www.southwest.com) Cubre todo el territorio continental de EE UU.
Spirit Airlines (☎801-401-2200; www.spiritair.com) Aerolínea con sede en Florida que opera en muchas ciudades de entrada a EE UU.
United Airlines (☎800-864-8331; www.united.com) Vuela por todo el país.
US Airways (☎800-428-4322; www.usairways.com) Opera en todo el país.
Virgin America (☎877-359-8474; www.virginamerica.com) Vuelos entre las ciudades de las costas este y oeste y Las Vegas.
También hay servicios regionales menores, como:
Cape Air (☎866-227-3247; www.flycapeair.com) Vuela a varios destinos de Nueva Inglaterra, como Martha's Vineyard y Nantucket.
Isle Royale Seaplanes (☎906-483-4991; www.isleroyaleseaplanes.com) Vuela a Rock Harbor, en el Isle Royale National Park, desde el aeropuerto de Houghton County, en la Península Superior de Míchigan.

Bonos aéreos

Los viajeros internacionales que deban realizar numerosos vuelos pueden adquirir un bono aéreo norteamericano. Por lo común, solo pueden conseguirlos los ciudadanos que no sean norteamericanos, y siempre en combinación con un billete internacional. Las condiciones y estructura de costes pueden ser complejas, pero todos incluyen cierto número de vuelos nacionales (de 2 a 10) que, por lo general, deben realizarse dentro de un período de 60 días. Dos de las principales redes de aerolíneas que los ofrecen son **Star Alliance** (www.staralliance.com) y **One World** (www.oneworld.com).

Bicicleta

El cicloturismo tiene muchos adeptos en la región: las sinuosas carreteras secundarias y los bellos paisajes costeros ofrecen excelentes posibilidades. Muchas ciudades (como Nueva York, Chicago, Minneapolis y Boston) poseen rutas ciclistas específicas. Alquilar una bicicleta es sencillo en todo el este de EE UU. Hay que tener en cuenta un par de cosas:

➡ Los ciclistas deben obedecer las normas de tráfico, pero los conductores no siempre respetan el derecho de paso de las bicicletas.

➡ En algunos estados y ciudades es obligatorio el uso del casco (aunque no hay ninguna ley federal que lo dicte). Suelen usarlo los niños hasta los 18 años. El **Bicycle Helmet Safety Institute** (www.bhsi.org/mandator.htm) facilita una lista completa de normas para cada estado.

➡ El **Better World Club** (✆866-238-1137; www.betterworldclub.com) ofrece asistencia urgente en carretera. Afiliarse cuesta 40 US$/año, más 12 US$ de inscripción, y da derecho a dos recogidas gratis.

➡ La **League of American Bicyclists** (www.bikeleague.org) aporta consejos generales, así como listados de clubes ciclistas locales y talleres de reparación.

Transporte

Si el viajero lleva su propia bicicleta, conviene que se informe de los precios y restricciones del exceso de equipaje. Las bicicletas se consideran equipaje facturable en los aviones, pero a menudo deben empaquetarse y las tasas pueden ser muy altas (más de 200 US$). Es más económico transportarla en los trenes Amtrak y los autobuses Greyhound.

Alquiler

Hay empresas de alquiler en casi todas las poblaciones turísticas. Suelen cobrar entre 20 y 30 US$/día, casco y candado incluidos. Muchas piden una fianza con tarjeta de crédito por unos 200 US$.

Compra

Adquirir una bicicleta y revenderla antes de regresar, es fácil. Las tiendas especializadas ofrecen la mejor selección y asesoramiento en la compra, pero en hipermercados y tiendas de deportes los precios suelen ser más bajos. Lo mejor es una bicicleta de segunda mano; hay buenas ofertas en las liquidaciones de garajes y las tiendas de segunda mano, o en los anuncios clasificados de **Craigslist** (www.craigslist.org).

Barco

Los ferris son un medio transporte eficiente y vistoso en el este de EE UU. Casi todos transportan coches, pero hay que hacer la reserva con tiempo.

Noreste

Bay State Cruise Company (✆877-783-3779; www.boston-ptown.com) Ferris entre Boston y Provincetown (MA).

Block Island Ferry (✆401-783-4613; www.blockislandferry.com) Navega a Block Island desde Narragansett y Newport (RI).

Lake Champlain Ferries (✆802-864-9804; www.ferries.com) Entre Burlington (VT) y Port Kent (NY).

Staten Island Ferry (www.siferry.com) Ferris de enlace gratuitos entre Staten Island y Manhattan (NY).

Steamship Authority (✆508-477-8600; www.steamshipauthority.com) Ferris a Martha's Vineyard y Nantucket desde cabo Cod (MA).

Grandes Lagos

Llegan a la isla de Mackinac (MI) tres empresas de ferris de pasajeros: **Arnold Line** (✆800-542-8528; www.arnoldline.com), **Shepler's** (✆800-828-6157; www.sheplersferry.com) y **Star Line** (✆800-638-9892; www.mackinacferry.com), que operan desde Mackinaw City y St Ignace (MI).

Hay dos que cruzan el lago Míchigan: **Lake Express** (✆866-914-1010; www.lake-express.com; ida adultos/niños/automóvil desde 86,50/30/91 US$) entre Milwaukee (WI) y Muskegon (MI). El **SS 'Badger'** (✆800-841-4243; www.ssbadger.com; ida adultos/niños/automóvil desde 59/24/59 US$) conecta Manitowoc (WI) con Ludington (MI).

Sur

Key West Express (✆888-539-2628; www.seakeywestexpress.com) Servicio de catamarán entre Fort Myers y Key West.

North Carolina Ferry System (✆800-293-3779; www.ncdot.gov/ferry) Servicio de ferris en las Outer Banks.

Autobús

Greyhound (✆800-231-2222, servicio internacional ✆214-849-8100; www.greyhound.com) es la principal empresa de transportes de largo recorrido y cubre una extensa red por todo EE UU, así como a/desde Canadá. Por lo general, los autobuses son fiables, bastante limpios y cómodos, con aire acondicionado, asientos semirreclinables, lavabo y prohibición de fumar. Hay varios con wifi. Aunque algunos autobuses de rutas cortas son directos, la mayoría se detiene cada 80 a 160 km para recoger pasajeros, y los de largo recorrido hacen paradas para comer y cambiar de chófer.

Otras empresas son (casi todas con wifi y enchufes):

BestBus (✆202-332-2691; www.bestbus.com; 20th St y

AUTOBUSES GREYHOUND: RUTAS NACIONALES Y TARIFAS

RUTA	TARIFA APROX. (US$)	DURACIÓN (H)	FRECUENCIA (DIARIA)
Boston-Filadelfia	45-61	7	10
Chicago-Nueva Orleans	96-164	24	5
Nueva York-Chicago	70-138	18-22	6
Washington D. C.-Miami	87-170	25	6

Massachusetts Ave NW; ☎) Tarifas económicas entre la capital del país y Nueva York.
BoltBus (☎877-265-8287; www.boltbus.com) Rutas rápidas y económicas entre las principales ciudades del noreste, como Nueva York, Boston, Filadelfia, Baltimore, Newark y Washington D. C.
Go Bus (www.gobuses.com; Alewife Brook Pkwy; ida 18-34 US$; ☎; Ⓣ Alewife) Cubre la ruta Boston-Nueva York.
Lucky Star Bus (www.luc kystarbus.com; South Station; ida 20 US$; ☎) Ruta Boston-Nueva York.
Megabus (☎877-462-6342; www.megabus.com) Es la competencia de BoltBus y conecta ciudades importantes del noreste y todo el Medio Oeste, con terminales centrales en Nueva York o Chicago. Las tarifas pueden ser bastante bajas; las reservas solo se pueden hacer por internet.
Peter Pan Bus Lines (☎800-343-9999; www. peterpanbus.com) Más de 50 destinos del noreste hasta Concord (NH) y al sur hasta Washington D. C.
Trailways (☎703-691-3052; www.trailways.com) Circula principalmente por el Medio Oeste y el Atlántico central; quizá no sea tan útil como Greyhound para viajes largos, pero en las rutas cortas tiene tarifas competitivas.

Tarifas

➡ En general, cuanto antes se reserva, más barato es el billete.

➡ En BoltBus, Megabus y algunas compañías pequeñas, los primeros billetes que se venden para determinada ruta cuestan 1 US$.

➡ Para conseguir tarifas más baratas con Greyhound, hay que adquirir el billete al menos con siete días de antelación (con 14 días se ahorra más aún).

➡ Si se viaja con la familia o amigos, las tarifas de acompañante de Greyhound suponen un descuento del 50% para uno o dos viajeros, si se compra con una antelación mínima de 3 días.

Reservas

Los billetes de Greyhound y BoltBus pueden adquirirse por teléfono o internet y en las terminales. Megabus, Go Bus y la mayoría de las empresas pequeñas venden los billetes con antelación por internet. Los asientos no suelen reservarse. Greyhound recomienda llegar 1 h antes de la salida para conseguir asiento.

Automóvil y motocicleta

Lo más práctico para descubrir zonas fuera de las ciudades es el automóvil.

Asociaciones automovilísticas

La **American Automobile Association** (AAA; ☎877-428-2277, asistencia en carretera ☎800-222-4357; www.aaa. com; tarifa socio anual desde 52 US$) mantiene acuerdos recíprocos de cooperación con varios clubes automovilísticos internacionales (hay que consultarlo y llevar el carné del club). La AAA ofrece a los socios un seguro de viaje, libros-guía y una extensa red de oficinas regionales.

Una alternativa es **Better World Club** (☎866-238-1137; www.betterworldclub.com), que dona el 1% de sus beneficios a la limpieza ambiental, ofrece servicios más ecológicos y defiende causas medioambientales.

Lo más relevante para el viajero es que ambas ofrecen un servicio de emergencias de 24 h en carretera en todo EE UU. También facilitan planificadores de viaje, mapas gratis, servicios de agencia de viajes, seguro de automóvil y varios descuentos (p. ej., en hoteles, alquiler de vehículos y lugares de interés).

Con vehículo propio

No es práctico llevar el vehículo propio, a menos que el viajero se vaya vivir a EE UU.

Permiso de conducir

Los extranjeros pueden conducir automóviles en EE UU durante un máximo de 12 meses con su permiso de conducir. Pero si disponen de un carné internacional tendrán mayor credibilidad ante la policía de tráfico, sobre todo si el permiso de conducir no está en inglés o no lleva foto. El club automovilístico del país de origen puede expedirlo por una cantidad módica y es válido por un año. Pero siempre hay que llevarlo junto con el permiso de conducir original.

Para conducir una moto, se necesita una licencia estatal estadounidense para motocicletas o un carné internacional específico.

Combustible

Las gasolineras están por todas partes y muchas abren

las 24 h (en poblaciones pequeñas tal vez solo de 7.00 a 20.00 o 21.00). El galón estadounidense (3,78 l) cuesta unos 3,50 US$. En muchas gasolineras hay que pagar antes de repostar.

Seguro

Es obligatorio; sin él, el viajero se arriesga a afrontar consecuencias legales y una posible ruina económica en caso de accidente.

➡ Las agencias de alquiler de vehículos ofrecen un seguro de responsabilidad civil que, en caso de accidente, cubre los daños a terceros y materiales.

➡ La Collision Damage Waiver (CDW, exención de daños por colisión) limita o anula la obligación de pagar los daños causados al vehículo de alquiler.

➡ Los extras del seguro pueden incrementar los gastos de alquiler en unos 30 US$/día.

➡ Algunas tarjetas de crédito cubren la CDW por un período determinado (normalmente menos de 15 días), si se usa la tarjeta para pagar el alquiler y se renuncia a la póliza ofrecida por la empresa arrendadora. Hay que informarse de las coberturas de la tarjeta de crédito en EE UU.

Alquiler de automóviles

Para alquilar un vehículo normalmente hay que ser mayor de 25 años, poseer un carné de conducir válido y disponer de tarjeta de crédito.

➡ Algunas empresas alquilan vehículos a conductores de entre 21 y 24 años a cambio de un suplemento.

➡ Un utilitario puede costar 30-75 US$/día.

➡ Es obligatorio que los niños vayan en asientos infantiles de seguridad (hay que pedirlos al hacer la reserva) y cuestan unos 13 US$/día.

➡ Algunas empresas de ámbito nacional, como Avis, Budget y Hertz, poseen una flota de coches híbridos, pero cuestan mucho más.

➡ **Car Rental Express** (www.carrentalexpress.com) valora y compara agencias independientes de ciudades de EE UU; es útil para alquileres a largo plazo.

PRINCIPALES EMPRESAS NACIONALES DE ALQUILER DE AUTOMÓVILES

Alamo (877-222-9075; www.alamo.com)
Avis (800-633-3469; www.avis.com)
Budget (800-218-7992; www.budget.com)
Dollar (800-800-3665; www.dollar.com)
Enterprise (800-261-7331; www.enterprise.com)
Hertz (800-654-3131; www.hertz.com)
National (877-222-9058; www.nationalcar.com)
Rent-A-Wreck (877-877-0700; www.rentawreck.com) Alquila coches más usados de lo habitual.
Thrifty (800-847-4389; www.thrifty.com)

Alquiler de motocicletas y caravanas

Si se desea alquilar una Harley, **EagleRider** (310-321-3180; www.eaglerider.com) posee oficinas en las principales ciudades del país, y también alquila otros vehículos de aventura. El alquiler y el seguro de motocicleta son caros.

Empresas especializadas en caravanas y autocaravanas:

Adventures on Wheels (www.wheels9.com)
Cruise America (800-671-8042; www.cruiseamerica.com)

Estado de la carretera y peligros

Las carreteras suelen hallarse en buen estado, pero hay que tener en cuenta:

➡ Viajar en invierno puede ser peligroso debido a la nieve y el hielo, que suelen provocar cortes de carreteras y puentes. La **Federal Highway Administration** (www.fhwa.dot.gov/trafficinfo/index.htm) facilita información diversa para cada estado.

➡ Si se conduce en invierno o por zonas apartadas, hay que asegurarse de que el vehículo lleva neumáticos radiales para todo el año o de nieve, y suministros para emergencias.

➡ Hay que tomarse muy en serio las señales que indican la posible presencia en la carretera de ciervos u otros animales salvajes, sobre todo de noche.

Normas de circulación

Si el viajero no tiene experiencia en las carreteras de EE UU, debe tener en cuenta:

➡ Se conduce por la derecha. En las carreteras se adelanta por el carril izquierdo.

➡ La velocidad máxima permitida en casi todas las interestatales es de 65 o 70 mph (104,6 o 112,6 km/h), 75 mph (120,7 km/h) en un par de estados del este y de unos 55 mph (88,5 km/h) en travesías urbanas. Hay que prestar atención a las señales. En las ciudades el límite varía entre 15 y 45 mph (24,14-72,4 km/h).

➡ En todos los estados es obligatorio el uso de cinturones de seguridad y asientos infantiles; en algunos, los motoristas deben llevar casco.

➡ A menos que haya señales que lo prohíban, se puede doblar a la derecha en un semáforo en rojo después de detenerse (excepto en Nueva York, donde no se puede).

➡ En las señales de *stop* que indican "four way", tiene prioridad de paso el coche que llega primero al cruce. Si son dos, tiene prioridad el de la derecha.

➡ Cuando se acercan vehículos de urgencias (policía, bomberos o ambulancias) desde cualquier dirección, hay que apartarse con precaución para dejarles paso.

➡ Cada vez son más los estados que prohíben hablar (o escribir) por el teléfono móvil mientras se conduce; hay que usar un dispositivo de manos libres o detenerse para atender la llamada.

➡ El máximo permitido de alcohol en sangre es de 0,08%. Las multas por conducir bajo los efectos del alcohol o las drogas son muy elevadas.

➡ En algunos estados es ilegal llevar recipientes de alcohol abiertos dentro del vehículo, aunque estén vacíos.

Autoestop

Hacer autoestop en EE UU puede ser muy peligroso y no se recomienda en absoluto. En las autopistas está prohibido. De hecho, los conductores han oído tantas noticias espeluznantes que tienen miedo de los autoestopistas.

Transporte local

Excepto en las grandes ciudades, el transporte público no suele ser lo más práctico para el viajero, pero resulta barato, seguro y fiable. La mayor parte de los estados han adoptado el número ☑511 para asistencia en el transporte público.

Bicicleta

Algunas ciudades son más propicias que otras para la bicicleta, pero casi todas poseen alguna vía o carril para ellas, y normalmente pueden llevarse en los transportes públicos. Muchas grandes ciudades, como Nueva York, Chicago, Boston, Miami y

Washington D. C., ofrecen servicios de bicicletas públicas. Otras ciudades, como Cincinnati, Nashville, Indianápolis y Louisville, también los están incorporando.

Autobús

Casi todas las ciudades y los pueblos importantes poseen redes de autobuses urbanos, aunque suelen estar pensados para la gente que va al trabajo y tienen horarios reducidos por la noche y los fines de semana. A veces son gratuitos o cuestan entre 1 y 3 US$/trayecto.

Metro y Tren

Las redes más extensas son las de Nueva York, Chicago, Boston, Filadelfia y Washington D. C. Otras ciudades pueden tener una o dos líneas en el centro urbano.

Taxi y transporte compartido

Los taxis llevan taxímetro, y la bajada de bandera cuesta unos 2,50 US$, más 2-3 US$/milla. Los taxistas cobran suplemento por espera y por equipaje, y suelen recibir una propina de 10-15%. Circulan por las zonas más concurridas de las ciudades importantes; si no, lo más fácil es pedir uno por teléfono. En las ciudades también se recurre a empresas de transporte compartido como **Uber** (www.uber.com).

Circuitos

Hay centenares de empresas que ofrecen toda clase de excursiones organizadas; suelen centrarse en una ciudad o región.

Backroads (☑510-527-1555; www.backroads.com) Propone varios circuitos de turismo activo, deportivo y de naturaleza para todas las capacidades y bolsillos.
Contiki (☑866-266-8454; www.contiki.com) Vacaciones marchosas en autocar para jóvenes de 18 a 35 años.

Gray Line (☑800-472-9546; www.grayline.com) Gran variedad de circuitos turísticos por todo el país, ideal para los que tienen poco tiempo.
Green Tortoise (☑415-956-7500; www.greentortoise.com) Organiza aventuras económicas para viajeros independientes en autocar con literas. La mayoría salen de San Francisco para recorrer el oeste y todo el país.
Road Scholar (☑800-454-5768; www.roadscholar.org) Organización sin ánimo de lucro que ofrece "aventuras de aprendizaje" en todos los estados del país para mayores de 50 años.
Trek America (☑800-873-5872; www.trekamerica.com) Turismo de aventura en grupos reducidos.

Tren

Amtrak (☑800-872-7245; www.amtrak.com) posee una amplia red ferroviaria por todo el país, con varias líneas de largo recorrido que lo atraviesan de este a oeste, y aún más que van de norte a sur. Conectan todas las ciudades importantes y muchas de las pequeñas. En algunos lugares, los autocares Thruway de Amtrak enlazan con la red ferroviaria.

➡ Comparado con otros medios de transporte, el tren no suele ser el más rápido, barato ni práctico, pero el viaje es una experiencia relajada, entretenida y pintoresca, muy americana.

➡ Hay más servicios ferroviarios en el corredor del noreste, donde los trenes de alta velocidad Acela Express conectan Boston (MA) con Washington D. C. (por Nueva York, Filadelfia y Baltimore).

➡ Otras rutas van de Nueva York a las cataratas del Niágara, y de Chicago a Milwaukee.

➡ Hay wifi gratis en muchos trenes, pero no en todos. La velocidad está bien para

EJEMPLO DE TARIFAS DE AMTRAK

RUTA	BILLETE SENCILLO (US\$)	DURACIÓN (H)	FRECUENCIA (DIARIA)
Boston-Nueva York	125	3½-4½	11-19
Chicago-Nueva Orleans	127	20	1
Nueva York-Chicago	130	19	1
Washington D. C.-Miami	140	23	2

enviar correos y navegar, pero no suele ser suficiente para descargar vídeos o música.

➡ En los trenes está prohibido fumar.

➡ Muchas grandes ciudades, como Nueva York, Chicago o Miami, tienen su propia red de trenes de cercanías, que ofrecen servicios más rápidos y frecuentes para trayectos cortos.

Clases

➡ En la clase turista se ocupa un asiento reclinable, sencillo, cómodo y con reposacabezas. En algunas rutas se puede reservar asiento.

➡ Muchos trenes tienen clase ejecutiva, sobre todo en rutas cortas del noreste. Los asientos son más amplios y tienen enchufes. Están numerados y se tiene acceso a vagones silenciosos (p. ej., no se permite el uso del teléfono).

➡ La 1ª clase solo está disponible en los Acela Express; la ventaja es que la comida se sirve en el asiento.

➡ En las rutas nocturnas hay literas. Pueden ser simples (llamadas "roomettes"), dormitorios con baño y suites para cuatro con dos baños. Las tarifas de los coches cama incluyen las comidas en el vagón restaurante (sale caro si no está incluido).

➡ El servicio de comida de las líneas de cercanías que

disponen de él, consiste en bocadillos y tentempiés. Lo mejor en todos los trenes es que el viajero lleve la suya.

Tarifas

➡ Amtrak posee varios billetes sencillos, de ida y vuelta y turísticos, y los habituales descuentos a jubilados (15%), estudiantes (20 US\$, aprox.), niños (50% acompañados de un adulto) y socios de la AAA (10%). Los "Smart Fares" se adquieren solo a través de la web y suponen buenos descuentos en rutas poco solicitadas.

➡ Generalmente, cuanto antes se reserve el billete, más bajo es el precio. Para obtener muchos de los descuentos hay que reservar al menos con 3 días de antelación. Para el tren de alta velocidad Acela Express, se recomienda evitar las horas punta y optar por los fines de semana.

➡ **Amtrak Vacations** (☎800-268-7252; www. amtrakvacations.com) ofrece paquetes vacacionales (alquiler de coche, hoteles, excursiones y lugares de interés). También hay combinados de avión y tren.

Reservas

Pueden hacerse en cualquier momento durante los 11 meses anteriores a la salida. En casi todos los trenes el espacio es limitado y algunas rutas pueden estar abarrotadas, sobre todo en verano y vacaciones, por lo que con-

viene reservar cuanto antes; así también se puede optar a más descuentos.

Bonos de tren

➡ El USA Rail Pass de Amtrak permite viajar en clase turista durante 15 (460 US\$), 30 (690 US\$) o 45 (900 US\$) días, con una limitación de 8, 12 o 18 tramos, respectivamente.

➡ Un tramo no es lo mismo que un viaje de ida. Si para llegar al destino hace falta subir a más de un tren (p. ej., de Nueva York a Miami con trasbordo en Washington D. C.), se utilizarán dos tramos del abono.

➡ Las reservas deberían hacerse cuanto antes y por teléfono (☎800-☎872-7245 desde EE UU, o ☎1-215-856-7953 desde el extranjero). Hay que reservar cada tramo del viaje.

➡ El abono se presenta en una oficina de Amtrak, donde entregan los billetes necesarios para el viaje.

➡ Todos los viajes deben realizarse en un plazo de 180 días desde la compra del abono.

➡ Los abonos no son válidos para el Acela Express, el Auto Train, las conexiones en autocar Thruway ni para la parte canadiense de las rutas que Amtrak opera conjuntamente con Via Rail Canada.

Idioma

Actualmente el inglés se ha ganado el estatus de "lengua franca", por lo que es posible viajar por todo el planeta con la certeza de poderse comunicar en este idioma.

En cuanto a la pronunciación se refiere, las consonantes inglesas suelen ser más fuertes que las españolas, sobre todo las oclusivas. Las vocales resultan más problemáticas para un hispanohablante, pues si el español cuenta solo con cinco fonemas vocálicos obvios, en inglés existen 18 sonidos vocálicos, algunos de carácter mixto.

Aunque la pujanza de la lengua española en EE UU es indiscutible, en la mayoría de los casos el visitante tendrá que desenvolverse en inglés. Para mejorar el viaje con una guía de conversación, se recomienda *Inglés para el viajero*, de Lonely Planet.

CONVERSACIÓN Y FRASES ÚTILES

Hola	*Hello*
Adiós	*Goodbye*
Sí/No	*Yes/No*
Por favor	*Please*
Gracias	*Thank you*
Lo siento	*I'm sorry*
Perdone	*Excuse me*
Me llamo...	*My name's...*

¿Cómo está usted?
How are you?

Encantado de conocerle
Pleased to meet you

¿Cómo se llama usted?
What's your name?

¿Habla usted español?
Do you speak Spanish?

No entiendo
I don't understand

PREGUNTAS

¿Qué?	*What?*
¿Quién?	*Who?*
¿Dónde?	*Where?*
¿Cómo?	*How?*
¿Cuándo?	*When?*
¿Por qué?	*Why?*

ALOJAMIENTO

Quisiera hacer una reserva, por favor
I'd like to make a reservation, please

Tengo una reserva. Me llamo...
I have a reservation. My name's...

Quiero una habitación...
I want a...

doble	*double room*
individual	*single room*
con baño/ducha	
room with a bathroom/shower	
con dos camas	
room with twin beds	

COMIDA Y BEBIDA

¿Tienen una mesa libre?
Do you have a table?

La cuenta, por favor
The check, please

Soy vegetariano	*I'm a vegetarian*
camarero/a	*waiter/waitress*
primer plato	*first course*

segundo plato — *main course*
postre — *dessert*
la carta — *the menu*

DE COMPRAS

¿Cuánto cuesta?
How much does it cost?
Solo estoy mirando
I'm just looking
¿Puedo probarme esto?
Can I try this on?
Me gusta/No me gusta
I like it/I don't like it

URGENCIAS

Es un caso de urgencia
This is an emergency
¡Pidan una ambulancia!
Send for an ambulance!
¿Hay un hospital por aquí cerca?
Is there a hospital near here?
¡Llamen a la policía!
Call the police!
¡Me han robado!
I've been mugged!

HORA Y NÚMEROS

¿Qué hora es?
What's the time?
Son las tres en punto
It's three o'clock
Son las tres y cuarto
It's a quarter past three
Son las tres y media
It's half past three

Números

0	zero
1	one
2	two
3	three
4	four
5	five
6	six
7	seven
8	eight
9	nine
10	ten

TRANSPORTE Y DIRECCIONES

¿Dónde está...? — *Where's...?*
el aeropuerto — *the airport*
el hotel — *the hotel*
el banco — *the bank*
el restaurante — *the restaurant*
la estación de autobuses — *the bus station*
la estación de metro — *the subway station*
la oficina de turismo — *the tourist office*
la comisaría de policía — *the police station*
el museo — *the museum*

Por favor, lléveme a esta dirección
Please take me to this address
Pare aquí, por favor
Please stop here

Entre bastidores

LA OPINIÓN DEL LECTOR

Agradecemos a los lectores cualquier comentario que ayude a que la próxima edición pueda ser más exacta. Toda la correspondencia recibida se envía al equipo editorial para su verificación. Es posible que algún fragmento de esta correspondencia se use en las guías o en la web de Lonely Planet. Aquellos que no quieran ver publicados sus textos ni su nombre, deben hacerlo constar. La correspondencia debe enviarse, indicando en el sobre Lonely Planet/Actualizaciones, a la dirección de geoPlaneta en España: Av. Diagonal 662-664. 08034 Barcelona. También puede remitirse un correo electrónico a: viajeros@lonelyplanet.es. Para información, sugerencias y actualizaciones, se puede visitar www.lonelyplanet.es.

NUESTROS LECTORES

Muchas gracias a los viajeros que usaron la última edición y escribieron para aportar pistas prácticas, consejos útiles y anécdotas interesantes: Michelle González, Lukas Mohr, Manfred Mueller, Liz Ogden, Klaus Stahl y Andrew Wieland.

AGRADECIMIENTOS

Karla Zimmerman

Muchas gracias a Kate Armstrong, Ted Bonar, Bill Brockschmidt, Joe Cimperman, Lisa DiChiera, Lea Dooley, Jim DuFresne, Ruggero Fatica, Julie Lange, Alex Leviton, Kari Lydersen, Zora O'Neill, Keith Pandolfi, Betsy Riley, Neil Anderson, Tamara Robinson, Amy Schwenkmeyer, Susan Hayes Stephan, Andrea y Greg Thomson y Karen y Don Zimmerman. Muchísimas gracias a Eric Markowitz, el mejor compañero de vida del mundo, que consiente todos mis descabellados viajes.

Amy C. Balfour

Muchas gracias a los viejos y nuevos amigos por enseñarme los mejores lugares de sus poblaciones. En el sur, gracias a Ben y Alison Kimball, Jeff Otto, Anna Schleunes, Jennifer Troch, Lavan Green, Blaire Postman, Gary Haymes, John Park, Sarah Ray Bunn y a los compañeros de fatigas Ames Shea y Lynn Neumann. En Nueva Inglaterra, gracias al montañero del Monadnock Whit Andrews, a Peaches y Genienne Hockensmith, John Shea, Amy Smereck y Amy Stone Scannell.

Adam Karlin

Gracias a los compañeros que me dieron cobijo en muchas poblaciones estadounidenses, desde Fort Lauderdale, Birmingham y Lafayette a Little Rock. A los camareros, políticos, guardas, músicos y otros chiflados que me ofrecieron consejos (y por extensión, también al lector) acerca de dónde buscar. Gracias a los coautores, sobre todo a mis hermanos del capítulo regional, Kevin y Amy. Gracias a mis padres, que siempre han cuidado de mi espíritu inquieto. Gracias a un *Gizmo* por hacerme compañía cuando me he quedado escribiendo hasta altas horas. Gracias a Rachel, mi mejor amiga y extraordinaria compañera de viaje, por animarme a escalar la siguiente cima. Y gracias a Sanda por la primera de muchas exploraciones conjuntas.

Zora O'Neill

Muchas gracias a: Christina Stone-Millan, Meredith Stone, Rich Tyson, Beth Kracklauer, Gabriela González, Waverly Duck, Katie Trainor, Brandon del Pozo, Michael LoBianco, Robbi Kearns y Michael Grosberg. Gracias también a la generosa y amable Filona Ryan, a Matt el de la grúa, y a y Bill y Melissa de Bird's Towing. Y gracias, en cierto modo, a los inhospitalarios habitantes de Tabernacle-Chatsworth Rd; supongo que andar aquellos 8 km me vino muy bien.

Kevin Raub

Gracias a mi esposa, Adriana Schmidt Raub, que seguro que se ha puesto celosa de tantos macarrones con queso. Gracias a Dora Whitaker y a todos mis cómplices del crimen. En la carretera, gracias también a Jason y Jennifer Hatfield, David y Anysley Corbett, Katherine Roberts, Matti Bek Pauli, Ari Glantz, Cindy y Tim Moore, Erica Backus, Carey Dye Ferrara, Katherine Williams, Enma y Andrew Weber, Juliana Mesanelli, Cory O-Born y Luiza y Michael Wettrau.

Regis St. Louis

Estoy muy agradecido a los numerosos amigos y vecinos que me han ofrecido valiosas informaciones sobre sus ciudades y barrios. En especial, gracias a Jason y Beth Blair por los gratos momentos en Dallas y Galveston, a Julien Devereux y Erik Rune en Austin, y a la coautora Amy C. Balfour en Virginia. Un gran abrazo a Kristie y David (y a las niñas) por alojarme en Nueva York. Un *grand merci* a mi familia: Cassandra, Magdalena y Genevieve por acompañarme en Texas.

Mara Vorhees

He tenido la magnífica oportunidad de descubrir zonas que no conocía de Nueva Inglaterra. Estoy muy agradecida a los chicos de Goodyear por conseguir que siguiera adelante. Gracias a J., V. y S. por unirse a mí en algunas excursiones divertidas y por cuidar mi casa rosa cuando tuve que marchar sola.

RECONOCIMIENTOS

Los datos del mapa climático han sido adaptados de Peel, M. C., Finlayson, B. L. y McMahon, T. A. (2007), "Updated World Map of the Köppen-Geiger Climate Classification", en *Hydrology and Earth System Sciences*, 11, 1633-1644.

Ilustraciones pp. I-II, pp. III-IV de Javier Martínez Zarracina.

Fotografía de cubierta: Glade Creek Grist Mill, Babcock State Park, West Virginia; Danita Delimont/AWL.

ESTE LIBRO

Esta es la traducción al español de la tercera edición de la guía *Eastern USA* de Lonely Planet, título que ha sido coordinado por Karla Zimmerman. Los contenidos han sido documentados y escritos por Karla, junto con Amy C. Balfour, Adam Karlin, Zora O'Neill, Kevin Raub, Regis St. Louis y Mara Vorhees. La anterior edición fue escrita por Karla Zimmerman junto con Amy C. Balfour, Gregor Clark, Ned Friary, Michael Grosberg, Paula Hardy, Adam Karlin, Mariella Krause, Caroline Sieg, Adam Skolnick y Mara Vorhees.

Gracias a Victoria Harrison, Andi Jones, Karyn Noble, Kirsten Rawlings, Alison Ridgway y Angela Tinson

VERSIÓN EN ESPAÑOL

GeoPlaneta, que posee los derechos de traducción y distribución de las guías Lonely Planet en los países de habla hispana, ha adaptado para sus lectores los contenidos de este libro.

Lonely Planet y Geo-Planeta quieren ofrecer al viajero independiente una selección de títulos en español; esta colaboración incluye, además, la distribución en España de los libros de Lonely Planet en inglés e italiano, así como un sitio web, www. lonelyplanet.es, donde el lector encontrará amplia información de viajes y las opiniones de los viajeros.

Índice

Índice

INDICE N-P

La **negrita** indica los mapas.
El azul indica las fotografías.

Leyenda de los mapas

Puntos de interés

- Playa
- Reserva de aves
- Templo budista
- Castillo/palacio
- Templo cristiano
- Templo confuciano
- Templo hindú
- Templo islámico
- Templo jainita
- Templo judío
- Monumento
- Museo/galería de arte/edificio histórico
- Ruinas
- *Sento* (baño público)/*onsen*
- Templo sintoísta
- Templo sij
- Templo taoísta
- Lagar/viñedo
- Zoo/santuario de vida silvestre
- Otros puntos de interés

Actividades, cursos y circuitos

- *Bodysurf*
- Submarinismo/buceo
- Canoa/kayak
- Curso/circuito
- Esquí
- Buceo
- Surf
- Natación/piscina
- Senderismo
- *Windsurf*
- Otras actividades

Alojamiento

- Alojamiento
- *Camping*

Dónde comer

- Lugar donde comer

Dónde beber

- Lugar donde beber
- Café

Ocio

- Ocio

De compras

- Comercio

Información

- Banco, cajero automático
- Embajada/consulado
- Hospital/médico
- Acceso a internet
- Comisaría de policía
- Oficina de correos
- Teléfono
- Aseos públicos
- Información turística
- Otra información

Otros

- Playa
- Cabaña/refugio
- Faro
- Puesto de observación
- Montaña/volcán
- Oasis
- Parque
- Puerto de montaña
- Zona de *picnic*
- Cascada

Núcleos de población

- Capital (nacional)
- Capital (provincial)
- Ciudad/gran ciudad
- Pueblo/aldea

Transporte

- Aeropuerto
- Puesto fronterizo
- Autobús
- Teleférico/funicular
- Ciclismo
- Ferri
- Metro
- Monorraíl
- Aparcamiento
- Gasolinera
- S-Bahn
- Taxi
- Tren
- Tranvía
- U-Bahn
- Otros transportes

Red de carreteras

- Autopista
- Autovía
- Ctra. principal
- Ctra. secundaria
- Ctra. local
- Callejón
- Ctra. sin asfaltar
- Camino en construcción
- Zona peatonal
- Escaleras
- Túnel
- Puente peatonal
- Circuito a pie
- Desvío del circuito
- Camino de tierra

Límites

- Internacional
- 2º rango, provincial
- En litigio
- Regional/suburbano
- Parque marítimo
- Acantilado
- Muralla

Hidrografía

- Río/arroyo
- Agua estacional
- Canal
- Agua
- Lago seco/salado/estacional
- Arrecife

Áreas delimitadas

- Aeropuerto/pista
- Playa, desierto
- Cementerio cristiano
- Cementerio (otro tipo)
- Glaciar
- Marisma
- Parque/bosque
- Edificio de interés
- Zona deportiva
- Pantano/manglar

Nota: No todos los símbolos aparecen en los mapas de este libro.

Zora O'Neill

Nueva York, Nueva Jersey y Pensilvania Zora O'Neill vive en Nueva York desde 1998, muy lejos de Nuevo México, su estado natal, pero muy cerca de donde, cuando era pequeña y vivía con su padre, natural de Nueva Jersey, pasaba una semana casi todos los veranos comiendo *pizza* y vieiras fritas "en la costa". Zora escribe guías de viaje desde el 2002; para Lonely Planet ha escrito sobre Ámsterdam, el sur de España y Egipto. En internet se la puede encontrar en www.rovinggastronome.com.

Más información sobre Zora en:
http://auth.lonelyplanet.com/profiles/zora_oneill

Kevin Raub

El sur, Florida Kevin Raub creció en Atlanta y empezó su carrera como periodista musical en Nueva York, trabajando para las revistas *Men's Journal* y *Rolling Stone*. Pero abandonó su vida rocanrolera para escribir sobre viajes y se fue a vivir a Brasil. Hoy vive fuera del país, por lo que no hace falta decir que en su viaje por el sur de EE UU disfrutó enormemente con el pollo picante de Nashville, la barbacoa de Memphis, la cerveza artesana y otras cosas innombrables. Esta es su 35ª guía para Lonely Planet. Se le puede en Twitter (@RaubOnTheRoad).

Más información sobre Kevin en:
http://auth.lonelyplanet.com/profiles/kraub

Regis St. Louis

Nueva York, Nueva Jersey y Pensilvania; Washington D. C. y área metropolitana Este *hoosier* de nacimiento creció en una tranquila población ribereña desde la que soñaba correr aventuras en la gran ciudad. Ha vivido por todo EE UU (incluidas Nueva York, San Francisco, Los Ángeles y Nueva Orleans) y ha cruzado el país en tren, autobús y coche para visitar sus rincones más remotos. De su último viaje recuerda especialmente un festín de cangrejos en la costa oriental de Maryland, las caminatas por los impresionantes parques estatales del oeste de Texas, sesiones improvisadas de música en el macizo de Blue Ridge de ...ia y encuentros con los caballos salvajes de la isla Assateague. Regis ha participado en más de 50 ...s de Lonely Planet, como *New York* y *Washington DC*.

Más información sobre Regis en:
http://auth.lonelyplanet.com/profiles/regisstlouis

Mara Vorhees

Nueva Inglaterra Nacida y criada en St. Clair Shores (Míchigan), Mara viajó por el mundo (por no decir el universo) antes de establecerse finalmente en Boston. Pasó años realizando trabajos administrativos en la Universidad de Harvard, pero ahora está dedicada de lleno a la escritura de viajes y ha documentado destinos tan diversos como Rusia o Belice. Vive en una casa rosa en Somerville (Massachusetts) con su marido, dos niños y dos gatos. A menudo se la puede ver comiendo rosquillas en Union Square ...aleando con su bici por el río Charles. Mara es coordinadora y autora, entre otras, de las guías de ...y Planet *New England* y *New England's Best Trips*. Sus aventuras se pueden seguir en www.havet ...illtravel.com.

Más información sobre Mara en:
http://auth.lonelyplanet.com/profiles/mvorhees

LOS AUTORES

Karla Zimmerman

Coordinadora; Grandes Lagos, Washington D. C., En ruta, Comprender la costa este, Guía práctica Tras toda una vida en el Medio Oeste, Karla conoce muy bien la región, sus playas, sus estadios, sus cervecerías y sus pastelerías. Cuando no está en su ca... de Chicago viendo a los Cubs, es decir, escribiendo para revistas, webs y libros, está fuera explorando. Para este viaje ha jugado al *curling* en Minnesota, cabalgado una ola en Míchigan, oído chirriar la cuajada en Wisconsin y se ha tomado un vergonzos... número de batidos en Ohio. También ha cubierto el D. C., donde nunca se olvida de estrechar la mano... corredor Abe Lincoln del Nationals Park. Karla ha escrito varias guías Lonely Planet sobre EE UU, Cana... el Caribe y Europa.

Más información sobre Karla
http://auth.lonelyplanet.com/profiles/karlazimme...

Amy C. Balfour

Nueva Inglaterra, El sur Amy ha recorrido senderos, pedaleado y remado por todo EE UU. Criada en el sur, ha visitado los Outer Banks desde su infancia. En este viaje h... cargado con la mochila para patearse la ruta de los Apalaches en los Great Smokies. New Hampshire ha explorado las White Mountains y subido al monte Monadnock po... primera vez. Es autora de 27 guías de Lonely Planet y ha escrito para las publicacion... *Backpacker*, *Redbook*, *Southern Living* y el *Washington Post*.

Más información sobre Amy
http://auth.lonelyplanet.com/profiles/amycba...

Adam Karlin

El sur, Florida Adam ha escrito alrededor de 50 guías para Lonely Planet y siempre h... disfrutado descubriendo su tierra natal, EE UU. En este viaje ha encontrado jardines secretos en Cayo Hueso, descubierto bares clandestinos en Miami, se ha fotografiad... con bármanes de Birmingham, se ha resguardado de un tornado en una cabaña de los campos de algodón del Misisipi, ha hallado *pizza* en la cima de las montañas de Arkansas, oído música en decenas de bares de Luisiana, remado por canales de man... glares en Florida y comido un montón de barbacoas. Desea que el lector sepa que hay muchas luces m... buenas en el mundo, pero la de un día de finales de primavera en el sur es otra cosa distinta.

Más información sobre Adam
http://auth.lonelyplanet.com/profiles/adamk...

PÁGINA **MÁS**
ANTERIOR **AUTORES**

---

geoPlaneta
Av. Diagonal 662-664, 08034 Barcelona
viajeros@lonelyplanet.es
www.geoplaneta.com - www.lonelyplanet.es

Lonely Planet Global
Lonely Planet Global Limited, Unit E, Digital Court,
The Digital Hub, Rainsford Street, Dublin 8, Irlanda
(oficinas también en Reino Unido y Estados Unidos)
www.lonelyplanet.com - talk2us@lonelyplanet.com.au

Costa este de EE UU
1ª edición en español – julio del 2016
Traducción de *Eastern USA*, 3ª edición – abril
del 2016 © Lonely Planet Global Limited

Editorial Planeta, S.A.
Con la autorización para la edición en español de Lonely Planet Global Ltd
A.B.N. 36 005 607 983, Lonely Planet Global Limited, Unit E, Digital Court,
The Digital Hub, Rainsford Street, Dublín 8, Irlanda

© Textos y mapas: Lonely Planet, 2016
© Fotografías 2016, según se relaciona en cada imagen
© Edición en español: Editorial Planeta, S.A. 2016
© Traducción: Raquel García, Jaume Muñoz, Jorge Rizzo, Roser Soms, 2016
ISBN: 978-84-08-15222-4
Depósito legal: B. 71-2016
Impresión y encuadernación: Grafo
Printed in Spain – Impreso en España